Od autora

Lekturę tej książki polecam wszystkim tym, którzy nie mają absolutnie nic innego do roboty lub cierpią na bezsenność i szukają jakiejś skutecznej metody pogrążenia się w leniwym letargu.

Ponadto dedykuję ten tom trójce moich przyjaciół: Andrzejowi Bułatowi, mojemu dziennikarskiemu mentorowi, Krzysztofowi Kucharskiemu, który również był mentorem, choć niekoniecznie dziennikarskim, oraz Jackowi Szatkowskiemu, architektowi i grafikowi *extraordinaire*.

Andrzej

Fort Wayne, Indiana, USA
Styczeń 2022

Rok 2012

Z ćwierćtyłem na wojnę

Sezon nam nastał futbolowy – nie, nie ten piłki kopanej, lecz jajowatej. Już za tydzień odbędzie się jej święto w postaci finałowego meczu Superbowl. Jest to wydarzenie na skalę światową, a oglądają to nawet podobno zdumieni Eskimosi.

Niestety, pisanie o tym meczu, zwykle śledzonym przez miliony ludzi na całym świecie, nie mających pojęcia, o czym w tym wszystkim chodzi, przedstawia sobą trudności natury językoznawczej. Wynika to z faktu, iż poszczególne pozycje w składzie typowej drużyny amerykańskiego futbolu są dziwne i nie doczekały się żadnych sensownych przekładów „na nasze". Zresztą czego można się spodziewać po sporcie, który zwie się „football", ale w którym stóp do kopania piłki używa się niezwykle rzadko, a w zasadzie tylko wtedy, gdy inne metody zdobywania punktów zawodzą.

Gdy się czyta w polonijnej prasie sprawozdania z meczów ligi NFL, zwykle dowiadujemy się o tym, że piłkę od quarterbacka dostał running back, który został zatrzymany po 3 jardach heroicznych zmagań przez linebackera. Jest to sytuacja trudna, bo zmienia w miarę proste polskie zdanie w typowy przykład języka Pinglish, w którym elementy anglosaskie mieszają się swobodnie ze słowiańskimi. Wiedziony szlachetnym odruchem poprawy sytuacji, postanowiłem zaproponować odpowiednią terminologię polską, tak by zbliżający się Superbowl można było opisać w sposób tyleż swojski, co zrozumiały.

Zacznijmy od już wspomnianej pozycji *quarterback*. Teoretycznie gracz ten pełni w ataku rolę głównego rozgrywającego, ale przecież tak go nie sposób nazywać. Proponuję zatem, by po naszemu zwać go ćwierćtyłem (nie mylić ani z ćwierćinteligentem, ani też z jedną czwartą tyłka). W linii ataku ćwierćtył ma po obu stronach pomocników, zwykle w postaci pary *tackles* oraz *guards*. Są to wielkie osiłki, których zadaniem jest niedopuszczenie do tego, by przeciwnik zabił ćwierćtyła, lub by zrobił z niego ćwierćtylną kaszankę. *Guards* to ni mniej, ni więcej tylko goryle stojący na straży, a zatem taka nazwa winna im przysługiwać. Natomiast gorzej jest z *tackles* – osobiście preferuję dla nich nazwę „mordobój", choć nie wiem, czy się przyjmie.

W ataku jest dalej jeden taki dziwny gość, zwany *tight end*. Przyznaję, że jest to nazwa kuriozalna, bo na nasze przekłada się wprost jako „obcisły koniec". Nie mam pojęcia, dlaczego jest obcisły i czego się tyczy ów koniec, ale trudno. Zresztą szczerze mówiąc nie bardzo nawet wiem, jaka jest rola tegoż końca w ogólnej strategii ataku.

Potem są jeszcze *wide receivers*, których rola polega na łapaniu piłki rzuconej przez ćwierćtyła. Pozycja ta musi się po polsku nazywać „szeroki przyjmowacz". A szeroki jest dlatego, że może latać po całej szerokości boiska w poszukiwaniu najlepszej możliwej pozycji do schwytania szybującego jaja. Tuż za ćwierćtyłem ustawiają się nieco podobne tyły, mające biec z piłką do przodu, o ile ją tylko dostaną, narażając się w ten sposób na trwałą reorganizację układu kostnego. Jeden z nich to *full back*, czyli pełnotył, a drugi to *halfback*, czyli półtył. Są to, niestety, nazwy dość mylące, bo co z nich za tyły, skoro zawsze prą do przodu? Z drugiej strony, może i dobrze, że to nie przodki, bo by się nam myliło z górnictwem.

OK, to teraz przechodzimy do formacji obronnej. Tu w pierwszej linii stoją dwa *ends*, czyli końce, choć nie obcisłe, oraz dwa *defensive tackles*, czyli mordoboje defensywne. Wspierani są przez drugą linię złożoną z trójki *linebackers*, czyli liniowspieraczy, przy czym dwaj z nich to liniowspieracze zewnętrzni, a trzeci przyjmuje na siebie rolę liniowspieracza środkowego. Ich rola wydaje się polegać na tym, że gdy załamie się pierwsza linia obrony i trup się ściele gęsto, mają oni ruszyć do akcji i dokonać futbolowej wersji „cudu nad Wisłą”. Wprawdzie po obu stronach boiska przy liniach autowych czuwają jeszcze *cornerbacks*, a zatem narożnetyły, a na samym końcu w roli ostatniej możliwej zapory przed nacierającym wrogiem sterczą ludzie na pozycji *safety* (moim zdaniem, po polsku są to zawory, w domyśle bezpieczeństwa), to jednak ich szanse na powstrzymanie rozjuszonego pełnotyła w totalnym galopie lub szybkiego szerokiego przyjmowacza są nikłe.

W ten oto prosty sposób skompletowaliśmy całą potrzebną amerykańskiemu futbolowi polską frazeologię. Pozwoli nam ona na relacjonowanie boiskowych zmagań w języku Kochanowskiego (no, przynajmniej w pewnym stopniu), a nie Szekspira.

Pozostaje jeszcze problem najważniejszy. Jak wiadomo, zdobywanie punktów w czasie każdego meczu amerykańskiego futbolu odbywa się niemal wyłącznie dwiema metodami. Można zdobyć trzy punkty za tzw. *goal kick*, ale akurat ten termin nie powinien być dla nas problemem, gdyż jest to po prostu strzał na bramkę, tyle że inaczej zdefiniowaną od tej, jakiej ze zmiennym szczęściem broni Szczęsny. Bramki nie broni bramkarz, tylko zgraja facetów, usiłujących, najczęściej bezskutecznie, zablokować kopniętą piłkę, oraz połamać ręce jak największej liczbie przeciwników. Gorzej z 6 punktami za *touchdown*. Ale i z tym można się uporać: sugeruję zamiast *touchdown* mówić dolnodotyk.

I teraz wyobraźmy sobie opis dowolnego ataku w czasie meczu Superbowl. Ćwierćtył dostaje piłkę i decyduje się na przekazanie jej do pełnotyła, który rusza do przodu, pod skuteczną ochroną jednego z mordobojów, wspomaganego przez obcisły koniec. Pełnotył przedziera się do zewnętrznego liniowspieracza, którego robi totalnie w wała, bo go sprytnie omija i pozostawia z tyłu. Potem taranuje bezradnego zawora i – mimo rozpaczliwej interwencji narożnotyła, nękanego do ostatniej chwili przez nie mającego nic innego do roboty szerokiego przyjmowacza – przekracza końcową linię boiska i zdobywa dolnodotyk.

Mam nadzieję, że teraz wreszcie wszystko jest jasne. Wystarczy kupić zapas piwa oraz zakąski i usiąść przed TV.

Fatalistka na pokładzie

Parę razy wyrażałem już w tym miejscu moją niechęć do latania samolotami, co wynika z mocno we mnie zakorzenionego przekonania, że najlepszym zajęciem dla ton żelastwa nie jest wiszenie na wysokości 10 km nad ziemią. Wchodząc na pokład samolotu nie wpadam w jakąś niekontrolowaną panikę, ani też nie trzęsą mi się ze strachu ręce, ale z drugiej strony nigdy nie czuję się „wyluzowany” na tyle, by zapomnieć o tym, iż właśnie za chwilę ta sterta złomu zacznie walczyć z grawitacją. Na ukojenie dobrze by było sobie przed startem gruchnąć setę, ale niestety coś takiego dają dopiero po osiągnięciu rejsowej wysokości.

W związku z tymi obawami awiacyjnymi, zawsze staram się znajdować jakieś kojące pozytywy. Powtarzam sobie na przykład, że w końcu cała załoga to też ludzie i chcą przeżyć tak samo jak ja. Poza tym rzucam okiem na pilota, by się upewnić, że jest przytomny i że sprawia wrażenie człowieka statecznego i zrównoważonego.

Lecąc kiedyś z Chicago na Florydę zastanawiałem się – z czystego masochizmu – co by było, gdyby pilot był nieuleczalnym fatalistą i nieustannie ostrzegał pasażerów, iż roztrzaskanie się maszyny o twardy grunt jest nieuniknione. Wtedy traktowałem to jako „eksperyment myślowy”. Okazuje się jednak, że niemal każdy eksperyment może się prędzej czy później przerodzić w rzeczywistość. Jak doniosła ze zbędną nadgorliwością prasa, na lotnisku Dallas-Fort Worth International na pokładzie samolotu linii American Airlines doszło do „incydentu". Maszyna, która miała polecieć do Chicago, odjechała już od rękawa i zmierzała w stronę pasa startowego. Jak wszyscy doskonale wiemy, jest to moment, w którym pilot coś tam plecie o tym, ile czasu mu zajmie lot i kto jest jego pomocnikiem, co jest bez znaczenia, bo i tak przeważnie nic nie można z tego zrozumieć. Natomiast stewardesy demonstrują pasażerom kunszt zapinania pasów bezpieczeństwa oraz trąbią o siedzeniach mogących w razie wodowania robić za koła ratunkowe, tak jakby istniała jakaś realna szansa na przeżycie takiego wodowania.

Jednak na pokładzie wspomnianego lotu do Chicago jedna z członkiń załogi niczego takiego nie opowiadała. Najpierw głośno poinformowała, że jej bliscy zginęli w wyniku zamachów terrorystycznych 11 września 2001 roku. Następnie zdumionym pasażerom oświadczyła, że nie chce być odpowiedzialna na katastrofę samolotu, sugerując tym samym, że coś z tą maszyną jest nie tak i że próbowała ostrzec kapitana. Gdy powtórzyła swoje obawy kilka razy, krzycząc coraz głośniej, do akcji wkroczyły jej koleżanki. Wywiązała się szamotanina, w wyniku czego dwie stewardesy odniosły nieznaczne obrażenia.

Pilot wrócił do rękawa, a na pokład weszli agenci FBI, którzy zakuli roztrzęsioną psychicznie facetkę w kajdany i odprowadzili w nieznane, podobno na badania psychiatryczne. Natomiast przedstawiciel linii AA oświadczył, że pani ta nie zostanie o nic formalnie oskarżona, bo nie popełniła żadnego przestępstwa. Mam jednak przeczucie, że jej kariera stewardesy doczekała się przedwczesnego zmierzchu.

Wszystko zakończyło się w miarę pomyślnie. Samolot wystartował z opóźnieniem, a obsługa ogłosiła, że w ramach „rekompensaty" wszystkie drinki w czasie lotu będą darmowe. Było to moim zdaniem mistrzowskie zagranie, bo cóż może być lepszego na zapomnienie niż parę głębszych? Incydent ten jednak w niczym nie zmniejsza mojej niechęci do latania, bo problem jest w tym, że zamknięci w metalowym cygarze ludzie – zarówno załoga, jak i pasażerowie – muszą w czasie lotu polegać wyłącznie na sobie, by nie zrobić czegoś katastrofalnie głupiego lub niebezpiecznego. A skąd można mieć pewność, że w tak sporej grupie ludzi komuś coś nagle ostro nie odbije albo że w kimś nie odezwie się zew rasowego awanturnika? Awantura na dworcu kolejowym lub w knajpie to wszak pestka w porównaniu do tego, co w wyniku nawet niezbyt groźnej bijatyki może się wydarzyć nad chmurami.

Zawsze mam nadzieję, że piloci nie strują się sałatką i nie wykorkują nad Atlantykiem albo że jakiś współpasażer nie dostanie fioła i nie zacznie wiercić dziury w kadłubie. No i teraz na dodatek jest incydent ze stewardesą, święcie przekonaną o tym, że samolot szlag trafi. Zwykle to pasażerowie pytają obsługę, czy wszystko jest w porządku, na co rzeczona kadra zawsze zapewnia, iż wszystko jest cacy, nawet jeśli przed chwilą odpadł jeden z silników. Tymczasem w Dallas stewardesa od razu skazała wszystkich na zagładę, przewidując jawnie katastrofę samolotu.

Przykładów lotniczego szaleństwa jest sporo. W ubiegłym roku w czasie lotu linii Thomson z Majorki do Newcastle, gdy samolot znajdował się ok. 11 tys. metrów nad ziemią, na pokładzie zaczęło się zamieszanie, bo samolotem wstrząsnęły turbulencje. Wtedy to z fotela wstał jakiś młody człowiek, podszedł do samolotowych drzwi i zaczął przymierzać się do ich otworzenia. Gdy jego kumpel zaczął go odciągać na bok, ów oświadczył, że nie ma się czego bać, bo przecież znajdują się tylko w symulatorze lotów. Najwyraźniej pasażer ten ostro przedawkował w czasie pierwszej fazy lotu i stracił skutecznie kontakt z rzeczywistością. W tej akurat sytuacji do katastrofy nie doszło, bo inny pasażer zaszedł „otwieracza" od tyłu i zdzielił go w łeb, zmuszając go do odwrotu.

Bezpiecznie nie można się czuć na pokładzie nawet w towarzystwie polityków, o czym świadczy tzw. „incydent monachijski" z udziałem polskiego polityka Jana Rokity, którego w kajdankach wyprowadzono w swoim czasie z samolotu Lufthansy, gdyż zaczął histerycznie krzyczeć „Ratujcie mnie, Niemcy mnie biją!". Mnie tam wszystko jedno, kto kogo bije i dlaczego. Zależy mi raczej na tym, żeby wszyscy pasażerowie samolotu siedzieli cierpliwie i w skupieniu na swoich zadach i czekali na pomyślne lądowanie, które zwykle mimo wszystko się odbywa. Mimo wszelkich wariactw.

Szczębrzyszczykiewicz i spółka

Załóżmy przez chwilę, że pewnego pięknego dnia jakiś polski polityk, aktor, pisarz lub sportowiec zyskuje światową sławę. Problem w tym, że człowiek ten nazywa się Bożydar Szczębrzyszczykiewicz. Oznacza to, że praktycznie nikt poza granicami RP nie jest w stanie poprawnie wymówić jego imienia i nazwiska. Jeszcze z imieniem niektórzy mogliby sobie jakoś poradzić przez zredukowanie go do „Bozydar", ale Szczębrzyszczykiewicz to już zupełnie inna skala trudności. Moją ulubioną anglosaską interpretacją jest „Zbzikiz", co jednak kojarzy się niefortunnie z bzikiem.

W przeszłości istniał inny sławny Polak obracający się w amerykańskich sferach rządowych, którego nazwisko było znacznie łatwiejsze. Był to Zbigniew Brzeziński. Wszyscy mówili na niego „Zbig", gdyż inne interpretacje, takie jak „Zbignju", były dość szokująco nieprawidłowe. Natomiast nazwisko Brzeziński zwykle wymawiane jest „Brezinsky", w tym również przez jego własną córkę, Mikę, która jest komentatorką telewizji MSNBC. Nawet moje imię, teoretycznie bezproblemowe, sprawia w USA wiele trudności, głównie dlatego, że zbitka „rz" jest dla większości Amerykanów nie do przełknięcia.

Wspominam o tym wszystkim dlatego, że w Stanach Zjednoczonych istnieje firma o nazwie Captioning Company, która na co dzień zajmuje się takimi rzeczami jak opracowywanie napisów do filmów i programów telewizyjnych. Jednak raz w roku ta sama firma publikuje listę słów, które są najczęściej wymawiane w USA zupełnie błędnie. Na tegorocznej liście Bożydara Szczębrzyszczykiewicza oczywiście nie ma, gdyż jeszcze nie uzyskał odpowiedniej międzynarodowej sławy. Jest natomiast 12 innych wyrazów, które są systematycznie mordowane przez Anglosasów.

W tym roku na czele tej listy znajduje się grecki tenisista Stefanos Tsitsipas, którego nazwisko wymawiane bywa jako „Cajcajpas" lub „Cicipas", przy czym to drugie przeinaczenie mogłoby być dość niebezpieczne w Polsce. Trzymając się świata sportu, Jason Kelce, grający w lidze NFL w drużynie Philadelphia Eagles, twierdzi, że zarówno jego sportowi koledzy, jak i dziennikarze błędnie wymawiają jego nazwisko, które prawidłowo powinno brzmieć „Kels". Ja bym na jego miejscu zmienił nazwisko na „Kielce", żeby przynajmniej w Polsce go dobrze wymawiali.

Inne słowa na liście Captioning Company to nazwy kryptowalut dogecoin i ethereum, miano wirusa omicron, slangowy termin „cheungy", koreański przysmak dalgona, piosenkarka Billie Eilish, szkockie miasto Glasgow, chińska firma Shein, sieć restauracji Chipotle, przymiotnik „yassify", oznaczający przesadny retusz cyfrowego obrazu, oraz nazwa okrętu blokującego przez pewien czas Kanał Sueski, Ever Given.

Na liście tej najbardziej zaskakująca jest obecność Glasgow. Wynika to z faktu, iż wielu komentatorów i dziennikarzy wymawia tę nazwę jako „Glasgał", co może przeciętnego Szkota bardzo szybko doprowadzić do furii. Dziwi mnie też to, że ludzie błędnie wymawiają nazwę Chipotle. Mogą wszak w razie wahań zastosować opcję polską i nazywać te knajpy Ja Ci Potnę.

Nie wszyscy zapewne wiedzą, że istnieje coś, co zwie się International Phonetic Alphabet (IPA), czyli Międzynarodowy Alfabet Fonetyczny, przy pomocy którego można dokładnie zapisać wymowę każdego słowa w dowolnym języku. Pozwala to wtajemniczonym na poprawne wymawianie słowa, które jest kompletnie mówiącemu nieznane. Problem w tym, że IPA to przede wszystkim domena językoznawców. Mimo to, gdy szuka się w Wikipedii jakiegoś hasła, rezultat jest taki, iż encyklopedia zawsze podaje jego zapis w formacie IPA, co ma być teoretycznie pomocne, ale dla ogromnej większości użytkowników jest całkowicie niezrozumiałe. W transkrypcji IPA Andrzej to andʒɛj, a Zbigniew to zbigniɛv, ale zapis słowa Szczębrzyszczykiewicz to Σtʃɛmbʒɨʃtʃɨkiɛvitʃ, co niemal każdego przeciętnego obywatela zwala z nóg. Na szczęście czasami Wikipedia oferuje też linki do dźwiękowego zapisu prawidłowej wymowy danego słowa. Linki takie są wszędzie w elektronicznej wersji Oxford English Dictionary, ale jest to wydawnictwo, które pozostaje z tyłu za nieustannie edytowaną Wikipedią.

W sumie całe to zjawisko jest dość powszechne w anglosaskim świecie, który nie jest zbyt przychylny obcym nazwom, nazwiskom, terminom, itd. Nawet Robert Lewandowski, który znany jest niemal w każdym kraju świata, bywa wymawiany „Lełandałski", a jego powszechnie stosowana ksywa Lewy w niektórych kręgach zmienia się w „Lui". Tenisistka Iga Świątek to czasami „Ajga Swatek", a piłkarz Kuba Błaszczykowski musiał w swoim czasie w Niemczech wnioskować o to, by na koszulce miał wypisane tylko imię, gdyż jego nazwisko budziło wśród kibiców konsternację, nie mówiąc już o tym, że się ledwo mieściło. Mój własny szwagier, który zwie się Kozaczyński, a przed laty pracował w University of Illinois, był nieustanną przyczyną cierpienia swoich studentów, którzy nie mieli pojęcia, jak wymawiać jego nazwisko i próbowali różnych sztuczek, by problem ten pominąć. O ile pamiętam, tylko dwójka jego studentów – z Chin i Ekwadoru – nauczyła się poprawnie wymawiać to nazwisko.

Wydawać by się mogło, że postępująca globalizacja winna prędzej czy później doprowadzić do eliminacji nieustających potyczek z obcą terminologią. Nic takiego jednak się nie dzieje, co oznacza, że doroczna lista firmy Captioning Company nadal będzie się ukazywać. Spaczenia wymowy dotyczą czasami nawet słów, które powinny być powszechnie znane. Różni ludzie występujący w telewizji mówią na przykład często „ajrak" i „ajran" (Irak i Iran), mimo iż jest to wymowa w oczywisty sposób błędna. Zapewne nie ma na to żadnej skutecznej rady, chyba że do akcji ruszy Cajcajpas wraz ze Swatek, by skutecznie przywalić komu trzeba tenisowymi rakietami.

Retusz matki natury

Nigdzie nie jest napisane, że matki natury nie można poprawiać, gdy nie pokazuje się nam w stanie idealnym. Emigranci z „raju socjalistycznego" na wschodnich rubieżach Europy doskonale z pewnością pamiętają, że czasami, przed wizytą towarzysza Gierka w jakimś zakątku Polski, okazywało się w ostatniej chwili, że trawa wokół fabryki lub szkoły znajduje się w stanie antysocjalistycznego uwiądu, sugerującego w sposób niemal opozycyjny rychły upadek komuny. Wtedy odpowiednie „czynniki" nakazywały wybranym ofiarom doraźne malowanie trawy, tak by się towarzyszowi Gierkowi wydawała naturalnie piękna i zielona. Wątpię, by ówczesna władza zwracała na intensywność kolorów natury dużo uwagi, ale w oczach niższych rangą urzędasów była to zapewne bardzo ważna sprawa.

Wtedy myślałem, że poprawianie natury jest wyłączną domeną totalitarystów, którzy malowali wszak nie tylko trawę, ale również historię, tak by była korzystniejsza dla proletariatu oraz interesów narodowych. Z dużym zdziwieniem przyjąłem zatem wieści o tym, że trawę w Polsce nadal się maluje, choć zapewne bez ideologicznego podkładu.

Nie tak dawno temu, przed przyjazdem prezydenta Komorowskiego do Poznania w celu zwiedzenia nowego stadionu piłkarskiego w tym mieście, ktoś doszedł do wniosku, że murawa ma szarą plamę wzdłuż jednej z linii autowych. No i co ma władza zrobić z tym fantem? Odpowiedź jest prosta – trzeba wysłać faceta z wiadrem zielonej farby i nakazać mu zamalowanie rażącej prezydenckie oczy plamy. Jak uradzono, tak zrobiono, choć nie wiem, kto konkretnie wydał takie polecenie.

Problem w tym, że jakiś zdrajca sfotografował moment malowania, a potem zdjęcie znalazło się na profilu facebookowym serwisu epoznan.pl. Tam wywołało spore rozbawienie, niewybredne żarty oraz rzewne wspominki o erze gierkowskiej, w której nawet krzak nie był czasami się w stanie uchronić od potraktowania go warstwą olejnej w imię dumy narodowej.

Wynika stąd, że pewne tradycje peerelowskie są nieśmiertelne i przystają do każdej rzeczywistości politycznej. Jednak to, co w Polsce jest pewnego rodzaju kuriozum, w Ameryce stało się niezłym biznesem. Tak, tak, tu też maluje się trawę w celu ulepszenia rzeczywistości.

Wystarczy się przejść po dowolnym mieście środkowego zachodu Ameryki, by zobaczyć, iż trawniki cierpią ostro z powodu wielomiesięcznej suszy. Wyglądają jak brązowe plamy po jakichś chemikaliach, a nie jak zdrowe oazy zieleni.

Niektórzy co odważniejsi właściciele przydomowych trawników prowadzili przez wiele tygodni akcję codziennego podlewania trawy, ale byli od samego początku skazani na porażkę – szczególnie po otrzymaniu pierwszego rachunku za wodę, czyli za spore ilości zielonych wylanych do gruntu. Inni przegrali tę bitwę o zieleń dlatego, że niektóre miasta wprowadziły zakazy podlewania czegokolwiek.

W tej sytuacji ostatnią szansą na gustowną zieleń a nie odpychającą burowatość jest zwerbowanie specjalistów oferujących malowanie trawników. W ciągu ostatnich lat kilka tego rodzaju firm powstało w stanach Nowy Jork i New Jersey. Potem pojawiły się one również w innych częściach kraju. Dziś cieszą się sporym wzięciem. Właścicielem jednej z nich jest Joe Perazzo, który twierdzi, że tegoroczny sezon jest dla jego przedsiębiorstwa „idealny", bo deszczu nie ma od miesięcy, a temperatury są wysokie. Susza to dla niego źródło dochodów, a nie powód do rozpaczy. Klienci dzwonią do niego na tyle często, że nie jest w stanie wywiązać się terminowo ze wszystkich zleceń na retusz flory, nie mówiąc już o tym, że zaczyna mu brakować odpowiednik barwników.

Firma Perazzo powstała kilka lat temu, a pomysł oferowania tego rodzaju usług zrodził się u niego w chwili, gdy pewnego dnia obserwował, jak „specjaliści" poprawiają kolorystykę stadionów sportowych przez stosowanie barwników. Za jedyne 15 centów za stopę kwadratową trawnika pan Perazzo jest w stanie zmienić zdechłą całkowicie trawę w oazę pięknej, choć całkowicie sfingowanej zieleni. Używa do tego celu specjalnego, pozbawionego toksyn i całkowicie naturalnego barwnika, którym jest w stanie „obskoczyć" nie tylko trawę, ale krzewy, a nawet podupadłe drzewa. Cena za makijaż średniej wielkości trawnika zwykle zamyka się w granicach 150 dolarów.

Co więcej, raz pomalowana trawa zachowuje swoją sztuczną zieleń aż do wiosny następnego roku, czyli do momentu, w którym matka natura wreszcie się zmiłuje i pozwoli roślinom na naturalną regenerację. Dodatkowo Perazzo oferuje „dobieranie koloru farby" tak, by zieleń komponowała się w jak najlepszy sposób z okolicą.

Jeden z klientów tej firmy, Rich Pacailler, wyznał, że kazał pomalować swój trawnik i że jest bardzo zadowolony, gdyż ma teraz najlepiej prezentującą się trawę w kompletnie zeschłym sąsiedztwie. Twierdzi też, że jeszcze żaden z sąsiadów nie wyniuchał, iż zieleń jest kompletnie sztuczna. Wszyscy uważają, że Rich wydaje codziennie majątek na intensywne podlewanie trawy. Zmienią jednak zdanie w przyszłym roku, gdyż dumny posiadacz trawnika zamierza w lipcu przyszłego roku zatrudnić tę samą firmę do pomalowania trawy na narodowe kolory USA – z okazji Święta Niepodległości.

Coś mi się zdaje, że jak tak dalej pójdzie, wkrótce będzie w całej Ameryce dużo trawników „tematycznych", np. bożonarodzeniowych, halloweenowych, itd. Możliwe też są wykwintne hasła trawnikowe, np. „nie łaź po mnie baranie, bo ci nogi przetrącę", albo „czy myślisz, psie, że jak na mnie wydalisz, to mi to nic nie zaszkodzi?".

Gdyby ktoś taki jak Perazzo istniał za czasów komuny w Polsce, zbiłby zapewne wielki majątek, gdyż zostałby zatrudniony jako Pierwszy Sekretarz KC ds. Malowania Flory i jeździłby po całym kraju, poprawiając socjalistyczną rzeczywistość zgodnie z życzeniami władzy. Ci zaś, którzy wpadli na pomysł zamalowania burej plamy na stadionie w Poznaniu, winni się z amerykańskim przemysłem malowania natury czym prędzej skontaktować, bo to jednak znacznie lepiej, gdy trawę się maluje w sposób odpowiedzialny ekologicznie, a nie farbą, którą jest w stanie zwalczyć wyłącznie rozpuszczalnik.

Olimpijski poślizg

Kibice wygrali – przynajmniej do pewnego stopnia. Gdy okazało się, że sieć telewizyjna NBC, transmitująca w USA londyńską olimpiadę, zamierza nas wszystkich wystrychnąć na dudków, natężenie protestów stało się na tyle duże, że nawet telewizyjni bonzowie, którzy zwykle mają wszystko w nosie, musieli zareagować...

W sumie chodzi o to, że już na samym początku igrzysk stało się jasne, iż zawody sportowe w Londynie pokazywane nam będą przeważnie z taśmy, z kilkugodzinnym opóźnieniem. Szefowie NBC chcieli w ten sposób zmusić telewidzów do oglądania olimpijskiej sieczki w tzw. „prime time", czyli wieczorem, gdy sportowcy albo już chrapali, albo właśnie wychodzili z pubów, a wszystkie wyniki były od dawna znane. Uzasadnienie jest tyleż proste, co bulwersujące. Wieczorne programy ogląda największa liczba gawiedzi, a zatem emitowane jednocześnie reklamy mają największy zasięg. Problem w tym, że wszystko to razem składa się na totalne fiasko.

W tym miejscu może warto, dla porównania, wspomnieć o tym, w jaki sposób igrzyska pokazywała brytyjska BBC, czyli instytucja częściowo państwowa, a zatem wrednie socjalistyczna. Otóż sieć ta transmitowała absolutnie wszystko „na żywo", posługując się przy tym 24 różnymi kanałami przekazu. Zainteresowani mogli oglądać dowolnie wybrane konkurencje bez żadnych opóźnień i bez żadnych reklam. Brytyjczycy sposób przekazu olimpiady do USA przywitali z pewnym zdumieniem, by nie powiedzieć pustych śmiechem.

Jak z przekąsem zauważył potem komentator dziennika *The Daily Telegraph*, Tim Stanley, „cały świat oglądał z fascynacją finał biegu na 100 metrów, w którym Usain Bolt potwierdził swoją supremację, ale Amerykanie niczego nie oglądali, bo na ten sam bieg musieli poczekać kilka godzin". Zresztą nie tylko na to czekali.

Ceremonia otwarcia igrzysk pojawiła się na amerykańskich ekranach telewizyjnych niemal dokładnie wtedy, gdy się w Londynie skończyła. Co więcej, sieć NBC zadbała o to, by żaden pomysłowy internauta nie podejrzał tego spektaklu na żywo przez transmisję komputerową. Innymi słowy, panowie z NBC zastosowali żenującą cenzurę, w obronie swoich kretyńskich, lukratywnych kontraktów z reklamującymi się w czasie transmisji firmami. Nawet w czasie okazjonalnie „żywych" przekazów z meczów piłki nożnej pojawiały się w istotnych momentach tych meczów reklamy, czego od lat nie robią ludzie pokazujący nam mecze Ligi Mistrzów lub spotkań w ramach amerykańskiej MLS.

Wracając do wspomnianego programu NBC w „prime time", czegoś tak durnego już dawno nie oglądałem. Wyrywkowe fragmenty wcześniej nagranych zmagań sportowych przeplatane były głupawymi historiami z życia poszczególnych sportowców. Oglądający to i głęboko zdezorientowany telewidz mógł w ciągu zaledwie kilku sekund przenieść się z widoku wystających nieco ponad powierzchnię wody giczałów (zwykle zgrabnych, na szczęście), należących do synchronicznej pływaczki, na wielkiego faceta dźwigającego olbrzymie ciężary. Nigdy, w żadnym momencie, programy panów z NBC nie były w stanie oddać w jakiś sensowny sposób przebiegu tych zmagań lub ich atmosfery. Równie dobrze można by wszystkie te urywki nagrać i je sobie spokojnie pooglądać za pół roku. Byłoby to o tyle lepsze rozwiązanie, że choćby taki maraton można by sobie obejrzeć bez reklam nadawanych co 5 minut.

A gdy już coś pokazywano przypadkowo na żywo, często jakość komentarza była zniewalająco idiotyczna. W czasie walk bokserskich jeden z komentatorów, który nie potrafił się ani na chwilę zamknąć, nieustannie powtarzał, że jeden z występujących na ringu bokserów powinien „ustabilizować" drugiego. Nie wiem, o co mu chodziło, ale po pewnym czasie doszedłem do wniosku, że jest to zakodowana teza, żeby kogoś tak mocno zdzielić w mordę, by zapomniał gdzie jest i po co. Tenże sam komentator co jakiś czas mówił, że bokserzy powinni czasami „spuszczać przeciwnikom powietrze z opon". Ponownie, trudno mi jest znaleźć odpowiedni przekład „na nasze", ale wszystko wskazuje na to, iż chodzi o przydzwonienie w żołądek przeciwnika z taką mocą, by mu się przypomniał obiad zjedzony trzy lata wcześniej.

Bezsens wszystkich tych transmisji stał się w miarę oczywisty już po paru dniach, gdy zaczęły zdarzać się przypadki zdradzania zwycięzców poszczególnych konkurencji, zanim jeszcze NBC zaszczycała nas odpowiednią transmisją. Był też moment, w którym w czasie drugiej rundy starcia bokserów komentator powiedział, kto zdobył złoty medal, tym samym rujnując całą rzecz kibicom, którzy w tym momencie pewnie poszli do lodówki po piwo, klnąc rzęsiście pod nosem.

Na początku stwierdziłem, że kibice połowicznie wygrali. Jest to prawda – bo oto przed ceremonią zamknięcia igrzysk upokorzona krytyką sieć NBC ogłosiła, że pozwoli na oglądanie na żywo londyńskich uroczystości ludziom, którzy zalogują się na ich internetowy serwis, mimo że oficjalna transmisja telewizyjna zaplanowana była – jak zwykle – z kilkugodzinnym opóźnieniem.

Zachęcony tą niespodziewaną uległością możnych tego świata, zalogowałem się i usiadłem przed komputerem, by obejrzeć pożegnanie z olimpiadą. Niestety, niemal natychmiast stało się oczywiste, że ta transmisja na żywo to jakiś okrutny żart. Owszem, samą ceremonię można było oglądać, tyle że komentował ją „drugi rzut" spikerów, którzy byli żałośnie nieudolni. Ponadto siedzieli w jakimś studio w USA, rycząc do mikrofonów w taki sposób, że widzom wydawało się, iż przebywają razem z nimi na dnie głębokiej studni, gdzie słyszą dość mało zrozumiałe odgłosy dochodzące z pobliskiego stadionu. Ale to może i lepiej. Całe przedsięwzięcie olimpijskie NBC to jedna wielka, przepastna studnia.

Melina w lombardzie

Instytucja lombardu zwykle kojarzy się nam z tymi nieszczęśnikami, którzy z takich czy innych powodów popadli w biedę lub zapożyczyli się na tyle, że muszą czym prędzej sprzedać wszystko, co tylko można, by w ten sposób zapchać doraźnie finansową dziurę. Są to skojarzenia obecne w wielu książkach klasyków literatury. W powieściach Charlesa Dickensa, pisanych w czasach, gdy dłużników wtrącało się często do specjalnych więzień, różni zubożali delikwenci czołgali się do lombardu z jakąś cenną pamiątką rodzinną, by ją oddać za bezcen i uniknąć w ten sposób pobytu za kratkami. Nie do pomyślenia było to, by z usług lombardów korzystali przedstawiciele „wyższych sfer". Sam pobyt w tego rodzaju przybytku byłby dla nich plamą na honorze.

Pan Dickens zapewne by się mocno zdziwił, gdyby trafił dziś do niektórych lombardów amerykańskich, szczególnie tych w okolicach Beverly Hills w Kalifornii oraz na nowojorskim Manhattanie. Czasy są ostatnio na tyle kiepskie, że istnieją teraz nieco inne lombardy, które „współpracują" przede wszystkim z klientami, którzy jeszcze do niedawna byli zamożni i wcale się osobistymi budżetami nie musieli przejmować, a którym coś się w życiu ostro zawaliło – strata sławy, strata pracy, strata intratnego zajęcia, itd.

Lombardy tego rodzaju robią świetny biznes w okolicach Hollywoodu, gdzie nigdy nie brakuje podupadłych gwiazd, czasami gotowych sprzedawać lub dawać w zastaw zdobyte w przeszłości Oscary. Właściciele ekskluzywnych lombardów tłumaczą zainteresowanie ich placówkami ze strony byłych bogaczy faktem, że wielu z nich posiada fatalne historie kredytowe i na pożyczkę w banku nie mogą liczyć. Jest to fakt dość zaskakujący, ale zrozumiały – gdy ktoś ma spore pieniądze, zaciąganymi kredytami się nie przejmuje aż do czasu krachu powodującego nagle niewypłacalność. Poza tym uzyskanie pożyczki bankowej czasami trwa tydzień lub dwa, podczas gdy w lombardzie dolary dostaje się od ręki. Wystarczy zjawić się z czymś cennym pod pachą, poddać owo coś stosownej wycenie i pobrać pieniądze, zwykle w wysokości mniej więcej 60% wartości oddawanego w zastaw przedmiotu. A oddać lombardowi można w zasadzie wszystko, począwszy od złotego łańcuszka po babci, a skończywszy na posrebrzanych kijach do golfa.

Jordan Tabach-Bank prowadzi w Kalifornii lombard o nazwie Beverly Loan Co. Walą do niego drzwiami i oknami nie tylko aktorzy, ale również bankierzy, prawnicy, spekulanci giełdowi, a nawet lekarze. W swoich skromnych biurach Jordan – jak przyznaje – podejmował jak dotąd kilku oscarowych laureatów, którzy potrzebowali pilnie zastrzyku gotówkowego i nie mieli nic innego do oddania. Nazwisk tych nieszczęśników Jordan dyskretnie nie wymienia. Jednak lombardy dla przygnębionych eks-możnych zaczynają też przyjmować w zastaw walory dość niezwykłe, które drzewiej nie wchodziły w rachubę. W przeszłości w grę wchodziły przede wszystkim kosztowności, pamiątki rodzinne, zegarki, elektronika, ekskluzywne samochody, itd. Dziś jest nowy trend – wina.

W Nowym Jorku istnieje lombard o nieco mylącej nazwie US Gold Buyers. Owszem, kiedyś placówka ta brała w zastaw przede wszystkim wyroby z metali szlachetnych. Ostatnio jednak firma ogłosiła, że żądni gotówki ludzie mogą oddawać w zastaw „walory płynne", czyli swoje kolekcje win. No i tak się zaczęło. Okazało się szybko, że bardzo cenne wina zalegają w różnych nowobogackich piwnicach, co przy braku gotówki zdaje się być jedyną formą finansowego ratunku.

Lombard Borro, również w Nowym Jorku, przyjął niedawno w zastaw 128 butelek Chateau d'Yquem, za które wypłacił 120 tysięcy dolarów. Ryzyko dla lombardu jest w tym przypadku minimalne, bo wartość tego wina szacowana jest na 250 tysięcy. Ten sam lombard w ostatnich kilku tygodniach wypłacił też 24 tysiące za skrzynkę Château Petrus z 1989 roku. Realna wartość tych win wynosi ok. 40 tysięcy. Nie wszyscy oddający w zastaw swoje wina to ludzie, którym bieda zagląda w oczy. Czasami są to właściciele małych biznesów, szukający środków na pilnie potrzebne inwestycje. Jednak zdarzają się też przypadki osób, którym prócz win nie pozostało już absolutnie nic do sprzedania.

O ile w Ameryce przyjmowanie w lombardach win pod zastaw to nowość stosowana tylko przez kilka placówek, w Europie praktyki tego rodzaju mają wieloletnie tradycje. Lombard Prime Asset Loans w Wielkiej Brytanii wyspecjalizował się nawet do tego stopnia, że opublikował krótką listę win, które akceptuje. Są to niektóre gatunki Bordeaux oraz sławne trunki Domaine de la Romanee-Conti i australijskie wina Penfolds Grange. Z przyczyn dla mnie kompletnie niezrozumiałych, na liście tej nie widnieją przednie gatunki wina „bramowego" J23, czyli tzw. jabcoka ze smutnego okresu PRL-u. Są to wszak obecnie butelki o muzealnym wręcz znaczeniu.

Kompletnym szałem można nazwać to, co robi francuski lombard Credit Municipal de Paris, przyjmujący w zastaw wina od roku 2008. W ten sposób zgromadził jak dotąd 90 tysięcy butelek, które przechowywane są w dzierżawionej w tym celu specjalnie XVIII-wiecznej piwnicy.</p> <p>Jak twierdzą właściciele wszystkich tych lokali, ok. 70% ludzi oddających w zastaw swoje kosztowne wina prędzej czy później trunki te wykupują ponownie, czyli je odzyskują. Reszta traci je bezpowrotnie, bo po pewnym czasie lombard ma prawo oddane w zastaw butelki sprzedać.

Niestety, istnienie tego rodzaju lombardów w niczym nie zmienia mojej własnej sytuacji fiskalnej, jako że u mnie w piwnicy znaleźć można czasami wyłącznie trochę piwa oraz parę win o niezwykle umiarkowanej wartości rzędu 7 dolarów. Natomiast świat ludzi bogatych myśli już o zachęceniu właścicieli lombardów do przyjmowania w zastaw nie tylko win, ale również bardzo czasami kosztownych kolekcji whisky, sherry oraz cygar. W ten sposób już wkrótce wiele lombardów zmieni się w potencjalną melinę, gdzie zawsze można będzie znaleźć coś całkiem przyzwoitego do łyknięcia oraz zakurzenia. Brakuje jeszcze tylko stosownej zagrychy.

Jak umierać to w sieci

Jeszcze parę lat temu termin „serwis społecznościowy" nie istniał. Potem w Polsce karierę zrobiła witryna Nasza Klasa, która jednak szybko podupadła, ponieważ okazało się, co mnie zresztą nie dziwi, że cybernetyczne spotykanie się po latach z kolegami i koleżankami z ławy szkolnej czasami jest niezręczne, by nie powiedzieć żenujące. Okazuje się, na przykład, że ta piękna dziewczyna z drugiej ławki, o której wszystkie chłopaki miały sny natury czysto erotycznej, wyrosła na otyłą ropuchę, która wyszła za mąż za odrażająco bogatego szejka w Arabii Saudyjskiej. Albo że Zenek, którego wszyscy w klasie uważali za skończonego kretyna, jest dziś prezesem dużego banku i do pracy jeździ czerwonym jak robotnicza krew ferrari...

Poza tym Nasza Klasa od początku miała inny problem – sama jej nazwa sugerowała, iż jest to coś o bardzo zawężonym, szkolnym zakresie, a zatem nie był to serwis społecznościowy adresowany absolutnie do wszystkich. Gdy zaś pomysłodawcy zdecydowali się zmienić odpowiednio profil, było już trochę za późno. Teraz jest to „miejsce spotkań", niekonieczne z Zenkiem lub opasłą ropuchą, lecz z dowolnymi znajomymi, czyli ma to być polska wersja Facebooka. O ile wiem, wiedzie się tej witrynie tak sobie, czyli o wiele gorzej niż w czasach świetności.

O ile Nasza Klasa pod wieloma względami padła, takie serwisy jak Facebook i Twitter, o znacznie większym i międzynarodowym zasięgu, działają nadal i zrzeszają miliony w taki czy inny sposób zachwyconych Ziemian. Czy jednak rzeczywiście zrzeszają? Od pewnego czasu zaczynają się tu i ówdzie pojawiać pierwsze zwiastuny upadku tego rodzaju mediów. To też mnie nie dziwi i bynajmniej nie tylko dlatego, że debiut Facebooka na nowojorskiej giełdzie wypadł fatalnie. Wydaje się, że początkowy hurraoptymizm dotyczący tego rodzaju serwisów w znacznej mierze wygasł, bo szybko okazało się, że ludzie są z natury rzeczy skłonni do narcyzmu i plotą nieustannie przeróżne głupoty o sobie, jakby nie wiedzieli, że nikogo to nie interesuje.

Owszem, różni ludzie i organizacje, nie wyłączając graczy w wielkiej polityce, korzystają z tych nowych form komunikacji, bo jest to medium szybkie, bardzo dostępne i globalne. Jednak 80 proc. treści serwisów typu Facebook i Twitter to dramatyczne wieści przeciętnych obywateli o tym, że właśnie weszli do sklepu, w którym zamierzają kupić wielkiego ogórasa do sałaty, albo że ich niedawno narodzona pociecha z powodzeniem zaliczyła pierwszą próbę wydalenia produktów trawienia. Są to z pewnością wieści istotne dla wąskiego grona rodzinnego, a może nawet szerszego kręgu znajomych, ale z pewnością nie przybliżają perspektywy osiągnięcia światowego pokoju lub wyjaśnienia głębokich tajników fizyki kwantowej.

Te dramatyczne wiadomości są czasami przeplatane próbami komunikowania się między sobą syryjskich rebeliantów lub innymi ważkimi treściami, a zatem nie sposób nie doceniać potencjału tych serwisów. Jednak amerykańska rzeczywistość jest o wiele bardziej prozaiczna – na Twitterze i Facebooku ludziska przeważnie plotą nędzne głupoty o tylnej części ciała Maryni.

Czasami nieco ambitniejsi członkowie tych społeczności oferują swoje poglądy polityczne, moralne lub filozoficzne, ale zawsze zastanawiam się, do jak wielkiego albo małego forum wszystko to dociera. W końcu jeśli ktoś szuka komentarzy tego typu, zwykle sięga po nieco bardziej ustabilizowane megafony tego typu, czyli telewizję, prasę, radio, itd.

Jednak facebookowe brewerie mają od czasu do czasu zupełnie inny wymiar. Możliwa jest bowiem różnorodna manipulacja tym serwisem, na co niestety nie ma żadnej sensownej rady, a o czym przekonał się już parę razy znany czarnoskóry aktor Morgan Freeman.

Niedawno w serwisie „twarzowo-książkowym" pojawiła się wieść o tym, że 75-letni Freeman właśnie zmarł. Niemal natychmiast wiadomość tę odczytał prawie milion facebookowców, a strona z tą wiadomością naliczyła sobie 842 tysiące „likes", czyli kliknięć ze strony osób, które przeczytały treść i dały znać, że im się to „podoba".

No i są dwa poważne problemy. Po pierwsze, Morgan Freeman żyje i czuje się znakomicie, o czym zapewnił fanów za pośrednictwem swojego agenta. Innymi słowy, ktoś w społeczności Facebooka wysmażył głupi żart. Po drugie, nie bardzo rozumiem witania czyjejkolwiek śmierci, nawet kompletnie zmyślonej, przez sygnalizację, iż wiadomość o zgonie mi się podoba. Gdyby chodziło o jakiegoś tyrana, mordercę lub bin Ladena, to OK. Ale aktor, który „zmarł" na stole operacyjnym Internetu?

Gdy po raz pierwszy przeczytałem o wirtualnej śmierci Freemana, zacząłem się zastanawiać, co by się stało, gdybym na Facebooku umieścił notatkę o tym, że w lipcu tego roku odwiedziłem były obóz koncentracyjny Auschwitz-Birkenau, co jest zresztą prawdą. Czy wtedy też dzielni społecznościowcy obdarzyliby moją wieść wzniesionym do góry kciukiem poparcia i „lubienia"?

Wracając do Freemana, nie jest to jego pierwszy problem z Facebookiem. Morgan został cybernetycznie uśmiercony już w roku 2010 i również musiał to zdementować, co przyszło mu o tyle łatwo, iż pojawił się publicznie i w żaden sposób nie przypominał trupa. Potem pojawiły się też równie fałszywe doniesienia, że Freeman zamierza poślubić swoją przyrodnią wnuczkę, Denę Hines, która jest od niego młodsza o szokującą liczbę lat. Morgan ponownie musiał publicznie zapewniać, że żadnych tego rodzaju planów nie ma. Tym samym w świecie internetowych serwisów społecznościowych Freeman umarł już dwukrotnie, ale zanim strzelił kopytami, zdążył jeszcze mieć romans z nastoletnią dzierlatką.

Przyznaję, że nie jest to zła recepta na śmierć w Sieci – zgon nie kończy się wszak trumną, lecz romansem z nastolatką. Żyć nie umierać...

Terier na wokandzie

Od bardzo wielu już lat w moim domu zawsze są jakieś psy. Kiedyś były ich nawet cztery sztuki, ale obecnie są „tylko dwa". Jako posiadacz czworonogów, właścicieli psów dzielę dość kategorycznie na dwa obozy: prawdziwych miłośników i totalnych kretynów. Ci ostatni kupują psa z różnych dziwnych powodów. Czasami robią to dlatego, że pociecha chce taki prezent na gwiazdkę. Czasami decydują się na zakup dalmatyńczyka tylko dlatego, że właśnie obejrzeli film Disneya z sympatycznymi łaciatymi psiakami w roli głównej. Wreszcie często jest tak, że psy posiadają wszyscy sąsiedzi, a zatem konieczne jest „zrównanie się" z otoczeniem. Zaraz potem okazuje się, że nie mają zielonego pojęcia o tym, co posiadanie w domu psa oznacza. Dziecko szybko nudzi się żywym prezentem, łaciaty dalmatyńczyk, zdenerwowany brakiem zainteresowania ze strony właściciela, rozrywa nową skórzaną kanapę na stertę pasków do zegarka, a sąsiedzi okazują się prawdziwymi wielbicielami czworonogów, a nie przypadkowymi baranami, którzy nie wiedzą, co robią...

Najwięcej przypadków głupoty dotyczy posiadaczy psów rasy pit bull terrier. Jest to bestia słusznie uważana za agresywną, zdeterminowaną i potencjalnie niebezpieczną – na tyle niebezpieczną, że w niektórych krajach Europy psów tych po prostu nie można posiadać. Jednak faktem jest również to, że domniemana agresywność tych psów jest wprost proporcjonalna do skali idiotyzmu właścicieli.

Prawidłowo wychowywany i trenowany od szczeniaka „byczy" terier może być idealnym towarzyszem wszystkich domowników i nigdy nie pożre listonosza razem z listami (chyba że poczta nawali i nie dostarczy mu listu od zaprzyjaźnionego pudla). Niemal wszystkie przypadki ataków na ludzi ze strony tych psów są wynikiem lekkomyślności lub braku wiedzy właściciela. Teriery te mają „we krwi" agresywność w stosunku do innych zwierząt, ale nie do ludzi. Facet, który o tym nie wie, a który idzie po ulicy ze źle traktowanym pit bullem przyczepionym do wątłej smyczy, spaceruje z groźną bronią, być może groźniejszą od rewolweru, bo broń palna sama nie strzela, a pies nie jest aż tak przewidywalny.

Przed rokiem w mieście Savannah doszło do kolejnego ataku pit bulla na dziecko. Pies imieniem Kno pogryzł 5-letniego chłopca. Dziecko doznało poważnych ran twarzy. Już następnego dnia po ataku skruszeni właściciele psa, państwo Long, stawili się w okręgowym schronisku dla zwierząt i oficjalnie zrzekli się praw do swojego ulubieńca. Kno znalazł się tym samym pod opieką lokalnych władz, które zaczęły się zastanawiać, czy zwierzę należy uśmiercić czy też nie. Rozważania te trwały miesiącami, aż w końcu trafiły do sądu, czego zawsze można się po Ameryce spodziewać.

Władze powiatu Effingham zwróciły się do sądu okręgowego z prośbą o przeprowadzenie przesłuchania, które ma ustalić, czy pies zasługuje na wyrok śmierci czy też nie. Datę tego przesłuchania wyznaczono na 25 października. Jednak sędzia William E. Woodrum podjął zdumiewającą decyzję – wyznaczył mianowicie publicznego adwokata Claude'a M. Kicklightera na obrońcę czworonożnego oskarżonego. Stwierdził, że przesłuchanie jest w gruncie rzeczy sprawą, w której w grę wchodzi kara śmierci, a zatem oskarżony winien mieć prawo do posiadania obrońcy. Jest to o tyle dziwne, że sędzia zdaje się tym samym sugerować, iż przeciętny *canis* ma pewne prawa, które są porównywalne do praw człowieka.

Wielokrotnie w tym miejscu zwracałem uwagę na różne ekscesy, do których dochodzi czasami w amerykańskim sądownictwie, przeciążonym pozwami o odszkodowanie za wylaną na przyrodzenie gorącą kawę, za zbyt śliską podłogę w sklepie lub za nieobecność dwujęzycznych napisów w urzędach. Teoretycznie przyznanie prawa do obrońcy czworonogowi należy do tego rodzaju ekscesów. Jednak tym razem popieram decyzję sędziego, głównie dlatego, że za atak Kno na dziecko powinni odpowiadać właściciele psa, a nie on sam.

Gdy do ataku tego doszło, w prasie wiele było spekulacji na temat tego, co mogło sprowokować pit bulla do akcji. Są to spekulacje kompletnie bezsensowne. Terier tej rasy w rękach ludzi nieodpowiedzialnych nie musi mieć żadnej prowokacji, ponieważ jest genetycznie zaprogramowany do agresji. Rasa ta znana jest nie tylko z agresywności, ale również z nieustępliwości. Pit bull kontynuuje swój atak nawet wtedy, gdy ktoś zadaje mu ból lub próbuje go odstraszyć.

Właścicieli Kno należałoby zapytać, co ich skłoniło do wejścia w posiadanie akurat tego psa i w jaki sposób go wychowywali. Teriery tej rasy, jeśli tylko są należycie traktowane i wychowywane, niemal nigdy nie wchodzą w konflikty z ludźmi, choć ich współistnienie z innymi psami może być problematyczne. Jeśli zatem Kno pogryzł dziecko bez jakiegoś oczywistego powodu, jest to oskarżenie pod adresem państwa Long. Być może zwykli ludzie, z wyjątkiem zawodowych treserów, rzeczywiście nie powinni mieć psów tej rasy, tym bardziej że często dumni i durni właściciele chełpią się swoimi „groźnymi" pit bullami i uważają się w jakimś przedziwnym sensie za bohaterów. W rzeczywistości są to bardzo niebezpieczne przechwałki.

Doceniam niestety ogromne trudności, jakie stoją przed adwokatem Kicklighterem i jego szczekającym klientem. Po pierwsze, rzeczony klient może się niespodziewanie wkurzyć i zjeść mu akta lub odgryźć palec. Po drugie, trudno mi jest sobie wyobrazić wstępną konferencję obrońcy z psem, gdyż z czysto językoznawczego punktu widzenia porozumienie między nimi jest wykluczone. W związku z tym zastanawiam się, w jaki sposób obrońca ma przed sądem reprezentować interesy klienta. Być może ograniczy się po prostu do argumentowania, że czworonóg nie zasługuje na śmierć, bo w zasadzie to nie jego wina. Podobnie jak wielu ludzkich przestępców często twierdzi, że nie zasługuje na karę, bo mieli trudne dzieciństwo i musieli chodzić do szkoły pod górkę w obie strony.

W każdym razie Kno nie powinien przed sądem niczego odszczekiwać. A w razie problemów, zawsze może jeszcze pogryźć dotkliwie samego sędziego.

Okrakiem na urnie

Święto Halloween zawsze jest ciekawe i niesie ze sobą proceder obdarzania dzieci słodkim surowcem na tuczenie się przez następne parę miesięcy. Jednak raz na cztery lata jest zwykle jeszcze bardziej ciekawie, gdyż Halloween wypada zaledwie na tydzień z hakiem przed wyborami prezydenckimi, co ma pewne w miarę oczywiste konsekwencje. Przebierańcy, szczególnie ci nieco starsi wiekiem, wtłaczają się w kostiumy kandydatów prezydenckich, a maski z podobiznami ich facjat stają się nieuniknionymi szlagierami...

Nie inaczej jest w tym roku. Zajrzałem, z czysto masochistycznych pobudek, do sklepu ze strojami halloweenowymi i od razu mi się rzucił w oczy cały zestaw różnych wersji byłego gubernatora Massachusetts oraz obecnego prezydenta. Te pierwsze zwykle reprezentują – w taki czy inny sposób – fakt, iż Mitt Romney w swojej karierze politycznej miał dramatycznie różne, a często kompletnie ze sobą sprzeczne zdania na niemal wszystkie możliwe kwestie. W związku z tym na półkach leżą zarówno maski umiarkowanego Romneya – słodkiego, rozumnego i pełnego republikańskiego uroku – jak i jego diabelskiego, skrajnego sobowtóra, który kuma się potajemnie z „herbaciarzami" i twierdzi, że połowa narodu to banda uzależnionych od rządu obiboków.

Jeśli natomiast chodzi o prezydenta, największą chodliwością wykazują się kompletne stroje, które zawierają nie tylko maskę, ale również gustowne garnitury z wypisanymi na nich hasłami typu „Urodziłem się na Marsie, ale już się przyzwyczaiłem do Ziemian", albo „Za rok wystartuję w wyborach prezydenckich w Kenii, gdzie mam znacznie większe szanse".

Jednak moim czysto prywatnym zdaniem w propozycjach halloweenowych zdecydowanie brakuje jednej, bardzo ważnej pozycji. Uważam mianowicie, że ludziska powinni mieć możliwość przebierania się za tzw. „niezależnego" wyborcę, znanego również często pod szyldem człowieka „niezdecydowanego".

Od wielu miesięcy w mediach trąbią, że listopadowe wybory znajdują się w rękach owych niezdecydowanych, których jest w sumie bardzo niewielu, bo mniej niż 10 proc., ale którzy do samego końca nie są w stanie postawić na żadnego z kandydatów. Siedzą zatem okrakiem na tym politycznym płocie i trzymają nas w napięciu, udając, że są niezwykle ważni. Tymczasem jest zupełnie inaczej.

Posiadam bardzo niskie mniemanie o wspomnianych niezależnych wyborcach, ponieważ ich postawa może sugerować tylko dwie rzeczy. Po pierwsze, może tu chodzić o ludzi, którzy są kompletnymi ignorantami i zadają takie pytania jak „A kto w ogóle kandyduje?" albo „A po co nam prezydent?".

Po drugie, jeśli ktoś do dziś nie był w stanie zdecydować się na któregoś z kandydatów, to jest baranem, dla którego udział w wyborach może być zbyt wymagającym obciążeniem umysłu. W tym przypadku chodzi zwykle o wyborców, którzy co cztery lata budzą się nagle z letargu i zastanawiają się, czy wszystko to, czego spodziewali się po obecnym prezydencie, zostało zrealizowane, a jeśli nie, to czas albo na wielkie rozterki, albo też na głosowanie na jakąś inną ekipę, nieważne jaką.

W tym miejscu muszę podkreślić, że są to rozważania czysto apolityczne. Nie ma żadnego znaczenia to, czy ktoś jest odwiecznym lewakiem, skrajnym herbaciarzem czy też człowiekiem „politycznego środka". Wyborcza decyzja nie powinna być jakąś wielką walką z własnym jestestwem politycznym aż do ostatniej chwili, lecz wynikiem stosunkowo prostej kalkulacji typu „za i przeciw". Wydaje się wręcz, że część elektoratu deklaruje się z premedytacją jako „niezdecydowana", gdyż jest to rola owiana aurą niezwykłej ważności dla przyszłości kraju. I tragiczne jest to, że ludzie ci czasami rzeczywiście decydują o wyniku wyborów, mimo że często mają guzik istotnego do powiedzenia, a ich ogląd otaczającej rzeczywistości pozostawia wiele do życzenia.

A poza tym, nad czym oni właściwie się zastanawiają? Czyżby sądzili, że w ostatniej chwili okaże się, iż Mitt posiada mormoński harem złożony z 17 muzułmańskich dziewic zwykle przysługujących terrorystom? A może chodzi o nieustannie czyhające za węgłem sensacje o tym, że Barack jest zbudowanym przez wywiad rosyjski robotem do pełzającej rewolucji? Przecież w tych ostatnich tygodniach już się absolutnie nic nie okaże, chyba że dojdzie do jakichś dramatycznych wydarzeń globalnych, na które żaden z kandydatów i tak nie ma wpływu.

No i właśnie dlatego marzy mi się specjalny kostium na Halloween – „niezdecydowanego wyborcy". Nie mam jakiegoś bliżej sprecyzowanego pomysłu na taki kostium, ale możliwości jest sporo. Może trzeba tych niezdecydowanych wysyłać po cukierki w stroju skonstruowanym w tak bolesny sposób, że przebieraniec musi cały czas siedzieć okrakiem na płocie z licznymi drzazgami. A może należy ich zmusić do zadawania sakramentalnego pytania „Trick or treat?" i następnie skazywać na wielominutowe niezdecydowanie ze strony cukierkodawcy, który powinien im mówić, że jeszcze się nie zdecydował, czy preferuje „trick", czy też mimo wszystko woli „treat". Tak czy inaczej, Halloween to doskonała okazja po temu, by niezdecydowanym dać wyraźnie do zrozumienia, iż czasu na dalsze wygłupy już nie ma i trzeba podjąć ostateczną decyzję wyborczą.

Już za rok, gdy polityczny kurz osiądzie tam, gdzie ma osiąść, wszystko to przestanie mieć, przynajmniej w kontekście halloweenowego święta, jakiekolwiek znaczenie. Ale na razie znaczenie posiada, nawet jeśli ulotne. Całe szczęście, że do wyborów jest już tak blisko, a maski Baracka i Mitta wkrótce wylądują na śmietniku. Dla jednego z nich – niestety – na śmietniku historii, bo dwóch facetów nie może wygrać.

Świecący ryj dzika

Zbliżamy się powoli do mistrzostw Europy w piłce nożnej, które odbędą się w Polsce i na Ukrainie. O ile przygotowania po stronie polskiej są w oczach organizatorów w miarę zadowalające, nieco inaczej jest u ukraińskich sąsiadów. Nie chodzi bynajmniej o stadiony, które się budują lub już zostały zbudowane, lecz o nieco mniej zauważalną infrastrukturę: hotele, restauracje, a nawet tak prozaiczne rzeczy jak publiczne szalety.

Nie tak dawno temu w Warszawie miała miejsce wielka feta z okazji oficjalnego oddania do użytku Stadionu Narodowego, zastępującego kupę gruzu, zwanego w przeszłości Stadionem X-Lecia (niestety tzw. Manifestu Lipcowego). Byli artyści, były fajerwerki, byli też oczywiście politycy. W ten sposób Polska zakończyła czysto stadionowe przygotowania do Euro. Zakulisowo i mniej szumnie Polska przygotowała się jednak do najazdu świata w sensie infrastrukturalnym, co nie do końca można powiedzieć o ukraińskich partnerach.

W grudniu ubiegłego roku poinformowano, że z 16 drużyn biorących udział w turnieju Euro 2012, tylko trzy zamierzają zamieszkać na Ukrainie: Francja w Charkowie, Szwecja w Kijowie oraz Ukraińcy w Doniecku. Reszta towarzystwa rozlokuje się w hotelach w Polsce. Oficjalnie nikt nie mówi o przyczynach tego zjawiska, ale pokątnie głoszone opinie są jednoznaczne: po ukraińskiej stronie granicy nadal za dużo jest – jak na zachodnie gusta – urokliwego, ale często odpychającego, wschodniego „syfu". Zresztą ostrzegał mnie przed nim nie tak dawno temu mój rodzony syn, który wizytował Kijów w roli zagranicznego turysty i który przysłał mi kilka zdjęć prezentujących „urządzenia sanitarne" zarówno w Kijowie, jak i we Lwowie. Szczegółów nie zdradzę, bo w końcu niektórzy mogą czytać ten tekst w czasie posiłków.

Jak skomentował to wszystko zgryźliwie reporter brytyjskiego Guardiana, Ukraińcy do chaosu są przyzwyczajeni, Francuzi „sami żyją w syfie", a Szwedom „w zasadzie nic nie przeszkadza". Być może to wszystko prawda, ale rozdźwięk między warunkami bytowania milionerskich gwiazd kopanej w Polsce i na Ukrainie stanowi podobno poważny problem dla władz UEFA, które nie chcą, by ukraińscy organizatorzy czuli się w taki czy inny sposób „pokrzywdzeni" lub nawet „prześladowani". Tenże sam reporter zwraca uwagę na fakt, iż w Doniecku swoje mecze grupowe rozgrywać będzie Anglia, ale kibice też tam raczej nie zamieszkają, preferując Polskę, co jest dobrą wiadomością dla Ukraińców, którzy w ten sposób uchronią swoje miasto przez inwazją kiboli. Jakby jednak na to nie patrzeć, bazowanie przez kibiców i piłkarzy w Polsce, zamiast na Ukrainie, to zwiastun finansowej klęski dla ukraińskich organizatorów. Jeśli nie będzie piłkarzy w sklepach i kibiców w barach, na zyski nie ma co liczyć. Nic zatem dziwnego, że zrodził się nowatorski pomysł zwabienia tych co bardziej wątpiących w uroki ukraińskiego krajobrazu

W Kijowie powstało biuro „usług turystycznych", które znudzonym kibolom zamierza oferować dość szczególne atrakcje. Za jedyne 400 dolarów można sobie będzie kupić wycieczkę do Czernobyla, gdzie organizatorzy obiecują zaprezentować „fascynujące wrażenia w trakcie zwiedzania miejsca największej w historii katastrofy nuklearnej".

Plan tej wycieczki jest istotnie fascynujący. Za wymienioną powyżej cenę można się będzie sfotografować z reaktorem numer 4, który w kwietniu 1986 roku eksplodował, wprawiając większość Europy w stan nuklearnej paniki. Zaraz potem uczestnicy zostaną przewiezienie do miasta Pripiat, którego 50 tysięcy mieszkańców poddano wówczas operacji natychmiastowej i totalnej ewakuacji. W miejscowości tej można zwiedzić między innymi szkołę, porzuconą w panice przez setki dzieci, oraz dziwnie dziś wyglądające wesołe miasteczko, z osuwającymi się z wolna w gruzy zabawkami.

Potem można się też będzie przejść po paru domach Pripiatu, opuszczonych w takim pośpiechu, że na kuchni stoją nadal zardzewiałe czajniki, a stoły nakryte są do śniadania. Natomiast zwieńczeniem tego turystycznego raju jest wizyta w tzw. Czerwonym Lesie, czyli terenie, na którym drzewa zostały zbombardowane tak dużą dawką promieniowania, iż po dziś dzień wszystkie liście są czerwone i zapewne pozostaną takie przez setki lat.

Emocji na tym jednak nie koniec. Z Pripiatu kompletnie nawaleni brytyjscy kibice zostaną też zawiezieni do dawnej bazy rakiet balistycznych w Pierwomajsku, gdzie każdy znudzony porażkami Anglików fan będzie mógł wejść do betonowego schronu i dać się sfotografować z palcem na przycisku, którego użycie przed rokiem 1989 oznaczałoby zniszczenie paru amerykańskich miast. Ci bardziej trzeźwi mogą też pobrać lekcję strzelania z kałasznikowa oraz sztuki kierowania czołgiem z okresu II wojny światowej. Nie wiem, czy Szarik z Gustlikiem będzie im towarzyszył, ale spodziewam się, że tak, tyle że za specjalną dopłatą.

Jeden z organizatorów wycieczki zapewnia, że poziom skażenia promieniotwórczego całego tego terenu jest obecnie „wyraźnie mniejszy od niebezpiecznego, o ile chodzi tylko o krótki pobyt w strefie Czernobyla". Hmm, ciekawa diagnoza zagrożenia. Ciekawa o tyle, że nie został zdefiniowany termin „krótki pobyt", który może oznaczać kilka minut, kilka godzin lub kilka dni.

Na szczęście dla zbłąkanych na Ukrainie kibiców, jest jeszcze inna możliwość szukania wrażeń. Jeśli wizyta w Czernobylu wydaje się nieco niebezpieczna, zawsze można się zapisać – w innym biurze turystycznym – na wyprawę w ostępy ukraińskich Karpatów w pogoni za dzikiem. Ze zwykłym sztucerem, bez radioaktywności i bez stresów. Oczywiście, jeśli zabity dzik będzie miał świecący ryj, pewne powody do niepokoju pozostaną. Na rzeczywistość trzeba jednak patrzeć optymistycznie. Jeśli ryj świeci, to już jest ugotowany i gotowy do spożycia.

Poświata w sypialni

Kiedyś było o wiele łatwiej. Za komuny człowiek szedł do sklepu nie po jakikolwiek konkretny artykuł, lecz po to, co akurat „rzucili" na puste półki. A kupowało się powszechnie rzeczy, które w żaden sposób nie mogły się większości nabywców przydać. Na przykład, w roku 1982 byłem przelotnie w Poznaniu, gdzie do tamtejszego domu towarowego z nikomu nie znanych bliżej powodów przywieziono nagle ładunek kremowych żyrandoli do lamp stołowych. Żarcia nie było, piwa nie było, papieru toaletowego nie było, ale przynajmniej na kilka chwil można sobie było zapewnić dobrobyt żyrandolowy...

Wkrótce potem zobaczyłem faceta, który wychodził ze sklepu z wiąchą tychże żyrandoli. Zastanawiałem się wtedy, po kiego grzyba był mu ten ładunek, ale wtedy nikt w tych kategoriach nie myślał – jak rzucili, to trzeba było nabywać, na wszelki wypadek, gdyby nagle załamała się światowa produkcja kremowych zakrywaczy gołych żarówek albo gdyby okazało się, że żyrandole można będzie w jakiś sposób przerobić na kabanosy lub soczyste kotlety schabowe.

Na wolnym rynku kapitalistycznym jest zupełnie inaczej. W sklepach jest zawsze bulwersujący nadmiar wszystkiego, co powoduje, że co mniej odporni spędzają godziny w supersamie, by zdecydować, czy kupić na śniadanie Cheerios czy też może Captain's Crunch. Widziałem też kiedyś faceta, który przez ponad 30 minut prowadził z personelem dyskusję o zaletach i wadach dwóch różnych, choć w zasadzie takich samych, ekspresów do kawy.

Niestety, ów nadmiar selekcyjny dotarł właśnie również na rynek bielizny – zarówno damskiej, jak i męskiej. Od pewnego czasu wybór nie dotyczy wyłącznie bieliźnianej stylistyki, ale tego, czy gacie świecą w ciemnościach czy też nie. Okazuje się bowiem, że w kręgach amerykańskich majtkobiorców występuje szybki wzrost zainteresowania bielizną, która w dzień się ładuje, a w nocy świeci.

I tak w sklepach od pewnego czasu można kupić męskie „boxer shorts" brytyjskiej firmy House of Holland, oferowanych za cztery dychy od sztuki, które po zapadnięciu zmroku rozjarzają się niczym neony na jakimś Grand Hotelu. Za nieco więcej pieniędzy można też kupić świecące szorty firmowane przez byłego herosa tenisa, Bjorna Borga. Tajemnicą pozostaje dla mnie to, dlaczego Bjorn, była pierwsza rakieta świata, dziś zajmuje się takimi głupotami, ale podejrzewam oczywiście, że chodzi o zielony materiał z portretami Lincolna.

Odłóżmy na razie na bok rozterki natury moralno-obyczajowej i zajmijmy się na chwilę wyłącznie technologią. Majtki Borga ładowane są „światłem naturalnym", które musi docierać do miejsca bielizny, w którym zwykle znajduje się gumka, zastąpiona w tym przypadku zmyślną elastyczną baterią. Nie wiem, jak moi Czytelnicy, ale ja zwykle nie chodzę po mieście z majtkową gumką zwisającą nad poziomem paska do spodni, a zatem szans na skuteczne załadowanie tego produktu elektrycznością nie widzę, chyba że ktoś cały czas łazi rozneglizowany po jakiejś plaży w tropikach. Faceci mieszkający w mniej słonecznych i bardziej konserwatywnych środowiskach wydają się być skazani na bieliznę nieustannie rozładowaną, a zatem w żaden sposób nie świecącą. A przecież wszyscy wiemy, że nie ma niczego gorszego od rozładowanych baterii, szczególnie w spodniach.

Jednak prócz problemów natury technicznej trzeba się również uporać z kwestiami bardziej filozoficznymi, zawartymi w ważkich pytaniach typu „A dlaczego moje *dessousy* mają mi po nocach świecić?". Jeśli chodzi o producentów bieliźniarskiej linii Borga, twierdzą oni, że chodzi przede wszystkim o zachęcenie ludzi do przebywania i eksperymentowania z partnerami w sypialni. Uważam tę teorię za dość kuriozalną. Czyżby w USA był jakiś poważny problem ze znalezieniem partnera w łóżku? Na tyle poważny, iż bez neonowych majtek ani rusz? A jeśli takiego problemu nie ma, co wydaje mi się dość prawdopodobne, to jedynym innym uzasadnieniem noszenia tego rodzaju bielizny zdaje się być jakaś forma ekshibicjonizmu. Idzie na przykład wieczorem jakiś gość na spacer do parku z psem i nagle, bez żadnego oczywistego powodu, opuszcza na chwilę spodnie, by zaprezentować zupełnie nowe źródło światła. Może to wprawdzie odciążyć tymczasowo miejski system oświetlania parku, ale wątpię, by poświata tyłkowa, prezentowana przez przygodnych przechodniów, przypadła komukolwiek do gustu.

Jest, moim zdaniem, tylko jedno pożyteczne zastosowanie tego rodzaju intymnej odzieży. Jak wiadomo, po ostatnim ataku burzy Sandy na wschodnie wybrzeże USA znaczne części Manhattanu oraz ogromne połacie stanu New Jersey pozbawione zostały na wiele dni dostaw energii elektrycznej. Ludzie narzekali na ciemności i szukali bezskutecznie generatorów. Jest jednak znacznie prostsza metoda przywrócenia tymczasowego oświetlenia obszarów dotkniętych kataklizmem. Gdyby wszyscy mieszkańcy mieli na sobie świecące w ciemnościach kalesony, slipy lub reformy, i gdyby wszyscy wylegli wspólnie na ulice rozebrani niemal do rosołu, zrobiłaby się taka poświata, że można by było czytać bez okularów dowolną instrukcję obsługi domowego sprzętu, wydrukowaną w Chinach niezwykle drobną czcionką dla zmylenia przeciętnego, mało zorientowanego Amerykanina.

Wszelkie inne zastosowania świecącej bielizny wydają mi się dość wątpliwe. Na przykład żona mówi w sypialni do męża: – *Wiesiek, zapal jakieś światło*, a Wiesiek na to: – *OK, kochanie, już zdejmuję spodnie.* Mam niejasne przeczucie, że odpowiedzi tego rodzaju spowodowałyby znaczny wzrost liczby rozwodów w USA, czego oczywiście nawet Bjorn Borg naszemu kontynentowi w żaden sposób nie życzy.

Pijany robot górą

Rok mamy jak najbardziej wyborczy, co objawia się między innymi tym, że nie da się oglądać telewizji przez więcej niż godzinę, by się nie natknąć na jakiegoś polityka zachwalającego swoje własne przymioty i porównującego wszystkich przeciwników albo do skończonych idiotów, albo też do niedorobionych intelektualistów o wyraźnych ciągotach socjalistycznych. A w listopadzie wiara ruszy do urn, by wybrać prezydenta oraz znaczną część nierobów w Kongresie. Jednak zanim ktoś do tej urny dotrze, stanie oko w oko z maszyną do głosowania. Mówiąc ściślej, urny często w ogóle nie ma, bo została zastąpiona pudłami pełnymi układów scalonych, które gdzieś tam coś obliczają i wysyłają w nieznane. Nadal są okręgi wyborcze, w których maszyna do głosowania to zwierzę bardzo prymitywne, bo czysto mechaniczne, przypominające dziurkacz do papieru. To właśnie te urządzenia stały się przyczyną kryzysu konstytucyjnego (znanego również jako „wielka wyborcza chryja") w czasie wyborów w roku 2000, gdy okazało się, że wyborcy na Florydzie nie dziurkowali zgodnie z przepisami i dlatego nie wiadomo było dokładnie, czy dana dziura w papierze była na korzyść Gore'a czy Busha. Przez wiele tygodni Ameryka oglądała z zapartym tchem transmisje na żywo z procesu ponownego liczenia głosów, polegającego na prawidłowej interpretacji dziury oraz realnych intencji osoby dziurkującej. Proceder ten został ostatecznie ukrócony przez zespół 9 antycznych sędziów, znanych powszechnie jako Sąd Najwyższy USA, który przedziurkował prezydenckie ambicje Gore'a.

Od tego czasu wiele się zmieniło. Obecnie w 33 stanach Unii są elektroniczne rozwiązania procedury oddawania głosu, co ma zapobiec podobnym sporom w przyszłości. Nikt niczego na kartach wyborczych nie pisze, nikt niczego nie dziurkuje, lecz podchodzi do elektronicznej bestii i ją politycznie dotyka, zgodnie ze światopoglądem, a reszta „robi się sama", choć nie bardzo wiadomo jak.

Jak to jednak w Ameryce zwykle jest, każdy ze stanów ma prawo stosować swoje własne rozwiązania, a zatem to, co czeka wyborcę w Oregonie, może być zupełnie różne od metod stosowanych w Illinois. Zresztą różnice, często poważne, występują też między poszczególnymi powiatami stanu. Dobrze jest zatem głosować przez całe życie w tym samym okręgu wyborczym, bo w przeciwnym razie można od tego wszystkiego dostać pomieszania z poplątaniem.

Wszyscy od dawna twierdzą, że głosowanie elektroniczne to nieuniknona przyszłość demokracji. Niestety tak się nieszczęśliwie składa, że jest to również przyszłość komputerowych hakerów. Jeszcze nikt nigdy nie zdołał udowodnić, że jakikolwiek z tych systemów jest całkowicie bezpieczny i nie może zostać skutecznie zaatakowany przez wszystkich tych, którzy chcą, by ludzie wybrali na prezydenta dużą pyrę z Idaho albo lalkę Barbi w kusej mini.

W roku 2010 władze okręgu wyborczego w Waszyngtonie ogłosiły, że weszły w posiadanie nowego systemu do elektronicznego głosowania, który ma zostać zastosowany w niedalekiej przyszłości. Ponieważ system ten nie został poddany surowym testom, zaproszono absolutnie wszystkich do eksperymentu, który polegał na próbie włamania się do tego cybernetycznego cudu. Innymi słowy, władze rzuciły wyzwanie – włamujcie się i dajcie znać, jak wam poszło.

Profesor Alex Halderman z University of Michigan nie był w stanie tej okazji przepuścić. „Jak można zignorować możliwość złamania rządowych zabezpieczeń bez narażania się na pobyt w więzieniu?" – pytał retorycznie swoich studentów informatyki, z którymi natychmiast przystąpił do hakerskiego dzieła. Zresztą dlaczego nie – większość mieszkańców stanu Michigan jest albo bezrobotna, albo studiuje po to, by po uzyskaniu dyplomu przejść na bezrobocie. Z nudów lepiej jest zatem zająć się czymś konkretnym, szczególnie gdy jest to zajęcie technicznie nielegalne, ale całkowicie bezkarne.</p> <p>Już po kilku dniach grupa ta odkryła liczne słabe punkty systemu, co pozwoliło im się wedrzeć do cybernetycznych trzewi maszyn do głosowania. Potem jeszcze trzeba było zablokować skutecznie podobne poczynania ze strony licznych innych grup hakerskich, np. z Rosji, Indii i Chin, i przystąpić do dzieła fałszowania wyborów.</p> <p>Halderman i spółka wymazali wszystkich realnych kandydatów, a ich nazwiska zastąpili fikcyjnymi nazwami sieci informatycznych, np. Skynet. Na liście kandydatów do zarządu szkół w stolicy kraju znalazł się również nieistniejący, pijany robot o nazwie Bender

Dla okraszenia wszystkich tych wysiłków Halderman polecił też swoim studentom, by zmienili oprogramowanie maszyn do głosowania w taki sposób, że po oddaniu głosu każdy wyborca usłyszał hymn drużyny futbolowej University of Michigan.

Mimo tych poważnych zmian w systemie do głosowania, władze, które tak lekkomyślnie zachęcały hakerów do jego „przetestowania", zorientowały się, że coś jest nie tak dopiero po dwóch dniach, gdy jeden z próbnych wyborców narzekał, iż muzyka płynąca z maszyny po oddaniu głosu jest „irytująca". A propos, w wyborach zdecydowane zwycięstwo odniósł nawiany robot, mimo że nikt z głosujących nie wiedział, że na niego oddaje głos.

Zdaniem profesora Haldermana, jego wysiłki udowodniły, że do skutecznego i bezpiecznego systemu głosowania elektronicznego jest jeszcze bardzo daleko, a te systemy, które są już dziś stosowane, narażają wszystkich na poważne w skutkach ataki i fałszerstwa. Ja się jednak stanowczo nie zgadzam. Trzeba bowiem wziąć pod uwagę fakt, że czasami wybranie nietrzeźwego robota do pełnienia jakiejś ważnej funkcji może przynieść lepsze rezultaty niż wybór standardowego, oficjalnego kandydata. W najgorszym zaś przypadku wyborcy nie zauważą jakiejkolwiek różnicy. Gdyby zaś podobny system głosowania zastosować w Rosji, mieszkańcy tego kraju z pewnością wyszliby na tej elekcji lepiej niż kilka dni temu.

Nieboszczyk w urnie

Z pewnością wszyscy zauważyli, że mamy wreszcie z głowy wybory. Przez następne parę miesięcy nic wyborczego nie będzie się na szczęście działo, ale zaraz potem zacznie się nowa naparzanka, która zaprowadzi nas do wyborów w roku 2014, choć tym razem wyłącznie do Kongresu oraz na szczeblu lokalnym. Chwilowo zalew błota politycznego ustał i można nawet bezpiecznie włączyć ponownie telewizor, choć nadal zalecam ostrożność...

Do kolejnych wyborów specjalnie nie tęsknię, a tych, które się właśnie zakończyły, miałem po dziurki w nosie. Obaj kandydaci wydali astronomiczne sumy pieniędzy i kursowali po całej Ameryce niczym pociągi ekspresowe, a wszystko to w zasadzie przyniosło ten sam wynik co poprzednio – ten sam prezydent i ten sam układ politycznych sił w Kongresie. Równie dobrze można było te pieniądze wydać na coś innego i przez ostatnie 9 miesięcy siedzieć w domu i czytać książki. A jaki wszyscy mielibyśmy wtedy spokój!

Z drugiej jednak strony muszę przyznać, że w trakcie hecy pod nazwą Elections 2012 doszło do dwóch intrygujących wydarzeń, które zdają się sugerować, iż do sukcesu wyborczego czasami nie trzeba absolutnie żadnych kwalifikacji, choćby takich jak bijące serce, co utwierdza mnie w przekonaniu, że nawet ja mógłbym mieć jakoweś szanse.

W dwóch stanach, na Florydzie i w Alabamie, wybory do lokalnych urzędów wygrali faceci, którzy mimo tego wielkiego sukcesu nigdy nie obejmą swoich urzędów. Demokrata z „Sunshine State", Earl K. Wood, w tamtejszym powiecie Orange został wybrany po raz kolejny skarbnikiem urzędu podatkowego. Natomiast republikanin w Alabamie, Charles Beasley, zdobył miejsce w zarządzie powiatu Bibb. Obaj politycy wygrali sporą większością głosów. Jest tylko jeden, mały problem – obaj zmarli przed wyborami.

96-letni Wood rozstał się z życiem 15 października, natomiast Beasley zrobił dokładnie to samo trzy dni wcześniej. Obaj pozostali jednak na kartach wyborczych i – jak się okazało – ich nieobecność wśród żywych w żaden sposób nie przeszkodziła głosującym, którzy – jak śmiem domniemywać – doszli do wniosku, iż skuteczność działania polityka zmarłego jest mniej więcej taka sama jak żywego.

Przeciwnicy obu nieboszczyków mieli – ze zrozumiałych względów – pewne problemy z pogodzeniem się z porażką. Walter Sansing, który był przeciwnikiem Beasleya, zawarł swoją frustrację w następującej wypowiedzi: – *To jest dość delikatna sytuacja. Gdy się walczy w wyborach z nieboszczykiem, trzeba uważać na to, co się mówi, bo on sam nigdy nie odpowie.* Oj, co prawda, to prawda. Z żywymi jest znacznie łatwiej, bo zawsze coś odpyskują i w ten sposób napędzają dalszą dyskusję. A taki martwy przeciwnik nic tylko leży i milczy, tak jakby sobie z czegoś po cichu drwił.

Nieco inna i pod pewnymi względami bardziej zdumiewająca historia wyborcza zrodziła się w mieście Athens w stanie Georgia. Jest to mieścina niemal całkowicie zdominowana przez studentów mieszczącego się tam University of Georgia. Problem w tym, że w wyborach do Kongresu w tym okręgu był tylko jeden kandydat – Paul Broun. Kandydat ów, należący do tzw. „ruchu herbacianego", na krótko przed elekcją oświadczył publicznie, iż nagle doznał „oświecenia" i że wie już teraz na pewno, iż wszelkie teorie o „wielkim wybuchu", miliardach lat istnienia wszechświata oraz ewolucji to „kłamstwa wywodzące się prosto z otchłani piekła". Dodał, że jest przekonany, iż wszechświat został stworzony przed 5700 laty, choć – o dziwo – nie podał ani daty, ani też godziny.

Zbulwersowana tym wszystkim gawiedź akademicka ogłosiła pospolite ruszenie. Jeden z najbardziej znanych profesorów biologii we wspomnianej uczelni, Jim Leebens-Mack, zorganizował specjalną stronę w serwisie Facebook, która stała się petycją pt. „Darwin for Congress". Innymi słowy, zrodziła się kampania na rzecz głosowania w wyborach nie na Louba, lecz na Charlesa Darwina, od dawna nieżyjącego twórcy teorii ewolucji. Oczywiście nikt na serio nie sądził, że Darwin może wygrać, a nawet gdyby wygrał, to i tak nie byłby w stanie stawić się w Waszyngtonie, gdyż jest zajęty od lat leżeniem w grobie. Chodziło raczej o utarcie żyjącemu kandydatowi nosa.

No i go utarli. Jak wynika z oficjalnych danych, na Darwina oddano w sumie ponad 4 tysiące głosów. Broun bez trudu wygrał, ale znalazł się w dość niezręcznej sytuacji kandydata, który nie dość, że walczy z nieboszczykiem, to jeszcze jest to ktoś powszechnie znany. Strona „Darwin for Facebook" istnieje nadal, a jej celem jest obecnie „znalezienie do roku 2014 racjonalnego, żywego kandydata, który mógłby zastąpić pana Brouna”.

Udział nieżywych polityków w wyborach, choć nie zdarza się często, nie jest bynajmniej w USA zjawiskiem wyjątkowym. W roku 2000, o którym wszyscy pamiętają głównie z powodu elekcyjnego kryzysu na Florydzie z udziałem Gore'a i Busha, doszło do dramatycznych wydarzeń w stanie Missouri. Kandydujący tam do Senatu Mel Carnahan zginął na dwa tygodnie przed wyborami w katastrofie niewielkiego samolotu. Postanowiono, że pozostanie na kartach wyborczych, a wyborcy postanowili 2-procentową większością głosów, że Mel winien pośmiertnie znaleźć się w Senacie. Ponieważ jednak osobie nieżyjącej trudno jest efektywnie wykonywać poselskie obowiązki, gubernator Missouri mianował żonę zmarłego, Jean, do górnej izby amerykańskiego parlamentu.

Moim zdaniem, wszystkie te zjawiska zgodne są z występującymi od lat trendami, sugerującymi, iż do sukcesu wyborczego w zasadzie nie jest potrzebny rozum, a czasami nie wystarczają nawet pieniądze, o czym przekonaliśmy się w tym roku. A skoro tak, to być może nie jest również konieczne posiadanie innych ważkich przymiotów, np. namacalnego pulsu, silnego oddechu lub wymierzalnej czynności mózgowia.

Postindyczy szał

Czasami zastanawiam się, jak to jest możliwe, że miliony Amerykanów, obciążone wielkim obiadem dziękczynnym oraz wypełnione znaczną ilością trunków, są mimo wszystko w stanie zjawić się o 4.00 rano w postindyczy piątek pod drzwiami wielu sklepów, by uczestniczyć w dzikim ataku na półki z przecenionymi towarami. Z drugiej strony, pożeranie indorów jest zapewne konieczne w celach energetycznych, bo inaczej rozpychanie się w Walmarcie łokciami mogłoby się okazać mało wydajne. A rozpychanie się ma od pewnego czasu miejsce niemal wszędzie, czasami z fatalnymi skutkami dla rozjuszonych do totalnej głupoty konsumentów.

Jeszcze nie tak dawno temu bywało o wiele spokojniej. Gdy pod koniec lat 60. ubiegłego stulecia termin „Black Friday” został po raz pierwszy użyty gdzieś w Filadelfii, podobno dotyczył tylko tego, że w dniu zakupów piątkowych ruch na ulicach był taki, że samochodem nigdy się nie dało szybko dojechać. Był to zatem termin motoryzacyjny, a sklepy otwierano o normalnych porach, np. o 9.00 rano. Dziś taka interpretacja tej frazy jest już niemożliwa, bo na autostradach wielkich miast „czarny piątek” ma miejsce codziennie.

To, co się dzieje dziś, jest kontynuacją kompletnego szaleństwa. Najpierw handlowcy uznali, że trzeba świątynie komercjalizmu otwierać w piątki postindycze nieco wcześniej, np. o 5.00 rano. No, a potem wszelkie ograniczenia „puściły”. W dwa lata później na zakupy można się było wybrać o 3.00 nad ranem, choć zawsze było ryzyko dostania w mordę od podekscytowanych i nawianych nabywców *in spe*. Przed rokiem sieć Targetu otworzyła swoje placówki o północy, a zatem zanim jeszcze zjedzony indyk mógł skutecznie paść ofiarą przemiany materii. Natomiast w tym roku szefowie tej samej sieci ogłosili, że na „czarny piątek” w ogóle nie będą czekać, tylko otworzą sklepy w dziękczynny czwartek o 9.00 wieczorem. Zaraz potem konkurencja, w postaci Walmartu i Toys-R-Us, poszła jeszcze dalej – drzwi prowadzące do przecenowego raju otworzyła o godzinę wcześniej, czyli już o 8.00, zbliżając się w ten sposób niebezpiecznie do pory indyczej uczty.

Doszło do tego, że tu i ówdzie zaczyna się buntować personel tych sklepów, który nie bez racji zauważa, iż w tych nowych realiach nie jest w stanie spędzić żadnych świąt w rodzinnym gronie, bo ciągle jest w pracy. Pracownicy sklepów Target skończyli pracę w miniony czwartek o 7.00 wieczorem, by ją rozpocząć ponownie w dwie godziny później, oddając się zapewne w czasie tej krótkiej przerwy dziełu naklejania wszędzie nowych, niższych cen, tak charakterystycznych dla czarnopiątkowej głupawki.

Wszystko to rodzi we mnie podejrzenie, że wkrótce Święta Dziękczynienia w ogóle nie będzie, bo kto będzie miał czas na skomplikowane zabiegi w kuchni w chwili, gdy gdzieś o dwie przecznice dalej sprzedają niemal za darmo chińską tandetę pozbawioną jakiejkolwiek realnej przydatności, ale za to zawierającą śmiertelną dawkę ołowiu. A ponieważ już od połowy listopada przed sklepami sterczą „dzwonnicy" z Armii Zbawienia, którzy drzewiej dzwonili dopiero w grudniu, czyli przed świętami Bożego Narodzenia, z wolna rodzi się nowy model celebracji listopadowo-grudniowych.

Zamiast się przejmować poszczególnymi okazjami, takimi jak Święto Dziękczynienia czy Boże Narodzenie, począwszy od ostatniego czwartku listopada aż do pierwszego dnia nowego roku nie będzie żadnych biesiad, odwiecznych obyczajów czy sentymentalnych bajdurzeń o rodzinnym cieple. Przez ponad miesiąc będą wyłącznie zakupy, najlepiej przez 24 godziny na dobę. Od czasu do czasu zmęczone watahy nabywców zapewne załapią się na jakiegoś pośpiesznie skonsumowanego hamburgera, ale potem trzeba będzie wrócić na pole walki o jak największą liczbę zakupionych przedmiotów minimalnego użytku i niejasnego przeznaczenia.

A wracając jeszcze do owych dzwonników, to ich rola też uległa zastanawiającej ewolucji. Pomysł zbierania datków przed sklepami zrodził się w roku 1891, a pomysłodawcą był marynarz, kapitan Joseph McFee, który swoją pierwszą skrzynkę „zbieracką" ustawił przy nabrzeżu portowym w San Francisco. Jednak zrobił to na tydzień przed świętami Bożego Narodzenia i nigdy nie miał zamiaru zrobić z tego całomiesięcznego dzwonienia ludziom po uszach.

Dopiero w drugiej połowie XX wieku dzwonnicy z charakterystycznymi, czerwonymi kotłami, do których wrzuca się datki, zaczęli walenie w dzwony już w listopadzie, najpierw tuż po Thanksgiving, a teraz o wiele wcześniej. Innymi słowy, dzwonienie zlało się zgrabnie z nabywczym szałem, który wybucha jeszcze nad nie całkiem zjedzonym indykiem.

Gorzej, że nawet w dziedzinie przedwczesnego dzwonienia przed sklepami zanosi się na niepokojący postęp technologiczny. W niektórych częściach kraju ustawiane są już w tym roku kompletnie zautomatyzowane czerwone kotły, które same dzwonią, a nawet grają kolędy. Tylko patrzeć, gdy będą oferować dostęp do Internetu oraz pucowanie butów.

A w niedalekiej przyszłości widzę już na horyzoncie kotły o napędzie nuklearnym, które dzwonić będą nieprzerwanie aż do czasu wyznaczonego przez połowiczny rozpad radioaktywnego uranu, czyli przez dwieście czterdzieści sześć tysięcy lat. Na szczęście już mnie wtedy absolutnie nigdzie nie będzie, nawet w Targecie.

Model węgierski

Powiedzmy sobie szczerze – szanse na przetrwanie tego roku mamy niewielkie. Nawet jeśli Majowie rąbnęli się gdzieś w obliczeniach i 21 grudnia nie nastąpi koniec świata, już w 10 dni później Ameryka ma runąć w dół z tzw. „skały fiskalnej", o której media nadają ostatnio niemal na okrągło. Gdyby ktoś słuchał wyłącznie komentarzy na ten temat, już dawno straciłby nadzieję na jakikolwiek ratunek, szczególnie jeśli weźmie się pod uwagę fakt, że obie strony w tym sporze zdają się być absolutnie nieprzejednane.

Jak wiadomo, jeśli Kongres nie dogada się z prezydentem w sprawie cięć budżetowych, cięcia – znacznie bardziej dramatyczne – nastąpią automatycznie, co spowoduje, że wszyscy albo w ogóle pójdziemy z torbami, albo zaczniemy klepać bolesną biedę. A ponieważ dotychczasowa historia porozumiewania się Kongresu z prezydentem na jakikolwiek temat jest gorsza od przebiegu rokowań palestyńsko-izraelskich, spadek na narodowy ryj w finansową przepaść jest całkiem możliwy. Dla przeciętnego podatnika oznaczać to będzie znacznie wyższe podatki, a dla wielu przedsięwzięć rządowych – ruinę.

Niektórzy co bardziej zdesperowani twierdzą nawet, że skok w dół z fiskalnej skały może mieć pewne pozytywne efekty, gdyż zerwie drastycznie z nawykiem wydawania pieniędzy, których państwowa kasa po prostu nie ma. Ja jednak wolałbym z niczego nie skakać, szczególnie jeśli tego rodzaju skok ma się wiązać ze znacznie mniejszym budżetem personalnym na piwo.

I dlatego proponuję zastosować tzw. model węgierski wychodzenia z otchłani zbyt dużego zadłużenia. Niewtajemniczonym muszę w tym miejscu wyjaśnić, że przed paroma laty na Węgrzech bezwzględną większość w parlamencie uzyskała prawicowa partia Fidesz, której szef i obecny premier, Viktor Orbán, wprowadził niemal natychmiast liczne „reformy" mające na celu umocnienie jego władzy i zepchnięcie wszelkiej liczącej się opozycji na wieczne boczne tory. A ponieważ niektóre jego poczynania w dość oczywisty sposób naruszały unijne zasady demokratycznego sprawowania władzy, Węgrom dostało się po kieszeniach, bo zirytowani szefowie UE wycofali część wsparcia finansowego dla Budapesztu, co z kolei spowodowało, że zadłużenie kraju dramatycznie rośnie i już za kilka lat może grozić fiskalnym skokiem na główkę do modrych wód Dunaju. W coraz częściej publikowanych rysunkach satyrycznych Węgry przedstawiane są jako kraj z wolna osuwający się do „podziemia" Europy, tak jak na ilustracji obok. Orbán wprawdzie nadal negocjuje z Unią, ale daje mu się tylko pięćdziesiąt procent szans na sukces.

Wiem oczywiście o tym, że w Polsce istnieją siły polityczne, które nie tylko popierają Orbána, ale również są zdania, że rozwiązania zastosowane przez niego muszą zostać importowane do Warszawy, co wydaje mi się dość dziwne, bo import finansowego krachu może się podobać wyłącznie samobójcom. Ale to już inna sprawa.

O wiele ważniejsze jest to, że Orbán wpadł na równie prosty co genialny pomysł wydobycia swojego kraju z przepaści monetarnej. Ogłoszono mianowicie niedawno, że każdy, kto wykupi od węgierskiego rządu specjalne obligacje na sumę przynajmniej 250 tysięcy euro, może zostać automatycznie Węgrem. Najpierw dostanie, bez żadnych zawiłych formalności, prawo stałego pobytu, a potem może się ubiegać o obywatelstwo, jeść gulasz i nie posiadać się ze szczęścia.

Nie mam pojęcia, ilu ludzi na świecie marzy o byciu Węgrem, ale atrakcyjność tej oferty polega zapewne na tym, iż posiadacz węgierskiego paszportu staje się obywatelem UE, a zatem ma prawo do poruszania się po całej Europie, szukania pracy gdziekolwiek, swobodnego inwestowania, itd. Rząd Orbána przyznaje bez bicia, że ich oferta płatnej węgierskości adresowana jest przede wszystkim do bogatych Azjatów, a szczególnie Chińczyków, którzy nie wiedzą, co robić ze zbijaną przez siebie kasą. Pozytywnym efektem ubocznym adwentu Azji nad Dunaj będzie również zwiększona liczebność ciekawych restauracji orientalnych.

Tak czy inaczej, model węgierski można by było zastosować również w USA. Zamiast bawić się w jałowe negocjacje, mające zapobiec osunięciu się z *fiscal cliff*, Waszyngton winien ogłosić, że każdy obcokrajowiec, który w taki czy inny sposób zainwestuje pół miliona lub więcej w cokolwiek, może liczyć na przeskoczenie długiej kolejki do amerykańskiego obywatelstwa. Skutecznie zastąpiłoby to program tzw. loterii wizowych, które zawsze wydawały mi się dość dziwnym sposobem sprowadzania nowych ludzi do kraju.

Ponieważ krajowi potrzebne są pieniądze, a nie chmara ubogich szczęściarzy z różnych zakątków globu, lepiej jest po prostu sprzedawać obywatelstwo na otwartym rynku, po dość wymagających cenach.

Jest oczywiście pewne ryzyko. Jeśli oferta ta nagle zyska ogromną popularność na przykład w Chinach, wkrótce San Francisco zostanie przemianowane na Szanghaj Bis, a Chicago na 风城, co podobno znaczy Windy City. W sumie jednak jest to drobna cena za zbawienie finansowe i przyszły dobrobyt. W końcu czy lepiej jest udawać, iż się jest nadal supermocarstwem z całą czeredą biedaków, czy też lepiej mieć mniej prestiżu, ale więcej dukatów w kieszeni?

Na razie trzeba jednak poczekać na wyniki kampanii węgierskiej, bo przecież może się okazać, że aż tak bardzo gulaszu i placków nikt jednak nie lubi.

Ulotny urok „Cebuli"

We współczesnym świecie izolacja od krążących po nim w zawrotnym tempie informacji wszelakiego autoramentu wydaje się niemal niemożliwa. Jest to jednak tylko złuda, jako że prawdziwy zamordysta zawsze znajdzie metodę spaczenia otaczającej go rzeczywistości. Zresztą w świecie autokratycznego dyktatu rzeczywistość jest pojęciem dość słabo zdefiniowanym i niekoniecznie zgodnym z tzw. realiami, nie mówiąc już o prawdzie.

W USA, gdzie żadnej dyktatury nie ma, istnieją źródła całkowicie sfingowanych, fikcyjnych informacji. Jednym z tych źródeł jest niezwykle popularny telewizyjny program Jona Stewarta pt. „The Daily Show", w którym wyssana z palca bzdura goni inną wyssaną z palca bzdurę, a wszystko w imię nieustannego ośmieszania wszystkich tych, którzy na ośmieszanie zasługują. Owszem, faktem jest to, że badania sondażowe wykazują, iż niektórzy co młodsi telewidzowie uważają surrealizm Stewarta za realny dziennik telewizyjny. Jednak ogromna większość narodu wie, że to wszystko pic, łącznie z „zagranicznymi korespondentami" pokazującymi się na tle zdjęć wybranych stolic świata. A wiedza ta bierze się stąd, że media są w zasadzie wolne, zatem każdy może sobie sam porównać fikcję z rzeczywistością.

Okazuje się, że w niektórych krajach jest inaczej. Wiele lat temu w Wisconsin narodził się pomysł wydawania pisma satyrycznego pt. *The Onion*. W gazecie tej absolutnie wszystko mija się o sto metrów z rzeczywistością, czyli każdy komentarz, artykuł lub zapis wideo jest czystą satyrą. Wiadomość ta nie dotarła jednak skutecznie do Chin.

W jednym z ostatnich wydań redakcja *The Onion* ogłosiła, że w tym roku jej wybór na najbardziej seksownego człowieka roku padł na przywódcę Korei Północnej, Kima Dzong Una. Wcześniej podobne wyróżnienie spotkało syryjskiego prezydenta Baszara al-Assada, waszyngtońskiego oszusta Berniego Madoffa i paru innych podejrzanych typów.

Ludzie mający choćby okazjonalną styczność z rzeczywistością wiedzą doskonale, że młody szef komunistycznego państwa koreańskiego jest krótki, przysadzisty i szeroki, a do roli hollywoodzkiego amanta z pewnością nie przystaje. Jednak „Cebula" z Wisconsin argumentowała z pasją, iż jej werdykt w sprawie tegorocznej męskiej seksbomby jest jak najbardziej uzasadniony. Oto cytat z tego uzasadnienia: „Ze swoją zniewalająco przystojną, okrągłą twarzą, piękną, silną postawą i chłopięcym urokiem, ten amant rodem z Pjongjangu może być marzeniem każdej kobiety".

Na kobiecych marzeniach specjalnie się nie znam, ale coś mi się wydaje, że w klasyfikacji potencjalnych uwodzicieli Dzong Un ma jeszcze sporo do nadrobienia, by trafić do czołówki. Tak czy inaczej, czujna kadra dziennikarska sztandarowego prasowego megafonu chińskiej partii czerwonych, czyli *Dziennik Ludowy*, dała się kompletnie nabrać, uznając, że artykuł w *The Onion* to nie jakieś imperialistyczne jaja, tylko twarda rzeczywistość, w której kacyk z Pjongjangu został wreszcie doceniony pod względem jego azjatyckiego piękna. W związku z tym w internetowym wydaniu tej gazety zamieszczono 55-stronicowy dodatek, w którym pełno jest zdjęć koreańskiego przywódcy w różnych bohaterskich pozach – jeździ konno, trzyma jakieś małe dzieci na rękach, dokonuje inspekcji oddziałów armii, itd. A wszystko to chińscy żurnaliści, w swej niezmierzonej izolacji od realiów, opatrzyli cytatami z *The Onion*. Innymi słowy, rzeczywiście myśleli, że jakaś poważna amerykańska gazeta uznała Dzong Una za faceta, przed którym damy z całego świata będą się mizdrzyć w uwielbieniu.

Tymczasem przedstawiciel redakcji satyrycznej „Cebuli", Will Tracy, powiedział całkiem poważnej sieci BBC, iż wpadka Chińczyków wcale nie jest dla niego zaskoczeniem. Gazeta poszła za ciosem i zdecydowała się na oficjalną reakcję w sprawie podjęcia tematu seksowności konusa z Korei przez Chińczyków. W specjalnym komentarzu redakcja podkreśla raz jeszcze wrodzone piękno Dzong Una, a potem zachęca czytelników, by zaglądnęli na strony chińskiego *People's Daily*, gdzie „jest znacznie więcej danych na ten temat". A potem gratulacje dla chińskich mediów: „dziękujemy wam, towarzysze, za wkład pracy".

Oficjalny „organ" chińskiej komuny wyszedł zatem na kompletnych idiotów, z czego należy się oczywiście cieszyć. Nie są to jednak jedyni zamordyści, którzy padli ostatnio ofiarą dokładnie tego samego wydawnictwa. Przed dwoma miesiącami w *The Onion* ukazał się artykuł, w którym przytoczono wyniki zmyślonego sondażu, zgodnie z którym wiejscy mieszkańcy USA woleliby, by ich prezydentem był Mahmud Ahmadineżad, a nie Barack Obama. Gazeta cytowała nawet „wyborcę" z Zachodniej Wirginii, który powiedział, że na mecz baseballa wolałby się wybrać z prezydentem Iranu, który „lepiej rozumie sprawy bezpieczeństwa narodowego".

Oficjalna rządowa agencja prasowa Iranu, Fars, przekazała te informacje zupełnie serio, wietrząc w nich propagandowy sukces pana prezydenta. Gdyby jednak rzeczony prezydent wyjął kiedyś głowę z ideologicznego wiadra i przyjrzał się temu, co się na świecie naprawdę dzieje, być może wreszcie zidentyfikowałby artykuły w *The Onion* jako całkowicie prześmiewcze.

W ciemno, ale bez strachu

W języku angielskim istnieje termin „blind date", czyli mniej więcej „ślepa randka". W czasach przedpotopowych, czyli zanim był Internet, randki tego rodzaju organizowane były sposobem nieco kuchennym. Czasami kumpel mówił do kumpla: – *Wiesz, znam fajną dziewczynę – umówię cię z nią na spotkanie.* Inny popularny scenariusz polegał na początkowym kontakcie telefonicznym lub listownym, co potem prowadziło do bezpośredniego spotkania twarzą w twarz.

Ten wariant nadal istnieje w wersji „email" i został nawet wykorzystany z powodzeniem w popularnym filmie pt. „You've Got Mail", choć tradycyjne listy miały pewne dodatkowe zalety. Wiele można było np. „wyniuchać" na podstawie charakteru pisma oraz stylistyki, nie mówiąc już o doborze papieru i koperty. Poczta elektroniczna ma natomiast charakter niemal telegraficzny i mocno anonimowy, co może skutecznie tuszować niedostatki korespondentów.

Wszyscy zapewne jeszcze pamiętają, jak działały kiedyś biura matrymonialne. Każdy chętny do nawiązania z kimś kontaktu w celach potencjalnie małżeńskich składał najpierw w biurze zeznanie na temat własnej osoby, zostawiał zdjęcie, a potem wszystkie te materiały były kojarzone z potencjalnymi kandydatkami lub kandydatami o zbliżonych zainteresowaniach, walorach, podobnym wykształceniu, itd.

W tamtych odległych niczym średniowiecze czasach randka tego rodzaju nie była zatem do końca ślepa. Bądź co bądź, rekomendujący dziewczynę kumpel widział ją kiedyś i coś o niej wiedział, natomiast listy lub telefony zawsze zdradzały w taki czy inny sposób osobowość osoby, z którą potem dochodziło do bezpośredniego spotkania. Natomiast pośrednictwo standardowego biura matrymonialnego gwarantowało, iż każdy delikwent musiał się ujawnić, pokazać, coś o sobie napisać – i to w obecności żywego człowieka, przed którym nie można było udawać kulturysty lub seksbomby.

Te pożyteczne mechanizmy bezpieczeństwa szlag trafił w wyniku totalnego zinternetyzowania świata. Dziś ślepa randka jest rzeczywiście ślepa, bo każdy może się skutecznie maskować w Sieci, fałszywie opisywać wygląd lub charakter, a nawet wysyłać zdjęcia kogoś zupełnie innego, na przykład przystojniejszego kolegi. Stąd idąc na tego rodzaju randkę nigdy nie można przewidzieć, kogo się na niej spotka. Małomówną, inteligentną piękność czy gadatliwego babochłopa? Drugie wcielenie Ronaldo czy łysego grubasa z rzednącym uzębieniem przednim? 25-latkę czy osobę w wieku niebezpiecznie przedemerytalnym.

Problem jest całkiem realny, bo ludzie wpadają jak śliwki w kompot niemal codziennie. Wystarczy wejść do dowolnej księgarni, by zobaczyć wiele książek „poradniczych" o tym, jak z gracją wykaraskać się z fatalnej randki na ślepo. Jest zatem realne zapotrzebowanie na organizację skutecznych ucieczek ze szponów każdego nieszczęsnego spotkania.

Zresztą kłopotliwe „ślepe randki" wcale nie muszą dotyczyć wyłącznie spotkań o zamiarze romantycznym, a potem nawet seksualnym. Podobnie bywa czasami w czasie niespodziewanych spotkań z dziwnymi klientami lub dawno nie oglądanymi członkami odległej rodziny, którzy okazują się nieznośnymi baranami, z którymi nie da się wytrzymać więcej niż 5 minut. Można oczywiście powiedzieć komuś prosto w oczy szczerą prawdę i wyjść, np. powiedzieć: – *Jesteś baranem – do widzenia*, ale tylko nieliczni odważni są w stanie stosować tak brutalną metodologię.

Na szczęście ludzka pomysłowość nie zna granic i nagle na rynku pojawiło się narzędzie, które z pewnością okaże się niezwykle pomocne. Internetowy serwis eHarmony.com, który zajmuje się kojarzeniem par w Sieci i wysyłaniem ich na ślepe randki, proponuje od pewnego czasu program do wszystkich czołowych smartfonów, przy pomocy którego można się zręcznie wywinąć z randkowej wpadki. Rzecz nazywa się Bad Date Rescue i działa w sposób genialnie prosty.

Po zainstalowaniu tego programu w telefonie przed każdą wyprawą w otchłań nieprzewidywalnego bólu związanego ze spotkaniem totalnie nam nieznanej osoby można sobie zaprogramować wirtualny ratunek w postaci sfingowanego telefonu od przyjaciela, rodziny, szefa, itd. O wyznaczonej godzinie rozlegnie się dzwonek, a w telefonie pojawi się nawet zdjęcie „dzwoniącej" osoby. W czasie takiej całkowicie pozornej rozmowy nasz nieistniejący rozmówca powiadomi nas o jakichś ważkich wydarzeniach, które zmuszą nas do natychmiastowego powrotu do domu, szkoły dziecka lub do pracy. I tak wirtualny sąsiad może stwierdzić, że w domu pękła rura i woda się wdziera do piwnicy. „Żona" mogłaby zadzwonić, bo właśnie eksplodowała teściowa, a „przyjaciel" dałby do zrozumienia, że został aresztowany za jazdę po pijaku i konieczne jest jego wykupienie zza krat. Natomiast „nauczyciel" dzwonić może z pilną wieścią, że syn dźgnął nożem woźnego i jest właśnie wieziony na sygnale na komisariat.

Po takim telefonie stosunkowo łatwo jest się wyłgać i opuścić właśnie spotkaną facetkę wyglądającą tak jakby ją w dzieciństwie przejechał kilkakrotnie ciągnik gąsienicowy, albo faceta, którego piwny brzuch sięga niemal gruntu. No i wreszcie na randkę w ciemno można iść bez większego strachu, aż do czasu, gdy ktoś nie wynajdzie programu do zagłuszania sfingowanych telefonów.

Poklask dla miernoty

Czasami wydaje mi się, niestety błędnie, że głupota podawanej nam codziennie telewizyjnej sieczki dotarła wreszcie do dna i już niżej spaść nie może. Za każdym razem okazuje się, że jednak może. I nie chodzi mi wyłącznie o telewizję amerykańską, bo podobna głupawka jest udziałem ludzi na całym świecie. Jednak Ameryka akurat w tym przypadku przoduje, szczególnie jeśli chodzi o tzw. „reality shows", czyli kretyńskie seriale z „życia zwykłych ludzi", które mają nam dać wrażenie, iż oglądamy spontanicznie rodzące się wydarzenia z udziałem ludzi, którzy nawet nie wiedzą, że wszędzie towarzyszą im światła, kamerzyści oraz reżyser...

Najnowszy szał, a może ściślej, najnowsza eksplozja idiotyzmu, dotyczy rodziny mieszkającej w stanie Georgia, której dość powikłana i pod wieloma względami bulwersująca egzystencja stała się podstawą do skonstruowania odrażająco prymitywnego serialu pt. *Here Comes Honey Boo Boo*, przy czym tytułowa Boo Boo to 7-letnia córka matrony rodziny, June Shannon. Pani Shannon, vel Thompson, posiada cztery córki, choć każda jest z innego związku, a zatem teoretycznie rodzina posiada czterech różnych tatusiów. Dziś obecny jest tylko jeden – Mike – który jest ojcem Honey Boo Boo.

June nie tak dawno temu zgłosiła swoją najmłodszą córkę do konkursu dziecięcych piękności w ramach programu telewizyjnego pt. *Toddlers & Tiaras*. Alana Thompson, bo tak naprawdę nazywa się Honey Boo Boo, niczego tam nie wygrała, ale zwróciła na siebie uwagę łowców telewizyjnego kiczu. W ten sposób zrodził się pomysł zrobienia serialu o wspomnianym powyżej tytule, w którym to serialu w zasadzie o nic nie chodzi. Rodzina daje się filmować w realiach „codziennego życia", które jednak nie mają nic wspólnego z codziennością Ameryki.

Po pierwsze, bardzo mało jest rodzin, w których ojców jest więcej niż okien w pokoju gościnnym. Po drugie, Shannonowie bądź Thompsonowie zdają się niemal szczycić tym, że wiedzą guzik o czymkolwiek z wyjątkiem własnej okolicy, która zresztą nie jest zbyt atrakcyjna.

Nic dziwnego, że w powszechnie znanym serialu animowanym *South Park* ma się wkrótce pojawić epizod, w którym Honey Boo Boo i jej „normalna" rodzina zostanie przedstawiona jako zestaw prymitywów próbujących kupić na targu tucznika.

Oczywiście w kupowaniu tuczników lub mieszkaniu na wsi nie ma niczego zdrożnego. Wręcz przeciwnie, miliony amerykańskich farmerów to ludzie nie tylko nieźle wykształceni i świadomi otaczającej ich rzeczywistości, ale również w żaden sposób nie zainteresowani uczestnictwem w zgoła żenującym spektaklu telewizyjnym.

Tak czy inaczej, kompletny bzdet pt. *Here Comes Honey Boo Boo* oglądały z zapartym tchem 3 miliony Amerykanów, w związku z czym sieć telewizyjna TLC nie tylko przedłużyła rodzinie kontrakt na następny sezon, ale potroiła ich zarobki. Rodzina z Georgii opływa od pewnego czasu w dostatki, co może w poważnym stopniu zagrozić prymitywizmowi ich dotychczasowego życia.

Osią całego tego „sukcesu" jest Honey Boo Boo, czyli dziecko, które zdradza poważne braki w wychowaniu i bywa często bezczelne w stosunku do dorosłych. Wydaje się wręcz, że June Shannon gotowa jest „sprzedawać" swoją córkę mediom bez większych wahań, o ile tylko w grę wchodzą odpowiednie pieniądze. Obnosi się z nią po wszystkich możliwych programach telewizyjnych, w których niedorost udziela wywiadów, zwykle pozbawionych jakiejkolwiek istotnej zawartości semantycznej.

Szkopuł nie polega jednak wyłącznie na eksploatacji nieletniej osoby. Rodzina z Georgii zdradza też inne problemy, które są wprawdzie udziałem wielu innych Amerykanów, ale których propagacja nie jest bynajmniej pożądana. June Shannon zdradza objawy poważnej otyłości, co jest oczywiście jej prywatną sprawą. Jednak jej 7-letnia córka, która stała się dla niej maszynką do robienia pieniędzy, jest wprawdzie nadal na granicy nadwagi, ale wszystko wskazuje na to, że pójdzie w ślady matki. I co na to sama June? Broni zdecydowanie np. tego, że swojej latorośli serwuje przed „ważnymi występami" mieszankę mocno słodzonych napojów z tzw. „energy drinks", co w sumie daje napitek zawierający tyle samo kofeiny co cztery filiżanki kawy. Dla przypomnienia, chodzi tu o 7-letnią dziewczynkę, która powinna chodzić do szkoły i wkuwać podstawy dalszej egzystencji, a nie zasady zrobienia wielkiej kariery. Wcale się nie zdziwię, jeśli za kilka lat okaże się, iż nastoletnia Alana będzie cierpieć na depresję oraz będzie uzależniona od alkoholu lub narkotyków. Taka jest zwykle cena bezwzględnego wyzysku bezbronnego dziecka.

Jednak najbardziej niepokojące jest coś innego. Dlaczego w telewizji TLC ktoś doszedł do wniosku, że spaczona rodzina z Georgii ma w jakimś sensie być „normalką" Ameryki? I dlaczego owe 3 miliony ludzi gapią się bezkrytycznie na ten kretynizm? Nie znam – ma się rozumieć – odpowiedzi na te pytania. Jednak faktem jest, że telewizja w USA od lat produkuje programy, które w taki czy inny sposób adresowane są do „jak najniższego, wspólnego mianownika". Bywają wyjątki, ale w znacznej mierze dominuje antyintelektualna miernota. A skutek jest taki, że Honey Boo Boo to bohaterka, a nie kandydatka do rodzinnej terapii psychiatrycznej.

Linie AA, czyli Ale Afera

W miejscu tym już wielokrotnie dawałem do zrozumienia, że nie lubię podróżować metalowymi cygarami przemieszczającymi się, w wyniku trudnych do zrozumienia praw fizyki, na wysokości 10 km nad powierzchnią ziemi. Sama polska nazwa „samolot" jest dla mnie niepokojąco nieadekwatna. Wspomniane cygaro wcale nie leci samo: potrzebuje skrzydeł, silników i pilota, a każdy z tych komponentów może po prostu zawieść. Pilot może być na kacu albo doznać za sterami *Herzschlagu*, silniki mają skłonności do wsysania dzikich gęsi lub stawania w płomieniach, natomiast skrzydło może się oderwać...

Za każdym razem, gdy snuję moje katastroficzne wizje wynikające z podróżowania samolotami, liczni życzliwi spieszą mi na pomoc, oferując różne statystyczne fakty, z których wynika niezbicie, że pikowanie do Atlantyku jest znacznie mniej prawdopodobne niż moje wjechanie samochodem w przydrożne drzewo. Niestety, za każdym razem pojawiają też nagle nowe wiadomości, które te optymistyczne statystyki do pewnego stopnia unieważniają. Najnowsze tego rodzaju fakty dotyczą linii American Airlines, w swoim czasie potentata amerykańskiego lotnictwa cywilnego, a dziś bankruta starającego się odzyskać fiskalną równowagę.

Najpierw w prasie zaczęły pojawiać się doniesienia o tym, że piloci, protestujący przeciw planowanym zmianom w ich umowach o pracę, oficjalnie nie zastrajkowali, ale robią co mogą, by szefom linii utrudnić życie. Korzystają mianowicie masowo z wakacji i zwolnień lekarskich oraz opóźniają loty przez zgłaszanie wyssanych z palca usterek technicznych, co powoduje konieczność dokonywania niepotrzebnych przeglądów maszyn przez mechaników, których zresztą brakuje, jako że spora ich część została zwolniona z powodu konieczności wprowadzenia cięć budżetowych.

Już tylko ta wiadomość budzi we mnie dodatkową trwogę. W powodzi zgłoszeń o usterkach wyimaginowanych mogą zostać przeoczone wady całkiem realne, prowadzące na przykład do lądowania ślizgowego w lesie, a nie na pasie lotniska. Poza tym, gdy tylko słyszę o cięciach budżetowych, od razu zaczynam się zastanawiać, czy przypadkiem nie wycięto czegoś istotnego, np. dostaw paliwa, przeglądów silników lub odpowiedniego mocowania skrzydeł.

Coś mi się wydaje, że w AA cięcia te już dają o sobie znać. W ciągu zaledwie kilku dni dwa samoloty tych linii musiały awaryjnie lądować, ponieważ pasażerowie poczuli wyraźny zapach dymu, który nie pochodził ani z papierosa standardowego, ani też marihuanowego. Ludzie lecący z Chicago do Londynu przejechali się za darmo do Irlandii, gdzie spędzili noc w hotelu przy lotnisku w Shannon, podczas gdy mechanicy wykryli, iż dym pochodził z jednego z wentylatorów, który się „przegrzał".

Usterki mogą się oczywiście zawsze zdarzyć, tym bardziej że ta kupa oskrzydlonego żelastwa zawiera tysiące części, zwoje przewodów i masę elektroniki. O ile jednak kopcenie wentylatora można zrozumieć, o tyle oderwanie się od podłogi kilku rzędów foteli jest znacznie trudniejsze do wyjaśnienia. A takie właśnie incydenty miały miejsce w czasie dwóch lotów AA.

Siedzi sobie człowiek spokojnie zapięty pasem, popija drinka za 7 dolarów, aż tu nagle traaach! – fotele przesuwają się do przodu, tyłu i na boki. Oba samoloty musiały awaryjnie lądować, a dziesięć innych maszyn uziemiono, by sprawdzić, czy w nich również nie da się usiedzieć w jednym miejscu.

Przedstawiciel AA powiedział, że „jest co najmniej 10 powodów, dla których fotele mogły się oderwać od podłogi". Być może, ale ja mam ulubioną przyczynę – jakiś półgłówek zapomniał je przykręcić śrubami po remoncie kabiny, a jakiś inny baran nigdy tego nie sprawdził. Zresztą, moim zdaniem, w grę może również wchodzić działanie zamierzone i to dwojakiego rodzaju.

Ponieważ linie lotnicze mają obecnie zwyczaj pobierania dodatkowych opłat za absolutnie wszystko, z wyjątkiem obecności pilota na pokładzie, być może w drodze eksperymentu wkrótce każdy pasażer stawiany będzie przed prostym wyborem. Bilet podstawowy będzie na miejsca w fotelach w żaden sposób do niczego nie przymocowanych. Chcesz mieć fotel przykręcony – zapłać dodatkowo pięć dych. Natomiast gdy już maszyna znajdzie się w powietrzu i pilot ostrzeże, iż być może pojawią się podniebne wertepy w postaci turbulencji, każdy nieprzymocowany pasażer będzie mógł w ostatniej chwili kupić za 100 zielonych „pakiet doraźny", składający się ze śrub oraz wkrętaka. Przy pomocy tego sprzętu można będzie we własnym zakresie fotel do czegoś przykręcić, zanim jeszcze zarówno fotel, jak i pasażer zdążą przyrżnąć w sufit.

Jest jeszcze inna, bardziej drastyczna możliwość. Poodkręcane fotele mogą mianowicie stanowić przygotowanie do ich całkowitej eliminacji na rzecz miejsc stojących. Pod sufitem kabiny pojawią się tramwajowe uchwyty, na których pasażerowie wisieć będą niczym powietrzne małpy. W ten sposób w samolocie zmieści się znacznie więcej ludzi. Potem jeszcze zacznie po kabinie chodzić konduktor pokrzykujący „Bileciki do kontroli!" i nagle poczujemy się jak w domu. Loty na gapę są o tyle niewskazane, że w razie nagłej kontroli nie ma jak z pojazdu wyskoczyć.

W ciągu zaledwie dwóch dekad podróże samolotami pasażerskimi zmieniły się z dość przyjemnego doświadczenia, okraszonego nędzną kanapką i darmową coca-colą, w jeżdżenie powietrznym wagonem bydlęcym, w którym wszystko kosztuje, nawet woda, a w którym panują niepodzielnie ścisk i zdenerwowanie. W tych warunkach czasami nawet zapominam, iż znajduję się w powietrzu, gdyż bardziej mi to przypomina jazdę tramwajem w godzinach szczytu. Ale może to i lepiej – wykolejenie się jest znacznie lepsze od pikowania.

Kelnerski blues

Zwykle jest tak, że jak się idzie do restauracji, człowiek spodziewa się dwóch zasadniczych rzeczy. Po pierwsze, zawsze trzeba mieć nadzieję, iż kadra kelnerska nie jest czymś na tyle sfrustrowana, że nie postanowi w ostatniej chwili napluć na kotlet, albo dodać właśnie obciętego, brudnego paznokcia do zupy, udając, iż jest to niezwykle twardy odcinek wąsa homara. Za kuchenną ścianą mogą się wszak odbywać przedziwne rzeczy, o których nigdy nie mamy pojęcia...

Po drugie, konsument winien jeść w poczuciu, że coś zostało właśnie przyrządzone ze świeżego surowca, a nie z kury-kombatantki, która pamięta czasy bitwy pod Monte Cassino. Niestety, problem w tym, że – gdy już ktoś siedzi przy stoliku i czeka na żarcie – wykluczenie powyższych obaw jest w zasadzie niemożliwe, a zatem jesteśmy skazani na to, co nam zaserwują. Przynosi nam kelner „świeżo złowioną" rybę atlantycką, która może być wyschłą podeszwą, trzymaną w zamrażarce przez ostatnie trzy lata.

Jednak w USA coraz częściej pojawiają się objawy tego, iż problemy z zawartością i świeżością podawanych dań nie są jedynym źródłem kontrowersji. Czasami, a może nawet często, wzór cichego, usłużnego kelnera-profesjonalisty nie przystaje w żaden sposób do o wiele bardziej prozaicznej rzeczywistości, w której konsument traktowany jest jak niepotrzebny intruz.

Byli mieszkańcy PRL-u z pewnością nie będą tym faktem zdziwieni, jako że kelnerzy w knajpach komuny często w ogóle się nie zjawiali albo się zjawiali, ale mieli przeszłość kryminalną i straszyli ochotników na schabowego z kapustą mordobiciem. Mogłoby się wydawać, że w Ameryce jest inaczej. Jednak pod pewnymi względami nie jest.

Przekonały się o tym na własnej skórze trzy młode panie o dość obfitych gabarytach, które wybrały się w Kalifornii na lunch do restauracji Chilly D's Sports Lounge. Christine Duran, Christina Huerta oraz Isabel Robles przyznają bez bicia, że w sumie ważą znacznie ponad trzysta kilogramów. Jednak do knajpy w celach konsumpcyjnych nie wybrały się z pewnością po to, by ich tusza stała się obiektem komentarzy personelu.

Gdy przyszło do płacenia rachunku, kelner przyniósł do stolika odpowiedni kwit, na którym pod jego imieniem, Jeff, widniał dopisek „Fat Girls", czyli „grube dziewczyny", a może nawet „tłuste dziewoje", w zależności od interpretacji. Należało wnioskować, że był to dopisek identyfikacyjny, pozwalający rzeczonemu personelowi z łatwością identyfikować stolik, do którego przynoszone były zamówione dania. Kontrastowały zapewne z innymi zapisami typu „baran w okularach", albo „łysy kretyn z wąsem".

Ja to wszystko do pewnego stopnia rozumiem. Gdybym sam był gdzieś w knajpie i gdybym dostał rachunek z dopiskiem „rudy palant", w zasadzie aż tak bardzo bym się nie obraził, jako że miałbym pewność, iż obsługa wie doskonale, gdzie się znajduję i co mam dostać do spożywania. Jednak obszerne kobity latynoskie w Kalifornii nie wykazały się aż takim zrozumieniem. Wezwały kelnera i zażądały wyjaśnień. Chłopak się przestraszył i zawołał swojego szefa, a ten z kolei zaczął przepraszać, sugerując, iż termin „grube dziewczyny" został zapewne zapisany na rachunku przez jakiegoś pracownika kuchni, który „na potrzeby wewnętrzne personelu" uznał, iż taka identyfikacja przyniesie najlepsze rezultaty.

Coś mi się wydaje, że ów pracownik kuchni obecnie pracuje przy robotach ziemnych na jakiejś budowie i z identyfikacją klientów restauracji już nigdy nie będzie miał nic wspólnego. Właścicielka knajpy najpierw zaoferowała ponadwymiarowym klientkom 25-procentową obniżkę rachunku, a potem nawet obniżkę o 50 procent, ale konsumentki się były na tyle wkurzyły, że te oferty odrzuciły. Wynika stąd zapewne, że mają one zamiar – zgodnie z od dawna ustaloną amerykańską tradycją – podać restaurację do sądu w celu uzyskania odszkodowania za poniesione straty moralne. Jestem pewien, że w czasie procesu dojdzie do niezwykle powikłanych dyskusji natury semantycznej, tyczących się tak ważnych kwestii jak to, od jakiej wagi zaczyna się „gruba dziewczyna" i czy jest to w ogóle termin obraźliwy, zważywszy, że grubość dotyczy 60 procent populacji.

Jednak panie z Kalifornii winny mieć na uwadze fakt, że obraźliwe traktowanie klientów w amerykańskich restauracjach wcale nie jest wyjątkowe. W marcu tego roku kelner w restauracji w stanie Maryland dopisał do rachunku wystawionego klientce adnotację, w której określił ją jako „brzydki świerzb". No, trzeba mu przynajmniej dać punkty za kreatywność, bo w końcu „świerzb" to słowo rzadkie i nie wszyscy je znają. Natomiast w jednej z knajp Papa John's wyrzucono pracownika, który na rachunku klientki zapisał „ta pinda o skośnych oczach".

Moja małżonka od lat twierdzi, że „na miasto" należy zawsze wychodzić w wyprasowanej koszuli. Ja zaś jestem zdania, że równości materiałowej dowolnej odzieży i tak nikt nie zauważy. Może jednak nie mam racji. Pójdę kiedyś do jakiejś knajpy, a na rachunku ktoś mi napisze „ten facet w wymiętolonej garderobie". No i będzie wstyd!

Inflacja Mikołajów

Trudny okres przedświąteczny ludziom zaangażowanym w desperackie zakupy zawsze do pewnego stopnia kojarzy się z takim oto obrazkiem: w specjalnie wydzielonym miejscu siedzi Santa, czyli rubaszny facet w czerwonym kubraczku, a w kolejce do niego stoją małe pędraki wraz z mamusiami. Każde dziecko siada po kolei na kolanach brodatego Mikołaja, by mu wyrecytować listę pożądanych pod choinką zabawek. Brodacz pokiwa głową, pogłaszcze po główce, krzyknie parę razy dziarsko „Ho, ho, ho!" i sprawa załatwiona. Dodatkowym, ubocznym skutkiem jest to, że stojący z boku rodzic dowie się w ten sposób, co naprawdę ich pociecha chce dostać na gwiazdkę...

Ba, podobne sceny pamiętam z czasów dzieciństwa w komunie, tyle że zamiast Santy siedział tzw. Gwiazdor (choć – na nasze historyczne szczęście – nie Дед Мороз), który jednak znajdował się w znacznie gorszej sytuacji, jako że realizacja dziecięcych marzeń była zadaniem skomplikowanym, w związku z „okresowymi trudnościami w zaopatrzeniu rynku". Na kolanach Gwiazdora, jak podejrzewam, równie chętnie siedzieć by chcieli rodzice, by wyszeptać, że w prezencie chcą kilo wołowiny lub torbę pomarańczy, nie mówiąc już o papierze toaletowym.

W świecie anglosaskim, od bardzo wielu lat zdominowanym w okresie Bożego Narodzenia przez Santę oraz jego zaprzęg reniferów, prujących po niebie z bieguna północnego do wybranych strategicznie kominów, od pewnego czasu trwa dydaktyczna dyskusja o tym, czy maluchom należy wmawiać, że brodaty facet z workiem na plecach jest postacią realną, czy też wyłącznie sympatyczną metaforą świątecznego szaleństwa podarunkowego. Nawet psychologowie spierają się o tzw. „próg prawdy", czyli wiek, w którym dziecku należy przestać wciskać ciemnotę i odważnie oznajmić: – *Listen, Johnny – Santa doesn't exist.*

Z drugiej strony, istnieją ludzie całkiem dorośli, którzy zupełnie na serio utrzymują, że w Santę nadal wierzą, choć w sposób nieco metaforyczny, jako uosobienie ogólnego ducha świątecznego okresu. I zapewne właśnie ci ludzie po prostu nie chcą, by ich dzieci wyciągały ręce po zabawki bez pośrednictwa wiary w to, że ten człowiek w czerwieni rzeczywiście wpada do każdego domu przez komin, wysypuje z wora dobra, zjada w pośpiechu pozostawione dla niego ciastko, wypija łyk mleka, a potem jedzie dalej, wiedziony świecącym nosem Rudolfa. Sentymenty tego rodzaju zaczynają znajdować posłuch wśród niektórych handlowców.

Niektóre sieci handlowe w USA i Wielkiej Brytanii postanowiły w tym roku, że Santy w ogóle nie będą w swoich placówkach pokazywać, ale bynajmniej nie dlatego, że mają coś przeciwko jego obecności. Decyzja ta zapadła pod naciskiem niektórych rodziców, którzy chcieliby ochraniać wiarę swoich małolatów w istnienie Santy. Argumentują jednak, że jest to coraz trudniejsze z dość zaskakującego powodu. Idą, na przykład, z dziećmi do jakiegoś centrum handlowego, gdzie siedzi Santa i zbiera zamówienia na prezenty. Zaraz potem, w ramach zakupów świątecznych, idą do innego sklepu, gdzie znowu siedzi Santa wysłuchujący nabożnie dziecięcych marzeń. No i wtedy zaczynają padać ambarasujące pytania, np. – *Mamo, a jak Santa może być i w tym sklepie, i w tamtym?*, albo – *Dlaczego ten Santa ma okulary i o wiele większy brzuch?*

Strapiony rodzic zawsze może oczywiście uciec się do starej, dobrze wypróbowanej metody wychowawczej przez skomentowanie tych pytań frazą „zamknij się, smarkaczu". Jednak akurat w okresie przedświątecznym taka reakcja z pewnością nie jest wskazana. W związku z tym brytyjska sieć sklepów Debenhams zrezygnowała z zatrudniania w tym roku Mikołajów i nawet wydała w tej sprawie oficjalne oświadczenie: „Ponieważ większość naszych sklepów znajduje się w ośrodkach handlowych, gdzie w wielu placówkach pracują Mikołaje, postanowiliśmy w tym roku nie angażować naszego własnego, by uniknąć dezorientacji wśród dzieci i pozbawiania ich magii tego szczególnego okresu roku".

Jak można się było spodziewać, decyzja ta nie wszystkim się spodobała. Niektórzy specjaliści twierdzą, że dzieci w wieku przedszkolnym w zasadzie nigdy nie kwestionują obecności Santy w wielu miejscach na raz, natomiast dzieci starsze powinny z wolna nabierać wątpliwości co do statusu ontologicznego dziadka z bieguna, ponieważ jest to proces psychologicznie naturalny i zdrowy. Inni przekonują, że praktycznie nie notuje się przypadków wpadania maluchów w depresję i przygnębienie na wieść o tym, że Santa jest czystą fikcją.

W wycofaniu Santy z niektórych sklepów upatruję dwa ważkie problemy. Po pierwsze, jeśli wszystkie sklepy pójdą za tym przykładem, Santa nagle w ogóle zniknie i dzieciom trzeba będzie skonstruować jakieś wyjaśnienie, np. opowieść o tym, jak to zły dziad Putin porwał Santę i wywiózł go na Syberię.

Po drugie, w Ameryce problem z wszechobecnością Santy w sklepach nie jest najbardziej konfundującym dla dzieciarni przykładem. Pod koniec roku w Nowym Jorku odbywa się tradycyjna parada na 5th Avenue, rozpoczynająca oficjalnie sezon świąteczny. W paradzie tej zawsze maszeruje około 50 identycznie wyglądających dżentelmenów w czerwonych wdziankach. Nie mam pojęcia, w jaki sposób widok ten można sensownie wytłumaczyć pędrakowi, który wierzy święcie w to, iż Santa jest tylko jeden. Może trzeba maluchów zacząć wcześnie uczyć, na czym polega inflacja?

„Wsiegda gatow"

No i miał być koniec świata, a zamiast tego będą zwykłe hulanki sylwestrowe na przywitanie roku, którego w ogóle już nie miało być. Wytłumaczenie fiaska apokalipsy jest jak zwykle matematyczne: Majowie rąbnęli się w obliczeniach. Oni sami, czyli garstka spadkobierców cywilizacji wytłuczonej przez Corteza, już wcześniej próbowali tłumaczyć, iż kalendarz Majów żadnego końca świata 21 grudnia nie przewidywał, a jedynie zwiastował zakończenie kolejnego cyklicznego okresu, trwającego parę tysięcy lat.

Jednak „ludzie som durne", jak zwykł mawiać mój dawny sąsiad w Polsce. Całe zastępy co bardziej stukniętych „kataklizmoków" właziły na jakieś góry, zamiast po prostu mrozić szampana w oczekiwaniu nie na koniec świata, lecz na początek roku. Jakimś cudem wyznaczono kilka miejsc na naszym globie, gdzie podobno można by było przetrwać zejście śmiertelne wszechświata. Jedną z takich zacisznych przystani miała być góra Pic de Bugarach, w masywie Corbieres w południowej Francji, na którą zaczęły włazić setki osób, aż do momentu, gdy zirytowane władze lokalne nie zamknęły na trzy dni przed „godziną zero" drogi na tę górę. Natomiast z powodów, których już zapewne nigdy nie poznam, w USA za bezpieczne wobec nadciągającej apokalipsy uznano trzy stany: Kolorado, Kansas i Minnesotę. Jakiś złośliwy komentator radiowy powiedział w związku z tym, że jeśli miałby do wyboru koniec świata albo spędzenie reszty życia w Kansas, wybrałby zapewne to pierwsze.

Wybór między egzystencją w Kansas a gotowaniem wody na kocherze we francuskim masywie górskim wskazuje na pewien logiczny problem, jakim obciążone było to bajdurzenie o miejscach „ostatniej deski ratunku". Załóżmy, że udaje mi się w porę wdrapać na Pic de Bugarach, gdzie wraz z watahą podobnych do mnie szczęśliwców obserwuję 21 grudnia, jak wszystko poniżej nas po prostu przestaje istnieć, a raczej – wedle niektórych „znawców" – znajduje się nagle pod wodą. OK, hurrrra, przetrwałem! Ale po co? Co będę teraz robił z tłumem nieznanych mi palantów na gołej skale, która w jednej chwili stała się wyspą?

Jednak tych najbardziej zaangażowanych nikt nie był w stanie przekonać, że lepiej jest siedzieć w domu i wypatrywać Santy. Reporter BBC zapytał jakiegoś Brytyjczyka wspinającego się wraz dwójką dzieci na Pic de Bugarach, czy nie lepiej byłoby wspinaczkę tę odbyć latem. Zagadnięty odparł: – *Pewnie, że byłoby lepiej, ale wtedy niczego tu już nie będzie.*

Ludzie o końcu świata przemyśliwują od wieków. Niestety, wszystkie dotychczasowe daty, terminy i przepowiednie okazywały się błędne, bo zawsze w taki czy inny sposób ktoś się rąbnął w obliczeniach, co sugeruje, że nasza cywilizacja nie jest zbyt dobra z matematyki. Jednak prócz ludzi dumających o terminach końca świata są bardziej systematyczni działacze na rzecz przygotowywania się do nadejścia nieuchronnego, totalnego kataklizmu. Nazywa się ich „preppers" od angielskiego czasownika *to prepare*.

„Preppers" są zwykle szczególnie aktywni pod koniec roku, bo uważają, że największe prawdopodobieństwo dramatycznych, rewolucyjnych wydarzeń zachodzi właśnie wtedy. Jednak nie wyznaczają żadnych konkretnych terminów i niczego nie przepowiadają. Uważają jedynie, że prędzej czy później jakaś apokaliptyczna zagłada nastąpi, a w związku z tym trzeba być zawsze przygotowanym na najgorsze. Innymi, sowiecko-pionierskimi słowy – „ja wsiegda gatow".

„Przygotowywacze" to przeważnie mieszkańcy zachodnich i południowych stanów USA. Dążą oni do osiągnięcia stanu absolutnej samowystarczalności, a zatem gromadzą w specjalnie skonstruowanych piwnicach lub bunkrach zapasy żywności, wody, broni i amunicji. Często sami uprawiają ziemię, by zapasy żywności nie były zależne od normalnych kanałów jej dystrybucji. Ich zdaniem, wkrótce dojdzie do jakiegoś cywilizacyjnego załamania – wojny nuklearnej, globalnej klęski głodu, krachu ekonomicznego lub zagłady klimatycznej.

W tym całym szaleństwie jest pewna metoda. Istnieje organizacja o nazwie American Prepper Network, która posiada duży magazyn w miejscowości Sandy w stanie Utah. Jest to pewnego rodzaju centrum dystrybucyjne dla wszystkich „preppers", którzy wymieniają się w ramach swojej sieci poglądami na temat najlepszych sposobów skutecznego budowania pasa ochronnego między nimi i resztą skazanego na ruinę świata. Dzielą się ponadto doświadczeniami w konstruowaniu przeróżnych kryjówek, skafandrów ochronnych, filtrów powietrza, itd.

Wszystko to w sposób dość zdumiewający przypomina filozofię amerykańskich hippisów z lat 60. minionego stulecia, którzy budowali swoje własne „komuny", by odseparować się od zbyt materialistycznego świata. Tyle, że hippisi do niczego się nie przygotowywali, a w obliczu nadciągającej zakłady zapaliliby zapewne jeszcze jednego, pożegnalnego skręta.

Ponieważ „preppers" są szczególnie wyczuleni na potencjalne niebezpieczeństwa związane z początkiem nowego roku, zapewne sylwestrowych zabaw nie urządzają, lecz patrzą z niepokojem w niebo, starając się ustalić, czy to nadal sztuczne ognie, czy też grad ognistych meteorytów, który zrobi z Ziemi sito.

Sam też już jestem gotowy. Szampan w lodówce, wędzony łosoś prawie na stole, a wszystko to nie w bunkrze, tylko w zwykłym domu. Mam nadzieję, że zdążę jeszcze zjeść i wypić.

Idealne rozwiązanie

W chwili, gdy piszę te słowa, stary rok się kończy, nowy zaczyna, a my nadal balansujemy na skraju fiskalnej przepaści, która wciąż może nam zostać podarowana przez zgnuśniałych polityków, zbyt bogatych, by się takimi głupotami jak znacznie wyższe podatki przejmować...

Nikt dokładnie nie wie, co stoczenie się w taką finansową przepaść mogłoby oznaczać. Natomiast wszyscy wiedzą, iż należy znacznie ograniczyć wydatki oraz obciążyć kogoś wyższym opodatkowaniem. Kłótnie dotyczą tego, komu przywalić i w jakiej skali.

Na szczęście padła propozycja, która wydaje się idealnym rozwiązaniem. Trzeba po prostu sprzedać Alaskę. Nie trzeba będzie wtedy nikogo nękać nowymi podatkami, a budżet federalny bardzo zgrabnie się zbilansuje.

No bo po jaką cholerę nam ta Alaska? Po pierwsze, mieszka tam Sarah Palin i należy mieć nadzieję, że jak już ktoś ten stan kupi, ją też zabierze. Po drugie, przypominam, że sekretarz stanu William H. Seward kupił Alaskę od Rosji w roku 1867 za sumę nieco ponad 7 milionów dolarów, czyli za nieco ponad 100 milionów dolarów dzisiejszych. Został za to publicznie wydrwiony, bo uważano, iż ta lodowata kraina była Ameryce potrzebna jak piąte koło u wozu. Transakcję prasa nazwała „szaleństwem Sewarda", a w dzienniku *New York Times* pisano, iż Alaska to „wyssana pomarańcza", ponieważ została „całkowicie ograbiona przez Rosjan".

Faktem jest to, że domniemane szaleństwo Sewarda okazało się niezłym interesem, bo doszukaliśmy się tam zarówno złota, jak i ropy naftowej. Ale teraz, w obliczu fiskalnej zagłady, czas najwyższy, by zainkasować zyski i odjąć z amerykańskiej flagi jedną gwiazdkę.

Nie wiem, za ile Alaska poszłaby na eBayu, ale trzeba liczyć, że znajdują się tam pokłady ropy naftowej rzędu 4 miliardów baryłek oraz miliard metrów sześciennych gazu ziemnego. Jeśli to wszystko podliczyć i dorzucić jeszcze wartość nieruchomości w Anchorage i Fairbanks oraz Sarę Palin, wyjdzie więcej niż 20 trylionów dolarów. Nagły przypływ tej sumy pod federalne bramy oznaczałby kres budżetowych stresów.

W sensie czysto praktycznym sprzedaż Alaski przez resztę Ameryki byłaby zapewne w ogóle niezauważona, bo prawie nikt tam nie jeździ, a nawet Fedex i UPS chcą dodatkowych pieniędzy za dostarczanie tam przesyłek. Natomiast tubylcom zapewne jest wszystko jedno, kto nimi rządzi, gdyż od lat i tak robią co chcą, bo Waszyngton jest zbyt daleko, żeby się mieszać.

Zakładam oczywiście optymistycznie, że znalazłby się nabywca – albo prywatny, albo też instytucjonalny. Pierwsza w kolejce mogłaby być Rosja, która rządziła tym terytorium przez 126 lat, a zatem tylko niewiele mniej niż my. W dawnej rosyjskiej stolicy Alaski, mieście Sitka, nadal znajduje się cerkiew z XIX-wiecznymi ikonami, a zatem Ruskie by się od razu poczuły tak, jakby wracały do domu. Nie wspomnę już o tym, że zakup Alaski przez Putina rozwiązałby jeszcze jeden, istotny problem – Palin wreszcie mogłaby Rosję oglądać z własnego ganku.

Jeśli nie Rosja, to może Chiny? W pewnym sensie Chińczycy i tak posiadają znaczne połacie Ameryki ze względu na ich zadłużenie, a zatem przejęcie Alaski byłoby dość naturalnym krokiem. Niezła byłaby też kandydatura Kanady, gdyż z czysto geograficznego punktu widzenia Alaska bardziej pasuje do naszego północnego sąsiada niż do nas, nie mówiąc już o tym, że Kanadyjczycy mają już kraj, na którego większości terytorium prawie nikt nie mieszka. Wrzucenie do tego wora Alaski byłoby zatem bardzo logiczne.

Jeśli chodzi o indywidualnych nabywców, może skusiłby się Donald Trump, który zawsze marzy o jakiejś wiekopomnej roli w historii ludzkiej cywilizacji.

Mógłby zatem kupić sobie swój własny Trumpistan i dać nam wszystkim święty spokój.

Ewentualna sprzedaż Alaski nie jest bynajmniej moim pomysłem. Jako pierwszy zaproponował to niedawno, podobno żartem, Jim Millstein, były pracownik Departamentu Skarbu, który w swoim czasie skutecznie uratował przed upadkiem firmę AIG. Millstein tak naprawdę nie chce sprzedawać Alaski, ale jego propozycja ma ważny, jego zdaniem, podtekst. Argumentuje on mianowicie, iż Ameryka znalazła się w dość niebezpiecznej sytuacji, w której „trzeba palić meble, by ogrzać dom". Innymi słowy, przez całe dekady rząd federalny wydawał pieniądze, których nie posiadał, tak że dziś stoi w obliczu konieczności uzyskania jakiegoś finansowego zastrzyku, np. przez „sprzedaż posiadanych walorów".

Millstein zauważył, iż do rządu federalnego należy nie tylko 69 proc. gruntów Alaski, ale również znaczne połacie masywu Gór Skalistych. Można by zatem opchnąć też komuś parę gór, np. jakiemuś super bogatemu klubowi narciarskiemu w Dubaju, gdzie o góry i śnieg jest dość trudno.

Sprzedaż walorów państwowych nie jest aż takim ewenementem. Bądź co bądź, gdy komuna strzeliła kopytami, poszczególne kraje bloku wschodnie sprzedały niemal wszystkie aktywa, np. fabryki. Natomiast w roku 2010 niemiecki polityk zasugerował, że Grecja powinna sprzedać swoje starożytne zabytki i odwalić się w ten sposób od unijnej kasy zapomogowej. Nie spotkało się to wprawdzie z zachwytem Greków, ale to już inna sprawa.

Wystawienie Alaski na licytację mogłoby też spowodować inne pozytywne konsekwencje. Może sprzedałby się z własnej inicjatywy Teksas, co uwolniłoby nas od sporej rzeszy czubków.

Pomarzyć zawsze można.

Nasza wieża Babel

Przebywając ostatnio w trzech różnych krajach Europy zauważyłem, iż rozpowszechniać się tam zaczyna zaraza, która od lat występuje już w USA. Niemal wszędzie można mianowicie zoczyć przeróżne napisy, szyldy oraz ostrzeżenia napisane w kilku językach. Jest to szczególnie widoczne w Anglii, gdzie zwykły znak o zakazie wstępu przeradza się tu i ówdzie w wielką tablicę, przypominającą ostatnie notowania giełdy w wieży Babel.

Oczywiście napisy w paru językach są teoretycznie bardzo pożyteczne, szczególnie dla tych wędrowców, którzy uważają, że absolutnie każdy człowiek na świecie winien posługiwać się ich językiem, bo inaczej jest kompletnym baranem, który do niczego się nie nadaje. Do kategorii tej często niestety zaliczają się Amerykanie, ale Europa zaczyna nas wyraźnie ścigać.

W hrabstwie Cambridgeshire w pobliżu wsi Ely jest prywatne jezioro, przed którym stoi tablica przypominająca ludziom, że mają tam nie łowić ryb. Jeszcze do niedawna był to znak z wyłącznie angielskim napisem. Dziś języków jest sześć: angielski, litewski, ukraiński, bułgarski i rosyjski. Zastanawia mnie ten wybór, bo wyraźnie sugeruje, że nielegalne połowy są tam dziełem przede wszystkim przybyszów ze wschodu Europy. Podobno chodzą po nocach na karpie i sumy, szepcząc coś złowróżbnie w swoich narzeczach. Jednak nie chodzi tu wyłącznie o nielegalne rybołówstwo, ani też o Europę Wschodnią.

W tym samym hrabstwie tablica ostrzegająca ludzi przez możliwością ataku ze strony byków też jest w paru językach, mimo że byki z natury rzeczy mają gdzieś to, skąd pochodzi przybysz, którego należy staranować rogami, natomiast ofiary takiego ataku mają – mam nadzieję – świadomość tego, czym się różni byk od krowy i kiedy należy jak prędzej ratować się ucieczką.

Z kolei przed wejściem do Tower of London też są przeróżne objaśnienia w wielu mowach świata, co sprawia, iż są one napisane bardzo małą czcionką, których emeryci tacy jak ja nie są w stanie przeczytać. To samo w British Museum – niektóre broszury są w 15 językach!

W Polsce jest na szczęście nieco skromniej. W Krakowie i Wrocławiu coraz więcej jest tablic informacyjnych na poszczególnych zabytkowych domach, kościołach i innych atrakcjach, ale zwykle języki są tylko dwa, tj. polski i angielski, co wydaje się rozwiązaniem orzeźwiająco słusznym. Natomiast Włosi nadal skutecznie opierają się tej manii wielojęzycznych napisów. Czasami jakiś angielski się pojawia, ale zwykle wszystko jest po włosku i tyle. Zresztą oni nie mają czasu na zajmowanie się takimi głupstwami, bo pasją rzymskich kierowców zdaje się być codzienna walka o przetrwanie na ulicach miasta, w którym są często szerokie ulice, pozbawione jakichkolwiek pasów lub strzałek. Na ulicach tych jeździ się mniej więcej tak jak za komuny wchodziło się do przeciętnego autobusu PKS-u – kto pierwszy ten lepszy i po trupach.

Z umieszczaniem wielojęzycznych napisów mam problem lingwistyczno-logiczny. Ludzie na naszym globie władają w sumie ok. 6500 różnych języków, a zatem wybór jakiejkolwiek dodatkowej mowy prócz narzecza tubylców musi być bardzo subiektywną decyzją. W USA można w miarę dobrze uzasadnić, szczególnie na południu kraju, używanie języka angielskiego i hiszpańskiego, ale jakakolwiek trzecia mowa to już strzał w ciemno. Jeśli po litewsku, to dlaczego nie w narzeczu suahili albo w piśmie obrazkowym plemion z Ameryki Południowej (à propos, zawsze chciałem wiedzieć, jaki jest odpowiednik napisu „ostrożnie, mokra podłoga" w mowie Inków).

W mojej lokalnej maszynie ATM, wypluwającej w chwilach chwilowego miłosierdzia jakieś walory pieniężne, pierwszy ekran informuje o tym, że mogę sobie przestawić język obsługi na jeden z następujących: angielski, hiszpański, rosyjski, niemiecki, arabski, chiński, koreański, francuski bądź włoski. I wszystko byłoby OK, gdyby nie to, że maszyna ta znajduje się w stosunkowo małym mieście stanu Indiana, gdzie napływ turystów niemieckich, arabskich lub jakichkolwiek innych jest żaden. A zresztą nawet gdyby był, to czy naprawdę przeciętny podróżnik nie jest w stanie zrozumieć tak skomplikowanych fraz angielskich jak „withdraw cash" oraz „yes" i „no"?

I w tym przypadku Włosi zdają się mieć prawidłowe rozwiązanie. W uroczej rzymskiej dzielnicy Trastevere udałem się do lokalnego *bancomato*, by wyłudzić stosowną dozę upadającego euro. Tam też na początku zaoferowano mi wybór języka: włoski, francuski i angielski. Po wybraniu angielskiego wszystko było... nadal po włosku. Może to dlatego, że *bancomato* należał do Banco di Sicilia, a szefowie tego banku, czyszczący broń oraz cholewki butów gdzieś pod Palermo, mają wszystkich obcokrajowców w nikłym poważaniu, a o sprawach mafijnych gadają wyłącznie po swojemu.

Niektórzy twierdzą, że światowe znakoróbstwo winno być odzwierciedleniem tego, ilu ludzi danym językiem mówi w skali globalnej. Jest to teoretycznie pomysł sensowny, ale w praktyce nie ma sensu, bo wtedy wszystko powinno być po chińsku. Na liście najbardziej rozpowszechnionych języków świata Chińczycy niepodzielnie królują i wyprzedzają zdecydowanie hiszpański oraz angielski.

Gdyby ktoś chciał skonstruować wspomnianą już tablicę ostrzegającą przed bykami w sześciu językach tylko na podstawie ich popularności, czytalibyśmy o zagrożeniu uderzeniem poroża w cztery litery po chińsku, hiszpańsku, angielsku, arabsku, hindusku oraz bengalsku. W przypadku ludzi nie władających żadnym z tych języków, np. Niemców i Rosjan, byk miałby sporo czasu na przygotowanie druzgocącego ataku. Ale może to i dobrze...

Idziemy z torbami

W czasach bardzo dawnych, za tzw. komuny, oglądało się niekiedy w PRL-u jakiś tam amerykański serial, cudem na chwilę zakupiony przez pustą kasę państwową. W czasie tego podglądactwa zamożnego Zachodu zawsze imponowało mi to, że ludzie wracali do domu ze spożywczymi zakupami zapakowanymi w piękne, obszerne i pionowo sterczące torby papierowe. Nawet porucznik Columbo, słynący z tego, że nigdy nie wiedział, która jest godzina i nosił jesionkę wyglądającą jak zmięta folia aluminiowa, po zakupach zawsze trzymał w garści piękne torby papierowe wypełnione wszelakim dobrem. Ok, czasami się wywracał i wszystko wysypywał, ale to już inna sprawa.

Zazdrościć było czego, bo w ówczesnych realiach polskich do ogołoconych z towarów sklepów waliło się z własną siatką, nylonową i z oczkami, bądź z jakimś innym pojemnikiem, a wypełnienie tychże czymkolwiek pożytecznym lub pożywnym było dość odległą perspektywą.

Jestem pewien, że gdybym w niektórych sklepach poprosił wtedy o papierową torbę, zapewne bym dostał po ryju od znudzonej handlową niemocą ekspedientki. Zresztą pamiętam wyprawę do warzywniaka z pudłem w garści, gdzie miało wylądować 3 kilo ziemniaków. Gdy zasugerowałem panu za ladą, że mógłby mi te pyry do pudła nasypać, odparł z gracją: – *A sam pan se syp!* No i sypałem, szczęśliwy, że w ogóle są.

Jednak historia lubi płatać różne figle. W USA torby papierowe w supermarketach zostały na kilka dekad niemal całkowicie wyparte przez plastik, tylko po to, by teraz ustąpić miejsca ekologicznym zaleceniom, zgodnie z którymi do sklepu należy iść z własną torbą, czyli dokładnie tak jak w PRL-u. Bo to i plastik się nie pałęta po licznych wysypiskach śmieci, i kanadyjskie drzewa nie są cięte w imię produkcji toreb papierowych.

Dziś w supermarketach amerykańskich rzadko zadaje się pytanie – *Paper or plastic?*, natomiast bardzo często, nawet w tzw. kasach automatycznych, które obsługuje sam klient, pada pytanie o to, czy się przyniosło własną siatkę – i oczywiście najlepiej, by była ona wykonana z ekologicznie „odpowiedzialnego" płótna, do którego produkcji nie są zatrudnieni nisko opłacani Chińczycy, pracujący w ciemnych i zawilgoconych piwnicach Szanghaju. Każdy szanujący się supermarket oferuje własne torby wielorazowe, czym stara się udowodnić, że jest „na fali" obecnych tendencji.

Jak już kiedyś w tym miejscu wspominałem, nie jest to jedyny powrót do rzeczy, które za komuny stosowało się dlatego, że nie było innego wyjścia. W socjalistycznych łazienkach wszędzie były tzw. „junkersy", czyli gazowe grzejniki wody, przepływającej w tym urządzeniu przez wijącą się wokół gazowych płomieni rurkę. Gdy przyjechałem do Ameryki, ze zdumieniem przyjąłem fakt, że ani junkersów, ani też messerschmittów w łazienkach nie ma, bo woda leży odłogiem w dużym piwniczym zbiorniku, gdzie jest od czasu do czasu podgrzewana do temperatury użytkowej.

Jednak od kilku lat bardzo podobne do polskich junkersów urządzenia grzejne zaczęły być powszechnie oferowane przez różne firmy, chwalące się tym, że jest to rozwiązanie znacznie bardziej ekonomiczne i totalnie „zielone". Mniej często przyznają, że zakup i instalacja czegoś takiego wymaga zainwestowania paru kafli. Może te tysiące to za to, że – w przeciwieństwie do sprzętu peerelowskiego – każde puszczenie ciepłej wody w łazience nie powoduje gazowej mini-eksplozji, w wyniku której u mojego sąsiada spadały kwiaty z parapetu.

Niestety, pęd w kierunku rozwiązań korzystniejszych dla matki natury prowadzi jednak od czasu do czasu do wydarzeń dość niezwykłych. Najwięcej jest ich zdecydowanie w Kalifornii, bo jest to stan, który posiada szczególnie restrykcyjne przepisy dotyczące wszelkich metod zaśmiecania lub zatruwania atmosfery. Benzyna musi być siaka, silniki samochodowe owakie, itd.

W Los Angeles co jakiś czas pojawia się na forum rady miejskiej niejaki John Walsh, który wyróżnia się nie tylko brakami w przednim uzębieniu, ale również tym, iż stosuje różne sztuczki, by zwrócić uwagę radnych na niektóre problemy nękające miasto. Nikt nie wie dokładnie, kim pan Walsh jest i dlaczego umiłował sobie te publiczne występy, ale systematycznie bawi zarówno radnych, jak i zgromadzonych widzów.

Nie tak dawno temu rada miejska Los Angeles podjęła odważną decyzję, na mocy której stosowanie tam w supermarketach toreb plastikowych ma zostać całkowicie zakazane, natomiast za torby papierowe trzeba będzie płacić 10 centów. Innymi słowy w zasadzie konieczny stanie się powrót do własnych siatek i toreb. Wszystko to wejdzie w życie pod koniec tego roku. Plastik w Kalifornii jest tym samym kompletnie i nieodwracalnie *kaputt*.

Pan Walsh był tym pomysłem tak zachwycony, że zjawił się na posiedzeniu rady z torbą plastikową na łbie. Chciał chyba przez to pokazać, jak strasznie wygląda towar (czyli jego głowa) zapakowany w tak fatalny dla środowiska materiał polietylenowy.

Radni chyba się nieco przestraszyli, bo zakaz plastiku poparli stosunkiem głosów 13:1, co jest wynikiem znacznie lepszym niż sumaryczny bilans występów polskiej reprezentacji na Euro 2012. A zrobili to zapewne w aż takim pośpiechu dlatego, bo zachodziła obawa, iż Walsh się udusi na sali obrad, co nie byłoby wydarzeniem pożądanym.

Walka papieru, plastiku oraz własnych toreb nadal trwa. Jeśli wkrótce wróci też moda na telefony z tarczą obrotową, do której zawsze wkręcały mi się palce, chyba się załamię i porzucę wszystkie zdobycze cywilizacyjne na rzecz mieszkania w słomianej szopie na wyspach Hula Gula.

Seksbomba na bruku

Kobietom w USA wiedzie się tak sobie. Owszem, mogą głosować i nie muszą się zawijać od stóp do głów w jakieś szmaty, by nie nęcić płci przeciwnej. Mimo to, do pełnego równouprawnienia jest jeszcze daleko, choćby dlatego, że – jak pokazują statystyki – na każdego dolara zarabianego przez chłopa baba dostaje tylko 77 centów. Być może nie ma już powodów do uprawiania jakiegoś radykalnego feminizmu, ale o absolutnym równouprawnieniu nadal nie ma mowy, szczególnie w tzw. wyższych eszelonach władzy wykonawczej wielkich biznesów.

Jednak pod jednym względem kobiety na rynku pracy zawsze miały pewną przewagę. O przewadze tej zwykle nie chcą słyszeć feministki, ale nie zmienia to faktu, że istnieje. Panie atrakcyjne i z odpowiednimi wklęsłościami oraz wypukłościami zawsze mają większe szanse na lepsze zatrudnienie, pozytywną karierę zawodową, itd. Jest to oczywiście zjawisko naganne, bo niby dlaczego szanse na sukces zawodowy miałyby zależeć od czyjegoś wyglądu, ale tak właśnie jest i chwilowo nikt nie jest tego w stanie zmienić.

Nieco inaczej – a może nawet odwrotnie – jest natomiast w przypadku 29-letniej Lauren Odes, która znalazła zatrudnienie w sklepie Native Intimates w Nowym Jorku. Tu od razu trzeba wyjaśnić, że jest to placówka sprzedająca zwiewne i niezwykle kuse wyroby bieliźniarskie dla pań. Niektóre z propozycji tej firmy wyglądają tak, jakby świat nawiedził nagle jakiś ostry kryzys podaży bawełny, w wyniku którego nie ma z czego szyć majtek i pozostaje w zasadzie wyłącznie gumka z jakimiś zwisającymi z niej strzępami.

Tak czy inaczej, pani Odes, której matka natura nie poskąpiła w żaden sposób wydatnego biustu oraz wielu innych, ponętnych elementów kobiecej fizjonomii, w sklepie owym pracowała stosunkowo krótko, gdyż ją stamtąd wyrzucono na zbity stanik pod ciężkim zarzutem „bycia zbyt sexy". Pracodawca narzekał rzekomo, że Lauren przychodziła do pracy w odważnych kreacjach, które demaskowały za dużo ciała i były „nie na miejscu". Miał kiedyś powiedzieć nawet: – *Jesteś na to miejsce pracy zbyt gorąca.* No i z tego nadmiernego gorąca wyszła utrata posady.

Wyrzucona z pracy seksbomba doszła do wniosku, że zastosowano wobec niej dyskryminację i wytoczyła właścicielom sklepu, ortodoksyjnym Żydom, proces, którego główną tezą jest to, iż Odes straciła pracę wyłącznie dlatego, że miała za duże walory przednie. Jak to zwykle w tego rodzaju przypadkach bywa, sprawą od razu zainteresowała się Gloria Allred – pani prawnik słynąca z tego, że zawsze staje po stronie tych poszkodowanych, których problemy prawne zapewnią jej najwięcej medialnego rozgłosu. Rozgłos zresztą od razu był, bo na pośpiesznie zorganizowanej konferencji prasowej Gloria, u boku której stała Lauren, zaprezentowała oblizującym się z fascynacji dziennikarzom serię fotografii wszystkich tych fatałachów, które wyrzucona z pracy nosiła, zanim ją zwolniono.

Na tym jednak nie koniec. Powódka twierdzi, że zanim ją wyrzucono z roboty, była czasami zmuszana do zakładania na siebie luźnej, czerwonej peleryny, mającej zakryć jej bezwstydne wzniosłości żeńskie. Jeden z pracodawców zasugerował nawet, żeby sobie „zalepiła to czymś", co zapewne miało oznaczać zaklejenie biustu taśmą typu *duct tape*, w celu spłaszczenia czego trzeba. Sugestia z punktu widzenia poprawności politycznej była z pewnością nie na miejscu, ale praktycznie może nawet uzasadniona, bo jak powszechnie wiadomo, taśmą taką można skutecznie zakitować nawet przeciekający reaktor atomowy.

Gdy po raz pierwszy o tym wszystkim przeczytałem, od razu zrodziły się we mnie zasadnicze wątpliwości. Po pierwsze, co robią ortodoksyjni Żydzi w sklepie z prawie pornograficzną bielizną damską? Ja rozumiem, że to taki sam biznes jak każdy inny, ale w końcu w sklepach z amunicją i giwerami zwykle nie pracują zaprzysiężeni pacyfiści, a w restauracjach serwujących wyłącznie dania typu „wegan" nie działają rzeźnicy. Ale skoro już zawiadują tym sklepem z minimalistycznymi reformami, powinni jakoś się dostosować. Bo z całej tej historii wynika, że anatomicznie demaskatorskie stroje Lauren nie przeszkadzały w żaden sposób klienteli, a jedynie kierownictwu placówki, które pod presją wystającego wszędzie ciała pani Odes nie mogło się zapewne skoncentrować na codziennych czynnościach, takich jak liczenie zarobionej na gaciach kasy.

Moja druga wątpliwość jest nieco innej natury. Pani Odes pracowała w sklepie z intymną bielizną. Nie sprzedawała zatem gwoździ, jabłek, prefabrykatów budowlanych czy też butów. Gdzie jak gdzie, ale akurat do takiego sklepu pasują kobiety, które wyglądają tak, jakby sprzedawane w sklepie towary same mogły nosić. Nie rozumiem w związku z tym wzburzenia szacownego, skrajnie mojżeszowego kierownictwa. Czyżby preferowali kadrę ekspediencką złożoną wyłącznie z postsowieckich babochłopów lub przodowniczek pracy z okresu peerelowskiego planu 6-letniego? Jeśli tak, to podejrzewam, że albo zyski ze sprzedaży dramatycznie spadną, albo też trzeba będzie zmienić w istotny sposób ofertę handlową – z koronkowych *dessousów,* budzących skojarzenia z dekadenckim Paryżem, na grube galoty kojarzące się z wakacjami w okolicach Norylska.

Jestem prawie pewien, że w sprawie pani Odes dojdzie do procesu sądowego, chyba że pracodawcy dojdą do wniosku, że lepiej jest jej dać parę milionów odszkodowania i mieć z tym wszystkim spokój. Osobiście preferuję jednak proces, bo będzie on z pewnością niezwykle pikantny. Lauren zdradziła wcześniej, że zamierza argumentować wraz z Glorią Allred, iż firma, która czerpie zyski ze sprzedawania bielizny z czerwonym sercem w wymownym miejscu, nie może na serio przekonywać, że jej pracownica, całkowicie odziana (nawet jeśli skąpo), w jakiś sposób kogoś obraża lub narusza wewnętrzne przepisy całego tego biznesu.

Sam wyznam bez większej żenady i po staroświecku, że w sklepach dowolnej maści zdecydowanie wolę panie ekspedientki zbliżone gabarytami do Lauren, a nie do Nadieżdy Krupskiej.

Tyłem do władzy

W niektórych częściach USA istnieje moda na noszenie przez facetów spodni opuszczonych do połowy pośladków, a nawet jeszcze niżej. Innymi słowy przeciętny przechodzień może czasami dokonać oględzin noszonej przez ludzi bielizny, co z oczywistych względów nie wszystkim się podoba, szczególnie jeśli pranie rzeczonej bielizny odbywa się sporadycznie.

Podobno moda ta miała swój początek w amerykańskim więziennictwie. Ponieważ więźniom nie pozwala się na noszenie pasków, a wydzielane panom przestępcom szarawary są często stanowczo za duże, spodnie same spadają im ciągle do kolan, a ich nieustanne podciąganie staje się po pewnym czasie zajęciem uciążliwym. Problem w tym, że poza więzieniami pasków nigdy nie brakuje, a zatem dziwne przywiązanie do spodni zwisających smutnie pod odbytem nie jest w żaden sposób uzasadnione.

Początkowo Ameryka przymykała na te odzieżowe ekscesy oczy, mając zapewne nadzieję, że moda, jak to moda – prędzej czy później przeminie, albo zostanie zastąpiona nawykiem noszenia spodni podciągniętych pod szyję. Ale nie przeminęła, a zatem nadszedł czas aktywnej walki z opuszczonymi pantalonami.

W mieście Flint w stanie Michigan, które jest dziś jednym z najbiedniejszych miejsc w USA, policja nie tylko aktywnie tropi spodniowych kryminalistów, ale wydrukowała nawet ulotkę, która jasno precyzuje, jakie kary mogą zostać zastosowane wobec przestępców. I tak jeśli ze spodni wystaje tylko gumka od majtek, gwałciciel prawa dostanie jedynie werbalne ostrzeżenie i polecenie podciągnięcia spodni do góry. Jednak gdy widać prawie całe gacie, a na dodatek wystaje z nich nieco rufy, obnażyciel może trafić na trzy miesiące do pudła i zapłacić 500 dolarów grzywny.

Nie wiem, czy prawo to jest egzekwowane, a jeśli tak, czy jest na to jakiś sensowny sposób. Wydaje się jednak, sądząc po ulotce, że sprawa została postawiona na ostrzu klamry od paska i żadnego pobłażania dla publicznych półdupków nie będzie. Statystyk policyjnych nie znam, a zatem nie wiem nawet, czy ktoś w ogóle został kiedykolwiek ukarany za przestępstwo, które po angielsku zwie się „sagging pants".

Zastanawiam się też, na jakich zasadach pracują w mieście Flint hydraulicy. Z własnego doświadczenia wiem, że gdy dzwonię po hydrauliczną pomoc, zawsze zjawia się u mnie jakiś potężny facet, który początkowo ma wprawdzie spodnie odpowiednio założone, ale gdy zaczyna pod zlewem grzebać coś kluczem francuskim, natychmiast wystawia do wiatru olbrzymi zad, z którego spodnie z powodów czysto fizycznych zjeżdżają w dół, odsłaniając tzw. hydrauliczną szparę. Narażają się w ten sposób na aresztowanie, choć policja zapewne prywatnych domów nie patroluje. Przynajmniej na razie.

Na Florydzie, gdzie zjawisko spadających spodni jest szczególnie często widoczne, mieszka młody człowiek, który twierdzi, że mocno za duże i opuszczone spodnie uratowały mu życie. Szedł mianowicie na spacer i nagle usłyszał za sobą dziwny syk, a gdy się obrócił, zobaczył 2-metrowego aligatora, która właśnie zamierzał zjeść jego nogę na śniadanie. Jednak gad nie był świadom komplikacji wynikających z kanonów mody i złapał w swoje szczęki wyłącznie szeroką nogawkę, a następnie całkiem ściągnął swojej ofierze spodnie, które skonsumował wraz z paskiem. Nie wiem oczywiście, czy ów młodzieniec mówi prawdę, ale przez pewien czas na Florydzie górą byli zwolennicy noszenia spodni poniżej wszelkiej przyzwoitości, bo uzyskali ważny argument w dyskusji z władzami.

Długo to jednak nie trwało. Wkrótce potem inny młody człowiek został siłą wyrzucony ze sklepu za pokazywanie wszystkim bielizny marki Hanes, a gdy zaczął protestować, aresztowano go. A gdy zaczęła protestować jego rodzina, też została wtrącona *en bloc* do więziennej celi, dla świętego spokoju.

Oczywiście wszystkich tych problemów nigdy by nie było, gdybyśmy chodzili bez spodni, czyli wyłącznie w bieliźnie, ale bardzo wątpię, by takie rozwiązanie zostało kiedykolwiek zastosowane przez purytańską Amerykę, a poza tym spotkałoby się ze zdecydowanym sprzeciwem ze strony przemysłu odzieżowego.

Tymczasem niektórzy urzędnicy mają zjeżdżających spodni na tyle dość, iż stosują doraźne i natychmiastowe kary. W Ohio sędzia Mark Mihok, który przewodniczył sprawie o wykroczenie drogowe, zauważył, że jednemu ze świadków spodnie dyndają w okolicach męskiej maszynerii seksualnej. Uznał, że stanowi to obrazę majestatu amerykańskiego wymiaru sprawiedliwości i kazał świadka aresztować. Jest to już trzecia osoba, którą wsadził do aresztu za takie wykroczenie. „To ludzie dorośli i powinni wiedzieć, że do sądu nie idzie się z majtkami na wierzchu" – powiedział sędzia lokalnej gazecie. Na podchwytliwe pytanie jednego z reporterów o to, co można mieć w sądzie na wierzchu, sędzia dyplomatycznie nie odpowiedział. Nalegał jedynie, że nie można składać zeznań „tyłem do władzy". No i ma chłopak rację.

Ja wszystkie te poczynania mające na celu podciągnięcie narodowi spodni doskonale rozumiem, ale z drugiej strony zastanawiam się, co by było, gdyby nagle podobna moda zapanowała wśród młodych kobiet. Czy wtedy ten sam sędzia, na widok półgołej od tyłu kobiety w koronkach, nie uznałby, że może to i nadal jest obraza sądownictwa, ale nie wymaga stosowania jakichkolwiek kar, a skłania raczej do podziwiania widoku, tym bardziej że w sądach jest zwykle strasznie nudno i normalnie nie ma na czym oka oprzeć. Niestety, nic nie wskazuje na to, by taka moda wkrótce zapanowała wśród płci pięknej. Może najpierw trzeba wysłać grupę pięknych dam do więzienia i dać im za luźne spodnie bez paska.

Poligamia wśród butelek

Zasady sprzedaży napojów alkoholowych w poszczególnych stanach USA mogłyby stanowić doskonały scenariusz do wielu programów rozrywkowych. Być może sztandarowym przykładem jest Pensylwania, gdzie każdy przyjezdny już po pięciu minutach zupełnie głupieje i nie ma pojęcia, co jest dozwolone, a co nie. W stanie tym istnieje absolutny stanowy monopol alkoholowy, co znaczy, że wszystkie sklepy sprzedają trunki w dokładnie tych samych cenach, bo te są ustalane przez tzw. „komisję" do spraw wódy i artykułów podobnych (Pennsylvania Liquor Control Board, czyli PLCB). W zwykłych sklepach nie można sprzedawać ani siwuchy, ani piwa, ani też wina, bo proceder ten możliwy jest wyłącznie w sankcjonowanych przez władze „sklepach monopolowych". Ale nawet w nich nie ma piwa, bo to oferowane może być do sprzedaży wyłącznie przez bary i restauracje oraz przez specjalne „magazyny piwne". Nie wiem, czym to jest uzasadnione, ale jestem pewien, że wynika to z jakichś niezwykle poważnych przemyśleń biurokratów. Tak czy inaczej, przeciętny amator piwa musi łazić po knajpach, by się odpowiednio zaopatrzyć. Zresztą nie jest to jego jedyne zmartwienie.

Zapewne ci sami biurokraci wymyślili, że należy ustalić dzienny limit zakupu piwa przez jedną osobę. Limit ten wynosi 192 uncje, czyli nieco ponad 5 litrów. Dlaczego nie 4 litry albo 7? Nikt tego nie wie. Może każdy urzędnik osobiście sprawdzał, po ilu wielkich kuflach traci przytomność. A żeby było jeszcze bardziej dziwnie, limit ten można przekroczyć, ale tylko przez kupowanie beczek piwa bezpośrednio z browaru. Mnie od tego wszystkie boli już głowa, mimo że jeszcze niczego nie wypiłem.

Przed rokiem doszło w Pensylwanii do prawdziwej rewolucji, która jednak okazała się kompletnym niewypałem. Mianowicie, w kilkudziesięciu sklepach zamontowano automaty do sprzedaży wina. Były to urządzenia, które zaprezentowano spragnionej wina gawiedzi jako „przełom" w sferze sprzedaży alkoholu. Szybko jednak okazało się, że maszyny do wina są tak samo popularne jak Kongres USA. I szczerze mówiąc, nie jest to dla mnie żadna niespodzianka, biorąc pod uwagę zasady, na jakich odbywała się sprzedaż.

Otóż każdy amator zakupu musiał spełnić pewne warunki. Po pierwsze, maszyna działała tylko po uprzednim dmuchnięciu nabywcy w „alkomat", który sprawdzał, czy klient może już mieć problemy z utrzymaniem pionu, a jeśli wskaźnik natankowania był za wysoki, maszyna odmawiała wydania butelki z trunkiem. Ponadto automat skanował również prawo jazdy potencjalnego miłośnika wina w celu ustalenia jego wieku.

Efekt tego wszystkiego był łatwy do przewidzenia. Z automatów prawie nikt nie korzystał. Niektóre sprzedały tylko dwie butelki wina przez cały, roczny, okres ich istnienia. Nic zatem dziwnego, że przed paroma tygodniami ogłoszono, że ów kuriozalny eksperyment zostanie zakończony. Krytycy w szczególności pytali, dlaczego trzeba dmuchać w jakiś elektroniczny balonik, skoro w normalnych sklepach nikt nie sprawdza, czy nabywca trunków jest trzeźwy, nawiany, a może nawet tylko połowicznie przytomny.

W ten sposób próba podłączenia Pensylwanii do XXI wieku spełzła na niczym, a – jak już kiedyś w tym miejscu wspominałem – jest to w sumie czkawka po okresie tzw. prohibicji, bo gdy została ona zniesiona, każdemu stanowi dano prawo stosowania własnych przepisów dotyczących sprzedaży napojów alkoholowych. Zdominowana przez kwakrów Pensylwania wymyśliła, że najlepiej jest wprowadzić takie przepisy, których nikt normalny nie jest w stanie pojąć, a które zgodne są z jakimiś zawiłymi regułami religijnymi.

Problem ten nie jest jednak udziałem wyłącznie jednego stanu. W Idaho, gdzie również istnieje monopol alkoholowy, nie tak dawno temu pojawiła się na rynku gorzała o nazwie „Five Wives", czyli „Pięć Żon". Początkowo nikt nie miał większych zastrzeżeń, ale potem do głosu doszli stanowi prawodawcy, którzy zakazali sprzedaży tego trunku, uzasadniając to tym, iż jego nazwa „sugeruje poligamię", co może być obraźliwe dla mormonów, stanowiących mniej więcej 25 proc. wszystkich mieszkańców. Wprawdzie oficjalnie mormoni zakazali uprawiania poligamii już w roku 1890, ale powszechnie wiadomo, że nadal istnieją sekty, w których posiadanie tuzina małżonek nie jest żadnym problemem.

Sami mormoni w Idaho na temat wódki „Five Wives" w ogóle się nie wypowiedzieli, co jest o tyle zrozumiałe, że z przyczyn religijnych są abstynentami. Natomiast gorzelnia w mieście Ogden, która ten specyfik pędzi, wynajęła znanego prawnika, Jonathana Toobina, który ruszył do akcji i zaczął domagać się zniesienia zakazu sprzedaży wódki. Toobin stosuje prostą argumentację. Skoro napoje wyskokowe są w USA legalne, dorośli ludzie winni mieć prawo do ich nabywania w taki sam sposób jak kupują mleko, funt szynki lub rybę na obiad. Innymi słowy, wszelkie stanowe ograniczenia są w zasadzie niezgodne z konstytucją. Są to argumenty, które od lat rozbrzmiewają w różnych zakątkach kraju, szczególnie na salach sądowych, ale wynik tych naparzanek konstytucyjnych nigdy nie jest możliwy do przewidzenia.

Prawodawcy w Idaho szybko się wycofali, ale nie do końca. Postanowili, że sprzedaż butelek z 5 żonami na etykiecie będzie wprawdzie dozwolona, ale wyłącznie bezpośrednio u producenta, a nie w zwykłych sklepach. Ostateczna decyzja w tej sprawie ma zapaść w lipcu. Jestem pewien, że zostanie poprzedzona niezwykle burzliwą dyskusją, a końcowe postanowienia będą tak samo światłe jak wszystkie głupoty dotyczące sprzedaży napojów alkoholowych w USA. Być może do sprawy włączy się Mitt Romney – przecież jest mormonem, to o 5-żoniastej wódzie ma zapewne jakąś opinię.

Ja sam mam zaszczyt mieszkać w ostatnim stanie Unii, w którym nie wolno sprzedawać w sklepach napojów alkoholowych w niedzielę. Aż dziw bierze, że w Indianie już nie palą czarownic, a może palą, ale po kryjomu, gdzieś na parkingu za Walmartem.

Jest już po wszystkim

Nie ma co ukrywać, jest już po wszystkim – stoimy na straconej pozycji, jako że świat jest systematycznie zagarniany przez tzw. „zombies", czyli przez powracające do życia trupy, żywiące się ludziną bez jakiejkolwiek omasty, a zatem *au naturel*. Skąd u mnie takie przekonanie? Wynika ono stąd, że jeśli jakaś agentura rządowa zapewnia w oficjalnym komunikacie, że „zombies" w ogóle nie ma, to na pewno są. A jeśli ta sama agencja dodaje, że nie grozi nam ani inwazja ze strony złowieszczych duchów, ani też opanowanie świata przez tychże, to na pewno nam grozi. Dokładnie ta sama zasada obowiązuje w stosunku do wszystkich innych rządowych dementi. Jeśli zaprzeczają, to ani chybi coś w tym jest.

Federalna organizacja o nazwie Centers for Disease Control and Prevention zwykle zajmuje się ostrzeganiem obywateli przed jakimiś szkaradnymi zarazami, w wyniku których można się stać pryszczatym na wieki wieków amen lub nawet strzelić efektownie kopytami. Jednak przed dwoma tygodniami ta sama organizacja poczuła się w obowiązku donieść narodowi, co następuje: „CDC nie jest świadoma istnienia jakiegokolwiek wirusa lub innej substancji pozwalającej na wskrzeszanie zmarłych lub wywołującej u kogoś symptomy sugerujące cechy typowe dla »zombie«. Wszelkie doniesienia na ten temat nie są oparte na żadnych faktach".

Aha – zaprzeczają, czyli coś jest na rzeczy. No i jest. Od pewnego czasu po Internecie krążą przeróżne spekulacje na temat serii zdarzeń, które w sumie składają się na nieuniknioną inwazję żarłocznych duchów na naszą i tak już chwiejną cywilizację. Nic dziwnego, że w ostatnich dniach hasło „zombie apocalypse" stało się trzecim pod względem popularności w internetowej wyszukiwarce Google.

A wszystko to zaczęło się z chwilą, gdy w Miami gliniarze zastrzelili 31-letniego Rudy'ego Eugene'a, który z apetytem pałaszował twarz bezdomnego, żywego człowieka. Ofiara tego kuriozalnego ataku wprawdzie przeżyła, ale jestem pewien, że już nigdy nie rozpozna samej siebie w lustrze, gdyż podobno ponad 80 proc. twarzy przestało istnieć.

Wkrótce potem 21-letni Alexander Kinyua ze stanu Maryland wyznał policjantom, iż zabił swojego współlokatora, a potem poćwiartował ciało i skonsumował serce oraz mózg. Wreszcie w Kanadzie aktor w podrzędnych filmach pornograficznych, Luka Rocco Magnotta, zamordował swego kochanka szpikulcem do rozbijania lodu, a następnie rozesłał części jego ciała do różnych instytucji. To, co po tej akcji spedycyjnej mu jeszcze zostało, spałaszował. Kanibal z Montrealu uciekł do Paryża, gdzie odwiedził szereg gejowskich barów, by następnie przenieść się do Berlina, a tam wreszcie pojmała go policja.

W tym miejscu zwracam uwagę na fakt, że wszystkie te przypadki mają jedną wspólną dla „zombies" nić – jedzenie ludzizny zawsze odbywa się bez żadnych wysiłków kulinarnych. Kanibalistyczne upiory niczego nie gotują, nie przygotowują wymyślnych sosów, ani nie mają czasu na przyprawy oraz zioła. Pałaszują ludzi na surowo, jak na prawdziwego „zombie" przystało. Ma to w sumie sens – po co sobie zawracać głowę auszpikiem, gdy trzeba szybko konsumować i ruszać na dalszy podbój ludzkości?

Gdy już raz panika dotycząca ataku duchów na Amerykę powstała, wyeliminowanie jej z pewnością okaże się trudne. W szkole w miejscowości Hollywood na Florydzie grupa dzieciaków dostała jakichś tajemniczych wyprysków, których na razie jeszcze nie zdiagnozowano. Niemal natychmiast powstały przypuszczenia, że małolaty zostały wrednie zaatakowane przez duchy, które przejęły kontrolę nad ich ciałami i będą w ten sposób starały się zinfiltrować młode pokolenie. Tu jednak się nie zgadzam – pokolenie to już dawno zostało w USA zinfiltrowane przez duchy obojętności i braku zainteresowania czymkolwiek.

Gwoli ścisłości trzeba wspomnieć, że matka natura zna przypadki organizmów, które zdradzają pewne charakterystyki domniemanej działalności „zombies". W ostępach brazylijskiej dżungli tropikalnej istnieje na przykład grzyb, który znany jest z tego, że dokonuje inwazji na mózgi mrówek, kontroluje przemieszczanie się insektów, tak by dotarły do preferowanego przez intruza miejsca, a następnie je zabija.

Agencja CDC stara się nas przekonać, że nikt nigdy nie zanotował podobnych zjawisk wśród ludzi, a nawet – ogólniej – wśród ssaków. Nie sądzę jednak, by kogoś to natychmiast przekonało lub uspokoiło. Wiadomo przecież, że jak już coś raz pójdzie w internetowy eter, to się tego wymazać nie da przez wiele lat.

Samo słowo „zombie" dodatkowo komplikuje sytuację. Na język polski tłumaczone jest zwykle jako „umarlak" albo „żywy trup". Ten pierwszy termin nie ma sensu, bo umarlakiem jest w zasadzie każdy, kto umarł. Natomiast ten drugi straszy semantyczną sprzecznością – trup z definicji nie jest żywy, podobnie jak ktoś żywy nie jest z definicji zmarłym. Nic zatem dziwnego, że Polacy czasami posługują się spolszczonym terminem „zombi", bo wtedy odpowiednią interpretację słowa zwala się na Anglosasów.

Tak czy inaczej, sytuacja jest poważna. O ile jeszcze do niedawna amerykańska konserwa straszyła nas przejęciem władzy nad wszechświatem przez innego na poły nieżywego ducha, Organizację Narodów Zjednoczonych, teraz zasadniczym zagrożeniem są umarlaki atakujące coraz odważniej naród przy każdej nadarzającej się okazji.

Ogarnięty paniką czytelnik witryny internetowej „The Huffington Post" napisał email, w którym stwierdza: „Akcję trzeba podjąć natychmiast. »Zombies« można zabić wyłącznie przez zniszczenie ich mózgu lub pozbawienie ich głowy. Na nas ciąży teraz odpowiedzialność za czyny, które zapobiegną apokalipsie".

Podekscytowany tym apelem, poszedłem do sąsiada, którego od dość dawna podejrzewam o związki z określonymi kołami na poły zdechłych duchów, i zapytałem go, czy mogę mu usunąć mózg lub ściąć łeb. Nie zgodził się. Zostawiłem go w spokoju. Tym samym przekazuję misję ratowania świata przed umarlakami w jakieś inne ręce. Słowem, poddaję się.

Nielegalny bigos

Załóżmy przez chwilę, że gotuję we własnym domu bigos. Nie jest to aż taki wielki ewenement, bo kucharzeniu domowemu oddaję się od wielu lat, ze zmiennym szczęściem. Ów bigos mógłbym następnie zaserwować gościom lub zanieść sąsiadowi w prezencie kulinarnym. Tenże kapuściany majstersztyk mógłby też z powodzeniem stać się udziałem przyjaciół oraz kolegów z pracy. Natomiast gdybym chciał mój bigos komuś sprzedać, w większości stanów USA popełniłbym przestępstwo. Ba, gdybym tenże bigos zapakował profesjonalnie w słoiki i opatrzył etykietką „Made in Heydukland", a następnie wystawił moją domową produkcję na straganie, mógłbym przez parę następnych lat jeść o wiele mniej apetyczne dania w więzieniu stanowym.

Sprzedaż czegokolwiek do żarcia w USA jest opatrzona grubymi tomami rozmaitych regulacji i przepisów, które w zasadzie sprowadzają się do prostego wymogu – ponieważ żywność może z powodzeniem kogoś śmiertelnie zatruć, a przynajmniej doprowadzić do totalnego rozstroju żołądka, oferowanie jej do sprzedaży wymaga zatwierdzeń, licencji, podpisów i pozwoleń ze strony odpowiednich biurokratów, którzy bigosu z pewnością nigdy nie próbowali i zapewne nawet nie wiedzą, co to jest. Ponieważ standardy domowych kuchni nie są w żaden sposób regulowane, nikt nie jest w stanie kontrolować stanu ich higieny, zalecanych temperatur warzenia straw, przestrzegania przepisów dotyczących jakości stosowanych składników, itd. Ponadto w domowych kuchniach często obecne są psy, koty, myszy, a czasami szczury. Ktoś mógłby powiedzieć, że w fabrykach masowo produkujących żywność można się zapewne natknąć na dokładnie te same zwierzęta. Jest to z pewnością prawda, ale szczur zatwierdzony federalnie to nie to samo co szczur-domator, podżerający pieczonego kurczaka pod nieobecność kucharza.

W ten sposób handel artykułami żywnościowymi na poziomie lokalnym, niemal sąsiedzkim, jest w USA w gruncie rzeczy niemożliwy. Wałówa może być nam oferowana za pieniądze wyłącznie przez odpowiednio zatwierdzone instytucje. Jak wszyscy zapewne pamiętają, ubiegły rok przyniósł wieści o masowych zatruciach sałatą, szpinakiem oraz różnymi innymi artykułami spożywczymi. W związku z tym trudno jest zrozumieć, dlaczego zielenina wyprodukowana przez mojego sąsiada zza miedzy jest z definicji bardziej niebezpieczna od tego samego produktu pochodzącego z jakowejś plantacji w Meksyku, ale nie do mnie należy wykłócanie się o logikę z rządem federalnym. Zwracam tylko uwagę na fakt, że jeszcze nie tak dawno temu zaopatrywanie się ludności w żywność miało znacznie bardziej zdecentralizowany charakter i często polegało na lokalnym wymienianiu się produktami. Zresztą za komuny w PRL-u też często trzeba było zajadać się jajecznicą sporządzoną w oparciu o „jaja od baby", co zresztą zawsze napawało mnie otuchą, jako że jedzenie „jaj od chłopa" budziło we mnie niezmiennie złe skojarzenia.

W USA często organizowane są przyjęcia typu „potluck", na których każdy zjawia się z garem osobiście wykreowanego dania. Wszyscy się tymi pysznościami objadają i nikt jakoś nie narzeka, że zagrożenie śmiercią jest w tego rodzaju przypadkach szczególnie duże. Mimo to, wymienianie się żywnością możliwe jest tylko na zasadzie pozbawionej jakiegokolwiek komercjalizmu. Wszelkie inne transakcje to łamanie prawa.

Wynika stąd, że domowi producenci ciastek, bab drożdżowych, przetworów owocowych lub innych smakołyków od lat stali przed poważnym problemem. Kucharzyć można do woli, ale sprzedawać nie sposób. Ostatnio jednak zaczynają się pojawiać oznaki rewolucyjnych zmian. W stanie Washington tamtejszy parlament właśnie debatuje na temat projektu ustawy zwanej Cottage Food Act. Ustawa ta ma wejść w życie latem tego roku i pozwoli domowym producentom tzw. żywności niskiego ryzyka na dowolne sprzedawanie niektórych produktów bez kontroli ze strony władz stanowych lub federalnych.

Oczywiście biurokracja zawsze musi być górą, a zatem i w tym przypadku odpowiednie urzędasy musiały w pocie czoła opracować definicję „żywności niskiego ryzyka". Zalicza się do niej wszelkie wypieki, dżemy i galaretki, czyli w sumie słodkości. Szans na sprzedaż bigosu, pierogów lub innych tego rodzaju produktów niestety nadal nie widzę, ale przynajmniej jakiś postęp jest.

W Kolorado, *à propos*, już wcześniej zatwierdzono podobną ustawę, ale opatrzono ją sporą liczbą warunków, wśród których jest między innymi wymóg, by domowe dżemy lub wypieki zawsze miały etykiety zawierające numer telefonu oraz adres emailowy producenta. Jest to dla mnie przepis o tyle zrozumiały, że jeśli konsument dostanie w wyniku spożycia domowej żywności nagłego i ostrego ataku rozwolnienia, musi wiedzieć, kogo wskazać swojemu prawnikowi, by ów mógł niezwłocznie wytoczyć proces o zwrot kosztów specyfików typu Pepto Bismol.

Zwolennicy liberalizacji przepisów dotyczących sprzedaży domowych kulinariów mają do dyspozycji ważkie argumenty. Dość dawno temu aptekarz z Atlanty, John Pemberton, zmieszał wynalezioną przez siebie mieszankę gazowanej wody z syropem karmelowym i zaczął to sprzedawać jako napój orzeźwiający, znany dziś jako Coca-Cola. Gdyby to zrobił dziś, w większości stanów USA nie byłby w stanie nikomu sprzedać swojego produktu, gdyż byłoby to nielegalne. Dzisiejsze szlagiery mrożonek – Mama Celeste i Marie Callender – też zapewne pozostałyby na zawsze udziałem wyłącznie rodziny, przyjaciół oraz sąsiadów, gdyby zastosowane zostały obecnie obowiązujące przepisy.

Nadal jest szansa na komercjalny sukces domowego bigosu. Na razie jednak nie gotuję większych partii, bo w mojej Indianie odpowiedniego ustawodawstwa nadal brak.

Reagan obrabowany

Przy okazji każdych niemal wyborów konserwatyści robią wszystko co mogą, by utożsamić się w jakiś sposób z Ronaldem Reaganem, uważanym powszechnie za „ideał" współczesnego, amerykańskiego republikanizmu. Nie wiem, czy taki tytuł dla Ronniego jest uzasadniony, natomiast wiem, że były aktor Hollywoodu, gubernator Kalifornii oraz prezydent USA pochodził z niewielkiej mieściny Dixon w stanie Illinois, gdzie do dziś stoi jego dom rodzinny. Niestety, fiskalnie odpowiedzialny Reagan być może przewraca się w grobie w wyniku doniesień o wyczynach niejakiej Rity Crundwell, która od roku 1983 pełniła rolę głównej księgowej Dixon.

Przypominam, że w tymże roku 1984 Reagan znajdował się u władzy i kończył swoją pierwszą kadencję. W tym samym czasie dzielna Rita rozpoczęła kampanię totalnego okradania jego rodzinnej miejscowości ze zdumiewających sum pieniędzy.

Niedawno Crundwell została aresztowana i wyrzucona z pracy, ale zanim do tego doszło, zdołała podwędzić swojej miejscowości sumę 53 milionów dolarów. Przez wszystkie te lata gotówkę tę inwestowała w przeróżne luksusy, np. trzy domy, kilkanaście samochodów oraz w stadninę rasowych koni, gdzie zgromadziła 311 wspaniałych rumaków, z którymi jeździła po całym kraju na wystawy. Nabyła też za nieco ponad 2 miliony dolarów tzw. „motor home", na pokładzie którego podróżowała po USA. W jej kolekcji samochodów znajdował się pojazd Chevy Corvette z roku 1967, który jest zwykle gratką dla bogatych kolekcjonerów. Swoje posiadłości rozsiała po kilku stanach, na czele z Wisconsin, Ohio, Florydą, Teksasem i Kalifornią. W Beloit w stanie Wisconsin miała swoją największą stadninę. Bardzo wygodna lokalizacja – tuż za miedzą Illinois i poza zasięgiem wścibskich. A na dokładkę kupiła też przyczepę do wożenia koni za ponad 250 tysięcy dolarów.

Swoją drogą, zastanawiam się, co znajduje się w domu na kółkach za dwa miliony. Wodotrysk? Pięciu przystojnych masażystów? Dzieła wszystkie Ala Capone'a? Pozłacana kierownica oraz sedes z włoskiego marmuru? A może personalna wyrzutnia rakiet typu ziemia-powietrze? Odpowiedzi nie znam, ale pozna ją wkrótce rząd federalny, który obiekt ten skonfiskuje, podobnie zresztą jak wiele innych rzeczy, które Rita nabyła za szmal z miejskiej kasy.

Pani Crundwell przez prawie trzy dekady pieniądze przeznaczone na różne cele związane z inwestycjami w miasteczku, liczącym sobie niewiele ponad 15 tysięcy mieszkańców, przelewała na założone przez siebie tajne konto prywatne. Gdy tylko ktoś pytał, dlaczego w kasie miejskiej brakuje odpowiednich funduszy, Rita zawsze miała to samo wytłumaczenie – są opóźnienia w przekazywaniu pieniędzy stanowych dla miasta. A ponieważ sprawowała absolutną kontrolę nad finansami Dixon, nikt nie był w stanie czegokolwiek zakwestionować.

Być może jej złodziejska kariera trwałaby w nieskończoność, gdyby nie fakt, że na początku tego roku zdecydowała się na wyjazd na dłuższe wakacje, zapewne w celu zmarnotrawienia kolejnych podprowadzonych tysięcy. Pod jej nieobecność jedna z pracownic w biurze pani księgowej wyniuchała, że się tak wyrażę z rosyjska, iż jej szefowa posiada jakieś dziwne konto, na które trafiają równie dziwne i w miarę regularne przelewy. W ten sposób pieniężna manna z nieba przestała lecieć, a Ritę czeka dziś dokończenie żywota w więzieniu.

Jak obliczył ktoś, kto zapewne nie ma niczego innego do roboty, przez wszystkie te lata okradania miasta Dixon Rita wyjmowała z miejskiej kasy średnio 200 tysięcy dolarów miesięcznie. Jej oszustwo bez przeszkód przetrwało pięć różnych rad miejskich, trzech burmistrzów oraz trzech tzw. komisarzy finansowych, których zadaniem jest pilnowanie tego, by z kasy miasta nikt niczego nie wykradał.

Obecny burmistrz Dixon, James Burke, powiedział w wywiadzie telefonicznym, iż uważa sensacje z ostatnich dni za „niewiarygodne" i zastanawia się, „jak to jest możliwe". Nieco innego zdania jest spora grupa lokalnych mieszkańców, która uważa, że zarówno Dixon, jak i cała rada miejska to banda przygłupów, która dała się nabrać zwykłej oszustce. Ludzie ci domagają się pośpiesznej zmiany władz i w zasadzie w żaden sposób im się nie dziwię.

Wystarczy się nad tym przez chwilę zastanowić. Księgowa „odprowadza" z miejskiej kasy 200 tysięcy zielonych miesięcznie i przez wszystkie te lata absolutnie nikt się nie zorientował, że coś jest nie tak? Czy w Dixon wszystko jest cacy i nic nie sypie się w gruzy? Czy żaden z zarządców nie wiedział, że miasto w zasadzie nie ma pieniędzy z niewyjaśnionych powodów?

W gruncie rzeczy winą nie można jednak obciążać wyłącznie miejskich władz. Rita nie kryła się ze swoim dobrobytem, ani nawet z tym, że w swoim czasie kupiła sobie sporo biżuterii za ponad 300 tysięcy dolarów. Trudno zatem zrozumieć fakt, że księgowa zdradzała otwarcie bardzo nowobogackie nawyki, których w żaden sposób nie można było wytłumaczyć jej dość mizerną pensją, a mimo to przez tyle lat nie wzbudziła niczyich podejrzeń.

Jestem pewien, że gdyby ktoś nielegalnie wypłacał z mojego konta bankowego choćby 10 dolarów miesięcznie, już po paru miesiącach coś bym zaczął podejrzewać. Ronnie Reagan zapewne też, gdyby tam jeszcze był.

Rozbójnik z tornistrem

Parę razy wspominałem już w tym miejscu, że w amerykańskich szkołach publicznych dyscyplina uczniów pozostawia wiele do życzenia. Jest to szczególnie widoczne w przypadku szkół średnich, w których wykonywanie zawodu nauczyciela jest często zadaniem niebezpiecznym. Na tyle niebezpiecznym, że emerytowani nauczyciele nierzadko zdradzają, iż dziwią się, że uszli z życiem. Doskonale udokumentowane jest to, że amerykańscy nauczyciele często cierpią z powodu problemów wynikających ze stresu. Ponadto są w USA okręgi szkolne, w których kadra nauczycielska przed każdym dniem pracy zakłada pod codzienną odzież kamizelki kuloodporne. Natomiast wykrywacze radarów w wielu szkołach USA nie budzą już u nikogo większego zdziwienia.

Problemy tego rodzaju nie dotyczą oczywiście wyłącznie Ameryki, bo nigdzie nie brakuje młodych ludzi o przerośniętych temperamentach i chuligańskich skłonnościach, ale przypadków szokujących ataków na nauczycieli w wykonaniu pędraków jest w USA szczególnie dużo.

Przed kilkoma dniami wpadła mi w oko krótka notatka o wydarzeniach, jakie rozegrały się w szkole podstawowej w miejscowości Shelbyville w stanie Indiana. Na komisariat tamtejszej policji zadzwonił dyrektor szkoły, który poprosił o interwencję w sprawie „krnąbrnego ucznia".

Gdy władza zjawiła się w dyrektorskim gabinecie, zastała tam tarzającego się po podłodze i wrzeszczącego wniebogłosy 6-letniego smarkacza, który – jak się potem okazało – kopał dyrektora, obrzucił wyzwiskami jego zastępczynię, a następnie zagroził, że ich zabije. Na dokładkę zniszczył też nieco mienia szkolnego, powodując w całej szkole totalny chaos.

Panowie policjanci nie zakuli wprawdzie nieletniego bandyty w kajdanki (być może nie mieli odpowiedniego rozmiaru zakupionego w Toys-R-Us), ale wsadzili go siłą do radiowozu, wraz z tornistrem wypełnionym kredkami oraz plasteliną, i zawieźli do aresztu. Młodociany rozbójnik został oficjalnie oskarżony o rozbój, a następnie zwrócony na łono rodziny. Grozi mu proces sądowy. Jeśli do niego dojdzie, trzeba będzie w sądzie zamontować jakiś specjalny fotel, żeby podsądny mógł coś widzieć.

Incydent ten do złudzenia przypomina to, co wydarzyło się kilka tygodni wcześniej w jednej ze szkół w stanie Georgia, gdzie 6-letnia uczennica zraniła dyrektora tej placówki, zniszczyła kilka ławek, a następnie wyła niczym ranne zwierzę, zanim nie zabrali jej do domu rodzice. W tym przypadku policji w ogóle nie było, bo szkoła – z sobie tylko znanych powodów – nie chciała wokół tej sprawy robić „niepotrzebnego rozgłosu". Podejrzewam, że gdy ta sama dziewoja wróci do szkoły i zadźga kogoś nożem, dyrekcja zmieni natychmiast zdanie i jednak się na rozgłos zdecyduje.

Jeśli chodzi o małolata z Indiany, nie był to pierwszy przypadek, który sygnalizował, że coś jest z nim nie tak. Wcześniej ten sam niedorostek został tymczasowo wyrzucony ze szkoły za bicie i gryzienie kolegów z ławy szkolnej. Szef policji w Shelbyville, Michael Turner, powiedział prasie, że ostatnie wydarzenia w szkole to nie odosobniony przypadek, lecz pewnego rodzaju „niepokojący proces", czyli innymi słowy zasugerował wyraźnie, że chodzi tu o młodocianego recydywistę.

Wydaje mi się, iż jest to genialnie trafna diagnoza, tyle że wyciągane z niej wnioski są wręcz humorystyczne. Tenże sam Turner powiedział potem, że jest zadowolony, iż szkolny rozbójnik został tymczasowo aresztowany, bo w ten sposób otworzą się przed jego rodzicami nowe drogi szukania dla dziecka stosownej pomocy.

Ja nawet wiem, jakie drogi się otworzą. Prędzej czy później do akcji ruszą specjaliści od psychiatrii, którzy będą argumentować, iż agresywne zachowania dziecka wynikają z faktu, że do szkoły chodzi pod górkę w obie strony i obarczony jest trudnym dzieciństwem. W ten sposób zostanie pacjentem „psychicznym", który wymaga szczególnej troski, łagodnego traktowania i głaskania po zbójeckiej główce.

Dręczy mnie jednak jedno pytanie. Szef policji mówi o stosownej pomocy? Dla dziecka? Stosownej pomocy należy raczej szukać dla jego rodziców i opiekunów, którzy – w dość oczywisty sposób – zawiedli. Jeśli w wieku 6 lat dziecko zdradza tak wiele agresji, z pewnością nie jest to coś wrodzonego. Szkoła powinna usunąć tego ucznia w trybie natychmiastowym i przekazać go w ręce placówek specjalistycznych, zanim dojdzie do jakiegoś tragicznego wydarzenia. Tymczasem wspomniane sygnały ostrzegawcze były systematycznie ignorowane, zapewne dlatego, że nikt nie chciał „skandalu".

W sprawie tej znamienna jest jednak nie tylko reakcja policji, ale również postawa szkoły, charakterystyczna dla całego systemu oświatowego w USA. Gdybym to ja był dyrektorem szkoły (a na szczęście nie jestem) i gdyby mnie 6-letni pędrak zaczął kopać oraz grozić śmiercią, zareagowałbym tak jak każda ofiara przemocy – kopnąłbym go w drodze rewanżu w cztery litery, tak by przeleciał od razu z gabinetu do sali gimnastycznej, a następnie wsadziłbym go do jakiejś pakamery, aż do czasu pojawienia się stróżów porządku publicznego.

Jednak reakcja tego rodzaju w amerykańskiej szkole nie jest możliwa, bo niemal z każdego powodu nauczycielowi można wytoczyć proces sądowy. Rodzice bardzo często uciekają się do tego rodzaju manewrów, oskarżając nauczycieli o wyrządzanie ich pociechom druzgocących krzywd psychicznych. To właśnie z tego powodu karanie uczniów w jakikolwiek sposób za ich występki jest praktycznie niemożliwe. I nie sugeruję w żaden sposób kar cielesnych, lecz jakichkolwiek poczynań dyscyplinarnych. Zwykle szkolny personel drży ze strachu przed sądowymi konsekwencjami, problemami z prawnikami, itd.

Moje własne progenitury są już na szczęście w wieku poszkolnym. Na wywiadówki nigdy nie chodziłem, żeby przypadkowo od kogoś nie oberwać. No i jakoś udało mi się przetrwać.

W drodze do Jędruś City

Niemal w każdym kraju naszego globu istnieją miasta i miasteczka o bardzo dziwnych nazwach. Nie inaczej jest w Polsce, gdzie można odwiedzić takie miejscowości jak Ruski Bród, Wilcze Gardło, Sieroty, Ruchocice oraz Swornegacie. Ponieważ jednak Ameryka to kraj ogromny, potencjał dziwnego nazewnictwa jest znacznie większy. Postanowiłem w związku z tym przyjrzeć się kilku sztandarowym przykładom.

W jednym z tych przykładów byłem kiedyś osobiście, a mianowicie w mieścinie Intercourse w stanie Pensylwania. Słowo *intercourse* posiada wprawdzie kilka różnych znaczeń, ale zwykle tłumaczone jest na język polski jako „stosunek seksualny". Oznacza to, że gdy ktoś pyta mieszkańca Intercourse, gdzie ów mieszka, nieszczęsny indagowany musi z natury rzeczy odpowiedzieć: – *Mieszkam w stosunku seksualnym.* Nazwa ta jest na tyle dziwna, że stała się swoistą atrakcją turystyczną – ludzie z całego świata fotografują się przy tablicach wjazdowych, by upamiętnić fakt, że oni również w stosunku seksualnym przebywali, przynajmniej w sensie geograficznym. Zresztą tablice te bywają dość często kradzione, co naraża władze miejskie na stosunkowo (nomen omen) wysokie koszty.

Z czystego wścibstwa starałem się dowiedzieć, dlaczego mieścina ta akurat tak się nazywa, ale sprawa jest dość zawiła. Miasto powstało w roku 1754 i początkowo nazywało się Cross Keys. Zmiana nazwy nastąpiła w roku 1814 w okolicznościach trudnych do wyjaśnienia. Przeważa opinia, iż w tamtych czasach słowo *intercourse* nie miało aż tak oczywistej semantyki seksualnej, lecz znaczyło coś takiego jak „współpraca" i „integracja społeczna". Tak czy inaczej, dziś mieszkańcy skazani są na niekończące się żarty z powodu tej dziwnej nazwy.

Jednak dziwnych nazw jest znacznie więcej. Jeżdżąc po Ameryce można się na przykład zatrzymać w takich miejscowościach jak Lizard Lick i Pig. Zdecydowanie najlepszym miejscem do lingwistycznych dywagacji jest wieś No Name w Kolorado, która znajduje się między kanionem No Name i strumieniem No Name. Podejrzewam, że pierwsi osadnicy tych terenów po prostu nie mieli pojęcia, jak nazwać swoje nowe lokum i zdecydowali się na unik w postaci nazwy „Bez Nazwy". Problem dla filozofów jest natychmiast oczywisty. Ponieważ nazwa „Bez Nazwy" jest nazwą, wszystko to jest ze sobą logicznie sprzeczne. Wątpię jednak, by przeciętny mieszkaniec się tym za bardzo przejmował, chyba że czasami dochodzi do takich oto rozmów:

– *Jak nazywa się twoje miasto?*

– *Bez Nazwy.*

– *Jak to bez nazwy? Jakoś się przecież musi nazywać.*

– *Owszem, Bez Nazwy.*

Moja romantyczna teoria o pierwszych osadnikach bez pomysłu na nazwę jest jednak całkowicie fałszywa. Jak wykazują oficjalne, federalne dane, gdy w latach 70. ubiegłego stulecia budowano w Kolorado autostradę I-70, jeden z inżynierów zauważył, iż przy zjeździe numer 119 jest jakaś miejscowość, której nazwy nie znał. W związku z tym napisał na mapie „No name" i tak już zostało. Później tubylcom zaoferowano szansę zmiany nazwy, ale zdecydowanie odmówili w lokalnym referendum, doceniając zapewne w pełni unikalność tego rodzaju nazewnictwa.

Nieco inaczej, choć podobnie, jest w mieście Elephant Butte (Tyłek Słonia) w Nowym Meksyku. Problem w tym, że w tej samej okolicy znajduje się również mieścina o nazwie Truth or Consequences (Prawda lub Konsekwencje), co stawia kierowców podróżujących w tym rejonie przed bulwersującą alternatywą – dojeżdżają prędzej czy później do skrzyżowania, na którym muszą wybrać – jechać w kierunku Tyłka Słonia, czy wybrać Prawdę lub Konsekwencje. Prawdą jest, że Elephant Butte to nie nazwa części słoniowej anatomii, lecz wulkanicznej skały znajdującej się nieopodal, ale to dziś nie interesuje żadnego turysty. Do Elephant Butte jadą głównie po to, by móc się potem tym faktem chwalić.

No i na koniec przykład z Alaski, gdzie istnieje miejscowość o nazwie Chicken, czyli Kurczak. Geneza tej nazwy jest szczególnie interesująca. Wcześni osadnicy zauważyli mianowicie, że w okolicach żyje sporo kurczakopodobnych ptaków zwanych *ptarmigan*, ale ponieważ nikt nie znał dokładnej pisowni tego słowa, postanowiono pójść na łatwiznę i nazwać wieś Chicken. Jest to zatem symbol ortograficznej niemocy mieszkańców. Chicken, a propos, nie ma sieci telefonicznej ani też elektryczności, a ludność waha się od 17 do 37 osób. Myślę, że w egipskich ciemnościach trudno się ludzi liczy.

Gdyby ktoś myślał, że Ameryka w dziedzinie dziwnego nazewnictwa przoduje, uprzedzam od razu, że tak nie jest. W Walii istnieje miasto o nazwie Llanfairpwllgwyngyllgogerychwyrndrobwllllantysiliogogogoch, co podobno tłumaczy się na Kościół Św. Marii w Dolinie Białego Orzecha Koło Wodospadu Rapid Whirpool przy Czerwonej Jaskini. Miasteczko zostało tak ochrzczone w roku 1860, a stało się to tylko po to, by mieszkańcy mogli się pochwalić najdłuższą nazwą w Wielkiej Brytanii. Rekord ten można jednak z łatwością pobić. Ja sam urodziłem się w Zdunach Koło Krotoszyna Nieopodal Wrocławia Nad Dawną Granicą Polski Z Niemcami Gdzie Nadal Są Budynki Graniczne Które Z Wolna Rozpadają Się W Gruzy.

Oczywiście, musiałbym najpierw przekonać władze miejskie Zdun do wprowadzenia takiej zmiany. Jeśli jednak ktoś chce mieć absolutną kontrolę nad nazewnictwem, sugeruję nabycie własnego miasta. Niestety, przegapiłem ostatnio unikalną okazję. W ramach aukcji wystawiono na sprzedaż miasto Buford w stanie Wyoming, które za 900 tysięcy dolarów kupili dwaj imigranci z Wietnamu. Miasto posiada szkołę, stację benzynową, sklep, jeden dom oraz dokładnie jednego mieszkańca, Dona Sammonsa, który powiedział, iż znudziła mu się w końcu rola burmistrza reprezentującego wyłącznie samego siebie i że jest gotów rozpocząć gdzieś nowe życie. No i teraz Buford będzie się prędzej czy później nazywać jakoś dziwnie, np. Sajgon, albo Ho Chi Minh. A mogło być zupełnie inaczej i pięknie – np. Jędruś City.

Zajączek znikąd

W symbolice związanej z Wielkanocą zawsze zastanawiała mnie postać zająca, zwanego w świecie anglosaskim Easter Bunny. Uszate zwierzę obecne jest na niezliczonych kartkach świątecznych oraz we wszystkich niemal reklamach związanych z wiosennymi celebracjami. Zając wielkanocny nieodłącznie pokazywany jest wraz z pisankami oraz koszykiem wypełnionym świątecznymi dobrami.

A przecież zające nie niosą jaj, ani też nie utrzymują zwykle zażyłych kontaktów z drobiem. Jaki zatem jest ich związek z tymi świętami? Niektórzy są zdania, że zające stanowią symbol płodności, ale jeśli to prawda, nie ma ona nic wspólnego z wiosennym świętowaniem, chyba że chodzi o symbol zwycięstwa życia nad śmiercią, co można by jakoś wpleść w biblijne podłoże Wielkanocy.

Prawda jest taka, że Easter Bunny zadebiutował w roli świątecznego symbolu przed paroma wiekami, bo właśnie wtedy pojawiły się pierwsze obrazki pokazujące to stworzenie w towarzystwie jaj. Nikt jednak nie wie, dlaczego. Jedna teoria zakłada, że jest to nawiązanie do tradycji składania datków w naturze. Druga – że pojawienie się tego zwierzęcia niejako zwiastuje wiosnę, a przecież Wielkanoc to jest święto ściśle związane z tą porą roku. Wreszcie są też tacy, którzy nalegają, że zając jajeczno-wielkanocny pojawił się w świątecznej symbolice dlatego, że w Anglii zaraz po świętach zaczyna się sezon polowań na te zwierzęta. Nie rozumiem jednak, po co miałby się pojawiać przed oczami myśliwych tuż przez zorganizowanymi na niego nagonkami.

Niemal pewne jest to, że Easter Bunny nie jest wymysłem polskim, ani też nawet słowiańskim, choć dziś w Polsce przed świętami wielkanocnymi zające kicają na wszystkich wystawach sklepowych. Najwcześniej postać ta pokazała się na Śląsku i w Wielkopolsce, gdzie istniała tradycja „zajączka", polegająca na tym, że po śniadaniu wielkanocnym domownicy udawali się na poszukiwanie ukrytych prezentów. Był to zatem odpowiednik tzw. „Easter egg hunt", który dziś jest organizowany niemal w każdym zakątku Ameryki. Wataha dzieciaków przeczesuje przydomowe tereny, by znaleźć poutykane tu i ówdzie pisanki, tyle że zawierające zwykle łakocie, a nie białko i żółtko.

Jednak zwyczaj ten przywędrował do innych krajów Europy, a potem do USA, z Niemiec.Legenda o zajączku Wielkanocnym narodziła się na sąsiadujących ze sobą terenach Niemiec i Francji prawdopodobnie około XVII wieku. Nie wyjaśnia to jednak w żaden sposób, dlaczego Niemcy wpadli na pomysł, by poddać Wielkanoc gruntownemu przezajączkowaniu.

Dziś Easter Bunny to nie jakiś tam sobie zwykły kicuś, ale superzając. Niby wygląda tak samo jak jego kuzyni uganiający się po lasach, ale ma do spełnienia ważne zadanie. Dzierżąc swój nieodłączny atrybut, czyli koszyk wielkanocny, roznosi w nim kolorowe jajka, słodycze oraz prezenty dla dzieci, które podrzuca najmłodszym domownikom nocą. Upominki ukrywa w różnych miejscach domu i ogrodu, a zadaniem dzieci jest odnalezienie prezentów. Zgodnie ze zwyczajem, dopiero po znalezieniu ostatniego z nich można rozpocząć świąteczne śniadanie wielkanocne. Innymi słowy, zając ten udaje do pewnego stopnia Świętego Mikołaja, tyle że prezenty są zwykle bardzo skromne w porównaniu do tych pod choinką.

Trzeba też przyznać, że Easter Bunny bywa też czasami bardzo przebiegły i przypomina charakterem swojego animowanego kuzyna z marchewką, Buggsa Bunny. Raz idzie na łatwiznę i zostawia prezenty po prostu pod poduszką, ale tylko po to, by potem zaszyć inne podarki w jakichś przydomowych chaszczach, a nawet w specjalnie przygotowanym koszyku lub gnieździe uformowanym ze słomy. Nigdy zatem do końca nie wiadomo, czego można się po tym jajecznym szaraku spodziewać. W przypadku Santy wszystko jest natomiast jasne – szalona jazda z reniferowym zaprzęgiem, wślizg przez komin do domu i pudła pod choinkę.

Zdaniem etnografa radomskiego skansenu, Justyny Siwiec, zajączek przykicał do reszty Polski ze Śląska, w wyniku rozpowszechnienia się wspomnianej już zabawy w „zajączka". Widać jednak, że nauka też ma pewne wątpliwości, bo pani Siwiec dodaje: „Ale dlaczego zajączki, skoro to były jaja? Może stąd, że w ich poszukiwaniu dzieci kicały jak zające po całym obejściu?". No właśnie – ja mam podobne, nękające mnie wątpliwości. Kurczaki i jaja mają ze sobą prosty związek przyczynowoskutkowy. Natomiast jaja mają się do szaraków tak jak smalec do marmolady. Poza tym nie ma żadnych danych na temat kicania dzieci po zagrodach w poszukiwaniu prezentów, a zatem nie można niczego udowodnić. Zresztą jeśli ktoś kicał, to zapewne dorośli po przedawkowaniu świątecznych napitków.

Prócz kurczaków, zające mają też oczywiście konkurencję w postaci baranków, ale symbolika tych ostatnich jest oczywista i wynika bezpośrednio z religii. Zające natomiast z niczego oczywistego nie wynikają, szczególnie w zderzeniu z jajami.

W tej sytuacji być może najrozsądniej jest się uciec do niezmierzonej studni wiedzy, jaką jest internetowa encyklopedia nonsensu o adekwatnej nazwie „Nonsensopedia". Pod hasłem „niedziela wielkanocna" znajduje się tam – ma się rozumieć – wzmianka „o wyższości świąt Wielkanocnych nad Bożonarodzeniowymi". Natomiast na liście świątecznych symboli jest taki oto zapis: „Zając – nie wiadomo skąd się wziął, ani dlaczego znosi czekoladowe jaja!". No i wszystko jasne.

Ponieważ naukowe zgłębienie tajemnicy pana Easter Bunny wydaje się niemożliwe, nie pozostaje mi nic innego tylko życzyć wszystkim Wesołego Alleluja za pośrednictwem następującego wierszyka okolicznościowego, którego geneza jest mi całkowicie nieznana:

Wesołego zająca,
co śmieje się bez końca.
Szczerbatego barana,
co beczy od rana.
Radości bez liku,
pisanek w koszyku
I wielkiego lania
w Dniu Mokrego Ubrania!

Ten krótki utwór załatwia w całości wielkanocne obyczaje i symbolikę świąt.

Boratowa wpadka

Wydaje mi się czasami, że nawet największa farsa prędzej czy później udaje skutecznie, że nią nie jest, nawet jeśli mogłoby się wydawać, że jest na tyle przesadna, iż szans na traktowanie serio nie ma absolutnie żadnych. Potwierdziły to ostatnio wydarzenia dotyczące odgrywania hymnów narodowych na różnych imprezach. A szczególnie interesujące jest to, iż jeden z tych „hymnów" jest dziełem brytyjskiego komika Sachy Barona Cohena, który znany jest przede wszystkim z udawania obywatela Kazachstanu Borata, który przyjeżdża do USA i opowiada o swoim kraju, który – jak twierdzi bez zmrużenia oka – jest krainą słynącą z produkcji potasu, z bab ciągnących zaprzęgi zamiast koni oraz z piosenki ludowej pt. „Wrzuć Żyda do studni". Borat chwali się również w swoim filmie, że „Kazachstan to kraj, w którym są najczystsze prostytutki w całej Azji".

Wszystko to jest oczywiście wyssaną z palca fikcją, ale przyniosło Cohenowi swoistą sławę oraz sprowadziło na niego gniew kazachskich władz, które zakazały rozprowadzania filmu, a ministerstwo spraw zagranicznych tego kraju w swoim czasie groziło nawet Brytyjczykowi procesem sądowym. Do procesu nigdy nie doszło, bo Kazachowie zapewne doszli do wniosku, że przysporzyłoby to tylko jeszcze więcej „sławy" Boratowi i jego zmyślonej wersji kraju.

Borat i jego „interpretacja" Kazachstanu to z natury rzeczy bajka. Bajkowy jest również wymyślony przez niego „hymn Kazachstanu", w którym z przyczyn zupełnie mi nieznanych pojawia się fraza „jagshemash", co jest przeróbką polskiego „jak się masz". Zresztą Borat często rzuca jakieś zniekształcone polskie powitania, zapewne w przekonaniu, że i tak nikt się nie zorientuje, o co chodzi. Uraczył np. tego rodzaju powiedzonkami widzów obserwujących rozdanie europejskich nagród muzycznych, której to ceremonii był w swoim czasie gospodarzem.

Film o Boracie cieszył się przez wiele miesięcy sporą popularnością, a internetowy serwis Amazon donosił nawet, że wiele zamówień na to dzieło pochodziło z Kazachstanu, co sugeruje, że Kazachowie sami się z tego wszystkiego śmiali. Jednak prawdziwego zadośćuczynienia Sacha Baron Cohen doczekał się dopiero niedawno, w czasie mistrzostw w strzelectwie, które odbywały się w Kuwejcie.

Żeńska drużyna reprezentująca Kazachstan zdobyła tam złoty medal. I gdy panie z kraju „produkującego największą ilość potasu" stanęły na podium, zapewne tuż po przeciągnięciu przez pustynię paru wozów, z głośników popłynęły słowa hymnu narodowego... w wersji Borata. Telewizyjna transmisja z tego wydarzenia pokazuje jedną ze złotych medalistek, Marię Dmitrenko, która najpierw słucha z uwagą melodii, a potem zaczyna się lekko uśmiechać, choć wewnętrznie zapewne pęka ze śmiechu.

Przerażeni oficjele szybko fikcyjny hymn wyłączyli i kogo trzeba przeprosili, tłumacząc, że jakiś baran przez pomyłkę skopiował z Internetu nie ten hymn co trzeba. Potem całą ceremonię powtórzono. Zastanawiam się jednak, dlaczego żaden z organizatorów mistrzostw nie zauważył, że „hymn" Borata jest po angielsku i że zaczyna się od słów „Kazachstan najlepszy kraj na świecie, wszystkie inne kraje są zarządzane przez małe dziewczynki".

Na miejscu Kuwejtu na razie wstrzymałbym się od organizowania dalszych imprez sportowych, bo najpierw trzeba chyba skompletować wszystkie możliwe hymny i je porządnie sprawdzić. Jest to tym bardziej potrzebne, że w czasie tych samych mistrzostw odegrano też błędny hymn Serbii, choć Serbowie za bardzo nie narzekali.

Z kolei Kazachowie też specjalnie nie powinni narzekać. W czasie niedawnych zawodów narciarskich w tym kraju, które miały miejsce na kilka miesięcy przed gafą w Kuwejcie, zapowiadający kolejny bieg człowiek oznajmił dumnie: „A teraz nasze oczy kierują się z uwagą na flagę Republiki Kazachstanu i słuchamy hymnu naszego kraju". Problem w tym, że z głośników popłynęły zaraz potem skoczne dźwięki znanego przeboju Ricky Martina z 1999 roku pt. „Living La Vida Loca".

Być może zawiązał się między piosenkarzem i Cohenem jakiś tajny spisek, którego celem jest torpedowanie wszystkich ceremonii odgrywania hymnu nieszczęsnego Kazachstanu. Bo jak można inaczej wytłumaczyć serię pomyłek dotyczących akurat tego, a nie innego kraju?

Nie wiem, na czym to polega, ale wpadki dotyczące hymnów narodowych prześladują również liczne inne kraje, tak jakby wybór właściwej muzyki był jakimś monumentalnym zadaniem, którego wykonanie przerasta siły organizatorów. W roku 2009 po zakończeniu wyścigu Formuły 1 w Szanghaju, w który, drużynowe zwycięstwo wywalczył austriacki zespół Red Bull, odegrano hymn brytyjski.

Czasami swoje własne hymny mordują niektóre nacje. W ubiegłym roku w czasie ceremonii otwarcia w meksykańskim mieście Guadalajara mistrzostw Pan

American Games, znany piosenkarz Vicente Fernandez pomylił słowa hymnu Meksyku i zamiast wezwać ojczyznę do „otoczenia się oliwnym wieńcem", zaoferował zgromadzonym kibicom wersję zachęcającą do otaczania się „ukochanymi". Nie wiem, ilu kibiców posłuchało tej rady od razu na trybunach, ale szok był spory. To prawie tak, jakby ktoś zaśpiewał „Jeszcze Polska nie zginęła, ale my ledwo zipiemy".

Wszystkie te wpadki martwią mnie w kontekście zbliżających się mistrzostw Europy w piłce nożnej. Mam nadzieję, że polskim i ukraińskim organizatorom nic się nie pomyli w sensie „hymnowym". Kazachstan nie gra, a zatem ten problem mamy z głowy, bo Borat nie jest w stanie niczego spartolić, ale szanse na gafy zawsze są.

Będę sytuację pilnie obserwować. Jeśli pewnego dnia hymn Rosji zaczynać się będzie od angielskich słów „Let's throw Putin out of the window", od razu zwietrzę problem.

Rok 2013

„Twerking" i „Selfie"

Zanosi się na to, że przy dziękczynnym stole najbardziej popularnym wśród biesiadników zajęciem wcale nie będzie opychanie się indorem, lecz robienie tzw. *selfie*. A co to takiego i czy się to je? Nie je się, ani też nie nadaje się jako dekoracja na Thanksgiving, przystawka, sałatka, ani nawet naczynie lub miska...

Językoznawcy zajmujący się zawodowo aktualizacją największego słownika języka angielskiego, *Oxford English Dictionary*, ogłosili listę „słów roku", czyli tych dodatków do angielszczyzny, których częstotliwość używania najbardziej się zwiększyła. No i wygrało słowo *selfie*, wyprzedzając zdecydowanie czasownik *twerk*, oznaczający tańczenie w seksualnie prowokujący sposób (tak jak zrobiła to niedawno na koncercie MTV nieco stuknięta gwiazda estrady, Miley Cyrus).

Selfie to autoportret zdjęciowy wykonany przez właściciela komórki, smartfonu, tabletu, itd. A zdjęcia takie strzelają sobie nałogowo wszyscy i niemal w dowolnym momencie – w pracy, na spacerze, w kościele, w samolocie, za kierownicą, itd. Zwykle stroją przy tym różne głupie miny, jako że prawdziwy *selfie* nie ma być zbyt poważny, ani też służyć jako zdjęcie do paszportu.

Słowo roku wyłaniane jest za pomocą skomplikowanego algorytmu statystycznego, który tym razem wykazał, że w roku 2013 słowo *selfie* było używane o 17 tysięcy razy częściej niż rok wcześniej. Specjalnie mnie to nie dziwi, skoro obłęd ten stał się powszechny. Jest to oczywiście przejaw narastającego narcyzmu Ziemian, którym nie wystarczy już posiadanie własnej twarzy i jej oglądanie w lustrze, ale trzeba ją jeszcze nieustannie utrwalać w nieskończonej liczbie powykrzywianych wariantów. Na domiar złego, niemal każdy współczesny komputer ma wbudowaną kamerę, a gdy ludzie siedzą godzinami przed ekranem, to prędzej czy później wpadną na pomysł, by sobie zrobić kolejny portret, ot tak, z nudów.

Istnieje też inna wersja tego szału – *selfie* grupowe, czyli fotografowanie się czeredy przyjaciółek, zakochanych par lub grupy kumpli, co czasami wymaga zwarcia kilku facjat niemal w jedną i zrobienie zdjęcia niebezpiecznie wygiętą w karkołomnym geście ręką. Jest to sport pokrewny do tego, jaki uprawiano w zamierzchłej przeszłości, czyli w erze przedinternetowej, gdy do budki, w której można sobie było zrobić zdjęcie, wtłaczało się kilku studentów i odbywali sesję beztroskiego wygłupiania się przed kamerą w celu uzyskania kilku pasków zupełnie bezsensownych fotek.

Słowo roku dorobiło się już nawet kilku pochodnych tworów językowych, np. *helfie* (autoportret własnych włosów, mam nadzieję, że na głowie), *belfie* (fotka osobistej rufy) oraz *drelfie* (fotka, zwykle zamazana, zrobiona sobie po pijaku). Zamiast zatem jeść indora, ludzie będą sobie robić zdjęcia, by upamiętnić fakt, że mogli go zjeść, ale byli za bardzo zajęci pstrykaniem.

Jeśli chodzi o srebrnego medalistę, czyli słowo *twerk*, budzi ono na świecie pewne zastanowienie, a definicje bywają różne. W polskim portalu Onet jeden z uczestników dyskusji na ten temat napisał w końcu zdenerwowany: „no ludzie, to po prostu tańczenie polegające na potrząsaniu tyłkiem". Nie wiem, co na to językoznawcy, ale w sumie definicja raczej bliska prawdy. Zresztą nie wszyscy zapewne wiedzą, że oddawanie się twerkowaniu wcale nie jest niczym nowym: słowo *twerking* w amerykańskiej kulturze hip-hopowej jest znane już od 20 lat, bo w 1993 roku DJ Jubilee nagrał piosenkę pt. *Do the Jubilee All*, dzięki której *twerking* po raz pierwszy stał się szerzej znany. Musiał jednak wytrwać dwie dekady na doczekanie się wielkiego rozgłosu.

Dowolny język zawsze jest tworem żywym (z wyjątkiem tych martwych, jak łacina) i nieustannie dodawane są do niego nowe słowa, a w zapomnienie idą inne. Spece z *Oxford English Dictionary* są jednak facetami ostrożnymi i wcale nie twierdzą, że *selfie* i *twerk* pozostaną w języku angielskim na stałe. Może się na przykład okazać, że są to mody ulotne. Na razie jednak najlepiej jest sobie strzelić *selfie* w czasie twerkowania, bo wtedy będziemy totalnie na fali.

Podczas tegorocznego, krótkiego pobytu w Polsce też zauważyłem, że język Kochanowskiego nie opiera się przeróżnym transformacjom. Przed laty Wojtek Gąssowski pytał w piosence *Gdzie się podziały tamte prywatki?*, no i nareszcie wiadomo, co się z nimi stało – zmieniły się w „domówki". Ludzie, szczególnie młodzi, już nie chodzą na prywatki, lecz na domówki. Nie wiem, dlaczego tak jest lepiej, ale wpływów lingwistycznych nie posiadam. Natomiast jeśli chodzi o charakter domówek, pozostał on wierny modelowi prywatek – kupa żarcia i picia, no i wygibasy przy muzyce, czyli tańce, hulanki, swawole.

Polacy są zresztą często bardzo pomysłowi i z ogromną precyzją potrafią wyrazić skomplikowane treści. Dowiedziałem się na przykład, że fraza „wrzuć na migacz" znaczy ni mniej ni więcej tylko „umieść materiał w module zdjęciowym, znajdującym się w lewym górnym rogu strony", natomiast jeśli ktoś jest wyszprychowany, to znaczy nie tylko zaawansowany, ale również efektowny, jak sprzęt firmy Apple. Bywają też nowe, intrygujące określenia polityczne, np. „nietuskokaczyński", czyli polityk, który nie należy do obecnej klasy polskich władców. No ale kończę już, bo czas zrobić sobie kilka *selfies*. Z twerkingu natomiast na razie rezygnuję, gdyż mógłbym sobie przy tym zajęciu coś połamać. Już nie te lata...

Fauna w bagażu

Z okazji święta Thanksgiving będzie dziś o zwierzakach w samolotach. O ile wiem, ludzie raczej na pokład nie zabierają żywych indyków. Zresztą trudno by było takiego indyczego basiora ukryć przed czujnymi agentami TSA, a w dodatku indyki są ptakami do nabycia w niemal każdym sklepie i raczej nie są kolekcjonowane przez miłośników egzotycznych zwierzaków. Teoretycznie jednak ich przemyt samolotami do rodziny jest w tym roku bardziej prawdopodobny niż w przeszłości, a to w wyniku druzgocącej wiadomości, opublikowanej przez firmę Butterball, której udział na amerykańskim rynku indyczym wynosi niemal 20 proc. i która rocznie sprzedaje 41 milionów indorów.

Okazuje się, że w tym roku wystąpi ostry niedobór dużych ptaków, czyli tych o wadze ponad 17 lb. A ponieważ na przeciętnym amerykańskim stole zwykle leży indyk ważący co najmniej 22 lb, kryzys może o sobie dać znać. Przedstawiciel Butterball Corp. poinformował, że indyki po prostu nie dają się odpowiednio szybko tuczyć i na razie nikt nie wie, dlaczego. Być może po prostu robią nam na złość, co jest o tyle zrozumiałe, że są tuczone w celu późniejszej egzekucji.

W związku z tym nie wiem, czy jakiś dziękczynny desperat nie zdecyduje się na przewóz żywego lub mrożonego ptaka w bagażu podręcznym, tak by rodzina miała co w czwartek na widelce nabijać. Jeśli tego rodzaju desperat się pojawi, nie będzie wcale odosobniony. Wręcz przeciwnie – znajdzie się w doskonałym towarzystwie.

Przed kilkunastoma dniami pasażerka znajdująca się na lotnisku O'Hare zobaczyła pod schodami ruchomymi małego aligatora. Zaalarmowani policjanci w miarę szybko złapali zwierzę, ale nie rozwiązuje to zagadki – skąd się ten aligator na lotnisku wziął, od jak dawna tam przebywał, dokąd zamierzał lecieć i w czyim towarzystwie? Może leciał samodzielnie do rodziny na Florydzie, ale raczej w to wątpię.

Takie „zwierzęce" przypadki zdarzają się o wiele częściej niż mogłoby się wydawać, bo ludzie – jakby na to nie patrzeć – miewają czasami kompletnie zwariowane pomysły. W lipcu tego roku na lotnisku w chińskim mieście Guangzhou zatrzymano osobnika, który usiłował przemycić małego żółwia, schowanego między bułkami kanapki hamburgerowej z KFC. Maszyna żółwia wykryła, mimo że był on wysmarowany majonezem. Podobno tę przygodę przeżył.

W roku 2011 na lotnisku w Bangkoku jakiś mocno stuknięty facet miał przy sobie parę walizek wypełnionych zwierzęcym przedszkolem – były w tym bagażu bardzo młode pantery, leopardy, małpy, a nawet kilkutygodniowy miś. Sprawa wyszła na jaw nie dlatego, że bagaż został prześwietlony, ale dlatego, iż człowiek ten był śledzony przez policję, podejrzewającą go o nielegalne wywożenie dzikich zwierząt z Tajlandii.

Przed miesiącem potrącony przez samochód kangur schował się w znajdującej się na lotnisku w Melbourne aptece, co było z jego strony krokiem rozsądnym, gdyż znaleźli go farmaceuci i zaaplikowali odpowiednie medykamenty. Kangur nigdzie nie poleciał, ale wrócił do zdrowia i nadal gdzieś skacze. W tymże Melbourne w roku 2005 zatrzymano panią, która w sukienkę miała wszyte egzotyczne rybki – w sumie 51 sztuk. Każda z nich była umieszczona w niewielkim worku wypełnionym wodą. Pasażerka doleciała jakoś z tą menażerią z Singapuru do Australii, ale ostatecznie wpadła, bo zaczęła z niej ciec woda, i to w dodatku zapachowo niezbyt ponętna.

A skoro już o wszywaniu fauny mowa, to w Gujanie znaleziono u Holendra wracającego do Europy 12 kolibrów wszytych w – za przeproszeniem – slipy. Każdy z ptaków owinięty był w kawałek materiału w taki sposób, że wystawały nieznacznie tylko dzioby. Z przemytu nic nie wyszło, bo celnicy zauważyli, iż w spodniach faceta coś ćwierka, a to nigdy nie jest dobry znak.

Być może jedną z najdziwniejszych prób przemytu żywych zwierząt samolotem był przypadek w Brazylii, gdzie w roku 2009 celnicy znaleźli w dwóch walizkach brytyjskiego właściciela sklepu zoologicznego ponad tysiąc żywych pająków. Przypadek ten przypomniał mi do pewnego stopnia film pt. „Snakes on a Plane", w którym cała maszyna pełna jest agresywnych gadów, atakujących ludzi. Gdyby Brytyjczyk dostał się na pokład samolotu ze swoimi pająkami i gdyby owe rozeszły się po kabinie, samolot leciałby przez Atlantyk niesiony wyłącznie kwikiem przerażonych współpasażerek.

W USA też bywa dziwnie. W stropie lotniska w Miami znaleziono trzy małe kotki, które miałczały wniebogłosy, bo zapewne spóźniły się na samolot do Kotlandu. Często też ludzie usiłują latać z włożonymi do toreb psami, bez zgłaszania tego faktu obsłudze. Wszystko to oczywiście nie znaczy, że w tym roku będziemy mieli do czynienia z masowym powietrznym przerzutem indyków. Skoro jednak można sobie wszyć ptaszka koło ptaszka, to równie dobrze można wielkie ptaszysko wcisnąć do odpowiednio gabarytowej walizki.

Brudniak półokrągły

Niegdyś komuna słynęła z bardzo ambitnego nazewnictwa, stosowanego w handlu w przypadku całkiem zwyczajnych artykułów. Ni stąd ni zowąd krawat stał się „zwisem męskim”, czemu się akurat nie sprzeciwiałem, bo noszenie takiego zwisa odwracało skutecznie uwagę od potencjalnych innych zwisów męskich, z wielu przyczyn mniej pożądanych. Ale już „podgardla dziecięcego” w roli śliniaczka nie mogłem znieść, podobnie jak „wsuwek domowych” zamiast poczciwych kapci. Potem były jeszcze: ręczny przenośnik materiałów sypkich (łopata), lampa przenośna do oświetlenia miejscowego (latarka), krętak elektrotechniczny izolowany (śrubokręt), pedałowiec biurowy (kosz na śmieci z pedałem) oraz zwis sufitowy (żyrandol).

Niestety, tego rodzaju tendencje występują w Polsce nadal. Gdy tam ostatnio byłem, natknąłem się na podłodze supermarketu na etykietę z napisem „brudniak półokrągły”. Przez całe tygodnie zastanawiałem się nad tym, do czego ta etykieta była przyczepiona i dlaczego ów brudniak brudził tylko na poły, a nie całościowo. Dopiero chorobliwa wścibskość internetowa pozwoliła mi ustalić, że jest to coś, co samo w sobie niczego nie brudzi, lecz brudy do siebie przygarnia. Chodzi mianowicie o wiklinowy koszt na zszarganą codziennym życiem bieliznę.

Zjawiska tego rodzaju wydają się nie znać granic kulturowych lub politycznych. Ludzie z przyczyn trudnych do zrozumienia uważają, że jak coś się nazywa w sposób jakoś powikłany i zawierający „wielkie” słowa, to następuje niemal natychmiastowa nobilitacja owego czegoś. W USA dotyczy to w szczególności nazw wykonywanych przez naród zawodów, ale nie tylko.

Już dawno pożegnaliśmy się na przykład z frazą „used car”, bo przecież fury w Ameryce nie są używane lub przechodzone, lecz „poprzednio posiadane”, czyli „previously owned”, albo „pre-owned”. Jest to o tyle kretyńskie, że każdy samochód, nawet ten nowy, zawsze od „narodzin” był przez kogoś posiadany – najpierw przez fabrykę, potem przez dealera, a na końcu przez Kowalskiego.

Równie szybko pożegnaliśmy słowo „clerk”, które na polski w przypadku handlu detalicznego tłumaczy się jako „sprzedawca” lub „ekspedient”. Sprzedawców już dawno nie ma, gdyż ten proletariacki plebs został wyparty przez „sales associates” lub „sales assistants”. Ten pierwszy termin, na drodze semantycznego gwałtu, można przetłumaczyć na „stowarzyszony ds. sprzedaży”, ale wątpię, by pomysłodawcy tej terminologii chcieli pójść aż na takie lewactwo. Nieco lepiej brzmi „asystent ds. sprzedaży”, ale problem polega na tym, że sprzedawcy sklepowi z niczym i z nikim się nie towarzyszą, ani też nikomu nie asystują, a jedynie usiłują nam wcisnąć tani kit z Chin, czyli po prostu sprzedają.

Ale to jeszcze nic. Ostatnio witryna internetowa MyJob Matcher, która stara się kojarzyć kwalifikacje zawodowe osób szukających pracy z konkretnymi zajęciami, opublikowała listę dziesięciu „najgłupszych nazw profesji w historii kraju”. Szefowie tej witryny o tyle wiedzą, o czym mówią, że muszą często słuchać narzekań swoich klientów na to, że niektóre oferty pracy są po prostu niezrozumiałe, ponieważ nie wiadomo, jakiego zajęcia dotyczą.

Nie dziwię się im. Załóżmy przez chwilę, że nie mam absolutnie żadnego wykształcenia (o co z pewnością podejrzewa mnie spora część czytelników) i że chciałbym, w ramach debiutu zawodowego, zatrudnić się jako goniec. Przeglądam ogłoszenia prasowe, ale nic nie widzę, z wyjątkiem tego, że liczne firmy poszukują oficera dystrybucji medialnej. Mógłbym sądzić, że to jakaś ważna praca dla jajogłowych za ciężką kasę. Tymczasem we współczesnej nowomowie oficer dystrybucji medialnej to właśnie goniec, któremu być może przyjdzie dostarczyć jakąś wiadomość mobilnemu agentowi zaopatrzenia żywnościowego (kierowcy ciężarówki z żarciem) jadącemu do konsultantki oświatowego centrum wyżywienia (baby serwującej żarło w szkolnej stołówce). Mam nadzieję, że większość szkolnej wiary, otrzymującej te posiłki, zaopatrzona jest w podgardla dziecięce i że rzeczony mobilny agent zjawia się w placówce oświatowej ze zwisem męskim na szyi. *Ordnung* zaś, ale musi być!

Na liście wspomnianej witryny są jeszcze inne ważne zawody, np. inżynier sanitarny (śmieciarz), środowiskowy higienista drogowy (zamiatacz ulic) oraz technik publicznego oczyszczania (zmywacz toalet publicznych). Uderza mnie to, że te karkołomne zabiegi zmierzające do nobilitacji poszczególnych zawodów jakoś nie dotyczą zajęć „z wyższej półki". Nie słyszę na przykład o „inżynierach totalnego tumiwisizmu i bezradności" (senatorach), „manipulatorach finansów globalnych" (giełdowcach) czy też „asystentach ds. bezkarnego wyłudzania pieniędzy" (bankierach). Być może ta rewolucja nazewnicza dopiero nas czeka. Póki co, nadal będę siedział pod moim zupełnie prywatnym zwisem sufitowym, by się zastanawiać, czy z okazji świąt nie kupić sobie przypadkiem u jakiegoś „stowarzyszonego" brudniaka półokrągłego.

Oblany egzamin

Powszechnie znane są przypadki tzw. komputerowych (lub sieciowych) romansów, które zawsze wyglądają obiecująco na samym początku, ale potem okazują się mariażem starego obleśnego faceta, który swojej cyfrowej dzierlatce przedstawia się jako muskularny młodzian o twarzy ponętnego amanta. Zresztą bywa też odwrotnie – stara baba, znudzona życiem oraz natłokiem zmarszczek, w Sieci może być seksbombą, za którą tęsknią o pół wieku młodsi od niej panowie.

Spójrzmy jednak prawdzie w oczy – to głównie panowie gonią gdzieś po Internecie w poszukiwaniu romantycznych przeżyć, roznegliżowanych zdjęć oraz seksualnych przygód. W poszukiwaniach tych są czasami kompletnie zaślepieni – na tyle zaślepieni, że „polecą na wszystko, co nosi spódnicę".

Ostatnio pewna pani w Kalifornii, z zawodu pisarka i dziennikarka, postanowiła przeprowadzić ciekawy, a jednocześnie okrutny eksperyment na wspomnianych zaślepionych. Postanowiła mianowicie przetestować to, czy można chłopa od siebie odstraszyć, jeśli się jest atrakcyjną kobietą o fatalnym charakterze i zwyczajach.

Alli Reed zrealizowała swój cel przez stworzenie w internetowym serwisie OKCupid swojego profilu, od początku do końca całkowicie zmyślonego. Serwis ten pełni funkcję nieco matrymonialną, czyli kojarzy ze sobą pary, choć niekoniecznie w celach zawarcia małżeństwa. Bywa na przykład „pomostem" do przelotnych znajomości, tymczasowych schadzek, itd. Alli chciała udowodnić, że atrakcyjna kobieta może mieć tak odpychającą osobowość, iż pies z kulawą nogą, nie mówiąc już o facecie, się nią nie zainteresuje. Z premedytacją przedstawiła się jako osoba leniwa, złośliwa, rasistowska, rozkapryszona i szukająca pieniędzy.

W profilu Reed umieściła kilka zdjęć swojej koleżanki, która jest z zawodu modelką i która zdradza pewne oczywiste walory żeńskie. Nie wiem, czy Alli sama jest brzydka, ładna czy taka sobie, ale zapewne chodziło o to, by facetów kusić wyglądem w możliwie najskuteczniejszy sposób, a sama autorka uznała, że się do tego nie nadaje.

O ile zdjęcia były kuszące, o tyle dane umieszczone w profilu, całkowicie wyssane z palca, były pomyślane tak, by jak najskuteczniej odstraszać potencjalnych amantów. Tu trzeba wyjaśnić, że budowanie profilu polega w serwisie OKCupid na odpowiadaniu na serię pytań lub na uzupełnianiu przykładowych zdań, co w sumie składa się na opis osobowości danej osoby.

Alli uzupełniła zdanie zaczynające się od „Jestem dobra w...” frazą „udawaniu, że jestem w ciąży”. Natomiast w punkcie „Pierwsze rzeczy, które dostrzegają we mnie ludzie” wstawiła „drink, którym oblewam ich twarze”. Napisała też, że uwielbia zarówno alkohol, jak i narkotyki, bo te rzeczy „robią z Ameryki prawdziwą Amerykę”. Dodała do tego wszystkiego stwierdzenie, że jest bezrobotna, ale nie jest w stanie „żyć bez samochodów i kasy”. Chwaliła się ponadto tym, iż często wytrąca bezdomnym z ręki kubki z gorącą kawą, bo to jest „takie niezwykle śmieszne”.

Jeśli Alli miała jakieś nadzieje, że płeć przeciwna nie zwraca uwagi wyłącznie na żeńską aparycję, srogo się pomyliła. Już w pierwszych 24 godzinach po opublikowaniu profilu dostała 150 wiadomości od potencjalnych partnerów, którym najwyraźniej nic w zgniłym charakterze fikcyjnej kobiety nie przeszkadzało.

Zdumiona Reed postanowiła poddać swoich „wielbicieli” dodatkowemu egzaminowi. Zaczęła odpowiadać na otrzymywane wiadomości w szokujący czasami sposób. Napisała między innymi jednemu cybernetycznie napalonemu, że tak naprawdę ma tylko 14 lat, a robi to co robi, by dokuczyć kolegom jej starszej siostry. Nic z tego! Adresat odpisał, że „jesteś fajnym, seksownym diabełkiem”. Tenże diabełek innemu amantowi napisał: „Tak dobrze udaję, że jestem w ciąży, że zasługuję na Nagrodę Nobla – ludzie dają mi wszystko, gdy wierzą, że jestem w ciąży, szczególnie ci, którzy myślą, że są tatusiami”. Jeszcze innemu „znajomemu” zwierzyła się w swojej odpowiedzi, że jest rozczarowana, ponieważ „żaden mój partner nie chciał się jak dotąd zgodzić na wytatuowanie mu nimfy wodnej”. Też nici – facet zapytał, co dostanie w zamian za zgodę na tatuaż, a gdy w odpowiedzi usłyszał, że nimfę wodną, zgodził się i poprosił o numer telefonu.

Zrozpaczona Alli postanowiła w końcu zastosować środki drastyczne. Odpisała na jedną wiadomość następująco: „Myślę, że ty masz za dużo zębów. Spotkajmy się i ja ci to załatwię. Wyrwę ci jednego zęba”. Znów zawód. Mężczyzna był bardziej zainteresowany poznaniem bliżej zmyślonej dziewczyny niż stanem własnego uzębienia.

Niestety, płeć męska test skonstruowany przez Alli kompletnie oblała, zresztą ku jej przerażeniu. Okazało się, że wystarczy mieć odpowiednie żeńskie wypukłości, wklęsłości i zgrabności, by charakter przestawał mieć jakiekolwiek znaczenie.

Reed na swoim sfingowanym profilu opublikowała ostatecznie oświadczenie, w którym pisze do wszystkich swoich zbłąkanych wielbicieli: „Nie chcecie z pewnością poznać kogoś, kto chce wam wyrywać zęby, a potem podać do sądu, domagając się alimentów. Nie ulegajcie pokusie łatwizny. Sami musicie dojść do tego, jak osiągnąć szczęście wewnętrzne, które można potem budować dalej z inną osobą. Ale przede wszystkim, PRZESTAŃCIE PISAĆ DO MNIE WIADOMOŚCI, WY SKOŃCZENI IDIOCI!”.

Niestety jestem pewien, choć nie potrafię tego udowodnić, że na ten ostatni, krzyczący apel ktoś odpowiedział: „A co, ty lubisz skończonych idiotów? To umówmy się czym prędzej na randkę”.

Miłego wiszenia!

Podróże podobno kształcą. Mnie też ostatnio wykształciły, ale nie wiem, czy w pożądanym lub spodziewanym kierunku. W ramach mojej niedawnej wyprawy do Europy leciałem z O'Hare do Monachium, a potem wracałem z Düsseldorfu do Chicago. Lot w obie strony był „wspólnym” przedsięwzięciem linii United oraz Lufthansa. Innymi słowy, oba loty firmowane były podwójnie i miały oddzielne numery. W pierwszą stronę leciałem na pokładzie samolotu oznakowanego jako United, natomiast do domu wracałem na pokładzie maszyny należącej do niemieckiego przewoźnika.

Mogłoby się wydawać, że skoro lot jest wspólny dla obu linii, jednolita jest też polityka traktowania pasażera. Nic z tego. Okazuje się, że do Europy jeszcze nie całkiem dotarła filozofia, zgodnie z którą pasażer to bezwolne cielę, z którym można robić wszystko, bo przecież lecieć i tak musi.

Przed startem z Chicago poinformowano nas, że wszystkie napoje alkoholowe serwowane na pokładzie kosztują 7 dolarów za sztukę. A po starcie i zaklajstrowaniu nam gąb kitem zwanym szumnie obiadem, obsługa wycofała się na z góry upatrzone pozycje i oddała się własnym przyjemnościom, tj. głównie plotkom. Ktoś tam czasami pojawił się na horyzoncie, ale zwykle tylko na wezwanie ze strony pasażera. A potem jeszcze rano kawałek gumy robiącej za śniadaniową kanapkę i sprawa załatwiona.

Zupełnie inaczej było po starcie z Düsseldorfu. Załoga Lufthansy rozlewała trunki bez żadnych ograniczeń i zupełnie za darmo, pytała często i uprzejmie, czy ktoś czegoś nie potrzebuje i przez długie godziny lotu sprawiała wrażenie, że się losem pasażerów przejmuje. Nawet jeśli było to wrażenie pozorne, zawsze budzi pozytywne odczucia.

Oczywiście nie chodzi mi o darmowe drinki (choć te też się przydały), lecz o ogólne podejście do zadania przewiezienia zgrai ludzi z jednego zakątka świata na drugi. Choć cały rejs powietrzny był organizowany przez w zasadzie tę samą firmę, nietrudno było zauważyć, iż po stronie europejskiej jest zdecydowanie lepiej niż po naszej. Nie dotyczy to zresztą wyłącznie samych lotów, ale również kontroli przed wejściem na pokład. Jakoś nikt nie nalega, by zdejmować buty oraz paski od spodni, ani też nikt nie zabiera 80-letnich emerytów do kontroli osobistej.

Mam też inny przykład do zaoferowania. Zanim wystartowałem z Chicago, odbyłem bardzo krótki, 40-minutowy lot z Fort Wayne na O'Hare. Już na samym początku tej eskapady jedyna na pokładzie stewardesa ostrzegła, że absolutnie niczego nie będzie serwować, ponieważ „lot jest zbyt krótki" i nie ma na coś takiego czasu. Potem siadła i oddała się bez reszty lekturze książki. I zapewne nie miałbym żadnych pretensji, gdyby nie to, że następnego dnia leciałem z Monachium do Wrocławia na pokładzie jakiegoś małego turbośmigłowca, należącego do sprzymierzonych z Lufthansą linii Augsburg Airways. Lot był tylko nieco dłuższy od tego z Fort Wayne, a mimo to znalazł się czas, by każdemu bez większego pośpiechu podać kawę, herbatę oraz kanapkę. I nikt nie chciał za to żadnych pieniędzy, co w USA już dawno przestało być możliwe.

Tymczasem w USA wszystko zmierza ku temu, by z każdego przeciętnego lotu zrobić gehennę, o której ciężko jest potem zapomnieć przez wiele tygodni. Nie wiem, czy wszyscy mają świadomość, że ostatnio kilka linii lotniczych ogłosiło, iż zmniejszona zostanie szerokość foteli w kabinie z 19 do 17 cali. Jak w taki wąski fotel ma się zmieścić przeciętny amerykański kuper, to zapewne pomysłodawców w ogóle nie martwi. Chodzi przede wszystkim o to, by w każdym rzędzie zmieścić jedno dodatkowe siedzisko, co pozwoli na „dowalenie" sporej liczby ofiar, tj. pasażerów, szczególnie tych wąskich.

Ja już od dawna podejrzewam, iż ostatecznym zamiarem przewoźników jest zwężenie otwartej przestrzeni między rzędami foteli do rozmiarów jednego przeciętnego chudzielca stojącego na jednej nodze i wiszącego na klasycznym uchwycie tramwajowym. Natomiast pasażerów z miejscami siedzącymi dostarczać się będzie do foteli przez ich przenoszenie na rękach górą, niczym piwo kupione na stadionie. Wprawdzie piwo jest zdecydowanie lżejsze od przeciętnego Amerykanina, ale na koncertach rockowych też się czasami widzi ludzi transportowanych na rękach przez widownię, a zatem naród eksperymentuje i jest z pewnością gotowy na wszelką ewentualność.

A jak wszyscy wiemy, ewentualności lotnicze płyną pod naszym adresem wielkim strumieniem. Płaci się obecnie za wszystko: poduszki, więcej miejsca na nogi, bagaż podręczny, bardziej doświadczonego pilota, oba skrzydła, dodatkowy sprawny silnik, itd. Stąd gdy ktoś widzi cenę biletu rzędu 200 dolarów, w rzeczywistości płaci zwykle dwa razy tyle, a sama podróż jest przeważnie tylko nieco lepsza od tej, jakiej doświadczałem przed laty jeżdżąc zapakowanymi po sufit autobusami PEKAES-u, w którym w środku lata zamknięte były wszystkie okna, a o klimatyzacji jeszcze nikt nie słyszał.

Gdy już wprowadzą w samolotach te miejsca stojące z uchwytami tramwajowymi, co jest tylko kwestią czasu, zmieni się też frazeologia podróżnicza. Nie będziemy już sobie przed lotem do Polski życzyć szczęśliwej podróży, lecz miłego, wielogodzinnego wiszenia. Przynajmniej na stojaka nie trzeba będzie się przejmować instrukcjami o zapinaniu pasów.

Makabra na niby

Święto Halloween zdaje się wyzwalać w obywatelach – na co dzień całkiem normalnych – dziwne emocje. Nawet ci, którzy zwykle stronią od makabry, bez zmrużenia oka ustawiają na trawnikach przed swoimi domami szkielety ludzkie (zawsze mam nadzieję, że sztuczne), szubienice, okrwawione siekiery oraz jakoweś potwory, które przeciętnego pędraka są w stanie wprowadzić w stan październikowego szoku. Do tego dochodzą efekty akustyczne w postaci pobrzękiwania łańcuchami, skowyczenia, pojękiwania, itd. No i jest jeszcze warstwa oświetleniowa – zielone światło w ludzkiej czaszce, dynia z wyłażącym z niej robalem oraz wszelkie inne możliwe strachy elektryczne.

Kiedyś miałem nawet sąsiada, który co październik z narażeniem życia i zdrowia wdrapywał się na dach swojego domu i umieszczał na nim wielką białą mumię, odpowiednio podświetlaną. Wiara waliła na ten spektakl tłumnie, mimo że rok w rok był on dokładnie taki sam. Innymi słowy, był to spektakl, który zaciął się na pierwszym epizodzie i to już na pierwszej jego scenie.

Osobiście jestem zdania, że we współczesnej Ameryce wystarczy na trawniku ustawić atrapy paru czołowych polityków, jakiś tam Boehner lub Reid, by uzyskać odpowiedni stopień przerażenia narodu. Jednak na taki krok decydują się tylko nieliczni, co bardziej wkurzeni politycznie. Reszta robi co może, by zaszokować sąsiedztwo i czasami udaje im się to znakomicie.

W mieście Mustang w stanie Oklahoma Johnnie Mullins jest statecznym tubylcem, posiadającym małżonkę, dwie młode córki oraz dom. Wszystko to jest całkowicie normalne, a życie państwa Mullinsów też nie odbiega od normy, z wyjątkiem jednego dnia – Halloween.

W tym roku Johnnie, który ma absolutnego fioła (fisia, świergla, szmerca, etc.) na punkcie ostatniego dnia października i potencjału, jaki to niesie w sferze praktycznych kawałów, umieścił przed swoim domem dwie „dekoracje" w postaci niezwykle realistycznych trupów. Jeden z ich leży pod okrwawionymi drzwiami do garażu i sprawia wrażenie, że mu te wrota właśnie odcięły głowę. Drugi „trup" został umieszczony pod kołami zaparkowanego na podjeździe samochodu.

Johnnie jest z pewnością profesjonalistą i wie, co robi. Swoją kukłę garażową nazwał *Crushed Kenny*, natomiast facet pod kołami samochodu zwie się romantycznie *Dead Fred*. Problem w tym, że autor osobliwego pokazu nie przewidział, iż stopień realizmu tego wszystkiego może się okazać nieco kłopotliwy.

Jego rozhisteryzowana sąsiadka zadzwoniła na 911 donosząc, że pod drzwiami sąsiada doszło do masakry. Jak się można było spodziewać, na miejsce tych „krwawych" zdarzeń przybyła karetka, straż pożarna oraz policja, ale ani *Crushed Kenny* ani też *Dead Fred* nie mieli ochoty z nikim rozmawiać. A gdy okazało się, że to kukły, sąsiadka została przez władzę poinformowana, iż Johnnie nie złamał żadnego prawa i że w związku z tym nie mogą w żaden sposób interweniować.

Sąsiadkę oczywiście rozumiem, choć jeszcze nigdy nie widziałem, by drzwi garażowe komukolwiek coś obcięły, gdyż zawsze mają odpowiednie czujniki oraz nie posiadają gilotynowych krawędzi. Może jednak lepiej jest mieć obywatela czujnego niż znieczulonego.

Liczni okoliczni mieszkańcy, czyli sąsiedzi Mullinsa, nie są zbyt zachwyceni jego ekspozycją. Mieszkająca w pobliżu Rebecca Fuentes twierdzi, że obawia się reakcji ze strony dzieci, które muszą koło jego domu przechodzić. Mullins ani myśli ustępować. Nalega, że przed swoim domem może umieszczać dowolne makabryczności, o ile tylko pod drzwiami garażu nie leży jego całkiem prawdziwa żona. A na razie nie leży. Johnnie ubolewa też nad faktem, że musiał na jakiś czas schować swoje „trupy" do garażu, bo zaczął padać deszcz, który w dodatku zmył „krew". I jak tu w takich warunkach straszyć?

O ile przykład Mullinsa jest pod pewnymi względami ekstremalny, nie jest on odosobnioną duszą parającą się dziwnymi żartami z okazji Halloween. Niektórzy lubią na przykład wprawiać ludzi w totalne zakłopotanie, bo ubierają się jak świąteczni (mocno przedwcześni) kolędnicy i pukają do drzwi domów, by śpiewać kolędy. Czasami ich odbiorcy wydają się kompletnie skonfudowani i spoglądają na kalendarze, by sprawdzić, czy nie rąbnęli się w obliczeniach lub nie przespali dwóch miesięcy.

Inny żart polega na potajemnym rozmieszczeniu na czyimś trawniku, pod osłoną ciemności, kilkunastu plastikowych ornamentów, np. różowych flamingów. Toż taki delikwent, który nagle to wszystko zobaczy, może wykorkować z wrażenia i wtedy jest dopiero prawdziwy *fun*!

Wracając jednak na chwilę do Johnniego Mullinsa, dziennikarze pytali go to, w jaki sposób na jego nieżywych facetów reagowała okoliczna młodzież. Odpowiedź była łatwa do przewidzenia. Johnnie twierdzi, że ogromna większość miała ten sam komentarz: – *Oh, that's so cool!* Nic dodać, nic ująć.

Skacowany Chińczyk

Nie wiem, czy wszyscy mają świadomość, że w Polsce istnieje witryna internetowa poświęcona w całości walce z kacem, czyli fatalnym stanem zdrowia wynikającym z przepicia. Istnienie tego rodzaju miejsca specjalnie mnie nie dziwi, jako że kac to straszna czasami przywara, która potrafi zrujnować człowiekowi większość dnia. Moraliści natychmiast podniosą zapewne głos, że można po prostu nie pić, a jeśli już to w umiarze, a wtedy problem kaca nigdy nie wystąpi. Jest to jednak argumentacja wątła. Inni moraliści od lat twierdzą, że jeśli młode kobiety powstrzymają się od seksu, to nigdy nie będą miały problemu z niepożądaną ciążą. Jest to z pewnością jedna z tych prawd, które bywają systematycznie ignorowane.

Wracam jednak do kaca. Na wspomnianej stronie dla przepitych jest lista najskuteczniejszych rzekomo metod zwalczania stanu „pijackiej nieważkości". Okazuje się, że najwyżej ceniony jest specyfik o nazwie Paraxine. Jest to podobno środek, który bije na głowę inne sposoby na kaca, bo po jego spożyciu rozkład alkoholu w organizmie zwiększa się o 55 procent. A to spowoduje, że szybko „dojdziesz do siebie i nie odczujesz kaca na następny dzień – zapewni Ci to komfort psychiczny, dzięki czemu będziesz mógł imprezować bez stresu o to, że jutro będziesz w złej formie; jedno opakowanie Paraxine zawiera 20 kapsułek, które przyśpieszą metabolizm alkoholu w Twoim organizmie".

Nigdy nie próbowałem, ale zawsze traktuję tego rodzaju reklamowe zapewnienia z pewną ostrożnością. Drugą pozycję na tej liście zajmuje Alka-Seltzer, natomiast piąty jest specyfik, który powinien był wygrać tę konkurencję ze względu na nazwę, gdyż nazywa się Klin. Czytamy o jego działaniu co następuje: „Klin to tabletki na kaca, które zapewnią Ci dobre samopoczucie nawet po najhuczniejszej imprezie. Formuła tabletek Klin zawiera substancje, które przyśpieszają wydalanie toksycznych substancji oraz znacznie zwiększają metabolizm alkoholu, dzięki czemu eliminują nieprzyjemne objawy kaca. Dzięki Klinowi unikniesz nieprzyjemnych objawów towarzyszących nadmiernemu spożyciu alkoholu i będziesz czuł się jak nowo narodzony".

Jako nowo narodzony? Tu chyba producenci ostro poszli po bandzie, gdyż kac ma to do siebie, iż jego objawy można jako tako zredukować, ale ich zupełna eliminacja jest zwykle niemożliwa. Ponadto klin kojarzy mi się nieodłącznie z porannym piwem lub kielichem pieprzówki, a nie z łykaniem piguł. Ale to już inna sprawa.

Powszechnie wiadomo, że z kacem walczymy też przy użyciu różnych czysto domowych zabiegów, które czasami bywają dość egzotyczne. Moja własna babcia przed laty radziła mi, bym skacowany łeb wsadził pod koc nad garnkiem parującej wody, ale, o ile pamiętam, efekt tego był taki, że byłem jeszcze bardziej skacowany, a dodatkowo również spocony. Niektórzy zalecają seryjne picie kawy, zażywanie Advilu albo po prostu przeleżenie całego dnia w łóżku. Ta ostatnia metoda jest oczywiście w pewnym sensie murowana, bo prędzej czy później towarzysz Kac uda się na niczym nie zasłużony odpoczynek, uzasadniając to względami zdrowotnymi.

Jednak świat nadal oczekuje na jakieś cudowne panaceum, coś, co się zażywa, a zaraz potem po kacu nie ma ani śladu. I tu, być może, z pomocą mogą przyjść Chińczycy, którzy w krótkich przerwach między zakusami na dominację całego świata znajdują czas na prowadzenie przełomowych badań.

Okazuje się mianowicie, że my tu wszyscy pijemy i walczymy z tego faktu konsekwencjami, podczas gdy Chińczycy, którzy piją znacznie mniej od Europejczyków i Amerykanów, starają się dociec, jaka substancja może mieć zbawienny wpływ na nasze obolałe czerepy.

W uczelni Sun Yat-Sen University w mieście Guangzhou grupa badaczy przebadała wpływ 57 różnych substancji na kaca. Nie wnikam, w jaki sposób oni to badali, choć trzeba założyć, iż wybrane króliki doświadczalne musiały po prostu zalewać się w imię ludzkości w pechę. Tak czy inaczej, po wielorakich testach i analizach okazało się, że najlepszy na kaca jest... Sprite.

Dlaczego? Sprite zawiera substancję, która skutecznie eliminuje z organizmu ludzkiego nie tyle sam alkohol, co jego metabolik – związek zwany acetalhydem. To właśnie obecność tej substancji we krwi odpowiedzialna jest rzekomo za tupot mew w mózgu. Innymi słowy, Chińczycy radzą wszystkim skacowanym, by pili Sprite'a, bo wszelkie inne zabiegi nie dadzą żadnych korzyści. W szczególności chińskie badania wykazały, iż kawa, herbata oraz wywary ziołowe nie tylko nie pomagają, ale potęgują kacowe objawy.

Świat nauki zareagował na rezultaty chińskich badań ze zrozumiałą ostrożnością. Brytyjscy naukowcy orzekli, że „jak się napiją, to sprawdzą". I tu pojawia się poważny problem, a może nawet logiczna sprzeczność. Im dłużej badania te będą trwać, tym bardziej pijani lub skacowani będą badacze, co stawia pod znakiem zapytania wiarygodność ich zeznań. Z kolei nie można badać walki z kacem w stanie absolutnej trzeźwości.

Sam bym się chętnie zgłosił na ochotnika w ramach jakiegoś programu badań, ale żona mi nie pozwala, twierdząc – nie bez pewnej słuszności – że ja już w tej dziedzinie przebadałem wszystko, co było do przebadania.

Psi pieniądz

Rząd federalny od pewnego czasu działa na pół gwizdka, co jest o tyle niebezpieczne, że prędzej czy później naród się może zorientować, iż jego działanie lub niedziałanie nie wpływa w żaden istotny sposób na codzienne życie Ameryki. Niektóre agentury i ministerstwa nadal pracują, gdyż uważane są za „krytyczne" dla państwa. Pensje dostają też nadal członkowie Kongresu, co jest błędem, bo gdyby nie dostawali, obecny kryzys w amerykańskim parlamencie zostałby natychmiast zażegnany.

No, ale do rzeczy. Są tacy, którzy twierdzą nieustannie, iż rząd federalny w USA jest zbyt duży, mało efektywny i wtrąca się zanadto w życie obywateli. Postulują w związku z tym od lat redukcję federalnej biurokracji, eliminację niektórych ministerstw, itd. Zdaniem owych minimalistów, rząd winien ograniczyć się do obrony państwa przed zagrożeniami zewnętrznymi i wewnętrznymi, czyli większość czasu spędzać na biernym stróżowaniu. Jest to teoria państwa w roli „leniwego policjanta", w większości drzemiącego na posterunku. No, i Kongres drzemie – nieco więcej niż zwykle.

Ja jednak znalazłem dowód na to, iż władza mimo wszystko czasami się przydaje i że jej istnienie przynosi niekiedy pewne korzyści, np. w postaci 500 dolarów. Innymi słowy, chrapiącego policjanta można obudzić i dać mu coś do roboty, z odpowiednim skutkiem.

Niejaki Wayne Klinkel z Helena w stanie Montana posiada psa rasy golden retriever. Jak powszechnie wiadomo, są to czworonogi potulne niczym baranki, przyjazne w stosunku do wszystkich, nawet bandziorów wdzierających się do domu i wynoszących stamtąd rodowe srebro, oraz zupełnie nieszkodliwe. Pies Wayne'a, 12-letni Sundance, też cieszył się taką renomą, aż do czasu, gdy właściciel zostawił go na chwilę w samochodzie, by pójść z małżonką na szybki posiłek. Popełnił jednak zasadniczy błąd, gdyż w aucie zostawił na siedzeniu portfel z pięcioma 100-dolarówkami oraz jednym banknotem 1-dolarowym.

Gdy do pojazdu wrócił, Sundance siedział tam, gdzie go zostawiono, jak gdyby nigdy nic, i udawał przygłupa, co psom tej rasy (a wiem, bo sam posiadam) przychodzi niezwykle łatwo. Problem w tym, że Wayne szybko zorientował się, iż jego pupil zeżarł wszystkie 100-dolarówki, pozostawiając w portfelu tylko jednego dolara. Fakt ten przeczy wprawdzie powszechnemu przekonaniu o tym, że psy tej rasy nie są w szeregach czworonogów Einsteinami (skoro są takie głupie, to dlaczego

Sundance skonsumował tylko duże nominały?), ale nie było to dla właściciela zbytnim pocieszeniem, jako że stracił pięć stów. Tak by się mogło przynajmniej wydawać.

Jednak Wayne wiedział doskonale, że w USA obowiązuje prawo, które stanowi o tym, że jeśli ktoś przypadkowo przedrze zielonego Waszyngtona na połówki, zawsze może pójść do lokalnego banku, który banknot połowiczny zamieni na nowy. Można nawet przynieść tylko zasadniczą część zniszczonego banknotu, by wejść w posiadanie nowego. Wayne zaczął się w związku z tym zastanawiać, czy nie można by było uratować jakoś 500 dolarów trawionych w psim żołądku. No, i wymyślił rozwiązanie – wprawdzie mało apetyczne i dość skomplikowane węchowo, ale skuteczne.

Przez następne dwa dni Kinkel kolekcjonował fragmenty zjedzonych banknotów, wydłubując je mozolnie z deponowanych przez psa ekskrementów. Wszystkie te szczątki układał z powrotem w całość, niczym ekspert składający kawałki zniszczonego w wyniku katastrofy samolotu. Każdy z odzyskanych w ten sposób banknotów włożył następnie do osobnej torby plastikowej, a całość zapakował w kopertę, opatrzył stosownym „listem wyjaśniającym" i wysłał do rządu federalnego, a konkretnie do Departamentu Skarbu.

Wybór adresata był zrozumiały. Nie mógł w tym przypadku pójść do banku, publicznie tłumaczyć, co się stało, i prezentować zbrązowiałe nieco fragmenty przetrawionej kasy, która w oczywisty sposób zadawała kłam powszechnie znanemu przekonaniu o tym, iż *pecunia non olet*.

Zrobił to w kwietniu tego roku i już po 10 dniach dostał potwierdzenie odbioru przesyłki. Potem przez całe wieki (czyli parę miesięcy) nic się nie działo, tak jak gdyby rząd o nim zapomniał. Był to jednak pozór.

We wrześniu Wayne nagle otrzymał z Waszyngtonu list z czekiem na 500 dolarów w środku. Nie było żadnych wyjaśnień – po prostu czyste pieniądze, czyli 500 dolarów w jednym, całkiem wolnym od psich zanieczyszczeń czeku.

Wayne przyznaje bez bicia, że jest zdumiony. Nie spodziewał się, iż władza odpowiednio zrozumie jego problem, a nawet gdyby zrozumiała, miał nikłą nadzieję na to, że w jakikolwiek sposób zareaguje. A jednak zrozumiała, co dowodzi niezbicie, iż Uncle Sam mimo wszystko czuwa i czasami się do czegoś przydaje. Co się zaś tyczy psa, Wayne pokazał rzekomo Sundance'owi federalny czek i poinstruował go, by walorów płatniczych wszelkiego autoramentu już nigdy nie konsumował. Jestem pewien, że pies zrozumiał.

Kiełbasą w dziób

Czy można się procesować za cios w twarz kiełbasą? Oczywiście, że można, szczególnie w USA, bo tu podawanie kogoś do sądu pod dowolnym zarzutem jest niemal narodowym sportem. Nie zdziwiła mnie zatem za bardzo wiadomość o tym, że w Kansas City jakiś facet domaga się odszkodowania w wysokości 25 tysięcy dolarów za to, że został ugodzony hot dogiem w czoło. Natomiast nieco dziwne są niektóre szczegóły tej sprawy.

John Coomer, czyli powód, wybrał się pewnego dnia na mecz bejsbolowy drużyny Kansas City Royals. W czasie jednej z przerw w sportowych zmaganiach, a jak wiadomo przerw w bejsbolu jest więcej niż samej gry, maskotka teamu o nazwie Sluggerrr promowała hot dogi jakiejś tam firmy. W ramach tej promocji przebrany za wielkiego, żółtego tygrysa facet rzucał na trybuny zawinięte w bułki kiełbachy.

Kibice mieli oczywiście te pociski wyłapywać i je pożerać. Jednak Coomer się zagapił i dostał hot dogiem w ryło.

Można by pomyśleć, że hot dog to nie Pershing i większej szkody nikomu nie wyrządzi. Jednak Coomer twierdzi, iż w wyniku zderzenia jego facjaty z wołowiną odkleiła mu się w jednym oku siatkówka, przez co musiał poddać się operacji za rzeczone 25 kafli. Ponadto ten sam cios spowodował rzekomo kataraktę w obu oczach.

W tym miejscu muszę się od razu nie zgodzić. Jako facet, któremu w przeszłości odkleiła się siatkówka w obu oczach, wiem, że można dostać pałą w łeb i siatkówce nic się nie stanie, natomiast może się ona odkleić zupełnie bez przyczyny, ot tak, dla jaj, co zresztą miało miejsce w moim przypadku. Natomiast jej odklejenie się w wyniku bliskiego kontaktu trzeciego stopnia z kiełbasą wydaje mi się bardzo mało prawdopodobne.

Równie egzotyczna jest teza o tym, że w wyniku uderzenia pseudo-parówką można sobie w oczach wykształcić kataraktę. Wiadomo wszak, że zmętnienie soczewki to proces długotrwały i często powolny, nie mówiąc już o tym, że nigdy nie jest efektem bezpośredniego urazu. Jedyną kataraktą, jakiej Coomer mógł się na stadionie nabawić, była być może cienka warstwa keczupu, przez którą z natury rzeczy niewiele widać.

Ponieważ jednak sądy w USA są w stanie na serio traktować niemal wszystkie pozwy, nie inaczej stało się tym razem. Incydent na stadionie miał miejsce w roku 2009, ale sprawa toczy się do dziś i znajduje się obecnie na wokandzie sądu najwyższego stanu Kansas. Innymi słowy, ostateczny werdykt w sprawie ataku hot doga na kibica zapadnie po 4 latach prawnych sporów, w czasie których dobrze opłacani panowie sprzeczali się o to, czy rzucony przez tygrysa przysmak leciał tak jak miał lecieć, czy też tygrys popełnił błąd i wprowadził bułę na niespodziewaną trajektorię.

Myślałby ktoś, że żartuję, ale niestety tak wcale nie jest. W jednym z materiałów sądowych czytamy: „W czasie rzucania hot dogów na trybuny Sluggerr usiłował wykonać jeden z rzutów od tyłu, czyli za plecami. Jednak manewr ten spowodował, iż obiekt nie poleciał na trybuny wysokim łukiem, lecz wykonał lot poziomy, prosto w twarz Powoda, który siedział w pierwszych rzędach". Aha! Wynika stąd, że zdaniem strony skarżącej to nie Coomer się zagapił, lecz żółty tygrys spartaczył robotę. Zaskoczył widza przez falstart kiełbasy, a wiadomo, że tego rodzaju falstarty są niezwykle niebezpieczne.

Może w tym wszystkim potrzebna jest chwila refleksji. Zgraja dorosłych ludzi ogląda mecz w wykonaniu innych dorosłych ludzi, zresztą bardzo zamożnych, a w przerwie jeszcze jeden dorosły, przebrany za kiczowatego drapieżnika, rzuca w trybuny hot dogami. Gdybym to w Hollywoodzie zaproponował jako zaczątek scenariusza filmowego, zostałbym wyrzucony na bruk, od czego z pewnością też by mi się siatkówki odkleiły.

Jednak kolejne rozprawy sądowe odbywały się w pełnym majestacie prawa i z wielką powagą. Ba, w roku 2011 jeden z procesów zakończył się oddaleniem pozwu, a uzasadnienie było takie, że Coomer, kupując bilet na mecz, „dobrowolnie zgodził się na ryzyko ugodzenia hot dogiem". Zgodził się na ryzyko ugodzenia hot dogiem? Naprawdę? Dotychczas myślałem, że zasadniczym ryzykiem chodzenia na mecze mistrzów pały jest dostanie w głowę niezwykle twardą i szybko szybującą piłką, od czego można się przejechać na tamten świat. Tymczasem okazuje się, że nabywcy biletów nieświadomie godzą się na inne ryzyka, na czele z atakami wędlin na ich twarze.

W związku z tym ciekaw jestem, czy każdy, kto robi rezerwację w restauracji, godzi się jednocześnie na ryzyko ostrego zatrucia pokarmowego oraz tego, że w czasie obiadu spadnie na jego stolik źle zamontowany żyrandol. A gdy wchodzę do gabinetu dentystycznego, czy godzę się na ryzyko tego, iż dentysta się rąbnie w obliczeniach i wyrwie mi przez pomyłkę trzy zdrowe zęby trzonowe?

Wniosek nasuwa się sam – z głupiego procesu sądowego mogą wyniknąć jeszcze głupsze precedensy prawne. Dziwię się, że Temida jeszcze nie zdjęła opaski z oczu i nie zgubiła wagi.

Rewolucja bez rolek

Nie tak dawno temu, zanim jeszcze zmarł prezydent Wenezueli Hugo Chavez, pisałem w tym miejscu, iż tzw. rewolucja wenezuelska, zdradzająca spore podobieństwa do innych „rewolucji socjalistycznych", na czele z kubańską, zaczyna wykazywać oznaki upadku, gdyż w sklepach od pewnego czasu brakuje wielu podstawowych artykułów i mówi się o wprowadzeniu sprzedaży na kartki. Gdy w tamtejszej telewizji zaczną mówić o „przejściowych trudnościach w zaopatrzeniu rynku", będzie to widomy znak, że w zasadzie jest po wszystkim, a upadek znajduje się tuż-tuż za rogiem...

Dziś mamy w Wenezueli nowego prezydenta, Nicolasa Maduro, który wydaje się tak samo rąbnięty jak jego poprzednik i który trąbi nieustannie o „ostatecznym zwycięstwie ludu". Nie bardzo wprawdzie wiem, nad czym ów lud ma zwyciężać, choć należy podejrzewać iż nad resztką jeszcze nieupaństwowionych imperialistów, którzy w bardziej normalnych krajach znani są jako prywatni przedsiębiorcy.

Tymczasem na horyzoncie jest już nowy, jeszcze bardziej sugestywny sygnał, że rewolucja wkrótce strzeli kopytami. Rząd pana Maduro zarządził mianowicie, że państwo w trybie natychmiastowym przejmuje kontrolę nad jedną z fabryk produkujących papier toaletowy. Krok ten, jak powiadomiła zdumionych obywateli władza, podjęto w celu „zapewnienia nieprzerwanych dostaw na rynek tego artykułu". Jest to reakcja tejże władzy na fakt, że w pierwszych miesiącach tego roku papier toaletowy nagle zniknął z wenezuelskich sklepów, co wprawdzie zwiększa zainteresowanie proletariatu zakupem sporej ilości gazet, szczególnie tych z nieplamiącą niczego farbą drukarską, ale jest też faktem nie przynoszącym krajowi zaszczytu na arenie międzynarodowej. W końcu trudno jest być skutecznym rewolucjonistą ze słabą higieną zadu.

Żeby było jeszcze śmieszniej, rząd Maduro wysłał też do fabryki klozetowych rolek oddział gwardii narodowej, który ma pilnować, by produkcja szła pełną parą, a papier trafiał natychmiast do sklepów. Jest to pociągnięcie w zasadzie groteskowe, choć charakterystyczne dla niemal wszystkich socjalistycznych eksperymentów gospodarczych.

Przejęcie kontroli nad fabryką jednego artykułu w USA spowodowałoby zapewne oskarżenia o komunizm, nie mówiąc już o tym, że w zasadzie nie byłoby możliwe do przeprowadzenia. Obama ratował wprawdzie podupadający przemysł samochodowy, ale robił to ostrożnie, w obliczu poważnego zagrożenia krachem rynkowym. Gdyby jednak wysłał gwardię narodową do pilnowania produkcji i i dystrybucji zapałek, zapewne nie byłby już prezydentem.

Zwolennicy prezydenta Maduro przyklaskują mu i twierdzą, że mężnie stawia czoła spekulantom, czyli w domyśle kapitalistom. Natomiast część narodu z władzy sobie drwi, wskazując na fakt, że wszystkie niedobory na rynku są bezpośrednim wynikiem centralnego sterowania cenami i braku twardej gotówki potrzebnej do kupowania za granicą niezbędnych surowców.

Wenezuela posiada oczywiście znaczne zasoby ropy naftowej, którą eksportuje do wielu krajów, w tym do USA, ale przemysł petrochemiczny też został w znacznej mierze znacjonalizowany, co powoduje, że o wszystkim decyduje rząd, który ma w zwyczaju podejmować dość głupie decyzje dotyczące cen, subsydiów i ilości eksportowanej ropy.

Wszystko to oczywiście nie jest żadnym zaskoczeniem dla weteranów PRL-u, gdzie przez wiele lat rolka papieru toaletowego była wielkim skarbem, nawet jeśli sam papier miał konsystencję tarki do sera, a stanie w długich kolejkach było sportem uprawianym przez cały naród. Zawsze mnie jednak zastanawia, dlaczego tacy ludzie jak Maduro, Castro czy kolejni wodzowie Korei Północnej zachowują się tak, jakby w historii nie było żadnych przykładów wcześniejszych rewolucji kończących się rynkowym krachem, kartkami na wszystko i niestandardowym wykorzystywaniem gazet w toaletach.

Zgoła inną filozofię przyjęli na przykład chińscy komuniści, którzy już dawno doszli do wniosku, że władzę najłatwiej jest zachować wtedy, gdy naród jest na tyle spasiony, zadowolony i zajęty gromadzeniem dóbr doczesnych, że nie ma czasu i ochoty, by wylegać na ulicę i rzucać kamieniami w policjantów. W związku z tym uprawiają komunizm polityczny, ale gospodarkę oddali w znacznej mierze w ręce wrednych kapitalistów, którzy skutecznie produkują morze tandety, z zyskiem opychanej potem Ameryce. Jestem pewien, że prędzej czy później okaże się, iż za brakiem papieru toaletowego w Wenezueli w taki czy inny sposób stoi Białym Dom. I to też oznaka, że „rewolucja socjalistyczna" ma się ku smutnemu końcowi.

Kapuś "parkingowy"

Muszę przyznać, że parkowanie samochodu w USA zawsze było dla mnie zajęciem dość stresującym, szczególnie w dużych aglomeracjach miejskich, takich jak Chicago czy Filadelfia. Wynika to z prostego faktu – obowiązuje zwykle „prawo silniejszego", czyli tego, kto wpycha się na siłę lub znajduje się w czołgu typu Hummer, zdolnym do zmiażdżenia samochodowej opozycji.

Czasami wjeżdżamy na parking przed sklepem lub na lotnisku, znajdujemy wolne miejsce, ale zanim jesteśmy w stanie cokolwiek zrobić, jakiś bezczelny intruz miejsce to zajmuje, wychodzi z pojazdu i oddala się w poczuciu absolutnej bezkarności.

Nawet w zaciszu domowym, na jakiejś zupełnie bocznej i z reguły zacisznej ulicy walka o parkowanie trwa niemal nieustannie, z czego być może nie wszyscy zdajemy sobie w pełni sprawę.

Od czasu do czasu moja osobista małżonka wchodzi do domu w stanie niejakiej irytacji i mówi: – *Ten kretyn znowu zaparkował tuż przed naszym oknem.* W roli człowieka o naturze w miarę pokojowej, by nie powiedzieć pacyfistycznej, zwykle stwierdzam nieśmiało, że sąsiad parkuje na publicznej ulicy, na której nie ma żadnych formalnych zakazów parkowania, a zatem to, co robi, jest zupełnie legalne.

Oczywiście w żaden sposób nie przekonuje to mojej ślubnej rozmówczyni, która nalega, że parkowanie tuż pod czyimś oknem jest zamachem na nasze prywatne życie i bezczelnym przejawem braku wyczulenia na wrażliwość współobywateli, którzy chcą oglądać przez okna nie samochody, lecz matkę naturę.

W związku z tym rozważam możliwość wysłania żony na specjalne przeszkolenie do Pittsburgha, gdzie od pewnego czasu dzieją się dość niezwykłe rzeczy dotyczące parkowania. Władze miejskie wymierzają mianowicie mandaty w wysokości do 225 dolarów tym, którzy parkują na... własnych podjazdach do domu.

Praktyki te biorą się stąd, że w mieście istnieje kuriozalny przepis, który stanowi, że nielegalne jest parkowanie w odległości mniejszej niż 30 stóp od skraju ulicy. A ponieważ wiele podjazdów zdradza niemal kryminalną krótkość i zasiedlonych jest co najmniej przez dwa pojazdy, zdarza się czasami, że tylny błotnik łamie drastycznie przepisy przez zwisanie w odległości tylko 29 stóp i 10 cali od krawężnika.

Jednak najbardziej zastanawia mnie w tej sprawie zupełnie coś innego. Policja w Pittsburghu bynajmniej nie jeździ po poszczególnych dzielnicach z miarką i nie mierzy odległości zaparkowanych samolchodów od jezdni, by zbierać mandatowe żniwo. Wszystkie „sygnały" o nielegalnym parkowaniu przekazywane są policjantom przez „zatroskanych obywateli", czyli przez sąsiedzkich kapusiów, którym zawsze coś się nie podoba i którzy chcą bliźnim przysporzyć kłopotów. Wystarczy zadzwonić na komisariat i powiedzieć, że Kowalski znów zaparkował o pięć piędzi za blisko drogi, by natychmiast zjawili się odpowiedni mandatowcy żądający ponad dwóch stów za przestępstwo.

Zwolennicy egzekwowania tego przepisu twierdzą, że jest to wszystko konieczne, gdyż w przeciwnym razie ludzie ustawiają na podjazdach do domów łodzie motorowe, przyczepy kempingowe oraz różne inne „śmieci", co niszczy krajobraz całego sąsiedztwa. Problem jednak w tym, że poleganie na kapownictwie zwykle prowadzi do wielu niepożądanych rezultatów, o czym uciekinierzy z dawnego PRL-u doskonale wiedzą, choć zapewne konsekwencje w komunie były zdecydowanie większe niż w Pittsburghu.

45-letnia Eileen Freeman, mieszkanka tego miasta, twierdzi, że swój pojazd parkowała na domowym podjeździe przez ostatnie 18 lat, ale dopiero przed paroma tygodniami dostała ostrzeżenie, że jeśli samochodu stamtąd nie usunie, będzie musiała liczyć się z mandatem. Uważa w związku z tym, że padła ofiarą kapusia z sąsiedniego domu, który zapewne nie ma nic do roboty i siedzi przy oknie, by notować mrożące krew w żyłach przestępstwa. A potem dzwoni na policję i obserwuje interwencję władz, zacierając za firanką dłonie i pijąc triumfalnie kielicha siwuchy.

Uważam, że jeśli przepisy te pozostaną w mocy, następnym krokiem będą kary za parkowanie we własnych garażach albo za niezamykanie drzwi do tychże. Bo przecież jeśli ktoś nie zamyka garażu, to też obnaża przed sąsiedztwem zady pojazdów, przez co powoduje obniżenie poziomu estetyki okolicy.

Możliwości dla co bardziej nieustępliwych biurokratów są niemal nieograniczone. I to jest być może najbardziej niepokojące. Charles Dickens powiedział kiedyś rzekomo, że biurokrata pozostawiony samemu sobie „jest w stanie zniszczyć wszystko, z wyjątkiem własnej pieczęci". Moim zdaniem, pieczątkę też jest w stanie bez przeszkód skonsumować, nawet wraz z tuszem.

Osy zalane w pestkę

Ludzie w stanie większego lub mniejszego nasączenia alkoholowego robią rzeczy, których normalnie nie robią. Niektórzy idą po prostu spać. Inni najpierw plotą w kółko te same głupoty, a dopiero potem udają się na mało zasłużony odpoczynek. Jeszcze inni nagle uważają, że są duszą towarzystwa i zaczynają opowiadać głupie dowcipy, z których sami śmieją się do rozpuku. Najgroźniejsi są jednak ci, którym po pijaku przychodzą do głowy kompletnie zwariowane pomysły, np. przejażdżka samochodem na tylnym biegu i pod prąd po autostradzie albo niespodziewana wizyta u sąsiadki w celu sprawdzenia, czy nadal posiada ona wszystkie walory żeńskie...

Jednak ludzkość ma różne sposoby na radzenie sobie z wybrykami nawianych. W Polsce czasami lądują oni w tej swoiście ludowej instytucji, jaką jest izba wytrzeźwień, choć ostatnio dochodzą mnie słuchy, że izby te są z wolna likwidowane. Co bardziej alkoholowo szurnięci trafiają niekiedy przed sądy, gdzie odpowiadają za swoje brewerie, a zaraz potem idą pić dalej. Co się zaś tyczy sprawdzania czegokolwiek u sąsiadki, zwykle najskuteczniejsza jest lokalna władza w postaci mocno zirytowanej małżonki, która potrafi każdego krnąbrnego faceta doprowadzić do stanu jakiej takiej trzeźwości w ciągu kilku minut.

Gorzej w świecie zwierząt. Wprawdzie w zasadzie nie ma problemów ze skacowanymi słoniami lub małpami wiszącymi w stanie wskazującym do góry nogami z drzew, ale faktem jest to, że nie mamy żadnych skutecznych narzędzi, które pozwoliłyby na kontrolowanie pijaków wśród fauny. Po pierwsze, nie mamy wpływu na to, co konsumują, a jak już skonsumują, nie mamy też wpływu na to, co stanie się potem.

Ktoś mógłby w tym miejscu zauważyć, że nie jest to żaden ważki problem, bo przecież przeciętna Pszczółka Maja nie chadza do Gucia na imieniny, by się tam kompletnie nabzdryngolić. Ja też tak myślałem aż do momentu, w którym przeczytałem wieści z Wielkiej Brytanii. Tamtejsi naukowcy biją na alarm i twierdzą, że coraz większym zagrożeniem dla ludzkiej cywilizacji są... pijane w sztok osy.

Spójrzmy prawdzie odważnie w oczy. Nawet osy trzeźwe jak drut nie są zbyt przyjemnym dodatkiem do wszelkich imprez na świeżym powietrzu. Atakują nas w czasie grillowania, unoszą się nad hamburgerami, wprawiają dzieciaki w stan paniki i ogólnie rzecz biorąc brzęczą nad uszami, grożąc nieustannie atakiem. A skoro tak, to absolutnie nie sposób przewidzieć, do czego są zdolne owady „pod wpływem", nie mówiąc już o tym, że owadzich pijaków nie jesteśmy w stanie w żaden sposób kontrolować.

Skąd jednak alarm o trunkowych osach? Okazuje się, że akurat o tej porze roku miliardy os skończyły zaopatrywanie swoich „monarchiń", czyli królewskich os kontrolujących wszystko i wszystkich, w kwiatowy nektar. W związku z tym królewna leży bykiem i jest zadowolona, a ta armia bezczynnych „roboli" nie ma żadnego konkretnego zajęcia. No i co taka bezrobotna osa może ze sobą zrobić? Proste – siada na częściowo sfermentowanych owocach, pije ich sok i zalewa się w pestkę. Ja się zresztą w pełni solidaryzuję, jako że stan absolutnej bezczynności sprzyja trunkowaniu również wśród ludzi.

Naukowcy współpracujący z brytyjskim Czerwonym Krzyżem ustalili, iż zamroczone owocową siwuchą owady stają się z wolna prawdziwą plagą, a ich zachowanie nie jest możliwe do przewidzenia. Akurat ten ostatni fakt w ogóle mnie nie dziwi, bo przewidywanie jakichkolwiek działań organizmów znajdujących się pod wpływem etanolu jest zajęciem z natury rzeczy ryzykownym, o czym się już wielokrotnie przekonywałem.

Są jednak pewne powody do zaniepokojenia. Zaobserwowano na przykład, że osy „po kielichu" zwykle nie idą spać, ani też nie śpiewają nieszkodliwych hymnów typu „Góralu, czy ci nie żal?", lecz stają się bardziej agresywne, odważne oraz natarczywe. Brytyjczycy widzieli na przykład, jak pijana osa „rozwaliła na drobne strzępy" całkiem trzeźwą i potulną pszczołę, co sugeruje, iż zachowanie tych owadów bardziej będzie przypominać Józka i Zdzicha spod budki z piwem niż ciotki Eli, która po wypiciu jednego kieliszka za dużo po prostu kładzie się spać. Z drugiej strony, znałem też niewiasty, które po wypiciu też rozwaliłyby pszczołę na strzępy, gdyby oczywiście były w stanie czymś w nią trafić.

Problem w tym, że nie bardzo rozumiem, jak kwestię tę można rozwiązać. Z jednej strony, nie sposób kontrolować obecności nasączonych przez fermentację alkoholem owoców, które porównywalne są do szybkiej sety w barze. Z drugiej, przeciętny obiekt ataku pijanej osy nawet nie wie, że ma do czynienia z owadzim alkoholikiem. Przecież nie można poprosić owada, żeby chuchnął, co nawet w przypadku męża jest czasami problemem.

Dodatkową trudnością jest to, że osy niemal na pewno nie będą podatne na kampanię na rzecz abstynencji. Jedynym pocieszeniem może być wyłącznie to, że nigdy nie zasiadają za kierownicami samochodów.

O jeden obraz za daleko

Jedną z naczelnych cech łączących delikatną nicią bezsensu wszystkich dyktatorów, kacyków i autokratów jest to, że nie znoszą oni publicznego naśmiewania się z nich. Za komuny władza była pod tym względem nietykalna, a każde zdjęcie przywódców było przed publikacją cenzurowane w celu upewnienia się, że np. towarzysz Gierek nie wygląda jak szara mysz kościelna, a generał Jaruzelski nie został przyłapany na drzemce w czasie obrad Komitetu Centralnego...

Nikt nie wie dokładnie, co się dzieje w Korei Północnej, ale należy założyć, iż każda fotka tamtejszego Wielkiego Wodza oglądana jest przez cenzorów pod kątem tego, czy rzeczony wódz nie wygląda przypadkiem, jakby miał metr trzydzieści wzrostu w kapeluszu (a tyle mniej więcej ma). Im bardziej totalitarna władza, tym ostrzej reaguje na wszelkie śmichy i chichy, bo przecież trzymanie narodu za mordę to śmiertelnie poważny biznes, a nie jakieś tam brewerie.

Od korelacji autokracji z brakiem poczucia humoru są tu i ówdzie pewne wyjątki. Współczesna Polska nie jest na szczęście dyktaturą, ale co jakiś czas słyszę o tym, że ktoś został podany do sądu za „obrazę przedstawiciela władzy", np. premiera lub prezydenta. Wprawdzie procesy tego rodzaju rzadko kończą się wyrokiem, ale nie zmienia to faktu, że polskie pojęcie „obrażania władzy" jest dość odmienne od tego, jakie stosowane jest w USA.

Ameryka drwi sobie ze swoich przywódców niemal w dowolny sposób i zupełnie bezkarnie. Ograniczenia dotyczą wyłącznie łżenia kogoś na tle religijnym lub rasowym, ale tak poza tym to z prezydenta kraju można sobie robić wszelkie możliwe żarty, czego dowodem są kwestie wygłaszane niemal codziennie przez licznych amerykańskich komików.

Przed rokiem gościli u mnie znajomi z Polski, którzy nie mogli się nadziwić, że można publicznie naśmiewać się z władzy, często w sposób dość niewybredny. Na przykład, przeciwnicy prezydenta Obamy czasami noszą w czasie demonstracji plakaty, na których jego zdjęcie zmodyfikowane jest tak, iż wygląda on albo jak Hitler, albo też jak Joker z filmu o przygodach Batmana. Są to wprawdzie żarty totalnie głupie, ale nie podlegające karom.

W gamie ustrojów politycznych, poczynając od demokracji, a kończąc na zamordyzmie, Rosja zajmuje miejsce gdzieś pośrodku. Jest to demokracja na niby, kierowana przez byłego agenta KGB, obarczonego sporą dozą megalomanii i poczucia w większości fikcyjnej potęgi. Władimir Putin, mimo że chłop nieco już podstarzały, od lat udaje herosa, jeżdżąc konno z obnażonym torsem, polując na grubego zwierza lub wyławiając z morskiego dna podłożoną mu tam przez zawodowych lizotyłów antyczną amforę.

Parafrazując znane powiedzenie, zachodnia demokracja ma się tak do rosyjskiej jak krzesło do krzesła elektrycznego. Nic zatem dziwnego, że Putin i jego przyrodni brat Medwiediew nie lubią, gdy sobie ktoś z nich robi nieprzystojne jaja.

W jednej z galerii w Sankt Petersburgu pojawiło się niedawno malowidło przedstawiające prawie nagich wodzów, czyli Putina i Medwiediewa, w gustownej i mocno kusej damskiej bieliźnie. W dodatku Putin zdaje się czesać swojego premiera. Obaj mają przy tym dość dziwne, zatroskane miny, tak jakby właśnie zostali przyłapani *in flagranti* na tajemnej schadzce dwójki wpływowych gejów. Bardzo szybko okazało się, że na Kremlu ktoś z tego powodu wpadł w furię.

W galerii nagle zjawili się policjanci i zgarnęli nie tylko to malowidło, ale również trzy inne, w tym jedno drwiące z kilku prawodawców, którzy pomogli niedawno zatwierdzić ustawę zakazującą w Rosji uprawiania „propagandy homoseksualnej". Zaraz po konfiskacie obrazów rosyjskie ministerstwo spraw wewnętrznych wydało tajemnicze oświadczenie, w którym czytamy: „Po wstępnych oględzinach policja skonfiskowała cztery obrazy, które zostały odesłane do analizy, na podstawie której zostanie podjęta decyzja proceduralna".

Do analizy? Czyżby chodziło o ustalenie, czy artysta prawidłowo przedstawił rozmiary biustu premiera? A może władzy nie podobał się styl bielizny? Tak czy inaczej, na razie nie wiadomo, czy ktoś popełnił przestępstwo, choć w Rosji za obrazę prezydenta można przez rok odpoczywać w tiurmie.

Wszystkie te wydarzenia są o tyle dla Kremla niefortunne, że w Sankt Petersburgu ma wkrótce dojść do posiedzenia grupy G20. Zjawi się tam również prezydent Obama, ale – jak wiadomo – nie spotka się w cztery oczy z Władimirem z powodu awantury o Edwarda Snowdena, skrywanego gdzieś w Rosji. A szkoda – Obama mógłby z rosyjskim przywódcą dokonać owocnych studiów porównawczych, dotyczących skali i natężenia antyrządowej satyry w obu krajach.

Jedno jest pewne – gdyby ktoś w amerykańskiej galerii powiesił obraz przedstawiający Obamę odzianego w *speedos* i obejmującego czule Rusha Limbaugh, nikt by z tego powodu policji nie wysyłał, a właściwie w ogóle nikt by się tym specjalnie nie zainteresował. No dobra, może Rush wytoczyłby jakiś proces, ale to już zupełnie inna sprawa.

Żarty z pogrzebu

Nie wiem, czy wszyscy zauważyli, że Ziemianie XXI wieku coraz częściej zdradzają bardziej liberalne niż przed laty poglądy na temat własnego pogrzebu. Jest to może temat nieco „wisielczy", ale faktem jest to, że coraz więcej ludzi stroni od planowania tradycyjnych pogrzebów oraz od pośmiertnej obecności na cmentarzach, o czym świadczą statystyki amerykańskich zakładów pogrzebowych. Wynika z nich, że popularność kremacji rośnie, natomiast wszystkie inne „usługi" stają się coraz mniej popularne...

Kiedyś moja własna progenitura, wiedziona zapewne poczuciem upływającego nieubłaganie czasu i mojego postępującego starzenia się, zadała mi złowieszcze pytanie: – *Ojciec, a co ja mam zrobić z tobą po śmierci?* Pytanie mnie wprawdzie zaskoczyło, ale mężnie odparłem, że w zasadzie jest mi wszystko jedno. Potem ustaliliśmy, że prochy wynikłe z kremacji zostaną przez niego przewiezione do Wrocławia, na co syn zareagował pytaniem, czy ja w tej sproszkowanej postaci będę się na pokładzie samolotu liczył jako oddzielny pasażer. Wynika stąd, że będę jeszcze musiał uzbierać jakoś na mój pośmiertny bilet lotniczy.

Wszystko to nie zmienia faktu, że coraz częściej ludzie spisują tzw. *living wills*, czyli nie tyle testamenty dotyczące podziału dóbr doczesnych, co instrukcje dotyczące tego, co ma robić rodzina na wypadek czyjejś poważnej choroby lub śmierci. Innymi słowy, odzywki typu „Józka, po mojej śmierci postaw moje prochy w wazie na kominku" są coraz częstszym zjawiskiem. Ale czy Józka rzeczywiście postawi, czy też zasili siłę rozrostu kwiatów w przydomowym ogródku, to już zupełnie inna kwestia.

Istnieje jednak jeszcze jeden problem. W USA coraz częściej zdarza się, iż dochodzi do fikcyjnych śmierci osób, które potem nagle zjawiają się na łonie rodziny, przyprawiając wszystkich bliskich o palpitacje zwane po teutońsku *Herzschmerzen*. I choć zachodnia kultura zna wiele sposobów czczenia pamięci zmarłych, jakoś nie dorobiła się jeszcze metod radzenia sobie z tymi, którzy strzelili kopytami na niby. Dotyczy to również towarzystw ubezpieczeniowych oraz władz różnego szczebla, które są zdania, że umiera się tylko raz, a jak ktoś sobie wyczerpał ten limit, to trudno.

Pięknym, choć nieco zagadkowym przykładem może być przypadek 50-letniej Sharolyn Jackson, która „zmarła" w Filadelfii. A właściwie nie zmarła, tylko przepadła bez śladu. Zaalarmowana przez rodzinę policja wszczęła poszukiwania, które zaowocowały znalezieniem ciała w zachodniej części miasta. Zmarła przypominała wyglądem Sharolyn, choć nie wiem, do jakiego stopnia.

Tak czy inaczej, ciało zostało zidentyfikowane przez dwie osoby, w tym przez syna zmarłej. Jak ustalono, śmierć nastąpiła 20 lipca, a 3 sierpnia ukazał się w gazecie stosowny nekrolog. W tym samym dniu odbył się też pogrzeb. Jak to w tego rodzaju przypadkach bywa, ludzie płakali, wzajemnie się pocieszali oraz wygłaszali pochwalne peany na cześć osoby, która właśnie była odeszła na wieki wieków, amen.

Problem w tym, że po 13 dniach pani Jackson odnalazła się cała i zdrowa w jednym z zakładów psychiatrycznych. Nikt nie wie, w jaki sposób się tam dostała i co się z nią działo przez czas sztucznej nieobecności wśród żywych, ale jej powrót do grona przedgrobowego nie ulegał żadnej wątpliwości. Zaszokowana rodzina przyjęła „zmartwychwstałą" kobietę z otwartymi ramionami, bo oczywiście nie miała żadnego innego wyjścia, co jednak nie wyjaśnia kilku zasadniczych kwestii.

Po pierwsze, jak to jest możliwe, że syn „zmarłej" uznał, że pokazane mu ciało należy do jego matki? Po drugie, kogo pochowano i na czyje konto urządzono stypę? Wreszcie po trzecie, czy przed uznaniem jakiejś osoby za pożegnaną z życiem na zawsze nie są prowadzone jakiekolwiek badania na potwierdzenie tożsamości, na przykład genetyczne lub choćby dentystyczne?

Władze bronią się i twierdzą, że zwykle wzrokowa identyfikacja przez najbliższą rodzinę jest całkowicie wystarczająca. Może i jest, ale – jak się właśnie okazało – nie zawsze. Poza tym była kiedyś jedyną metodą, prócz badania uzębienia, ale w przypadku fałszywej pani Jackson nawet tego rodzaju badań nie przeprowadzono.

Na razie nadal nie wiadomo, kim jest osoba, która zajmuje bezprawnie i uzurpatorsko cmentarną działkę przeznaczoną dla pani Jackson. Mówi się, że wkrótce dojdzie do ekshumacji oraz szczegółowych badań, co jest zrozumiałe, choć mocno spóźnione. W każdym razie nie życzę nikomu kompletnie omyłkowego pogrzebu oraz całkowicie bezpodstawnej żałoby.

Niestety, nie jest to przypadek odosobniony. Można nawet powiedzieć, że fikcyjny trup – czyli ludzie uznawani są za zmarłych tylko po to, by potem pojawić się ponownie wśród żywych – ściele się gęsto. W swoim czasie „zmarł" rzekomo człowiek brazylijskiego pochodzenia, niejaki Gilberto Arajo. Okazało się później, że ciało jego kolegi z pracy uznano za jego własne.

Gilberto sprezentował swojej rodzinie i znajomym gustowny szok, jako że nagle wszedł do sali, w której odbywała się stypa i radośnie wykrzyknął: – *Ludzie, ja żyję! Niech mnie ktoś uszczypnie!* Ciekawe, czy ktoś uszczypnął, czy też wszyscy od razu zemdleli?

Pocztowy blues

Poczta zarówno w Polsce, jak i w USA dołuje. Zresztą kiepsko się ma w wielu innych krajach, co jest rezultatem różnych czynników, choć największym winowajcą jest poczta elektroniczna. Polscy pocztowcy mają też wiele innych problemów, o czym sam się przekonałem, gdy przed kilkoma laty usiłowałem w Krakowie wysłać niewielką paczkę.

Zjawiłem się w urzędzie z pudełkiem pod pachą, odstałem swoją kolejkową dolę i dotarłem do panienki z okienka. Gdy owa rzuciła okiem na moją przesyłkę, o mało nie zemdlała z wrażenia. Miała minę sugerującą, że właśnie spadłem z Księżyca. Zaraz potem powiedziała gromkim głosem, niosącym się po całej poczcie i mającym zapewne pokazać wszystkim, że ma do czynienia z idiotą: – *Przecież pan tego w ogóle nie zapakował, a pudełko jest nielegalne.*

Przyznam, że czasowo zgłupiałem. Moja paczka była całkowicie zaklejona, a co do jej statusu prawnego nie miałem żadnych zastrzeżeń, ani też nie byłem świadom delegalizacji niektórych pudeł w Rzeczypospolitej. Szybko jednak wszystkiego się dowiedziałem, bo pani poczciara wyjaśniła mi, z odpowiednią dozą irytacji, iż pudełko nie może nosić żadnych napisów lub symboli i że musi zostać opakowane szarym papierem, a nie latać przez trzewia poczty na golasa.

W tym momencie zacząłem się zastanawiać, czy ja naprawdę wyjechałem kiedyś z Polski z pobudek politycznych, czy też może złożyłem na poczcie o jedną wizytę za dużo i nie mogłem już tego więcej zdzierżyć. Moje rozterki przybrały na sile z chwilą, gdy dowiedziałem się, że szarego papieru poczta nie posiada i trzeba iść do jakiegoś sklepu, by go kupić. Przy okazji miałem też nabyć sznurek – nie, nie po to, by się z rozpaczy powiesić, choć byłoby to w miarę zrozumiałe, lecz dlatego, że – jak powiedziała moja pocztowa muza – „byłoby najlepiej, gdyby paczka była związana sznurkiem".

Pocztowcom w USA od lat wiedzie się bardzo słabo, ale nad polskimi kolegami mają wielką przewagę – do wysyłki przyjmują prawie wszystko. Wszelkie pudła są w zasadzie legalne, o ile tylko trzymają się jakoś kupy i nie wysypuje się z nich zawartość. Ba, można nawet wysyłać pudła konkurencji, np. Fedex-u.

Jednak elastyczność amerykańskiej poczty jest znacznie większa i została odpowiednio przetestowana przez dzielnych „badaczy" z witryny internetowej Improbable Research. Postanowili oni wysłać pocztą serię przedmiotów, które w ogóle nie były w żaden sposób zapakowane, ale posiadały odpowiednią sumę nalepionych znaczków oraz prawidłowy adres odbiorcy. Okazało się, ku zdumieniu badaczy, że ogromna większość tych przesyłek dotarła do adresatów. Między innymi:

Zawinięty w przezroczystą folię banknot dolarowy – dostawa po 6 dniach.

Piłka futbolowa – listonosz dostarczył ją po 6 dniach i uciął z adresatem pogawędkę o najnowszych wynikach ligi NFL. Dodał też, że „technicznie rzecz biorąc, piłka powinna być zapakowana".

Para drogich tenisówek złączonych *duct tape* – u adresata po 7 dniach.

Róża z przyczepioną do łodygi kartką – dotarła po 3 dniach w stanie wskazującym na uwiąd.

Ząb trzonowy w torebce plastikowej – dotarł, choć poczta włożyła go do koperty. W środku znajdowała się notatka: „Zwracamy uwagę na fakt, że części ludzkiego ciała nie mogą być przewożone pocztą, ale uznaliśmy, że ta przesyłka ma jakąś wartość symboliczną".

Zabawka w postaci małpki, która po jej potrząśnięciu krzyczała głośno: „Wypuśćcie mnie stąd!" – pod drzwiami adresata po 5 dniach.

Wszystko to dowodzi, że pracownicy amerykańskiej poczty są obdarzeni pewnym poczuciem humoru, a ich przywiązanie do przepisów, które oczywiście istnieją, jest znacznie mniejsze niż mogłoby się wydawać. Sądzę, że mają większe szanse na przetrwanie od tych, którzy z wymogami przepisów, często nie mających większego sensu, nigdy się pod żadnym pozorem nie rozstają.

W tym świetle dobrze spisała się też ostatnio poczta w Nowej Zelandii. Obywatel tego kraju, Clive Saleman, dostał pewnego dnia list z elektrowni Meridian Energy, w którym powiadomiono go, że zostanie wkrótce odcięty dopływ prądu do jego domu z powodu zaległych rachunków. Clive wpadł w panikę, tym bardziej że rachunki płacił, ale potem zauważył, że na kopercie nie ma jego adresu, lecz następujący napis: „Obecny mieszkaniec, 771800 Streetlights NPDC Control Point 394". Okazuje się, że elektrownia wysłała list do... lampy ulicznej, która żre tylko energię, a nigdy za nią nie płaci.

Nie sposób spekulować o tym, dlaczego lampa stała się nagle dla elektrowni klientem. Natomiast poczta zachowała się prawidłowo – skoro list adresowany jest do lampy stojącej przed domem Clive'a, to trzeba go dostarczyć właśnie jemu, a nie pisać, że „adresat jest nieznany".

Clive zachował stosowne poczucie humoru. Powiedział dziennikarzom, że wziął list w garść i zapukał do lampy, by go osobiście dostarczyć, ale „nikt nie otworzył". Przedstawiciel Meridian Energy stwierdził natomiast, że tam nikt nie mieszka, bo jest za duży przeciąg. Jest to świat bardzo odległy od wysyłania mnie po szary papier oraz sznurek dla totalnie nielegalnego pudła.

Piękność na bruku

Ludzie tracą pracę z bardzo wielu powodów. Jedni okazują się leniami, inni zjawiają się w robocie po pijaku, a jeszcze innych nie lubi z takich czy innych powodów szef. W erze tzw. serwisów społecznościowych jest jeszcze inna możliwość. Ktoś pisze np. na Facebooku, że „kierownik X to skończony kretyn", a rzeczony kierownik to czyta i stosuje odpowiednie środki dyscyplinarne...

Proceder wylewania kogoś z pracy unieśmiertelnił do pewnego stopnia czołowy budowniczy Ameryki, Donald Trump. Jest on gospodarzem z natury rzeczy głupiego programu, w ramach którego grupa nieszczęśników wykonywała jakieś zlecone im zadania tylko po to, by Mr. Donald mógł wrzeszczeć przed kamerami „You're Fired!", co dawało mu zapewne sporo satysfakcji.

Mimo to, w USA wyrzucić kogoś z pracy na zbitą twarz nie zawsze jest łatwo i przyjemnie, ponieważ zwykle istnieją dwie możliwości. Po pierwsze, wyrzucony lub wyrzucona mogą wytoczyć proces o taką lub inną dyskryminację, co zdarza się zresztą bardzo często. Po drugie, sfrustrowany ex-pracownik może wrócić tam, gdzie jeszcze do niedawna tyrał, by wystrzelać z zemsty połowę załogi, a szczególnie kierownictwo, a potem sam się położyć trupem.

W tym świetle nie wiem, jak ostatecznie zakończy się dziwny konflikt, którym zajmował się niedawno sąd najwyższy stanu Iowa. Sędziowie uznali jednogłośnie, że dentysta James Knight miał prawo zwolnić swoją asystentkę, Melissę Nelson, tylko dlatego, że była ona zbyt atrakcyjna i nosiła nadmiernie obcisłe rzeczy, podkreślające sugestywnie posiadanie przez nią ważkich walorów cielesnych.

Nelson zatrudnił Melissę w roku 1999. Jak mniemam, już wtedy musiał widzieć, że nowa pracownica jest ponętna. Jednak przez wiele lat nie narzekał, choć nie wiem, ile razy wyrwał komuś zdrowego zęba tylko dlatego, że się gapił na jej wypukłości. Dopiero na 18 miesięcy przed wyrzuceniem jej z pracy w roku 2010 zaczął regularnie narzekać, iż fizjonomia oraz odzież asystentki są „nie na miejscu" i że powodują one u niego nieustanne rozproszenie.

O ile odzież może być nie na miejscu, o tyle nie rozumiem, jak aparycja mogłaby się też znajdować w tym stanie, bo przecież nie można się jej pozbyć lub dać w prezencie komuś innemu. Melissa mogłaby oczywiście przychodzić do pracy bez makijażu i w luźnych łachmanach, ale dla 99 proc. pań jest to absolutnie nie do przyjęcia.

Gdy Melissa dołączyła do rzeszy bezrobotnych, wytoczyła swojemu pracodawcy proces o dyskryminację „ze względu na wygląd". Przepychanki prawne trwały latami, aż dotarły w grudniu ubiegłego roku do sądu najwyższego, złożonego z samych chłopów. Ci bardzo szybko uznali, obejrzawszy najpierw dentystyczną seksbombę od stóp do głów, że Knight żadnej dyskryminacji nie stosował i miał prawo swoją kształtną pomocnicę zwolnić.

Na tym jednak nie koniec. W czerwcu ten sam sąd zgodził się ponownie rozpatrzyć tę sprawę, tylko po to, by podjąć dokładnie tę samą decyzję. Nikt nie wie, dlaczego sędziowie w ogóle się tym ponownie zajęli, choć ja jestem przekonany, że chcieli sobie po prostu jeszcze raz Melissę pooglądać.

Dopiero przed kilkoma dniami cała prawda wyszła na jaw, choć niestety w niczym nie zmienia to sytuacji bezrobotnej. Okazuje się mianowicie, że Knight był bardziej rozproszony osobą Melissy niż mogłoby się wydawać, jako że już w roku 2009 zaczął się z nią wymieniać SMS-ami. Początkowo były to treści dotyczące spraw czysto zawodowych, ale wraz z upływem czasu stawały się coraz bardziej „odważne", aż do momentu, gdy dentysta zapytał swoją podwładną, jak często miewa orgazm i z kim.

W tym momencie w całej tej historii pojawia się „druga kobieta", czyli małżonka dentysty, która pod koniec roku 2009 zwiedziała się o tekstowym romansie z Melissą i zagroziła, że albo Knight wyrzuci ją z pracy, albo też będzie musiał sam skorzystać ze swoich usług, gdyż osobiście wybije mu wszystkie kły. W ten sposób los zawodowy pani Nelson stał się przesądzony.

Biorąc to wszystko pod uwagę, decyzja sądu najwyższego stanu Iowa ma się do amerykańskiej rzeczywistości jak pięść do nosa. Skoro Melissa była obiektem zalotów swojego szefa i skoro ona sama zalotów tych nie sprowokowała, w jaki sposób utrata przez nią pracy z woli rozczarowanego nieobecnością spodziewanego seksu szefa może być jej winą? A przypadków takich czy innych awansów seksualnych szefostwa w stronę podwładnych jest mnóstwo, niemal w każdym środowisku zawodowym.

Todd Pettys, profesor prawa w University of Iowa, nie kryje, że podejrzewa, iż sędziowie zgodzili się na ponowne rozpatrzenie tej sprawy, bo chcieli mieć „jeszcze jedną szansę wytłumaczenia decyzji, której wytłumaczyć się nie da".

Ja jednak nadal obstaję przy swoim. Oni po prostu chcieli Melissę ponownie zobaczyć. W końcu na sądowej wokandzie, zdominowanej przez podstarzałych prawników, dominuje niepodzielna nuda, a oko można zwykle oprzeć tylko na stosach papieru.

Tak czy inaczej, wszystko wskazuje na to, iż realne szanse na kariery zawodowe w stanie Iowa mają wyłącznie tamtejsze babochłopy, stawiające się do pracy w robotniczych kufajkach. Reszta pań winna – jak wydaje się sugerować sąd – siedzieć w domu i zajmować się praniem, gotowaniem oraz opiekowaniem się dziećmi, najlepiej na bosaka. Nie ma to jak XXI wiek.

Instytut Jazdy Rowerem

Bycie bogatym z pewnością posiada swoje zalety, choć niestety nigdy ich nie było mi dane spróbować osobiście, a szansę na przyszłe bogactwo też szacuję na skrajnie niską. Z drugiej strony posiadanie znacznych sum pieniędzy prowadzi niektórych do stanu kompletnego porąbania, a dochodzi do tego szczególnie w przypadku rodziców-milionerów, którzy uważają, że ich świętym obowiązkiem jest zapewnienie pociechom absolutnie wszystkiego, łącznie z tym co dziwne i nienormalne. A oferta rzeczy dziwnych i nienormalnych jest zawsze bardzo bogata...

Nie tak dawno temu pojawiła się wiadomość, że bogate mamusie wydają 350 dolarów wynajętym osobom ułomnym, tak by ich milusińscy nie musieli stać w długich kolejkach w Disney World. Przy pomocy wynajętego kaleki można wszak przeskoczyć na przód każdej kolejki. Ciekaw jestem swoją drogą, jakie pytania zadaje później mały Johnny. Może np. – *Tato, a ten pan z jedną nogą, co z nami stał w kolejce, to on jest w naszej rodzinie?*

Polakom pamiętającym czasy komuny wynajmowanie osób do wykonywania dziwnych zadań nie jest oczywiście obce. U szczytu idiotyzmu PRL-u wynajmowało się wszak babcię, niekoniecznie własną, do stania w ogonku po papier toaletowy, segment meblowy numer 15 lub wigilijnego karpia. Jednak nie jest ten proceder porównywalny z najmem osób ułomnych, jako że polskie babcie nie tkwiły w kolejkach po towar dla osób bogatych, lecz dla zwykłych ludzi, tak samo upodlonych „realnym socjalizmem" jak wszyscy inni, z wyjątkiem kapusiów i „elit władzy".

Rodzice w USA w kolejkach po cokolwiek nie muszą stać, z wyjątkiem niektórych atrakcji turystycznych, a zatem tylko dla własnej i dzieci wygody korzystają z tak astronomicznie głupich pomysłów jak wynajmowanie kogoś, kto jest nie tylko *disabled*, ale bez grosza.

Nie jest to jednak, niestety, jedyny przykład rodzicielskiego szastania zielonymi w zupełnie pomylonych celach. Za jedyne cztery stówy na godzinę w wielu częściach kraju można na przykład zapisać pędraka w wieku przedszkolnym na kursy prowadzone przez „ekspertów do spraw rekreacji". Celem tych kursów jest nauczenie dzieciaków, jak się bawić w przedszkolu z rówieśnikami w sposób „wolny od konfrontacji".

Wspaniale. Jeśli dzieci trzeba uczyć, jak się mają bawić nie plując na kolegów i nie kopiąc koleżanek, to sprawa już na samym początku jest przegrana, tyle że przegranymi są sami rodzice, starający się wielką kasą załatać swoje równie wielkie błędy rodzicielskie.

Poza tym jest jeszcze inny problem. Zabawa dzieci jest z natury rzeczy czymś spontanicznym i nie da się czegoś takiego nikogo nauczyć. Co więcej, wyuczona zabawa natychmiast przestaje nią być, co w zasadzie oznacza, że te 400 dolarów na instruktora to pieniądze wyrzucone w błoto. Bogatym rodzicom jakoś to jednak nie przeszkadza, zapewne dlatego, że dla nich suma ta nie ma absolutnie żadnego znaczenia, natomiast poczucie tego, że coś się dla dziecka robi, jest bezcenne.

Tylko patrzeć dnia, jak pojawią się też profesorowie uczący dzieci chodzić i mówić, tak by weszły w posiadanie tych umiejętności o dwa miesiące wcześniej niż pozostała słabo finansowana biedota. Nie wspomnę już o Akademii Jazdy Rowerem oraz o Uniwersytecie Grania w Cymbergaja, które to placówki z pewnością powstaną jeszcze w tej dekadzie.

Na domiar złego miejsca oferujące wspomniane kursy silą się na „ambitne nazewnictwo", mające sugerować powagę całego przedsięwzięcia. Jedna z takich szkół nazywa się „Kółko Arystotelesa", czemu grecki filozof z pewnością by się sprzeciwił, jako że odbywają się tam „zajęcia" z czterolatkami, którym „eksperci" tłumaczą, jak się dzielić kredkami, jak wspólnie bawić się jedną zabawką i jak nie stosować przemocy fizycznej, nawet wtedy, gdy ktoś inny się do niej ucieka. Jeśli jest to kółko Arystotelesa, to może by też zaaplikować smarkaczom nieco trygonometrii, epistemologii, a na koniec dobrze też byłoby młodym umysłom przydzwonić astronomią oraz naukami politycznymi.

Dlaczego wszystko to jest takie ważne dla możnych tego świata? Podobno nie chodzi wyłącznie o „naprawę" charakteru dziecka, lecz o jego przyszłość. Umieszczenie pociech w najlepszych prywatnych szkołach podstawowych czasami zależne jest od opinii z przedszkola, a zatem jeśli wspomniany już Johnny regularnie okłada wszystkich pięściami i urządza dzikie awantury, jego szanse na pozostanie w sferach elitarnych maleją.

Niektórzy pedagodzy twierdzą, że winę za te przedziwne próby „kształcenia" przedszkolaków ponoszą nie tylko rodzice. Ich zdaniem, przedszkola w USA stają się coraz bardziej szkołami, a nie miejscem dziecięcych kontaktów i zabaw. Czasami pędraki mają kilka bardzo różnych zajęć, np. uczą się gry na skrzypcach, języka chińskiego oraz ogrodnictwa, zamiast budować zamek z klocków Lego lub bawić się jakąś układanką. W tych warunkach „nauczanie" metod bawienia się jest naturalnym przedłużeniem już istniejących kursów. Natomiast tzw. „zdolności socjalne" dzieci mocno na tym cierpią.

Całe szczęście, że dzieci w wieku przedszkolnym już dawno nie posiadam. Nie wiem, czy zrozumiałbym coś z prowadzonych z nimi zajęć.

Golizna za brawa

Dziś na początek zagadka. Co to za urządzenie: składa się z kawałka materiału, dwóch płytek z układami scalonymi, 28-kontaktowej wtyczki, dwóch kondensatorów, dwóch oporników oraz regulatora napięcia? Co bardziej spostrzegawczy z pewnością zorientowali się już, że w jakiś sposób – sądząc po ilustracjach – musi tu chodzić o staniki, czyli czapeczki dla bliźniaków. I rzeczywiście tak jest. Urządzeniem tym jest biustonosz o dość niezwykłej, napędzanej elektronicznie funkcjonalności...

Ale zacznijmy od początku. W latach 80. XX wieku w amerykańskiej telewizji nie można się było opędzić od reklam aparatu o nazwie The Clapper. Było to coś, co umożliwiało włączanie lub wyłączanie wszelkich urządzeń elektrycznych poprzez klaśnięcie. Reklamy przedstawiały zwykle jakąś babcię, która tuż przed pójściem w nocne kimono klaszcze, by wyłączyć telewizor, a potem osuwa się na poduszkę w poczuciu dobrze i zdalnie poskromionego gadżetu.

Skoro można w ten sposób kontrolować telewizor lub lampę, dlaczego nie stanik? Z góry zastrzegam, że to nie ja wpadłem na ten pomysł, lecz niejaki Randy Sarafan, który twierdzi z kolei, że inspiracją dla niego był pobyt w Syrii, gdzie rzekomo baby noszą *dessousy* z różnymi elektronicznymi funkcjami. Są na przykład części bielizny świecące w nocy lub „zdalnie sterowane", choć nie bardzo rozumiem przez kogo i dlaczego.

– *Na Zachodzie* – mówi Sarafan – *często przyjmujemy, że kobiety na Bliskim Wschodzie są gnębione i poniżane, gdy w rzeczywistości zdradzają one niezwykłą pomysłowość, jeśli chodzi o wabienie partnerów elektronicznymi efektami bieliźniarskimi.*

Nie wiem, oczywiście, na ile ta syryjska inspiracja jest prawdą, ale nawet jeśli jest, to wydaje mi się, że akurat tam w staniki najlepiej by było wmontowywać, przynajmniej na razie, karabiny maszynowe oraz wyrzutnie granatów, a może nawet miotacze ognia. Tak czy inaczej, Sarafan był na tyle umotywowany syryjskim przykładem, że po powrocie do domu skonstruował stanik, który natychmiast spada z kobity, gdy tylko ktoś w jej pobliżu klaśnie.

Działa to mniej więcej tak. W okolicach spojenia „czapeczek" mieści się wspomniana elektronika zasilana miniaturową baterią. Częścią składową jest też elektromagnes, który kontroluje urządzenie rozpinające odpowiednie sprzączki na odgłos klaśnięcia.

Pomysłodawca zarzeka się, że jego zamierzeniem nie było skonstruowanie czegoś takiego w celach sprośno-seksualnych. Twierdzi, że jest to raczej wynik jego zatroskania o zmęczone panie, które wracają z pracy, gotują obiad, wykonują liczne inne prace domowe, a potem przed pójściem spać nie mają już zupełnie siły, by się odpowiednio rozebrać do rosołu. A tak klasną sobie raz i wszystko spada na podłogę.

Moja reakcja na jego zwierzenia jest prosta – bujać to nie nas. Już sobie wyobrażam, jak Sarafan daje swój odpowiednio spreparowany stanik dziewczynie w prezencie, a następnie klaszcze jak opętany przy następnym z nią spotkaniu. Zresztą mogą się też pojawić inne, ciekawe zastosowania tej technologii. Idziemy na przykład na koncert jakiejś grupy, a wszystkie panie wyposażone są w staniki z klaszczącą obnażalnością. No i gdy w pewnym momencie zrywa się owacja na cześć wykonawców, z pań zrywa się jednocześnie odzież. Efekt byłby piorunujące, a cenę biletów trzeba by było podnieść o jakieś 50 proc. tytułem „efektów specjalnych".

Jeśli natomiast chodzi o zastosowanie w sypialniach, być może Sarafan nawiąże współpracę z producentami wspomnianego już Clappera, tak by można było raz klasnąć w celu wyłączenia światła i włączenia golizny. Jak tak dalej pójdzie, wkrótce na ekrany kin wejdzie nowy film z Jamesem Bondem w roli głównej. Agent 007, znany oczywiście ze swoich licznych romantycznych podbojów, wchodzi do sypialni swojej nowej wybranki, np. pięknej agentki czyjegoś tam wywiadu. Następnie klaszcze raz, by osiągnąć błyskawicznie następującą sekwencję wydarzeń: drzwi zamykają się na klucz, kotary zasłaniają okna, włącza się seksowna muzyka w tle, światło się samo przygasza, w rękach zarówno Bonda, jak i obiektu pożądania znajdują się nagle kieliszki z szampanem, a z agentki spada wszystko, co jeszcze na niej ledwie wisiało.

Ze smutkiem muszę donieść, że stanika pana Sarafana na razie nie można nigdzie kupić. Próżno zatem wchodzić do Macy's i pytać, czy mają bieliznę, która sama spada pod wpływem entuzjazmu partnera. Jednak w swej niezmierzonej szczodrobliwości pan Sarafan udostępnił wszystkim internautom szczegóły konstrukcyjne, które teoretycznie pozwolą każdemu chętnemu na dodanie do przeciętnego stanika obwodów pozwalających na zdalne zdejmowanie czapeczek. Jest oczywiście pewne ryzyko, jako że domorosłym technikom mogą się pomylić jakieś przewody, co może mieć nieprzewidywalne rezultaty. Czego się jednak nie robi w imieniu nauki i cywilizacyjnego postępu?

Kiedyś, w zamierzchłej przeszłości, rozważałem przez pewien czas karierę speca od elektroniki. Nic z tego nie wyszło i dotychczas nie miałem z tego powodu żadnych żalów. Teraz jednak muszę chyba te nastroje zrewidować. Bądź co bądź, dziennikarz nie może zdalnie niczego zdjąć komukolwiek, a byle haker może. No i gdzie tu sprawiedliwość?

"Libacja" na autostradzie

Bardzo dawno temu, w czasach wczesno-zmierzchowych komunizmu, miałem kumpla, z zawodu dziennikarza, który dostał „przydział" na malucha, czyli fiata 126p. Problem był w tym, że osobnik ten nie miał prawa jazdy, a ponadto lubił tęgo popijać, co nie zwiastowało niczego dobrego, jeśli chodzi o jego karierę kierowcy...

Moje złe przeczucia szybko okazały się rzeczywistością. Kumpel prawo jazdy wprawdzie zrobił, ale w kilka tygodni później w pewien kwietniowy wieczór jechał swoją rakietą przez wrocławski Rynek, gdzie wtedy jeszcze legalny był ruch kołowy. Tamże został zatrzymany przez czujnego milicjanta, który zauważył zbytnią zygzakowatość trajektorii jazdy. No i niestety miał rację. Kiedy otworzył drzwi samochodu od strony kierowcy, ów wypadł po prostu na bruk, bo nie tylko nie był w stanie trzymać pionu, ale jeszcze na dokładkę w pozycji siedzącej natychmiast osuwał się na bok.

Nie wiem dokładnie, co się potem stało, ale podobno maluch szybko został sprzedany, a mój znajomy przerzucił się na publiczne środki lokomocji, w których trzymanie pionu jest o tyle łatwiejsze, że można zawsze wisieć jedną ręką na podsufitowym uchwycie.

Wszystko to przypomniało mi się ostatnio z zaskakującą wyrazistością z chwilą, gdy przeczytałem gazetową notatkę o wypadku drogowym, jaki miał miejsce na autostradzie I-75 w pobliżu lotniska w Atlancie. O godzinie 3.00 nad ranem, gdy autostrada ta jest znacznie mniej zatłoczona niż w dzień, jakiś pieszy palant nagle wyszedł na jezdnię, co spowodowało, że jadący drogą samochód zaczął ostro hamować. Wyhamował na tyle, że tylko lekko stuknął już wcześniej stukniętego przechodnia, któremu na szczęście nic poważnego się nie stało. Jednak samochody jadące z tyłu nie zdołały w porę ominąć nagłej przeszkody. W sumie wpadło na siebie siedem pojazdów, czyli powstał gustowny karambol. Nikt nie zginął i tylko jeden kierowca odniósł obrażenia wymagające krótkiego pobytu w szpitalu.

Nie ma to jednak większego znaczenia, dlatego, że sześciu z tychże kierowców zaraz potem trafiło za kratki. Okazało się bowiem, że z siódemki jadących autostradą osób tylko jedna była trzeźwa. Cała reszta była nawiana, co wyjaśnia do pewnego stopnia masowe garażowanie w bagażnikach.

Przyznaję, że gdy o tym po raz pierwszy przeczytałem, wpadłem w pewnego rodzaju prywatną panikę. Zacząłem się bowiem zastanawiać nad tym, czy sześciu pijanych w jednym wypadku drogowym to jakiś astronomiczny przypadek, czy też całkowita normalka. Bo jeśli jest to normalka, to ja już po nocach nigdzie nie zamierzam jeździć. Może się przecież okazać, że począwszy od północy 90 proc. kierowców na ulicach amerykańskich miast znajduje się w stanie „wskazującym".

Doniesienia o wypadku w Atlancie, podobnie zresztą jak inne liczne wieści tego typu, są szczególnie fascynujące w kontekście tzw. inicjatyw prawnych, które mają obecnie miejsce w kilku stanach USA, a których celem jest obniżenie dozwolonej zawartości alkoholu we krwi kierowców. Przykładowo w Indianie planuje się obniżenie „progu nietrzeźwości" o połowę, co w przekładzie na liczbę drinków, które kierowca może wypić, redukuje trzy piwa do jednego małego kufla. Są to oczywiście dane szacunkowe, bo tak naprawdę nigdy nie wiadomo, ile można wypić, czyli najlepiej jest nie pić w ogóle.

Osobiście nie mam nic przeciwko zaostrzaniu przepisów, ale jestem absolutnie przekonany o tym, że jest to taktyka kompletnie nieskuteczna. Załóżmy przez chwilę, iż w Atlancie już dziś obowiązuje zerowa tolerancja na alkohol, która zresztą obecna jest od dawna w wielu krajach europejskich. Biurokraci chcą nas przekonać, że tego rodzaju przepisy są w stanie zapobiec wypadkom z udziałem tych, którzy przedawkowali. Czy jednak można w jakikolwiek sposób dowieść, że do karambolu siedmiu pojazdów pod lotniskiem nigdy by nie doszło, gdyby dozwolona zawartość siwuchy we krwi wynosiła zero? Nie, nie można. Wręcz przeciwnie – statystyki wykazują, że ludzie, którzy nałogowo siadają za kółkiem po pijaku, robią tak bez względu na jakiekolwiek przepisy, o których i tak nie wiedzą, albo wiedzą, ale mają je w nosie. Innymi słowy, nowe restrykcje wynikają zwykle z chęci udowodnienia przez prawodawców, że „coś robią".

W tymże stanie Indiana, ostatnim tego rodzaju w całej Unii, nadal obowiązuje zakaz sprzedawania napojów alkoholowych w niedzielę oraz zakaz sprzedawania zimnego piwa w supermarketach (choć ciepłym można się naćpać w każdej chwili). Jeśli prawo to ma na celu redukcję wypadków drogowych powodowanych przez podchmielonych, to mija się z celem, gdyż poziom tego rodzaju wypadków jest mniej więcej taki sam jak w sąsiednich stanach Illinois oraz Ohio. Natomiast przeciętny pijak ma w nosie to, czy piwo jest ciepłe, czy też zimne – byle by było.

Odnoszę czasami wrażenie, że ludzie starający się to wszystko regulować prawnie działają tak, jak gdyby wierzyli w to, że ich postanowienia są w stanie zmienić nagle ludzkie nawyki. Jedno z dziesięciu przykazań mówi „nie zabijaj", co nie ma większego wpływu na liczbę morderstw w Chicago. Czy prawodawcy rzeczywiście sądzą, że gdyby zatwierdzili dodatek do tego przykazania w formie „pod żadnym pozorem nie zabijaj", nagle zamilkłyby w mieście wszystkie rewolwery?

Totalny zakaz sera

Nie tak dawno temu pisałem w tym miejscu o różnych artykułach żywnościowych, których import do USA z obcych stron jest z takich czy innych powodów zakazany lub ograniczony. Wiadomo bowiem, że prócz zagrożeń terrorem i zakusami wrażych nacji, Ameryka musi sobie skutecznie radzić z atakami kabanosów od babci Zosi, siwuchy z Rosji oraz spleśniałego sera z francuskich piwnic...

No a skoro już mowa o serze, to agencja FDA, która zatwierdza wszelką sprzedawaną w kraju żywność albo też jej nie zatwierdza i zakazuje jej dystrybucji, właśnie rozpoczęła nową wojnę z potencjalnie śmiertelnym zagrożeniem ze strony sera Mimolette. Jest to francuska wersja sera Gouda, wytwarzana przede wszystkim w okolicach Lille.

Mimolette wyróżnia się głęboko pomarańczowym kolorem, intensywnym, intrygującym smakiem oraz ceną. W USA funt tego sera kosztuje zwykle ok. 40 dolarów.

Jednak cena już wkrótce nie będzie miała żadnego znaczenia, ponieważ wszystkie dalsze transporty tego przysmaku z Francji do USA zostały wstrzymane. A to oznacza, że prędzej czy później zapasy w sklepach się wyczerpią i będziemy musieli powiedzieć *Adieu, Mimolette!*

Nasza dzielna federalna agencja doszła do wniosku, że import tego sera do USA stanowi zagrożenie dla obywateli kraju i może prowadzić do niebezpiecznych następstw. A to dlatego, że w czasie leżakowania Mimolette na jego zewnętrznej skorupie „biwakują" mikroskopijne organizmy, dzięki którym dochodzi do unikalnej fermentacji, co z kolei owocuje unikalnym smakiem.

Mikroskopijne żyjątka serowarskie nigdy nie wchodzą do środka serowej kuli, a jedynie drążą w zewnętrznej powłoce małe otwory, co zapewnia odpowiednią „wentylację" produktu. A gdy ser jest już gotowy do wysyłki w kierunku spragnionych doznań smakowych oraz rozsianych po całym świecie gąb, personel producenta myje ser, oczyszczając go z pracowitych robali. Ale nie ze wszystkich. Pewna ich ilość zawsze zostaje.

Wiosną tego roku przedstawiciel FDA orzekł, że przeprowadzone badania wykazały, iż nielegalnych mikrobów na skorupie Mimolette jest za dużo (nie mówiąc już o tym, że nie mają one wiz wjazdowych, a na amnestię imigracyjną nie mogą liczyć), w związku z czym Mimolette'a nie będzie więcej w sklepach, bo może on u konsumentów spowodować napad jakiejś alergii. Od tego czasu w licznych magazynach od New Jersey aż po Kalifornię zalegają setki ton sera, który prędzej czy później zostanie zapewne wyrzucony na śmieci.

Mocno zirytowani miłośnicy tego przysmaku zaczęli bombardować FDA licznymi rozsądnymi pytaniami. Być może najważniejsze jest to: skoro Mimolette sprzedawany jest w USA od kilku dekad i nigdy nie spowodował żadnych problemów lub chorób, skąd nagle obecny zakaz? Ponadto wiele serów dojrzewa „przy pomocy" mikrobów, a jednak tylko Mimolette stał się obiektem prześladowań ze strony FDA.

Benoit de Vitton, amerykański przedstawiciel firmy Isigny Sainte-Mère, głównego eksportera Mimolette do USA, powiedział, że bez mikrobów produkcja sera jest niemożliwa, a raczej jest możliwa, ale wtedy końcowym produktem nie będzie Mimolette, lecz coś zupełnie innego.

Dodatkowo trzeba wspomnieć o tym, że Mimolette produkowany jest we Francji od czasów króla Ludwika XIV i jeszcze nikt nigdy nie strzelił z powodu konsumpcji tego sera kopytami. Ba, w swoim czasie ogłoszono go nawet narodowym serem Francji, a mimo to naród ten nadal istnieje i miewa się w miarę dobrze, choć jest czasami irytujący.

W związku z tym nagły alarm FDA w sprawie „zrobaczałego" sera jest podejrzany i może wynikać z dwóch powodów. Po pierwsze, biurokraci z agencji mogli stać się nałogowymi pożeraczami Mimolette i chcą góry tego produktu w magazynach zachować wyłącznie dla siebie. Po drugie, ktoś się w FDA nagle obudził za biurkiem i doszedł do bolesnego wniosku, że już dawno niczego nie zakazał, co może zaważyć na ocenach wydajności pracy oraz przyszłych awansach.

Zakazy FDA bywają wydawane nieco na oślep, choć oczywiście nie zawsze. Przez bardzo wiele lat na rynku amerykańskim można było na przykład sprzedawać grzyby o nazwie gąski zielone lub zielonki, zarówno w postaci świeżej, jak i w marynatach. Jednak w 2001 roku jakiś Francuz spałaszował w ciągu dwóch dni dwa kilo gąsek i przeniósł się w zaświaty, co wywołało powszechny strach przed dalszą konsumpcją tego grzyba. W związku z tym dziwię się, że jeszcze żyję, jako że w moich rodzinnych stronach, w okolicach Krotoszyna, zielonki zbierało się koszami i przyrządzało się je na wszelkie możliwe sposoby. Tak czy owak, w polskich sklepach w USA nie ma już marynowanych zielonek, za to w Polsce nadal są oferowane, między innymi w internetowej wersji sklepu Bliklego oraz w serwisie Fungopol, a mimo to trup nie ściele się gęsto.

Rozczarowani miłośnicy Mimolette'a żalą się, głównie na Facebooku, że ich rząd federalny wykiwał i pozbawił bez jakiegokolwiek powodu ulubionego przysmaku. „Mikroby to też ludzie!" – napisał jeden z tych rozczarowanych. „*Sacre bleu*!" – wykrzyczał ktoś inny.

Myślę, że w drodze odwetu Francuzi zdecydowanie powinni zakazać jakiegoś amerykańskiego żarcia, np. tzw. „American cheese", który z serem ma mniej więcej tyle wspólnego co ferrari z hulajnogą. Można też wyrzucić sztuczne krowie placki sprzedawane w hamburgerowniach.

Niestety, obawiam się, że Francuzi stulą jednak uszy po sobie i nadal będą potulnie eksportować do nas liczne inne sery, nawet te, które wydają się całkiem spleśniałe i same chodzą po lodówce, ku przerażeniu biurokratów z

Po co ten trzeci pedał

W „realnym socjalizmie" PRL-u samochodu nigdy nie miałem. Wprawdzie na kilka miesięcy przed daniem drapaka do USA „wylosowałem" przydział na fiata 126p, czyli malucha, ale z tego niebywałego szczęścia już nie miałem jak skorzystać, ponieważ posiadanie czterech niezwykle małych kółek w Polsce Jaruzelskiego nie wytrzymywało porównania z nieposiadaniem niczego w Chicago. A swoją drogą, do dziś zastanawiam się, co się z tym moim „przydziałem" stało. Może nadal czeka i tęskni?

Gdybym jednak tego fiata dostał, byłby to oczywiście pojazd z ręczną skrzynią biegów. I to nie dlatego, że w komunie nie było innego wyboru (choć istotnie nie było), lecz z powodu ogólnej, europejskiej niechęci do eliminacji sprzęgieł i automatyzowaniu procesu „wrzucania jedynki". Amerykański romans z automatyką napędową w Europie jakoś nigdy się nie przyjął, a ma to pewne konsekwencje nawet dziś.

Przed rokiem wynajmowałem samochód w Krakowie i nieopatrznie zapytałem, czy mój pojazd może mieć automatyczne biegi. Wypowiedź ta wzbudziła szczerą i entuzjastyczną radość w szeregach personelu Hertz Rental. Wyjaśniono mi, że auto typu „automatic" mogę wypożyczyć, ale za pewną dopłatą, a zapotrzebowanie na takiego dziwoląga należy zgłaszać uprzednio.

Mniej więcej 10 lat wcześniej usiłowałem wypożyczyć samochód z automatyczną skrzynią biegów we francuskim Calais, gdzie popatrzono na mnie jak na kretyna usiłującego wynająć statek kosmiczny, z całkowicie automatycznym dopalaczem, zmierzający w kierunku Alfa Centauri. Dostałem ostatecznie jakąś puszkę na sardynki marki opel, bez jakiegokolwiek dopalacza.

Prześmiewcza niechęć do „automatów" znajduje zresztą pewne odzwierciedlenie w slangu stosowanym przez polskich mechaników samochodowych. Podobno „leniuch" to automatyczna skrzynia biegów, a np. „mietek na leniuchu" to mercedes z właśnie taką skrzynią. Przyznam, że mnie ta terminologia nieco konfuduje, gdyż w gwarze poznańskiej „mietek" albo też „mnietek" to zasadnicza część męskiej anatomii, ale to już inna sprawa.

Szukając różnych danych o samochodach „automatic" w Polsce natrafiłem na taki cytat w internetowej witrynie automobilistycznej: „Oferta nowych samochodów z automatycznymi skrzyniami biegów na polskim rynku jest dość skromna – są to z reguły drogie i bardzo bogato wyposażone samochody. Nie ma takich samochodów w przypadku popularnych marek. Natomiast używanych, sprowadzonych z zagranicy pojazdów z automatami jest już sporo, ale zakup dziesięcioletniego pojazdu z taką skrzynią to prawdziwa loteria. Takie samochody są tanie, ale z reguły skrzynie biegów są w nich w bardzo złym stanie. Naprawa takiej skrzyni za granicą jest nieopłacalna, dlatego takie samochody trafiają w okazyjnych cenach do Polski".

Jednym słowem – zgroza! Nowych automatów nie ma, a stare strach kupować. W USA jest w zasadzie odwrotnie. Czasami trzeba się zdrowo naszukać, by znaleźć sprzęgłową wersję jakiegoś popularnego modelu albo trzeba ją specjalnie zamówić, oczywiście za dodatkowe pieniądze.

Ktoś mógłby domniemywać, że nałogowe korzystanie z automatyki skrzyniowo-biegowej jest potencjalnie szkodliwe. Nic podobnego! Okazuje się mianowicie, że totalne przywiązanie Ameryki do wajchy automatycznego zmieniania biegów może mieć pewne pozytywne skutki, jeśli chodzi o zwalczanie przestępczości. W powiecie Escambia na Florydzie policja aresztowała niedawno 19-letniego Antorena Bella, który wraz z dwoma wspólnikami usiłował porwać samochód, czyli dokonać aktu tzw. *carjacking*. Trójka ta zmusiła kierującą samochodem kobietę do zatrzymania się. Pod groźbą użycia broni kobieta ta została wyrzucona ze swojego samochodu, a napastnicy ruszyli w drogę. Ale nie całkiem.

Przestępcy szybko zorientowali się, że porwany przez nich samochód ma ręczną skrzynię biegów, a żaden z tych baranów nie miał pojęcia o tym, jak takim pojazdem jeździć. Potoczyli się zatem kilkanaście metrów typowym dla uczących się jeździć „galopem", a potem porzucili maszynę i zbiegli, choć zaraz potem zostali aresztowani. Dziś czeka ich wieloletni pobyt w więzieniu, gdzie z pewnością będą mieli sporo czasu, by zgłębić – przynajmniej teoretycznie – tajniki zmieniania biegów i naciskania trzeciego pedału.

Nie jest to pierwszy przypadek tego rodzaju na Florydzie, co rodzi we mnie podejrzenie, że jest to stan gęsto zaludniony przez automobilowych analfabetów o skłonnościach przestępczych. W styczniu tego roku w Orlando pewien osobnik usiłował porwać samochód Corvette. Kierowca auta został zmuszony do jego opuszczenia, a potem obserwował, jak porywacz usiłuje bezskutecznie uruchomić silnik, nie wciskając uprzednio sprzęgła. Ofiara tego przestępstwa wielokrotnie radziła kryminaliście, by wcisnął sprzęgło, ponieważ w przeciwnym razie silnik nigdy nie zostanie uruchomiony. Niestety, osobnik ów nie był w stanie skorzystać z tych porad, gdyż nie wiedział, co to jest sprzęgło i do czego służy. Zapytał nawet: – *Po cholerę jest ten trzeci pedał?*, a były to jego ostatnie słowa przed zakuciem w kajdanki.

W Polsce posiadanie samochodu z automatyczną skrzynią biegów dorobiło się nawet kawału z cyklu „przychodzi baba do lekarza":

Przychodzi baba do lekarza.
– Panie doktorze, gdy zmieniam biegi, zawsze myślę o seksie. Co mam robić?
– Musi pani kupić samochód z automatyczną skrzynią biegów.
No i wszystko jasne.

Lemoniada w natarciu

Każdy mieszkaniec USA doskonale wie o tym, że w kraju istnieją setki organizacji zajmujących się – mówiąc dość oględnie – propagowaniem nienawiści. Nieważne, kogo się nienawidzi i dlaczego. Nienawistne rzemiosło nie potrzebuje zwykle żadnych racjonalnych motywacji. Niektóre z tych organizacji to milicje wałęsające się po wertepach Montany i przygotowujące się do ataku „wroga" przez zbieranie zapasów w postaci ton groszku konserwowego oraz amunicji. Inne to oddziały neofaszystów, którzy wierzą w to, że prędzej czy później z krzaków wyjdzie jakiś nowy „fuehrer"...

Idealnym i dość skrajnym przykładem nienawistnej formacji jest działający w mieście Topeka w stanie Kansas „kościół" o nazwie Westboro Baptist Church. Pastorem tego zgromadzenia totalnych czubków jest niejaki Fred Phelps, natomiast sama „świątynia" mieści się w jego domu. Phelps twierdzi, że jego kongregacja liczy sobie ponad 40 wiernych, ale wtajemniczeni są zdania, iż chodzi tu w zasadzie wyłącznie o rodzinę samego „wodza".

Tak czy inaczej, w Westboro Baptist Church nienawidzi się wszystkich. Obiektów nienawiści jest na tyle dużo, że jest całkiem możliwe to, iż nienawidzą się sami wierni, a Phelps być może nie jest w stanie siebie samego znieść i najchętniej dałby sobie w mordę, gdyby tylko był w stanie odpowiednio się zamachnąć. Cała ta ferajna posiada witrynę internetową o adresie www.godhatesfags.com, czyli www.bógnienawidzipedałów.com.

Jest to miejsce pod wieloma względami kuriozalne, ale moją szczególną uwagę przykuła mała ramka, w której wyliczone jest wszystko to, czego baptyści z Westboro nienawidzą, a ściślej czego nienawidzi – ich zdaniem – Stwórca. No i tak – na pierwszy ogień idzie oczywiście islam, ponieważ „Bóg nienawidzi wszystkich fałszywych religii". Zaraz potem są media, czyli również my. Ale w zasadzie nie ma to większego znaczenia, gdyż na tej liście jest też domniemana boża nienawiść do całego świata. Ba, autorzy obiecują nawet, że wyjaśnią „kraj po kraju", dlaczego świat jest aż tak bardzo znienawidzony przez niebiosa, ale gdy usiłowałem się zwiedzieć, czy jakoś winna jest również Polska, natrafiłem na pustą stronę. Może nam się jakoś udało?

Potem jest jeszcze łatwo przewidywalny zapis o tym, że Żydzi zabili Jezusa, a na samym końcu znajduje się odnośnik do obamabeast.com, który wiedzie do strony obiecującej „biblijne wyjaśnienie" tego, dlaczego prezydent Obama jest bestią, która „doprowadzi do zagłady świata".

By w pełni docenić idiotyzm pseudobaptystów Phelpsa, należy zapewne wspomnieć o tym, że po katastrofalnych tornadach w Oklahomie ogłosili oni, że ludzie dotknięci tym kataklizmem są „sami sobie winni", gdyż są nałogowymi grzesznikami. Ponadto grupa Phelpsa już od paru lat organizuje demonstracje w czasie pogrzebów żołnierzy poległych najpierw w Iraku, a teraz w Afganistanie, wznosząc odrażająco głupie hasła.

Wracając jednak do zbliżającej się nieuchronnej zagłady, spowodowanej przez zionącą ogniem bestię mieszkającą w Białym Domu, zanim do tego dramatu dojdzie,

Westboro Baptist Church będzie musiał pokonać niezwykle groźnego wroga w postaci 5-letniej dziewczynki, która dokładnie naprzeciw domu pana Phelpsa uruchomiła stoisko z różową lemoniadą, w dodatku z domem pomalowanym na tęczowe kolory w tle.

Stoisko ruszyło 14 czerwca, a mała Jayden Sink postawiła przy nim tablicę z napisem „Pink Lemonade for Peace". Ktoś mógłby podejrzewać, że jej inicjatywa została jakoś sprowokowana przez dorosłych. Nie jest to jednak prawda – Jayden dowiedziała się o tym, co się dzieje w Westboro Baptist Church z telewizji i postanowiła zorganizować swój własny „pokojowy protest".

Już po kilku godzinach otwarcia stoiska Jayden zebrała kilkaset dolarów, mimo że oficjalna cena lemoniady wynosiła jeden dolar. W sumie powstał z tego wszystkiego fundusz w wysokości 5 tysięcy dolarów, a pieniądze te mają zostać przeznaczone na „działalność na rzecz pokoju i harmonii".

Jak można się było spodziewać, zaskoczeni tymi wydarzeniami stuknięci z „kościoła" Phelpsa próbowali zdławić w zarodku działalność przedszkolaka. Najpierw zadzwonili na policję i zażądali od władzy, by stoisko z lemoniadą zostało zlikwidowane. Jednak policjanci odparli, że nie widzą żadnego powodu do interwencji, czyli kazali im spadać. Wkrótce potem przed siedzibę Westboro Baptist Church wysłano kilku delegatów, którzy obrzucili dziewczynkę wyzwiskami, próbując ją przestraszyć. Nic jednak z tego nie wyszło i konfrontacja trwa nadal.

W ogólnym rozrachunku nie będzie to chyba dla Phelpsa i spółki większym problemem, bo do listy znienawidzonych ludzi i organizacji zawsze można coś dorzucić. W związku z tym spodziewam się, że już wkrótce powstanie nowa, „siostrzana" witryna internetowa pod adresem www.jezusmariajakjanie nawidzemalychdziewczynek.com.

Westboro Baptist Church może oczywiście w USA nadal działać, ponieważ jest chroniony konstytucyjnymi zapisami o wolności słowa. Szkoda jednak, że nie ma w konstytucji zapisu o tym, iż jak komuś odwaliło piątą klepkę, można go po prostu odwieźć do domu bez klamek na wieloletnią kurację. Póki co, różowa lemoniada okazała się ciekawą bronią.

Szkolne mordobicia

Coraz częściej dochodzę do niepokojącego wniosku, że amerykańskich rodziców należy trzymać z daleka od ich własnych dzieci, a przynajmniej wtedy, gdy nie znajdują się one w rodzinnym domu. Nie ma niemal miesiąca, by w mediach nie pojawiały się jakieś nowe doniesienia o tym, jak to niezadowolony z decyzji sędziowskich tatuś wdziera się na boisko w czasie szkolnych zawodów sportowych, by powalić na murawę sędziego prawym sierpowym, w obronie znajdującego się na boisku syna, zwykle mocno zażenowanego ojcowską ingerencją.

Są też wściekłe mamuśki, które gotowe są wdawać się w bijatyki z innymi rodzicami tylko dlatego, że uważają, iż ich pociecha została skrzywdzona w jakimś konkursie lub dyscyplinie sportowej. A już absolutnie wszędzie są krzykacze, czyli rodzice wrzeszczący w czasie meczu lub imprezy słowa krytyki pod adresem sędziów lub jurorów, rzekomo źle wypełniających swoje obowiązki, czyli prześladujących z premedytacją ich własne progenitury.

Najwięcej przejawów głupoty ze strony nadgorliwych rodziców dotyczy szkolnego sportu, ale ostatnio pobite zostały nowe rekordy rodzicielskiego zacietrzewienia. W szkole podstawowej Lakeview Elementary School w St. Cloud na Florydzie odbywał się na przykład niedawno tzw. *talent show*, w czasie którego małolaty pokazywały wszystkim swoje zdolności artystyczne. W tym samym czasie dwie mamy zdradziły inny talent – do mordobicia.

Jak twierdzi policja, która musiała niestety interweniować, Latisha James oraz Jessica Tyler obserwowały występy swoich latorośli. Jednak pani Tyler nie podobało się to, że pani James stała przed nią z kamerą wideo, więc powiedziała, by owa usiadła. – *Nie będę, k...a, siadać* – odparła pani James, z właściwym dla tego rodzaju imprez szkolnych urokiem. Pani Tyler wycofała się, ale tylko na kilkanaście sekund. Potem wróciła, obrzuciła swojego wroga ciężkim ładunkiem mięsa, a następnie przewróciła, rzekomo przypadkowo, 3-letnią córkę pani James.

W wyniku wszystkich tych wydarzeń obie baby rzuciły się na siebie z pięściami oraz inwektywami, a walkę musieli przerwać – z trudem – znajdujący się w pobliżu liczni tatusiowie, którzy tym razem postanowili się nie bić. W tym samym czasie dzieci nadal śpiewały swoje „tra-la-la-la" na scenie, nie zdając sobie sprawy, że dorośli zachowują się jak przedszkolaki.

Potem Latisha, która została na krótko aresztowana, powiedziała lokalnej telewizji, że bardzo żałuje i jest zawstydzona, natomiast Jessica jest zdania, iż doznała obrażeń, choć gołym okiem ich nie widać. Władze szkolne wydały zakaz odwiedzania przez obie matki szkoły podstawowej, co wydaje mi się decyzją na wskroś słuszną. Nawet jeśli teraz przepraszają, zastanawiające jest, z jaką łatwością spór o to, kto w czasie występów dzieci stoi, a kto siedzi, przerodził się w bójkę okraszoną wyzwiskami, od których podobno uszy nie tylko więdły, ale prawie odpadały.

Być może rodzice w ogóle nie powinni chodzić do szkół. Zawsze znajdzie się tam jakieś zarzewie konfliktu, szczególnie w kontekście amerykańskiego pędu do sukcesu za wszelką cenę i w każdej dziedzinie. Nawet jeśli mały Johnny nie umie grać na pianinie i fałszuje śpiewając, nie ma żadnego powodu, by nie wygrał szkolnego konkursu muzycznego, przynajmniej zdaniem rodziców. A jeśli nie wygrywa, to znaczy, że ktoś się na niego uwziął lub go nie docenił. A stąd już tylko krok do bójki w czasie *talent show*.

Ale to jeszcze nic. Nieco wcześniej w jednej ze szkół Cleveland odbywała się uroczystość związana z ukończeniem przez przedszkolaków odpowiednika polskiej „zerówki", czyli klasy o jedno oczko poniżej pierwszoklasistów. W szkolnej sali pięknie odziane pociechy, dumni rodzice, no i oczywiście nauczyciele. Radość, łzy, kwiaty, itd. Tyle, że nie całkiem tak.

Zaczęło się od tego, że dwie nastolatki, zapewne siostry przedszkolaków, wdały się ze sobą w jakąś kłótnię. Zaraz potem dołączyły do tych wydarzeń rodziny skłóconych smarkaczy, co zaowocowało wielką bijatyką wśród skonsternowanych 5-latków. W czasie bitwy, jaka rozgorzała najpierw w szkole, a potem przeniosła się na podwórko, jeden z uczestników wyjął młotek, a drugi kawałek rury, by się tą bronią wzajemnie naparzać.

Przyjechała policja, która skutecznie zakończyła bitwę pod Cleveland oraz aresztowała ośmiu wojowników. W ten sposób najmłodsi uczniowie szkoły weszli w dorosłe życie i to na rodzicielskim przykładzie.

Najbardziej mnie w tej sprawie gnębi następujące pytanie: dlaczego jeden z rodziców przyszedł na tę imprezę z młotkiem w kieszeni, a drugi z rurą? Czyżby obaj spodziewali się wrażego ataku ze strony co bardziej niesfornych przedszkolaków? A może zawsze chodzą z rurami i młotkami, bo w ten sposób czują się bezpiecznie? Jest jeszcze wątła możliwość, że mieli zamiar coś w szkole naprawiać, ale raczej nie wchodzi to w rachubę.

W wyniku bitwy nikt nie został wprawdzie ranny, ani też nikt nie stanął jeszcze przed sądem, ale policja, która wysłała do szkoły 10 radiowozów, być może przedstawi kilka aktów oskarżenia. Dycha radiowozów w przedszkolu! To jest dopiero impreza. *Happy Graduation!* Aż dziw bierze, że do akcji nie włączyły się też same przedszkolaki, które stały na podium ze swoimi dyplomami i nie wiedziały, co ze sobą zrobić.

I pomyśleć, że jeszcze nie tak dawno temu szkoły uważane były za jedne z najbezpieczniejszych miejsc w Ameryce. Dziś bywają atakowane przez uzbrojonych szaleńców, ale największym źródłem zagrożenia są krewcy rodzice, których ktoś powinien prędzej czy później postawić do kąta.

Z pustego w próżne

Mam dla wszystkich postkomunistów doskonałą wiadomość. Republikański gubernator Nevady, Brian Sandoval, podpisał ustawę, na mocy której nie można już zostać w tym stanie wylanym z roboty tylko dlatego, że jest się komunistą. Ustawa oznaczona jako SB (nomen omen?) 506 zniosła tym samym przepisy ustanowione w latach 50. XX wieku, kiedy to – jak wiadomo – za każdym krzakiem Ameryki siedział jakiś czerwony, przynajmniej zdaniem senatora Josepha McCarthy'ego...

Zanim doszło do podjęcia tej astronomicznie ważkiej decyzji, każdy pracodawca w Nevadzie mógł dowolnego pracownika bezceremonialnie wyrzucić na komuszy pysk, o ile tylko pracownik ten należał do dwójki pozostałych jeszcze członków Komunistycznej Partii USA albo też do jakiejkolwiek innej organizacji, która zarejestrowana musiała być w tzw. Zarządzie Kontroli Działań Dywersyjnych (*Subversive Activities Control Board*).

A cóż to takiego ów zarząd? – zapytać może uważny czytelnik. Nazwa sugeruje wprawdzie coś z Orwellowskiego *1984*, ale jest to ciało całkiem realne, które utworzone zostało w roku 1950, by ścigać wspomnianych już komunistów czających się w gęstej florze. Wprawdzie począwszy od roku 1968 żadna organizacja amerykańska nie ma już obowiązku rejestrowania się w tym zarządzie, ale istnieje on nadal, choć nikt dokładnie nie wie, jakie jest obecnie jego naczelne zadanie.

Wracając jednak do Nevady, tamtejsze władze prowadzą od pewnego czasu godną pochwały akcję na rzecz eliminacji archaicznych przepisów, które już dawno straciły jakiekolwiek znaczenie, a które nadal „zalegają" w księgach stanowych. W wyniku tych poczynań zatrudnienie może tam znaleźć nawet Jerzy Urban albo – nie przymierzając – generał Jaruzelski. Problem jednak w tym, że jest to o tyle pomysł poroniony, iż każde kuriozalne prawo, eliminowane na mocy nowych postanowień, jest zastępowane całym szeregiem praw nowych, równie kuriozalnych.

Na początku bieżącego roku w życie weszło w niemal wszystkich stanach Unii kilkaset nowych przepisów, których eliminacja z archiwów i ksiąg stanowych przypadnie w udziale następnej generacji, a może nawet generacji po tej następnej.

W sumie, co z tego, że w Nevadzie można pracować a jednocześnie uwielbiać *Kapitał* Karola Marksa, skoro w Illinois począwszy od stycznia tego roku obowiązuje absolutny zakaz uprawiania seksu „z osobami, które nie zdradzają żadnych oznak życia". Jest to cios dla zwolenników nekrofilii, którym przed styczniem groziła tylko kara „kryminalnego niszczenia mienia publicznego", a teraz im grozi parę lat w kiciu. A swoją drogą, czy osoby zdradzające objawy nieodwracalnego rozstania się z życiem naprawdę uważane są za „mienie publiczne"?

Z drugiej strony prawodawcy w Illinois dokonali też innej, ważnej zmiany. Uchwalili mianowicie, że potencjalni pracodawcy nie mają prawa żądać od kandydatów do pracy ujawniania haseł ich kont na internetowych serwisach Facebook i Twitter, gdzie – jak powszechnie wiadomo – szefów wyzywa się regularnie i zwyczajowo od palantów i durniów. Teraz będzie pięknie i anonimowo.

Sukces odnieśli też studenci szkół kulinarnych w naszym stanie. Władza, w swej niezmierzonej, a może nawet nienamierzalnej mądrości postanowiła, iż studenci w wieku od 18 do 21 lat uczący się sztuki pitraszenia mogą w czasie zajęć próbować napoje alkoholowe, ale pod warunkiem, że nie będą ich połykać, lecz je po degustacji wyplują. Ciekaw jestem, kto pilnuje przestrzegania tego przepisu i ilu nawianych mistrzów kuchni *in spe* jedzie po zajęciach do domu samochodem po pijaku.

Nie ma jednak sensu za bardzo przejmować się decyzjami ustawodawczymi w Illinois, gdyż pod tym względem nie możemy nawet podskoczyć licznym innym dziwolągom prawnym. W Kalifornii nie wolno już psom ścigać niedźwiedzi, z czego wnioskuję, że wcześniej uganiały się za nimi jak czworonożne głupki, siejąc w naturze i narodzie zamieszanie. Stan Kentucky po wielu latach gorącej dyskusji wymazał z konstytucji zapis o wysokości żołdu wypłacanego żołnierzom Konfederacji. Jestem pewien, że niektórzy z nich nadal ukrywają się gdzieś w górach, czekając na sygnał do szturmu na Waszyngton. Kto wie, może nawet prezydent Jefferson Davis gdzieś się tam nadal pałęta i czeka na swój żołd, bez którego nie jest w stanie prowadzić dalszych walk.

W Kalifornii począwszy od tego roku producentom filmów nie wolno filmować żadnych noworodków bez uprzedniej konsultacji z pediatrą, choć ustawa nie precyzuje, czego ta konsultacja ma dotyczyć i czy konieczna jest również poważna rozmowa z bobasem na temat niebezpieczeństw płynących z przedwczesnej kariery hollywoodzkiej.

Wreszcie w Oregonie, gdzie – jak wiadomo – legalna jest do pewnego stopnia eutanazja – pracodawcy stracili prawo do ogłaszania wolnych miejsc pracy, jeśli nie są gotowi zatrudniać ludzi, którzy są bezrobotni. Nie, nie mam pojęcia, czy w powyższym zdaniu kryje się jakaś logika i czy autor tego przepisu nadal znajduje się na wolności, czy też przebywa obecnie w „domu bez klamek".

W sumie jednak jedno jest pewne – ustawodawstwo na poziomie stanowym zdaje się systemem naczyń połączonych, w których poziom totalnej głupoty utrzymuje się od lat w wyższych strefach stanu zagrożenia powodziowego. Komuniści nie mogą wprawdzie znaleźć się na bruku w Nevadzie, ale za to w Utah nielegalne są już tzw. *happy hours*, czyli okresowe obniżki cen na drinki w barach. Prawodawcy przelewają z pustego w próżne, zawsze wykazując niezwykłą troskę o to, by nikomu się nie wydawało, że wszystko jest normalne i rozsądne. Nie pozostaje mi zatem nic innego, tylko wyrazić wdzięczność za to, że zawsze można liczyć na kompletne pomieszanie z poplątaniem.

Rehabilitacja karpia

Nie ma co ukrywać. Karp, tak ceniony gość na polskich stołach wigilijnych, ma fatalną prasę w USA. Ryba ta powszechnie uważana jest za mrocznego pożeracza wodnej padliny, który żeruje w mulistych slumsach stawów, jezior i rzek. Rezultat jest łatwo zauważalny. Karpia trudno kupić w amerykańskich sklepach, a jeśli już się w nich pojawia, nabywcy zwykle kompletnie go ignorują. A gdy ktoś pyta mnie o wigilijne zwyczaje i odpowiadam, że w wigilię jemy karpia, zawsze wieść ta kwitowana jest jednym z dwóch pytań: albo „A gdzie ty to świństwo kupujesz?”, albo „Jak to, a innych ryb nie było?”. Czasami coś tam próbuję nieśmiało bąkać o karpiu królewskim, który bądź co bądź został po raz pierwszy wyhodowany w Polsce i który z mulistym żarłokiem w USA nie ma zbyt wiele wspólnego, ale niestety prawda jest taka, że do tej ryby nikogo się w USA nie da przekonać, czyli ma ona – jak to mówią – „totalnie przechlapane”, jeśli chodzi o opinię publiczną.

Na domiar złego powstał też problem z tzw. karpiem azjatyckim. Jest to wielkie wodne bydlę, przywiezione w swoim czasie gdzieś z Chin, głównie po to, by uwolnić amerykańskie akweny od nadmiaru alg. Tymczasem w wyniku powodzi część z nich znalazła się w rzece Missisipi i zaczęła płynąć na północ, konsumując po drodze w zasadzie wszystko, ze znaczną szkodą dla kondycji ekologicznej rzeki.

No i masz, babo, rybę! Karpie azjatyckie zjadają wszystko, co im pod gębę podejdzie, i to w tak wielkim tempie, że są w stanie opustoszyć dowolny zbiornik wodny z żarcia dla innych pływających zwierząt. Zagrożenie jest zresztą nie tylko czysto ekologiczne. Karpie te mogą wyskakiwać ponad 6,5 stopy ponad taflę wody, a robią to zazwyczaj wtedy, gdy słyszą dźwięk motorówki. Innymi słowy, można dostać karpiem w łeb, aż do utraty przytomności. A ponieważ intruz z Azji z wolna zmierza w kierunku Wielkich Jezior, Biały Dom przeznaczył 78 milionów dolarów na zatamowanie tego pochodu, a władze stanów „jeziornych” zastanawiają się, jak zastopować nieproszonego gościa. Planowane jest budowanie specjalnych tam, zapór i barier odstraszających, ale nie bardzo wiadomo, czy to coś pomoże.

Gdy już zatem wydawało się, że karpia w USA nigdy nie da się zrehabilitować, pojawiła się niezwykła i niespodziewana szansa na karpiową karierę polityczną. Oto w mieście Ann Arbor w stanie Michigan 22-funtowy karp kandyduje w wyborach do tamtejszej rady miejskiej, w skład której na razie wchodzą wyłącznie ludzie.

Kariera karpia ma dość niezwykłą genezę. W listopadzie ubiegłego roku ryba została wyrzucona ze stawu w parku West Park, gdyż oskarżono ją o „niszczenie środowiska naturalnego”. Karpia nie wyrzucono jednak na bruk, czyli na zbitą płetwę, lecz dokonano jego eksmisji do pobliskiej rzeki. Od tego momentu jego miejsce pobytu przestało być znane. Natomiast jego polityczne aspiracje szybko stały się przedmiotem wielu dyskusji, które trwają do dziś.

Na początek pojawiło się konto w serwisie internetowym Twitter, gdzie Twenty Pound Carp (bo tak się rzekomo nazywa) wypowiada się na wiele ważkich tematów. I to w tymże serwisie ryba ogłosiła niedawno, iż zamierza wstąpić w szranki wyborcze. Nikt nie wie dokładnie, kto rybie „pomógł” w stworzeniu konta i wszczęciu kampanii wyborczej, ale jest to sprawa drugorzędna. Ważne jest to, że po raz pierwszy w historii USA będzie można oddać głos na mieszkańca zbiorników słodkowodnych o niezidentyfikowanych bliżej preferencjach politycznych, nie mówiąc już o przynależności partyjnej.

Uważam, że kandydatura karpia ma w zanadrzu wiele atutów, które mogą przyciągnąć wyborców. Po pierwsze, jest to polityk, który nigdy nie przemówi do wyborców, a w czasie obrad rady miejskiej też będzie leżał cicho (bo ryby z natury rzeczy nie siedzą), a to oznacza, że nie będzie brał udziału w jałowych połajankach, tak charakterystycznych ostatnio dla amerykańskiego życia politycznego. Nie jest też w stanie pyskować, a to bardzo istotna zaleta.

Po drugie radny z rodziny karpiowatych będzie naturalnym sprzymierzeńcem w ewentualnych negocjacjach z członkami biura politycznego karpi azjatyckich. Może w ten sposób uda się przekonać intruzów, by zawrócili i zrezygnowali z planów zdobycia twierdzy Lake Michigan.

Wreszcie po trzecie, obecność ryby w radzie miejskiej będzie doskonałym materiałem dla studiów porównawczych dotyczących skuteczności działania polityków ludzkich i rybnych. Rezultat jest być może łatwy do przewidzenia (ryba będzie robić to samo co przeciętny polityk *homo sapiens*, czyli nic), ale mimo wszystko będzie wreszcie jakieś naukowe potwierdzenie tego faktu. Poza tym, jeśli Amerykanie przyzwyczają się do karpia w polityce, może zaczną go też tolerować na stole, choć z drugiej strony zjadanie polityków może nieść ze sobą przeróżne komplikacje prawne. Bo czy na przykład przystoi jeść polityka dwoma widelcami?

Rewolwer z "peceta"

Gdy po raz pierwszy usłyszałem wieści o tym, że w sprzedaży pojawiły się drukarki trójwymiarowe, miałem poważne wątpliwości co do użyteczności tego rodzaju sprzętu, jako że wydruk 3D zdjęcia teściowej jakoś za bardzo mnie nigdy nie pociągał. Potem jednak szybko się okazało, że ta nowinka techniczna będzie miała poważne konsekwencje, niekoniecznie pozytywne....

Drukarki trójwymiarowe nie tyle drukują, co tworzą. Niczego nie nanosi się na papier, a efektem końcowym „druku" jest jakiś przedmiot, którego geometryczne szczegóły wprowadzane są najpierw do komputera. Na efekty tych nowych możliwości nie trzeba było długo czekać, bo naród jest pomysłowy i zawsze żądny stawiania władz w trudnej sytuacji.

Najpierw okazało się, że student w Teksasie „wydrukował" sobie rewolwer, którego nazwał „The Liberator". Jest to broń całkowicie funkcjonalna, czyli można z niej zabić znienawidzonego szefa lub zdradliwą kochankę, a jedynymi częściami metalowymi są kule oraz niewielki mechanizm cyngla.

Student ów rozdał potencjalnym mordercom ponad 100 tysięcy plików komputerowych, przy pomocy których każdy posiadacz drukarki trójwymiarowej może sobie wydrukować własną broń i udać się do dowolnie wybranego miasta, by dokonać w nim dowolnie wybranej rzezi.

Dopiero 3 maja Departament Stanu, gdzie z powodu tej wieści kilku biurokratów o mało nie zemdlało, nakazał poniechanie dalszej dystrybucji pliku. Jednak oczywiste jest to, że jest już za późno, chyba że wprowadzony zostanie całkowity zakaz produkcji i sprzedaży drukarek trójwymiarowych, co jest raczej niemożliwe.

Możliwość produkcji uzbrojenia w domu z pewnością cieszy wszystkich tych, którzy od lat argumentują, że każdy Amerykanin winien posiadać rewolwer, wiązkę granatów oraz wóz opancerzony na wypadek próby przejęcia władzy przez neokomuchów z ONZ. O wiele mniej zadowoleni powinni być pasażerowie samolotów, bo Department of Homeland Security już dziś ostrzega, że wykrycie całkowicie plastikowej broni w walizkach będzie trudne albo niemożliwe.

Ktoś może mieć nadzieję, że zawsze zostaną wykryte metalowe kule. Niestety, jest to nadzieja płonna, gdyż właśnie się okazało, że również pociski można sobie wydrukować z plastiku. 48-letni technik Jeff Heeszel umieścił w serwisie YouTube krótki film, który przedstawia jego kumpla podczas testowania wydrukowanych z komputera kul. Test obejmował trzy różne pociski, z których każdy bez trudu przebijał deskę o grubości 2 cali. Kule te są w całości plastikowe, choć wtopiona jest w nie niewielka kulka ołowiu dla dodania ciężaru.

Produkcja amunicji w domu nie jest specjalnie skomplikowana. Heeszel twierdzi, że „wydruk" pojedynczego naboju trwał dwie godziny, a potrzebną do tego drukarkę można kupić za 800 dolarów.

No i masz, babo, placek! Teoretycznie drukarki trójwymiarowe miały znajdować zastosowanie głównie w inżynierii, do drukowania wstępnych, prototypowych urządzeń. Po co jednak trudnić się takimi głupotami, skoro można sobie zrobić we własnej chałupie rewolwer, który nie posiada żadnego numeru seryjnego i jest w zasadzie niewykrywalny. A jeśli dodać do tego plastikowy pocisk, któremu nie podskoczą żadne analizy balistyczne, przyszłość Ameryki rysuje się bardzo ciekawie, choć niestety niebezpiecznie.

Jest jeszcze inny problem, podobny do tego, z jakim zmagają się od lat wytwórnie płytowe i filmowe. Powszechnie wiadomo, że liczne prawnie zastrzeżone treści medialne są masowo i nielegalnie kopiowane przez internetowych piratów. Nic zatem nie stoi na przeszkodzie, by piractwo rozszerzyło się na komputerowe pliki zawierające szczegółowe plany rewolwerów, sztucerów, karabinów maszynowych, amunicji oraz wszelkiego innego osprzętu potrzebnego do krwawych porachunków. O ile jednak nielegalne skopiowanie w sieci kompaktu muzycznego nie zagraża bezpośrednio niczyjej egzystencji, skopiowanie potencjalnego wydruku plastikowego kałasznikowa niesie ze sobą oczywiste zagrożenie.

Nie wszyscy i nie wszędzie upatrują w istnieniu drukarek trójwymiarowych szansę na prywatne kampanie paramilitarne. Niektórzy drukują ciekawe zabawki, ozdoby domowe, naczynia, itd. Entuzjaści w Nowej Zelandii drukują i sprzedają bardzo dobrze prezentujące się i funkcjonalne gitary elektryczne. Jednak w USA z powodów mających zapewne coś wspólnego z chorobliwym czasami zainteresowaniem narodu zbrojeniem się po zęby, trójwymiarowy druk stał się natychmiast kluczem do przyszłej swobodnej i radosnej militaryzacji każdego domostwa.

Gwoli ścisłości muszę dodać, że zarówno wytwórca plastikowego rewolweru, jak i plastikowej kuli zapewnia, że był to tylko eksperyment, mający na celu zaspokojenie własnej ciekawości. Być może jest to prawda, ale fakt ten nie ma już większego znaczenia. W swoim czasie fizycy eksperymentowali z rozbijaniem atomów w celu zaspokojenia naukowej ciekawości dotyczącej kompozycji materii, a wyszedł z tego Manhattan Project, z którego „skorzystała" następnie Hiroszima.

Raz otwartej puszki Pandory nigdy już nie można zamknąć, zalutować, zakleić lub czymś ciężkim przycisnąć, by się z niej nic więcej nie wydostało. Skoro wiadomo już, że istnieje możliwość „drukowania" broni palnej, ludzie będą drukować ile wlezie, a jakość tego wydruku będzie coraz lepsza. Nie sposób zakończyć tego tekstu jakimś optymistycznym akcentem, a zatem idę do garażu drukować czołg.

Toaletowy zwiastun

Drzewiej bywało tak, że nadciągające rewolucje miały pewne klasyczne zwiastuny. Naród był totalnie wkurzony, władza stawała się znienawidzona, a ludzie nie mieli nic do stracenia, co wzniecało duch rewolucyjny i prowokowało masowe uliczne protesty. Często chodziło po prostu o to, że nie było co do gara włożyć, a w przypadku rewolucji bolszewickiej milionom się przelotnie zdawało, że jeśli cara i jego rodzinę się zamorduje, to nagle będzie wielki dobrobyt...

W USA jedynym w historii kraju wrzeniem przedrewolucyjnym był być może okres pod koniec wojny wietnamskiej, kiedy to w wielu miastach dochodziło do masowych demonstracji, Straż Narodowa strzelała do studentów, a tu i ówdzie pojawiały się symptomy totalnego chaosu i anarchii. Mój kumpel z Wisconsin, wtedy też student, twierdzi wręcz, że młodzieży zdawało się wówczas, iż kraj w pewnym sensie „pęka w szwach" i że lada chwila dojdzie do jakichś dramatycznych zmian.

A jednak do rewolucji nigdy nie doszło z bardzo prostego powodu – w amerykańskich sklepach zawsze był papier toaletowy. I to nie jakaś tam zdechła rolka szarego papieru ściernego, ale papier luksusowy, odpowiednio komfortowy, w niczym nie przypominający arkusza gazety *Prawda*, który w czasach PRL-u czasami pełnił rolę towaru zwanego przez Niemców *Scheißepapier*.

Ten luksus jest do dziś. Wchodzi się do jakiegoś supermarketu typu Jewel i od razu rzuca się w oczy różnorodność oferty toaletowej. Rolki grube, rolki chude, karbowane, we wzorek, potrójne, itd. W warunkach takiego dostatku trudno jest mówić o duchu rewolucji oraz trudno jest wygonić kogokolwiek na ulice w celu antyrządowego demonstrowania.

Uciekinierom z dawnej komuny nie trzeba zapewne przypominać, że kiedyś nabycie papieru toaletowego w „Polsce Ludowej" graniczyło z cudem, a facet idący ulicą z wieńcem rolek na szyi, zdobytym w wyniku wielogodzinnego stania w kolejce, miał większe szanse na stanie się ofiarą napadu rabunkowego niż posiadacz sztabki złota. Komuna odnosiła przez całe dekady „wielkie sukcesy" w walce z imperializmem oraz na froncie fikcyjnego zwiększania pogłowia trzody chlewnej, ale z powodów, które zapewne nigdy już nie doczekają się wyjaśnienia, zawsze była niezdolna do zaopatrzenia rynku w odpowiednie ilości papieru do rufy.

Wtedy jeszcze tego nie wiedziałem, ale brak tegoż artykułu na rynku był zwiastunem klęski czerwonych. Ludzie jak to ludzie, potrafią wiele znieść. Mogą się dzielić kęsem mięcha, przydzielanym na kartki raz w miesiącu, lub stać dwa dni w kolejce po komplet obleśnych mebli, ale pewne artykuły pierwszej potrzeby są na tyle nieodzowne, że ich absencji nie sposób znieść.

Rewolucję antykomunistyczną w Polsce sam zresztą przewidziałem, gdy kiedyś – będąc w Jeleniej Górze – poszedłem do kiosku Ruchu i powiedziałem do pani kioskarki: „Poproszę zapałki". „Nie ma zapałek" – odparła. „A kiedy będą?" – spytałem odważnie. „Nigdy nie będzie" – usłyszałem w odpowiedzi. Kioskarka mogła być oczywiście agentką imperialistycznego wywiadu, próbującą siać w narodzie niezadowolenie, ale bardziej prawdopodobne jest to, że po prostu z własnej woli przestała wierzyć w to, iż jakiekolwiek dostawy czegokolwiek są nadal możliwe.

Biorąc to wszystko pod uwagę, z łezką w oku przyjąłem najnowsze informacje o tym, że papieru toaletowego brakuje obecnie w Wenezueli, czyli w socjalistycznym raju pozostawionym przez Hugo Chaveza następcy, równie stukniętemu prezydentowi Nicolásowi Maduro. My wszyscy znamy ten film doskonale. Najpierw nie ma w sklepach cukru, potem masła, a potem mięsa i wielu innych rzeczy. Pojawiają się kartki, a rząd nadal pieje, że wszystko jest cacy, a trudności są „przejściowe". Gdy jednak zaczyna brakować papieru toaletowego, jest w zasadzie po wszystkim. Pan Maduro może już zacząć pakować walizki i szukać jakiejś oazy spokojnej starości w Hawanie.

Faktem jest to, że wenezuelska władza na trudności toaletowe zareagowała agresywnie, zamawiając za granicą 50 milionów rolek bezcennego towaru. Nie wyjaśnia to jednak w żaden sposób, dlaczego nie jest w tym kraju możliwa produkcja wystarczających ilości rodzimego produktu.

Ekonomiści są przekonani o tym, że jest to wynik polityki cenowej zmarłego prezydenta, który ignorował systematycznie mechanizmy rynkowe i manipulował cenami, często sztucznie je zaniżając. Do dziś kilogram makaronu kosztuje w

Wenezueli 30 centów, a benzyna oferowana jest niemal za darmo. W ten sposób biedota miała sobie móc pozwolić na zakupy, ale efekt jest taki, że w sklepach niczego nie ma, za to kwitnie czarny rynek.

Ale władza ma inne zdanie (skąd my to znamy?). Prezydent Maduro wyraził śmiały pogląd, że braki w zaopatrzeniu w papier toaletowy zostały spowodowane przez jego wrogów politycznych (czytaj: Amerykę) oraz przez „wraże media, który wywołały sztuczny popyt na ten artykuł". Sztuczny popyt? Czyżby redakcje wenezuelskich gazet rozdawały ludziom żarcie powodujące rozwolnienie? A może mieszkańcy kraju po prostu za często wydalają?

Socjalizm zawsze jednak przyjdzie z pomocą. Przedstawiciel rządu oznajmił, że „rewolucja przyniesie obywatelom 50 milionów papieru toaletowego" i że rynek „zostanie nasączony, tak by społeczeństwo się uspokoiło". A kiedyś rewolucja przynosiła ideały i ważne zmiany, a społeczeństwa uspokajało się zupełnie innymi metodami.

Gdybym był prezydentem Maduro, jednak te walizki bym pakował. Toaletowy zwiastun rewolucji już się pojawił, a gdy się raz pojawi, zlikwidowanie jego efektu jest niemal zawsze niemożliwe.

Cyrk w Arizonie

Przed mniej więcej trzema tygodniami zapytałem moją zwykle bardzo sympatyczną i skorą do pomocy sąsiadkę, czy nie mogłaby przez dwa dni wypuszczać w samo południe moich psów na podwórko, co by się psiaki „załatwiły". Spodziewałem się, że nie będzie z tym problemu, bo w przeszłości na tego rodzaju usługi zawsze mogłem liczyć. Jednak tym razem było inaczej...

Nieco skonfundowana sąsiadka zaczęła się pokrętnie tłumaczyć, by w końcu wyznać prawdę – jej osiągalność w roli psiej opiekunki zależała od rozkładu zajęć sądu w Arizonie. Początkowo nie miałem pojęcia, o co jej chodziło. Potem zrozumiałem, że jest jedną z kilku milionów Amerykanów nałogowo przywiązanych do śledzenia w telewizji sądowego procesu Jodi Arias, młodej kobiety oskarżonej o zamordowanie swojego byłego kochanka, Travisa Alexandra.

Zjawisko nałogowego oglądactwa tego procesu było mi nieznane, ale szybko się dowiedziałem, iż nałóg ten był tak samo wredny jak papierosy i alkohol. Każdy dzień mojej sąsiadki, która nie pracuje, wyglądał tak samo. Po śniadaniu i porannej kawie zasiadała przed telewizorem i siedziała przed nim zwykle do popołudnia, kiedy sąd kończył pracę. Nie miała czasu na nic innego, ani też nie znosiła żadnych przerw w gapieniu się na tragikomiczne pląsy Temidy. Każde zakłócenie procesu gapienia się w telewizyjny ekran niezwykle ją irytowało.

Skąd aż tak wielka fascynacja? Ona sama utrzymywała, iż wynikało to z faktu, że był to proces, w którym podsądna była w sposób oczywisty mocno kłamliwą i na różne sposoby bezczelną krętaczką, która przez prawników i sędziego traktowana być musiała jako ktoś w miarę normalny, mimo iż objawy wyraźnego stuknięcia od czasu do czasu występowały. Ponadto naród był rzekomo totalnie zafascynowany tym, że w czasie sądowych dyskusji Arias opowiadała często i ze szczegółami o swoim bujnym i odstającym od norm życiu seksualnym.

Zaintrygowany tym wszystkim, poczytałem trochę o szczegółach sprawy, a potem sam pod koniec procesu oglądnąłem kilka telewizyjnych transmisji na żywo z tego cyrku. Przyznaję otwarcie, że też się zafascynowałem, lecz nie tym, co moja sąsiadka, ale faktem, że amerykański sąd przez cztery miesiące tolerował astronomiczne głupoty.

W wielu innych krajach Arias zostałaby osądzona i skazana w ciągu paru dni, jako że materiał dowodowy przeciw niej był cięższy od czołgu. Tych, którzy żyją na Księżycu i sprawy z jakiegoś powodu nie znają, informuję, że podsądna zamordowała Travisa w sposób rekordowo skuteczny, gdyż najpierw poderżnęła mu gardło, potem ugodziła go nożem 29 razy, by w końcu – dla pewności – strzelić mu w głowę z rewolweru. Mimo to, gdy została aresztowana, najpierw zeznała, że na miejscu zbrodni nigdy jej nie było, potem opowiedziała historię o dwóch osiłkach, którzy mieli ją i Alexandra brutalnie zaatakować, aż w końcu przyznała, że swojego byłego partnera zabiła, ale w ramach samoobrony, ponieważ czuła się zagrożona.

Idiotyzm tego wszystkiego był od samego początku oczywisty, a stawał się jeszcze bardziej rażący niemal z każdym następnym dniem procesu, szczególnie że oskarżona przyłapywana była nieustannie na prymitywnych kłamstwach, z których nie była się w stanie w żaden sposób wyplątać. Wiele do myślenia dawała też zdumiewająca metamorfoza podsądnej.

Gdy Arias uganiała się za Alexandrem i zabiegała o jego względy, wyglądała jak spragniona seksu, zalotna blondynka. Gdy jednak pojawiła się w sądzie, z dramatycznie inną fryzurą i okularami na nosie, można było ją wziąć za skromną i nudną bibliotekarkę, która po codziennej harówie między obrzękłymi od książek bibliotecznymi półkami idzie do domu i leży na kanapie w ascetycznym otępieniu.

Każdy w miarę rozsądny człowiek mógł po kilku godzinach oglądania Arias w sądzie dojść do wniosku, że podsądna zabiła swoją ofiarę z pełną premedytacją, a zrobiła to dlatego, iż nie mogła znieść faktu, że Alexander z nią zerwał i przeniósł swoje zainteresowania na inne panie. Jej linia obrony, opierająca się na domniemanej przemocy stosowanej przez ofiarę i zagrożeniach z jego strony, była od samego początku żenująco głupia. Ciekawe, jakie dalsze zagrożenie przedstawiał sobą Alexander, gdy leżał na posadzce łazienki z gardłem podciętym od ucha do ucha?

A jednak proces stał się medialnym hitem. Transmitowany był w telewizji kablowej na żywo oraz poprzez Internet. Stał się przedmiotem bezsensownych dyskusji w setkach programów nie tylko w USA, ale wielu innych krajach. Doszło nawet do tego, że kanał HLN co wieczór nadawał „skrót najważniejszych wydarzeń". Były to tzw. *highlights*, niczym migawki z meczu piłki nożnej. Telewizja w Tajwanie nadała też kuriozalny film animowany, z Arias w roli głównej, który miał być żartobliwym podsumowaniem wydarzeń w Arizonie, a który był pod wieloma względami odrażający. Mimo to, w serwisie YouTube rzecz tę oglądnęły miliony ludzi.

Na szczęście, przysięgli po 15 godzinach obrad uznali Arias za winną morderstwa z premedytacją, choć wyrok jeszcze nie zapadł, co oznacza, że sąsiadka nadal nie może wypuszczać moich psów. Ale pal licho psy. Stan Arizona wydał na proces 2 miliony dolarów, a Arias twierdzi teraz, że chce wyroku śmierci i szybkiej egzekucji. Może akurat w tym przypadku trzeba jej pójść na rękę i odkurzyć krzesło elektryczne?

Cenzura na żarcie

Gdy wracałem z niedawnej podróży do Europy, przed lądowaniem w Detroit jak zwykle wręczono wszystkim niewielkie kartki papieru, które zawierały szereg pytań o to, czy się wraca do USA z jakimiś produktami rolniczymi w bagażu, bo wwóz wielu z nich jest po prostu zakazany...

Problem w tym, że nikt dokładnie nie wie, co jest zakazane, a co całkiem w porządku, a na kartce podtykanej pod nos każdemu pasażerowi żadnych szczegółów nie ma.

Na lotnisku w Detroit, podobnie jak na O'Hare, kursują psie patrole. Małe i sympatyczne psy rasy beagle, zaangażowane przez rząd federalny do mokrej roboty, chodzą między odbieranymi przez pasażerów bagażami i węszą, czy w walizkach nie ma przypadkiem jakowejś kontrabandy w postaci kabanosów lub grzybów. Opiekunowie czworonogów zdają się szczególnie wyczuleni na ludzi przybywających ze wschodniej Europy oraz Azji, słusznie zakładając, że tam domową wałówą wypycha się czasami każdy zakamarek torby lub walizki.

Ponieważ ja wracałem z Amsterdamu, podejrzewam, że służbom celnym w tym przypadku bardziej by się przydał jakiś pies umiejący w bagażu znaleźć „trawkę". Tymczasem „Beagle Patrol" został przeze mnie przechytrzony, do czego przyznaję się bez bicia, ponieważ żadnej trawki nie miałem, natomiast psiaki nie były w stanie wywęszyć sporego salami zawiniętego w trzy pary brudnych skarpetek, nie mówiąc już o torbie suszonych prawdziwków, umiejscowionych w kosmetyczce między dezodorantem i pastą do zębów, oraz o licznych roślinach z ogrodu siostry mojej osobistej małżonki. Jej walizka, gdyby miała wieko ze szkła, wyglądałaby wręcz jak europejska szklarnia. Myślę, że lotniskowe psy po prostu się opieprzają na federalnym wikcie i nie wypełniają należycie swoich obowiązków.

Tak czy inaczej, gdy to wszystko dowiozłem już do domu, zacząłem się zastanawiać – konsumując nielegalne salami oraz równie nielegalne grzyby – czy popełniłem jakieś przestępstwo i czy można za to pójść siedzieć. Okazuje się, że w przepisach jest taki stopień pomieszania z poplątaniem, że nie sposób tego dokładnie ustalić, choć o wczasach w ciupie raczej nie ma mowy.

Amerykańskie przepisy celne stanowią, że bardzo wielu artykułów agrarnych nie można z obcych krajów przywozić, natomiast inne można, ale pod pewnymi warunkami. Jeszcze inne kiedyś były zakazane, ale już nie są, albo odwrotnie. No i jak tu w takich warunkach można być odpowiedzialnym przemytnikiem żarcia?

Prosty przykład. Tak zwane twarde sery, niezależnie od kraju ich pochodzenia, można przywozić bez żadnych ograniczeń. Jednak te bardziej rozlazłe i śmierdzące niczym wspomniane już brudne skarpetki zawsze budzą podejrzenia, a to dlatego, że całkowitym zakazem wwozu objęte są sery niepasteryzowane, które są chlubą narodu francuskiego, ale w których nasze czujne władze upatrują poważne zagrożenie dla zdrowia obywateli. Skąd jednak przeciętny amerykański turysta amerykański, kupujący ser we Francji, ma wiedzieć, czy jest to artykuł objęty cenzurą na żarcie? Ano nie wie i tym samym zdaje się na psi węch na lotnisku w USA.

Do roku 2005 obowiązywał zakaz przywożenia do USA tzw. pieprzu seczuańskiego, który ma bardzo charakterystyczny smak i zapach, a który używany jest w wielu daniach kuchni chińskiej. Podobno ziarna tego pieprzu mogły przyczyniać się do rozpowszechniania szkodnika atakującego drzewa cytrusowe. Potem rząd zmienił zdanie i na import pieprzu przystał, pod warunkiem, że przed wydaniem mu wizy amerykańskiej musi on być jednorazowo podgrzany do temperatury 160°F (mam nadzieję, *à propos*, że Departament Stanu nie rozważa podobnego rozwiązania w przypadku ruchu bezwizowego dla Polaków).

Jeśli chodzi o wódkę absynt, która zawiera piołun, anyż i koper włoski, wróciła ona na amerykański rynek po 95-letnim zesłaniu, którego przyczyną było to, iż piołun zawiera substancję o nazwie tujon, która posiada rzekomo łagodne właściwości halucynogenne, powodujące u absyntowych pijaków irracjonalne wrażenie, że nawet ich teściowa jest babą w dechę.

No i jest też wreszcie przypadek szkockiego przysmaku zwanego *haggis*. Są to nadziewane przeróżnymi rzeczami płuca lub żołądki owiec, a efekt końcowy przypomina trochę gigantyczne, polskie gołąbki, tyle że w pewnym sensie specjalnie odrażające. Dania tego nie wolno do USA przywozić, ale tak na dobrą sprawę nikt nie wie, dlaczego. Być może amerykański urząd celny doszedł do wniosku, że gdyby na to pozwolił, trzeba by również powiedzieć Chińczykom, że mogą przywozić do USA pieczone szczury, nie mówiąc już o *ragoût* z Fafika.

Gwoli ścisłości muszę dodać, że raz tego szkockiego *haggisa* spróbowałem, choć bardzo dawno temu. Danie było tyleż pikantne co wizualnie odpychające, co w pewnym sensie wyjaśnia znaczne spożycie whisky przez szkockich konsumentów.

W sumie ważne jest jednak to, że przepisy na temat tego, co wolno do USA przywozić, a czego nie wolno, nieustannie się zmieniają, a często pozostają niejasne. Surowe mięso z każdego niemal zakątka świata jest w Ameryce nielegalne, ale nie jeśli pochodzi z Hondurasu, Nikaragui lub Meksyku. Kawior Beluga też jest na cenzurowanym, co ma podobno w Rosji zbawić populację jesiotrów. Natomiast import jaj do USA dozwolony jest wyłącznie z Kanady i Holandii, z przyczyn, które są zapewne tajemnicą nawet dla autorów tego przepisu. Podobnie z chińskim żeń-szeniem – sama roślina jest zakazana, ale nie oparte na niej produkty. W tych warunkach nie można się dziwić, że lotniskowe patrole same nie wiedzą, w jaki sposób i co skutecznie węszyć w bagażach.

Miłość jest w powietrzu

Wszyscy doskonale to znamy. Przed startem samolotu najpierw pokazuje się nam, jak zapiąć pasy oraz jak skorzystać z poduszki fotela na wypadek wodowania. Wszystko to jest o tyle mało istotne, że tylko kompletny kretyn nie wie, jak się zapiąć, natomiast wodowanie samolotu pasażerskiego w jakimkolwiek basenie wodnym w 99 proc.przypadków kończy się w taki sposób, iż poduszka może się przydać wyłącznie co bardziej wygłodniałym rekinom...

Jest jednak jeszcze inny przedstartowy rytuał. Pasażerów informuje się mianowicie, że muszą wyłączyć absolutnie wszystkie urządzenia elektroniczne, a zatem nie tylko komputery i smartfony, ale również inne gadżety, np. przenośne konsole do elektronicznego naparzania się z cybernetycznym wrogiem. Wymóg ten ma rzekomo wynikać z obaw, że masowo używana elektronika może w taki czy inny sposób wpływać na urządzenia pokładowe, a szczególnie nawigacyjne.

Nieoficjalnie liczni specjaliści już od dawna twierdzą, że to bzdura, ponieważ przeciętny Kowalski nie jest w stanie wpłynąć na samolot w jakikolwiek sposób przez włączenie telefonu komórkowego lub elektronicznego „czytacza" książek. Zakaz używania urządzeń elektronicznych w czasie startów i lądowań nie ma zatem uzasadnienia technicznego, a stosowany jest zapewne po to, by pasażerowie siedzieli grzecznie w fotelach w ciszy i skupieniu, a nie wrzeszczeli do słuchawek o ostatnich ważkich wydarzeniach życiowych lub sukcesach w biznesie. Zresztą gdyby używanie tabletów i komputerów rzeczywiście mogło spowodować, iż pilotowi coś się pokręci i wyląduje w Detroit zamiast w Chicago, zakaz obowiązywałby w czasie całego lotu, a nie tylko przy starcie i lądowaniu.

Osobiście na restrykcje tego typu nigdy nie narzekałem i nie zamierzam narzekać. Z trwogą oczekuję dnia, który niestety nieuchronnie nadchodzi, gdy ostatecznie padnie zakaz używania w czasie lotów telefonii komórkowej. Metalowe cygaro zmieni się niemal natychmiast w jarmark wypełniony elektronicznym bajdurzeniem o wszystkim i o niczym, a problem jest taki, że żaden pasażer nie będzie w stanie uciec od tego kociokwiku, chyba że na spadochronie. Już dziś, gdy tylko koła samolotu dotykają pasa lotniska, większość pasażerów natychmiast uruchamia telefony, by powiadomić wszechświat oraz wujka Zdzicha, że lądowanie zakończyło się pomyślnie, tak jakby o fakcie tym nikt poza samolotem nie wiedział.

Dobrze by było, gdyby linie lotnicze, szczególnie te, które obsługują długie trasy, zapewniały każdemu podróżnemu na tyle interesującą rozrywkę, by nikt o gadaniu przez telefon nawet nie pomyślał. Pewien postęp w tej dziedzinie jest. Dawniej pokazywano pasażerom jakiś nędzny film na równie nędznym ekranie zbiorczym, rozwijanym spod sufitu. Dziś każdy ma przed sobą własny ekran LCD, przy pomocy którego można wybrać coś z dużego zestawu atrakcji, począwszy od pakietu filmów i gier komputerowych, a skończywszy na obserwacji mapy z przesuwającym się po niej mozolnie samolotem. A propos, zawsze fascynuje mnie to, że tak wielu ludzi chętnie obserwuje ów samolot godzinami, mimo że akcja tego „filmu" jest bardzo powolna – czyżby upewniali się, że nadal lecą, a nie pikują do Atlantyku?

Jednak skuteczne odwrócenie uwagi ludzi od tego, że mają do dyspozycji swoje telefony komórkowe, wymaga działań odważniejszych i opierających się na naturalnym magnetyzmie przeciwnych sobie płci. I tu nowatorsko zachowała się dyrekcja linii Virgin America w osobie ekscentrycznego Brytyjczyka Richarda Bransona. Pan ten, znany z wielu sukcesów komercjalnych oraz zaskakujących pomysłów, obwieścił, że pasażerowie jego linii dostaną wkrótce do dyspozycji zupełnie nową atrakcję. Będą mianowicie mogli ze sobą flirtować przy pomocy wspomnianych już ekranów LCD.

Ma to mniej więcej działać tak, że siedzący w fotelu 10A podstarzały lubieżnik wysyła do seksbomby w fotelu 12F prywatną wiadomość i nawiązuje w ten sposób dyskretną rozmowę, w czasie której będzie też mógł obiektowi swoich kosmatych myśli kupić drinka, przekąskę, a nawet zlecić załodze dostarczenie jej kwiatka. Z kolei rzeczona seksbomba może oczywiście te pokładowe zaloty zignorować i zamiennie nawiązać kontakt z siedzącym w zupełnie innym miejscu sobowtórem Antonio Banderasa. W sumie zatem jest to elektroniczna i skomasowana wersja odzywki typu „Te, Józka, choć za róg – skrzyżujem oddechy". Tyle że w samolocie za róg nie sposób wyjść, a z krzyżowaniem czegokolwiek też byłyby problemy.

Niektórzy spece od lotniczego podróżowania twierdzą, że to świetny pomysł, który przyniesie pasażerom sporo niewinnej uciechy. Inni jednak upatrują w systemie pokładowego flirtowania „niemoralną tandetę", a nawet otwartą zachętę do małżeńskich zdrad. Znamienne jest to, że nowy serwis Virgin America zadebiutował eksperymentalnie w czasie lotu z San Francisco do Las Vegas. To ostatnie miejsce bywa nazywane Miastem Grzechu, a zatem zrozumiałe jest, że Branson i spółka zachęcają do grzeszenia już po drodze, a nie po dotarciu do celu. Zresztą szef linii nie ukrywa, że jego nowa oferta może pomóc co bardziej nieśmiałym pasażerom w skutecznym nawiązaniu przelotnej znajomości „intymnej". Dodaje, że w ten sposób fraza *Love is in the air* nabiera zupełnie nowego znaczenia.

Przeczuwam jednak, że będą z tym wszystkim pewne problemy. Niezwykle atrakcyjna pasażerka może od zauroczonych jej wdziękami współpasażerów dostać kilkanaście drinków i parę obiadów, a zatem do celu przybędzie ubzdryngolona oraz przejedzona. Ponadto, o ile zaczepki ze strony mężczyzn we wszelkich miejscach publicznych można skwitować wzruszeniem ramion i odejściem, w samolocie nie ma się gdzie schować przed ewentualną natarczywością potencjalnych amantów.

Myślę, że Branson nieco się w tym przypadku przeliczył. Ludzie zwykle modlą się o to, by w czasie lotu przez Atlantyk nie siedzieć obok jakiejś niezwykle gadatliwej osoby lub wrzeszczącego dzieciaka, a oferta Virgin America zmienia cały samolot w bezpośrednie sąsiedztwo wszystkich pasażerów, co może się okazać nie do wytrzymania. Można oczywiście udawać, że się śpi, ale kilkugodzinny lot z zamkniętymi oczyma to żadna frajda.

W pogoni za „czekoladą"

W niezbyt odległej przeszłości opalenizna była chlubnym symbolem udanych wakacji. Pamiętam, że za czasów PRL-u ludzie wracali do domów znad bałtyckich plaż i niemal zawsze komplementowani byli za wygląd przypominający przypalony kotlet schabowy. Ja natomiast, mimo że opalałem się zawsze na kolor zawstydzonego prosiaka, bywałem przez rodzinę zmuszany do leżenia na plaży w celu prześwietlenia się na wylot słonecznymi promieniami. Już wtedy wydawało mi się, że zmienianie koloru skóry pod wpływem słońca nie może być czymś zdrowym i bezpiecznym, choć nie miałem pojęcia dlaczego.

Czasy mocno się zmieniły. W sezonie letnim w USA sprzedaje się dziś rekordowe liczby kremów i środków w aerozolu, których jedynym zadaniem jest blokowanie szkodliwego promieniowania, co skazuje opaleniznę na bezterminowy urlop. Począwszy od lat 80. minionego stulecia lekarze ostrzegają, że wylegiwanie się na słońcu bez żadnej ochrony dla skóry może w szybkim tempie przenieść urlopowicza z plaży do szpitalnego oddziału onkologicznego, gdzie szanse na ponowny wyjazd na wczasy gdziekolwiek nie zawsze są dobre.

A jednak, mimo wszystkich ostrzeżeń o zagrożeniach wynikających z raka skóry, nadal istnieje w kraju spora grupa ludzi, w większości kobiet, którzy korzystają z premedytacją i nałogowym przywiązaniem z tzw. *tanning salons*, czyli placówek, w których leży się plackiem pod specjalną lampą udającą słońce w celu uzyskania takiego czy innego odcienia opalenizny.

Samo istnienie tych placówek jest dla mnie zagadką o tyle, że potwierdzono już dawno, iż korzystanie z nich jest potencjalnie bardzo niebezpieczne, gdyż zwiększa zagrożenie rakiem skóry o 75 proc. Jeszcze większą zagadką jest to, że nadal są chętni do sztucznego opalania się. To prawie tak jakby istniały podobne salony oferujące delikwentom systematyczne dawki materiałów promieniotwórczych w celu spowodowania białaczki. Lekarze stosują promieniowanie w celach leczniczych, pod ścisłą kontrolą i przy zachowaniu wielu zasad, ale jeszcze nikomu nie przeszło przez myśl, by zakładać *radioactive salons*, w których można by sobie „dać w rurę" uranem.

Pogoń ludzi za czekoladowym odcieniem skóry jest też przedziwnym pomieszaniem z poplątaniem w kontekście tego, że istnieje nadal zjawisko zwane rasizmem, w ramach którego ludzie naturalnie czekoladowi są w taki czy inny sposób dyskryminowani. Trudno jest zatem zrozumieć chęć dermatologicznego upodabniania się do nich.

W czternastu stanach USA od pewnego czasu obowiązują przepisy, na mocy których sztucznemu opalaniu się nie mogą poddawać się osoby w wieku poniżej 14 lat. Jednak wszyscy inni nadal mogą swobodnie i powoli uśmiercać się przez własną głupotę.

Ostatnio gubernator stanu New Jersey, Chris Christie, który – jako republikanin – jest zwykle przeciwny wtykaniu rządowego nosa w sprawy obywateli, podpisał ustawę zakazującą wstępu do ludzkich smażalni ludziom poniżej 17. roku życia. Próg wiekowy jest wprawdzie wyższy niż w innych stanach, ale to i tak rzadki przejaw rozsądku w morzu idiotyzmu, tym bardziej dlatego, że ustawa nakazuje też prowadzenie przez salony wstępnych „konsultacji ostrzegawczych" z nowymi klientami, a osobom w wieku poniżej 18. lat muszą towarzyszyć rodzice.

Nowe przepisy dotyczą również tak zwanych „opalaczy w aerozolu". Jest to przedziwne, szkodliwe świństwo, które można sobie kazać zaaplikować w salonie pseudo-słonecznego szczęścia, a efekt jest taki, że skóra niemal natychmiast staje się „opalona", choć na stosunkowo krótki czas. Prawdą jest, że w ten sposób opaleniznę uzyskuje się bez wystawiania ciała na szkodliwe promieniowanie, ale gdy się czyta o tym, jak takie opalacze działają, brązowienia skóry się odechciewa. Dwoma głównymi składnikami opalaczy są dwuhydroksyaceton oraz substancja o nazwie erythrulos. Obie wspólnie „reagują chemicznie" z białkiem obecnym w skórze, co prowadzi do zmiany jej koloru. Jeśli aplikowanie sobie tego ma być kluczem do szczęścia, to wolę pozostać przygnębiony i nieszczęśliwy. Tak czy inaczej, fakt, że nowe prawo w New Jersey zakazuje pryskania tymi specyfikami dzieci, jest godny pochwały.

Christie nie miał w tym przypadku politycznych wątpliwości, ponieważ nowa ustawa wynikała z przedziwnego przypadku niejakiej pani Krentcil z miasteczka Nutley. W kwietniu ubiegłego roku jej 5-letnia córka zjawiła się w przedszkolu z wyraźnymi śladami oparzenia skóry. Wzbudziło to podejrzenia, ponieważ oparzenia te wyglądały na słoneczne, co w kwietniu na północy USA jest niemal niemożliwe do osiągnięcia.

Patricia Krentcil została wkrótce potem aresztowana i postawiona przed sądem pod zarzutem wystawienia swojej pociechy na ultrafioletowe promieniowanie w *tanning salon*.

Podsądna, która sama korzysta nałogowo ze sztucznego opalania się i która wygląda jak nieco przeterminowana czekolada, uniknęła jednak sprawiedliwości, gdyż nie było odpowiednich przepisów, na mocy których zabieranie nieletniego dziecka na sesję ultrafioletowych browerii jest przestępstwem. Pani Krentcil zrobiła przypadkowo dobry uczynek. Raz jeszcze okazało się bowiem, że skrajne stuknięcie może czasami podjudzić nawet najbardziej opieszałe władze do pozytywnego działania.

Bez wódy i wieprza

Wprawdzie w rychłą podróż na pokładzie australijskich linii lotniczych Qantas nigdzie się nie wybierałem, ale ostatnio skreśliłem je z mojej prywatnej listy możliwych do przyjęcia przewoźników. Tę ważką dla współczesnego świata decyzję podjąłem dlatego, że nie tak dawno temu Qantas został wykupiony, a ściślej zmuszony do „partnerstwa", przez arabskiego konkurenta, linie Emirates z siedzibą w Dubaju. Właściciel samolotów, na pokładzie których przychodzi mi od czasu do czasu latać, nie ma dla mnie większego znaczenia, jako że o wiele większą wagę przykładam do tego, by maszyna miała dwa skrzydła, sprawne silniki oraz dobrego pilota. Jednak w przypadku nowego właściciela Qantas jest nieco inaczej.

Tuż po przejęciu australijskich linii przez Emirates pojawiła się hiobowa wiadomość o tym, że odtąd na trasach do i z Europy nie będzie serwowane jakiekolwiek żarcie zawierające wieprzowinę, gdyż mięcho to jest w świecie islamskim uważane za „nieczyste" i zakazane. Ponadto nie będą serwowane jakiekolwiek napoje alkoholowe, których konsumpcja jest w krajach muzułmańskich zabroniona.

Przedstawiciel Qantas oznajmił, że usunięcie z pokładowego menu szynki i produktów wieprzowych „nie będzie miało większego wpływu na jakość oferty kulinarnej w czasie lotów". Z tym akurat całkowicie się zgadzam, jako że padlinka serwowana powszechnie pasażerom nie przypomina zwykle żadnego mięsa, a zatem usunięcie czegokolwiek z zestawu „dań" będzie bardzo trudne do zauważenia. Gorzej z gorzałą. Jej nieobecność w czasie wielogodzinnych lotów może się dać mocno we znaki nie tylko alkoholikom, ale również takim ludziom jak ja, którzy muszą sobie prewencyjnie strzelić lufę, by zapomnieć o tym, że skrzydło jak to skrzydło – zawsze może zahaczyć o jakąś przeszkodę, nawet jeśli lot nie odbywa się w Nepalu, w bezpośrednich okolicach Mount Everestu i w tumanach mgły.

Problem w tym, że rzeczony przedstawiciel australijskiego przewoźnika w ogóle nie pomyślał, iż idiotyzm nowej polityki Qantas nie polega na tym, że coś konkretnie jest zakazane, lecz że zakaz taki w ogóle jest wprowadzany. Zresztą nie chodzi wyłącznie o zakaz. Każdy pasażer Qantas będzie mógł już wkrótce skorzystać z „rozszerzonego menu", które zawierać ma tzw. „talerz mezze", pełen arabskich specjałów, opisanych po arabsku, zapewne dla zmylenia przeciwnika, czyli pasażera europejskiego lub amerykańskiego.

Moje prywatne stanowisko w tej sprawie jest dość jednoznaczne: ja w zasadzie mam głęboko w nosie to, jakie mięso jest dla kogoś czyste lub brudne i jakie gromy rzuci na mnie Mahomet, jeśli po drodze do Europy wypiję dwie pięćdziesiątki. Ludzie za loty międzynarodowe płacą spore pieniądze, ale głównie po to, by dostać się z miejsca A do miejsca B, a nie po to, by im przewoźnik dyktował, co mogą jeść i pić, a co jest zakazane. Samoloty, moim zdaniem, winny być w pewnym sensie kompletnie eksterytorialne, bo w końcu unoszą się ponad naszą mocno powikłaną plątaniną ideologii, przekonań i wierzeń.

Oczywiście zakazy są zrozumiałe w samych krajach muzułmańskich, bo każde państwo ma prawo definiować swoje własne reguły. Jednak na wysokości 10 tysięcy metrów, w hermetycznie zamkniętym metalowym cygarze nie ma żadnej oficjalnej religii i nie ma też prawodawstwa z tychże religii wynikającego. Sprawa jest prosta – powinno być tak, że jeśli w samolocie Qantas siedzę koło muzułmanina, on może sobie spokojnie żuć rzeżuchę okraszoną oliwą i zapijać to ciepłym kozim mlekiem, a ja powinienem mieć swobodny dostęp do strasznie brudnego kęsa wieprzowiny popartego niezwykle grzesznym piwem.

Linie Qantas nie są osamotnione w tym absurdzie. Na pokładzie lotów Virgin Atlantic też jest „świński zakaz", choć obowiązuje on wyłącznie na trasach do Dubaju. Ponadto wszelkie inne mięso podawane w czasie tych lotów jest *halal accredited*, czyli sprawdzone i zatwierdzone do konsumpcji przez imamów.

No i człowiek może się od razu poczuć lepiej, gdy wie, że serwowany mu kawał padliny nie stanowi muzułmańskiej obrazy boskiej i że nawet irański prezydent Mahmud IHaveNoDinnerJacket też by to bez przeszkód zjadł.

À propos, ortodoksyjni Żydzi też przestrzegają różnych restrykcji dietetycznych, ale nie oznacza to, że na pokładzie samolotów El-Al można żreć wyłącznie surową marchewkę bez omasty i popijać to sokiem ogórkowym. Serwuje się wszystko to, czego sobie pasażer o dowolnych preferencjach religijno-kulturalnych może zażyczyć.

A gdyby Polacy uparli się na jakieś konkretne wymogi, mogliby zarządzić, że na trasie z Warszawy do Chicago absolutnie każdy pasażer, z pominięciem małolatów oraz pilota, musi wypić przynajmniej setę żyta. Można by też wymagać, by w czasie podróży do Warszawy wszyscy musieli najpierw się wyspowiadać, a potem iść do komunii, i to konieczne przed lądowaniem w stolicy. Już widzę miny wszystkich tych żydowskich, muzułmańskich oraz ateistycznych podróżnych.

Mam cichą nadzieję, że nigdy nie powstanie linia lotnicza kontrolowana przez buddyjskich weganów, bo lot na pokładzie ich samolotu wymagałby wielogodzinnego buczenia, walenia w dzwony oraz „objadania się" ziarnami prosa. Oczywiście można, tylko po co?

Gra bez trzymanki

Jednym z bardziej irytujących rezultatów cyfryzacji naszej rzeczywistości jest to, że przed ekranami, coś tam nam pokazującymi, w zasadzie nie można się nigdzie schować, bo są wszędzie, nawet w miejscach najmniej spodziewanych. Zajeżdża np. człowiek na stację benzynową, by najzwyczajniej w świecie zatankować wehikuł, a tu na pompie widać mały ekran, na którym lecą nieustannie reklamy nikomu niepotrzebnej tandety chińskiej. A przecież ja pamiętam jeszcze czas, gdy szczęście polegało na tym, że w ogóle była benzyna. Teraz benzyna jest zawsze, ale nie można jej po prostu kupić i pojechać dalej, bo konieczne jest jeszcze strawienie „oferty komercyjnej"...

Ekrany LCD są dziś na lotniskach, stacjach kolejowych, stadionach, w bankach, urzędach, a nawet u dentysty. Ilekroć stawiam się u mojego speca od uzębienia, zawsze miła panienka pyta mnie, który kanał telewizyjny chciałbym oglądać w trakcie tortur stomatologicznych. Zwykle powstrzymuję się od komentarza i tylko mówię nieśmiało, że wszystko mi jedno, choć czasami mam ochotę zapytać, czy nie ma na jskimś kanale transmisji z *waterboarding*, bo wtedy przynajmniej mógłbym oglądać kogoś, kto cierpi bardziej niż ja.

W czasie ostatniej wizyty w Polsce po raz pierwszy jechałem też tramwajem, w którym co kilka rzędów pod sufitem podwieszone były monitory, informujące o pogodzie, następnym przystanku oraz ewentualnych trudnościach na torach. Łza się w oku kręci – gdzie te czasy, gdy samo wepchnięcie się jakoś do tramwaju było życiowym sukcesem?

Wszechobecna tendencja wykorzystywania dowolnych powierzchni do transmisji obrazu nie omija nawet sprzętów domowych. Można sobie na przykład kupić lodówkę z zamontowanym w jej drzwiach telewizorem, co powoduje, że gdy w TV pokazują jakiś interesujący serial, dostęp do zagrychy w postaci ogórasa staje się bardzo utrudniony, bo za nieoczekiwane otworzenie drzwi lodówki można od rozjuszonych telewidzów dostać po ryju.

Wszystko to zostało doprowadzone do nowych wyżyn absurdu na stadionie bejsbolowym w Allentown w stanie Pensylwania, gdzie nad każdym pisuarem w męskiej toalecie zainstalowano niedawno urządzenia pozwalające na komputerowe zabawy w trakcie... no, w trakcie wydalania.

Gwoli ścisłości, do dyspozycji wydalaczy męskich jest tylko jedna gra, której celem jest nie tylko rozrywka, tak potrzebna przy wszelakiego rodzaju czynnościach fizjologicznych, ale również propaganda na rzecz częstego poddawania się badaniu prostaty. Producentem tych urządzeń jest brytyjska firma Captive Media, która podobne aparaty od pewnego czasu instaluje w pubach. Amerykański kontrakt po raz pierwszy pozwolił na umieszczenie tych urządzeń w toaletach używanych przez kibiców sportowych.

Grający kontrolują ekran bez pomocy rąk, co akurat w tym przypadku uważam za spory plus, a celem gry jest zjazd snowmobilem ze zbocza góry w taki sposób, by po drodze najechać na jak największą liczbę spacerujących tam pingwinów. Co jakiś czas, po rozjechaniu na miazgę kolejnego pingwina, grającemu pokazywana jest kolorowa i atrakcyjna zachęta do złożenia okresowej wizyty u lekarza.

Może ktoś zapytać, w jaki sposób gracz ma kontrolować ów zjazd, wymagający robienia karkołomnych zygzaków, skoro nie obcuje z maszyną dotykowo, czyli zjeżdża „bez trzymanki". Odpowiedź jest prosta, ale nieco bulwersująca. Producent podkreśla, iż urządzenie to wyposażone jest w nowatorski system, czyli w tzw. *p-controller*, który reaguje na kierunek – jak by to delikatnie powiedzieć – strumienia.

Gdy tylko to przeczytałem, natychmiast wyobraziłem sobie, że wchodzę do takiej toalety i widzę zgraję facetów wykonujących przy pisuarach serię dziwnych ruchów, charakterystycznych czasami dla narciarzy, ale nie dla użytkowników toalet. Poza tym, sprowokowany bujną i często chorobliwą wyobraźnią, zacząłem się zastanawiać, co się stanie, gdy gracz tak się wciągnie w tę zabawę, że zygzaki strumieniowe staną się zbyt zamaszyste i mało kontrolowane. Nie wiem, czy nie spowoduje to, że z toalety wychodzić będą co jakiś czas osoby – za przeproszeniem – oblane.

Dostrzegam jednak jeszcze inny problem natury techniczno-medycznej. Wszak obecność strumienia kontrolnego, nawet u kibica-piwosza, jest zwykle bardzo krótkotrwała, a zatem gra trwać może tylko kilkadziesiąt sekund. A co ma zrobić zafascynowany zabawą gracz, który właśnie dociera do końca trasy, rozwalając w puch rekordową liczbę pingwinów, a tu nagle traaaach! – koniec mocy kontrolnej. Już widzę te tłumy zirytowanych zawodników toaletowych.

Innym, kuriozalnym aspektem grania przy pisuarze jest to, iż najlepsze wyniki wyświetlane mają być automatycznie na wielkim stadionowym ekranie, przy czym każdy gracz identyfikowany będzie wyłącznie imieniem. Nie wiem, czy będzie wielu ochotników, którzy chcieliby się chwalić sukcesami w strumieniowej kontroli śnieżnego pojazdu. No, ale wszystko okaże się w praniu, a zatem już za kilka dni, gdy na stadionie dojdzie do pierwszego meczu tegorocznego sezonu. Na razie specjaliści z Wielkiej Brytanii prowadzą „kalibrację sprzętu". Ciekaw jestem, czy owa kalibracja wymaga od nich konsumpcji znacznej ilości płynów?

Kulisy Biebermanii

Heros nastoletnich panienek na całym świecie, Justin Bieber, wystąpił niedawno na koncercie w Polsce. Na tę niezwykle doniosłą w dziejach ludzkości okoliczność w polskim Radio Zet przepytywano grupę miłośniczek jego dość wątpliwego talentu. Jedna z nich oświadczyła głosem pełnym romantycznego zaangażowania, że ów młody człowiek z Kanady „zupełnie zmienił moje życie". Jeśli tak, to zakładam, że z życia normalnego na stuknięte.

Historia dotychczasowej kariery Biebera jest jeszcze jednym klasycznym przykładem lotu pikującego w kierunku katastrofy. Faktem jest, że młody Kanadyjczyk osiągnął wielki komercjalny sukces i posiada miliony wielbicieli na całym świecie. Faktem jest również to, że jego matka od samego początku marzyła o tym muzycznym sukcesie i sama przyznaje, że robiła wszystko, by tego celu dopiąć. Być może jednak nigdy nie zadała sobie pytania „co dalej?”, tzn. co dokładnie się stanie z chwilą, gdy małolaty na całym świecie zaczną piszczeć w ekstazie na widok nowo narodzonego idola.

Tymczasem wszystko wskazuje na to, że wraz ze sławą i pieniędzmi pojawiły się demony, które zniszczyły już wielu tzw. „dobrze zapowiadających się”. Bieber ze zwykłego chłopaka w ciągu zaledwie trzech lat zmienił się w wykreowanego przez „fachowców” gwiazdora, którego koncerty to precyzyjnie zaprogramowane imprezy, w których muzyka jest zjawiskiem dość drugorzędnym. Liczą się tańce, rozmaite wygibasy i okazjonalne łapanie się za miejsca intymne, czym Bieber upodabnia się do wielu gwiazd zawodowego bejsbolu.

Pierwsze symptomy przyszłego krachu już są. Bieber zachowuje się coraz dziwniej i miewa ostre utarczki z prześladującymi go wszędzie *paparazzi*. Czasami dochodzi do rękoczynów z jego udziałem, a czasami kończy się na obrzuceniu fotografów „mięsem”.

Przed jednym z koncertów w Londynie Bieber zasłabł nagle i zemdlał, co jak na tak młodego człowieka jest dość zastanawiające, potem spóźnił się aż dwie godziny na występ w londyńskiej arenie O2, prowokując tym burzę protestów ze strony rodziców nastoletniej widowni. Ponadto przed kilkoma dniami świat dowiedział się o konflikcie Biebera z jego sąsiadem, który narzeka, iż piosenkarz jeździ samochodem po zacisznym sąsiedztwie „jak szaleniec”. Podobno doszło do bijatyki i wezwana została policja, ale szczegółów nikt nie zna.

Były też inne, kuriozalne incydenty. Gdy Bieber miał 18 lat (dziś ma ich aż 19), brał udział w tzw. Victoria Secret Show i w czasie prób do tej imprezy powiedział modelce Jourdan Dunn, iż owa posiada „niezłe c...ce”. Komentarz dość szokujący, biorąc pod uwagę, że popowy artysta ledwie był jako tako dorosły, a pani obdarzona tym „komplementem” miała wtedy 25 lat.

No i na koniec jest jeszcze problem małpy. Ulubionym zwierzęciem Biebera jest mała małpka (tzw. kapucynka). Nie ma w tym oczywiście niczego zdrożnego, tyle że król estrad nalega, by zwierzę to wszędzie z nim jeździło, a gdy ostatnio poleciał na koncert do Monachium, czujna policja niemiecka małpę zatrzymała i umieściła w kwarantannie, gdyż nie było odpowiednich papierów zezwalających na wwóz kapucynki do UE. Bieber podobno zareagował na to histerycznie, choć nigdy o tym incydencie nikomu nie wspomniał w publicznych wypowiedziach.

Być może piosenkarz „zmienia życie” milionom zauroczonych nastolatek, ale zdradza też dokładnie te same objawy co wielu innych krótkotrwałych gwiazdorów przed nim. Wystarczy przypomnieć sobie Michaela Jacksona, który zaczynał jako wielki młodociany talent w rodzinnej grupie śpiewaczej, a od pewnego momentu zaczął systematycznie osuwać się w serię dziwactw, szokujących wydarzeń, i przywiązania do piguł. Jego kariera przetrwała prawie trzy dekady. Jak długo „pociągnie” Justin Bieber? Tego oczywiście nikt nie wie, choć wydarzenia ostatnich miesięcy nie sugerują niczego optymistycznego.

W pewnym dość smutnym w sumie sensie kariery tego typu napędzane są bezkrytycznym szaleństwem fanów. Dzierlatki na całym świecie rzadko kiedy słuchają wykonywanych przez Biebera piosenek, bo zajęte są kwiczeniem wniebogłosy w zachwycie i walką o autografy oraz o jak najlepszy widok bożyszcza. Zresztą może to i dobrze, bo często tak naprawdę słuchać nie ma czego – krytycy są zdania, iż Bieber posiada „przeciętny talent”, który jest „bardzo dobrze sprzedawany”. Wprawdzie przed laty podobne kwiczenie towarzyszyło czwórce młodych facetów z Liverpoolu, ale były to zupełnie inne czasy, a i różnica w muzycznych zdolnościach jest dość spora.

Zawsze istnieje możliwość, że młody Kanadyjczyk znajdzie jakieś rozsądne wyjście z tej matni, która jest udziałem niemal wszystkich ludzi robiących nagle zawrotną karierę. Należy mu tego życzyć, mimo niezbyt na razie optymistycznych prognostyków. W każdym razie mam nadzieję, że Justin nie zacznie wylegiwać się w namiocie tlenowym, nosić maski i poddawać się dorocznym korekcjom plastycznym nosa, bo będzie to znak, że już jest po wszystkim.

Totalne jaja z wiosny

Święta wielkanocne kojarzą się oczywiście z wiosną, ale w tym roku będzie ciężko. Na Boże Narodzenie śnieg był tylko w nielicznych częściach USA, za to Niedziela Palmowa była biała niemal wszędzie, co jest o tyle problematyczne, że Bing Crosby nie śpiewa „I'm Dreaming of a White Palm Sunday"...

Tuż przed Wielkim Piątkiem matka natura właśnie ciepnęła kolejną, 6-calową warstwę mokrego śniegu. Temperaturze też jest daleko do wiosny – minus dwa Celsjusza. I jak tu w takich warunkach jeść pisanki zamiast barszczu z uszkami? Jak tak dalej pójdzie, to wydobędę z lasu obok mojego domu wyrzuconą choinkę, ustawię ją ponownie w domu i powieszę na niej same jaja, a szczyt zwieńczę wypchanym świstakiem.

No właśnie, *à propos* tego świstaka, biorąc powyższe problemy meteorologiczne pod uwagę, w miarę oczywisty jest fakt, że trzeba znaleźć winnego i to jak najszybciej. W tym akurat przypadku jest to w miarę proste zadanie.

Za niechęć odejścia zimy na zasłużony spoczynek odpowiada ten włochaty świstak z Pensylwanii, który przed kilkoma tygodniami, a konkretnie 2 lutego, „przepowiedział", iż zima będzie w tym roku krótka. Punxsutawney Phil okazał się kłamliwym zdrajcą, działającym skrycie na korzyść zimy, i być może również z instygacji Kremla, a zatem trzeba będzie mu wszystkie nogi z zada powyrywać.

Do takiego drastycznego wniosku doszedłem nie ja, lecz władze sąsiedniego w stosunku do Pensylwanii stanu Ohio, gdzie wydano akt oskarżenia przeciw gryzoniowi. Zresztą pomysł wymierzenia jakiejś sprawiedliwości temu zwierzęciu, wyciąganemu raz w roku z nory, zrodził się również w kilku innych stanach, co wynika zapewne z faktu, iż ludzie mają w tym roku serdecznie dość tego białego kitu, zalegającego chodniki i ulice w nie tym co trzeba terminie.

Jeśli chodzi o akt oskarżenia w Ohio, jest on dziełem prokuratury w powiecie Butler, a czytamy w tym dokumencie, iż Phil jest winien „celowego wprowadzania obywateli w błąd". Zdaniem skarżących, takie wredne działanie zasługuje na wyrok śmierci. Prokurator Mike Gmoser pisze, co następuje: „Punxsutawney Phil celowo i z premedytacją spowodował, że mieszkańcy kraju uwierzyli, iż w tym roku wiosna nadejdzie wcześniej niż zwykle, co stanowi działanie wymierzone w godność i spokój mieszkańców stanu Ohio". No i ma rację. Człowiek, wiedziony tymi prognostykami, idzie do garażu, rozpoczyna wiosenne porządki, wylewa benzynę z maszyny do odśnieżania, a zaraz potem nie może nawet z tego garażu wyjechać bez pomocy sąsiada. Jest to niewybaczalny skandal, który woła o pomstę do nieba.

Jak to w Ameryce bywa, nawet kłamliwe gryzonie mają pewne prawa i dlatego oficjalny opiekun świstaka, Bill Deeley, który organizuje doroczną imprezę o nazwie Groundhog Day, poinformował, że Phil wynajął prawnika i zamierza przed sądem „agresywnie dowodzić swojej niewinności". Ponadto Bill wyraził pogląd, że kara śmierci jest w tym przypadku „niezwykle surowa”, z czym się w zasadzie zgadzam, bo jeśli świstak nie zostanie zgładzony w majestacie prawa, będzie mu można bez przeszkód powyrywać wszystkie kończyny z gryzoniej rufy.

Ale żarty na bok. Choć prawdą jest to, że Phil w tym roku poważnie rąbnął się w obliczeniach, nie można zaprzeczyć, że istnieją pewne okoliczności łagodzące, które wynikają z faktu, iż wielkanocna pogoda bywa notorycznie mało przewidywalna. Jestem pewien, że prawnik podsądnego zwróci na to uwagę, choć z drugiej strony nie wiem, w jaki sposób będzie się ze swoim klientem porozumiewał. O ile wiem, na razie nie istnieje żaden słownik świstacko-angielski, a o tłumacza też będzie trudno.

Tak czy inaczej, spójrzmy na statystyki dotyczące miasta Chicago. W Wielkanoc 1977 roku można było z powodzeniem rzucić jakowegoś zajączka na grilla, jako że 10 kwietnia było 85 stopni F, czyli 30 stopni C. Jaja można było wtedy zapewne gotować przez położenie ich na chodniku. Z kolei w roku 1894, w marcową wielkanocną niedzielę było 19 stopni (–7 C). Jeśli zaś chodzi o wielkanocny śnieg, 29 marca 1964 roku spadło go w Chicago 7 cali, w związku z czym do kościoła ze święconką można było jechać na saniach.

Należy zatem wczuć się w smutny los świstaka, którego raz w roku jakiś facet w czarnym cylindrze wyciąga z ciepłego domku i rozkazuje mu oglądać własny cień. Skonfudowane i zirytowane przez intruzów zwierzę zapewne ma gdzieś wszelkie przepowiednie, a jego marzeniem jest powrót do nory. W tych warunkach jego „prognozy” mają mniej więcej taką samą wartość jak zeznania uzyskane od pogrobowców al-Kaidy za pomocą tzw. *waterboarding*. „Powiem, co chcecie, tylko dajcie mi święty spokój” – myśli sobie biedny Phil.

Niestety, jeśli do niedzieli nie zrobi się zdecydowanie cieplej, świstak może mimo wszystko „beknąć”. Ludzkość zawsze się czuje lepiej, gdy znajdzie wygodnego winnego, który w dodatku nie jest w stanie odpowiedzieć na stawiane mu zarzuty.

Harce na orbicie

Brytyjski superagent James Bond, choć całkowicie fikcyjny, jest postacią słynną na całym świecie, i to nie tylko z powodu skutecznego rozprawiania się z różnymi ciemnymi typami, ale również z uwagi na liczne sesje seksualne z atrakcyjnymi babami. Te łóżkowe brewerie nie zawsze były – jak by to dyplomatycznie powiedzieć – tradycyjne. Jak obliczyli pewni dociekliwi internauci, w sumie agent 007 ma na swoim koncie seksualne schadzki w następujących miejscach: 37 razy w łóżku, osiem razy na łodziach wszelakiego autoramentu, trzy razy w pociągach, trzy razy na podłodze, po dwa razy w samochodach i stodołach, również po dwa razy pod wodą i w namiocie, oraz po jeden raz w saunie, jacuzzi, pontonie ratunkowym, basenie, pod prysznicem oraz w promie kosmicznym.

Nic zatem dziwnego, że niemal każdy aktor, któremu proponowana jest ta rola, natychmiast się na to godzi. Roger Moore, dziś już mocno zaawansowany wiekiem emeryt, zdradził nawet w niedawnym wywiadzie, iż już dokładnie nie pamięta, z iloma kobietami i w jakich miejscach miał „coś do czynienia”.

Wynik filmowego Bonda jest bardzo imponujący, ale najbardziej intrygująca pozycja na przytoczonej powyżej liście to kosmiczny wahadłowiec. W filmie pt. *Moonraker* James Bond (Roger Moore) dokonuje w stanie nieważkości bliskiego spotkania trzeciego rodzaju z agentką Holly Goodhead (Lois Chiles). Para pokazana jest w stanie nie tylko nieważkości, ale również cielesnego zespolenia. W tym sensie jest to pierwszy przypadek uprawiania seksu w kosmosie.

Gdyby ktoś sądził, iż orbitalne harce obu płci są tylko żerem dla scenarzystów filmowych, spieszę donieść, że wcale tak nie jest. Problem seksu kosmicznego jest całkiem poważnym zagadnieniem, którym zajmują się równie poważni naukowcy.

Jest to o tyle zrozumiałe, że ewentualna wyprawa na Marsa, do której w pierwszej połowie tego wieku ma dojść, potrwa przynajmniej osiem miesięcy w jedną stronę, a jeśli załoga będzie mieszana pod względem płci, prędzej czy później na pokładzie może coś zaiskrzyć, niekoniecznie z powodu zwarcia w układach elektronicznych statku. Na szczęście, nauka czuwa i wiele już wyjaśniła.

Wiadomości, jakie mam do przekazania, są dwie, przy czym jedna jest dobra, a druga zła. Zacznę od tej dobrej. Wszystko wskazuje na to, iż uprawianie seksu na pokładzie statków kosmicznych jest nie tylko możliwe, ale o tyle nieszkodliwe, że nie spowoduje nagłej zmiany orbity lub spiralnego upadku na matkę Ziemię. Innymi słowy, można się swobodnie kochać, choć nie wiem, jak by to było możliwe np. na pokładzie Międzynarodowej Stacji Kosmicznej, gdzie absolutnie wszystko i wszędzie rejestrowane jest przez kamery. Może zresztą wcale tak nie jest i istnieją na pokładzie jakieś wyjęte spod obserwacji obszary, gdzie można bez przeszkód dłubać w nosie lub zaglądać lubieżnie do czyjegoś skafandra.

Intrygujące jest to, że w przeszłości NASA bywała już indagowana przez reporterów obdarzonych chorobliwą wyobraźnią, czy w czasie którejkolwiek z dotychczasowych misji nie doszło przypadkiem do bezskafandrowych zbliżeń astronautów. Szefowie agencji zawsze w takich przypadkach odpowiadają, iż o niczym takim nie wiedzą, co niestety stwarza niefortunne wrażenie, iż wyczyn Bonda w filmie *Moonraker* już dawno został zrealizowany w ramach badania przestrzeni seksualnej. Faktem jest również to, że amerykańska agencja kosmiczna jak dotąd nie ma żadnych oficjalnych przepisów dotyczących seksu w kosmosie, a zatem nikt nie wie, co wolno, a co jest absolutnie zakazane. Od załóg wszystkich statków kosmicznych wymaga się jedynie „wierności podstawowym zasadom moralnym", co jest tak samo konkretne jak wymóg tego, by wszystkie ogórki konserwowe były „podobnych rozmiarów".

No, ale przejdźmy do tej złej wiadomości. Naukowcy z University of Montreal w Kanadzie postanowili zbadać nie tyle możliwość prowadzenia życia seksualnego na orbicie, co jego konsekwencje. Oczywiście potencjalną konsekwencją jest zawsze ciąża i tu zaczynają się problemy. Wstępne badania wykazały, że dziecko spłodzone w warunkach nieważkości może mieć problemy z prawidłowym rozwojem. Ściślej – do rozwoju tego może w ogóle nie dojść, gdyż brak grawitacji może w znacznym stopniu przeszkodzić w naturalnym rozwoju komórek ludzkiego organizmu.

I co z tego wszystkiego wynika? Podobno NASA, której naukowcy całkiem na serio rozważają możliwość kosmicznych schadzek, bo te – ich zdaniem – są nieuniknione, nosi się z zamiarem opracowania dość konkretnych „wytycznych" dotyczących seksu na orbicie, a nawet na trasach międzyplanetarnych. Reguły te przewidują, że można sobie będzie pofiglować, ale wyłącznie w celach nie mających niczego wspólnego z prokreacją. Zresztą ma to również – w przypadku wyprawy na Marsa – całkiem sensowne uzasadnienie medyczne. Gdyby bowiem astronautka zaszła w ciążę na początku misji, musiałaby urodzić dziecko jeszcze w czasie powrotu na Ziemię, czyli na pokładzie statku kosmicznego. A o porodzie w stanie nieważkości jeszcze nikt na serio nigdy nie mówił.

Inną możliwością jest oczywiście wysyłanie w kosmos wyłącznie załóg jednopłciowych, ale nie sądzę, by było to dobre rozwiązanie, z powodów, które w druku musiałyby zostać jakoś „wycieniowane". Ja sam jestem za stary i na szczęście w kosmos już nigdy nie polecę.

Przestań się śmiać, Kargul!

Do legendarnego folkloru USA należy rodzinny spór rodzin Hatfieldów i McCoyów, zamieszkujących pod koniec XIX wieku tereny na granicy stanów Kentucky i Zachodnia Wirginia. Naparzanki między tymi klanami były na tyle krwawe i pozbawione jakiejkolwiek sensownej motywacji, że napisano nawet na ten temat wiele książek i nakręcono parę filmów, a wszystko w celu zrozumienia czegoś, czego zrozumieć nikt nie mógł. Obie rodziny rutynowo do siebie strzelały, a w pewnym momencie sytuacja stała się na tyle poważna, że ówczesny gubernator stanu Zachodnia Wirginia zagroził, że „milicje obywatelskie" dokonają inwazji na Kentucky (czyżby przewidywał powstanie ZOMO?). Jednakowoż stan Kentucky stanął na wysokości zadania i wysłał „do wroga" generała Sama Hilla, który spór jako tako załatał, choć dopiero po strzelaninie, w wyniku której zginęło prawie 20 ludzi...

Kłótnie na linii McCoy–Hatfield są amerykańskim odpowiednikiem polskich pyskówek i rękoczynów między fikcyjnymi rodzinami Pawlaków i Kargulów z filmu „Sami swoi". Ale nawet ta fikcja miała pewne odzwierciedlenie w rzeczywistości, jako że pierwowzorem Pawlaka był niejaki Jan Mularczyk ze wsi Tymowa koło Ścinawy. To on krzyknął do rodziny „Wysiadamy, bo tu nasze ludzie są!", gdy zobaczył jadąc pociągiem na tzw. Ziemie Odzyskane krasulę Mikołaja Polakowskiego z Boryczówki, sąsiada i krewnego Mularczyków. Sylwester Chęciński, który kręcił ten niezwykle popularny film, korzystał z konsultacji potomka Mularczyków, a zatem miał do odwiecznego sporu obu rodów „bezpośredni dostęp".

Wydawać by się mogło, że czasy tego rodzaju porachunków przez miedzę należą do przeszłości. A tymczasem guzik prawda! I nawet nie trzeba być gospodarzem na włościach. Na przedmieściach Nowego Jorku, w Long Island, od pewnego czasu toczy się zażarty spór między sąsiadami, 42-letnim Robertem Schiavellim i Danielem O'Hanianem, mieszkającym w sąsiednim domu. W sporze tym nie chodzi o żadną trzodę chlewną ani też o jakoweś krasule. Żaden z uwikłanych w te kłótnie „podmiotów" nie posiada gospodarstwa rolnego. O ile Pawlak mógł zawsze powiedzieć Kargulowi, by ów podszedł „do płota", w tym przypadku ogrodzenia nie ma. Po prostu od wielu lat obaj panowie wzajemnie się nie znoszą, co ostatnio doprowadziło do pewnych zdumiewających konsekwencji.

Pan Schiavelli, który cierpi z powodu nerwicy i niezbyt groźnych dla otoczenia „problemów psychicznych", ma tendencję do głośnego śmiania się. Po prostu rechocze niczym ropucha w ciepłym stawie i twierdzi, że jest to nieodłączna część jego terapii, bo rżenie bez żadnego konkretnego powodu działa na niego kojąco i terapeutycznie. Natomiast jego sąsiad O'Hanian jest zdania, że nieustanny, głośny śmiech sąsiada stanowi poważne naruszenie spokoju publicznego i wymaga zdecydowanych działań ze strony amerykańskiego wymiaru sprawiedliwości, który z natury rzeczy jest zainteresowany smutkiem narodu, a nie jego śmiejącym się szczęściem.

W amerykańskich warunkach wynik był łatwy do przewidzenia. O'Hanian podał Schiavelliego do sądu, domagając się odszkodowania za zakłócanie spokoju publicznego. Dodatkowo podsądnemu grozi kara do 30 dni więzienia. Prawnik

Schiavelliego nazwał wprawdzie ów pozew absurdalnym, ale sędzia odmówił wyrzucenia całej sprawy z wokandy do czubkowa, co ponownie świadczy o tym, iż spora część sędziów w tym kraju winna się leczyć, i to nie z powodu nadmiernego śmiechactwa, lecz z braku zdrowego rozsądku.

Jak potwierdzi niemal każdy lekarz, znana fraza „śmiech to zdrowie" znajduje pewne naukowe uzasadnienie, ponieważ wielokrotnie już udowadniano, że śmiech, niezależnie od jego źródeł, działa pozytywnie na ludzki organizm, szczególnie schorowany. A skoro tak, to trudno jest zrozumieć, dlaczego O'Hanian ma tak wielkie pretensje. Przecież jego sąsiad mógłby cały czas głośno kaszleć lub smarkać, albo wydawać jakieś inne, niezbyt przyjemne dźwięki.

Gdyby ktoś sądził, że ów nowojorski przypadek jest jakimś ewenementem na skalę światową, to się myli. W roku 2009 ludzie mieszkający w okolicach szkoły w angielskiej miejscowości Breightmet złożyli w sądzie zażalenie na „zbyt głośne i zakłócające spokój" śmiechy dobiegające ze szkolnego boiska. Jednak w przeciwieństwie do USA, brytyjski sędzia poradził powodom, że winni albo kupić sobie nauszniki, albo też przeprowadzić się w jakieś inne miejsce. Innymi słowy, kazał im dać mu święty spokój i nie zawracać głowy głupotami.

Sprawa, wbrew pozorom, nie jest błaha. Jeśli komuś można wytoczyć proces o nadmierne śmianie się, równie dobrze można się też procesować o sąsiedzkie chrapanie, nie mówiąc już o odgłosach seksualnych. Kiedyś ludziska się przyczepiały co najwyżej do głośnego sznapsbarytonu typu „Góralu, czy ci nie żal?" o czwartej nad ranem. A teraz nawet nie można się pośmiać z własnego głupiego dowcipu wygłoszonego w czasie kolacji.

Póki co, będę w swoim domu siedział w zupełnej ciszy. Tak na wszelki wypadek. Może jakiś bogaty sąsiad się nieopatrznie roześmieje głuchą nocą, a ja wtedy od razu do sądu. Nie ma to jak sprawiedliwość.

Tatuś z cukru

W języku angielskim istnieje słowo *sugardaddy*, które nie ma w zasadzie odpowiednika w naszej mowie. Dosłownie znaczy to oczywiście „cukrowy tatuś", ale tak naprawdę jest to określenie używane w stosunku do bogatych facetów, którzy wabią młode i wypukłe w odpowiednich miejscach dzierlatki nie walorami intelektu bądź fizjonomii, lecz zawartością portfela. Gdy zatem 90-letni, ledwie trzymający się na nogach milioner na kroplówce żeni się z 25-letnią seksbombą, zapewniającą go o dozgonnej miłości, „młody" pan staje się w ten sposób dla swojej oblubienicy „cukrowym tatusiem", czyli skarbonką bez dna, z której jego nałożnica odprowadza garściami gotówkę na dowolnie wybierane zachcianki...

Największe zagęszczenie „cukrowych tatusiów" jest rzekomo w Kalifornii, a absolutny prym wiedzie niewielka miejscowość Woodside w pobliżu San Francisco, gdzie domy posiadają między innymi: szef koncernu Oracle, Larry Ellison, oraz szef koncernu porno (czyli pisma *Playboy*), Hugh Hefner. Ten ostatni jest klasycznym przykładem *sugardaddy'ego*, jako że w związki z o wiele młodszymi od siebie kobietami wchodził kilkanaście razy, a w grudniu ubiegłego roku poślubił w wieku 86 lat 26-letnią dziewoję, oczywiście „z czystej miłości". Jemu podobnych jest w Woodside sporo. Bądź co bądź jest to miejscowość, w której średni zarobek przeciętnego mieszkańca sięga poziomu 200 tysięcy dolarów rocznie.

Biorąc to wszystko pod uwagę, nie dziwi mnie specjalnie fakt, że ktoś wpadł na pomysł, by miasto Woodside przemianować na Sugardaddy. Założona została w tym celu specjalna witryna internetowa, która ma zbierać podpisy zwolenników tej idei. A wszystko finansuje internetowe biuro matrymonialne, które władzom miasta obiecuje sumę 12 milionów dolarów za wydanie zgody na zmianę nazwy. Jest jednak pewien warunek. Po przemianowaniu miasta na Sugardaddy w jego centrum ma zostać postawiony pomnik Hugh Hefnera, marnotrawnego syna Chicago.

Wspomniane biuro matrymonialne też nazywa się Sugardaddy, jako że pośredniczy przede wszystkim w kojarzeniu par z powodów czysto finansowych, a nie emocjonalnych. Innymi słowy, szuka dla swoich klientek nadwątlonych wiekiem i żądnych na stare lat mocnych wrażeń milionerów. A nazwanie jakiegoś miasta Sugardaddy byłoby doskonałą reklamą firmy.

Gdyby z Woodside zrobiło się Sugardaddy, liczne młode i marzące o łatwej gotówce baby mogłyby opowiadać koleżankom, że poślubiły swojego „cukrowego tatusia" w Cukrowym Tatusiu. Niestety, chyba do tego nie dojdzie. Jeden z radnych Woodside, Ron Romines, oświadczył, że jego miasto „tak tanio się nie sprzeda" i dodał, że za te 12 milionów on sam chętnie zmieni nazwisko. Natomiast burmistrz David Burow wyśmiał całą sprawę i zwrócił uwagę na fakt, iż Woodside jest bardzo złym kandydatem do zmiany nazwy na jakąś bardziej egzotyczną, jako że ludzie osiedlają się tam „dla unikania rozgłosu, a nie po to, by go szukać".

Jeśli zarząd miasta się nie zgodzi, będzie to już druga porażka dla sugardaddy.com. Wcześniej podobną ofertę złożono miejscowości Sugarland w pobliżu Houston w Teksasie, tyle że wtedy burmistrzowi tego miasta oferowano jedynie 5 milionów dolarów. W tym przypadku zmiana była o tyle prosta, że słowo *sugar* już w niej jest, ale radni odrzucili jednogłośnie propozycję.

No i co mają w tej trudnej sytuacji robić zwolennicy rewolucji nazewniczej? Jednym z możliwych rozwiązań dla ludzi odpowiednio zamożnych jest kupowanie miast, co daje później całkowitą wolność semantyczną. Tak zrobił w lipcu ubiegłego roku bogaty biznesmen, który nabył porzucone miasteczko Bankersmith w Teksasie, by natychmiast przemianować je na Bikini. Nie wiem, czym jest wybór tej nazwy motywowany, choć podejrzewam, że nabywca, będący zapewne bardzo dobrym kandydatem na „cukrowego tatusia", zamierza Bikini zasiedlić kształtnymi niewiastami noszącymi przez cały dzień wyłącznie kuse stroje kąpielowe.

Jest jeszcze druga możliwość. Amatorzy zmian nazewnictwa miast winni lepiej adresować swoje oferty. Gdyby bowiem zwracali się ze swoimi pomysłami do radnych takich miejscowości, które mają dziwne, a może nawet ambarasujące nazwy, uzyskanie zgody byłoby z pewnością łatwiejsze. Wspominałem kiedyś w tym miejscu o mieście Intercourse w stanie Pensylwania. Przed laty, gdy nazwę tę wymyślono, kojarzyła się ona przede wszystkim z przedsiębiorczością i dobrosąsiedzkimi kontaktami. Dziś jednak słowo *intercourse* niemal dla wszystkich oznacza „stosunek płciowy", co dla mieszkańców ma tę niefortunną konsekwencję, że ich życiorysy zaczynają się od słów „urodziłem się w Stosunku Płciowym". Być może burmistrz Intercourse nieco przychylniej by się zapatrywał na przemianowanie swojego miasta na Sugardaddy, choć z drugiej strony mógłby dojść do wniosku, że manewr taki byłby klasycznym przypadkiem zamiany przez stryjka siekierki na kijka (ok, wiem, że to niegramatycznie, ale inaczej nie byłoby rymu).

W całej tej sprawie popieram stanowisko radnego Rominesa. Gdyby ktoś chciał dać mi 12 milionów, albo choć pięć, za zmianę nazwiska na cokolwiek, z góry się zgadzam. Jeśli zatem wkrótce zacznę podpisywać te teksty „Andrzej Sugardaddy" albo „Jędruś Bikini", oznaczać to będzie, że właśnie stałem się człowiekiem majętnym.

Transmisja z kominka

Telewizja amerykańska ma to do siebie, że wszystko dzieje się w niej w tak karkołomnym tempie, iż zwykle trudno jest się zorientować, czy to jeszcze reklama, czy też już kolejny segment jakiegoś programu. Nikt nigdy nie ma na nic czasu. Zapraszanym gościom zadaje się dwa pytania tylko po to, by im przerwać w połowie pierwszej odpowiedzi sakramentalnym *Sorry, we are out of time*. I nie ma zwykle znaczenia to, jakiej rangi jest to gość. W telewizji amerykańskiej czasu nie ma zarówno dla zwykłego obywatela zaczepionego na ulicy, jak i dla sekretarza stanu. Niekiedy wydaje się wręcz, że osoby pracujące w sieciach telewizyjnych są mocno spóźnione na jakiś tajemniczy pociąg i muszą wszystko rzucić w kąt i lecieć na dworzec.

Czasami zerkam w telewizji TVN na polski program pt. „Szkło kontaktowe" i za każdym razem uderza mnie to, iż tego rodzaju pozycja nigdy nie mogłaby istnieć w telewizji amerykańskiej. Nie chodzi o treść, lecz o formę – godzinne opowiadanie o czymkolwiek bez większych przerw jest w tutejszych warunkach nie do pomyślenia, bo trzeba zawsze dokądś gnać, coś oferować do sprzedaży, no i oczywiście przestrzegać wymogów grafiku, zgodnie z którym jakakolwiek wypowiedź dłuższa niż 30 sekund jest naganna, szczególnie jeśli traktuje o jakichś ważnych sprawach.

Niesie to ze sobą pewne konsekwencje. Tak zwane programy publicystyczne są w telewizji amerykańskiej praktycznie nieznane. Niemożliwa jest dyskusja kilku osób na jakiś istotny temat, ponieważ jakiekolwiek pogaduszki składają się z tzw. *sound bites*, czyli z dość efektownych, ale pozbawionych istotnego znaczenia sloganów.

Są pewne wyjątki. Wywiady prowadzone w programie Charliego Rose'a dość znacznie odbiegają od formuły nałogowego pośpiechu i czasami można się z tego czegoś rzeczowego dowiedzieć. Innym wyjątkiem są niektóre transmisje sportowe, szczególnie z tak interesujących wydarzeń jak golf. Przez większość czasu na ekranie absolutnie nic się nie dzieje, ale nikomu się nigdzie nie spieszy, gdyż jest to sport dla szlachetnych dżentelmenów, a nie wyrywających do przodu chartów.

Gdyby ktoś szukał jakiegoś szokującego kontrastu dla modelu amerykańskiego telewizji, powinien udać się do kolebki Wikingów, Norwegii. Wiadomo, że w krajach skandynawskich zima jest okresem dość wymagającym dla ciała i duszy. Zwykle bywa w tej porze roku bardzo zimno i przez większość dnia ciemno, co nawet przeciętnego Wikinga może wpędzić w przygnębienie. Jest tam tak zimno, iż nie jeżdżą do tego kraju nawet Kanadyjczycy, a kieszonkowcy trzymają ręce wyłącznie we własnych kieszeniach. Mówi się, że klimat Norwegii jest wprawdzie bardzo dobry, ale tylko wtedy, jeśli ktoś jest reniferem. Słowem, można się zimową porą załamać.

Na szczęście, na pomoc przygnębionym spieszy telewizja. Stacja państwowa NRK przeprowadziła ostatnio transmisję na żywo z... palącego się drewna w kominku. Program ten trwał 12 godzin bez przerwy, choć gwoli sprawiedliwości trzeba dodać, iż ogień ilustrowany był od czasu do czasu muzyką oraz recytowaną poezją. Natomiast nie było żadnych reklam, gdyż te zakłóciłyby „kontemplacyjny charakter transmisji". Tak przynajmniej uważa Rune Moeklebust, producent tego niezwykłego wydarzenia telewizyjnego. W wywiadzie powiedział on również, że dla Norwegów „ogień jest niezwykle ważny" i dlatego postanowiono pokazywać go wszystkim na ekranie przez cały dzień. Jest to prawda, choć nie rozumiem, jaką przewagę ma kominek składający się z wiąchy elektronów nad namacalnym, ciepłym kominkiem ceglanym lub kamiennym, w którym trzaskają całkiem realne iskry. Ogień jest w Norwegii na tyle ważny, iż niejaki Lars Mytting wydał tam książkę o kominkowym drewnie, która rozeszła się w rekordowym nakładzie.

Rzeczony Moeklebust jest zdania, iż jego program był „powolny, ale szlachetny". Może i był, ale gdy próbowałem sobie podobną transmisję wyobrazić w USA, szybko doszedłem do wniosku, że producent nie miałby żadnych szans na realizację tego rodzaju zamiarów, chyba żeby kupił sobie własną stację telewizyjną, bo wtedy mógłby pokazywać dowolne, preferowane przez siebie głupoty.

Trzeba przyznać, że transmisja z kominka nie jest jedynym pionierskim przedsięwzięciem telewizji NRK. W roku 2011 ta sama stacja przez 134 godziny pokazywała statek wycieczkowy zmierzający wzdłuż norweskiego wybrzeża, co oglądały ponad 3 miliony telewidzów, czyli nieco ponad połowa całej ludności kraju. Była to transmisja jednorazowa, ale jeszcze wcześniej NRK pokazała 8-godzinną transmisję przejazdu pociągu na trasie Oslo – Berlin i był to program tak popularny, iż zdecydowano się go powtórzyć.

Zdaję sobie doskonale sprawę, że tego rodzaju programy telewizyjne nie mają w USA szans. Jednak z drugiej strony, jaka jest różnica między transmisją z kursu pociągu a wieloodcinkowymi bredniami w ramach tzw. *reality shows*? W tych drugich też nic się nie dzieje, a nawet jeśli do czegoś dochodzi, to jest to zwykle bezdennie głupie i kompletnie sfingowane. W przypadku transmisji z kominka przynajmniej wiadomo, że drewno rzeczywiście się pali i nie ma żadnych zmyślonych problemów rodzinnych.

Małpi problem

Czasami zastanawiam się, czy życie publiczne w USA może stać się jeszcze bardziej kuriozalne niż jest, ale niemal zawsze na horyzoncie pojawia się jakaś zupełnie nowa historia, która dowodzi, że osiągnięcie dna głupoty jest niezwykle trudne, szczególnie gdy w sferze publicznej działa tak wielki gigant intelektu i *savoir-vivre'u* jak Donald Trump...

Jak wiadomo, na co dzień pan Trump zajmuje się budową nikomu niepotrzebnych kasyn gry i hoteli oraz udawaniem, że jest najsprytniejszym inwestorem świata, który posiada niezmierzone bogactwa oraz równie niezmierzone wpływy. Czasami też – dla rozrywki – poprowadzi jakiś program telewizyjny albo weźmie na chwilę udział w kampanii prezydenckiej, ale są to zwykle zajęcia tymczasowe i uboczne. Przez pewien czas pan Donald na serio rozważał możliwość kandydowania do roli lokatora Białego Domu, ale potem zrezygnował, zapewne pod naporem dość powszechnej opinii, że jest to pomysł kretyński i skazany na niepowodzenie.

Przez ostatnie kilkanaście miesięcy dzielny Donald poświęcił się bez reszty innej misji. Postanowił mianowicie udowodnić, że Barack Obama jest prezydentem nielegalnym, jako że nie urodził się na Hawajach, lecz w Kenii lub na Alfa Centauri. W tym celu wysłał nawet do Honolulu wyselekcjonowaną przez siebie grupę śledczych, którzy mieli wrócić do Waszyngtonu z prawdziwymi sensacjami na temat kosmicznego pochodzenia prezydenta. Wrócili wprawdzie z niczym, ale zupełnie to nie zmieniło poglądów Trumpa. Donald nieco później wszczął nową kampanię, której celem było ujawnienie wszystkich stopni uzyskanych przez Obamę w czasie jego studiów. Zaoferował 5 milionów dolarów za przekazanie mu tych danych, które – jego zdaniem – pokazałyby, iż Obama był nieukiem, którego przepychano przez kolejne lata studiów z powodu koloru jego skóry.

Nie tak dawno temu znany telewizyjny komik Bill Maher, któremu brednie o prezydenckim akcie urodzenia, nędznych wynikach na studiach i konspiracyjnym przemyceniu do Białego Domu „nielegalnego obcokrajowca" mocno się znudziły, zadeklarował, że wpłaci na cele charytatywne 5 milionów dolarów, jeśli tylko Donald potrafi udowodnić, iż jego ojcem nie jest orangutan. Zasugerował jednocześnie, że związki z orangutanim środowiskiem sugeruje nieco czerwonawa czupryna Trumpa.

Dla wszystkich od początku jasne było to, że oferta Mahera miała charakter żartu i że stanowiła drwiący komentarz do poszukiwania przez Trumpa „prawdziwego" aktu narodzin prezydenta oraz zapisów z akademickiego indeksu. Dla wszystkich – z wyjątkiem samego Donalda.

Magnat hotelowo-kasynowy najpierw oficjalnie przedstawił swój własny akt urodzenia, który wykazał niezbicie, iż jego ojcem nie był ani orangutan, ani też jakikolwiek inny osobnik człekokształtny. Prawnik Scott Balber oświadczył z wielkim namaszczeniem: „Niniejszym dołączam kopię aktu urodzenia Donalda Trumpa, która pokazuje, iż jego ojcem nie był orangutan, lecz Fred Trump".

Zaraz potem syn Freda wytoczył Maherowi proces sądowy. Domaga się wypłacenia owych 5 milionów dolarów i argumentuje, przy pomocy watahy sowicie opłacanych prawników, że komediant „złamał kontrakt", bo jego publiczna deklaracja takim właśnie kontraktem jest. Innymi słowy, Trump zdaje się nalegać, że to, co mówi w swoim kompletnie prześmiewczym programie Maher, jest tak samo poważne jak dziennik telewizyjny.

Ci prawnicy, którzy nie są jeszcze całkiem stuknięci, a jest ich coraz mniej, zwracają uwagę na fakt, że Trump ma bardzo nikłe szanse na sądowy sukces. Wystarczy przypomnieć, że w swoim czasie w stanie Nowy Jork ktoś wytoczył firmie Pepsico proces, w którym domagał się odszkodowania za to, iż nie dostał od tejże firmy wojskowego myśliwca w zamian za zebrane przez siebie „punkty promocyjne".

Myśliwiec był wprawdzie „obiecywany" w telewizyjnej reklamie, ale sędzia Kimba Wood na Manhattanie oddalił pozew i stwierdził, że oferta miała „oczywisty charakter żartu", a zatem nie może być traktowana jako wiążące prawnie zobowiązanie. Niestety, ten prawny precedens jakoś do świadomości Donalda nie dotarł, co jest o tyle zrozumiałe, iż jest to osoba, która rzadko słucha innych.

Należy się niestety spodziewać, że do procesu o orangutana dojdzie, gdyż w amerykańskim sądownictwie poszczególni sędziowie zwykle zdradzają zdumiewającą niechęć do wyrzucania na zbity pysk wszystkich tych, którzy składają z gruntu absurdalne pozwy. Czeka nas tym samym przednia zabawa z udziałem komedianta i faceta, którego ego jest dwa razy większe od największego hotelu, jaki w przeszłości wybudował.

Już widzę, w jaki sposób Maher może się bronić. Wprawdzie w akcie urodzenia Trumpa widnieje jako ojciec Fred Trump, ale w jaki sposób Donald może udowodnić, iż Fred nie był orangutanem, a może nawet pawianem? Pozwany ze swojej strony nie ustaje w swych dążeniach do maksymalnego obśmiania powoda. W swoich coraz to nowych wystąpieniach telewizyjnych Maher twierdzi, że to Trump winien zasilić milionami dolarów wybrane przez siebie organizacje, np. Hair Club of America lub Instytut Niepoprawnego Idiotyzmu. Śmiem się domyślać, że ta druga instytucja nie istnieje, ale zawsze można ją przecież założyć.

Gdyby ktoś chciał zadać Donaldowi Trumpowi kontrowersyjne pytanie, czy nie ma w życiu czegoś innego, bardziej konstruktywnego do roboty, serdecznie odradzam. Jestem pewny, że nie ma.

Fikcja w walucie

W czasach trudnych gospodarczo, gdy Międzynarodowy Fundusz Walutowy twierdzi, iż mamy zerowe szanse na fiskalne przetrwanie i gdy wszystko się naokoło wali, a Grecja pospołu z Hiszpanią są degradowane do roli narodów niemal żebraczych, dobrze jest mieć jakieś solidne walory monetarne. Wszyscy doskonale wiedzą o tym, że ludzie często inwestują w takich sytuacjach w metale szlachetne, a szczególnie złoto, bo ich wartość podlega tylko nieznacznym wahaniom, a poza tym posiadanie jakiejś sztaby cennego kruszcu daje poczucie, często zresztą fałszywe, stabilności. Równie popularne stają się diamenty albo cokolwiek innego, co ma wartość nie związaną w żaden sposób z papierowymi banknotami...

Innym zjawiskiem towarzyszącym często krachom gospodarczym jest powrót – choćby tylko tymczasowy – do bezpośredniej wymiany towarów, co po angielsku zwie się *barter trade*, a co polega na prostej i od dawna usankcjonowanej zasadzie: „ja ci dam pół litra wódki, a tym mi za to dasz kilo wołowiny". W pewnym sensie takie wymienianie się towarami, bez pośrednictwa waluty, jest nową „modą" w Internecie, gdzie pełno jest witryn oferujących właśnie tego rodzaju usługi. Istnieją też tysiące targów we wszystkich zakątkach USA, gdzie za nic nie płaci się pieniędzmi, a wszystko jest na wymianę. Czyli – jak mawiają Rosjanie – „nu kak, machniom?".

Okazuje się jednak, że są też inne, „cenne" waluty, a raczej metody monetarnego szacowania rzeczy. Niemiecki naukowiec Guntram Wolff przez prawie dwa lata – od lipca 2011 roku do stycznia roku bieżącego – pilnie śledził ceny sztucznej krowy w bułce rodem z sieci McDonald's w poszczególnych krajach Europy. Jego zdaniem, cena Big Maca jest bardzo dobrym miernikiem tego, czy dany kraj podąża skutecznie w kierunku ekonomicznego uzdrowienia, czy też pogrąża się nadal w kryzysie i nędzy.

Należy w tym miejscu zaznaczyć, że Wolff nie jest w swojej dziedzinie pionierem. Brytyjskie pismo *The Economist*, nie za bardzo znane z żartów na jakikolwiek temat, od wielu lat publikuje przynajmniej raz w roku ceny Big Maca w różnych zakątkach świata, słusznie sugerując, że produkcja tego specjału typu *fast food* niemal wszędzie kosztuje tyle samo, a zatem cena oferowana w hamburgerowni jest istotną wykładnią tego, co się w sensie ekonomicznym dzieje w danej części naszego globu. Dziennikarze *The Economist* zawsze zastrzegają, że ich analizy hamburgerowe nie powinny być traktowane zbyt serio, ale jestem pewien, że niemal nikt się tymi zastrzeżeniami nie przejmuje.

Wracając jednak do Wolffa i jego niezwykle ambitnych badań, doszedł on do wniosku, że w krajach takich jak Grecja, Hiszpania i Włochy cena Big Maców wzrasta, ale wolniej niż średnio w całej Unii Europejskiej, co – jego zdaniem – świadczy o tym, że renesansu ekonomicznego nie należy się tam spodziewać, a dotychczasowe zabiegi „antykryzysowe" są niewystarczające. Nie znam dokładnie metod obliczania tego wszystkiego, ale skoro tak twierdzi ekonomista, który hamburgery z pewnością jadł w różnych częściach UE, to niech mu będzie.

Inaczej jest w Irlandii, cierpiącej z powodu równie bolesnego załamania się gospodarki. Tam ceny hamburgerów od pewnego czasu spadają, a to podobno widomy znak, że kraj dźwiga się z wolna z kryzysowego dołka. O cenach Big Maców w Polsce danych nie ma, ale to może i lepiej – po co się niepotrzebnie martwić.

W badaniach Wolffa coś istotnego jednak jest, ponieważ coraz częściej pojawiają się doniesienia o tym, że jakaś organizacja lub miejscowość zamierza odejść od stosowania normalnych rozliczeń walutowych i robić coś zupełnie po swojemu, omijając oficjalne mennice i federalne fabryki papierów wartościowych. Oczywiście waluty w USA nie ma nikt prawa drukować poza federalnie usankcjonowanymi placówkami, ale kto tu mówi o drukowaniu? Przecież możliwa jest dziś waluta czysto elektroniczna.

Internetowy gigant Amazon zdradził się na przykład z zamiarem zastosowania własnej waluty, a raczej bilonu. Ma to być tzw. Amazon Coin, która pojawi się już w maju tego roku. Nie będzie to jednak moneta, która brzęczeć może w naszych kieszeniach, jako że jest to walor czysto wirtualny.

Klienci serwisu Amazon będą mogli kupować te „monety", a następnie używać ich do nabywania programów przeznaczonych dla „czytacza" książek, Kindle Fire. Może się wydawać, że oferta ta nie jest zbyt ponętna dla klientów, ale nie jest to prawdą. Amazon pływa w wielkich zyskach i może sobie pozwolić na to, by przynajmniej na początek, czyli niejako na rozpęd, rozdawać te wirtualne monety kompletnie za darmo swoim najbardziej cenionym klientom. A co ma z tego Amazon? Nie tylko uznanie klienteli, ale również zwiększone zainteresowanie ofertami firmy. Ponadto używanie Amazon Coins eliminuje wszelkich pośredników, którzy zawsze chcą jakiegoś procentu od transakcji. Chodzi oczywiście o banki i kompanie kredytowe.

Wszystko to rodzi zapewne w kręgach rządowych pewne zaniepokojenie. Jeśli bowiem sieć stanie się ostoją transakcji kompletnie wirtualnych, w ramach których nie będzie wymieniana żadna konkretna waluta, co się stanie z pobieraniem podatków? Wszak trendy te – o, zgrozo – mogą zaowocować puszczeniem większości zupełnie bezczynnych kongresmenów z torbami, co zapewne marzy się wielu Amerykanom.

Zakaz szczęścia

Czy w krajach takich jak Iran czy Korea Północna świętuje się Dzień Walentynkowy? W pewnym sensie tak. W Korei dawanie komukolwiek prezentów jest o tyle trudne, że niczego tam nie ma prócz nędzy. Ale nawet gdyby coś było, to wielki i całkowicie genialny wódz twierdzi, że wyrażanie komuś sympatii za pomocą kwiatów lub łakoci to oczywisty przejaw nieuchronnego rozkładu zachodniej cywilizacji. Zresztą w komunistycznej Korei przejawem tegoż rozkładu może być niemal wszystko, tak że dla St. Valentine's Day nie trzeba robić żadnych specjalnych wyjątków...

W Arabii Saudyjskiej, by podać inny przykład kraju na wskroś pomylonego, za celebrowanie Walentynek grozi areszt, choć nikt dokładnie nie wie, jakie prawo gwałcone jest przez tych podstępnych prezentodawców. W tym roku za kratki trafiło już kilkanaście osób, którym marzyło się wysłanie do obiektu marzeń miłosnych kartki z jakąś czekoladą. Znając saudyjski wymiar sprawiedliwości, przewiduję, że karą za tak ogromne przestępstwo będzie obcięcie obu rąk, co uniemożliwi pisanie bzdurnych kartek w przyszłości.

A jak na Kubie? Tam naród zdołał się nieco otrząsnąć z ponurych wymogów rewolucji i Walentynki może sobie swobodnie świętować. Ba, tamtejszy bloger napisał nawet, że w Hawanie przechodził obok restauracji „La Casa", w której witrynie wisiał plakat oferujący zgłodniałym ofiarom amora specjalny, walentynkowy obiad w cenie 25 kubańskich peso, w skład którego wchodził powitalny drink, zakąska z łososia, krokiety, tradycyjne danie o nazwie *ceviche* oraz indyk nadziewany śliwkami i jabłkami. A na popicie była też lampka wina, którą można konsumować, słuchając przygrywającej klientom orkiestry. Bloger zauważył, że oferta ta jest wręcz rewolucyjna, gdyż jeszcze kilka lat temu do żarcia w knajpach nie było nic przyzwoitego, a o Walentynkach nikt nie myślał. Niestety, nadal pozostaje jeden poważny problem – na restauracyjny obiad w cenie 25 peso może sobie na Kubie pozwolić tylko garstka co bogatszych zakochanych, np. tych z biura politycznego rządzącej niepodzielnie partii.

Za to rząd kubański, w swej niezmierzonej szczodrobliwości, tuż przed Walentynkami podarował wszystkim ukochanym przez władze obywatelom własny prezent w postaci kompletnie sfingowanych wyborów powszechnych do nie mającego żadnego znaczenia parlamentu. A zatem miłość polityczna płynie przez Hawanę niczym rzeka.

Jednak prawdziwym testem dla amora jest Iran. W kraju tym, jak powszechnie wiadomo, dzieją się często dziwne rzeczy i nie inaczej jest w przypadku Dnia Walentynkowego. Od kilku lat zainteresowanie tą okazją wśród Irańczyków nieustannie rośnie, a rozdawanych prezentów jest coraz więcej. Jest to jednak działalność nielegalna, gdyż świętowanie Walentynek jest zakazane, czym naród zdaje się zupełnie nie przejmować. Niektórzy dywersanci ośmielają się nawet zakładać w tym dniu czerwoną odzież, a inni wpinają w butonierki kwiaty. Policja religijna niby o tym wszystkim wie, ale z reguły nie reaguje.

Jednak jeszcze przed dwoma laty było znacznie groźniej. Władze ogłosiły całkowity zakaz obchodzenia w jakikolwiek sposób Dnia Walentynkowego, ponieważ różne grupy zapowiadały na ten dzień „falę protestów". Media irańskie wydrukowały rozporządzenie w tej sprawie, w którym zakazywano „wszelkich zgromadzeń, w czasie których dochodzi do mieszania muzyki rap, muzyki rockowej i ulicznego obcowania ze sobą różnych płci". Wydany też został zakaz malowania paznokci „na zbyt jaskrawe kolory" oraz zakaz „zbyt głośnego śmiania się na korytarzach publicznych instytucji". Na dokładkę mediom zakazano wspominać o jakichkolwiek typowo zachodnich potrawach.

Cały ten przedwalentynkowy obciach został wprowadzony w życie 6 lutego, tak by żaden z obywateli republiki islamskiej nie był przypadkiem w Dniu Walentynkowym za bardzo szczęśliwy, bo przecież wiadomo, że szczęście to zachodnia zaraza. Rząd objawił się wtedy narodowi jak wróg wszelakiej uciechy, czyli jak piewca ponuractwa i nieszczęścia. A było to na tyle absurdalne, że po pewnym czasie sami autorzy tych idiotycznych zakazów zrozumieli, iż narażają się na śmieszność. I to dlatego właśnie dziś w czasie walentynkowym obowiązuje w Iranie nieoficjalny liberalizm.

Jednak pewne rzeczy w Iranie zapewne tak szybko się nie zmienią. Od dawania tam prezentów nie są zakochani – od tego jest tylko i wyłącznie władza, która od czasu do czasu informuje naród o nowych, spektakularnych osiągnięciach republiki islamskiej, nawet jeśli istnienie tychże osiągnięć jest wątpliwe. Niedawno pojawiły się, na przykład, w Teheranie wieści, że na orbitę wystrzelona została na pokładzie sztucznego satelity mała małpka, która rzekomo „czuje się dobrze", a lot odbywa się pomyślnie. Jednak podstępni i wrodzy Iranowi naukowcy zachodni szybko wywęszyli, że z tą małpą w kosmosie coś jest nie tak.

Po pierwsze, zdjęcie zwierzaka przypinanego do fotela w statku kosmicznym pokazuje małpę, która różni się wyraźnie od tej, jaką potem zaprezentowano na zdjęciach z orbity. Wątpliwości zgłosili naukowcy w Izraelu, co świadczy o ich syjonistycznej wrogości do mężnych władców Iranu. Również w USA pojawiły się głosy, że do wystrzelenia satelity z małpą na pokładzie nigdy w ogóle nie doszło, a ów „sukces" ogłoszono tylko po to, by wszyscy Irańczycy poczuli się na chwilę lepiej. Poczuliby się znacznie lepiej, gdyby na orbicie zamiast małpy znalazł się Achmadineżad.

Oszustwo w bułce

Zwykle gdy wybieram się z wizytą do jakiejś knajpy, nie zabieram ze sobą ani linijki, ani też odważników wraz z wagą. Wynika to z faktu, że nie do mnie należy ani mierzenie, ani też ważenie żarcia. Są podobno od tego jakieś wyrywkowe kontrole odpowiednich władz. Okazuje się jednak, że nie wszyscy są aż tak lekkomyślni jak ja i niektórzy podchodzą do patrzenia na ręce gastronomom niezwykle poważnie. W ten sposób doszło do międzynarodowej afery kanapkowej.

Najpierw w Australii jakiś nastolatek, który zamówił 12-calową kanapkę w fabryce „łodzi podwodnych" Subway, zmierzył ten produkt przyniesionym przez siebie narzędziem pomiarowym i zobaczył, że kanapka ma tylko 11 cali, a zatem został „narżnięty" na jednego cala chleba z nadzieniem. Zdjęcie za krótkiej kanapki umieścił w Internecie, co – jak można się było spodziewać – wzbudziło natychmiastowe i często chorobliwe zainteresowanie jego współtowarzyszy z cyberprzestrzeni.

I może na tym cała ta sprawa by się skończyła, gdyby nie to, że szefostwo sieci Subway zdecydowało się na wydanie oświadczenia, w którym czytamy, że termin „Subway Footlong" jest „opisem sprzedawanej kanapki, a nie miarą długości". Nad oświadczeniem tym musiały pracować jakieś tęgie głowy, bo już dawno czegoś tak głupiego nie czytałem. Skoro słowa „footlong" nie należy interpretować jako określnika czegoś, co ma stopę długości, to po co w ogóle takiego terminu używać? Zastosowana przez szefów Subwayu logika zdaje się sugerować, iż kanapka „Subway Footlong" równie dobrze może mieć dwa centymetry długości i też nikt się tego nie powinien czepiać. Ponadto w knajpach serwujących steki zawsze podawana jest waga mięsiwa, np. 8 uncji. Czy i w tym przypadku tak naprawdę nie jest to waga, a jedynie część luźnego opisu dania?

Reakcja na to oświadczenie była tyleż natychmiastowa, co druzgocąca. W Sieci zawrzało od krytyki. „Nie będę jadł w placówce, do której trzeba wybierać się z miarką, by sprawdzać uczciwość biznesu" – napisał jakiś Phil Tripp, ale podobnych opinii było wiele tysięcy. Inni internauci poszli na nieco odmienne, bardziej metaforyczne argumenty. Ktoś wygłosił na przykład opinię, że gdyby Titanic ominął górę lodową o jeden cal, nigdy by nie zatonął, co mnie jakoś nie bardzo przekonuje, bo nie widzę związku z kanapkami.

To, co w Australii było tylko internetową sensacją, w USA – jak na ten kraj przystało – sprawa za krótkich kanapek trafiła do sądu. W New Jersey i Chicago obrabowani z jednego cala kanapkowego szczęścia konsumenci domagają się odszkodowań za poniesione straty. Wietrząca problemy finansowe firma wydała w związku z tym nowe oświadczenie, w którym obiecuje zrobić wszystko, by

„osiągnąć większą regularność długości chleba". Konsumentów zapewnia się również, że każda kanapka „footlong" sprzedawana w dowolnym miejscu naszego globu będzie miała dokładnie 12 cali.

Wieści te od razu poprawiły mi samopoczucie, gdyż wiele wskazuje na to, iż nasza cywilizacja zostanie mimo wszystko uratowana w ostatniej chwili od totalnego rozkładu kanapkowej moralności. A wszystko za sprawą czujnego Australijczyka.

Stroną skarżącą w Chicago jest niejaki Nguyen Buren, który twierdzi, że w placówce Subwayu na północy miasta dostał kanapkę, która – o, zgrozo! – była jeszcze krótsza niż 11 cali. W związku z tym argumentuje, że padł ofiarą oszustwa i z gruntu fałszywego marketingu. Jego prawnik, w porywie retorycznego kunsztu, wyraził pogląd, że to, co spotkało jego klienta, można porównać do kupna tuzina jajek i znalezienia w opakowaniu tylko 11 kurzych embrionów.

Być może to wszystko prawda, ale nękają mnie pewne wątpliwości. Po pierwsze, ów jeden brakujący cal to nawet nie pół kęsa, a chleb jak to chleb – miewa drobne „wahania pomiarowe", bo to przecież nie mikrometr. Poza tym, do tych buł i tak pakuje się taką ilość żarcia, że się w niej to wszystko ledwo mieści, a zatem istnienie lub nie istnienie dodatkowego cala na jeszcze jeden kawałek pomidora lub zeschłej szynki nie ma zbyt dużego znaczenia.

Zresztą brak tego nieszczęsnego cala może też mieć pozytywne efekty zdrowotne dla klientów. Przez wiele lat Subwaya reklamował w telewizji niezwykle irytujący facet, który pokazywał nam o trzy numery za duże spodnie, z których się rzekomo oswobodził w wyniku jedzenia niemal wyłącznie kanapek. Jednak później dietetycy potwierdzili, iż kanapkowy *fast food* w zasadzie jest tak samo tuczący i potencjalnie szkodliwy jak *quarterpounder with cheese* (choć jestem pewien, że wkrótce się okaże, że nie waży wcale ćwierć funta tylko o 1/8 uncji mniej).

Mam też pewne podejrzenia o to, że cała ta początkowa australijska awantura o za krótką kanapkę nosi pewne cechy celowej akcji na rzecz wywołania burzy w szklance wody. No bo czy jakikolwiek normalny nastolatek chodzi do knajp z linijką, by mierzyć jadło?

Niestety, wszystko to zapewne przyniesie dalsze konsekwencje. Już widzę, jak ludzie ważą płaską pseudowołowinę w hamburgerowniach, a następnie walą dzwiami i oknami do prawników w nadziei na uzyskanie rekompensaty finansowej za przymusowe i nielegalne odchudzanie.

Jeśli chodzi o mnie, szał pomiarowy interesuje mnie niemal wyłącznie w kontekście barowym. Przy następnej wizycie w moim lokalnym pubie zamierzam zabrać ze sobą kalibrowaną miarkę, by potwierdzić, czy w kuflu jest rzeczywiście 0,5 litra piwa, czy też brakuje jakowegoś naparstka, odciągniętego potajemnie przez barmana. Jeśli piwa będzie brakowało, zażądam drugiego za darmo – w ramach natychmiastowego odszkodowania.

Siwucha na ratunek

Moja świętej pamięci babcia miała pod koniec życia dwie zasady. Po pierwsze, wszystkie negatywne zjawiska były winą komuny. Przywaliło za bardzo śniegiem? Ruskie przysłały to białe świństwo w celach równie świńskich. W lecie było za gorąco? Komuna przegnała chmury i deszcz satelitami. Pomidory nie obrodziły? Pewne jest to, że wszystkie zeżarł komitet centralny PZPR-u...

W dzieciństwie jeszcze nie bardzo rozumiałem, że babcia miała w pewnym metaforycznym sensie absolutną rację. Wprawdzie komuna nie wpływała – o ile wiem – na klimat, ale wywierała z gruntu negatywny wpływ na niemal wszystko. W związku z tym obarczanie czerwonych winą na zjawiska klimatyczne z babcinego punktu widzenia było absolutnie uzasadnione.

Jednak drugą, o wiele bardziej interesującą zasadą wyznawaną przez babcię było to, że niemal wszystko da się wyleczyć wódką. Boli cię noga? – nie ma problemu, wystarczy nasmarować siwuchą i będzie jak nowa. Na kaca też oczywiście najlepsza była seta z pieprzem na dnie. Gdyby trzeba było wtedy znaleźć skuteczny lek na AIDS, jestem pewien, że szklanka zmrożonego „żyta" byłaby czołową kandydatką. OK, czasami stosowany też był w celach leczniczych denaturat, czyli tzw. jagodzianka na kościach, ale to nie to samo co lek, którym się można najpierw posmarować, a potem go bezpiecznie wypić.

O ile pamiętam, miałem spore wątpliwości co do skuteczności wódczanej terapii, stosowanej w obliczu wszelakich zagrożeń. Być może brało się to stąd, że we wczesnej, pędraczej młodości jeszcze nie piłem, a zatem zbawienne działanie „chary" nie było mi znane. Przekonałem się dopiero niedawno, dzięki antypodom.

Z Australii nadeszła mianowicie wiadomość, że pies, a tak naprawdę kilkumiesięczny szczeniak Cleo, przypadkowo wypił pewną ilość płynu do odmrażania samochodowych szyb. Już po 30 minutach czworonóg zaczął zdradzać objawy poważnego zatrucia, co jest zrozumiałe, gdyż moim zdaniem tylko faceci spod polskich budek z piwem za czasów PRL-u mogli przetrwać popijanie denaturatu płynem z chłodnicy. Sam nigdy nie próbowałem, ale jestem pewien, że jest to możliwe.

Właścicielka psa Cleo, 27-letnia Stacey Zammit, zawiozła psiaka do weterynarza, który orzekł, iż kwestią godzin jest śmierć zwierzęcia, gdyż nieuchronna była „totalna awaria" nerek. Jednak australijski weterynarz, który być może miał jakieś konszachty z moją babcią, orzekł, że psa można uratować przez podanie mu znacznej dawki wódki. Brzmi to dość zaskakująco, ale lekarz miał rację. Etanol zatrzymuje reakcję chemiczną, do jakiej dochodzi w wątrobie po wypiciu *antifreeze*, która to reakcja prowadzi potem do kompletnej klapy działania nerek.

W tym miejscu muszę zapewnić czytelników, że – mimo skomplikowanego życiorysu – nie mam w biografii żadnych doświadczeń tego typu. Nigdy nie piłem perfum, denaturatu lub czegokolwiek innego, co mogłoby się dla mnie źle zakończyć. Może czasami w jakiejś wrocławskiej bramie wychyliłem tzw. „J23", czyli jabcoka, ale były to wydarzenia absolutnie wyjątkowe, motywowane głównie stresem wynikającym ze zbliżających się sesji egzaminacyjnych. Jednak zawartość chemiczna tych trunków, choć przerażająca, nie mogła się w żaden sposób równać z tym, co wylewa się w zimie na samochodowe szyby.

Problem w Australii z psem zatrutym „niebieskim świństwem" był w tym, że wódki w klinice weterynaryjnej nie było, co nie jest zbyt zaskakującym faktem, jako że zwykle suto zakrapiane przyjęcia nie są udziałem chorych zwierząt. Jednak jedna z pielęgniarek w bagażniku samochodu miała butlę siwuchy, zapewne „na wszelki wypadek", co okazało się niezwykle szczęśliwym zbiegiem okoliczności. Psu podano przez nos ekwiwalent 8 pięćdziesiątek w ciągu kilku godzin. Dokładnej metodologii nie znam, ale podobno wszystko odbyło się sprawnie.

No i co? Wszystko zakończyło się hollywoodzkim happy-endem, czyli pies ozdrowiał i do dziś wyje „Góralu, czy ci nie żal?". Agencje milczą o tym, czy stał się przypadkowym alkoholikiem. Nie wiadomo też, czy teraz do każdego żarcia chce kielicha i zagrychę. W każdym razie został uratowany przez wódkę, czego nie może o sobie powiedzieć zbyt wielu pijaków.

Wszystko to jednak nie ma większego znaczenia. O wiele ważniejsze jest to, iż raz jeszcze okazuje się, iż wódzia ma zdolności ozdrowieńcze, o ile tylko nie jest stosowana w sposób niezgodny z instrukcją obsługi, pisaną przez Chińczyków w taki sposób, że „bez wodki nie razbieriosz". A poza tym, skoro trunek ten towarzyszy nam od setek lat, pewnie do czegoś, prócz utraty przytomności, musi służyć.

Gdyby ktoś myślał, że wódczany ratunek dla australijskiego psa to jakaś anomalia, przypominam, że ledwie przed miesiącem dwóch treserów cyrkowych na Syberii poinformowało, że słonie pod ich opieką zostały uratowane przed poważnymi odmrożeniami przez podanie im w odpowiednim momencie sporej dawki wódki. Szczegółów nie znam, ale to może i lepiej.

W przypadku słoni, bądź co bądź ssaków potężnych, zastanawiam się nad tym, co jest właściwą dawką „eliksiru zdrowia" – dwa litry, wiadro, kubeł?

Same słonie milczą albo nadal trzeźwieją.

Podniebne rozróby

Gdy wsiadam na pokład pasażerskiego samolotu, a robię to zawsze z wielką niechęcią, zastawiam się, jakie są szanse na to, że wśród tak wielu pasażerów znajdzie się jakiś totalny czubek, który nagle zapragnie wysiąść na wysokości 10 kilometrów, wybić okno, żeby się przewietrzyć, lub zdetonować niewielki ładunek wybuchowy ukryty w gaciach. Jeśli bowiem pasażerów jest na przykład 200, prawdopodobieństwo tego, iż przynajmniej jeden z nich ma nie całkiem równo pod stropem, jest spore. Na domiar złego, zawsze możliwe jest również to, że jeden z pilotów jest boleśnie skacowany albo właśnie rzuciła go żona i ma refleksje natury samobójczej. Pilotów jest zwykle – na szczęście – para, a zatem istnieje szansa na przejęcie sterów przez tego bardziej normalnego, ale to zawsze podniebna loteria, budząca we mnie dodatkowy niepokój...

W świecie cywilnej awiacji nie są to obawy nieuzasadnione. O ile przed osobami z takich czy innych powodów szurniętymi można z powodzeniem uciec na ulicy albo nawet wyskoczyć z pociągu lub autobusu, w metalowym cygarze, zwanym potocznie samolotem, opcji jest o wiele mniej, a właściwie w ogóle ich nie ma, przynajmniej aż do lądowania. Zwykle dzieło uspokojenia lub obezwładnienia awanturników przypada przeciętnym ludziom, współpasażerom, którzy na co dzień nie zajmują się mordobiciem.

Przekonali się o tym ostatnio ludzie lecący na pokładzie samolotu linii Icelandair z Rejkjaviku do Nowego Jorku. Dwie pierwsze godziny lotu jeden z pasażerów spędził na opróżnianiu po kryjomu butelki jakiejś siwuchy zakupionej w *duty free* na lotnisku. A gdy się już odpowiednio nagazował, najpierw zaczął sprawdzać ręcznie wypukłości siedzących obok niego pań. Jednak najwyraźniej nie dostarczyło mu to odpowiedniego poziomu satysfakcji, gdyż wkrótce potem zaczął dusić innego pasażera, krzycząc, że nic nie ma już żadnego znaczenia, gdyż samolot się wkrótce rozbije.

Nie dziwię się, że w tym momencie nerwy puściły kilku innym nieszczęśnikom, którzy nadal marzyli o pomyślnym lądowaniu na JFK. To oni właśnie rzucili się na nawianego katastrofistę, przymocowali go do fotelu niezawodną w takich przypadkach *duct tape* i kazali mu przez następne cztery godziny siedzieć cicho. Gdy do tego lądowania w końcu doszło, sklejony taśmą awanturnik został w USA powitany przez dobrodusznych przedstawicieli władzy, którzy zamiast do aresztu zabrali go do szpitala w dzielnicy Queens, gdzie zapewne poddano go procesowi dealkoholizacji, a potem resocjalizacji.

Wydarzenia tego rodzaju wcale nie należą do rzadkości. We wrześniu ubiegłego roku niejaki Arash Durrani, pasażer na pokładzie linii United, który ma ambicje aktorskie i który leciał z Chicago do Kalifornii, został skutecznie obezwładniony przez innych podróżnych, którzy wpadli w stan pewnej nerwowości z chwilą, gdy jegomość ów zaczął atakować paraseksualnie co bardziej atrakcyjne kobiety, bredząc coś jednocześnie o konieczności przeniesienia się w zaświaty oraz moralnym powikłaniu świata. Na szczęście, ponownie znaleźli się ludzie, którzy prawidłowo zareagowali i ruszyli do akcji. Ciągle jednak obawiam się, że kiedyś nie zareagują albo zrobią to zbyt późno, np. tuż po dekompresji kabiny i odlocie większości pasażerów w mroźne przestworza.

Niestety, każdy przypadek tego rodzaju wzbudza u mnie przekonanie, że jedynym rozwiązaniem problemu bezpieczeństwa lotów jest wymóg, byśmy wszyscy latali na golasa. Przecież i tak już nas prześwietlają jakimiś aparatami, które są w stanie „rozebrać" do bielizny nawet syberyjską babuszkę w trzech kożuchach. A skoro tak, to czas najwyższy, by zaoszczędzić sporo federalnych pieniędzy, wydawanych na te wszystkie elektroniczne bramki, i kazać wszystkim przy *security* zdejmować nie tylko buty i paski od spodni, ale również całą resztę. W ten sposób awanturnik na pokładzie lotu Icelandair nie miałby możliwości schowania gdzieś gorzały, nie mówiąc już o tym, że słynny kiedyś terrorysta z bombą w bucie nie miałby bomby, bo siedziałby w fotelu z gołymi stopami. Faktem jest, że – biorąc pod uwagę otyłość Ameryki – loty byłyby zapewne wizualnie mało apetyczne, ale czego się nie robi dla bezpieczeństwa i społecznego zadowolenia?

Wymóg latania *au naturel* powinien oczywiście obowiązywać również załogę. Jeśli chodzi o stewardesy, to nie muszę tłumaczyć chłopom, dlaczego byłoby to korzystne. Jeśli zaś mowa o pilotach, to trzeba ich objąć tymi samymi przepisami, bo to wszak też ludzie i do własnego wariactwa mają prawo. Czasami absolutny egalitaryzm jest jak najbardziej wskazany.

Przypominam powszechnie znany *casus* pilota linii JetBlue, Claytona Osbona, który w czasie lotu miał „zawał psychiczny" i zaczął coś bredzić o konieczności przywalenia maszyną w ziemię poza docelowym lotniskiem. Pan Osbon został potem postawiony przed sądem federalnym i uniewinniony, gdyż uznano go za rąbniętego. I to ma być dla mnie pociecha? A dlaczego nikt nie zauważył u niego absencji piątej klepki, zanim zaczął zabierać w powietrzne podróże niczego nieświadomych pasażerów? Ech, życie...

Rynkowa antymateria

Jak by na to nie patrzeć, rok w rok mamy do czynienia z zamkniętym kręgiem. Przed świętami wiara rusza masowo do sklepów, by kupować prezenty dla żon, mężów, dzieci, odległych kuzynów, a nawet szefów. Co bardziej uprzywilejowani mogą sobie pozwolić na zakupy w takich oazach wydawania astronomicznych pieniędzy jak Neiman Marcus. Firma ta od lat publikuje swój świąteczny katalog, w którym ceny systematycznie utrzymują się w górnych strefach stanów milionerskich. W tym roku można było na przykład kupić system stereo za półtora miliona, motocykl za 80 tysięcy oraz samochód marki Aston Martin za prawie pół miliona (*à propos*, dziwi mnie to, że najdroższe w tym zestawie jest stereo, ale to już inna sprawa).

Spójrzmy jednak prawdzie w oczy – ponad 90 proc. wszystkich kupowanych prezentów to rzeczy wyprodukowane dla amerykańskiego rynku przez spocony proletariat, harujący w ciemnych piwnicach na przedmieściach Szanghaju.

Wszystkie te krawaty dla wujka Józka, skarpety dla dziadka i wełna dla babci pochodzą z magicznego świata Orientu, gdzie wszystko niemal można wyprodukować za psie pieniądze, a sprzedać za znacznie więcej.

Obdarzeni tymi bublami Amerykanie od lat w pierwszy poświąteczny dzień oddają się temu samemu rytuałowi – zjawiają się masowo w sklepach, by swoje prezenty oddać. Czasami dlatego, że już coś takiego mają, ale głównie dlatego, że im się to co dostali nie podoba. Ustawiają się w olbrzymich kolejkach, z kwitami w garści, by dostać zwrot kasy za błędne decyzje ofiarodawców. W pewnym przedziwnym sensie jest to antymateria rynku detalicznego. Wcześniej były kolejki po towar, a potem są niemal identyczne kolejki po zwrot towaru. Całe szczęście, że materia nigdy nie styka się z antymaterią, bo wtedy każdy Walmart mógłby eksplodować lub zniknąć w czarnej dziurze konsumpcyjnej.

Przed rokiem w USA łączna wartość zwróconych prezentów wynosiła 43 miliardy dolarów, czyli osiem razy więcej niż dochód narodowy Estonii. Dane z roku 2013 nie są jeszcze znane, ale należy sądzić, że będą podobne. Od lat w czasie zakupów przedświątecznych w USA oferowane są tzw. *gift receipts*, czyli dodatkowe paragony dla wszystkich tych, którzy mogą być z prezentu niezadowoleni i zechcą się go pozbyć. A oddać można absolutnie wszystko, bez zbędnych ceregieli i skomplikowanych pytań.

Czas zatem najwyższy, by zbadać to, jakie rzeczy są najczęściej zwracane, by ustrzec się w ten sposób podobnych wpadek w przyszłości (choć niektórzy twierdzą, iż człowiek na święta głupieje i zawsze kupuje nie to, co trzeba).

Z Wielkiej Brytanii nadeszła w tym roku wiadomość, że najwięcej ludzi oddawało sprezentowany im album Lady Gagi pt. „Born This Way". Nie wiem, czy podobnie było w USA, ale jest to wiadomość w pewnym sensie krzepiąca, jako że świadczy o tym, iż ludzkość nadal jest czasami zdolna dojrzeć i poprawnie zidentyfikować beztalencie.

Wysoko na tejże liście plasuje się również DVD „Skyfall" z agentem 007 w roli głównej oraz amerykański film „Pulp Fiction". Ta ostatnia pozycja mnie zastanawia, jako że film jest podeszły wiekiem i dziwię się, że nadal bywa dawany w prezencie. Podejrzewam, że chodzi tu o tzw. prezenty na odczepnego, kiedy to już komuś żadne inne pomysły nie przychodzą do głowy i trzeba pruć do Walgreensa, by kupić to, o co się można tuż po wejściu potknąć.

W USA dane na temat oddawanych prezentów są nieco bardziej dyplomatyczne – nie wylicza się konkretnych produktów, lecz tylko te kategorie, w których zwrotów jest najwięcej. Lista ta pozostaje w zasadzie niezmienna od dobrych paru lat. Na czele zawsze jest odzież, bo 74 proc. osób nią obdarowanych oddaje tego rodzaju rzeczy do sklepu. Coś jest za duże, za małe, w złym kolorze, w fatalnym stylu, bez smaku albo w ogóle ni w pięć, ni w dziesięć.

Statystyki wykazują ponadto, że aż 47 proc. facetów kupujących odzież dla małżonek trafia kulą w płot, czyli rzeczone magnifiki oddają do sklepów z powrotem bluzki, sukienki, buty, bieliznę oraz zbyt optymistycznie wyśnione rozmiarowo „czapeczki dla bliźniaków".

Drugie na liście zwrotów są tzw. przedmioty do domu, np. zegary, obrazy, tace, obrusy, rzeczy do kuchni, itd. W tym przypadku kupujący prezent zwykle nie ma pojęcia o gustach odbiorców albo też ma, ale wszystko to z premedytacją ignoruje, bo święta są za rogiem i na głębsze przemyślenia nie ma czasu.

Z dalszej klasyfikacji wynika, że ciężko jest też dawać komukolwiek w prezencie perfumy, biżuterię, a nawet elektronikę, przy czym niezadowolenie wśród prezentobiorców w tej ostatniej kategorii zdradza systematyczną tendencję wzrostową, co sugeruje, że jeśli ktoś marzy o iPadzie białym, to nie przyjmie czarnego i na odwrót. Znamienne jest również to, że do sklepów wraca znaczna liczba konsol do gier, np. Xbox 360. Wniosek – ludzie coraz bardziej wybrzydzają i wolą sami sobie wybierać swoje „zabawki", a nie polegać na prezentach.

Wszystko to ma pewne konsekwencje. Coraz więcej z nas kupuje na święta prezenty w postaci *gift cards*, czy to do konkretnych sklepów, czy też w formie jednorazowych kart kredytowych, pozwalających na zakupy wszędzie. Takich prezentów zwrócić nie można. Zresztą sam bym się czuł dziwnie, gdybym poszedł do sklepu i powiedział, że chcę oddać pięć dych podarowanych mi przez brata.

Do siego na Florydzie

Każdy rok przynosi w USA całą kolekcję przeróżnych dziwactw i niezwykłych wydarzeń. A pod koniec roku wszyscy ci statystycy, którzy nie mają nic specjalnego do roboty i strasznie się nudzą, szperają sylwestrowo w danych, by ogłosić światu, który ze stanów Unii był przez ostatnie 12 miesięcy najbardziej kuriozalny. W Anno Domini 2013 – jak ten heroizm statystyków dowiódł – najbardziej pokręconym stanem była Floryda.

Jest to wieść nieco zaskakująca, jako że jest to przecież stan emerytów, a zatem powinno być zacisznie i dostojnie. Jednakowoż znawcy rzeczy zwracają uwagę na fakt, że Floryda posiada niezwykle barwną mieszankę etniczno-rasową, jest terenem akademickich wygibasów w czasie wiosennej przerwy w zajęciach oraz pozostaje niezmiernie atrakcyjnym celem wojaży turystów z całego świata.

Tak czy inaczej, w kończącym się roku rzeczy dziwnych na Florydzie wydarzyło się podobno znacznie więcej niż w jakimkolwiek innym stanie, czyli żaden inny obszar USA nie mógł skutecznie konkurować. Aż tak bardzo mnie to nie dziwi, jako że w roku 2000 Floryda wprawdzie nie wygrała, ale za to mogła się pochwalić najśmieszniejszymi wyborami w historii Stanów Zjednoczonych, kiedy to George W. Bush najpierw wygrał, potem przegrał, a na koniec znowu wygrał z Alem Gorem, a cały kraj tygodniami oglądał zafrapowanych swoją pracą facetów liczących dziurki i wgłębienia na kartach wyborczych.

W tym roku aż tak idiotycznie nie było, ale kilka wydarzeń zapewne na stałe zapisze się w wątpliwej jakości annałach. Na czele tegorocznej listy florydiańskich kuriozów znajduje się przypadek niejakiej Meagan Simmons, która w lipcu 2010 roku została zatrzymana przez policję za „lekkomyślną jazdę samochodem". Nie wiem, co dokładnie Meagan na drodze wyprawiała, ale musiała „pójść na całość", ponieważ została aresztowana, osądzona i skazana na rok więzienia w zawieszeniu.

Policja zrobiła jej wtedy standardowe zdjęcie, na podstawie którego łatwo dojść do wniosku, że „kryminalistka" jest młodą i dość atrakcyjną kobietą. I oto po trzech latach jej policyjna fota pojawiła się nagle w Internecie i zrobiła furorę. 27-letnia Meagan, która mieszka w małym miasteczku Zephyrhills, nic o swojej nagłej sławie nie wiedziała aż do czasu, gdy zadzwonił do niej reporter *The Huffington Post*, by jej o wszystkim powiedzieć. Wyjawił dziewczynie, że setki tysięcy ludzi, zapewne płci męskiej, oglądają jej podobiznę, zatytułowaną „Piękna Skazana", i opatrują zdjęcie swoimi niezwykle inteligentnymi komentarzami typu „Winna mojego zauroczenia", „Poszukiwana we wszystkich stanach", etc. Pani Simmons twierdzi, że otrząsnęła się już z pierwszego szoku i teraz w zasadzie swoim statusem celebrytki w pewnym sensie się cieszy.

Natomiast powodów do zadowolenia nie mają wierni, którzy co niedzielę zbierają się w kościele *Church by the Sea* w Madeira Beach. Mniej więcej w połowie roku przejeżdżający tamtędy ludzie zauważyli, że budynek od strony drogi wygląda jak... wielki kurczak. Od tego czasu świątynia stała się nową atrakcją turystyczną i jest powszechnie nazywana Kościołem Kurczaka, co – ze zrozumiałych względów – nie podoba się parafianom. Twierdzą oni, że ludzie zjawiają się w tej okolicy „z błędnych pobudek", tj. nie po to, by korzystać z kościoła, lecz by się z niego wyśmiewać. Obawiam się jednak, że jedynym rozwiązaniem tego problemu jest jakaś drobna modyfikacja budowlana, np. taka, by kurczakowi odciąć dziób.

W kategorii wydarzeń, które są wyłącznie dla osób dorosłych, team złożony z matki, 56-letniej Jessiki Sexxxton (tak, tak, te dwie dodatkowe listery „x" w nazwisku to efekt całkowicie zamierzony), i jej córki Moniki Sexxxton, od paru lat słynie na Florydzie z tego, że występuje wspólnie w filmach pornograficznych. Jednak w tym roku sprawy zaszły znacznie dalej z chwilą, gdy para ogłosiła, iż poszukuje zespołu złożonego z ojca i syna w celach – by się tak wyrazić – cielesnych. Rok się kończy, a ochotników rzekomo dalej nie ma. Być może dla pań Sexxxton winien to być sygnał, że trzeba się czym prędzej udać do Kościoła Kurczaka, pomodlić się i wyrazić skruchę.

Mogłaby do obu pań dołączyć tzw. syrena z Florydy. Jest nią Jenni Conti, która ma zwyczaj ubierać się w syreni kostium, wraz z płetwami zamiast nóg, i wylegiwać w basenach w okolicy Tampy. W roli syreny pani Conti przybiera artystyczny pseudonim „Eden Sirene", co sugeruje nie tylko syrenę, ale również raj.

Wszystko to nabrało rozgłosu wiosną tego roku, kiedy to rajska płetwizna zjawiła się w basenie w Fishhawk na przedmieściach Tampy. Długo sobie w wodzie nie poleżała, ponieważ została przez personel wyproszona. Powód był prosty – lokalne przepisy zabraniają pływania w basenie w płetwach.

Wśród licznych dziwactw Florydy jest jedno, które zdaje się być zjawiskiem nagminnym. Ojcowie często zostawiają dzieci w samochodach, a sami udają się do barów lub tzw. *strip joints*. W tym roku szczególnie interesujący był przypadek Jordana Carawaya, który zostawił swoją 3-letnią pociechę w zamkniętym samochodzie, a sam udał się do Dixie's Gentlemen's Club, gdzie balował do godziny 1.00 nad ranem. Wkrótce jednak finał tych uciech znajdzie swój finał w sądzie.

Żadne podsumowanie roku nie może się obejść bez jakiejś historii o czworonogu. A zatem na zakończenie muszę donieść o tym, że w powiecie Highlands pies należący do Gregory'ego Laniera niechcący kopnął naładowany rewolwer, który wypalił prosto w nogę właściciela. Odniesiona rana okazała się mało groźna, a psu jego wybryk został wybaczony. Postrzelony Gregory twierdzi, że był to czysty przypadek, spowodowany tym, iż naładowana broń leżała na podłodze, ale ja się tak łatwo nie dam nabrać. Podejrzewam, że pies jest specjalnie tresowanym członkiem National Rifle Association. Bo jaki pies umie cokolwiek kopnąć? Do siego roku!

Świąteczne szaleństwa

Już od dawna jest dla mnie faktem w miarę oczywistym to, że okres przedświąteczny w USA to kompletny szał, który zresztą robi się coraz bardziej szaleńczy niemal rok w rok. Czasami wydaje się wręcz, że niektórzy ludzie tracą kontakt z rzeczywistością i ulegają jakiejś szczególnej gorączce.

U jednych gorączka ta objawia się dążnością do marnotrawienia większości rodzinnego majątku w czasie zakupów nikomu niepotrzebnej chińskiej tandety. Inni wolą swoją świąteczną energię wyładować na konstruowaniu monstrualnych lub dziwacznych dekoracji. W tej drugiej kategorii doskonale mieści się Brandon Smith z miejscowości Greenwood w stanie Indiana.

Pan Smith posiada w swoim domu dokładnie 86 choinek, na których w sumie wiszą 52 tysiące światełek. Ta energetyczna bateria powoduje, że w domu Brandona jest zimą nieco ponad 79 stopni F, mimo wyłączonego ogrzewania. Jest to zatem zapewne jedyne domostwo w USA ogrzewane dekoracjami choinkowymi.

Szaleństwo Smitha jest genetycznie zakodowane, jako że jego rodzice też ostro przesadzali ze świątecznymi dekoracjami. – *Jakoś w to wrosłem* – twierdzi choinkarz – *a poza tym przyznaję, że po prostu lubię Boże Narodzenie*. No i ma prawo chłopak stawiać sobie w domu co tylko chce. Pojawiają się jednak od czasu do czasu pewne problemy czysto praktyczne.

Po pierwsze, stan zadrzewienia jego domu jest na tyle duży, że niektóre choinki muszą stać w sypialni. Media milczą o tym, czy w domu mieszczą się inne nieodzowne atrybuty życia rodzinnego, np. żona, dzieci, kuchenka, lodówka i pies. Nie wiadomo też, czy przez okna nie pchają się wiewiórki, mocno zdezorientowane faktem, że las został przeniesiony do zamkniętego wnętrza.

Po drugie, przygotowanie wszystkich choinek na święta zabiera ponad miesiąc pracy. Ale się opłaca. Na samym początku grudnia Smith otwiera podwoje swojego domu dla wszystkich chętnych chcących obejrzeć jego niezwykłą kolekcję. Bywały lata, że przez jego choinkowe salony przełaziło ponad tysiąc ciekawskich, choć tegoroczna frekwencja ma być rzekomo mniejsza.

Szaleństwo Smitha jest totalnie nieszkodliwe, a może nawet pożyteczne, nie tylko dla okolicznych mieszkańców, ale dla lokalnej elektrowni. Niestety, nie można tego samego powiedzieć o niektórych innych szaleństwach.

W swoim czasie w niezwykle popularnym serialu telewizyjnym pt. *Seinfeld* pojawił się termin „Festivus", który miał oznaczać laickie święta obchodzone na znak protestu wobec komercjalizacji świąt religijnych. Był to oczywiście żart, ale chyba nie wszyscy dokładnie to zrozumieli.

W Tallahassee na Florydzie niejaki Chaz Stevens ustawił tuż przy stojącej przed rządowym budynkiem szopce świątecznej swój własny *Festivus Pole*, czyli słup zbudowany z pustych puszek po piwie. Protestował w ten sposób – jak sam twierdzi – przeciw ustawianiu czegokolwiek religijnego w pobliżu rządowych instytucji. Przyznaje otwarcie, że jego słup jest „idiotyczny", ale nalega, że ma prawo do jego ustawiania.

W odpowiedzi osoba odpowiedzialna za zbudowanie szopki na Florydzie oświadczyła, że nie ma nic przeciwko słupowi, ale jest zdania, iż powinien to być obiekt nieco inny, pozbawiony elementów alkoholicznych.

Jak można się było spodziewać, z incydentu tego niemal natychmiast zrobiła się medialna chryja. W telewizji Fox jedna z komentatorek oznajmiła, że jest to bezczelny zamach na święta i że świadczy to o tym, iż „wojna ze świętami" w USA przybiera katastrofalne rozmiary.

Ja mam dla wszystkich zaangażowanych w ten spór prostą radę – pojedźcie do Indiany, zapukajcie do drzwi Smitha (po uprzednim puknięciu się we własną głowę) i pooglądajcie sobie te wszystkie choinki w spokoju w celu ukojenia duszy. A potem może trzeba zaintonować jakąś kolędę i przypomnieć sobie o tym, iż chodzi tu o święta – okres ciszy, pojednania i pokoju.

Moim zdaniem, niezbyt zresztą w warunkach amerykańskich konstytucyjnym, najlepiej byłoby ludzi zostawić w spokoju i pozwalać im ustawiać z okazji świąt dowolne szopki, symbole, przedmioty, etc. W Fort Wayne, w którym mieszkam, tuż przy autostradzie I-69 znajduje się siedziba firmy ubezpieczeniowej, na dachu której niezmiennie od lat na początku listopada pojawia się wielki neon: *Christ the Savior is Born*. Gdybym był małostkowym palantem, który wszystkiego się czepia (choć są tacy, który za takiego mnie od bardzo dawna uważają), mógłbym zadzwonić do tej firmy i zwrócić jej szefom uwagę na istotny bądź co bądź fakt, iż Zbawiciel nie urodził się w listopadzie i że jego urodziny nigdy w historii USA nie wyprzedzały Święta Dziękczynienia. Ale nigdy jeszcze nie zadzwoniłem, ponieważ odważnie uważam, że to nie ma absolutnie żadnego znaczenia.

Przed kilkoma laty głośno było przez pewien czas o facecie, który na rynnie dachu swojego domu powiesił kukłę człowieka trzymającego się kurczowo owej rynny, obok której zwisają choinkowe światełka. Ludzie się oburzali, że to skandal, bo ta ekspozycja sugeruje brak poważania dla przedświątecznego okresu. Hm, ciekawe czy te same protesty wzbudziłby żywy dekorator wiszący na rynnie i wołający wniebogłosy „Ratunku!"?

Myślę, że ogólnie rzecz biorąc ludzie mają prawo do swoich szaleństw, o ile tylko w sposób oczywisty kogoś nie obrażają. A święta jak to święta – i tak się odbędą w całej swojej dostojności, niezależnie od tego, czy Brandon Smith dojdzie do setki drzew w swoim domu i czy w Tallahassee staną kolejne słupy fetujące nieistniejącą telewizyjną okazję o nazwie *Festivus*.

Mała, ale nie całkiem czarna

Zamierzam się dziś narazić. Chodzi mi o wszystkich miłośników firmy Starbucks, która serwuje napoje kawopodobne milionom fanów na całym świecie. W roku 1971 pierwszy Starbucks został uruchomiony na słynnym targu Pike Place Market w Seattle. Lokal ten funkcjonuje w tym samym miejscu po dzień dzisiejszy i sam nawet raz w nim byłem, choć nie dla degustacji kawy, lecz z czystej ciekawości. Jest to zresztą również targ, na którym faceci rzucają do siebie świeżymi rybami, pokrzykując przy tym rubasznie. Ale to zupełnie inna sprawa.

Od 1971 roku wiele się zmieniło. Dziś koncern Starbucks posiada ponad 18 tysięcy kawiarni w 60 krajach świata, a zarabia na tej działalności prawie 15 miliardów dolarów rocznie. Nie sposób nie zoczyć takiego lokalu na dowolnym lotnisku amerykańskim lub europejskim.

No i teraz się narażam. Kawa w lokalach Starbucks to moim zdaniem lura! Nie jestem w stanie zrozumieć, dlaczego liczni Francuzi, Hiszpanie czy Turcy walą tłumnie do tych przybytków amerykańskiej kawoprodukcji, mimo że mogliby wejść do jakiejkolwiek rodzimej kawiarni, w której kawa jest pięć razy lepsza.

Gdy przed rokiem byłem w paru stolicach europejskich, zauważyłem bez trudu, iż w lokalach kawowych zawsze jest do wyboru – wśród wielu innych możliwości – „Caffè Americano". Cóż to takiego? Wikipedia twierdzi, że to kawa *espresso*, do której dodawana jest pewna ilość wody, by upodobnić ten płyn do rozwodnionych gustów amerykańskich. Innymi słowy, jest to najsłabszy roztwór kawy ze wszystkich możliwych. Starbucks w zasadzie mieści się w tej definicji kawowej amerykańskości, tyle że za swoje lury chce dużo pieniędzy. Chińczycy nawet ostatnio zaczęli protestować, że ich lura firmowana przez Seattle jest znacznie droższa od tej samej lury oferowanej w USA. Z obszernego reportażu państwowej telewizji wynikało, że ceny za kawę w Chinach są o 30-50 proc. wyższe niż za ten sam produkt w USA, Wielkiej Brytanii czy w Indiach. Dla przykładu, średnia *latte* kosztuje w Pekinie 27 yuanów (około 4,5 dolara), podczas gdy w Chicago – ponad dolar mniej. Telewizja zarzuciła firmie narzucanie zbyt wysokiej marży. Z danych telewizji wynika, że marża Starbucksa w Chinach i regionie Pacyfiku wynosi 32 proc., podczas gdy w USA – 21,1 proc., a w Europie, w Afryce i na Bliskim Wschodzie – zaledwie 1,9 proc. No i masz, babo, placek! Rozpętał się międzynarodowy spór o to, gdzie więcej przepłacają za nędzny produkt.

Na szczęście są pewne objawy sprzeciwu wobec dyktatu z zachodniego wybrzeża. Zapewne nikt o tym nie wie, ale od roku 2001 w różnych sądach toczył się spór o to, czy w New Hampshire ma prawo działać firma o nazwie Charbucks. Jest to niewielki biznes rodzinny, serwujący kawę znacznie oddaloną od wodnistego roztworu ze Starbucksa. Szefowie koncernu Starbucks podali Charbucks do sądu i zażądali zmiany nazwy, gdyż – ich zdaniem – Charbucks za bardzo sugerował Starbucks. Sprawa była rozpatrywana przez liczne sądy, wielu zresztą instancji, by wreszcie znaleźć swoje rozstrzygnięcie. Sąd okręgowy orzekł, iż Charbucks może pozostać na rynku, gdyż kojarzy się ze swoim wielkim rywalem „tylko pośrednio" i nie ma związku z koncernem z Seattle „pod względem jakości oferowanego produktu". Innymi słowy, sąd uznał, że kawa Starbucks jest do kitu, kawa Charbucks jest znacznie lepsza, a cały pozew nie trzyma się kupy. Jest to rzadki przejaw rozsądku amerykańskiego wymiaru sprawiedliwości, który ma tendencję do rozpatrywania całkiem na serio i przez całe lata licznych z gruntu durnych pozwów.

W tym miejscu muszę przyznać, że jestem bardziej herbaciarzem niż kawoszem, ale nie zmienia to faktu, że potrafię odróżnić coś dobrego od kompletnie nędznego. W Rzymie też potrafią – „Caffè Americano" to zwykle oferta z tzw. najniższej półki, którą nikt się specjalnie nie interesuje. Zastanawiam się nawet, dlaczego coś takiego w ogóle jest oferowane – czyżby dla stęsknionych za namiastką kawy turystów zza Atlantyku?

W Polsce też czasami jest pewien chłodny realizm na temat sieci Starbucks. Znalazłem np. taki oto wpis na blogu pewnego warszawiaka: „Przeszliśmy Chmielną, idziemy Krakowskim Przedmieściem, no i zaczęło nam wiać po kostkach. Po długich i mozolnych poszukiwaniach władowaliśmy się do Starbucksa. Osobiście nigdy w tej kawiarni nie byłem, bo po pierwsze rzadko jestem na Śródmieściu, a jak już jestem na Śródmieściu, to rzadko jadam na mieście. A tak w ogóle, to nie pijam kawy. Starbucks zawsze kojarzył mi się z osobami posiadającymi sprzęt Apple, za który zapłacili krocie. Po wejściu, muszę przyznać, że nie zauważyłem wielkiego jabłka na ścianie, nawet przytulnie tam było. Dopóki nie spojrzałem na cennik. Wyszło mi, że za trzy kawy i dwa muffiny dałoby się w normalnym osiedlaku kupić dwadzieścia piw! Znaczy, ja rozumiem, że jeżeli ktoś na telefon potrafi wydać ponad trzy tysiące, to go takie sumy nie obchodzą, ale dla mnie to jest jakaś kpina. Za taką cenę to powinny Ci tę kawę przynosić półnagie hostessy na złotej tacy. Oficjalnie oświadczam, że z własnej woli nigdy więcej moja noga w Starbucksie nie postanie. A kawa była kiepska".

Jeśli chodzi o te półnagie hostessy i złote tace, to rzeczywiście większych szans nie widzę. Autor blogu zwraca jednak uwagę na zasadniczą kwestię. Kawa Starbucks jest nie tylko do kitu, ale również za droga, niezależnie od kraju, w którym jest sprzedawana. Do bojkotu w żadnym wypadku nie namawiam, ale zastanawia mnie czasami to, w jaki sposób tzw. sieci nagle zaczynają się cieszyć globalną dominacją, mimo że ich oferta rynkowa nie jest olśniewająco atrakcyjna.

Kawę wolę parzyć w domu. Na hostessę i tacę nadal zbieram pieniądze.

Bitwa pod Walmartem

Gdyby mistrz Matejko żył i tworzył we współczesnej Ameryce, z pewnością nie zawracałby sobie głowy takimi miałkościami jak bitwa pod Grunwaldem. Malowałby z rozmachem i polotem zupełnie inne obrazy, np. „Bitwa pod Walmartem o dwa ręczniki”, „Atak na Best Buy” lub „Hołd chińskiej tandecie”. Nie wiem wprawdzie, czy dzieła tego rodzaju kiedykolwiek zagościłyby w jakichkolwiek muzeach, ale z pewnością oddawałyby wiernie ogólny nastrój amerykańskiej klienteli w ryzach zakupowego szału....

No bo jakby na to nie patrzeć, Ameryka ponownie przeżyła tzw. Czarny Piątek, czyli dzień wypadający po Święcie Dziękczynienia, który jest tradycyjnym początkiem masowych zakupów świątecznych. Potem przeżyła też Cybernetyczny Poniedziałek, poświęcony na zakupy przez Internet. Posiadają one tę wyższość nad zakupami piątkowymi, że siedząc przed komputerem we własnym domu lub w pracy nie można dostać w mordę od jakiegoś rozjuszonego klienta, sfrustrowanego dogłębnie tym, że ktoś właśnie kupił ostatnią parę pięknych galotów za połowę ceny.

Zmierzam oczywiście do tego, że jak zwykle niestety nie obyło się bez „momentów”. Ludzie rzucali się na przeceniony towar z Chin z ogromnym poświęceniem i od czasu do czasu w różnych miejscach kraju dochodziło do rękoczynów, a nawet strzelaniny. W Walmarcie w stanie Arkansas doszło do kilku bójek niemal jednocześnie, a kośćmi niezgody były bardzo różne towary, począwszy od elektroniki, a skończywszy na ostro przecenionych żarówkach.

Tradycji stało się zatem zadość i okres przedświąteczny zaczął się od tradycyjnego, publicznego pokazu przyjaźni i zrozumienia dla bliźnich. Dorocznym zwyczajem zastanawiam się, co ludzi pcha do tego, by w zimne noce ustawiać się w ogromnych kolejkach do sklepów, by po ich otwarciu rano można było zaoszczędzić kilka dolarów na jakimś artykule, który i tak jest zapewne nikomu nieprzydatny.

Za komuny, jak wspominam bez zbytniego rozrzewnienia, też się stało w kolejkach, ale motywacja była jakoś bardziej zrozumiała. Wysyłało się na przykład kolejkową babcię – albo własną, albo wynajętą – z misją zarezerwowania miejsca w kolejce po wieniec papieru toaletowego, torbę pomarańczy czy też komplet mebli umownie zwanych kompletem wypoczynkowym numer 1. Efekt tych usiłowań był zawsze namacalny – wchodziło się bowiem w posiadanie rzeczy, których inni nie mieli, bo ich „nie wystali”. W Ameryce jest o tyle inaczej, że każdy może dokładnie to samo i bez przeszkód kupić w jakikolwiek inny dzień, choć zapewne po nieco wyższych cenach.

Szaleństwo związane z owym Czarnym Piątkiem podsycane jest dodatkowo i systematycznie przez fakt, że coraz to nowe duże firmy otwierają swoje podwoje nie w piątek, lecz już w indyczy czwartek. Oznacza to, że tysiące Amerykanów najpierw konsumują wielkie góry żarcia, a zaraz potem walą do sklepów, które zapraszają np. od ósmej wieczorem i czynne są przez całą noc. Jeszcze parę lat temu byłoby to nie do pomyślenia. Dziś jednak jest to w zasadzie normalka, co potwierdza moją wielokrotnie ogłaszaną w tym miejscu tezę, iż sezon zakupów świątecznych prędzej czy później trwać będzie w USA przez cały rok. Choinki powinny być obecne zawsze, bo nie ma sensu ich zdejmowanie na tak krótki czas.

W połowie października odwiedziłem na przykład sklep Menard's w dość przyziemnym celu zakupu młotka. Przywitała mnie ekspozycja choinek i bombek, okraszona zwykłą dla świąt muzyką typu „I'm Dreaming of a White Christmas”. Los tak chciał, że akurat w tym dniu było prawie 65 stopni F, a Santa nawet jeszcze nie nasmarował sań, nie mówiąc już o tym, że dziękczynny indor nie został jeszcze zamordowany.

Być może raz jeszcze muszę przypomnieć, że sam termin „Black Friday” powstał w roku 1961, ale nie miał nic wspólnego z obecnym szaleństwem. W tymże roku ruch drogowy w mieście Filadelfia stał się na tyle „zakorkowany” ludźmi jadącymi tłumnie do sklepów, że nikt nie był w stanie dotrzeć gdziekolwiek i stąd ów „czarny piątek". Trzeba jednak podkreślić, że wtedy w amerykańskich sklepach 90 proc. towarów było pochodzenia rodzimego, czyli nosiło dumne napisy „Made in USA". Ponadto nikomu by nawet przez myśl nie przeszło, by jakikolwiek sklep otwierać w dzień konsumpcji świątecznego indyka – był to wszak dzień, który na mocy decyzji Kongresu z 1941 roku stał się świętem odpoczynku w rodzinnym kręgu.

Są tacy, którzy twierdzą, iż była to ostatnia sensowna decyzja Kongresu, jako że od tego czasu jest to organ totalnie bezwładny, ale to już zupełnie inna sprawa. Jeśli zaś chodzi o Czarny Piątek", staje się on systematycznie czwartkowym czarnym wieczorem.

Przez wiele lat różne firmy zaczynały przedświąteczną działalność o 6.00 rano w piątek, czyli tuż po przetrawieniu indora. Jednak pod koniec pierwszej dekady XXI wieku zaczął się proces powolnej inwazji na dziękczynny czwartek. Najpierw było otwarcie o 4.00 rano, a w roku 2011 o północy. W tym roku wiele sklepów „ruszyło" o 8.00 wieczorem, z wyjątkiem tych, w których obowiązują tzw. „blue laws", zakazujące handlu w Thanksgiving. Prawo takie istnieje np. w stanie Massachussetts i tam właśnie zamierzam złożyć moje podanie o azyl polityczny.

Rok 2014

Dzięki od elektryków

Motywowany odpowiedzialnością za przyszłość energetyczną kraju oraz chęcią ograniczenia wydatków na prąd elektryczny, przez ostatnie 12 miesięcy prowadziłem kampanię na rzecz stopniowej wymiany w domu wszystkich żarówek z tradycyjnych na LED. Jeszcze do niedawna byłoby to niemal niewykonalne, z uwagi na astronomiczne ceny tych ostatnich. Teraz jednak koszt przeciętnej „diody" robi się coraz bardziej przystępny. Jeśli się dobrze poszpera w Sieci, można trafić na ceny, które zbliżają się z wolna do „ludzkich" i są porównywalne np. do cen halogenów.

Jeśli chodzi o żarówki tradycyjne, w zasadzie coraz trudniej jest je znaleźć, a podobno za dwa lata znikną one całkowicie z amerykańskiego rynku, mimo proponowanej w swoim czasie przez panią Michelle Bachmann ustawy o ratowaniu „tradycyjnego oświetlenia" i nieuleganiu rządowym naciskom, które są jej zdaniem niecnym zamachem na swobody konstytucyjne. Bachmann wkrótce kończy jednak karierę polityczną i będzie sobie mogła siedzieć w domu nawet przy świecy, jeśli ją taka ochota napadnie. Natomiast w Unii Europejskiej żarówki tradycyjne już dawno przegrały i są nieobecne.

Przez pewien czas wszystkich zachęcano do kupowania tzw. CFL (*Compact Fluorescent Lights*). Niestety, nigdy nie przypadły mi one do gustu z dwóch powodów. Po pierwsze, startują wolno, a do pełnego blasku doczołgują się po kilkunastu sekundach, co zawsze mnie irytowało. Natomiast w niskich temperaturach czołgają się jeszcze wolniej, a czasami w ogóle odmawiają posłuszeństwa. Po drugie, kolor światła, nawet wtedy, gdy określany jest jako *warm white*, czyli ciepła biel, ma dziwną, nieco purpurową poświatę, tak że kilka takich żarówek w łazience dawało mi wrażenie, iż przypadkowo znalazłem się na konklawe w Watykanie.

W wyniku mojej heroicznej akcji dziś 95 proc. oświetlenia w moim domu to LED. Muszę jeszcze zaryzykować wejście na wysoką drabinę, by wymienić parę żarówek na zewnątrz pod dachem, ale cel jest blisko. Potem odpocznę i będę czekać na rezultaty. A pierwsze już się pojawiły, tyle że w dość dziwnej formie.

Przed kilkoma dniami dostałem mianowicie list od mojej elektrowni, w której gratuluje mi się tego, że wśród 100 domów w mojej bezpośredniej okolicy jestem prawie w czołówce oszczędności energetycznych i rocznie zaoszczędzam ponad 400 dolarów. W liście był też „wykres porównawczy" oraz tabela, z której wynikało, że z 53. miejsca na liście domów oszczędnych pod względem energetycznym wydźwignąłem się na miejsce 25., a zatem zbliżam się do czołówki. Po wizycie pod dachem i wymianie ostatnich wynalazków Edisona mogę nawet wdrapać się do pierwszej dziesiątki, choć na czele listy zapewne nigdy się nie znajdę, jako że niektórzy moi sąsiedzi używają dwóch 40-watowych żarówek na krzyż, nie oglądają telewizji, nie mają komputerów, nie stosują ogrzewania elektrycznego, a zatem ich rachunki za prąd są zapewne znikome.

Tak czy inaczej, list od panów energodawców trochę mnie zdziwił. Ponieważ elektrownia zarabia na życie wyłącznie sprzedażą prądu elektrycznego, gratulowanie komuś, że prądu używa coraz mniej, jest co najmniej kuriozalne. No bo zadaję sobie takie oto hipotetyczne pytanie – gdybym jutro w domu w ogóle wyłączył prąd i siedział po ciemku oraz w kożuchu przez następny miesiąc, a moja konsumpcja energii elektrycznej spadłaby do zera, czy wtedy również dostałbym z elektrowni list gratulujący mi tego, iż w ogóle przestałem być klientem?

Jest to trochę tak, jakby ludzie z serwisu Amazonu przysłali mi list, w którym gratulują mi tego, że kupuję od nich znacznie mniej towaru niż kiedyś. Albo gdyby policja gratulowała przestępcom tego, że przestali rabować, grabić, kraść i mordować, bo to daje im czas na kawę, pączki oraz wypoczynek w murach komisariatów. Albo gdyby strażacy się cieszyli, że nikt już niczego nie podpala i pożarów w ogóle nie ma. No i czy poczta by się radowała entuzjastycznie, gdyby nagle absolutnie wszyscy przestali wysyłać listy i paczki? Zresztą poczta to przykład szczególny, o czym za chwilę.

Żywię niejakie podejrzenie, że list z elektrowni nie do końca jest szczery, a wynika nie tyle z radości z powodu mojego „zdiodowanego" domostwa, lecz z faktu, że energetyka w USA jest „regulowana". Na przykład, wszelkie zmiany cen muszą być zatwierdzane na jakimś szczeblu władzy. Ponieważ rząd federalny zabiega o to, by konsumpcja energii nieustannie spadała, elektrownie być może zmuszane są do wysyłania zachęt i gratulacji do klientów, mimo iż oznacza to spadek konsumpcji, a zatem również spadek zysków. Listy wysyłane mogą być więc niejako przy zaciśniętych z wściekłości zębach i marzeniach o powrocie do 100-watowych żarówek.

Podobnie jest w USA z pocztą, która jest kulejącym kuriozum, działającym niby jako instytucja prywatna, ale podlegająca Kongresowi, który od wielu lat w zasadzie nic nie robi. Poczciarzom w zasadzie niczego nie wolno robić bez zgody panów posłów. Nie są nawet w stanie zlikwidować doręczania listów w soboty, o co zabiegają bezskutecznie od dawna.

W związku z tym, podobnie jak w przypadku elektrowni, całkiem możliwe jest, że kiedyś dostanę list chwalący mnie za to, że nie wysyłam już kartek świątecznych, nie kupuję znaczków pocztowych, a paczki wysyłam Fedexem lub UPS-em. Poczta pójdzie wprawdzie z torbami, co jest całkiem możliwe, ale będzie się „cieszyć", że ludzie znaleźli sobie inne metody wymieniania się wiadomościami i towarami. Dziwy na dziwami, ale to już nie mój problem.

Walmart blues

Uważni czytelnicy zapewne już dawno dostrzegli, że nie jestem zbytnim zwolennikiem firmy Walmart. Zresztą nie jestem w tych sentymentach odosobniony, bo ostatnio znalazłem w Sieci listę 10 najbardziej niepopularnych firm w USA i Walmart znalazł się tam na piątym miejscu. Wynika to z wielu faktów, ale głównie chodzi o to, że koncern płaci swoim pracownikom marne pieniądze i sprzedaje tandetę, która w 80 proc. pochodzi z Chin. Jest to w pewnym sensie prawdziwa świątynia lichych jakościowo bzdetów, które we współczesnej polskiej nowomowie bywają nazywane „badziewiem".

Dodatkowo wszędzie tam, gdzie Walmart się pojawia, niemal natychmiast upadają okoliczne małe sklepy, które nie są w stanie sprostać konkurencji ze strony globalnego giganta. Zamiast wielu tradycyjnych, prowadzonych od lat przez te same rodziny placówek, jest tylko jeden moloch.

Szefowie Walmartu wydają się świadomi faktu, iż ich marka cieszy się niskim uznaniem. Wprowadzają od czasu do czasu nowe „rewelacje", na przykład warzywa i owoce hodowane przez lokalnych producentów, co ma niejako zamaskować meble oraz gary wyprodukowane gdzieś w piwnicach Szanghaju. W sumie jednak coraz częściej słyszę w różnych środowiskach zdania typu: „do Walmartu to ja nigdy nie pójdę", albo „ja ten sklep od dawna bojkotuję".

Nie zmienia to oczywiście faktu, że do sklepów tych, rozsianych po całym świecie, wiara wali drzwiami i oknami w nieustannej pogoni za niskimi cenami – i temu nie można się specjalnie dziwić. Ostatnio jednak coraz częściej pojawiają się wieści, które sugerują, że pewnej części klienteli Walmartu ostro puszczają nerwy.

Pierwsze oznaki wnerwienia pojawiły się w dniu zwanym tradycyjnie „czarnym piątkiem", kiedy to nafaszerowani indorami Amerykanie lecą o świcie do sklepów, by kupić prezenty świąteczne jeszcze taniej niż zwykle. W kilku Walmartach doszło do rękoczynów, a była też nawet jedna strzelanina, choć na szczęście nikomu nic się nie stało.

Przed kilkoma dniami telewizja NBC doniosła o tym, że na Florydzie zjawił się w sklepie niejaki Jose Morales, który chciał oddać drukarkę atramentową firmy HP, ale nie posiadał paragonu. Gdy obsługa odmówiła przyjęcia zwrotu, pan Morales ciepnął drukarkę na podłogę i zaczął po niej skakać, a następnie rzucił ją w kierunku nisko opłacanych i zapewne też zirytowanych sprzedawców, którzy nie dostali w łeb tylko dlatego, iż w porę schowali się za ladą.

Na tym jednak nie koniec. Sfrustrowany klient w czasie wychodzenia ze sklepu kopnął też jakieś urządzenie, czym spowodował szkody na 500 dolarów. Wściekłego konsumenta policja znalazła w mieszkaniu jego dziewczyny, schowanego w szafie, zapewne w przeczuciu rychłego nadejścia władzy. Stamtąd został zaprowadzony do aresztu i czeka teraz na rozprawę sądową, w wyniku której będzie mógł przez parę lat drukować wyłącznie na drukarce więziennej, o ile takowa w ogóle istnieje.

Również na Florydzie, w miejscowości Punta Gorda, 77-letni William Golloday stał w Walmarcie w kolejce do tzw. ekspresowej kasy za 65-letnim Johnem Mahlherbe'em, który w swoim koszyku ośmielił się mieć 22 artykuły, podczas gdy tablica wisząca nad kasą ograniczała towar do sztuk 20. Rozsierdzony emeryt Bill dał w zęby emerytowi Johnemu i też się przejechał do aresztu.

Nieco inne wydarzenie miało miejsce w sklepie Walmart w Wisconsin, gdzie Jarad S. Carr też starał się zwrócić drukarkę bez paragonu. Dzielna załoga sklepowa próbowała ustalić, czy drukarka została rzeczywiście kupiona w tej placówce. Przy jej oględzinach znalazła w środku pojedynczą kartkę papieru z wydrukowanymi na niej dwoma fałszywymi banknotami 100-dolarowymi. Wygląda na to, że Morales będzie miał kompana do wspólnego drukowania w ciupie. Natomiast jeśli chodzi o Walmart, to być może firma ta powinna się w ogóle wycofać ze sprzedawania drukarek.

Choć wszystkie te incydenty nie są ze sobą w żaden sposób powiązane, zastanawiam się, czy nie wynikają one z tego, że w Walmartach panuje zwykle atmosfera nie tylko taniochy, ale swoistej „bylejakości", tak jakby wszystko było tam sprowadzone do najmniejszego możliwego wspólnego mianownika, a ogólna irytacja była częścią sklepowej codzienności.

W tym kontekście trzeba zapewne cieszyć się z tego, że Walmart pozostaje nieobecny na polskim rynku, mimo że plotki o tym, iż ma takie zamiary, pojawiają się regularnie od 2005 roku. Kiedyś była nawet wiadomość, iż amerykański koncern przejmie w Polsce kontrolę nad siecią sklepów Real, ale z tego też nic nie wyszło, co oznacza, iż przeciętny polski nabywca musi szukać innych miejsc do rzucania niechcianych drukarek na sklepową podłogę (jestem zresztą pewien, że odpowiednie substytuty istnieją).

Obecny negatywny *image* Walmartu jest o tyle kuriozalny, że przecież przed laty firmę tę założył w Benton w stanie Arkansas Sam Walton, który do końca życia słynął z tego, że nawet jako multimilioner łaził w starych portkach i jeździł zdezelowaną ciężarówką. Dziś w starych ubraniach jeżdżą starymi samochodami do nudnej roboty pracownicy Walmartu, o co zapewne Samowi wcale nie chodziło.

Futbol w zamrażalniku

Na samym wstępie muszę się przyznać bez bicia, że bywałem już ze trzy razy na meczach zimowych drużyny Chicago Bears, o czym zresztą raz w tym miejscu pisałem. Są to zwykle wydarzenia dość ciekawe meteorologicznie. Wypełniony po brzegi pasjonatami amerykańskiego futbolu stadion Soldier Field ma to do siebie, że jest położony tuż nad jeziorem, skąd czasami wieją arktyczne wręcz wiatry. Ale kibice zwykle się tym nie przejmują, piją zimne piwo, żeby się jeszcze bardziej oziębić, oraz wznoszą entuzjastyczne okrzyki na cześć tego, że jest cholernie zimno i nikt nie czuje własnych kości. Sam wznosiłem takie okrzyki, powodowane zarówno nastrojem tłumu, jak i tym, że było mi tak zimno, iż byłem w stanie krzyczeć cokolwiek, ale przede wszystkim takie frazy jak „what the hell am I doing here?!" oraz „let's go home!".

Wspominam o tym dlatego, że już za kilkadziesiąt godzin dojdzie do kolejnego finału ligi NFL, znanego oczywiście jako Superbowl. Przed telewizorami zasiądzie pół Ameryki oraz ćwierć reszty świata, by oglądać zmagania czeredy wielkich facetów usiłujących się wzajemnie zamordować w majestacie prawa. Kibice będą siedzieć w ciepłych domach, jeść w rodzinnym gronie stosownie tłuste żarcie i ogólnie rzecz biorąc mieć tzw. *fun*. I zwykle to samo jest udziałem zawodników oraz kibiców obecnych na stadionie, jako że mecze Superbowl z reguły odbywają się w wielkich, zadaszonych halach, gdzie temperatura jest znacznie wyższa od temperatury piwa, a wiatr nie wieje.

Ale nie w tym roku. Z przyczyn, których nikt nie zna, tegoroczna edycja finału ligi NFL odbędzie się na otwartym stadionie w New Jersey. A ponieważ zimę mamy w tym roku tęgą, istnieje możliwość, iż największa impreza sportowa Ameryki zostanie zaśnieżona albo zamrożona. My nadal będziemy oglądać ciekawe reklamy (za 2 miliony za każde 45 sekund) i sobie po sąsiedzku lub rodzinnie gaworzyć o wyższości atakowania przeciwnika od dołu czy od góry, a tymczasem trup na boisku będzie się słał gęsto, a na trybunach poza nastrojem wielkiego futbolowego party będzie atmosfera typowa dla przeciętnego zamrażalnika.

Od wielu tygodni prognoza pogody na niedzielę, 2 lutego, jest przedmiotem intensywnych spekulacji w New Jersey. Ba, mówi się nawet o tym, że jeśli pogoda będzie w ten niedzielny wieczór jakoś zagrażać sportowcom, plan B przewiduje rozegranie meczu we wtorek. Moim zdaniem, nie ma to większego znaczenia, bo co za różnica, czy połowa Ameryki stawi się do roboty na kacu i w stanie półprzytomności w poniedziałek czy w środę? Jednak praktycznie rzecz biorąc przełożenie Superbowl byłoby epokowym wydarzeniem, jako że jeszcze nigdy do czegoś takiego nie doszło.

Warto jednak zwrócić uwagę na fakt, że choć dziś pomysł grania finału NFL na świeżym powietrzu wydaje się dość egzotyczny i potencjalnie ryzykowny, drzewiej tak nie było, bo przecież wielkie, kryte sportowe hale są wynalazkiem stosunkowo nowym, sięgającym zaledwie lat 70. XX wieku. Innymi słowy, Superbowl niegdyś odbywał się tylko na otwartych stadionach, które nie zawsze znajdowały się na Florydzie lub w Kalifornii. Mimo to, najzimniejsze warunki w historii tych potyczek wcale nie są aż takie przerażające. W roku 1972 odbył się mianowicie mecz finałowy na świeżym powietrzu przy temperaturze 43 stopni F (6 stopni C), i to w dodatku w Nowym Orleanie, gdzie miało być znacznie cieplej. Prawie pewne jest to, że rekord ten padnie w New Jersey, gdyż prognozowane są tam temperatury minusowe. W roku 1982 w Pontiac w stanie Michigan w czasie meczu temperatura nie przekroczyła 15 stopni F, ale wszyscy zainteresowani siedzieli w krytej hali i w ogóle im to nie przeszkadzało.

Są tacy, którzy twierdzą, że amerykański futbol, którego decydujące rozgrywki zawsze przypadają na koniec roku i początek następnego, powinien trzymać się stadionów na zewnątrz, bo to jest zgodne z „duchem" sportu. Może to i prawda, tyle że duch ten czasami narażony jest na poważne odmrożenia. Najzimniejszy mecz w historii ligi miał miejsce 31 grudnia 1967 roku, kiedy to drużyna Green Bay Packers zmierzyła się w Wisconsin z Dallas Cowboys. Temperatura wynosiła wtedy –13 stopni F, a tzw. temperatura odczuwalna była kompletnie egzotyczna. Było tak zimno, że tuż przed połową meczu sędziemu przymarzł gwizdek do ust. Co się z tym sędzią potem stało, nie wiem, ale być może gwiżdże do dziś. Packers wygrali mecz w ostatnich sekundach, choć wtedy zapewne nie odczuwali absolutnie niczego z wyjątkiem zimna.

Gdy kiedyś zapytałem siedzącego obok mnie kibica na Soldier Field, po co się tak męczy i czemu tu siedzi, odparł, że w zasadzie losy Chicago Bears są mu obojętne, ale obecność na stadionie w tak ostrej pogodzie jest dla niego „punktem honoru". No, jeśli tak, to mecz w New Jersey w lutym powinien być tylko wstępem do dalszych eksperymentów z Superbowlem. Za parę lat proponuję rozegrać finałowy mecz w Jakucku, a wkrótce potem ci, którzy przeżyją, mogą też rozegrać mecz w okolicach rosyjskiej stacji arktycznej Wostok, gdzie niegdyś zanotowano najniższą temperaturę na świecie. Na szczęście, spirytus zamarza dopiero w temperaturze –173 stopni F, a zatem wypić zawsze coś będzie można.

Prochy w pudle

Hamburgerownia McDonald's w swoim czasie słynęła z tzw. *Happy Meals*, czyli pudeł z bezwartościowym żarciem dla maluchów, w których była też zwykle jakaś plastikowa zabawka. Okres rozkwitu przypadł na lata 80. minionego stulecia, kiedy to Ameryka miała postawę zdefiniowaną przez frazę *fat, dumb and happy*. Nikt specjalnie nie przejmował się wówczas dietą dzieciaków, a o narastającej pladze otyłości też za często nie dyskutowano.

Happy Meals są oczywiście nadal sprzedawane, ale w atmosferze coraz większych sprzeciwów ze strony dietetyków oraz lekarzy, a ostatnio również coraz częściej władz różnego szczebla. Chodzi mianowicie o to, że co bardziej krytyczni ludzie argumentują, iż zabawka w pudełku z frytkami i pseudokurczakiem w kostkach stanowi dla dzieci zachętę do jedzenia rzeczy, które potem składają się na otyłość i różne związane z tym choroby. Jest to również zachęta dla rodziców, by kupować pociechom byle co, a wszystko po to, by siedziały, jadły tłuste siano i bawiły się, a nie marudziły.

W listopadzie 2010 roku rada miejska San Francisco zatwierdziła prawo, na mocy którego wszystkie dania w *Happy Meals* muszą spełniać pewne wymogi dietetyczne, a jeśli nie spełniają, dołączanie do nich darmowych zabawek jest nielegalne. Przepis ten został jednak powszechnie wyśmiany, a firma McDonald's zachowała się jak armia Hitlera w obliczu Linii Maginota – zaczęła sprzedawać zabawki po 10 centów za sztukę, czyli skutecznie obeszła prawo, które o zabawkach za pieniądze nic nie mówiło.

Większy sukces odnieśli prawodawcy w Chile, gdzie dołączanie zabawek do *Happy Meals* jest po prostu od kilku lat zakazane. Zresztą trzeba powiedzieć, że również sam producent trochę się przejął sytuacją dietetyczną amerykańskiego młodego pokolenia, gdyż firma z siedzibą w Oak Brook w stanie Illinois ogłosiła w roku 2010, iż *Happy Meals* mają zawierać artykuły nieco mniej szkodliwe od frytek, np. jabłka oraz potrawy z ryb.

Wszystko to wspaniale, ale nikt zapewne nie przewidział, że pojęcie „zabawki" w pudle z jadłem może doczekać się zupełnie nowatorskiej interpretacji, która wszystkie dotychczasowe dyskusje na ten temat kładzie na łopatki. Sprzedawanie czegokolwiek „przez okienko" jest z natury rzeczy dość dziwne i w Europie mało rozpowszechnione. Jednak w USA w niektórych częściach kraju można kupić sześć piw w ogóle nie wysiadając z samochodu. Podobnie jest z realizacją recept w takich sieciach jak Walgreens. Wszechobecność okienek z wałówą stanowi – jakby na to nie patrzeć – idealne narzędzie dystrybucji czegokolwiek. Jest wszak dyskretnie, bez rozgłosu, niemal pokątnie. No, i okazuje się, że rezultaty tej dyskrecji już są.

W Pittsburghu aresztowano niedawno pracownicę tamtejszego baru McDonald's, 26-letnią Shanię Dennis. Została ona oskarżona o to, iż odpowiednio wtajemniczonym klientom sprzedawała torebki z heroiną, umieszczoną w opakowaniach do *Happy Meals*. Proceder ten odbywał się w bardzo prosty sposób. Klient (czytaj: narkoman) podjeżdżał do okienka hamburgerowni, przeznaczonego dla tych, którym nawet nie chce się wyleźć z samochodu i doczołgać do wnętrza lokalu, a następnie składał zamówienie: „Chciałbym dostać zabawkę".

Na ten sygnał do pudełka z „bardzo szczęśliwym" posiłkiem trafiała torebka heroiny. Nabywca dawał przez okienko odpowiednią sumę pieniędzy i odjeżdżał w siną dal. Agencyjne doniesienia milczą o tym, czy klient dostawał też plastikowego dinozaura lub figurkę Kermitta, by się pobawić w trakcie szprycowania się, natomiast żywności pozanarkotykowej w pudłach z pewnością nie było.

Pani Dennis wpadła, gdyż ktoś ją zakapował, a zaraz potem policjant w cywilnym ubraniu też podjechał pod bar McDonald's i poprosił o zabawkę. Gdy ją dostał, zakuł Shanię w kajdanki i zabrał na komisariat, gdzie aresztowana oświadczyła, że jest niewinna i nikomu niczego nie sprzedawała poza standardowymi trocinami fastfoodowymi. Niestety, na jej nieszczęście w świątyni hamburgerów policja znalazła dziesięć heroinowych *Happy Meals* gotowych do sprzedaży, natomiast w domu Dennis czekało na dystrybucję 50 torebek z narkotykiem.

Gdy pierwszy raz o tym wszystkim przeczytałem, pomyślałem sobie, że to pojedynczy przypadek, który o niczym nie świadczy. Jednak zaraz potem aresztowany został pracownik innego baru McDonald's, w pobliskiej miejscowości Murrysville, który uprawiał dokładnie ten sam proceder. I teraz mam wielki problem.

Czasami przejeżdżam rano, a zatem w porze śniadaniowej, koło barów McDonald's i widzę sporą kolejkę samochodów do okienka z jedzeniem. Dotychczas zawsze myślałem, że są to opasłe obżartuchy, którym nie chce się wejść do środka i wolą dostać swój poranny zastrzyk kalorii bezpośrednio w aucie. Ale teraz widzę to samo i myślę sobie: „Jezus Maria, oni wszyscy stoją w ogonie po prochy!". Nic dziwnego, że robotnicy poszerzający od dwóch lat moją lokalną drogę nie mogą uporać się z tym zadaniem. Po takim śniadaniu mnie by się też nie chciało nic robić.

Ponadto nękają mnie teraz różne dodatkowe pytania. Czy jak ktoś zamawia w lodziarni waniliowe z czekoladą, nie dostaje przypadkiem kokainy z bitą śmietaną? I czy te wszystkie *energy drinks*, wszechobecne we wszystkich sklepach, to nie spirytus? Jak mawiają Rosjanie, *вот жизнь!*

Ciocia Ela w basenie

Jak już wielokrotnie w tym miejscu wspominałem, podróżowanie latającymi po niebie metalowymi cygarami, zwanymi umownie samolotami, nie należy do moich ulubionych zajęć. Ostatnio znów, niestety, musiałem lecieć, choć na szczęście na stosunkowo krótkim dystansie, który wymagał tylko 2-godzinnego cudu aerodynamicznego w celu przeżycia.

Zwykle z nerwów w samolocie nic nie robię, tylko siedzę i dozoruję wzrokowo pracę silników, tak bym mógł jako pierwszy donieść załodze, że właśnie jeden odpadł, a z drugiego wydobywają się płomienie. Tym razem jednak jeszcze przed startem postanowiłem zbadać zawartość kieszeni umieszczonej przede mną w oparciu fotela.

Z reguły znajdują się tam jakieś dwa magazyny oraz czasami torba wymiotna, z której na szczęście jeszcze nigdy nie musiałem korzystać. Zauważyłem, *à propos*, że w Europie w samolotach tanich przewoźników, takich jak Ryanair lub Wizzair, toreb w fotelowych oparciach już w ogóle nie ma, co może mieć dwa wytłumaczenia – oszczędność albo chęć niezawracania głowy pasażerom bezużytecznymi środkami bezpieczeństwa na wypadek mniej kontrolowanego lądowania niż zwykle, czyli katastrofy.

Moja pobieżna kontrola wykazała, że wszystko jest na miejscu – torba papierowa, ulotka z wyjaśnieniami, jak się wydostać z maszyny po wodowaniu lub w warunkach pożaru oraz magazyn o nazwie *SkyMall*, oferujący latającej gawiedzi przeróżne dobra do sprzedaży. Z tego wszystkiego pasażer może się na chwilę zająć wyłącznie tą ostatnią publikacją, jako że papierowa torba pełni rolę wyłącznie awaryjną, natomiast czytanie przepisów bezpiecznego wydostania się z cygara w 99 proc. wypadków samolotowych nie prowadzi do żadnych pozytywnych skutków.

Nie mając innego wyjścia, prócz awaryjnego, które było niestety zablokowane, zacząłem wertować kartki podniebnego katalogu. Są tam liczne towary w miarę normalne, które nie budzą większego zastanowienia – m.in. pióra wieczne, kosmetyki, elektroniczne gadżety, itd. Jednak SkyMall oferuje też szereg artykułów, które budzą poważne podejrzenia o brak poczytalności ze strony autorów magazynu. Mówiąc szczerze i po prostu – zacząłem się zastanawiać, czy ktoś w Ameryce te bzdety naprawdę kupuje.

Z powodów, których zapewne nigdy mi się nie uda wyjaśnić, znaczna część oferowanych do sprzedaży dziwadeł dotyczy rzeczy przeznaczonych do „zdobienia" przydomowych działek i ogródków. I tak każdy chętny może sobie kupić odlaną w metalu postać Bigfoota, czyli zwierzaka, który istnieje tylko w wyobraźni co bardziej stukniętych. Bigfoota można sobie postawić tuż koło basenu, jeśli ktoś go posiada. A o basenie wspominam dlatego, iż inną propozycją SkyMalla jest dziwny przedmiot, który ustawia się tuż przy basenowej krawędzi, a który sugeruje, że ciocia Ela po pijaku właśnie skoczyła z trampoliny do wody, ale nie wcelowała i przyrżnęła czaszką w beton, a teraz wystają jej tylko nogi.

Inne ozdoby ogrodowe to między innymi postać karła przypominającego rozmyślającego o czymś Sokratesa, siusiający chłopczyk na modłę tego, który stoi w Brukseli oraz klasyczne ogrodowe kurduple w różnych pozach. Być może jedną z najbardziej ambitnych propozycji jest „Zombie of Montclaire Moors", czyli wygrzebujący się z ogrodowego gruntu półżywy facet o zielonkawej cerze. Wygrzebuje się zapewne w celu zaatakowania albo domowników, albo też ich gości.

Nie wiem jak moi czytelnicy, ale ja mimo wszystko preferuję w ogródkach róże i tulipany – no, może być jeszcze fontanna oraz atrapa żaby, ale z pewnością nie wbita w beton ciocia Ela oraz na poły podziemne straszydło. Zapomniałem, że jeszcze inną atrakcją ze SkyMalla jest wielka figura drapieżnego dinozaura, która do róż i tulipanów pasuje jak łuk do broni atomowej. Gdyby ktoś kupił wszystkie te przedmioty i ustawił je w szeregu, stanąłby oko w oko z menażerią, której nie powstydziłby się żaden czubek z dowolnego zakładu psychiatrycznego.

Jednak ozdoby ogrodowe to tylko część oferty SkyMall. Można też kupić tam „spryskiwacz do bidetów" (wcale nie żartuję), obrożę dla psa, która od czasu do czasu udaje, że pies mówi, albo tzw. *dog's lips*, czyli przyklejane do psiej mordy ludzkie usta (zresztą wyszminkowane), które mają dodać czworonogowi urody. A gdy już taki pies mówi i może dać nam sążnistego całusa, trzeba go jeszcze załadować do klatki dla *canisów*, która jednocześnie pełni rolę stolika, na którym można postawić lampę oraz kawę. Producent nie zdradza, co się z psem dzieje, gdy ktoś kawę wylewa, a w lampie jest spięcie.

Ponieważ tego rodzaju artykułów nie oferują w jednym miejscu żadne inne sklepy lub katalogi, należy zadać bardzo istotne pytanie – dlaczego adresatami są wyłącznie pasażerowie samolotów?

Odpowiedź nasuwa się sama – ludzie wsiadający do odrzutowych maszyn są na tyle zestresowani masażem aplikowanym im przez gorliwych pracowników TSA, dodatkowymi opłatami za bagaż, zdejmowaniem butów i pasków od spodni oraz obawami o trwałość praw aerodynamiki, że w warunkach psychicznego kryzysu być może uda się ich namówić do zakupu dowolnej, nawet najbardziej szokującej bzdury. Niestety, żadnych konkretnych danych o popycie na towary oferowane w SkyMall nie ma, a zatem niczego na ten temat nie można powiedzieć.

SkyMall sprzedaje też figurki św. Józefa i twierdzi, że jej zakopanie w ogrodzie znacznie zwiększa szansę na sprzedaż domu i że jest to „stary zwyczaj włoski". Hm, znam paru Włochów, ale żaden z nich o niczym takim nie słyszał. Może latali nie tymi co trzeba samolotami?

Świńska sprawa

W wyniku wielu tysięcy lat rozwoju ludzkiej cywilizacji dotarliśmy do fazy, w której w zasadzie prawie wszędzie dominuje kapitalizm, co zapewne bardzo smuci Marksa, Engelsa oraz Lenina. Problem w tym, że kapitalizm przybiera dość zróżnicowane formy, a także działa w bardzo odmiennych kontekstach politycznych.

I tak system gospodarowania i rządzenia *à la* Szwecja w USA uważany jest niemal za komunizm, w ramach którego rząd centralny zapewnia wprawdzie wiele rzeczy obywatelom, ale zabiera im krocie tytułem podatków i do wszystkiego się wtrąca, zamiast cicho siedzieć. Amerykanie od zarania istnienia państwa przywiązani są do modelu drastycznie odmiennego, w którym rząd w Waszyngtonie winien zostawiać ich w spokoju, strzegąc jedynie naród przez zagrożeniami wewnętrznymi i zewnętrznymi. Jest to teoria państwa w roli śpiącego policjanta, który rusza do akcji tylko wtedy, gdy jest to absolutnie potrzebne. Obywatele mają sobie radzić sami, a jeśli z jakichś powodów nie mogą, zostawia się ich samym sobie, by mogli w miarę szybko strzelić kopytami i przestać zawracać głowę tym, którzy sobie radzą.

Utrzymywanie tego modelu w USA jest o tyle łatwe, że kolejne rządy z natury rzeczy i tak nic nie robią, a jeśli już coś się im uda postanowić, zwykle pojawia się natychmiastowa krytyka, że to wtykanie rządowego nosa w prywatne życie narodu.

Nic zatem dziwnego, że w czasie burzliwej dyskusji na temat tzw. *Affordable Care Act*, czyli ustawy o bardzo nieśmiałych zmianach w systemie ubezpieczeń zdrowotnych, Obama był często nazywany socjalistą i komunistą, a proponowane zmiany okrzyknięto bezczelnym zamachem na swobody obywatelskie, bo przecież wiadomo, że każdy winien mieć niezbywalne prawo do zachorowania, finansowej ruiny oraz śmierci w nędzy.

Innym przykładem paranoidalnej wrażliwości Ameryki na postanowienia federalne stała się decyzja o stopniowym wycofywaniu z rynku tradycyjnych żarówek i zastępowania ich tzw. CFL oraz oświetleniem diodowym (LED). Gdy tylko taka propozycja się pojawiła, w Kongresie zgłoszono, w atmosferze histerycznego kociokwiku, ustawę o nazwie *Light Bulb Freedom of Choice Act*, której celem jest bohaterska obrona żarówek Tomasza Edisona przed rządową ingerencją. Ponieważ jednak los tradycyjnych żarówek wydaje mi się przesądzony, na wszelki wypadek kupiłem karton 100-watówek, bo jestem pewien, że kiedyś na eBay-u można je będzie opchnąć po pięć dych za sztukę.

Nie można jednak przeoczyć faktu, że w warunkach amerykańskich nawet tak prosta i w zasadzie pozbawiona kontrowersji sprawa jak eliminacja mało wydajnych energetycznie żarówek uważana jest za podstępną realizację Manifestu Komunistycznego. Ciekaw jestem, swoją drogą, czy w czasie wprowadzania do powszechnego użytku żarówek elektrycznych zwolennicy lamp naftowych bronili ich własnymi ciałami, opalając sobie zady.

Tymczasem w Europie, która oczywiście też jest kapitalistyczna, sprawy mają się zupełnie inaczej. Gdy Komisja Europejska postanowiła, że tradycyjne żarówki trzeba wyrzucić do kosza, protestów w zasadzie nie było. Zresztą ta sama Komisja, pełna biurokratów z całego kontynentu, wydaje liczne przepisy z ogromną częstotliwością, a opozycja wobec coraz to nowych postanowień jest nikła. Pod tym względem Europa jest zatem przeciwieństwem Ameryki.

Ostatnio jednak weszły w życie przepisy, które mogą tę sytuację zmienić. Chodzi mianowicie o to, iż wszyscy hodowcy świń na terenie Unii Europejskiej mają zacząć odpowiednio „zabawiać" trzodę chlewną, gdyż jest to nie tylko humanitarne, ale przekłada się potem na znacznie lepszego w smaku schabowego oraz bekon. Świniom trzeba dawać coś do zabawy, np. jakieś przedmioty do gryzienia lub piłki. Można też puszczać im stosowny program radiowy, tak by mogły pójść przed ubojem na szalone disco.

Co do piłek, to absolutnie się zgadzam, jako że polskiej kadrze piłkarskiej może się dziś przydać absolutnie każdy zawodnik, a szczególnie taki, który dobrze gra na błotnistej murawie. Jeśli kontrola wykaże, że hodowca nie zapewnia trzodzie odpowiedniej rozrywki i że zwierzęta nie są w stanie osiągnąć przed podróżą do rzeźni odpowiedniego poziomu szczęścia, grozi kara w postaci cofnięcia unijnych dotacji.

W związku z tym przewiduję, że w krajach UE znacznie wzrośnie popyt na sprzęt stereo, a sprzedawcy będą atakowani bulwersującymi pytaniami typu „czy ma pan wzmacniacz stosowny dla 3-letniego warchlaka?".

Żarty żartami, ale teraz w końcu rozumiem, dlaczego w PRL-u zawsze były problemy z zaopatrzeniem narodu w schabowe. No bo przecież te świnie siedziały w smutnych jak szary papier toaletowy PGR-ach, zabawek żadnych nie miały, a jeśli chodzi o tło dźwiękowe, to może udawało im się od czasu do czasu podsłuchać tow. Wiesława, zapewniającego, że „pogłowie trzody chlewnej wzrosło o 150 procent w stosunku do analogicznego okresu ubiegłego roku".

W sumie jednak nie chodzi o to. Wspominam o unijnych przepisach, bo są one dramatyczną ilustracją tego, jak bardzo Europa różni się dziś od Ameryki. Wprawdzie amerykańska agencja FDA teoretycznie mogłaby wprowadzić podobne przepisy, ale byłby to krok politycznie samobójczy. U nas trzeba liczyć siły na zamiary. Jak świnia siedzieć będzie pod żarówką LED, to już jest wielki sukces.

Dziczyzna w domu

Jeśli chodzi o tzw. zwierzęta domowe, jestem zdecydowanie tradycjonalistą – psy i koty są w porządku, akwarium z niemymi rybami też, a i ptaszek w klatce, jeśli tylko nie pyskuje (np. papuga, która w kółko powtarza „głupi Heyduk, głupi Heyduk"), również jest możliwy do zaakceptowania. Problem w tym, że Amerykanie coraz częściej decydują się na dość egzotyczne stworzenia, które do roli „przyjaciół rodziny" nie za bardzo pasują.

W południowej Kalifornii uciekł niedawno z domu swojego właściciela wielbłąd. Czas na wolności spędził w dość burzliwy sposób, jako że stratował 72-letniego faceta, który próbował go złapać, a potem uganiał się za kilkoma innymi ludźmi oraz samochodami, zapewne dla rozluźnienia garbu. Ostatecznie został jednak pojmany, co oczywiście było do przewidzenia. Narozrabiał jednak więcej niż pijany zając, za co zapewne zostanie ukarany nie on, lecz osobnik, który z sobie tylko wiadomych powodów trzyma w swojej posiadłości wielbłąda. Zresztą pani ta ma nie tylko wielbłąda, lecz również bizona oraz kilka strusi. Jak wynika z policyjnych zapisów, z tego samego miejsca w sumie uciekało już pięć dzikich zwierząt, co świadczy o tym, że osoba ta nie nadaje się ani do kierowania ogrodem zoologicznym, ani też do funkcji „klawisza" w więzieniu.

Wspomniany 72-latek, który starał się złapać wielbłądziego zbiega, znalazł się w szpitalu, ponieważ garbaty gangster ugryzł go w czaszkę, opóźniając w ten sposób swój powrót do niewoli o parę godzin. Mnie jednak nie interesują za bardzo wszystkie te dramatyczne wydarzenia, bo zastanawiam się nad czymś zupełnie innym. Po kiego grzyba komuś w Kalifornii jest potrzebna egzotyczna menażeria? Jaki jest ewentualny pożytek z trzymania na podwórku stworzenia, które woli oglądać piramidy na pustyni, a nie kalifornijski horyzont? Wszak z wielbłądem trudno jest pójść na spacer, a bawienie się z nim piłką lub frisbee też raczej nie wchodzi w rachubę. Owszem, można na nim gdzieś pojechać, jeśli jest dwugarbny, ale raczej nie na zakupy do pobliskiego supermarketu, bo miejsc do parkowania wielbłądów zwykle nie ma.

Problem w tym, że wszystko to wcale nie jest wyjątkowe. Ludzie trzymają w domach dusiciele boa, mimo że trudno się do czegoś takiego przytulić, bo zaraz się robi śmiertelnie duszno. Niektórzy gustują się w czarnych mini-świniach, z których nawet porządnego schabowego nie można zrobić. W modzie są też niewielkie aligatory oraz jaszczurki gecko. Te ostatnie zapewne dlatego, że są kojarzone z reklamami towarzystwa ubezpieczeniowego Geico.

Czas na statystykę. Najnowsze dane wykazują, że w 36 proc. amerykańskich domostw jest pies, w 30 proc. – kot, w 3 proc. – ptak, a w 1,5 proc. – koń, choć mam nadzieję, że konie są na zewnątrz, a nie w sypialni. Wszystko to jest w miarę normalne. Dalej na tej liście są jednak zwierzaki nie zawsze kojarzone z domowym ciepłem: żółwie, węże, żmije, jaszczurki oraz stworzenia „szczurowate", nie mówiąc już o drapieżnikach takich jak puma czy górski ryś.

Jak to zwykle bywa, przykład idzie z „góry". Historyczne zapiski wykazują, że wszyscy amerykańscy prezydenci posiadali jakieś zwierzaki, w tym również dość egzotyczne. Jerzy Waszyngton miał nie tylko sforę psów, ale również jednego konia oraz jednego osła. Tomasz Jefferson miał ptaka (w klatce), psy, konia o dziwnym imieniu Caractatus oraz dwa małe niedźwiadki, które potem stały się wielkimi niedźwiedziskami i zostały puszczone samopas.

John Quincy Adams lubował się w obserwowaniu jedwabników morwowych (*bombyx mori*), czyli gatunku nocnego motyla o dużym, owłosionym ciele. Dlaczego? Historia milczy na ten temat, a sam John już nie może niczego wyjaśnić. Natomiast Andrew Jackson hodował kilka kogutów, które zaprzęgane były do kogucich zmagań w ringu. Ponadto karmił białe myszy, które łaziły po jego pokoju, choć nikt nie może być pewien, czy myszy były rzeczywiste, czy też urojone.

Martin Van Buren miał przez pewien czas w Białym Domu dwa tygrysie niemowlaki, William Henry Harrison przyjaźnił się z krową i kozą, a słabość do tych ostatnich miał również Abraham Lincoln, który posiadał dwie kozy zwane Nanny i Nanko.

Dopiero w ostatnich latach prezydenci się nieco uspokoili i decydują się zwykle wyłącznie na psy lub koty. Ba, sprawa Pierwszego Psa Unii nabrała pewnej ważności, tak że dziś nie sposób sobie wyobrazić lokatora Białego Domu bez czworonoga. Nawet Barack Obama uległ w końcu presji i kupił córkom psa. Był nawet „incydent" zimnowojenny, gdy Nikita Chruszczow podarował Kennedy'emu psa imieniem Puszinka, potomka wystrzelonej przez ZSRR w kosmos Striełki. Niestety, nie zapobiegło to kryzysowi kubańskiemu, ale to już inna sprawa.

O ile jednak prezydenci się uspokoili, Amerykanie poza Białym Domem szaleją i trzymają w domach coraz bardziej egzotycznych przedstawicieli fauny. A gdy czasami pojawiają się wieści o tym, że kogoś ukąsiła w kuchni tarantula, nikt jakoś nie zadaje pytań na temat tego, co ta tarantula tam robiła. No bo chyba gulaszu z niej nikt nie zamierzał robić?

Szpieg w taksówce

Przed kilkoma laty wynajmowałem na O'Hare samochód, którym miałem zamiar pojechać do stanu Ohio. „Panienka z okienka" ostrzegła mnie, że wprawdzie nie ma żadnych ograniczeń, jeśli chodzi o przejechane mile, ale tylko w ramach podróży po Illinois oraz stanach ościennych. Wszelkie inne wyprawy poza ten wąski świat spowodują dodatkowe i spore dopłaty.

Pomyślałem sobie wtedy, że oni mi wszyscy mogą, za przeproszeniem, skoczyć na klakson, bo i tak nie będą wiedzieć, gdzie jadę i po co. Jednak wkrótce zmieniłem zdanie, bo wsiadając do samochodu zauważyłem dość gruby czarny kabel wiszący nieco ponad pedałem gazu, prowadzący do niewielkiej czarnej skrzynki, podstępnie skrytej w taki sposób, że była prawie niewidoczna. Był to oczywiście satelitarny mechanizm szpiegowania, zapewne totalnie niezgodny z konstytucją, ale ponieważ nie miałem pod ręką prawnika, ani też środków do jego wynajęcia, procesowanie się nie wchodziło raczej w rachubę.

Gdybym był Putinem, ostrzeżenie zapewne zupełnie bym zignorował i pojechał prosto na Krym, gdzie kabel nad pedałem gazu przeciąłby ceremonialnie zdobnymi nożycami Berkut. Ponieważ jednak nim nie jestem, podjąłem inną decyzję – samochód od razu oddałem, a zaraz potem wypożyczyłem inny, bez nawigacyjnego kagańca. I sprawa załatwiona.

Wszystko to przypomniało mi się dlatego, że – jak dobrze (lub źle – zależnie od punktu widzenia) pójdzie, wkrótce bardzo podobne czarne skrzynki zainstalowane zostaną we wszystkich nowojorskich taksówkach, łącznie ze słynnymi na cały świat *yellow checkered cabs*, czyli żółtych taksówkach, na bokach których można grać w warcaby, choć zapewne nie w czasie jazdy.

Jednak zadaniem tych czarnych skrzynek nie będzie geograficzne lokalizowanie taksówek, bo w końcu kogo to obchodzi, czy jakiś turysta z Kolumbii wożony jest potrójnie okrężną drogą z Manhattanu na lotnisko JFK w celu maksymalizacji zysku. Nie, władzom miasta chodzi o coś zupełnie innego. Skrzynki mają nieustannie mierzyć szybkość poszczególnych pojazdów, która w centrum miasta w zasadzie nigdy nie powinna przekraczać 30 lub 25 mil na godzinę. Liczby te mogą nieco dziwić, gdyż każdy przybysz wędrujący po Manhattanie szybko dojdzie do wniosku, iż wszelkie ograniczenia szybkości nie mają tam większego znaczenia, a przeciętny pieszy jest dziką zwierzyną, na którą nieustannie polują kierowcy. Faktem jest wprawdzie to, że w ostatnich kilku latach liczba śmiertelnych potrąceń pieszych w Nowym Jorku spadła niemal czterokrotnie, ale nadal jest to poważny problem, a taksówki zdają się być zasadniczą jego częścią. W styczniu tego roku 10-letni Cooper Stock przekraczał ulicę na Manhattanie na przejściu dla pieszych, trzymając za rękę ojca, i został uderzony przez skręcającą na skrzyżowaniu taksówkę. Zginął na miejscu, a śledztwo wykazało, że pasażerowi tej taksówki „bardzo się spieszyło".

Wiadomo powszechnie, że nowojorscy taksówkarze miewają czasami „ciężkie nogi" i prują przez ulice Manhattanu niczym szaleńcy, szczególnie gdy hojny klient wsiada do pojazdu i mówi: – *Step on it. I'll give you 20 bucks extra.* Jest to zresztą scena, która stała się pewnego rodzaju hollywoodzką klasyką. W różnych filmach o tematyce gangstersko-policyjnej często są sceny, w których odbywają się jakieś pościgi samochodowe z udziałem taksówek, które poganiane są albo przez uciekających przestępców, albo przez ścigających policjantów.

Wszystko to może wkrótce przejść do historii. Nowy burmistrz Nowego Jorku, Bill de Blasio, sugeruje, by każdego taksówkarza obdarzyć szpiegowską skrzynką, która wcale by się nie ograniczała do biernego śledzenia szybkości auta, ale podejmowałaby odpowiednie kroki karne. Jeśli kierowca przekroczy nieznacznie limit szybkości, zostanie ostrzeżony odpowiednim sygnałem dźwiękowym, ale jeśli „pójdzie na całość", jego licznik dla pasażera zostanie całkowicie wyłączony, co spowoduje, że będzie woził delikwenta szybko, ale za darmo.

Reakcje na te plany, jak się można spodziewać, są bardzo różne. Niektórzy taksówkarze twierdzą, że instalacja tych skrzynek postawi ich w dość niezręcznej sytuacji, drzewiej zwanej „byciem między młotem a kowadłem". Z jednej strony taksówki będą ściśle monitorowane, a z drugiej nadal będą pasażerowie, którym się będzie mocno spieszyć i którzy nalegać będą, by nieustannie dodawać gazu. Taksówkarze zwracają też uwagę na fakt, że na Manhattanie tylko 4 proc. wypadków powodowanych jest w taki czy inny sposób przez taksówki, natomiast reszta to wynik maniakalnych nawyków reszty kierowców, którzy żadnych skrzynek nie będą mieć.

Plany burmistrza, jak sądzę, prędzej czy później zabrną przed oblicze sądu, gdyż aż proszą się o jakąś reakcję ze strony standardowych czubków, którzy zawsze twierdzą, że monitorowanie czegokolwiek przez władze dowolnego szczebla jest mniej więcej równoznaczne ze szturmem bolszewików na Pałac Zimowy.

Ja jednak bardziej martwię się o losy Hollywoodu. W jakimś przyszłym filmie gangsterskim ścigany facet wpadnie nagle do taksówki w Nowym Jorku i powie, niemal sakramentalnie: – *Daj pan w gaz, bo mi się spieszy.* A na to taksówkarz: – *OK, ale najpierw będzie alarm, a potem ja nic z tego nie będę miał finansowo, czyli konieczna jest zaliczka z góry w wysokości 100 dolarów.* I jak tu w takich przyziemnych warunkach budować sensacyjną, kinematograficzną fabułę, która trzymałaby widza w odpowiednim napięciu?

Anachronizm w butelce

Mam zaszczyt albo niedogodność, zależnie od tego, jak kto woli, mieszkania w ostatnim stanie Unii, w którym obowiązuje zakaz sprzedawania napojów alkoholowych w niedzielę. Ponadto w stanie Indiana, bo o nim mowa, nie wolno w dowolny dzień sprzedawać zimnego piwa w supermarketach. Nie wiem, czym ten ostatni przepis jest uzasadniony, ale zapewne chodzi o to, by ludzie kupujący chleb, jaja i masło nie mogli jednocześnie nabyć nadającego się do natychmiastowego spożycia Heinekena. Najpierw muszą skonsumować wałówę, a potem poczekać, aż piwo się odpowiednio schłodzi. Tyle że z drugiej strony zimne piwo jest na stacjach benzynowych, gdzie może zostać skonsumowane na miejscu (albo za rogiem) przez kierowcę, co wydaje mi się znacznie groźniejsze niż sączenie browaru w domu.

W niedzielę można za to bez żadnych przeszkód pójść do baru i „tankować" bez umiaru, tyle że za znacznie większe pieniądze. Bary nie tylko działają w niedzielę, ale często oferują specjalne zachęty i promocje dla tych, którzy zapomnieli w sobotę kupić ulubionego trunku i są skazani na siedzenie w domu o tzw. suchym pysku. Poza tym szczęśliwcy tacy jak ja, mieszkający blisko jakiegoś stanu ościennego, mogą się tam udać na niedzielne alkoholowe zakupy.

Żeby było jeszcze śmieszniej, technicznie rzecz biorąc, to też jest nielegalne, gdyż jadąc do Ohio lub Illinois, a potem wracając do Indiany z bagażnikiem pełnym siwuchy, popełniam przestępstwo o dźwięcznej nazwie *transportation of alcoholic beverages across state lines*.

Te archaiczne wymogi, których tak naprawdę nikt nie rozumie, są spadkiem po prohibicji. Jak wiadomo, był to odważny eksperyment społeczny, który miał zaowocować wykształceniem się społeczeństwa trzeźwego, bogobojnego i statecznego. Rzeczywistość okazała się dość dramatycznie inna. Na nielegalnym handlu równie nielegalnymi napojami alkoholowymi gangsterzy, na czele z Alem Capone, dorobili się kroci, a w niektórych stanach Południa, np. Tennessee i Kentucky, bimbrowni było więcej niż stacji kolejowych. Ponadto kwitł przemyt piwa i whisky z Kanady, do której ferwor abstynencji państwowej jakoś nigdy nie dotarł. Natomiast amerykańskie porty oceaniczne za czasów prohibicyjnych służyły jako miejsca masowego przeładunku importowanych butelek „wyskokowych", co było tylko zdawkowo tropione przez władze.

Gdy prohibicja została w końcu zniesiona w 1933 roku, konstytucyjny zapis stanowił, że każdy stan może sobie sam decydować, w jaki sposób i na jakich zasadach należy sprzedawać trunki. No, i masz, babo, placek! Przez wiele następnych dekad przepisy dotyczące handlu alkoholem były różne nie tylko na szczeblu stanowym, ale często również powiatowym, przez co przeciętnemu pijakowi wszystko mąciło się we łbie, zanim jeszcze czegokolwiek się napił.

Sytuacja, w jakiej znajduje się obecnie Indiana, jest dość kuriozalna. Północno-zachodnia część stanu sąsiaduje w zasadzie z Chicago, gdzie niedzielny zakaz sprzedawania trunków nie obowiązuje. Po drugiej stronie stanu znajduje się Ohio, również bez tego zakazu. A ponieważ Indiana to stan wąski, podobnie jak Illinois, znużony wędrowiec alkoholowy zawsze może dotrzeć do stanu ościennego, pokonując dystans rzędu 60-70 mil. W związku z tym istnienie tych przepisów jest jeszcze bardziej bezsensowne niż mogłoby się zdawać.

W roku 2012 doszło do rewolucyjnego przełomu. Po wielotygodniowej debacie parlament stanowy zdecydował się na szokująco śmiałą odwilż, polegającą na tym, że piwo w niedzielę zezwolono sprzedawać na wynos mini browarom, czyli małym placówkom, produkującym „małe jasne" dla bardzo ograniczonej, lokalnej klienteli. Było to tak odważne posunięcie, iż wydawało mi się, że doprowadzi do kompletnego załamania się praworządności i porządku publicznego w Indianie. Jakoś jednak przetrwaliśmy i wszystko zdaje się być tak samo jak poprzednio.

Rok w rok w stanowym parlamencie Indiany zgłaszany jest projekt ustawy, która ma zmienić wszystkie te przepisy. Jednak za każdym razem jest on odrzucany, a dyskusja, jaka się zawsze przy tego rodzaju okazji odbywa, mogłaby z powodzeniem stać się podstawą do programu komediowego. Spierający się ze sobą prawodawcy pytają na przykład: „Skoro nie można kupić butelki wina w niedzielę, to może należy wprowadzić zakaz sprzedaży zapałek w poniedziałek oraz ziemniaków we wtorek?".

Nie jest to pytanie pozbawione sensu. Mowa przecież o artykule, którego produkcja i sprzedaż jest w Stanach Zjednoczonych całkowicie legalna. A skoro tak, to uzasadnienie jakichkolwiek zakazów staje się niezwykle trudne, bo równie dobrze ktoś mógłby wpaść na pomysł sprzedawania w supermarketach wyłącznie ciepłego mleka albo zabraniania sprzedaży szynki w godzinach od ósmej do dwudziestej w każdą pierwszą sobotę miesiąca.

Dalszych rewolucyjnych kroków ze strony moich prawodawców na razie się nie spodziewam, bo przecież oni mają z pewnością ważniejsze zadania, np. liczenie zbieranych podatków. Poza tym, do granic Ohio mam tylko nieco ponad 20 mil, a zatem absolutnie niczego się nie boję.

Kolista matka

Zawsze uważałem, że wszelkie ekstrema intelektualne prędzej czy później owocują poważnym stuknięciem. Ostatnio ta niezbyt w sumie oryginalna teza znalazła potwierdzenie w osobie Louisa Farrakhana, szefa organizacji o nazwie Nation of Islam.

Być może nie wszyscy pamiętają tę postać, jako że islamski Ludwik przez wiele lat nie dawał o sobie znać. Przypomnę zatem, że jest to człowiek, który tak naprawdę nazywa się Louis Eugene Walcott i urodził się w rodzinie baptystów, ale w roku 1955 zafascynował się „naukami" głoszonymi przez Elijaha Muhammada i „nawrócił się" na tzw. czarny muzułmanizm. Przybrawszy pseudonim Ludwik X, rozpoczął działalność kaznodziejską w Bostonie.

Nie wiem, czy Farrakhan przywiązuje jakąkolwiek uwagę do historii, szczególnie średniowiecznej, ale gdyby przywiązywał, wiedziałby zapewne, że Ludwik X był królem Francji w latach 1314-16 i znany był jako Ludwik Kłótliwy, a swoje rządy zakończył tym, że został otruty w wieku zaledwie 26 lat.

Amerykańsko-muzułmańska wersja Ludwika X w 1978 r.zerwała swoje więzi z główną częścią wspomnianego Nation of Islam i odtąd działa na własną rękę. W nagrodę za swoje niebywałe zasługi Farrakhan otrzymał w swoim czasie nagrodę praw człowieka od Muammara Kadafiego, który – zanim nie został zaciukany przez swoich rozwścieczonych pobratymców – był światowej sławy ekspertem w dziedzinie łamania praw człowieka oraz łamania tego samego człowieka kołem. Ponadto zasłynął licznymi wypowiedziami antysemickimi, szczególnie w latach 80. minionego stulecia, czym zjednał sobie powszechną sympatię pogrobowców faszyzmu.

Nie wiem, co Louis robił przez ostatnie lata, ale podejrzewam, że musiał intensywnie myśleć, jako że zaowocowało to właśnie spektakularnym odpałem pod stropem. Farrakhan publicznie zaapelował mianowicie do prezydenta Obamy, by ów całkowicie odtajnił obszar o nazwie Area 51, gdzie przed laty Pentagon miał ukryć szajkę kosmitów, którzy w porę nie wyhamowali i rozbili się o matkę Ziemię w swoim wehikule.

Ludwikowi nie chodzi bynajmniej o to, by rząd USA wreszcie wyjawił, co się tam dzieje w imię otwartości i jawności działań. Farrakhan chce, by Area 51 był obszarem publicznie dostępnym i jawnym, gdyż jego zdaniem gdzieś w kosmosie znajduje się Kolista Matka, czyli ogromny statek kosmiczny wielkości Tomaszowa Mazowieckiego, z którego prędzej czy później kosmici przypuszczą na nas druzgocący atak, kładąc wszystkich skutecznie trupem z wyjątkiem tych, którzy są wiernymi wyznawcami Nation of Islam.

By dokładnie zrozumieć skalę stuknięcia Ludwika, trzeba przytoczyć fragment jego niedawnego kazania: „Nastąpi totalna destrukcja. Wielki Elijah Muhammad powiedział nam, że ogromny Statek Matka, skonstruowany na modłę wszechświata, a zwany przez białych ludzi UFO, powstał na wyspie Nippon, dziś zwanej Japonią, a kosztował w sumie 15 miliardów dolarów w złocie. Zrobiony jest z najbardziej odpornej na wszystko stali, której dokładna struktura nie jest nam jeszcze znana. Potrafi podróżować z prędkością tysięcy mil na godzinę i posiada ponad 1500 małych kół. Kolista Matka to niemal sztuczna planeta".

OK, ja wszystko rozumiem, ale nie potrafię sobie wyobrazić, żeby ktoś mógł na serio opowiadać takie głupoty w różnych kościołach rozsianych po całym kraju. A taką właśnie działalność prowadzi Farrakhan, zresztą nie od dziś. Już w roku 2008 powiedział Tedowi Koppelowi w wywiadzie telewizyjnym, że „przygotowuje" swoich wiernych na zagładę i że Kolista Matka da białej rasie ludzkiej ostry wycisk w postaci anihilacji, na co Ted powiedział z olimpijskim spokojem, że teza ta wydaje mu się „kompletnym idiotyzmem".

Mimo uzasadnionych podejrzeń o utratę kontaktu z rzeczywistością, Ludwik nie zmienił zdania i dziś jest przekonany o tym, że wkrótce wszystkich nas trafi szlag, z wyjątkiem jego wiernych, i że Kolista Matka walnie w nas z taką mocą, że nawet Putin odda ze strachu Krym Chinom (przez pomyłkę, ma się rozumieć).

Obecność Kolistej Matki, czyhającej na nas gdzieś w przestrzeni kosmicznej, budzi we mnie wiele wątpliwości natury logicznej. Dlaczego akurat Kolista Matka, a nie Kwadratowy Ojciec albo Owalna Babcia? I czemu coś takiego miałoby zostać zbudowane w Japonii, a nie np. w Ustrzykach Górnych albo na Madagaskarze? Ponadto nie bardzo wiem, jakie mają znaczenie te małe kółka, których ma być ponad 1500. Czyżby atak na białą rasę miał polegać na przejechaniu nas wielokołowym pojazdem kosmicznym? Jeśli tak, to nie ma sensu angażować do tego zadania Kolistej Matki – wystarczy wybrać się w podróż autostradą w dowolnej amerykańskiej aglomeracji miejskiej.

Louis Farrakhan jest dziś w wieku emerytalnym i życzę mu wszystkiego najlepszego, a szczególnie złotej starości. Gdy już wszyscy przestaniemy istnieć, z wyjątkiem Narodu Islamskiego, zmierzającego donikąd na pokładzie Kolistej Matki, mam nadzieję, że na odjezdnym pomacha wszystkim Ziemianom, którzy nadal będą uwikłani w swoje codzienne, bardzo przyziemne istnienia. A nawet jak jedno z tych 1500 kółek odpadnie, jakoś sobie damy radę. Gorzej z piątymi klepkami.

Paluchy w misce

Być może nie wszyscy jeszcze wiedzą o tym, iż w brytyjskim mieście Liverpool właśnie doszło do rewolucji bolszewickiej, w wyniku której władza przeszła w ręce ludzi, marzących o ustanowieniu dyktatury proletariatu frytkowego. Chodzi mianowicie o to, że rada miejska zamierza wprowadzić tam zakaz publicznego jedzenia tradycyjnej zakąski brytyjskiej, zwanej *fish & chips*, rękoma. Na mocy tego dyktatu każdy konsument będzie musiał się posługiwać nożem i widelcem, nawet jeśli tylko plastikowym.

Ten bulwersujący atak na swobody kulinarno-obyczajowe wynika stąd, iż władza doszła do wniosku, że jedzenie wspomnianego dania łapami, co jest głęboko zakorzenioną tradycją, prowadzi do tego, że ludzie – po spałaszowaniu frytek i smażonej ryby, zwykle po drodze do pracy lub w czasie przerwy na lunch – wyrzucają resztki gdzie popadnie, co powoduje zaśmiecanie ulic oraz zarybienie powietrza (choć warto wspomnieć, że Liverpool to wielki port, w którym rybą i tak ostro jedzie).

Decyzja władz Liverpoolu budzi wiele sprzeciwów, choć wydaje mi się, że argumenty wytaczane przez jej przeciwników są chybione. W gruncie rzeczy nie chodzi bowiem o atak na swobody obywatelskie, lecz o uzurpatorską interpretację tego, w jaki sposób ludzie powinni wprowadzać żarcie do gębowych jam. A sprawa jest prosta – ogromna większość Ziemian nadal je rękoma, szczególnie w Afryce i Azji. Widelce, łyżki i noże to wynalazek europejskich elit, natomiast chińskie pałeczki to wynalazek elit azjatyckich. Gdybym miał wybierać między tymi dwiema metodami nabierania wałówy, zawsze bym się zdecydował na nasze sztućce, jako że nie wymagają one wyszukanych zdolności manualnych i nie przypominają gry w bierki z ryżem i warzywami. Nie ma to jednak żadnego znaczenia. Znaczne obszary globu zdominowane są przez kultury, w których widelec to dziwne, miniaturowe widły, które do niczego się nie nadają, bo stogu siana się tym w żaden sposób nie ustawi, chyba że będzie równie miniaturowy.

Co więcej, w bardzo wielu krajach je się rękoma w sposób komunalny, czyli konsumentom podaje się jedną, wielką michę, z której każdy sobie wygrzebuje co woli. I mylne jest wrażenie, iż zwyczaje tego rodzaju nie znają żadnych zasad, czyli każdy macza paznokcie w sosie w dowolny sposób. Jak przekonali się amerykańscy żołnierze w Afganistanie, jeśli ktoś w tym kraju zaprasza „obcego" do domu na obiad, wymaga od niego przestrzegania od wieków stosowanych przepisów. I tak, mężczyźni zawsze jedzą pierwsi, a dopiero potem kobiety i dzieci. Dania serwowane w rzeczonych michach komunalnych brać można wyłącznie prawą ręką, natomiast lewa ręka może być pomocna tylko wtedy, gdy już komuś coś zwisa z półgębia i wymaga siłowego wepchnięcia dalej. Są to zasady mocno dyskryminacyjne w stosunku do mańkutów, ale nic się na to nie poradzi. Konsumenci mogą ponadto brać tylko to, co jest w misce bezpośrednio przed nimi, a zatem zakazane jest sięganie gdzieś dalej w poszukiwaniu upatrzonego kęsa.

Są też dalsze zasady. Żywność można podnosić do ust wyłącznie końcami palców, bez angażowania w to zadanie w jakikolwiek sposób dłoni. Nie jest też dozwolone wtykanie paluchów poza linię uzębienia. A już absolutnym przestępstwem byłaby jakakolwiek próba częstowania innych biesiadników tym, co się samemu nabrało. Za oblizywanie palców można zostać wyrzuconym na zbity i głodny pysk.

Bardzo podobne zwyczaje panują w wielu kulturach afrykańskich, gdzie biesiadnicy korzystają często z misek z wodą, w których płuczą dłonie po każdej operacji „wzięcia jadła". W zachodniej cywilizacji nigdy by to nie przeszło, szczególnie, że ludzie nie chcą nawet dotykać po kimś sklepowego wózka, dezynfekując się najpierw nasączonymi alkoholem szmatami, od pewnego czasu dostępnymi w niemal wszystkich supermarketach tuż przy wejściu.

Dla ludzi Azji, Afryki i Bliskiego Wschodu wszystko to jest na tyle normalne, że nie wymaga żadnych formalnych ustaleń ani kodów etykiety „stołowej". Inaczej jest w przypadku „hord zachodnich", uzbrojonych w złom. W swoim czasie Oprah Winfrey wywołała konsternację w czasie wizyty w Indiach, gdzie przed podaniem posiłku zapytała swoich gospodarzy, czy to prawda, że w Azji „nadal ludzie jedzą rękoma". Pytanie to można oczywiście odwrócić – jakiś Hindus w nowojorskim hotelu mógłby przed obiadem zapytać, czy to prawda, że w USA ludzie nadal posługują się kawałkami metalu do nabierania żywności.

I tu dochodzimy do sedna sprawy. Na Zachodzie rodzice zawsze starają się uczyć swoje potomstwo sztuki posługiwania się sztućcami i często ganią dzieci za wtykanie łap w urodzinowy tort lub mieszanie kciukiem w jogurcie. Tymczasem w pewnym sensie jest to zachowanie całkiem naturalne. Gniew mieszkańców Liverpoolu z powodu wetknięcia im noża i widelca do ryby z frytkami ma bardzo podobne podłoże – skoro zawsze tak to danie było jedzone, to dlaczego teraz ma być inaczej?

Na pomoc spieszy Ameryka. Tu i ówdzie zaczynają się pojawiać restauracje, np. Fatty Crab, gdzie klientów zachęca się do wtykania paluchów w podawane dania, a sztućców w ogóle się nie oferuje. Całe szczęście, że nie wymaga się jeszcze jedzenia nogami, bo wtedy umarłbym z głodu.

Kacza dynastia

Już dawno stało się dla mnie jasne, iż przeciętnemu amerykańskiemu telewidzowi rzeczywistość, czyli tzw. realnie istniejący świat, miesza się ostro z fikcją oglądaną na ekranie. Oczywistym przykładem tego pomieszania z poplątaniem jest to, że w reklamach przeróżnej, nikomu niepotrzebnej tandety niemal zawsze pada fraza „a jeśli zamówisz to w ciągu następnych 10 minut, dostaniesz za darmo podwojoną liczbę zamawianego towaru". No i wiara rzuca się w kierunku najbliższego telefonu, żeby zmieścić się w tych 10 minutach, zdefiniowanych przez nagraną przed rokiem reklamę, która nie jest w stanie odróżnić czasu od kotleta schabowego.

Jednak najbardziej wyrazistym przykładem obłędu telewizyjnego są wszechobecne *reality shows*, czyli programy, które pokazują rzekomo „życie na żywo" i bez retuszu, zapewne w przeciwieństwie do życia „na martwo" i koloryzowanego szminką. Ma to być pewnego rodzaju podglądactwo – telewidz siedzi w domu i patrzy, jak jakieś małżeństwo z wolna się rozkłada, jak o względy przystojnego faceta walczy zgraja kształtnych dziewuch albo jak wataha ochotników usiłuje przetrwać na bezludnej wyspie.

Problem w tym, że nie ma i nigdy nie będzie wiarygodnej rzeczywistości telewizyjnej obrazującej normalne życie. Wszystko i zawsze musi być do pewnego stopnia inscenizowane, a obecność kamer, ekip telewizyjnych, wozów transmisyjnych i plątaniny kabli wyklucza jakąkolwiek spontaniczność. W zasadzie wszystkie *reality shows* są porażająco głupie i adresowane celowo do „wspólnego mianownika intelektualnego" widowni, czyli do strefy mało atrakcyjnej bezmyślności – do świata, w którym to co na ekranie i to co za miedzą u sąsiada to w zasadzie ta sama rzeczywistość.

Od paru lat zawrotną karierę robi na przykład w USA serial pt. *Duck Dynasty*, którego kolektywną bohaterką jest rodzina Robertsonów z Luizjany. Wkładem tejże rodziny w zawartość cywilizacyjną wszechświata jest to, iż w swoim czasie bracia Phil i Si Robertson założyli rodzinny biznes produkujący sprzęt dla myśliwych polujących na kaczki, a w szczególności gwizdek o nazwie Duck Commander, który jest podobno w stanie zwabić dowolną kaczkę, a może nawet samego Kaczora Donalda, któremu zaraz po zwabieniu ktoś mógłby strzelić w kaczy kuper, kładąc w ten sposób kres legendzie kreskówek Walta Disneya.

Ja oczywiście nie mam nic przeciw polowaniu na kaczki lub stosowaniu sprzętu, który polowanie to ułatwia. Nie mam też nic przeciw Robertsonom, gdyż mają oni prawo wieść dowolnie wybrane przez siebie życie, nawet jeśli jego częścią jest paradowanie w krótkich spodenkach oraz wysokich butach i zapuszczanie bród po kolana w celach nie do końca jasnych. Jestem pewien, że ludzie ci kogoś reprezentują, ale z pewnością jest to tylko mikroskopijna część narodu, marząca o wsi, strzelaninie i pieczeni z kaczki.

W związku z tym trudno mi jest dostrzec jakąkolwiek wartość podglądania życia Robertsonów, którzy – mówiąc delikatnie – nie mają niczego sensownego do powiedzenia. Wręcz przeciwnie – snują się po swoim domu i okolicznych terenach, oferując od czasu do czasu „złote myśli", przeplatane bełkotem i skrajnym „ewangelizmem". Mogą się snuć – ku chwale ojczyzny i bractwa myśliwskiego – i jest mi to wszystko jedno, ale dlaczego akurat ich egzystencja urasta do roli interesującego programu telewizyjnego, który w jakimś sensie ma stanowić wizytówkę codzienności Ameryki?

Jeśli rzeczywiście jest to wizytówka, należy uznać, iż USA to kraj żałośnie anachroniczny, uprzedzony do wszystkiego i wszystkich i oddający się bez reszty hasaniu po lasach i strzelaniu do zwierzyny. W dodatku nie jest wykluczone, że Phil Robertson chciałby strzelać też do gejów i innych „odmieńców", jako że w ubiegłym roku udzielił szokująco idiotycznego wywiadu, w którym wypowiadał się tak, jakby właśnie przybył na pokładzie wehikułu czasu prosto z początku XIX wieku. Został nawet czasowo zawieszony w telewizyjnych obowiązkach, ale pod naciskiem wzburzonych palantów o podobnych zapatrywaniach sieć A&E ustąpiła i mu przebaczyła.

I w tym tkwi sedno sprawy. Poważne zastanowienie całego kraju winien budzić fakt, że serial *Duck Dynasty* przez pewien czas bił rekordy popularności w kablowej telewizji i oglądany był przez prawie 12 milionów ludzi. W sklepach od dawna dostępne są niezliczone towary dotyczące „kaczej dynastii", np. koszulki, cukierki, czapki, odznaki, itd. Oblicza się, że tylko w roku 2013 sprzedano tego rodzaju rzeczy na łączną sumę 480 milionów dolarów, z czego połowa została zakupiona w sklepach sieci Walmart, specjalizującej się we wciskaniu klienteli bubli – głównie chińskich, ale czasami również z Luizjany.

Danych na temat tego, kto te wszystkie buble kupuje i dlaczego, nie ma. Nie zmienia to faktu, że sielski prymitywizm rodziny Robertsonów zrobił z jej członków milionerów, co zapewne oznacza, niestety, że gwizdek Duck Commander stanie się prędzej czy później obiektem kultowym, którego posiadanie będzie niemal obowiązkiem. I jak wszyscy zaczną nagle gwizdać, to wkrótce zabraknie kaczek do wabienia. Natomiast telewizji nigdy nie zabraknie tego rodzaju „bohaterów" – do wspólnego mianownika bezmyślności zawsze ktoś dołączy.

Niech żyje wróg!

Drzewiej było tak, że Ameryka miała bardzo jasno sprecyzowanego wroga w postaci bloku komunistycznego, czyli rosyjskiego imperium kremlowskiego.

Istnieniem tegoż imperium można było wiele rzeczy uzasadniać. Ruskie wystrzeliły psa Łajkę na orbitę? – traaach, jest decyzja o miliardach dolarów na podbój przestrzeni kosmicznej oraz dalsze zbrojenie się. „Iwan" przyszedł z „bratnią pomocą" Afgańczykom? – nie ma sprawy, nie jedziemy na olimpiadę do Moskwy, a zamiast tego zajmiemy się budową satelitarnego systemu obrony przeciwrakietowej.

Wraz z upadkiem komuny nadeszły ciężkie czasy, jako że definicja wroga mocno się była rozmyła. Jacyś tam terroryści rozsiani po całym świecie, partyzanci w górskich ostępach Ameryki Południowej, szefowie narkotykowych karteli – słowem chaotyczna, mało scentralizowana zgraja, z którą trudno się walczy i na którą trudno jest zwalać winę za problemy czysto amerykańskie.

I oto na ratunek pośpieszył nam, zapewne w sposób niezamierzony, Wołodia Putin, były smutas KGB, a obecnie Car Wszechrusi i Imperator Krymski, który korony wprawdzie na co dzień nie nosi, ale zachowuje się tak jak Piotr Wielki na kacu lub caryca Katarzyna II (też Wielka) tuż przed trzecim rozbiorem Polski. Ta ostatnia, żeby było śmieszniej, choć nie dla wszystkich, urodziła się w Szczecinie, a Putin w Leningradzie, co jest istotne, gdyż może sugerować, że obecny gospodarz Kremla o ponownym rozbieraniu Rzeczypospolitej na razie nie myśli.

Rosyjski atak na ukraiński Krym to bez wątpienia jedna z najdziwniejszych agresji współczesnej historii, jako że w czasie jej trwania nie oddano ani jednego strzału, a agresor miał na sobie neomilitarne kombinezony bez żadnych insygniów. W dodatku siły ukraińskie, choć odpowiednio oznakowane, pochowały się w swoich bazach, z których zostały następnie wyeksmitowane, niczym najemnicy za niepłacenie czynszu.

Nie ma to jednak żadnego znaczenia. Najważniejsze jest to, iż swoimi poczynaniami Putin odwrócił skutecznie bieg historii i znów nam sprezentował precyzyjnie zdefiniowanego wroga, czyli samego siebie. Ma to dla Ameryki ogromne, korzystne znaczenie, szczególnie dla wszystkich tych polityków, którzy z powodu wieloletniej nieobecności wroga stracili w taki czy inny sposób poczucie sensu swojego działania. Co skazało ich na bezcelowe obijanie się po kątach Kongresu w poczuciu dozgonnej bezradności i niemocy. A teraz w zasadzie wszystko znów zwalić można na Rosjan.

Piękny przykład tych możliwości dał ostatnio senator z Indiany, Dan Coats. Zjawił się on na forum komisji senackiej i zaczął zadawać pytania, które zdawały się sugerować, że albo senator naćpał się senacką siwuchą, albo kompletnie zbzikował – co w Kongresie jest zawsze możliwe – albo też zabłądził i znajduje się nie na tym forum, co trzeba. Oczywiście możliwe też było to, iż cierpiał z wszystkich wymienionych wyżej powodów, ale okazało się, na szczęście, że tylko zbłądził – na trzeźwo i w pełni władz umysłowych.

Jego zbulwersowani koledzy nie bardzo wiedzieli, co mają zrobić, ale w końcu podali Coatsowi kartkę z sugestią, że być może pomylił sale obrad. Dan zachował się dzielnie. – *Zdaje się, że znajduję się na forum nie tej komisji, co trzeba* – powiedział z uśmiechem na twarzy. – *Cholera, ci Rosjanie znowu pozmieniali mi mój kalendarz.*

No, i proszę – niby ambarasująca wpadka, ale teraz można się z niej beztrosko wywinąć, jako że Wołodia i spółka teoretycznie mogą być winni wszystkiemu, nawet zaćmieniom Słońca. Zresztą za komuny moja świętej pamięci babcia zawsze była przekonana o tym, że podła pogoda była dziełem „mściwych czerwonych".

Przypadek Coatsa ma pewne głębsze podłoże. Gdy Ameryka ogłosiła sankcje przeciw kilkunastu wpływowym Rosjanom, uwikłanym w putinowszczyznę i krymską agresję, Kreml w odwecie rozpowszechnił listę amerykańskich polityków, na których nałożono restrykcje w postaci zakazu przyznawania im rosyjskich wiz. Na liście tej znalazł się również senator Dan Coats, który – o ile mi wiadomo – do Rosji się raczej nie wybierał. Tak czy owak, polityk z Indiany oznajmił wtedy, że jest głęboko zatroskany rosyjskim zakazem wizowym, ponieważ: – *Niestety, będę musiał zrezygnować z planowanych, rodzinnych wakacji na Syberii.*

Wszystko to sugeruje wyraźnie, że chude lata braku wroga mamy już zdecydowanie za sobą i że wreszcie wszystko wróci do normy. Jeśli padnie Obamacare, będzie to z pewnością wynik dywersji ze strony Kremla, a jeśli ta sama ustawa przetrwa i okaże się wielkim sukcesem, to też wina Rosjan, bo przecież ktoś musi być winien.

Musimy sobie powiedzieć otwarcie, że lata 1991-2014 były dla Ameryki trudnym okresem, w którym nie bardzo było wiadomo, komu dać na arenie międzynarodowej w pysk i dlaczego. Trudno było na przykład upatrywać wroga w Borysie Jelcynie, który miał poważne problemy w trzymaniu pionu i w każdej chwili mógł paść na twarz. Na szczęście wszystkie te trudności mamy za sobą i jest nadzieja, że wrócimy do wojny ideologicznej. Nie będzie to zapewne zimna wojna, a jedynie letnia, ale kto by się tam za bardzo temperaturą przejmował. Grunt, że wróg znów jest i się mocno rozpycha.

Podwójne lanie

Pojechałem kiedyś przed laty, zresztą zupełnie przypadkowo, do miejscowości Pine Creek w stanie Wisconsin, gdzie istniała silna społeczność polonijna, a ściślej kaszubska. Może nadal istnieje, ale tego nie wiem. Czas był wielkanocny, w związku z czym w poniedziałek po Wielkiej Niedzieli doszło do masowego oblewania miejscowych dziewuch w ramach śmigusa-dyngusa. Sam zwyczaj oblewania płci żeńskiej specjalnie mnie nie zaskoczył, natomiast bardzo mnie zdumiał fakt, iż męska młodzież oblewnicza śpiewała przy tym refren, który brzmiał tak: „Dyngus, dyngus, po dwa jaja, nie chcę chleba, tylko jaja".

Nie do mnie należy interpretacja tej przyśpiewki, więc w tym miejscu zmilczę, choć mam na ten temat sporo interesujących teorii, zwykle nie nadających się do publikacji. Podobno w różnych regionach Polski stosowane są inne przyśpiewki dyngusowe, też nie nadające się do publikacji. Tak czy inaczej, faktem jest, że obchody wielkanocne w różnych społecznościach przybierają czasami dość niekonwencjonalne formy, co wynika zapewne z pogańskich obrządków sprzed tysięcy lat.

Jeśli chodzi o używanie wody w poniedziałek, w niektórych krajach bliskich Polsce istnieją podobne tradycje, choć okraszone dodatkowymi elementami. Wystarczy pojechać do sąsiedniej Słowacji, by się przekonać, że lany poniedziałek polega tam na podwójnym laniu – najpierw w ruch idzie woda, a potem wierzbowe rózgi, którymi rozochocone chłopaki okładają uciekające przed nimi kobity. Biczowanie to ma na szczęście wymiar czysto symboliczny i oznacza, że wierzbowo i delikatnie obita niewiasta będzie piękna i zdrowa. Próbowałem przekonać moją małżonkę do zastosowania tej metody, ale sam zostałem obity, z przyczyn, które pozostają dla mnie niejasne. Być może zastosowałem zły rodzaj rózgi albo wierzba była za twarda.

Węgrzy nie pozostają bynajmniej z tyłu i też oblewają swoje dziewoje w ramach obrządku zwanego *Vízbevető* – tak, by absolutnie nikt nie zrozumiał, o co w zasadzie chodzi. Kiedyś, za czasów komuny, spotkałem węgierskiego ekonomistę, którego pytano o to, w jaki sposób w miarę niezależna polityka gospodarcza tego kraju tolerowana jest przez Kreml. Odparł, że to wynik tego, iż „w Moskwie nikt nie jest w stanie zrozumieć, o czym my gadamy". Z *Vízbevető* jest zapewne podobnie – rzekomo znaczy to „poniedziałkowe oberwanie chmury", ale ja im nie wierzę. Równie dobrze może ten termin znaczyć „chodźmy na wódkę" albo „dziś będzie piękna pogoda nad Balatonem".

Natomiast w Finlandii jest zwykle tak zimno, że Wielkanoc im się miesza z Halloween, jako że tradycją tego kraju jest to, iż dzieci przebierają się za czarownice i wieszają sobie na szyjach miotły, by potem łazić po ulicach i dopominać się o cukierki. Nie wiem dlaczego, ale podobno chodzi o to, że w warunkach fińskich czarownice mają się szczególnie uaktywniać w okolicach konsumpcji pisanek i dlatego trzeba je skutecznie przeganiać oddziałami złożonymi z małolatów. Co więcej, nie bardzo wiadomo, jaki związek mogą mieć czarownice z Wielkanocą, ale ponieważ wszystko to odbywa się po fińsku, czyli w języku spokrewnionym z węgierskim, kto ich tam dokładnie wie?

Jeśli chodzi o Australię, czyli kraj stworzony przez zbiegłych z Wielkiej Brytanii kryminalistów, wielkanocna aberracja dotyczy postaci kolegi zajączka, który na antypodach wcale nie jest zajączkiem, lecz tzw. *bilby*, czyli stworzeniem z rodziny torbaczy, wyłonionym z „jamrajowatych". Nie mam absolutnie żadnego pojęcia, co to wszystko znaczy, ale jest to fakt bez znaczenia. Zwierzęta te, wyglądające jak skrzyżowanie gigantycznego szczura z kangurem, zagrożone są w Australii wyginięciem, w związku z czym wyniesiono je do roli wielkanocnego symbolu. Jest to w tym kraju o tyle łatwe, że watahy dzikich królików, w Europie zwanych umownie zającami, pożerają co roku znaczne połacie australijskich dóbr rolnych i, zdaniem wielu, zasługują na „utarcie im uszu", co powinno być o tyle łatwe, iż – jak mawiają myśliwi – „zające mają słuchy przednie".

W Niemczech nadal wprawdzie dominuje kolega zajączek, ale jest tam zwyczaj ustawiania mu monstrualnie wielkich pomników przy głównych ulicach dużych miast. Ponadto, o ile w USA dzieciaki muszą w krzakach szukać pisanek w ramach tzw. *Easter egg hunt*, w Niemczech jaja wieszane są na drzewach, zapewne po to, by każdy obywatel mógł w czasie spaceru podnieść na chwilę głowę i oznajmić ze zdumieniem: „Ale jaja!".

Wreszcie w Grecji, w przeciwieństwie do wszystkich innych krajów europejskich, pisanki zawsze i wszędzie są w całości czerwone. Nie wiem dlaczego, ale może się to okazać pożyteczne w przypadku dużego zamówienia od Putina. Wystarczy domalować sierp i młot, zapakować w kuloodporny karton i hajda na Kreml!

Jeśli chodzi o wielkanocne dania, też bywa różnie. W Kolumbii tradycyjnie je się pieczeń z iguany, gulasz żółwiowy oraz różne inne przysmaki przyrządzone ze zwierząt z gatunku „szczurowatych". Nie wiem jakich i w zasadzie wolę nie wiedzieć.

W tych warunkach nasze polskie kiełbachy, domowy chrzan oraz jaja, nie mówiąc już o wypiekach, wydają mi się rozwiązaniem zdecydowanie sensowniejszym, tym bardziej że nie wymagają uprzedniego udania się w jakieś ostępy na polowanie, a spożywane są pod czujnym i opiekuńczym okiem wielkanocnego baranka cukrowego. Gdyby zamiast baranka był jakiś australijski *bilby* z wielkimi uszami i torbą, świąteczne śniadanie mogłoby być znacznie utrudnione, a poniedziałkowe lanie – udaremnione.

Przysięgły owczarek

Amerykański wymiar sprawiedliwości ma to do siebie, że o czyjejś winie lub niewinności nie decyduje sędzia, lecz zespół przysięgłych, wyłoniony ze zwykłych ludzi, którzy na co dzień nie zajmują się prawem i wykonują bardzo różne, często dość przyziemne zawody. Zgodnie z konstytucją, każdy podsądny, któremu grozi kara 6 miesięcy więzienia lub więcej, ma prawo do procedury sądowej, w której o jego losie decydują ławnicy czy też przysięgli. W wielu innych krajach jurorów po prostu nie ma, a jeśli są, pełnią zupełnie inną rolę albo też stosowani są wyłącznie w procesach dotyczących bardzo poważnych przestępstw.

Wielokrotnie byłem już świadkiem ostrych dyskusji o zaletach i wadach amerykańskiego systemu. W trakcie tego rodzaju wymiany zdań zwolennicy decydowania o czyjejś winie przez 12 przypadkowych przechodniów zgarniętych z ulicy argumentują, że jest to najlepsza możliwa obrona przed nadużyciami ze strony władzy, która na deliberacje przysięgłych zwykle nie ma najmniejszego wpływu. Jednak obóz przeciwny zawsze zwraca uwagę na fakt, że kuriozalne jest powierzanie decyzji, czasami o życiu i śmierci, osobnikom, którzy nie tylko nic nie wiedzą o kodeksie karnym, ale miewają własne uprzedzenia i słabości, które mogą wpływać na ich postawę w trakcie procesu.

Jest też jeszcze jedno niebezpieczeństwo. Zawsze możliwe jest to, że wśród wybranych jurorów znajdzie się osoba kompletnie stuknięta, z którą nie jest możliwa racjonalna wymiana zdań na jakikolwiek temat. W ten sposób dochodzi do sytuacji, w której nie można uzyskać jednogłośnej decyzji, a to oznacza tzw. *hung jury*, czyli ławników zawieszonych (a może nawet powieszonych) w próżni. Podsądny, nawet jeśli skończony bandyta, idzie w świat wolny, a jurorzy piszą wspomnienia i wydają książki, starając się zarobić na chwilowej sławie i przejść na wczesną emeryturę.

Na to z kolei przeciwny obóz odpowiada, że równie kuriozalne jest powierzanie decyzji o życiu i śmierci pojedynczej osobie (sędziemu), który akurat w momencie wydawania werdyktu może być skacowany, zirytowany lub nieszczęśliwy, co jest w stanie zaważyć na jego obiektywizmie.

Od czasu do czasu decyzje przysięgłych wywołują szok. Tak stało się na przykład po głośnym procesie byłego herosa futbolu O.J. Simpsona, oskarżonego o zamordowanie byłej żony oraz jej przyjaciela. Simpson został uniewinniony, a wkrótce potem jedna z członkiń ławy przysięgłych oznajmiła dziennikarzom, iż nie dostrzegła „żadnych dowodów winy oskarżonego", co sugeruje, że jej zdolność do analizowania przedstawionego przez prokuraturę materiału dowodowego, czy też jakiegokolwiek innego tekstu, była znikoma.

Teoretycznie proces doboru przysięgłych przed każdą rozprawą sądową ma gwarantować, że finałowa dwunastka będzie godnie i rzetelnie reprezentować resztę narodu w obliczu Temidy. W związku z tym sąd wysyła powołania do *jury duty* do znacznie większej grupy ludzi, którzy następnie muszą odpowiedzieć na serię pytań i rozmawiać z prawnikami obu stron, a wszystko to w obliczu sędziego. W praktyce jednak bywa inaczej.

Po pierwsze, każdy, kto dostaje wezwanie do sądu w celu odbycia wstępnego przesłuchania, może się stosunkowo łatwo wyłgać. Może na przykład oznajmić, że jest członkiem sekty, której przepisy zakazują mu uczestniczenia w procedurach sądowych, albo że jest chory, mimo iż jest zdrów jak wół, albo że wyznaczona data procesu koliduje z jego wcześniej wykupioną wyprawą na Galapagos. W ten sposób zwykle wykruszają się potencjalnie dobrzy jurorzy, którym po prostu nie chce się siedzieć godzinami w sądzie i słuchać zawiłych argumentów prawnych. A jeśli wszystkie te metody ominięcia obowiązku uczestnictwa w procesie sądowym w roli przysięgłego nie dadzą rezultatu, zawsze można jeszcze powiedzieć sędziemu, że jest się w taki czy inny sposób uprzedzonym do podsądnego i sprawa załatwiona. W ten sposób w ostatecznej puli 12 przysięgłych znajduje się często nie najlepsza reprezentacja okolicznych mieszkańców, których decyzja jest tak samo przewidywalna jak pogoda.

Do tego dochodzi jeszcze biurokracja, która zawsze jest w stanie dowieść, iż nie ma większego pojęcia o otaczającej nas rzeczywistości. Ostatnio w stanie New Jersey obywatel Griner dostał list, w którym wzywano go na wstępne przesłuchania puli jurorów. Griner być może nawet by się był bez przeszkód zgodził, ale nie mógł, jako że jest 5-letnim owczarkiem niemieckim, który na co dzień zajęty jest uganianiem się za piłką i wiewiórkami, a na ludzkie problemy z wymiarem sprawiedliwości po prostu nie ma czasu.

Jak się potem okazało, wezwanie pies dostał dlatego, że jego właściciel nazywa się Barrett Griner IV, co spowodowało, że komputer pomylił czworonoga z dwunogiem, a urzędnik wydrukowane już wezwanie wpakował do koperty i wysłał, niewiele się przejmując tym, iż pies w roli przysięgłego wymagałby specjalnego dozoru oraz codziennej michy kiełbasy na śniadanie, nie mówiąc już o tłumaczu, który by mu tłumaczył język angielski na psi.

Przypadek ten wzbudził we mnie pewne zastanowienie, bo skoro do roli przysięgłego wezwano Szarika, jaką ja mam gwarancję, że moimi kumplami z tej samej ławy, gdybym został na niej umiejscowiony, nie będą papuga sąsiada, otwieracz do garażu oraz kaczka z pobliskiego stawu? Jeśli już mam jurorować, to mimo wszystko wolałbym z osobnikami z tej samej półki ewolucyjnej, nawet jeśli tylko w przybliżeniu.

Na szczęście, na razie nikt mnie jeszcze nie wezwał i siedzę cicho, żeby przypadkiem nie zapeszyć.

Zakaz wąsów

Już parę razy wspominałem w tym miejscu, że Ameryka to kraj przedziwnych, archaicznych przepisów dotyczących zasad sprzedawania napojów alkoholowych. Wynika to z faktu, iż zniesienie prohibicji odbyło się nieco dziwnie – każdemu stanowi przyznano prawo do dowolnego regulowania tego rynku. I tak w niektórych częściach kraju gorzała od razu zaczęła się lać strumieniem, podczas gdy w innych do dziś istnieją kuriozalne ograniczenia.

Jednak konsumpcja napojów wyskokowych to nie jedyny obszar w amerykańskim życiu publicznym, w którym występują karkołomne archaizmy. Ponieważ państwo zostało w zasadzie założone przez brytyjskich purytanów, w pierwszych dekadach istnienia Unii uchwalono wiele przepisów dotyczących moralności, a w szczególności tak ważkiego elementu ludzkiego życia jak seks. Efekt jest taki, że niektóre z tych praw obowiązują do dziś, choć często o ich istnieniu nikt nic nie wie, a ich egzekwowanie też nie jest wymagane.

Ponieważ Ameryka to kraj na wskroś mobilny, w którym ludzie nieustannie się gdzieś przemieszczają, przeprowadzają albo po prostu podróżują, dobrze jest wiedzieć, co w różnych częściach kraju jest dozwolone, a co całkowicie zakazane. Wiedziony zatem samozwańczą misją niesienia kaganka prawniczej oświaty, omówię w skrócie praktyki, które są nielegalne.

W stanie Massachusetts istnieje prawo, które zakazuje nawiązywania „kontaktów seksualnych" z klownem występującym w czasie pokazów rodeo, ale tylko wtedy, gdy jednocześnie obecne są konie, które – jak należy się domyślać – są bardzo purytańskie i szybko się wstydzą, szczególnie jeśli nie mają klapek na oczach.

Natomiast klown w obecności byków lub innych ludzi może dowolnie obłapiać każdą dziewuchę. Geneza tego prawa nie jest mi znana, ale w historii stanu z pewnością musiało się zdarzyć coś takiego, co na wiele lat zszokowało populację koni, które potem wysłały stosowną petycję do stanowego parlamentu.

Faceci w Kolorado mają zupełnie inny problem. Obowiązuje tam zakaz budzenia śpiących niewiast przez pocałunek. Można ją szturchnąć, uszczypnąć albo wrzasnąć jej coś nad uchem, ale buziaki są totalnie zakazane. Całe szczęście, że akcja bajki o śpiącej królewnie nie toczy się w Kolorado, bo monarchini chrapałaby aż po dzień dzisiejszy.

Szczególnie dziwny zapis istnieje w prawie stanu Alabama. Jest tam mianowicie zakaz podbijania kobiecego serca „kuszeniem, omamianiem, podlizywaniem się lub obiecywaniem małżeństwa". No cóż, panowie, nie pozostawia to nam zbyt wielu możliwości, ale wydaje mi się, iż fraza „chodź Józka za róg, skrzyżujem oddechy" jest nadal legalna. W stanie Iowa, *à propos*, jest jeszcze dodatkowe ograniczenie – nie wolno do nieznanej komuś kobiety puścić oczka.

No, a teraz kilka słów o mandatach za niewierność. Cudzołóstwo w stanie Arkansas karane jest mandatami w wysokości od 20 do 100 dolarów. Prawo to budzi we mnie dwie istotne refleksje. Po pierwsze, nie rozumiem tego mandatowego rozrzutu – czy istnieją jakieś stopnie cudzołożenia, czy też jest to wyłącznie widzimisię wymierzającego karę policjanta, który nakrywając kogoś *in flagranti* natychmiast wie, czy jest to grzech za stówę, czy też tylko za dwie dychy, albo gdzieś mniej więcej w połowie tego spektrum? Po drugie, niskie sumy mandatów wreszcie mi wyjaśniają, dlaczego Bill Clinton tak lubił swój rodzinny stan. Gdyby mieszkał w Kalifornii, za każdą Monikę mógłby zapłacić grzywnę w wysokości tysiąca dolarów.

Żaden przegląd dziwnych przepisów na temat seksu nie może się obejść bez mojego stanu Indiana, gdzie kuriozów prawnych jest cała masa. U mnie facetom posiadającym wąsy nie wolno ich posiadać, jeśli mają oni „zwyczajowo tendencję do całowania innych istot ludzkich". Oczywiście kluczem do legalności jest w tym przypadku słowo „zwyczajowo". Sam, jako posiadacz zarostu nadwargowego, nie mam najmniejszego pojęcia, czy łamię bezczelnie prawo, czy też moja wydolność całownicza mieści się w wymogach stanowych. W związku z tym będę od teraz żył w nieustannej niepewności dotyczącej tego, czy przekroczyłem już normę, czy też mam do niej jeszcze bardzo daleko.

Czasami wymogi przepisów prawnych są mocno zlokalizowane. W miejscowości Alexandria w stanie Minnesota jest zakaz uprawiania przez mężów seksu z własnymi małżonkami, jeśli wcześniej jedli oni cebulę, czosnek lub sardynki. Podejrzewam, że popyt na pastę do zębów jest w tym miejscu Ameryki astronomicznie duży.

Z innych dziwolągów, na Hawajach podobno nielegalne jest pojawianie się w miejscach publicznych wyłącznie w kąpielówkach. Gdyby prawo to było tam przestrzegane, w więzieniach już dawno siedzieliby absolutnie wszyscy mieszkańcy, łącznie z gubernatorem.

Jednak wymogiem, który mnie najbardziej zatrwożył, jest przepis w mieście Ames w stanie Iowa, gdzie facetowi przebywającemu w małżeńskim łożu ze swoją legalną konkubiną nie wolno wypić więcej niż trzy łyki piwa. Ja bardzo przepraszam, ale jeśli ten akurat przepis rozpowszechni się na resztę Ameryki, jedynym dla mnie wyjściem będzie rozwód. No, chyba że ktoś wymyśli jakąś szklankę, z której zaczerpnięcie jednego łyka to prawie ćwierć wiadra piwa.

Pikantny problem

Przed mniej więcej trzema laty, gdy na granicy Libanu z Izraelem było dość gorąco, ostrzegałem w tym miejscu, że nazwisko przywódcy Hezbollahu jest dla Polaków niefortunne. Wydawało mi się wtedy, że Hassan Nasrallah będzie przez rodaków niemal automatycznie kojarzony z innym czołowym przywódcą radykałów, Abdullahem Nasikallahem, nawet jeśli ten drugi okaże się postacią całkowicie fikcyjną.

Mogłoby się wydawać, iż problem ten mamy z głowy, jako że Nasrallah zniknął z mediów i nie daje o sobie znać. Niestety, nie zmienia to jednak faktu, iż w Kalifornii doszło do ostrego konfliktu, którego głównym bohaterem jest firma o nazwie równie trudnej dla ludzi władających językiem polskim – Huy Fong Foods. W dodatku problem ten dotyczy ognistego sosu, którego plastikowe butle są obecne w większości azjatyckich restauracji w całym kraju i zaczynają się wdzierać do lodówek przeciętnego Amerykanina.

Chodzi oczywiście o Sriracha Hot Chili Sauce, czyli miksturę produkowaną w oparciu o góry startych na miazgę czerwonych papryk *jalapeño*. Papryki te nie należą bynajmniej do najbardziej pikantnych na świecie, a dla ludzi, którzy są zwolennikami potraw wykrzywiających paszcze w esy-floresy z uwagi na ładunek pieprznego dynamitu, są to wręcz papryki łagodne.

Jednak problem polega na tym, że firma zwana – by się dość nieprzystojnie wyrazić – Huy Fong Foods posiada swoją fabrykę tego niezwykle popularnego specyfiku w mieście Irwindale w południowej Kalifornii. Przez cztery miesiące w roku w placówce tej odbywa się wstępna obróbka papryk, które w trakcie tego procesu wydzielają zapachy przedostające się następnie do atmosfery.

W ubiegłym roku grupa mieszkańców tych okolic zaczęła protestować, twierdząc, że wyziewy z fabryki zatruwają atmosferę i powodują podrażnienie oczu, nie mówiąc już o tym, że przeciętni obywatele nie wiedzą, czy płaczą z powodu własnego życia do kitu, krojenia cebuli w kuchni czy też z uwagi na szkodliwe działanie fabryki sosu Sriracha.

Trzeba w tym miejscu zauważyć, że narzekania te nie są powszechne. Niektórzy mieszkańcy dokładnie tych samych okolic, np. właścicielka salonu fryzjerskiego położonego o rzut kamieniem od paprykarni, niczego nie czują, nie łzawią i nie mają żadnego problemu z fabryką Srirachy. Część mieszkańców twierdzi wręcz, że problem powstał z inicjatywy „przewrażliwionych baranów", którym przeszkadza absolutnie wszystko.

Tak czy inaczej, chryja się z tego powodu zrobiła niesamowita. Z jednej strony zatrwożeni konsumenci sosu zaczęli się obawiać, iż fabryka zostanie zamknięta, co doprowadziłoby do natychmiastowego załamana się rynku ostrososowego i skazania ogromnych rzesz konsumentów na pałaszowanie potraw mniej pikantnych niż żyletki. Z drugiej zaś strony władze miejskie Irwindale, na czele z burmistrzem Markiem Brecedą, zaczęły zapewniać, że ich celem nie jest wyrzucenie Huy Fonga, lecz jedynie doprowadzenie do ograniczenia wydzielania paprykowych wyziewów.

W radzie miejskiej Irwindale doszło do kilku mrożących krew w żyłach przesłuchań, w których wziął również udział David Tran, chiński emigrant z Wietnamu, który w roku 1980 założył swoją firmę i zaczął produkować Srirachę w zaciszu własnej kuchni.

Jakby na to nie patrzeć, pan Tran (i to też brzmi po polsku dość dziwnie, bo kojarzy mi się z moją babcią z łyżką tranu w garści) osiągnął w sumie wielki sukces, bo dziś jego sos zdaje się być wszechobecny, a jego kontrowersyjna fabryka, zbudowana w roku 2010 za 50 milionów dolarów, zatrudnia dziś setki ludzi. Sos został uznany „składnikiem roku" przez miesięcznik kulinarny *Bon Appétit*, a w księgarniach pełno jest książek poświęconych przepisom zawierającym ten specyfik.

W czasie występu na forum rady miejskiej pan Tran zauważył, nie bez słuszności, że wyziewy związane z produkcją sosu wdycha sam od 34 lat i jeszcze nie zauważył żadnych niepożądanych skutków, np. odpadnięcia nosa, dziur w płucach lub zaczerwienienia gałek ocznych. Dodał też, że posiada oferty z 13 innych stanów, które chętnie przyjmą fabrykę Srirachy na swoim terenie. Podobno na czele tej listy jest Teksas, gdzie – jak twierdzą wtajemniczeni – żaden fetor nie jest w stanie nikomu przeszkodzić, przynajmniej nie od razu.

Początkowo rada miejska miała pod koniec kwietnia uznać fabrykę Trana za „publiczne niebezpieczeństwo", co byłoby wstępem albo do likwidacji placówki, albo też do obciążenia jej szefów wszelkimi kosztami filtracji wyziewów. Jednak radni odłożyli podjęcie tej decyzji do 14 maja, zapewne dlatego, że sami podlewają Srirachą liczne dania, na czele z poranną jajecznicą.

Pan Tran zapewnia, że powodów do paniki nie ma. Zapasy sosu wystarczą na parę dobrych miesięcy, nie mówiąc już o tym, że spore ilości Srirachy posiadają też poszczególne sieci sklepów. Ja sam na wszelki wypadek zacząłem w piwnicy eksperymentować z własnym sosem, ale na razie przeżera on prawie szkło słoika, a zatem nie da się go zjeść. Nie ustaję jednak w wysiłkach.

Babcia ze spluwą

Pod względem broni palnej Ameryka jest światowym kuriozum. Dostęp do strzelb, rewolwerów i karabinów mają prawie wszyscy, nawet ci zdrowo stuknięci, a wynika to rzekomo z konstytucji, w której mowa jest o „dobrze zorganizowanej milicji", która ma prawo do posiadania uzbrojenia. Wprawdzie milicja ta miała działać w kontekście walki Ameryki z kolonialną Wielką Brytanią, a nie uganiać się po współczesnych miastach USA, ale druga poprawka do konstytucji uważana jest do dziś za zapis, z którego wynika powszechne prawo do posiadania broni.

Z prawa tego skorzystała niedawno 93-letnia babcia, Pearlie Golden, choć niestety z fatalnymi dla siebie skutkami. Mieszkająca w Teksasie kobieta poszła zdawać egzamin na prawo jazdy, ale go oblała, co wprawiło ją w stan takiej wściekłości, iż z szuflady wyjęła spluwę, którą zaczęła grozić swojemu bratankowi, Royowi Jonesowi. Człowiek ten z oblanym egzaminem nie miał nic wspólnego, ale był po prostu pod ręką, przez co stał się obiektem babcinej złości. Roy się wystraszył i zadzwonił na policję.

Wkrótce ma miejsce zdarzeń przybył policjant Stephen Stem. Jemu również pani Golden groziła rewolwerem. Policjant wzywał ją wielokrotnie, by broń złożyła, ale staruszka nie tylko tego nie zrobiła, lecz oddała kilka strzałów w ziemię. Być może zrobiła to całkiem przypadkowo, a być może nie, ale tego się już nigdy nie dowiemy. Zwykle ludzie oddają strzały ostrzegawcze w powietrze. W przypadku Pearlie być może sama strzelająca nie bardzo wiedziała, co robi. Tak czy inaczej, w odpowiedzi Stem strzelił do niej kilkakrotnie, kładąc ją trupem.

Wszystko to nie jest niczym niezwykłym, jako że strzelanina w różnych miejscach kraju jest zjawiskiem dość pospolitym i często incydenty takie nie są nawet przez media zauważane. Zastanawiające są jednak w tym przypadku dwa fakty.

Po pierwsze, po co kobiecie w wieku 93 lat potrzebna jest broń palna? Skoro nie była w stanie zdać egzaminu na prawo jazdy, można podejrzewać, że równie trudne byłoby dla niej prawidłowe strzelanie do dowolnie wybranego celu. Być może rewolwer miał służyć do odstraszania co bardziej dziarskich staruszków-amantów, ale raczej w to wątpię.

Po drugie, policjant Stem został po tym zdarzeniu wyrzucony z pracy, bez podania konkretnych przyczyn. Pewne jest to, że jego zwierzchnicy doszli do wniosku, iż zareagował na groźby ze strony Pearlie nieprawidłowo. Ale jeśli tak, to nie bardzo rozumiem, na czym miała polegać prawidłowa interwencja. Mógł oczywiście poczekać, aż babcia strzeli mu w łeb, przypadkowo lub celowo, albo też doczekać się jej śmierci naturalnej, co – biorąc pod uwagę wiek – nie było aż tak odległą perspektywą. Jednak absolutnie każdy policjant w tej sytuacji zachowałby się zapewne tak samo jak Stem.

Decyzja o wyrzuceniu go z pracy jest tym bardziej dziwna, że w roku 2012 ten sam policjant zastrzelił człowieka, który z jadącego samochodu ostrzeliwał blok mieszkalny. Wtedy uznano, że postąpił słusznie i nie zastosowano wobec niego żadnych kar. Jedyna różnica między tymi incydentami zdaje się polegać na wieku rewolwerowców – ten pierwszy miał 28 lat, a ta druga z wolna docierała do setki. Zdaje się z tego wynikać dziwna zasada, że policjantom nie wolno strzelać do emerytów, nawet jeśli są uzbrojeni i mocno czymś zirytowani.

Oczywiście, gdyby Pearlie nie miała broni, mogłaby policjantowi grozić ile wlezie i nadal by żyła, a on byłby nadal zatrudniony. Problem w tym, że jesteśmy mocno uzbrojeni. W roku 2010 szacowano, że jakaś spluwa leży w szufladach 32 procent wszystkich gospodarstw domowych w USA. W niektórych stanach, takich jak Floryda, Alaska, Arizona, Teksas i Kolorado, nabycie dowolnej niemal broni jest sprawą dziecinnie prostą. W tym ostatnim stanie nie potrzeba żadnego zezwolenia na posiadanie domowego arsenału, a zakup następuje przez pokazanie prawa jazdy i sprawdzenie przez sprzedawcę ewentualnej historii kryminalnej nabywcy. Natomiast niczego innego się nie sprawdza, a zatem jeśli ktoś cierpi z powodu totalnego braku piątej klepki, też sobie może kupić jakąś stosowną armatę, by z niej wypalić w napadzie szału.

Według niedawnych badań Instytutu Gallupa, Amerykanie są w 55 procentach zwolennikami zachowania obecnego *status quo* lub nawet ułatwienia dostępu do broni palnej. Dzieje się tak dlatego, że statystyki zdają się wskazywać, iż uzbrojone społeczeństwo jest bezpieczniejsze, o czym świadczyć ma systematyczny spadek przestępczości. Być może tak rzeczywiście jest. Problem jednak w tym, że takie przypadki jak strzelanina z udziałem 93-letniej kobiety nie mają z przestępczością nic wspólnego, lecz są przypadkowymi incydentami, które kończą się tragicznie tylko dlatego, że broń była pod ręką.

Przestępczość rzeczywiście maleje (choć Chicago nie jest tu chyba zbyt dobrym przykładem), ale za to rośnie liczba wypadków spowodowanych przez nieuważnych lub małoletnich użytkowników broni. Poza tym jakoś nie bardzo czuję się bezpieczniej, gdy wiem, że niemal w dowolnym miejscu publicznym są ludzie noszący ukrytą broń palną. W końcu skoro niebezpieczni bywają zwariowani kierowcy, jeszcze bardziej zagrażają nam zapewne ci uzbrojeni osobnicy, którzy mają nierówno pod stropem.

Odwrót od stolika

Dla nikogo nie jest tajemnicą, że Ameryka jest krajem niebezpiecznie otyłym i nic nie zapowiada, by sytuacja ta miała się wkrótce zmienić. W 1980 roku odsetek osób otyłych w USA oscylował na poziomie 15 proc., a w 1991 roku w żadnym stanie otyłość nie przekraczała jeszcze 20 proc. Jednak później, w tempie wprost niesamowitym, wskaźniki poszybowały w górę. W ciągu zaledwie paru lat poziom otyłości w stanie Missisipi wzrósł do 29,5 proc. ogółu ludności i nawet w Kolorado, gdzie ludzi otyłych jest najmniej, zanotowano wyraźną tendencję zwyżkową. Począwszy od roku 1980 liczba dzieci otyłych w USA wzrosła 3-krotnie.

Wniosek jest prosty – zażeramy się na śmierć! Gdy przeciętny Amerykanin jedzie za granicę, zwykle od razu zauważa, że liczba osób nie mieszczących się w standardowe drzwi jest znacznie mniejsza niż w rodzinnych stronach. Otyłość jest wprawdzie narastającym problemem w wielu krajach europejskich, w tym również w Polsce, ale skala tego zjawiska jest o wiele poważniejsza w USA.

Mimo to, amerykański rynek gastronomiczny co jakiś czas przynosi wieści, które sugerują, że samobójczy pęd w stronę chorób powodowanych przez nadwagę trwa nadal. Dane te wykazują, że nie chodzi tylko o to, co ludzie jedzą, ale gdzie i w jaki sposób.

Jedną z takich wieści jest fatalna sytuacja, w jakiej znajduje się sieć restauracji Red Lobster. Kiedyś było to miejsce bardzo popularne wśród miłośników krabów i ryb, ale czasy jego świetności są już tylko rzewnym wspomnieniem. Firma ostro dołuje i została wystawiona na sprzedaż, a ponieważ posiada znaczne długi, ze znalezieniem nabywcy mogą być problemy. Mówi się, że jest to dla tej sieci okres „agonalny". Klientów coraz mniej, a ci najwierniejsi to emeryci, którzy nie chcą zmieniać przyzwyczajeń. W podobnie trudnej sytuacji znajduje się kilka innych sieci gastronomicznych, m.in. „Olive Garden" i „Applebee's".

Oczywiście dania oferowane w tych restauracjach nigdy nie miały żadnych większych pretensji do bycia „rozsądnymi dietetycznie". Pełno jest w nich tłuszczu, czego nawet zdrowa ryba nie jest w stanie przezwyciężyć. Ale odwrót klienteli od bywania w tego rodzaju lokalach jest bardzo znamienny.

Wydaje się mianowicie, że Amerykanie coraz rzadziej chcą usiąść przy stoliku i czekać na obsługę kelnerską. Wolą wpaść gdzieś na chwilę, nabyć kupę niezdrowej wałówy, by ją następnie skonsumować albo na stojąco, albo też przy stoliku, ale bez kelnerskiej pomocy. Z tego między innymi wynika sukces innej sieci, „Chipotle". Tam ludziska same sobie wybierają składniki zawijane im do meksykańskich placków, a następnie mogą to zjeść na miejscu albo walczyć z daniem w samochodzie podczas jazdy, narażając siebie i innych na wypadki drogowe.

Analitycy rynku twierdzą, że Amerykanie w zasadzie w ogóle nie chcą już spędzać przy biesiadnych stołach zbyt dużo czasu. W domach zanika zwyczaj gotowania obiadów i spędzania choćby kilku chwil w gronie rodzinnym podczas pałaszowania czegoś z własnego garnka. W Kalifornii przeprowadzono niedawno badania sondażowe, z których wynika, że tylko 30 proc. mieszkańców tego stanu gotuje własne, domowe posiłki przynajmniej dwa razy w tygodniu. W tych warunkach garnki można po prostu wyrzucić, a kuchnię przerobić na dodatkową sypialnię albo na wyrafinowaną budę dla psa.

Coraz częściej zwycięża przywożona do domu pizza albo wyjazd po parę kanapek do „Subwaya", albo też zamówienie na „chińszczyznę". Nie byłoby w tym niczego zdrożnego, gdyby odbywało się raz w tygodniu albo jeszcze rzadziej. Niestety, dla wielu ludzi jest to jednak codzienność.

W związku z tym gastronomia publiczna zdaje się dzielić na dwa dobrze zdefiniowane obozy. Pierwszy z nich to tradycyjne restauracje, które jednak traktowane są coraz częściej jako coś, co potrzebne jest przy różnego rodzaju „specjalnych okazjach". Druga grupa to miejsca takie jak „Chipotle", gdzie wszystko odbywa się w pośpiechu, tak jakby te wszystkie kalorie na papierowym talerzu miały lada chwila gdzieś nawiać i pozbawić niespodziewanie konsumenta dodatkowej tkanki tłuszczowej.

A skoro tak, to ogromna większość Ameryki żywi się tylko w dwóch miejscach – w knajpach typu *fast food*, takich jak McDonald's, oraz w nieco mniej szybkich, ale równie obleśnych w sensie dietetycznym sieciach gastronomicznych. I ta rewolucja upodobań odbywa się w kontekście nieustannego bicia na alarm z powodu epidemii otyłości.

Firmie „Chipotle" wiedzie się doskonale. Nawet niedawna podwyżka cen nie odstraszyła klienteli, która nadal wali do tych lokali drzwiami i oknami. Natomiast w „Red Lobster" jest przeważnie dość pusto, mimo nadal istniejącej w telewizji kampanii reklamowej. Jeśli chodzi o „Olive Garden", szefowie tej sieci podjęli pewne „działania obronne", wprowadzając specjalne, „szybkie" menu w porze lunchu, tak by dogodzić tym, którzy chcą się najeść w ciągu nie więcej niż 10 minut. Trudno jednak restauracji, w której są kelnerzy, walczyć z placówkami typu bufetowo-zabójczego.

Zastanawia mnie jedno. W USA rekordy popularności biją różne telewizyjne programy kulinarne, w których znani powszechnie mistrzowie kuchni prezentują przeróżne dania, często nie tylko doskonałe smakowo, ale wolne od kardiologicznych zagrożeń. Skoro jednak tak mało ludzi cokolwiek gotuje, po co oni się w tę telewizję gapią i obserwują proces przyrządzenia czegoś, do czego sami się nigdy nie przymierzą? Może chodzi o jakieś pobożne życzenia typu „O Jezu, gdybym jeszcze mógł wstać z fotela, to może bym to ugotował".

Co tu tak cicho?

W latach 70. brytyjska telewizja nadawała groteskowy serial pt. *The Fall and Rise of Reginald Perry*, którego główny bohater, znużony monotonią swojego życia i totalnie nudnej pracy, rzuca wszystko w kąt i otwiera sklep o nazwie „Grot", w którym sprzedaje zupełnie bezużyteczne i bezwartościowe przedmioty, takie jak solniczka bez otworów, popielniczka bez dna, odrażające wino agrestowe, itd. Reklamuje przy tym otwarcie swoje towary sloganami typu „Tu znajdziesz prezent dla osoby, której nie znosisz" i „Dla każdego coś odpychającego". Sklep w krótkim czasie robi furorę, a bohater buduje wielkie imperium handlu bzdetami, otwierając setki sklepów na całym świecie.

Serial ów przypomniał mi się z chwilą, gdy dotarły do mnie wieści o niezwykłym pomyśle grupy rockowej Vulfpeck. Nagrali oni mianowicie płytę pt. *Sleepify*, którą umieścili następnie w serwisie muzycznym Spotify. Tyle, że akurat w tym przypadku słowo „nagrali" jest mało adekwatne, gdyż album składa się z 10 utworów zawierających totalną ciszę. Każda z piosenek ma osobny tytuł i jest różnej długości, ale materiał muzyczny jest dokładnie taki sam, czyli żaden.

Muzycy zdecydowali się na ten niezwykły krok z powodów czysto finansowych. Serwis Spotify płaci artystom mniej niż centa tytułem tantiemów za każde odsłuchanie danego utworu przez internautów. Członkowie Vulfpeck zaapelowali do swoich fanów, by ci „włączali" album na noc poprzez funkcję *repeat*, tak by cisza rżnęła na okrągło przez wiele godzin, generując w ten sposób zarobki i zakłócając nocny spokój całego sąsiedztwa.

Pomysł jest zdecydowanie godny Reginalda Perrina i przyniósł podobny rezultat. W ciągu zaledwie kilku dni tysiące ludzi słuchało ciszy, co przyniosło zespołowi zysk rzędu 20 tysięcy dolarów, a to oznacza, iż „piosenki" zostały odegrane ponad 4 miliony razy.

Jest to o tyle kuriozalne, by nie powiedzieć surrealistyczne, że ciszy normalnie można słuchać za darmo i w dowolnych ilościach, tyle że nie w formie „utworów" umieszczonych na kompakcie. Tak czy owak, interes związany ze słuchaniem niczego kwitł, ale bardzo krótko, ponieważ szefowie Spotify zarządzili, iż album bez muzyki musi zostać usunięty, jako że „narusza warunki oferowania utworów przez nasz serwis".

Jest to, moim zdaniem, decyzja co najmniej kuriozalna, gdyż zdaje się sugerować, że niezależnie od tego, czy ludzie chcą coś kupić czy nie, w sprzedaży mogą być wyłącznie utwory muzyczne wypełnione jakimś bębnieniem lub śpiewaniem, a cisza nie zalicza się do kategorii „treści", czyli jest niczym. Zgodnie z tą logiką, gdybym napisał kiedyś książkę pt. *Dzieło mojego życia*, w którym nie byłoby ani jednego słowa, tylko pusty papier (co jest zresztą zgodne duchem ze wspomnianym życiem), i gdyby tom ten cieszył się niezwykłą popularnością w księgarniach, trzeba by było mimo wszystko książkę usunąć z półek, gdyż naruszałaby ona zasadę, że między okładkami jednak coś musi być, a nie tylko goła celuloza. Dlaczego jednak nie wyznaje się nieco innej zasady – jeśli ludzie to kupią, to trzeba sprzedawać?

Gdy się o eksperymencie grupy Vulfpeck dowiedziałem, wpadłem w niejaki optymizm, gdyż okazuje się, że ja również mogę zrobić karierę muzyczną, na co się nigdy nie zanosiło. Mogę na przykład nagrać album pt. *Hałasy mojego dzieciństwa* z takimi piosenkami jak „Warkot trabanta", „Tramwaj skręcający przy Dworcu Głównym", „ZOMO na sygnale" czy „Gierek-partia!".

Ponieważ są to hałasy, a nie cisza, nikt nie mógłby mnie z serwisu Spotify wyrzucić. No i kariera gotowa. Dotychczas myślałem błędnie, że potrzebne jest do niej jakieś studio nagraniowe, producenci oraz przynajmniej śladowy talent do nut. Tymczasem nie, bo widać, że wiara wszystko kupi. Dlatego stanowisko Spotify w sprawie albumu *Sleepify* jest niezrozumiałe.

Inny przykład. Wyobraźmy sobie, że jakiś słynny dyrygent i kompozytor ogłasza, iż jego orkiestra zagra koncert symfoniczny, wykonując najnowsze dzieło dyrygenta pt. *Symfonia totalnej ciszy*, w czasie którego wszyscy muzycy będą teoretycznie grali na swoich instrumentach, tyle że nie będzie wydobywać się z nich żaden dźwięk. Załóżmy następnie, że po ogłoszeniu tego koncertu miłośnicy bezdźwięcznej symfonii masowo kupowaliby bilety po pięć dych, by uczestniczyć w niezwykłym wydarzeniu artystycznym. Czy wtedy dyrekcja filharmonii też odrzuciłaby te zyski, zasłaniając się stwierdzeniem, że granie ciszy w sali koncertowej jest kontraktowo zabronione?

Nie wiem też, jaki w tym kontekście jest status prawny pantomimy. Przecież to w końcu teatr, a aktorzy nic tylko łażą po scenie i dziwnie się wyginają, ale nie mówią ani słowa. Aż prosi się, żeby wreszcie coś powiedzieli, a tu nic.

Już za tydzień można będzie znaleźć w tym miejscu mój najnowszy felieton pt. „Pustosłowie", na który składać się będzie zero liter (z wyjątkiem samego tytułu). Felieton ten będzie miał wiele zalet – bardzo szybko będzie go można przeczytać, nikt do niczego nie będzie się mógł przyczepić, a na dokładkę każdy czytelnik będzie miał rekordową swobodę interpretacyjną czytanego tekstu.

Sportowe pustosłowie

Obiecywałem przed tygodniem, że tym razem mój tekst będzie miał tytuł „Pustosłowie" i zawierać będzie zero tekstu za wyjątkiem tytułu. Niestety, złamałem się i jednak piszę, choć wszystkim tym, którzy czują się zawiedzeni, na pocieszenie dedykuję akapit poniżej.

No dobra, to sprawę pustego felietonu mamy załatwioną. Złamałem obietnicę dlatego, że uczestniczyłem ostatnio w spotkaniu towarzyskim, w trakcie którego doszło do kompletnie jałowej dyskusji o tym, który ze sportów pokazywanych w telewizji jest najnudniejszy. Ponieważ towarzystwo było amerykańskie, a zbliżają się mistrzostwa świata w piłce nożnej, pojawiła się natychmiast teza, iż to właśnie gra w „gałę" jest najbardziej nużąca. Nie muszę dodawać, że się z tym poglądem nie zgodziłem. Spory się w związku z tym zaostrzyły, a z pomocą wszystkim przyszedł ostatecznie – jak to często bywa – Internet. Wiara zebrała się wokół komputera i wspólnie poszukała listy najnudniejszych sportów na świecie, choć raz jeszcze muszę podkreślić, iż chodzi o dyscypliny pokazywane w telewizji. No i miałem rację, przynajmniej częściowo. Na czele tej listy, zestawionej na podstawie skomplikowanych badań sondażowych przeprowadzonych na całym świecie, znajduje się golf.

Być może golf to wielka radość dla samych graczy, którzy łażą po świetnie przygotowanej trawie, poprawiając sobie od czasu do czasu kanty nienagannie wyprasowanych spodni i usiłując trafić małą piłką w nieco większy otwór przy pomocy zestawu kijów. Jednak dla telewidza jest to esencja czystej nudy. Zresztą nie tylko dla telewidza.

W czasie niedawnej transmisji z turnieju PGA nic się nie działo przez tak długi czas, że kamery zostały skierowane na żółwia, który właśnie przygotowywał się do skoku do wody. Komentatorzy przez kilka minut zachwycali się żółwiem, ignorując zupełnie wydarzenia na polu golfowym, co jest o tyle zrozumiałe, że na nim „akcja" zdradzała tempo wolniejsze od żółwiego.

Na drugim miejscu wspomnianej klasyfikacji znalazły się wyścigi samochodowe NASCAR. Srebrny medal nudy dla sportu, który cieszy się sporym wzięciem wśród białych konserwatystów, głównie z Południa, jest dla mnie pewnego rodzaju zadośćuczynieniem, ponieważ zawsze twierdziłem, że oglądanie zgrai samochodów jeżdżących w kółko po eliptycznym torze i zawsze skręcających w lewo podobne jest do fascynacji modelem lokomotywy przemierzającej kolistą trasę w czyjejś piwnicy. Przynajmniej lokomotywa nie wydziela spalin, ani też nie można nikogo zabić przez wylot z trasy w trybuny.

Jak należało się spodziewać, trzecim sportem w klasyfikacji skali znudzenia jest bejsbol. Wprawdzie jest to niemal narodowy sport USA, ale nie zmienia to faktu, że oglądanie tego w telewizji jest tak samo ekscytujące jak obserwacja rosnącej trawy lub wielogodzinne oględziny schnącej farby. Sezon składa się aż ze 162 meczów, co jest o tyle zrozumiałe, że przez 90 proc. czasu gry większość tych facetów stoi w miejscu, drapiąc się czasami po przyrodzeniu oraz plując. A gdy już jakiś heros pały trafi kijem w piłkę, zwykle ma poważny problem z biegiem wokół tzw. *bases*, gdyż z przodu atlety zwisa piwny brzuch, a nogi odmawiają posłuszeństwa.

Choć angielski krykiet zajmuje dopiero ósmą pozycję na tej liście, winien szybko zostać awansowany wyżej, jako że jest pokrewny bejsbolowi i równie nudny. Przeciętny Test Match trwa pięć dni, a komentatorzy spotkań są tak znudzeni brakiem wydarzeń na boisku, że często poświęcają większość czasu na dyskusje o polityce, pogodzie, wyższości świąt wielkanocnych nad świętami Bożego Narodzenia, itd.

Następny na liście jest curling, czyli ów fascynujący, zimowy sport polegający na tym, że jeden facet puszcza po lodzie kawał granitu, a jego kumple z tej samej drużyny biegną przed skałą, starając się ułatwić jej poślizg przez dramatyczne szczotkowanie lodu. Dokładne przepisy nie są mi znane, ale nie ma to większego znaczenia. Ze względu na ładunek śmieszności tej dyscypliny i tak bym nie był w stanie przejmować się regułami, gdyż zawsze bym boki zrywał.

Piłka nożna też oczywiście na tej liście jest, ale na stosunkowo odległej pozycji, tuż za polo, czyli jeżdżeniem konno z długimi kijami w garści w celu wbicia piłki do niewielkiej bramki, oraz za bilardem.

Spieranie się o to, który sport jest nudny, a który nie, jest zwykle kompletnie bez sensu i stanowi przykład swoistego sportowego pustosłowia. Nikt nie jest w stanie nikogo o czymkolwiek przekonać. W USA opinie o piłce nożnej uległy wprawdzie w ostatnich latach sporym zmianom, ale nadal wielu Amerykanów twierdzi, iż jest to sport „pozbawiony struktury", w którym pada za mało goli. Mógłbym zripostować, że w bejsbolu tzw. *perfect game* to mecz, w którym absolutnie nic się nie wydarzyło. Mógłbym też przypomnieć, że niektóre mecze ligi hokejowej NHL rozstrzygane są w dogrywce po remisach typu 0:0 lub 1:1. Ale po co?

Absolutnie każdy sport można zredukować do nonsensu, bo przecież jest to rzemiosło uprawiane przez dorosłych ludzi uganiających się za jakimiś kulistymi lub owalnymi przedmiotami w celu ich wepchnięcia, kopnięcia, wrzucenia lub wstrzelenia w kosze pod sufitem, bramki na murawie, dziury w ziemi, itd. Co dla jednych jest fascynujące, innym wydaje się szczytem nudy.

Szczyt bezczelności

Amerykańscy rowerzyści często zachowują się na drogach tak, jakby przepisów drogowych w ogóle nie było. Jeżdżą pod prąd, środkiem drogi, bez świateł. W związku z tym cieszy fakt, że wszędzie jest sporo ścieżek rowerowych, które pozwalają pedałowcom zagrażać wyłącznie innym cyklistom oraz tym pieszym, którym nie uda się w porę zwiać.Rzadko wprawdzie występuje w Ameryce jeżdżenie rowerem zygzakiem po rodzinnej libacji, ale w sumie niczego to nie zmienia.

Pod koniec października 2012 roku trójka nastolatków jechała na rowerach po dwupasmowej drodze wiodącej z jednej wsi do drugiej. Było już ciemno, rowery nie były oświetlone, a młodzi ludzie jechali jeden obok drugiego, czyli zajmowali całą szerokość jezdni, i nie mieli na sobie kasków ani też odblaskowej odzieży. Nagle z tyłu nadjechał samochód, prowadzony przez Sharlene Simon, który uderzył w rowerzystów. Jeden z nich zginął na miejscu, drugi został ranny, a trzeciemu nic się nie stało.

Simon jechała z prędkością 55 mil na godzinę w strefie ograniczenia do 50 mil. W jej krwi nie wykryto ani alkoholu, ani narkotyków, w związku z czym uznano, że nie była ona winna temu, co się stało. Policja wydała oświadczenie, w którym stwierdziła, że główną przyczyną tragicznego wypadku było to, iż rowerzyści byli praktycznie niewidoczni, co nie dawało kierowcy szans na uniknięcie zderzenia.

Gdyby do tego wydarzenia doszło np. w Wielkiej Brytanii albo w Szwecji, sprawa na tym by się zakończyła. Jednak w Ameryce wariactwo rowerzystów miesza się nieuchronnie z wariactwem sądowniczym. Jak już wiele razy w tym miejscu wspominałem, sądzenie się z byle jakich powodów jest swoistym hobby narodowym, które wspierane jest przez wielu sędziów, traktujących nawet idiotyczne pozwy całkiem serio i nie wyrzucających wszystkich tych lekkomyślnych powodów na zbitą Temidę.

W przypadku śmierci 17-letniego rowerzysty naturalną koleją rzeczy byłoby zaakceptowanie przez obie strony tego, co się stało. Rodzice dziecka musieli się pogodzić z tragiczną śmiercią syna, który popełnił fatalny w skutkach błąd, natomiast pani Simon musiała poradzić sobie ze świadomością tego, że zabiła człowieka, choć nieumyślnie. Niestety, okazało się, że tzw. normalka jest w tym przypadku niemożliwa.

W grudniu ubiegłego roku Sharlene Simon wytoczyła proces... rodzicom zabitego rowerzysty (!?). Domaga się ona od nich odszkodowania w wysokości 1,35 miliona dolarów, co ma być zadośćuczynieniem za doznane przez nią krzywdy. Owe krzywdy, jak wynika z sądowych dokumentów, to „wielki ból i cierpienie", spowodowane przez „depresję, pobudliwość nerwową i pourazowy stres". Wszystko to, jak argumentuje prawnik powódki, składa się na fakt, że tragiczny wypadek drogowy doprowadził do tego, iż „poziom zadowolenia z życia pani Simon nieodwracalnie się obniżył".

Ta ostatnia fraza aż prosi się o nieco cmentarny komentarz: poziom zadowolenia z życia rowerzysty też się obniżył – zresztą jeszcze bardziej nieodwracalnie – z uwagi na to, że stał się nieboszczykiem.

Wszystko to jest makabrycznie śmieszne, bo odbywa się nad grobem młodego człowieka. Podawanie do sądu jego rodziców z moralnego punktu widzenia wydaje mi się szczytem cynizmu i bezczelności, tym bardziej że możliwe jest to, iż Simon jednak ponosi nieco odpowiedzialności za to, co się stało, bo mogła np. tuż przed uderzeniem w rowerzystów tekstować, gadać przez telefon, jeść hamburgera, szminkować usta albo poprawiać fryzurę.

Oczywiście co moralność, to nie prawo. Każdy może w sądach składać dowolne akty powództwa, a do sądu należy decyzja o tym, czy coś stanowi frywolną bzdurę, czy też uzasadnioną pretensję. Niestety, bardzo często decyzje te faworyzują koniunkturalnych cwaniaków, wynajmujących równie koniunkturalnych prawników i liczących na łatwe wzbogacenie się, w tym przypadku kosztem rodziców pogrążonych w żałobie.

Groteskowość sprawy rozpatrywanej przez sąd zamierzam zilustrować eksperymentem myślowym. Załóżmy, że stoję na balkonie jakiegoś wieżowca w Chicago i przypadkowo strącam łokciem dużą doniczkę z kaktusem. Potem patrzę, jak donica leci w dół i spada na czaszkę jakiegoś nieszczęsnego przechodnia, kładąc go trupem.

Zaraz potem pozywam do sądu zarówno rodzinę przechodnia, jak i władze miejskie. Tę pierwszą za to, że doznałem wielkiego szoku w wyniku tego wydarzenia, co spowodowało, iż mam dożywotni lęk przed ogrodnictwem i kaktusami, a to z kolei dramatycznie zmniejsza mój życiowy komfort. Te drugie za to, że pod balkonem nie było siatki zabezpieczającej, której nieobecność brutalnie naruszyła moje swobody obywatelskie, zmuszając mnie do przyjęcia na siebie roli przypadkowego mordercy. Potem byłyby długie i niezmiernie kosztowne przepychanki prawne, ale przecież – jak zawsze w tego rodzaju przypadkach – właśnie o to chodzi. Śmieszne? Nie bardzo, a jeśli już, to tylko w sensie histerycznym.

Polska B++

Odbyłem w tym roku wiosenną włóczęgę po wschodnich rubieżach Rzeczypospolitej, zwanych czasami pieszczotliwie Polską B. Pomysł taki nie zrodził się w mojej własnej głowie, lecz w anglosaskich łbach dwójki moich brytyjskich przyjaciół, którzy z sobie tylko znanych powodów uznali, że będzie to dla nich bardzo ciekawa wycieczka.

W wynajętym samochodzie wystartowaliśmy z Krakowa, a potem jechaliśmy w sumie na trasie od Zakopanego przez Lublin, Kazimierz Dolny, Białowieżę, Białystok, Mazury aż do Gdańska. Nigdzie nie zatrzymywaliśmy się w hotelach, lecz w wynajętych mieszkaniach i tzw. ośrodkach agroturystycznych.

Tak się składa, że rajd ten przypadał na okres świętowania w Polsce 25. rocznicy wydostania się kraju z niedźwiedzich łap wschodniego sąsiada, co spowodowało, że w Warszawie odbywały się uroczystości z udziałem gości z całego świata, łącznie z prezydentem Obamą. Jednocześnie w mediach trwały niekończące się dyskusje o tym, co w Polsce przez te ćwierć wieku się zmieniło i czy w ogóle się zmieniło, bo są i tacy, którzy uważają, iż jest tak samo jak kiedyś, a może jeszcze gorzej.

W tej sytuacji czuję się zobowiązany do stwierdzenia, że mój bezpośredni podgląd Polski B zmusza mnie do dodania dwóch plusów. Faktem jest to, że we wschodniej części kraju nadal brakuje wyraźnie dobrych dróg. Od czasu do czasu można się przejechać krótkimi odcinkami znaczonymi literą „S", a zatem drogą szybkiego ruchu, ale ów szybki ruch odbywa się niemal zawsze po krótkich odcinkach „na zachętę", które zaraz potem kończą się za terkocącym traktorem, jadącym po dwupasmowej szosie z prędkością 10 kilometrów na godzinę. No, ale trudno – kiedyś z pewnością powstanie reszta tych „esów".

Pod wszystkimi innymi względami – jak zauważyli wspomniani Brytyjczycy, którzy ostatnio byli nad Wisłą przed 11 laty – Polska zrobiła ogromne postępy, co widoczne jest niemal wszędzie. Wydaje się, że wszystko działa, jest dobrze zorganizowane i nie przypomina dawnego, apatycznego rozkładu. Niemal na każdym odcinku naszej długiej trasy było pełno zajazdów, kawiarni, hoteli, sklepów, zakładów usługowych, itd. I niemal wszędzie ktoś mówił po angielsku i był pomocny. Wyjątkiem był stary Białorusin, przewodnik po Białowieży, któremu absolutnie nic się nie podobało, zresztą po obu stronach granicy. Z drugiej strony podkreślał jednak, że żubra można legalnie zastrzelić na Białorusi, a w Polsce jest totalny zakaz, a zatem jednak jakiś plus. Żeby tak jeszcze można przeciętnego żubra nauczyć, by za graniczną miedzę nie lazł, bo dostanie bezceremonialnie ołowiem między oczy.

Mówię oczywiście o zmianach w infrastrukturze, a nie o sprawach wielkiej polityki, zawiłości sejmowych, sytuacji kraju w Unii Europejskiej, itd. Po prostu po Polsce można dziś jeździć w towarzystwie ludzi z dowolnego zakątka świata i niczego się nie wstydzić. Jeśli ktoś twierdzi zatem, że przez te ostatnie 25 lat w Polsce nic się nie zmieniło i że nadal jest bieda z nędzą oraz zamordyzm, to się – delikatnie mówiąc – z tego śmieję.

Z drugiej strony, śmiałem się też z czegoś innego. Tu i ówdzie są w dalszym ciągu pewne ślady po mentalności peerelowskiej. Dotyczy to szczególnie dość luźnej interpretacji godzin, w których coś jest czynne albo zamknięte. Na przykład, gdy wjechaliśmy kolejką na Gubałówkę, stanęliśmy w samo południe przed drzwiami restauracji, która miała być czynna od 10.00 do 18.00, ale była zamknięta na cztery spusty i opatrzona napisem, że ktoś nas zapraszał do baru, w którym było wyłącznie piwo, parę ciastek oraz suche bułki.

Nie był to jedyny tego rodzaju przypadek. W miejscowości Małe Ciche koło Zakopanego znajdowała się okazała restauracja wraz z barem, a na dachu widniał wielki napis „czynne do 22.00". Gdy jednak zjawiliśmy się tam o godzinie 7.00 wieczorem, wszystko było nieczynne. Zapytałem następnego dnia kelnera, którego dopadłem tym razem o dwie godziny wcześniej, skąd się bierze takie przedwczesne zamykanie knajpy. Odpowiedział, że jak nie ma gości, to personel idzie do domu, bo wszystkim się nudzi. Usiłował zjawisko to wytłumaczyć Brytyjczykom, ale nie zrozumieli. Twierdzili, że gdyby u nich jakiś personel poszedł wcześniej do domu, zostałby następnego dnia zastąpiony inną, bardziej wytrwałą kadrą.

Ponadto czasami w Polsce oglądaliśmy wydarzenia, których nikt nie rozumiał i nikt nie potrafił wytłumaczyć. Na przykład, po gdańskim centrum chodził facet z prosiakiem na smyczy, a inny facet cielęcinę filmował kamerą wleczoną niemal po bruku. Z pewnością o coś w tym wszystkim chodziło, ale zwykle wolę, by mi się schabowe nie plątały pod nogami.

O ile moje wrażenia z Polski B były pozytywne, o tyle zdaję sobie sprawę z tego, że liczne badania polskiej gospodarki i struktur społecznych nie zawsze dają zachwycające wyniki. W lutym tego roku ukazał się artykuł, w którym argumentowano, że strumień unijnych pieniędzy płynących do wschodniej Polski niczego nie dał i że różnice są większe niż dekadę temu. Na przykład, w województwie podkarpackim w 2012 roku dochód narodowy na jednego mieszkańca był niższy o 33 proc. od średniej krajowej, podczas gdy dekadę temu różnica ta wynosiła 28,1 proc.

Jednak ja nie traktuję tu o liczbach, zatrudnieniu, zarobkach, funduszach europejskich, itd. Chodzi mi bardziej o ogólną atmosferę, pewnego rodzaju nastrój, który jest dramatycznie inny od tego sprzed lat, czego nie można nie zauważyć.

Do ziemi z Fafikiem

Przyznaję, że od dawna posiadam tzw. *living will*, czyli nie tyle testament, w którym określam, ile z mojego nieistniejącego majątku przypadnie komu, lecz co ma zrobić rodzina w przypadku, gdybym znalazł się nagle w stanie wegetatywnym i byłbym sztucznie podtrzymywany przy życiu przy pomocy zdobyczy technicznych medycyny. W tejże ostatniej woli znajdują się dokładne instrukcje na temat tego, co ma się stać po moim odejściu w zaświaty. W sumie dokument ten stanowi, że od rurek i sztucznych aparatów należy mnie odłączyć, a potem poddać kremacji i prochy rozsiać w wyznaczonym przeze mnie miejscu. Zadanie to powierzyłem odważnie mojemu synowi, który nie jest z tego specjalnie zadowolony, ale odmówić mu nie wypada.

Zdaję sobie oczywiście sprawę z pewnego ryzyka, bo nie mam żadnych gwarancji, czy np. moja małżonka nie postanowi polecić mnie odłączyć przedwcześnie, o co ją – ma się rozumieć – podejrzewam. Ponadto rzeczony syn, gdy już mnie nie będzie, może sobie powiedzieć, że się moją wolą nie ma sensu dalej przejmować i mnie bezceremonialnie wysypie gdzieś w zupełnie przypadkowym miejscu, np. do doniczki przed Walmartem. Ale co tam, ryzyk-fizyk!

Wielu ludzi uważa sporządzanie tego rodzaju dokumentów za w pewnym sensie makabryczne, ale ja nie rozumiem tego rodzaju sentymentów. Bądź co bądź, zasadniczym problemem doczesnego świata jest to, że nikt stąd nie wychodzi żywy, a zatem planowanie tego nieuchronnego wydarzenia jest istotne, szczególnie że Ameryka pełna jest przypadków rodzinnych i prawnych kłótni o to, czy 100-letniego wujka Zdzicha, leżącego w szpitalu w stanie nie wskazującym na normalne życie, trzeba oddać w ręce matki natury, czy też nadal utrzymywać sztucznie przy życiu.

Kilka lat temu na Florydzie miała miejsce wielka chryja w związku z losem kobiety, która tak naprawdę nie żyła już od wielu lat, ale której część rodziny nie chciała odłączyć od mechanizmu sztucznej animacji. A gdy w końcu do odłączenia od aparatury doszło, po kraju przetoczyła się wielka i w większości idiotyczna dyskusja o tym, czy zrobiono słusznie i kto miał w tym przypadku rację. Gdyby osoba ta wcześniej sporządziła dokument ze swoją decyzją na piśmie w sprawie ewentualnego stanu wegetatywnego, żadnej awantury by nie było. Podkreślić należy, że nie chodzi tu w żadnym wypadku o eutanazję, która w USA dozwolona jest wyłącznie w stanie Oregon, i to w sposób bardzo ograniczony, lecz o poniechanie podtrzymywania życia, które tak naprawdę już nie istnieje.

Krytycy sporządzania *living wills* ponieśli ostatnio pewną porażkę, a to dlatego, że władze Nowego Jorku postanowiły zezwolić na to, by na cmentarzach dla zwierząt domowych można było grzebać nowych lokatorów – ludzi. Innymi słowy, jeśli John Smith zapragnie spocząć w wiecznym śnie u boku ulubionego wilczura, a może nawet papugi, to będzie miał takie prawo i może takie rozwiązanie sprecyzować w swojej ostatniej woli.

Jest jednak szereg istotnych uwarunkowań tych nowych regulacji prawnych. Załóżmy przez chwilę, że ktoś posiada ukochanego czworonoga, który – z przyczyn czysto naturalnych – pada i zostaje pogrzebany na tzw. *pet cemetery*. Placówek tego rodzaju jest bardzo dużo, a jedna z największych i najstarszych znajduje się w Nowym Jorku. Właściciel psa może wtedy zdecydować, że – gdy przyjdzie na niego czas – chciałby zostać pochowany razem ze swoim ulubieńcem. No i może, przynajmniej w stanie Nowy Jork, ale pod warunkiem, iż człowieczy towarzysz zwierzęcia zostanie skremowany, a pochówek prochów odbędzie się bez żadnego formalnego pogrzebu, niejako po kryjomu. Innymi słowy, prochy dosypie się do Fafika, a potem umieszczona zostanie na mogile stosowna tabliczka, informująca o ludzkiej obecności w psim sarkofagu.

Skąd ta zmiana prawa w stanie Nowy Jork? Jest to sukces pani Taylor York, która przez ostatnie trzy lata zabiegała o to, by jej wujek, były policjant, mógł spocząć obok swoich trzech maltańczyków, z którymi się nigdy nie rozstawał.

Z czysto historycznego punktu widzenia, rytualne grzebanie zwierząt, w taki czy inny sposób, nie jest niczym nowym. Starożytni Egipcjanie uważali koty za zwierzęta boskie, które po śmierci zasługiwały na mumifikację i dostojny pochówek. W Izraelu odkryto w swoim czasie największy starożytny cmentarz zwierząt domowych. Nawet londyński Hyde Park w latach 1881-1903 służył częściowo za psi cmentarz, gdzie znajdowało się ponad 700 nagrobków. Jednak zwykle ludzie przywiązani do swoich pupilów grzebali je w swoich własnych ogródkach, co niestety uniemożliwiało wspólne cmentarne doświadczenia z ludźmi, jako że rodziny zwykle nie grzebie się pod przydomowym klombem różanym.

Sam zwierzęta domowe posiadam i – owszem – jestem do nich jakoś tam przywiązany, ale nie na tyle, by do mojej ostatniej woli wpisywać chęć spoczęcia na psim cmentarzu. Za życia to ja wolę spocząć w fotelu z kuflem zimnego piwa, natomiast zaraz potem będzie mi – jak sprytnie podejrzewam – wszystko jedno.

Z zębami na mundial

Jeśli chodzi o dania kuchni włoskiej z surowym mięsem, to zdecydowanie preferuję *carpaccio* nad *calciatore*, ale Luis Suarez, czołowy napastnik urugwajski, zdaje się mieć inne preferencje. Na mundialu zrobiła się wielka afera z powodu faktu, iż Luis ugryzł swojego włoskiego przeciwnika, za co został odesłany z powrotem do domu i skazany na wielomiesięczną sportową banicję. Wkrótce potem jego drużyna przegrała i dołączyła do niego w Urugwaju.

Mimo rozgłosu, jaki nadano całej sprawie, sądzę, że nie ma się aż tak bardzo czym podniecać, i to z dwóch powodów. Po pierwsze, skoro Suarez już w mistrzostwach nie uczestniczy, to niebezpieczeństwo pogryzienia na boisku znacznie zmalało, tym bardziej że jest obecnie ramadan, a zatem wszyscy zawodnicy muzułmańscy, a jest ich sporo, muszą pościć przez 30 dni i mogą jedynie liczyć na daktyle o zmierzchu, a zatem o ludzkiej surowiźnie nie ma mowy.

Po drugie, napad Suareza zębami na przeciwnika to tylko jedno z dziwacznych wydarzeń z całej serii, która nieodłącznie towarzyszy mistrzostwom świata w piłce nożnej. Przecież nie tak dawno temu, bo w roku 2006, wszyscy ekscytowali się pamiętnym „bykiem" Zinedine'a Zidana w czasie finału mundialu, w którym Francja przegrała z Włochami. „Ofiarą" ataku głową był włoski obrońca Marco Matterazi. Incydent ten zaszokował kibiców i dziennikarzy, gdyż wydawało się, że Zidane stracił panowanie nad sobą bez żadnego powodu. Dopiero później okazało się, iż pan Marco powiedział coś niezwykle obraźliwego o siostrze i matce francuskiego piłkarza, choć nadal dokładnie nie wiadomo co.

No i co? Wtedy przez pewien czas Zidane był antybohaterem, ale dziś w paryskim Pompidou Centre stoi pomnik, zwany „Coup de Boule", upamiętniający atak na Włocha. W związku z tym jestem pewien, że prędzej czy później w Montevideo też będzie pomnik: wielkie zęby w urugwajskich barwach narodowych, zakleszczające się na włoskim ramieniu. W piłce nożnej droga od banity do bohatera narodowego zdaje się bardzo krótka.

W każdym razie dziwnych wydarzeń piłkarskich, i nie tylko, w ramach mundialowych zmagań jest sporo. Dziś mało kto już pamięta, że w roku 1966, na kilka miesięcy przed World Cup w Londynie, wystawiono na pokaz Puchar Rimeta, który zaraz potem został skradziony, co spowodowało panikę wśród organizatorów. Policja aresztowała kilka osób i przesłuchiwała dziesiątki innych, ale niczego to nie dało.

Po sześciu dniach niejaki David Corbett poszedł w londyńskiej dzielnicy Beulah Hill na spacer ze swoim psem zwanym Pickles. Czworonóg zaczął nagle obwąchiwać uważnie leżącą na chodniku małą paczkę zawiniętą w gazetę. Okazało się, że zawierała ona poszukiwane przez policję całego kraju piłkarskie trofeum. Pickles stał się herosem Albionu, a Anglia wkrótce potem wygrała tenże puchar.

Na mistrzostwa w roku 1950, odbywające się tak jak dziś w Brazylii, zakwalifikowała się reprezentacja Indii. Jednak drużyna postanowiła zrezygnować z występów, gdyż organizatorzy nie zgodzili się na to, by niektórzy jej zawodnicy grali na bosaka. Hindusi twierdzili, iż decyzja ta jest dla nich nie do przyjęcia, ponieważ pewna grupa ich piłkarzy „nigdy w butach nie grała i nie wie, jak to robić".

Cofając się jeszcze dalej w przeszłość, wielką sławą cieszył się włoski piłkarz Giuseppe „Peppino" Meazza, który przyczynił się do zwycięstwa swojego kraju w mistrzostwach w roku 1934. Jednak jego sława nie zawsze dotyczyła wyczynów na boisku. Meazza przed ważnymi meczami miał zwyczaj spędzać noce w domach publicznych, a potem spóźniał się o parę godzin na treningi, zwykle w stanie wskazującym na mocne skacowanie. Mimo to, był zawsze niezwykle skuteczny.

Największa przygoda na boisku przydarzyła mu się w roku 1938, w czasie meczu Włoch z Brazylią. Meazza miał wykonać rzut karny, ale tuż przed kopnięciem piłki spadły mu szorty. Niewzruszony tym wydarzeniem, podciągnął galoty jedną ręką, oddając jednocześnie strzał. Piłka wpadła do siatki obok pękającego ze śmiechu bramkarza, przez co Włochy wygrały i zakwalifikowały się do finału mistrzostw.

Wreszcie jest też opowieść o legendarnym bramkarzu Lwie Jaszynie, który wystąpił w trzech mundialach (1958, 1962 i 1966), a którego na Zachodzie nazywano Czarnym Pająkiem, jako że zawsze ubierał się na czarno i wydawał się mieć więcej niż dwie ręce, a bronił skutecznie swojej bramki w często niesamowitych wręcz sytuacjach. Gdy w czasie jednego z licznych wywiadów zapytano go, w jaki sposób przygotowuje się do ważnych meczów, Lew odparł, że zawsze wypala papierosa dla uspokojenia nerwów, a potem wypija setę w celu „rozluźnienia mięśni". Cóż, swój człowiek.

Jeśli chodzi o tegoroczny Mundial, to wypada on nie tylko w okresie ramadanu, ale również w dniu 4 lipca, czyli w Dzień Niepodległości. Niestety, reprezentacja USA, chociaż wyszła z grupy, na awans z której fachowcy nie dawali jej większych szans, nie zagra w dniu swojego święta. Czwartego dnia lipca mogły natomiast spotkać się cztery drużyny: Niemiec, Francji, Nigerii lub Algierii. Osobiście stawiałem na konfrontację Niemców z Nigeryjczykami i miałem 25 proc. szansy na sukces, ale nie wypaliło. W sumie jednak miałem przynajmniej częściową rację, jako że w meczu 4 lipca zagra Francja z Niemcami. Co do dalszych fajerwerków, gryzienie mamy już z głowy, co skazuje nas wyłącznie na jakieś inne, egzotyczne faule oraz kunsztowne „nurkowanie". Chyba że w ostatniej chwili pojawi się jakiś nowy Zidane lub Suarez i wymyśli coś absolutnie nowego.

Kiełbasa na niepodległość

Dzień Niepodległości jakoś przetrwałem. Jak zwykle, wszyscy okoliczni sąsiedzi z sobie tylko znanych powodów postanowili odtworzyć przebieg wojny w Wietnamie przez odpalenie setek rakiet i petard. Jak wiadomo, tradycja ta co rok przynosi kilkadziesiąt ofiar, z których większość ma odstrzelone palce, a czasami nawet całe dłonie. Dochodzi też zwykle do kilku pożarów domów, na dachy których przypadkowo spadają pociski niepodległościowej artylerii.

Ja mam dodatkowy problem, jako że posiadane przeze mnie psy panicznie boją się tej strzelaniny i spędzają dzień 4 lipca w szafie w stanie niekontrolowanej trzęsiawki, no ale z narodową tradycją nie sposób walczyć. W końcu pierwszy pokaz ogni sztucznych ku czci narodzin Ameryki odbył się już w roku 1777, a zatem w rok po opublikowaniu Deklaracji Niepodległości. Tyle że wtedy wszyscy podziwiali jeden pokaz w Waszyngtonie, a nie tysiące domorosłych saperów w każdym zaułku. Jak zwykle poddałem się i zaaplikowałem psom środek uspokajający, co jednak odnosi tylko skutek połowiczny – mniej się trzęsą, ale nadal siedzą w szafie.

Dziś, gdy widzę jakiegoś zaangażowanego ojca, który instruuje swojego małolata w sztuce detonowania petard przed garażem, zastanawiam się, dlaczego nie jest lepiej zabrać dzieciaka na profesjonalny pokaz, a nie zajmować się kuchenną pirotechniką. Tu i ówdzie pojawiają się wprawdzie sugestie, by sobie z tym świątecznym strzelaniem dać spokój, ale nie sądzę, by kanonada ta została w jakiś sposób utemperowana.

Tymczasem są inne, znacznie mniej niebezpieczne tradycje, od lat związane z Dniem Niepodległości. Długą historię mają na przykład zawody rozgrywane na nadmorskim deptaku na Coney Island, przy stoisku z hot-dogami o nazwie Nathan's. Od dokładnie 98 lat odbywa się tam impreza, która sugeruje, iż amerykańska niepodległość oznacza również swobodę obżerania się do woli.

Chodzi mianowicie o konkurs zjadania jak największej liczby hot-dogów w jak najkrótszym czasie. Początkowo czas był nieograniczony, czyli jadło się tak długo, aż więcej się już nie zmieściło. Jednak poczynając od roku 2008 wprowadzono 10-minutowy limit, co znacznie przyspieszyło zmagania żarłoków.

Impreza zwie się *Nathan's Hot Dog Eating Contest* i stała się na tyle popularna, że w tym roku obserwowana była przez 30-tysięczny tłum, skandujący „USA! USA!

USA!", co było o tyle uzasadnione, że znów wygrał absolutny mistrz świata, Joey „Jaws" Chestnut. Jego sława wybiega daleko poza długość pojedynczej kiełbasy. W roku 2007 Joey zdetronizował wieloletniego króla pożerania hot-dogów, Japończyka Takeru Kobayashi. Wtedy amerykański bohater narodowy spałaszował w ciągu 12 minut 66 kiełbach wraz z bułkami i od tego czasu nie dał się jeszcze strącić ze swojego tronu. Co więcej, w roku ubiegłym pożarł 69 hot-dogów w ciągu 10 minut, ustanawiając rekord świata.

Tegoroczne zawody były podobno niezwykle ekscytujące, ponieważ mistrzowi przez pewien czas zagrażał uzurpator w osobie Matta Stoniego. Ostatecznie jednak na finiszu mistrz „wprowadził" 61 kawałków wędliny, podczas gdy jego konkurent pozostał o trzy sztuki w tyle. Gdy już Joey wygrał, zresztą po raz ósmy z rzędu, w czasie ceremonii wręczania mu trofeum oświadczył się swojej dziewczynie, Neslie Ricasa. Wybranka przystała na małżeństwo, co oznacza, że resztę życia spędzi na przyrządzaniu hot-dogów.

Niestety, gorsze wiadomości nadeszły w tym roku z obozu żeńskiej reprezentacji USA. Nasza mistrzyni przez ostatnie 3 lata, Sonya Thomas, uległa Japonce Miki Sudo, która dała w ciągu 10 minut radę 34 hot-dogom. Oznacza to, niestety, że nie udało się nam utrzymać podwójnej dominacji kiełbasianej, która byłaby symbolem gastronomicznej prężności narodu.

Gdyby ktoś myślał, że zawody te to jakiś totalny wygłup, który nie zna żadnych konkretnych reguł lub taktyki, spieszę donieść, że tak nie jest. Niepodległościowa konsumpcja hot-dogów organizowana jest przez Major League Eating, które to ciało pilnuje, by wszystko odbywało się zgodnie z przepisami. I tak jedzenie odbywa się dokładnie przez 10 minut, a każdy uczestnik zawodów musi wiedzieć o tym, że wszelkie objawy wymiotne kończą się natychmiastową dyskwalifikacją. Uczestnicy mogą sobie do kiełbas dodawać różne rzeczy, np. musztardę lub ketchup, ale ogromna większość pozostaje tylko przy bułkach i wędlinie, by dodatkowo nie zaśmiecać sobie i tak już mocno cierpiącego żołądka.

Co do taktyki, jest kilka zasadniczych podejść. Jedni zawodnicy łamią każdego hot-doga na połówki, by obie potem jakoś szybciej wepchnąć, inni pożerają bułki i kiełbasy oddzielnie, wreszcie jeszcze inni jedzą całe porcje, a potem podskakują, by wszystko odpowiednio szybciej spadało do żołądka. Popijać można, ale w zasadzie wyłącznie wodą – o piwie nie ma mowy.

Na szczęście w czasie tych zawodów nic nie wybucha, a zagrożeni są wyłącznie sami zawodnicy, którzy do konkursu przystępują dobrowolnie, a zatem nie mogą mieć do nikogo żadnych pretensji. Innymi słowy, o wiele lepiej jest obserwować pałaszowanie kiełbas niż podpalać lonty pod ładunkami wyprodukowanymi w większości w Chinach. Konkurs przy lokalu Nathan's na Coney Island z amerykańską niepodległością w zasadzie nie ma nic wspólnego. Ale co tam – każda tradycja jest dobra.

Kłusownik zdemaskowany

Czasami dochodzi do wydarzeń, z których zdaje się wynikać w miarę jednoznacznie, iż w szeregach ludzkości znajduje się dość pokaźny kontyngent przygłupów. Ostatnio udowodnił to internetowy prześmiewca Jay Barnscomb, który w swoim profilu facebookowym umieścił zdjęcie powszechnie znanego reżysera filmowego, Stevena Spielberga, siedzącego przy „zwłokach" triceratopsa, czyli roślinożernego dinozaura, który ostatnio wędrował po powierzchni Ziemi przed 66 milionami lat. Jak wiadomo, wkrótce potem wszystkie dinozaury trafił szlag nieznanego pochodzenia.

Spielberg nie pojechał oczywiście czasowo wstecz i nie spotkał się z prawdziwym triceratopsem, lecz siedział przy filmowej atrapie, którą wykorzystano w roku 1993 przy produkcji głośnego filmu pt. *Park jurajski*. Jednakowoż Jay, jak na prześmiewcę przystało, opatrzył zdjęcie następującym podpisem: „Godna pogardy fotografia, pokazująca kłusownika, który właśnie zabił zwierzę dla rozrywki. Proszę o rozpowszechnienie zdjęcia, by obnażyć tego człowieka".

No i masz babo placek! Wydawać by się mogło, że społeczność internetowa zorientuje się natychmiast, iż chodzi o żart. Niestety, nie wszyscy doszli do tego oczywistego wniosku. W Sieci pojawiły się setki zapisów zdecydowanie potępiających reżysera za jego okrucieństwo. Jeden wzburzony palant z Teksasu pisał: „On jest nieludzkim k...sem i mordercą zwierząt". Jakaś Penelopa wyraziła swoje przekonania inaczej: „Panie Spielberg, jestem rozczarowana. Nie będą już oglądać pana filmów". Natomiast Vincent Smith dodał: „Nieważne, kim ten człowiek jest – nie powinien był zabijać tego zwierzęcia".

W sumie zdjęcie umieszczone przez Jaya sprowokowało ponad 5 tysięcy osób do zabrania głosu, choć oczywiście nie wszyscy z tych komentatorów potraktowali sprawę na poważnie. Jednak sam fakt, że są ludzie, którzy uważają, iż możliwe jest dziś upolowanie dinozaura, zasługuje na uwagę, jeśli nie na załamywanie rąk.

Zaskoczony rozwojem sytuacji Jay postanowił pójść za ciosem i umieścił zdjęcie znacznie młodszego Spielberga siedzącego okrakiem na łbie elektronicznego rekina, który był oczywiście bohaterem filmu pt. *Szczęki*. Tym razem wezwał brać internautyczną do zidentyfikowania „mordercy", który przez zabijanie rekinów zakłóca równowagę matki natury wzdłuż wybrzeży Kalifornii.

Nie wiem, jakie komentarze w ten sposób sprowokował, ale mam nadzieję, że jego dalsze żartobliwe eksperymenty nie będą dotyczyć filmu pt. *Lista Schindlera*, gdyż w takim przypadku na Facebooku może nagle zagościć fotka reżysera ściskającego się z oficerem SS na krakowskim rynku albo pijącego wódkę z Schindlerem na zapleczu jego fabryki. Wtedy dopiero będzie afera!

Innym niebezpieczeństwem jest żartowanie z powodu trzech filmów z serii *Powrót do przyszłości*, których producentem był Spielberg. Jay może wszak umieścić zdjęcie filmowca siedzącego w knajpie na XIX-wiecznym Dzikim Zachodzie, co zapewne sprawi, że liczni internauci zaczną się dopytywać, w jaki sposób można pojechać na tak ciekawą wycieczkę w przeszłość i gdzie sprzedają na coś takiego bilety.

W pewnym dziwacznym sensie reakcja niektórych ludzi na Spielberga w roli mordercy triceratopsa wcale mnie nie dziwi. Przypominam, że od roku 2007 w Kentucky działa tzw. Creation Museum, które propaguje dosłowną interpretację Biblii, zgodnie z którą nasz świat liczy sobie mniej więcej 6 tysięcy lat.

W muzeum można zobaczyć bardzo wiele rzeczy, które kompletnie przeczą współczesnej wiedzy naukowej, na czele z obrazami ludzi spacerujących po prerii wspólnie z dinozaurami. No, a skoro mieliśmy bezpośredni kontakt z tymi stworzeniami, to przecież możliwe jest, że Spielberg, człowiek bądź co bądź zamożny, trzyma na swoim ranczo parę prehistorycznych zwierząt, z którymi chodzi na spacery na smyczy. A od czasu do czasu, tak dla jaj, któregoś ustrzeli. Podobno nie ma nic lepszego od gulaszu z dinozaura, którym można żywić całą okolicę przez kilka tygodni.

Creation Museum uważane jest wprawdzie w wielu kręgach za śmieszne, ale nie zmienia to faktu, iż odwiedzane jest rocznie przez ok. 250 tysięcy ludzi. Trudno wprawdzie wyczuć, jak wielu z nich zjawia się tam przede wszystkim dlatego, by się nieco pośmiać, ale wszyscy przyznają, że placówka została bardzo dobrze zaplanowana i jest atrakcyjna.

Sam Spielberg nie wypowiedział się jeszcze na temat swojego bezczelnego kłusownictwa, ale zapewne wynika to z tego, iż nadal zajęty jest odzieraniem ze skóry triceratopsa. Wszak to nie jeleń, ani nawet żubr, tylko wielkie i w dodatku prehistoryczne bydlę.

Jeśli chodzi o łowienie rekinów, to rzekomo porzucił ten wredny zwyczaj zaraz po pojawieniu się w kinach filmu *Szczęki*. Świadczy o tym między innymi fakt, że filmy *Szczęki II* i *Szczęki III* reżyserowane już były przez innych morderców ryb, czyli że Spielberg umył od tego wszystkiego ręce i zajął się wyłącznie strzelaniem między oczy dinozaurom. Jednak skoro został publicznie i niezwykle boleśnie zdemaskowany, resztę życia spędzi zapewne na grze w golfa.

Dżdżownica w walizce

Wszyscy ludzie, którzy od czasu do czasu wyjeżdżają z USA, by odwiedzić gdzieś na świecie kuzynostwo lub wujostwo, wiedzą doskonale o tym, że w drodze powrotnej nie należy pakować do walizek wałówy, np. kabanosów, cielęciny, egzotycznych przypraw, babki upieczonej troskliwie przez babcię, itd. Wynika to z tego, że czujne Fafiki, zatrudnione przez amerykańskie ministerstwo rolnictwa, na O'Hare walizki obwąchają i wszystkie produkty żywnościowe wyniuchają, co skończy się ich konfiskatą (i późniejszą konsumpcją przez agentów TSA).

Zakaz przywożenia do USA świeżych produktów rolnych bywa czasami śmieszny i trudny do prawidłowej interpretacji. Przykładowo, w przypadku serów, tzw. sery twarde są zawsze dozwolone, ale te niemal ciekłe, które śmierdzą jak od miesięcy nie prane skarpetki i niemal same chodzą, objęte są całkowitym zakazem wwozu. Ryby, niemal w każdej postaci, łącznie z surową, nie wzbudzą zainteresowania rzeczonego Fafika, gdyż są dozwolone. Jednak wszelakie inne mięcha nie wchodzą w rachubę, nawet jeśli zostały przerobione na szynkę, tuszonkę w puszce lub suchą kiełbasę. Podobnie jest z owocami i warzywami – ich ukrycie w walizce może skończyć się nie tylko konfiskatą, ale również grzywną.

Przepisy te mogą wydawać się nieco paranoidalne, ale od czasu do czasu dochodzi w USA do wydarzeń, które sugerują, iż przesada bywa uzasadniona. Ostatnio na lotnisku w Los Angeles odpowiednie służby wykryły w bagażu 67 żywych, olbrzymich ślimaków rodem z zachodniej Afryki. W tej części świata ślimaki te uważane są za przysmak i zapewne tak samo sądzi jakiś facet w mieście San Dimas, dla którego ślimaczy transport był przeznaczony. Ślimaki, pochodzące z Nigerii, nie wytrzymały konfrontacji z amerykańskimi władzami – zostały spalone, choć jeden szczęściarz został wysłany do przebadania przez specjalistów w Waszyngtonie. Nie sądzę jednak, by ślimacze życie tego osobnika miało jakiekolwiek dalsze szanse na rozpędzenie się.

Afrykańskie ślimaki mają czasami 8 cali długości i żyją przez 10 lat. Jednak w USA nigdzie nie występują, a zatem ich przyjazd do Ameryki w odwiedziny nie jest zjawiskiem pożądanym, tym bardziej że żrą one absolutnie wszystko, co stanie na ich drodze, np. uprawy rolne.

W sumie zadania stojące przed amerykańską służbą graniczną i jej psim resortem obwąchiwania walizek nie są godne pozazdroszczenia. W roku 2004 profesor biologii został zatrzymany na lotnisku, ponieważ w jego walizce znajdowała się głowa foki. Tłumaczył się, że martwą fokę znalazł na plaży i odciął jej głowę, by pokazać studentom. Pozwolono mu polecieć do celu, ale bez foczego trofeum.

W roku 2009 w bagażu na lotnisku w Newarku w stanie New Jersey wykryto po raz pierwszy w historii szkodnika o nazwie *Hallodapus*, ukrywającego się w paczce tymianku rodem z Izraela. Ten mały pomarańczowy robal, gdyby stał się potajemnie nielegalnym imigrantem, mógłby wyrządzić amerykańskiemu rolnictwu wielomiliardowe szkody. Został jednak wytropiony, przesłuchany przez odpowiednich agentów, a następnie poddany procesowi zwanemu *waterboarding*. Ostatecznie został unieszkodliwiony podeszwą federalnie usankcjonowanego buta.

W roku 2013 z lotniska Gatwick w Londynie próbował polecieć do USA obywatel Burkina Faso, w którego walizce znaleziono tysiące suszonych dżdżownic o łącznej wadze prawie 90 kilogramów. Podróżny zarzekał się, iż był to ładunek wyłącznie dla jego własnych potrzeb konsumpcyjnych, ale dżdżownice i tak zostały skonfiskowane (i być może wyrzucone do Tamizy). Nieszczęsny przemytnik musiał się zadowolić orzeszkami ziemnymi i colą.

Problemy nie zawsze dotyczą żywych lub martwych zwierząt. W styczniu 2011 roku na lotnisko JFK w Nowym Jorku przybył z Tajlandii transport „figurynek w postaci kota”, opisany w dokumentach jako „plastikowe części”. Jak się okazało, każdy kot wypchany był czystym opium, a cały ładunek wart był prawie 10 milionów dolarów.

Przy okazji niedawnego powrotu z Europy do USA zauważyłem, że Amerykanie otworzyli zupełnie nowy front walki z przemytem jadła. Oto na lotnisku w Dublinie amerykańska kontrola „rolnicza” odbywa się już tam, zanim jeszcze noga potencjalnego przemytnika nie stanie na pokładzie samolotu. Nie wiem, czy psy węszące za rąbanką są lokalne, czyli irlandzkie, czy też importowane z USA, ale w sumie nie ma to większego znaczenia. Natomiast pozytywne jest to, że zakwestionowany już w Irlandii kabanos może zostać skonsumowany jeszcze przed odlotem. Podobna kontrola w USA zwykle kończy się konfiskatą bez możliwości konsumpcji na miejscu.

We wszystkim tym zastanawia mnie jedna sprawa. Na granicach wydziera się ludziom z rąk nadgryzione jabłka, ale Ameryka od lat walczy z tzw. inwazyjnymi gatunkami fauny, które jakoś się do kraju przedostają i sieją spustoszenie. Idealnym przykładem jest azjatycki karp, czyli wielkie i żarłoczne rybie bydlę, które jest w stanie doszczętnie spustoszyć dowolny zbiornik wodny w ciągu paru miesięcy. Skąd się tu wziął? Na pewno nie przyjechał w walizce Kowalskiego wracającego z wojaży po azjatyckim kontynencie. Podobnie jest z innymi świństwami, np. tzw. afrykańskimi pszczołami, które z wolna atakują południowe stany USA, a które nigdy nigdzie nie poddały się kontroli paszportowej. Innymi słowy, problem nielegalnej imigracji do USA jest o wiele bardziej złożony niż mogłoby się wydawać.

Wiza dla genialnych

Temat wiz amerykańskich jest drażliwy, zarówno dla Amerykanów, jak i Polaków. Ci pierwsi nie wiedzą, czy je dać milionom nielegalnych imigrantów, nie mówiąc już o tysiącach dzieci, które dokonały ostatnio desantu na południowe obszary Arizony, na których może się wkrótce ukonstytuować Zjednoczona Republika Nielegalnych Pędraków. Ci drudzy, czyli rodacy, tak długo zabiegają już o zniesienie obowiązku wizowego wobec obywateli Rzeczypospolitej, że gotowi są zrezygnować i do Ameryki w ogóle nie jeździć.

Jednak problemy wizowe to w USA sprawa znacznie bardziej skomplikowana, co wynika z tego, że ruch bezwizowy, np. dla obywateli większości krajów Unii Europejskiej, dotyczy wyłącznie tzw. wiz B-2, czyli turystycznych. Przyjazd do USA we wszelkich innych celach wymaga innej klasyfikacji wizowej, a różnych kategorii jest tyle, że można od tego dostać kaca, i to bez wypicia jakiegokolwiek napoju alkoholowego.

Przekonał się o tym wszystkim na własnej skórze brytyjski aktor Daniel Radcliffe, bohater filmów o przygodach Harry'ego Pottera, który bawił ostatnio w Toronto, gdzie celebrował zarówno swoje 25. urodziny, jak i premierę nowego filmu pt. *What if.* Gdy feta w Kanadzie się skończyła, Daniel wyruszył w podróż do San Diego, gdzie miał wystąpić na imprezie o nazwie Comic-Con. Został jednak zatrzymany przez niezwykle czujną straż graniczną, która powiedziała mu, iż ma w paszporcie nie tę wizę, co trzeba, i musi w placówce dyplomatycznej USA w Kanadzie uzyskać nowy stempel.

Normalnie, jako Brytyjczyk, Radcliffe wizy amerykańskiej nie potrzebuje, jednak w tym przypadku jego podróż nie była wyprawą turystyczną. Horrendalne przestępstwo aktora polegało na tym, iż posiadał on wizę P-2, przeznaczoną dla „zagranicznych aktorów i ludzi estrady", a winien wejść w posiadanie wizy O-1 dla „osób posiadających niezwykłe zdolności w nauce, sztuce, oświacie, biznesie lub sporcie".

W tym miejscu od razu muszę przyznać, iż jestem tym przypadkiem totalnie skonfudowany. Po pierwsze, Radcliffe był zagranicznym aktorem z chwilą, gdy przyjechał do Toronto i takim pozostał aż do czasu próby wyjazdu do USA, a zatem trudno jest zrozumieć, dlaczego musiał zmienić wizową kategorię z estradowca na geniusza. Czyżby coś od tego w sposób istotny zależało? A może na imprezie Comic-Con występować mogą wyłącznie genialni faceci, których łebskość jest wizowo potwierdzona?

Na tym jednak nie koniec. Do czego Ameryce w ogóle służy istnienie wizy O-1, a raczej kto dokładnie w przeciętnej placówce dyplomatycznej decyduje o czyimś geniuszu? Załóżmy, że jakiś nasz rodak, sfrustrowany obowiązkiem wizowym i kilkoma odmowami, wchodzi do amerykańskiej ambasady w Warszawie i mówi: – *Proszę państwa, oświadczam, iż jestem totalnie genialny. Proszę o wizę O-1.* Teoretycznie powinna się w takim przypadku zebrać jakaś komisja, która ocenić by mogła skutecznie zarówno stan umysłowy klienta wizowego, jak i poziom jego intelektu.

Zastanawiam się w związku z tym, w jaki sposób uznano, iż Daniel zasługuje na wizę O-1. Akurat w przypadku Radcliffa, którego pretensje do dobrego aktorstwa są dość wątłe, wiza P-2 wydaje się znacznie bardziej uzasadniona niż O-1. Mimo to, nie wpuszczono go do USA wyłącznie dlatego, iż nie dał sobie wbić w paszport amerykańskiego zaświadczenia o niepodważalnym geniuszu aktorskim.

Zadałem sobie trud i sprawdziłem, co aplikant musi udowodnić, by dostać wizę O-1. W przypadku aktorów nie jest to aż takie trudne. Wystarczy przekonać urzędników konsularnych, iż żaden amerykański aktor nie byłby w stanie zagrać tej samej roli tak samo skutecznie. Jeśli tak, to nie ma sprawy – żaden amerykański aktor nie tyle nie mógłby zagrać tej samej roli, co nigdy by nie chciał. Z drugiej strony, ciekaw jestem, jak taka argumentacja wygląda, szczególnie przed obliczem konsula, który może w ogóle nie chodzić do kina, a aktorów mieć w nosie. Podejrzewam, że w konsulacie w Toronto sprawę zmiany wizy załatwiono od ręki, bez zadawania zbyt wielu kłopotliwych pytań typu „a w jakich filmach pan w ogóle grał?".

Gdy o incydencie na lotnisku w Toronto napisała brytyjska prasa, pojawiła się dodatkowa trudność. Dziennikarze twierdzili, że Radcliffe musi się udać do „ambasady USA w Toronto", by uzyskać nową wizę. Problem w tym, że w Toronto jest tylko konsulat, gdyż ambasada znajduje się w Ottawie. Na szczęście, młody Brytyjczyk nie dał się wyprowadzić na manowce, trafił w porę do konsulatu i dotarł do San Diego.

Nie wiem, dlaczego Radcliffe nie skorzystał z dwóch innych możliwości, jeśli chodzi o rozwiązanie problemów wizowych. Po pierwsze, jako mistrz sztuk magicznych mógł wypowiedzieć jakieś zaklęcie, np. „Alohomora!", i zmienić wszystkich pracowników straży granicznej w miniaturowe lalki na kształt i podobieństwo np. Dicka Cheneya. Jeśli jednak żadne zaklęcie nie przyszło mu akurat wtedy do głowy, mógł oświadczyć, że o ile do Kanady przyjechał jako estradowiec (P-2), do USA jedzie zobaczyć Wielki Kanion i wypić parę drinków z kumplami (B-2). Stałby się tym samym zwykłym turystą, który nie potrzebuje żadnej wizy.

W sumie wszystko to jest nieważne, bo zakończyło się pomyślnie dla geniusza z Londynu. Jestem mu wdzięczny, bo przy okazji dowiedziałem się, iż wiza O-1 wprawdzie istnieje, ale nigdy nie powinienem był się o nią ubiegać, by sobie zaoszczędzić wstydu z powodu braku wystarczającej inteligencji.

Skacowana nauka

Nareszcie! Po tylu wiekach posuchy i potoku amatorskich teorii, nauka zajęła się w końcu tak ważkim dla ludzkości tematem jak kac. Ta postalkoholowa dolegliwość trapiła już starożytne cywilizacje, które nigdy nie stroniły od wina i innych trunków. Niemal każdy język współczesnego świata zawiera sporo fraz, które w taki czy inny sposób opisują męczarnie związane z „przedawkowaniem".

Przez wszystkie te epoki pokutowały mniej lub bardziej przekonujące teorie na temat tego, „co dobrze robi na kaca". Dziś jest tych teorii na tyle dużo, iż przeciętny pijak nie jest nawet w stanie ich wszystkich wypróbować. Jedni zarzekają się, że najlepsza na „tupotanie mew w mózgu" jest zimna coca-cola, inni preferują wrąbanie kanapki z bekonem, a są też tacy, którzy stawiają zdecydowanie na medykamenty typu Alka-Seltzer lub końskie dawki witaminy B6. Lekarze są jednak zdania, że żadnego farmakologicznego złotego środka eliminującego skutki nadmiernej konsumpcji alkoholu po prostu nie ma.

Do metod bardziej drastycznych należą: podawanie tlenu, sesja w saunie, lodowaty prysznic lub ostry, parokilometrowy bieg. Jeśli chodzi o tę ostatnią radę, to z własnego doświadczenia kacowego wiem, iż próba jakiegokolwiek wysiłku fizycznego zakończyłaby się u mnie mało efektowną eksplozją łba. Natomiast sauna może okazać się dla przeciętnego nawianego bardzo niebezpieczna, gdyż potencjalnie może sprzyjać atakom serca.

Od wielu lat istnieje w licznych kręgach przekonanie, że najlepszy na kaca jest... alkohol. W języku polskim mawia się czasami, że „piwo z rana jak śmietana", natomiast w języku angielskim jest nawet specjalne określenie na strategię zabijania kaca przez dodatkową dawkę alkoholu: *hair of the dog*. Nie mam pojęcia, jaka jest etymologia tego wyrażenia, bo co ma w końcu kłak psa do antykacowego picia? Podobno początkowo fraza *hair of the dog* odnosiła się do zupełnie bezsensownego przekonania, pokutującego w Szkocji, o tym, iż ktoś ugryziony przez wściekłego psa nie zarazi się wścieklizną, jeśli kilka włosów czworonoga położonych zostanie bezpośrednio na ranie. Jeśli ta etymologia jest prawdziwa, to przeniesienie jej na świat skacowanych zdaje się sugerować, iż picie na kacu jest tak samo skuteczne jak eliminacja wścieklizny za pomocą psich włosów.

Tak czy inaczej, fraza ta oznacza dziś jakikolwiek koktajl spożywany w celach „leczniczych", czyli dla zabicia efektów wcześniejszej libacji. W krajach anglosaskich wielkie nadzieje pokłada się przede wszystkim w drinku *Bloody Mary* (wódzia, sok pomidorowy i przyprawy). Niestety, nawet ci, którzy metodę tę namiętnie stosują, nie są w stanie udowodnić, że odnosi ona zamierzony skutek, gdyż brakuje naukowych badań. A przynajmniej brakowało.

Ostatnio w księgarniach pojawiła się książka Adama Rogersa pod wzruszającym tytułem *Proof: The Science of Booze*. Autor, który od wielu lat zajmuje się badaniem tego, w jaki sposób alkohol działa na ludzki organizm i jakie to ma znaczenie, doszedł do jednoznacznego, szokującego wniosku – by uniknąć kaca, trzeba pić dalej. Oczywiście miliony moczymórd na całym świecie skwitują to prostym stwierdzeniem – „też mi sensacja – ja od dawna o tym wiedziałem".

Być może, ale Rogers heroicznie argumentuje na rzecz naukowego wyjaśnienia tego faktu. Jego zdaniem, prawdziwą przyczyną kaca nie jest odwodnienie organizmu, lecz to, że każdy napój alkoholowy zawiera śladowe ilości metanolu. Po spożyciu metanol zmienia się w wyniku metabolizmu w formaldehyd, który jest toksyczny. Wszystko to prowadzi do znanych powszechnie objawów kaca, natomiast w świecie niezbyt uważnych bimbrowników może prowadzić do ślepoty, a nawet śmierci.

Rogers jest zdania, że spożycie dodatkowej ilości etanolu skutecznie „walczy" z metanolem w ten sposób, że nie dopuszcza do jego metabolicznych zmian. Zwraca uwagę na fakt, że etanol podawany jest zwykle ludziom zatrutym metanolem, gdyż jest to środek, który zapobiega zmienianiu się metanolu w formaldehyd.

Wszystko to pięknie, ale teza o tym, że skacowani powinni napić się kielicha i wszystko będzie OK, natrafia na zrozumiały opór ze strony tych, którzy utrzymują, że metoda ta tylko maskuje objawy kaca, a poza tym, jeśli jest stosowana regularnie, prowadzi do alkoholizmu.

Spory na ten temat zapewne trwać będą nadal, ale oba obozy zdają się być zgodne co do jednego – trunki ciemne, takie jak whisky, rum, koniak, porter, etc. – znacznie bardziej sprzyjają powstawaniu kaca niż te jasne, czyli wódka, dżin czy piwa jasne. Jest to wynik tego, że te pierwsze zwykle zawierają więcej metanolu niż te drugie.

Gdybym był złośliwy (a przecież wszyscy wiemy, że nie jestem), powiedziałbym, iż – logicznie rzecz biorąc – amatorzy napojów ciemnych nie mają się czego bać – wystarczy, że na kacu zaaplikują sobie większą dawkę „zbawiennego" etanolu, walczącego bohatersko z metanolem gdzieś w mrocznych ostępach skacowanego organizmu.

Oficjalnie nadal dominuje prosta zasada: walka z kacem jest prosta – wystarczy w ogóle nie pić. Jest to oczywiście prawda. Tyle tylko, że tak samo można by argumentować, iż równie prosta jest walka z wypadkami samochodowymi. Wystarczy przecież trzymać auta w garażu i nigdzie nie jeździć. A walka z próchnicą zębów? Nie ma problemu – trzeba je wszystkie wyrwać i ma się święty spokój na całe, pozbawione jakiegokolwiek gryzienia życie.

Mandatowa norma

Jak Ameryka długa i szeroka, kierowcy powszechnie podejrzewają, iż policja – szczególnie ta w mniejszych miejscowościach – ma z góry „zadaną" liczbę mandatów, którą trzeba wypisać, tak by dane miasto miało stały dopływ dodatkowej gotówki do budżetu. Jest to zresztą zrozumiałe. Policjanci w pipidówach nudzą się strasznie i mogą liczyć jedynie na okazjonalne pałaszowanie pączków oraz drobne kradzieże dwa razy w roku. Łapanie przestępców drogowych jest w tych warunkach niemal jedyną rozrywką, która na dodatek przynosi miejscowej społeczności łatwy zarobek.

Podejrzenia o to, że policja stosuje czasami „normy" wypisywania mandatów, zostały ostatnio potwierdzone z całą mocą w miejscowości Waldo, znajdującej się w północnej części Florydy. Zanim opiszę, o co tu chodzi, zachęcam wszystkich do tego, by miasto to omijali, gdyż przejazd przez nie bez mandatu wymaga sprytu, zręczności i wielkiej uwagi.

Waldo od lat słynie z tego, że jest „pułapką dla kierowców". Gdy się tam wjeżdża, najpierw obowiązuje ograniczenie szybkości do 55 mil na godzinę, które to ograniczenie zmienia się szybko w 45 mil, a potem ponownie w 55, a potem jeszcze raz w 45, by wzrosnąć ponownie do 55, by spaść do poziomu 45 i wzrosnąć raz jeszcze do 55, a na koniec ograniczyć się do 40 mil.

Wszystko to odbywa się na 3-milowym odcinku drogi, a zatem przeciętny kierowca musi się zdrowo nahamować i przyspieszać, by temu wszystkiemu sprostać, choć zapewne już po pierwszych trzech zmianach ograniczenia prędkości przestaje kontaktować i jedzie, jak chce. Tymczasem niestrudzona policja wyłapuje co bardziej zdezorientowanych i mówi im, iż jechali o 10 mil na godzinę za szybko w strefie, która jeszcze przed chwilą miała zupełnie inny limit szybkości.

Ktoś mógłby argumentować, iż tak częste zmiany ograniczenia szybkości to po prostu wynik uwarunkowań terenu – np. obecność szkół, pchlich targów, wielu skrzyżowań, itd. Inna teoria mogłaby być taka, że jakiś pracownik miejski po pijaku ustawił w przypadkowych miejscach stosowne znaki, bo tak mu się podobało, a poza tym miał ich za dużo i nie bardzo wiedział, co ma z nimi zrobić. Obie te teorie nie mają jednak żadnych szans. Okazuje się bowiem, że przejazd przez Waldo to całkiem zamierzone sidła, zastawione na portfele kierowców.

Dopiero w tym roku wybuchł skandal z udziałem miejscowych policjantów. Szef policji Mike Szabo został zawieszony w czynnościach służbowych, ponieważ władze stanowe wszczęły przeciw niemu śledztwo dotyczące „nieprawidłowego wypisywania mandatów" przez jego podwładnych. Jego zastępca też został wkrótce potem zawieszony za uchybienia „w wykonywaniu niektórych zadań".

Przed kilkoma tygodniami, w czasie posiedzenia rady miejskiej Waldo, grupa policjantów zeznała, że Szabo polecił im wymierzanie minimum 12 mandatów w czasie 12-godzinnej służby na ulicach miasta i zagroził reperkusjami wobec tych, którzy takich „rezultatów" nie osiągną. Oznaczało to, że każdy *cop* w Waldo dostał rozkaz wypisywania co najmniej jednego mandatu na godzinę.

Nie dla wszystkich rewelacje te były zaskoczeniem. Organizacja AAA, zrzeszająca amerykańskich automobilistów, od dawna przestrzegała, że Waldo to celowa pułapka, jedna z dwóch najgorszych tego typu w USA, której jedynym celem jest wyłudzanie pieniędzy od kierowców. AAA ustawiła nawet przed wjazdem do miasta znaki ostrzegające przed tym, że za rogiem czyha policjant z radarem i że trzeba od razu zwolnić do 35 mil na godzinę, by się nie przejmować jakimikolwiek innymi znakami i radarami.

Przy okazji śledztwa, które toczy się rzekomo od dwóch lat, ustalono, że w roku 2013 siedmiu policjantów w Waldo wystawiło w sumie 11603 mandaty, co jest o tyle zdumiewające, że w znacznie większym mieście Gainesville 300 policjantów wypisało w tym samym okresie 25 tysięcy mandatów. Nic zatem dziwnego, że budżet Waldo w tymże roku, opiewający na milion dolarów, składał się w połowie z „opłat sądowych", czyli zapłaconych mandatów. Gdyby mandatów nie było, miasto być może klepałoby biedę, ale miałoby zapewne znacznie czystsze sumienie.

Wszystko wskazuje na to, że 6-krotne zmienianie ograniczenia prędkości na krótkim odcinku drogi było pomysłem szefa policji, choć zapewne przy współpracy z miejskimi władzami. Teoretycznie znakowanie ulic leży w gestii poszczególnych stanów – w przypadku Florydy jest to Florida Department of Transportation. W praktyce jednak urzędnicy stanowi często przychylają się do lokalnych wniosków o ustawianie znaków. Tak było też w przypadku Waldo, gdzie władze miejskie w zgodzie z policją postanowiły zafundować wszystkim prawdziwe pomieszanie z poplątaniem. Tubylcy są do wielokrotnych zmian ograniczenia szybkości na tyle przyzwyczajeni, że w zasadzie nic im nie grozi. Przyznają jednak, że przyjezdni są bez szans, bo wystarczy przegapić jeden znak, by zobaczyć za sobą mrugające światła „władzy".

Teraz w Waldo nastąpi zapewne okres bezkrólewia i wszyscy przejeżdżać będą przez miasto na pełnym gazie, w poczuciu tymczasowej bezkarności. Ja zaś, gnębiony narastającymi wątpliwościami, zastanawiać się teraz będę, czy ustawiony gdzieś znak ograniczenia szybkości do 30 mil to wymóg prawny całkiem na serio, czy też wymysł pobliskiego szefa policji, który zbiera walory na pokrycie kosztów studiów córki, albo lokalnego burmistrza, który musi łatać dziury w jezdni, ale nie ma niestety za co.

Wszystko po staremu

W pewnym niepokojącym sensie historia nigdy niczego nie przynosi, bo wszystko jest zawsze tak samo, choć czasami przybiera różne szaty. Adolf Hitler miał zwyczaj spotykać się regularnie z „bohaterami" Hitlerjugend, których głaskał po faszystowskich główkach i zachęcał do dalszej usilnej pracy na rzecz utrwalenia po wsze czasy imperium Arian. Niektórzy z głaskanych omal nie omdlewali z wrażenia, że właśnie zostali dotknięci przez konstruktora Tysiącletniej Rzeszy. Wprawdzie rzesza ta nie przetrwała nawet do 10. urodzin, ale przecież młodzież nie mogła o tym wiedzieć. Nawet w obliczu oblężenia Berlina niektórzy z tych chłopaków przyjmowali z radością medale od Adolfa i byli absolutnie przekonani o tym, że ostateczne zwycięstwo jest tuż „za rogiem". Tymczasem za rogiem był Sasza z kałasznikowem.

Niemcy w tamtych czasach chrzcili masowo swoje męskie potomstwo imieniem Adolf w nadziei, że imperatorskie zdolności tego dziwnego faceta z wąsem i przylizaną fryzurą przeleją się automatycznie na następne pokolenia. Nie przelały się.

Po drugiej stronie granicy totalitaryzmu towarzysz Józef Wissarionowicz Stalin też się spotykał z pędrakami – albo z tymi z jakiegoś kołchozu, albo z pionierami walczącymi o zwycięstwo komunizmu nad imperialistyczną zgnilizną Zachodu. Tam też była przez pewien czas moda na Józefów oraz na gruziński układ włosów, polegający na czesaniu wszystkiego „pod górę" od przodu, w celu stworzenia pionowej, stalinowskiej ściany owłosienia nadczolnego.

Oczywiście w USA wszystkie te tendencje naśladowcze w szokujący sposób strywializowano. Gdy w latach 80. sporą popularnością cieszył się serial telewizyjny pt. *McGyver*, którego bohater potrafił zrobić z zapałek i puszki piwa bombę atomową, a który miał specyficzną fryzurę ze zwężającym się z tyłu czaszki „kikutem", jak Ameryka długa i szeroka w szkołach pojawiły się tysiące małolatów, których mamy poszły na całego w imitację cyruliczną idola ze srebrnego ekranu. Na nic protesty, na nic płacze – „będziesz wyglądał jak McGyver i już!" mawiały zdecydowane na wszystko mamusie.

Na szczęście, na świecie nadal istnieją bezwzględni dyktatorzy oraz ich bezkrytyczni wielbiciele, którzy uwielbienia wodza nie pozwolą sprowadzić do amerykańskiego komercjalizmu telewizyjnego. Z Kuby nadeszła ostatnio na przykład intrygująca wiadomość o tym, iż 88-letni Fidel Castro spotkał się z jedenaście razy młodszym od niego chłopcem, Marlonem Menendezem.

Jak powszechnie wiadomo, Fidel w zasadzie już się z nikim nie spotyka, bo jest zbyt niedołężny i woli wspominać prywatnie o rewolucyjnej glorii z cygarem w zębach. W tym jednak przypadku zrobił strategiczny wyjątek, gdyż 8-letni Marlon zawsze marzył o spotkaniu z wodzem i całe swoje dzieciństwo spędził na naśladowaniu Fidela, przywdziewając jego charakterystyczny, zielony mundurek oraz zakładając wojskowe buty. Ba, rzekomo słucha nawet jego wielogodzinnych przemówień nagranych na taśmę, co graniczy ze szczególnym przypadkiem masochizmu.

Z powodów czysto biologicznych oraz praktycznych mini-Fidel nie ma na razie rewolucyjnej brody oraz nie pali cygar. Uważa jednak, że jego idol to najważniejsza postać XX wieku. Podobnie jak w przypadku Hitlera, Stalina i im podobnych kacyków, Marlon stał się natychmiast bardzo pomocnym narzędziem w rękach propagandystów. W sierpniu tego roku kubańska telewizja nadała reportaż z wizyty w domu chłopca, gdzie w jego pokoju wisi kilkanaście portretów Fidela (choć czasami tuż obok bohaterów zachodnich komiksów). Młodzian powiedział dziennikarzom, że jest „zachwycony" Fidelem i marzy o tym, by mógł on wrócić do najwyższych władz kraju.

Gdy tylko reportaż ten został nadany, Marlon dostał oficjalne zaproszenie na spotkanie z Castro. Udał się na nie wraz z rodziną, a wydarzenie to zostało odpowiednio obfotografowane i uwiecznione, bo przecież trzeba udowodnić narodowi, że nawet schorowany emeryt cieszy się wielkim szacunkiem ze strony młodego pokolenia.

Mały Marlon na pamiątkę dostał od faceta, który rujnował Kubę skutecznie przez 49 lat, kartkę z dedykacją: „Mojemu wielkiemu przyjacielowi Marlonowi Menendezowi". Natomiast babcia chłopaka, Maria Elvira Hernandez, powiedziała potem gorliwym reporterom, że z Fidelem rozmawiała o „rolnictwie i Wenezueli", co sugeruje jednoznacznie, że musiała to być absolutnie porywająca konwersacja o kultywatorach, kombajnach oraz Hugo Chavezie.

Fascynujące jest to, jak bardzo wszystkie te fakty są powtórką z historii. Hitler często rozmawiał z młodzianami z Hitlerjugend o „problemie żydowskim", natomiast Stalin lubował się we wpajaniu młodym duszom przekonania o zagrożeniu ze strony kułaków i imperialistów. A każdy zachwyt ze strony młodego pokolenia był zawsze kluczem do dalszej propagandy.

No a zgnilizna USA polega zapewne na tym, że młodzież amerykańska nie ma żadnych idolów, a jeśli już, to są to zwykle pozbawieni programów politycznych ludzie, pląsający w takt rozmaitych rytmów na estradach. Zgroza!

W trosce o głowę

Wiedziałem, że prędzej czy później do tego dojdzie. Gdy tylko w mediach zaczęły pojawiać się wieści o ekspansji organizacji ISIS na Bliskim Wschodzie i gdy każdy Amerykanin mógł sobie w telewizji obejrzeć obcinanie głów rodaków, byłem pewien, że panowie ekstremiści staną się straszakiem w wielu różnorodnych sytuacjach. No, i tak właśnie się stało.

W stanie Tennessee policja zatrzymała zalanego w pestkę kierowcę, Marco Antonio Domingueza, który wzbudził pewne podejrzenia władzy, gdy zajechał na stację benzynową z dymiącym silnikiem i zbitą przednią szybą. Już pobieżne badania wykazały, że Marco ostro przedawkował i do roli kierowcy jakiegokolwiek pojazdu zdecydowanie się nie nadaje. Wsadzono go zatem do policyjnego radiowozu z zamiarem przewiezienia do aresztu.

To wtedy właśnie Marco oznajmił policjantom, że zamierza „zapisać się" do szeregów ISIS. – *A gdy już stanę się członkiem tej organizacji,* – dodał – *wrócę tu i was wszystkich pozabijam*. Później, już w areszcie, nadal krzyczał, iż jego celem jest dżihad wymierzony we wrednych policjantów w Nashville.

24-letni Dominguez będzie miał jednak pewne kłopoty z przyłączeniem do islamistów. Jest oskarżony nie tylko o prowadzenie samochodu po pijaku, ale również o czynne stawianie oporu policji i opuszczenie miejsca wypadku drogowego, za co w sumie grozi mu kara kilku lat więzienia. W tym czasie ISIS może zostać zbombardowane na popiół, nie mówiąc już o tym, że co by o ekstremistach spod czarnej flagi nie powiedzieć, raczej nie tolerują oni ludzi pijących napoje alkoholowe, a zatem w swoim podaniu o przyjęcie do sił światowego terroryzmu Marco będzie musiał zdrowo nakłamać.

Nie to jest jednak najważniejsze. Obawiam się, że ISIS stanie się teraz ulubionym straszakiem, np. w ramach sporów rodzinnych. Idziemy, na przykład, na imieniny do cioci Krysi, a tam wujek Wacek w pijanym widzie zaczyna się ze wszystkimi kłócić i oświadcza, że jedzie na szkolenie do Syrii, by wrócić i wszystkim biesiadnikom poodcinać łby, a następnie podać je na stół wraz z sałatką warzywną.

Faktem jest, że obcinanie głów przez tysiące lat było główną metodą wykonywania wyroków śmierci niemal na całym świecie, choć Ameryka jest zdecydowanie wyjątkiem. Stracić głowę legalnie można było przez pewien czas tylko na tzw. Terytorium Utah przed przyłączeniem się tego stanu do Unii. Każdy skazaniec miał do wyboru albo ścięcie głowy, albo też powieszenie, ale ponieważ tej pierwszej metody odejścia w zaświaty nigdy nikt nie wybrał, ostatecznie porzucono ją, a do możliwości wieszania dodano później opcję krzesła elektrycznego, rozstrzelania oraz komory gazowej.

Publiczne ścinanie głów, i to w dodatku nożem, a nie toporem lub mieczem, zaszokowało ostatnio świat. Jednak w społeczności muzułmańskiej obcinanie różnych części ciała, np. rąk złodziejom, nigdy nie straciło na popularności. W Arabii Saudyjskiej do dziś zamiast do kina można pójść na publiczną egzekucję, gdzie trup ściele się gęsto, a gawiedź się bawi. Ba, w świetle nadal obowiązującego w tym kraju prawa, ludzi już bez głowy wolno krzyżować i wystawiać na publiczny widok „dla przestrogi".

Okazuje się, że w USA też niektórzy chcieliby obcinać głowy, np. w odwecie za mandat wystawiony przez policję lub w wyniku „niesprawiedliwego" aresztu. Ochotnikom tym należy jednak przypomnieć, że *beheading* to wcale nie łatwizna, lecz zadanie wymagające dobrego narzędzia i odpowiednich zdolności.

Nie darmo przed wiekami skazańcy dawali czasami katom złotego dukata, prosząc ich o „dobre cięcie". Niestety, nie zawsze dawało to odpowiednie rezultaty.

Królowa Szkocji Mary straciła głowę dopiero po trzech zamachach siekierą, natomiast swoistą rekordzistką pozostaje Margaret Pole, hrabina z Salisbury w Anglii, której skuteczna egzekucja wymagała aż 10 cięć. Dopiero wynalazek gilotyny spowodował, że pozbawianie skazańców głowy stało się znacznie bardziej efektywne i podobno bezbolesne, ale problem w tym, że żadnego skazanego nie można było po egzekucji zapytać, czy go bolało.

Gdy pan Dominguez wyjdzie z więzienia, może się okazać, że w szeregi oszołomów pt. ISIS nie będzie mógł wstąpić, gdyż organizacji o takiej nazwie już nie będzie. Ci sami ludzie, którzy wymyślili gilotynę, czyli Francuzi, promują ostatnio zupełnie nową nazwę – „Daesh". Jest ona skrótem od pełnej nazwy organizacji: *al-Dawla al-Islamiya fi al-Iraq wa al-Sham*. Ponadto słowo „daesh" jest bliskie arabskiemu czasownikowi, który znaczy: „tratować". Francuskie ministerstwo spraw zagranicznych uważa, że używanie terminu Państwo Islamskie jest nie na miejscu, gdyż sugeruje legalny kraj, a nie zbieraninę chętnych do ścinania głów innowiercom bandytów. Agencja Associated Press twierdzi, iż ten francuski zabieg terminologiczny wywołał wśród terrorystów „niezadowolenie", ale ponieważ ISIS na razie nie posiada żadnych francuskich zakładników, obcięcie komuś głowy w odwecie raczej nie wchodzi w rachubę.

I tu pojawia się szansa dla Domingueza. Gdy już wyjdzie na wolność, może zostać wysłany z sekretną misją do Paryża, gdzie jego zadaniem będzie odkurzenie jakiejś gilotyny i jej ponowne zastosowanie. Sądzę jednak, że jego szanse na sukces są nikłe, głównie dlatego, iż wprawdzie fizycznie posiada on nadal głowę, ale tak naprawdę to już ją dawno stracił.

Ośli problem

Sprawami polskimi w tym miejscu prawie nigdy się nie zajmuję, ale muszę zrobić wyjątek. Od dawna znane mi jest porzekadło, że „każdy posieł to osieł". Okazuje się jednakowoż, że nie dotyczy to wyłącznie posłów. Oto w Poznaniu lokalny polityk, pani Lidia Dudziak, skutecznie namówiła dyrekcję tamtejszego ogrodu zoologicznego, by rozłączono przymusowo parę osłów, Napoleona i Antosię.

Gdyby na ten ośli związek patrzeć w kategoriach czysto ludzkich, byłaby to niemal idealna rodzina. Antosia z Napoleonem nie rozstaje się od dziesięciu lat i ma z nim w sumie sześcioro potomstwa, w tym 2-miesięcznego Tadeusza. Jednak ostatnio zaczęły płynąć skargi ze strony zbulwersowanych matek, których dzieci w czasie wizyt w zoo oglądały czasami oślą parę w trakcie uprawiania seksu na wybiegu.

Ta skandaliczna pornografia w świecie zwierząt spowodowała, że pojawiła się petycja w sprawie umieszczenia oślich amantów w oddzielnych wybiegach, w których mogliby oddawać się wyłącznie przyzwoitym rozrywkom, takim jak żarcie siana i jego wydalanie.

Początkowo dyrekcja zoo uległa presji politycznej i przeprowadziła akt przymusowego rozwodu pary. Napoleona umieszczono na jednym wybiegu, a Antosię z Tadeuszem na drugim. Potem jednak wszyscy doszli do wniosku, iż była to kompletnie ośla decyzja i że Napoleonowi oraz Antosi należy się wspólne życie aż do śmierci. Wniosek ten nasunął się tym łatwiej, że w Sieci zawrzało i ponad 10 tysięcy ludzi na Facebooku wyraziło poparcie dla oślich harców na wybiegu. Niektórzy zamieszczali nawet zdjęcia Napoleona z Antosią niejako, że się tak wyrażę, *in flagranti*. Ponadto zaczęli wypowiadać się specjaliści, którzy w miarę jednogłośnie twierdzili, iż rozłąka pary będzie dla niej szokiem.

Oglądałem w tym czasie parę polskich programów telewizyjnych, w trakcie których licznym poważnym politykom wszelkiej maści ideologicznej zadawano pytania typu: „czy sądzi pan, że osłom należy pozwolić na publiczną kopulację?”. Aż się prosiło, by dodać: „którym osłom, tym w zoo, czy tym na wolności?”. Sprawa Napoleona i Antosi stała się źródłem kilkudniowego, medialnego kabaretu, a tak dobrego, komediowego scenariusza nikt nie byłby w stanie sam wymyślić. Przecież rzadko się zdarza, by polityków można było pytać o ich poglądy na temat życia seksualnego zwierząt. A ich zakłopotane twarze pod naporem tego rodzaju pytań były wręcz komiczne.

Wszystko ostatecznie zakończyło się niemal hollywoodzkim happy endem, bo osły znów są razem, tyle że przez kilka dni Polska zagościła w światowych mediach nie z powodu jakichś ważkich wydarzeń, lecz w wyniku przymusowej separacji dwóch ssaków w zoo.

Wszystko to rodzi wiele pytań. Zastanawiam się, na przykład, dlaczego przez 10 lat nikt się do życia seksualnego osłów w Poznaniu nie przyczepiał, a potem nagle się okazało, że to wielki skandal? Są dwie możliwości. Albo Napoleon i Antosia postanowili dramatycznie zwiększyć częstotliwość zbliżeń fizycznych, albo też niektórym odwiedzającym zoo coś nagle padło ostro na mózg.

Ponadto mam nadzieję, że skarżące się politykom matki zdają sobie sprawę z tego, że osły – podobnie zresztą jak inne zwierzęta w zoo – nie mają do dyspozycji gustownie oświetlonych sypialń z telewizorem i romantycznymi obrazami na ścianach. Wreszcie należy też mieć nadzieję, iż wszyscy zdają sobie sprawę z tego, że bez seksu nie ma potomstwa.

Spójrzmy prawdzie prosto w oczy. Co te osły mają na wybiegu robić? Czytać gazety? Oglądać dziennik telewizyjny? Grać w golfa? Słuchać obrad Sejmu? Matka natura nakazuje im robić od czasu do czasu to samo co nam, a że mają przypadkowo tak dużo ludzkich świadków, to zdecydowanie nie ich wina.

Ponieważ pochodzę z Wielkopolski, wiem doskonale o tym, że w tym regionie kraju popularne są tzw. poznańskie koziołki, które można nawet oglądać na zegarze ratusza w Poznaniu. Na szczęście nie uprawiają tam one seksu, gdyż zawsze się gonią, ale nigdy nie doganiają. Może jednak nadszedł czas, by koziołki wymienić na osiołki. Wtedy każde wybijanie pełnej godziny na ratuszowej wieżyczce byłoby prawdziwą atrakcją dla spragnionych seksu turystów.

Nie jestem w stanie wyjaśnić, dlaczego seks wśród zwierząt jest w Poznaniu problemem nie po raz pierwszy (i być może nie po raz ostatni). Dokładnie 5 lat temu, inny radny interweniował w sprawie słonia Nino, który przeniósł się z Warszawy do Poznania. Podejrzenia polityka wzbudził wówczas fakt, że Nino, jeszcze młodzik jak na słonie warunki, zdradzał większe zainteresowanie trąbami kolegów niż koleżanek. No, i masz babo placek! Kupiony za sporą kasę słoń woli chłopów, czyli że Poznań sprawił sobie słonia-geja. Potem się wprawdzie okazało, że Nino to zdecydowany hetero, a nie homo, ale afera była na całego.

Ogólnie rzecz biorąc, coraz częściej zastanawiam się nad tym, co kieruje niektórymi politykami przy doborze „ważnych tematów” do dyskusji. Po obu stronach Atlantyku od czasu do czasu pojawiają się kwestie, które już na pierwszy rzut oka wydają się totalnym idiotyzmem, co jednak nikogo specjalnie nie zraża. O ile my mieliśmy przez pewien czas do czynienia z domniemanym zamachem na konstytucję i wolność osobistą, spowodowanym rządową obietnicą wycofania z rynku tradycyjnych żarówek, o tyle w Polsce musieli sobie radzić z zamachem na moralność publiczną, wywołaną przez haniebne ośle amory. Myślę jednak, że w obu przypadkach jest pewien wątek wspólny – kryzysy te wywoływane są niemal zawsze przez ludzi o oślej inteligencji.

Małżeński supersam

Tytuł dzisiejszego felietonu co bardziej zbereźnym czytelnikom może się wprawdzie kojarzyć z jakimiś praktykami prowadzącymi nieuchronnie do ślepoty, ale śpieszę donieść, że zupełnie nie o to chodzi. Dla nikogo nie jest specjalną tajemnicą to, że instytucja małżeństwa znajduje się od lat pod ostrzałem ze strony zwolenników „alternatywnych" związków partnerskich. Zwolennicy tradycyjnych małżeństw między kobietą i mężczyzną, najlepiej po jednej sztuce po obu stronach, argumentują często, że jeśli zezwoli się na jakiekolwiek inne modele konkubinatu, nic nie stanie na przeszkodzie udzielania małżeństw absolutnie wszystkim, np. ludziom i psom lub dowolnie wybranym przedmiotom martwym.

W konserwatywnych mediach przeczytałem nawet w swoim czasie, że jak tak dalej pójdzie, to prędzej czy później pożenione zostaną ze sobą jakieś siostry bliźniaczki, co za jednym zamachem załatwi parę poważnych grzechów, na czele z homoseksualizmem oraz kazirodztwem. W ten sposób osiągnęlibyśmy moralne dno, poniżej którego już nikt nie mógłby spaść, choć ja sam podejrzewam, iż moralnego dna nie ma i że zawsze można się osunąć gdzieś niżej.

Z kolei ludzie o bardziej liberalnych poglądach twierdzą, iż instytucja małżeństwa w znacznej mierze sama się zdyskredytowała, czego przejawem są separacje, rozwody oraz świadome decyzje o wychowywaniu dzieci w domach, w których jest tylko jeden rodzic. A jeśli tak, to obrona tradycji w tej mierze jest bezsensowna.

Nie mam żadnego oryginalnego poglądu w tej tematyce, ale uważam, że być może przełomowe i genialne w swej prostocie rozwiązanie tych sporów znalazła Grace Gelder, mieszkanka Wielkiej Brytanii. Ku zaskoczeniu bliskich i rodziny oświadczyła ona ostatnio, że nie ma czasu na paranie się tradycyjnymi związkami na linii facet-kobita, gdyż są one zwykle bardzo skomplikowane i często kończą się awanturami lub rozwodami. Z drugiej strony Grace nie chciała zostać tzw. starą panną, pozostającą poza nawiasem matrymonialnych uroczystości, których atrybutami są takie przyjemności jak zgraja drużek, wielki tort, szaleńcze tańce do rana, weselne śpiewy i libacje, etc.

A skoro tak, to jest tylko jedno rozwiązanie – zawarcie związku małżeńskiego z własną osobą. Grace oznajmiła, że w ostatnich latach nawiązała bardzo ścisłe więzi emocjonalne z samą sobą i postanowiła się sobie oświadczyć, co nastąpiło na ławce w jednym z londyńskich parków. O dziwo, oświadczyny zostały przyjęte, w związku z czym Grace wysłała do ponad 50 osób zaproszenia na ślub ze sobą. Nie zdradziła, czy kupiła swojej wybrance (czyli sobie) pierścionek zaręczynowy, ale to sprawa w zasadzie bez znaczenia.

Oświadczyny miały miejsce w listopadzie ubiegłego roku i od tego momentu rozpoczęły się zwykłe w takich przypadkach przygotowania do wesela. Grace kupiła sobie i swojej żonie suknię ślubną, zaoszczędzając w ten sposób sporo pieniędzy, bo niczego nie trzeba było kupować „na dwie osoby". Zamówiła orkiestrę oraz w miarę wystawne żarcie i tu też miała przewagę finansową nad tradycyjnymi uroczystościami tego typu, jako że w grę wchodziła tylko jedna rodzina, a nie dwie.

Ostatecznie na farmie w hrabstwie Devon doszło do uroczystości zaślubin. Panna młoda złożyła sama sobie przysięgę dozgonnej wierności, co było o tyle łatwe, że z pewnością pozostanie ze sobą do końca życia. Zdradzić siebie oczywiście może, ale zawsze odbywać się to będzie w towarzystwie małżonki.

W obecności swojej siostry i zaproszonych gości panna młoda pocałowała sama siebie w lustrze, a zaraz potem pojechała w podróż poślubną, też sama z sobą. Media milczą o tym, czy małżeństwo zostało skonsumowane, czemu się nie dziwię. Grace wróciła następnie do domu i zamierza żyć sama z sobą długo i szczęśliwie, a nawet jeśli czasami dojdzie między nią i partnerką do karczemnej awantury, przeprosiny z własną osobą wydają się zawsze nieuchronne.

Opisująca to wszystko brytyjska prasa nie omieszkała wytknąć, iż ślub Grace z Grace nie ma i nie może mieć żadnej mocy prawnej. – *Nie ma to dla mnie żadnego znaczenia* – odparła świeżo upieczona małżonka – *uważam, że nie jestem już panną, a to jest dla mnie najbardziej istotne.*

Problem jest oczywiście taki, że gdyby absolutnie wszyscy przeszli na proponowany przez Grace model małżeńskiej samoobsługi, wystąpiłyby szybko poważne problemy z prokreacją i dalszym istnieniem ludzkości. Z drugiej strony, pomysł Grace jest pod wieloma względami pociągający. Gdybym na to wpadł wcześniej, może zamiast się ożenić, bym się zamęścił z samym sobą i dziś miałbym tzw. święty spokój – bez dzieci i małżonki. Jestem pewien, że bez przeszkód przyjąłbym oświadczyny, bo gdybym usłyszał swoje własne pytanie „Jędruś, kochasz mnie?", odparłbym bez wahania, że się uwielbiam.

Jednakowoż nie ma co ukrywać – Grace stworzyła też zawiłe problemy natury prawnej. Na przykład, czy można się z samym sobą rozwieść w wyniku „poważnych problemów małżeńskich"? Jeśli kiedyś Grace dojdzie do wniosku, że jej partnerka, czyli ona sama, nie jest osobą godną zaufania i prowadzi się niemoralnie, kto może wnieść pozew do sądu i która z pojedynczych stron musi wyrazić zgodę na rozwód? Odpowiedzi na razie nie znam, w związku z czym chwilowo odraczam decyzję o związku z samym sobą.

Płatny wujek za kotarą

Gdy w roku 1983 zjawiłem się na amerykańskiej ziemi, by zapuścić tu emigracyjne korzenie, jednym z pierwszych zaskoczeń był dla mnie fakt, że Amerykanie są niezwykle przywiązani do dokonywania wielu codziennych czynności bezpośrednio ze swoich samochodów. Instytucja tzw. *drive-through* już wtedy była wszechobecna i pozostaje nieodłączną częścią amerykańskiego krajobrazu. Zresztą zanim jeszcze był ów *drive-through*, można było przez wiele lat pojechać do kina *drive-in*, w którym filmy oglądało się „pod chmurką", siedząc w samochodzie i przytulając się z dziewczyną. To akurat zjawisko niemal całkowicie wymarło, tzn. przytulać się nadal można, ale nie w samochodowym kinie. Natomiast reszta samochodowej samoobsługi prosperuje nadal.

Przybyszowi z PRL-u wszystko to z natury rzeczy wydawało się dziwne, bo przecież w ówczesnej Polsce pojechać „maluchem" – zakładając, że ktoś go w ogóle posiadał – można było wyłącznie na pchli targ albo na grzyby. A gdyby nawet jakaś instytucja, np. „Restauracja Dworcowa", oferowała podawanie czegokolwiek do samochodu, zwykle mógłby to być wyłącznie śledzik z setą oraz cios w mordę.

W USA z samochodu nie trzeba wysiadać, by wrzucić list do skrzynki, odebrać lek z apteki, wpłacić kasę do banku lub zakupić kardiologicznie niebezpiecznego hamburgera. Ba, w niektórych częściach kraju są też okienka *drive-through* w sklepach z siwuchą, co stanowi dość kuriozalną zachętę do picia za kierownicą.

Do dziś, po tylu latach, nie mogę się nadziwić, że tylu leniwców wystaje w samochodowej kolejce do kiosków McDonald's, by dostać żarcie „prosto w szybę”, bez konieczności wywlekania tłustego ciała zza kierownicy i przebycia na piechotę kilkunastu metrów do środka lokalu. Być może wynika to z tego, że taki spacer mógłby się zakończyć atakiem serca albo przynajmniej szokiem tlenowym.

Jest jednak jeden rodzaj *drive-through*, który budzić musi zdecydowanie największe zdziwienie. W miejscowości Ocala na Florydzie właśnie wyburzono zakład pogrzebowy o nazwie *Westside Serenity Funeral Home*. Była to w latach 80. dość niezwykła, by nie powiedzieć pionierska placówka.

Gdy szefowie tego zakładu zwrócili się do miejscowych władz o zezwolenie na powiększenie znajdującego się z boku budynku parkingu, dostali odmowę. Nie widząc innego wyjścia, dobudowali do placówki klasyczny *drive-through* dla wszystkich tych, którzy chcieli obejrzeć zmarłego bliskiego przed pochówkiem, ale nie mieli ochoty wysiadać z tego powodu z samochodu.

Działało to tak. Za szybą leżał w trumnie wujek Krzych, zasłonięty gustowną kotarą. Do szyby przybywała kolejno samochodami rodzina. Gdy pojazd przejeżdżał przez specjalną linkę, kotara się rozsuwała, wujek się pokazywał żałobnikom, zapalały się gustowne lampy i rozbrzmiewała stosowna muzyka. Gdy zaś tylne koła samochodu przejeżdżały przez tę samą linkę, kotara się zasuwała, żarówki gasły, a muzykę wyciszano.

Pomysł ten „chwycił” i przez parę lat samochodowe odwiedziny zmarłych cieszyły się sporą popularnością. Potem jednak zakład popadł w finansowe tarapaty i ostatecznie splajtował. Myliłby się jednak ktoś, kto sądzi, że na tym kariera żałobnego *drive-through* się skończyła. Przecież tak genialnego pomysłu nie sposób zmarnować.

Niedawno zakład pogrzebowy *Paradise Funeral Chapel* w stanie Michigan uruchomił bardzo podobną usługę, choć z pewnymi nowinkami technicznymi. Wizytujący zmarłych kierowcy mają dokładnie trzy minuty na oglądanie nieboszczyków (czyli tylko nieco mniej niż czas automatycznego suszenia pojazdów w myjniach). Poza tym w czasie owych trzech minut można do skrzynki wrzucić datek pieniężny, a po automatycznym zasunięciu się kotary przy kierowcy pojawia się księga, do której trzeba się wpisać, by wizytacji stało się zadość.

Szef zakładu, Ivan Phillips, oferuje też co zamożniejszym żałobnikom przejazd na cmentarz srebrną karocą ciągnioną przez konie. Natomiast nadal nie ma możliwości uczestnictwa w pogrzebie *drive-through*, czyli takim, w ramach którego podjeżdża się do grobu samochodem i obserwuje się uroczystości siedząc za kółkiem. Myślę jednak, że wprowadzenie takiego serwisu jest tylko kwestią czasu.

Ponadto oczyma wyobraźni widzę już usługi pogrzebowe świadczone wyłącznie w trybie online. Wspomnianego już wujka Krzycha można będzie oglądać w internetowej przeglądarce, a potem obserwować jego pogrzeb, siedząc przed komputerem w domu i popijając piwo oraz jedząc pizzę. Innymi słowy, będzie to pogrzeb połączony jednocześnie z indywidualną stypą.

A w ogóle to nie rozumiem, dlaczego Rosjanie nie skorzystali jeszcze z tej amerykańskiej pomysłowości i nie rozwiązali wreszcie problemu mauzoleum Lenina w Moskwie. Od lat trwają spory o to, czy wodza rewolucji bolszewickiej, zakonserwowanego niczym śródziemnomorska sardynka w ciasnej puszce, nie usunąć z Moskwy, by go pochować na normalnym cmentarzu. Dlaczego jednak nie zastąpić obecnego mauzoleum obiektem o nazwie *The Lenin Drive-Through*? Gdzieś w boczną ścianę Kremla można by było wmurować Włodzimierza Ilicza i schować go za kotarą, która rozsuwałaby się tylko po podjechaniu samochodem i uiszczeniu stosownej opłaty na Fundusz Utrzymania Rosji przy Życiu. Pożytek byłby oczywisty, a na miejscu zajmowanym obecnie przez masywne mauzoleum można by ustawić coś bardziej pożytecznego, np. samochodową bliniarnię. Po wizytacji wodza – porcja blinów!

„Odrzut" Obamy

W swoim czasie dość popularny był film pt. *The American President*, opowiadający o owdowiałym lokatorze Białego Domu, który zakochuje się w działaczce politycznej, co prowadzi do wielu powikłań natury zarówno państwowej, jak i czysto praktycznej. Amerykański ustrój polityczny po prostu nie przewiduje w żaden oczywisty sposób tego, że samotny prezydent może zechcieć chodzić na randki i zapraszać niewiasty do spędzenia z nim „wieczoru w Białym Domu"...

Gdy zatem filmowy przywódca wolnego świata (Michael Douglas) dochodzi do wniosku, że powinien swojej wybrance kupić bukiet kwiatów, zadaje swoim współpracownikom pozornie bezsensowne pytanie: – *Gdzie są moje karty kredytowe?* Jednak nie jest to wcale taki bezsens. Przywódcy USA są dość mocno izolowani od reszty świata i zwykle nie wychodzą na chwilę do Walmartu na doraźne zakupy. Czasami wpadają do jakichś ulubionych miejsc albo też odwiedzają miejsca z góry „ukartowane" przez otaczających ich doradców, ale wtedy wszystko jest na tyle zorganizowane, że prezydent nie musi się martwić o formę zapłaty, bo sprawę załatwiają za niego inni.

Bill Clinton i George W. Bush mieli na przykład zwyczaj wpadania od swoich ulubionych hamburgerowni. Tam płacili jednak drobne rachunki gotówką albo robiła to za nich wszechobecna obstawa.

Co innego jednak, gdy prezydent zapragnie nagle zapomnieć na chwilę o Eboli, Iraku i Putinie, by udać się na prywatny, romantyczny obiad z osobistą małżonką. Z oczywistych przyczyn nie chce wtedy, by otaczali go w knajpie agenci Secret Service. Agenci ograniczają się zatem do sprawdzenia lokalu i przebywających w nim klientów, a potem „zabezpieczają" wejścia, stojąc dyskretnie na ulicy w ciemnych okularach w środku i tak już ciemnego wieczoru, co sprawia, że w zasadzie nic nie widzą.

Ich zadaniem jest również sprawdzanie zamówionych przez prezydenta dań, bo przecież szefem kuchni może się okazać jakiś zawzięty Muhamad, który do steku jest gotów włożyć arszenik albo przyprawę w postaci nitrogliceryny. Lepiej, żeby wyleciał w powietrze agent niż prezydent. Jednak po podjęciu wszystkich tych środków ostrożności para prezydencka ma być pozostawiona w spokoju, tak by mogła konsumować w całkowicie sfingowanym na jej potrzeby zaciszu kulinarnym.

Truizmem jest stwierdzenie, że Barack Obama ma wielu wrogów oraz ludzi, którzy się z nim po prostu nie zgadzają, czasami w sposób dość gwałtowny. Z drugiej jednak strony równie oczywiste jest to, iż jest to człowiek z natury rzeczy sympatyczny, z którym niemal każdy skłonny byłby pójść na piwo, niezależnie od różnic światopoglądowych. Wspominam o tym dlatego, że niedawno prezydent uczestniczył w ceremonii podpisania nowej ustawy, zaostrzającej ochronę kart bankowych, które władze federalne wysyłają do ludzi dostających przeróżnego rodzaju zasiłki rządowe. W czasie tejże ceremonii prezydent zachował się „jak człowiek", co politykom zdarza się zwykle bardzo rzadko albo w ogóle.

Gdy tylko Obama złożył swój podpis na odpowiednich dokumentach, opowiedział bardzo krótką historię o tym, jako to był wcześniej w Nowym Jorku, gdzie udał się z Michelle na prywatny obiad do restauracji. Gdy przyszło do płacenia rachunku, Obama podał kelnerce swoją kartę kredytową. Niestety, karta została odrzucona, a na ratunek musiała pośpieszyć Pierwsza Dama USA, która zapłaciła swoją własną kartą.

Obama zapewnił zgromadzonych, że na razie spłaca wszystkie swoje zadłużenia w terminie, a „odrzut" karty nastąpił dlatego, iż nie była używana przez wiele miesięcy, w związku z czym komputer uznał, iż nagłe pojawienie się jej w nowojorskiej knajpie może zwiastować jakoweś oszustwo. Komputer nie mógł wiedzieć, że ma do czynienia z prezydentem i że podwędzenie karty kredytowej Obamie graniczyłoby z cudem.

Cieszy mnie jednak pod wieloma względami fakt, że nawet prezydent może się w restauracji czuć dokładnie tak samo jak każdy inny mieszkaniec kraju, którego karta jest odrzucana z takiego czy innego powodu. Z drugiej strony, nie zazdroszczę kelnerce, która musiała wszak podejść do stolika i powiedzieć: – *Panie prezydencie, przykro mi, ale pana karta nie została przyjęta. Może wydał pan za dużo na te naloty w Syrii i Iraku?* Tak czy inaczej, jeśli Obamie odrzucają karty kredytowe, to sygnał, iż jest to „swój chłop".

Oczywiście prezydent kraju jest z definicji w nieco innej sytuacji niż na przykład ja. Jego roczna pensja wynosi 400 tysięcy dolarów, ale do jego dyspozycji dodatkowo jest tzw. „specjalne konto" na drobne wydatki, które opiewa na sumę 50 tysięcy nieopodatkowanych dolarów rocznie. Gdyby zatem nawet Michelle nie miała przy sobie karty kredytowej, Obama zapewne nie musiałby zmywać naczyń w celu uregulowania restauracyjnego rachunku, gdyż obdarzono by go pewnym kredytem fiskalnego zaufania. Poza tym naczynia mogliby zawsze w jego imieniu pozmywać ochroniarze.

Z drugiej strony, przytoczone zarobki prezydenckie nie są aż takie duże, biorąc pod uwagę fakt, iż jest to posada, której zajmowanie przez 8 lat prowadzi do nieuchronnego łysienia lub siwienia, co zresztą już widać po Obamie. Owszem, ma się sporą chatę zupełnie za darmo, i to w centrum miasta, ale jest to tylko układ tymczasowy, tak że nie ma się specjalnie z czego cieszyć.

A swoją drogą uważam, że wszystkie karty kredytowe waszyngtońskich polityków winny być regularnie odrzucane. Są to wszak ludzie, którzy nałogowo wydają znacznie więcej naszych pieniędzy niż ich zarabiają i nigdy nie muszą się z tego jakoś specjalnie tłumaczyć.

Halloween po irlandzku

Spójrzmy prawdzie odważnie i prosto w oczy: święto Halloween jest pod wieloma względami okazją dziwną. Wypada wszak w przeddzień święta polegającego na czczeniu pamięci zmarłych, a mimo to, pełne jest rozmaitych brewerii i makabrycznych dekoracji przed domami. Kuriozalnie poprzebierane dzieciaki latają po chałupach w poszukiwaniu słodyczy, a ludzie zwykle całkiem normalni ustawiają na trawnikach maszkary odziane w „okrwawione" szaty.

Czas zatem najwyższy, by przyjrzeć się bliżej kilku mniej znanym faktom dotyczącym halloweenowych celebracji. Na początek muszę przypomnieć, że drzewiej nie można było dostać jakiegokolwiek łakocia tylko na mocy wygłoszenia sakramentalnego *treat or trick*. Halloween wywodzi się z Europy, gdzie niegdyś istniała tradycja tzw. *mumming*, co polegało na tym, że grupy przebierańców musiały w celu wyżebrania paru cukierków zaprezentować szereg tańców i przyśpiewek. Całe szczęście, że dziś już tego zwyczaju nie ma, bo za mój własny śpiew mógłbym liczyć wyłącznie na gustowny knebel.

Inną nagą prawdą jest to, że w początkowych latach amerykańskiego celebrowania Halloween od drzwi do drzwi łazili najpierw dorośli mężczyźni, a potem nastoletnie chłopaki. Wszyscy mieli słodycze gdzieś, a liczyli głównie na drobne monety. Dlaczego? Dlatego, że było to zajęcie dla ludzi ubogich, dla których każdy pieniądz był skarbem. W latach 30. ubiegłego wieku żebranie po domach na pewien czas całkowicie ustało, ponieważ tzw. Wielka Depresja zagoniła nędzę pod wiele dachów i nikt się nie palił do dawania bliźnim czegokolwiek. Gdy zaś tradycja Halloween została potem wskrzeszona, postanowiono, że po domach chodzić będą małolaty żądne cukru, co miało odwieść ich od płatania mniej lub bardziej makabrycznych figlów.

A jeśli już mowa o pochodzeniu Halloween, to „winę" za współczesne szaleństwo dyniowe ponoszą przede wszystkim Irlandczycy, którzy za pogańskich czasów celtyckich organizowali festiwale o nazwie Samhain, którego celem było odstraszanie duchów zmarłych błąkających się bez celu po wsiach. Na progach domów pozostawiano w związku z tym różne smakołyki, tak by każdy zbłąkany duch mógł się nawcinać czegoś dobrego i wrócić do grobu.

W tamtych zamierzchłych czasach uczestnicy festiwali Samhain też się przebierali, ale zwykle na głowy zakładali sobie zwierzęce łby, a ciało odziewali w skóry niedźwiedzi, wilków, itd. Oznacza to, że w przebieralnictwie obowiązywała wtedy pewna monotonia – nikt nie był diabłem, Kim Kardashian lub prezydentem Obamą. Na takie kostiumy przyszło ludzkości czekać przez następne tysiąclecie.

I to właśnie wcześni mieszkańcy Irlandii wymyślili *jack-o-lantern*, czyli wydrążoną dynię ze wstawioną do niej świecą. Ale i w tym przypadku w przeszłości sprawy miały się nieco inaczej, gdyż początkowo nie drążono dyń, lecz buraki, rzepę, a nawet ziemniaki. Wnioskuję stąd, że świece musiały być dość miniaturowe. Należy przypuszczać, że jakiś wczesny Irlandczyk doszedł w pewnym momencie do wniosku, że grzebanie kozikiem w kartoflu jest zajęciem dla przygłupów i postanowił skorzystać z większego okazu rolnej flory. Dynia była zapewne idealną kandydatką.

Wydrążona dynia ze świecą w środku i ludzką twarzą na zewnątrz wiąże się z irlandzką legendą o niejakim Jacku Skąpcu, który pewnego dnia poszedł na drinka z diabłem (zupełnie tak jak ja) i przekonał go, by ów zmienił się na chwilę w monetę, którą można byłoby zapłacić za napitek. Diabeł w postaci bilonu został następnie bezceremonialnie wepchnięty do kieszeni Jacka, w której znajdował się „przypadkowo" srebrny krzyż, uniemożliwiający monecie powrót w diabelskie ucieleśnienie. Sprytny Jack obiecał swojemu zmienionemu w monetę kompanowi, że go „wypuści", ale pod warunkiem, iż diabeł nie będzie go nagabywał przez rok i po jego śmierci nigdy nie będzie chciał jego duszy. Palant diabeł się zgodził, ale został ponownie przechytrzony, gdyż Jack wsadził go do wydrążonego owocu z wyrytym na nim krzyżem, co znów uwięziło szatana. Nic dziwnego, że Irlandczycy sporo piją – przecież zawsze mają w kieszeni szatana.

Profesor Philip Freeman z Luther College w stanie Iowa twierdzi, że współczesne celebracje halloweenowe zostały Ameryce po prostu narzucone przez irlandzkich imigrantów, a w jaki sposób to wszystko się na dobre zakorzeniło, nikt dokładnie nie wie. W każdym razie wykorzenić się raczej nie da. Innymi słowy, Irlandczykom zawdzięczamy Guinnessa, powódź zieleni z powodu święta św. Patryka oraz Halloween. Jak na jeden, w sumie dość mały liczebnie, naród jest to imponujący dorobek.

Z drugiej strony, pewną konkurencję stanowią Szkoci. Przez wiele lat w niektórych częściach USA Halloween znane było jako „noc kapusty", a to dlatego, że szkockim zwyczajem wróżono wtedy dziewojom o przyszłych mężach na podstawie kształtu kapuścianych liści.

No i na zakończenie dwa szczególne przesądy. Po pierwsze, w dzień Halloween niektóre schroniska dla zwierząt w USA nie pozwalają na adopcję czarnych kotów, gdyż obawiają się, iż zwierzęta te zostaną użyte do jakichś satanicznych obrządków. Po drugie, socjolodzy twierdzą, że przebrane w ten dzień pędraki stają się o wiele bardziej „wredne i złośliwe" w stosunku do bliźnich oraz są skłonne nawet do kradzieży. Przesada – przecież tak jest zawsze.

Baba z pleców, chłopu lżej

Z przyjemnością donoszę (a noszenie w tym przypadku ma zasadnicze znaczenie), iż w kurorcie Sunday River w stanie Maine odbyła się po raz 15. niezwykle ważna impreza sportowa, a mianowicie mistrzostwa Ameryki w noszeniu żon, czyli *North American Wife Carrying Championship*. Niewtajemniczonym w arkana tej dyscypliny wyjaśniam, iż chodzi o wyścig na trudnej trasie, okraszonej licznymi przeszkodami, w których mężowie ścigają się z rywalami, niosąc swoje własne małżonki.

Zasady są w miarę proste. Wygrywa oczywiście ten, kto pierwszy ze swoją babą dotrze do mety, pod warunkiem, że jej ani razu po drodze nie upuści (babę, a nie metę). W Maine zawodnicy musieli w tym roku pokonać z partnerkami na plecach zbiornik wodny, kilka drewnianych przeszkód oraz odcinek głębokiego błota.

Jak w każdej liczącej się dyscyplinie sportowej, są oczywiście odpowiednie regulacje. Żeńska część teamu może być dowolnej wagi i ma to zasadnicze znaczenie w przypadku zwycięstwa, ponieważ nagrodą dla mistrza jest zawsze równowartość wagowa „ładunku" w piwie oraz pięciokrotnie większa suma pieniędzy. Jeśli zatem małżonka waży np. 150 funtów, tyle piwa czeka na mecie na najlepszego biegacza, łącznie z 750 dolarami. Jeśli ktoś się jakoś doczołga jako pierwszy do mety z niewiastą o znacznie większej wyporności, nagroda staje się odpowiednio większa.

Mimo że w nazwie zawodów widnieje słowo „żona", partnerką biegacza wcale nie musi być jego ślubna – może to być koleżanka z pracy, sąsiadka, siostra, itd. W amerykańskich mistrzostwach sukces w tym roku odnieśli: Jesse Wall, kierownik sali ćwiczeń gimnastycznych, oraz jego przyjaciółka Christina Arsenault. Innymi słowy, partnerkę można sobie dobierać pod kątem wagi, kondycji fizycznej, zdolności do wiszenia głową w dół, itd.

O tym wiszeniu wspominam nie bez kozery, jako że choć regulamin zawodów nie precyzuje, w jaki sposób chłop ma nieść babę, od wielu lat dominuje zdecydowanie tzw. „metoda estońska", polegająca na tym, iż facet biegnie z facetką zawieszoną na jego szyi nogami i zwisającą głową w dół w okolicach... no, nieważne w jakich okolicach – grunt, że kobieta dynda, nie dotykając ziemi, bo to jest niedozwolone.

Nie oznacza to wcale, że nie ma innych metod. Jest też pozycja zwana *piggyback*. Niektórzy preferują ponadto tak zwany „nios strażaka", kiedy to dama owija się w całości wokół łba dżentelmena.

Mogłoby się komuś wydawać, że zawody to jakiś żart lub wygłup. Nic podobnego. Jest to dyscyplina sportowa, która ma swoje tradycje i przepisy, a która wykształciła się najpierw w Finlandii, potem przeniosła się również do Estonii, a stamtąd została wyeksportowana w świat. Zawody w Maine były tylko przygrywką do mistrzostw świata, które zawsze odbywają się w Finlandii. Podobne eliminacje odbyły się we wspomnianej już Estonii oraz w Szwecji i Australii.

W tym miejscu od razu muszę dodać, że Polska przez pewien czas była nieco w tyle, ale już dogoniła resztę świata. W tym roku odbyły się mianowicie pierwsze mistrzostwa kraju w noszeniu żon, których zwycięzcy pojadą do Finlandii. Zauważyłem w polskim regulaminie ciekawą sprawę – niesiona niewiasta musi ważyć co najmniej 49 kilogramów. Jeśli waży mniej, zostaje sztucznie dociążona odważnikami. Ech, trudne jest życie sportowca...

Co do historycznej genezy uganiania się z małżonką na plecach, dominuje przekonanie, iż w XIX wieku w Finlandii grasował rozbójnik Herkko Rosvo-Ronkainen, który był czymś w rodzaju skandynawskiego Robin Hooda. Osobnik ten testował ludzi zgłaszających się do zbójnickiego rzemiosła przez zmuszanie ich do biegania z ciężkimi workami na plecach. No, ale gdy worków akurat nie było, na plecy wkładał im co cięższe kobity, wykradane w tym celu z okolicznych wsi.

No, właśnie – nie bardzo wiem, o co chodzi z tym wykradaniem. Podobno banda Herkko Rosvo-Ronkainena specjalizowała się w „kradzieżach" żon. Porywali białogłowy z pobliskich wiosek, zarzucając je na barana i wynosząc biegiem do pobliskich lasów. Porwaną żonę można było wykupić dużą ilością piwa. Historia milczy jednak o tym, czy którykolwiek z obrabowanych mężów płacił okup, czy też sam szedł na piwo, by uczcić kradzież.

Tak czy owak, począwszy od roku 1992 w Finlandii odbywają się zawody o nazwie *eukonkanto*, które stają się coraz bardziej popularne. Finowie twierdzą, że wpadli na pomysł organizowania tej imprezy dlatego, że „każdy zasługuje od czasu do czasu na wiadomości, z których się można po prostu pośmiać". Może to i prawda, ale uczestnicy zmagań traktują to wszystko bardzo serio. Z drugiej strony, nigdzie nie doszukałem się danych na temat tego, ile razy udział w tych mistrzostwach kończy się rozwodem.

Moja własna kariera noszenia żony w zasadzie zakończyła się z chwilą przetaszczenia jej przez próg tuż po ślubie. Teraz jest już za późno, chyba że ktoś zorganizuje mistrzostwa świata noszenia żon-emerytek. Ale i wtedy byłyby poważne problemy, np. z samym przyjęciem pozycji „estońskiej" i zachowaniem pionu. A swoją drogą, dlaczego Estończycy wymyślili tak trudną „figurę" startową?

Znam się na wszystkim

Coraz częściej dochodzę do wniosku, że w Ameryce nigdy nie powinienem twierdzić, że się na czymś nie znam. Zresztą w mojej świetlanej w taki czy inny sposób karierze zawodowej w tym kraju czasami wpisywałem do mojego *resume*, że mam o czymś tam doskonałe pojęcie, mimo że go nie miałem. Wychodziłem z optymistycznego założenia, że jeśli do pracy mnie przyjmą, zawsze zdążę się nauczyć tego, o czym nie mówiłem całej prawdy. Zauważyłem zresztą, iż robi tak większość Ameryki. Zasada jest taka, że jeśli ktoś pyta, czy mam „doświadczenie w dziedzinie X", odpowiedź minimum, czyli ostrożna, winna brzmieć: „tak, pewne doświadczenie posiadam". Natomiast odpowiedź maksimum to spontaniczna deklaracja typu: „ależ oczywiście, mam na koncie wiele lat pracy w tej dziedzinie".

Nie dotyczy to wyłącznie rynku pracy. Ogólnie rzecz biorąc, publiczne deklaracje o braku wiedzy na jakiś temat bywają niebezpieczne z zupełnie innych powodów. Niejaki Joe Lentini poszedł niedawno na steka do restauracji znanego mistrza kuchni Bobby'ego Flaya. Lokal ten znajduje się w kasynie Borgata w Atlantic City, gdzie teoretycznie od czasu do czasu bywają niespodziewani milionerzy, którzy właśnie wygrali krocie w pokera lub przy pomocy „jednorękiego bandyty". W ogromnej większości buszują tam jednak zwykli śmiertelnicy, którzy mają parę groszy w kieszeni i płonne nadzieje na wielki sukces w hazardzie. Do tych ostatnich zaliczał się właśnie pan Lentini.

Gdy usiadł przy stoliku wraz z dwoma kumplami i gdy podeszła do niego kelnerka, wyznał jej, iż nie zna się specjalnie na winach i poprosił o rekomendację, jeśli chodzi o napitek mający okrasić jego mięsne danie. W odpowiedzi kelnerka wskazała na wino w karcie dań. Ponieważ jednak Joe zapomniał zabrać ze sobą okularów, łamiąc tym samym staropolską zasadę „nie wychodź z doma bez łoma", nie był w stanie sugerowanej pozycji przeczytać. Zapytał w związku z tym o cenę wina. W odpowiedzi usłyszał „trzydzieści siedem pięćdziesiąt".

Konsument wino zamówił, steka pożarł, a następnie opróżnił też ze swoim towarzystwem butelkę. Gdy jednak dostał rachunek, okazało się, że wypity przez niego trunek to kalifornijska klasyka dla koneserów w postaci wina Screaming Eagle Oakville 2011 w cenie 3750 portretów wujka Waszyngtona.

Dla znawców wina, do których nie należę, winiarnia Screaming Eagle w Oakville w stanie Kalifornia to prawdziwa świątynia, w której produkuje się bardzo niewielkie ilości trunków, cenionych na całym świecie. Winiarnia została założona przez Jean Phillips w 1986 roku, która po raz pierwszy zaoferowała swoje wino do sprzedaży w roku 1995 (rocznik 1992). Najtańsze w historii tego miejsca wino kosztowało prawie 600 dolarów za butelkę, natomiast średnia cena waha się w okolicach 2500 dolarów.

Informacji tych nie posiadał jednak Joe, który oświadczył wszak na wstępie, że o winach wie niewiele. Po otrząśnięciu się z szoku, co zabrało mu zapewne sporo czasu i zdrowia, zdołał z personelem wynegocjować zniżkę na wino, za które ostatecznie zapłacił 2200 dolarów. To nadal strasznie drogo, ale lepsza zniżka niż nic.

Incydent ten zastanawia mnie jednak z co najmniej dwóch powodów. Po pierwsze, albo kelnerka w tym lokalu jest kompletną idiotką, albo też wspaniałą i przebiegłą agentką, zastawiającą sidła na baranów z polecenia przełożonych. Jeśli bowiem klient prosi o zarekomendowanie jakiegoś wina, zwykle nie wskazuje mu się astronomicznie drogiej pozycji na liście, lecz jakąś w miarę dostępną dla każdej kieszeni butelczynę. Wybór wina za prawie cztery kafle i podanie jego ceny w takiej formie, jakby chodziło o trzy dychy z hakiem, to w związku z tym albo totalna głupota, albo też celowe działanie, mające na celu wyłudzanie pieniędzy od frajerów.

Po drugie, w każdej dobrej, szanującej się restauracji działa tzw. *sommelier*, czyli znawca win, do którego należy wybór zestawu oferowanych w lokalu roczników, ich odpowiedni opis, itd. Zwykle jest tak, że jeśli gość restauracji zamawia tak kosztowny trunek, ów spec wychodzi do niego i upewnia się, że nie ma czynienia z kimś, kto zdradza objawy choroby umysłowej, upojenia alkoholowego lub chwilowego zaćmienia świadomości własnej kondycji fiskalnej. W tym jednak przypadku facetowi po prostu podano wino, bez zadawania jakichkolwiek pytań.

Przedstawiciel restauracji, Joseph Lupo, na pytania dziennikarzy o ten incydent stwierdził, że jego placówka „należy do czołówki kulinarnej w tym regionie i serwuje wielu klientom wina o najwyższej jakości i w bardzo wysokich czasami cenach". Niczego to oczywiście nie wyjaśnia, a dodatkowo budzi wiele refleksji, jako że Atlantic City od kilku lat mocno podupada, a 30 proc. mieszkańców tego miejsca żyje poniżej federalnego poziomu ubóstwa. W tym kontekście oferowanie w kasynie wina za prawie cztery tysiące dolarów niektórym wydaje się wręcz obraźliwe.

Tak czy inaczej, gdy następnym razem udam się do salonu samochodowego, by kupić sobie nowe cztery kółka, z pewnością nie powiem na wstępie, że nie znam się na autach i proszę o rekomendację. W końcu tego czerwonego ferrari, którego mi podstawią, i tak sobie nie kupię, nawet po jakiejś wynegocjowanej w pocie czoła zniżce.

Kicz rodem z Georgii

Telewizję amerykańską od dawna uważam za w większości bezużyteczną. Mam w domu do dyspozycji kilkadziesiąt kanałów, z których większość albo stara mi się coś sprzedać, albo też oferuje programy sprowadzone do tzw. wspólnego mianownika telewidzów, czyli do poziomu absolutnego przygłupa. Nie wiem, kto ten poziom ustala, ale podejrzewam, że musi to być osoba, która doskonale wie, iż misją telewizji powinno być adresowanie programów do ludzi balansujących na skraju analfabetyzmu.

W tej powodzi totalnego chłamu szczególne miejsce zawsze zajmował kretyński serial pt. *Here Comes Honey Boo Boo*. Bohaterką tegoż serialu, nadawanego przez trzy sezony przez kanał TLC, jest – niestety – dziecko, a mianowicie Alana „Honey Boo Boo" Thompson, która w pierwszym sezonie miała zaledwie 6 lat. Serial, który mieni się być tzw. *reality show*, czyli czymś, co przedstawia „rzeczywistość na gorąco", w gruncie rzeczy jest oszałamiająco idiotycznym, prymitywnym portretem dziwnej, mocno opasłej rodziny ze stanu Georgia, na czele której stoi matka Alany, June „Mama June" Shannon. Alana ma jeszcze trzy siostry przyrodnie, jako że każda z nich zrodziła się w wyniku mariażu June z coraz to nowym partnerem. Słowem, idealny przykład solidnego życia rodzinnego.

Przez trzy lata średnio 2 miliony widzów w USA oglądały spektakl wykorzystywania dziecka do zbicia kasy. „Mama June" wyczuła, że kasę można zbić z chwilą, gdy Alana odniosła sukces w innym programie kanału TLC, o równie wysokim poziomie intelektualnym. Program ten był konkursem piękności kilkuletnich bobasów. Wtedy Alana była jeszcze w miarę normalnym dzieckiem, ale dziś zdradza wyraźne objawy otyłości, co jest zasługą jej matki, chwalącej się między innymi tym, że podaje Alanie hektolitry napoju Mountain Dew zmieszanego z coca-colą, bo to podobno daje jej pociesze „odpowiednią energię". Cała rodzina paradowała przez trzy lata przed telewizyjnymi kamerami, dzieląc się swymi złotymi myślami na temat życia w tzw. „przeciętnej Ameryce".

W tym miejscu dwie uwagi. Pełna nazwa telewizji TLC brzmi *The Learning Channel*, czyli „kanał nauczania" lub „kanał oświatowy". Biorąc pod uwagę nadawane tam programy, jest to po prostu kanał, bez dodatkowych przymiotników, a może nawet ściek.

Po drugie, jak na całą Amerykę dwa miliony ludzi to nie jest ogromna widownia. Mimo to, zastanawiać musi fakt, że aż tylu jest w kraju „gapiowiczów" skłonnych do oglądania co tydzień absolutnej głupawki. Nie mam żadnych nadziei na to, że ludzie ci kiedykolwiek docenią nieco ambitniejsze propozycje telewizyjne, których zresztą jest niewiele. Ale zasadniczym pytaniem jest to, dlaczego szefowie TLC w ogóle pozwolili na produkcję czegoś podobnego. Czy przy podejmowaniu decyzji tego rodzaju liczą się wyłącznie pieniądze, natomiast wszelkie kwestie moralne, praktyczne i intelektualne nie mają żadnego znaczenia?

Okazuje się, że mają, choć po niewczasie. Nowych sezonów przygód rodziny z Georgii nie będzie. Telewizja TLC poinformowała ostatnio, że serial *Here Comes Honey Boo Boo* nie będzie już więcej nadawany, ponieważ szefowa rodu, „Mama June", uwikłała się w romans (mniej więcej po raz 125. w jej życiu) z pedofilem Markiem McDanielem, który przed 10 laty dopuścił się „czynu lubieżnego" na 8-letniej wtedy siostrze Alany, Caldwell. Dziewczyna publicznie wyjawiła ostatnio sekret swojego dzieciństwa, ponieważ jej matka zaczęła ponownie widywać się z McDanielem.

O ile wcześniej szefom TLC absolutnie nic nie przeszkadzało, tym razem ponowne randki z pedofilem i wyznania ofiary pedofilskich czynów okazały się zbyt dużym obciążeniem, nawet dla „kanału oświatowego". Serial został „skreślony z grafiku" i na ekranach tego kanału już się nie pojawi.

Na tym jednak nie koniec. Co na to ofiara seksualnego ataku sprzed lat? Caldwell wyraziła publicznie pogląd, że jej rodzina mogłaby wystąpić w jakimś podobnym serialu, na innym kanale telewizyjnym, gdzie można by było zaprezentować „całą prawdę o rodzinie". Innymi słowy, ten atak pedofila na 8-letnie dziecko miałby się stać nową podstawą do zarabiania pieniędzy przez opowiadanie bredni przed kamerami. Co więcej, pomysł zrodził się u samej Caldwell, czyli u osoby pokrzywdzonej, która najwyraźniej przyswoiła sobie matczyną zasadę, że jak nadarza się okazja zarobku, to trzeba z niej skorzystać, niezależnie od uwarunkowań. Sprzedać można wszak wszystko.

Zadałem sobie trud, w większości boleśnie masochistyczny, i przeczytałem setki komentarzy internautów do wszystkich tych wydarzeń. Dominuje w nich jeden motyw – czy trzeba było dopiero pedofilstwa, by wreszcie usunąć z telewizyjnych ekranów ten żałośnie prymitywny show? Inne dominujące pytanie – dlaczego w ogóle coś takiego oferuje się w amerykańskiej telewizji?

Odpowiedź na to drugie pytanie jest jednak stosunkowo łatwa – dopóki są ludzie, którzy te bzdury oglądają, dopóty będą one pokazywane. Największą ofiarą tego wszystkiego jest 10-letnia dziś Alana, której rodzina zostanie zapewne całkowicie zapomniana i która być może do końca życia zmagać się będzie z otyłością zafundowaną jej przez własną matkę. Gdy zgasną reflektory, znikną kamery i skończą się wielkie pieniądze, pozostanie tylko wspomnienie totalnego kiczu.

Homo putinus

W polskich Słubicach, o rzut beretem od niemieckiego Frankfurtu nad Odrą, wcześniej tego roku odsłonięto pierwszy na świecie pomnik ku czci internetowej encyklopedii Wikipedia. Dwumetrowy posąg, przedstawiający ludzi dźwigających kulę ziemską wykonaną z kawałków tzw. *jigsaw puzzle* (zwaną swojsko puzzlą), celebruje fakt, iż skromne początkowo przedsięwzięcie rozrosło się do ogromnego, całkowicie darmowego, powszechnie dostępnego i otwartego źródła wiedzy, nieustannie wzbogacanego przez miliony ochotników na całym świecie.

W pewnym sensie Wikipedia stała się sztandarowym symbolem „globalnej wioski", jaką jest dziś nasz glob.

Wikipedia, w sposób całkowicie niezamierzony, jest też ciekawym testem na to, czy dany przywódca kraju jest radosnym demokratą czy też totalitarnym smutasem. W Korei Północnej w ogóle nie ma Internetu, a jest za to zastępcza sieć wewnętrzna, z której można się dowiedzieć, że Ukochany Przywódca właśnie odwiedził fabrykę traktorów, by poinstruować załogę o właściwych metodach produkcji. W Chinach Internet wprawdzie jest, ale wiele „potencjalnie niebezpiecznych" miejsc podlega rządowej blokadzie, a do tego groźnego zespołu należy też oczywiście Wikipedia, z której każdy obywatel mógłby się przypadkowo dowiedzieć prawdy o współczesnym świecie, a to jest niedopuszczalne.

Rosja pod rządami Władimira Putina jest szczególnym przypadkiem. Przed laty, na początku panowania cara P., Rosjanie mogli cieszyć się pewnymi swobodami, np. dostępem do w miarę niezależnych mediów oraz Internetem bez rządowej cenzury. Jednak czasy te należą do przeszłości.

Za komuny istniał na Zachodzie termin *homo sovieticus*, oznaczający człowieka totalnie skapcaniałego, zrezygnowanego, posłusznego władzy i podatnego na każdą manipulację. Wszystko wskazuje na to, że Wołodia w Moskwie z wolna buduje nowego człowieka – *homo putinusa*. Jest to w zasadzie bliski krewny *sovieticusa*, choć różni się być może od niego tym, że czasami wydaje mu się błędnie, iż żyje w demokracji.

Putin zdradził niedawno, że zamierza zbudować w swoim wątłym imperium własną, czysto rosyjską Wikipedię, gdyż ta światowa jest wadliwa, ponieważ „nie przedstawia odpowiednich i wyczerpujących informacji o wszystkich regionach naszego kraju".

Putinowska diagnoza Wikipedii jest oczywiście całkowicie zrozumiała, jako że przed rokiem rosyjski przywódca wyraził pogląd, iż cały Internet to „specjalny projekt CIA", czyli zasugerował, iż absolutnie wszystko w globalnej Sieci, nawet zakupy w Amazonie, gapienie się na gołe baby lub szukanie narzeczonej w Moskwie, odbywa się pod dyktando amerykańskich służb specjalnych. Rąbnął się zdrowo, bo Internet to wymysł Pentagonu, a nie CIA, a dziś globalna Sieć może być i jest wykorzystywana przez wywiady wielu krajów, w tym również Rosji. Ale nie to jest najważniejsze.

Prócz czysto rosyjskiej encyklopedii internetowej, gdzie z pewnością podawane będą „jedynie słuszne" i popierane przez Kreml fakty o naszej rzeczywistości, Wołodia wprowadził też kilka innych „udogodnień" dla swojej rosyjskiej czeredy. Począwszy od sierpnia tego roku rosyjscy blogerzy, których odwiedza więcej niż 3 tysiące internetowych gości miesięcznie, muszą się rejestrować u władz jako oficjalna organizacja medialna, co jest trudne, a często niemożliwe, szczególnie wtedy, gdy treści propagowane przez blogera wykraczają poza mentalność *homo putinusa*. Wcześniej, w lutym, Putin obdarzył władze w Rosji prawem do blokowania stron internetowych bez uzyskiwania przedtem stosownych nakazów sądowych. Niemal natychmiast przestały istnieć witryny dwóch czołowych krytyków Kremla.

Putin dziarsko maszeruje zatem w stronę totalitaryzmu, choć na razie jeszcze nie odkurza syberyjskich kibitek i nie montuje nowych drutów kolczastych wokół łagrów. Za to z pewnością siedzi godzinami w swoim gabinecie i zastanawia się, co wepchnąć do rosyjskiej Wikipedii, a co z niej zdecydowanie wyrugować. Rzecznik biblioteki prezydenckiej w Moskwie zdradził, że podstawą encyklopedycznych treści stanie się ok. 50 tysięcy książek z 27 bibliotek.

Hm, to ciekawe. Intryguje mnie na przykład to, czy do elektronicznego zbioru encyklopedycznego trafi tak zwana Wielka Encyklopedia Radziecka, która po raz pierwszy ujrzała światło dzienne w roku 1926, a która później musiała podlegać wielokrotnym modyfikacjom, związanym z koniecznością zacierania śladów po egzystencji niektórych osób, np. Lwa Trockiego. Bo jeśli trafi, to w której wersji? Nic dziwnego, że Putin tak szybko łysieje – najpewniej ze zmartwienia i rozterek wydawniczych.

Pamiętam doskonale, że pod koniec lat 80., gdy narodził się Internet „dla ludu", pomyślałem sobie, że oznacza to nieuchronny kres wszelkiego totalitaryzmu i kontroli nad obiegiem informacji. Myliłem się, a istnienie Wołodii i jego pseudodemokracji jest tej pomyłki oczywistym dowodem.

Prezenty dla dziwaków

Konsumpcję gigantycznego indora mamy za sobą, a to widomy znak, że należy się zabrać za zakupy świąteczne. Gdy tylko zdaję sobie sprawę z tego, że do choinkowych prezentów zostały mi jeszcze tylko dwa tygodnie z hakiem, staję się ofiarą dość szczególnej, ale mocno rozpowszechnionej formy paniki, która zwykle dotyczy prostego pytania: „co kupić w prezencie najdziwniejszym członkom rodziny?".

Nie oszukujmy się – każdy ma w swoim familijnym zestawie jakieś indywiduum, które w taki czy inny sposób nie pasuje do prezentu w postaci kolejnego krawata, koszuli w ciapki, bezużytecznej zabawki, zestawu kolorowych kieliszków, itd. A ponieważ dziwolągom w rodzinie też się coś od świąt należy, postanowiłem zaproponować w tym miejscu listę nietypowych prezentów świątecznych, które mogą zaimponować wyłącznie co bardziej szurniętym członkom familii. Oczywiście wszystko zależy od skali i charakteru wspomnianego szurnięcia, lecz mam nadzieję, że każdy w tym zestawie znajdzie coś miłego i kompletnie bezsensownego.

Na początek proponuję *Santa Yoda Yard Ornament*, czyli ozdóbkę na świąteczny trawnik w postaci znanej postaci z filmowej serii *Star Wars*, odzianej w strój Santy. Wprawdzie nie wiem, czy w odległej przyszłości nasi potomkowie będą wiedzieć, kim był ów rubaszny, nieco otyły facet w czerwonym kubraczku, ale to już nie moje zmartwienie.

Dla zwolenników potępującej obronności USA na szczeblu prywatnym mam piękny prezent w postaci lampy stołowej wyprodukowanej na kształt i podobieństwo rewolweru (patrz obok). Podejrzewam, że pociągnięcie za cyngiel tego produktu powoduje włączenie żarówki, ale jeśli nie, to znaczy, że przy każdej próbie o nazwie *Mehr Licht* dochodzi do strzału w sufit i zniszczenia rzeczonej żarówki. Jest to typowy przykład tzw. *Catch 22* – im więcej się włącza, tym mniej się ma, ale jeśli się w ogóle nie włącza, to nie ma się nic.

Prezentem, który być może jest najbliższy moim personalnym doświadczeniom celebracyjnym, musi z pewnością być plastikowy obiekt o nazwie Moguard. Jest to kawał materiału zakładanego na krawędź np. kufla z piwem. Moguard skutecznie chroni pijącego piwo przed niezwykle irytującym zjawiskiem, polegającym na tym, iż piana browaru osadza się na wąsach i gdzieździ się tam aż do czasu zalęgnięcia się w tym owłosieniu jakichś zwierząt. Moguard kosztuje zaledwie 9 dolarów, ale niestety nie jest w to wliczone żadne piwo.

Jeśli ktoś chce zaimponować cioci Krysi, tuż po spożyciu wigilijnego barszczu może wdziać na siebie sweterek, który z przodu wyświetla nieustannie „palący się" kominek, czyli elektroniczny obraz kilku szczap drewna palących się bezpośrednio na brzuchu posiadacza swetra. Wadą tego pomysłu jest to, iż do ognia nie można w żaden sposób niczego dołożyć, chyba że na drodze poważnego zabiegu chirurgicznego.

Rodzicom wczesnych małolatów, które jeszcze na razie nie są dziwne, ale mogą być pod przemożnym wpływem rodziców, sugeruję zakup prezentu o nazwie *Baby*

Santa Beanie and Beard. Jest to czapka, która przekształca każdego bobasa w brodatego, miniaturowego Santę, choć bez zaprzęgu złożonego z reniferów.

Jeśli chodzi o dorosłych, też jest w czym wybierać. *Old Man Peeing Liquor Beverage Dispenser* to w pewnym sensie kopia siusiającego pomnika chłopaka w Brukseli, tyle że pod „susiaka" podstawia się kufel, do którego leci piwo. Nie bardzo rozumiem, w jaki sposób ta metoda nalewania trunku jest bardziej ponętna od metod tradycyjnych, ale w obliczu wątpliwości zawsze mówię sobie to samo: „przecież to prezenty dla stukniętych".

Zestaw prezentów nigdy nie będzie kompletny bez propozycji dla posiadaczy zwierząt domowych. Firma Petsmart proponuje specjalne wdzianko dla świnek morskich, które upodabnia te w sumie dość szczurowate zwierzęta do renifera. Jeśli chodzi o rozmiary fauny, świnka z dodatkiem rogów reniferzych nadal pozostawia wiele do życzenia, ale w sezonie świątecznym wszystko można przebaczyć.

Ludziom, którzy zdradzają szczególne przywiązanie do dolegliwości związanych z zimowymi katarami, sugeruję zakup *Runny Nose Shower Gel Dispenser*. Jest to zestaw wielkich nosów wieszanych w łazienkach, z których wycieka płyn do kąpieli, niczym – nie przymierzając – smarki.

Przyznaję bez bicia, że moja lista zakupów świątecznych dla dziwaków w rodzinie ma pewne luki. Problem w tym, że niektóre propozycje prezentowe nie nadają się do publikacji w mediach. Z drugiej strony, prezenty dla dziwaków mogą okazać się pożyteczne. Jednym z nich jest wymyślny widelec, który – zanurzony w miskę ze spaghetti – sam „nawija" na siebie kluski, co jest bardzo obiecujące, jako że ja sam mam zawsze trudności z tym nawijaniem.

Problemem, który nadal jest przedmiotem mojej pseudonaukowej analizy, pozostaje automatyczny „podawacz" papieru toaletowego w postaci aparatu fotograficznego Polaroid, znanego z tzw. „natychmiastowych odbitek". Czy aparat ten rzeczywiście coś fotografuje, a jeśli tak, to co? Pewnie się nigdy nie dowiem.

„Mydło" w Budapeszcie

Gdy mówimy o tzw. „ciepłej posadce", zwykle mamy na myśli dobrze płatną, w większości nominalną pozycję, która nie niesie ze sobą ani większych stresów, ani też zbyt dużo obowiązków. Idealnym przykładem może być stanowisko ambasadora w jakimś zacisznym kraju, obdarzonym w miarę dobrym klimatem, ale wolnym od jakichkolwiek wewnętrznych konfliktów czy też zagrożeń z zewnątrz.

„Pójście w ambasadory" to od lat najlepsza metoda znalezienia sobie zacisznej przystani. Jest to również w wielu krajach, nie wyłączając USA, metoda „nagradzania" wybranych osób za wsparcie polityczne, szczególnie w formie monetarnej.

Wszyscy powojenni prezydenci USA rozsyłali po świecie ambasadorów nie dlatego, że byli to ludzie odpowiednio wykwalifikowani, lecz po to, by im powiedzieć w sposób dość szczególny „dziękuję". Wydaje się jednak, że administracja Obamy tę formę dyplomatycznego protekcjonizmu doprowadziła właśnie do absurdu.

Na nowego ambasadora USA w Argentynie został ostatnio mianowany Noah Mamet, który w czasie przesłuchań przyznał, że w Argentynie nigdy nie był i że nie umie po hiszpańsku powiedzieć ani słowa. W zasadzie nie posiada też jakichkolwiek kwalifikacji, oprócz dyplomu BA, uzyskanego w Kalifornii w 1992 roku. Karierę zawodową rozpoczął od pracy w Partii Demokratycznej w roli kierowcy i ochroniarza, a potem zaczął się udzielać jako organizator kampanii politycznych. Argentynę kupił sobie przez zebranie dla Obamy niemal pół miliona dolarów.

Ale to jeszcze nic. Nową przedstawicielką Ameryki na Węgrzech została Colleen Bell, producentka telewizyjnej opery mydlanej pt. *The Bold and The Beautiful*. Pani Bell też nie ma żadnych kwalifikacji dyplomatycznych, ani też nie włada obcymi językami, za to w czasie obu kampanii prezydenckich Obamy „nagoniła" mu sporo pieniędzy – mniej więcej 2 miliony dolarów.

Senator John McCain, z którym rzadko się zgadzam na jakikolwiek temat, w senackiej komisji zadał pani Bell kilka pytań, na które indagowana odpowiedziała ze swadą właściwą przedszkolakom.

Jedna z tych pogawędek na forum komisji wyglądała tak:

McCain: *Co zamierza pani zrobić inaczej niż pani poprzednik na Węgrzech?*

Bell: *Zamierzam pracować z szerokim kręgiem społecznym.*

McCain: Ale co zrobi pani inaczej?

Bell: *Chciałabym pracować na rzecz zaangażowania obywatelskiego społeczeństwa w bardziej głęboki...*

McCain: *Wygląda na to, że nie chce pani odpowiedzieć na moje pytanie.*

Potem McCain zadał jeszcze trudniejsze pytanie, starając się ustalić, czy Bell wie, jakie są amerykańskie cele strategiczne na Węgrzech. Pani Bell ujęła to w krystalicznie jasnej wypowiedzi:

– No cóż, my mamy nasze cele strategiczne, w ramach naszych kluczowych zainteresowań na Węgrzech, myślę, iż zasadnicze znaczenie ma poprawienie, jak wspomniałam, relacji dotyczących bezpieczeństwa, prawa i promowania okazji do rozwijania kontaktów handlowych. W naszym interesie strategicznym leży praca z naszymi sojusznikami w NATO, by wspierać bezpieczeństwo w obu krajach i na świecie i kontynuować wspieranie praw człowieka, budując tę część naszych relacji, a jednocześnie prowadząc trudne rozmowy, do których może dojść w najbliższych latach.

– Świetna odpowiedź – stwierdził sardonicznie McCain po wysłuchaniu tego totalnego bełkotu. A potem powiedział dziennikarzom: *– Nie jestem przeciwko politycznym nominacjom. Rozumiem, jak się gra w tę grę, ale tu chodzi o naród, który jest na skraju zrzeczenia się suwerenności na rzecz neofaszystowskiego dyktatora, pchającego się do łóżka Władimira Putina.*

Mówił oczywiście o Victorze Orbanie, premierze Węgier, co nie spotkało się ze zrozumieniem w Budapeszcie.

Królowa mydlanych oper wkrótce pojedzie do węgierskiej stolicy, by zająć swój nowy urząd. W Senacie za jej kandydaturą na ambasadora głosowało 52 prawodawców, a przeciw – 42. Najwyraźniej opowiadanie kosmicznych głupot nie jest przeszkodą na drodze do dyplomatycznej kariery.

Nieco wcześniej przed tą samą komisją przesłuchiwany był senator Max Baucus z Montany, który opuszcza Kongres i który został mianowany na stanowisko ambasadora USA w Chinach. Wydawać by się mogło, że – w porównaniu do Węgier i Argentyny – ciepła posada w Chinach winna przypaść w udziale komuś bardziej ważkiemu i wykwalifikowanemu. Gdy jednak senator Ron Johnson zapytał Baucusa o jego opinię na temat niedawnej decyzji chińskich władz odnośnie utworzenia specjalnej powietrznej strefy obronnej wokół kraju, przyszły ambasador odparł z rozbrajającą szczerością: – *Nie jestem specjalistą do spraw Chin.*

W tych warunkach rozważam wybranie sobie jakiegoś kraju, np. Bahamów, i ustalenie, ile i komu należy zapłacić, by zostać tam ambasadorem. Znam nawet nasze cele strategiczne w tym kraju, takie jak surfing, opalanie się na plażach, oglądanie kobiet w kusych strojach bikini oraz popijanie pod parasolem tropikalnych drinków. To jest dopiero fucha!

Niech żyje frytka!

Ze wszystkich krajów europejskich jedną z najwątlejszych państwowości posiada Belgia. Wielu mieszkańców tego kraju wcale nie chce, by nazywano ich Belgami, jako że albo są Walonami, przywiązanymi kulturowo i językowo do Francji, albo Flamandami związanymi z Holandią. Do tego dochodzi jeszcze mniejszość niemiecka, która najchętniej dałaby drapaka do Niemiec. Zresztą Belgia jako państwo powstała dopiero w 1830 roku i już wtedy był to pomysł dość kiepski, gdyż zamknięcie w tych samych granicach tak różnych grup społecznych nie wróżyło niczego dobrego.

W roku 1918 Flamandowie przez pewien czas domagali się szerokiej autonomii lub wręcz niepodległości, ale zostali „wyciszeni", głównie metodami policyjnymi. Dziś Belgia jest federacją trzech różnych obszarów autonomicznych, ale identyfikacja z „belgijskością" nadal pozostaje dla wielu obywateli tego kraju problemem.

Na szczęście, na ratunek pośpieszyło żarcie. Przecież coś tych ludzi, mieszkających od prawie 200 lat w jednym państwie, musi ze sobą łączyć! No i łączy. Osią państwowej jedności jest mianowicie frytka, a raczej jej specyficzna belgijska odmiana. W Belgii istnieje ponad 5 tysięcy punktów sprzedaży tzw. *fritkot*, czyli chrupiących ziemniaków, serwowanych w tekturowym stożku wraz z majonezem i sosem curry. Biorąc pod uwagę liczbę tych miejsc sprzedaży w stosunku do liczby mieszkańców kraju, *fritkot* sprzedawane są w Belgii z 10-krotnie większą agresywnością niż frytki McDonald'sa w USA. Niektóre brukselskie miejsca sprzedaży, takie jak Frit Flagey i Maison Antoine, cieszą się wielkim powodzeniem nie tylko wśród tubylców, ale również turystów. Nie należy do rzadkości ustawianie się przed tymi przybytkami w tasiemcowych kolejkach po kartofle, niczym po papier toaletowy za czasów PRL-u. Szacuje się, że 95 proc. Belgów odwiedza lokal sprzedający *fritkot* przynajmniej raz w roku.

Okazuje się, że wszyscy Belgowie, niezależnie od przynależności kulturowej, są zdania, że ich frytki to na tyle ważny symbol narodowy, iż kwalifikuje się do umieszczenia na specjalnej liście UNESCO, zawierającej obecnie 314 „trudnych do zdefiniowania wartości kulturowych współczesnego świata", które zasługują na ochronę.

Ochrona *fritkot* wydaje mi się zupełnie zbędna, jako że nie jest to towar, któremu zagrażają kłusownicy, mający zamiar wyrżnąć pyry w pień, ale nie o to chodzi. Belgia jest jedynym krajem w Europie, który posiada trzech ministrów kultury (jednego na każdy z autonomicznych okręgów) i wszyscy oni muszą złożyć wniosek w ONZ o dodanie belgijskich frytek do listy UNESCO.

Na razie zgodę wyraził kontyngent niderlandzki, a dyskusja o tej istotnej sprawie ma się wkrótce rozpocząć wśród Walonów. Wszystko wskazuje na to, że Belgowie po raz pierwszy od niepamiętnych czasów coś wspólnie poprą, a że jest to żywność, to trudno. Lepsze wspólne żarcie niż nic. Rzecznik jednego z ministrów kultury, Bernard Lefebre, oznajmił: – *Stożek z frytkami to Belgia w miniaturze. Zdumiewa to, że wszyscy tak samo w tym przypadku myślą, niezależnie od przynależności regionalnej*.

Doceniam romantyzm rzecznika, ale jeśli stożek z frytkami to Belgia w miniaturze, natychmiast rodzi się niebezpieczeństwo sporów o to, która część tego dania reprezentuje którą społeczność. Czy Niemcy to sos curry, Flamandowie – majonez, a Walonowie – same ziemniaki? Możliwości jest wiele, a każda z nich może być kontrowersyjna.

Tak czy inaczej, gdy się o tym wszystkim zwiedziałem, zajrzałem z chorobliwej ciekawości do miejsca, gdzie widnieje wspomniana lista UNESCO. Jest to wykaz dość osobliwy. Dowiedziałem się, na przykład, że chronić należy zarówno turecką kawę, jak i polifoniczny śpiew Pigmejów w Republice Centralnej Afryki. Chronimy też ceremoniał „mycia męskiego potomstwa w Lango w środkowej Ugandzie" oraz pieśń ludową Arirang w Korei Północnej.

W sumie jednak nieco się rozczarowałem, ponieważ na liście nie było niczego wartego ochrony ani w USA, ani też w Polsce. Tłumaczę to sobie tym, iż identyfikacja narodowa w obu tych krajach nie jest tak zagrożona jak w Belgii. Gdyby była, z pewnością już dawno z Warszawy do ONZ, ponad wszelkimi podziałami politycznymi i kulturowymi, doszedłby wniosek o umieszczenie na tej liście bigosu jako niezbywalnego symbolu jedności narodowej oraz państwowości.

Jeśli chodzi o Amerykę, to wybranie czegoś do jedzenia, co miałoby zasługiwać na ochronę jako symbol kulturowy kraju, jest sprawą nieco bardziej skomplikowaną. Ale myślę, że moglibyśmy coś uzgodnić, np. zgłosić kandydaturę Big Maca. A w imię skonfundowania belgijskiej konkurencji, moglibyśmy też zaproponować do ONZ nasze własne frytki, zwane z mętnych powodów „francuskimi", mimo że z Francją nie mają nic wspólnego.

W sumie jednak należy Belgom pogratulować tego, że w końcu znaleźli coś, co ich łączy. Czas zacząć umieszczać na sztandarach hasła typu „Frytki wszystkich krajów, łączcie się!".

Podwędzone święta

Teoretycznie rzecz biorąc, święta Bożego Narodzenia to czas pojednania, spokoju, domowego zacisza i tolerowania nawet pijanego wuja Zenka śpiącego z twarzą na talerzu między płetwami wigilijnego karpia. Prawdą jest jednak, że nie do wszystkich przesłanie to dociera. Talibowie uważają na przykład, iż zaraz przed świętami dobrze jest zaatakować szkołę w Pakistanie i wytrzebić ponad sto małolatów, którzy winni są tego, że chcą się czegoś poza średniowiecznym kretynizmem nauczyć.

Jeśli chodzi o Palestyńczyków i Izraelitów, już dawno porzuciłem wszelkie nadzieje na jakikolwiek rozsądek po obu stronach tego idiotycznego konfliktu, a zatem nie ma nawet o czym mówić. Miasto Jerozolima, istotne dla wszystkich najważniejszych religii świata, winno być moim zdaniem od dawna kompletnie otwartą, eksterytorialną metropolią dla wszystkich Ziemian, nawet łącznie z ateistami.

Owszem, był już kiedyś taki eksperyment, który nazywał się *Freie Stadt Danzig*, i który nie zakończył się zbyt dobrze, ale istnienie Wolnego Miasta Gdańsk nie miało nic wspólnego z religią, za to miało bardzo wiele wspólnego z czystą polityką. Dziś Betlejem jest w Palestynie, która technicznie nie istnieje, a której okupantami są izraelscy żołnierze. Jeśli to ma być tzw. „normalka", to ja czegoś tu nie rozumiem. A jednak ten stan rzeczy trwa od wielu dekad i jakoś nikt nie jest w stanie tego w zdecydowany sposób rozwiązać.

Sytuacja „świąteczna" poza światem chrześcijańskim jest o tyle różna, że odmienni są bogowie, inna jest kultura, itd. Ataki na chrześcijańskie tradycje są nie do uniknięcia, podobnie jak często słyszane krytyczne komentarze pod adresem wyznawców islamu.

Jednak nawet po naszej stronie cywilizacyjnej barykady występują od czasu do czasu dość zdumiewające zjawiska, które w dość jaskrawy sposób przeczą idei świątecznego spokoju i ładu. Na przykład, w dzielnicy Rolling Hills Estates na przedmieściach Los Angeles nieznani sprawcy podprowadzili ostatnio 220-funtowy posąg czerwononosego Rudolfa, który stał tam od ponad 50 lat. Nikt nie wie, kto podprowadził drewnianego renifera i w jakim celu, ale dotychczasowe wysiłki śledcze miejscowej policji nie przyniosły żadnych rezultatów.

Rudolf to oczywiście nie symbol religijny, lecz część świątecznych opowieści o reniferzym zaprzęgu Santy. Trudno jest dociec, po co komu była wielka figura tego czerwononosego zwierzęcia. Możliwe jest zapewne, że ktoś potrzebował dużego fragmentu drewna na opał, a to, czy tym drewnem była nieociosana kłoda, czy też Rudolf, nie miało żadnego znaczenia. Nie wiem też, jaka jest wartość opałowa czerwonego, nieustannie jarzącego się nosa, ale to już zupełnie inna sprawa. Kradzież jakiejkolwiek symboliki świątecznej wydaje mi się totalnym zaprzeczeniem niezwykłego dla zachodniej cywilizacji okresu świątecznego. To prawie tak, jakby w jakiejś ciemnej ulicy przyłożyć Sancie w twarz, zerwać z niego kubraczek i zabrać mu worek z prezentami oraz sanie.

Przypadek renifera, choć z natury rzeczy dość dziwny, nie jest bynajmniej zdarzeniem wyjątkowym, jako że świąteczne grabieże są – jak Ameryka długa i szeroka – w miarę normalnym zjawiskiem. Todd Murphy, właściciel choinkowej szkółki leśnej o nazwie *Trees to Please* w stanie Maine, powiadomił lokalne władze, że w ciągu zaledwie jednego dnia skradziono mu drzewka świąteczne o łącznej wartości 2 tysięcy dolarów.

Jego placówka działa na zasadzie „dobrowolnych opłat", czyli ludzie przyjeżdżają, wycinają wybrane przez siebie drzewo, a następnie wkładają do skrzynki pieniądze, zgodnie z wywieszonym cennikiem. Problem w tym, że nie zawsze wkładają, a może nawet wkładają rzadko albo wcale. Jest to oczywiście ogromny problem dla właściciela szkółki, ale wydaje mi się, że przed o wiele większym problemem stoją wszyscy ci, którzy kradną drzewa.

Nie wiem, na czym polegać może przyjemność siedzenia w domu przed podchromoloną gdzieś choinką? Czy prezenty też są podwędzone, czy jednak legalnie zakupione? Bo jeśli zostały skradzione, to przynajmniej jest w tym jakaś przestępcza konsekwencja.

U mnie za miedzą jest duże gospodarstwo rolne, które prowadzi totalnie samoobsługowy sklepik, w którym nabyć można świeże jajka, masło, mięso, itd. Podobnie jak w przypadku szkółki choinkowej, w sklepie nie ma żadnej obsługi – wchodzi się, bierze do kosza co trzeba, a następnie podlicza się należność, którą należy wrzucić do metalowej skrzynki.

O ile wiem, jeszcze nigdy się nie zdarzyło, by ktoś wziął 100 jaj oraz parę steków, a następnie przepadł bez śladu i bez zapłaty. Wynika stąd, że ludzie w większości mimo wszystko są uczciwi, i to nawet wtedy, gdy w grę wchodzą produkty żywnościowe, a nie tylko świąteczne symbole.

Ja sam zasiądę przy choince kupionej za ciężkie pieniądze w lokalnej firmie ogrodniczej. Jeśli zaś chodzi o prezenty, to widziałem na własne oczy, jak były kupowane, a zatem kradzież zdecydowanie nie wchodzi w rachubę. Wszystkim życzę w związku z tym podobnie praworządnych świąt.

Powrót do przyszłości

Tuż przed sylwestrowym szaleństwem Amerykanie mają wiele powodów po temu, by wychylić dodatkowego kielicha szampana. Pod koniec grudnia okazało się, że krajowi wiedzie się coraz lepiej gospodarczo, giełda kwitnie, konta emerytalne rosną, bezrobocie maleje i wszystko jest ogólnie cacy. Pokazują to zresztą kończące rok 2014 sondaże, z których wynika, że po raz pierwszy od czasu załamania ekonomicznego w latach 2008-09 większość mieszkańców USA jest przekonana, iż nie grozi nam na razie bieda z nędzą i że z torbami pójdzie być może Władimir Putin, ale nie John Smith.

Nawet prezydent Obama, nękany przez wiele miesięcy różnymi problemami i dołujący w sondażach opinii publicznej, może w sylwestra przedawkować nieco bąbelkowo, gdyż jego notowania też poszły w górę. Wiadomo wszak, że jak naród zadowolony i najedzony, wodza nikt nie tknie, bo po co ryzykować kołysanie łajby na wzburzonych wodach polityki?

Jednak mimo tych wszystkich pozytywów, rok 2014 przejdzie do historii jako okres kuriozalnego powrotu do niezbyt apetycznej przeszłości, która ma się stać przyszłością. W drugiej dekadzie XXI wieku, gdy zdawało się, że zjednoczona Europa pozostawiła za sobą raz na zawsze spory terytorialne i okresy potrząsania szabelką, czasami nawet nuklearną, na ukraińskim Krymie pojawiły się zielone ludziki z bronią w garści. Ludziki były wprawdzie nieoznakowane, ale gadały w języku Puszkina i twierdziły, że muszą „bronić interesów rosyjskiej ludności". No i tak skutecznie obronili, że bez jednego strzału anektowali Krym i dali go w prezencie carowi Putinowi, który w ten sposób wrócił do dawno zapomnianego okresu w historii, w którym ktoś taki jak Józef Wissarionowicz mógł przesunąć całą Polskę o kilkaset wiorst na zachód. O ile jednak Stalin technicznie rzecz biorąc na polską przeprowadzkę uzyskał zgodę aliantów, o tyle Putin o zgodę nikogo nie pytał, a potem zdecydował się też na pełzającą wojnę we wschodniej części Ukrainy, w ramach której zestrzelony został samolot pasażerski, wypełniony ludźmi, którzy z Putinem i jego mocarstwowym szaleństwem nie mieli nic wspólnego. To ostatnie wydarzenie to też dziwny powrót do „starych dobrych czasów", w których sowiecki myśliwiec zestrzelił koreańskiego jumbo jeta bez żadnego jasno sprecyzowanego powodu.

Tuż przed sylwestrowym biciem kremlowskich kurantów car wpadł też na pomysł opracowania nowej doktryny wojennej Rosji. Podpisany przez niego dokument jest w dużym stopniu odkurzonym idiotyzmem Leonida Breżniewa, z takimi pojęciami jak „zachodni imperializm" i „ograniczona suwerenność". W roku 2014 Rosja zmieniła się z partnera Zachodu na jego poważny kłopot. Zgodnie z nową doktryną, świat ponownie dzieli się na Rosję i jej wroga, czyli NATO.

Powrót do przeszłości nie dotyczy jednak wyłącznie Rosji. W Iraku i Syrii pojawiła się nagle wataha odzianych na czarno czubków islamskich, którym śni się odtworzenie średniowiecznego kalifatu, czyli islamskiej dyktatury proletariatu, w której ścięte łby spadają gęsto, a zawinięte od stóp do głów kobiety mają służyć wyłącznie jako niedouczone maszyny do rozmnażania się, siedzące w domach i czekające na swoich panów i władców.

Ktoś mógłby powiedzieć, że nie ma to aż tak wielkiego znaczenia, jako że szanse palantów z organizacji ISIS na sukces są mniej więcej takie same jak na zdobycie przez Polskę mistrzostwa świata w piłce nożnej. Jest to zapewne prawda, ale sam fakt pojawienia się we współczesnym świecie ludzi przywiązanych do zgoła średniowiecznego modelu fanatycznego zamordyzmu nie może napawać optymizmem.

W tych warunkach trzeba się „cieszyć" z tego, że przynajmniej jeden konflikt w roku 2014 w żaden dramatyczny sposób się nie zmienił i pozostaje niezmiennie kretyński od ponad półwiecza. Palestyńczycy i Izraelici nadal się wzajemnie zabijają, opowiadając jednocześnie mrzonki o pokojowym rozwiązaniu swoich animozji.

Wspomniany przeze mnie na wstępie optymizm jest w znacznej mierze uzasadniony, bo przecież zawsze może być gorzej. Ameryka nie tylko coraz lepiej prosperuje, ale ludzkość nadal odnosi spektakularne sukcesy w nauce, medycynie, elektronice, itd. Bądź co bądź, to właśnie w mijającym roku 2014 ludziom udało się umieścić na pędzącej w kosmosie komecie sondę, co jest porównywalne do umieszczenia kropli farby na skrzydle lecącej szybko muchy.

Jednak świat mógłby być znacznie lepszym i szczęśliwszym miejscem, gdyby nie posiadał dziwacznych, często bulwersujących skansenów, w których czas zdaje się stać w miejscu, a może nawet cofać w odległą przeszłość. Toast na cześć lepszego jutra w roku 2015 byłby znacznie radośniejszy, gdyby nie było miałkiego Putina, zdrowo szurniętego Kim Dzong Una i zupełnie zdziczałych bojowników ISIS-u. Nasz noworoczny toast powinien zawierać życzenie, by cywilizacja *homo sapiens* wróciła zdecydowanie do XXI wieku i nie wałęsała się bez celu po wertepach zdyskredytowanej historii. Jest to oczywiście życzenie, którego spełnienie nie będzie łatwe, ale mimo to, napiję się za powrót do przyszłości!

Rok 2015

Palinada na Alasce

W trakcie prezydenckiej kampanii wyborczej, gdy senator John McCain walczył z Barackiem Obamą, ten pierwszy podjął nie bardzo zrozumiałą do dziś decyzję, że jego partnerką i kandydatką na wiceprezydenta będzie ówczesna gubernator Alaski, Sarah Palin.

O pani Palin można wiele powiedzieć, ale z pewnością nie to, że była do pełnienia tego urzędu odpowiednio przygotowana. Owszem, prawdą jest, iż wiceprezydentura to posada dość symboliczna, która często ogranicza się do reprezentowania USA na pogrzebach zagranicznych dygnitarzy, ale zawsze istnieje taka możliwość, że prezydent nagle zaniemognie lub umrze, co automatycznie spowoduje awans wiceprezydenta do Białego Domu.

W przypadku Sarah Palin perspektywa taka zawsze budziła u sporej części Amerykanów pewien niepokój, jako że pani gubernator Alaski nie grzeszyła – by to powiedzieć dość oględnie – rzetelną świadomością otaczającego ją świata. Twierdziła między innymi, że posiada odpowiednie przygotowanie w sferze stosunków międzynarodowych, ponieważ ze swojego domu na Alasce mogła prawie dojrzeć Rosję i nadlatujące stamtąd bombowce. W telewizyjnym wywiadzie nie potrafiła wymienić ani jednej gazety, którą regularnie czyta, a jej zaloty do wyborców polegające na puszczaniu do nich oka, wydawały się dość dziecinne.

Z drugiej jednak strony Sarah zawsze posiadała liczne zalety, które przemawiały do pewnej części elektoratu. Reklamowała się jako „dziewczyna matki natury", czyli osoba polująca, pływająca po rwących, dzikich strumieniach i uganiająca się po różnych ostępach. Może niewiele wiedziała o polityce zagranicznej lub zawiłościach federalnego budżetu, ale za to potrafiła tępym kozikiem obedrzeć ze skóry w błyskawicznym tempie każde upolowane zwierzę. Twierdziła – i nadal twierdzi – że to właśnie jej tryb życia składa się na tzw. prawdziwą Amerykę, podczas gdy ludzie pijący kawę w knajpie Starbucks na Manhattanie lub wałęsający się po parku w Chicago to Ameryka w znacznej mierze fikcyjna, nie reprezentująca najważniejszych wartości kraju.

Szczerze mówiąc, nigdy nie wiedziałem i nadal nie wiem, dlaczego umiejętność strzelania ze sztucera do jelenia jest wyrazem amerykańskiej autentyczności i dlaczego jego sprawne ćwiartowanie stanowi wzór dla reszty społeczeństwa, ale to nieważne.

Skoro Sarah jest zdania, iż jej pląsanie po Alasce ma ponadczasowe znaczenie, to trudno. Wprawdzie prezentowane przez nią zdolności w Białym Domu, gdzie nawet indykom przysługuje raz w roku ułaskawienie, raczej do niczego by się nie przydały, ale co tam – pani Palin zdecydowanie szła na tej fali do przodu, a potem – już po wyborczej klęsce – miała nawet przez jakiś czas swój własny program telewizyjny poświęcony głównie jej własnej osobie w kontekście dzikiej natury Alaski.

Niestety, nie wszystkie kontakty Palin ze światem zwierząt były dla niej korzystne. W czasie zmagań wyborczych Sarah udzieliła wywiadu, w czasie którego tuż za jej plecami jakiś nieszczęśnik obcinał łby indykom, co nie wszystkim telewidzom przypadło do gustu, tym bardziej że indyczy kat sprawiał wrażenie bardzo zadowolonego ze swych morderczych czynności. Natomiast dziś, gdy aspiracje polityczne Palin wydają się w większości nieobecne, czyli odłożone na szczęście do lamusa, była gubernator ponownie popadła w tarapaty z powodu sposobu, w jaki traktuje faunę.

W serwisie Facebook Palin umieściła kilka zdjęć, na których widoczny jest jej syn, Trigg, usiłujący w kuchni pomagać przy zmywaniu naczyń. Ponieważ nie może dostać do krawędzi zlewu, staje na leżącym u jego stóp psie, czarnym labradorze. Sarah wydaje się zachwycona pomysłowością swojego potomka i nie widzi w użyciu czworonoga w roli schodów niczego zdrożnego. Problem w tym, że tysiące ludzi ma nieco inne zdanie na ten temat.

Organizacja PETA, zajmująca się zwalczaniem okrucieństwa w stosunku do zwierząt, ostro skrytykowała Palin i oceniła, że jej postawa wobec tego wydarzenia jest „bulwersująca i niezrozumiała". Liczni użytkownicy Facebooka również nie szczędzili słów krytycznych. Jest to zrozumiałe, jako że ogólnie rzecz biorąc stawanie ludzi na psach nie jest zbyt dobrze oceniane, z pewnością również przez same psy.

A co na to Sarah? Jej odpowiedź na krytykę jest o tyle znamienna, że dowodzi, iż była gubernator rzeczywiście porusza się w jakiejś odmiennej rzeczywistości, w której Ruskie lada chwilą nadlecą i w której chodzenie po Fafikach jest całkiem w porządku. Palin napisała na Facebooku, że gdyby pies nie chciał, żeby Trigg po nim chodził, to by się usunął, a poza tym organizacje takie jak PETA powinny się „wyluzować", bo przecież mogło być gorzej, jako że jej syn mógł psa zjeść.

Prawdą jest istotnie to, że zawsze może być gorzej. Na przykład, Trigg mógł też na psie skakać albo odciąć mu kuchennym nożem ucho. Jednak twierdzenie, że czworonóg mógł się usunąć ma mniej więcej taki sam sens jak teza, iż człowiek na którym zaparkował przypadkowo walec drogowy, mógł się spod niego jakoś wyślizgnąć.

Co się zaś tyczy jedzenia psów, nie wiem, jakie obyczaje panują w domu państwa Palin, ale jeśli nieobecność konsumpcji labradora ma być wytłumaczeniem zachowania Trigga i reakcji na to zachowanie jego matki, to coś jest nie tak.

Radzę wszystkim zwierzętom wokół mieściny Wasilla na Alasce, by stamtąd dały czym prędzej dyla, zanim dojdzie do jakiejś okrutnej, niespodziewanej „palinady".

Ratunku, jestem na ER!

W mojej zadziwiająco długiej (biorąc pod uwagę styl życia) biografii, jak dotąd tylko dwa razy byłem na pogotowiu ratunkowym w roli pacjenta. Pierwszy raz za czasów PRL-u, gdy ulegliśmy kiedyś we Wrocławiu całą rodziną gronkowcom obecnym w spożytych lodach. Ponieważ jednak na pogotowiu była wtedy długa kolejka wymiotujących ofiar tego samego zarazka, zanim doczekaliśmy się na lekarza, wszystkie objawy nam przeszły, zapewne ze strachu, i pojechaliśmy do domu, oszczędzając sobie płukania żołądka.

Drugi przypadek szukania pomocy pogotowia miał miejsce przed kilkoma laty w USA, kiedy to pewnego dnia zdawało mi się, że znajduję się w stanie wskazującym na rychły zawał. Sam pojechałem do lokalnego szpitala, gdzie natychmiast podłączono mnie do rozmaitej aparatury za ciężkie pieniądze. Po trzech godzinach testów i badań przyszedł do mnie lekarz i powiedział, żebym się przestał wygłupiać i pojechał do domu, bo nic mi nie jest.

Oczywiście moje nikłe jak dotąd kontakty ze służbami ER uważam za spory sukces, tym bardziej że ostatnio niektóre amerykańskie media ujawniły tzw. sekrety pogotowia ratunkowego. Chodzi o takie elementy działania tych placówek, o których personel zwykle woli nie wspominać i o których pacjenci raczej nie powinni wiedzieć.

Gdy pogotowie ratunkowe pojawia się w telewizyjnych serialach, np. słynnym *House*, jest to zwykle miejsce pełne błyszczącej aparatury, podziurawionych kulami pacjentów i pokrzykiwań „załogi", mających na celu zachęcenie wszystkich do pośpiechu w ratowaniu czyjegoś życia. Niemal zawsze są też sceny cucenia niemal zmarłych ładunkami elektryczności, dostarczanymi przy pomocy podręcznej elektrowni medycznej z dwoma plackami przykładanymi do ciała delikwenta, który podskakuje do góry niczym zdrowo naładowana żaba.

Jednak w praktyce życie w czeluściach ER bywa zupełnie inne. Czasami przez długie godziny nic się tam nie dzieje, a są też liczne dni, w których na pogotowie zgłaszają się ludzie, którzy nadcięli sobie w kuchni kawałek palca przy obieraniu ziemniaków lub zwichnęli sobie nogę, kopiąc piłkę na podjeździe do garażu. Nic im nie grozi i mogliby pójść do zwykłego lekarza, ale wolą pogotowie, szczególnie w poniedziałki, gdy odpowiednie zaświadczenie lekarskie da im dwa lub trzy dni wolne od pracy.

Lekarz, którego o tajniki pracy na pogotowiu przepytał internetowy serwis *The Huffington Post*, wyjawił też, że nawet w dość dramatycznych sytuacjach wykonanie niektórych zabiegów powierza się czasami nowicjuszom, ponieważ „nie ma to jak uczyć się na żywym pacjencie". Innymi słowy, niemal każdy pacjent pogotowia może natrafić na kompletnego żółtodzioba i stać się tym samym przedmiotem medycznego eksperymentu, oczywiście zupełnie nie zdając sobie z tego sprawy. Ludzie zwykle są absolutnie przekonani o tym, że ich lekarze wiedzą wszystko i znają każdą możliwą chorobę. W rzeczywistości jest zupełnie inaczej.

Ten sam lekarz przyznał, że zwykle cały zespół pogotowia stara się udawać, iż absolutnie wszystko wie i ma na koncie wieloletnie doświadczenie. – *Jasne, że nigdy nie mówimy pacjentowi, iż ten facet, który za chwilę wbije mu długą igłę w szyję, jeszcze nigdy przedtem tego nie robił.* I tu jeszcze jedna sensacja – lekarz przyznał, że często – gdy ma jakiekolwiek wątpliwości – korzysta z serwisów Google i YouTube, bo to w sumie „zawsze otwarte książki", w których bardzo szybko można znaleźć dokładnie te informacje, które są potrzebne.

Tworzy mi to w głowie następującą, niepokojącą wizję – przywożą jakiegoś człowieka ze skomplikowanym złamaniem, a lekarz bez większego doświadczenia wymyka się na chwilę do swojego gabinetu, by na komputerze szukać najlepszej metody pozlepiania kończyny w jedną całość. A gdy ktoś zdradza jakieś niezwykłe objawy, zawsze można wpisać parę słów do wyszukiwarki i być może natrafić na prawidłową diagnozę.

Ale to jeszcze nic. Gdy ktoś trafia na pogotowie z bardzo ważkich powodów i walczy o życie, towarzyszy mu najbliższa rodzina, znajdująca się zapewne w stanie większego lub mniejszego szoku. Lekarze mogą wprawdzie sympatyzować z pacjentami i ich krewnymi, ale w sumie są ludźmi, którzy wykonują konkretny zawód i muszą – tak jak inni – od czasu do czasu mieć chwilę relaksu lub wypoczynku, gdyż inaczej dostaną kompletnego świra.

Lekarz pogotowia w Kansas City wyjawił, że często tuż po jakiejś dramatycznej, ale przegranej walce, np. o życie ofiary wypadku samochodowego, zasiada przed komputerem i stawia sobie pasjansa albo gra w nie wymagającą żadnego myślenia grę, objadając się przyniesioną z domu kanapką. Naczelna zasada jest taka, iż relaks tego rodzaju nigdy nie może być jawny, gdyż byłby szokiem dla rodziny właśnie zmarłego pacjenta.

W sumie każdy szpitalny oddział ER to z natury rzeczy niezwykle dziwne miejsce, w którym często dochodzi do kuriozalnych wydarzeń. Lekarze twierdzą na przykład, że w czasie dawania pacjentom zastrzyków najczęściej omdlewają ze strachu muskularni faceci z tatuażami na całym ciele, natomiast kobiety i ludzie starsi – niemal nigdy.

W Fort Wayne w stanie Indiana, gdzie mieszkam, przy autostradzie I-69 ustawiono wielkie świetlne znaki z informacją na temat tego, ile minut trzeba w danej chwili czekać na przyjęcie przez ER w najbliższym szpitalu. Jest to dla mnie wiadomość istotna. Gdy czas oczekiwania przekracza 5 minut, zwykle postanawiam sobie w duchu, że trzeba za wszelką cenę unikać wypadków samochodowych. Gdy czekać trzeba tylko minutę, dodaję gazu. Ale na razie nadal mam na koncie tylko dwie wizyty na pogotowiu.

Jajowaty szał

Wbrew pozorom, poniższy tekst nie będzie traktować o świętach wielkanocnych, gdyż na to jest zdecydowanie za wcześnie. Natomiast wcale nie jest za wcześnie na jajowaty szał związany ze sportem. Tak, tak, znów nadszedł czas na totalne wygłupy dotyczące finału rozgrywek amerykańskiej ligi futbolowej NFL...

W tym sezonie drużyna Chicago Bears zaprezentowała się w roli patałachów, co zaowocowało bezrobociem części kadry kierowniczej, na czele z trenerem. W związku z tym czekać na finał, czyli tzw. *Superbowl*, możemy bez większego zaangażowania emocjonalnego. Tym bardziej iż nasz największy, odwieczny wróg, zespół Green Bay Packers, zaszedł wprawdzie znacznie dalej, ale poległ w półfinałowym starciu z Seattle Seahawks.

Właśnie przy okazji tego meczu pojawiły się pierwsze niepokojące oznaki tymczasowej niepoczytalności, jaka towarzyszy każdej końcówce sezonu ligi NFL. Zanim jeszcze osiłki z Green Bay dotarły do Seattle, gdzie mieli płonne nadzieje na obicie mórd wroga, przedstawiciel władz miejskich w osobie Douglasa Schulze'a oznajmił, iż na jeden dzień wprowadzony został w urzędzie miejskim w Seattle całkowity zakaz „posiadania i spożywania żółtego sera".

Te drakońskie przepisy nabiałowe umotywowane zostały tym, iż kibice Green Bay Packers znani są z tego, iż na czas meczów przywdziewają czapki w kształcie sera, w związku z tym znani są jako *cheeseheads*. Uzasadniają to tym, że stan Wisconsin to największy producent sera w kraju, choć oczywiście futboliści sami sera nie produkują, a jedynie go pożerają.

Cheeseheads nie są w tym kunszcie przebierania się odosobnieni, jako że kibice Chicago Bears często udają na trybunach niedźwiedzie, a w Waszyngtonie fani Washington Redskins malują sobie twarze na czerwono i zakładają na głowy pióropusze, co z pewnością wśród niedobitków amerykańskich Indian zyskuje im zasłużone miano zdrowo szurniętych bladych twarzy.

Zatwierdzona w Seattle ustawa antyserowa zawierała krytykę rzeczonych serogłowów, których oficjalnie zganiono za „noszenie trójkątnych, ohydnych nakryć głowy". Dalej w ustawie czytamy: „Z powodu ścisłych związków między Green Bay Packers, ich kibicami i ich serem, postanawia się, że w dniu 16 stycznia w urzędzie miejskim obowiązywać będzie całkowity zakaz posiadania i spożywania sera i produktów seropodobnych. Ponadto pracowników urzędu zachęca się do noszenia w pracy odzieży z insygniami drużyny Seattle Seahawks oraz organizowania w porze lunchu spotkań, w czasie których okazywane będzie poparcie dla naszych zawodników".

W ten sposób politycy w Seattle po raz pierwszy w rozpoczynającym się roku (i kto wie, może po raz ostatni) zrobili coś pożytecznego i dali upust sportowemu ferworowi miasta. Dla mnie szczególnie ciekawe jest to, że po raz pierwszy w historii USA amerykańskie miasto miało jeden dzień, w którym ser był towarem zakazanym, natomiast marihuana nie, bo jest tam od pewnego czasu legalna. Jednak w praktyce stosowanie takich kuriozalnych metod popierania lokalnych futbolistów może się okazać dość trudne.

Co by się na przykład stało, gdyby nasze miejskie patałachy grały znacznie lepiej i znalazły się w półfinałowym starciu z Seattle Seahawks? Czy urząd miejski wprowadziłby wtedy zakaz posiadania i spożywania niedźwiedziego mięsa? Jeśli tak, to – w zależności od przeciwnika – w Seattle zakazane mogłoby być pałaszowanie koni (Denver Broncos i Indianapolis Colts), kowbojów (Dallas Cowboys), liczby 49 w sosie własnym (San Francisco 49ers), Indian (Washington Redskins i Kansas City Chiefs), piratów (Tampa Bay Buccaneers i Oakland Raiders), pracowników przemysłu metalurgicznego (Pittsburgh Steelers), rogatych baranów (St. Louis Rams), orłów (Philadelphia Eagles), amerykańskich patriotów (New England Patriots), delfinów (Miami Dolphins), gigantów (New York Giants), Wikingów (Minnesota Vikings), lwów (Detroit Lions), panter (Carolina Panthers), osób brązowych (Cleveland Browns), kardynałów (Arizona Cardinals), samolotów odrzutowych (New York Jets), tygrysów bengalskich (Cincinnati Bengals), tytanów (Tennessee Titans), jaguarów (Jacksonville Jaguars), mieszkańców Teksasu (Houston Texans), ludzi świętych (New Orleans Saints), kruków (Baltimore Ravens) oraz akumulatorów (San Diego Chargers). Dobrze chociaż, że nie ma zespołu o nazwie Savannah Eggs, bo wtedy nawet jajecznicy nie można by było wrąbać na śniadanie.

Z finałową rozgrywką związany jest jeszcze inny zwyczaj. Burmistrzowie miast, w których grają uczestnicy *Superbowl*, zwykle zakładają się o coś. W tym roku będą to burmistrzowie Bostonu i Seattle, i w zasadzie nie mam pojęcia, o co mogą się założyć. Wygrana Patriots mogłaby oznaczać dostarczenie do Bostonu znacznego ładunku „marychy", ale na Wschodnim Wybrzeżu to towar nadal zakazany.

Co natomiast może zaoferować zwycięskiemu Seattle miasto Boston? Skrzynkę piwa Sam Adams? Wodę z Atlantyku? Historyczną herbatę wyłowioną z zatoki? Trudno zgadnąć, a konkretnych wieści na razie brak.

Mecz odbędzie się na terenie neutralnym, bo w Arizonie, a zatem o żadnych lokalnych zakazach nie ma mowy. Jeść będzie można absolutnie wszystko, łącznie z serem.

Tylna terapia

Zawsze dziwię się, gdy słyszę, iż jacyś ludzie dali się nabrać na jakąś bezsensowną szarlatanerię. A jednak naiwnych jakoś nigdy nie brakuje. Ostatnio z Miami napłynęła wiadomość, iż aresztowano tam Samelę i Pedro Hernandezów, którzy udawali lekarzy i prowadzili we własnym domu klinikę, w której wstrzykiwali ludziom w – za przeproszeniem – cztery litery niebezpieczną substancję importowaną z Kolumbii. Specyfik ten jest w USA zakazany, gdyż może być rakotwórczy...

Media milczą o tym, jaki efekt miała ta substancja przynosić, ale podejrzewam, że chodziło zapewne o dodatkowe podkreślenie krągłości ludzkich ruf. Podobno w Kolumbii kwitnie interes polegający na kosmetycznym upiększaniu zadów i to tam właśnie Samela nauczyła się swojego tylnego rzemiosła. Para została skazana na dwa lata aresztu domowego i całkowity zakaz prowadzenia dalszej działalności „lekarskiej".

Obrońca Robert Perez, który przed sądem usiłował argumentować, iż jego klienci prowadzili skuteczną działalność, zwrócił uwagę na fakt, że spośród setek „pacjentów" Hernandezów tylko jeden był niezadowolony z zabiegu. Ja jednak myślę, że należałoby spytać, ilu spośród tych pacjentów jest w stanie bezboleśnie siedzieć.

Ponadto zastanawia mnie coś innego. Jak to jest możliwe, że kilkaset osób uznało, iż klinika prowadzona w domu przez latynoskie małżeństwo jest placówką na tyle godną zaufania, że można tam sobie dać zaaplikować zastrzyk w pośladki? Czy podobnie byłoby, gdyby „lekarze" oferowali w kuchni zabiegi chirurgiczne albo wyrywanie w garażu zębów przy pomocy klucza francuskiego? Krzepiące jest to, że fałszywi medycy wpadli w wyniku donosu złożonego na nich przez jedną z pacjentek, która skarżyła się policji, iż jej *derriere* stał się „zdeformowany i bolesny". Z drugiej strony, nastąpiło to dopiero po kilku latach uprawiania kompletnie sfingowanej medycyny – pod nosem obojętnych władz.

Naiwność ludzka nie dotyczy oczywiście wyłącznie Ameryki. W swoim czasie bardzo głośno było o rosyjskim doktorze nauk medycznych, Anatoliju Kaszpirowskim, który swoją karierę zaczynał od uprawiania boksu oraz podnoszenia ciężarów, by później zacząć występować publicznie w roli hipnotyzera. Za osiągnięcia sportowe otrzymał tytuł Mistrza Sportu ZSRR, a w 1987 roku został psychoterapeutą sowieckiej kadry narodowej w podnoszeniu ciężarów, co zapewne zaowocowało hipnotycznie wysokimi wynikami.

W końcu w roku 1989 Kaszpirowski dochrapał się prawdziwej sławy, ponieważ zaczął w telewizji rosyjskiej przeprowadzać seanse hipnozy, budząc prawdziwy entuzjazm wśród stęsknionej czegoś lepszego od propagandy gawiedzi. Przez pewien czas jego programy cieszyły się wielką popularnością, a liczni telewidzowie twierdzili, iż Kaszpirowski wyleczył ich na odległość z ponurych przypadłości, takich jak rak, alkoholizm, wypadanie włosów, niechęć do Kremla, itd.

W zasadzie od samego początku można było założyć, że to wszystko pic dla naiwniaków. Ostatecznie ministerstwo zdrowia ZSRR doszło do podobnego wniosku, zapewne dlatego, że zaczęło się okazywać, iż liczni „wyleczeni" byli po prostu zdrowo szurnięci. Władza sowiecka oskarżyła swoich obywateli o „zbiorową psychozę" i zdjęła hipnotyka z anteny. Ów zaś wkrótce potem zajął się równie usypiającym procederem, jako że rozpoczął karierę polityka i dostał się nawet do Dumy. A gdy pokłócił się z innym rosyjskim czubkiem, Władimirem Żyrinowskim, wyjechał do USA, gdzie oddał się bez reszty leczeniu rosyjskich emigrantów z otyłości.

Nie wiem, jakie metody stosował, ale z pewnością były tak samo skuteczne jak jego seanse hipnozy. Nie wiem też, co Kaszpirowski porabia obecnie, ale można założyć, że nadal kogoś gdzieś z czegoś leczy. Gdyby zaś nie miał dalszych pomysłów na konstruktywną działalność, zawsze może po Hernandezach przejąć domową klinikę i pompować kolumbijskim silikonem amerykańskie pośladki.

Jak cała Ameryka długa i szeroka słychać od czasu do czasu o przypadkach nabierania ludzi na inwestowanie w nieistniejące fundusze emerytalne, wpłacanie pieniędzy na fikcyjne konta oszczędnościowe lub uganianie się za domniemanymi wielkimi spadkami, pozostawionymi przez tajemniczych członków rodziny. Do zestawu oszustw w ostatnich latach doszły jeszcze liczne sztuczki internetowe. Sam dostaję od czasu do czasu elektroniczną pocztę, w której jestem informowany, że coś jest nie tak z moim kontem bankowym i muszę „uaktualnić informacje osobiste", by odzyskać do niego dostęp. Raz dostałem nawet zawiadomienie, na pozór z UPS-u, że nie można było dostarczyć mojej paczki, przez co została ona oddana Fedexowi i żeby ją odebrać, trzeba się udać na jakąś stronę internetową, zapewne w Pernambuko, gdzie czekali na moje dane personalne lub pieniądze złodzieje.

Na niektóre z tych trików można się łatwo nabrać, szczególnie jeśli email pochodzi od osoby pozornie nam znanej. Natomiast na ofertę wstrzykiwania płynu do zadu absolutnie nikt nie powinien się dać nabrać, chyba że ma tak zdeformowany kuper, iż gotów jest oddać się nawet w ręce mechanika samochodowego lub zaklinacza węży.

Kiedyś kumpel pokazał mi tabletkę, którą zamówił bez recepty w Sieci. Tabletka była mała, żółta i nie nosiła na sobie żadnej nazwy. Nie dociekałem, na co ten środek był (choć miałem pewne podejrzenia), ale spytałem go natomiast, skąd wie, co to w ogóle jest i czy nie jest szkodliwe. Wydawał się zupełnie zaskoczony tym niespodziewanym przejawem zdrowego rozsądku. Potem powiedział z pewną urazą: – *Przecież to jest z legalnej strony internetowej, to jak może być złe?* Zrozumiałem wtedy, że mój rozmówca byłby doskonałym kandydatem do zabiegu kosmetycznego w domowej klinice państwa Hernandezów.

Monopol na wyzwiska

Przyznaję bez bicia, że od wielu lat jestem klientem firmy Comcast, która daje mi niezliczoną ilość kompletnie bezsensownych kanałów telewizji kablowej oraz dostęp do Internetu. Jednak klientem tej firmy nie jestem z wyboru, lecz z przymusu, jako że rynek amerykański został już dawno podzielony skutecznie na „strefy wpływów", przez co np. w moim sąsiedztwie nie ma żadnego wyboru między konkurencyjnymi ofertami usług tego rodzaju. Jest wyłącznie Comcast oraz opcja satelitarna, która – jak na kosmos przystało – proponuje astronomiczne ceny. Wydaje się wręcz, że idea wolnej konkurencji, nadal dominująca w każdym supermarkecie, oferującym ogromną liczbę różnych marek i rywalizujących ze sobą wyrobów, w pewnych sferach amerykańskiego rynku przestała istnieć.

Teoretycznie w USA są prawa, które mają strzec obywateli przed monopolistycznymi zakusami wielkiego biznesu. W praktyce jest jednak zupełnie inaczej. W miejscu, w którym mieszkam, jestem skazany nie tylko na Comcast, ale również na usługi telefonii stacjonarnej koncernu Sprint, mimo że tuż za rogiem rozpoczyna się niepodzielne królestwo Verizonu. Na szczęście, linii stacjonarnej nie mam już od 8 lat, a zatem niewiele mnie to obchodzi, ale nie zmienia to faktu, że gdybym chciał mieć standardowy telefon, możliwość w moim miejscu zamieszkania jest tylko jedna, czyli na wskroś monopolistyczna.

W świecie komputerowym jest nieco lepiej, ale tylko nieznacznie. Począwszy od końca lat 80. minionego wieku w zasadzie wszyscy użytkownicy „pecetów" mieli do wyboru tylko jeden system operacyjny, a mianowicie Windows pana Gatesa. Wszelkie inne opcje, takie jak Mac lub Linux, były rozwiązaniami dla odważnych eksperymentatorów. Dziś sytuacja ta zaczyna się z wolna zmieniać, głównie za sprawą urządzeń mobilnych, często bardzo dalekich od „okienkowego" systemu operacyjnego. Mimo to, faktem jest, iż Bill Gates stał się jednym z najbogatszych ludzi naszego globu głównie dzięki temu, że jego firma, Microsoft, stała się monopolistką, co zresztą w swoim czasie potwierdzili prawnicy Unii Europejskiej, którzy skutecznie zażądali wprowadzenia w Windows pewnych zmian.

Monopol na rynku nigdy nie jest zjawiskiem pożądanym i prowadzi często do kuriozalnych wydarzeń, ponieważ w warunkach rynkowej dominacji monopolista nie musi się za bardzo przejmować klientelą, która jest kompletnie ubezwłasnowolniona. Wspomniany już Comcast może być klasycznym przykładem. Przed kilkoma miesiącami furorę w Internecie zrobiło nagranie rozmowy klienta tej firmy z tzw. *service representative*. Klientowi chodziło o prostą rzecz – chciał zrezygnować z dalszych usług monopolisty. W czasie trwającej 18 minut rozmowy przedstawiciel Comcastu stawał się coraz bardziej agresywny i zaczął zasypywać klienta coraz dziwniejszymi pytaniami. – *To pan więcej nie chce już tego, co bardzo dobrze działa?* – pytał między innymi. A potem jeszcze: – *Nie interesuje pana najlepsza usługa internetowa w tym kraju?* Oraz: – *Czy nie wstyd panu rezygnować z czegoś, czego żadna inna firma nie jest w stanie panu zapewnić?*

Nieco później Comcast przeprosił za zachowanie swojego pracownika, ale wszystko wskazuje na to, że niczego to nie zmieniło, przynajmniej sądząc po nowej aferze z udziałem tej firmy. Ricardo Brown też usiłował ostatnio zrezygnować z usług Comcastu. W trakcie rozmowy telefonicznej został przełączony do tzw. *retention specialist*, czyli faceta, którego zadaniem jest wywarcie na klienta stosownej presji, by ów zmienił zdanie. Jednak dzielny Ricardo presji tej skutecznie się oparł i postawił na swoim.

Wydawać by się mogło, że na tym historia ta się zakończyła. Nic z tego. Brown dostał końcowy rachunek z Comcastu, na którym jego imię zostało zmienione z Ricardo na Asshole.

Brown nie twierdzi, że w czasie rozmowy telefonicznej potraktowano go nieuprzejmie lub że został w jakikolwiek sposób obrażony. Wydaje się jednak, że wspomniany *retention specialist* na tyle się wkurzył postawą odchodzącego klienta, iż postanowił obrazić go na piśmie, w ramach ostatecznego odwetu.

Co więcej, żona Ricardo udała się z rachunkiem wystawionym na nazwisko Asshole Brown do lokalnego biura Comcastu i zażądała wprowadzenia odpowiedniej korekty. Spotkała się z odmową, zresztą bez podania przyczyn. Dopiero po interwencji na wyższym szczeblu szefowie firmy obiecali, że sprawę wyjaśnią, winnych incydentu zwolnią z pracy, a państwu Brown zaoferowali zwrot kosztów telewizji kablowej za ostatnie dwa lata oraz darmowy kontrakt na dwa lata następne.

Na ich miejscu oferty tej bym mimo wszystko nie przyjął, bo nie wiadomo, jakie inne sankcje wymierzone w klientelę ma w zanadrzu monopolista. Gdyby Comcast musiał walczyć o rynek z kilkoma rywalami działającymi na tym samym terenie, sytuacja byłaby zapewne zupełnie inna. Ale nie musi, bo żadnej konkurencji nie ma. Wręcz przeciwnie, zamierza połączyć siły z Time Warner, żeby konkurencji było jeszcze mniej.

W świetle tych wydarzeń zamierzam zmienić swoje imię z Andrzej na Moron. Będzie to akt prewencyjny, na wypadek, gdybym wkrótce popadł w jakiś konflikt z Comcastem. Wprawdzie mogą mi też w odwecie zmienić nazwisko, ale co tam – zaryzykuję. Bądź co bądź, jako ofiara monopolisty nie mam innego wyjścia, prócz – ma się rozumieć – kompletnego porzucenia Internetu i telewizji.

Inwazja czarownic

Coraz częściej wydaje mi się, że Stany Zjednoczone osuwają się ze stromej skały w głąb przepaści zwanej Doliną Zaściankowego Anachronizmu. Niemal wszystko to, co odbywa się na arenie publicznej, prędzej czy później staje się pretekstem do interesujących, lecz zgoła idiotycznych spekulacji o ukrytych treściach, spiskach i wrażych siłach. Niektórzy czytelnicy mogliby w tym miejscu zakrzyknąć pospołu – „ale przecież tak samo jest w Polsce!". Może i jest, ale skala tych zjawisk w USA zdaje się znacznie większa.

Gdyby jeszcze te wszystkie podejrzliwe spekulacje dotyczyły jakichś ważnych dla kondycji narodu wydarzeń, można by to jakoś zrozumieć. Niestety, masowe

„czepianie się" byle czego w imię domniemanych spisków lub ukrytych treści zabrnęło na amerykańskie estrady, w tym również te największe i najbardziej spektakularne.

W połowie meczu futbolowego Super Bowl wystąpiła na przykład pani Katy Perry, piosenkarka robiąca ostatnio światową karierę. Nie do mnie należy (na szczęście) ocenianie jej talentu lub walorów głosowych, choć moim zdaniem jest to szansonistka bardzo przystająca do powszechnie królującego ostatnio trendu wiodącego w stronę muzycznej sieczki, w której nie ma niczego specjalnie fascynującego lub unikalnego dla danego wykonawcy czy wykonawczyni. Nie o to jednak chodzi.

Perry zaprezentowała w czasie przerwy w największej sportowej imprezie kraju kilka powszechnie znanych piosenek w paru różnych strojach i bardzo różnych aranżacjach. Niezależnie od aspektów czysto muzycznych, jej występ był zgrabnie otoczony efektami wizualnymi, łącznie z jazdą na mechanicznym lwie oraz kołowaniem wokół stadionu na „komecie", wypluwającej z siebie iskry i dym (mam nadzieję, że nie toksyczny). W sumie zatem nic specjalnie kontrowersyjnego ani bulwersującego. Nie było nawet niestety żadnej „awarii garderobianej", w wyniku której jakieś niedozwolone części ciała Katy nagle pojawiłyby się na ekranach milionów telewizorów.

Niestety, nie dla wszystkich występ ten był tym, czym się większości zdecydowanie wydawał, czyli prezentacją takiej sobie muzyki dla ludzi pijących Budweisera i pożerających chrupki, zwykle w pozycji poziomej, na domowej kanapie. Linda Harvey, szefowa portalu o nazwie Mission America, zajmującego się głównie „obroną" kraju przed homoseksualizmem, który – jak wiadomo – czyha niczym 20-głowa hydra za każdym rogiem, już 5 lutego, a zatem 4 dni po meczu, wyraziła następujący pogląd dotyczący piosenki Perry pt. *I Kissed a Girl*, wykonanej w czasie stadionowego występu: „Jest to utwór, który stanowi zaproszenie do demonicznego opętania i promuje homoseksualny program, a przecież seksualna konfuzja jest naturalnym wstępem do apostazji. Jej flirt z szatanem to podkład muzyczny do rozwiązłości seksualnej".

Hmm, flirt z szatanem. Tak mi się właśnie wydawało, że w czasie śpiewów Perry widziałem przez pewien czas diabła Rokitę z rogami, ale potem się okazało, że był to jeden z futbolistów, który wyszedł przedwcześnie na boisko. Natomiast jeśli chodzi o opętanie, to oświadczam, że w czasie słuchania tego utworu nic specjalnego mnie nie opętało, prócz krytyki małżonki, że się gapię na te „kuso odziane nastolatki", tak jak bym nie miał niczego innego, bardziej konstruktywnego do roboty.

Komentarz pani Harvey nie jest specjalnie zaskakujący, ponieważ w przeszłości ta sama osoba wyraziła pogląd, iż społeczność homoseksualna w USA to w zasadzie „to samo co faszystowskie Niemcy" i rozpętała kampanię poparcia dla tych cukierników, którzy odmawiają sprzedawania tortów weselnych dla gejów zawierających małżeństwa.

Dzielna Linda ma oczywiście prawo do własnych poglądów na ten temat, a mnie tematyka ta w zasadzie w ogóle nie interesuje, bo uważam ją za głupie narzędzie w politycznych przepychankach. Co innego jednak poglądy na temat homoseksualizmu, a co innego kretyńskie analizy słodkawych piosenek o niczym.

Karty Perry nie jest, niestety, pionierką, jeśli chodzi o przypisywanie jej estradowego demonizmu. Przed rokiem w czasie przerwy meczu Super Bowl wystąpiła Beyoncé, która zaśpiewała kilka swoich przebojów. Wtedy Bryan Fischer, gospodarz konserwatywnego programu radiowego, zasugerował, iż w czasie owego występu piosenkarka posłużyła się „licznymi symbolami satanicznymi" i że postać Sashy Fierce, pojawiająca się w jej albumie z roku 2008, jest „demonicznym duchem", z którego „emanuje czarna energia".

Czasami zastawiam się w związku z tym, co ludzie tacy jak Linda Harvey i Bryan Fischer robią po pracy? Czy zanim wejdą do domu, sprawdzają natężenie demonizmu w okolicy przy pomocy specjalnych czujników antysatanicznych? A może najpierw dzwonią do domowników, by się upewnić, czy żaden widelec w kuchni nie zmienił się nagle w ziejącą ogniem czarownicę, np. gołą Beyoncé na miotle, i nie zaatakował sąsiada?

Problem w tym, że jestem pewien, iż wracają do domu, jedzą obiad, oglądają jakiś film i idą spać. Po przecież ich praca to czysta fikcja, a z rzeczywistością wyzutą z demonów zawsze trzeba sobie mimo wszystko jakoś radzić.

Z grzybem do raju

Dla nikogo na Zachodzie nie jest tajemnicą, iż Korea Północna to wynędzniałe wariatkowo, które byłoby zapewne komiczne, gdyby nie fakt, że kolejni pulchni przywódcy tego kraju potrząsają co jakiś czas szabelką, która ostatnio stała się nuklearna. Jednak nawet dla weteranów zimnej wojny, dobrze pamiętających czasy sowieckiej propagandy, hasła głoszone oficjalnie przez komunistów koreańskich dają wiele do myślenia i pozwalają na sporą swobodę interpretacyjną.

Na okoliczność 70. rocznicy powstania Korei Północnej rządząca partia tego kraju opracowała ponad 300 nowych sloganów, które wyznaczają „linię rozwoju państwa" i są dla wszystkich obywateli „drogą do przyszłości". Skoro tak, to podjąłem się trudnego zadania przytoczenia i zinterpretowania niektórych tych sloganów, które – jak należy domniemywać – już wkrótce zagoszczą na ścianach wielu koreańskich budynków oraz rewolucyjnych sztandarach.

A zatem do roboty. Pierwsze hasło brzmi: „Pozwólmy naszym owocom opadać niczym kaskada, by stworzyły socjalistyczny raj". Widzę w tym sloganie pewien problem, jako że nie precyzuje się, jakie owoce mają spadać i skąd oraz jaki jest związek przyczynowo-skutkowy między opadającymi na grunt jabłkami i rzeczonym rajem. Chyba, że to slogan metaforyczny z podtekstem biblijnym – zamiast Adama i Ewy oraz pojedynczego jabłka, zbierzemy całe tony i damy je, bez namowy ze strony kuszącego węża, wygłodniałemu narodowi, dla którego niemal każda porcja żarcia to raj.

Pozostając przy tematyce żywieniowej, następne hasło grzmi: „Uprawiajmy warzywa w szklarniach!". No, jeśli to ma być klucz do gospodarczego sukcesu, to najpierw trzeba gdzieś skombinować szkło na cieplarniane szyby, co może okazać się poważnym problemem. Jednak w zapasie są strategie wyznaczane przez kolejne hasła. „Nawozy oznaczają ryż i socjalizm" – twierdzą koreańscy komuniści. Przyznaję im rację, jeśli chodzi o ryż, o ile tylko nawozy są i ktoś uprawia ryżowe pola. Jednak z tym socjalizmem to towarzysze mocno przesadzili, bo przecież każdy socjalizm z natury rzeczy śmierdzi, to po co jeszcze dodawać nawozy?

„Niech nasz kraj rozbrzmiewa pieśnią Wielkiego Połowu i niech wypełni się słodkim zapachem ryb!". Bez jaj, panowie. Słodkim zapachem ryb? To już może lepiej jakieś pachnące świeczki zapalić, a ryby schować do chłodziarki. Możliwe jest jednak to, że wszystkie te slogany dotyczące żywności są wstępem do hasła najważniejszego: „Zmieńmy nasz kraj w krainę grzybów przez prowadzenie ich uprawy naukowo, intensywnie i przemysłowo!".

No i wszystko jasne. Większość Koreańczyków nie ma od lat co do gęby włożyć, a zatem można ich wszystkich zatkać dietą grzybową: smażone pieczarki na śniadanie, kotlet z grzybów na obiad oraz pieczarki w lukrze na deser, o ile tylko będzie cukier. Jest wprawdzie jeszcze inna, dość niepokojąca możliwość – być może chodzi o grzyby nuklearne, a zatem o zbrojenia, ale mam nadzieję, że nie. To już lepiej postawić na grzyby halucynogenne, bo wtedy można o nędzy w kraju na jakiś czas zapomnieć.

Być może najbardziej zagadkowe jest hasło poświęcone uprawianiu sportu: „Uprawiajmy wszelkie dyscypliny sportowe ofensywnie, tak jak robili to antyjapońscy partyzanci!". Nie wiem, co o tym myśleć, jako że nie mam pojęcia, w jakich dyscyplinach ci partyzanci startowali i na czym polegała ich ofensywność, choć podejrzewam, że być może najważniejszą konkurencją było agresywne ścinanie głów wrogom.

Przyznaję, że w PRL-u też bywało czasami dziwnie, ale nigdy nie aż tak. Raz, na przykład, przy wjeździe do miasta Jelenia Góra zobaczyłem wielką tablicę „reklamową" z napisem „Wróć do domu z rybą", co wprowadziło mnie wtedy w stan pomieszania z poplątaniem, jako że Jelenia Góra raczej nigdy nie była znana z rybołówstwa, a w sklepach nie było ani ryb, ani też czegokolwiek innego. W swoim czasie była też kampania na rzecz zastąpienia nieobecnych schabowych kotletami z kryla, ale tych ostatnich też nigdy nie było. Co się zaś tyczy sloganów politycznych, ograniczały się one zwykle do wyświechtanych frazesów typu „Aby Polska rosła w siłę, a ludziom żyło się dostatniej". W obliczu absencji zarówno ryb, jak i kryla, dostatek ów pozostawał zawsze dość odległą mrzonką.

Czasy stalinizmu skutecznie ominąłem przez wyczekanie z własnymi narodzinami aż do śmierci Józefa Wissarionowicza, ale można zajrzeć do starych gazet i przekonać się, że hasła polityczne dotyczyły albo walki z hydrą amerykańskiego imperializmu, albo też zachęt do wytężonego układania cegieł oraz lania gorącej stali gdzie popadnie. No i były też nieustanne zapewnienia, iż kolejne plany 5-letnie będą wykonane w 300 procentach, co miało spowodować, że nawet u podnóża Karkonoszy skakać będą do sklepów ideologicznie czyste pstrągi, prosto z okolicznych strumieni.

Koreańczycy zdają się mieć nieco inne zainteresowania. Straszą w wielu z nowych sloganów wybiciem amerykańskich imperialistów „aż do ostatniego człowieka" i zrównaniem Białego Domu z ziemią, ale jednocześnie nawołują – w porywie humanitarnej troski – do tego, by żony oficerów koreańskiej armii były ich asystentkami, na których można polegać. Oj, coś czuję, że w kadrze oficerskiej koreańskich „ludowych" sił zbrojnych jest kiepsko z seksem.

Może to wszystko przez te grzyby?

„Zrzucimy gejów z pizzy"

Współczesnemu światu religia muzułmańska zwykle nie kojarzy się ze śmichami i chichami, jako że trudno śmiać się z publicznych egzekucji, palenia ludzi żywcem, zamachów i totalnych głupot opowiadanych w tzw. „materiałach propagandowych" zawziętych dżihadystów. Mimo to, istnieją – o dziwo – muzułmańscy komicy, tacy np. jak Amerykanin egipskiego pochodzenia Ahmed Ahmed, który naigrywa się ze wszystkiego, co dotyczy jego religii, z wyjątkiem proroka Allaha. – *O nim nigdy nie wspominam, bo chciałbym jeszcze trochę pożyć* – mówi czasami z przekąsem. Dodaje jednak, że wszystko inne może być materiałem do prześmiewek, gdyż: –

Wyznawca dowolnej religii powinien mieć poczucie humoru, które jest najlepszą obroną przed sztywnym dogmatem.

Nie wiem, jak z tym jego życiem będzie, ponieważ Ahmed bardzo często „drze sobie łacha" z szurniętych islamistów spod znaku ISIS. W czasie jednego ze swoich niedawnych występów zaczął głośno zastanawiać się, jak to jest możliwe, że grupie ekstremistów udało się stworzyć „kalifat" przez jeżdżenie po wertepach Syrii i Iraku amerykańskimi półciężarówkami z lat 60. i 70., które „trzymają się kupy tylko dlatego, że w tzw. Państwie Islamskim nie brakuje drutu, kitu i kleju".

W jego przesłaniu na temat bojowników ISIS być może kryje się głębsza prawda. Ludzie ci chwalą się często, iż potrafią doskonale korzystać ze współczesnych technologii, np. serwisów społecznościowych, telefonii komórkowej, itd. Wydaje się jednak, że te umiejętności nie zawsze idą w parze z wiedzą o współczesnym świecie.

Gdy ostatnio jakieś komórki ISIS dały o sobie znać w Libii, która już dawno przestała być funkcjonującym państwem, we Włoszech pojawiło się spore zaniepokojenie, ponieważ wybrzeże Libii znajduje się o rzut zakładnikiem od Sycylii, a zatem potencjalnie czubki islamskie mogłyby zetrzeć się z niedobitkami mafii i wygrać, co oznaczałoby zastąpienie kuchni południowych Włoch suchymi plackami podgrzewanymi na rozżarzonych religijnym ferworem kamieniach. Zaraz potem sycylijskim babciom, które i tak chodzą zwykle w czerni, nakazano by dodanie do tej odzieży gustownego nakrycia głowy, zgodnego z wymogami szarii.

Wydaje mi się jednak, iż atak na Włochy jest dość odległą perspektywą, mimo stosunkowej bliskości Sycylii i Libii. Dżihadyści rozpowszechnili niedawno nagranie wideo, w którym obiecują, że wkrótce zawładną Rzymem i powieszą nad Watykanem swoją flagę. Hmm, być może, ale najpierw trzeba Rzym umieć dokładnie zlokalizować na mapie, a w ich przypadku lokalizacja taka wcale nie jest pewna.

W serwisie Twitter zaraz po rozpowszechnieniu wspomnianego nagrania pokazała się wieść od bojowników żądnych włoskich włości, którzy obiecali, iż już wkrótce będą „zrzucać homoseksualistów z krzywej wieży w Pizzy". Geje we Włoszech mogą w związku z tym spać spokojnie, bo muzułmańska ekstrema spędzi następne parę lat na szukaniu miasta Pizza.

Jeśli przesłanie ISIS miało kogoś przestraszyć, to raczej się nie udało. Zamiast paniki, mieszkańcy stolicy Włoch zdradzili spore poczucie humoru, zalewając Twittera „poradami" dla atakujących miasto hord islamistów. „Daleko nie zajadą – napisał jeden z rzymskich komentatorów. – Utkną w korku na trzy godziny przed osiągnięciem celu". Ktoś inny dodał uprzejmie, że nie ma na razie sensu podbijać Rzymu, gdyż miasto musi sobie najpierw poradzić z wieloma innymi problemami i nie ma czasu na takie głupoty jak inwazje wrażych sił.

Jeszcze ktoś inny umieścił w Twitterze zdjęcie aktora Russella Crowe'a, odtwórcy głównej roli w głośnym w swoim czasie filmie *Gladiator* z podpisem: „Co, przyjeżdżacie do Rzymu? Zapewnię wam rozrywkę!".

W sumie wieść o tym, że ISIS zamierza zrzucać gejów z krzywej wieży w Pizzy jest krzepiąca, bo oznacza na przykład, że Polsce ze strony islamistów nic nie grozi, gdyż nie będą jej w stanie znaleźć na mapie. A nawet gdyby ją znaleźli, zapewne chcieliby zrzucać gejów z Pałacu Kultury i Nauki w mieście Bigos lub siostrzanej metropolii o nazwie Kaszanka.

Powstaje jednak całkiem poważne pytanie o to, czy przywódcy teoretycznie nadal istniejącego Państwa Islamskiego mają jakowyś sensowny ogląd tego, jak wygląda świat poza ich pustynnym imperium, na które sypią się nieustannie amerykańskie bomby? Czy na serio wierzą w to, że wylądują nagle na Sycylii, a potem rozpoczną marsz na Rzym, by po paru dniach zawładnąć Włochami i zmienić ten kraj w Kalifat Oliwy z Oliwek i Parmezanu? Czy są przekonani o tym, że nad Białym Domem załopoce wkrótce ich żałobna z wyglądu flaga? Bo jeśli wierzą, to są bardziej stuknięci niż mogłoby się początkowo wydawać. A jeśli nie wierzą i oddają się czczej propagandzie, jej skuteczność zaczyna ostro dołować, ponieważ staje się po prostu śmieszna i komicznie bałwochwalcza.

Prawdy na ten temat niestety się nie dowiemy, ponieważ tajemniczy przywódcy tego ruchu prawie nigdy niczego publicznie nie mówią i wyręczają się swoimi bojownikami, wypisującymi na Twitterze coraz to nowe idiotyzmy. Niech sobie piszą. Makabryczny, średniowieczny teatr, jaki nam od czasu do czasu fundują, jest smutny, gdyż nie tylko odbywa się pod sztandarami znaczącej religii, ale ma miejsce w XXI wieku. Z drugiej strony jest kabaretowo głupi, o czym na szczęście ludzie tacy jak Ahmed Ahmed i jemu podobni zaczynają coraz częściej publicznie mówić.

Upadek zamordysty

Gdy się słucha wieści nadchodzących z różnych zakątków świata, można odnieść wrażenie, że ogólna kondycja naszego globu jest do kitu – wszędzie jakieś wojny, konflikty, akty potrząsania szabelką, pogróżki, itd. Na domiar złego pojawienie się na globalnej scenie ISIS sugeruje, że część współczesnej cywilizacji pędzi do tyłu w kierunku średniowiecza, egzekucji, zacofania i łamania ludzi kołem.

Ja jednak uważam, że można w tym wszystkim dostrzec pewne aspekty pozytywne, szczególnie jeśli chodzi o liczbę zamordystów przypadających dziś na ziemską populację. Nie jest ich zbyt dużo, a przynajmniej mniej niż kiedyś. Twardo się trzyma swojej unikalnej głupoty przysadzisty konus w Korei Północnej. Przywódca Wenezueli, Nicolas Maduro, walczy nadal o zwycięstwo socjalizmu i o zapewnienie wystarczających dostaw papieru toaletowego proletariatowi, co sugeruje schyłkowość jego rządów. Zresztą schyłkowość tę dodatkowo sygnalizuje fakt, iż Maduro uważa, że absolutnie wszystko co złe w jego kraju to wynik spisku ze stronu USA. Natomiast Raul Castro jakby nieco spuścił ostatnio z rewolucyjnego tonu i być może myśli o tym, że mimo wszystko eksperyment z marksizmem po prostu nie wypalił, a nawet jeśli tymczasowo wypalił, to nikt tego nie zauważył.

Są jeszcze różni pomniejsi dyktatorzy w paru krajach Azji i Afryki, na czele z postsowieckimi kacykami w takich oazach szczęścia, wolności i dobrobytu jak Turkmenistan, ale to w sumie drobnica bez znaczenia. Jedynym znaczącym zamordystą w tej części świata jest oczywiście towarzysz Putin, którego istnienie przeczy rozsądkowi oraz zasadom zachodniej demokracji. Ale co tam, niech sobie siedzi na tym Kremlu i knuje, byle by tylko nadal nie uśmiercał przeciwników politycznych oraz nie starał się z Ukrainy zrobić kolonii karnej.

Swoistym przykładem upadku globalnego zamordyzmu jest z pewnością przypadek odwiecznego prezydenta Zimbabwe, Roberta Mugabe, który w wieku 91 lat jest najstarszym szefem państwa na świecie. Właśnie odbyły się w tym kraju urodzinowe celebracje, które kosztowały żyjący w skrajnej nędzy naród nieco ponad milion dolarów. Przed rokiem Mugabe został wybrany szefem Organizacji Jedności Afrykańskiej, co jest porównywalne do mianowania Józefa Stalina dyrektorem szkółki niedzielnej dla dzieci dysydentów. Jest to jednak funkcja rotacyjna, co stwarza nadzieję na to, iż Mugabe nie zdąży niczego kompletnie spartolić.

Z okazji urodzin pan Robert wygłosił przemówienie, w którym zagroził, że zacznie konfiskować ziemie białych plantatorów. Nie są to groźby nowe – przed 15 laty odbyła się pierwsza sesja konfiskat, w wyniku czego rolnictwo kraju padło na twarz i do dzisiaj się nie odrodziło, gdyż parcele przydzielone „narodowi" w większości leżą odłogiem.

Groźby groźbami, ale Mugabe jest pod wieloma względami postacią komiczną, a jego niedawne poczynania dotyczące niefortunnego upadku na lotnisku w Harare, stolicy Zimbabwe, są tego dobitnym świadectwem. Otóż prezydent szedł sobie po czerwonym dywanie i nagle się potknął. Wywinął spektakularnego orła na oczach wielu fotoreporterów, którzy moment ten oczywiście uwiecznili.

Niemal natychmiast, gdy tylko Mugabe został zeskrobany z dywanu przez zatroskanych opiekunów, odpowiednia agentura zaczęła zabierać reporterom aparaty fotograficzne w celu wymazania kompromitującego upadku. Ponadto Mugabe osobiście udzielił nagany 22 ochroniarzom, obwiniając ich o to, że lekkomyślnie dopuścili do tego, by ich przywódca rąbnął nieprzystojnie twarzą o wykładzinę.

Jak to jednak we współczesnym, totalnie zinternetyzowanym świecie bywa, jeden kadr pokazujący zdjęcie pana prezydenta w trakcie upadku jakoś się zachował i wyciekł do Sieci. Gdyby coś takiego miało miejsce np. przed półwieczem, ktoś pewnie by tę fotkę opublikował (albo nie) i na tym by się sprawa zakończyła. Na nieszczęście dla leciwego dyktatora, dziś jest zupełnie inaczej.

Przez następne kilkanaście dni internauci prześcigali się w serwisie Twitter w publikowaniu gustownych kompozycji fotograficznych, w których głównym bohaterem zawsze był Mugabe, ale był wstawiany w przeróżne sceny. A to goni go hipopotam, a to prezydent pędzi na oceanicznej fali, choć bez deski, albo też startuje do olimpijskiego sprintu. Był nawet fotomontaż, który przedstawiał szefa państwa rzucającego się w stronę na poły obnażonej rufy pięknej modelki, zapewne w celu uszczypnięcia tejże. Zaprezentować niestety nie mogę, z powodów cenzuralnych.

Mówiąc po prostu, Mugabe został skompromitowany, nie tyle przez swój upadek, który może się zdarzyć każdemu, lecz przez paranoidalne próby retuszowania rzeczywistości, tak charakterystyczne dla ludzi, którzy w swoim autokratycznym zacietrzewieniu nadal sądzą, iż obieg informacji w XXI wieku można skutecznie kontrolować lub nim manipulować.

W roku 1980, gdy jego kraj wywalczył niepodległość i przestał być Rodezją, Mugabe uchodził za bohatera narodowego, ponieważ był wtedy jedynym, prócz Nelsona Mandeli, czarnym przywódcą walczącym skutecznie z apartheidem. Jednak Mandela rządził w RPA przez jedną kadencję i usunął się potem dyplomatycznie w cień, podczas gdy dziś Mugabe jest niemal komikiem, nękanym zachodnimi sankcjami i trzymającym się kurczowo władzy w państwie, które sam doszczętnie zrujnował. Innymi słowy, jego fizyczny upadek na lotnisku jest też symbolem jego upadku w roli przywódcy kraju.

W sumie (i na szczęście) każdy autokrata tak właśnie kończy – staje się mało znaczącym błaznem, którego kontakt z rzeczywistością wygląda dość mizernie. Problem w tym, że w niektórych przypadkach, np. Putina, jest to proces niebezpieczny, niezależnie od oczywistych aspektów komediowych.

„Sygnał" dla wandali

Przed bardzo wieloma laty, w czasach domniemanego rozkwitu PRL-u, przebywałem w pewnym górskim schronisku w Karkonoszach, gdzie zgromadzeni w wielkiej sali wokół kominka narciarze opowiadali sobie o wyczynach właśnie minionego dnia, popijając przy tym tęgo żytnią, co było w tamtych czasach główną rozrywką po szusach na zboczach.

W pewnym momencie jeden z uczestników tej libacji, który niemal na pewno ostro przedawkował, zaczął zdradzać wyraźne odruchy wymiotne, ale tak się nieszczęśliwie złożyło, że najbliższa porcelana, zwana potocznie klozetem, była za daleko ,by do niej zdążyć. W związku z tym człowiek ten nagle zerwał się na równe nogi, pobiegł w kierunku najbliższego okna, otworzył je zamaszyście i poddał się wymogom matki natury albo też prawom strutego siwuchą żołądka. Nastąpiła potem chwila ciszy, przerwana następnie przez samego wymiotnika, który powiedział: – *Szlag by to trafił. Podwójne szyby.*

Historię tę przytaczam dlatego, że z niemieckiego Hamburga nadeszła ostatnio wiadomość, iż aktywiści w jednej z dzielnic miasta, w której jest sporo nocnych klubów, postanowili wydać walkę klienteli tychże klubów, która dekoruje często po nocach okoliczne budynki efektami załatwiania pilnych potrzeb fizjologicznych.

Za spore pieniądze zakupiona została specjalna farba, którą malowane są dolne partie budynków w dzielnicy St. Pauli. Farba ta ma dość istotne i zaskakujące właściwości, ponieważ skutecznie „odbija" kierowane na nią strumienie dowolnej cieczy, czyli oblewa oblewających. Julia Staron, która zorganizowała tę akcję, powiedziała agencji Reutera, że wysyła w ten sposób klientom klubów nocnych „wyraźny sygnał", iż używanie murów w celach klozetowych spotka się nie tylko z oporem, ale również z odbiciem, a wszystko to pod wdzięcznym hasłem, wymalowanym w dwóch językach na tablicach ostrzegawczych: „Hier nicht pinkeln! Wir pinkeln zurueck. (Do not pee here! We pee back!)".

Moim zdaniem jest to znakomity pomysł, który wymaga jednak znacznie bardziej powszechnego zastosowania. Z pewnością wszyscy wiedzą, że wandale różnej maści, zarówno w USA, jak i w Europie, skutecznie szpecą różne budowle, malując na nich jakieś gangsterskie bazgroły, często już w kilka godzin po oddaniu budynku do użytku po kosztownej renowacji. Czasami dotyczy to również zabytków.

Sam byłem raz świadkiem kompletnego zniszczenia części właśnie odrestaurowanej elewacji gmachu biblioteki Ossolineum we Wrocławiu. Ofiarą „artystów" padają zresztą nie tylko budynki. Obiektem ataków są na przykład wagony w towarowych składach pociągów. Większość tych wagonów wygląda w USA tak, jakby właśnie ozdobił je ten nieszczęśnik ze schroniska w Karkonoszach.

Tu i ówdzie mówi się o stosowaniu farb i elewacji pozwalających na łatwe mycie efektów wandalizmu, ale jest to rozwiązanie kosztowne i połowiczne, ponieważ nie zapobiega samemu malowaniu. O wiele lepiej byłoby, gdyby – na wzór niemiecki – farba stosowana przez wandali odbijała się sama od ścian i lądowała na „malarzach". Wtedy mury pozostawałyby czyste, a sprawców można byłoby łatwo identyfikować po ich poplamionej odzieży i zapachu terpentyny.

Niestety, problem w tym, że ludzka głupota zdaje się nie mieć granic i niektórym aktom wandalizmu nie sposób skutecznie zapobiec. Media doniosły na przykład ostatnio, że dwie amerykańskie turystki w wieku nieco ponad 20 lat zostały aresztowane w Rzymie, ponieważ zostały przyłapane na ryciu swoich inicjałów w ścianie Koloseum oraz robieniu sobie zdjęć z tymi „dziełami sztuki". W areszcie panie te, mieszkanki Kalifornii, wyraziły skruchę i oznajmiły, że nie miały pojęcia o tym, iż budowla „ma tak wielkie znaczenie".

Powstaje w związku z tym istotne pytanie: „czym według turystek z USA jest Koloseum? Może myślały, że to jakaś dekoracja do filmu lub ruiny bloku mieszkalnego dla ubogich? Ale skoro tak, to po co w ogóle jeździć do Rzymu i uprawiać sztukę na ścianach starożytnych zabytków? Stosownych ruin bloków mieszkalnych jest w USA na tyle dużo, iż ze znalezieniem odpowiedniej ściany nie powinno być kłopotów, a i konsekwencji żadnych by nie było, gdyż pies z kulawą nogą by się nie zainteresował wandalizmem uprawianym na ruderach z lat 50. lub 60.

Na szczęście Amerykanki zostały zakapowane przez innych, zbulwersowanych turystów, a zatem nadal istnieje nadzieja, iż ludzkość nie do końca zwariowała, oczywiście z wyjątkiem palantów z ISIS niszczących wszystko, co popadnie.

Prasa włoska doniosła, że inicjały zostały wyryte przez Amerykanki monetą. Jest to problem, jako że monetę – w przeciwieństwie do noża – każdy może mieć w kieszeni. Jedyne rozwiązanie widzę w powleczeniu dolnych partii murów Koloseum specjalną farbą zawierającą czujniki dotykowe. Wystarczy zabytkowej ściany dotknąć, by z podziemi wyskoczył gladiator w pełnym rynsztunku bojowym i zaprzyjaźnionym tygrysem na uwięzi. Raz przestraszony w ten sposób pseudoturysta zapewne już nigdy nie chciałby zwiedzać żadnych cennych zabytków.

Żarcie na wokandzie

Wielokrotnie w tym miejscu wyrażałem pogląd, iż w USA pozew do sądu z żądaniem jakiegoś odszkodowania można złożyć w zasadzie z dowolnego, nawet najbardziej głupiego powodu, czego klasycznym przykładem stała się przed laty dziarska niewiasta, która wylała sobie gorącą kawę McDonald's na przyrodzenie i wytargowała w sądzie odszkodowanie za doznane krzywdy w wysokości prawie 3 milionów dolarów.

Od tego czasu toczy się z gruntu dziecinna dyskusja o tym, jaką temperaturę winna posiadać serwowana w lokalach publicznych kawa. Koncern McDonald's, mimo sądowej porażki, nie zmienił swojego stanowiska i nadal atakuje naród „małą czarną" o temperaturze od 175 do 195 stopni F, choć na papierowych kubkach są dziś znacznie większe ostrzeżenia o tym, że wylewanie napoju na dowolne części ciała, z wyjątkiem jamy gębowej, może się okazać niebezpieczne i bolesne. Inne firmy, np. Starbucks, serwują kawę o podobnej temperaturze. Statystyki wykazują wręcz, że kawa dziś jest zwykle jeszcze bardziej gorąca od tej, jaką wylała przed laty klientka McDonald's, ale nowych procesów wynikających z oparzenia się tym napojem na razie nie ma.

Wszystko to jest jednak o tyle zastanawiające, że konsumenci kawy i herbaty doskonale wiedzą, iż mają do czynienia z napojem gorącym, a nie mrożonym lub letnim, a gdyby dostali zimną kawę, też mogliby żądać w sądzie odszkodowania za poniesione straty smakowe.

Wspominam o tym raz jeszcze, jako że ostatnio pojawiły się wreszcie pierwsze zwiastuny tego, iż amerykańskie sądownictwo zaczyna stawiać opór wobec zjawiska zwanego *frivolous litigation.* Frywolne procesy sądowe to zmora wymiaru sprawiedliwości nie tylko dlatego, że są tak częste w USA, ale również dlatego, iż wielu sędziów skłonnych jest tolerować kompletnie idiotyczne pretensje „pokrzywdzonych".

Przypadek gorącej kawy, który miał miejsce w roku 1999, to pikuś wobec pozwu złożonego przez sędziego Roya Pearsona, który domagał się od placówki zajmującej się chemicznym czyszczeniem odzieży odszkodowania w wysokości 67 milionów dolarów za to, że personel zgubił jego spodnie. Same pantalony warte były rzekomo tysiąc dolarów, a reszta odszkodowania miała być wypłacona za „szkody psychiczne", wynikające z absencji gaci. Sąd uznał, na szczęście, że Pearson może sobie kupić nowe spodnie i dać wszystkim święty spokój.

W styczniu ubiegłego roku Sirgiorgio Sanford Clardy, który odbywa karę 100 lat pozbawienia wolności za brutalne pobicie prostytutki i jej klienta, wytoczył proces firmie Nike. Domagał się odszkodowania w wysokości 100 milionów dolarów za to, iż producent obuwia nie umieścił na noszonych przez niego tenisówkach ostrzeżenia o tym, iż buty mogą być groźną bronią. Pan Clardy, gdy już powalił na ziemię swoją ofiarę, kilkakrotnie zreorganizował jej rysy twarzy przez wielokrotne stąpanie butami po czaszce. Teraz twierdzi, że nie wiedział, iż tenisówki mogły aż tak bardzo „odbić się" na mózgu bitego przez niego człowieka. Na razie jednak nadal siedzi za kratkami, a spodziewane miliony od Nike pozostają odległym marzeniem.

Najnowszą, krzepiącą wiadomością na niwie sądzenia się bez jakiegokolwiek powodu jest przypadek Hirama Jimeneza, który w marcu 2010 roku był gościem restauracji Applebee's Neighborhood Grill and Bar. Zamówił tam meksykańskie *fajitas*, a gdy kelnerka postawiła przed nim talerz z gorącym daniem, Hiram nachylił się, by się pomodlić. W tym momencie wredne żarcie bluznęło w jego kierunku rozgrzanym tłuszczem, co – jak twierdził potem powód – spowodowało bolesne poparzenie na jego twarzy w okolicach lewego oka. Przed sądem Jimenez, ma się rozumieć ustami prawników, argumentował, że kelnerka nie ostrzegła go o tym, iż danie jest gorące, co naraziło go na poważne szkody fizyczne i moralne, zasługujące na wielomilionowe odszkodowanie.

Sąd pierwszej instancji orzekł, że restauracja nie ma żadnego obowiązku ostrzegania klientów przed skutkami kontaktu z gorącym pożywieniem, gdyż „temperatura dań jest oczywista dla każdego". W przekładzie na mowę potoczną sędzia orzekł dyplomatycznie, że jeśli powód nie zdawał sobie sprawy z tego, że jego *fajitas* mogą być gorące, to jest kretynem, który nie zasługuje na uwagę wymiaru sprawiedliwości.

Jednak Jimenez nie ustąpił i złożył odwołanie. Przed kilkunastoma dniami sąd apelacyjny utrzymał w mocy wcześniejszą decyzję, potwierdzając tym samym kretynizm skarżącego i stwierdzając, iż temperatura dania „nie była dla nikogo zagadką".

No i wreszcie jest jakiś postęp. Ubolewam wprawdzie nadal nad faktem, że sprawa ta zabrnęła tak daleko (a może zajść jeszcze dalej, jeśli „poszkodowany" złoży następną apelację). Przypominam, że każdy sędzia w USA ma prawo do wyrzucenia powoda, jego pozwu i jego zgrai prawników na zbity pysk, jeśli dojdzie do wniosku, iż sprawa ma charakter frywolny, czyli nie posiada żadnego sensownego uzasadnienia prawnego. Niestety, decyzje takie, które mogłyby zaoszczędzić miliony dolarów podatnikom, nadal podejmowane są stosunkowo rzadko. Ale od czegoś trzeba zacząć, choćby od uniewinnienia meksykańskich *fajitas*.

Achtung na leki

Wystarczy w USA zasiąść choćby na chwilę przed telewizorem, by – niezależnie od wybranego kanału – stać się odbiorcą niezliczonych reklam leków. Nie są to jednak powszechnie dostępne środki, np. przeciwbólowe, lecz medykamenty sprzedawane wyłącznie na receptę, często o bardzo specyficznym działaniu.

Scenariusz tych reklam jest niemal zawsze ten sam. Zaczyna się od pokazania jakiegoś sielankowego krajobrazu, po którym łazi ludzka istota, ciesząca się życiem. Zaraz potem dowiadujemy się, że uciecha ta wynika z zastosowania środka o nazwie takiej lub śmakiej, który skutecznie pomaga w zwalczaniu określonych dolegliwości, np. reumatyzmu, podwyższonego poziomu cholesterolu we krwi, nadciśnienia, itd. Innymi słowy, na początek jest pięknie i pozytywnie.

Jednak w środku każdej z tych reklam trzeba – zgodnie z prawem – wygłosić szybko, niemal z zadyszką, wszystkie możliwe ostrzeżenia przed skutkami ubocznymi i potencjalnymi zagrożeniami dla zdrowia i życia. Dlatego po początkowej sielance padają takie np. zdania: „Przestań zażywać środek X, jeśli wystąpią u ciebie poty, drgawki lub zaburzenia wzroku. Środek X może czasami prowadzić do zaburzeń oddechu, niespodziewanej gorączki, konwulsji i śmierci". Na szczęście finał reklamy jest jednak zawsze ponownie pozytywny: „Zapytaj lekarza, czy środek X nie byłby ci w stanie pomóc". Czyli w sumie jest tak: zażyj środek X, gdyż może ci pomóc, ale możesz też z jego powodu strzelić kopytami, a zatem zapytaj się lekarza, czy warto to brać.

Gdybym miał decydować o tym, z jakich medykamentów korzystać, a z jakich nie, to po obejrzeniu dowolnej z tych reklam raczej pozostałbym wyłącznie przy aspirynie, gdyż z każdego telewizyjnego przesłania wynika w miarę jednoznacznie, iż zagrożenia są takie, że nie ma sensu ryzykować. Jednak jest też w tych reklamach inny niepokojący element. Nie rozumiem mianowicie, dlaczego ja, czyli pacjent nieposiadający żadnej wiedzy medycznej, mam w czasie wizyty u lekarza sugerować specjaliście stosowanie jakiegoś leku. Czyżby lekarze o tych medykamentach nie wiedzieli i nie mogliby ich przepisać z własnej inicjatywy? A może nie oglądają telewizji, przez co ich świadomość farmakologiczna jest zubożona? Wydaje się, że Ameryka to jeden z nielicznych krajów świata, w którym kit o lekach na receptę wciskany jest nie tym, co trzeba, niejako z pominięciem lekarzy. A przecież to ci ostatni winni być informowani przez firmy farmaceutyczne o nowych lekach, ich właściwościach, zastosowaniach, przeciwwskazaniach, itd. I to lekarze powinni przepisywać nam to, co uważają za stosowne i bezpieczne, bez „porad" lub sugestii ze strony pacjentów.

Gdy udaję się do mechanika samochodowego w celu naprawy hamulców, nie namawiam go do zastosowania konkretnych materiałów lub rozwiązań technicznych, o których dowiedziałem się z jakowejś reklamy, gdyż guzik o tym wiem. W zasadzie modlę się tylko o to, by było jak najtaniej. W gabinecie lekarza winno być chyba dokładnie tak samo.

W celach zupełnie miałkich i bez znaczenia muszę się oddać na chwilę analizie porównawczej. Telewidz w Polsce nie usiedzi przed ekranem więcej nic przez 5 minut, by nie usłyszeć sakramentalnej frazy wygłaszanej w tempie kałasznikowa na prochach: „Przed użyciem zapoznaj się z treścią ulotki dołączonej do opakowania bądź skonsultuj się z lekarzem lub farmaceutą, gdyż każdy lek niewłaściwie stosowany zagraża twojemu życiu lub zdrowiu". Jest to polski (a ogólniej – europejski) odpowiednik ostrzeżeń amerykańskich, ale są dwie zasadnicze różnice. Polskie reklamy niemal zawsze dotyczą leków, które można kupić bez recepty. Po drugie, w europejskiej wersji nie ma ani słowa o zagrożeniach, konwulsjach i zgonach – jest tylko ogólna sugestia, by radzić się speców: nic im nie sugerować, tylko się radzić.

Choć ostrzeżenie takie wydaje się znacznie bardziej sensowne od amerykańskiego, Polacy (i inne narodowości UE) nie pozostawiają na nim suchej nitki, co zapewne wynika z faktu, że jeśli coś takiego słyszy się po kilkadziesiąt razy dziennie, można od tego zbzikować. W Internecie istnieje witryna o nazwie Nonsensopedia, która jest encyklopedią dla drwiarzy, prześmiewców i żartownisiów. Znajduje się tam taki oto komentarz do przytoczonego powyżej ostrzeżenia: „formułka nieodłącznie łącząca się z reklamą lekarstw, będąca swobodnym tłumaczeniem tekstu niemieckiego w brzmieniu: *Zu Risiken und Nebenwirkungen lesen Sie die Packungsbeilage und fragen Sie Ihren Arzt oder Apotheker*, która to jest równie swobodnym tłumaczeniem tekstu węgierskiego w brzmieniu: *A kockázatokról és mellékhatásokról olvassa el a betegtájékoztatót, vagy kérdezze meg kezelőorvosát, gyógyszerészét.* Jak widać, formułka węgierska najlepiej oddaje istotę sprawy".

Absolutnie się zgadzam – po węgiersku brzmi to zdecydowanie najlepiej, ponieważ nikt nie jest w stanie wiedzieć, o co chodzi. Niektórzy internauci sugerują też znacznie uproszczoną wersję ostrzeżenia: „przed spożyciem ulotki dołączonej do opakowania zapoznaj się z lekarzem lub ponętną farmaceutką".

Jednak UE to nie Ameryka – na Starym Kontynencie szefowie Unii mogą prawie wszystko, podczas gdy w USA zatwierdzenie czegokolwiek wymaga 10-letniego okresu niemocy w Kongresie. I dlatego Europę już wkrótce czeka rewolucyjna zmiana w postaci zatwierdzonego niedawno nowego formatu ostrzeżenia pod adresem lekobiorców. Nowa formuła jest taka: „Przed użyciem zapoznaj się z ulotką, która zawiera wskazania, przeciwwskazania, dane dotyczące działań niepożądanych i dawkowanie oraz informacje dotyczące stosowania produktu leczniczego, bądź skonsultuj się z lekarzem lub farmaceutą". Ma to być zamieszczone w dowolnej części reklamy, „na płaszczyźnie stanowiącej nie mniej niż 10 procent jej powierzchni, w taki sposób, by tekst wyróżniał się od tła płaszczyzny i był czytelny".

Reforma jest rzeczywiście doniosła – na tyle doniosła, że aż zatyka swoim rozmachem i oryginalnością. Mimo wszystko, zostaję na wszelki wypadek przy aspirynie.

Ynglysz i Ponglish

Czas jest, ma się rozumieć, jajeczny. Pisanki, jaja na twardo z chrzanem, jajka „w koszulkach", jaja czekoladowe, itd. Tematyka jajeczno-wielkanocna sprowadziła mnie jednak nieco na manowce, jako że szperając w różnych materiałach na ten temat, natrafiłem na witrynę internetową poświęconą językowi o nazwie Ponglish.

Z czysto językoznawczego punktu widzenia jest to twór dość skomplikowany, jako że może przejawiać się na wiele sposobów. Moja osobista małżonka wydaje mi na przykład czasami polecenia typu „Kopnij się do szeda po mołera, bo trzeba gras skosić". Jednak oficjalnie Ponglish to gwara, w której używane są polskie idiomy w dosłownym przekładzie na język angielski, co powoduje, że jest ona zrozumiała wyłącznie dla Polaków, natomiast Anglosasów wprawia zwykle w totalne osłupienie.

Osłupienie to jest na tyle duże, a problem na tyle poważny, że zaczynają się pojawiać naukowe i pseudonaukowe analizy tych zjawisk językowych. Istnieje też coraz większa baza danych dotyczących „zangliczałych" idiomów polskich, bo jeśli takich nie będzie, to przeciętny Brytyjczyk wkrótce w ogóle zgłupieje i nie będzie wiedział, o co chodzi, i to w dodatku w jego własnym, na wskroś szekspirowskim kraju.

Szczerze mówiąc, nie miałem pojęcia o tym, że jest to zjawisko wśród Polonii na tyle powszechne, iż w krajach takich jak Wielka Brytania, gdzie żyją i pracują tysiące w większości młodych Polaków, istnieją nawet słowniki English-Ponglish oraz Ponglish-English, a o zjawisku tym piszą czasami szacowne dzienniki brytyjskie, takie np. jak *The Daily Telegraph*. Problem polega na tym, że w zasadzie nie wiedzą, jak ten problem ugryźć i czy w ogóle jest sens jego gryzienia.

Wracając jednak do jaj, we wspomnianej witrynie znajduje się powszechnie znana polska fraza „Ale jaja!", która oznacza oczywiście jakoweś zdumienie, z dowolnie wybranych powodów. Okazuje się, że ludzie władający językiem Ponglish mówią czasami *What eggs!*, spodziewając się irracjonalnie pełnego zrozumienia ze strony anglojęzycznych rozmówców. Nie muszę dodawać, że zrozumienia tego zwykle nie ma i nie może być.

Wiedziony zgubną oraz chorobliwą ciekawością, która – jak już wielokrotnie wspominałem – przyświeca niebezpiecznie mojej twórczości, wgłębiłem się w ten temat nieco bardziej. Dotarłem do internetowego „podręcznika" Ponglish, w którym znajdują się wszystkie podstawowe frazy, jakimi jesteśmy – jako Polacy – zdolni atakować naszych anglojęzycznych przeciwników. Pozostając na chwilę przy tematyce wielkanocnej, do dyspozycji jest oczywiście fraza *Don't make eggs with a funeral*, czyli „Nie rób sobie jaj z pogrzebu". Ale to tylko początek.

Oto krótka lista sztandarowych przykładów Ponglish:

Zwierzę ci się – *I will animal this to you.*

Coś jest nie tak – *Something is no yes.*

Pierwsze koty za płoty – *First cats behind the fences.*

Mówić bez ogródek – *Talk without a little garden.*

Po kiego grzyba – *For what mushroom.*

Nie rób wiochy – *Don't make a village.*

Pokój z tobą – *Room with you.*

Jedzie mi tu czołg? – *Do I have a tank riding here?*

Już po ptakach – *It's already after the birds.*

Bez dwóch zdań – *Without two sentences.*

Czuję do ciebie miętę – *I feel mint for you.*

Chodzę na rzęsach – *I am walking on my eyelashes.*

Jestem w proszku – *I am in powder.*

Z góry dziękuję – *Thank your from the mountain.*

Czuję się w obowiązku dodania do tej listy dwóch fraz, które z jakichś powodów zostały pominięte, a które z pewnością zasługują na wzmiankę. Pierwsza to oczywiście *I have this up to the holes in my nostrils* (Mam tego po dziurki w nosie), a druga to *He is cutting the mosquito* (On tnie komara).

Niestety, natarcie Ponglish nie dotyczy wyłącznie tzw. diaspory, ale atakuje również samą Polskę, z dość dziwnymi rezultatami. Piosenkarka Natasha Urbańska (przez „sz" w warunkach Ponglishu nie sposób się pisać), nagrała utwór pod typowo polskim tytułem „Rolowanie". Przytoczę tylko dwie pierwsze zwrotki tego z pewnością wiekopomnego dzieła:

Wielki mi big dil
After czy bifor
Podniósł mi się flor
Fejs demolejszen

Weź mnie na dansflor
Zrobię ci hardkor
Tamten to a...ol
Zero temptejszen

Hm, ja rozumiem do pewnego stopnia manierę używania Ponglish na emigracji, ale jego stosowanie w ten sposób w krajowej twórczości mocno mnie zastanawia. Innymi słowy, myślę tak:

I will animal this to you – for what mushroom something is no yes. And, talking without a little garden, don't make a village, because it's already after the birds. Room with you and thank you from the mountain.

No, teraz wreszcie wszystko absolutnie jasne. Chciałbym jeszcze dodać, że zero temptejszen wcale nie musi być jednoznaczne z fejs demolejszen. Co do hardkor i dansflor, to nie mam na razie zbyt dobrze wyrobionego zdania. Ale co tam – wielki mi big dil!

Kurczę w kleju

Ludzie czasami snują spekulacje na temat tego, kim chcieliby zostać, gdyby mieli drugą szansę na życie od nowa. Na przykład wujek Zdzichu, siedzący w kiciu za wypisywanie gumowych czeków, może marzyć o tym, że w bisowym występie na naszym nędznym padole mógłby jednak skończyć studia, zamiast wyłącznie podstawówkę, i zająć się czymś nieco bardziej pożytecznym, np. budową mostów albo chirurgią mózgu...

Ja sam też oczywiście się nad tą drugą szansą zastanawiam. Ostatnio doszedłem do wniosku, że gdyby mi ją ktoś dał, być może zdecydowałbym się na karierę tzw. stylisty żywności, czyli *food stylist*. Osoba taka zajmuje się twórczym retuszowaniem żarcia wszelakiego autoramentu, tak by na komercjalnych zdjęciach i w telewizyjnych reklamach wyglądało ono niezwykle apetycznie.

Wbrew pozorom, jest to zawód nie tylko dobrze opłacany, ale również niezwykle ciekawy, jako że oszukiwanie ludzi wymaga przebiegłości, zdolności artystycznych i pomysłowości. Ponieważ wałówa *au naturel*, szczególnie leżąca długo w świetle reflektorów, niemal zawsze wygląda fatalnie, konieczne jest stosowanie drastycznych środków, by ją przywrócić do życia.

Jak się zwiedziałem z tajnych „materiałów źródłowych", niemal wszystko, co jest teoretycznie do jedzenia, a bywa prezentowane w kolorowych pismach oraz w telewizji, nie ma większego związku ani z rzeczywistością, ani też z substancjami choćby częściowo jadalnymi.

Po pierwsze, prezentowane w reklamach dania gorące zawsze dymią. Jak to jest możliwe? Ile w końcu można tak leżeć i dymić bez stosownego podgrzewania? Odpowiedź jest prosta – stylista żarcia moczy kilka kłębków waty w wodzie, a następnie podgrzewa to wszystko w mikrofalówce. Taka zaatakowana mikrofalami wata dymi potem przez prawie 10 minut, a zatem można ją dyskretnie umieścić za pięknym, choć zimnym jak jasna cholera daniem obiadowym, by się wszystkim zdawało, że żywność jest ciepła.

Teraz przejdę do mojego ulubionego dania – steków. Okazuje się, że kawałki krowy wyglądają najlepiej na zdjęciach wtedy, gdy w zasadzie nie są jeszcze gotowe do spożycia, czyli niemal kompletnie surowe. Problem w tym, iż wyglądają – jakby to delikatnie powiedzieć – na mięso prosto od rzeźnika, a może nawet prosto od krowy, co być może jest czasami pożądane w przypadku mleka, ale nie mięsiwa.

W związku z tym każdy szanujący się stylista żywności ma zawsze pod ręką kilka kosmetyków, na czele z tuszem do rzęs (kobiecych, nie krowich) oraz ołówków do brwi. Przy ich pomocy można bez trudu opatrzyć każdy stek dowolnym makijażem, tak by wyglądał, jakby właśnie zszedł triumfalnie z gorącego grilla.

Na razie wszystko to nie jest jeszcze za bardzo szokujące. Gorzej, gdy zachodzi konieczność filmowania bądź fotografowania takich rzeczy jak śmietana na właśnie upieczonym ziemniaku. Spójrzmy prawdzie w oczy – śmietana to nędzny tchórz, który błyskawicznie zmienia się pod wpływem przeciętnej pyry w mało apetyczną masę.

Jednak stylista wałówiany ma na to z góry przygotowany sposób – do śmietany należy przed sesją zdjęciową dodać nieco oleju samochodowego i wszystko będzie jak należy. Jeszcze gorzej jest z naleśnikami. Gdy w telewizji pokazują niezwykle zadowoloną z siebie rodzinę polewającą naleśniki syropem klonowym, w rzeczywistości ludzie ci leją na ciasto Castrol GTX 5W-30, który w silnikach aut spełnia pożyteczne funkcje, natomiast w dziedzinie retuszu żywności uważany jest za idealnego statystę udającego skutecznie słodki syrop.

Ale na tym nie koniec. Naleśniki mają to do siebie, że wchłaniają prawie wszystko, łącznie z olejem samochodowym, a zatem przed laniem 5W-30 dobrze jest spryskać ciasto czymś takim jak Scotchgard, co powoduje, iż olej rozlewa się po placku z olbrzymią apetycznością. Mam nadzieję, że uczestników sesji zdjęciowej nie zmusza się potem do jedzenia tego wszystkiego.

Istotną rolę w działaniu każdego stylisty odgrywa klej (całe szczęście, że nie kit). Bywa tak, że przy pomocy *superglue* trzeba łatać różne nieprzystojne dziury lub załamania w obrazie żywności. Natomiast szkolny klej Elmer's (biały) znajduje inne zastosowanie – dodawany jest do płatków owsianych zamiast mleka. Zresztą czasami w ogóle udaje mleko, bo nieco rozcieńczony znacznie piękniej się leje od prawdziwego produktu.

Mógłbym o tym wszystkim jeszcze długo opowiadać, np. o kurczakach nadziewanych pomalowanymi na brązowo ręcznikami papierowymi, duszonych i farbowanych ziemniakach udających lody, szampanie z dodatkiem aspiryny dla większej bąbelkowatości lub „świeżych" warzywach spryskanych tuż przed sesją zdjęciową dezodorantem zapewniającym odpowiedni „skroplony połysk". Nie ma to jednak większego sensu.

Zastanawiam się nad czymś innym. W każdym supermarkecie pełno jest mrożonek z obiadowymi daniami, na opakowaniach których widnieją niezwykle ponętne zdjęcia jadła – kolorowego, dymiącego i świeżego. Gdy się jednak coś takiego „przyrządzi" w mikrofalówce, efekt wygląda tak, jakby obiad ten zjadł wcześniej Burek, ale potem doszedł do wniosku, że coś mu nie pasowało i postanowił to wszystko zwrócić ludzkiej cywilizacji.

Teraz różnicę między zdjęciem z opakowania a efektem końcowym znacznie lepiej rozumiem. Jeśli jest napisane *Roast Chicken in Rich Creamy Sauce*, należy to interpretować jako „Zimny kurczak pociągnięty farbą w zagęszczonym olejem samochodowym sosie z kleju biurowego". Nic tylko paluszki lizać!

Fafik na cenzurowanym

Ku zdumieniu świata i oburzeniu Bibiego Netanjahu, który od 30 lat twierdzi, iż Iran jest w odległości dwóch miesięcy od atomowej bombki, sekretarz stanu John Kerry wynegocjował wstępne porozumienie z Iranem na temat kontrolowania programu badań nuklearnych w tym kraju. Chodzi oczywiście o to, by Irańczycy nie weszli w posiadanie broni atomowej, którą mogliby następnie zastosować do różnych wrażych celów, np. wysadzenia w powietrze całej dynastii saudyjskiej wraz z przyległościami...

Choć porozumienie to wywołuje ogromne emocje w Kongresie, co jest o tyle zrozumiałe, iż normalnie nic istotnego się tam nie dzieje, nie wiem, czy jest na razie sens o tym rozprawiać, jako że w zasadzie nie wiadomo dokładnie, co wytargowano. Nie został podpisany żaden dokument, nikt nie złożył ostatecznych gwarancji, etc. Nie jest to zatem porozumienie, lecz ogólny zarys wstępu do przedmowy do ewentualnej wstępnej propozycji tymczasowego planu przyszłego teoretycznego układu. Podobno wszystko to ma nabrać wymiarów realnych i konkretów do końca czerwca, ale zobaczymy, jak z tym będzie.

Tymczasem mnie intryguje coś zupełnie innego. Wszyscy wiedzą oczywiście, że pod wieloma względami Islamska Republika Iranu to kraj zdrowo szurnięty, w którym absolutnie o wszystkim decyduje „duchowy przywódca", czyli ajatollah Ali Chamenei. Pod jego szlachetnym przywództwem kraj nękany jest licznymi dolegliwościami, które w większości nie mają nic wspólnego z zachodnimi sankcjami przeciw Iranowi. Duże miasta kraju, nie wyłączając Teheranu, cierpią na przykład z powodu katastrofalnego zaszczurzenia, wokół irańskich granic pałętają się średniowieczni bojownicy IS, stopień zanieczyszczenia powietrza w stolicy jest alarmujący, a Izrael, czyli kraj, który zdaniem kleryków irańskich w zasadzie nie istnieje, a jeśli jakimś cudem istnieje, to winien zostać zepchnięty do morza, stanowi nieustanne zagrożenie.

Nie to jednak jest przedmiotem dyskusji w irańskim parlamencie, który działa jako pieczątka ajatollaha, przybijana pod wszelkimi jego decyzjami. Największym zagrożeniem dla bytu islamskiej republiki są... psy. A zagrożenie to jest zawsze największe wtedy, gdy trzeba jakieś inne problemy ukryć przed narodem.

W parlamencie Iranu pojawił się projekt ustawy, która ma zakazać pojawiania się ludzi publicznie z psami, ponieważ są to „zwierzęta nieczyste, a ich posiadanie stanowi akt ślepego naśladownictwa zachodnich wzorców".

Fafikom od lat nie wiedzie się w Iranie zbyt dobrze, jako że wszystkie bezdomne czworonogi są bezpardonowo zabijane przez policję strzałem w łeb. Jednak miliony mieszkańców kraju posiadają w domach zwierzaki i nie mają zamiaru ich eksterminować. Niestety, może się jednak okazać, że wkrótce nie będą mogli wyprowadzać psów na spacer bez narażenia się na grzywnę oraz karę 74 batów na gołą rufę.

Tak zwany psi argument zawsze wraca na forum parlamentarnych dyskusji wtedy, gdy coś jest w kraju wyraźnie nie tak. Gdy w listopadzie ubiegłego roku zanosiło się na to, że negocjacje Zachodu z Iranem zakończą się totalnym fiaskiem, dzielni posłowie natychmiast zaproponowali akt prawny zakazujący pokazywania publicznie nie tylko psów, ale również małp oraz innych gatunków udomowionych zwierząt. Ba, samo posiadanie niektórych rodzajów zwierząt w domach też ma być zakazane.

Nawet niektóre irańskie media, które są oczywiście odpowiednio kontrolowane, zaczęły otwarcie kwestionować „mądrość" psiego zakazu. Agencja IranWire przeprowadziła wywiad z posłem Ahmadem Salekiem, współautorem ustawy o banicji czworonogów. Gdy zapytano go po prostu, dlaczego uważa tego rodzaju zakazy za stosowne, Salek odpowiedział: – *W imię Boga, nasza rewolucja islamska opiera się na religijnych, ludzkich i boskich wartościach, a ludzie, którzy posiadają psy, nie są wierni tym wartościom, gdyż są osamotnieni i chcą naśladować Europejczyków*. Następnie pan poseł wyjaśnił, że jest również zatroskany innymi problemami wynikającymi z posiadania psów. Uważa, że ich obecność w domach to „wielkie zagrożenie dla zdrowia i religijności rodzin". Taki Reksio „zatruwa" powietrze, co powoduje, iż niemożliwa jest „skuteczna modlitwa, ponieważ włosy psa przylegają do odzieży modlącego się, a to oznacza, że staje się on nieczysty".

Problem polega na tym, że w Koranie nie ma ani słowa o domniemanej nieczystości psiego włosia. Salek się tym jednak nie zraża i nalega, że to wymysł zachodniego imperializmu. Podobno liczni islamscy prawnicy już dawno ustalili, że psy są zwierzętami doszczętnie zbrukanymi i nieodpowiednimi (nie mówiąc już o tym, że mogą być agentami Mossadu).

Nie wiem, czy sekretarz Kerry zdaje sobie w związku z tym sprawę, jak wielka odpowiedzialność na nim ciąży. Przez cały czas zdawało mu się, że negocjuje w sprawie centryfug, uranu, reaktorów atomowych, itd. Tymczasem od pomyślnego rezultatu jego rozmów z Irańczykami zależy nie tylko ewentualny wyścig zbrojeń atomowych na Bliskim Wschodzie, ale również los milionów psiaków. Jeśli negocjacje zakończą się fiaskiem, istnieje prawdopodobieństwo, że ustawa o zakazie posiadania psów w domach zostanie błyskawicznie zatwierdzona. Jeśli jednak będzie negocjacyjny sukces, posłowie zapewne na jakiś czas zapomną o czworonożnych wrogach, pogrążając się w delirium sukcesu i radości z powodu odblokowanych kont bankowych na Zachodzie. Na miejscu przeciętnego psa w Iranie zachowałbym jednak czujność. Wystarczy jakieś nowe załamanie lub społeczny problem, by stanąć w obliczu rządowego rakarza.

Kraina gwałtu i miodu

Zastanawiam się czasem z powodów, których nie jestem w stanie wyjaśnić, nad systematycznym traceniem pewnych słów i fraz na rzecz powstających w naszej cywilizacji nowych zjawisk. Weźmy na przykład takie angielskie słowo jak *gay*. Jeszcze przed 40 laty było ono absolutnie jednoznaczne i zupełnie niewinne, a oznaczało coś wesołego i radosnego. Można było zatem powiedzieć coś takiego jak *I feel very gay today*, bez narażania się na komentarze o dramatycznym „wyjściu z szafy" i publicznym zdradzeniu własnej orientacji seksualnej. Podobnie dowolną grupę ludzi można było nazwać *gay company*, czyli wesołym towarzystwem, i nikt nie uważał wtedy takiego określenia za zaproszenie na homoseksualną orgię...

Dziś z pierwotnego znaczenia słowa *gay* praktycznie nic już nie zostało. W jednym z bardziej popularnych amerykańskich utworów świątecznych pt. „Deck the Halls" występuje następująca fraza:

Don we now our gay apparel
Troll the ancient Christmas carol.

Gay apparel to oczywiście „radosna odzież" (czytaj: świąteczna), ale dziś znacznej większości narodu kojarzy się z czymś zupełnie innym. Nic zatem dziwnego, że w roku 2013 firma Hallmark, potentat w dziedzinie kartek na wszelkie okazje oraz choinkowych ozdób, sprowokowała publiczną chryję, gdy na jednej z tych ozdób pojawiła się fraza *fun apparel*. Firmie zarzucono, że uległa „poprawności politycznej", ale jej szefowie nie wycofali się, argumentując, nie bez słuszności, że słowo *gay* nabrało tyle dodatkowych znaczeń, iż jego dalsza obecność w bożonarodzeniowym utworze jest już wręcz nie na miejscu.

Sam na łamach *Kalejdoskopu* przytoczyłem kiedyś dwa przykłady podobnych zjawisk. Pierwszy z nich to miasteczko Intercourse w stanie Pensylwania. Kiedyś słowo to oznaczało współpracę, kontakty biznesowe, kontakty międzyludzkie, itd. Dziś nadal oznacza kontakty międzyludzkie, tyle że wyłącznie łóżkowe, co powoduje, iż nieszczęśni mieszkańcy tego miejsca są od lat obiektem przeróżnych żartów. Próbują z tego faktu robić dość kuriozalną atrakcję turystyczną, ale spójrzmy prawdzie w oczy – nie każdy chce być mieszkańcem Stosunku Seksualnego.

Tymczasem na moim prywatnym podwórku, w mieście Fort Wayne w stanie Indiana, burmistrzem był przed laty dwukrotnie Harry Baals, człowiek uczciwy i powszechnie poważany. Za obu jego kadencji nikt w jego imieniu i nazwisku nie upatrywał żadnych zdrożnych treści. Gdy jednak przed dwoma laty rada miejska zgłosiła pomysł nazwania jednego z placów Harry Baals Square podniosły się liczne protesty, zapewne inspirowane przez wszystkich tych, którym niemal każdy termin kojarzy się w taki czy inny sposób z narządami rozrodczymi. Ostatecznie postanowiono, iż placu Harry'ego nie będzie.

O ile zarząd miasta Intercourse nie zamierza zmieniać nazwy, ani cokolwiek usprawiedliwiać, znacznie poważniejsza sytuacja zaistniała ostatnio w kanadyjskim mieście Tisdale w prowincji Saskatchewan. Jest to miejscowość w znacznym stopniu agrarna, słynąca z produkcji miodu oraz oleju rzepakowego. Nic zatem dziwnego, że od wielu dziesięcioleci – a konkretnie od roku 1958 – kierowców wjeżdżających do tego miejsca witają znaki o treści *Welcome to Tisdale, Land of Rape and Honey*. Normalny obywatel, pozbawiony zbereźnych ciągot, reaguje na znaki prawidłowo, ponieważ wie, że *rape* to „skrót myślowy" od *rapeseed*, czyli rzepaku. Jednak coraz częściej goście Tisdale zastanawiają się, dlaczego miejscowość słynie z gwałtu, a po pewnym czasie mogą nawet szukać jakichś lokali, w których ów gwałt jest uprawiany.

Jeszcze do niedawna slogan na tablicach przed wjazdami do miasta nie był dla nikogo problemem. Ale teraz jest. Władze właśnie rozesłały do wszystkich mieszkańców, w liczbie nieco ponad 3 tysięcy, ankietę, w której pyta się ich, czy chcą zmienić slogan, a jeśli tak, to na jaki. Pierwszy taki sondaż został przeprowadzony już w roku 1992, a jego przyczyną była skarga złożona przez jakąś obrażoną „gwałtowną" terminologią obywatelkę. Wtedy miasto wypowiedziało się mniej więcej pół na pół i słowo *rape* pozostało tymczasem tam, gdzie jest do dziś.

Wyniki tegorocznego sondażu są bardziej skomplikowane. Niektórzy tubylcy nadal uważają, że wszystko należy zostawić po staremu, a jeśli komuś *rape* kojarzy się wyłącznie z gwałtem, to trudno. Większość ma jednak dość sporów i trudności w wyjaśnianiu obcym terminologii rzepakowej – wolą zmienić slogan na mniej kontrowersyjny.

I tu pojawia się zasadniczy problem. Jeśli bowiem slogan ma zostać zmieniony, to na jaki. Zgłoszone propozycje nie są zbyt ponętne. Na przykład „Kraina oleju i miodu" jakoś nie brzmi zbyt atrakcyjnie, szczególnie, że olej może też być samochodowy. Frustrację zaistniałą sytuacją najlepiej zademonstrował jeden z respondentów, który zaproponował następujący slogan: „Tisdale – miasto, w którym cię zgwałcimy, ale potem damy ci dużo miodu". Szanse na zaakceptowanie tego pomysłu są jednak dość nikłe.

Gdybym miał coś radzić kanadyjskim sąsiadom, sugerowałbym pójście „na całość": *Welcome to Tisdale, Land of Rape, Intercourse, Gay Apparel & Harry Baals*. Jeśli już koniecznie trzeba szokować, to zupełnie bez ograniczeń. Poza tym, proponowany przeze mnie nowy slogan jest skumulowanym świadectwem językowego pomieszania z poplątaniem, jakie coraz częściej staje się naszym udziałem. Przypominam, à propos, że słowa znaczą dokładnie to, co chcemy, by znaczyły. W związku z tym ciekaw jestem, kto dokładnie przyjedzie do Tisdale, opatrzonego moim nowym atrakcyjnym hasłem.

Mordobicie wśród emerytów

Mój osobisty stosunek do sportu zwanego boksem jest dość ambiwalentny. Początkowo byłem tym w miarę zainteresowany, szczególnie w czasach, w których Jerzemu Kulejowi udawało się czasami skutecznie obijać mordy rosyjskim przeciwnikom. Dziś jest jednak zupełnie inaczej. Doszedłem w pewnym momencie do wniosku, że zmagania polegające na biciu przeciwnika do nieprzytomności na oczach ludycznie nastawionej gawiedzi jest kompletnie bez sensu, a zasila milionami kieszenie zarówno bitych (którzy czasami nie są już w stanie o tym pamiętać), jak i ich sponsorów.

Wymogów rynku nie da się jednak zwalczyć własnymi gustami. Ostatnio doszło w Las Vegas do żałosnego wydarzenia, czyli „historycznej" rzekomo walki bokserskiej między Amerykaninem Floydem Mayweatherem oraz Filipińczykiem Mannym Pacquiao. Obaj panowie znajdują się w wieku zbliżonym do emerytalnego, ale rozumiem ich motywację. Zwycięzca dostał 180 milionów dolarów, za co może sobie z pewnością sprawić nowy mózg, natomiast przegrany poczołgał się do domu ze 120 milionami. Gdybym mógłby zarobić ponad 100 paczek za stanie przez kilka sekund w ringu oraz natychmiastowe poddanie się, z pewnością bym się na to zdecydował.

Walki nie oglądałem, co ma swoje fiskalne oraz moralne uzasadnienie. Za przywilej obserwowania dwóch podstarzałych herosów, tańczących po ringu i okładających się po facjatach, telewizja chciała sumy 100 dolarów. Za te pieniądze to ja wolę kupić piwo, przy konsumpcji którego mógłbym beztrosko oglądać coś bardziej interesującego, na przykład mecz arcymistrzów szachowych. O szachach wspominam w tym miejscu celowo, ponieważ zdaniem obserwatorów walka bokserska była transmisją z totalnej nudy, obserwowanej przez 400 milionów żądnych krwi Ziemian. W porównaniu do tego mecz szachowy albo trzydniowe zmagania specjalistów od krykieta to czysta adrenalina.

Z moralnego punktu widzenia nie jestem w stanie w żaden sposób uzasadnić celowości okładania się po głowach i tułowiach w celu zaspokojenia spaczonych gustów widzów.

No ale trzeba przyznać, iż starcie emerytów w Las Vegas wzbudziło wielki entuzjazm wśród wielu celebrytów, co mnie specjalnie nie dziwi, jako że niektórzy z nich też nie posiadają sprawnie funkcjonujących mózgów. Taki Donald Trump, by nie szukać zbyt odległych przykładów, wylądował w Las Vegas swoim prywatnym Boeingiem 757, obejrzał mordobicie, a zaraz potem odleciał gdzieś na wschód – albo w nieznane, albo też w kierunku kolejnej niedoszłej kampanii prezydenckiej, którą już od wielu lat ogłasza. Jego kolega po intelekcie i stylu życia, wyjec estradowy Justin Bieber, też się zjawił, choć jestem pewien, że nic z tego wydarzenia nie pamięta. A przyleciał tam zapewne zgodnie z zasadą, że jak kogoś leją po mordzie, to „ja tam muszę być".

Wśród innych gości przyringowych znaleźli się między innymi: Jay Z, Beyoncé, Mark Wahlberg, Jimmy Kimmel oraz Nicki Minaj. Stawili się też liczni członkowie drużyny futbolowej New England Patriots, którzy studiowali być może pilnie efekty licznych wstrząsów mózgu na cechy charakterologiczne oraz możliwość prowadzenia w miarę normalnego życia.

Ten totalny cyrk dla bogaczy sięgnął swoistego zenitu z chwilą, gdy okazało się, że wydzielony dla prywatnych samolotów teren lotniska McCarren International został kompletnie zablokowany przez nadmiar maszyn. Na tyle zablokowany, że przez pewien czas obowiązywał zakaz lądowania kolejnych *jetów* z celebrytami na pokładzie.

Wszystko to budzi sporo dziwnych refleksji. Liczni ludzie możni i wpływowi doszli z sobie tylko wiadomych powodów do wniosku, że najazd na Las Vegas w celu obejrzenia usankcjonowanej prawnie, publicznej bijatyki jest w pewnym sensie nie tylko pożądany, ale stanowi symbol statusu i bycia „na fali". Uznali też, że przylot do „miasta grzechu" prywatnym *Learjetem*, zaparkowanym potem na zatłoczonym pasie startowym dla milionerów, to też swoisty „medal" sukcesu.

Jest jednak zupełnie inaczej. Ta inwazja bogatych w celu obejrzenia nędznej w sumie walki to żałosny przykład tego, jak dalece sport zawodowy, a szczególnie boks, zabrnął w ślepą uliczkę, w której liczą się niemal wyłącznie pieniądze. Jeden z komentatorów napisał nawet, że „Pacquiao i Mayweather skutecznie zabili boks zawodowy".

Na domiar złego, jeden z emerytów, Manny, po walce stwierdził, że myślał, iż wygrał i że padł ofiarą spisku ze strony swojego przeciwnika oraz organizacji o nazwie Nevada Athletic Commission, gdyż nie pozwolono mu wziąć zastrzyku mającego niwelować ból kontuzjowanego ramienia. Lada chwila może się zatem okazać, że po ringu snuła się od czasu do czasu wytworzona przez terrorystów sztuczna mgła, a pod nim doszło do szeregu eksplozji.

W sumie 400 milionów ludzi obejrzało 12-rundową szarpaninę, z której absolutnie nic nie wynika, a która stała się poletkiem do zabaw milionerów. Pan Trump i jemu podobni powinni się zastanowić, czy za

Każdy głos się liczy

Gdyby w jakimkolwiek innym niż USA kraju wybory prezydenckie przewidziane były na koniec 2016 roku, jeszcze by się nic nie działo – żadnej kampanii, a może nawet żadnych oficjalnych kandydatów. Brytyjska kampania wyborcza, która właśnie zakończyła się ponownym sukcesem Davida Camerona, trwała tylko parę miesięcy. Podobnie było w przypadku wyborów prezydenta w Polsce, choć tam istnieje mechanizm tzw. drugiej tury wyborów, do której – jak się okazało – dojdzie. Gdyby taka dogrywka była możliwa w Ameryce, chyba bym się zastrzelił z rozpaczy.

Moje ewentualne tendencje samobójcze wynikałyby z faktu, iż wybory prezydenckie w USA trwają prawie trzy lata, a tak naprawdę zaczynają się do pewnego stopnia zaraz po listopadowym dniu wyborczym. W dodatku w USA obowiązuje system prawyborów, co powoduje, że kampania wyborcza wlecze się niczym sezon ligi bejsbolowej, w ramach której faceci machają w nieskończoność pałami w czasie setek meczów ciągnących się godzinami.

Na szczęście ten przerośnięty sezon wyborczy zawsze okraszony jest jakimiś wygłupami – zarówno zamierzonymi, jak i przypadkowymi. Nie inaczej jest w tym roku. Po stronie demokratycznej zdecydowaną faworytką jest na razie Hillary Clinton, która ma uzasadnione powody, by sądzić, że może się jej udać przeprowadzka do Białego Domu i że jej mąż, dzielny Bill, znów będzie się pałętał w kuluarach „Oral Office". I właśnie się okazało, że Hillary może liczyć na bezwarunkowe wsparcie ważnego bloku wyborczego – amerykańskich prostytutek, które tylko pozornie nie są zaangażowane w politykę.

Przedstawicielki najstarszego zawodu świata, zrzeszone w placówce o nazwie Moonlite Bunny Ranch, czyli w domu publicznym w Carson City w stanie Nevada, publicznie udzieliły wsparcia Hillary i dały sobie zrobić zdjęcie z jakże ujmującym, aliteracyjnym hasłem propagandowym: „Hookers for Hillary".

Dyrektor placówki, czyli – mówiąc mniej przystojnie – szef burdelu, Dennis Hof, oznajmił, iż jego podopieczne zamierzają aktywnie wspierać kandydaturę pani Clinton, choć nie zdradził metodologii tegoż wsparcia, ale podobno jedna ze strategii zakłada pojawianie się „bunnies" w kusych strojach bikini na rozmaitych wiecach politycznych. Mam nadzieję, że w wiecach tych nie będzie uczestniczył Bill.

Wszystkim zaszokowanym spieszę donieść, iż blok wyborczy z Nevady to nie jakaś tajna grupa kryminalistek moralnych. Przypominam, iż prostytucja jest legalna w tym stanie, o ile tylko uprawiana jest poza granicami dużych miast (bo ta nielegalna uprawiana jest niemal wszędzie w Las Vegas). Legalne panie lekkich obyczajów nie tylko wspierają Hillary, ale wyliczają też problemy, które je najbardziej interesują: opieka zdrowotna, polityka zagraniczna oraz gospodarka. Dziwię się, że nie imigracja, bo jednak napływowa klientela jest zawsze pożądana. Jeśli zaś chodzi o sprawy ekonomiczne, „bunnies" sprzeciwiają się zdecydowanie tzw. *trickle-down economics*, czyli modelowi wypracowanemu przez prezydenta Reagana, a zakładającemu, że jeśli bogacze się będą nieustannie nadal bogacić, to prędzej czy później coś z tego obfitego stołu spadnie również przypadkowo do gąb plebsu. „Taki model gospodarki nie sprawdził się – piszą dziewoje z Bunny Ranch w swoim manifeście politycznym – gdyż ludzie o niskich dochodach, którzy są w większości naszymi klientami, nigdy z tego nie skorzystali materialnie i nie poprawili swojej sytuacji". No i doskonale rozumiem – jeśli naród (płci męskiej) nie jest w stanie pozwolić sobie na opłacenie wizyty w Bunny Ranch, to kryzys jest murowany.

Należy założyć, że Hillary nie zabiegała o wsparcie ze strony akurat tej grupy społecznej, ale w sumie w wyborach liczy się każdy głos, a zatem nie może specjalnie narzekać. Poza tym musi też odczuwać pewne zadowolenie, ponieważ w roku 2008 i 2012 te same panie wspierały kandydaturę Rona Paula, a zatem zaszła w nich jakowaś ideologiczna metamorfoza na jej korzyść. Czyżby był to wynik bezpośredniej agitacji ze strony Billa?

Zjawisko wspierania kandydatów na prezydenta przez powszechnie znane osoby ma wieloletnią tradycję i zwykle jest dość ambarasujące dla wspieranego polityka. W poprzednich wyborach dziecięce zjawisko telewizyjne Honey Boo Boo, czyli dość otyła dziewczynka Alana Thompson, wykorzystywana przez swoją matkę do robienia pieniędzy, udzieliła zdecydowanego poparcia „Barackowi Obamie". W tym samym sezonie politycznym śpiewak rockowy Meat Loaf pojawił się na wiecu w Ohio wspólnie z Mittem Romneyem, ale – jak się później okazało – sam na nikogo nie głosował, bo nie zarejestrował się w swoim rodzinnym Teksasie.

Być może największe zamieszanie wywołała Madonna, która publicznie wsparła Obamę, ogłaszając w czasie koncertu w Nowym Orleanie, że cała jej widownia winna wziąć udział w wyborach, pod warunkiem, że będzie głosować na Baracka, co wywołało zarówno wiele oklasków, jak i gwizdów. Jednak tuż po wyborach Madonna stwierdziła, że „mamy w Białym Domu czarnego muzułmanina". Może jednak powinna poświęcić się bez reszty śpiewaniu, które i tak idzie jej od wielu lat dość kiepsko. Za te same pieniądze można by wybudować jakiś szpital albo nowoczesną linię kolejową. Byle nie do Las Vegas.

Zerowa tolerancja

Z czasów tzw. komuny pamiętam, choć bez większego rozrzewnienia, iż do szkoły chodziło się w mundurkach z tarczami na ramieniu, a w samej klasie zawsze panowały zasady jakiej takiej dyscypliny. Zdarzały się oczywiście wyjątki z udziałem szczególnie krnąbrnych szkolnych rozbójników, ale w sumie nauczyciele mogli się spodziewać jakowegoś szacunku ze strony uczniów i nie mieli zwykle obaw o to, że do domu wrócą z podbitym okiem albo że w ogóle nie wrócą, gdyż skończą lekcje w kostnicy...

W USA zawsze było i nadal jest inaczej. Szkolna dyscyplina pojmowana jest całkiem odmiennie, a niektóre jej przejawy przypominają niekiedy totalny chaos i bezkrólewie. Pędraki nie noszą oczywiście mundurków, bo to rzekomo przejaw totalitaryzmu i łamanie praw nieletniego człowieka, ale w sumie nie jest ten fakt aż tak ważny. O wiele ważniejsze jest zupełnie coś innego.

Pod jednym względem w amerykańskiej oświacie panuje dogłębny zamordyzm, którego sam na własnej skórze nie doświadczyłem, nawet za czasów nieszczęsnego „realnego socjalizmu" w równie nieszczęsnej Polsce Ludowej. Nie dotyczy on zasad zachowywania się w szkole lub traktowania nauczycieli, lecz kompletnie spaczonego pojęcia o tym, jakie działania małolatów są groźne i naganne, a jakie nie.

Ponieważ w USA dochodziło już wielokrotnie do szkolnych masakr, w czasie których młodociani degeneraci strzelali do kogo popadło, zwykle z tragicznym skutkiem, w wielu okręgach szkolnych wprowadzono drakońskie przepisy dotyczące tego, co można mieć w tornistrze, a co uważane będzie za groźną kontrabandę. Podobnie drakońskie bywają kary za naruszanie tych przepisów, przy czym kary te wymierzane są z zastanawiającym zaślepieniem.

Nie jest to sprawa właściwa wyłącznie szkołom amerykańskim. Ostatnie dni przyniosły wieści o tym, że do londyńskiej szkoły podstawowej w dzielnicy Bromley wezwana została policja, ponieważ jeden z uczniów, 9-letni Kyron Bradley, został przyuważony przez czujnych stróżów porządku uczniowskiego na zabawie w „walkę na miecze", w trakcie której wraz z kolegą wywijał bronią w postaci plastikowej linijki. Policja przesłuchała nie tylko ucznia, ale również jego matkę, która była na tyle zaszokowana tym incydentem, że w zasadzie nie wiedziała, co powiedzieć.

Mały Kyron, który zapewne nie marzy o karierze Ulricha von Jungingena, został pouczony, że na szkolnym boisku nie należy wymachiwać czymkolwiek, co może zostać uznane za broń. Ciekaw jestem w związku z tym, czy ta bardzo liberalna interpretacja potencjalnego uzbrojenia obejmuje również rakiety (banany), granaty (jabłka) oraz kredki (sztylety).

O ile dobrze pamiętam, na szkolnych boiskach w PRL-u dochodziło do znacznie groźniejszych wydarzeń, np. wzajemnego kopania się przez skłóconych sztubaków, bawienia się w „powstańców", czyli strzelania z kciuków grających rolę rewolwerów, itd. Nikt za tego rodzaju „przewinienia" dokonywane na dużej przerwie nie był w żaden sposób karany.

Tymczasem sytuacja w USA staje się coraz bardziej groteskowa. W stanie Pensylwania 5-letni przedszkolak został zawieszony w prawach ucznia na 10 dni za to, że groził swoim koleżankom i kolegom „zastrzeleniem" z plastikowej zabawki wypluwającej z siebie mydlane bańki. Matka dziecka wytargowała potem redukcję kary do dwóch dni i trzeba mieć nadzieję, że nie groziła nikomu całkiem realną spluwą.

W stanie Maryland 7-letni drugoklasista został okresowo wyrzucony ze szkoły za to, że swoje ciastko truskawkowe wygryzł w taki sposób, iż przypominało ono rewolwer. Wprawdzie jeszcze nigdy nie słyszałem o tym, by przy pomocy ciastka można było wystrzelić kulę, ale fakt ten z jakichś powodów nie przeszkadzał szkolnym administratorom, którzy doszli do wniosku, że nadgryziona w sposób sugerujący terroryzm truskawka może służyć jako śmiercionośna broń.

Innym zagrożeniem dla porządku publicznego okazał się uczeń ostatniej klasy szkoły średniej w Duluth w stanie Minnesota. Sam McNair pewnego dnia wszedł do klasy i objął przelotnie swoją nauczycielkę w geście wdzięczności za jej pracę. Jak można się było spodziewać, jego gest uznany został za „prześladowanie na tle seksualnym", co wymagało zastosowania natychmiastowej kary. Kara ta została zniesiona dopiero z chwilą, gdy ponad 1000 rodziców podpisało się pod petycją, w której decyzję dyscyplinarną szkoły określono jako „idiotyzm".

W szkołach jak Ameryka długa i szeroka istnieje obecnie zasada zwana *zero tolerance*, która stanowi, iż nie będą tolerowane absolutnie żadne przejawy „sugerowania lub stosowania przemocy oraz używania broni". Jest to niezwykle kuriozalny przepis, ponieważ oznacza on, że nie można wprawdzie wygryźć ciastka na kształt rewolweru, ale jeśli jakiś sfrustrowany pędrak znajdzie w szafie rodziców załadowany półautomat, może z nim z powodzeniem zjawić się w szkole i powystrzelać większość kolegów i koleżanek, zanim ktokolwiek zorientuje się, że posiadanie prawdziwej spluwy w szkole jest niedopuszczalne.

Nikomu na razie nie przyszło do głowy, że istnieje ważka różnica między zabawami w wojnę oraz realnymi jatkami w wykonaniu pomyleńców. Zabawy ze „strzelaniną" są udziałem milionów dzieci od wielu setek lat i prawie nigdy nie prowadzą do niczego zdrożnego. Ci zaś, którzy od razu strzelają ostrymi nabojami, zwykle nie potrzebują żadnych wstępnych zabaw treningowych. Tak długo, jak mały Johnny może skończyć w kozie za gumę do żucia w kształcie pershinga, sprawa jest przegrana.

Czworonożna polityka

Wybory prezydenckie w Polsce mamy z głowy. Niezależnie od tego, czy ktoś jest zadowolony z ich wyniku, czy też nie, ja odczuwam satysfakcję, że zarówno pan Komorowski, jak i pan Duda okazali się żywymi facetami. Wbrew pozorom jest to ważne, szczególnie w USA, gdyż po tej stronie Atlantyku ze zdumiewającą częstotliwością występują przypadki wybierania na różne urzędy albo nieboszczyków, albo też przedstawicieli gatunków innych niż *homo sapiens*, np. psów, kotów, kucyków, itd.

Na początku maja zmarła radna w jednym z powiatów Pensylwanii, 61-letnia Barbara Daly Danko. Był to fakt o tyle niefortunny, że Barbara startowała w lokalnych wyborach i jej nazwisko pozostawiono na kartach wyborczych, gdyż było już za późno, by je drukować od nowa. Wyborcy na śmierć kandydatki zareagowali dość obojętnie, jako że pani Danko pokonała bez trudu swoją jedyną rywalkę, Caroline Mitchell, i nadal jest radną, choć – z przyczyn od niej niezależnych – ciągle nieobecną. Z kolei pani Mitchell odmówiła wszelkich komentarzy na temat swojej porażki wyborczej z denatką. Doraźnie na miejsce Danko zostanie aż do listopada mianowany ktoś inny, a potem elektorat wybierze kogoś nowego, mam nadzieję, że żywego.

Wydawać by się mogło, iż pozostawanie przy życiu jest jedną z zasadniczych kwalifikacji każdego polityka. Jednak od czasu do czasu tak nie jest. Tylko w roku 2009 w stanach Floryda i Alabama sukces wyborczy osiągnęli nieboszczycy, którzy zmarli na kilka tygodni przed elekcją. Jednym z nich był Earl Wood, który zmarł w wieku 96 lat. Wood w wyborach początkowo w ogóle nie chciał brać udziału, ale potem się zdenerwował poczynaniami przeciwników i zdecydował się stanąć w polityczne szranki. Niestety, zaraz potem strzelił kopytami. Spoza doczesnego świata zgromadził 56 proc. głosów. Natomiast 77-letni w chwili śmierci Charles Beasley z Alabamy wygrał wybory na urząd szefa zarządu powiatu, zyskując poparcie 52 proc. wyborców.

Skoro posiadanie pulsu nie jest w Ameryce wymogiem startowania w wyborach, mało znaczący powinien być również wymóg posiadania dwóch kończyn, na których się pionowo stoi. I rzeczywiście.

W roku 1981 w miasteczku Sunol w Kalifornii w wyborach do urzędu burmistrza wziął udział Bosco Ramos, który miał dwóch innych przeciwników. Bosco bez trudu wygrał, ale nie wygłosił do swoich zwolenników przemówienia, gdyż był psem – mieszańcem labradora z rottweilerem. Czworonóg sprawował skutecznie władzę aż do roku 1994, kiedy to zdechł. Znany był z tego, że nigdy nie kłócił się ze swoimi przeciwnikami politycznymi, a był tak lubiany wśród wyborców za swój „bezpretensjonalny styl", że po jego śmierci postawiono mu pomnik. Potem otwarta też została restauracja opatrzona jego imieniem i wizerunkiem.

Niestety, Bosco stał się też bez swojej winy narzędziem propagandowym chińskich komunistów. Po wyborczym sukcesie psa chiński *Dziennik Ludowy* opublikował bezkompromisowy komentarz, w którym na serio argumentowano, iż Amerykanie traktują ludzi jak psy i że amerykański system demokracji w pewnym sensie na psy zszedł. Kompletnie się z tym nie zgadzam – lepszy Bosco od jakiegoś tam czerwonego funkcjonariusza.

Znacznie wcześniej, bo w roku 1938, wybory lokalne do republikańskiego komitetu w Milton w stanie Waszyngton wygrał... muł. Było to o tyle niefortunne, że osioł jest – jak wiadomo – symbolem Partii Demokratycznej. Kandydaturę muła wystawili przebiegli demokraci, a ponieważ zwierzę nie miało kontrkandydatów, wygrało bez trudu.

Tuż po wyborach muł zwany Boston Curtis został zabrany do budynku sądu, gdzie uroczyście został zaprzysiężony przez odbicie swoich przednich kopyt na stosownym dokumencie. W sumie zatem chodziło o zagranie republikanom na nosie, a przy okazji raz jeszcze udowodniono, że wyborcy często nie mają pojęcia, na kogo głosują i czy kandydat ma tylko dwie nogi, czy też może cztery.

Na koniec historia kota imieniem Stubbs, który w miejscowości Talkeetna na Alasce sprawuje urząd burmistrza już od 15 lat. Kot został wybrany przez sfrustrowany elektorat, który doszedł do słusznego wniosku, iż tradycyjni politycy się obijają i nie wypełniają należycie swoich obowiązków. Przez cały okres swoich rządów, jak podkreślają tubylcy, Stubbs nigdy nie podniósł żadnych podatków, nie złamał żadnej przedwyborczej obietnicy i traktuje bardzo dobrze wszystkich posiadaczy drobnych biznesów przez niewtrącanie się w ich sprawy. Ponadto, w przeciwieństwie do Sarah Palin, nigdy nie wysiaduje na ganku swego domu, by obserwować stamtąd Rosję i jej wraże poczynania.

Stubbs to dziś prawdziwy celebryta. Dziennie odwiedza go średnio 40 osób z całego kraju, a jego strona w serwisie Facebook zawiera ponad 10 tysięcy wpisów. Poza tym koty żyją dość długo, a zatem rządy Stubbsa mogą jeszcze trwać przez parę następnych lat, ku zadowoleniu lokalnych wyborców.

Trudno prorokować, kogo jeszcze elektorat może wybrać do różnych urzędów poza standardowymi, zwykle nudnymi ludźmi. Ja bym popierał kandydaturę szympansa – mimika twarzy podobna do klasycznego polityka, ale żadnych bzdur zwierzę to nie jest w stanie z trybuny wygłaszać.

Brutale w akcji

Nie wiem, na czym to dokładnie polega, ale gracze zawodowej ligi NFL coraz częściej popadają w konflikt z prawem w wyniku stosowania przemocy poza boiskiem. Oczywiście na boisku dozwolone jest niemal wszystko, łącznie z pozbawianiem wroga przytomności przez porządne wstrząśnięcie jego mózgu, ale na życie codzienne ta brutalność się niezbyt dobrze przekłada.

Zwykle jest tak, że gdy heros jajowatej piłki zostanie przyłapany na reorganizowaniu komuś rysów twarzy albo brutalnym zachowaniu w stosunku do zwierząt, natychmiast się publicznie kaja, przeprasza za „chwilową słabość" i obiecuje poprawę. Niektórzy z nich oświadczają też, że „znaleźli Chrystusa", co pomogło im w personalnej transformacji z brutala w niewinnego i łagodnego baranka. Zwykle zastanawiam się wtedy, dlaczego Chrystusa nie zaczęli szukać znacznie wcześniej, zanim jeszcze kogoś zabili lub połamali mu nogi, ale to już inna sprawa.

Nie tak dawno temu głośno było o sprawie zawodnika Raya Rice'a, którego hotelowe kamery uwieczniły w scenie pobicia do nieprzytomności jego narzeczonej, Janay Palmer. Ray wyciągnął następnie nieprzytomną pobitą z windy, ale zaraz potem zrozumiał, że wokoło jest zbyt wielu świadków i poniechał dalszych rękoczynów. Za występek ten został najpierw zawieszony na dwa mecze, ale pod naporem fali krytyki liga zdecydowała się karę tę zaostrzyć.

Wcześniej była inna afera. Rozgrywający drużyny Atlanta Falcons, Michael Vick, został skazany przez sąd w Atlancie na 23 miesiące więzienia za to, że organizował walki psów, w czasie których wiele czworonogów ginęło, a gdy nie ginęły, rozprawiał się z nimi sam Vick, strzelając im w łeb lub tłukąc je kijem bejsbolowym. Skazany karę odsiedział, a potem wrócił do ligi NFL. Wprawdzie dawnej świetności sportowej nie odzyskał, ale nadal zarabia miliony. Sądzę, że od psów stroni, w obawie, że któremuś Burkowi coś się przypomni i zorganizuje na niego skomasowany, odwetowy atak psich komandosów. Jak można się było spodziewać, Vick nie tylko wielokrotnie przepraszał za swoje błędy, ale stwierdził, że „zbłądził" i musi się ponownie „odnaleźć". Nie zameldował na razie o próbach znalezienia Chrystusa.

O drużynie Atlanta Falcons wspominam nie bez powodu, jako że ten sam zespół znów zabrnął w kontrowersje dotyczące jednego z graczy i jego poczynań w stosunku do psów. Prince Shembo to facet wielki i ważący 250 funtów. Jego dziewczyna, Denicia Williams, w dniu 19 kwietnia zawiadomiła policję o tym, że w swoim mieszkaniu, w którym przebywał Prince, gdzie opiekował się jej terierem rasy yorkshire, doszło do „gwałtownych wydarzeń", w wyniku których pies imieniem Dior przeniósł się w zaświaty. Weterynarz stwierdził później, że miniaturowy czworonóg doznał licznych obrażeń – kilka złamanych żeber, uszkodzona wątroba, wewnętrzne krwawienie do żołądka, itd. i że nie został kopnięty tylko raz.

Policja aresztowała pana Shembo, który natychmiast przyznał się do tego, że psa kopnął. Twierdził jednak, iż zrobił to odruchowo, z chwilą, gdy Dior ugryzł go w rękę, gdy próbował włożyć go do klatki. Biegli utrzymują, że kopnięcie nie było z pewnością jednorazowe. Prawnik (gracza, nie psa) oświadczył, iż Prince bardzo żałuje swojego czynu i jest zawstydzony, ale na jego korzyść ma przemawiać to, że psy rasy yorkshire są na tyle małe, że „trudno jest z góry przewidzieć efekt kopnięcia takiego zwierzęcia przez człowieka tak masywnego jak mój klient".

Naprawdę? A ja jestem się w stanie założyć, że potrafię przewidzieć skutek przejechania Prince'a Shembo przez walec drogowy, jako że przepowiednie tego rodzaju nie wymagają jakichś nadludzkich zdolności, szczególnej wyobraźni lub proroczego talentu. Jeśli Prince na serio chce utrzymywać, że przestraszył się małego psa na tyle, że musiał go skopać na śmierć, to będę w przyszłości sprawdzał listę pasażerów przed każdym lotem, by się upewnić, że Shembo nie leci ze mną tą samą maszyną. W końcu może się na tyle przestraszyć wycia silników w czasie startu, iż da odruchowo w mordę połowie pasażerów.

Zarząd klubu Atlanta Falcons tym razem postanowił w żaden sposób nie ryzykować i wyrzucił gracza z zespołu, zapewne obawiając się podobnego blamażu jak w przypadku Vicka. Shembo z pewnością znajdzie szybko zatrudnienie w jakiejś innej formacji futbolowej, której kierownictwo powinno przed każdym treningiem chować gdzieś wszystkie małe psy, by je uratować przed niechybną śmiercią.

Z drugiej strony Prince może zostać skazany na pięć lat więzienia i 15 tysięcy dolarów grzywny za okrucieństwo w stosunku do zwierząt, a to będzie oznaczać, że jego dalsza kariera sportowa zostanie nieco odroczona. Jego dziewczyna już „odroczyła" swój związek z zabójcą jej psa, gdyż zerwała z Shembo „raz na zawsze".

Być może liga NFL winna nieco uważniej przyjrzeć się wszystkim tym zjawiskom, gdyż zdają się one przybierać na sile i częstotliwości występowania. Zanim nie stanie się w końcu coś znacznie gorszego.

Król Wrona I

Spieszę donieść, że świat z powodzeniem uniknął nowego konfliktu zbrojnego na Bałkanach, w dodatku przy wydajnej pomocy ze strony naszych rodaków. Przez pewien czas wydawało się, że siły Królestwa Enclava zetrą się w terytorialnej walce z Księstwem Celestinia, a przedmiotem tej walki będzie terytorium nad Dunajem, na granicy Serbii z Chorwacją. Jednak tymczasowy minister spraw zagranicznych Celestinii, Węgier Endre Jos, z zawodu informatyk, poinformował, że obie strony doszły do porozumienia i że teren nad Dunajem zostanie odpowiednio podzielony między oba „mikropaństwa". Potwierdził to również przedstawiciel Królestwa Enclava, Piotr Wawrzynkiewicz.

Konflikt ten zrodził się 23 kwietnia tego roku, kiedy to Enclavianie oznajmili, że zajmują teren o powierzchni 100 km kwadratowych leżący na granicy Chorwacji i Słowenii, a pozostający poza granicami tychże państw w wyniku kuriozalnego układu podpisanego po rozpadzie Jugosławii w 1991 roku.

Niestety, młode Królestwo Enclava zostało zduszone w zarodku, ponieważ ministerstwo spraw zagranicznych Słowenii oświadczyło, iż zajęty teren należy do nich i trzeba się z niego wynosić. Wawrzynkiewicz oraz król Enclav I (a tak naprawdę to Kamil Wrona) nie zrazili się tym faktem i przenieśli swoje państwo o 300 km, właśnie nad granicę Serbii z Chorwacją. Szkopuł jednak w tym, że pretensje do tego samego kawałka „ziemi niczyjej" zgłosiło też zdominowane przez Węgrów Księstwo Celestinii.

Na szczęście obie strony doszły do porozumienia w duchu frazy „Polak, Węgier, dwa bratanki", a to oznacza, że wojny nie będzie. Zresztą jej prowadzenie byłoby o tyle utrudnione, że oba terytoria nie posiadają żadnej armii ani uzbrojenia. Wojna mogła się toczyć wyłącznie na słowa, a zatem byłaby znacznie lepsza od wcześniejszych konfliktów bałkańskich. Ale nawet takiej słownej batalii skutecznie uniknięto.

Jeśli chodzi o rządy Serbii i Chorwacji, na razie nie wypowiadają się one na temat dwóch nowych państewek, ani też o ich administracyjnym statusie. Technicznie rzecz biorąc, teren zajmowany przez Królestwo Enclava nie należy do żadnego z tych krajów, ponieważ po wojnie na Bałkanach linia graniczna między Serbią i Chorwacją została wytyczona w taki sposób, że dokładnie 1 km kwadratowy gruntu nie posiada żadnej przynależności państwowej. A właściwie teraz już posiada – rządzi nim król Enclav I, sprzymierzony od niewielu dni z sąsiednią Celestinią.

Królestwo Enclava, którego populacja pozostaje na razie nieznana, ma dość szczytne cele: „jest to miejsce, w którym wszyscy, niezależnie od koloru skóry, wyznawanej religii i narodowości, będą mogli wyrażać swoje opinie, uczyć się za darmo i zarabiać pieniądze bez konieczności płacenia podatków''. Co więcej, każdy może ubiegać się o obywatelstwo Enclavy, a wniosków takich napłynęło już rzekomo ponad 5 tysięcy. Odbyły się też internetowe wybory władz kraju, w których wzięło udział 800 osób. Rząd składa się z ludzi pochodzących z różnych części świata, toteż oficjalnych języków królestwa jest obecnie pięć: polski, angielski, słoweński, chorwacki i chiński. Premierem została Finka Annemarijn Tamminga, która jednakowoż po fińsku nie może nadawać, gdyż jej język nie zmieścił się w oficjalnej puli.

Król Enclav I twierdzi, że zarejestrowanych obywateli jego monarchii jest na razie 134. Snuje też plany zbudowania „pałacu królewskiego" z kilkunastu kontenerów. Przyznaje ponadto, że jeśli ludności zacznie szybko przybywać, trzeba będzie dla niej zbudować „jakiś drapacz chmur".

W bezpośredniej bliskości Enclavy i Celestinii powstało też inne państwo, Liberland, które zajmuje powierzchnię 7 kilometrów kwadratowych, a to oznacza, że jest większe od Księstwa Monako oraz Watykanu. Celestinia, choć terytorialnie większa od Enclavy, na razie ma tylko 54 obywateli i 300 podań o przyznanie obywatelstwa.

Powstanie tych mikro-państw można oczywiście uznać za żart, tyle że pewne aspekty tego wszystkiego są dość poważne. Po pierwsze, bałkańskie granice nadal pełne są przedziwnych paradoksów, które są dziedzictwem krwawej wojny, jaka toczyła się tam po rozpadzie Jugosławii. Po drugie zaś, młodzi ludzie, z inicjatywy których powstały mikroskopijne państwa, nie kryją, że marzą o innej Europie, bez dominacji wielkich korporacji, bez korupcji, bez skomplikowanych przepisów podatkowych i bez codziennej pogoni za pieniądzem. Są to z pewnością marzenia w znacznej mierze utopijne, ale co tam – królowi Wronie trzeba dać jakiś kredyt zaufania.

Moim zdaniem najważniejszym elementem dalszego rozwoju i budowania tożsamości tych krain jest jak najszybsze powołanie narodowych reprezentacji piłkarskich. Skoro w Polsce do ekstraklasy mogła awansować drużyna ze wsi (Termaliki Bruk-Bet Nieciecza), to dlaczego reprezentacja Enclavy nie mogłaby wystąpić w przyszłości w jakimś pucharze UEFA. Na razie jednak można by zacząć od kilku meczów towarzyskich, np. z reprezentacjami Liberlandu i Celestinii. Kto wie, może w meczach tych mógłby nawet zagrać sam król Enclav I? Przecież korona z głowy by mu nie spadła.

Strzał w spodniach

Nie wiem jak szanownym Czytelnikom, ale mnie nowojorski hotel Waldorf Astoria zawsze kojarzył się z mało dla mnie przystępnym luksusem. Najtańszy pokój w tej placówce kosztuje 500 dolarów, co znacznie przekracza mój budżet, obliczony bardziej na coś w rodzaju Motelu 6. Dlatego ze sporym zdziwieniem przyjąłem ostatnio wieści, że w tym szacownym miejscu, położonym w reprezentacyjnej części Manhattanu, doszło do strzelaniny. Może słowo „strzelanina" jest przesadą, gdyż chodziło tylko o jeden strzał, ale za to jakże skuteczny!

Strzał został oddany, jeśli wierzyć policji, przypadkowo. W hotelu odbywało się przyjęcie weselne, w którym uczestniczył 42-letni Vladimir Gotlibovsky. Gdy o godzinie 7.25 wieczorem przyszło do robienia oficjalnych zdjęć pary młodej oraz zaproszonych gości, Vladimir sięgnął do kieszeni spodni, by wyjąć kartkę, na której było zapisane miejsce, gdzie miał usiąść. Jednak w tejże samej kieszeni Vladimir miał naładowany i odbezpieczony rewolwer, za którego cyngiel przypadkowo pociągnął, co spowodowało, że posłał kulę wzdłuż własnej nogi.

Pocisk przyrżnął w podłogę, ale mimo to wyrządził potem istotne szkody. Maya Rafailovich dostała rykoszetem w skroń, choć na szczęście na tyle niegroźnie, że nic poważnego jej się nie stało. Jak odnotowali skrzętnie dziennikarze, zaszokowani zapewne w tym, że nawet w hotelu Waldorf Astoria można dostać kulę w łeb, Maya została odwieziona do szpitala „bez butów, ale nadal w czarnej, wieczorowej sukni". Nie bardzo rozumiem ten komentarz. Buty zapewne spadły jej ze strachu, ale przecież sukni z tego samego powodu nie musiała zdejmować.

Kobieta nie była jedyną ofiarą pojedynczego, przypadkowego strzału oddanego w głąb spodni Vladimira. Trzy inne osoby znalazły się w szpitalu z ranami nóg, doznanymi z powodu latających wszędzie drzazg podłogi. Była jeszcze piąta ofiara, ale odmówiła podróży do szpitala i pozostała na weselu, które w tym momencie znalazło się zapewne w stanie kryzysowym. Na szczęście gości nie trzeba było zeskrobywać z podłogi, ale wątpię, by para młoda nadal robiła sobie zdjęcia.

Jak się później okazało, pan Gotlibovsky był prawowitym posiadaczem broni i w zasadzie nie popełnił żadnego przestępstwa. Ja uważam jednak, że pewnie on sam nie zdaje sobie sprawy ze swoich niezwykłych zdolności. Bądź co bądź jednym strzałem załatwił pięć osób, czego nawet James Bond nie potrafi. Wróżę mu świetlaną przyszłość w szeregach sił specjalnych jakiegoś kraju, choć sądząc po nazwisku mogą to być siły rosyjskie.

Z drugiej strony trapią mnie pewne pytania. Rozumiem oczywiście, że w wielu miejscach USA legalne jest posiadanie przy sobie broni palnej na zasadzie tzw. *concealed carry*, czyli schowanej gdzieś za pazuchą i niewidocznej dla otoczenia. Ba, w niektórych stanach przeforsowano skutecznie przepisy, na mocy których ludzie mają prawo do wnoszenia ukrytej broni na stadiony sportowe, do wyższych uczelni, a nawet do kościołów. W Indianie „zatroskani rodzice" uzyskali niedawno prawo do posiadania broni palnej w samochodach zaparkowanych na szkolnych parkingach, co oczywiście w dramatyczny sposób zwiększa ogólne bezpieczeństwo młodzieży.

Jednak w tym akurat przypadku Vladimir nie szedł na spotkanie z gangsterami gdzieś na brzegu Hudson River, ani też nie zamierzał spożyć obiadu w ciemnej spelunie w dzielnicy Bronx. Udawał się na uroczystości weselne w hotelu Waldorf Astoria, czyli miejscu, w którym często mieszkają odwiedzający USA przywódcy różnych krajów i gdzie zwykle panuje idealny, niemal nabożny spokój.

W związku z tym powstaje proste pytanie – po kiego grzyba potrzebna mu była na tę okazję broń w kieszeni? Czyżby spodziewał się jakichś weselnych zamieszek lub ataku ze strony wrażych sił, przeciwnych z definicji instytucji małżeństwa?

Poza tym, gdyby nawet żywił pewne obawy tego typu, czy rewolwer w jego spodniach, tak bliski dość istotnych części ciała każdego faceta, musiał być odbezpieczony? Wydaje się wręcz, że Gotlibovsky był z premedytacją przygotowany na każdą ewentualność i uważał, że nawet w Waldorf Astoria rewolwer winien być w każdej chwili gotowy do strzału. No i był – z fatalnymi skutkami.

Cała ta historia skończyła się w sumie w miarę szczęśliwie, gdyż państwo młodzi zapewne są już małżeństwem, a wszystkie ofiary strzału wzdłuż nogawki wracają do zdrowia. Incydent ten jest jednak dość symptomatyczny. Sugeruje bowiem, że ludzie w USA często noszą ukrytą broń nie dlatego, że się czegoś w każdej chwili obawiają, lecz dlatego, że mogą. Jestem pewien, że Vladimir wziął spluwę na wesele nie po to, by kogoś zastrzelić nad tortem lub w czasie tańców, lecz z pobudek o wiele bardziej prozaicznych i teoretycznie niegroźnych. Włożył rewolwer do kieszeni, bo jest to legalne.

Po wydarzeniach w Waldorf Astoria dziennikarze zaczepili w recepcji zbulwersowanego turystę z Holandii, który zidentyfikował się jako Anthony. Zapytali go, co o tym wszystkim sądzi. – *Jak to jest możliwe, że coś takiego może mieć miejsce w tym hotelu?* – zapytał retorycznie Holender. – *To straszne. Ja rozumiem, że Nowy Jork bywa niebezpieczny, ale w Waldorf Astoria?*

Ja bym mu odpowiedział w taki sposób: – *Welcome to America, Anthony.*

Zmierzch „kija"

Przed wieloma laty udało mi się skutecznie przekonać małżonkę – a indoktrynacyjne sukcesy tego rodzaju odnoszę niezwykle rzadko – że uzasadniony będzie zakup samochodu 2-osobowego mazda Miata. Pojazd ten miał mi pomóc stłamsić w sobie tzw. *mid-life crisis*, polegający na tym, iż facetom po czterdziestce nagle się wydaje, że jest już po wszystkim i że należy się przygotować na rychłe zejście śmiertelne, w związku z czym nie ma sensu w żaden sposób dalej się wysilać lub czymkolwiek przejmować.

W moim przypadku tak naprawdę żadnego kryzysu nie było. Chodziło mi raczej o to, żeby sobie trochę pojeździć nieco sportowym kabrioletem, którym zresztą nie mogła w ogóle jeździć wspomniana już małżonka, gdyż nigdy nie nauczyła się sztuki prowadzenia pojazdów z ręczną skrzynią biegów. Ja tę sztukę posiadłem, ale niejako przez przypadek. W latach 80. wypożyczyłem samochód we francuskim Calais, gdzie moja prośba o pojazd z automatyczną skrzynią biegów wywołała sporą radość wśród personelu wypożyczalni. Dostałem, ma się rozumieć, furę rasy *stick* i przez następne dwie godziny uczyłem się na parkingu przed jakąś francuską knajpą, jak sobie z tym problemem poradzić.

W sumie jednak na wszystkim tym skorzystałem. Wszedłem w posiadanie samochodu, którego żona nie była w stanie tknąć, a którego jedynym późniejszym przeznaczeniem była nauka jazdy mojej nastoletniej wtedy córki.

Od bardzo dawna trwają spory o to, który rodzaj samochodowej skrzyni biegów jest lepszy. Jeszcze przed 20 laty zwolennicy ręcznego zmieniania biegów argumentowali, że jest to rozwiązanie znacznie lepsze, ponieważ daje skuteczniejszą kontrolę nad pojazdem, lepsze przyspieszenie oraz oszczędność w zużyciu paliwa. Niestety dziś, zdaniem specjalistów, sprawy mają się inaczej. Dominuje mianowicie przekonanie, iż większość dawnych zalet ręcznej skrzyni biegów obecnie w zasadzie już nie istnieje, głównie w wyniku znacznych postępów technicznych. Między innymi, niektóre nowsze pojazdy wyposażone są w automatyczne skrzynie biegów, które kontrolowane są przez komputer i które w zasadzie nie mają żadnych konkretnych „stopni", czyli jedynki, dwójki, itd. Biegi zmieniają się płynnie, niezauważalnie, w zależności od tego, co w danej chwili robi kierowca.

Ten stan rzeczy ma w USA poważne konsekwencje. Obecnie tylko 10 proc. pojazdów produkowanych w Ameryce ma ręczną skrzynię biegów. Zaledwie 6 proc. kierowców samochodów osobowych w USA nadal zmienia biegi ręcznie. Jeszcze w roku 1985 ponad 30 proc. produkowanych w amerykańskich fabrykach aut mogła się szczycić funkcją *stick shift*.

Wszystko wskazuje na to, że obóz „ręczny" przegrał sromotnie z obozem „automatycznym". Dość powiedzieć, że niektóre bardzo popularne modele samochodów, np. toyota Camry, nissan Altima i ford Fusion, oferowane są dziś wyłącznie w wersji automatycznej, a zatem ręcznej skrzyni biegów nie ma nawet na specjalne zamówienie.

Przed dwoma laty koncern Chrysler mocno się „przejechał" na decyzji wypuszczenia na rynek samochodu dodge Dart z ręczną skrzynią biegów. Pojazd ten okazał się rynkową klapą i został cichaczem wycofany. Szefowie koncernu, dziś stowarzyszonego z włoskim Fiatem, wyciągnęli z tego faktu odpowiednie wnioski. Gdy niedawno zaprezentowano samochód sportowy alfa romeo 4C, okazało się, że jego amerykańska wersja będzie wyłącznie automatyczna. A gdy szefa koncernu, Sergio Marchionnego, zapytano o powody tej decyzji, odparł, że na rynku amerykańskim „nie ma już żadnego zainteresowania samochodami z ręczną skrzynią biegów". Marchionne, który jest rzekomo entuzjastą pojazdów z ręczną skrzynią biegów, powiedział pytającemu: – *OK, to pan kupi ten samochód i może jeszcze czterech innych facetów, no i jeszcze ja. Ale to tylko nadal sześć sztuk sprzedanych pojazdów.*

W przeszłości wyposażenie samochodu sportowego w „automatyk" byłoby jednoznaczne ze zrujnowaniem jego renomy wśród zwolenników marzących o wyścigowym starcie ze skrzyżowań, pozostawiającym tylne koła pojazdu trzy metry za nadwoziem. Dziś takie sentymenty pojawiają się coraz rzadziej, o czym świadczy między innymi to, że kilka innych modeli sportowych, np. jaguar F Type, też nie ma już wersji z ręczną skrzynią biegów.

Co z tego wynika? Dwie istotne rzeczy. Po pierwsze, ręczna skrzynia biegów nadal może się przydać w roli regulatora dostępu małżonki do pojazdu, czego doświadczyłem na własnej skórze. Po drugie, może skutecznie zapobiegać kradzieżom samochodów. Okazuje się bowiem, że coraz więcej młodszych wiekiem złodziei nie ma absolutnie żadnego pojęcia o tym, jak posługiwać się ręczną skrzynią biegów.

Przed kilkoma tygodniami w miejscowości Logan w stanie Utah aresztowano niejakiego Alexandra Katza, który usiłował ukraść samochód, w którym kierowca pozostawił kluczyki w stacyjce. Jednak pojazd był „ręczny" i pan Alexander nie wiedział, jak sobie z tym poradzić, przez co zdołał ujechać tylko kilkadziesiąt metrów, a następnie rąbnął w słup i nabił sobie efektownego guza, którego leczy w areszcie. Widomy to znak, że złodzieje winni zapisać się na jakieś przeszkolenie. Proponuję parking przed knajpą w Calais.

Kotlet z Burka

Ludzie w niemal dowolnej części świata zwykle nie upatrują w psie następnego obiadu. Wiadomo wprawdzie powszechnie, że w niektórych krajach Azji psie mięso bywa jedzone, ale nie jest to bynajmniej zjawisko powszechne, lecz raczej bardzo zlokalizowane i wynikające z mocno zakorzenionych tradycji.

Najbardziej skomplikowana sytuacja istnieje w Chinach, gdzie Burek trafia czasami do garnka od setek, a może nawet tysięcy lat i gdzie istnieje dość prosta zasada – jeśli coś chodzi i żyje, to teoretycznie jest to potrawa. Wprawdzie nie oznacza to kanibalizmu, choć nawet w tym względzie są pewne wyjątki.

Chiny przeżywały liczne okresy katastrofalnego głodu, w czasie których wszelkie zasady moralne bywały „zawieszane", tak że nawet zupa z sąsiada wchodziła w rachubę. Dziś jednak w Chinach nie ma głodu, a mimo to pozostały nawyki, które w Europie i Ameryce po prostu szokują.

W mieście Yulin odbywa się doroczny festiwal „psiego mięsa", który ma być „celebracją" najdłuższego dnia w roku, a który polega na tym, że zwozi się tam tysiące psów. Zwierzęta te są oferowane do sprzedaży, a następnie zabijane w celach czysto konsumpcyjnych – tysiące ludzi raczą się potrawami przyrządzanymi z psiego mięsa i sprzedawanymi na ulicznych straganach.

W tym roku, mimo protestów niemal na całym świecie i apeli o likwidację tej kontrowersyjnej imprezy, do Yulin zwieziono 10 tysięcy czworonogów – często w ciasnych klatkach, bez wody i jedzenia. Wszystkie te psy zostały zatłuczone na śmierć i w taki czy inny sposób ugotowane. Co więcej, lokalne władze nie wiedzą, skąd te wszystkie psy pochodziły, choć – sądząc po tym, że wiele z nich miało obroże – zachodzi podejrzenie, iż zostały one po prostu skradzione. Te same władze zapowiadają, że w przyszłym roku nie będą już wspierać festiwalu, ale w Chinach trudno zgadnąć, co ta deklaracja dokładnie znaczy.

Protest do rządu chińskiego wystosował między innymi brytyjski aktor Ricky Gervais, który znany jest ze swojej działalności na rzecz ochrony zwierząt przed okrucieństwem. Protestowały też liczne organizacje amerykańskie. Jednak również sami Chińczycy mają tej rzezi dość. Emerytowana nauczycielka Yang Xiaoyun wydała w tym roku ponad 1000 dolarów, by wykupić i uratować od zagłady ponad 100 psów. W samym Yulin i okolicach doszło w tym roku do licznych protestów przeciw festiwalowi, choć były też demonstracje zwolenników „podtrzymywania tradycji".

Korespondentka BBC, Juliana Liu, która urodziła się w Chinach i spędziła tam dzieciństwo, twierdzi, że jedzenie psiego mięsa w Chinach jest dziś zjawiskiem niszowym i dotyczy wyłącznie niewielkich obszarów prowincji Hunan i Guizhou. Nawet tam nie jest to zjawisko powszechne, lecz raczej wyjątkowe. Niektórzy traktują dania z psiego mięsa jako rarytas spożywany rzadko, z jakichś specjalnych okazji.

A skoro tak, to powstaje pytanie – po co komu festiwal, którego główną konsekwencją jest sponiewieranie i zabicie 10 tysięcy psów? Czyżby organizatorom chodziło o studia porównawcze dotyczące walorów gulaszu z rottweilera w stosunku do pudla z grilla? I kto jest w stanie pożreć tyle mięsa, niezależnie od pochodzenia, w ciągu zaledwie jednego dnia?

Liu wspomina, że gdy miała kilka lat, rodzice kupili jej małego psa, którego uwielbiała. Jednak już po paru miesiącach powiedzieli jej, że nie może go nadal mieć, gdyż w latach 80. w Chinach posiadanie psów uznawane było za przejaw „burżuazyjnej dekadencji". Jej ulubieniec został zabity, a następnie całe sąsiedztwo jadło przyrządzony z niego gulasz. Jak można się spodziewać, ona tego dania nie tknęła i była zdruzgotana. Twierdzi jednak, że dziś Chiny to zupełnie inny kraj, w którym nikt „psiny" nie musi i nie powinien spożywać.

A jednak rocznie w Chinach zabija się ok. 10 milionów psów w celach kulinarnych, przy czym znaczna ich część to czworonogi skradzione. Hodowanie psów „na mięso" praktycznie w kraju tym już nie istnieje. W roku 2014 zatrzymano w Chinach transport składający się z 14 ciężarówek, w których przewożono ponad 8 tysięcy psów przeznaczonych na ubój. Transportów takich jest z pewnością bardzo dużo, tyle że wykrywane są one bardzo rzadko.

W całej historii ludzkości są trzy istoty, których spożywanie przez ludzi zawsze było pewnego rodzaju tabu: inni ludzie, konie oraz psy. Tych pierwszych, czyli pobratymców z rodzaju homo sapiens, już nikt od dawna nie wkłada do kotła, a zatem problem jest z głowy. Koni i psów zwykle nie jemy, gdyż są to od tysięcy lat nasi towarzysze, kumple, przyjaciele, etc. A jednak w polskiej książce kucharskiej z końca lat 90., która stoi na mojej półce, jest kilka przepisów na dania z koniny. Mięso to jest również legalne w USA, choć od dawna żadna rzeźnia nie prowadzi uboju koni, a rzeźnicy odmawiają sprzedawania koniny.

Jednak co innego sporadyczne i legalne przypadki spożywania mięsa objętego pewnego rodzaju tabu, a co innego festiwal poświęcony masowej rzezi psów. Przecież Chińczycy mają tyle różnych możliwości, z których my nigdy nie korzystamy: pieczone kurze łapki, szczurze ragoût, smażone robale na kiju, itd. W związku z tym może trzeba im jasno i jakoś globalnie powiedzieć: „odczepcie się od Burków!".

Groch, ale nie z kapustą

Nie wiem dokładnie dlaczego, ale ludzie bywają ostatnio irracjonalnie wyczuleni na rzeczy, które są w zasadzie bez znaczenia. Komentator kulinarny dziennika *The New York Times* Michael Gold zasugerował na swoim blogu, że ciekawym dodatkiem do klasycznego meksykańskiego „dipa" o nazwie *guacamole* może być zielony groszek. Nie wiedział nieszczęśnik, że naraził się tym samym milionom osób na czele z obecnym lokatorem Białego Domu.

Gdy tylko jego sugestia pojawiła się na gazetowych łamach, rozpętała się burza protestów. Republikanie w Teksasie szczególnie się wewnętrznie zagotowali, gdyż uważają, że *guacamole* to ich „dziedzictwo historyczne" i żaden pismak ze wschodu nie ma prawa dodawać do tego uświęconego produktu „jakichś śmieci". Niektórzy ocenili nawet, że Michael dokonał ataku na Teksas, pierwszego od czasu Alamo – i to nie zbrojnego, lecz z pomocą żarcia. Natomiast prezydencki kandydat Jeb Bush, mający oczywiste związki z Teksasem, skrytykował sugestię Golda w programie telewizyjnym Jimmy'ego Kimmela.

Przeciętni internauci nie pozostawili na Michaelu suchej nitki, oskarżając go o wszelkie możliwe przestępstwa, na czele z celowym prowokowaniem gawiedzi do obrzucania się kulinarnym błotem. On sam odparł, że nie miał żadnych podstępnych intencji, a jedynie wygrzebał z archiwum przepis sprzed lat. Wydawało mu się, że groszek w awokadowej miksturze to pomysł intrygujący, ale się najwyraźniej pomylił.

Stosownie zachował się Obama, który na propozycję dodania do *guacamole* groszku zareagował wpisem w serwisie Tweeter: „z całym poważaniem dla *NYT*, nie kupuję pomysłu groszku w *guacamole* – cebula, ostra papryka, czosnek, awokado – klasyka". Opinia Michelle nie jest znana, ale podejrzewam, że jest podobna.

Krzepiące jest to, że nasz wódz czuwa i trzyma rękę na pulsie. W końcu zamach na klasyczny przepis też może być groźny dla bezpieczeństwa narodowego, gdyż groszkiem można się zakrztusić, nie mówiąc już o tym, że sugestia dodawania groszku do meksykańskiego dania stanowić może jakiś wredny podstęp ze strony wrażych sił, np. niemal nuklearnego Iranu lub IS. Intrygujące jest również to, iż prezydent śledzi tego rodzaju głupoty w Internecie, zamiast walczyć o uratowanie Grecji przed pogrążeniem się w Morzu Śródziemnym, ale to już inna sprawa.

Jakby na to nie patrzeć, zastanawiające jest, dlaczego czytelnicy gazety w ogóle reagują w sposób tak gwałtowny nie na nakaz dodawania groszku do *guacamole*, lecz jedynie na luźną propozycję. Przecież nikogo się do niczego nie zmusza, a zatem histeria związana z groszkowym zajzajerem meksykańskim jest dość intrygująca.

Gdyby ktoś w polskich mediach zasugerował, że ogórki kiszone dobrze by było jeść z dżemem śliwkowym, a kotleta schabowego najlepiej jest pokryć grubą warstwą majonezu, pomysły te zapewne bym odrzucił, ale wątpię, bym się uciekł do publicznych, internetowych protestów.

Niektórzy internauci, zaprawieni w przeróżnych bojach, nie omieszkali przypomnieć, że w przeszłości pojawiały się inne, równie szokujące propozycje „ulepszenia" *guacamole*, np. przez dodanie doń sosu tuńczyka z puszki. Tymczasem w sprawie tej milczą potomkowie Azteków, a nie powinni, gdyż mikstura ta jest ich wymysłem. Aztekowie zajadali się *guacamole* już w XVI wieku, a sama nazwa oznacza w ich języku „sos z awokado". Zwracam uwagę na fakt, że nie ma w językoznawczych źródłach żadnej wzmianki o groszku, którego Aztekowie zapewne w ogóle nie znali.

Gdyby ktoś myślał, że przepisy na *guacamole* to wolnoamerykanka, w ramach której wszystko jest dozwolone, to się myli. W USA od dawna działa – o dziwo – organizacja o nazwie California Avocado Advisory Board (Calavo), która jest w pewnym sensie biurem politycznym przemysłu hodowli awokado i jako taka zna jedynie słuszne prawdy, podobnie jak je przed laty znał towarzysz „Wiesław".

Calavo ustaliła już dawno dozwolone składniki *guacamole*, a wszelkie dewiacje od tych norm mogą być surowo karane, np. przez wysyłanie przestępców w te rejony świata, gdzie awokado w ogóle nie ma i nigdy nie będzie, czyli np. do Korei Północnej.

Sprawa w sumie nie jest błaha. Tylko w dwa dni kalendarzowe roku w USA sprzedaje się 30 milionów funtów awokado – ma to miejsce 5 maja (Cinco de Mayo) oraz w niedzielę, w której wypada finałowy mecz ligi NFL, czyli Super Bowl. Wtedy to właśnie ludziska leżą pokotem na kanapach jak Ameryka długa i szeroka i zażerają się rozmaitymi chrupkami maczanymi w zielonej masie awokadowej.

Trzeba ich zostawić w spokoju wraz z preferowanymi przepisami, by zapobiec rozruchom i ulicznym demonstracjom, prowokowanym przez tych lekkoduchów, którym wydaje się błędnie, iż do *guacamole* można dodać w zasadzie wszystko, z wyjątkiem żyletek. Nie można, podobnie jak nie można do bigosu dodać śledzia w oleju lub kaszanki. Chociaż niektórzy są zdania, że po szóstym piwie wszystko to nie ma znaczenia...

Donald Duckump

Każda ważna kampania wyborcza prędzej czy później musi zawierać jakieś elementy komediowe, bo przecież w przeciwnym razie wszyscy umarlibyśmy z nudy, zanim ktoś by został ostatecznie wybrany. Nie kryję, że moim zdaniem w Polsce doskonale tę rolę od lat pełni Antoni Macierewicz, którego teoria o sztucznej mgle nad Smoleńskiem, kryjącej niemożliwą do ścięcia brzozę, rozwaloną ostatecznie przez serię wybuchów na pokładzie skonfundowanego przez wrednych Rosjan samolotu, dopiero nabiera rumieńców.

Na szczęście we właśnie rozpoczynającej się amerykańskiej kampanii prezydenckiej też pojawił się doskonały komik. Dzielny budowniczy wielkich hoteli i kasyn, dawny gospodarz telewizyjnego programu *The Apprentice* oraz największy megaloman Ameryki, Donald Trump, wstąpił w szranki wyborcze. Co więcej, niektóre sondaże wykazują, że na razie znajduje się on na czele republikańskiej listy prezydenckich aspirantów.

The Donald, jak bywa pieszczotliwe nazywany, już wcześniej wielokrotnie groził, że będzie startował w wyborach prezydenckich, ale zawsze w ostatniej chwili rezygnował z tych ambitnych zamiarów. To zaowocowało podejrzeniami, iż tak naprawdę nie chce mieszkać w Białym Domu, bo to przecież budynek niski i nie ma w nim szeregu „jednorękich bandytów", na których można by było grać w przerwach między jakimiś istotnymi negocjacjami, np. z Iranem.

Sorry, zapomniałem, że Trump od dawna zapowiada, iż jak tylko dojdzie do władzy, to zaraz Iran zbombarduje, a zatem tych negocjacji akurat nigdy nie będzie, chyba że gdzieś na zgliszczach Teheranu.

Mr. Donald Trump z pewnością nie ma zamiaru być prezydentem. Jego szanse na wybór w skali od 1 do 10 wynoszą –5, ale przecież nie o to chodzi. Stawką jest wywołanie jak największego zamieszania i rozgłosu, wykreowanego przez bulwersujące wypowiedzi. Donald nie ma na razie konkretnego programu wyborczego, za to posiada poglądy, które chętnie serwuje zakochanej publice. Na początek orzekł, że większość przybywających do USA nielegalnie Meksykanów to gwałciciele. Jest to dla mnie pogląd dość zastanawiający, jako że ta sama większość zrywa owoce z krzaków w Kalifornii, gdzie na gwałty nie ma specjalnie czasu, ale to już inna sprawa.

Kandydatura Trumpa jest jednym wielkim żartem, tyle że innym republikańskim kandydatom nie jest specjalnie do śmiechu. Problem w tym, że jedną z najważniejszych cech osobowości budowniczego bezużytecznych hoteli i kasyn jest to, że niemal każda krytyka pod jego adresem wywołuje u niego dokładnie tę samą reakcję. Krytycy to ludzie słabi, głupi, podli, otumanieni lub kryminalnie złośliwi. On sam, ma się rozumieć, w porównaniu do tego wszechobecnego błota i syfu, jest postacią szczerą, kryształową oraz ze wszech miar imponującą. Nie darmo Trump chwali się w czasie swoich wieców politycznych, że nie tylko jest genialny, ale posiada fortunę rzędu 10 miliardów dolarów. No i zgadzam się – jak ktoś może być totalnie głupi, jeśli jest aż tak bogaty? Tyle że niektórzy kwestionują to domniemane bogactwo, ale w końcu co za różnica, czy to dycha miliardów, czy też tylko połowa?

Gdy sieć telewizyjna NBC dała mu czerwoną kartkę za komentarze o Meksykanach, Donald natychmiast stwierdził, że jest to organizacja „słaba i bezradna". Gdy latynoska telewizja Univision zerwała z nim kontrakt, oznajmił, iż jest to sieć „mściwa i bez znaczenia". A gdy przed laty skrytykowała go Rosie O'Donnell, nazwał ją osobą „odrażającą", „brzydką" i „złą", nie mówiąc już o tym, że prywatnie opisywał ją rzekomo jako „tłustą ropuchę".

Wpływowy internetowy portal *The Huffington Post* wydał niedawno komunikat, w którym powiadomił czytelników, że wszelkie dalsze wypowiedzi Trumpa nie będą już umieszczane w dziale „najnowszych wiadomości", lecz w części poświęconej „rozrywce". Redakcja uzasadniła ten krok tym, iż w świetle wypowiedzi Donalda jego kandydatury nie sposób traktować poważnie. W odpowiedzi Trump stwierdził, że nigdy nie był zwolennikiem tego serwisu i uważa go za „bardzo nędzne źródło informacji".

W związku z tym czekam z niecierpliwością na dzień, w którym z jakichś powodów Trump zostanie skrytykowany przez Kreml i Putina. Jestem pewien, że prezydent *in spe* odpowie, iż kremlowskie kuranty to kupa złomu bez znaczenia, a Putin jest zawistnym facetem, który też chciałby budować kasyna, ale nie ma gdzie i za co. Akurat z tą ostatnią tezą częściowo się zgadzam, ale to nie wystarczy, by rzucić się w wir walki o Donaldzią prezydenturę.

Trump najwyraźniej lubi następować na odciski, w tym również dość niebezpieczne, co wynika z jego totalnej, głupkowatej bufonady. Ostatnio oznajmił, że senator John McCain, który akurat w tych wyborach w ogóle nie uczestniczy, tak naprawdę nie jest bohaterem wojennym, ponieważ dał się złapać przez wietnamskich komunistów, a potem dał się torturować przez wiele miesięcy. – *Ja preferuję ludzi, którzy nie dają się złapać* – oznajmił The Donald.

Przewiduję, że McCain, który nie jest znany ze zrównoważonego charakteru, da upust swoim emocjom przez metaforyczne nadzianie Donalda na pal (choć być może wolałby go nadziać czysto fizycznie). Trump weźmie niemal na pewno udział w pierwszej, sierpniowej republikańskiej debacie telewizyjnej. Jak należy przypuszczać, zaraz potem wycofa się na z góry upatrzoną pozycję defensywną na dachu Trump Tower w Nowym Jorku.

Gerard i „Batka"

Uważam, nie bez powodów natury historycznej, że znani ludzie estrady, kina lub sportu nie powinni z natury rzeczy mieszać się do wielkiej polityki, chyba że chcą sami brać udział w wyborach, ubiegać się o jakieś funkcje, itd. Gdy tylko zechcą jednak bawić się w prywatnych dyplomatów, konsekwencje są zwykle fatalne.

W roku 1972 znana aktorka Jane Fonda pojechała z wizytą do Hanoi. Było to oczywiście w czasie wojny wietnamskiej, w której ginęły tysiące młodych Amerykanów. Fonda dała się sfotografować w towarzystwie komunistycznych żołnierzy, siedzących wokół baterii dział, strzelających zapewne na co dzień do amerykańskich celów. Jej intencją było „zapoznanie się z bliska" z tragedią tej wojny. W praktyce jednak rozpowszechnienie wspomnianego zdjęcia wywołało w USA burzę krytyki, a Fonda w wielu środowiskach do dziś znana jest jako „Hanoi Jane".

Dopiero w roku 1988 w wywiadzie udzielonym Barbarze Walters przeprosiła za swój czyn i zasugerowała, że w zdjęcie z czerwonymi żołnierzami została „wmanipulowana" przez komunistyczne władze. Jednak raczej jasne jest to, że w ogóle do komunistycznej części Wietnamu nie powinna była jechać, ponieważ skutek był łatwy do przewidzenia.

Znacznie później, bo już w tym stuleciu, były gwiazdor koszykarskiej ligi NBA, Dennis Rodman, pojechał parę razy do Korei Północnej, gdzie paradował w towarzystwie morderczego przywódcy tego kraju. Nazwał go potem „zwykłym, sympatycznym facetem", z którym się zaprzyjaźnił. Całe szczęście, że już tam nie jeździ, bo przyjaźnie z Kim Dzong Unem często kończą się wyrokiem śmierci i pośpieszną egzekucją. W sumie Rodman mocno się skompromitował, co jednak nie ma w jego przypadku większego znaczenia, ponieważ cały jego życiorys usiany jest kompromitacjami, a on sam zapewne nie jest w stanie ich od siebie odróżniać.

Najnowszym przykładem dyplomacji na własną rękę jest niedawna wizyta przygasłej gwiazdy francuskiego kina, Gerarda Depardieu, na Białorusi. Jak zapewne wszyscy pamiętają, przed kilkoma laty Gerard oświadczył nagle, że wyjeżdża na stałe z Francji do Rosji, ponieważ „socjalistyczny rząd" jego kraju wymaga od niego płacenia zbyt wysokich podatków. Od cara Putina dostał z wielką pompą rosyjski paszport i pojechał na wschód, by potem twierdzić, że w Rosji istnieje „prawdziwa demokracja". Jednak z niewyjaśnionych przyczyn demokracji tej nie był w stanie zbyt długo znieść, gdyż po pewnym czasie swoją nową ojczyznę też opuścił, tym razem na rzecz osadnictwa w Belgii.

W sumie jego sprawa. Jednak ostatnio zjawił się jako oficjalny gość na Białorusi, gdzie był podejmowany przez samego prezydenta po wsze czasy, batkę Aleksandra Łukaszenkę. Ponieważ pan prezydent jest byłym dyrektorem sowchozu (czyli wschodniej wersji polskiego PGR-u), w programie wizyty Francuzo-Rosjanina znalazły się oględziny gospodarstwa rolnego. Po tym wydarzeniu Depardieu powiedział:

– *Są na świecie ludzie, którzy stworzyli negatywny szablon na temat Białorusi. Oczywiście każde państwo ma swoje problemy. Ale widzę tu fermy, zasiane pola, łąki i lasy. Wszystko to przypomina mi maleńką Szwajcarię. To bardzo przyjemne.*

Wow! Jestem pewien, że każdy mieszkaniec Białorusi od razu poczuł się lepiej, bo jak dotąd zupełnie nie zdawał sobie sprawy z tego, że żyje w ogromnym, demokratycznym dobrobycie, napędzanym produkcją czekolady i zegarków. Na tym jednak nie koniec. Aktor został zaproszony do posiadłości Łukaszenki, gdzie prezydent uczył go posługiwania się kosą, tak powszechnie używaną przez szwajcarskich rolników.

Nie mam pojęcia, o co dokładnie chodzi Gerardowi, ale wszystko wskazuje na to, że coś mu nieźle odbiło, tym bardziej że podczas festiwalu filmowego na Łotwie w sierpniu 2014 roku powiedział: – *Kocham Rosję i Ukrainę, która jest częścią Rosji.* Natomiast podczas ostatniego festiwalu w Cannes wyznał, że – bywając w Rosji – często widuje się z Władimirem Putinem i „bardzo go lubi".

Oficjalnie Depardieu poinformował, że w czasie wizyty na Białorusi rozmawiał o „uprawie organicznej żywności". No, jeśli tak, to mam dla niego propozycję nie do odrzucenia. Jeśli batka da mu w prezencie jakiś kawał białoruskiego gruntu, Gerard może pokusić się o zorganizowanie własnego, eksperymentalnego gospodarstwa rolnego, którego personel widzę tak:

Dyrektor naczelny: Depardieu
Kadry: Kim Dzong Un
Agrotechnik: Dennis Rodman
Administracja: Jane Fonda
Patron: Aleksander Łukaszenko.

Gdzieś w pobliżu tego gospodarstwa dobrze by też było wybudować podręczną kolonię karną dla krnąbrnych roślin, ludzi oraz bydła. Zasieki z drutu kolczastego, wieże obserwacyjne, strażnicy i sprawa załatwiona. Wydaje mi się, że powodzenie takiego przedsięwzięcia jest niemal pewne, tym bardziej że światu z pewnością przyda się druga Szwajcaria.

Imię Gerard wywodzi się rzekomo z germańskiego słowa oznaczającego oszczep, siłę oraz odwagę. W przypadku Gerarda Depardieu oszczep przypadkowo silnie się wbił w odwagę i zadał jej śmiertelny cios.

Z łukiem na Afrykę

Nie wiem dokładnie, na czym to zjawisko polega, ale wszystko wskazuje na to, że niektórych lekarzy w USA nęka poważne znużenie wykonywaną pracą, co powoduje, że muszą szukać mocnych wrażeń, np. w formie bezsensownego mordowania dzikich zwierząt w Afryce. Na początek kompletnie zniechęcony do życia dentysta w Minnesocie, Walter Palmer, zastrzelił w Zimbabwe lwa imieniem Cecil, mimo że zwierzę to mieszkało w chronionym parku safari i monitorowane przy pomocy obroży z nadajnikiem radiowym.

Okazuje się, że wyrywanie kłów Amerykanom to w sumie nudne, choć intratne zajęcie. Prawdziwy *fun* zaczyna się dopiero wtedy, gdy jakimś kretynom można zapłacić 50 tysięcy dolarów za wywabienie lwa poza obręb parku i „wystawienie go" do zabicia przez sfrustrowanego ortodontę, który zapewne uważa, iż jego eskapada do Afryki to powód do dumy i źródło dodatkowej męskości.

Być może już tak nie myśli, jako że jego „wyczyn" spowodował globalny kociokwik, a liczni internauci sugerują, że dentyście należy wybić wszystkie zęby, tak by sobie mógł je sam ponownie zrekonstruować, najlepiej przy pomocy strzały i łuku, z którego strzelał do Cecila. Jego „polowanie" to astronomiczny szczyt głupoty, gdyż nie chodzi tu o wytropienie zwierzęcia i zabicie go w celach zwykle przyświecających myśliwym (poroże, dziczyzna, itd.), lecz o zabawę amerykańskiego idioty, któremu się zdaje, że jest wielkim łowcą niebezpiecznych drapieżników, podczas gdy w istocie rzeczy jest trudną do wywabienia plamą na ludzkiej cywilizacji.

W kilka dni po aferze z dentystą wyszło na jaw, że inny doktor, Jan Seski z Pensylwanii, w kwietniu tego roku zabił nielegalnie lwa i że w przeszłości wielokrotnie pozował do kretyńskich zdjęć z upolowaną przez niego zwierzyną: słoniami, hipopotamami, zebrami, strusiami, etc. Seski, który na co dzień jest dyrektorem oddziału onkologii ginekologicznej w Allegheny General Hospital w Pittsburghu, chwali się w Internecie, że w sumie „upolował" już sześć słoni i że hipopotama udało mu się zabić jednym strzałem.

Jestem pod wrażeniem! Zabicie hipopotama to tak wielki sukces, że nic tylko się wódki napić, najlepiej siedząc okrakiem na zwierzęcym trupie. I tak właśnie Mr. Seski zrobił, ponieważ należy on do organizacji o nazwie Alaska Bow Hunting (lokalizacja tego gremium mnie nie dziwi), która promuje wyczyny swoich członków w czasie polowań w Afryce przez zamieszczanie zdjęć kompletnych durniów pozujących przy zabitych przez siebie zwierzętach.

Zdjęcia te opatrzone są zwykle szczegółowymi opisami tego, z jakiego dystansu oddany został do ofiary strzał i jakie szkody wyrządził. Możemy się na przykład dowiedzieć, iż w jednym przypadku onkolog ginekologiczny zabił słonia z odległości 22 jardów (cóż za odwaga!), przeszywając go specjalną strzałą, która „przeszła między żebrami, odcięła górną część serca i wyszła po drugiej stronie tułowia". Opis wspomina też o tym, że z zabitego słonia odzyskano 50 funtów kości słoniowej, której handel został zakazany w skali światowej w roku 1989.

Pan Seski, w przerwach w swoich zajęciach medycznych, zapewne nie ma czasu na takie trywia jak czytanie statystyk. A szkoda, bo powinien. W roku 1930 na świecie było 10 milionów afrykańskich słoni żyjących na wolności. W roku 1979 ich populacja zmalała do 1,3 milionów, a dziś jest ich niewiele ponad 500 tysięcy. I mimo wielu zabiegów, mających na celu chronienie zwierząt zagrożonych wymarciem, watahy europejskich i amerykańskich kłusowników, wspomaganych przez przeróżne teoretycznie legalne agencje, najeżdżają systematycznie Afrykę w celu bezmyślnego zabijania dzikich zwierząt. Zabijania rzadkich zwierząt dla zabawy nie da się z pewnością szybko ukrócić. Jednak śmierć Cecila przynajmniej sprawiła, że temat ten nagle stał się wszechobecny, mimo że na co dzień zwykle się o tych afrykańskich rzeziach nie dyskutuje.

Jak słusznie powiedział ostatnio były gubernator i znany aktor Arnold Schwarzenegger, „faceci, którzy mordują dzikie zwierzęta bez żadnego celu, tak naprawdę nie mają jaj". Ja bym jeszcze dodał do tego niepokojącą absencję rozumu, co jest o tyle szokujące, że mamy tu wszak do czynienia z ludźmi dobrze wykształconymi. Mam cichą nadzieję, że dentysta Walter Palmer prędzej czy później będzie mógł wyrywać zęby wyłącznie współwięźniom w jakiejś federalnej placówce penitencjarnej, a być może nawet w więzieniu w Zimbabwe, jako że ponad 200 tysięcy ludzi podpisało już petycję namawiającą Biały Dom do wydalenia zabójcy Cecila do tego kraju.

Jeśli natomiast chodzi o Jana Seskiego, wątpię, by nadal chwalił się swoimi odrażającymi trofeami. Raczej schowa się na jakiś czas w swoim szpitalu, a z łuku strzelać będzie wyłącznie do puszek po piwie, które na jego szczęście nie są na razie objęte jakąkolwiek ochroną. Gdybym był na jego miejscu, w ogóle bym przestał strzelać do czegokolwiek i zajął się wyłącznie medycyną. Jest to jednak zapewne pobożne życzenie. Podobno kłusownictwo w parkach safari to niemal nałóg, a żadnej skutecznej kuracji odwykowej nie ma. A może by tak dać obu doktorom jakiś zapas marychy, żeby się zajęli jej paleniem i zapomnieli o afrykańskich ostępach?

Wojna onomatopeiczna

Nad Wisłą wszczęto ostatnio dyskusję, sprowokowaną przez nowego prezydenta kraju, Andrzej Dudę, o tym, czy Polska to dla NATO bufor, zderzak czy jeszcze coś innego. Chodzi o rolę kraju w ogólnych strukturach Paktu, szczególnie wobec faktu, że Rosja jest niestety tuż za miedzą.

Tymczasem pojawiły się doniesienia, z których wynika, że nie ma się czym za bardzo przejmować, jako że w niektórych innych krajach NATO, znacznie bardziej oddalonych od Putina i jego potrząsania szabelką, występują poważne problemy z amunicją. Okazuje się mianowicie, że żołnierze holenderscy nie mają w czasie ćwiczeń i manewrów czym strzelać, tj. posiadają broń, ale nie ma do nich kul, a przynajmniej nie ma ich w wystarczającej liczbie.

Ostry brak amunicji występuje rzekomo w Holandii od kilku lat, ale w roku bieżącym stał się szczególnie dokuczliwy, a wynika z braku środków na tego rodzaju cele w ministerstwie obrony. Po raz pierwszy od bardzo wielu lat władze Holandii postanowiły zwiększyć wydatki na zbrojenia, ale nie oznacza to, że sytuacja poprawi się natychmiast i znowu będzie można skutecznie dziurawić wrogów ołowiem.

Podobno pod koniec roku fundusze będą, ale to nie bardzo pociesza żołnierzy, którzy nadal strzelają na strzelnicach i w czasie manewrów, ale ponieważ w ich broni nie ma amunicji, pociągają za cyngiel i krzyczą „pif-paf!” (a raczej używając wersji holenderskiej tegoż okrzyku), sugerując tym samym onomatopeicznie, że właśnie strzelili. À propos, gdyby kul zabrakło Amerykanom, musieliby krzyczeć „bang! bang!” albo „pow! pow!”, ale w sumie na jedno wychodzi.

Przewodnicząca związku zawodowego żołnierzy w Holandii, Jean Debie, przyznała publicznie, że jest to sytuacja bardzo „niezręczna”, jako że profesjonalnych członków armii zmusza się do prowadzenia strzelań dźwiękonaśladowczych, co jest żenujące. – *Manewry i ćwiczenia muszą odbywać się z bronią w ręku* – stwierdziła – *a zatem brak amunicji prowadzi na poligonach do prawdziwego cyrku.* Z kolei ćwiczenia na strzelnicy kompletnie bez broni mają dokładnie taki sam sens jak organizowanie Wimbledonu bez rakiet tenisowych i piłek albo mistrzostw świata w piłce nożnej bez bramek.

Nie sądzę wprawdzie, by od armii holenderskiej w znacznej mierze zależała skuteczna obrona terytorium NATO, tak jak przed laty nie zależały losy II wojny światowej, ale współczuję żołnierzom. Z drugiej strony i tak nie mają najgorzej, bo gdyby strzelali np. z łuków pozbawionych strzał, musieliby skutecznie świstać. A już najlepiej mają ci, którzy strzelają z broni wyposażonej w tłumiki, bo wtedy w ogóle nie trzeba krzyczeć, ale to w armii nie wchodzi raczej w rachubę.

Holenderski kryzys z amunicją bierze się stąd, że jest to kraj, który na zbrojenia wydaje 1 proc. dochodu narodowego, podczas gdy w USA jest to sporo ponad 4 proc. Polska znajduje się na 22. miejscu wydatków militarnych i topi w wojskowym żelastwie 2 proc. dochodu narodowego. I tak Polacy mają czym strzelać, a Holendrzy do karabinów mogą ładować wyłącznie ser gouda.

Doniesienia z Holandii mimo wszystko napawają mnie pewnym optymizmem. Być może jakiś bardziej globalny niedobór amunicji i bomb mógłby stać się skrytą metodą zaprowadzenia na naszym globie totalnego pokoju, a jeśli już nie pokoju, to przynajmniej stanu wojny onomatopeicznej.

Wystarczy tylko przez chwilę zastanowić się nad rewizją niektórych ważkich wydarzeń historycznych z uwzględnieniem braku amunicji. Na przykład, brytyjscy lotnicy nadlatują w 1945 roku nad Drezno i zrzucają tony drewnianych atrap bomb zapalających, które kładą wprawdzie trupem kilku nieszczęśników ugodzonych drewnem w łeb, ale miasto stoi nadal i ma sporo dodatkowego opału. Natomiast bohaterowie RAF-u krzyczą przez radio „KABOOM!", naśladując wielkie wybuchy, i wracają do domu w poczuciu dobrze wykonanego zadania.

Podobnie mogło być w przypadku Hiroszimy. Enola Gay nadal tam leci, ale na pokładzie ma tylko model bomby atomowej, wykonany z *papier mâché*, który to model spada bezgłośnie na ratusz, podczas gdy załoga amerykańskiego bombowca wrzeszczy: – *Holy cow, great explosion!* Albo taka bitwa czołgowa pod Kurskiem. Gdyby Rosjanie i Niemcy nie mieli pocisków, musieliby udawać, że do siebie strzelają, pokrzykując od czasu do czasu *отлично!* oraz *wunderbar!* Zaraz potem wojnę by skończyli i wypili razem parę setek gorzały okraszonej wurstem.

Przenosząc to wszystko na nasze czasy, gdyby udało się jakoś pozbawić durniów spod znaku IS ich narzędzi do obcinania ludziom głów, mogliby sobie nadal organizować egzekucje, w czasie których muskaliby delikatnie szyje swoich ofiar drewnianymi kołkami. Co się zaś tyczy odwiecznego konfliktu między Izraelitami i Palestyńczykami, świat z pewnością skorzystałby na kolejnej intifadzie, w czasie której wraże strony biegałyby po pustyni, atakując się wzajemnie arabskimi i hebrajskimi wersjami „pif-paf!".

Amerykanie też by na tym skorzystali. Przy pomocy tzw. gorącej linii z Moskwą mogliby grozić Kremlowi w sposób znacznie bardziej wysublimowany niż obecnie. Mogliby np. powiedzieć: – *Hej, Putin, jak się nie uspokoisz, to zrobimy ci takie bum! bum!, że z jednej ręki wypadnie ci samowar, a z drugiej kochanka.* I on by wiedział, że „bum! bum!" byłoby wyłącznie dźwiękowe.

Demokracja na patyku

Obecny sezon polityczny w USA nie tylko zaczął się jako cyrk, ale jego cyrkowy charakter ustawicznie się wzmaga. I to mimo absencji trapezów, linoskoczków oraz treserów dzikich zwierząt. Gdyby wybory prezydenckie miały odbyć się dziś, zapewne w ogóle przy urnie bym się nie stawił, ponieważ w zasadzie nie ma na kogo głosować. No, może byłbym w stanie skusić się na oddanie głosu na sąsiada, ale on nie startuje.

Po stronie republikańskiej jest aż 17 chętnych do przeprowadzki do Białego Domu, choć na ich miejscu jeszcze bym się wstrzymał z pakowaniem tobołów, gdyż grupa ta stanowi zastanawiającą czeredę skrajnych prawicowców, z których część sprawia wrażenie, że żyje w wiecznym letargu (Jeb Bush), a inni są po prostu kompletnie rąbnięci (Donald Trump). Cała stawka „środkowa" też od czasu do czasu zdradza przejawy politycznego szaleństwa. Dość powiedzieć, że nie tak dawno temu Bobby Jindal, obecny gubernator Luizjany, zasugerował, że nad południową granicą USA winny latać uzbrojone drony, tropiące nielegalnych imigrantów. Ja osobiście preferuję naloty dywanowe przy użyciu bomb zapalających, które są znacznie skuteczniejsze w sensie masowego rażenia, co zostało udowodnione w 1945 roku w Dreźnie. No, ale to inna sprawa.

Po demokratycznej stronie politycznej barykady przez wiele miesięcy zdawało się, że Hillary Clinton zostanie bez przeszkód ukoronowana jako kandydatka na prezydenta. Jednak jej kampania posiada na razie dynamikę ślimaka nękanego niestrawnością. Nikt jakoś nie jest w stanie entuzjastycznie poprzeć jej kandydatury, a ci, którzy popierają, wydają się nękani rozlicznymi wątpliwościami. Ponadto pełzający skandal dotyczący elektronicznej poczty Hillary będzie się zapewne ciągnął w nieskończoność. Jest to smutne, jako że przeciętny wyborca ma w nosie to, skąd i do kogo Hillary wysyłała maile i jaka była ich treść.

Tak czy owak, rezultat jest taki, że pani Clinton zaczyna ostro dołować w sondażach, co jest o tyle niepokojące, że nie ma w gronie demokratów żadnej sensownej alternatywy. Socjalista Bernie Sanders – choć chłop sympatyczny i w miarę popularny – pałęta się w za bardzo lewicowym narożniku amerykańskiej polityki, by mieć na cokolwiek realne szanse. Pozostali konkurenci w ogóle się nie liczą, a gdyby w szranki stanął „dobry wujaszek" Joe Biden, który ostatnio o takich zamiarach przebąkuje, też będzie do kitu, bo Józek jest za stary, a znany jest przede wszystkim z tego, że ma niewyparzoną gębę.

A skoro tak, to dokąd ten cały cyrk zmierza? Jeśli do prezydentury Donalda Trumpa, to czas na przeglądnięcie przepisów na temat emigracji do Nowej Zelandii. Jeśli do prezydentury Jeba Busha, to czas iść spać i nastawić sobie budzenie po pierwszej kadencji. A jeśli do prezydentury Sandersa, to czas najwyższy zacząć się uczyć szwedzkiego, gdyż taki właśnie styl demokracji nam tu zapanuje. Szkopuł w tym, że żadna z tych możliwości nie jest zbyt apetyczna, co sugeruje wyborczą absencję milionów Amerykanów.

Na szczęście w kalendarzu politycznym Ameryki jest jedno wydarzenie, które absolutnie jednoczy wszystkich kandydatów, niezależnie od skali ich oszołomstwa. Każdy z nich zawsze odwiedza Iowa State Fair, czyli targi „rolniczo-sielankowe", organizowane co roku w stanie, który tradycyjnie głosuje jako pierwszy w prawyborach.

Targi są do pewnego stopnia tandetnym odpustem, którego w żaden sposób nie da się wytłumaczyć. Jednak żaden szanujący się kandydat nie może tej imprezy odpuścić bez narażenia się na poważne konsekwencje. I dlatego wszyscy się tam zawsze zjawiają. Barack Obama był na targu zarówno w 2008, jak i w 2012 roku. Głównie pił piwo, co zapewne było z jego strony dobrą decyzją. A w roku bieżącym zjawili się tam wszyscy kandydaci, których złączył jeden kuriozalny zwyczaj – jedzenia niezliczonych dań na patyku.

Z przyczyn, których zapewne już nigdy nikt nie wyjaśni, na forum Iowa State Fair na patyku serwuje się niemal wszystko – grillowane kotlety wieprzowe, czekoladę wymieszaną z prażoną kukurydzą, kiełbasę pokrytą musztardą, ser z owocami, itd. Na patyku można też dostać gotowane na twardo jajko z miodem, nie mówiąc już o smażonym maśle orzechowym z marmoladą.

W sumie Iowa serwuje politycznym aspirantom oraz zgromadzonej licznie tubylczej gawiedzi 75 różnych dań na patyku. Nowością tegorocznego sezonu żywienia prezydentów *in spe* było prażone masło na patyku. Nie wiem, w jaki sposób jest prażone, że się tegoż patyka trzyma, ale wierzę na słowo, że się trzyma.

Tak czy inaczej, Jeb Bush, Donald Trump i Hillary Clinton zjedli wieprzowinę na patyku (choć oczywiście osobno, by się na siebie nie natknąć), natomiast były gubernator Teksasu Rick Perry spałaszował warzywnego hot doga. Nie wiem, czy z tych preferencji targowych można wysnuć jakieś polityczne prognostyki, ale jedno jest pewne – impreza ta stanowi dość unikalny moment, w którym wszyscy kandydaci zmuszeni zostają, przez wspólny mianownik żarcia na kiju, do ulotnego zachowywania się jak zwykli ludzie. Zaraz potem rozjeżdżają się po Ameryce, by nam nadal prawić czcze głupoty bez pokrycia.

Przed wyborami w listopadzie przyszłego roku dojdzie oczywiście do kolejnego Iowa State Fair. Trzeba mieć cichą nadzieję, że do tego czasu krajobraz prezydenckich wyborów zmieni się jakoś na lepsze, bo na razie byle danie na patyku nie jest w stanie zatuszować faktu, iż nie ma specjalnie z czego wybierać.

Rok 2016

Taka sobie dziura w ziemi

Bardzo dawno temu, bo w latach 70. ubiegłego stulecia, zwiedzałem pałac wersalski pod Paryżem w towarzystwie szwagra. W pewnym momencie znaleźliśmy się w tzw. sali lustrzanej, której ściany, jak można się było spodziewać, wyłożone były wielkimi lustrami. Zabytkowe szkła były stare, pożółkłe i nieco popękane. Gdy Wersal opuściliśmy, zapytałem szwagra o wrażenia. – *Wszystko OK* – odparł – *ale w tych lustrach to g...o było widać.*

Wtedy, w zamierzchłej przeszłości przedinternetowej, nikt jeszcze nie miał możliwości błyskawicznego recenzowania zwiedzanych miejsc. Dziś jest zupełnie inaczej. Jak powszechnie wiadomo, ludzie oceniają teraz niemal wszystko poprzez Internet. Piszą recenzje hoteli, atrakcji turystycznych, zamawianej w Amazonie tandety z Chin, restauracji, itd. Istnieją nawet internetowe witryny, takie np. jak TripAdvisor, które specjalizują się w zbieraniu opinii na temat wszelkich możliwych miejsc znajdujących się na czyimś turystycznym szlaku.

Sam muszę przyznać się do tego, że przed dokonaniem jakiejkolwiek rezerwacji lub elektronicznego zakupu zerkam na te „opinie ludu", bo jeśli coś dostaje systematycznie jedną gwiazdkę na pięć możliwych, to z pewnością z tym miejscem lub towarem jest coś nie tak. Niestety z drugiej strony łatwo jest się przekonać, że niektórzy recenzenci to kompletni durnie. Zdarza się, że jakiś facet zamawia np. żelazko, a potem daje urządzeniu jedną gwiazdkę, bo UPS zgniótł paczkę i spóźnił się z dostawą. Albo ktoś idzie do restauracji tajskiej, zamawia jakieś danie, a potem w recenzji opowiada głupoty o tym, że żarcie było tak ostre, iż z uszu poszedł mu dym. Jeśli dym nie ma iść, to trzeba się wybrać do baru McDonald's i zamówić Big Maca albo zjeść polskie gołąbki lub bigos, które z natury rzeczy do pikantnych nie należą.

Ostatnio okazało się, że niektórym amerykańskim turystom przeszkadza fakt, że parki narodowe wypełnione są dziką zwierzyną i mieszczą się... na zewnątrz, czyli pod gołym niebem. W hotelu znajdującym się na terenie parku Yellowstone ktoś pozostawił pisemną ocenę tego miejsca, w której narzeka, że w czasie swojego pobytu ani razu nie miał okazji zobaczyć niedźwiedzia. Sugeruje, w jaki sposób można tę karygodną sytuację poprawić: „Proszę tak wytresować niedźwiedzie w parku, by zawsze były widoczne dla turystów. Zapłaciłem sporo pieniędzy za tę wycieczkę i spodziewałem się, że zobaczę niedźwiedzie".

Być może autor tego komentarza nie wie, co to jest ogród zoologiczny, w którym niedźwiedzie zawsze znajdują się w zasięgu wzroku zwiedzających. Jeśli zwierzęta wędrujące na dziko i po dowolnych trasach mu nie odpowiadają, to wizyta w zoo byłaby w tym przypadku znacznie bardziej „produktywna". Inną możliwością jest wybranie się na marsz w dzikie ostępy Yellowstone, gdzie prędzej czy później można się natknąć na wielkiego misia grizzly, który turystę wprawdzie zje, ale zanim do tego dojdzie, zaprezentuje mu się w całej okazałości, na stojąco i z otwartą paszczą. Ostatnio zresztą miał miejsce tego rodzaju przypadek, choć turysta nie miał już w niedźwiedzich zębach czasu na napisanie internetowej recenzji (5 gwiazdek za realizm?).

Matka natura ma to do siebie, że jest – jakby to delikatnie powiedzieć – naturalna. Stąd pewne zdziwienie może budzić recenzja Wielkiego Kanionu umieszczona w serwisie Yelp. Wyraźnie zawiedziony turysta napisał tam, że „widok jest wprawdzie ujmujący, ale dość nudny – w sumie to jedna wielka dziura w ziemi". Całkowicie się z tym poglądem zgadzam. Takimi samymi dziurami bez polotu są kopalnie odkrywkowe węgla brunatnego, takie jak ta w polskim Turoszowie. A jeśli chodzi o Ateny i Akropolis, przecież to w sumie kupa gruzu. Nawet się już nie dziwię, że oszołomy spod znaku IS wysadziły w powietrze prastare świątynie w syryjskim mieście Palmyra. Nie dość, że turystów tam na razie nie ma, to budowle te ledwie stoją, a zatem lepiej im pomóc w zawaleniu się.

Krzywa wieża w Pizie? E tam, sam sobie mogę postawić za domem łopatę pod odpowiednim kątem i na jedno wyjdzie, za to będzie o wiele taniej. Rzymskie Koloseum? A mało to znacznie nowocześniejszych stadionów na całym świecie? Golden Gate Bridge? Kładka dla pieszych nad Odrą we Wrocławiu bardzo podobnie wisi, a poza tym nie buja się na wietrze.

W tymże samym serwisie Yelp inny turysta narzeka, że strasznie się zawiódł, ponieważ pojechał samochodem do Yosemite National Park, ale nigdzie nie mógł znaleźć miejsca do parkowania i stracił na tym ponad godzinę. Mam dla niego druzgocącą wiadomość – w góry idzie się na piechotę z plecakiem, a parkuje się na lotniskach oraz przed sklepami. Tak czy inaczej, jednogwiazdkowa ocena parku nie powinna zależeć od tego, czy komuś udało się wcisnąć gdzieś samochód, czy też nie.

Ludziska jeżdżą i oceniają, ale często plotą kompletne bzdury. Pewne rzeczy można przebaczyć, ale międlenie o nieobecności niedźwiedzi lub miejsc do parkowania w pobliżu naturalnych atrakcji turystycznych to kompletna żenada. Niestety Ameryka jest całkowicie zorientowana na turystykę samochodową i to w dodatku taką, która serwowana jest „na talerzu", czyli bez większego wysiłku ze strony zwiedzającego. Nic dziwnego, że dziura w ziemi w okolicach rzeki Kolorado to nic zachwycającego, tym bardziej że trzeba na chwilę wysiąść z pojazdu i przejść parę kroków, by móc zajrzeć w głąb rzeczonej dziury. Chociaż może w niedalekiej przyszłości można będzie podjechać nad samą krawędź kanionu i oglądać go bez wysiadania z auta?

Podkopy pod prawem

Amerykańska demokracja słynie między innymi z tego, że w zasadzie wszyscy, prócz kryminalistów, zdradzają przywiązanie do praworządności. Na scenie politycznej często słyszy się na przykład zdanie *America is a country of laws*, co jest dewizą ważną, ponieważ sugeruje, że absolutnie wszyscy są równi wobec prawa. W praktyce nie jest wprawdzie aż tak idealnie, bo ludzie bogaci i wpływowi mają zwykle znacznie większe szanse przed sądem od biedoty, ale faktem jest, iż każdy może liczyć na jaką taką sprawiedliwość w świetle amerykańskiego prawa.

Jednak praworządność na modłę amerykańską ma jeszcze inną, zasadniczą cechę – posiada charakter świecki, na mocy konstytucyjnego rozdziału państwa od Kościoła. Prawa ustanawiane są przez Kongres, a potem interpretowane przez sądy wszelkich instancji – łącznie z Sądem Najwyższym, którego werdykty są zawsze ostatecznym zdaniem niepodlegającym dalszej dyskusji.

Jest to proste i oczywiste, ale nie dla wszystkich. Przed kilkoma miesiącami głośno było na przykład o pizzerii w Indianapolis, której właściciele publicznie oświadczyli, że nie będą serwować swoich placków gejom, ponieważ narusza to ich wierzenia religijne. A ostatnio wielka wrzawa zrobiła się wokół urzędniczki z Kentucky, Kim Davis, która z tych samych powodów odmawiała wydawania aktów małżeństwa homoseksualistom.

Gdy Sąd Najwyższy wydawał w tej sprawie decyzję, równającą się poleceniu, by Kim przestała się wygłupiać i zabrała do wykonywania swoich obowiązków zgodnie z prawem. Urzędniczka zignorowała ten werdykt, przez co znalazła się w więzieniu.

Pod wieloma względami przypadki tego rodzaju to komedia. Jeśli ktoś opiera swoją karierę życiową na sprzedawaniu czegoś konsumentom, to musi z góry założyć, iż sprzedawać będzie wszystkim, a nie tylko blondynkom, żołnierzom czy robotnikom budowlanym. Ponadto wszelka wybiórczość w obsługiwaniu klientów motywowana czyimś wierzeniami, preferencjami, poglądami czy zabobonami jest totalnym bezsensem, który nieuchronnie prowadzi do jeszcze większych bezsensów.

Wcześniej bywały przypadki tego rodzaju, że niektórzy farmaceuci odmawiali sprzedawania środków antykoncepcyjnych, gdyż było to sprzeczne z ich przekonaniem, iż antykoncepcja to grzech. Mają oczywiście prawo tak sądzić. Jeśli jednak przekonanie to uniemożliwia im normalne wykonywanie pracy, powinni znaleźć sobie inną robotę albo przenieść się do Birmy (Myanmaru), gdzie wszelka antykoncepcja jest zakazana, a w związku z tym praca w aptece dla jej wrogów jest całkowicie bezpieczna.

Podobnie, jeśli pani Davis nie jest w stanie z powodów swoich wierzeń religijnych robić zawodowo tego, co do niej należy i przestrzegać obowiązującego wszystkich prawa, być może jakieś inne, mniej kontrowersyjne zajęcie byłoby dla niej bardziej odpowiednie. Ponadto trudno jest zrozumieć jej wielkie przywiązanie do zasad wiary w kontekście tego, że sama rozwodziła się trzy razy, a dziś mieszka ze swoim czwartym mężem.

Zwykle ludzie szukają dla siebie takiej pracy, którą mogą z zadowoleniem i bez przeszkód wykonywać. W związku z tym muzułmanie zwykle nie szukają zatrudnienia w rzeźni świń, a lekarzami nie zostają ludzie, którzy mdleją na widok kilku kropel krwi.

Jednak najważniejszym problemem jest to, że jeśli zaczniemy pozwalać indywidualnym osobom na ignorowanie prawa z powodów światopoglądowych, cały ten misternie skonstruowany pałac praworządności stawać się będzie coraz bardziej wątły, gdyż otwarte zostaną szeroko drzwi dla przeróżnych dziwaków, argumentujących, iż nie są w stanie podporządkować się takiemu czy innemu przepisowi, ponieważ kłóci się to z ich przekonaniami, niezależnie od tego, jakie one są.

Załóżmy przez chwilę, że mknę po autostradzie z szybkością 90 mil na godzinę, mimo że można tylko 70. Zatrzymuje mnie policjant, wypisuje odpowiedni mandat, a ja ostentacyjnie drę go (mandat, nie policjanta) na strzępy, oświadczając władzy, że niczego nie będę płacił, gdyż uważam, iż na tym w miarę pustym odcinku drogi limit prędkości powinien zostać podwyższony do 90 mil na godzinę.

Mam – ma się rozumieć – prawo tak uważać, ale nie do mnie należy ustalanie przepisów. Należy natomiast do mnie ich przestrzeganie, a jeśli je łamię, to muszę liczyć się z konsekwencjami. Sytuacja pani Davis jest dokładnie taka sama, mimo że dotyczy zupełnie innych spraw.

Być może czas najwyższy, by przetestować amerykańskie przywiązanie do praworządności przez wymyślenie jakiejś zupełnie durnej organizacji, opracowanie stosownego manifestu ideologicznego, a następnie ignorowanie przepisów na podstawie tegoż manifestu.

Żeby od razu pójść na całość i z kopyta, proponuję utworzenie Narodowego Ruchu na Rzecz Moralnie Prawego Złodziejstwa, którego naczelną zasadą będzie to, iż każda kradzież jest legalna, pod warunkiem, że złodziej jest biedniejszy od okradanego. Można by nazwać tę zasadę *The Robin Hood Law*, a potem zacząć kraść na potęgę co tylko popadnie, by następnie argumentować w sądach, że powstrzymywanie się od kradzieży jest sprzeczne z przekonaniami podsądnych i w związku z tym żadna kara im się nie należy. Pani Davis stosuje podobne argumenty.

Podwójna rzeczywistość

Wszystko wskazuje na to, że już wkrótce wystąpią znaczne trudności w oddzieleniu realnej rzeczywistości od tej, która jest kompletnie sfingowana i nie przystaje w żaden sposób do prawdziwych wydarzeń. Wnioskuję tak dlatego, iż Internet oferuje coraz częściej informacje totalnie zmyślone, które jednak traktowane są przez odbiorców całkiem serio.

W Wisconsin istnieje na przykład od lat elektroniczna gazeta *The Onion*, która powstała w środowisku studentów University of Wisconsin w Madison. Nawet pobieżna lustracja treści tego wydawnictwa powinna każdego człowieka o zdrowych zmysłach nakłonić do przekonania, że „Cebula" jest jednym wielkim żartem, której związek z realnym światem jest dość szczątkowy. Mimo to sondaże opinii publicznej wykazują z niepokojącą regularnością, iż znaczna część czytelników *The Onion* uważa, iż jest to gazeta oferująca całkowicie prawdziwe informacje. Podobnie w niedalekiej przeszłości telewizyjny program *Jon Stewart Daily Show*, który nadawał z gruntu prześmiewcze „doniesienia" z różnych zakątków świata, przez widzów, szczególnie tych młodszych wiekiem, traktowany był jak dziennik telewizyjny. Szkoda, że czegoś takiego nie było w momencie ogłaszania stanu wojennego w Polsce, gdyż z tych telewizyjnych pajaców odzianych w mundury wojskowe można by się było po prostu śmiać, udając, że to, co mówią, to kretyński żart i nie przekłada się w żaden sposób na masowe aresztowania oraz pałowanie na ulicach.

Wiara Ameryki w medialną fikcję jest niestety zjawiskiem niebezpiecznym, ponieważ sugeruje, iż Amerykanom można przez media wcisnąć w zasadzie dowolny kit, który niemal natychmiast stanie się „prawdą". I nie dotyczy to bynajmniej treści politycznych.

Niejaki Adam Padilla umieścił w internetowym serwisie Instagram zdjęcie, które przedstawia realnie wyglądający obrazek zabawki firmy Fisher-Price, przeznaczonej rzekomo dla dzieci w wieku powyżej 3 lat. Rzecz zwie się „Happy Hour Playset" i pokazuje na opakowaniu trójkę bobasów. Jeden z nich gra rolę barmana, serwującego piwo klienteli w postaci dziewczynki i chłopca mniej więcej w tym samym wieku.

Sam Padilla, który jest właścicielem firmy zajmującej się internetowym promowaniem przeróżnych biznesów, wyznał, że do skonstruowania zupełnie fikcyjnego opakowania jeszcze bardziej fikcyjnej zabawki natchnęła go jego 2-letnia córka, którą pewnego dnia zobaczył siedzącą w domowej kuchni przy wysokim stole śniadaniowym. Skojarzyło mu się to z barem, a reszta to już historia.

Być może ilustracja przedstawiająca zmyśloną zabawkę nigdy nie zagościłaby w mediach, gdyby nie to, że świat Internetu, gdzie codziennie uprawiana jest elektroniczna wolnoamerykanka, w zasadzie nie zna żadnych granic. Obrazkiem Padilli zainteresował się komik Amiri King, pałętający się po serwisie YouTube, który z oryginalnego obrazu usunął umieszczony tam przez autora elektroniczny znak wodny, a następnie umieścił zdjęcie na Facebooku. W ten sposób w ciągu zaledwie kilkunastu godzin obrazek przedstawiający fałszywą zabawkę stał się częścią tzw. *public domain*, czyli przekształcił się w materiał ogólnie dostępny, którego geneza została skutecznie zamaskowana i którym każdy może się dowolnie dzielić.

Na rezultaty nie trzeba było długo czekać. Prawie 100 tysięcy użytkowników Facebooka podzieliło się tym obrazkiem ze znajomymi, przyjaciółmi i rodzinami.

Faktem jest, że większość tych ludzi od razu uznała, że jest to żart. Ale nie wszyscy. Bardzo szybko pod adresem Fisher-Price zaczęto kierować głosy oburzenia z powodu domniemanego propagowania alkoholizmu wśród przedszkolaków. Tysiące ludzi bez większych oporów uwierzyło w to, że jeden z największych producentów zabawek na świecie w tegorocznym sezonie świątecznym oferuje rodzicom możliwość zainstalowania w domu „baru na niby", w którym pędraki w krótkich spodenkach będą mogły się skutecznie szkolić w dziele serwowania i konsumpcji napojów alkoholowych.

Można się z tego wszystkiego śmiać, ale w sumie jest to zjawisko dość bulwersujące, ponieważ pokazuje, jak łatwo jest manipulować opinię publiczną materiałami, które są kompletnie wyssane z palca.

W prezydenckim maratonie wyborczym, który na szczęście jest już za nami, co jakiś czas pojawiały się w wielu internetowych witrynach wieści, które były całkowicie fikcyjne. Wydaje się, że ta fikcja nie zna partyjnych i politycznych podziałów, czyli że jej ofiarą może paść absolutnie każdy. Dowiedziałem się na przykład w tym roku, że Bill Clinton namiętnie gwałcił przez całe swoje życie dziewczynki w wieku szkolnym oraz że Donald Trump miał przez pewien czas na Florydzie „stajnię" młodych kobiet, z których usług korzystał niemal codziennie. Ale to nic wobec mrożących krew w żyłach doniesień, iż naukowcy są zdania, że ludzie z włosami koloru blond znajdują się na wymarciu i wkrótce przestaną istnieć. Z tego powodu sprawdziłem nawet w panice, jaki jest status rudych, ale nauka milczy na ten temat.

Drzewiej bywało, że ludzie wchodzili do sklepu i kupowali takie pisma jak *National Enquirer*, gdzie czytali z premedytacją doniesienia, które wyłącznie osobom stukniętym mogły wydawać się prawdziwe. Dziś ta granica między szajbą i normalnością, albo między rzeczywistością i fikcją, wydaje się mocno i niebezpiecznie zamazana.

À propos, analizy przeprowadzone już po amerykańskich wyborach wykazały, że spora część zmyślonych wiadomości dotyczących Ameryki miała w tym roku swoje źródło w miejscowości Veles w Macedonii, skąd propagowane były one przez nastolatków. Ciekawe, kto im kazał to robić?

Tłusty pieniądz

Od roku 1980 istnieje organizacja o nazwie People for the Ethical Treatment of Animals (PETA), która wojuje z wszelkimi przejawami okrucieństwa w stosunku do zwierząt. Jest to dziś największa formacja tego typu na świecie i liczy sobie niemal 5 milionów aktywnych członków.

Niektóre formy działania PETA bywają kontrowersyjne. Walka tej organizacji z produkcją futer zwierzęcych zwykle polega na protestach publicznych nagich kobiet, które noszą transparenty z napisami typu „Prędzej będę goła niż założę futro".

Niektórzy boczą się na takie metody, ale ja nie mam nic przeciwko nim, tym bardziej że protestujące panie zwykle są młode i atrakcyjne, co powoduje, że na ich widok zupełnie zapominam o zamiarze kupna futra z norek, nawet jeśli zamiaru takiego nigdy nie miałem.

Być może nie wszyscy wiedzą, że PETA walczy nie tylko z aktami okrucieństwa wobec zwierząt, ale domaga się eliminacji „składników zwierzęcych" przy produkcji odzieży. Sprzeciwia się nawet pierzynom z naturalnego puchu oraz „wykorzystywaniu" jedwabników do produkcji jedwabiu.

Piszę o tym wszystkim z powodu wydarzeń, do jakich doszło niedawno w Wielkiej Brytanii z dość dziwnego powodu. Otóż Bank of England wprowadził w tym kraju do obiegu, po raz pierwszy w historii kraju, 5-funtowy banknot, który nie jest wykonany z papieru, lecz z tworzyw sztucznych. Szczegółów produkcji tych banknotów nie znam, ale są one rzekomo w dotyku podobne do papierowych krewniaków, tyle że nie namakają i trudno jest je zniszczyć. Przewiduje się, że każdy taki banknot przetrwa na rynku przynajmniej trzy razy dłużej niż pieniądze papierowe. Ponadto nowe banknoty posiadają bardzo wyszukane zabezpieczenia, które powodują, że sfałszowanie czegoś takiego jest bardzo trudne.

Gdy plastikowe funty trafiły do banków, ludzie rzucili się na nie niczym lwy, a liczni kolekcjonerzy oferują znaczne sumy pieniędzy za te banknoty, których numery seryjne sugerują, że zostały wydrukowane jako pierwsze.

Wszystko to teoretycznie nie ma absolutnie nic wspólnego z organizacją PETA. Jednak w pewien pokrętny sposób ma. Okazało się bowiem, że każdy z plastikowych banknotów zawiera mikroskopijną ilość łoju zwierzęcego. Ktoś nawet obliczył, że wszystkie nowe 5-funtówki znajdujące się już w obiegu składają się w sumie na łój z jednej krasuli.

PETA na razie nie zajęła w tej szokującej sprawie „zwierzęcych" pieniędzy żadnego stanowiska, co mnie specjalnie nie dziwi. Gdyby miała zastrzeżenia do łoju w brytyjskim szmalu, musiałaby też zapewne protestować przeciw wszelkim innym towarom zawierającym tłuszcze zwierzęce. Trzeba by wtedy wytoczyć wojnę masłu, smalcowi oraz tysiącom innych artykułów, w których istnieje śladowa obecność tłuszczów zwierzęcych.

O ile PETA postąpiła rozsądnie, nie można tego samego powiedzieć o jaroszach i weganach. Podnieśli oni w Wielkiej Brytanii wielki zgiełk, domagając się usunięcia łoju z waluty pod groźbą bojkotu nowego banknotu. Zresztą bojkot taki stał się już do pewnego stopnia faktem, gdyż szefowa jednej z kawiarni w Cambridge, Sharon Meijland, wywiesiła w witrynie informację, że nie będzie przyjmować „ociekających tłuszczem zwierząt" pieniędzy.

Protest przeciw obecności tłuszczu zwierzęcego został podpisany w krótkim czasie przez ponad 100 tysięcy osób i przesłany na ręce szefa Bank of England, Marka Carneya, dla którego nowe banknoty są istotnym wynalazkiem, który zresztą sam zainicjował. Pod naporem sprzeciwów bank poinformował, że zbada możliwość usunięcia łoju z procesu produkcji 5-funtówek.

Ja tu jednak czegoś nie rozumiem. Sprzeciw ze strony ludzi jedzących wyłącznie warzywa sugeruje, że osoby te mają zwyczaj albo pieniądze jeść, albo też je często lizać. Gdyby łój znalazł się podstępnie w jakimś jadle oznaczonym jako „vegetarian", protesty byłyby całkowicie zrozumiałe. Ale w tym przypadku chodzi o banknoty, a nie bułki. Ogólnie rzecz biorąc, pieniędzy się nie je.

Wegetarianie nie są jedynymi protestującymi. Mieszkający w Wielkiej Brytanii Hindusi też nie chcą używać nowych pieniędzy, ale z powodów religijnych (status świętej krowy, etc.). Ich sprzeciw jest nieco bardziej zrozumiały, choć zawartość tłuszczu w pieniądzach jest na tyle mikroskopijna, że mógłby ktoś argumentować, iż przeciętny Hindus w życiu codziennym styka się bezpośrednio z rzeczami, które są o wiele bardziej tłuste niż figurujący na banknocie Winston Churchill.

Na szczęście dla nas, w USA na razie wszystkie banknoty składają się w 25 procentach z lnu i w 75 proc. z bawełny, z których to składników wytwarzany jest walutowy papier. Dolary posiadają też kilka nitek syntetycznych, ale – o ile wiem – nie drzemie w nich żadne zwierzę. Z drugiej strony, jeszcze przed I wojną światową te same nitki w dolarach były produkowane z jedwabiu, co zapewne oburzyłoby działaczy PETA, gdyby ich organizacja już wtedy istniała.

Reszta świata nie próżnuje. Banknoty produkowane z polimerów znajdują się w obiegu nie tylko w Wielkiej Brytanii, ale również w Australii, Brunei, Kanadzie, Nowej Zelandii, Rumunii i Wietnamie. Kanadyjczycy wprowadzili pierwszą polimerową 100-dolarówkę do obiegu już w roku 2011, a potem kolej przyszła na dalsze nominały. Począwszy od listopada 2013 roku wszystkie kanadyjskie banknoty są plastikowe i jeszcze nikt nie zgłosił do nich jakichkolwiek zastrzeżeń natury zwierzęcej.

Tak czy inaczej, odwieczne porzekadło, że *pecunia non olet,* przypisywane cesarzowi Wespazjanowi, trzeba będzie zapewne zastąpić *pecunia pinguis olet*, czyli frazą, że szmal ostro zalatuje czymś tłustym.

Zdalna pierwsza dama

W całej historii Stanów Zjednoczonych tylko jedna pierwsza dama nie mieszkała w Białym Domu. Była nią Martha Washington, która miała dobre usprawiedliwienie – Białego Domu jeszcze nie było. Wprowadził się do niego jako pierwszy prezydent John Adams, choć nastąpiło to dopiero pod koniec jego kadencji.

W tym kontekście pewne zdumienie wzbudziła wiadomość, że Melania Trump na razie nie ma zamiaru przeprowadzać się do Białego Domu i pozostanie wraz ze swoim 10-letnim synem, Barronem, w Nowym Jorku. Jest to rzekomo rozwiązanie tymczasowe, które wynika z faktu, iż Melania nie chce, by Barron zmieniał szkołę. Kształci się w elitarnej prywatnej placówce na Manhattanie.

Niektórzy sądzą, że to rozsądna decyzja podjęta w interesie młodego Trumpa, zwanego czasami „małym Donaldem", ze względu na to, iż młodzieniec ten zdradza cechy charakteru bardzo podobne do ojcowskich. Inni mają wątpliwości. Trzeba przypomnieć, że gdy Barack Obama wygrał wybory w roku 2008 jego córki, Malia i Sasha miały 10 i 7 lat i oczywiście chodziły wtedy do szkoły w Chicago, a mimo to po inauguracji ojca przeniosły się do Waszyngtonu, gdzie rozpoczęły naukę w nowej szkole. Ani przez chwilę nie była brana pod uwagę opcja pozostania Michelle i dzieci w Chicago.

W oficjalnym, nieco ogólnikowym komunikacie sztabu Trumpa przeczytać można, że Melania Trump jest bardzo blisko związana ze swoim synem i że kampania wyborcza ojca była dla niego „trudnym przeżyciem", w związku z czym teraz chodzi o ograniczenie wszelkich nagłych zmian i zapewnienie stabilności.

Wszystko to pięknie, ale są dwa problemy. Po pierwsze, trudno jest zrozumieć, na czym polegało owo trudne przeżycie w związku z kampanią Donalda. Melania niemal przez cały czas pozostawała z synem, który w Trump Tower w Nowym Jorku zajmuje jedno całe piętro, redefiniując w ten sposób termin „pokój dziecięcy". Jest tam panem i władcą na swoich włościach i żyje w luksusie, o którym 99,99 proc. amerykańskich 10-latków może tylko marzyć. Jego matka, wkrótce pierwsza dama, nie szczędzi mu specjalnych względów. W roku 2013 sama przyznała, że po każdej kąpieli „mały Donald" smaruje całe ciało kremem nawilżającym Caviar Complex C6, by „zachować zdrową skórę". Stroni też od ubierania się w sportowe lub „nieoficjalne" rzeczy, zawsze preferując garnitur i krawat.

W tych warunkach teza o trudnych przeżyciach Barrona w czasie kampanii wyborczej jego ojca jest trudna do przełknięcia, chyba że chodzi o to, iż poślizgnął się na posadzce z włoskiego marmuru i nabił sobie guza. Innym ciężkim przeżyciem była dla niego z pewnością obecność w noc wyborczą na przemówieniu akceptacyjnym Donalda, w czasie którego – jak pokazały bezlitośnie telewizyjne kamery – Barron musiał się zdrowo nameczyć, żeby nie zasnąć i nie osunąć się na podłogę.

Drugą konsekwencją pozostania Melanii w Nowym Jorku jest wielki ból głowy dla wszystkich mieszkańców Manhattanu. Rola pierwszej damy USA nie jest żadną formalną funkcją, ani nie niesie ze sobą żadnych obowiązków, jednak nieoficjalnie żona każdego prezydenta jest gospodynią Białego Domu.

W związku z tym istnieje w Białym Domu coś, co zwie się Office of the First Lady of the United States, którego zadaniem jest koordynowanie z żoną prezydenta wszelkich ceremonii, przyjęć i „wydarzeń towarzyskich". Pierwsza dama ma ponadto do dyspozycji własnego rzecznika prasowego, ogrodnika, kwiaciarza i „sekretarza socjalnego". Wszyscy ci ludzie tradycyjnie pracują w Białym Domu, a nie w nowojorskim drapaczu chmur.

Nikt na razie nie wie, czy cały ten sztab przeprowadzi się na Manhattan, czy też Melania będzie gospodynią na odległość, dyrygując załogą ze swoich lśniących nowojorskich pomieszczeń na którymś tam piętrze drapacza chmur. Natomiast pewne jest to, iż ruch samochodowy wokół Trump Tower, znajdującej się w newralgicznym punkcie Nowego Jorku, stanie się jeszcze bardziej chaotyczny niż zwykle, czyli graniczyć będzie z totalnym kataklizmem.

Burmistrz miasta Bill de Blasio zapowiedział niedawno, że policyjna ochrona nowojorskiej siedziby Trumpa zostanie „znacznie wzmocniona". Jak dotąd w patrolowaniu tego terenu przez 24 godziny na dobę brało udział 50 policjantów, w tym wielu z policyjnymi psami. Teraz będzie znacznie gorzej, ponieważ obecność policji stanie się znacznie bardziej widoczna, a niektóre ulice, np. 56., między Piątą i Szóstą Aleją, pozostaną w ogóle zamknięte. Jeśli dodać do tego agentów Secret Service, którzy mają obowiązek chronienia pierwszej damy, w centrum Nowego Jorku będziemy mieli przez następne miesiące istny cyrk.

Dość powiedzieć, że każdy poranny wyjazd Barrona do szkoły prowadzić będzie do kompletnego zakorkowania znacznej części centralnego Manhattanu, chyba że „mały Donald" latać będzie na lekcję helikopterem z dachu Trump Tower.

De Blasio twierdzi, że na razie zwiększona ochrona policji przewidziana jest tylko na następne 65 dni, ale nikt nie wie, skąd u burmistrza przekonanie, że po upływie tego czasu coś się zmieni. Sam prezydent elekt twierdzi, że jego żona i syn „być może" przeprowadzą się do Waszyngtonu po zakończeniu w czerwcu roku szkolnego, ale dodaje, iż „żadne decyzje nie zostały jeszcze podjęte", co mocno sugeruje, że Melania może być nieobecna w Waszyngtonie znacznie dłużej.

Ja w zasadzie Melanię doskonale rozumiem, choć podany przez nią powód pozostania w Nowym Jorku jest dość kiepski. Po co porzucać wielkie pozłacane komnaty w stylu cesarza Nerona na rzecz posesji z 1800 roku, której wystrój wnętrz jest znacznie skromniejszy i w którym są przeciągi?

Deportacja indyka

Jedną z najdziwniejszych tradycji związanych z Białym Domem jest bez wątpienia doroczna ceremonia darowania życia przez prezydenta USA indykowi, który – bez tej prezydenckiej interwencji – wylądowałby na jakimś biesiadnym stole, tyle że w roli upieczonego drobiu, a nie żywego ptaka. Ceremonia jest oczywiście żartobliwa, choć nie dla samego indyczego bohatera, który z pewnością nie zdaje sobie sprawy z tego, że przed Świętem Dziękczynienia nie straci głowy i doczeka późnej starości na jakiejś w miarę komfortowej fermie.

Turkey pardoning ceremony, bo tak się to oficjalnie nazywa, jest na tyle groteskowa, i to pod wieloma względami, że córki Obamy często nie skrywały swojego zaambarasowania tym, iż ich ojciec – w końcu poważny człowiek – w czymś takim bierze udział. Jednak nie jest on wyjątkiem, gdyż stosowanie prawa łaski wobec indyka ma dość długą tradycję, choć jej geneza jest niepewna.

Przez pewien czas obowiązywała teoria, że w roku 1863 prezydent Lincoln po raz pierwszy darował życie indorowi. Jednak nie była to żadna oficjalna ceremonia, a o fakcie tym doniósł dopiero dwa lata później reporter Noah Brooks. Później hodowca drobiu Horace Vose rozpoczął inną tradycję, która jednak nie była zbyt pozytywna dla indyczej społeczności. Wysyłał mianowicie w prezencie kolejnym „Pierwszym Rodzinom" wielkie, dobrze odżywione i żywe ptaszyska, które były następnie ubijane i pieczone przez kucharza Białego Domu. Innymi słowy, żadnego darowania życia nie było.

Vose zmarł w 1913 roku, co zakończyło jego monopol na dostawy dziękczynnych obiadów do Białego Domu. Od tego momentu indory do kolejnych prezydentów zaczęli słać inni hodowcy, często ubierając ptaki w dziwaczne stroje. W roku 1921 organizacja o nazwie Harding Girls Club w Chicago wysłała do Białego Domu ptaka ubranego w pilotkę i gogle. Natomiast w roku 1925 ówczesna Pierwsza Dama, Grace Coolidge, osobiście odebrała żywego indyka w harcerskim mundurku z rąk harcerek ze stanu Vermont.

Wszystko to pięknie, ale w niczym nie zmienia faktu, iż drób trafiał do Białego Domu nie po to, by sobie potem spacerować po Różanym Ogrodzie, lecz wyłącznie w celach indyczobójczo-kulinarnych. Sytuacja ta zmieniła się dopiero w roku 1947, głównie za sprawą głupiego pomysłu, by przekonać Amerykanów do tego, że jedzenie wielkich indorów z okazji Thanksgiving jest niewskazane. Od września do listopada 1947 roku administracja prezydenta Trumana agitowała na rzecz „bezindyczego Święta Dziękczynienia". Nie bardzo wiadomo, dlaczego taka akcja została wszczęta. Być może jakiś federalny biurokrata preferował steki lub kurczaka w potrawce. Możliwe jest również to, iż masowe uśmiercenie setek tysięcy ptaków budziło w niektórych kręgach protesty.

Tak czy inaczej, z tej dziwnej akcji propagandowej nic nie wyszło, ponieważ pojawiły się ostre protesty ze strony hodowców drobiu, właścicieli restauracji oraz zwykłych, domowych zjadaczy indorów, którzy słusznie uważali, iż dyktowanie im kulinarnych gustów przez rząd federalny było niezgodne z konstytucją. Wprawdzie konstytucja o indykach totalnie milczy, ale – jak wiadomo – jest to dokument, na podstawie którego udowodnić można niemal wszystko.

Biały Dom cichaczem i potulnie wycofał się wtedy ze swojego pomysłu, ale było już za późno – mocno zirytowani właściciele kurzych ferm wysłali Trumanowi na znak protestu kilkadziesiąt skrzynek z żywymi kurczakami. Była to akcja o wdzięcznej nazwie *Chickens for Harry*. Nie wiem, co rzeczony Harry z tym drobiem zrobił, ale był na tyle zdumiony, że w grudniu tego samego roku przyjął delegację *US Egg & Poultry Board*, która wręczyła mu w prezencie oraz na znak pojednania wielkiego żywego indyka.

Niestety ptak ten nie został objęty amnestią i poległ w kuchni Białego Domu, by pojawić się na świątecznym stole. Przez następne lata prezydenci zawsze dostawali przed Thanksgiving indyki, ale żadnych ceremonii nie było aż do roku 1963. Niestety pierwsza ceremonia darowania życia indykowi miała tragiczny kontekst. 20 listopada John F. Kennedy dostał w prezencie ptaka, któremu darował życie w sposób dość nieformalny, stwierdzając, że lepiej by było, „gdyby indyk sobie dalej chodził". Dwa dni później JFK został zastrzelony w Dallas. Po raz pierwszy w historii indyk przeżył, ale prezydent nie.

Wszystkie dziwne, dość śmieszne szczegóły stosowania prezydenckiego prawa łaski wobec drobiu ostatecznie ukształtowały się w roku 1989, kiedy to prezydent George H. Bush darował życie wielkiemu ptakowi, podczas gdy nieopodal demonstrowali działacze na rzecz poszanowania praw zwierząt.

W roku bieżącym Barack Obama po raz ostatni darował życie potencjalnemu obiadowi świątecznemu. Za rok w tej samej roli wystąpi Donald Trump, co skłania niektórych do snucia rozmaitych spekulacji.

Są tacy, którzy twierdzą, że w roku 2017 prezydent dostanie w prezencie dzikiego indyka, który wcześniej zostanie aresztowany po nielegalnym przekroczeniu granicy z Meksykiem. Ów intruz, zwany *Pavo Ilegal*, zostanie poddany intensywnemu przesłuchaniu przy pomocy podtapiania, czyli *waterboarding*, a następnie będzie zawieziony do Białego Domu, gdzie prezydent podpisze uroczyście akt jego bezzwłocznej deportacji do macierzystego kraju. Trzeba mieć nadzieję, że urzędnicy nie strzelą gafy i nie wyślą uratowanego ptaka do Turcji.

Wczasy na „krawędzi"

Zima nie jest wprawdzie sezonem urlopowym, ale gdy północ kraju zaczyna być atakowana przez śniegi i mrozy, ludzie zaczynają planować wypady na Florydę lub na Karaiby, by tam leżeć plackiem na plażach, skutecznie oszukując naturalną sekwencję pór roku. Są też tacy, którzy nieustannie poszukują tzw. dziwnych wakacji, by w ten sposób zaspokoić marzenia o przeżyciu czegoś szczególnego.

Dziwolągów wakacyjnych w USA nie brakuje. W Kalifornii na przykład można się przespać na pokładzie słynnego liniowca RMS Queen Mary zacumowanego w Long Beach. A jeśli ktoś chciałby „pójść na całość", może na jakiś czas wprowadzić się do Jules' Undersea Lodge, czyli podwodnego hotelu w Key Largo Undersea Park. Niestety goście muszą wykazać się kwalifikacjami nurka, ponieważ placówka znajduje się na głębokości 8 metrów pod wodą, a dostać się do „recepcji" można wyłącznie przez wpłynięcie do wejścia. Za to w środku czekają na gości wszelkie wygody, na czele z małą kuchnią, lodówką, zbiorem książek i muzyki, etc. Ba, można sobie nawet zamówić dostawę przez nurka pizzy. A wszystko to za jedyne osiem stów na dwie osoby (oczywiście za jedną noc).

Wakacje można też spędzić w nadal czynnej latarni morskiej na atlantyckim wybrzeżu lub w tzw. Red Caboose Motel nieopodal Filadelfii, czyli w wagonie zabytkowego pociągu. Choć lokum w ciuchci zapewnia wszelkie wygody hotelowe, jest jeden zasadniczy problem – pociąg ten nigdy nigdzie nie jedzie, lecz tkwi w tym samym miejscu. Ale może to i lepiej, gdyż w ten sposób nigdy się nie spóźnia.

Miłośnicy zamków i tajemniczych budowli też mają w czym wybierać, choć na średniowieczny wystrój w Ameryce nie ma co liczyć. Na Florydzie istnieje miejsce zwane Coral Castle. W swoim czasie emigrant z Łotwy, Ed Leedskalnin, sfinansował wydobycie z oceanu ponad 2 milionów ton „skały koralowej", z której zbudował bajeczny zamek. Jest to kwintesencja kiczu, do dziś wabiąca tysiące ludzi, którzy po prostu kicz uwielbiają.

Ale o zamku tym wspominam dlatego, że w odległej Rumunii w tym roku zainteresowanym zaoferowano z okazji Halloween „wakacje stulecia", związane z osobą hrabiego Drakuli, który – jak powszechnie wiadomo – „urzędował" w swoim zamku w okolicach Braszowa, gdzie nałogowo gryzł dziewice i pił z kielichów krew. Wampira zmyślił wprawdzie całkowicie pisarz Bram Stoker, ale swoją postać stworzył podobno w oparciu o życiorys średniowiecznego awanturnika, który zwał się Wład Palownik. A swoje „nazwisko" zawdzięcza temu, że miał dość niefortunny zwyczaj nabijania swoich wrogów – realnych i wyimaginowanych – na pale.

Dzielny Wład mieszkał w różnych zamkach rozsianych po Transylwanii, ale nigdy nie gościł w posiadłości Habsburgów zwanej zamkiem Bran. To jednak tam zrodziła się legenda o Drakuli i do dziś ta niezwykła budowla kojarzona jest z wampirem. Po II wojnie światowej komuna skonfiskowała zamek, a opowieści o Drakuli ustały, zapewne dlatego, że prawdziwy wampir mieszkał w Bukareszcie i nazywał się Nicolae Ceaușescu. Jednak w roku 2006 władze rumuńskie pieczołowicie odrestaurowały zamek i oddały go w ręce potomków prawowitych właścicieli. Od tego czasu miejsce to jest sporą atrakcją turystyczną. Znajduje się tam nawet muzeum poświęcone nie tylko Habsburgom, ale również fikcyjnemu Drakuli.

Z legendy o wampirze postanowiła w tym roku skorzystać firma Airbnb, która normalnie szuka dla turystów miejsc zamieszkania „kątem" u kogoś innego. Nie inaczej jest w przypadku zamku Bran. 31 października dwójka „szczęśliwców", wyłonionych w nieznany mi sposób, otrzymała możliwość przenocowania w lochach zamku Bran w zupełnej samotności. Zamiast komnat zaoferowano śmiałkom nocleg w wyścielonych aksamitem trumnach. W ten sposób ktoś spędził noc w tym zamku po raz pierwszy od 70 lat. Goście hrabiego Drakuli na początek swojego pobytu przeszli przez labirynt różnych korytarzy, by dotrzeć do „tajnych drzwi", wiodących do wielkiej sali jadalnej, gdzie przy świetle świec podano im obiad składający się mniej więcej z tych samych dań, które opisał w swojej powieści Bram Stoker: befsztyki i kurczaki w papryce. Po tej uczcie ludzi tych zaprowadzono do „sypialni", w której ustawione zostały wspomniane trumny. Na czas nocnego wypoczynku trumny te zostały zamknięte, choć – mam nadzieję – była w nich jakaś wentylacja. Nie wiem, czy sam gospodarz, czyli pan hrabia, też się pojawił i czy kogoś ugryzł w czasie biesiady w szyję. Nie mam też pojęcia, kim byli ludzie, którzy załapali się na tę wielką atrakcję i czy nadal żyją.

Muszę przyznać, że atrakcyjność tych wakacji jakoś mnie nie przekonuje. Gdybym mógł wybierać, wolałbym zapewne szybko się wykwalifikować na nurka i spać w batyskafie albo rozgościć się na królewskim jachcie. A tak naprawdę to mimo wszystko preferuję bierne leżenie na plaży i obserwowanie mew oraz dzierlatek w bikini. Faktem jest jednak to, że ludzie coraz częściej poszukują bezprecedensowych wrażeń, które wiodą ich w kierunku urlopów – że się tak wyrażę – mocno eksperymentalnych.

Wcale bym się nie zdziwił, gdyby okazało się, że w halloweenową noc w siedzibie Drakuli spali jacyś Amerykanie. W końcu chęć ucieczki przed tegorocznym sezonem wyborczym usprawiedliwić mogła nawet najbardziej desperackie czyny.

Błazeńska sprawa

Ludzie często mają różne fobie. Jedni boją się otwartych przestrzeni, a inni – zamkniętych. Jedni mają nieustanne poczucie nieuchronnie nadciągającego kataklizmu, inni zaś są pełni obaw o to, że są za bardzo beztroscy i szczęśliwi. Są też tacy, którzy nigdy nie wejdą do ciemnego lasu lub na cmentarz.

Oficjalna lista tych fobii jest bardzo obszerna i zawiera między innymi takie perełki jak *coprastasophobia* (wieczny strach przed zatwardzeniem), *eleutherophobia* (obawa przed posiadaniem nadmiernej wolności) oraz *gnosiophobia* (strach przed wiedzą). Na tę ostatnią fobię cierpi z pewnością wielu polityków.

Inna pozycja na tej liście to *coulrophobia*, czyli strach przed klaunami. Akurat ten rodzaj obaw jest w miarę uzasadniony, gdyż w przerysowanych postaciach klaunów niektórzy dopatrują się specyficznej złowróżbności. I nie bez powodu. John Wayne Gacy zamordował w swoim czasie 33 nieletnich chłopców, a ofiary grzebał w swoim własnym domu. Mordów tych nie dokonywał wprawdzie w przebraniu klauna, ale często występował na różnych piknikach jako „Pogo the Clown", postać przez niego wymyśloną. Zanim w roku 1994 wykonano na nim wyrok śmierci, wyznał, że lubił występować jako klaun, gdyż był to dla niego „powrót do dzieciństwa".

Postaci groźnych lub wręcz morderczych klaunów pojawiają się w wielu powieściach i filmach. Ponadto czasami za klaunów przebierają się różne przestępcze szajki, np. włamywacze i ludzie dokonujący napadów na banki. W jednym z filmów o przygodach agenta 007, czyli Jamesa Bonda, przed dwójką rosyjskich morderców ucieka brytyjski agent przebrany za klauna. Niestety przebranie mu nie pomogło, gdyż zginął w wyniku ciosu zadanego nożem.

W tym świetle trudno się dziwić, że niedawne doniesienia z Greenville w stanie Południowa Karolina wywołały sporo emocji. Okoliczni mieszkańcy twierdzą, że co jakiś czas pokazuje się tam w różnych miejscach, między innymi w parkach, osoba przebrana za klauna, która znika potem bez śladu. Czasami rzekomo stoi przy drodze w bezruchu. Z niektórych raportów wynika, że ów klaun często krąży wokół pralni publicznych, co zapewne sugeruje, że pobrudził sobie kostium.

Policję niepokoi fakt, że niektórzy reagują na tajemniczą postać dość panicznie. W jednym przypadku klaun pojawił się na skraju lasu, co spowodowało, że kilku mieszkańców pobliskiego osiedla zaczęło strzelać chaotycznie w kierunku lasu. Jest to w Ameryce możliwe dlatego, że niemal wszyscy posiadają broń palną. Policja nie znalazła potem w tym lesie martwego klauna, ale należy się spodziewać, że populacja zajęcy i jeleni znacznie zmalała.

Przedstawiciel policji w Greenville, Gilberto Franco, powiedział dziennikarzom, że sprawa traktowana jest poważnie, ponieważ nie wiadomo, czy tajemniczy klaun to dowcipniś czy też osoba, która ma potencjalnie groźne intencje. Za to wiadomo już teraz, jakie zamiary miał pewien facet w sąsiedniej Północnej Karolinie. 24-letni David Wayne Armstrong złożył na policji doniesienie, że w nocy do okna jego domu zapukał klaun. Dzielny David twierdził, iż nie tylko się nie przestraszył, ale rzucił się za nim w pogoń z maczetą w garści i dotarł do pobliskiego parku, gdzie stracił jego ślad. Jednak bardzo szybko okazało się, że cała ta historia jest kompletnie zmyślona, przez co Armstrong został aresztowany pod zarzutem złożenia fałszywych zeznań i za kratkami rozważa zapewne, czy się przypadkiem kompletnie nie zbłaźnił, czyli został klaunem bez przebrania.

Coś jednak w tych okolicach jest nie tak, bo inni mieszkańcy tego samego miasta w Południowej Karolinie zawiadamiają od czasu do czasu władze, że widzieli klauna usiłującego zwabić do lasu dzieci, oferując im cukierki. Problem w tym, że nikt nie potrafi owego klauna opisać ani nawet potwierdzić, iż rzeczywiście istnieje. Nie zaginęło też żadne dziecko.

Nie jest to pierwszy w USA przypadek pojawiania się tajemniczych ludzi przebranych za klaunów. W roku 2014 policja dostała wiele doniesień na ten temat w okolicach Bakersville w stanie Kalifornia. Później podobnie było w niektórych częściach Nowego Meksyku. Ostatecznie jednak nigdy niczego nie wyjaśniono ani też nikt w żaden sposób nie ucierpiał.

Dziwną konsekwencją tegorocznych wydarzeń w Południowej Karolinie jest to, że reżyser filmowy Rob Zombie (nazwisko też ma adekwatne) poczuł się w obowiązku publicznie zapewnić, że z klaunami w obu stanach Karolina nie ma absolutnie nic wspólnego, mimo że akurat kręci film typu horror, w którym głównym motywem jest działalność grupy sadystycznych klaunów.

W sprawie tej zabrał nawet głos słynny powieściopisarz i specjalista od horroru Stephen King. Stwierdził on, że jeśli ktoś udaje klauna i pałęta się po lasach w okolicach Greenville, jest to zjawisko groźne, którego należy się obawiać. Jego zdaniem ludzie podświadomie boją się klaunów nawet wtedy, gdy widzą ich w cyrku lub na jakiejś imprezie. Wynika to z faktu, że groteskowo przerysowana twarz z wielkim czerwonym nosem może ukrywać niemal wszystko, w tym ludzi, którzy nie życzą nam niczego dobrego.

King, jakby na to nie patrzeć, wie dobrze, o czym mówi. W roku 1986 napisał książkę o nadprzyrodzonej istocie, która pojawia się w przebraniu klauna w małym mieście w stanie Maine, gdzie sieje postrach wśród mieszkańców.

Być może nie wszyscy wiedzą, że istnieje organizacja o nazwie World Clown Association, która zrzesza zawodowych klaunów z całego świata. Organizacja ta wydała oświadczenie, w którym stwierdza, że przebieranie się za klaunów mających kogoś straszyć jest obraźliwe dla zawodowców, którzy działają otwarcie i wyłącznie ze szlachetnych pobudek, głównie w celu rozweselania ludzkości.

No i słusznie – trzeba fałszywym i złowróżbnym klaunom dać stosowny odpór tak, by się przestali wreszcie wygłupiać z tym straszeniem po nocach.

Czołgiem na kandydata

Nie ukrywam, że tegorocznej prezydenckiej kampanii wyborczej mam już serdecznie dość. Na tyle dość, że skorzystałem w Indianie z możliwości wcześniejszego głosowania i mam to wszystko w ogóle z głowy. Każdy z kandydatów może się teraz okazać seryjnym mordercą lub agentem Putina, a ja i tak nie jestem już w stanie nic zrobić, gdyż oddanego głosu nie da się cofnąć. W ten sposób tragikomedia polityczna, jaka rozgrywa się obecnie na oczach Ameryki i skonfundowanego świata, jest mi już zupełnie obojętna. Niech sobie gadają o obłapianiu bab, e-mailach i Bóg wie o czym jeszcze – mnie to już wszystko jedno.

Z drugiej strony absolutnie każdy sfrustrowany wyborca może się zemścić za doznane cierpienia dzięki firmie Drive a Tank z siedzibą w Kasola w stanie Minnesota. Gdzieś przecież trzeba mieć możliwość „rozluźnienia się" i wyładowania nagromadzonego stresu związanego z faktem, iż tegoroczni kandydaci są powszechnie nielubiani i zdają się – na swój unikalny sposób – śmieszni. Donald jest 3-letnim smarkaczem, wkurzonym z powodu tego, że ktoś mu w piaskownicy podprowadził wiaderko i łopatkę, natomiast Hillary nie jest w stanie wykrztusić z siebie niczego spontanicznego, gdyż została przed laty totalnie zaprogramowana przez Darth Vadera, który polecił jej działać na rzecz galaktyk „far, far away".

Wspomniana firma od lat oferuje usługi dla obłąkanych frustratów, polegające na tym, iż za odpowiednią sumę pieniędzy można wsiąść do czołgu, zwykle Shermana z czasów II wojny światowej, i rozjechać nim albo jeden stary samochód, albo dwa. W tym pierwszym przypadku cena sprasowania pojazdu gąsienicami wynosi 649 dolarów, a w tym drugim – 899 dolarów.

Jednak w obliczu „totalnego kretynizmu" tegorocznej kampanii wyborczej szef firmy Tony Borglum postanowił zaoferować zirytowanemu elektoratowi zupełnie nową usługę. Czołgiem nadal przejeżdża się przez samochód, tyle że w jego wnętrzu znajduje się kukła albo Donalda Trumpa, albo też Hillary Clinton. Kukły są w miarę realistyczne, tak że nie ma możliwości pomylenia ze sobą obojga polityków. Jeśli ktoś chce się przejechać czołgiem przez fryzurę Trumpa, to z pewnością może to zrobić bez obaw, że przypadkowo zmieni w placek Hillary.

Za spłaszczenie Trumpa lub Clinton pobierana jest dodatkowa opłata w wysokości 249 dolarów. Natomiast ci, którzy marzą o rozjechaniu na płasko kandydatów obu partii jednocześnie, muszą dorzucić 399 dolarów. Choć brzmi to bardzo ponętnie, chętnych do skorzystania z tej oferty jest na razie niewielu. Jak dotąd zgłosiło się tylko dwóch ochotników, z których obaj chcieli rozjechać na miazgę Hillary, co nie jest na razie zgodne z sondażami wśród elektoratu.

Sam pomysł nie jest aż tak nowatorski, jakby się mogło wydawać. Bądź co bądź Amerykanie rok w rok przebierają się z okazji Halloween za różnych polityków, których z takich czy innych powodów nie znoszą. Jednak w tym roku jest nieco inaczej. Znam na ludzi, którzy w wyniku natężenia wyborczej głupawki w mediach rzucają butami w swoje telewizory lub odmawiają w ogóle oglądania jakichkolwiek wiadomości. Muszą jakoś przetrwać do 8 listopada, choć – sądząc po ostatnich doniesieniach – nawet po tym terminie może być w USA gorąco.

„Trumpiści" już teraz twierdzą, że wybory zostały sfałszowane i że nie zaakceptują ich wyników, choć śmiem domniemywać, że zmienią natychmiast zdanie, gdyby się okazało, że Donald jakimś cudem wygrał. Natomiast w obozie Hillary dominuje przeświadczenie, iż jej ewentualna prezydentura zostanie od samego początku poddana w wątpliwość, mimo że Clinton, w przeciwieństwie do Baracka Obamy, nie urodziła się na Marsie i nie jest skrytą socjalistką o muzułmańskich ciągotach.

Nie mam pojęcia, do czego to wszystko zmierza, ale na wszelki wypadek sprawdziłem wymogi imigracyjne Nowej Zelandii. Oczywiście najprościej jest dać drapaka do Kanady, ale to nieco za blisko, by się czuć w pełni bezpiecznym.

Ewentualny exodus różnych ludzi z USA po wyborach wcale nie jest żartem. Od pewnego czasu notuje się zwiększone zainteresowanie Amerykanów przepisami imigracyjnymi różnych krajów, przy czym nawiać z Ameryki mogą zarówno zwolennicy Trumpa, jak i Clinton. Ci pierwsi twierdzą, że nie będą w stanie żyć w kraju kontrolowanym przez lewicową kryminalistkę, podczas gdy ci drudzy nie mogą spać z powodu wizji krótkich palców Donalda zwisających nad czerwonym przyciskiem nuklearnym.

A przecież w sumie na jedno wychodzi. Wszyscy mamy przerąbane w wyniku totalnie idiotycznej kampanii wyborczej, za sprawą której albo będzie chaos, albo jeszcze większy chaos. Sami sobie tę sytuację sprokurowaliśmy, a dziś nikt nie wie, co z tym fantem zrobić, przez co rozjeżdżanie kukieł kandydatów czołgami wydaje się nagle całkiem rozsądnym rozwiązaniem.

Z drugiej strony działalność firmy Drive a Tank jest całkiem niewinna w porównaniu do coraz częściej pojawiających się głosów, że wyniki wyborów w Stanach Zjednoczonych spowodują jakąś zbrojną rebelię, a przynajmniej krwawe zamieszki uliczne. Duchy amerykańskiej wojny domowej jakby nagle wyszły ponownie z ciemnych zakamarków i dały o sobie znać. Linie podziałów światopoglądowych pozostają mniej więcej te same, tyle że nie ma już problemu niewolnictwa.

Na szczęście pozostało nam jeszcze tylko kilkanaście dni tej głupawki. Zaraz potem albo wszystko wróci do normy, albo następny artykuł napiszę z mojego nowego, zacisznego mieszkania na przedmieściach Auckland, gdzie o Donaldzie i Hillary rozmawia się tylko przelotnie i głównie żartem.

Obłęd niczym w Teksasie

Niemal w każdym języku świata istnieją wyrażenia, które nie są pochlebne dla jakiejś innej grupy etnicznej lub narodowości. Gdy ktoś w Polsce mówi „ten facet mnie oszwabił", oczywiste jest to, że nie mogą z tego być zadowoleni Niemcy, choć zwykle idiomy tego rodzaju są tak bardzo zakorzenione, iż w życiu codziennym nikt nawet się nie zastanawia nad ich etymologią. Dokładnie tak samo jest w przypadku czasownika „ocyganić". Nie tak dawno temu pani Bożena Dykiel, narzekając na domniemane skąpstwo telewizji TVN, użyła czasownika „pożydzić", co spowodowało wiele dyskusji i protestów. Obrońcy tej wypowiedzi argumentowali, że stereotypowo obraźliwe wyrażenia obecne są wszędzie i nie ma sensu za bardzo się nimi przejmować. Bądź co bądź w języku polskim pokutują od niepamiętnych czasów takie frazy jak „chciwy jak Żyd", „głupi Amerykanin", „udawać Greka", „siedzieć jak na tureckim kazaniu", itd. Nawet już nie wspomnę o „czeskim filmie", czyli sugestii, że południowi sąsiedzi Polski są mistrzami w produkowaniu filmów, w których nie wiadomo, o co chodzi. A swoją drogą, o ile niezrozumiałe czeskie filmy kiedyś tam oglądałem, nigdy nie byłem obecny na tureckim kazaniu, a zatem nie mam pojęcia o tym, czym różni się ono od kazania ormiańskiego, a nawet polskiego.

Z drugiej strony tej lingwistycznej barykady też można się do wielu rzeczy przyczepić. Na przykład, w krajach anglosaskich funkcjonuje fraza *drunk as a Pole*, czyli „pijany jak Polak". Gdyby dokładnie przyjrzeć się temu zjawisku, okazałoby się zapewne, że w każdym niemal języku istnieją idiomy obraźliwe dla innych nacji.

Piszę o tym dlatego, że w dalekiej Norwegii ukonstytuowała się rzekomo nowa frazeologia, która z przyczyn trudnych do zgłębienia dotyczy amerykańskiego stanu Teksas. Od pewnego czasu stan ów kojarzony jest przez Norwegów z totalnym i potencjalnie niebezpiecznym szaleństwem.

Gdy po raz pierwszy o tym usłyszałem, zareagowałem w pewnym sensie pozytywnie, jako że istotnie pod paroma względami jest to dość dziwna część USA. W czasach niezbyt jeszcze odległych, bo w latach 1836-1846, Teksas był niepodległą republiką, w skład której wchodziło nie tylko terytorium obecnego Teksasu, ale również znaczne połacie stanów: Oklahoma, Kansas, Kolorado, Wyoming i Nowy Meksyk. Ba, obywatele tejże niepodległej republiki zwani byli nawet „Texians" i nie mieli zbyt wiele wspólnego z resztą Ameryki, przynajmniej w sensie poczucia przynależności do amerykańskiej wspólnoty. Dziś, choć we wspólnocie są, nadal wśród nich pokutują sentymenty związane z powszechnie znanym sloganem „don't mess with Texas", co w wolnym przekładzie na nasze w zasadzie znaczy: „odwalcie się od nas". Nawet były gubernator i prezydencki kandydat Rick Perry zasugerował przed kilkoma laty, iż byłby skłonny poprzeć niepodległość Teksasu, o ile tylko rząd federalny „nadal będzie zawodził". A poza tym, jak wiadomo, w Teksasie absolutnie wszystko jest najlepsze i największe.

Są jeszcze inne oznaki szaleństwa Teksasu. Od czasu do czasu jacyś politycy mówią nostalgicznie o secesji i powrocie do niezależności, konserwatyzm tej części USA nie ma sobie równych, a imprezy takie jako rodeo to nieodłączna część tamtejszego codziennego życia. Pod wieloma względami Teksas pozostaje nadal częścią Dzikiego Zachodu, mimo że jest w zasadzie na południu.

Okazuje się, że Norwegowie są na te zjawiska i historyczne fakty bardzo wyczuleni, ponieważ od paru lat używają Teksasu w roli modelu kompletnego pomieszania z poplątaniem. Fraza „totalny Teksas" to w języku norweskim synonim wyrażenia „absolutny chaos". Użył jej nie tak dawno temu policjant w Norwegii, który opisał w ten sposób niebezpieczną jazdę kierowców ciężarówek z obcych krajów. Po norwesku brzmi to „der var helt texas", co oczywiście nie ma dla nas większego znaczenia. Idiom stał się na tyle popularny, że restauracja Dolly Dimple w Oslo użyła określenia „helt teksas" w opisie walorów oferowanej konsumentom pizzy.

Przedstawicielka norweskiego konsulatu w Houston, Anne Ekern, stwierdziła, że wszystko to wynika z wpływu, jaki na Norwegów wywierają amerykańskie westerny. Jednak jest to tłumaczenie dość kulawe, ponieważ Norwegowie nie są znani ze swojego przywiązania do westernów, ponieważ zwykle wolą być mocno przywiązani do nart biegowych.

Tak czy inaczej, norweska frazeologia budzi obawy o to, że niektóre europejskie nacje zaczynają upatrywać w pewnych częściach Ameryki oznaki nieokiełznanego wariactwa. Być może współcześni mieszkańcy Teksasu uznają to za swoiste wyróżnienie, ale nie wiem, czy na dłuższą metę będzie to zjawisko pozytywne. Wyobraźmy sobie bowiem, że w którymś kraju świata zaczyna funkcjonować fraza „jeździć samochodem jak poznaniak", oznaczająca kompletne ignorowanie wszelkich przepisów drogowych. Może poznańscy piraci za kierownicą byliby przez chwilę zadowoleni, ale po pewnym czasie wszyscy zaczęliby mieć pretensje o stereotypowe traktowanie pyrowatej społeczności. I tak samo zapewne będzie w przypadku Teksasu. W końcu nie wszyscy chcą być utożsamiani z szaleństwem, szczególnie tym definiowanym przez Norwegów lub przez jakieś inne narody.

Kupa problemów

Psy posiadam w domu od niepamiętnych czasów. Chodzenie z nimi na spacery wymaga zabierania plastikowych toreb na ewentualne psie „depozyty", które należy sprzątać z trawników i chodników. W moim miejscu zamieszkania, podobnie jak w większości innych miast USA, istnieją przepisy, które nakazują właścicielom czworonogów sprzątanie po nich. Teoretycznie za łamanie tych przepisów przewidziane są grzywny, czasami dość wysokie, ale w gruncie rzeczy rzadko są one wymierzane, gdyż trudno jest przyłapać kogoś na gorącym uczynku.

Tablice z ostrzeżeniami o tym, że sprzątanie po psach jest obowiązkiem każdego właściciela, można zobaczyć w miastach całego świata. Czasami wzdłuż różnych tras spacerowych ustawione są nawet specjalne automaty z workami oraz pojemnikami przeznaczonymi do ich wyrzucania. Tak jest między innymi w Gdyni. Niestety nie wszystkich to wszystko przekonuje.

Obserwuję czasami właścicieli psów, którzy stosują różne techniki ukrywania faktu, że ich pupil coś narobił. Niektórzy patrzą w siną dal, a potem maszerują dalej, sugerując w ten sposób, że niczego nie widzieli. Inni mają wprawdzie plastikową torbę, ale wykonują zupełnie fikcyjny manewr zbierania czegoś z chodnika, podczas gdy w rzeczywistości niczego nie zbierają, a torba pozostaje pusta. Jeszcze inni zupełnie ostentacyjnie ignorują zdeponowany materiał, jakby chcieli wszystkim powiedzieć, że sprzątanie ulic należy do kogoś innego, a nie do nich.

Nie ukrywam, że praktyki tego rodzaju mocno mnie denerwują, bo gdyby stosowali je wszyscy, spacerowanie po ulicach dowolnego miasta stałoby się zajęciem, którego adekwatną nazwą sportową byłby termin „slalom ekskrementalny". I dlatego gdy widzę jakiegoś „przestępcę", nigdy nie waham się zwrócić mu uwagę, by sprzątał po swoim psie, mimo że w USA interwencja tego rodzaju jest dość ryzykowna, gdyż każdy może mieć za pazuchą rewolwer.

Na szczęście zaczynają pojawiać się skuteczne metody wykrywania winnych i wymierzania im stosownych kar. A wszystko za sprawą firmy PooPrints, która jest odgałęzieniem większego koncernu o nazwie BioPet Vet z siedzibą w Tennessee, a która powstała w roku 2008. PooPrints sprzedaje zainteresowanym urządzenia do testowania genetycznego psich odchodów, tak by można je było skojarzyć z konkretnym czworonogiem oraz jego właścicielem. Pomysł ten może się wydawać nieco dziwny, gdyż testy DNA kojarzą się nam zwykle z kryminalistyką, ale skuteczność tego rodzaju rozwiązania jest podobno bardzo duża.

Prosty przykład. W osiedlu Amalfi Apartments w mieście Milpitas w stanie Kalifornia administracja postanowiła niedawno skorzystać z oferty PooPrints, co oznacza, że każda osoba posiadająca psa musi przed wprowadzeniem się do mieszkania oddać „władzy" próbkę śliny Fafika. Próbka ta jest następnie analizowana i dodawana do bazy danych. Gdy już następnego dnia tenże sam Fafik zdeponuje coś na rogu ulicy, a jego właściciel tego nie sprzątnie, odpowiedni patrol pobierze próbkę „materiału" i szybko ją dopasuje do bazy danych, identyfikując w ten sposób zarówno psa, jak i właściciela.

Fafik pozostanie oczywiście bezkarny, natomiast jego pan dostanie mandat w wysokości 150 dolarów. Jest to kara stosunkowo niska. W wielu częściach Florydy za pozostawienie psich „bomb" zidentyfikowanych potem na podstawie DNA grozi mandat w wysokości tysiąca dolarów. Przewidziane są też dodatkowe konsekwencje dla recydywistów, łącznie z nakazem eksmisji.

Trapi mnie w tym wszystkim tylko fakt, że ktoś musi wykonywać zawód zbieracza próbek, co zapewne nie jest zajęciem zbyt atrakcyjnym. Funkcję tę wykonują podobno ekipy, które zajmują się oczyszczaniem ulic, choć nie mam pojęcia, w jaki sposób te dodatkowe obowiązki są organizowane.

Firma PooPrints cieszy się rosnącą popularnością. Testowanie psiego DNA stosowane jest już w ponad 2 tysiącach osiedli w całym kraju, a władze niektórych miast rozważają wprowadzenie tego rozwiązania nie tylko w wybranych osiedlach, ale praktycznie wszędzie.

Z drugiej strony nie jest to całkowicie skuteczna metoda zmuszania ludzi do sprzątania po swoich czworonogich ulubieńcach. Czasami w danej okolicy spacerują gościnnie psy z innych dzielnic, których „ślad genetyczny" nie istnieje w bazie danych. Jest też problem psów bezdomnych, których nikt nie jest w stanie kontrolować. Jednak administracja Amalfi Apartments twierdzi, że zastosowanie PooPrints spowodowało 80-procentowy spadek wykroczeń.

O ile wiem, PooPrints na razie nie działa w Polsce, a szkoda, bo niektóre ulice i parki są tam usiane odchodami. Nie jest to zresztą sprawa wyłącznie estetyki. Właściciele nie zdają sobie sprawy z tego, że w psim „pocisku" znajdują się liczne pasożyty i bakterie, które w razie bezpośredniego kontaktu z człowiekiem, a szczególnie z dzieckiem, mogą wywołać liczne schorzenia i infekcje, takie jak choćby toksokaroza. Objawy toksokarozy są początkowo słabo widoczne. Dopiero po upływie kilku dni pojawia się gorączka oraz dochodzi do zaburzeń wzroku oraz utraty apetytu. Dzieci mają niekiedy zwielokrotnione objawy – często dochodzi u nich do powiększenia wątroby, która nawet po leczeniu może nie powrócić do prawidłowego stanu.

A zatem należy się przestać wygłupiać i sprzątać! W przeciwnym razie zawsze będzie z tym wszystkim, że się tak nieprzystojnie wyrażę, kupa problemów. A jeśli ktoś zdecydowanie nie chce sprzątać, powinien trzymać psa w domu przez 24 godziny na dobę. Może wtedy konieczność sprzątania po czworonogu stanie się dla nich bardziej oczywistym wymogiem i koniecznością.

Putin za kratkami

Mam dla wszystkich bardzo dobrą wiadomość. Władimir Putin został aresztowany w supermarkecie Publix na Florydzie. Do aresztowania doszło dlatego, że Putin sprowokował awanturę, zachowywał się agresywnie i stawiał wobec policjantów opór w trakcie aresztowania. Podobno wyzywał też personel sklepu i odmówił opuszczenia placówki, mimo wielokrotnych wezwań ze strony kierownika sklepu. Zachowanie to ze strony przywódcy Rosji nie powinno być dla nikogo zaskoczeniem, ponieważ jego agresywność jest od dawna znana. Kto wie, może Władimir nie znalazł w Publixie ulubionego kawioru lub rosyjskiej siwuchy i się zirytował?

Wszystko to miało miejsce w West Palm Beach. Szczerze mówiąc, gdy dowiedziałem się, że Putin tam przebywał, doszedłem tymczasowo do wniosku, że może wkrótce dojdzie do inwazji rosyjskich „zielonych ludzików" na Bahamy, które podzielą los Krymu i wciągną na wszystkie maszty flagę matki Rosji. W grę mogłaby też wchodzić teoretycznie Kuba, ale numer z jej zagarnięciem wykonał już wcześniej Chruszczow z niezbyt dobrym skutkiem.

Z drugiej strony pobyt Putina w amerykańskim więzieniu byłby bardzo zachęcający. W Moskwie nie można go przecież ot tak aresztować, nawet gdyby w tamtejszym GUM-ie wywołał karczemną awanturę przy stoisku z tabletkami na porost męskości. Jest tam zbyt dobrze chroniony i otoczony licznymi, dobrze się prezentującymi gorylami. Tymczasem w USA można go zakuć w kajdanki, a nawet dać mu bezkarnie po mordzie lub „przypadkowo" zastrzelić, co ostatnio wydaje się standardową częścią repertuaru amerykańskiej policji.

Niestety wszystkie moje marzenia o Putinie w amerykańskiej ciupie zostały przekreślone z chwilą, gdy okazało się, że aresztowany na Florydzie Władimir Putin jest 48-letnim czarnoskórym tubylcem, któremu coś odbiło. Pewne zbieżności z gospodarzem Kremla zatem są, gdyż jemu już dawno coś odbiło, tyle że Putin rosyjski jest biały i nie robi zakupów na Florydzie, gdyż wszystkie konta bankowe posiada w Szwajcarii.

Może się jeszcze okazać, że Putin z Florydy tak naprawdę nazywa się zupełnie inaczej, a policji podał nazwisko rosyjskiego satrapy w celu zastraszenia lokalnej władzy ewentualnością odbicia go przez desant agentów FSB. Jednak agencje zgodnie twierdzą, że facet z Publixa rzeczywiście nazywa się Władimir Putin, czyli tak ma napisane w papierach.

Z drugiej strony nie jest to aż tak bardzo dziwne, gdyż w swoim czasie w USA mieszkał William Hitler, który był bratankiem Adolfa i który służył nawet w amerykańskiej marynarce wojennej, choć nigdy nie oddał ani jednego strzału w kierunku sił swojego kopniętego faszystowskiego wuja, ponieważ był pokładowym skromnym farmaceutą w czasie walk z Japonią na Pacyfiku.

Nie mam pojęcia, dlaczego facet na Florydzie nazywa się Władimir Putin. Jego własna matka nie mogła go tak nazwać, gdyż przed 48 laty, czyli w roku 1968, dzisiejszy Wołodia moskiewski miał 16 lat i uczył się niemieckiego w szkole średniej numer 282 w Sankt Petersburgu (czyli Leningradzie), by móc potem pełnić rolę szpiegowskiego kurdupla KGB w Dreźnie, oficjalnie obecnego tam w roli „tłumacza". A gdy doszło w końcu do upadku komunizmu i zburzenia muru berlińskiego, Wołodia – jak sam potem wyznał w autobiografii – palił zapalczywie dokumenty KGB w drezdeńskim konsulacie, żeby przypadkiem jakieś szkodliwe głupoty nie wyszły na jaw, np. prześladowania opozycji, wtrącanie ludzi do więzienia bez powodu, inwigilacja, itd.

Terminarz tych wszystkich wydarzeń sugeruje, że Putin amerykański sam sobie wybrał nowe nazwisko, a to z kolei świadczy o tym, że w jakiś sposób został zauroczony poczynaniami rosyjskiego przywódcy. Być może spodobała mu się inwazja na Krym, która stanowi wszak wyraz zdecydowania, wigoru i nadmiernej obecności testosteronu w dość nikłym organizmie.

Mogą też jednak być liczne inne powody fascynacji jednego Putina drugim. Jazda na koniu z obnażonym torsem, „znalezienie" antycznej amfory na dnie Morza Czarnego, gra w hokeja, jazda samochodem Formuły 1, związki seksualne ze znacznie młodszymi od niego dzierlatkami, etc. Możliwe jest też to, że amerykańska wersja Putina doszła do wniosku, iż fajnie jest sprawować władzę absolutną, która pozwala na likwidowanie przeciwników zabawnymi środkami, typu radioaktywny polon.

Podobnie jak jego imiennik z Kremla, Putin z Florydy – jak się okazało – umie pyskować, choć na znacznie mniejszym forum od tego kremlowskiego. Uważam, że należy go wypuścić z aresztu i doprowadzić do wymiany Putinów, tak by ten nasz nagle zjawił się na Kremlu, a ten ich znalazł się za kratkami na Florydzie, gdzie mógłby się bez reszty poświęcić pisaniu pamiętników i rzeźbieniu samowarów w suchym chlebie.

Zdaję sobie oczywiście sprawę, że do niczego takiego nie dojdzie, ale sama możliwość tego rodzaju wymiany jest bardzo intrygująca. Ciekaw jestem na przykład reakcji rosyjskiej Dumy na wkroczenie na salę obrad czarnoskórego prezydenta Putina, nie mówiącego po rosyjsku.

No, ale jeśli wymiana Putinów jest niemożliwa, to należy przynajmniej doprowadzić do ich spotkania. Niech sobie chłopy pogadają jak Wołodia z Wołodią na wszystkie bieżące tematy międzynarodowe. Ku chwale obu ojczyzn, ma się rozumieć.

Sedes w muzeum

Artyści często lubią szokować. Co jakiś czas pojawiają się doniesienia o bojkotach związanych z konkretnymi eksponatami, przy czym najwięcej szumu jest zawsze wokół „dzieł sztuki", które w taki czy inny sposób obrażają czyjeś uczucia natury religijnej.

Do grona speców od szokowania należy z pewnością Maurizio Cattelan, którego najnowsze dzieło prezentowane jest od pewnego czasu w nowojorskim Guggenheim Museum. Owo dzieło wygląda na pierwszy rzut oka jak zwykła muszla klozetowa. Na drugi rzut oka też, tyle że pewne zdziwienie budzi kolor tego przedmiotu. Muszla jest złota, co nie wynika z jej powleczenia jakąś tandetną farbą. Klozet został w całości odlany z 18-karatowego złota i jest całkowicie funkcjonalny, a zatem można sobie posiedzieć na złotym tronie, po uprzednim zapłaceniu 15 dolarów za bilet wstępu do muzeum.

Choć złoty sedes mieści się w normalnym pomieszczeniu toaletowym, przed wejściem stoi strażnik, który zapewne pilnuje, by nikt sobie nie oskrobał nieco złota na pierścionek zaręczynowy w trakcie załatwiania naturalnych potrzeb fizjologicznych. Ponadto strażnik ów cały czas dba rzekomo o nieskazitelną czystość toalety, tak by doświadczenie używania szczerozłotego sedesu zawsze spełniało oczekiwania.

Ja oczywiście nie wiem, o jakie oczekiwania chodzi, ale to już inna sprawa. Natomiast kanał Fox News doniósł, że eksponat w Guggenheim wymaga „dokładnego czyszczenia po każdym użyciu", tak by złoto witało zady użytkowników pełnym blaskiem. Poza tym załoga sprzątaczy ma też sprawdzać, czy klozet nie padł ofiarą wandali, którzy mogliby wszak wyryć w złocie sedesu jakieś głupie hasła typu „kocham cię, Józka".

Ludzie mniej obeznani ze współczesną sztuką mogą się zapewne zastawiać, dlaczego zwykły klop ze złota jest dziełem, które należy podziwiać. Okazuje się, że jest pewne uzasadnienie. Pan Cattelan stworzył swoje dzieło, by uczcić inne epokowe dokonanie artystyczne, jakim była „rzeźba" Marcela Duchampa pt. „Fontanna", która była w kształcie pisuaru. Ponadto personel nowojorskiego muzeum twierdzi również, iż złota toaleta nawiązuje do niezwykle ważnego dzieła Piero Manzoniego zatytułowanego „The Toilet", a składającego się z jego, jakby to delikatnie powiedzieć, produktu przemiany materii. Części tego dzieła (nie śmiem pytać które) były potem eksponowane w nowojorskim Museum of Modern Art oraz w londyńskiej Tate Gallery.

Staram się jak mogę, by zrozumieć intencje artysty, ale nie idzie mi to zbyt dobrze. On sam twierdzi, że chciał stworzyć coś, co byłoby jednocześnie „niezwykle ekskluzywne", a zarazem powszechnie dostępne każdemu człowiekowi. Cattelan powiedział dziennikarzom, że urodził się w biednej rodzinie we włoskim mieście Padwa i że zawsze marzył o zrobieniu czegoś, co byłoby z natury rzeczy wyłącznym przywilejem ludzi bardzo bogatych.

I to jest w porządku, tym bardziej że w świecie sztuki praktycznie wszystko jest dozwolone. Trapią mnie jednak pewne wątpliwości. Taki van Gogh, który malował jakieś tam słoneczniki i przez całe życie klepał biedę, bo nikt nie chciał jego malunków kupować, stał się pośmiertnie niezwykle modny, a dziś za niektóre jego obrazy ludzie gotowi są płacić miliony dolarów. W przypadku złotej toalety jest jednak nieco inaczej. Czy jest to dzieło, którego wartość rynkowa przewyższa cenę samego metalu? I czy kiedyś ktoś zapragnie coś takiego kupić, by sobie postawić w domu, niekoniecznie w łazience?

Ponadto są też wątpliwości innej natury. Normalnie ludzie idą do muzeum, by coś konkretnego zobaczyć, na przykład sztukę północnej Afryki czy też obraz powszechnie cenionego mistrza. W tym przypadku możliwe jest jednak złożenie wizyty w przybytku sztuki tylko po to, by skorzystać z tamtejszej toalety. I jak się czymś takim potem chwalić w towarzystwie? Raczej nie wyobrażam sobie sentencji typu „wiesz, byłem wczoraj w Guggenheim Museum, żeby zobaczyć sedes".

Przed dwoma laty Ukraińcy wpadli na pomysł być może nieco mniej artystyczny, ale bardziej wymowny w sensie symbolicznym. Z cokołu w Kijowie zwalony został Włodzimierz Lenin, a w jego miejsce zamontowano „złotą" toaletę, co miało sugerować ostateczny kres bolszewizmu w tej części byłego ZSRR. Ponadto Ukraińcy z pewnością cieszyli się z faktu, iż na postumencie nadal widniał napis „Lenin", mimo łazienkowej instalacji na górze. W tym akurat przypadku jasna była przynajmniej odpowiedź na odwieczne pytanie „co autor chciał przez to powiedzieć?". W przypadku ekspozycji w Guggenheim nikt tak naprawdę nie wie, o co chodziło Cattelanowi.

Dziennik *The New York Times* napisał kąśliwie, że wystawienie w muzeum złotej muszli klozetowej jest jak najbardziej na czasie, jako że jeden z kandydatów prezydenckich lubuje się w przepychu i złocie, z czym się bynajmniej nie kryje. Być może tak jest, ale przecież nie takie intencje przemawiają przez artystę. Chciał on, jak sam twierdzi, sprowadzić luksus do „totalnej codzienności", jaką z całą pewnością są okresowe wizyty składane w szaletach.

Gdyby Cattelan działał w Europie, skąd pochodzi, przed toaletą ze złotym sedesem zasiadłaby zapewne babcia klozetowa, która pobierałaby dodatkowe opłaty za niezwykłe przeżycia związane z używaniem tak niezwykle cennego obiektu użyteczności publicznej. Jednak ekspozycja ma miejsce w USA, gdzie instytucja rzeczonej babci nie istnieje. Niech żyje egalitaryzm!

Zgnilizna na sprzedaż

Czasami bywa tak, że używamy czegoś w kuchni latami, ale nigdy nie zastanawiamy się, co to dokładnie jest, jakie składniki zawiera, itd. Być może to nawet lepiej, bo taka wiedza o składnikach mogłaby zakończyć się wyrzuceniem połowy kuchennych zapasów do śmieci. Co drzemie w słoiku z napisem „Real Mayonnaise"? Albo co nawtykali producenci do tubki z koncentratem pomidorowym? W tym pierwszym przypadku mam nadzieję, że słoik zawiera głównie oliwę i jaja, a w tym drugim – pomidory. Ale tak naprawdę nikt szczegółów nie zna i dlatego wszyscy te produkty pałaszują bez większych skrupułów.

Jednym ze specyfików, który towarzyszy nam od wielu lat, a którego skład pozostawał zawsze tajemnicą, jest z pewnością Worcestershire Sauce, czyli brytyjski wynalazek dodawany do sosów, mięs, sałatek, itd. Stanowi on też zasadniczy element koktajlu o nazwie *Bloody Mary*, który – jak się niektórzy zarzekają – jest doskonałym środkiem na kaca. Ale jeśli ktoś musi leczyć objawy przedawkowania mieszanką wódki z sokiem pomidorowym, coś jest z nim nie tak.

Mimo że sos Worcestershire zalega na kuchennych półkach w większości krajów naszego globu, jego skład jest w zasadzie nieznany, nie mówiąc już o tym, że w krajach dalekich od angielszczyzny mało kto wie, jak się tę nazwę poprawnie wymawia.

Dzięki niezmierzonej wścibskości narodu amerykańskiego, ta ogromna i intrygująca tajemnica doczekała się częściowego wyjaśnienia. Całkowite wyjaśnienie jest niestety niemożliwe, ponieważ sos zawiera również mikstury objęte tajemnicą. Zresztą dość niezwykłe jest również to, że Worcestershire Sauce w swojej obecnej postaci powstał dość przypadkowo, głównie dlatego, że czasami zgnilizna jest znacznie lepsza od towaru świeżego, o czym każdy szanujący się kucharz domowy wie, nawet jeśli nie chce się do tego przyznać. Czasami okazuje się na przykład, że coś przeterminowanego jest znacznie lepsze od produktu prosto z fabryki.

Gdzieś w okolicach roku 1830 dwójka angielskich farmaceutów, John Wheeley Lea i William Henry Perrins, postanowiła sporządzić własny sos do steków. Nie wiem, dlaczego ci panowie wpadli na taki pomysł, choć być może po prostu znudziło im się sprzedawanie piguł. Tak czy inaczej, przez pewien czas eksperymentowali ze swoim sosem, a końcowy produkt poddali degustacji, która niestety nie wypadła pomyślnie – obaj uznali, że sos jest nie tylko do kitu, ale również prawie odrażający. W związku z tym wpakowali to wszystko do dwóch baryłek i schowali do piwnicy. Po paru miesiącach natknęli się na te baryłki ponownie i jeszcze raz spróbowali sosu – tym razem doszli do wniosku, że uległ on pożądanej fermentacji i stał się doskonały. Założyli zaraz potem firmę Lea & Perrins i zaczęli pakować swój produkt i sprzedawać go sklepom. Po raz pierwszy sos pojawił się w handlu w roku 1837.

Reszta to już historia. Trzeba jednak podkreślić, że Lea i Perrins nie byli genialnymi pionierami, gdyż ludzkość od wieków interesowała się sosami sporządzonymi w oparciu o fermentowane ryby. Sosy takie istniały zarówno w starożytnej Grecji, jak i w czasach Imperium Romanum. Pliniusz Starszy pisał w I wieku naszej ery o miksturze zwanej *garum*, która prawdopodobnie przypominała sos Worcestershire. W jaki sposób Lea i Perrins zaczęli swoje eksperymenty, nie wiadomo, choć początkowo na etykietach widniał napis „zgodnie z przepisem lokalnego hrabiego". Być może chodziło o niejakiego Marcusa Sandysa, który miał rzekomo spróbować podobnego sosu sprzedawanego w Indiach. Człowiek ten zlecił następnie farmaceutom zadanie sporządzenia czegoś, co by ten sos wiernie przypominało.

Wspólnicy nigdy nie wyjawili, jak już wspomniałem, dokładnej zawartości sosu, ani też nie zdradzili tajników fermentacji. Faktem jest jednak to, że po dzień dzisiejszy mikstura po wyprodukowaniu „zalega" przez 18 miesięcy w specjalnych pomieszczeniach, by osiągnąć pożądany poziom kulinarnej zgnilizny.

Zgniliznę tę postanowili rozgryźć amerykańscy badacze, którzy ustalili ponad wszelką wątpliwość, co następuje. Zasadniczym składnikiem Worcestershire Sauce jest fermentowana przez 18 miesięcy w drewnianych pojemnikach ryba znana jako sardela europejska, czyli *anchovy*. Koleżanki ryby wylegują się rzekomo w occie, a potem dodaje się do nich cebulę, syrop kukurydziany, melasę, sól, czosnek, goździki, tamaryndowca oraz wodę. Ale to nie wszystko. Ostatnim dodatkiem jest jakaś chroniona tajemnicą substancja, którą „czujni" Amerykanie identyfikują jako asafoetidę, czyli znaną od dawna w Indiach przyprawę korzenną o odpychającym zapachu. Zapach ten ma rzekomo nieco znikać po wymieszaniu przyprawy z sosem sojowym oraz sokiem z cytryny.

Rzeczona asafoida jest o tyle intrygująca, że zwana bywa w Azji „odchodami diabła" i że w surowej postaci „śmierdzi jak zgniły czosnek". Oczywiście sam nigdy nie wąchałem, ale wierzę na słowo.

Wszystko to składa się na dość niepokojący scenariusz. Jeden z najpopularniejszych sosów na świecie jest produktem, którego zasadniczymi składnikami są śmierdzące ryby oraz „odchody diabła". Mimo to ludzie kupują to masowo i dodają brązową ciecz niemal do wszystkiego.

Być może nie wszyscy. Niektórzy ortodoksyjni Żydzi mają zakaz spożywania jednocześnie mięsa oraz ryb, a zatem polewanie steków sosem Worcestershire nie wchodzi w ich przypadku w rachubę. Jednak specjalnie dla nich produkowana jest wersja sosu, której rybna zawartość wynosi zaledwie 1/60 całego produktu, co podobno jest dozwolone.

W świetle tego wszystkiego nie zamierzam już więcej dociekać, co zawierają sosy i przyprawy. Po co sobie psuć apetyt?

Sfałszowany dyktator

Emocje olimpijskie mamy już za sobą. Jednak z okazji zawodów sportowych w Rio dał o sobie znać mój ulubiony i najbardziej komiczny zamordysta współczesnego świata, przywódca Korei Północnej. Zanim jeszcze pierwsi zawodnicy zdobyli medale, Kim Dzong Un poinformował, że w jego kraju rusza serwis konkurencyjny dla amerykańskiego Netflixa, który zwie się Manbang.

W tym miejscu muszę od razu zaznaczyć, że nazwa tej nowej usługi wydaje mi się dość niefortunna, niezależnie od tego, co Manbang znaczy po koreańsku, a znaczy rzekomo „Wszędzie". Jest to mniej więcej tak, jakby Netflix przemianować na Sexfromrear albo Pedałfest. Ale co tam, niech im będzie Manbang. Problem w tym, że koreańska wersja Netflixa ma dość nikłe szanse na zdobycie sobie większej popularności z dwóch zasadniczych powodów. Po pierwsze usługa dostępna ma być wyłącznie w Korei Północnej, gdzie istnieje tak zwany „lokalny Internet", składający się w sumie z ok. 5 tysięcy witryn, poświęconych wyłącznie ważkim osiągnięciom dynastii Kimów na drodze do szczęścia, dobrobytu i raju.

Po drugie, raczej nie można liczyć na obejrzenie w Manbangu najnowszych odcinków *House of Cards*, ani też nie można było obejrzeć żadnych zmagań olimpijskich, gdyż te czasami pokazywały niefortunnie, jak sportowcy z Korei Północnej przegrywają z kretesem ze zdemoralizowaną zachodnią konkurencją. W Manbangu, mimo nazwy, nie ma też treści pornograficznych.

Przeciętny widz może liczyć na dostęp do pięciu koreańskich kanałów telewizyjnych, które różnią się od siebie wyłącznie numerem. Ponadto serwis oferuje dostęp do „materiałów archiwalnych o przywódcach partii, państwa i narodu" oraz do lekcji języka angielskiego. Ten ostatni element programu jest dość zastanawiający, gdyż znajomość angielszczyzny w Korei Północnej jest nie tylko podejrzana, ale również nie daje dostępu do żadnych niezależnych informacji.

Tak czy inaczej serwis Manbang został uruchomiony, choć – moim zdaniem – winien nazywać się „Wszędzie to samo", ale to zupełnie inna sprawa. Tymczasem zadowolony ze swoich dokonań Kim pojechał do Rio i na stadionie Maracana obserwował, jak wielcy faceci pchają kulą. Musiał być jednak mocno zawiedziony, gdyż pierwsze dwa miejsca zajęli Amerykanie, a trzeci był zawodnik z Nowej Zelandii, natomiast koreańskiego pchacza w ogóle w tej konkurencji nie było, gdyż większość z nich zajęta jest pchaniem wózków z kamieniami w tzw. koloniach karnych.

Ale zaraz – jak to jest możliwe, że Kim Dzong Un zjawił się w Brazylii? Korea Północna utrzymuje normalne stosunki dyplomatyczne tylko z 24 krajami świata. W grupie tej jest wprawdzie od 2009 roku Brazylia, ale jak dotąd o żadnych oficjalnych wizytach na najwyższym szczeblu nie było mowy i zapewne nie będzie. Kim może w zasadzie stawiać na odwiedziny wyłącznie w Moskwie, Pekinie oraz Hawanie, ale nawet te podróże należą do wielkiej rzadkości. Tym bardziej że dyktator boi się latać samolotami, a pośpiesznego z Azji do Hawany jeszcze nie uruchomiono. Nic zatem dziwnego, że pojawienie się Kima na brazylijskim stadionie wywołało konsternację zmieszaną z fascynacją.

Koreański przywódca stał przez pewien czas na trybunach, uśmiechał się życzliwie i machał niewielką flagą swojego kraju. Pokazała go w pełnej krasie brazylijska telewizja, która dopiero znacznie później wyjaśniła, że nie był to prawdziwy Kim, lecz jakiś człowiek, który się do niego upodobnił. Zresztą stało się to dla telewidzów w miarę oczywiste z chwilą, gdy „Kim" pokazał światu uniesiony w jednoznacznym geście wulgarnego pozdrowienia palec, który w tym kontekście mógł znaczyć bardzo wiele, choć nikt nie wie dokładnie co.

Fałszywy Kim pojawił się na brazylijskich trybunach w dość szczególnym momencie. Ostatnie miesiące przyniosły kilka przypadków dezercji północnokoreańskich oficjeli. Między innymi wolność wybrał drugi rangą urzędnik ambasady tego kraju w Londynie. W sumie w tym roku na Zachód zwiało siedmiu koreańskich dyplomatów, co wynika zapewne z faktu, że Kim coraz częściej zabija swoich generałów, doradców, współpracowników, a nawet członków rodziny.

Gdy zatem zamordysta pojawił się na stadionie w Brazylii, przez kilka ulotnych chwil wydawało się, że on też uciekł z własnego raju i odtąd odda się bez reszty kibicowaniu zawodnikom ligi NBA. Niestety były to płonne nadzieje. Zresztą jakoś nie do śmiechu było też sportowcom z Korei Północnej, którym zaraz po wylądowaniu w Brazylii ich „opiekunowie" zabrali rozdawane przez organizatorów smartfony Samsunga, na których nie było serwisu Manbang, za to był Netflix, nie mówiąc już o programach głównych światowych agencji prasowych. Sportowcom zakazano też łażenia gdziekolwiek, nawet (a może szczególnie) na popijawy z Ryanem Lochte.

Nic zatem dziwnego, że gdy Ri Se-Gwangowi udało się w gimnastyce zdobyć złoty medal, na podium zachowywał się tak, jakby mu właśnie ktoś w pień wyrżnął całą rodzinę. Dziennikarzy zapewnił jednak, że był wzruszony z powodu tego, iż mógł się przyczynić do rozsławienia na świecie postaci „ukochanego przywódcy". *Yeah, right*... Przez następne pięć lat w serwisie Sexfromrear będzie można oglądać historię „najsmutniejszego zwycięzcy olimpijskiego", jak go nazwały zachodnie agencje.

W sumie Korea Północna zdobyła siedem medali – w podnoszeniu ciężarów, gimnastyce, strzelaniu oraz tenisie stołowym. Medalista w strzelaniu być może już ukatrupił resztę, oczywiście na rozkaz władzy zwierzchniej. W końcu nikt nie może się za bardzo wychylać i zyskiwać większej światowej sławy od wodza, który na sukcesy w sporcie nie ma raczej szans.

Żarcie na niby

Pewne zaciekawienie wzbudziły u mnie prezentowane od kilkunastu dni telewizyjne reklamy, w których firma McDonald's zapewnia, iż w hamburgerowniach ozdobionych dużą żółtą literą M wreszcie są do dyspozycji konsumentów „nowe" Chicken McNuggets, czyli kurze dania pozbawione konserwantów oraz chemikaliów, za to zawierające więcej mięsa. Niby jest to wiadomość dobra, ale stanowi ona pośrednio przyznanie się do tego, że wcześniej McNuggets były nafaszerowane jakimiś świństwami, a z kurą miały tylko dość odległy związek. Gdyby bowiem tak nie było, modyfikacja dania na rzecz zbliżenia jej do produktu mięsnego, a nie chemicznego, byłaby zupełnie niepotrzebna.

Wspominałem już zresztą w tym miejscu, że wcześniejszy „model" McNuggets był produktem dość dziwnym, z czym firma nawet za bardzo się nie kryła. Jeśli wierzyć witrynie internetowej McDonald's, przeciętny kurzy kawałek zawiera wprawdzie mięso, ale z dodatkiem wody, soli, mąki, oleju, kwasu cytrynowego, „naturalnych" składników smakowych oraz szeregu substancji chemicznych, których wymówienie zabiera więcej czasu niż zjedzenie dania. Ponadto nie bardzo wiadomo, co McDonald's rozumie przez „więcej mięsa" w McNuggets. Jeśli jest to wzrost z 5 do 8 procent całkowitego składu, to nie ma się specjalnie czym chwalić. Ale jeśli nagle kura stała się dominantem tej propozycji kulinarnej dla mas, to nic tylko się cieszyć. Niestety żadnych konkretnych informacji na temat proporcji procentowej poszczególnych składników nie ma, a zatem nadal nie wiadomo, czy w celu wyprodukowania tony McNuggets trzeba ubić jednego kurczaka, czy też może aż dwa.

Zapewne nie wszyscy wiedzą, że w roku 2002 w wyniku wytoczonego firmie McDonald's procesu sędzia wydał opinię, w której sugerował, że Chicken

McNuggets to w zasadzie nie żywność, lecz coś, co zasługuje na nazwę „McFrankenstein”, gdyż produkowana jest z mięsa starych kur, niezdolnych do znoszenia jaj, a proces produkcji przewiduje stworzenie czegoś w rodzaju „kurzej masy”, do której prócz mięsa trafiają liczne inne składniki o niewiadomym przeznaczeniu i nieznanym bliżej wpływie na ludzki organizm. Ta kurza papka, wielokrotnie przemielona, jest następnie opiekana w gorącym oleju, co nadaje całości apetyczny, złoty kolor, który jest jednak całkowicie złudny, bo tylko skutecznie maskuje zawartość. Bardzo podobny efekt można uzyskać w przypadku kawałków gumy, zanurzonych w roztrzepanym jajku, otoczonych tartą bułką i „upieczonych” w gorącym oleju.

W związku z tymi sądowymi rewelacjami profesorka New York University, Marion Nestle, poradziła wtedy konsumentom, by nigdy nie jedli dań, których składników nie są w stanie wymówić. Jest to rada ze wszech miar rozsądna i stosuję ją na co dzień, odmawiając jedzenia rzeczy, które zawierają na przykład „dimethylpolysiloxane” oraz „thiamin mononitrate”. Być może są to całkiem nieszkodliwe substancje, ale w przeciętnym domu nie ma nigdzie pojemników z tymi specyfikami, tak by można było nimi posypać przed podaniem zrazy wołowe.

Wszystko to przypomniało mi się ponownie dlatego, że przed nowojorskim sądem okręgowym toczyła się ostatnio inna sprawa dotycząca żywności, tyle że w tym przypadku chodziło o żarcie dla domowych czworonogów. Niejaki Paul Kacocha zaskarżył koncern Purina, gdyż doszedł do wniosku, iż on oraz jego pies zostali celowo wprowadzeni w błąd, ponieważ towar o nazwie „Beggin' Strips”, czyli psie zakąski w postaci przypominających bekon pasków, w ogóle nie zawiera bekonu, a jedynie wodę, mąkę, sos sojowy oraz kukurydzę. Bekon obecny jest tylko w sensie sztucznego zapachu, osiągniętego zapewne jakimiś metodami chemicznymi.

Szefowie Puriny argumentowali, że pozew winien zostać oddalony, gdyż „żaden rozsądny człowiek” nie powinien szukać w Beggin' Strip prawdziwego bekonu, tym bardziej że firma używa w celach reklamowych sloganu „Dogs don't know it's not bacon” („Psy nie wiedzą, że to nie bekon”). Jednak sędzia Kennethy Karas orzekł, bez wydawania jakiegokolwiek werdyktu, że sprawa winna zostać rozpatrzona, a zatem prawnicy mogą spać spokojnie, gdyż zarobią na tej hecy miliony dolarów.

Wydaje mi się, że pan Kacocha ma o tyle rację, iż Purina niepotrzebnie udaje – zapachowo i wizualnie – że sprzedaje coś w rodzaju bekonu, mimo że w rzeczywistości żadna świnia do produkcji tego towaru nigdy nie została użyta. Każdy Fafik i tak to spałaszuje, niezależnie od tego, czy rzecz ta będzie w kształcie neobekonowego paska, czy też mini piłki nożnej. Psy nie potrafią niestety przeczytać składu podawanej im żywności. Ale w sumie ich sytuacja jest dość podobna do naszej: jemy rzeczy, które udają, że są czymś, czym w istocie nie są. Nazwa Chicken McNuggets przez wiele lat sugerowała skutecznie, że danie zawierało kurze mięso, choć teraz okazuje się, iż dopiero nowa wersja tej propozycji idzie „na całość” i rzeczywiście jest do pewnego stopnia mięsna, podczas gdy uprzednio była papką ze śladową obecnością zmielonych piór i dziobów.

Firma Purina produkuje bardzo wiele „dań mięsnych” dla zwierząt i nie śmiem się domyślać, co dokładnie w tych puszkach drzemie, choć z niektórych doniesień wynika, że są tam czasami nawet szczątki zwierząt rozjechanych na placek przez samochody.

Być może czas najwyższy, by informować otwarcie i uczciwie o tym, co dokładnie zawierają oferowane do sprzedaży artykuły żywnościowe. Przeciętny pies też zapewne chciałby wiedzieć, choć nigdy o tym nikomu nie wspomni.

Potworna" szajba

Ludzka cywilizacja od czasu do czasu pada ofiarą trudnych do wyjaśnienia szałów. Na przykład kiedyś był szał palenia czarownic na stosie, okraszony inkwizycyjnym torturowaniem opanowanych przez diabła istot, w celu wyciśnięcia z nich przyznania się do winy. W XX wieku ludzie dostawali czasami znacznie mniej groźnych bzików. Był na przykład taki czas, że wszyscy chcieli mieć płaszcze z włoskiego ortalionu albo lalki z serii Cabbage Patch Kids.

Najnowszy szał jest być może czymś zupełnie nowym, przynajmniej w jednym sensie – robi on z ludzi teoretycznie rozsądnych kompletnych osłów, pałętających się po ulicach w pewnego rodzaju transie, wywołanym chęcią upolowania jak największej liczby „potworów", których tak naprawdę w ogóle nie ma, co jednak nikomu zdaje się nie przeszkadzać.

Chodzi oczywiście o grę Pokemon Go. Nie wiem dokładnie, na czym ona polega, bo gdybym ją w celach eksperymentalnych zainstalował na moim smartfonie i powiedział małżonce, iż idę na miasto szukać potworów, papiery rozwodowe dostałbym pocztą, wysłaną na adres mojej nieuchronnej banicji.

Jednak ze strzępów różnych doniesień skonstruowałem taki oto scenariusz gry: firma Pokemon, od lat produkująca kolorowe zabawki z sympatycznym „potworem" Pikachu na czele, zorganizowała sieć komputerowych serwerów przy pomocy których porozumiewa się z programem zainstalowanym obecnie na milionach urządzeń przenośnych. Posiadacze tych urządzeń, zwykle korzystających z technologii GPS i wbudowanych kamer, chodzą po różnych zakątkach ziemskiego padołu i na ekranach swoich telefonów widzą dokładnie ten sam krajobraz, w którym się znajdują – z jedną istotną różnicą. Od czasu do czasu dostają sygnał, wysyłany przez wspomniane serwery, że w danej okolicy ukrywają się potwory Pokemon, które trzeba znaleźć i pojmać.

Żeby nie było najmniejszych wątpliwości – tak naprawdę żadnych kolorowych intruzów nie ma, gdyż istnieją one wyłącznie w sztucznej rzeczywistości, wytworzonej w oparciu o realny krajobraz. Ludzie szukają zatem wyssanych z palca wirtualnych postaci, a gra skutecznie zaciera – być może w sposób niebezpieczny – granice między rzeczywistością i fikcją. Gdyby można było do telefonu na chwilę wejść i przenieść się wyłącznie do fikcji, wielu graczy zapewne chętnie by to zrobiło. Jednak realia są nieugięte – telefon w garści to nadal tylko pudło z obwodami elektronicznymi, niezależnie od tego, co z tego pudła wyziera.

Tak czy inaczej, efekt jest taki, że ogarnięty tym szałem delikwent idzie na przykład do parku na spacer z psem i cały czas gapi się w ekran telefonu, by nie przegapić szansy wytropienia potwora. A gdy dochodzi w końcu do polowania, jest w stanie zostawić Fafika własnemu losowi i wedrzeć się w gęste chaszcze, by szukać w nich czegoś, co składa się wyłącznie z przesyłanych bezprzewodowo bitów. Ludzie niczym matoły wchodzą do różnych budynków, kościołów, biur, parkingów, parków i szkół, by szukać tam sfingowanych istnień. Zapominają przy tym o bożym świecie, a czasami narażają się na niebezpieczeństwo, gdyż nie zdają sobie sprawy z tego, iż wędrowanie gdziekolwiek z nosem wklejonym w ekran może doprowadzić do spaceru w poprzek autostrady albo prosto do rzeki.

Ktoś może powiedzieć, że w każdym szaleństwie jest metoda. To prawda. Nie inaczej jest w przypadku Pokemon Go. Gra może być sprytnie wykorzystywana do zachęcania zaślepionych nią użytkowników do wykonywania pewnych czynności. Wynika to z faktu, że można przecież ogłosić, iż w danej okolicy kryje się szczególnie duża liczba potworów Pokemon. W ten sposób teoretycznie proboszcz mógłby zachęcić parafian, by zjawili się na niedzielnej mszy, choć ryzyko jest takie, że właziliby z telefonami za ołtarz i do zakrystii i nie słuchaliby kazania. Są już przypadki ogłaszania przez niektóre placówki (np. restauracje) gęstego zaludnienia potworami, co ma zwabić konsumentów. Problem jest jednak ten sam jak w przypadku parafii. Po co restauracji konsument, który nic nie zamawia i niczego nie je, ponieważ zagląda pod stoły, do kuchni i do toalety w poszukiwaniu potwora?

Z drugiej strony szał ten nie zna żadnych granic. Konieczne stało się na przykład wprowadzenie całkowitego zakazu szukania Pokemonów w takich miejscach jak Auschwitz czy Arlington National Cemetery. Natomiast policja w wielu miejscach USA apeluje do ludzi, by przestali się wygłupiać i zwracali baczniejszą uwagę na swoje bezpośrednie otoczenie.

Jak można się było spodziewać, szukanie potworów w krzakach prędzej czy później musiało spowodować reakcję ze strony religijnych radykałów. Przedstawiciel tzw. ewangelików, Rick Wiles, oświadczył, że jego zdaniem gra Pokemon Go jest narzędziem szatana i służy przede wszystkim szerzeniu treści demonicznych, a prowadzona jest za pomocą „cyberdemonów". Jeśli to prawda, należy uznać, że diabeł Rokita umie korzystać z nowych technologii. Wiles dodał też, że gra Pokemon Go w rękach muzułmańskich dżihadystów może stać się narzędziem wyszukiwania chrześcijan. Nie bardzo wiem, jak Wiles sobie to wyobraża, ale śmiem sądzić, iż muzułmańscy ekstremiści nie potrzebują fikcyjnych potworów do szukania potencjalnych celów ataków terrorystycznych. Natomiast jestem pewien, że IS tropi potwory w celach czysto szkoleniowych.

Pięć zimnych Polsk

Wielokrotnie już wspominałem w tym miejscu przy różnych okazjach, że nie jestem fanem masowo produkowanego piwa amerykańskiego. A w szczególności produktu o nazwie Bud Light, który jest ochoczo konsumowany przez kibiców na wszelkich możliwych stadionach, co ma o tyle sensowne uzasadnienie, iż jest to napój do złudzenia przypominający smak zabarwionej sztucznie na żółto wody.

Wśród wielu piwowarów amerykańskich, zajmujących się mniej masową produkcją piw lepszej jakości, Budweiser znany jest powszechnie i pejoratywnie jako „weasel's p**s", czego tłumaczenie na nasze pozostawiam czytelnikom. Nie zmienia to faktu, że koncern piwowarski Anheuser-Busch z siedzibą w St. Louis to światowy potentat, który w zasadzie wszystko może i konstruuje seryjnie bardzo dobre reklamy, w których przekonuje świat, iż żółta woda to tak naprawdę szlachetny eliksir, godny zachwytów i międzynarodowych nagród.

Tenże koncern od wielu lat prowadzi zażarty spór z browarem w Czeskich Budziejowicach, gdzie piwo warzone jest od XIV wieku i gdzie nazwa „Budweiser" została po raz pierwszy użyta. W wyniku dość zawiłych i z gruntu idiotycznych decyzji sądów różnych instancji, czeski Budweiser, który nie jest bynajmniej żółtą wodą, może być w USA sprzedawany wyłącznie pod nazwą Chechvar.

Ale na tym nie koniec. W roku 2009 władze UE uznały, że AB nie ma prawa zarejestrować marki Budweiser na rynku europejskim, ale może posługiwać się marką Bud, do której Czesi nie mają żadnych pretensji. W sumie w UE żółta woda znana jest zatem jako Bud lub Anheuser-Busch B, z wyjątkiem jak zwykle odrębnej i krnąbrnej Wielkiej Brytanii, gdzie nazwami Budweiser i Bud nikt nie ma prawa się posługiwać.

Jednak działalność reklamowa panów spod znaku AB nie dotyczy wyłącznie kłótni z browarami w Europie lub domniemanych walorów smakowych Buda. Firma specjalizuje się też w efektownych kampaniach propagandowych, w których zwykle chodzi przede wszystkim o symbolikę, a nie o samo piwo. Innymi słowy, nie chodzi o napój, tylko o opakowanie. Najnowsza taka kampania właśnie została ogłoszona, a jej zasadniczym punktem jest tymczasowa zmiana nazwy Budweisera. Nowa nazwa będzie obowiązywać od 23 maja aż do 8 listopada, kiedy to Ameryka wybierze sobie nowego prezydenta. A skoro już o Ameryce mowa, to piwo tak właśnie się będzie nazywać – America.

W oficjalnym komunikacie na ten temat szefowie koncernu wyrażają śmiały pogląd, iż nazwanie piwa Ameryką spowoduje, że pijący ten napój ludzie „celebrować będą swój kraj" przy okazji tak ważkich tegorocznych wydarzeń, jak piłkarskie mistrzostwa Ameryki (Copa America), Święto Niepodległości, olimpiada w Rio, no i oczywiście wybory.

Zmiana nazewnictwa to jednak tylko część tej kampanii. Dodatkowo na puszkach z piwem umieszczana ma być patriotyczna symbolika, np. Statua Wolności, tekst hymnu narodowego, przysięga Pledge of Allegiance, itd. W ten sposób człowiek się będzie mógł nie tylko nabzdryngolić, choć do tego trzeba wielu puszek Ameryki, ale łyknąć po drodze nieco patriotyzmu, tak potrzebnego w procesie powolnego tracenia świadomości z różnych ważnych okazji narodowych.

Pod napisem „America" znajdować się będzie dodatkowo łacińska fraza *E pluribus unum*, która widnieje na oficjalnej pieczęci kraju, a która znaczy mniej więcej „z wielu jeden", czy też „z wielości jedność". W tym momencie szefów AB chyba coś pogięło, bo nie sądzę, by większość narodu w ogóle wiedziała, co to znaczy. Oczyma wyobraźni już widzę te miliony piwoszy, którzy zamiast otwierać puszki i nalewać, będą stać i drapać się po łbach w poszukiwaniu stosownego tłumaczenia łaciny. Któż bowiem może im zaręczyć, że owo *E pluribus unum* nie oznacza „Uwaga, trucizna – nie pić"?

Niepokoi mnie też nieco fakt, że nowa nazwa może zaowocować pewnymi niezamierzonymi konsekwencjami. Na przykład, policja może zatrzymać nietrzeźwego kierowcę, który powie: – *Ależ, panie władzo, ja wypiłem tylko pięć Ameryk, i to wyłącznie w celach patriotycznych*. Poza tym trzeba być wielkim optymistą, by zakładać, że ludzie otwierający kolejne piwo zadadzą sobie trud przeczytania umieszczonych na puszce treści ojczyźnianych.

Coś mi się wydaje, że w Polsce podobna kampania reklamowa zakończyłaby się fiaskiem. Załóżmy przez chwilę, że browar w Żywcu postanawia na okoliczność Euro 2016, olimpiady oraz wielu patriotycznych świąt przemianować swoje piwo na „Polska". Jakoś trudno mi jest sobie wyobrazić, by piwosze wypowiadali do kelnerów frazy typu: – *Panie starszy, prosimy szybko o pięć zimnych Polsk*. Jeśli zaś chodzi o treści patriotyczne na puszkach, to zainteresowanie pierwszą zwrotką *Bogurodzicy* też może się okazać nikłe w kontekście libacji. Jedyną szansę widzę w umieszczaniu na puszkach odwiecznych, neoludowych porzekadeł typu „no to chluśniem, bo uśniem", „alkohol to twój wróg – lej go w mordę" oraz „jak się Polacy rozchodzili, to się jeszcze jednej Polski napili".

Wracając do USA, nie wiem, jakie są dalsze plany koncernu AB, szczególnie po wyborach prezydenckich. Może się jednak okazać, że już z początkiem nowego roku wszystkie piwa tej firmy będą miały znacznie uproszczone nazewnictwo. Pojawi się np. Trump Lager, Trump Ale, Trump Real American Stout oraz prawdziwy szlagier rynkowy, czyli This Trump Is For You IPA. Przyszłość rysuje się piwoszom fascynująco.

Z religią na bakier

W teorii Stany Zjednoczone to kraj, w którym obowiązuje rozdział spraw państwa od spraw Kościoła. Od zarania dziejów kraju mechanizm ten działa w miarę dobrze, choć od czasu do czasu dochodzi do konstytucyjnych sporów o to, co w ramach tego rozdziału jest dozwolone, a co nie.

Niestety co innego teoria, a co innego praktyka. W przypadku wyborów prezydenckich religia w takiej czy innej postaci zawsze wdziera się na publiczne forum, głównie za sprawą mniej lub bardziej stukniętych polityków.

Ostatnio Newt Gingrich, były kandydat na prezydenta, który o mały włos nie został wybrany przez Donalda Trumpa na swojego wyborczego partnera, wyraził pogląd, że każdy obecny w USA muzułmanin winien być „testowany" pod względem jego lub jej przywiązania do szariatu, czyli prawa normującego życie wyznawców islamu. Jeśli takowe przywiązanie zostanie wykryte, twierdzi Newt, dana osoba winna zostać natychmiast deportowana, gdyż „szariat jest niezgodny z zachodnią cywilizacją".

Ciekaw jestem, w jaki sposób Newt chciałby te testy na szariat prowadzić, bo chyba nie na zasadzie pytań typu „eh, ty, wierzysz w prawo islamskie?". Ponadto Gingrich jakoś nie wspomina o tym, że szariat reguluje życie prywatne i publiczne wyłącznie muzułmanów, a to, że przygłupy spod znaku Państwa Islamskiego chcą to rozszerzyć na resztę świata, jest wyrazem tylko i wyłącznie ich fanatyzmu.

W kwestii muzułmanów w USA Gingrich nie zabiera głosu po raz pierwszy. W roku 2012 ostrzegał nas, że Ameryce grozi narzucenie szariatu przez niezidentyfikowane wraże siły i że w związku z tym potrzebne jest nowe prawo federalne, zabraniające stosowania w jakimkolwiek sądzie USA prawa islamskiego.

Wynika stąd, że Newt nigdy nie czytał (albo nie chce zdradzić, że czytał) drugiego paragrafu szóstego artykułu amerykańskiej konstytucji, który zawiera tzw. klauzulę supremacji konstytucji oraz praw USA nad jakimikolwiek innymi prawami. Niemożliwe jest zatem stosowanie w USA nie tylko szariatu, ale również polskiego kodeksu drogowego lub statutu australijskiego harcerstwa.

W sumie jednak Gingrich nie jest wyjątkiem. Rozważania natury religijnej zawsze dają o sobie znać w niemal każdym prezydenckim sezonie politycznym. Gdy o fotel prezydenta walczył John F. Kennedy, w mediach pełno było obaw o to, że – jako katolik – będzie on „kontrolowany" przez papieża i podporządkuje Amerykę woli Watykanu. Zresztą już na samym początku istnienia USA John Jay wyraził pogląd, że wszyscy katolicy ubiegający się o jakikolwiek urząd winni „wyrzec się papieża". Gdy w roku 1920 na scenie politycznej pojawił się po raz pierwszy katolicki kandydat na prezydenta, w kraju rozeszły się pogłoski, że zamierza on zaoferować papieżowi lokum w Białym Domu i pozbawi protestantów obywatelstwa.

Nie tak dawno temu wiceprezydentem mógł zostać (choć nie został) Joe Liebermann. Pytano wtedy jawnie, czy powierzanie tej funkcji człowiekowi wyznania mojżeszowego jest wskazane wobec faktu, iż Joe nie będzie mógł pracować w czasie szabasu, a przecież wojna nuklearna może wybuchnąć również w sobotę, czyli w chwili, gdy Joe nie będzie odbierał żadnych telefonów.

W tegorocznych wyborach prezydenckich, które przynoszą nam wiele mało pożądanych wrażeń, wystąpił jeszcze inny problem natury religijnej, który jest dość niespodziewany. Są mianowicie tacy, którzy twierdzą, że para Trump-Pence to najbardziej antykatolicki team w powojennej historii wyborczej Ameryki. Skąd takie przekonanie? Jeśli chodzi o Trumpa, w lutym tego roku uznał on – z sobie tylko znanych przyczyn – że papież Franciszek jest jego wrogiem wyborczym i nazwał go „godnym pożałowania pionkiem politycznym".

Nie wiem jak moi Czytelnicy, ale ja uważam, że wdawanie się w spory z papieżem w ramach jakiejkolwiek kampanii wyborczej w jakimkolwiek kraju jest porównywalne do skoku z wysokiej trampoliny na główkę do basenu bez wody. Najnowsze sondaże wśród katolików amerykańskich wykazują, że Hillary Clinton bije w tym środowisku Trumpa stosunkiem głosów 56 proc. do 39 proc., przy czym ten sam wskaźnik wśród katolików o latynoskim rodowodzie wynosi 77 do 16 proc.

Jeśli chodzi o gubernatora Indiany, naraził się on ostro w swoim stanie katolickiej hierarchii z chwilą, gdy sprzeciwił się pomysłowi przyjmowania przez Indianę syryjskich uchodźców i zaczął wywierać presję na katolickie organizacje charytatywne, by poniechały one przyjmowania uchodźców, oferowania im zakwaterowania, itd. Jednak arcybiskup Indianapolis, Joseph Tobin, zdecydowanie odmówił podporządkowania się woli gubernatora.

Być może para Trump-Pence nie czytała danych statystycznych dotyczących roli katolików w powojennym procesie wybierania kolejnych prezydentów USA. Choć ludzie tego wyznania stanowią tylko 22 proc. wszystkich mieszkańców kraju, począwszy od Franklina D. Roosevelta prezydentem zawsze zostawał wybrany ten, kto zyskiwał większość głosów katolickich. OK, raz było inaczej – w przypadku Dwighta Eisenhowera w roku 1952 – ale przecież każdy ma prawo się od czasu do czasu pomylić.

Kiełbasa co osiem i pół sekundy

Tegoroczne lato obfituje w emocje sportowe, które okraszone są zwykle jakimiś dodatkowymi wydarzeniami. Turniej Euro 2016 właśnie się zakończył, a ostateczny sukces odniosła najnudniejsza drużyna Starego Kontynentu. Jej bohater, Cristiano Ronaldo, rozpłakał się na boisku, bo go bolała noga, przez co kibice w Polsce zaczęli nazywać go mazgajem oraz Krysią. I choć Krysia została zniesiona z murawy, jej drużyna jakimś cudem zdobyła mistrzostwo, wprawiając w rozpacz miliony Francuzów.

Obecnie zaś toczy się doroczny wyścig kolarski Tour de France, w którym dominuje „kenijski" Brytyjczyk Chris Froome. Wygra on zapewne pięć następnych „Wielkich Pętli", a potem zostanie zdyskwalifikowany za doping, przez co wakacje przez resztę życia będzie spędzał z Lance'em Armstrongiem, w jakimś bardzo ustronnym miejscu, np. na bezdrożach Teksasu.

Przez pewien czas toczył się też turniej tenisowy Wimbledon, w którym jak zwykle wygrali wszyscy ci, którzy mieli wygrać, na czele z Sereną Williams, w której domu już nie mieszczą się te wszystkie srebrne tace wręczane jej co roku przez przedstawicieli brytyjskiej rodziny królewskiej. Ona sama być może nie pamięta już, ile razy wygrała, ale nie ma to większego znaczenia.

No ale najważniejszym wydarzeniem, które dopiero nas czeka, jest olimpiada w Rio, z której znaczna liczba sportowców oraz kibiców może wrócić do domu z wirusem zika, albo z tzw. superbugiem, którego nie da się niczym wyleczyć, a którego obecność wykryto w brazylijskiej metropolii. Z drugiej strony ludzie ci mogą w ogóle nie wrócić, gdyż władze miasta przyznały już, że nie są w stanie wszystkim zapewnić bezpieczeństwa. Poza tym Rio jest prawie bankrutem, system komunikacji miejskiej się sypie, a drogi są nieustannie zakorkowane. Słowem – idealny przepis na udane igrzyska olimpijskie.

W tych warunkach zachwycać może iście olimpijski spokój, w jakim przeprowadzono kolejne mistrzostwa świata w jedzeniu hot dogów. W swoim czasie pisałem już tutaj o tym wydarzeniu, które odbywa się na Coney Island w stanie Nowy Jork, a które oficjalnie nazywa się Nathan's Famous Fourth of July International Hot Dog Eating Contest. Każdy z uczestników – dla przypomnienia – musi w ciągu 10 minut wrąbać jak największą liczbę hot dogów wraz z omastą.

W tym roku doszło do ważnego wydarzenia sportowego – dawny mistrz, Joey Chestnut, zdetronizował zdecydowanie Matta Stoniego, a jednocześnie pobił swój własny rekord świata, pożerając 70 kiełbach w bułce. Jego przeciwnik został daleko w tyle, gdyż zdołał spałaszować o 17 hot dogów mniej. Jest to wielki sukces Chestnuta, który zapisze się na zawsze w annałach tego sportu. Bądź co bądź, Joey wcześniej zdobywał mistrzostwo osiem razy pod rząd, by je następnie w ubiegłym roku stracić na rzecz Stoniego. Mistrz się jednak – jak widać – nie załamał, ponownie stanął w szranki i bez trudu zdobył Międzynarodowy Pas Zielonej Musztardy, który jest czymś w rodzaju pucharu dla zwycięzcy imprezy. Ma to tym większe znaczenie, że konkurs na Coney Island odbył się po raz setny, gdyż jego początki sięgają roku 1916.

Z czysto sprawozdawczego obowiązku muszę dodać, iż wynik osiągnięty przez mistrza oznacza, że średnio wrzucał on do swojego żołądka jednego hot doga na każde 8,5 sekundy. Dodać należy, że w konkursie startowały również panie, których zdolność do błyskawicznego objadania się hot dogami ustępuje znacznie męskim możliwościom. Mistrzynią świata została Miki Sudo z Las Vegas, która w ciągu 10 minut poradziła sobie z 38 bułami z wędliną i dodatkami. Doniesienia o tym, że Chestnut może nawiązać z Sudo romantyczny związek, z którego narodzi się syn Hotdog Chestnut, okazały się nieprawdziwe.

Telewizja ESPN, która jak wiadomo zajmuje się sportem, podała intrygującą informację. Podobno w czasie treningów Chestnut osiągnął jeszcze lepszy wynik, gdyż uporał się z 73 hot dogami. Wieść ta mocno mnie zastanowiła, właśnie w kontekście innych zawodów sportowych, np. wspomnianego Tour de France. Kolarze też trenują i się rozgrzewają, a gdy w wyścigu jest dzień przerwy, nie leżą bykiem w hotelu, lecz pedałują ulgowo przynajmniej przez 60 mil, by nie wyjść z wprawy i formy. Ponadto po każdym etapie, nawet niezwykle wyczerpującym, często siadają na rower stacjonarny i cisną na pedały, by się po trudach walki odpowiednio odprężyć.

W związku z tym zastanawiam się, jak te praktyki kolarzy przekładają się na trening Chestnuta. Skoro w ramach przygotowań do zawodów zjadł 73 hot dogi, należy założyć, że w trakcie tychże samych sesji treningowych czasami „wprowadzał" jakieś 25 kiełbas na śniadanie, ot tak, dla zachowania odpowiedniej formy.

Ciekawe jest też to, w jaki sposób mistrz Joey „rozluźnia się" po wygranej walce o tytuł mistrza świata. Czy idzie do McDonald'sa i zjada tam 10 Big Maców, lecz w tempie odpowiednio spowolnionym? Czy też udaje się po prostu do męskiej toalety, gdzie poddaje swój system trawienny stosownej rekonwalescencji przez kilka następnych godzin? Trudno zgadnąć. W każdym razie sam bohater stwierdził po konkursie, że był w tym roku „świetnie przygotowany". Nie wiem, co to znaczy.

Wielbłądem przez Meksyk

Z naszym południowym sąsiadem od dawna mamy kłopoty. Kiedyś do Meksyku należał na przykład Teksas (oraz części stanów ościennych) i trzeba było wdać się w naparzankę zbrojną pod Alamo, by najpierw powstała niepodległa Republika Teksasu, a następnie dołączył do nas nowy stan, który teraz marzy podobno o tym, by się znowu odłączyć, ale to już inna sprawa.

Z drugiej strony Meksyk bywał też pożyteczny. W czasach prohibicji można było wpaść na kilka kielichów do przygranicznych miast, takich jak Nogales, Tijuana czy Nuevo Laredo, gdzie piwo i tequila lały się całymi strumieniami. Na południe zbiegali też w przeszłości liczni przestępcy, jako że wtedy o wydaleniu stamtąd kogokolwiek z powrotem do USA praktycznie nie było mowy. Dziś dla oprychów czasy nastały trudniejsze, choć ekstradycja nadal bywa procesem mocno skomplikowanym, czego przykładem może być sławny El Chapo, nadal gnijący w meksykańskim, a nie amerykańskim więzieniu.

Jednakowoż jeden problem jest od lat najważniejszy w relacjach Meksyku z Gringos. Jedna z najdłuższych lądowych granic świata jest w zasadzie niezbyt apetyczną wersją sera szwajcarskiego. Każdy chętny i odpowiednio zdeterminowany człowiek jest w stanie granicę tę pokonać nielegalnie, mimo coraz to nowych rozwiązań technicznych oraz kilku amerykańskich wersji muru berlińskiego. A nawet jak linii granicznej nie sforsuje za pierwszym razem, zawsze może próbować ponownie, praktycznie w nieskończoność.

Skoro już o murze mowa, ostatnio głośno jest oczywiście o tym, że Donald Trump zamierza nas zupełnie oddzielić od Meksyku wysoką ścianą, za której zbudowanie mają zapłacić meksykańskie władze, choć nikt dokładnie nie wie, w jaki sposób ma to nastąpić. W tym gigantycznym murze ma być tylko jedna furtka (ciekawe gdzie?), przez którą wyrzuci się do domu miliony nielegalnych, tylko po to, by potem niektórych „dobrych" Meksykanów wpuścić z powrotem i ich zatrudnić przymusowo w kasynach Donalda, gdzie do końca życia będą klepać biedę w dobrobycie.

Okazuje się jednak, że istnieje zupełnie inna metoda trzymania południowych sąsiadów w ryzach, która nie tylko jest znacznie tańsza, ale również daje Ameryce namacalne korzyści. Jak wynika z najnowszych doniesień, w mieście Zaragoza zaczyna brakować wody pitnej, co jest rzekomo wynikiem tego, iż z okolicznych studni, zresztą czasami głębokich na 1600 stóp, pobiera się 317 galonów wody na sekundę. A kto tyle wody ssie? Ano browar, w którym pod nadzorem amerykańskiej firmy Constellation Brands produkowane są popularne w USA piwa Corona, Negra Modelo i Pacifico. Co więcej, browar zamierza zwiększyć wkrótce produkcję, pod naporem ciągle wzrastającego popytu, nie tylko w USA, ale również w Kanadzie, Nowej Zelandii i we Włoszech. Coronę pije się dziś w USA niemal wszędzie, począwszy od wielkich lotnisk, a skończywszy na przyjęciu urodzinowym u wujka Johna. Jest to też piwo najczęściej kojarzone z letnimi urlopami i wyjazdami na wczasy.

Szczerze mówiąc, nigdy nie przepadałem specjalnie za piwem Corona, a zwyczaj zwieńczania szklanek z tym napojem plasterkami limonki też mi nie odpowiada. Faktem jest jednak, że piwo to bywa bardzo zręcznie reklamowane, zwykle przy użyciu krajobrazów z karaibskimi plażami, roznegliżowanymi niewiastami i sugestią, że żółty napój jest idealnym dodatkiem do romantycznych wakacji.

Teraz jednak, gdy wiem, że produkcja Corony wiąże się z wysysaniem hektolitrów wody z okolicznych studni, nie wiem, czy kojarzenie napitku z wodą, plażą i atrakcyjnymi kobietami jest na miejscu. Bardziej adekwatne byłyby obrazy jakiegoś kompletnie wycieńczonego faceta, czołgającego się po Saharze w stronę zielonej osady z wielką butlą Corony, która to oaza w ostatniej chwili okazuje się fatamorganą.

Sytuacja w mieście Zaragoza jest na tyle poważna, że burmistrz Martinez Sanchez napisał do gubernatora prowincji Coahuila, Rubena Moreiry, jednozdaniowy list: „Nie ma u nas wody do konsumpcji". Innymi słowy, wody w kranach brakuje, ale piwa nigdy nie zabraknie, a przecież piwo to głównie woda, a zatem aż tak źle nie jest.

Cały ten problem pojawił się w roku 2014, kiedy to firma Constellation Brands kupiła od Anheuser-Busch za 300 milionów dolarów fabrykę butelek w pobliskim mieście Nava. Fabryka ta zaczęła zaopatrywać browar Nava, co przyniosło znaczne zwiększenie produkcji. A ponieważ wszystko to dzieje się w terenie niemal pustynnym, wodę do produkcji Corony trzeba brać z głębokich studni.

Można oczywiście zadać dość proste pytanie – dlaczego browar musi znajdować się akurat w tym miejscu, w odległości 28 mil od granicy z Teksasem? Odpowiedź jest równie prosta. Meksykańscy robotnicy zarabiają grosze, co gwarantuje wysokie ceny i stabilność cen piwa. Ponadto po co Ameryka ma zużywać własną wodę, skoro może skorzystać z cudzej?

Firma Constellation Brands jest na tyle zadowolona z tego sukcesu, że w styczniu przyszłego roku zamierza w innym przygranicznym mieście Meksyku, Mexicali, zbudować nowy, wielki browar i również tamtejszą ludność pozbawić wody pitnej. W ten sposób Donald zostanie zwolniony z obowiązku dotrzymania obietnicy i zbudowania swojego nieszczęsnego muru, gdyż do granicy Meksyku z USA żaden Meksykanin nie będzie w stanie się doczołgać. Za to import wielbłądów może stać się kluczem do zbicia wielkiej fortuny.

Rozbiór UE przy pizzy

Pewnego ranka, nie tak dawno temu, obudziłem się i usłyszałem w telewizji szokującą wiadomość – Wielka Brytania postanowiła wsiąść *en bloc*, czyli jak jeden mąż i żona, na jakąś łajbę i pośpiesznie odpłynąć dalej od reszty Europy, choć nie bardzo wiem, w którym kierunku. Islandia chyba odpada, bo to dalej Europa, a zatem pozostaje jedynie środek Atlantyku. Zwolennicy tzw. Brexit wygrali referendum i teraz zastanawiają się, co dalej i czy jest jeszcze szansa, by ich kraj nie zmienił się z dawnego imperium w pozostawioną samej sobie peryferię posteuropejską, dryfującą gdzieś po oceanie.

Moi brytyjscy znajomi, którzy od dekad mieszkają w Londynie, zadzwonili do mnie jeszcze tego samego dnia, by wyrazić swoje przerażenie tym, co się stało. Powiedzieli coś, co daje wiele do myślenia. Ich zdaniem, wielu ludzi głosowało za wyjściem z UE nie dlatego, że mieli jakieś istotne przekonania na ten temat, lecz głównie „dla jaj", by potem móc się chwalić tym głosowaniem w gronie przyjaciół. Byli przekonani, że ich głos i tak nie będzie miał większego znaczenia, ponieważ obóz zwolenników pozostania w unijnych szeregach „z pewnością wygra".

Jeśli zjawisko takie istotnie miało miejsce, dowodzi to jeszcze raz, że z ważnych elekcji nie należy sobie robić żartów, gdyż konsekwencji nigdy się nie da dokładnie przewidzieć. Jest to oczywista przestroga również dla amerykańskiego elektoratu, ale to zupełnie inna sprawa. Faktem jest natomiast to, że ustępujący premier David Cameron zapisze się w historii jako człowiek, który skutecznie rozwalił jedność Europy z powodów czysto politycznych.

Wszystko wskazuje na to, iż na rozpisanie referendum zdecydował się tylko dlatego, iż myślał, że wygra, co otworzy mu łatwą drogę do następnej kadencji rządów.

Myślałem, że wieści o Brexicie będą jedynym szokiem tego dnia, ale się pomyliłem. Stało się to za przyczyną doniesień o tym, że Cameron zdecydował się na swój szaleńczy pomysł rozpisania referendum nie w zaciszu swojego biura przy 10 Downing Street, ani też nie w jakimś ważnym, brytyjskim urzędzie, lecz na lotnisku O'Hare, w trakcie pożerania tzw. *Chicago style deep dish pizza* w przybytku Pizzeria Uno.

Brytyjska prasa, która opublikowała te doniesienia, w pewnym sensie nie wie, o czym mówi, gdyż określiła lotniskową knajpę jako „tanią", co świadczy o tym, iż ludzie po drugiej stronie Atlantyku nie mają pojęcia, iż na O'Hare absolutnie nic nie jest tanie. No, ale trzeba im wybaczyć.

Jeśli wierzyć brytyjskim doniesieniom, Cameron w maju 2012 roku znalazł się na O'Hare po konferencji NATO, w której uczestniczył wraz z ówczesnym ministrem spraw zagranicznych Wielkiej Brytanii, Williamem Hague'em. Obaj panowie na trzecim terminalu posłusznie czekali na lot z powrotem do Londynu na pokładzie samolotu linii American Airlines, a ponieważ zgłodnieli, postanowili napchać się pizzą. Towarzyszył im dodatkowo szef sztabu premiera, Ed Llewellyn.

I właśnie w czasie konsumpcji tego dania wszczęta została rzekomo rozmowa o wyborach powszechnych, które miały się odbyć w roku 2015. Cameron obawiał się podobno narastającego zagrożenia ze strony skrajnie prawicowej partii UKiP oraz potencjalnego rozłamu wśród konserwatystów. Nie sposób dziś ustalić, czy propozycja obiecania narodowi brytyjskiemu referendum w sprawie UE do roku 2017 padła jeszcze przed podaniem pizzy, czy dopiero w połowie jej pałaszowania. Tak czy inaczej Cameron – znajdujący się wtedy pod wielką presją różnych wewnętrznych wydarzeń politycznych – miał rzekomo zgłosić taki pomysł, na co dwaj pozostali konsumenci szybko i bez oporów przystali. W ten sposób 21 maja 2012 roku na lotnisku O'Hare zapadła decyzja o demontażu Europy.

Nie jest to oczywiście dla Chicago żaden powód do dumy. Nie wiem też, czy ma się czym chwalić sieć pizzerii Uno, która ma własne problemy i nie ma zapewne czasu na martwienie się tym, czy losy Wielkiej Brytanii zdecydowały się nad grubym plackiem pokrytym serem i pomidorami. Warto przypomnieć, że pierwsza knajpa Uno powstała w River North w 1943 roku z inicjatywy dwóch przyjaciół: Ike'a Sewella i Rica Riccardo. Natomiast losy Brytanii i Europy zdecydowały się nad produktem wymyślonym rzekomo przez szefa kuchni Rudy'ego Malnatiego. Potem sieć pizzerii zaczęła się rozrastać, ale w roku 2010 firma ogłosiła bankructwo, z którego „wyszła" na początku roku 2011. Wynika stąd, że Cameron i spółka ucztowali w przybytku, którego istnienie stało pod znakiem zapytania.

Dlaczego premier Wielkiej Brytanii wybrał Uno? Jeśli ufać brytyjskiej wersji wydarzeń, był to wtedy jedyny przybytek na Terminal 3, w którym pizzę można było zjeść na siedząco. Ja to doskonale rozumiem, bo jak tu decydować o losie kraju i Europy stojąc? Jestem pewien, że w chwili, gdy Rosja, Austro-Węgry i Prusy rozważali możliwość przeprowadzenia trzeciego rozbioru Polski, nie stali gdzieś w kącie, lecz biesiadowali przy suto zastawionym stole, choć pizza zapewne nie wchodziła wtedy w rachubę. Podobnie Ribbentrop i Mołotow nie dzielili w 1939 Polski o suchym pysku i na stojąco, ale przy stole z wódą i zagrychami.

Tak czy inaczej, ostatnie dramatyczne wydarzenia utwierdzają mnie w przekonaniu, że w wielkiej polityce międzynarodowej najbardziej liczą się dwie rzeczy: żarcie oraz piękne kobiety. Niestety Cameron na O'Hare nie miał tych drugich do dyspozycji.

Delikatesy dla morderców

Po tragicznych wydarzeniach w Orlando, w wyniku których 49 osób zostało zastrzelonych w klubie „Puls", jeden z tamtejszych dziennikarzy postanowił sprawdzić, ile czasu zajmuje w tym mieście zakup broni, z jakiej korzystał zamachowiec Omar Mateen. A do dyspozycji miał dwa przyrządy do szybkiego zabijania.

Jednym z nich był półautomatyczny karabin Sig Sauer MCX, który posiada magazynek z 30 nabojami. Drugim narzędziem zbrodni był pistolet Glock 17, z którego można uśmiercić 17 osób bez ponownego ładowania broni. Wspomniany reporter wszedł w posiadanie Sauera w ciągu zaledwie 19 minut. Udał się do sklepu, zapłacił za wybrany towar i poczekał chwilę na wyniki „sprawdzenia" jego osoby w bazie danych FBI. Wkrótce potem stał się właścicielem karabinu, który – wbrew temu, co plotą różni obłąkani zwolennicy totalnego zbrojenia Ameryki – nie jest „wyszukaną bronią sportową", lecz paramilitarnym produktem, zwanym pieszczotliwie „czarną mambą", a zaprojektowanym pierwotnie dla amerykańskich sił specjalnych.

Jest to po prostu przyrząd do zabijania jak największej liczby osób w możliwie jak najkrótszym czasie. Mateen oddał z tej broni 24 strzały w ciągu 9 sekund. Wprawdzie wersja militarna jest w pełni automatyczna i nie wymaga ciągłego pociągania za cyngiel, ale w warunkach strzelania do bezbronnych ludzi, popijających w jakimś klubie drinki, nie ma to większego znaczenia.

Firma Sig Sauer opisuje swój produkt następująco: „Jest to doskonała broń, przydatna we wszelkich warunkach bitewnych. Liczne akcesoria dają możliwość zbudowania na jej podstawie kompletnego systemu ofensywnego". Warunki bitewne? System ofensywny? Coś mi się wydaje, że nie są to terminy dotyczące „wyszukanej broni sportowej". Chyba że przez bitwę rozumiany jest atak na dowolnie wybrany obiekt cywilny, np. szkołę, szpital, stadion sportowy, itd. A nawet gdyby uznać, że jest to broń sportowa, o jaki sport może w tym przypadku chodzić? Strzelanie do 20 dzików jednocześnie? Seryjne rozwalanie pustych butelek po piwie? Trudno zgadnąć. W każdym razie coś takiego w domowym arsenale to wyraz „mocy" i spełnienia postanowień drugiej poprawki do amerykańskiej konstytucji, która – jak się mylnie uważa – stanowi, że każdy obywatel ma prawo posiadać mniej więcej to samo co armia.

Ale do rzeczy. W poczuciu makabrycznego obowiązku postanowiłem test z zakupem broni przeprowadzić również na własnym podwórku, czyli w mieście Fort Wayne w stanie Indiana. W tym miejscu muszę zapewne zaznaczyć, że o broni palnej absolutnie nic nie wiem (i nie chcę wiedzieć) i że nigdy w życiu nie oddałem choćby jednego strzału z czegokolwiek, z wyjątkiem procy (we wczesnym dzieciństwie). Do przymusowej służby w armii PRL-u na szczęście mnie nie przyjęto z powodu zaawansowanej krótkowzroczności, a zatem nie miałem żadnych szans na zapoznanie się z urokiem strzelania z kałasznikowa do tarczy, reprezentującej wyimaginowanego, imperialistycznego wroga.

W Fort Wayne, liczącym sobie 250 tysięcy mieszkańców, istnieje 10 sklepów z bronią, czyli jedna taka placówka przypada na 25 tysięcy tubylców. To imponujący wynik i zapewne przewyższa znacznie liczbę obywateli przypadających na jedno szpitalne łóżko. Tak czy inaczej, wybrałem się do jednego z tych sklepów, B&H Firearms, którego wnętrze przypomina pod pewnymi względami delikatesy, tyle że zamiast kabanosów i białej kiełbasy w gablotach i na półkach zalegają wyłącznie giwery wszelkiej maści.

Bardzo uprzejmy pan zapytał, co mnie interesuje, na co odparłem, że chciałbym kupić broń o nazwie Sig Sauer MCX. Oczywiście z góry wiedziałem, że jej nie kupię – nie tylko dlatego, że nie zamierzam na razie nigdzie dokonać masowej egzekucji, ale również z powodów czysto finansowych – karabin zwykle kosztuje ok. 2 tysięcy dolarów. Właściciel sklepu powiedział mi, z wyraźnym żalem w głosie, że niestety akurat ta broń jest *out of stock* z uwagi na zwiększone zainteresowanie nią ze strony nabywców (kopniętych morderców?). Dodał jednak optymistycznie, że mogę dokonać zakupu wstępnego, co wymaga okazania ważnego prawa jazdy, potrzebnego do sprawdzenia w FBI, czy nie jestem przypadkiem człowiekiem rąbniętym lub skazanym uprzednio za zamordowanie małżonki lub za gwałt. – *Broń można będzie odebrać pojutrze* – powiedział na zakończenie naszej pogawędki. Odpowiedziałem na to, że na razie się z zakupem wstrzymam, ale bardzo dziękuję za pomoc.

Okazuje się tym samym, że nawet jeśli danego rodzaju broni nie ma w sklepie, wejście w jej posiadanie jest kwestią dwóch dni. Zadowolić to może niemal każdego mordercę, z wyjątkiem tych najbardziej niecierpliwych, którzy muszą kogoś zastrzelić już tego samego dnia.

Gdy mówi się gdzieś w świecie, że Ameryka cierpi z powodu obłędu na punkcie broni palnej, nigdzie nie jest to tak oczywiste, jak w niezliczonych sklepach z uzbrojeniem i amunicją. Są to placówki, których istnienie w jakimkolwiek innym cywilizowanym miejscu na świecie jest praktycznie nie do pomyślenia. Natomiast do pomyślenia są kolejne tragedie, po których wywiązuje się dyskusja prowadząca donikąd i idąca w zapomnienie po 5 minutach.

W obronie grabarzy

Nareszcie jakaś dobra wiadomość. Polska weźmie wkrótce udział w międzynarodowym turnieju grabarzy, w którym zmierzy się z reprezentacjami Czech, Węgier i Słowacji. Dzielni węgierscy kopacze w dniu 3 czerwca odbyli w Debreczynie krajowe mistrzostwa i wyłonili w ten sposób swoich faworytów do walki o trofeum międzynarodowe.

Zawody odbywały się na lokalnym cmentarzu (no bo niby gdzie się miały odbywać?), a w sumie do walki przystąpiło osiemnaście 2-osobowych zespołów. Zasady rywalizacji były stosunkowo proste – chodziło o jak najszybsze wykopanie grobu o ściśle zdefiniowanych parametrach – 2 metry długości (sorry, koszykarze NBA się tam nie zmieszczą), 80 cm szerokości oraz 160 cm głębokości.

Gdy sędzia główny imprezy ogłosił start, wszystkie drużyny przystąpiły do dramatycznego kopania, w wyniku którego już po 28 minutach powstał grób wykopany przez zdecydowanych zwycięzców. Reszta kopała jak mogła, ale w niektórych przypadkach zabrało to ponad godzinę. Sukces odniósł lokalny team, który zapewne skorzystał z tzw. „home advantage".

Po zakończeniu zawodów Zoltan Juracsik, szef Węgierskiego Zrzeszenia Grabarzy (dziwne, à propos, że taka organizacja w ogóle istnieje), powiedział agencji Reuters, że nie widzi w tych zmaganiach niczego makabrycznego: – *W końcu to jest nasz zawód i wszyscy nasi koledzy startujący w zawodach zasługują na szacunek i uznanie.*

Nie zamierzam się z tą tezą kłócić, ale pewne wątpliwości mimo wszystko mam. Po pierwsze, dlaczego zasadniczym elementem sportowego kopania grobów jest szybkość wykonania tego dzieła? Jestem w miarę pewien, że lokatorom tych dołów nigdzie się specjalnie nie spieszy. Po drugie, czy wykopane w trakcie rywalizacji groby są potem praktycznie używane, czy też zasypuje się je do czasu następnego „turnieju"? Jeśli w grę wchodzi ta druga możliwość, wydaje mi się, że jest to poważna strata grobowej mocy przerobowej.

Jednak zawody w Debreczynie były na tyle intrygujące, że wywołały spore zainteresowanie nie tylko w Europie, ale również w USA. Spójrzmy prawdzie w oczy – nikt dokładnie nie wie, jakie są zadania współczesnych grabarzy, natomiast powszechnie wiadomo, że nie jest to zawód, którym ludzie się chwalą. Trudno sobie na przykład wyobrazić, by w trakcie jakiegoś rodzinnego obiadu wujek Edek nagle stwierdził, że zajmuje się kopaniem dołów na cmentarzach.

Grabarz w powszechnej świadomości społecznej tylko kopie i zasypuje groby. Jest to prawda tylko częściowo, bo oprócz tego zajmuje się między innymi przygotowaniem zwłok do pochówku, obsługą ceremonii pogrzebowej, prowadzeniem orszaku, itd. Natomiast samo kopanie grobów tylko z pozoru jest czynnością prostą. W grę wchodzą warunki atmosferyczne, takie np. jak deszcz, śnieg czy mróz, nie mówiąc już o tym, że czasami grabarze znajdują się w niezwykle trudnej sytuacji związanej z lokalnymi realiami geofizycznymi.

I tu dochodzimy do sedna sprawy. W USA cmentarze są zwykle dość przestrzenne, a nagrobki nikłe, znajdujące się w sporej odległości od innych. Coraz popularniejsza staje się kremacja, a w związku z tym wymogi terytorialne dotyczące pochówku też są niewielkie.

W tych warunkach wykopanie nowej mogiły to pestka. Przyjeżdża jakiś sprzęt i w kilka minut jest po robocie. Takiego komfortu, by się tak nieprzystojnie wyrazić, nie sposób w Europie doznać. Jeśli pochówek odbywa się w rodzinnym grobowcu, grabarz musi najpierw odsunąć i przenieść płytę pomnikową, która po zakończeniu pogrzebu wraca na swoje miejsce, a bywa, że waży kilkaset funtów. O stosowaniu jakiegokolwiek sprzętu mechanicznego zwykle nie ma mowy, ponieważ nie ma na to miejsca. W związku z tym kopanie ręczne jest jedyną alternatywą.

W mojej rodzinnej miejscowości, Zdunach w powiecie Krotoszyn, cmentarz jest na tyle zatłoczony, że kopanie tam czegokolwiek nowego nie wchodzi w rachubę, bez „eksmisji" uprzednich lokatorów, czyli między innymi kilku generacji Heyduków.

Jest też inny problem, który prześladuje zawód grabarza od wieków. Status społeczny tego zawodu jest – mówiąc delikatnie – niski. Grabarz to, według obiegowej opinii, osoba o mocno przesuniętych progach wrażliwości. Do powstania tego typu skojarzeń na pewno przyczyniło się słynne powiedzenie Marka Twaina: „Żyjmy tak, żeby po naszej śmierci nawet grabarz płakał". Grabarze jednak zwykle nie płaczą, bo to zawód, a nie emocjonalna huśtawka nastrojów.

Faktem jest jednak, że zawód grabarza wykonywali z honorem różni znani ludzie. Polski polityk Tadeusz Cymański, absolwent Wydziału Ekonomicznego Uniwersytetu w Gdańskiego, w czasie studiów „dorabiał" przy pochówku zmarłych. Jeszcze bardziej znanym, półetatowym grabarzem był szkocki piosenkarz Rod Stewart, który pracował przez pewien czas na jednym z londyńskich cmentarzy, by w ten sposób „oswajać się ze śmiercią". Nie wiem, czy się oswoił, ale na szczęście nadal żyje i prosperuje.

A gdy pyta się grabarza o to, czy jego zawód jest ciężki, zwykle odpowiada z filozoficzną dwuznacznością:

– No, łatwa ta praca nie jest, ale z czegoś żyć trzeba.

Przestańcie to grać

Nikt nie ma w zasadzie wątpliwości co do tego, że tegoroczna prezydencka kampania wyborcza stanowi szczyt groteskowego pomieszania z poplątaniem. Po jednej stronie barykady mamy do czynienia z człowiekiem, który do roli prezydenta USA ma mniej więcej takie same kwalifikacje jak ja do chirurgii mózgu i który zdążył już obrazić znaczne segmenty amerykańskiego elektoratu. Jego przeciwnikiem jest kobieta, która wprawdzie stosowne kwalifikacje posiada, ale do walki o Biały Dom przystępuje z niezbyt zręcznym „bagażem" politycznym, ciążącym na niej niczym dodatkowy garb na wielbłądzie.

Przed kilkoma dniami przeczytałem gdzieś, że pozytywne mniemanie o Donaldzie Trumpie ma 26 proc. wyborców, a o Hillary Clinton – 31 proc. Są to wskaźniki o tyle bulwersujące, iż oznaczają, że w listopadzie Amerykanie będą głosować z pewną niechęcią, zdając sobie sprawę, że wybór odbywa się na zasadzie selekcji mniejszego zła.

W tych warunkach wcale mnie nie dziwi fakt, że różni ludzie nie chcą mieć z tym wszystkim nic wspólnego. Zdaje się to dotyczyć szczególnie gwiazd muzyki, a wynika to z faktu, iż poszczególni kandydaci mają zwyczaj wkraczać na arenę różnych wieców przy akompaniamencie powszechnie znanych przebojów. Niemal zawsze utwory te wykorzystywane są bez uprzedniej zgody wykonawców, co jest aktem jawnego piractwa.

Jeśli chodzi o Donalda, jego status w świecie muzyków wydaje się dość wątły. W czerwcu ubiegłego roku w trakcie dość dziwnej ceremonii ogłoszenia jego kandydatury, w ramach której kandydat zjechał w glorii przyszłej chwały ruchomymi schodami w nowojorskim gmachu Trump Tower, z głośników płynęły dźwięki piosenki Neila Younga pt. *Rocking in the Free World.* Niemal natychmiast Young zażądał, by kandydat przestał używać jakichkolwiek jego piosenek w kampanii wyborczej i oświadczył, że popiera Berniego Sandersa. Trump się podporządkował.

Nieco później, w lutym tego roku, kolej przyszła na brytyjską piosenkarkę Adele. Na wiecach Donalda często grano jej utwór pt. *Rolling in the Deep*, co spowodowało, iż wykonawczyni wydała oświadczenie, w którym stwierdziła, że nigdy nie zgodziła się na to, by jej muzyka używana była w czyjejkolwiek kampanii wyborczej.

Wkrótce potem lider zespołu Aerosmith, Steve Tyler, który à propos jest zarejestrowanym republikaninem, kazał swojemu prawnikowi wysłać Trumpowi list, w którym zawarte zostało żądanie natychmiastowego poniechania dalszego używania jego utworu pt. *Dream on* w czasie wieców wyborczych. Tyler stwierdził, iż używanie jego muzyki „stwarza fałszywe wrażenie", iż popiera on kandydaturę Donalda.

Znacznie mniej dyplomatyczny był wokalista grupy R.E.M., Michael Stipe. Gdy Trump zaczął odgrywać jego piosenkę pt. *It's the End of the World as We Know It* w czasie niektórych wieców, muzyk napisał do kandydata, by przestał „używać naszej muzyki i mojego głosu w kretyńskiej szaradzie, jaką jest ta kampania".

Wreszcie przed kilkunastoma dniami grupa The Rolling Stones zdecydowanie zaprotestowała przeciw używaniu przez Trumpa jej muzyki i zagroziła „konsekwencjami prawnymi". Zapewne do żadnych naparzanek nie dojdzie, gdyż szefowie kampanii zwykle szybko się poddają i szukają innych przebojów, których jednak jak tak dalej pójdzie w pewnym momencie może w ogóle zabraknąć.

Po stronie demokratycznej jak dotąd było w tym roku znacznie mniej kontrowersji. Hillary wybrała sobie piosenkę *Fight Song* mało jeszcze znanej wykonawczyni Rachel Platten, która nie tylko nie protestuje, ale zapewne się cieszy z dodatkowej reklamy. Natomiast Bernie Sanders uzyskał zgodę Neila Younga na używanie tej samej piosenki, której zabronił używać Trumpowi.

Tak zwane *campaign songs* stosowane są w trakcie prezydenckich kampanii wyborczych od wielu lat. Poszczególni kandydaci zawsze szukają pilnie jakiegoś hymnu, możliwie najlepiej prezentującego ich poglądy, styl, cele, itd. W przeszłości bywało z tymi hymnami dość różnie, a czasami wręcz śmiesznie.

W 1984 roku Ronald Reagan wybrał sobie utwór Bruce'a Springsteena pt. *Born in the USA*. Piosenkarz, znany ze swoich liberalnych poglądów, nie protestował, ponieważ uważał, iż Reagan strzelił gafę, gdyż jego utwór był krytyką „ciemnego okresu" amerykańskiej przeszłości, czyli lat wojny wietnamskiej i gwałtownych protestów społecznych.

Senator John McCain wybrał sobie piosenkę zespołu Abba pt. *Take a Chance on Me*, co rzekomo wynikało z faktu, iż kandydat był po prostu fanem tej grupy. Dawni jej członkowie używanie ich muzyki w USA do celów politycznych zupełnie zignorowali. Jednak nieco później, gdy wyborczą partnerką McCaina stała się Sarah Palin, hymn został zmieniony na utwór pt. *Barracuda* zespołu Heart, jako że tak nazywali Palin koledzy ze szkoły średniej. Niestety ten drugi hymn też musiał zostać schowany do szuflady, gdyż członkinie Heart zdecydowanie zaprotestowały.

Niemal pewne jest to, że wybór kampanijnego hymnu w ostatecznym rozrachunku nie wpływa w żaden istotny sposób na rezultat wyborów. Natomiast reakcje wykonawców są wymowne, bo zdradzają, jak się oni zapatrują na poszczególnych kandydatów. Ale Trump nie ma się czym przejmować – Adele i Stones nie mogą głosować w amerykańskich wyborach, a jakiś stosownie proTrumpowy artysta kiedyś z pewnością się jakoś znajdzie.

Dobra zmiana?

Nie, nie – wcale nie zamierzam pisać o Polsce i jej obecnych perturbacjach. Chodzi mi raczej o „dobrą zmianę" na lotnisku O'Hare, gdzie ostatnio miałem wątpliwą przyjemność wylądować na terminalu 5 po krótkiej wizycie w Europie.

Teren USA opuszczam dość rzadko, a wspomniany powyżej powrót z zagranicznych wojaży był pierwszym od dwóch lat. Niestety wrażenia, jakie z tego powodu odniosłem, nie są zbyt optymistyczne i sugerują, iż chicagowskie lotnisko nie jest zbyt ponętną bramą wjazdową do Ameryki dla zagranicznych turystów. A szczególnie tych, dla których Chicago nie jest ostatecznym celem podróży, lecz jedynie miejscem przesiadki.

Zasadniczym problemem jest to, że terminal 5 na O'Hare jest wyspą, zupełnie oddzieloną od pozostałych terminali. Nie można tam wysiąść z samolotu, a następnie przejechać do dowolnej innej części lotniska bez wyjścia z tzw. „secure zone". Konieczne jest opuszczenie strefy bezpieczeństwa, pojechanie kolejką do innego terminalu i ponowne poddanie się kontroli ze strony smutasów z TSA. Tymczasem na takich obiektach jak choćby londyński Heathrow jakakolwiek przesiadka nie wymaga dokonywania tego rodzaju karkołomnych zabiegów.

Jeśli ktoś ląduje w Chicago i nigdzie dalej się nie wybiera, nie jest to większy problem. Tranzytowców czeka jednak zazwyczaj totalnie irytująca gehenna, której nie da się w żaden sensowny sposób wyjaśnić. Załóżmy przez chwilę, że jakiś pasażer zamierza polecieć z Frankfurtu do St. Louis z przesiadką w Chicago. Załóżmy też, że człowiek ten, w swej niezmierzonej naiwności, kupuje sobie w Niemczech w sklepie „duty free" butlę jakiejś gorzały. Rzeczona butla jest automatycznie pakowana w szczelnie zalakowaną, plastikową prezerwatywę, której nie wolno w żaden sposób naruszyć aż do czasu stosownych oględzin ze strony ludzi z TSA.

Po locie, który trwa nieco ponad osiem godzin, nasz przykładowy pasażer ląduje na O'Hare, gdzie w terminalu 5 zmierza najpierw do kontroli imigracyjnej. Jeśli jest posiadaczem amerykańskiego paszportu lub przybywa z kraju objętego ruchem bezwizowym z USA, jest zachęcany do skorzystania z automatu, przy pomocy którego można ów paszport zeskanować i uzyskać wydruk z zasadniczymi danymi o przyjezdnym, wraz z jego zdjęciem. Była to dla mnie nowość i teoretycznie mogłaby stanowić „dobrą zmianę", ale w praktyce jest raczej przejawem idiotyzmu. Wydrukowanie przez maszynę wspomnianego kwitka nie oznacza bowiem, że zaraz potem można wmaszerować w Amerykę i mieć wszystko z głowy. Z papierem w garści nadal trzeba się ustawić do kolejki, na której czele siedzi w budce cieć z agencji ICE, sprawdzający paszporty. Powstaje w związku z tym pytanie – po jaką cholerę te automaty, skoro nadal konieczna jest kontrola „ludzka"? Z jednej kolejki robią się w ten sposób dwie, a na dodatek liczni pasażerowie, szczególnie co bardziej zaawansowani wiekiem, stają przed tymi maszynami w stanie niejakiego ogłupienia i nie są w ogóle zdolni z nich korzystać, co wymaga interwencji czuwającego w pobliżu personelu i co powoduje dodatkowe wydłużanie się kolejki.

Gdy już w końcu nasz teoretyczny przybysz z Frankfurtu przebrnie przez te przeszkody, czeka następnie na odbiór bagażu, bo ów nie może zostać automatycznie przeładowany do samolotu zmierzającego do St. Louis, gdyż konieczna jest lokalna kontrola celna, polegająca na wykryciu, czy w walizkach nie drzemią gdzieś przypadkiem tak niebezpieczne materiały jak kabanosy, kaszanka lub sadzonki kwiatów od babci Krysi.

Gdy już wejdzie się tymczasowo w posiadanie własnego bagażu, trzeba się następnie ustawić w kolejce do faceta, który zadaje kilka zdawkowych pytań o zawartość rolną toreb i zwykle puszcza ludzi dalej, choć czasami podejrzanych kieruje do dalszych badań, zwykle z udziałem kiełbasoczujnych Fafików federalnych. Tak czy inaczej, w moim przypadku stanie w kolejce do oceny agrarnej bagażu trwało 45 minut.

Zaraz potem wchodzi się w końcu oficjalnie na terytorium USA, ale tylko po to, by stanąć w ponownej kolejce do oddania bagażu na lot do ostatecznego celu podróży. A gdy już uszczęśliwiony pasażer pozbędzie się ponownie ciężkich toreb, jedzie kolejką na jeden z trzech krajowych terminali, gdzie – jakżeby inaczej – musi ustawić się w ostatniej na szczęście kolejce do „security". W moim przypadku owa kolejka była ogromna i wymagała tkwienia w niej przez prawie godzinę. Zaraz po zdjęciu butów i paska oraz prześwietleniu przez maszynę do bielizny albo jeszcze dalej, nasz pasażer z Frankfurtu musi też oddać do kolejnego badania przez pracowników TSA prezerwatywy z wódą zakupioną w Niemczech. Ludzie ci łamią z namaszczeniem „zabezpieczenia", wkładają butlę do urządzenia, które ma wykryć, czy po drodze whisky nie zmieniła się w dynamit w płynie, a następnie wszystko to ponownie lakują w torbie z wielkim napisem „TSA checked".

Warto być może w tym miejscu podsumować teoretyczny przebieg podróży z Frankfurtu do St. Louis:

1. Kolejka do „security" w Niemczech.
2. 8-godzinny lot do Chicago.
3. Podwójna kolejka do imigracji (automatyczna i ręczna).
4. Oczekiwanie na odbiór bagażu.
5. Kolejka do kontroli Fafikowej bagażu.
6. Kolejka do nadania bagażu na lot docelowy.

7. Kolejka do „security” na terminalu krajowym.
8. Ponowne badanie dóbr z „duty free”.
9. Lot do ostatecznego celu.

Czy wszystko to ma jakikolwiek sens? Owszem, ale tylko w przypadku masochistów. W USA często mówi się w obliczu przerostu biurokracji – „there's got to be a better way”. Mam nadzieję, że to prawda i że gdzieś lepsza metoda jest. Na razie jej nie widać. Być może jest teraz najwyższa pora na dobrą zmianę.

Windą (nieco) bliżej

Zwykła winda odgrywa w naszym codziennym życiu sporą rolę. Jest w stanie zawieźć na niebotyczne wysokości nawet największych grubasów, ułatwia życie wszystkim tym, którzy po schodach już chodzić nie są w stanie i jest od dawna nieodłączną częścią takich placówek jak biurowce, hotele, duże domy mieszkalne, itp.

Jednak winda miewała też znaczenie wręcz socjologiczne. Zanim wprowadzono ją do powszechnego użytku, wszystkie domy w USA nigdy nie miały więcej niż 7 pięter, przy czym ludzie zamożni zawsze mieszkali na parterze i pierwszym piętrze, a reszta zapieprzała w pocie czoła po schodach do swoich znacznie biedniejszych apartamentów na piętrach wyższych. Gdy okazało się, że windą można wjechać pod niebo, nagle biedota została wyrugowana na partery i do piwnic, a możni tego świata zajmują coraz częściej tzw. „penthouse suites” tuż pod dachem drapaczy chmur (wystarczy zapytać Donalda Trumpa).

Wprawdzie początkowo wcześni użytkownicy wind mieli pewne problemy z używaniem tego sprzętu, ale potem się jakoś przyzwyczaili. W roku 1894 chicagowski lekarz opisywał na przykład objawy „windzianej choroby”, która miała wynikać z nagłych startów i zatrzymań w czasie podróży w górę lub w dół. A gdy car Mikołaj II składał wizytę w Berlinie, znalazł się w hotelu Adlon, gdzie po raz pierwszy w swoim życiu użył windy, co wywołało panikę w carskiej ekipie, która nie wiedziała, kto ma nacisnąć odpowiedni przycisk i w jakiej kolejności należy do pudła ciągnionego linami wchodzić.

Tymczasem dziś winda, a raczej jej potencjalna awaryjność, obecna jest często w amerykańskiej sztuce kinematograficznej. Pełno jest filmów, zwykle mniej lub bardziej dramatycznych, których osią jest możliwość lub niemożność podróżowania windami. Wystarczy przypomnieć takie pozycje jak *Towering Inferno* czy też serię obrazów *Die Hard* z Brucem Willisem w roli głównej. Wszystkie te dzieła oscylują wokół faktu, iż ludzie zamknięci w metalowym, klaustrofobicznym pojemniku i podróżujący między piętrami wieżowców z natury rzeczy znajdują się w potencjalnie groźnej sytuacji, szczególnie gdy to pudło zatnie się między piętrami lub gdy w budynku wybucha nagle pożar. Innymi filmowymi motywami związanymi z awariami wind są „napięcia seksualne” między pasażerami, rodzące się romanse oraz, mniej apetycznie, problemy z higieną osobistą ludzi zapuszkowanych w tym samym pomieszczeniu na kilka godzin.

Jeśli wierzyć Hollywoodowi, z opresji tego rodzaju można jednak łatwo wyjść. Dzielny Bruce (i niezliczeni inni aktorzy) wydostają się na przykład z wind przez ich sufit, który przez herosów kina jest podważany i pozwala na wyjście ponad kapsułę, gdzie – podobno – można potem dokonywać różnych karkołomnych sztuczek, np. wejść na wyższe piętro, otworzyć ręcznie drzwi i wydostać się na wolność. Często pokazywane też są awaryjne przyciski, które pozwalają na exodus z windy nawet w razie poważnych jej awarii.

O wszystkim tym piszę nie bez powodu, jako że ostatnio miałem niespodziewaną okazję porównać rzeczywistość hollywoodzką z twardymi realiami codziennego życia. Byłem mianowicie z krótką wizytą w Polsce, gdzie zamieszkałem w hotelu. W przedostatnim dniu pobytu umówiłem się z kumplem na śniadanie w pobliskiej kawiarni. Mniej więcej o 9.00 rano wsiadłem do hotelowej windy, gdzie dołączyły do mnie dwie młode i atrakcyjne panie. Winda wyglądała na nową i technicznie zaawansowaną, podobnie jak moje przypadkowe współtowarzyszki podróży w dół.

Między pierwszym piętrem i parterem nagle winda zatrzymała się i zgasło w niej światło, poza małą lampką awaryjną. Świecił się też przycisk alarmowy ozdobiony wizerunkiem telefonu. Jak się okazało, w całym hotelu wysiadł prąd.

Kobiety wpadły w stan graniczący z paniką i zaczęły walić pięściami w metalowe drzwi. Ja natomiast stałem cicho w kącie, rozważając gorączkowo scenariusze potencjalnego ratunku. Ostatecznie po drugiej stronie drzwi rozległ się głos chłopaka jednej z uwięzionych, który czekał na nią rzekomo na parterze. Głos ów oznajmił, że „elektryka" twierdzi, iż prądu nie będzie przez dwie godziny. Mniej więcej w tym samym czasie zadzwonił do mnie mój śniadaniowy towarzysz, któremu wyjaśniłem, że się spóźnię, bo jestem uwięziony w windzie z dwiema paniami. – *A ile te panie mają lat?* – zapytał czujnie, ale go zbyłem ciszą.

W windzie było ciemno i duszno. Zaniepokojony perspektywą pozostawania w tym środowisku przez dwie godziny, zdecydowałem się na spróbowanie rozwiązań hollywoodzkich. Najpierw nacisnąłem na alarm. W kabinie rozległa się wiadomość po polsku i angielsku, że należy czekać. Potem spróbowałem opcji wyważenia dachu, choćby w celach wentylacyjnych, ale wyważyć można było wyłącznie małe żarówki LED. Co do poszukiwania innych przycisków alarmowych, nie zdecydowałem się na ten krok. Szukanie po omacku przycisków w małej kabinie w towarzystwie dwóch pań mogłoby zakończyć się przypadkowym naciśnięciem na nie to co trzeba.

Po około 20 minutach dokonałem odważnego manewru mającego na celu rozładowanie napięcia wśród moich współtowarzyszek niedoli. – *To może, drogie panie, porozmawiamy o życiu?* – powiedziałem prześmiewczo. Kobiety zachichotały, a zatem cel został osiągnięty.

Ostatecznie, po mniej więcej pół godzinie, z piwnicy hotelu wywołano „majstra", który zjawił się na miejscu kryzysu z pokaźnym łomem i skutecznie zmusił nim drzwi windy do odwrotu. Tym samym udowodnił, że prezentowana przez Hollywood wersja dramatów z udziałem windy ma bardzo niewielki związek z rzeczywistością. W hotelu, à propos, odtąd chodziłem po schodach.

Winna jest ryba

W roku 1897 policja w Londynie zatrzymała woźnicę taksówki konnej George'a Smitha. Nie wiem, w jaki sposób stróże porządku publicznego rozpoznali, iż woźnica był zdrowo nawiany – być może nawet konie chuchały whisky. Tak czy inaczej, po otrzeźwieniu George stanął przed sądem i został ukarany grzywną w wysokości 25 szylingów, czyli niemal 200 dzisiejszych dolarów. Tym samym londyński woźnica stał się pierwszym w historii kierowcą przyłapanym na jeździe po pijaku.

Przez wiele następnych lat przepisy dotyczące nietrzeźwych kierowców albo były bardzo pobłażliwe, albo w ogóle nie istniały. Potem zaczęły być stopniowo wprowadzane, ale policja często ich nie egzekwowała. Do dziś pamiętam, że w latach 70. byłem w Londynie wieziony samochodem przez przyjaciółkę, która – by nie owijać w bawełnę – była ostro nabzdryngolona. Po drodze zatrzymał nas uprzejmy policjant, który wiedział doskonale, iż ma do czynienia z pijanym kierowcą, ponieważ faktu tego nie dało się w żaden sposób ukryć. Poradził nam ciepło, byśmy uważali i pojechali spokojnie do domu. Dziś coś takiego jest zupełnie niemożliwe.

W większości krajów Europy, z wyjątkiem Wielkiej Brytanii, obowiązują przepisy, zgodnie z którymi u kierowców prowadzących pojazdy dozwolona jest albo zerowa, albo mikroskopijna zawartość alkoholu we krwi. W Polsce zatrzymani kierowcy wykazujący obecność alkoholu od 0,2 do 0,5‰ karani są za „wykroczenie", które zwykle oznacza bardzo wysoki mandat. Natomiast ci, którzy przedawkowali poza granicę pół promila, mogą się spodziewać znacznie surowszych kar, gdyż stają się automatycznie przestępcami. Wszystko to oznacza, że bardzo groźne jest nawet jeżdżenie po Europie na kacu, bo po libacji następnego ranka zawartość alkoholu we krwi zwykle nadal przekracza dozwolone normy.

W porównaniu do Europy Ameryka jest pod tym względem liberalna. W większości stanów obowiązuje limit 0,8‰, co oznacza, iż w świetle prawa jest się kierowcą nietrzeźwym dopiero po trzecim drinku. Problem w tym, że nadal spora liczba ludzi zasiadających za kółkiem uważa się za całkowicie trzeźwych po bardzo wielu wychylonych kielichach. A są również tacy, którzy zdają się być w tym względzie nieuleczalnymi recydywistami.

Niedawno w Milwaukee sąd skazał na rok więzienia 76-letniego Johna Przybylę, który został aresztowany pod koniec 2014 roku w wyniku tego, że policja zaobserwowała, iż prowadzony przez niego pojazd jechał zygzakiem. Kierowcy zmierzono zawartość alkoholu we krwi, co przyniosło wynik 0,62‰, a zatem zgodnie z przepisami stanu Wisconsin Przybyla był trzeźwy. Mimo to został postawiony przed sądem, ponieważ limit nietrzeźwości wynosi tylko 0,2‰ w tych przypadkach, gdy zatrzymany kierowca był wcześniej trzykrotnie karany za to samo wykroczenie.

A ile razy pan Przybyla był wcześniej karany za jazdę po pijaku? Dokładnie 10 razy, począwszy od roku 1995. Za każdym razem wymierzano mu mandaty, karano zawieszeniem prawa jazdy, wydawano wyroki więzienia w zawieszeniu, itd. Jednak dzielny John jeździł dalej, choć na szczęście nigdy nie udało mu się nikogo zabić.

Gdy w tym roku pojawił się w sądzie po raz kolejny, oświadczył, że w dniu, w którym został aresztowany, w ogóle alkoholu nie pił, ale zjadł „rybę panierowaną w piwie", co jego zdaniem spowodowało namierzoną przez policję zawartość alkoholu we krwi. Na szczęście dla porządku publicznego na drogach Wisconsin prokuratura zauważyła, iż upicie się rybą jest zadaniem dość trudnym, ponieważ wymagałoby nie tylko panierowania w piwie, ale późniejszego zanurzenia dania w półmisku wypełnionym dwoma kuflami napoju. Następnie konsument musiałby nie tylko zjeść rybę, ale wypić również jej alkoholowy sos. Przysięgli nie dali wiary „rybnej" strategii obrony podsądnego i wysłali go za kratki, co oznacza, że przez rok John nie będzie mógł zjeść steka zanurzonego w spirytusie i zasiąść potem za kierownicą.

Przypadek pana Przybyly budzi jednak wiele wątpliwości co do skuteczności stosowanych w USA przepisów. Problem wydaje się leżeć w tym, że jeśli kierowca zatrzymywany jest wielokrotnie za prowadzenie pojazdu na gazie, ale człowiek ten nie spowodował jak dotąd żadnego wypadku, stosowane wobec niego kary są śmiesznie łagodne. Najpierw jest mandat, potem coraz wyższe grzywny, a na koniec ewentualne zawieszenie prawa jazdy. Kary więzienia stosowane są dopiero z chwilą, gdy dochodzi na ulicy do jakiegoś tragicznego wydarzenia.

W przypadku Przybyly powstaje proste pytanie – dlaczego ten facet w ogóle nadal posiadał samochód, a jeśli już musiał posiadać, to dlaczego nie zastosowano w nim alkoholowej blokady? I jak ktoś może mieć zawieszone, a nie odebrane na zawsze prawo jazdy po 10 zatrzymaniach za prowadzenie auta po pijanemu? Należy założyć, że akurat ten człowiek zawsze będzie miał problem z piciem i jazdą samochodem, a zatem logiczne jest to, że należy go po prostu usunąć z publicznych dróg.

Tymczasem gdy Przybyla wyjdzie na wolność, prawa jazdy nie będzie wprawdzie mieć, ale nadal pozostanie właścicielem samochodu, do którego może zawsze wsiąść i pojechać w siną dal. W jego przypadku owa sina dal to zwykle pierwszy twardy przedmiot, którego w pijanym widzie nie jest w stanie skutecznie i w odpowiednim czasie ominąć.

Tr*dn* zg*dn*ć * c* ch*dz*!

W głośnej w swoim czasie powieści Josepha Hellera pt. *Catch 22* („Paragraf 22"), leżący w szpitalu pilot kapitan Yossarian cenzoruje listy nadchodzące do żołnierzy amerykańskich w czasie II wojny światowej i szybko dochodzi do wniosku, że jego zadanie jest groteską pozbawioną jakiegokolwiek sensu, w związku z czym zaczyna z nudów nie tyle cenzurować listy, co usuwać z nich pewne kategorie gramatyczne.

Czasami wykreśla z korespondencji wszystkie przedimki nieokreślone („an"), a czasami ten sam los spotyka przedimki określone („the"). Potem kolej przychodzi na zaimki osobowe („she", „he", „it" itd.). Każdy list podpisuje następnie nazwiskiem Washington Irving. Nie wie, dlaczego, ale wydaje mu się to o tyle uzasadnione, że w warunkach wojennego szaleństwa nikt nie zwróci zapewne na cokolwiek uwagi ani też nie zauważy nieobecności niektórych form gramatycznych.

Sam Washington Irving, XIX-wieczny eseista i historyk, zapewne nie byłby zadowolony, ale Heller osiągnął swój cel przez pokazanie, że ludzie obarczeni kontrolą nad jakąś konkretną sytuacją i pozbawieni złudzeń co do normalności tego świata zdolni są do wszystkiego, nawet jeśli jest to absurdalne i bezsensowne.

Wszystko to przypomniało mi się z dwóch powodów. Po pierwsze, powieść *Catch 22* zawsze uważałem za jedno z najważniejszych dzieł literackich XX wieku, przynajmniej jeśli chodzi o literaturę anglojęzyczną. Jednak po drugie, właśnie okazało się, iż „duch" działania kapitana Yossariana miewa się dobrze również dziś i daje o sobie od czasu do czasu znać, co w sumie jest jako tako krzepiące, bo zawsze powinno się mieć jakieś powody do rubasznego rechotu.

W roku 2013 szef firmy Amazon Jeff Bezos, uważany obecnie za jednego z najbardziej pomysłowych biznesmanów współczesnego świata, postanowił kupić prestiżowy amerykański dziennik *The Washington Post*. Było to posunięcie dość ryzykowne, jako że prasa drukowana w USA od kilku lat nie znajduje się w zbyt dobrej sytuacji. Owszem, akurat ta gazeta ma ogromne tradycje i doprowadziła do wykrycia jednej z największych afer politycznych w historii USA (Watergate), ale nawet czołowe amerykańskie dzienniki od dawna szukają metod pogodzenia obecności Internetu z pismem drukowanym. Jednak Bezos zaczął odnosić sukcesy i dziś *The Washington Post* znajduje się w znacznie lepszej kondycji niż przed trzema laty. Czytelnictwo gazety wzrosło na przykład z 30 milionów w roku 2013 do ponad 70 milionów w roku bieżącym.

Wszystko to jednak nie ma większego znaczenia. Okazuje się, że po wejściu w posiadanie tej gazety Bezos w czasie jednego z zebrań zgłosił dość szokujący pomysł. Zaproponował mianowicie, by czytelnikom internetowego wydania dziennika dać możliwość usuwania wszystkich samogłosek z artykułów, które im się nie podobają. Kolejni czytelnicy tego samego artykułu mogliby wprawdzie samogłoski przywrócić, ale tylko za uiszczeniem stosownej opłaty.

Szczerze mówiąc, od razu nabrałem podejrzeń, że szef Amazona został przepłacony przez Czechów i Słowaków, którzy samogłosek używają sporadycznie i z niechęcią. Z drugiej strony argumentował on wtedy całkiem serio, że byłaby to efektywna metoda oceniania dziennikarskich wyczynów załogi waszyngtońskiego dziennika, a poza tym chęć zapłacenia za powrót samogłosek byłby widomym znakiem, że pewne treści są mimo wszystko cenione przez czytelników.

Nie wiem, jak obecni na zebraniu zareagowali na pomysł Bezosa, ale oczyma wyobraźni widzę, jak ważni członkowie redakcji skwapliwie potakują, szukając jednocześnie gorączkowo wszelkich możliwych metod wyrażania myśli wyłącznie spółgłoskowo (doraźne szkolenie w Pradze?). Moim czysto prywatnym zdaniem jest to w sumie pomysł niebezpieczny z bardzo prostego powodu. Niezależnie od tego, co ktoś pisze, oraz na jaki temat, zawsze znajdzie się ktoś, komu się to nie podoba. Ów ktoś mógłby zatem ukatrupić bez przeszkód wszystkie samogłoski, ale jednocześnie mogłoby się okazać, że chętnych do zapłacenia za ich przywrócenie nie ma. Innymi słowy, gdybyśmy coś podobnego wprowadzili w *Kalejdoskopie*, pierwsze zdanie mickiewiczowskiego *Pana Tadeusza* mogłoby brzmieć na naszych łamach tak: „Ltw, jczyzn mj, ty jstś jk zdrw, l c cnć trzb tn tylk s dw, kt c strcł". Nie mówiąc już o tym, że podpis Yossariana na cenzurowanych przez niego listach musiałby ograniczać się do Wshngtn rvng. Choć przyznaję z językoznawczego obowiązku, iż język angielski jest znacznie mniej zależny od samogłosek niż polszczyzna, a zatem propozycja Bezosa w stosunku do mowy Szekspira miałaby mniejszy wymiar konfudujący.

Uważam, że pomysł Bezosa winien zostać zmodyfikowany w ten sposób, że samogłoski można by było usuwać z artykułów za znacznie większą opłatą niż ta, która wymierzana by była tym, którzy je chcą przywracać.

Jednak wydźwięk tego wszystkiego jest nieco inny. Bezos zaproponował to, co zaproponował, ponieważ wie doskonale, że może tak zrobić. Gdyby z podobnym pomysłem anty-samogłoskowym zgłosił się jakiś pośledni pracownik gazety, zostałby co najmniej wyśmiany, a być może nawet wyrzucony na bruk. Tak jak w powieści Hellera Yossarian wiedział doskonale, że wolno mu wszystko, podobne przeświadczenie było zapewne motorem sprawczym myśli Bezosa o eliminacji samogłosek. Mam nadzieję, że nie zacznie eliminować np. co drugiego zdania.

Wszystko na przecenie

W zasadzie od dawna wiedziałem, a przynajmniej przeczuwałem, że tak właśnie jest. Wchodzi się do jakiegoś sklepu, w którym wszędzie widnieją wielkie napisy informujące, iż właśnie odbywa się w nich „super wyprzedaż", w ramach której ceny wybranych towarów są o ileś tam procent niższe niż zwykle. A największe zniżki mają zwyczajowo dotyczyć tzw. „clearances", czyli wyprzedaży tych artykułów, których sklep chce się jak najszybciej pozbyć (choć nigdy nie bardzo wiadomo, dlaczego, co też jest dość podejrzane).

Problem w tym, że obniżka jakiejkolwiek ceny ma sens tylko wtedy, gdy znana jest cena poprzednia, czyli ustalona jako „normalna". Jednak owa cena wyjściowa ustalana jest przez ten sam sklep i może być praktycznie dowolna. Innymi słowy, możliwa jest taka sytuacja, że w piątek cena jakiejś pary butów wynosi 35 dolarów, ale przed zapowiedzianą na sobotę „wielką wyprzedażą" cena ta jest chwilowo podnoszona do poziomu 45 dolarów, by zaraz potem obuwie można było oznaczyć nową naklejką, obwieszczającą „dramatyczną redukcję" do 34 dolarów. Klient zaoszczędza na tym jednego zielonego i udaje się do domu w błędnym poczuciu, że załapał się na wyjątkową okazję.

Nie sugeruję, że machlojki tego rodzaju odbywają się wszędzie i zawsze, ale ostatnio jeden wścibski klient udowodnił, że mają miejsce. Zarejestrowany w internetowym portalu nabywca, posługujący się pseudonimem SillyPickle, udał się niedawno do Walmartu w Riverdale w stanie New Jersey, gdzie zauważył coś dziwnego. Otóż na półkach oznaczonych jako „clearance" znalazł kilka artykułów, których domniemana atrakcyjna cena wyprzedaży była wyższa od tej, za jaką sprzedawano ten sam artykuł nieco wcześniej. Rzeczony SillyPickle znalazł latarkę oferowaną za $10.99, ale po odlepieniu z niej żółtej nalepki, pod spodem znalazł drugą, z ceną $5.99. Innymi słowy, latarka była dwa razy tańsza w normalnej sprzedaży niż w ramach domniemanej redukcji cen.

Facet zrobił w Walmarcie kilka zdjęć swojego odkrycia i umieścił je w Sieci, z komentarzem, z którego wynikało, iż przyłapał firmę na „spisku cenowym". Jednak dzielni towarzysze z bastionu chińskiej tandety szybko dali odpór tym niecnym oskarżeniom. Przedstawiciel firmy oświadczył, iż w gruncie rzeczy nabywca wykrył jedynie „odizolowany przypadek pomyłki cenowej", co jest stwierdzeniem dość kuriozalnym, gdyż nieprawidłowe nalepki znajdowały się na wszystkich latarkach, a nie tylko na jednej. No, ale niech im będzie. Może przeżywają jakieś okresowe trudności z klejem oraz analfabetyzmem załogi.

Walmart nie jest bynajmniej pierwszą firmą, w stosunku do której postawiono zarzuty o podejrzane manipulacje cenami. W roku 2014 były pracownik sieci sklepowej JC Penney ujawnił, że był świadkiem tego, jak w przeddzień „wielkich wyprzedaży" windowano w górę ceny wszystkich towarów, tak by ich sprowadzenie potem do pierwotnej ceny wyglądało jak ogromna oszczędność, a nie to samo zdzierstwo co zawsze.

Podał wiele przykładów, za co został ostro zjechany przez swojego byłego pracodawcę, uważającego wszystkie te oskarżenia na niecną próbę zniszczenia wizerunku firmy. Było to o tyle bez znaczenia, iż wizerunek ten uległ zniszczeniu znacznie wcześniej, przez kierownictwo, które nie miało pojęcia o tym, co robi.

Sprawą zainteresowali się wtedy dziennikarze w Cincinnati i przeprowadzili niezależne śledztwo, które wykazało liczne nieprawidłowości. Przykładowo, koszula męska, której cena została „zredukowana" z 20 dolarów do 13.99, wcześniej sprzedawana była za jedyną dychę. Klient płacił o cztery dolary więcej niż powinien, ale był przekonany, że sklep zrobił mu wielką łaskę i dał mu co nieco zaoszczędzić.

Z podobnymi oskarżeniami musiała sobie w roku 2012 radzić sieć Kohl's, ponieważ udowodniono jej, że przed „wyprzedażami" podnosiła ceny niektórych towarów aż o 100 dolarów. Jednak dzielni handlowcy wyjaśnili, iż czasami zmuszeni są podnosić ceny w wyniku „trudności z zaopatrzeniem i przejściowych problemów rynkowych". Bardziej prawdopodobne jest tłumaczenie, że czasami chciwość bierze górę nad rozsądkiem i nie da się jej w żaden sposób opanować. Niepokoi mnie też fakt zastosowania frazy o przejściowych problemach rynkowych, która przywołuje rzewne wspomnienia o staniu w PRL-u w kolejkach po niemal wszystko. Wtedy przynajmniej idea wyprzedaży była w zasadzie bez znaczenia, bo ludziska byli gotowi kupować absolutnie wszystko, za dowolną liczbę portretów Ludwika Waryńskiego.

Jednym z najgłupszych haseł stosowanych przez wiele sklepów w USA jest „the more you spend, the more you save", czyli „im więcej wydajesz, tym więcej oszczędzasz". Głupota tego sloganu jest dwuwarstwowa. Z czysto logicznego punktu widzenia, im więcej się wydaje, tym więcej się wydaje, czyli niczego się nie oszczędza, lecz się coraz więcej traci. W kategoriach czysto praktycznych hasło to winno raczej brzmieć „the more you spend, the more you are actually spending", czyli „im więcej wydajesz, tym więcej tak naprawdę wydajesz". Słuszność tego drugiego hasła wynika z faktu, że w gruncie rzeczy żaden klient dowolnego sklepu nie jest w stanie ustalić, jaka naprawdę powinna być czegoś cena. Istnieje wprawdzie pojęcie tzw. *manufacturer's suggested retail price* (sugerowana przez wytwórcę cena detaliczna), ale zwykle odnosi się ona do takich rzeczy jak samochody, pralki, lodówki, itd. Reszta nabywców detalicznych skazana jest na wielkie, choć zwykle totalnie pozorne wyprzedaże.

Carskie jaja

Gdy nasze własne pisanki już dawno zostaną skonsumowane, ludzie wyznania prawosławnego przystąpią do świętowania Wielkanocy dopiero 1 maja. Jak powszechnie wiadomo, daty obchodzenia tych świąt są nie tylko ruchome, ale również rozbieżne między chrześcijaństwem wschodnim i zachodnim, co powoduje, że nigdy nie wiadomo, jaki dystans czasowy dzieli nas w jajecznych ucztach od braci ze Wschodu. A raczej wiadomo, ale żeby się o tym zwiedzieć, trzeba zaglądnąć do odpowiednich kalendarzy liturgicznych.

O ile za czasów PRL-u Jan Tadeusz Stanisławski perorował w ramach wykładów Katedry Mniemanologii Stosowanej o wyższości świąt Wielkiej Nocy nad świętami Bożego Narodzenia, prezentowanych przez lata w audycjach radiowej „Trójki" pt. *Ilustrowany Tygodnik Rozrywkowy*, teraz wspomniana „Trójka" stała się medium „narodowym", po którym niestety zbytniego poczucia humoru nie należy się spodziewać. No, ale to zupełnie inna sprawa.

Wielkanoc prawosławna ma od końca XIX wieku poważny atut w postaci carskich jaj. Nie, nie chodzi tu wcale o jakieś anatomiczne aspekty dynastii Romanowów, lecz o to, że Piotr Gustawowicz Fabergé, znany również jako Peter Carl Fabergé, wyprodukował na zlecenie carów Aleksandra III i Mikołaja II 65 jubilerskich jaj, które można by nazwać „nabiałem imperatorskim". Produkty jego kunsztu przekazywane były obu carom właśnie w okolicach świąt wielkanocnych, a ich konstrukcja bywała bardzo zróżnicowana – począwszy od inkrustowanych złotem i kamieniami szlachetnymi owalnych cacek, a skończywszy na jajach pełnych skrytych mechanizmów, pełniących rolę zegarów, zabawek i otwierających się skrytek.

Od razu trzeba wspomnieć o tym, że pan Fabergé był takim Rosjaninem, jak Obama jest Marsjaninem. Urodził się wprawdzie w Sankt Petersburgu, ale w rodzinie Gustawa Fabergé o rodowodzie bałtyckim oraz Charlotty Jungstedt, wywodzącej się z Danii. Gdy w Rosji do władzy doszli bolszewicy, których jaja w ogóle nie interesowały, a przynajmniej nie te, które produkował Carl, słynny jubiler dał nogę do Szwajcarii, gdzie dokonał żywota w roku 1920. Jego synowie wyjawili później, że dla niego rewolucja Lenina była „nie do przyjęcia", a przymusowa nacjonalizacja jego firmy jubilerskiej „złamała mu serce".

W czasach znacznie dla niego szczęśliwszych, czyli w carskiej Rosji, jego wielkanocne cacka sztuki jubilerskiej przyniosły mu dobrobyt i sławę. Był człowiekiem powszechnie poważanym i cenionym. Bywał też oczywiście na rosyjskim dworze. Nie mógł wiedzieć, że era Lenina i jego czerwonych kumpli nie tylko nie zdewaluuje jego dzieł, ale owieje je unikalną sławą, która spowoduje, że jajka Fabergé będą sprzedawane na światowych giełdach za kolosalne sumy. Tak jest do dziś.

Jedno z jego jaj, tzw. kukułcze, zostało w domu aukcyjnym Sotheby's sprzedane za sumę ponad miliona dolarów. Inne wyceniane są na podobne kwoty. W sumie z 65 jajek Carla do dnia dzisiejszego przetrwało 57. Jest to do pewnego stopnia niezamierzona zasługa Józefa Stalina. Należy założyć, że świąt Wielkiej Nocy morderczy Gruzin raczej nie obchodził, ale w latach 30. potrzebował zachodniej gotówki, w związku z czym przez trzy lata systematycznie sprzedawał Zachodowi carskie jaja. W sumie z Rosji wywędrowało wtedy 14 jaj, z których większość trafiła do rąk komunizującego amerykańskiego przemysłowca Armanda Hammera.

Dziś tylko nieliczne jaja pozostają w rękach prywatnych. Dziesięć z nich znajduje się w moskiewskim muzeum, następne osiem jest w posiadaniu Malcolma Forbesa, którego kolekcję można podziwiać w Nowym Jorku. W roku 2013 oligarcha Wiktor Veksleberg przyznał, że kupił 9 jajek za sumę ponad 100 milionów dolarów. Jak dotąd nie zostały one nigdzie zaprezentowane, choć nabywca twierdzi, iż zamierza w Sankt Petersburgu zbudować dla swojej kolekcji specjalne muzeum.

Z innych jajecznych rekordów trzeba przytoczyć sprzedaż w roku 2007 tzw. jajka Rotschilda za sumę 9 milionów brytyjskich funtów. Niestety nie jest to nabiał, który można skonsumować z okazji świąt. Nie można go nawet postawić na świątecznym stole, bo ktoś może to albo uszkodzić, albo podwędzić.

Szczególnie wymownym, historycznym komentarzem do wielkanocnej kariery jubilera z Sankt Petersburga jest to, iż na rok 1917 planowana była dostawa kolejnego carskiego jajka, tzw. Brzozy Karelii. Carl skończył swoje dzieło w marcu i miało ono zostać wręczone w wielkanocnym prezencie matce cara, Marii Fiodorownej. Zanim jednak do tego doszło, w Rosji wybuchła rewolucja, a car został zmuszony do abdykacji. W kwietniu Fabergé wysłał jajo byłemu carowi pocztą wraz z rachunkiem na 12500 rubli. Mikołaj II zapłacił ten rachunek, a następnie wysłał Brzozę Karelii wielkiemu księciu Michałowi Aleksandrowiczowi, nie wiedząc o tym, że ów wcześniej uciekł z Rosji. Jajo zostało następnie zrabowane przez bolszewików, ale przetrwało i dziś znajduje się w prywatnym muzeum w niemieckim Baden Baden.

Jakby na to nie spojrzeć, dzieła Petera Carla Fabergé zostały na zawsze skojarzone z okresem świąt wielkanocnych. A są na tyle słynne, że jedno z nich było nawet głównym motywem filmu o przygodach brytyjskiego agenta Jamesa Bonda.

Brudny chłopak

Gdy za czasów PRL-u w sprzedaży pojawił się proszek „E", który miał rzekomo sam prać, tysiące facetów zyskało złudną nadzieję, że wreszcie będzie można sprostać natarczywym postulatom małżonek o konieczności sprawiedliwego dzielenia się obowiązkami domowymi, w tym praniem. Panowie wrzucali brudy do wanien z rozpuszczonym w nich proszkiem, by przekonać się, iż szarawy roztwór nie posiada żadnych cudotwórczych właściwości. Pranie pozostało domeną gospodyń domowych, mimo postępującego równouprawnienia płci.

Wspominam o tym dlatego, że pod pewnymi względami sposób reklamowania środków piorących był zawsze kontrowersyjny. Gdy na amerykańskim rynku po raz pierwszy pojawił się w 1889 roku detergent o nazwie „Gold Dust", jego graficznym symbolem stała się para aseksualnych, czarnoskórych bliźniaków, co sugerowało w sposób tyleż rasistowski, co mało wyczulony na rzeczywistość, że proszek jest na tyle dobry, iż można nim wyprać „czarność" całej rasy. Dopiero w latach 50. XX wieku symbolika ta została poniechana pod naciskiem „nowych nastrojów społecznych".

Dziś opakowania detergentów to zwykle kolorowe, niezaangażowane społecznie lub politycznie wzory. Jednak o ile kiedyś sugerowano, że czarnych można wyprać do białości, o tyle dziś reklamy dają do zrozumienia, że środki piorące stosowane są niemal wyłącznie przez kobiety. Gdy proszek lub płyn do prania reklamowany jest w telewizji, niemal zawsze bohaterką jest w miarę atrakcyjna kobieta, która wciska do pralki brudy, a potem wyjmuje z niej nieskazitelnie czystą odzież. Czasami na ekranie pojawia się mąż w utytłanej czymś koszuli albo zgraja dzieciaków w zabłoconych szortach, ale są to tylko statyści dostarczający żonie i jej detergentowi stosownego materiału do prania. A na opakowaniach proszków do brania czasami pojawia się uśmiechnięta kobieca twarz, ale nigdy nie ma tam miejsca dla facetów.

Jak by na to nie patrzeć, środki piorące adresowane są przede wszystkim do kobiet, co ma pewne konsekwencje praktyczne. Środki zapachowe znajdujące się w większości detergentów to jakieś fiołki, bzy i róże, czyli zapachy często obecne w kobiecych perfumach, ale nie w męskich. O ile kosmetyki dla mężczyzn często szczycą się kompozycjami zapachowymi oscylującymi wokół dębu i piżmu, w sklepach nie sposób znaleźć proszków do prania o podobnych zaletach wonnych. Nawet mnie to nie bardzo dziwi, gdyż piżmo to ni mniej ni więcej tylko „wydzielina z gruczołów okołoodbytniczych piżmowca syberyjskiego". Wątpię, by ktoś chciał traktować takim proszkiem bieliznę.

Jednak dziejowa niesprawiedliwość, polegająca na wykluczaniu z rynku prawdziwie „męskich" środków piorących, być może zostanie wkrótce zlikwidowana. Od pewnego czasu na rynku amerykańskim istnieją trzy środki piorące, które zdradzają bezprecedensową „męskość". Są to: Dirtyboy, Hero Clean oraz Frey.

Od razu zwraca na siebie uwagę samo nazewnictwo. Proszek o nazwie Brudny Chłopak to z pewnością nie specyfik dla mięczaków, lecz dla facetów, którzy do prania podchodzą zdecydowanie i bezkompromisowo. Natomiast Hero Clean sugeruje bohaterstwo w walce z brudem. Frey sprzedawany jest w czarnych pojemnikach plastikowych i posiada „męski zapach inspirowany przez wodę kolońską".

Choć na razie detergenty dla panów to dopiero raczkująca nowość, ambicje producentów są spore. Leif Frey, jeden z braci, którzy wspólnie uruchomili produkcję proszku o tej samej nazwie, twierdzi, że „na rynku detergentów istnieje poważna luka, która jest rezultatem głęboko zakorzenionych stereotypów o tym, kto wykonuje główne prace domowe".

Bracia Frey wspominają, że pomysł stworzenia proszku do prania dla mężczyzn narodził się u nich w czasie studiów, gdy musieli sami prać swoje rzeczy. Zauważyli, że detergenty dostępne na rynku były w 100 procentach „kobiece". Postanowili złamać ten stereotyp i wydaje się na razie, że mogą odnieść sukces. Sprzedaż ich proszku zwiększa się mniej więcej o 50 proc. rocznie, choć firma nie przynosi jeszcze zysku. Freyowie liczą na to, że Amerykanie, którzy zwykle preferują proste i „czyste" kompozycje zapachowe, polubią ich produkt – i to nie tylko mężczyźni, ale również kobiety.

Jeśli środki piorące dla płci męskiej rzeczywiście osiągną komercyjny sukces, fakt ten może mieć pewne niespodziewane konsekwencje. Freyowie są zdania, że mężczyźni będą w stanie polubić pranie. Przytaczają następującą analogię. Przed laty golenie uważane było powszechnie za nudne, codzienne zadanie, za którym nikt nie przepadał. Gdy jednak na rynku pojawiły się pierwsze pianki do golenia, nagle golący się zaczęli lubić to zajęcie i przebierać w różnych piankach. Podobnie ma się stać w przypadku prania. Wystarczy tylko czymś opornych mężów zwabić do pralki.

Inną konsekwencją pojawienia się w sklepach detergentów dla facetów jest postępująca zmiana zapatrywań w kierownictwie znanych koncernów produkujących takie środki. Przed kilkoma miesiącami firma Ariel India zaprezentowała reklamę telewizyjną, w której ojciec, wpychający pranie do pralki, przeprasza swoją nastoletnią córkę, że tak rzadko pomaga w wykonywaniu prac domowych. W krótkim czasie 26 milionów ludzi obejrzało tę reklamę poprzez różne serwisy społecznościowe.

Jednak szybkiej rewolucji nie będzie. Jak wynika z badań statystycznych, mężczyźni, którzy robią pranie sami, zwykle odbywają ten rytuał znacznie rzadziej niż kobiety, niczego po wypraniu nie sortują i prawie nigdy nie zmieniają niczego w ustawieniach pralki, czyli wszystko piorą „na jedno kopyto". W tych warunkach nawet Brudny Chłopak nie jest w stanie w żaden sposób pomóc.

Goła pomarańcza

Amerykański rynek detaliczny żywności w znacznej mierze zdominowany jest przez produkty dla ludzi bardzo leniwych. Pokrojony na kromki chleb, wyłuskane orzechy, no i oczywiście paczki sałaty i warzyw, które są nie tylko idealnie pocięte na kawałki, ale również „triple-washed and ready to eat". W sklepowych zamrażarkach pełno jest też żywności, którą w parę minut można „parować bezpośrednio w opakowaniu" przy pomocy „mikrofali", a potem ciepnąć na talerz, skutecznie udając przed gośćmi, że jest to rzecz, nad której przyrządzeniem męczyliśmy się w kuchni przez ponad godzinę.

Jak tak dalej pójdzie, wkrótce zajeżdżać będziemy do supermarketów, w których absolutnie wszystko będzie obrane, pokrojone, umyte i prawie gotowe do konsumpcji. A jeszcze lepsza wizja jest taka, że klient będzie podjeżdżał do okienka „self-service", skąd z rury wysypywać się będą od razu na talerz zakupione towary, np. steki z frytkami i sałatą albo – w przypadku placówek polskich – schabowe z ziemniakami i kapustą. Proponowałbym w związku z tym jeszcze jedną rurę, o nieco mniejszej średnicy, z przeznaczeniem na setę i zagrychę.

Ostatnio okazało się jednak, ku mojemu zaskoczeniu, że są pewne granice tego szaleństwa. Otóż sieć sklepowa Whole Foods, specjalizująca się w organicznej drożyźnie dla bogatych i snobów, wprowadziła do sprzedaży obrane pomarańcze. Każdy owoc, doszczętnie odarty ze skóry, oferowany był w swoim własnym, plastikowym pojemniku. Miało to zaoszczędzić klienteli bólu związanego z obieraniem pomarańczy, który to ból – jak powszechnie wiadomo – może prowadzić do stresów oraz połamanych paznokci.

W tym miejscu należy zapewne wspomnieć, że firma Whole Foods od pewnego czasu zmaga się z przeróżnymi problemami. W ubiegłym roku ogłosiła zwolnienie 1500 pracowników oraz wdała się w sądowy konflikt z organizacją PETA, która oskarżyła ją o oszukiwanie klientów, przez sprzedawanie po mocno zawyżonych cenach mięsa, które miało pochodzić od producentów dobrze traktujących zwierzęta, a które w rzeczywistości kupowane było w zwykłych rzeźniach.

Na domiar złego mniej więcej w tym samym czasie nowojorski wydział „spraw konsumenta" oznajmił, że Whole Foods systematycznie zawyżał ceny niektórych warzyw, oferowanych w gotowych „pakietach", czyli właśnie tych, które można prawie bez żadnych przygotowań podać na talerz. Zresztą oszustwo podobno nie polegało wyłącznie na zawyżaniu cen, ale również na podawaniu na opakowaniach błędnej wagi towarów.

Wszystko to zaowocowało procesem w sądzie federalnym, którego rezultat nie jest jeszcze znany. W przeszłości, a konkretnie w roku 2013, szef Whole Foods, John Mackey, wsławił się tym, iż w wywiadzie udzielonym radiu NPR nazwał reformy zwane Obamacare „faszyzmem", co spowodowało, iż niektórzy klienci sklepowej sieci postanowili szukać pokrojonego chleba i umytej sałaty w innych placówkach.

Wracając jednak do pomarańczy wyzutych z naturalnego opakowania, klientka sklepu Whole Foods Nathalie Gordon uznała, że sprzedawanie gołych cytrusów w plastiku to mocna przesada. W związku z tym zrobiła zdjęcie obranych pomarańczy i rozpowszechniła je w serwisie Twitter, by w ten sposób pobudzić konsumentów do reakcji. Napisała też ironicznie: „Gdyby tylko matka natura wynalazła jakieś okrycie dla owoców, nie musielibyśmy marnować na nie tyle plastiku".

Na reakcję długo nie musiała czekać. W ciągu zaledwie kilku godzin pojawiło się ponad 60 tysięcy komentarzy na temat jej wpisu, przy czym ogromna większość z nich krytykowała sprzedaż nagich pomarańczy i domagała się ich usunięcia ze sklepowych półek. Wszystko to po pewnym czasie dotarło do kierownictwa Whole Foods, które – w swej niezmierzonej mądrości – przyznało się do błędu i obiecało ogołocone cytrusy wycofać ze sprzedaży. I tak się istotnie stało, choć po pewnym wahaniu.

Jednak niejako przy okazji doszło do fascynującej dyskusji o przystosowywaniu towarów do „specjalnych" potrzeb klienteli. Okazało się mianowicie, że niektórzy konsumenci popierali zdecydowanie sprzedawanie obranych pomarańczy, ponieważ uważali, że jest to pomysł zbawienny dla ludzi cierpiących na reumatyzm lub osób w taki czy inny sposób niepełnosprawnych.

Teoretycznie zgadzam się z tego rodzaju argumentami, ale jest to zgoda dość powierzchowna. Problem polega bowiem na tym, że jeśli oferowana w sklepach żywność zacznie być adresowana do wybranych w taki czy inny sposób grup konsumentów, rozpocznie się proces, który nigdy nie ujrzy swojego własnego końca. Jeśli trzeba sprzedawać pomarańcze obrane specjalnie dla reumatyków, dlaczego nie wprowadzić na sklepowe półki jabłek odpowiednio pogryzionych dla bezzębnych albo etykiet z pismem obrazkowym dla analfabetów?

Przyznaję, że poza rynkiem żywnościowym istnieją „gotowe" produkty, z których sam korzystam. Ponieważ garnitury i krawaty noszę średnio raz na pięć lat, zwykle na okoliczność ślubów i pogrzebów, nigdy nie nauczyłem się wiązania tych drugich, w związku z tym mam małą kolekcję pozornie zawiązanych krawatów na gumce. Śmiem jednak twierdzić, że gdybym musiał stawić się na jakiejś bardzo ważnej imprezie, pewnie bym kupił krawat normalny i poprosił kogoś o jego zawiązanie. Mniej więcej tak samo jak każdy może kogoś poprosić o obranie pomarańczy, jeśli z jakichś przyczyn sam nie jest w stanie wykonać tego zadania.

Latający potwór

W wielu krajach Zachodu, w tym również w USA, obowiązują konstytucyjnie chronione zasady wolności wyznania, których nadinterpretacja prowadzi coraz częściej do nieco kuriozalnych wydarzeń. Teoretycznie bowiem niemal każdy może nagle oświadczyć, że właśnie stworzył nową religię – z odpowiednią symboliką, świętami, obrządkami, itd. – z czego wynikają istotne konsekwencje. W Indianie działa na przykład od pewnego czasu „kościół marihuany", którego członkowie argumentują, iż mają prawo do palenia trawki w ramach „mszy", gdyż jest to wymóg ich „wiary".

Amerykańskie sądy często patrzą na tego rodzaju brewerie przychylnie, ponieważ obawiają się, że z ewentualnego zakazu wyznawania nowej religii wynikną znacznie większe problemy niż z jej uznania.

Być może najlepszym przykładem jest tzw. Kościół Latającego Potwora Spaghetti, którego „bóstwem" jest FSM, czyli Flying Spaghetti Monster. Wyznawcy tej „religii" nazywają się pastafarianami i skutecznie argumentują, że nawet na zdjęciach do praw jazdy mogą występować z metalowymi durszlakami do odcedzania makaronu na głowach, bo to jest wymogiem ich wiary.

Wszystko to można by uznać za jakiś studencki wygłup, gdyby nie pewne fakty. W roku 2005 student fizyki Bobby Henderson napisał do stanowego zarządu szkół w Kansas list, w którym protestował przeciw wcześniej podjętej przez to ciało decyzji o zezwoleniu na nauczanie w szkołach tzw. kreacjonizmu, czyli biblijnie motywowanej teorii, iż wszechświat został stworzony mniej więcej 6 tysięcy lat temu w ciągu 6 dni i że teoria ewolucji Darwina jest tylko słabo udokumentowaną hipotezą o rozwoju organizmów.

Ponieważ Henderson nigdy nie dostał odpowiedzi na ten list, opublikował w Internecie swój manifest, w którym zasugerował, iż skoro kreacjonizm traktowany jest na serio, on sam wysuwa nowy postulat – za każdym razem, gdy jakiś naukowiec przeprowadza tzw. datowanie węglowe jakiegoś organizmu, do akcji rusza Latający Potwór Spaghetti, złożony z klusek i klopsów, który skrycie fałszuje naukowe dane. Ten sam potwór miał też podłożyć ludzkości fałszywe dane o ewolucji, by przetestować odporność na „błędne teorie". „Skoro kreacjoniści mogą postulować to, co postulują, nie widzę powodu, dla którego moja teoria nie mogłaby być traktowana równie poważnie" – stwierdził Henderson, który jednocześnie określił siebie samego jako „zatroskanego obywatela". Następnie w jednym z wywiadów Henderson oświadczył: – *Ja nie mam żadnego problemu z religią. Mam natomiast problem z religią pozującą na naukę.*

W ten właśnie sposób powstała sekta Latającego Potwora Spaghetti, której organizatorzy nigdy nie wystąpili o oficjalne uznanie jej jako religii. Jednak wyznawcy tego ruchu odnieśli kilka istotnych sukcesów. Pod groźbą procesu sądowego władze w Austrii wyraziły np. zgodę na to, by Niko Alm zrobił sobie zdjęcie do prawa jazdy z durszlakiem na łbie, bo ma do tego prawo jako wyznawca pastafarianizmu. Podobną zgodę wyraziły też w jednym przypadku władze Australii. Niestety gorzej (ale śmieszniej) było w stanie New Jersey, gdzie komisja zajmująca się ruchem drogowym zakazała fotografowania się kierowców z durszlakiem, co uzasadniła tym, że „przyrząd ten nie znajduje się na liście zatwierdzonych nakryć głowy o charakterze religijnym". Teraz jestem ciekaw, co na tej liście jest i czy figurują tam berety.

O dziwo, choć pastafarianizm nie jest oficjalnie religią, coraz częściej pojawiają się publiczne wypowiedzi, w tym również ze strony krytyków ruchu Hendersona, które zdają się sugerować, że każdy wymysł, o ile tylko zyska odpowiednią skalę poparcia i opracuje „zasady wiary", jest religią.

Tymczasem sam Henderson przyznaje bez ogródek, że nigdy nie spodziewał się, iż jego żartobliwy w intencji list zyska sobie tak wielką popularność. Dziś pastafarianizm obecny jest w kilkunastu krajach świata, co świadczy dobitnie o tym, że z każdej głupoty można stworzyć ideologię. Liczbę zwolenników tejże ideologii trudno jest oszacować, ale zakłada się, że jest ich co najmniej kilka tysięcy.

Być może kluczowym wydarzeniem ostatnich dni wśród wyznawców Latającego Potwora Spaghetti stała się decyzja władz Nowej Zelandii, na mocy której członkowie sekty mają odtąd prawo wydawać akty zawarcia małżeństwa, choć tylko w przypadku związków pomiędzy kluskowymi wiernymi. Na razie jeszcze żadne małżeństwo nie zostało zawarte, być może w oczekiwaniu na transport stosownej ilości makaronu z Włoch. Tak przynajmniej twierdzi tajemniczy przywódca sekty w Nowej Zelandii, znany jako Top Ramen.

Na szczęście są jeszcze ludzie, którzy uważają to wszystko za żart. Sekta dostała w roku 2006 wyróżnienie o nazwie Quill Award for Humor. Pozytywnie o warstwie humorystycznej ruchu wyrażali się komentatorzy różnych mediów. Pastafarianizmowi przypisuje się dwie zasługi. Po pierwsze ośmieszają oni skutecznie łatwość, z jaką można tworzyć „religie", by potem korzystać z konstytucyjnie gwarantowanych praw. Po drugie dowodzą równie skutecznie, że proponowanie wierzeń jako nauki prowadzi do sytuacji, w której na serio można proponować absolutnie wszystko. Ja sam lecę teraz na sesję do „kościoła marihuany".

Kwestia obrażalstwa

Na amerykańską demokrację można z wielu powodów narzekać, ale pod jednym względem zdaje się nie mieć sobie równych. W USA można dowolnie obrażać prezydenta, ponieważ nie grożą za to żadne kary. Zakazane są jedynie groźby pod adresem zdrowia lub życia przywódcy kraju, natomiast wszystko inne chronione jest przez pierwszą poprawkę do konstytucji. Groźby karalne definiowane są w USA na podstawie brytyjskiego prawa zwanego Treason Act z roku 1351, które zakazuje nawet „wyobrażania sobie" śmierci króla. Dziś można sobie wyobrażać śmierć dowolnej osoby, natomiast nie wolno o tym publicznie mówić.

Sytuacja w Polsce i bardzo wielu innych krajach jest zupełnie inna. Polski kodeks karny stanowi, że „kto publicznie znieważa Prezydenta Rzeczypospolitej Polskiej podlega karze pozbawienia wolności do 3 lat". W swoim czasie PiS, jeszcze w opozycji, zabiegał o zmianę tego zapisu, zapewne w celu legalizacji obrażania ówczesnego prezydenta, ale nigdy nic z tego nie wyszło. W związku z tym sytuacja nad Wisłą jest teoretycznie taka, że osoba prezydenta pozostaje w znacznej mierze nietykalna, niezależnie od tego, kto akurat w danej chwili zajmuje ten urząd.

W swoim czasie była w Polsce afera z witryną internetową antykomor.pl, naśmiewającą się z prezydenta Komorowskiego, natomiast nie tak dawno temu czujne siły bezpieczeństwa przesłuchały młodzieńca, który umieścił niezbyt pochlebne dla prezydenta Andrzeja Dudy wideo. Na szczęście sam prezydent dał do zrozumienia prokuraturze, że powinna przestać się wygłupiać i zostawić faceta w spokoju.

Wszystko to jest dla Amerykanów całkowicie niezrozumiałe. Prezydent jest między innymi po to, by z niego nieustannie „drzeć łacha", w zależności od czyichś poglądów politycznych. I nie jest to nawyk, który wykształcił się w amerykańskim życiu politycznym przed chwilą – przywódców kraju obraża się ze swadą i bez oporu od bardzo wielu lat.

Prezydent John Tyler, który objął prezydenturę po śmierci Williama Harrisona, był powszechnie wyśmiewany i przezywany „His Accidency". Prezydenta Jamesa Polka określano jako „zdezorientowanego wariata", natomiast Richard Nixon znany był jako „Tricky Dick", nie mówiąc już o tym, że pod koniec wojny wietnamskiej nazywano go przestępcą wojennym.

Dziś czasami pewne konsekwencje krytyki pod adresem prezydenta ponoszą dziennikarze, ale nie jest to wynik stosowania prawa, lecz kwestia polityki wewnętrznej. W swoim czasie telewizja MSNBC zawiesiła na jakiś czas komentatora Marka Halperina, ponieważ nazwał on przed kamerami prezydenta Obamę na poły seksualną frazą „a kind of dick". To jednak pestka w porównaniu np. z Tajlandią, gdzie nawet łagodna krytyka króla tego kraju może zakończyć się 15-letnią odsiadką w pudle.

Natomiast w Turcji obowiązuje zakaz krytykowania nie tylko władzy, ale również pojęcia „tureckości", co jest na tyle ogólnikowym standardem, że do więzienia można w zasadzie wtrącić każdego i pod dowolnym pretekstem. Brytyjski artysta został na przykład skazany za to, że narysował psa z głową premiera Erdogana. Natomiast za rządów prezydenta Ahmadinedżada w Iranie jakiegoś faceta uwięziono na 16 lat za to, że nazwał przywódcę kraju megalomanem. Nawet we Francji za obrażanie prezydenta można dostać grzywnę w wysokości 45 tysięcy euro.

Gdyby podobne zasady karalności i obrażalstwa wprowadzić w USA, już dawno wszyscy siedzielibyśmy za kratkami. Na szczęście obrażanie lokatora Białego Domu zawsze było legalne. Abraham Lincoln, którego rządy przypadły na szczególnie burzliwy okres historii USA, nazywany był publicznie kłamcą, despotą, uzurpatorem, krzywoprzysięźcą, ignorantem, tyranem, tchórzem, piratem, rzeźnikiem, diabłem, fanatykiem, bezwolnym narzędziem w rękach zdrajców oraz oszustem. Ukoronowaniem wszystkich tych epitetów było miano „Abraham Africanus the First". Mimo to nikt nigdy nie został aresztowany pod zarzutem obrażenia prezydenta kraju.

Obecny prezydent, który zapewne liczy już dni dzielące go od powrotu do życia prywatnego, bywał za swoich rządów socjalistą, komunistą, Hitlerem, głupkiem, Marsjaninem, faszystą, kłamcą, ciemniakiem i skrytym muzułmaninem. Jednak również w jego przypadku żaden z jego krytyków nigdy nie został pociągnięty do jakiejkolwiek odpowiedzialności, ponieważ czegoś takiego prawo amerykańskie po prostu nie przewiduje.

Przed kilkoma laty podejmowałem dwójkę przyjaciół z Polski, wraz z którymi oglądałem późnymi wieczorami amerykańskie „late night shows". Wręcz nie mogli się nadziwić, że w USA możliwe jest lżenie głównych osób w państwie bez narażania się na jakiekolwiek konsekwencje.

Całkiem prywatnie uważam, że tak właśnie powinno być. Śmiać się w zdrowej demokracji można i należy ze wszystkiego, niezależnie od tego, czy ktoś uważa to za zdrożne, obraźliwe, bulwersujące, etc. Gdy tylko krytyka, nawet jeśli niesłuszna, niezasłużona lub wręcz fałszywa, zaczyna prowadzić do następstw prawnych, żegnamy się z otwartością i poczuciem humoru, by wpłynąć na wody obrażalstwa i sądowych sporów o nic. A te są zwykle strasznie nudne.

Dyktatura serc

W pewnym sensie nigdy za bardzo nie rozumiałem tzw. walentynkowego szaleństwa, w ramach którego ogromna większość facetów (w USA rzekomo 73 proc.) obdarza swoje wybranki (żony, przyjaciółki, kochanki, skryte sympatie, itd.) kwiatami, bombonierkami i różnymi innymi atrybutami serduszkowego obłędu. Po pierwsze jest to „ruch jednokierunkowy", jako że tylko 27 proc. pań daje panom prezenty w dniu 14 lutego, co oznacza, że Valentine's Day to ostoja dyskryminacji seksualnej. Nie czuję się za bardzo pokrzywdzony, ale statystyki nie kłamią. Po drugie zaś, dlaczego jest tylko jeden usankcjonowany dzień, w którym nagle wszyscy przypominają sobie, że są z kimś emocjonalnie związani? A reszta roku to obojętność?

Po trzecie termin tego święta został po raz pierwszy (i ostatni) ustalony w 1573 roku przez angielskiego króla Henryka VIII. No ja bardzo przepraszam, ale jak ktoś ma sześć żon i trzy razy tyle nałożnic, to akurat nie on winien decydować o tym, kiedy mamy świętować romanse. W jego przypadku pewnie świętował codziennie, a konkretną datę wybrał tak sobie, dla żartów, w przerwie między żoną numer cztery i numer pięć.

Od pewnego czasu tu i ówdzie pojawiają się objawy tego, że ludzie zaczynają mieć z wolna dość „walentynkowania", które nabija kasę kwiaciarzom oraz producentom okolicznościowych kartek. W Atlancie w stanie Georgia od paru lat odbywa się doroczna impreza o nazwie Cupid Undie Run, co w wolnym tłumaczeniu znaczy „bieg Amora w bieliźnie". Uczestników zachęca się, by dali sobie spokój z wydawaniem pieniędzy na kwiaty, które szybko zwiędną, i oddali się bez reszty bieganiu po ulicach miasta w kolorowych strojach, których zasadniczym elementem mają być kolorowe gacie. Przy okazji biegacze zbierają pieniądze na różne pożyteczne cele. W ubiegłym roku zasilili lokalne organizacje charytatywne sumą ponad 3 milionów dolarów.

W dalekiej Finlandii w dniu 14 lutego obchodzone jest święto o nazwie *Ystavanpaiva*, które oznacza „Dzień Przyjaciół". Owszem, ludzie nadal dają sobie prezenty i kartki, ale nie ma to nic wspólnego z amorami. Jest to po prostu okazja do okazania sympatii wszystkim przyjaciołom, bez żadnych romantycznych podtekstów.

Jednak swoistym pionierem w walce ze świątecznym zniewoleniem narodu stał się dyrektor szkoły podstawowej w St. Paul w stanie Minnesota, Scott Masini, który rozesłał niedawno do rodziców „okólnik", czyli swój własny *Bekanntmachung*, w którym powiadamia, że w trybie natychmiastowym w jego placówce... nie będzie się świętować niczego. Żadnych świąt Bożego Narodzenia, żadnego Halloween, żadnego dnia „indyczego", ani też żadnych walentynek.

Masini wywołał wprawdzie sporą konsternację i naraził się na krytykę, ale obstaje przy swoim. Twierdzi mianowicie, że uczniowie są na tyle zróżnicowani pod względem rasowym i kulturowym, że świętowanie czegokolwiek zawsze będzie dla kogoś obraźliwe, a przynajmniej trudne do strawienia.

Nie można mu się dziwić, jako że w jego szkole ogromna większość uczniów to osoby pochodzenia azjatyckiego i czarnoskórzy, a język angielski jest mową ojczystą tylko 45 proc. młodych ludzi. Jego decyzja, choć z pewnością kontrowersyjna, podkreśla to, że w kraju tak wielokulturowym i wielojęzykowym jak USA publiczne obchodzenie jakiegokolwiek święta staje się coraz bardziej skomplikowane i niesie ze sobą różne niebezpieczeństwa.

O ile w USA następuje stopniowy i powolny odwrót od lutowego okładania się kwiatami i cukierkami, w innych częściach świata sprawy mają się zupełnie inaczej. W Polsce, gdzie za czasów PRL-u o Valentine's Day nikt nie słyszał, a miłość wymagana była wyłącznie w stosunku do przywódców „partii, państwa i narodu", dziś jest tak samo jak w Ameryce, a może jeszcze gorzej. Natomiast w licznych krajach muzułmańskich toczą się spory o to, czy dzień serduszkowy jest „zgodny z duchem islamu", czy też należy go zakazać. Ba, celebrowanie w takich krajach tego święta czasami urasta do symbolu opozycji w stosunku do władz i naraża świętujących na represje.

W Arabii Saudyjskiej dwukrotnie wprowadzano przepisy, na mocy których tzw. „policja moralna" mogła nakazywać sklepom wycofywanie ze sprzedaży (oraz z wystaw) czerwonych atrybutów walentynkowych, ponieważ sugerowały one rzekomo „chrześcijańskie obrządki".

Polityka ta zaowocowała powstaniem czarnego rynku czerwonych róż i ozdobnego papieru w tym samym kolorze. Jednak władza saudyjska, powszechnie znana ze swej otwartości na średniowieczne kretynizmy, nie zniechęciła się i w roku 2012 aresztowała 140 osób za „walentynkowanie". Skonfiskowano też ze sklepów wszystkie czerwone róże, którymi następnie – jak śmiem domniemywać – obsypano króla Arabii Saudyjskiej. Natomiast w roku 2014 stróże saudyjskiej moralności aresztowali pięciu facetów, których skazano potem za świętowanie St. Valentine's Day na kilka lat więzienia oraz 4500 razów rózgą. Kleryk Szejk Al-Arifi powiedział wtedy publicznie, że święto jest „zakazanym pomysłem imitującym zachodnie wzorce". Miał rację. Gdyby święto imitowało saudyjskie wzorce, komuś by trzeba było ściąć łeb, tyle że wtedy czerwień też by była, choć nie różana.

Totalny odlot

Wiele razy wspominałem już w tym miejscu, że w amerykańskim życiu publicznym coraz częściej pojawiają się zjawiska sugerujące stopniowy odwrót od nauki i racjonalizmu w kierunku ignorancji i głupoty. Znani i teoretycznie mądrzy ludzie zaczynają np. ględzić o tym, że żadnego ocieplania się ziemskiego klimatu nie ma i że wieści na ten temat są przejawem złowróżbnego spisku światowego lewactwa. To samo dotyczy idiotyzmów opowiadanych o tym, że wszechświat ma ok. 6 tysięcy lat, co wyklucza istnienie wielu znacznie starszych cywilizacji, po których pozostały namacalne i wiarygodne ślady.

Przed 9 tysiącami lat w Chinach istniała na przykład cywilizacja o nazwie Jiahu, a na Półwyspie Indyjskim – cywilizacja Mehrgarh. Przed 7500 lat ludzie w dzisiejszych Czechach umieli przetapiać miedź i sporządzać z niej różne przedmioty, co jest bardzo trudne, jeśli się w ogóle nie istnieje. Najstarsze przedmioty wykonane ze złota, których wiek szacuje się na 7 tysięcy lat, znaleziono w okolicach bułgarskiej Warny. Natomiast tuż przed domniemanym powstaniem wszechświata, czyli 6 tysięcy lat temu, liczne ludy w Mezopotamii wiodły spokojne życie, nieświadome tego, że ich świat jeszcze się nie narodził. Musieli być cholernie zaskoczeni, gdy pewnego dnia po obiedzie nagle pojawiło się nad nimi niebo, a pod stopami pokazał się twardy grunt.

Każdy ma oczywiście prawo wyznawać dowolne, preferowane przez siebie poglądy. Ze swobody tej korzysta ostatnio w dość szczególny sposób raper Bobby Ray Simmons, który znany jest w świecie muzyki jako B.o.B. Ów 27-letni człowiek od pewnego czasu umieszcza w serwisie Twitter wpisy, w których usiłuje dowodzić, że Ziemia jest płaska i że wszelkie dane o jej kulistości są celowo spreparowanym fałszem.

W ramach „dowodu" Simmons sfilmował się na jakimś wzgórzu, za którym widoczne były dwa miasta położone w odległości 16 mil od siebie. „No i gdzie jest to zakrzywienie między nimi?" – pytał muzyk swoich zwolenników. Potem przedstawił jeszcze zdjęcie Manhattanu wykonane z Harriman State Park znajdującego się w odległości 60 mil od miasta. „Gdyby Ziemia była rzeczywiście kulą, Nowego Jorku nie powinno być w ogóle widać" – orzekł B.o.B.

Odpowiedział mu astrofizyk Neil deGrasse Tyson, niezłomny propagator nauki i racjonalizmu. Na początek spróbował wytłumaczyć, że kulistość globu z odległości 60 mil zasłania mniej więcej 150 stóp Manhattanu od dołu, a ponieważ tamtejsze budynki są znacznie wyższe, pozostają z takiej odległości widoczne. I na tym być może wszystko by się skończyło i nie trzeba byłoby wskrzeszać Kopernika oraz Galileusza, gdyby nie to, że Tyson wystąpił potem w programie na kanale Comedy

Central i powiedział: – *W naszym kraju narasta nurt antyintelektualny, który może stać się początkiem końca demokracji wśród ludzi obdarzonych rzetelną wiedzą. Isaac Newton powiedział kiedyś, że widzi dalej niż inni, ponieważ stoi na ramionach poprzedzających go gigantów nauki. I prawda jest taka, B.oB., że jak stoisz na ramionach gigantów, to widzisz na tyle daleko, iż zdajesz sobie sprawę z tego, że Ziemia nie jest k...a płaska.* Następnie Tyson powiedział do kamery – *À propos, B.o.B, to jest grawitacja* – i upuścił swój mikrofon na podłogę.

Trudno zgadnąć, jaka była, jest lub będzie reakcja pana Simmonsa na ten komentarz, ale wydaje mi się, iż on sam może empirycznie zbadać swoją tezę o płaskości Ziemi. Może wszak wsiąść do pociągu lub samolotu bylejakiego i jechać/lecieć tak długo, aż nie osunie się z krawędzi ziemskiego globu w kosmiczną otchłań. Ponadto jeśli Ziemia jest istotnie płaska, to wystarczy w jakimś miejscu Manhattanu zacząć kopać prosto w dół, by prędzej czy później dokopać się do dna, czyli zrobić dziurę na wylot. Wprawdzie wtedy Ziemianom będzie groził straszny przeciąg, ale czego się nie robi dla nauki?

Nie wspomnę już o tym, że liczne zdjęcia z kosmosu, np. zrobione z pokładu Międzynarodowej Stacji Kosmicznej, dość sugestywnie pokazują Ziemię jako kulę, a nie jako placek. Podejrzewam jednak, że B.o.B uważa te zdjęcia za fałszywki propagowane przez rząd federalny w celu utrzymania otumanionego społeczeństwa w błędnym przekonaniu, że istnieją takie rzeczy jak Układ Słoneczny, planety, orbity, itd.

Wszystko to jest oczywiście śmieszne, ale tylko do pewnego stopnia. Konieczność obrony teorii kulistości Ziemi w XXI wieku jest wyraźnym znamieniem tego, że nasza cywilizacja zmierza w kierunku kompletnej głupawki i przywiązania do średniowiecznej mentalności antynaukowej. Na tym samym poziomie znajdują się liczne inne, zgoła kretyńskie przekonania oraz zapewnienia, że ludziom nauka nie jest do niczego potrzebna, ponieważ można ją zastąpić „wyczuciem".

Moim zdaniem, B.o.B. winien bez reszty oddać się życiu na estradzie i zapomnieć o rozważaniach „naukowych". Skoro Ziemia jest płaska, to przynajmniej może być pewien, że mu nigdy mikrofon nie zjedzie spontanicznie ze sceny. Ponadto z pewnością powinien zapisać się do Towarzystwa Płaskiej Ziemi (ang. *Flat Earth Society*), czyli organizacji, która głosi od końca XIX wieku, że Ziemia jest dyskiem z centrum na biegunie północnym, otoczonym ścianą lodu, który to dysk okrążają Słońce i Księżyc, mające po 32 mile średnicy.

I jeszcze jedno – zdaniem członków tej formacji, grawitacja nie istnieje, a iluzja przyciągania ziemskiego powodowana jest przez jednostajnie przyspieszony ruch dysku w górę. Nic zatem dziwnego, że zawsze możliwy jest totalny odlot.

Perfumy dla okupantów

W dniu 2 stycznia tego roku, niejako na przywitanie nowego roku, grupa uzbrojonych czubków z kilku stanów USA przejęła kontrolę nad urzędem federalnym w Oregonie. Chodzi o Malheur National Wildlife Refuge, czyli biuro, którego zadaniem jest opiekowanie się okolicznymi gruntami federalnymi, gdzie występują liczne rzadkie okazy fauny i flory.

Na czele „okupantów" stoi niejaki Ammon Bundy, na co dzień pracownik firmy wypożyczającej samochody, ale jego prawdziwą karierą jest kwestionowanie uprawnień władz federalnych, gdyż uważa, iż federalizm obowiązujący w USA jest nieważny, a poczynania rządu – nielegalne. Jest to o tyle zabawne, że jego własne poczynania, polegające na straszeniu ludzi bronią, kradzieży federalnych pojazdów i jawnym łamaniu prawa są w jego przekonaniu całkowicie uzasadnione wobec „agresji" ze strony Waszyngtonu. Zresztą Bundy wywodzi się z rodziny o „wielkich tradycjach", jako że jego ojciec, Cliven Bundy, jest jeszcze bardziej stuknięty i w Nevadzie spowodował niedawno konfrontację z przedstawicielami rządu federalnego. Odmawia też zapłacenia miliona dolarów za nielegalne używanie federalnych gruntów do wypasania bydła oraz twierdzi, że jego działania dyktowane są „boskimi objawieniami" w ramach jego mormońskiej wiary.

W większości innych krajów świata przejęcie przez szajkę uzbrojonych palantów biura rządowego skończyłoby się tym, że po krótkich pertraktacjach stosowne siły dokonałyby ataku na okupantów, a następnie by ich zakuły w kajdanki i postawiły przed sądem. Jednak sytuacja w USA, szczególnie w tym przypadku, jest nieco inna. Ludzie ci traktowani są z wielką ostrożnością, gdyż nikt nie chce doprowadzić do strzelaniny, w wyniku której bohaterowie tej idiotycznej okupacji mogliby stać się „męczennikami" oraz herosami ruchu na rzecz bliżej niezdefiniowanego rozkładu USA.

I tak okupacja trwa do dziś, co władze stanowe kosztuje tysiące dolarów dziennie. Lokalny szeryf w zasadzie nic nie może zrobić, choć apelował już wielokrotnie do agresorów, by dali sobie spokój i rozjechali się do domów. Okoliczni mieszkańcy wyrażają podobne poglądy, nawet jeśli niektórzy z nich sympatyzują z poglądami ludzi pokroju Bundy'ego. Natomiast władza federalna, w postaci jednego faceta z FBI wysłanego na negocjacje, jest bezradna, ponieważ Bundy i spółka twierdzą, iż nie uznają „uprawnień" federalnych agencji.

W obliczu tej bezsilności ludzi przywiązanych do amerykańskiej praworządności i obarczonych jej strzeżeniem, być może najlepszym pomysłem zabłysnęli liczni „zwykli obywatele". Okupanci nie tak dawno temu opublikowali w Internecie adres, na który „ludzie dobrej woli" mieli przysyłać im rzeczy potrzebne do przetrwania: paliwo, ciepłą odzież, żywność, napoje, itd. No i ludziska poszli im na rękę i zaczęli słać liczne towary, tyle że nie te, o które ich proszono.

Bundy wraz z kolegami dostali całą stertę „zabawek seksualnych", torby cukierków w kształcie penisów, butelki lakieru do paznokci, damską bieliznę, różowe skarpetki, no i oczywiście perfumy, tak by buntownicy odpowiednio pachnieli w chwili, gdy ich w końcu zapuszkują. Mieszkaniec Chicago i projektant mody Max Temkin zamówił nawet dla „dzielnej milicji" 55-galonową beczkę „miłosnego środka nawilżającego". Nie wnikam w to, co to dokładnie było, ale kosztowało go tysiąc dolarów.

Zbulwersowany Jon Ritzheimer, inny czołowy okupant, zaprezentował to wszystko w serwisie Facebook i stwierdził, że nie rozumie, dlaczego ludzie wydali tyle pieniędzy na ten „gest pełen nienawiści". Dodał, że ów nienawistny akt w żaden sposób ich nie zniechęci w walce „o dobro kraju".

Nienawiści? W walce o dobro kraju? Ten facet chyba w dzieciństwie skakał często z trampoliny do basenu bez wody. Jakoś nie zrozumiał, że przekazane okupantom materiały są wyrazem powszechnej w stosunku do nich miłości, która niesie ze sobą następujące przesłanie od narodu: „Spadajcie, idźcie do domu, nie róbcie z siebie idiotów i dajcie nam święty spokój".

Jednocześnie w Sieci powstała szydercza kampania, w ramach której ludzi okupujących własność rządu federalnego zaczęto nazywać takimi mianami jak VanillaISIS oraz YallQaeda. Internauci po prostu publicznie śmieją się z uzurpatorów, którym wydaje się, że z jakiegoś powodu stoją ponad prawem i że w zasadzie wszystko im wolno.

Najbardziej wkurzeni całą tą sytuacją są myśliwi, ludzie zajmujący się zawodowo fotografowaniem natury oraz ornitolodzy. Gdyby nie okupacja, wszyscy oni zajęci byliby tym, co zawsze tam robią, za zezwoleniem władz. W tym roku nie są w stanie na teren ten w ogóle wejść, gdyż obawiają się wrogiej reakcji ze strony „antyfederalistów". Jeden z tych ludzi wystosował do nich dość złowieszczy list, w którym napisał: „Wy nas nigdy nie zobaczycie, ale nasze kamery was obserwują i pewnego dnia przejmiemy od was te tereny, a wy – terroryści, rozbójnicy i kłusownicy – wylądujecie za kratkami, bo tam jest wasze miejsce".

W zasadzie nic dodać, nic ująć, tyle że na razie nie bardzo wiadomo, kiedy i w jaki sposób Bundy i jego szajka skorzystają z gościny amerykańskiego systemu więziennictwa. Może trzeba ich nadal zasypywać darami w postaci majtek, cukierków, wazeliny i sprzętu z sex shopów. Kiedyś przecież ta szczodrobliwość narodu musi odnieść pożądany skutek.

Przymierze z satrapami

Ameryka miewa dość dziwnych przyjaciół. Nie tak dawno temu pisałem w tym miejscu o kuriozalnym przymierzu Waszyngtonu ze średniowiecznymi władcami Arabii Saudyjskiej, których przywiązanie do zasad demokracji i poszanowania praw człowieka jest mniej więcej takie same jak niegdyś Józefa Wissarionowicza. Jednak kolejni prezydenci USA utrzymują „przyjazne stosunki" z przywódcami, którzy, jakby na to nie patrzeć, są po prostu zdrowo rąbnięci.

Przykładem owego totalnego stuknięcia był z pewnością niedawny przywódca Turkmenistanu, Jego Ekscelencja Saparmurat Nijazow Turkmenbaszi Wielki, Ojciec Wszystkich Turkmenów, Prezydent Turkmenistanu oraz Przywódca Rady Ministrów. Bądź co bądź, był to facet, który w ramach swojej totalnej dyktatury zmienił turkmeńskie słowo „chleb" na nowe, skojarzone z imieniem jego matki, oraz wprowadził nową nazwę września, tak by była ona zgodna z tytułem jego grafomańskiej książki, której ogromny pomnik kazał zbudować w stolicy kraju. W swoim czasie zlecił też zbudowanie w gorącym terenie pustynnym pałacu z lodu – w zasadzie tylko po to, by udowodnić, że Ekscelencja może absolutnie wszystko. Jestem pewien, że pałac ów już dawno się stopił, ale to zupełnie inna sprawa.

Saparmurat dorwał się do władzy w wyniku uzyskania w wyborach 99,9 proc. głosów (skąd my to znamy?). Sukces ten tak go rozochocił, że sam sobie przyznał medal „bohatera narodu turkmeńskiego". Następnie kazał zbudować w centrum stolicy kraju niemal 100-metrowy obelisk zwieńczony jego podobizną wykonaną w złocie. Cały obelisk obracał się nieustannie w taki sposób, by twarz Nijazowa zawsze była skierowana w stronę słońca.

No a potem Turkmenbaszi poszedł na całość – zmienił alfabet, nazwy miesięcy oraz dni tygodnia, a także opatrzył swoim imieniem liczne szkoły, lotniska oraz dwa gatunki wódki. Opracował też nowy hymn narodowy, którego pierwsza zwrotka poświęcona była w całości jego niezaprzeczalnej wielkości.

Następnie zabrał się do poważniejszych zadań. Zdelegalizował algebrę, fizykę, biblioteki, Internet, muzykę nagrywaną na wszelkie media, zarost męski, psy w stolicy kraju, balet, teatr, operę, akademię nauk, cyrk, prasę oraz orkiestry symfoniczne. Przez wiele następnych lat Ojciec Wszystkich Turkmenów wtrącał opozycję do więzień i odniósł w końcu ogromny sukces. Gdy przedstawiciele Unii Europejskiej zapytali go, kiedy zamierza przywrócić opozycji swobody obywatelskie, odparł: – *Opozycja nie istnieje, to jak mam jej cokolwiek przywrócić?*

Nijazow zmarł w 2006 roku, w dość tajemniczych okolicznościach. Jednak przez wszystkie lata jego rządów utrzymywał on „dobre" stosunki z USA i UE, a Unia przyznała nawet Turkmenistanowi specjalne przywileje handlowe, co wynikało zapewne z faktu, iż kraj ten posiada ogromne zasoby gazu naturalnego. Podobny status kraj ten posiada w handlu z USA, mimo że w więzieniach gniją tam od lat opozycjoniści, a takie pojęcia jak wolność prasy czy wyznania w zasadzie nie istnieją.

Co stało się po śmierci Ojca Wszystkich Turkmenów? Do władzy doszedł Gurbanguly Berdymuchamedow, który jest równie szurnięty jak jego poprzednik, choć zapewne w nieco mniej ostentacyjny sposób. To on właśnie przed kilkunastoma dniami wprowadził w swoim kraju całkowity zakaz sprzedaży wyrobów tytoniowych. Za nielegalny handel papierosami grożą wysokie grzywny, a nawet kary więzienia. Jednocześnie w telewizji rozpoczęła się kampania na rzecz „prowadzenia zdrowego życia", w której uczestniczy sam prezydent, pokazujący się na rowerze w chwili, gdy rzekomo jedzie na ryby.

Obecny przywódca, podobnie jak poprzedni, cieszy się „uniwersalnym poparciem" całego narodu, które to poparcie wynika z braku nawet namiastki wolnych wyborów. Nie istnieją też żadne instytucje demokratycznego sprawowania władzy. Przywódca kraju może robić wszystko, co tylko przyjdzie mu do głowy. Jest takim samym żałosnym satrapą jak jego poprzednik oraz jak inni przywódcy postsowieckich terytoriów Azji. Wszystko to jest na rękę Rosji i Putinowi, bo utrzymywanie tej części świata w ryzach autokratycznego skostnienia czy wręcz głupoty gwarantuje spokój. Ale dlaczego miałoby być na rękę Ameryce? Trudno zgadnąć, ale oficjalnie jest.

Wystarczy zajrzeć na odpowiednią stronę amerykańskiego Departamentu Stanu, by się dowiedzieć, że Turkmenistan to nasz sojusznik i przyjaciel, z którym utrzymujemy bardzo dobre, dwustronne stosunki. Wszystko jest pięknie, współpraca się rozwija, a o przypadkach gwałcenia praw człowieka, nie mówiąc już o idiotycznych przejawach niczym niekontrolowanego despotyzmu nie ma tam ani słowa.

Jest to dość dziwne. Prawdą jest, że Turkmenistan graniczy z Afganistanem oraz z Iranem i w tym sensie jest do pewnego stopnia strategicznie ważny. Prawdą jest również to, że jest to kraj o wielkich zasobach paliwowych. Czy jednak – w obliczu faktu, że Ameryka z wolna staje się samowystarczalna pod względem energetycznym i że amerykańskie zaangażowanie w Afganistanie maleje – nadal uzasadnione jest przymykanie oczu na bzdurne ekscesy azjatyckich autokratów?

Jeśli Stany Zjednoczone rzeczywiście mają propagować demokrację i swobody obywatelskie w dowolnym zakątku naszego globu, czas najwyższy, by okazać własne, bezkompromisowe przywiązanie do tychże samych zasad. Od lat widoczny jest jednak wyłącznie kuriozalny koniunkturalizm, w wyniku którego Biały Dom zdaje się być czasami gotowy na przyjazne stosunki z samym diabłem.

Secret (non)Service

Teoretycznie jest to organizacja o legendarnej wręcz reputacji i sprawności działania. Amerykańska Secret Service, której naczelnym zadaniem jest ochrona prezydenta USA, w filmach przedstawiana jest jako zgrana grupa superbohaterów, szepczących zwykle tajemniczo do rękawów, tak jakby coś się w nich ukrywało. Z małżowin usznych zwisają im zawsze niepozorne druty „komunikacyjne", a na nosie nieuchronnie tkwią groźnie wyglądające ciemne okulary.

Niestety przyznać trzeba, że ten nienaganny wizerunek w ostatnich latach został mocno nadszarpnięty przez kilka dość spektakularnych wydarzeń, które sugerują, że Obama wraz z rodziną winni kryć się za kuloodpornymi szybami w Białym Domu, zamiast narażać się na „ochronę" poza głównym domostwem prezydenckim. Bądź co bądź, po serii wpadek w Kongresie niektórzy wyrazili publicznie pogląd, że parę prezydencką zapewne lepiej od Secret Service obroniłby żywopłot z kaktusów.

A w filmach jest przecież tak pięknie. Obraz z 1993 roku pt. *Na linii ognia* pokazuje na przykład podstarzałego agenta Secret Service (Clint Eastwood), który bohatersko zmaga się ze znacznie młodszym od niego i bardzo przebiegłym mordercą. Taki wizerunek Secret Service nie jest wyssany z palca, bo w przeszłości jakoś to wszystko inaczej wyglądało. W czasie zamachu na Ronalda Reagana w marcu 1981 roku agent Timothy McCarthy zasłonił swoim ciałem prezydenta, został ciężko ranny i prawdopodobnie ocalił mu życie. Natomiast w 1950 roku Leslie Coffelt, funkcjonariusz tzw. policji Białego Domu, włączonej do Secret Service, zginął w wymianie ognia z portorykańskimi nacjonalistami, którzy usiłowali zabić prezydenta Harry'ego Trumana.

Ostatnio jest jednak zupełnie inaczej. We wrześniu ubiegłego roku uzbrojony w nóż weteran armii pokonał bez przeszkód płot wokół Białego Domu i wszedł do środka, by oddać się krótkiej sesji buszowania po prezydenckich pieleszach, zanim został w końcu obezwładniony przez agentów Secret Service. A jeszcze wcześniej w Atlancie w windzie razem z prezydentem znalazł się nikomu nieznany osobnik, uzbrojony w broń palną i obarczony trzema uprzednimi wyrokami za rozbój. Na szczęście tym razem rozbój nie był mu w głowie i nic zdrożnego się nie wydarzyło.

Szokujące jest jednak to, że człowiek ten po dowiezieniu windą przywódcy wolnego świata do celu poszedł za nim i zaczął robić zdjęcia. Ktoś mógłby się spodziewać nierozważnie, że w obliczu tych wydarzeń agenci Secret Service rzucili się na niego, zabrali mu aparat i złamali mu w trzech miejscach rękę, która go trzymała. Nic podobnego. Nikomu nieznany facet z bronią podążał za Obamą przez wiele minut, a gdy w końcu ktoś wywęszył, że coś jest nie tak, intruzowi kazano się zmyć, ale bez sprawdzenia czegokolwiek.

A któż nie pamięta skandalu z roku 2012, kiedy to okazało się, że wysłani wraz z prezydentem do Kolumbii agenci ochrony zabawiali się „po godzinach" z prostytutkami i wypili morze gorzały? Zresztą picie jest rzekomo ulubionym zajęciem agentów, o czym świadczy nieco inny incydent. W marcu 2013 roku dwóch agentów Secret Service uczestniczyło w przyjęciu poza Białym Domem, gdzie nawalili się jak darmowe autobusy, a potem wsiedli do rządowego samochodu i udali się w drogę powrotną. Nie wiedzieli jednak, że w tym samym czasie w siedzibie prezydenckiej zarządzono alarm, ponieważ jakaś kobieta zostawiła pod płotem pakunek i ostrzegła, że jest w nim bomba. Gdy zatem nietrzeźwi ochroniarze natknęli się przed Białym Domem na policyjną barykadę, wjechali w nią niczym w masło i przedarli się do miejsca, w którym znajdował się podejrzany przedmiot. Potem wypadli z pojazdu i przyznali się policjantom, że są kompletnie pijani, co jednak nie zaowocowało jakimikolwiek konsekwencjami prawnymi, bo takowe są zarezerwowane tylko dla zwykłych śmiertelników, w żaden sposób nie obarczonych poważnymi zadaniami państwowymi.

Jednak moim ulubionym przypadkiem kompletnego idiotyzmu ze strony Secret Service było wydarzenie, jakie miało miejsce 11 listopada 2011 roku, kiedy to niejaki Oscar Ortega-Hernandez, kompletnie rąbnięty facet, uważający się za Jezusa i obarczony misją „likwidacji antychrysta Baracka Obamy", oddał w kierunku Białego Domu osiem strzałów z broni automatycznej. Wprawdzie pary prezydenckiej nie było w tym czasie w domu, ale znajdowały się tam ich córki Sasha i Malia.

Dowodzący ochroniarzami agent, który słyszał strzały, uznał, że były to „odgłosy sprzętu używanego na pobliskiej budowie" i że nie ma żadnych powodów do zaniepokojenia. Dopiero po czterech dniach (!) sprzątaczki znalazły zbite szkło, ślady po kulach oraz kawałek drewna z wbitym weń pociskiem.

Nikt nie wie dokładnie, dlaczego od pewnego czasu Secret Service wyraźnie „dołuje". Są tacy, którzy są zdania, że jest to wynik ogólnego rozprzężenia w Waszyngtonie i powszechnej nieufności w stosunku do władzy jakiegokolwiek szczebla. Ale jest jeszcze inny problem – aż do listopada ubiegłego roku komputery agencji, która ma chronić naszych przywódców, posługiwały się programem o nazwie Master Central Index i działały w oparciu o system operacyjny MS-DOS rodem z początku lat 80. minionego stulecia.

Mam nadzieję, że zanim dojdzie do wyboru następnego prezydenta, system ten zostanie „ulepszony" do poziomu Windows 95, choć nie jestem pewien, czy Bill Gates ma jeszcze gdzieś w szafie dyski instalacyjne. W grę zawsze może też wchodzić system operacyjny Linux, bo jest za darmo, a to fakt dla władz federalnych pożądany.

Póki co, życzę przyszłemu prezydentowi zdrowia, pomyślności i długowieczności. To, że ten obecny nadal miewa się dobrze, graniczy niemal z cudem.

Średniowieczny sojusznik

W pewnym sensie doskonale rozumiem fakt, że w polityce zagranicznej czasami trzeba szukać dość kontrowersyjnych sprzymierzeńców lub – jak to mówią w amerykańskim żargonie neoseksualnym – konieczne jest szukanie *strange bedfellows*, czyli dziwnych partnerów łóżkowych. Za czasów zimnej wojny niemal wszystko uzasadniało skuteczną walkę z komunistami – czy to realnymi, czy też urojonymi. Dlatego można nawet jakoś wytłumaczyć fakt, iż Ameryka skutecznie wykończyła w swoim czasie demokratycznie wybranego, ale „marksizującego" prezydenta Chile Salvadora Allende, a potem na jego miejsce zainstalowała skrajnie prawicowego rzeźnika Pinocheta, który przystąpił niemal natychmiast do dzieła mordowania opozycji.

W latach 70. minionego stulecia niezwykle ważne strategicznie były też dla USA dostawy arabskiej ropy naftowej. Stało się szczególnie oczywiste w roku 1973, kiedy to organizacja OPEC wprowadziła embargo skierowane przeciw Ameryce, co spowodowało chaos na amerykańskich stacjach benzynowych i niemożność regularnego odwiedzania wujostwa w Detroit. Dla przypomnienia, głównym zwolennikiem wprowadzenia tegoż embarga była wtedy Arabia Saudyjska, czyli piękna oaza średniowiecznego zamordyzmu, w której Koran, a ściślej prawo szariatu, jest w zasadzie konstytucją kraju i gdzie tradycyjne dla zachodnich demokracji prawa człowieka praktycznie w ogóle nie istnieją.

Od tamtych lat wiele się zmieniło. Kolejni saudyjscy szejkowie, pławiący się w odrażających luksusach, stali się cenionymi kumplami Waszyngtonu. Do dziś ważni politycy obu krajów poklepują się nieustannie po plecach i wzajemnie się zapewniają, że są dozgonnymi przyjaciółmi i sojusznikami, co jest o tyle dziwne, że Arabia Saudyjska pod względem praworządności i poszanowania ludzkiej godności jest mniej więcej równa Korei Północnej. Jednak z Koreą mamy stanowczo na nuklearnym pieńku, podczas gdy każdy kolejny saudyjski monarcha regularnie wizytuje USA, wynajmuje sobie sześć pięter w hotelu do wyłącznego użytku i jest wylewnie przyjmowany w Białym Domu, niczym czołowy demokrata arabskiego świata.

Jak już wspomniałem, być może przed laty sytuacja geopolityczna na Bliskim Wschodzie oraz status globalnego rynku paliw w sumie uzasadniały amerykańskie przymykanie oczu na prymitywizm i bezwzględność saudyjskiego autokratyzmu. Dziś jednak zachowanie Ameryki wobec tego „sojusznika" zaczyna być coraz bardziej bulwersujące.

Świat obiegła niedawno wiadomość, że w Arabii Saudyjskiej wykonano w jednym dniu wyroki śmierci na 47 osobach, w tym na wpływowym szyickim dysydencie Szejku Nimr al-Nimrerze. Spowodowało to gwałtowne protesty w wielu krajach muzułmańskich, podpalenie saudyjskiej ambasady w Iranie, zerwanie stosunków dyplomatycznych między Teheranem i Rijadem oraz ogólne zmniejszenie stabilności w całym regionie.

Jednak, szczerze mówiąc, bliskowschodnie naparzanki niewiele mnie obchodzą. Natomiast wszystkich, na czele z rządem USA, powinno obchodzić to, że w kraju teoretycznie z nami zaprzyjaźnionym zamordowano bez majestatu prawa prawie pół setki ludzi, których z pewnością nigdy w rzetelny sposób nie osądzono, bo sądy saudyjskie to jeden wielki żart. Ponadto ludziom tym publicznie ścięto głowy, a zatem Arabia Saudyjska zafundowała sobie na początek roku prawdziwy festiwal pozbawiania opozycji zupełnie jej niepotrzebnych czerepów. Ja nadal preferuję picie szampana, ale najwyraźniej „monarchowie" pustynnego królestwa mają inne preferencje noworoczne.

I co na to nasi rodzimi piewcy demokracji, wolności i praworządności? Biały Dom w zasadzie zmilczał, ograniczając się do zwykłych w takich przypadkach i totalnie kretyńskich banałów o tym, że wprawdzie w kontaktach z Saudyjczykami „istnieją różnice zdań", ale nadrzędnym celem jest podtrzymanie sojuszu z tym „ważnym partnerem".

Nie lepiej było po stronie republikańskiej. Kandydatka na urząd prezydenta Carly Fiorina wyraziła niezwykle inteligentny pogląd, że prawdziwym zagrożeniem dla Ameryki jest Iran, który „torturuje swoich obywateli" i że w związku z tym nie można „brać na serio" irańskiej krytyki Arabii Saudyjskiej. Hm..., ciekawe – dlaczego w ogóle ważne jest to, przez jaki pryzmat krytykuje się kraj, który pozbawił właśnie 47 ludzi głów i który w roku 2015 wyprawił na tamten świat 158 osób (*à propos*, ten szybki start egzekucyjny w roku 2016 sugeruje, że Saudyjczycy idą tym razem na całość i pobiją własny rekord).

Inny kandydat republikański, Ben Carson, też poszedł na całość i zasugerował, że Saudyjczycy zaszlachtowali wszystkich tych skazańców tylko dlatego, iż wcześniej Stany Zjednoczone i kraje UE zawarły porozumienie nuklearne z Iranem. Innymi słowy, w zasadzie głowy ścinał tym nieszczęśnikom Obama.

Wydarzenia ostatnich dni spowodowały, że w niektórych dość wpływowych kręgach pojawiły się opinie, iż Arabia Saudyjska w gruncie rzeczy niewiele się różni od tzw. Państwa Islamskiego (IS). Mimo to jest to nadal nasz „sojusznik", który w dodatku zasiada w Radzie Praw Człowieka przy ONZ, co porównywalne jest zapewne z członkostwem Józefa Stalina w organizacji o nazwie Amnesty International lub w Kółku Graniastym Piewców Demokracji.

Ktoś kiedyś w amerykańskiej polityce będzie musiał zacząć nazywać rzeczy po imieniu i żądać od władz krajów sprzymierzonych, ale dalekich od naszych ideałów, by przestały się wygłupiać i dołączyły zdecydowanie do wartości zachodniej cywilizacji XXI wieku. Na razie jednak, sądząc po liczbie odseparowanych od tułowi głów w Rijadzie, na nic takiego się nie zanosi.

Rok totalnej głupoty

Gdybym miał głosować na jakieś zjawisko, które w USA charakteryzowało w sposób szczególny mijający rok, postawiłbym zdecydowanie na totalną, publiczną głupotę, uprawianą przede wszystkim przez polityków, ale nie tylko. Wydaje się wręcz, że w roku tym Ameryka doszła do wniosku, iż ignorancja i brak wiedzy nie są wadami, lecz ważnymi kwalifikacjami do wykonywania wielu zawodów i pełnienia licznych, często ważnych funkcji. Trwa też nieustannie odwrót od nauki, bo przecież wiadomo, że naukowcy to przeważnie lewackie kłamczuchy, usiłujące nas straszyć swoją domniemaną i zupełnie bezwartościową wiedzą.

W pewnym sensie intensyfikacja tych tendencji w amerykańskim życiu publicznym zaczęła się w roku 2012, kiedy to kongresman z Georgii, Paul Broun, stwierdził, że „embriologia, ewolucja i ten Wielki Wybuch to kłamstwa prosto z otchłani piekła, opowiadane w celu przekonania nas, że nie potrzebujemy żadnego zbawcy". Broun wcześniej równie ochoczo i wielokrotnie zaprzeczał, by człowiek w jakikolwiek sposób wpływał na klimat Ziemi i że zjawisko zwane *global warming* to bajka. Jego poglądy są tym ciekawsze, że Broun w Kongresie zasiadał wtedy w komisji zajmującej się... nauką i techniką.

Zgrabną i równie fascynującą kontynuacją tego wątku głupoty stały się niedawno wydarzenia, jakie miały miejsce w miasteczku Woodland w stanie Południowa Karolina. Tamtejsi radni miejscy dyskutowali publicznie o propozycji zbudowania w pobliżu tzw. *solar farm*, czyli bloku ogniw słonecznych generujących energię elektryczną. Ostatecznie na budowę tego obiektu nie wyrażono zgody z powodu „obaw", jakie zgłoszone zostały przez dwie osoby. Jedną z nich był Bobby Mann, który wyraził pogląd, iż ustawienie w jednym miejscu dużej liczby paneli słonecznych spowoduje „wyssanie całej energii ze Słońca, co odstraszy ludzi od prowadzenia biznesów w Woodland".

Nie wiem dokładnie, co mówca miał na myśli, ale wydaje się, iż domniemywał, że w wyniku owego wyssania ze Słońca wszystkiej energii w Woodland zapanują na wieki wieków amen egipskie ciemności. Niejasne jest to, czy sądził, że Słońce zostanie wyłączone wybiórczo tylko nad Woodland, czy też w ogóle je szlag trafi.

Z kolei Jane Mann (rodzina?), która jest – a jakże by inaczej – emerytowaną nauczycielką fizyki i chemii, wyraziła pogląd, że obecność paneli słonecznych zakłóci naturalne procesy fotosyntezy, co doprowadzi do wymierania w całej okolicy roślinności. Dodała, że już teraz można zauważyć brązowe plamy zdechłej trawy w pobliżu obiektów generujących elektrykę z energii słonecznej. Inny uczestnik dyskusji przytomnie zasugerował, że zbrązowienie trawy wynika zwykle z braku opadów, ale nie wiem, czy ktoś się przejął jego tezą, rażącą zbędnym racjonalizmem i przywiązaniem do faktów.

Pani Mann dała ponadto do zrozumienia, iż istnieje związek między słonecznymi ogniwami oraz zachorowalnością na raka. Dowodów nie przytoczyła, ale za to oznajmiła, że nikt nie może jej przekonać, iż tak nie jest. Stanowi to tzw. *approbatio per hebetudine*, czyli dowód przez idiotyzm. Tak czy inaczej, 4-osobowa rada miejska Woodland odrzuciła projekt budowy kompleksu ogniw słonecznych stosunkiem głosów 3:1 i dodatkowo uchwaliła moratorium na wszelkie dalsze pomysły tego typu. W ten sposób władza uratowała nie tylko Słońce, ale również ludzką cywilizację.

Teraz czekam z niecierpliwością na obrady w sprawie nadmiernej obserwacji Księżyca przez teleskopy. Zamierzam się tam stawić i argumentować, że obserwacji tych należy zakazać, gdyż są one szkodliwe dla Pana Twardowskiego i mogą wpędzić go w alkoholizm. Jestem też przeciwny, z nieco innych powodów, dalszemu rozbudowywaniu pól z wiatrakami generującymi prąd elektryczny. Oczywiste jest bowiem to, iż zbyt duża liczba tego rodzaju urządzeń doprowadzi do całkowitego wyczerpania się zapasów wiatru na Ziemi, co spowoduje głęboką depresję wśród żeglarzy oraz miłośników latawców, choć zapewne wywoła pewne zadowolenie wśród pań, które nie będą już musiały poprawiać zburzonych przez wiatr fryzur.

Problem w tym, że głupoty opowiadane w Woodland, na szczeblu bardzo lokalnym, są obecne niemal wszędzie. Bądź co bądź w Kentucky dobrze prosperuje od paru lat Muzeum Kreacjonizmu, a w nim niektóre eksponaty przedstawiają ludzi współistniejących na przyjacielskiej stopie z tyranozaurami, których istnienie te osły naukowcy datują na ok. 65 milionów lat temu.

W roku 2015, niemal od samego jego początku, Ameryka pławiła się też w częściowo zabawnych bzdurach opowiadanych przez Donalda Trumpa, choć kilku jego kumpli z tej samej kampanii wyborczej nie pozostawało zbyt daleko w tyle. Dzięki „budowniczemu" z Nowego Jorku przez wiele miesięcy w amerykańskim życiu publicznym było dość wesoło. Choć w przypadku Trumpa chodzi zwykle nie tyle o antynaukową głupotę, co o zwykłe kłamstwa, wygłaszane tak często i z tak wielką swadą, że mogą się one wydawać absolutną prawdą.

Z drugiej strony, w swoim czasie Trump wyraził przekonanie, że *global warming* to wymysł Chińczyków, którzy chcą w ten sposób zniszczyć amerykańską produkcję przemysłową, zapewne przy cichym wsparciu ze strony urodzonego w Kenii lub na Marsie nielegalnego prezydenta, którego na razie jeszcze posiadamy.

Czy rok 2016 przyniesie nowe elementy irracjonalnej głupawki? Oczywiście tak, tyle że nie znamy jeszcze jej skali. Jednak już w styczniu możemy wiedzieć znacznie więcej, bo po co z wygłaszaniem bzdur czekać?

Płaski kotlet na obiad

Z czasów PRL-u doskonale pamiętam, że przydział mięsa na kartki na łeb był na tyle mały, iż zwykle najpierw żywiliśmy dzieci, a potem – jeśli coś zostało – jakieś ochłapy konsumowali również dorośli. W związku z tą sytuacją spore było również zapotrzebowanie na coś, co w USA zwie się *roadkill*, a co w Polsce było skarbem w postaci przejechanego samochodem zająca lub przypadkowo ubitego zderzakiem jelenia. Taką padłą zwierzynę wiozło się triumfalnie do domu, albo do znajomego myśliwego, a wszystko to potem owocowało niespodziewanymi i pozakartkowymi daniami z dziczyzny.

W Ameryce jest nieco inaczej. Zwierzyny wszelkiego autoramentu jest znacznie więcej, a jej zwłoki zalegające przy drogach nie budzą większego zainteresowania. Okazuje się jednak, że nie wszystkim marnowanie tego rodzaju żywności się podoba. W stanie Vermont od lat odbywa się fascynujący festiwal o nazwie „Wild About Vermont", w ramach którego każdy chętny może spróbować dania przyrządzonego z rozjechanego na placek zwierzaka, zeskrobanego z asfaltu.

Wszystko to nie jest za darmo. Mimo że sam surowiec mięsny nie został nigdzie kupiony, lecz odzyskany z pobocza autostrady, chętni muszą zapłacić sumę 75 dolarów za przywilej degustacji czegoś z RoadKill Grill. W rachubę wchodzą przysmaki z jeleni, niedźwiedzi, dzikich gęsi, wiewiórek, itd. Nie wiem, w jakim stanie spłaszczenia zwierzęta te znajdowały się w chwili „odzysku", ale wydaje się, iż konsumentom tego rodzaju szczegóły nie przeszkadzają, jako że festiwal cieszy się sporą popularnością.

Zaintrygowany tym faktem, postanowiłem się zwiedzieć, czy w USA istnieją jakiekolwiek przepisy regulujące sprawę przywłaszczania sobie mięsa z samochodowego uboju.

O dziwo, władza zawsze ma w zanadrzu jakieś przepisy i nie inaczej jest w tym przypadku. W wielu stanach Unii obowiązuje prosta zasada – jeśli przejechałeś jelenia i chcesz go zjeść, nie ma problemu, ale przedtem zgłoś ten fakt jakiemuś lokalnemu urzędowi i uzyskaj odpowiednie zezwolenie. Ciekaw jestem jednak, czy podobna zasada dotyczy ssaków uprzednio rozjechanych w nieznanym terminie przez kogoś, kto jeść „ofiary" nie miał zamiaru.

W poszczególnych stanach przepisy na ten temat bardzo się od siebie różnią. Na Alasce, na przykład, duża zwierzyna ubita przez samochód staje się automatycznie własnością stanu, a mięso zostaje przeznaczone „na cele charytatywne", czyli – jak sądzę – trafia do lodówki państwa Palinów.

A co w Illinois? Jeśli ktoś zderza się z jeleniem, ma pełne prawo do zabrania mięsa do domu, o ile tylko mieszka na stałe w stanie i nie zalega z płaceniem alimentów. Ten ostatni wymóg wydaje mi się nie tylko dziwny, lecz trudny do egzekwowania, ale to nie moja sprawa. Poza tym, jak sądzę, jeśli ktoś uśmierca samochodem dziczyznę, zwykle nie szuka biura szeryfa, tylko wsadza zwierzynę do bagażnika i jedzie dalej, uprzedzając rodzinę telefonicznie, by przygotowała grilla oraz widelce.

Całkiem szczególny jest przypadek stanu Georgia. Tam istnieje danie o nazwie Brunswick Stew, które jest gulaszem ze spłaszczonych zajęcy lub wiewiórek. Inny, pochodny przysmak to Mull, czyli gulasz ugotowany „na kanwie" niemal każdego zwierzaka zeskrobanego z ulicy, np. kozy, gołębia, wiewiórki, etc. O szczurach na szczęście nie mam żadnych wiadomości.

Natomiast w stanie Kentucky ludzie zajadają się czasami daniem o nazwie Burgoo – zajęczo-wiewiórczą mieszaniną z warzywami. Wreszcie w Tennessee przepisy wyraźnie stanowią, że padlinę uliczną można bez przeszkód konsumować „z wyjątkiem zwierząt domowych". Rozumiem przez to, że pieczeń z Reksia jest zdecydowanie wykluczona.

Z zadowoleniem przyjąłem wiadomość, że oficjalne stanowisko w całej tej sprawie posiada organizacja o nazwie PETA, która od lat walczy z okrucieństwem wobec zwierząt. Otóż działacze tej organizacji są zdania, że znacznie zdrowiej jest jeść kotleta z dzika ze śladami opony marki Michelin w mięsie niż danie przyrządzone z mięsiwa sklepowego, nadziewanego antybiotykami i innymi świństwami, a pochodzącego ze zwierzęcia brutalnie traktowanego i zamordowanego w rzeźni. Innymi słowy, lepszy płaski zając niż gruby stek.

Jak można się było spodziewać, nie wszyscy z takim stanowiskiem się zgadzają. Liczni naukowcy twierdzą, że myśliwy, który coś tam upoluje, zawsze wie, iż ma do czynienia ze świeżym produktem mięsnym, a obowiązkowe kontrole eliminują możliwość spożywania mięsa pochodzącego od zwierząt chorych lub rannych. Przejechanie zwierzęcia na szosie nie eliminuje tego rodzaju zagrożeń, a jedzenie czegoś takiego może być niebezpieczne.

Osobiście jestem zdania, że ubój dzikich zwierząt winien być domeną myśliwych, a nie kierowców. Ci ostatni powinni raczej skoncentrować się na tym, by nie zabijać po pijaku innych homo sapiens. Sam z jeleniem jeszcze nigdy w życiu się nie zderzyłem, ale jeśli kiedyś do tego dojdzie, pozostawię *roadkill* w spokoju, pokładając moje nadzieje w tradycyjnym schabowym, na którego nie trzeba polować po amerykańskich drogach.

W kolejce do brzuchacza

Drzewiej bywało, że gdy się mówiło o molach, zawsze chodziło o atakowane w szafach płaszcze oraz o naftalinę. Tymczasem polskim emigrantom w USA bliższe są dziś zupełnie inne mole – te, które wiążą się z angielskim słowem „mall", oznaczającym wielkie i zadaszone centra handlowe.

W okresie przedświątecznym w tychże centrach pracują w pocie czoła dość spasieni faceci ubrani w czerwone kubraczki. Jak Ameryka długa i szeroka, Santa jest niemal obowiązkowym dodatkiem do świątecznych zakupów w towarzystwie czeredy dzieciaków. Wynajęty w agencji na biegunie północnym rozdawacz prezentów zwykle posiada własne, wydzielone między przeróżnymi sklepami poletko i otoczony bywa licznymi świątecznymi parafernaliami, a czasami nawet kilkoma elfami, czyli kurduplami w zielonych ubrankach.

Gdy już wszystkie torby wypchane są prezentami, rodzice ustawiają się w kilometrowej kolejce, niczym po papier toaletowy w PRL-u, by po wielu męczarniach w towarzystwie setek im podobnych nieszczęśników usadowić pociechę na kolanach brodatego brzuchacza. Wizyta u Santy trwa zwykle tylko kilka sekund, ale wystarczy to, by zrobić dzieciakowi zdjęcie, które następnie opycha się rodzicom za dwie dychy albo jeszcze więcej. Czasami Santa, znany powszechnie ze swej szczodrobliwości, oferuje „zestaw zdjęć" zapisanych na kompakcie za 100 dolarów.

W całym tym szaleństwie jest być może jakaś metoda, ale zwykle pozostaje głęboko ukryta. Spotkania z Santą w molu (tym bez szafy i naftaliny) są dość kuriozalne. Jeśli chodzi o dzieci, na widok obcego im człowieka, któremu trzeba siąść na kolanach, reagują bardzo różnie. Jedne nie mają z tym problemu i recytują listę prezentów, które chciałyby znaleźć pod choinką, podczas gdy drugie wrzeszczą wniebogłosy, żądając tym samym natychmiastowego powrotu mamy lub taty. Santa nie ma zwykle czasu na takich mazgajów, bo zdjęcia w takim przypadku nie ma sensu robić, a interes musi się kręcić dalej.

Postronnym może się wydawać, że do roli Santy w świątyniach handlu amerykańskiego wynajmuje sie byle kogo, czyli przypadkowego, bezrobotnego grubasa. Nic podobnego – zwykle są to ludzie, którzy przeszli odpowiednie przeszkolenie w specjalnych placówkach. Innymi słowy, w USA istnieją „mikołajowe szkoły". Jest nawet International School of Santa Claus, której absolwenci dostają tytuł mikołajowego mistrza. Nie jest to wprawdzie doktorat, ale absolwenci wynoszą ze studiów pewną wiedzę o dzieciach, potencjalnych problemach z nimi, itd. Uczą się też zasad, których muszą się trzymać. Jedną z nich jest na przykład to, że sklepowemu Sancie nie wolno dzieciom niczego obiecywać. Jaś lub Małgosia recytują swoje preferencje prezentowe, ale Santa nie może nigdy powiedzieć: „załatwione, wszystko to dostaniesz". Uważam, że to bardzo dobrze, ponieważ sfrustrowany niespełnionymi obietnicami pędrak mógłby potem wrócić do mola z ojcowskim kałasznikowem i zastrzelić Santę pospołu z elfami.

Kandydaci na Santę uczą się też, jak reagować na potencjalnie trudne życzenia dzieci, np. jak to, by tata wrócił do mamy albo by babcia ponownie żyła. Nie mam pojęcia, jak z tego rodzaju postulatami w praktyce radzą sobie wynajęci brzuchacze, ale im nie zazdroszczę.

Przeciętny Santa, który pracuje od października do końca grudnia, zarabia od 10 do 20 tysięcy dolarów, co nie jest zbyt imponujące, biorąc pod uwagę fakt, iż w molu siedzi 10 godzin dziennie i w sumie spotyka się z 30 tysiącami małolatów o różnych nastrojach i mało przewidywalnym temperamencie. Na domiar złego sklepowy Santa niemal nigdy nie spędza świąt z rodziną, bo jest w pracy.

Pomysł tego, by Santa włóczył się po sklepach, zrodził się rzekomo w roku 1890 w Brockton w stanie Massachusetts, a pomysłodawcą był właściciel jednej z tamtejszych placówek handlowych, James Edgar. Natomiast zwyczaj robienia zdjęć dzieci z Santą wywodzi się z Kanady, a konkretnie z Toronto, gdzie w roku 1918 po raz pierwszy zorganizowano uroczysty przyjazd Santy do sklepu. Przybysz z bieguna północnego zajechał pod tę placówkę pięknym zaprzęgiem konnym (Rudolf i spółka nie mieli czasu?), a następnie wszedł do środka po drabinie, ku uciesze licznie zgromadzonej gawiedzi. Tego numeru z drabiną nie rozumiem, chyba że miał to być dowód na to, iż Santa mimo swej tuszy zdolny jest fizycznie do wejścia na każdy dach i osunięcia się w dół każdego komina.

Ameryka szybko poszła śladem Kanady. W szczególności nowojorski sklep Macy's od lat organizuje przyjazd Santy saniami, co ma miejsce w trakcie parady indyczej (Thanksgiving Day Parade). Jest to bardzo wymowny sygnał pod adresem całego kraju, że czas poobiedniego obijania się przeminął i należy ostro zabrać się do wydawania pieniędzy na gwiazdkowe prezenty.

Dziś każda szanująca się sieć sklepów posiada własnego Santę, Bohaterowie w czerwonych kubraczkach coraz częściej narzekają jednak, że amerykańscy rodzice zbyt wcześnie informują swoje pociechy o tym, iż tak naprawdę Santa nie istnieje, a facet z białą brodą w wielkim fotelu to jakiś John Smith. Ja ich narzekania doskonale rozumiem. Trudno jest wykonywać rzetelnie i odpowiedzialnie pracę, gdy jakiś smarkacz siada na kolanach i mówi: – *Ale przecież ciebie w ogóle nie ma. Po co ty tak udajesz?*

Cienki śpiew w Pekinie

Nie ma większych wątpliwości co do tego, że prędzej czy później każdy zamordyzm kończy się jakąś groteską lub teatrem absurdu. Stalin po nocach usuwał z sowieckich encyklopedii wizerunki zamordowanych przez siebie dawnych kumpli po rewolucji, w PRL-u w celu odpowiedniego podjęcia poważnych gości malowano na zielono zbrązowiałe trawniki, Fidel Castro wygłaszał 6-godzinne przemówienia przed kamerami telewizji do śpiących już dawno obywateli, a satrapa wenezuelski, zarówno ten poprzedni, jak i obecny, zawsze twierdzi, że brak papieru toaletowego w sklepach wynika z imperialnych poczynań Ameryki.

Niestety świat ma coraz mniej państw totalnie groteskowych i jak tak dalej pójdzie, niedługo nie będzie się z czego śmiać. Na szczęście nadal zawsze można liczyć na Koreę Północną, która pod rządami dynastycznymi spasionych kurdupli jest w stanie świat zaskoczyć i rozśmieszyć niemal w każdej chwili.

W roku 2012 Kim Dzong Un dał sobie i nam przedświąteczny prezent. Założył mianowicie żeński zespół muzyczny o nazwie Moranbong Band, który był i jest „częścią wielkiego planu wzniecenia dramatycznego odrodzenia literatury i sztuki w kraju". Formacja ta – składająca się z dość atrakcyjnych i z pewnością sprawdzonych pod kątem rewolucyjnym bab – pojechała ostatnio do Pekinu, by dać tam trzy koncerty przy akompaniamencie koreańskiego chóru State Merited Chorus, czyli grupy wyjących wściekle oficerów „armii ludowej".

Repertuaru grupy nie znam, ale jestem przekonany o tym, że dziewczyny intonują nieustanne peany na cześć wodza i całej jego zdegenerowanej rodziny. Sugerują to wymownie tytuły niektórych utworów, np. „Mój kraj jest najlepszy" oraz „Idźmy za partią". Jasne jest zatem, że grupa jest na najlepszej drodze do wskrzeszenia czegoś, choć trudno jest orzec, czego. W samej Korei zespół występuje zwykle przed wielkim ekranem pokazującym Kima. Zaraz potem pierwsza piosenka ilustrowana jest startem rakiety balistycznej, co owocuje niezwykłym entuzjazmem słuchaczy, niemal jak w czasie dawnych koncertów Led Zeppelin.

Jednakowoż chińskie koncertowanie, które miało wzmocnić nadszarpnięte ostatnio stosunki koreańsko-chińskie, nie odbyło się zgodnie z planem. Na kilka minut przez pierwszym koncertem komunistycznych dziewuch przed salę koncertową zajechał autobus przysłany przez ambasadę Korei Północnej w Pekinie, który zabrał całą grupę na lotnisko, skąd do ojczyzny odtransportował ją z powrotem samolot linii Air Koryo.

Nikt niczego nie wyjaśnił, nikt o zerwaniu trasy koncertowej nie uprzedził, a zbulwersowana chińska gawiedź, czekająca w fotelach na koncert, musiała się rozejść do domów w poczuciu nienasycenia muzycznego oraz ideologicznego. Było to szczególnie niezręczne dlatego, że biletów na te koncerty nigdzie nie sprzedawano. Były one dyskretnie wysyłane do wybranej śmietanki melomanów w ramach specjalnego zaproszenia.

No, ale od tego jest Internet, by nawet w kontrolowanej chińskiej Sieci można było coś zwęszyć. Okazuje się, że na krótko przed koncertem w Korei Południowej pojawiły się doniesienia o tym, że tłusty acz krótki wódz nie tylko powołał żeńską grupę do życia, ale też przebadał co najmniej jedną wokalistkę pod względem seksualnym, zapewne w celu potwierdzenia, że potrafi ona cienko śpiewać, a może nawet piszczeć.

Gdy wieści te dotarły do chińskich kręgów internetowych i gdy stały się narastającą niczym lawina plotką, Kim – bądź co bądź szczęśliwie podobno pożeniony – postanowił, zapewne w niejakim popłochu, że wieściom o jego pozamałżeńskich eskapadach wokalno-fizycznych należy dać zdecydowany odpór i artystki natychmiast ewakuować.

Gdyby to wszystko odbywało się w jego własnym kraju, nie byłoby żadnego problemu, jako że prowokatorów rozpowszechniających informacje o bocznych skokach wodza zawsze można rozstrzelać, otruć lub powiesić. Chińskiego rynku nie da się jednak w ten sposób kontrolować, o czym Kim z pewnością wie. Wie też, że jego teoretycznie przyjaźni poplecznicy w Chinach mają go coraz bardziej dość i woleliby, żeby się nagle zapadł pod ziemię, na co się jednak nie zanosi.

Cała ta historia, wbrew pozorom, ma sporo wspólnego nie tylko z totalitarnym teatrem groteski oraz absurdu, ale również z Ameryką. Po powrocie zespołu do Korei Północnej maszyna propagandowa Kima ruszyła do akcji i zaczęła dawać niezbyt delikatnie do zrozumienia, że „obrzydliwi lokaje Ameryki z południa" prowadzą systematyczną akcję, której celem jest oczernianie przywódcy państwa i narodu oraz jego rodziny, która – jak powszechnie wiadomo – żyje w totalnym szczęściu i daje codziennie przykład tego, jak powinno wyglądać idealne, ideologicznie zdrowe małżeństwo. A ponieważ „lokaje z południa" to poplecznicy Waszyngtonu, teoretycznie za zerwanie koncertów w Pekinie odpowiadają: Waszyngton, CIA, FBI, IRS, Planned Parenthood, FDA, FAA oraz wszelkie inne organizacje, które można nazwać amerykańskimi.

Być może do Korei Północnej należy wysłać ponownie eks-koszykarza Dennisa Rodmana, domniemanego kumpla Kima, z zadaniem zorganizowania amerykańskiego tournée grupy Morabong Band. Niech sobie dziewczyny pośpiewają w naszych realiach. Możemy im nawet zapewnić tło wizualne w postaci startu paru naszych rakiet interkontynentalnych i my też będziemy wiwatować na ich widok.

Z drugiej strony może jednak lepiej poczekać na dalsze wydarzenia. Kto wie, jak długo jeszcze żeński zespół Kima będzie istniał. Może już dziś istnieje wyłącznie w stołówce jakiegoś „obozu re-edukacyjnego" dla politycznie zbłąkanych?

Przedświąteczny blues

Teoretycznie tzw. okres przedświąteczny – w Ameryce zaczynający się gdzieś w maju, choć tak na serio dopiero po Thanksgiving – ma być pełen rodzinnego ciepła, zrozumienia dla bliźniego i łażenia po sklepach w poszukiwaniu chińskiej tandety prezentowej. Jednak w rzeczywistości jest zupełnie inaczej, do czego przyczynia się w dużej mierze wielowarstwowość religijna Ameryki. Chrześcijanie mają Boże Narodzenie, żydzi – Chanukę, a Afroamerykanie – Kwaanzę, choć to ostatnie święto ma rzekomo już tylko trzech celebrantów rocznie.

Wydawać by się mogło, że w kraju takim jak USA każdy sobie świętować może, co mu się żywnie podoba, bez deptania komukolwiek po odciskach. Niestety jest inaczej. Gdy tylko dochodzimy do początku grudnia, zawsze zaczynają pojawiać się jakieś przedziwne problemy, które z biegiem lat przerodziły się w obłędne paplanie o prowadzonej rzekomo przez jakieś wraże siły „wojnie ze świętami".

Przykładem na szczeblu dość lokalnym mogą być wydarzenia, jakie rozegrały się niedawno w Roselle Park w stanie New Jersey, gdzie radna miejska Charlene Storey zrezygnowała ze swojej funkcji na znak protestu. Sprzeciwiła się w ten sposób temu, że plakat wydrukowany na okoliczność uroczystego zapalenia światełek na choince w centrum miasta zawierał frazę *Christmas tree lighting*, a nie wyłącznie *tree lighting*. Jej zdaniem stanowiło to pogwałcenie praw religijnych ludzi o innych niż chrześcijańskie wyznaniach.

Wprawdzie zaraz potem burmistrz zadzwonił do pani Storey i na tyle ją udobruchał, że wróciła do rady miejskiej, ale nie zmienia to faktu, że radna jest po prostu stuknięta.

Po pierwsze, choinka nie jest symbolem żadnej religii, a zwyczaj jej ustawiania w domach został zapożyczony z obrządków pogańskich. Po drugie, absolutnie wszyscy w dowolnym zakątku świata kojarzą drzewka ze świętami Bożego Narodzenia. Jak zatem mają owe drzewa, ustawiane w miejscach publicznych, być nazywane? „Choinka nieświąteczna"? A może „drzewko bez symboliki?". Albo „świerk bez jakiegokolwiek podtekstu?".

Może pani Storey o tym nie wie, ale sądy w USA wielokrotnie uznawały, że choć samo Boże Narodzenie jest oczywiście ważnym świętem dla wszystkich chrześcijan, okres przedświąteczny, wypełniony wizerunkami Santy, reniferów i domków z piernika, stał się powszechnym obrządkiem kulturowym, wspólnym dla wielu wyznań i niemającym bezpośredniego kontekstu religijnego. Stąd ustawianie choinek w urzędach publicznych jest legalne, natomiast nie jest legalne prezentowanie w tychże samych urzędach szopek świątecznych, które z natury rzeczy mają religijną wymowę.

Pomieszanie z poplątaniem dotyczące terminologii i symboliki związanej z grudniowymi celebracjami jest niestety bronią obosieczną. W stanie Tennessee grupa konserwatywnych prawodawców żąda od pewnego czasu, by do dymisji podał się rektor uczelni University of Tennessee-Knoxville, ponieważ – ich zdaniem – nie przykłada się on odpowiednio do misji „szerzenia chrześcijaństwa w okresie poprzedzającym święta".

A dlaczego ma się przykładać? Rektorat nie jest amboną i nie powinien nią być. Należy przypuszczać, że studenci tej uczelni są zdolni sami decydować o swoich przekonaniach i orientacjach religijnych, bez pomocy ze strony administracji szkoły. Na szczęście studenci wykazali się krzepiącą obecnością rozumu, ponieważ wysłali do stanowego parlamentu list, w którym bronią rektora i stwierdzają, że ich uniwersytet jest „miejscem dla wszystkich i stanowi forum dla wszelkich możliwych poglądów". Dlaczego jednak tej prostej prawdy nie znają ustawodawcy?

Tymczasem w Norwegii przez pewien czas zaistniał zupełnie inny problem. Jedna z głównych gazet tego kraju, dziennik *Aftenposten*, zamieściła w dziale nekrologów doniesienie o śmierci Santy. Rubaszny facet w czerwonym kubraczku zmarł rzekomo 3 grudnia tego roku w miejscowości Nordkapp. Liczył sobie 226 lat, a jego pogrzeb ma się odbyć w Kaplicy Bieguna Północnego w dniu 28 grudnia.

Gdyby jednak ktoś chciał się tam wybrać, odradzam. Redakcja *Aftenposten* wyraziła publicznie skruchę za to, że przeoczyła żartobliwy nekrolog i go opublikowała. Dodała też z całą powagą, że Santa żyje i miewa się bardzo dobrze, zajmując się głównie pakowaniem prezentów, szorowaniem reniferów oraz grą w karty z pomocnikami.

Norweskie podejście do sprawy rzekomego zejścia Santy z tego świata jest pouczające. W obliczu komplikacji wierzeniowo-socjalnych, związanych z okresem przedświątecznym, wskazane jest zapewne całkowite „wyluzowanie się". W sumie bowiem nie ma większego znaczenia to, jak ktoś nazywa drzewa, obyczaje, bajkowe postaci czy przedświąteczne „spędy" w biurze. Organizator takiego spędu ma prawo go nazywać *holiday party*, ale każdy z uczestników ma również prawo do używania takich terminów jak *Christmas party*. Nie jest to kwestia, która powinna komukolwiek zakłócać świąteczne celebracje.

Uważam, że winniśmy świętować to, co chcemy i jak chcemy. Nikt nikomu nie zabrania stosowania dowolnego nazewnictwa i dowolnej symboliki. Zakazy w USA obejmują wyłącznie oczywiste prezentacje o naturze religijnej w miejscach publicznych, co wynika z konstytucyjnych zapisów o rozdziale między państwem i Kościołem. Poza tym wszystko jest dozwolone. A zatem po co się męczyć – lepiej sobie na wszystko „dozwalać" i cieszyć się tym, że akurat w USA jest to możliwe.

Szantaż łóżkiem

Od paru lat w Chicago ginie sporo ludzi w wyniku ulicznych strzelanin. Są to zwykle porachunki między gangami, ale często też zbłąkane kule trafiają zwykłych przechodniów, w tym również dzieci. Sytuacja jest na tyle poważna, że interesuje się nią od pewnego czasu rząd federalny.

Niedawno pani April Lawson, mieszkanka południowej części Chicago, zdenerwowała się mocno widokiem młodych facetów wystających pod nowo otwartym sklepem obuwniczym. Tenisówki może sobie wprawdzie kupować każdy, ale irytacja April wynikała z faktu, że ta młokoseria pod sklepem wydawała się całkiem normalna, tyle że nie była, ponieważ prawdopodobne jest to, że zaraz po zakupie butów ludzie ci użyją ich do biegania po ulicach i strzelania do siebie.

Tak się złożyło, że nieco wcześniej April obejrzała trailer nowego filmu Spike'a Lee pt. *Chi-Raq*, który jest osadzoną w Chicago współczesną adaptacją sztuki Arystofanesa pt. *Lizystrata*. Dzieło starożytnego dramaturga jest komedią, którą odgrywano w Grecji podczas wojen peloponeskich pomiędzy Atenami i Spartą w V wieku p.n.e. W utworze tym kobiety, odpowiadając na apel tytułowej bohaterki, odmówiły mężczyznom seksu, żądając zaprzestania walk. No i poskutkowało – Ateny i Sparta zawarły pokój.

Jeśli coś takiego powiodło sie Grekom, dlaczego nie mogłoby się udać w Chicago? April ogłosiła apel do kobiet, by ewakuowały się z łóżek swoich partnerów i odmawiały im seksu. – *Będę żyła w celibacie tak długo, jak czarnoskórzy mężczyźni w mieście nie zorganizują się i nie stworzą strategii zapewniającej spokój w naszych dzielnicach* – powiedziała April.

Nie wiem, czy na gangsterów padł natychmiast blady strach seksualny. Skuteczność strajku ogłoszonego przez April jest trudna do przewidzenia. Jednak faktem jest to, że jej pomysł nie jest niczym nowym, a rezultaty demonstracyjnej absencji niewiast w łóżkach bywają różne.

Przed kilkoma laty działaczki opozycji w Togo wezwały kobiety do rozpoczęcia tygodniowego strajku seksualnego, by w ten sposób doprowadzić do ustąpienia z urzędu prezydenta tego kraju, Faure Gnassingbego. Jak powiedziała wtedy Isabelle Ameganvi z opozycyjnej organizacji „Let's Save Togo", która była główną inicjatorką protestu, tylko w ten sposób zmuszą mężczyzn do aktywnego udziału w akcji przeciwko prezydentowi. Isabelle przytoczyła przykład Liberii, gdzie w 2003 roku pełnym sukcesem zakończył się seksualny protest kobiet przeciwko wojnie domowej w tym kraju.

Niestety o ile w Liberii się udało, ten sam prezydent pozostaje do dziś u władzy w Togo. Co oznacza, że albo facetów w tym kraju seks aż tak bardzo nie interesuje, albo też tygodniowy strajk był cierpieniem zdecydowanie zbyt krótkim.

Znacznie lepiej zadziałał podobny strajk ogłoszony przez mieszkanki jednej z filipińskich wiosek na wyspie Mindanao, gdzie nieustannie dochodziło do bratobójczych walk. Panie oświadczyły swoim mężom, że tak długo, jak dochodzić będzie na ulicach do krwawych naparzanek, będą musieli spać w oddzielnych sypialniach. Chłopy bardzo rychło doszły do wniosku, że trzeba jak najszybciej przestać się bić.

I jeszcze jeden przykład. W Kenii, kraju nękanym przemocą, korupcją i politycznymi spiskami, organizacje kobiece wezwały do siedmiodniowego strajku seksualnego. Argumentowały, że egocentryczni męscy przywódcy nie powinni mieć czasu na sprawy ciała, kiedy kraj jest pogrążony w politycznym i ekonomicznym kryzysie. Co ciekawe, ogłosiły, że będą płaciły prostytutkom za przyłączenie się do strajku, by w ten sposób pozbawić mężczyzn jakiegokolwiek ratunku. Nawet żona kenijskiego premiera, Ida Odinga, stwierdziła, że popiera strajk „duszą i ciałem", choć należy domniemywać, że w tym akurat przypadku ciało było ważniejsze od duszy. W Kenii trochę się ostatnio uspokoiło, ale nie ma to raczej większego związku z przymusowym celibatem.

Strajki seksualne zdarzają się też w Europie. Belgijska senator Marleen Temmerman, zauroczona przykładem Kenijek, wezwała żony polityków do powstrzymania się od współżycia aż do powstania rządu w tym kraju. Jej desperacka akcja była zrozumiała. Kryzys rządowy w Belgii rozpoczął się po wyborach w roku 2010 i trwał prawie 400 dni, co wywołało nawet spekulacje, że Belgia się rozpadnie. Ostatecznie jakoś się posklejała i dziś posiada rząd, choć dość chwiejny.

Ukraińskie aktywistki organizacji Femen zwykle nie strajkują seksualnie, ale protestują publicznie na golasa, by „uczulić" władze na różne problemy. W roku 2010 otoczyły nawet w strojach *topless* pomnik Lenina w Kijowie, co podobno spowodowało jakieś hałasy w moskiewskim mauzoleum wodza rewolucji. Jednak raz feministki zapowiedziały kilkutygodniowy celibat w ramach protestu przeciw wykorzystywaniu kobiet.

Na podstawie wszystkich tych przykładów nie można niestety ocenić szans na sukces April Lawson w Chicago. Złośliwi twierdzą, że gangsterzy znacznie bardziej skłonni byliby do porzucenia strzelaniny, gdyby ich partnerki wyrzuciły przez okna na zbity chodnik wszystkie ich wielkie telewizory LCD, kolekcje kompaktów z muzyką rap oraz konsole do gier komputerowych.

Wracając do Arystofanesa, fikcyjnym bohaterkom jego sztuki udaje się zmusić mężczyzn do zakończenia wojny. Podobnie zapewne będzie w nowej interpretacji Spike'a Lee, choć wojna to w tym przypadku gangsterskie porachunki, a Chicago zastępuje Peloponez. W obu przypadkach chodzi jednak o komedię, podczas gdy April i wielu innym kobietom mieszkającym na południu Chicago wcale nie jest do śmiechu.

Nawet jeśli łóżkowy szantaż nie przyniesie spodziewanych rezultatów, Lawson udało się z pewnością już teraz sprowokować chwilę zastanowienia nad przemocą, jaka rozgrywa się na wielu ulicach Chicago niemal codziennie.

Indycze dożynki

Za komuny zawsze obchodzono hucznie dożynki, w czasie których przywódcy „państwa, partii i narodu" pletli rolne bzdury o wydajności w kwintalach z jednego hektara oraz o wzrastającym dramatycznie pogłowiu trzody chlewnej, której to pogłowie zawsze miało niewytłumaczalne trudności w docieraniu na polskie stoły.

Zanim jednak „władza ludowa" zawłaszczyła sobie to święto, dożynki przez wieki całe obchodzone były przez słowiańskich rolników jako festyn kończący udane żniwa. W tym sensie cel dożynek był i jest mniej więcej taki sam jak cel amerykańskiego Święta Dziękczynienia. Jednak w przypadku amerykańskim celebracje te wywodzą się z wydarzeń, które w znacznej mierze obłożone zostały kompletnie zmyślonymi faktami.

Legenda jest pod wieloma względami pociągająca i romantyczna. Wcześni osadnicy z Wielkiej Brytanii, próbujący przetrwać w Nowym Świecie, po roku zmagań z przeciwnościami losu zasiadają w listopadzie do wspólnego stołu, by wznieść głosy dziękczynienia za to, że nie zmarli z głodu, nie poddali się chorobom i nie zostali wycięci w pień przez Indian.

Wszystko to miało się rzekomo po raz pierwszy odbyć w roku 1621 w osadzie Plymouth na terytorium dzisiejszego stanu Massachusetts, choć dokumentacja historyczna jest na tyle wątła, że każdy może sobie coś do tego wszystkiego dorobić. Niemal pewne jest to, że wcześni koloniści mieli wtedy powody do celebracji, gdyż cieszyli się z bardzo dobrych żniw. Wszystkie inne szczegóły związane z pierwszym obiadem z okazji Thanksgiving to raczej czysta bajka.

Choć w wielu późniejszych opisach i na ckliwych obrazach przedstawiano wielką ucztę z indorem w roli głównej i choć przy stole mieli rzekomo zasiadać zaproszeni Indianie, czasami odziani wyłącznie w przepaski na biodra, rzeczywistość musiała wyglądać zupełnie inaczej. Indyka z pewnością nie było, a jego miejsce zajmowała zapewne dzika zwierzyna oraz ptactwo takie jak gołębie. Poza tym na stole z pewnością były orzechy, przeróżne ziarna, chleb i wszystko to, co można było zebrać z pól. Nieobecne były całkowicie takie dzisiejsze dodatki do uczty jak placek z dyni, słodkie ziemniaki, itd.

Co do Indian, nikt nie wie, czy rzeczywiście zasiedli z kolonistami do tego samego stołu, a już na pewno nie mieli na sobie tylko przepasek na biodra, jako że listopadowy klimat w rejonie Nowej Anglii narażać mógł ich na odmrożenie wszystkich członków, łącznie z tymi zakrytymi. I jeszcze jedno – kolonistów przedstawia się często w wysokich, czarnych kapeluszach ze sprzączką. Niestety, wtedy nikt jeszcze czegoś takiego nie nosił. Kapelusze, owszem, były, ale bez sprzączek. Osadnicy w Plymouth byli tak biedni, że nie mieli nawet sprzączek w paskach do spodni. Spodnie trzymały się tam, gdzie się miały trzymać, dzięki zawiązywanym wokół pasa sznurkom.

Na niektórych ilustracjach poświęconych pierwszej uczcie dziękczynnej pokazani są ludzie posługujący się nożami i widelcami. Nic z tego – widelce weszły do powszechnego użytku w Ameryce Północnej dopiero w połowie XVIII wieku. Wynika stąd, że pierwotni biesiadnicy nadziewali na nieistniejące widelce kęsy nieobecnego na stole indora.

Od czasu tej pierwszej, domniemanej uczty regularnym świętowaniem dziękczynnym w zasadzie nikt się w Ameryce nie przejmował, a pomysł ustanowienia Święta Dziękczynienia Tomasz Jefferson nazwał „głupim". W różnych stanach i w bardzo różnych terminach odbywały się imprezy przypominające polskie dożynki, których głównym celem była celebracja zakończonych pomyślnie żniw. I zapewne nigdy byśmy w ostatni czwartek listopada nie jedli wielkiego indyka i gapili się w telewizory, gdyby nie jedna, uparta kobieta.

Sarah Josephine Hale, XIX-wieczna poetka, zajmowała się w swoim życiu wieloma sprawami i do dziś znana jest jako autorka krótkiego, popularnego wiersza pt. „Mary Had a Little Lamb", ale z sobie tylko znanych powodów w roku 1846 rozpętała kampanię na rzecz ustanowienia narodowego święta dziękczynienia. Uważała rzekomo, że Ameryce potrzebny jest jakiś ogólnonarodowy „klej" zespalający ze sobą wszystkich mieszkańców młodego państwa.

Przez następne 17 lat pisała listy do polityków, łącznie z prezydentami Zacharym Taylorem, Millardem Fillmorem, Franklinem Pierce'em, Jamesem Buchananem i Abrahamem Lincolnem. Początkowo jej epistoły były zupełnie ignorowane, ale ostatecznie zdołała do swoich racji przekonać Lincolna, który w roku 1863 ustanowił Thanksgiving Day. Miał do tego dobry powód – uznał, że po krwawej wojnie domowej będzie to bardzo dobra okazja do pojednania i „gojenia ran" przy biesiadnym stole, a nie na bitewnym polu.

Dla Hale był to wielki sukces. Trzeba pamiętać, że w połowie XIX wieku Amerykanie mieli tylko dwa święta narodowe: urodziny Waszyngtona i Dzień Niepodległości. Nie obchodzono zatem na szczeblu federalnym nawet świąt Bożego Narodzenia. Jeśli chodzi o Święto Dziękczynienia, trzeba było czekać aż do roku 1941, by Franklin D. Roosevelt wydał proklamację, na mocy której uzgodniony został ostateczny termin ucztowania, czyli ostatni czwartek listopada.

Czego by nie powiedzieć o Thanksgiving, Ameryka nie tylko zbudowała swoje święto na legendach, ale co jakiś czas dodaje nowe, np. o tym, że spożywanie indyczego mięsa wywołuje senność, podczas gdy prawdziwy powód to zwykle przedawkowanie alkoholu. Natomiast jeden fakt z historii dziękczynnego biesiadowania jest bez wątpienia prawdziwy. Pomysł produkowania i sprzedawania tzw. *TV dinners*, czyli mrożonych dań obiadowych, zrodził się w roku 1953 w firmie Swanson dlatego, że koncern nie wiedział, co robić z górami indyczego mięsa zalegającymi w magazynach po Thanksgiving. A więc jednak jakieś pozytywy tego wszystkiego są.

Mydło i powidło

W moim mieście, Fort Wayne w stanie Indiana, nie ma żadnego sklepu Whole Foods Market, a zatem niemal nigdy w tym przybytku nie bywam. Ostatnio jednak przebywałem przez pewien czas w Indianapolis, gdzie są dwa takie sklepy, i do jednego z nich wstąpiłem.

Sklep jak sklep – dużo w nim atrakcyjnie wyglądających warzyw, owoców oraz produktów „organicznych", które są w modzie. Zaskoczyło mnie jednak coś innego. W różnych częściach tego handlowego sanktuarium można oglądać i kupować liczne towary, których opis jest po prostu pseudonaukowy, a czasami wręcz śmieszny.

Co to na przykład jest czekolada z „jagodami goji i korzeniem ashwagandha na wzmocnienie odporności organizmu"? I na jakiej podstawie pada stwierdzenie, że coś takiego ma jakiekolwiek korzystne właściwości? Są też herbaty „wspaniałe na serce", cudowne maści i oleje, środki na leczenie raka (naprawdę?) i różne inne bzdury. Natomiast w dziale książek, bo taki też jest, można się zapoznać z dziełami pt. *Cud oleju z kokosa* oraz *Medycyna ziołowa, leczenie i rak*. Ten ostatni tom jest dziełem teologa, który – jak sam twierdzi – opracował nowy system „trójfazowej medycyny eklektycznej". Mam nadzieję, że ta trójfazowość nie polega na stosowaniu prądu elektrycznego do leczenia alergii.

Chodząc po Whole Foods Market można czasami odnieść wrażenie, że miejsce to składa się z dwóch działów: zwykłego supermarketu spożywczego oraz cyrku, podobnego do dawnych stoisk prowadzonych przez „magików" usiłujących wciskać ludziom ciemnotę oraz sprzedawać im „cudowne leki na wszystko". Zresztą na półkach znaleźć można towary, które wyraźnie cyrk sugerują: Dr. Bronner's Magic Soaps, Sacred Healing Food oraz chleb Ezekiela, pieczony rzekomo z pełną zgodnością z przepisem zaczerpniętym z Biblii.

Opisy wszystkich tych towarów zawierają olbrzymi ładunek głupot lub tez, których nikt nie jest w stanie ani sprawdzić, ani też udowodnić. Jest to po prostu oaza bardzo wątłej nauki. I jest to tym bardziej dziwne, że klientela tej sieci sklepów jest zwykle dość młoda wiekiem i nieźle wykształcona. Nikomu jakoś nie przeszkadza, że tuż obok sterty bananów jest półka pełna „medykamentów" na wszelkie możliwe dolegliwości prócz śmierci.

By może najdziwniejszym pomysłem szefów Whole Foods Market jest akcja o nazwie Organic Integrity. Jest to kampania mająca na celu niemieszanie ze sobą produktów tradycyjnych z organicznymi, co ma zapobiegać skażeniu tych drugich. Specjalne napisy radzą klientom, by nigdy w jednej torbie nie mieszali ze sobą organicznych jabłek z nieorganicznymi gruszkami. Zaleca się też, by mielenie organicznej kawy odbywało się w domu, a nie w sklepie, gdzie młynki są „skażone" kawą tradycyjną.

Czy ktoś tu przypadkiem nie upadł na głowę? Jeśli dobrze rozumiem, szefostwo Whole Foods Market jest zdania, iż nawet lekkie otarcie się czegoś organicznego z czymś tradycyjnym prowadzić może do katastrofalnych następstw, choć nie mam pojęcia jakich. Zauroczenie ludzi organiczną żywnością można oczywiście zrozumieć, ale jej całkowita separacja od jadła tradycyjnego (w domyśle – brudnego, szkodliwego, do kitu, etc.) wydaje się pomysłem szaleńczym. Przecież po drodze do sklepu z jakiegoś centrum dystrybucji nikt tak naprawdę nie pilnuje cały czas, by organiczna marchew nie natknęła się gdzieś przypadkowo na tradycyjną pyrę.

Z ciekawości zajrzałem na stronę internetową Whole Foods i znalazłem tam następujący zapis: „Słowo »integrity« oznacza stan bycia nieskażonym i doskonałym pod względem jakości. Kiedy mówimy, że coś posiada »organic integrity«, rozumiemy przez to, że żaden czynnik składający się na organiczność towaru nie został w jakiś sposób naruszony, np. poprzez skażenie, mieszanie z innymi produktami lub błędne obchodzenie się z nim".

Problem jest jednak taki, że na tejże samej stronie zawarta jest litania wymogów względem produktów organicznych, a jednym z nich jest to, że każdy taki produkt „musi być organiczny przynajmniej w 70 proc.". Innymi słowy, i tak jest od samego początku „skażony", a te 30 proc. tradycyjnego żarcia naparza się z przeważającymi siłami organicznego wroga.

Ciekaw jestem, jak wielu ludzi na serio przejmuje się tym, że ich chleb został pokrojony maszyną, która grzeszy, gdyż często kroi również chleb konwencjonalny. Podobną separację żywności stosuje się tylko w niektórych religiach, np. w przypadku żydowskiego jadła koszernego. Jednak Whole Foods to nie kult religijny, lecz sieć sklepów, w której nie powinno się reklamować cudotwórczych efektów jedzenia jakichś podejrzanych specyfików.

Firma Whole Foods robi oczywiście wiele dobrego przez promowanie zdrowej żywności, często produkowanej lokalnie, a nie sprowadzanej z najdalszych zakątków świata. Przejmuje się też tym, w jakich warunkach sprzedawane w jej sklepach produkty są wytwarzane i czy proces produkcji nie szkodzi ludziom lub środowisku naturalnemu. Wszystko to pięknie, ale po co do tego wizerunku dodawać pseudonaukę oraz alarmistyczne wieści o rzekomych zagrożeniach wynikających ze skażenia organicznego żarcia przez tradycyjne okruchy? A jeśli już trzeba koniecznie sprzedawać magiczne mydła, cudowne maści i uzdrowicielskie oleje, lepiej poprzestać na nazwie towaru, a nie pisać głupot o ich domniemanych i niczym nieuzasadnionych właściwościach.

W gruncie rzeczy lekarstwa ludzie mimo wszystko powinni kupować w aptekach i na podstawie rekomendacji lekarzy, chyba że ktoś z sobie tylko znanych powodów wierzy, iż maść na porost włosów pokryje błyskawicznie łysinę bujną czupryną. Niestety nigdy nie pokrywa i wątpię, by Sacred Healing Food lub herbaty „wspaniałe na serce" coś tu pomogły.

Grabiami w oko natury

Jesień, czyli sezon grabienia. Ja sam nienawidzę prac ogrodniczych, co zwykle pogrąża moją małżonkę w nieutulonym smutku, na który nie ma żadnego lekarstwa prócz zmiany męża. Jednak moja niechęć do sezonowego grzebania w ziemi staje się szczególnie natarczywa z chwilą, gdy drzewa zaczynają tracić liście.

Cały ten złotolistny materiał spada na trawniki i wszystko wygląda pięknie oraz poetycznie aż do momentu, w którym albo władza domowa (żona), albo też władza miejska (ratusz) dochodzi do wniosku, że chaotyczny opad listowia na grunt nie może mieć miejsca w cywilizowanym społeczeństwie. I że konieczna jest ludzka interwencja, ponieważ w przeciwnym razie grozi nam chaos oraz rozkład podstawowych demokratycznych instytucji, z których większość – jak wiadomo – opiera się na zachowaniu czystości amerykańskich trawników oraz nieczystości polityków.

Jak Ameryka długa i szeroka, ludzie masowo pojawiają się przed swoimi domami, uzbrojeni w grabie i liczne inne narzędzia eksterminacji liści, by usypywać zgrabioną materię liściastą w przychodnikowe góry. Potem przyjeżdżają odpowiedni specjaliści, którzy góry te likwidują przez wsysanie i mielenie liści w odpowiednio wyposażonych ciężarówkach. Ostatnią drogą zniewolonych liści jest jazda na lokalne wysypisko śmieci, gdzie są brutalnie mieszane z innymi, mniej sympatycznymi odpadami, np. butelkami po piwie, przegniłymi gazetami, itd.

Cały ten rytuał zawsze budził we mnie pewne zasadnicze wątpliwości. Dlaczego, na przykład, trzeba grabić liście, skoro naturalną koleją rzeczy jest ich spadanie i zakrywanie gleby? Czy liście mielono i grabiono w starożytnym Rzymie albo w średniowieczu? Czy przejmował się ich spadaniem Napoleon? Czy w ogóle ktokolwiek się tym zajmował jeszcze przed półwieczem?

Należy zapewne założyć, iż wymóg oczyszczania trawników z listowia jest w miarę nowym wynalazkiem, związanym z pojawieniem się, przynajmniej w USA, podmiejskich dzielnic willowych, w których trawa nie może być za wysoka, a liście albo wiszą pokornie na drzewie, albo ich w ogóle nie ma. Te zaś, które mimo wszystko spadną, to wróg numer jeden porządku publicznego i poczucia estetyki. Wynika stąd, że pojawienie się w USA malarskiego impresjonizmu na modłę Moneta byłoby dziś niemożliwe, ponieważ malarz nie byłby w stanie nigdzie znaleźć „dzikiego liścia".

Problem w tym, że ludzie, którzy coś niecoś na ten temat wiedzą, mają w miarę jednogłośne zalecenie dla „usuwaczy" liści. Zalecenie to brzmi mniej więcej tak: „Na miłość boską, zostawcie te liście w spokoju!". Działacze na rzecz ochrony środowiska naturalnego od lat argumentują, że grabienie i usuwanie liści z trawników jest szkodliwe, ponieważ niszczy naturalne środowiska wielu małych zwierząt, np. świstaków, żółwi, salamander, glist, motyli, itd. Ponadto rok w rok na wysypiskach śmieci w całej Ameryce ląduje ponad 30 milionów ton naturalnego materiału kompostowego, który mógłby znaleźć o wiele lepsze zastosowanie.

W takim razie powstaje istotne pytanie – grabić czy nie grabić? Znawcy rzeczy są zdania, że grabienie i usuwanie liści ma sens tylko wtedy, gdy ich warstwa na trawnikach staje się bardzo gruba, a potem zostaje przykryta na wiele tygodni śniegiem. Jednak w większości przypadków rada jest taka, by liście zostawić w spokoju, a ewentualnie usunąć je dopiero podczas wiosennego koszenia trawy, gdy są zeschnięte i podatne na łatwy przemiał.

Niestety w warunkach amerykańskich dostosowanie się do tego rodzaju rad jest zwykle dość trudne z dwóch powodów. Po pierwsze, jeśli okoliczni sąsiedzi spędzają całe tygodnie na zbieraniu liści, na lenia po przeciwnej stronie ulicy, którego trawnik przypomina morze bursztynów, patrzą z niechęcią lub nawet z wrogością. Ma to szczególne znaczenie w czasie wietrznych dni, gdy kupa pozostawionych liści zwiewana jest w kierunku już oczyszczonych, sąsiednich trawników. Za kierunek wiatru nikt nie jest wprawdzie odpowiedzialny, ale na winnego niechęci do grabienia zawsze jest bardzo łatwo wskazać. Czasami konflikty z tego powodu prowadzą nawet do rękoczynów, a ponieważ Ameryka jest mocno uzbrojona, pojedynek na spluwy z powodu liści nie jest specjalnie niemożliwy.

Po drugie, w wielu miastach USA obowiązują zasady, zgodnie z którymi grabić nie tylko trzeba, ale należy, pod karą w miarę surowych mandatów. W moim sąsiedztwie nie tylko trawa nie może przekraczać pewnej dozwolonej wysokości, ale liście muszą zostać uformowane w przyuliczną górę, która zostaje następnie usuwana przez władze w wyznaczonym terminie. Ciekaw jestem (a tego jeszcze nie spróbowałem), co by się stało, gdybym te zalecenia zupełnie zignorował i przyznał liściom pełne prawo do spadania i zalegania tam, gdzie je zaniesie matka natura? Wyroki więzienia raczej nie wchodzą w rachubę, ale grzywny z pewnością tak.

I ja tu tak sobie we własnym domu siedzę, piszę i spadające liście ignoruję, a naokoło wszyscy grabią, tak jakby nie mieli niczego innego do roboty. Spodziewam się prędzej czy później jakichś konsekwencji administracyjnych, chyba, że wkrótce przyjdzie wielki śnieg i ślady mojego przestępstwa całkowicie zakryje. A gdy jakieś strwożone liście poproszą u mnie o azyl polityczny na strychu, oczywiście go udzielę, nawet nie wyjawiając aplikantom, że na ponowne zazielenienie się nie mają absolutnie żadnych szans. W końcu po co im niszczyć marzenia?

Wiedza do chrzanu

Przeczytałem ostatnio, nie bez zdumienia, że amerykańska firma Domino's Pizza zdecydowała się na odważny eksperyment, polegający na uruchomieniu w Rzymie kilku pizzerii oferujących, tak jak w USA, pizzę z dostawą do domu. Przewiduję, że pomysł ten okaże się totalnym niewypałem.

W brytyjskiej wersji języka angielskiego istnieje wyrażenie *carrying coals to Newcastle*, co jest odpowiednikiem naszego „po co wozić drewno do lasu?". Geneza obu tych porzekadeł jest inna, jako że w przypadku brytyjskim chodzi o noszenie węgla do angielskiego odpowiednika Zagłębia Ruhry, podczas gdy nasza wersja zwykle dotyczy zabierania żony na przyjęcie, na którym jest bardzo dużo pięknych kobiet. W sumie chodzi jednak o to samo. Eksport amerykańskiej pizzy do Włoch ma mniej więcej taki sam sens jak eksport chińskich samowarów do Tuły.

Nie dość, że amerykańska pizza w porównaniu do włoskiej jest zwykle gruba, tłusta i wypchana czasami dziwnymi składnikami, to jeszcze sam pomysł wożenia placków do konsumenta jest Włochom niemal zupełnie obcy. W Rzymie praktycznie nie ma miejsc odpowiadających amerykańskim lokalom typu *pizza delivery*. We włoskiej stolicy amator pizzy zwykle udaje się sam do swojego lokalnego *pizzaiolo*, czyli szefa i głównego kucharza pizzerii, i tam spędza pół godziny na popijaniu wina i rozmowie o polityce lub sąsiedzkich skandalach, podczas gdy mistrz kuchni ręcznie „składa" pizzę, zapytując od czasu do czasu klienta o jego preferencje. Po tej sesji socjalno-kulinarnej konsument udaje się z pudłem emitującym piękne zapachy do domu, gdzie spędza następnie godzinę lub dwie z rodziną przy wspólnym stole, zajadając się przyniesionym daniem. Owszem, czasami wspomniany *pizzaiolo* sam zaniesie pizzę klientowi do domu, ale takie wyjątki robi się tylko w stosunku do osób niepełnosprawnych lub w bardzo zaawansowanym wieku.

Problemem, jaki stoi przed Domino's Pizza, jest nie tylko sam produkt, lecz styl jedzenia. We Włoszech i innych krajach basenu śródziemnomorskiego główny posiłek dnia to zwykle ważna celebracja z udziałem rodziny i przyjaciół, a nie 15-minutowe pożarcie czegoś z piecyka mikrofalowego w trakcie oglądania głupot w telewizji. We włoskich nawykach dotyczących kulinariów na Domino's Pizza po prostu nie ma miejsca. Za to w USA miejsca jest aż nadto.

W mediach amerykańskich od lat pełno jest przepisów, konkursów kulinarnych, programów prowadzonych przez mistrzów kuchni, itd. Jeśli wierzyć najnowszym sondażom, 78 proc. Amerykanów twierdzi, że lubi gotować, ale tylko 20 proc. rzeczywiście staje czasami przy kuchni i coś pitrasi, przy czym wskaźnik ten spada poniżej 15 proc. wśród ludzi młodych.

Jeszcze w latach 50. w przeciętnym amerykańskim domu gotowało się obiady sześć lub siedem razy w tygodniu. Obecnie trzy domowe posiłki tygodniowo to sukces, a w niektórych domach praktycznie nigdy się niczego nie gotuje. Jeśli nawet rodzina zasiada wspólnie do obiadu, to na stole zjawiają się rzeczy gdzieś zamówione lub przyrządzone na podstawie gotowych zestawów kupionych w sklepie.

Jeśli chodzi o pizzę, 15 proc. Amerykanów w wieku od 25 do 39 lat twierdzi, że zjada kawałek czegoś takiego codziennie. Nie jest to jednak pizza „obgadana" przez pół godziny u mistrza plackarskiego, lecz wyciągnięta z zamrożonego kartonu albo też przywieziona przez jakąś firmę do domu.

Amerykanie są też dość unikalnym narodem pod tym względem, że bardzo często jedzą robiąc jednocześnie coś innego: oglądając telewizję, czytając, ględząc przez telefon lub jadąc samochodem. Jest nawet termin określający to zjawisko: *secondary eating*.

Wszystko to prowadzi do dość dziwnych konsekwencji, które dane mi jest od czasu do czasu obserwować w dużych supermarketach. Przy kasach tych placówek stoją zwykle młode dziewoje, które z osłupieniem reagują na widok niektórych produktów. Gdy w moim koszyku znajduje się korzeń pietruszki, niemal zawsze kasjerka pyta mnie rozbrajająco: „What's that?". Zielona kolendra? To samo. Korzeń chrzanu? Zwykle budzi on u młodej kadry kasjerskiej chichoty spowodowane skojarzeniami natury fallicznej, ale to nie mój problem. W każdym razie z prawidłową identyfikacją chrzanu też bywa kiepsko. Zielona pietruszka jest zwykle rozpoznawana poprawnie, ale ta włoska, z płaskimi liśćmi, to już zadanie znacznie trudniejsze. Raz zdarzyło mi się nawet, że sakramentalne „What's that?" padło w przypadku główki czosnku.

O czym to świadczy? Niemal na pewno o tym, że dziewczyny te w swoich domach nie tylko niczego nie gotują, ale też praktycznie nie mają styczności z wieloma podstawowymi składnikami wszelakiego gotowania. Jest to tym bardziej dziwne, że to zwykle ludzie młodzi popierają produkcję żywności organicznej, najgłośniej narzekają na *junk* w sklepach oraz gapią się w telewizję, gdzie Mario Batali gotuje coś prostego i zdrowego z warzyw, których potem nie da się zidentyfikować w sklepie.

Gdzieś po drodze od lat 50. aż do teraz zgubiła się łączność amerykańskiego konsumenta z tym, co konsumuje. Jak tak dalej pójdzie, to wkrótce nikt nie będzie wiedział, że jajecznica składa się z jaj i że hamburger wraz z bułką nie pochodzi bezpośrednio od krowy. A zresztą sam już nie wiem – może pochodzi?

Mam tego dość!

W porządku, poddaję się. Przestałem mieć nadzieję, że w USA możliwe jest wprowadzenie sensownej kontroli nad bronią palną w rękach przeciętnych obywateli. I wcale nie mówię o zakazach czy konfiskacie domowych armat przez rządowych wysłanników, lecz o bardzo nieśmiałych poczynaniach – np. zakazie sprzedawania broni neomilitarnej (przerobionych karabinów maszynowych M16) czy wprowadzeniu licencjonowania broni sprzedawanej na tzw. *gun shows*, czyli targach śmierci, na których każdy, nawet ktoś całkowicie rąbnięty, może sobie kupić szybkostrzelny karabin z magazynkiem wystarczającym na zamordowanie całej klasy szkolnej łącznie z nauczycielem w minutę lub dwie.

W odstępie zaledwie paru dni doszło w USA do kolejnych dwóch tragedii, które powinny naszym z gruntu tchórzliwym politykom dać wiele do myślenia, ale nie dadzą. Najpierw facet w szkole w stanie Oregon zastrzelił dziewięć osób, a w pozostawionym po sobie manifeście napisał, że musiał to zrobić, ponieważ był nienawidzony przez całe swoje życie i nie miał niczego – kariery, pracy, dziewczyny, itd. Szkoda, że nie można go już zapytać, dlaczego w obliczu swojej kiepskiej sytuacji życiowej po prostu sam sobie nie strzelił w łeb, ale to już inna sprawa.

Wkrótce potem 11-letni chłopiec w Tennessee wdał się w sprzeczkę z 8-letnią córką sąsiadów. Podobno chodziło o szczeniaka, którego dziewczynka nie chciała mu pokazać. W związku z tym zdenerwowany młodzieniec poszedł do domu, wziął ojca sztucer i z okna domu strzelił do 8-latki, zabijając ją na miejscu.

Oczywiście przypadki tego rodzaju zdarzają się na całym świecie, ale nigdzie tak często jak w USA. Tylko w tym roku w całym kraju od kul zginęło 559 dzieci w wieku poniżej 11 lat. Według danych ONZ, na 100 tysięcy mieszkańców USA przypada niemal pięć morderstw rocznie, w tym 60 proc. z nich dokonywana jest przy pomocy broni palnej. Prawdą jest, że plasuje to Stany Zjednoczone dopiero na 111. miejscu listy najbardziej zbrodniczych państw („złoty medal" ma Honduras, a srebrny – Wenezuela), ale żadne to pocieszenie, że wyprzedzają nas w tej statystyce takie państwa jak Czad, Burundi i Brazylia. W żadnym innym rozwiniętym kraju Zachodu nie morduje się w tak zastraszającej skali jak w USA. W Australii i Wielkiej Brytanii na 100 tysięcy ludzi przypada rocznie zaledwie jedno morderstwo, z czego tylko bardzo niewielka część tych przestępstw popełniana jest przy pomocy broni palnej.

Mimo to, argumentacja wszystkich tych czubków, którzy uważają, że każdy w Ameryce winien być uzbrojony po zęby (na wypadek ataku ze strony komunistycznego ONZ lub rozpasanej władzy federalnej), jest zawsze ta sama. Po pierwsze, mówią, to nie broń zabija ludzi, lecz jej posiadacze. Po drugie, wystarczy tylko zapewnić wszystkim szurniętym odpowiednią opiekę lekarską, by wyeliminować problem masowych mordów w placówkach publicznych.

Jeśli chodzi o ten pierwszy argument, ma on mniej więcej taką samą logiczną wartość jak twierdzenie, że to nie noże kroją pomidory, lecz ludzie. Zachęcam zwolenników tego rodzaju wywodów do krojenia pomidorów na kanapki rękoma i życzę powodzenia. Natomiast w przypadku drugiego argumentu, obala go nauka. Liczne badania wykazały, że ogromna większość ludzi chorych psychicznie nigdy nikogo w żaden sposób nie zaatakuje, natomiast ci, którzy dopuszczają się desperackich czynów, mogą przez lata cierpieć na zaburzenia psychiczne, o których po prostu nikt nie wie, a zatem mogą oni legalnie kupować broń niemal w każdym ze stanów USA.

W ogromnej większości krajów tego świata sprzeczki dzieci w piaskownicy lub na podwórku prowadzą co najwyżej do bijatyki. Tylko w Ameryce możliwe jest to, że 11-letni chłopiec odruchowo sięga po broń i tylko tu broń ta jest prawie zawsze gdzieś pod ręką, na przykład w szafie rodziców lub u szkolnego kolegi.

Scenariusz każdej masowej strzelaniny jest w USA niemal zawsze ten sam. Jakieś totalnie sfrustrowane indywiduum, obrażone na coś lub na kogoś, pakuje do torby mały arsenał i idzie mordować ludzi. A gdy już samo się potem zastrzeli albo padnie ofiarą policji, rozpoczyna się zwykle tragikomiczny taniec medialny.

Politycy wyrażają swoje przerażenie i stwierdzają, że tak dalej być nie może, choć może i będzie. Dotknięta tragedią społeczność organizuje wiec przy świeczkach i wspólnie się modli, by – jak to mówią – jakoś się uzdrowić. Natomiast komentatorzy telewizyjni przez kilka dni starają się odpowiedzieć na pytanie „dlaczego?".

Dlaczego? Jest to pytanie pozbawione jakiegokolwiek sensu, ponieważ odpowiedź jest zawsze taka sama – ktoś mało zrównoważony postanawia się zemścić na wrednym świecie i sięga po broń, która jest wszędzie i którą z łatwością można kupić. Co za różnica, czy gniew zabójcy wynika z tego, że rzuciła go dziewczyna, czy też z faktu, iż spadł mu na nogę czajnik z gorącą wodą? Nigdy nie ma racjonalnych przyczyn tego rodzaju wydarzeń. Jest natomiast ich wspólny mianownik – powszechny i mało kontrolowany dostęp do broni palnej.

Jednak w amerykańskim życiu publicznym nie ma już sensu nawet o tym wspominać, gdyż z czysto politycznego punktu widzenia wprowadzanie jakichkolwiek nowych ustaw dotyczących broni palnej jest praktycznie niemożliwe. Cóż, strzelajmy do siebie dalej.

Podniebna wałówa

Na pokładzie samolotów pasażerskich nie można zwykle liczyć na pozytywne wrażenia kulinarne. W USA problem ten został raz na zawsze rozwiązany, gdyż niczego na ciepło w zasadzie nigdy się już nie podaje, a na większości tras można liczyć wyłącznie na orzeszki ziemne lub precle, których nie trzeba w żaden sposób przyrządzać, podgrzewać, itd. Inaczej jest niestety na trasach międzynarodowych...

Nad Atlantykiem zawsze zaserwowany zostanie obiad, a potem jeszcze śniadanie, przy czym kolejność podawania tych posiłków nie ma większego znaczenia, jako że ich identyfikacja jest trudna. Omlet można z powodzeniem wziąć za sztukę mięsa, a kanapkę – za zdeformowany klocek Lego.

Sytuacja na rynku samolotowych kulinariów staje się z wolna coraz gorsza, co ma pewne praktyczne konsekwencje. Mocno zirytowani pasażerowie, którzy chcą jeść rzeczy mające przynajmniej pozornie wygląd i zapach żywności, stworzyli w serwisie Twitter specjalny adres, @planefood, gdzie umieszczane są zdjęcia tego, co serwuje się ludziom w czasie lotów. W sumie składa się to na frapujący materiał dowodowy. W tym internetowym miejscu pełno jest fotografii przedstawiających dziwne, kleiste mieszaniny, brązowe płyny nieznanego pochodzenia, odrażające sosy, itd. Ba, zorganizowano nawet konkurs na prawidłową identyfikację podawanych dań i szybko okazało się, że tylko w 25 proc. przypadków „żywność" można jako tako rozpoznać.

Nie powinno to być zaskoczeniem. Czasami przed pasażerem pojawia się tacka z trójkolorową mazią, która absolutnie niczego jadalnego nie przypomina. Smaku czegoś takiego nie da się wprawdzie sfotografować, ale opisy walorów smakowych bywają niezwykle sążniste, a ich autorzy nie przebierają w odpowiedniej frazeologii. Na przykład pasażer Tim Oberg umieścił w serwisie Twitter zdjęcie dania zaoferowanego mu na pokładzie samolotu Virgin Australia. Danie to przypominało wyglądem zdechłą mysz w sosie własnym, co spowodowało, iż Tim napisał: „Powinniście się wstydzić, że podajecie w samolocie takie g...o i nazywacie je żywnością".

Wiedziony chorobliwą ciekawością, postanowiłem dociec, w jaki sposób żarcie samolotowe jest produkowane i przygotowywane do podania w czasie lotu. Bardzo szybko okazało się, iż na cuda kulinarne z definicji nie można liczyć. Wszystkie dania przeznaczone do samolotowej konsumpcji są planowane z dużym wyprzedzeniem i bardzo precyzyjnie. Planuje się nawet takie rzeczy jak liczbę oliwek w sałacie.

Produkcja żarcia, szczególnie w przypadku wielkich firm, takich jak LSG Sky Chefs, odbywa się z reguły gdzieś w bezpośredniej bliskości lotnisk, tak by wałówa się nie zepsuła, zanim jeszcze znajdzie się na pokładzie. Wspomniana powyżej firma przy niektórych dużych lotniskach produkuje 15 tysięcy zupełnie niejadalnych bułek oraz 30 tysięcy też ledwie zjadliwych kanapek na godzinę. Wszystko to, zgodnie z przepisami, musi trafić do paszczy konsumenta w ciągu 10 godzin, a jeśli nie jest to możliwe, towar ląduje w śmieciach.

Najciekawsze są jednak dane o sposobie przyrządzania dań na ciepło. W przypadku mięsa kurzego, jest one pitraszone do 60 proc. gotowości bojowej, natomiast wołowina jest gotowa tylko w 30 proc. Tak przygotowane „specjały" są następnie szybko zmrażane w specjalnych lodówkach – na tym etapie nie są całkowicie zamrożone, ale również nie nadają się jeszcze do spożycia.

Gdy wszystko to trafia w końcu na pokład samolotu, przygotowywane jest do podania wygłodzonym pasażerom przez gotowanie w piecykach konwekcyjnych (a nie mikrofalówkach) przez ok. 20 minut. Niektóre linie wyznają zasadę, że pilot i jego zastępca muszą jeść dwa różne dania, na wypadek, gdyby jedno z nich spowodowało u członka załogi poważne zaburzenia gastryczne.

Jeśli samolot jest z jakichś powodów poważnie opóźniony, cały ładunek żywności zostaje wyładowany i wędruje do kosza, a linie lotnicze zamawiają „świeższe" jedzenie. Ma to swoje uzasadnienie – w roku 1992 na pokładzie samolotu linii Aerolineas Argentinas lecącego z Buenos Aires do Los Angeles 76 pasażerów zatruło się poważnie podanym daniem z krabów. Jeden z zatrutych zmarł potem w szpitalu. Okazało się, że kraby zbyt długo czekały na start i nie zostały w porę wymienione.

Biorąc pod uwagę opisany powyżej sposób przyrządzania samolotowego jedzenia, nic, co się pasażerom podaje, nie może być zbyt dobre. Są oczywiście wyjątki robione dla ludzi latających pierwszą klasą. Istnieją też nadal linie, które kładą nacisk na podawanie ludziom potraw przyzwoitej jakości. Są to między innymi: Alaska Airlines, Austrian Airlines, Air New Zealand, Cathay Pacific, Emirates i Etihad. Na pokładzie samolotów Turkish Airlines pasażerów wita nawet ubrany w biały kitel szef kuchni, ale co on tam robi za swoim kuchennym parawanem, tego nikt nie wie.

W sumie zawsze lepiej jest porządnie najeść się przed odlotem, by w jego trakcie można było spokojnie oddać się wyłącznie konsumpcji trunków dla uspokojenia zszarganych nerwów. Ja zresztą nie mam tego rodzaju problemów, gdyż w samolotach nigdy nie jem, jako że muszę nieustannie obserwować silniki, by co chwila potwierdzać, że jeszcze się nie palą i nie odpadły.

„Odkrywca" nowej historii

No nareszcie, ludziska, wszystko się w końcu wyjaśniło z tą II wojną światową! Wbrew teoriom panoszącym się wszędzie od lat, w dniu 1 września 1939 roku nikt Polski nie zaatakował. Sami dokonaliśmy na siebie inwazji, najpierw przebierając znaczne siły polskiej armii w niemieckie mundury i organizując ofensywę z zachodu, a 16 dni później przebraliśmy też naszych za czerwonoarmistów i przypuściliśmy na siebie szturm ze wschodu. Gdy już sami przed sobą skapitulowaliśmy, powsadzaliśmy się do przeróżnych obozów koncentracyjnych, by uwiarygodnić fakt, że wojna jest realna, a nie sztucznie sprokurowana. Adolf tak się potem zachwycił naszym pomysłem o autoinwazji, że podbił resztę Europy.

Należy też wyjaśnić, że Joachim von R. i Wiaczesław M. pod koniec sierpnia 1939 roku nie uzgadniali żadnego traktatu o podziale wpływów w Europie, lecz dali sobie w gaz paroma sznapsami i rozjechali się do domów. A skoro już jesteśmy przy podziale wpływów, to trzy rozbiory Polski też nie miały miejsca. Polska sama się rozebrała, znużona poważnie suwerennością. Polscy oficerowie w Katyniu? Popełnili z pewnością zbiorowe samobójstwo, wiążąc sobie ręce i strzelając w głowę od tyłu.

Ja rozumiem doskonale, że taka interpretacja historii może budzić pewne sprzeciwy, ale bynajmniej nie w domu obecnego ambasadora Rosji w Polsce, Sergieja Andrejewa. Serioża powiedział ostatnio telewizji TVN, że Polska „ponosi częściową odpowiedzialność" za wybuch II wojny światowej, ponieważ sprzeciwiała się zanadto żądaniom Hitlera i nie zdecydowała się na podpisanie z ZSRR paktu o nieagresji. Dodał też, że atak Armii Czerwonej na wschodnie obszary Polski nie był inwazją, lecz posunięciem „czysto obronnym".

No i nareszcie mamy pełną jasność historyczną. Wywołaliśmy lekkomyślnie światową wojnę, a Ruskie – w obawie przed unicestwieniem przez polską kawalerię – dokonały manewru prewencyjnego, którego skutki widoczne są na mapie Europy do dziś.

Pan ambasador został wezwany w Warszawie „na dywanik", zapewne w celu wyjaśnienia, w jakim zakładzie psychiatrycznym uczył się historii i dlaczego. W sumie jednak nie można specjalnie mu się dziwić. Rosjanie to mistrzowie w reinterpretacji historii. Bądź co bądź na długo przed wojną skutecznie wymazywali z annałów ludzi, których istnienie stawało się niewygodne. Z sowieckiej encyklopedii nagle przepadł na przykład Leon Trocki, ale nawet to okazało się potem zabiegiem niewystarczającym i trzeba go było mimo wszystko zamordować w Meksyku. Być może wkrótce okaże się, że mordu nie dokonali siepacze Józefa Wissarionowicza, lecz specjalne oddziały polskich komandosów, których jedynym zadaniem była likwidacja przypadkowo wybranych osób rosyjskiego pochodzenia.

O ile świat rzadko interesuje się początkiem II wojny światowej (która dla wielu Amerykanów zaczęła się dopiero w 1941 roku od ataku na Pearl Harbor), ambasador Rosji w Polsce tym razem skutecznie zainteresował swoimi tezami światowe media, co jest ważnym osiągnięciem. Okazuje się, że nie wszystkie brednie są możliwe do przyjęcia i że jakieś granice mimo wszystko istnieją. Agencje w USA i Wielkiej Brytanii (Reuters, BBC, etc.) doniosły o wypowiedzi Andrejewa pod intrygującymi tytułami typu „Polska wywołała II wojnę światową". Trochę mnie to niepokoi, bo może się okazać, że liczni odbiorcy wieści czytają wyłącznie tytuły i mogą odnieść wrażenie, że historycy dokonali jakiegoś ważkiego odkrycia, które dowodzi, iż – tak jak opisałem powyżej – sami na siebie napadliśmy w cynicznych celach prowokacyjnych.

Jednak nie wszyscy zapewne wiedzą o tym, że Andrejew nie wyssał swoich bzdur z palca. W roku 2009 w witrynie internetowej rosyjskiego ministerstwa obrony ukazał się artykuł pióra pułkownika Sergieja Kowaliowa, w którym autor domaga się „rewizji fałszów rozpowiadanych o ZSRR w okresie przed wybuchem II wojny światowej". Ten wcześniejszy Serioża też twierdzi, że do wojny doprowadzili Polacy, którzy odrzucili „rozsądne" żądania Hitlera w sprawie Gdańska oraz „korytarza" drogowego do Królewca. Andrejew musiał zapewne kiedyś czytać ten tekst, bo samemu ciężko by mu było coś tak idiotycznego wyprodukować.

Ja jednak zastanawiam się nad czymś zupełnie innym. Zwykle ambasadorzy dobierani są w taki sposób, by mogli w miarę bezkonfliktowo działać w kraju, w którym przychodzi im pracować. Stąd do Izraela nie wysyła się na placówki antysemitów, a w ambasadach arabskich nie ma ludzi, którzy publicznie i nałogowo piją gorzałę. Stąd trudno jest zrozumieć, dlaczego Rosję w Polsce reprezentuje akurat Sergiej Andrejew, któremu wydaje się, iż jest pionierem europejskiej historii, obnażającym „prawdziwe" oblicze Polski w przededniu II wojny światowej. No, ale z drugiej strony chodzi tu o Rosję, do której władz słowo „rozsądek" przystaje jak karp do samowaru.

Tak czy inaczej, czekam na dalsze historyczne rewelacje Serioży i jestem pewien, że wszyscy na Kremlu są z niego bardzo zadowoleni. Bądź co bądź, nie każdy potrafi stworzyć nową i zupełnie fałszywą interpretację najważniejszych wydarzeń XX wieku i ją całkiem na serio promować.

W żółtym skafandrze

Przyznaję, że o grze w szachy mam dość mierne pojęcie. Owszem, znam ogólne zasady, reguły poruszania się po szachownicy poszczególnych figur, itd. Na tym jednak moja szachowa wiedza się kończy. Natomiast od czasu do czasu z zainteresowaniem obserwuję paradę dziwaków, którzy są z szachami związani. Jednym z największych w historii był bez wątpienia Bobby Fisher, który potrafił rozprawiać się skutecznie z sowieckimi arcymistrzami, ale w życiu osobistym był słabo wykształconym, gburowatym facetem, który własną ignorancję zasłaniał różnymi wygłupami. A gdy w końcu dobrowolnie zakończył swoją karierę, zaczął opowiadać publicznie kosmiczne antysemickie bzdury, które stawały się z biegiem czasu coraz bardziej obraźliwe, zresztą nie tylko dla Żydów.

W kilka godzin po atakach terrorystycznych 9/11 Fisher udzielił wywiadu filipińskiej stacji radiowej, w którym gratulował terrorystom i wyrażał zadowolenie z faktu, iż Amerykanie i Żydzi zostali wreszcie ukarani za swoje dążenie do światowej dominacji. Fisher zmarł na dobrowolnym wygnaniu w Islandii.

Od tego czasu nigdy już w świecie arcymistrzów nie było kogoś tak zdziwaczałego i kapryśnego. Za to Międzynarodowa Federacja Szachowa (FIDE) od lat prowadzona jest przez kompletnego czubka, co wydaje się nikomu nie przeszkadzać. Kirsan Nikołajewicz Ilumżynow był w swoim czasie prezydentem autonomicznego regionu Kałmucji w Rosji. W roku 1995 wybrano go na stanowisko przewodniczącego FIDE, a w roku 2014 bez trudu wywalczył trzecią kadencję, pokonując Garri Kasparowa.

We wszystkich tych faktach nie ma pozornie niczego niezwykłego. Problem w tym, że jeszcze w roli prezydenta Kałmucji, we wrześniu 1997 roku, Ilumżynow oznajmił, że został porwany przez „istoty pozaziemskie w żółtych skafandrach", jakie nagle zjawiły się w jego mieszkaniu i zabrały go na pokład statku kosmicznego, który poleciał na nieznaną mu planetę. Domagał się jednak od porywaczy nie z tej Ziemi, by go zawieźli z powrotem do domu, a ci – z niewyjaśnionych przyczyn – ulegli tym namowom i zwrócili Ilumżynowa wdzięcznej ludzkości. Być może przekonało ich to, że porwany twierdził, iż za dwa dni musi być obecny na otwarciu imprezy o nazwie Tydzień Młodzieży w Rządzie. Nawet przedstawiciel obcej cywilizacji musi zdawać sobie sprawę z tego, jak ważne jest kształcenie przyszłych polityków.

Gdy w roku 2010 Ilumżynow ponownie zaczął opowiadać w telewizji BBC o swoim porwaniu przez żółtych palantów z kosmosu, poseł dumy Andrej Lebiediew zwrócił się do ówczesnego prezydenta Dmitrija Miedwiediewa z zapytaniem, czy kałmucki boss „jest zdolny czymkolwiek rządzić". Prosił też, przesądnie, o dyrektywy na temat tego, jak członkowie rządu mają się zachowywać w czasie ewentualnych kontaktów z kosmitami, a szczególnie w tych przypadkach, gdy dany prawodawca lub członek rządu zna jakieś państwowe sekrety.

Nie wiadomo, jak rosyjski prezydent odpowiedział, ale są tacy, którzy twierdzą, że z Kremla dochodziły przez pewien czas odgłosy pukania się w głowę. Natomiast sam Ilumżynow niczym się nie zraża i obstaje przy swoim. Twierdzi ponadto, że gra w szachy niemal na pewno została wymyślona przez istoty pozaziemskie. – *64 kwadraty i takie same zasady gry w Japonii, Chinach, Katarze, Mongolii czy Afryce* – filozofował w wywiadzie dla czeskiego radia. – *Ktoś to musiał ludziom dać.*

Mógłbym się w tym miejscu przyczepić do tego, że jeśli szachy są darem od kosmitów, to warcaby zapewne pochodzą od jakichś minikosmitów pozbawionych wyobraźni. Mógłbym też argumentować, że niemal wszystkie sporty, na czele z piłką nożną, zdają się mieć kosmiczne pochodzenie: jedno boisko, dwie bramki, okrągła piłka i te same przepisy na całym świecie. Nie sądzę jednak, by tego rodzaju argumenty przekonały o czymkolwiek szefa szachowej federacji.

O piłce nożnej wspomniałem w tym kontekście nie bez powodów, jako że istnieją spekulacje na temat potencjalnego udziału Ilumżynowa w wyborach na szefa organizacji FIFA. Nie dziwi mnie to specjalnie, ponieważ formacja ta od dawna rządzona jest przez kosmitów, tyle że na co dzień nie noszą oni żółtych skafandrów, ani też nie latają na inne planety, zadowalając się pobytami w kosztownych hotelach.

Mówi się o tym, że Ilumżinow jest tolerowany mimo swoich kosmicznych opowieści, ponieważ jest człowiekiem z koneksjami. Do grona swoich bliskich przyjaciół zalicza na przykład Władimira Putina, co jest o tyle zrozumiałe, iż przywódca Rosji sam jest istotą pozaziemską, przysłaną na Ziemię w celu wywołania jak największej liczby globalnych kłopotów w możliwie jak najkrótszym czasie. A gdy obaj panowie odpowiednio namieszają, Putin zabierze Ilumżynowa na pokład swojego statku kosmicznego, zlikwiduje szachy, odbierze Ziemianom piłkę nożną i odleci w międzygwiezdne nieznane.

Garri Kasparow, który nie tylko nie jest stuknięty, ale zalicza się do grona najgroźniejszych przeciwników politycznych Putina, twierdzi, że wybory na szefa FIDE przegrał z Ilumżynowem w wyniku „totalnego fałszerstwa". Jeśli większość głosujących miała na sobie żółte skafandry z antenami, skłonny byłbym całkowicie się z nim zgodzić.

Do szpitala na kielicha

W latach 1922-33 w USA obowiązywała prohibicja, czyli zakaz produkcji, sprzedawania i konsumpcji jakichkolwiek napojów alkoholowych. Był to śmiały eksperyment społeczny, zafundowany Ameryce przez działaczy kilku organizacji, uważających, iż picie gorzały zaprowadzi nieuchronnie cały kraj do piekła, a jeśli nawet nie tam, to przynajmniej do nieodwracalnego upadku moralnego.

Upadek rzeczywiście nastąpił, tyle że już po wprowadzeniu prohibicji i z nieco innych powodów. Wkrótce we wszystkich większych miastach USA zaczęły działać potężne, podziemne gangi, zajmujące się nielegalną dystrybucją trunków. Szefowie tych gangów zarabiali krocie i zaczęli się wzajemnie zwalczać, zwykle poprzez uliczną strzelaninę i krwawe zamachy. Innymi słowy, eksperyment okazał się potężnym niewypałem, ponieważ przyniósł niezamierzone, choć łatwo przewidywalne skutki. Na początku lat 30. tylko w samym Nowym Jorku istniało około 30 tysięcy tzw. *speakeasy*, czyli nielegalnych barów, oferujących chętnej czeredzie równie nielegalnych gości wszelkie odmiany siwuchy i piwa.

Gdy w końcu prohibicja została zniesiona, na mocy 21. poprawki do konstytucji, prawodawcy popełnili poważny błąd, zezwalając na to, by poszczególne stany i powiaty zachowały prawo do kontrolowania sprzedaży napojów alkoholowych według własnego widzimisię. Spowodowało to, że w roku 1933 w 18 stanach nadal obowiązywała całkowita prohibicja. Ostatnia z nich została zniesiona dopiero w roku 1966, ale nadal w wielu częściach USA istnieją „suche" powiaty oraz obowiązują karkołomnie skomplikowane przepisy.

Bzdurność tego wszystkiego raz jeszcze pokazała swoje oblicze w roku 2014, gdy prawnikowi Arthurowi Goldmanowi z Malvern w stanie Pensylwania skonfiskowano 2447 butelek rzadkich roczników win o łącznej wartości 125 tysięcy dolarów. Kto i dlaczego je skonfiskował? Dzieła tego dokonała organizacja o nazwie Liquor Control Board, czyli stanowy monopol spirytusowy. Zgodnie z obowiązującymi przepisami, wszelkie wina muszą być sprzedawane wyłącznie w usankcjonowanych sklepach, a ponieważ sklepy te nie sprzedają rzadkich roczników, jasne się stało, że kolekcjoner gromadził je przez dokonywanie zakupów z innych źródeł, czyli nielegalnie.

Oburzona tym władza ponad 1000 butelek skonfiskowanego wina zamierzała wylać do zlewu, ale w ostatniej chwili, po protestach ze strony koneserów win i lokalnych działaczy, trunek został zwrócony prawnikowi. Natomiast pozostałe 1404 butelki stały się obiektem przepychanki sądowej, która trwa do dziś i w ramach której o losie wina zadecyduje sędzia Edward Griffin. Może on postanowić, że wino trzeba zniszczyć albo też oddać... lokalnemu szpitalowi.

Możliwość podjęcia tej drugiej decyzji wynika z faktu, że ktoś dokopał się do stanowego prawa, które stanowi, że „skonfiskowane legalnie trunki mogą zostać przekazane szpitalom na ich własny użytek". Tyle tylko, że nie wiadomo, czy wynika stąd, że szpital może dostać wino i zrobić z nim, co chce, czy też chodzi o zastosowanie go wyłącznie w celach medycznych.

Tak czy inaczej, Chester County Hospital pod Filadelfią złożył w sądzie petycję, domagając się przekazania mu 1404 butelek wina Goldberga, „zgodnie z prawem". Sędzia na razie zastanawia się, co z tym fantem zrobić, a wino leży sobie spokojnie w policyjnym magazynie dowodów rzeczowych.

Jeśli sędzia Griffin uzna, że wino może stać się własnością szpitala, zamierzam pojechać w tamte okolice i gdzieś w pobliżu tej placówki zadać sobie jakąś w miarę niegroźną ranę kłutą, by stać się jej pacjentem. Bądź co bądź, rzadko się zdarza, by leżąc w szpitalnym łóżku można się było naćpać szlachetnym trunkiem za setki dolarów. Niestety podejrzewam jednak, że butelki trafią do jakiegoś magazynu, kontrolowanego przez dyrekcję, i zostaną prędzej czy później sprzedane za zgodą sądu, a uzyskane w ten sposób środki przeznaczone zostaną na cele charytatywne lub zasilą finanse szpitala.

Nie zmienia to faktu, że cała ta sprawa jest idealnym przykładem czkawki ustawodawczej, jaką Ameryka odziedziczyła po prohibicji. A Pensylwania jest tejże czkawki przykładem najlepszym. W stanie tym wino i inne mocne trunki można kupić wyłącznie w tzw. Fine Wine and Good Spirits Stores, czyli sklepach znajdujących się pod kontrolą władz stanowych. Wszystkie ceny regulowane są centralnie, a zatem są dokładnie takie same w każdym sklepie. Innymi słowy, w świecie gorzały istnieje tam system niebezpiecznie przypominający komunizm i Polmos z okresu istnienia PRL-u. Wprawdzie Polmos istnieje nadal, ale przestał być kontrolowany przez państwo i został podzielony na „strefy wpływów" – np. Akwawit-Polmos Wrocław kontroluje takie marki jak Wratislavia, Krakus, Abstynent i Arktica, a Polmos Starogard Gdański przejmuje się wyłącznie Krupnikiem oraz wódką Sobieski.

Tymczasem pomieszanie z poplątaniem w Pensylwanii na monopolu się nie kończy. We wspomnianych już sklepach monopolowych nie można kupić piwa, gdyż jest to trunek za słaby jak na te placówki, ale nie można go też kupić w zwykłym sklepie, bo tam alkohol jest w ogóle zakazany. W związku z tym po piwo trzeba się udać do specjalnego sklepu albo też do licencjonowanych restauracji lub barów.

W tych warunkach odechciewa się jakiegokolwiek picia, zgodnie z intencjami prohibicji. Zawsze jednak można wpaść do szpitala na degustację win.

Papierowy kryzys

Przedwigilijny stres może się objawiać na różne sposoby. Na przykład w ostatniej chwili jedziemy do jakiejś świątyni taniochy z Chin, na przykład od Walmartu, by zakupić tam w miarę bezwartościowy prezent dla nielubianego członka rodziny, który i tak nigdy nie będzie nam z tego powodu wdzięczny. Potem wracamy do domu, by ze zgrozą zauważyć, że prezentu nie ma w co zapakować, a sklepy właśnie zostały zamknięte.

Kombatanci z PRL-u zapewne doskonale pamiętają, że tego rodzaju stresy rzadko były wtedy naszym udziałem, gdyż samo znalezienie odpowiednich prezentów było trudnym zadaniem, a stosowne opakowania świąteczne istniały na rynku tylko od czasu do czasu, podobnie zresztą jak znaczna większość innych artykułów w handlu detalicznym. Zwykle było tak, że w wyniku „przejściowych trudności rynkowych" nikt nie wydrukował stosownej ilości papieru z bombkami lub aniołkami, a to niestety oznaczało, że trzeba było improwizować.

Pamiętam, że w roku 1979 gościłem na wigilijnej wieczerzy u rodziny w województwie poznańskim. Po spożyciu posiłku wszyscy dostali prezenty zawinięte w gazetę *Prawda*, co oznaczało, że czasami spod kolorowej wstążki wyzierał jakiś Leonid Breżniew lub Jurij Andropow. Pakowanie prezentów świątecznych w „organ" sowieckiej partii komunistycznej mogłoby zostać uznane przez jakichś wścibskich za wrogi wobec socjalizmu akt, ale towarzystwo było wąskie i zaufane, przez co nikt niepożądany się o tym nie dowiedział. Zresztą ja sam dokonałem znacznie odważniejszego aktu protestu przez użycie w jednej z wrocławskich restauracji papieru toaletowego wykonanego z pociętych kartek *Prawdy*. Kartki te miały wprawdzie wadę w postaci faktu, że łatwo puszczały farbę, ale czego się nie robi dla walki o wolność i demokrację?

W USA problemy tego rodzaju nie występują, bo różnych świątecznych papierów do pakowania prezentów jest bez liku. Faktem jest jednak to, że zawsze są jacyś spóźnialscy, którzy na pięć minut przed wpadnięciem Santy do komina zdają sobie nagle sprawę, że nie mają w co zapakować skarpetek dla wujka Zdzicha albo bomby zapalającej dla teściowej.

I to właśnie z myślą o tych nieszczęśnikach internetowy portal *The Huffington Post* zorganizował akcję na rzecz zebrania wszystkich doraźnych pomysłów dotyczących pakowania prezentów pod choinkę w warunkach kryzysowych, gdy odpowiedniego papieru w domu nie ma, na dworze głucha noc, a tłusty facet w czerwonym kubraczku wrzeszczy wniebogłosy „Ho, ho, ho!".

Okazuje się, że Amerykanie to naród dość pomysłowy (mimo wpadki w czasie ostatnich wyborów prezydenckich). Na czele listy zastępczych opakowań świątecznych znalazły się meksykańskie placki tortilla, w które bardzo łatwo można zawinąć niewielki prezent, a dodatkowo opakowanie nadaje się potem do konsumpcji. Rozwiązanie to nawiązuje również zgrabnie do faktu, że Ameryka to kraj wielokulturowy, w którym zastosowanie pod choinką mogą znaleźć nawet elementy latynoskiej kuchni.

Małolatów zachęca się do tego, by prezenty dla rodziców i znajomych zawijali w szkolne klasówki i testy. Wydaje mi się jednak, że rozwiązanie to wchodzi w rachubę tylko w przypadku uczniów w miarę dobrych, gdyż nikt nie będzie chciał dać prezentu cioci Krysi zawiniętego w wypracowanie skomentowane krytycznie przez nauczyciela i opatrzone amerykańskim odpowiednikiem polskiej dwói.

Niektórzy zwracają uwagę na fakt, że nawet w tych domach, gdzie występuje ostry brak papieru do pakowania prezentów, są zapewne liczne ścinki pozostałe po uprzednim pakowaniu. W związku z tym można wszystkie te fragmenty pozbierać, posklejać w całość i skomponować w ten sposób świąteczny papier abstrakcyjny, który może wprawdzie odbiorcę prezentu przyprawić o mdłości, ale z pewnością będzie bardzo kolorowy i urozmaicony. Witryna *The Huffington Post* utrzymuje, że taka opcja może być szczególnie atrakcyjna, jeśli prezent adresowany jest do kogoś niezbyt lubianego lub człowieka o zdolnościach artystycznych, który będzie w stanie ten heroiczny wysiłek docenić.

Osobom szczególnie niepopularnym proponuje się owijanie prezentów w szary papier pakowany. Jednak nawet ta w miarę prymitywna metoda może zostać stosownie uszlachetniona. Wystarczy na pakunku narysować znaczek, owinąć to wszystko zwykłym sznurkiem, napisać nazwisko i adres odbiorcy, a nadawcę zidentyfikować jako „Santa Claus". W ten sposób będzie się mogło wydawać, że paczka została wysłana przez św. Mikołaja z Bieguna Północnego lub z mroźnych ostępów Norwegii. W końcu Santa jest człowiekiem zajętym i czasami może coś „pchnąć" do adresata Fedexem, zamiast jeździć ciągle na mrozie saniami z irytującym, czerwononosym Rudolfem.

Inne propozycje doraźnej produkcji świątecznego papieru do pakowania prezentów przewidywały wykorzystanie do tego celu plakatów filmowych, tkanin, papieru do drukarek komputerowych, a nawet plastikowych toreb na śmieci. To ostatnie rozwiązanie przemawia do mnie o tyle, że i tak spora część prezentów prędzej czy później ląduje w koszu.

Jednak najbardziej pomysłowe wydaje mi się zastosowanie w czasie świąt papieru, który przeznaczony jest do pakowania prezentów urodzinowych. Jeśli posiadamy coś takiego w domu i jeśli na papierze widnieje napis „Happy Birthday", wystarczy dopisać do tego po przecinku „Jesus" i sprawa załatwiona. Zresztą hasło „Happy Birthday, Jesus" można wymalować na dowolnym w zasadzie materiale, a zatem twórczych możliwości jest ogromna liczba.

Moja osobista małżonka twierdzi, że mnie to wszystko w żaden sposób nie dotyczy, bo i tak żadnych prezentów nie dostanę, jako że byłem tzw. *bad boy*. Ale to już zupełnie inna sprawa.

Nie jestem Adolfem!

Czasami wydaje mi się, że tzw. obsługa klientów, czyli *customer service*, oferowana przez możne firmy tego świata, istnieje w jakiejś odrębnej rzeczywistości, w której obowiązują dość specyficzne zasady. Na przykład, kiedyś miałem wątpliwą przyjemność zadzwonienia do *tech support* firmy Dell, by donieść, że w moim komputerze na gwarancji kopytami strzelił twardy dysk i że wymaga on darmowej wymiany.

Połączyłem się z jakimś facetem, który z pewnością siedział w zatęchłej piwnicy Bombaju. Jednak osobnik ten zidentyfikował się jako „George" i językiem przypominającym mariaż starożytnego sanskrytu z angielszczyzną południowego Londynu zaczął zadawać mi serię pytań, które nie miały absolutnie nic wspólnego z moim komputerowym problemem, a które – jak odważnie spekuluję – spisane zostały na kartce, tak by mógł je zadawać wszystkim delikwentom szukającym pomocy, niezależnie od natury ich trudności.

George chciał między innymi wiedzieć, czy aby na pewno mój „pecet" był podłączony do prądu i czy napięcie w sieci wynosiło 120V, a nie 220. Sugerował też wielokrotnie, że powinienem wystartować maszynę ponownie, mimo że wcześniej kilkakrotnie informowałem go o tym, iż rzeczony twardy dysk rzęzi niczym heretyk łamany kołem przez Świętą Inkwizycję i że żadnych nadziei na poprawę tego stanu rzeczy nie ma.

Ostatnio w Sieci pojawiły się doniesienia o jeszcze bardziej bulwersującym przykładzie niesienia pomocy klientom. W brytyjskim mieście Birmingham 26-letni Szarakat Husajn kupił swojej siostrze w prezencie najnowszy model telefonu iPhone. Jednak obdarowana odmówiła przyjęcia prezentu, gdyż uznała, iż nie potrzebuje do niczego jabłkowego smartfonu. W związku z tym Szarakat postanowił telefon zwrócić i uzyskać od koncernu Apple zwrot pieniędzy. Wysłał w tym celu stosowny e-mail, by po dwóch tygodniach uzyskać odpowiedź, z której wynikało, że pieniędzy nie może dostać, gdyż znajduje się na rządowej liście „zakazanych nabywców", a co za tym idzie iPhone'a nigdy nie powinien był mieć.

Zaintrygowany Brytyjczyk poprosił o bliższe wyjaśnienia, w wyniku czego dowiedział się, że telefonu nie może zwrócić, ani też nie może dostać zwrotu pieniędzy aż do czasu, gdy udowodni, że nie jest Saddamem Husajnem.

W tym miejscu należy zapewne przypomnieć, że dawny dyktator Iraku został powieszony w roku 2003, na cztery lata przed debiutem pierwszego modelu iPhone'a na rynku. Pewne jest zatem przynajmniej to, że nigdy tego urządzenia nie miał. Mnie jednak intryguje coś innego. Odpowiedź, jaką otrzymał Szarakat, sugeruje wyraźnie, że koncern Apple uważa, iż Saddam może nadal pozostawać przy życiu i że w jakiejś norze pod Bagdadem co jakiś czas zamawia sobie elektroniczne cacka, mimo że figuruje na liście zakazanych nabywców. I jeszcze jedno – dlaczego Husajn nadal na tej liście jest, skoro jego śmierć jest raczej niepodważalna?

Wszystko to przypomina mi jako żywo przygodę, którą przed laty przeżyłem w Londynie. Odwiedził mnie tam znajomy z Niemiec, Hans Rosencrantz, z którym wspólnie postanowiłem wybrać się na głośny spektakl teatralny pt. *Rosencrantz and Guildenstern* Toma Stopparda. Hans zadzwonił do kasy, by zarezerwować dwa bilety, a gdy zapytali go o nazwisko, powiedział, że nazywa się „Rosencrantz". „No pewnie, a ja jestem królowa Elżbieta" – powiedziała kasjerka i odłożyła słuchawkę.

Teraz zastanawiam się, czy ludzie, którzy zwą się na przykład Robert Hitler albo Andrew Stalin też nie będą w stanie niczego zwrócić firmie Apple, zanim nie udowodnią, że nigdy nie rządzili III Rzeszą i nikogo nie kazali mordować w Katyniu.

Niemal pewne jest to, że problem, przed którym stanął Szarakat, wynika z faktu, iż ludzkość zaczyna za bardzo polegać na przeróżnego rodzaju listach „podejrzanych" i że żaden żywy oraz w miarę rozsądny człowiek nigdy tych list nie przegląda. W USA istnieje np. tak zwana „no fly list", czyli lista tych nieszczęśników, którzy w taki czy inny sposób podpadli na tyle, że nie będą wpuszczani na pokład jakichkolwiek samolotów w USA. Problem w tym, że lista ta zawiera nie tylko nazwiska osób potencjalnie groźnych, ale również kompletnie niewinnych ludzi, którzy znaleźli się tam zupełnie przypadkowo, np. dlatego, że zostali w jakiś sposób skojarzeni z terroryzmem.

Podobno obecnie na liście tej znajduje się ponad 50 tysięcy nazwisk, a incydenty związane z zatrzymywaniem i przesłuchiwaniem bogu ducha winnych pasażerów są zjawiskiem coraz częstszym. W roku 2006 Daniel Brown, wracający z Iraku żołnierz amerykańskiej piechoty morskiej, przez pewien czas nie mógł polecieć do domu, gdyż jego nazwisko, z niewyjaśnionych przyczyn, widniało na liście „zakazanych". Zresztą co tu dużo gadać – świętej pamięci senator Ted Kennedy wyznał w roku 2004, że on też figurował na tej liście i że z tego powodu często był indagowany na lotniskach. Dzięki wstawiennictwu ówczesnego sekretarza bezpieczeństwa wewnętrznego, Toma Ridge'a, Kennedy został wymazany z grona podejrzanych po trzech tygodniach starań. Sugeruje to niestety, że podobny sukces w przypadku zwykłego obywatela zabiera pewnie długie miesiące.

Być może nie wszyscy wiedzą, że w miejscowości Wilson w stanie Północna Karolina mieszka Adolf Hitler. Jestem pewien, że nie ma on nic wspólnego ze stukniętym austriackim pseudomalarzem, ale zastanawiam się, czy człowiek ten gdziekolwiek podróżuje samolotami i czy usiłował kiedyś kupić iPhone'a. W każdym razie jeśli na jakimś lotnisku rozlegną się nagle krzyki typu „Na miłość boską, nie jestem Adolfem!", wiadomo, o co chodzi.

Renesans trzeźwienia

Nareszcie jakaś dobra wiadomość z Rosji. Na okoliczność mistrzostw świata w piłce nożnej, które odbędą się w roku 2018, władze tego kraju postanowiły wskrzesić instytucję zwaną vytrezvitel, albo вытрезвитель, czyli po naszemu izbę wytrzeźwień. Jest to idea ze wszech miar słuszna i mająca bogate tradycje. Pierwsza izba wytrzeźwień powstała w Rosji jeszcze przed bolszewicką rewolucją, w roku 1904 w mieście Tuła, z inicjatywy niejakiego Fiodora Sergiejewicza Archangielskiego. Nie wiem, czy pomysłodawca sam tęgo popijał i bywał lokatorem hotelu dla zawianych, ale jego inicjatywa się przyjęła. Choć dziwię się, że zrodziła się w tym akurat mieście, słynącym bądź co bądź z produkcji samowarów, służących do parzenia herbaty, a nie pędzenia spirytusu. Podobno w owym czasie w Tule istniały również fabryki ciężkiego sprzętu, w tym armat, i władze obawiały się, że nietrzeźwi pracownicy albo z tychże armat będą przypadkowo strzelali, albo też padną gdzieś na mrozie w śnieg i zginą, co oczywiście mogłoby oznaczać spadek wydajności pracy.

Rosyjskie władze doszły do wniosku, że w okresie światowego kopania piłki nożnej konieczne są awaryjne miejsca bezpiecznego przechowywania zalanych w pestkę kibiców. W związku z tym przedstawiciel ministerstwa zdrowia (!?) Jewgienij Briun ogłosił, że we wszystkich 11 rosyjskich miastach, w których rozgrywane będą mecze, wznowią działalność izby wytrzeźwień, choć tylko na jeden miesiąc. Po tym terminie każdy pijak będzie musiał wrócić do praktyki trzeźwienia na ławce w parku. Izby wytrzeźwień zakończyły w Rosji działalność w roku 2011. Przyczyn nie znam, ale podejrzewam, że chodziło o „przeludnienie".

Inicjatywa władzy spotkała się ze zrozumieniem społeczeństwa – ponad 80 proc. Rosjan popiera wskrzeszenie izb wytrzeźwień, co wynika zapewne z faktu, iż co drugi męski obywatel kraju kiedyś w takim przybytku nocował. Nawet organizacja zrzeszająca rosyjskich kibiców piłkarskich, zwana Fans Unite, ustami jej szefa Eduarda Latypowa ostrożnie poparła rządowe plany, choć dodała, iż izby wytrzeźwień nie powinny być „narzędziem kary", lecz metodą „unikania konfliktów". Latypow ma o tyle rację, że w czasie Euro 2016 kompletnie upici kibice z Rosji i Anglii prowadzili ze sobą uliczne potyczki, co przez pewien czas groziło nawet wyrzuceniem reprezentacji obu krajów z rozgrywek.

Jednym z uczestników tych zamieszek był Aleksander Szprygin, który dziś twierdzi, iż izby wytrzeźwień w trakcie World Cup 2018 się bardzo przydadzą, ale głównie w celu „kontrolowania" kibiców z Niemiec i Anglii, którzy jego zdaniem „w piciu nie znają umiaru". Jak na Rosjanina jest to teza niezwykle śmiała. Poza tym zakłada on z góry, że Anglia i Niemcy zakwalifikują się do rozgrywek, a nie bierze w ogóle pod uwagę faktu, iż w Rosji zagościć mogą również polscy kibole, dla których żadna izba wytrzeźwień nie jest straszna.

Wiedziony chorobliwą ciekawością, która jest często głównym motorem sprawczym zamieszczanych w tym miejscu tekstów, zajrzałem do witryny internetowej russiapedia.rt.com, która chwali się tym, że stara się „przybliżyć" Rosję zachodniemu światu. Znalazłem tam dość obszerny artykuł poświęcony izbom wytrzeźwień w Rosji. Nie wiem wprawdzie, dlaczego akurat ten temat ma nas zbliżyć do Rosji, ale to inna sprawa.

Autor tekstu na początek stwierdza, iż izby wytrzeźwień były szczególnie popularne za czasów komuny, nie tylko w Rosji, ale również w innych krajach bloku wschodniego, w tym także w Polsce. Dalej jest rys historyczny o tym, jak to kolejni carowie głowili się nad metodami szybkiego przywracania trzeźwości swoim totalnie nawalonym podwładnym, którzy nie byli w stanie realizować poleceń „panów", gdyż mieli bardzo wyrywkowy kontakt z rzeczywistością.

Na ratunek pośpieszył wspomniany już Archangielski, którego pierwsza izba wytrzeźwień składała się z dwóch ludzi: lekarza i kierowcy. Kierowca jeździł po mieście w poszukiwaniu napranych, których następnie zwoził do placówki „otrzeźwiającej". Tam podawano im rzekomo bardzo skuteczny środek o nazwie rassol, który był mieszaniną wody, soli i różnych przypraw. Za swoje wysiłki w dziele trzeźwienia narodu Archangielski dostał w roku 1913 order.

Niestety szybko pojawił się pewien problem. Nałogowi pijacy zaczęli oczekiwać na to, że nawet jeśli polegną gdzieś na ulicy, zawsze mogą liczyć na przewiezienie do izby, gdzie czekały na nich łóżko oraz darmowy posiłek. Izba wytrzeźwień stała się dla wielu Rosjan „drugim domem" i zaciszną przystanią po libacjach.

Tak czy inaczej, po rewolucji izby wytrzeźwień przestały istnieć, bo wszyscy z rozpaczy lub stresu chlali na umór. Dopiero w roku 1931 otwarto w Leningradzie pierwszą placówkę tego rodzaju, która jednak przypominała bardziej więzienie Łubianka niż zaciszną przystań.

Prawdziwy rozkwit izb wytrzeźwień w ZSRR nastąpił za rządów Chruszczowa oraz Breżniewa. Gdy jednak na czele rządu odrodzonej Rosji stanął znany powszechnie pijak Borys Jelcyn, wszelkie wysiłki na rzecz utrzymania trzeźwości narodu ustały.

Intrygujące jest to, że tymczasowo działające w okresie mundialu izby wytrzeźwień mają inaczej traktować Rosjan, a inaczej cudzoziemców. Ci drudzy mają mieć znacznie bardziej komfortowe warunki, lepszą opiekę lekarską oraz dobre posiłki. W związku z tym nie wiem, czy jest sens rezerwować pokoje w hotelach. Wystarczy się zdrowo nabzdryngolić, a darmowa kwatera na koszt Putina i spółki zawsze się gdzieś znajdzie. Na zdrowie!

Idiota z bombą w garze

Czasami trzeba dziękować Bogu za to, że zdarzają się przestępcy, którzy są totalnymi durniami. Słyszy się o nich dość często, np. o włamywaczu, który grzęźnie w kominie domu, lub facecie napadającym na bank i pozostawiającym tam nieopatrznie swoją wizytówkę. Do kategorii „herosów" przestępczej inteligencji z pewnością zalicza się urodzony w Afganistanie Ahmad Rahami, który od roku 2011 jest obywatelem USA. Z sobie tylko znanych przyczyn osobnik ten postanowił wpisać się do światowej historii przez dokonanie ataku terrorystycznego przy pomocy bomb skonstruowanych w oparciu o szybkowary, czyli szczelnie zamykane garnki do gotowania jadła w ekspresowym tempie.

Trzeba wspomnieć, że w przeszłości Ahmed przez pewien czas studiował kryminalistykę, ale podejrzewam, że na zajęciach albo spał, albo czytał podręczniki do skutecznego zbrojenia szybkowarów. Jeździł też do Afganistanu i Pakistanu, gdzie być może odbył jakieś przeszkolenie, ale musiał trafić na wyjątkowo nędzną grupę terrorystyczną, gdyż większych zdolności do siania terroru i strachu nie zdobył.

Tak czy inaczej, Ahmad zakupił stosowne gary i zaczął w mieszkaniu nad firmą swojego ojca, zwaną patriotycznie „First American Fried Chicken", klecić swoje bomby. Innymi słowy, przez większość dnia smażył z tatą kurczaki, ale po godzinach pracy miał czas na „dodatkowe zajęcia". A gdy bomby były gotowe, wybrał dwa miejsca do ich podłożenia na Manhattanie oraz jedno w Elizabeth w stanie New Jersey, a zatem dokładnie tam, gdzie mieszkał on i jego rodzina.

W tym momencie rozpoczyna się niezwykła epopeja, którą zrozumieć można tylko przy założeniu, że Rahami jest skończonym palantem. Dwie ze swoich bomb podłożył w części Manhattanu znanej jako Chelsea. Był to wybór dość dziwny, gdyż ta część miasta leży nieco na uboczu. Okazało się potem, że postanowił „zaatakować" właśnie tam, bo nigdzie indziej nie mógł znaleźć miejsca do parkowania. Jedna z bomb eksplodowała, ale nie wyrządziła nikomu krzywdy. Natomiast drugą dzielny Ahmed pozostawił w plecaku na chodniku. Nie wziął jednak pod uwagę faktu, że w Nowym Jorku przedmioty pozostawiane na ulicy za długo tam nie leżą.

Dwaj przygodni przechodnie natrafili na plecak i postanowili go sobie przywłaszczyć. Był jednak stosunkowo ciężki, więc go otworzyli i zobaczyli szybkowar z wystającymi z niego drutami oraz z przyczepionym telefonem komórkowym. Bombę wyjęli, położyli z powrotem na chodniku i dali nogę z plecakiem w garści.

Jak się później okazało, w trakcie wyjmowania garnka z plecaka uszkodzony został mechanizm zapalnika, przez co do wybuchu nigdy nie doszło. Gdy zaś policja dokonała oględzin bomby, okazało się, że wspomniany telefon należał do Rahamiego i znajdowały się na nim jego odciski palców. W ten sposób bardzo szybko zidentyfikowano „terrorystę", a jego zdjęcie zostało rozpowszechnione przez policję.

Mogłoby się wydawać, że pilnie poszukiwany człowiek zaszyje się w jakiejś kryjówce lub wyjedzie gdzieś w nieznane. W tym przypadku sprawy potoczyły się nieco inaczej. Policja dostała zawiadomienie, że w drzwiach baru w Linden w stanie New Jersey śpi jakiś facet. Okazało się, że to zmęczony swoimi wyczynami Rahami. Gdy został obudzony, natychmiast oddał do policjantów kilka strzałów, a następnie sam został postrzelony siedmiokrotnie i aresztowany. Gwoli ścisłości trzeba dodać, że jego wymarzony atak terrorystyczny nie zakończył się dla niego całkowitym fiaskiem. Szybkowar podłożony w Elizabeth eksplodował i poranił (niegroźnie) 29 osób.

Gdy po raz pierwszy przeczytałem całą tę relację, wydawało mi się, że coś takiego jest niemożliwe. A jednak jest. Tak właśnie przebiegały wydarzenia, które rannego Ahmada zaprowadziły za kratki, za którymi niemal na pewno pozostanie przez bardzo długi czas.

Wszystko to mogło oczywiście skończyć się znacznie gorzej dla Nowego Jorku i jego mieszkańców. O szczególnym szczęściu mogą mówić dwaj amatorzy plecaka, którym pokrywa szybkowara nie przyrżnęła w twarz, a którzy okazali się skutecznymi, choć zupełnie przypadkowymi saperami.

W pewnym sensie nie popisała się specjalnie policja. Przed dwoma laty sąsiad rodziny Rahami usłyszał w ich domu karczemną awanturę, w czasie której ojciec Ahmada nazwał go terrorystą. Sąsiad zadzwonił na komisariat i policjanci szybko zjawili się na miejscu zdarzeń. Jednak Rahami senior wyjaśnił, że słowa „terrorysta" użył w gorącej atmosferze wymiany zdań z synem i że nie miał na myśli niczego zdrożnego. Policja uznała, że to typowa kłótnia rodzinna i odjechała w siną dal, zaprzepaszczając tym samym szansę stłumienia w zarodku zapędów Ahmada. Chociaż z drugiej strony być może wtedy Rahami nie miał jeszcze szybkowarów i niczego konkretnego nie planował.

Sądzę, że gdyby Rahami był niegdyś odpowiedzialny za planowanie ataków 9/11, spóźniłby się zapewne wraz z kumplami na samolot, a na lotnisku zgubiłby broszurę ze szczegółowym planem operacji. Kto wie, może nawet zapomniałby, że na pokład trzeba zabrać noże do rozcinania pudeł.

Z wszystkiego tego wynika jedna istotna lekcja. Kluczem do skutecznej ochrony Manhattanu przed terrorem jest takie zapchanie ulic zaparkowanymi samochodami, by żaden potencjalny terrorysta nigdy nie był w stanie upchnąć gdzieś swojego pojazdu. Taki stan rzeczy już częściowo w centrum Nowego Jorku istnieje, a zatem droga do sukcesu nie jest zbyt daleka.

Na wódczanym rozdrożu

To teraz już zupełnie nie wiem – pić, czy nie pić? A jeśli pić, to ile? Już nawet nie wspomnę o tym, że sama definicja „ile" stała się dość skomplikowana, a zatem życie przeciętnego trunkowego staje się coraz trudniejsze i najeżone jest niełatwymi do zrozumienia danymi oraz obliczeniami.

Moje wódczane rozterki to wina Brytyjczyków. Nie tylko nie pośpieszyli oni na pomoc Polsce we wrześniu 1939 roku, a potem zdecydowali się wyprowadzić z Europy na podstawie Brexitu, to jeszcze teraz zdrowo namieszali w sferze „zalecanego", tygodniowego spożycia napojów alkoholowych.

W tym miejscu powinienem zapewne od razu dodać, że wszystko to w żaden sposób nie dotyczy kompletnych abstynentów, którzy tego rodzaju wskazówkami z oczywistych powodów w ogóle nie muszą się przejmować. Jednak dla trunkowych, takich jak ja, sprawa jest poważna.

Oto brytyjskie ministerstwo zdrowia, po latach badań (mam nadzieję, że nie suto zakrapianych), opublikowało nowe dane na temat tego, ile można pić, by się nie narazić własnej wątrobie i dożyć późnej starości. Po raz ostatni zalecenia tego rodzaju zostały opublikowane w Wielkiej Brytanii przed 21 laty i sugerowały, że faceci nie powinni konsumować więcej niż 21 „jednostek alkoholowych" tygodniowo, co daje 3 rzeczone jednostki dziennie. W przypadku Wielkiej Brytanii sprawa jest dodatkowo skomplikowana faktem, że piwo konsumuje się tam w półlitrowych garach zwanych „pintami", ale mówi się trudno. Każda taka pinta to półtora „jednostki alkoholowej", co jest w zasadzie zgodne z faktem, że jeszcze nie tak dawno temu brytyjski system monetarny składał się z funtów, dzielących się na 240 pensów, a każde 12 pensów stanowiło jednego szylinga. Do ostatniego dnia roku 1960 Brytyjczycy posługiwali się też jedną czwartą pensa zwaną farthingiem. Mam nadzieję, że człowiek, który to wszystko wymyślił, już dawno nie żyje.

Tak czy inaczej, w tym świetle kluczowego znaczenia nabiera definicja „jednostki alkoholowej". Zdaniem Angoli, jest to jedno piwo (0,33 ml), jedna lampka wina, jeden drink typu dżin z tonikiem, itd. Innymi słowy, osoby, których nie interesuje za bardzo marskość wątroby, winny nie wychylać więcej niż 21 piw tygodniowo. Podkreślić należy również fakt, że wtedy (przed 21 laty) limit dla kobiet był surowszy od tego męskiego i wynosił tylko 18 jednostek sznapsu w dowolnej postaci.

Pozytywnym aspektem właśnie opublikowanych, nowych zaleceń jest to, iż kobiety doczekały się w końcu równouprawnienia i mogą bezpiecznie wychylać dokładnie tyle samo kielichów tygodniowo co chłopy. Jednak ta optymistyczna wieść temperowana jest tym, iż z 21 jednostek nagle zjechaliśmy do 14, co daje dwa piwa dziennie. Eksperci doszli do wniosku, że poziom 21 drinków był zdecydowanie za wysoki i że obecny stan wiedzy na temat zgubnego oddziaływania alkoholu na człowieka musi prowadzić do „redukcji" dozwolonych dawek.

Mam w związku z tym dwie zasadnicze wątpliwości, a może nawet trzy, ale o tej trzeciej wspomnę na końcu. Po pierwsze, sama publikacja „wskazanych" ilości alkoholu konsumowanych tygodniowo sugeruje w jakiś pokrętny sposób, że w zasadzie wszyscy piją i muszą uważać. Po drugie, nie ma chyba większych wątpliwości co do tego, że picie chary nigdy nie jest specjalnie pożyteczne, poza szczątkowymi informacjami, że być może okazjonalna konsumpcja czerwonego wina może być jakoś tam korzystna. W związku z tym rządowe wskazanie na „bezpieczną" ilość alkoholu konsumowanego tygodniowo daje poczucie tego, iż nauka uważa, że istnieje jakiś zawór alkoholowego bezpieczeństwa, czyli że można się bezpiecznie nabzdryngalać, pod warunkiem, że przykazania rządu są zawsze przestrzegane.

Oczyma wyobraźni już widzę w pubach te tłumy pijaków, odhaczających na specjalnych kartach kolejny, skonsumowany drink, a gdy poziom tej konsumpcji dociera do czerwonej, rządowej linii, uczestnik libacji natychmiast zwija manatki i idzie do domu.

No, ale wspomniałem jeszcze o mojej trzeciej wątpliwości dotyczącej „wytycznych" opublikowanych w Wielkiej Brytanii. Problem polega na tym, że każdy kraj posiada swoje własne wytyczne, które zdają się ze sobą zupełnie nie zgadzać. Być może nie wszyscy wiedzą, że w Europie jest kilka krajów, w których nie ma żadnych oficjalnie propagowanych limitów. Do grupy tej należą: Portugalia, Łotwa, Włochy oraz Słowacja. Natomiast w kilku innych krajach, np. we Francji i Hiszpanii, pić można – zdaniem władz – ile wlezie, zgodnie z w miarę uzasadnioną filozofią, że jeśli kogoś ma trafić szlag, to i tak go trafi.

I tu powstaje problem natury naukowej. Jak to jest mianowicie możliwe, że ktoś wyruszający w podróż z Paryża do Londynu jest na początku wyprawy niemal abstynentem, ale po dotarciu do celu uważany jest za alkoholika? W jaki sposób nauka może się aż tak bardzo mylić? Dlaczego proste pokonanie Kanału La Manche ma tak istotne znaczenie dla alkoholicznego statusu podróżnego?

Nie znam oczywiście odpowiedzi na te ważkie pytania. Natomiast zastanawiam się nad tym, dlaczego w żadnym znanym mi kraju świata nie ma rządowych wskazówek na temat „bezpiecznego" poziomu palenia papierosów. Nikt nie mówi o tym, że pięć petów dziennie jest OK, ale sześć to już zagrożenie. Czyżby mimo wszystko nikotyna była na tyle groźna, że żadne „bezpieczne poziomy" jej nie przysługują?

Co tu dużo gadać, jakby na to nie patrzeć, *bez pał litra nie rozbierjosz*.

Nylon między zębami

Ludzie boją się zwykle wszelakiej indoktrynacji, na czele z polityczną. Boją się, że ktoś im coś wmówi lub o czymś przekona wbrew rozsądkowi czy własnym przekonaniom. Oczywiście największym zagrożeniem jest zawsze indoktrynacja polityczna, czyli w pewnym sensie światopoglądowa, którą równi mi wiekiem emigranci z bloku wschodniego doskonale zapewne pamiętają. Jednak na co dzień bez większych przeszkód i w miarę potulnie ulegamy wielu intensywnie propagowanym treściom, szczególnie gdy chodzi o takie strefy życia jak ochrona zdrowa czy dieta.

W tym ostatnim przypadku rozsądek nakazywałby zachowywanie umiaru i rozwagi, ale bywa to trudne lub w ogóle niemożliwe. Kiedyś margaryna była „wspaniałą" i tanią alternatywą dla masła, a dziś jest trucizną, której wszyscy unikają. Drzewiej propagowano też konsumpcję mięsa, tylko po to, by teraz zalecać żywienie się jakimiś korzonkami bez omasty oraz „organiczną" zieleniną.

Klasycznym przykładem tego pomieszania z poplątaniem może być mleko. Jeszcze nie tak dawno temu przeciętna Krasula była dojona, a jej mleko trafiało na sklepowe półki w postaci pasteryzowanej, ale w sumie w żaden inny sposób nie poddanej dodatkowej obróbce. Jednocześnie wszystkie mamusie, jak świat długi i szeroki, zachęcały pociechy do picia jak największej ilości mleka, co miało – zdaniem specjalistów – dawać wiele korzyści, na czele z odpowiednim ukonstytuowaniem się kości. Teraz jednak już w ogóle nie wiadomo, czy mleko należy pić, a jeśli już, to nie jest jasne jakie.

Najpierw był szał mleka odtłuszczonego do poziomu 2 proc., potem przyszła moda na mleko 1-procentowe, czyli na wodę z dodatkiem niewielkiej ilości białej farby. Następnie jednak nagle wróciło do łask mleko pełnotłuste, tyle że nie ma to i tak większego znaczenia, gdyż spora część dietetyków doszła do przekonania, że picie zbyt dużej ilości mleka może być szkodliwe. Nawet krowy mogą od tego wszystkiego dostać wariacji i zdecydować się na bojkot.

Wszystkie te mleczne rozważania przypomniały mi się dlatego, że rząd federalny właśnie ogłosił, iż zamierza przestać oficjalnie wspierać praktykę stosowania tzw. nici dentystycznej (*dental floss*). Jest to wieść szokująca, gdyż przez wiele dekad każdy szanujący się dentysta zalecał swoim pacjentom, by czyścili boki zębów nylonowym sznurkiem, bo tylko w ten sposób można było rzekomo usunąć z uzębienia resztki kotleta schabowego lub bigosowej kapusty. Poobiednie śmieci, tkwiące między zębami i odporne na szorowanie szczoteczką do zębów, miały być główną przyczyną powstawania osadu nazębnego, szkodliwie wpływającego na kondycję dziąseł.

No i co? Okazuje się, że facet, który stoi na czerwonym świetle na skrzyżowaniu i – korzystając z chwili czasu – gra na zębach dentystyczną nicią, marnuje siły, gdyż najnowsze badania wykazują podobno, że ten sposób czyszczenia uzębienia w zasadzie nie przynosi większych korzyści.

W tym miejscu, by wszystkim uzmysłowić rewolucyjny charakter ostatnich decyzji amerykańskiego rządu, muszę przypomnieć, że *dental floss* istnieje w USA od roku 1819 (wynalazek niejakiego Levi Spear Parmly'ego) i że począwszy od roku 1882 jego stosowanie było powszechnie zalecane przez dentystów, lekarzy, nie mówiąc już o producentach samego towaru, co jest zrozumiałe. Jeszcze do niedawna zalecano, by zęby traktować sznurkiem przynajmniej raz dziennie. Teraz na tym samym sznurku można by się powiesić z rozpaczy, ale jest on zapewne zbyt mało podatny na zastosowania samobójcze.

Gwoli ścisłości należy dodać, że American Dental Association nadal obstaje przy swoim i radzi wszystkim dalsze szorowanie przerw między zębami cienkim nylonem. Być może nie wpłynie to jednak w żaden sposób na przekonania przeciętnego posiadacza zębów – skoro rząd twierdzi, że międzyzębny nylon jest do kitu, to trzeba się z nim pożegnać.

Powstaje w związku z tym dość niepokojące pytanie – po co było przez ponad 100 lat męczyć zęby bezużytecznym tarciem nici? Po co było wydawać na to pieniądze? I dlaczego nauka nie doszła wcześniej do wniosku, że to wszystko bezsens? Nie znam oczywiście odpowiedzi na te pytania, choć z pewną satysfakcją muszę zauważyć, że obywatele dawnego PRL-u śmieją się zapewne do rozpuku, jako że za komuny już samo nabycie jakiejkolwiek pasty do zębów bywało czasami ogromnym sukcesem, a o niciach dentystycznych nikt nawet nie myślał. Tym bardziej że nici normalnych, tych do szycia, też nie było. Natomiast przy okazji dramatycznej delegalizacji użyteczności *dental floss* być może stosowna jest wzmianka o innych wciskanych nam ciemnotach handlowo-dietetyczno-zdrowotnych.

Na czele tej listy znajdują się: butelkowana woda (droga, ale w zasadzie z kranu), multiwitaminy w pigułkach (lepsze i tańsze są te w sałacie, owocach, etc.), „przedłużone gwarancje", czyli próby naciągnięcia nas na zapłacenie za serwis, który nigdy nie będzie potrzebny, zmiękczacze do tkanin (podobno mają one taki skutek, iż tkaniny tracą zdolność do odpowiedniego radzenia sobie z wilgocią) oraz substancje „probiotyczne", czyli takie, które mają zbawiennie działać na system trawienny, ale nie działają.

No i na koniec gwóźdź programu. Zdaniem wielu specjalistów w czasie mycia głowy nie należy stosować szamponu dwukrotnie, lecz tylko jeden raz. Podwójne działanie szamponu prowadzi jedynie do wysuszania włosów. Ja oczywiście śpieszę donieść, że niczego bliższego na ten temat nie wiem i nie zamierzam zabierać głosu, żeby się nikomu nie narazić. Być może najlepiej jest nie słuchać żadnych rad oferowanych w „przestrzeni publicznej" i kierować się wyłącznie własnymi przekonaniami. Szczególnie tymi, które przekazywane są z pokolenia na pokolenie przez członków rodziny, dalekich od nylonowego sznurka.

Skracanie narodu

I znowu się okazało, że my tu w tej Ameryce dołujemy w porównaniu do reszty świata, a przynajmniej jego części. Opublikowano właśnie najnowsze dane o tym, która z nacji jest obecnie najwyższa, a która ledwie odrasta od ziemi. Okazuje się, że jeśli chodzi o mężczyzn najwyżsi są Holendrzy, którzy średnio mierzą 1,84 metra. W pierwszej dziesiątce mieszczą się jeszcze obywatele Belgii, Estonii, Łotwy, Danii, Bośni, Chorwacji, Serbii, Islandii i Czech. Ameryki w czołówce nie ma, podobnie zresztą jak i Polski. Nie ma nas też w klasyfikacji żeńskiej. Innymi słowy, choć nie jesteśmy kurduplami, do gigantów nam daleko.

W przypadku Polaków nie ma się czym zbytnio martwić, gdyż zawsze byliśmy gdzieś w środku tabeli i notujemy systematyczny, choć skromny, wzrost. Począwszy od roku 1914 przeciętna Polka urosła o 15 centymetrów, z 1,50 do 1,63 metra. Natomiast facetom przybyło 14 centymetrów wzrostu, czyli dziś przeciętny Kowalski nosi czubek głowy 177 centymetrów nad ziemią. A więc nie jest aż tak źle, bo obywatele Polski plasują się w pierwszej czterdziestce krajów świata, a przed wiekiem znajdowali się poza pierwszą setką.

Jednak w przypadku Amerykanów mamy do czynienia z prawdziwą klęską. W roku 1914 ludność USA należała do najwyższej na świecie, plasując się na trzeciej pozycji. Jednak od tego momentu wszystko jakby zatrzymało się w miejscu i przeciętnemu Amerykaninowi przybyło tylko 5 centymetrów wzrostu przez ostatnie 100 lat, co spowodowało spadek na 37. miejsce.

Gdy tylko przeczytałem te dane, natychmiast doszedłem do wniosku, że te nędzne wyniki to zapewne rezultat tego, iż Amerykanie są znacznie bardziej zajęci rozrostem wszerz niż w górę. Okazało się, że właśnie tak jest. Naukowcy twierdzą, że zastój w przyroście wzrostu wynika stąd, że obywatele USA konsumują nędznej jakości żywność rodem z fastfoodów. Ponadto ostatnie dekady przyniosły, zdaniem specjalistów, zwiększenie w USA nierówności społecznych, które również znajdują pewne odzwierciedlenie w „krótkości" narodu.

W tym świetle światowy awans Holendrów jest szczególnie zastanawiający. W XVIII wieku należeli oni do najniższych ludzi w Europie, jednak w ciągu ostatnich 150 lat urośli aż o 20 centymetrów. Dlaczego akurat oni? I w jaki sposób dochrapali się tego wielkiego sukcesu? Tak naprawdę nikt nie wie, choć ja głosuję na powszechną dostępność marychy w amsterdamskich „coffee bars".

Naukowcy brytyjscy pod wodzą Gerta Stulpa z Royal Society sami nie są zbyt wysocy, ale twierdzą, że znaleźli przyczynę holenderskiej wysokopienności. Twierdzą mianowicie, że Holandia ma zaskakującą historię, której powojenne lata przyniosły „sprzyjające warunki", między innymi dietę bogatą w nabiał, dobre warunki sanitarne, itd.

Argumentacja ta nie bardzo mnie jednak przekonuje, bo podobne postępy nastąpiły po wojnie w wielu innych krajach europejskich, a mimo to z góry patrzą dziś na wszystkich Holendrzy, a nie Niemcy czy Francuzi. Innymi słowy jest to zagadka trudna do wyjaśnienia.

Natomiast o wiele łatwiej jest uzasadnić to, dlaczego najwyżsi dziś na świecie ludzie mieszkają przede wszystkim w Europie. Inny brytyjski naukowiec, James Bentham, jest zdania, że to wynik głównie tego, iż w większości krajów Starego Kontynentu funkcjonuje model „państwa opiekuńczego", które zapewnia ludziom pewne podstawowe środki do życia, zapobiega wielu chorobom, promuje właściwe odżywianie się, itd. Nieobecność tego rodzaju mechanizmów w niektórych krajach Afryki, np. w Ugandzie i Nigrze, powoduje, że mieszkańcy tych krajów stają się coraz niżsi. Przeciętny 18-latek w Ugandzie jest dziś niższy od swojego rówieśnika sprzed 100 lat.

W USA, jak wiadomo, z tą opiekuńczością bywa bardzo różnie. Dominuje raczej wolnoamerykanka, w ramach której każdy musi sobie radzić sam. Skłonność do nałogowego pożerania hamburgerów często wynika stąd, że ludzi nie stać na nic innego. Ponadto nawyki dietetyczne, gdy już się jako tako zakorzenią, nie poddają się łatwo modyfikacjom.

Na szczęście do ludzi najniższych jest nam nadal dość daleko. Najniżsi są męscy mieszkańcy Wschodniego Timoru (technicznie w Indonezji), którzy przeciętnie liczą sobie 160 cm wzrostu. Natomiast najniższymi kobietami są mieszkanki Gwatemali, które ostatnie w kwalifikacji były również w roku 1914. Wtedy średnio mierzyły 140 cm, a dziś mają zwykle nie więcej niż 150 cm wzrostu. Wynika stąd, że nie należy za bardzo liczyć na sukcesy gwatemalskich i indonezyjskich reprezentacji w koszykówce, natomiast gdyby do sportów olimpijskich dołączyła kiedyś dyscyplina przeciskania się przez jak najmniejsze dziury, oba kraje miałyby spore szanse.

Wracając do USA, sloganem jednego z kandydatów do urzędu prezydenta jest „Make America Great Again". Myślę, że hasło to należy zmienić na „Make America Tall Again". Obecny prezydent jest wprawdzie wysoki, ale znajduje się „na wylocie", natomiast ani Hillary Clinton, ani też Donald Trump do gigantów nie należą.

Nie możemy dopuścić do dalszego skracania narodu w porównaniu do światowej konkurencji. Gdy kiedyś okaże się, że przerasta nas przeciętny Rosjanin, Ameryka może popaść w bolesne kompleksy, nie mówiąc już o tym, że wszelkie negocjacje z wyższymi od nas ludźmi są z definicji trudniejsze od rozmów z przywódcami, którzy mają metr pięćdziesiąt w kapeluszu i trudno jest ich zauważyć. Do roboty, Ameryko, czas zacząć znów zacząć piąć się zdecydowanie w górę!

Drukowana rzeczywistość

Choć podobno znam się do pewnego stopnia na komputerach, kwestia tzw. drukowania trójwymiarowego (*3D printing*) zawsze wykraczała nieco poza moje własne pojęcie czegoś pożytecznego. Zasada jest niby prosta. Posługując się „elektronicznym planem" można przy pomocy drukarki 3D wykreować niemal dowolną bryłę, zwykle z plastiku, ale w grę wchodzą też inne materiały, np. beton. W ten sposób mógłbym sobie wydrukować na przykład wierną, plastikową kopię mojej małżonki, ale po co, skoro nawet z tą rzeczywistą nie daję sobie rady. Co bardziej zboczeni faceci marzą o drukowaniu w niedalekiej przyszłości tzw. *sex dolls*, ale to ich sprawa. Ogólnie rzecz biorąc, wydrukować można w zasadzie wszystko, co jednak nie zmienia faktu, iż czasami zastanowienie budzić może użyteczność tych produktów.

Nie ma takich wątpliwości w przypadku broni palnej. Świat dyskutuje od dawna o tym, że kilku ludzi „wydrukowało" już plastikową, w pełni funkcjonalną broń, która teoretycznie jest niewykrywalna i można ją z powodzeniem zabrać na pokład pasażerskiego samolotu. Drukowane są też różne inne przedmioty, w ogromnej większości na zasadzie dość mało użytecznego eksperymentu.

Jednak futurolog Jeremy Rifkin twierdzi wręcz, że *3D printing* to zwiastun trzeciej z kolei rewolucji przemysłowej, która doprowadzi prędzej czy później do zastąpienia większości obecnych procesów przemysłowej produkcji „drukowaniem". Chodzi mu przede wszystkim o wszystkie te gałęzie przemysłu, gdzie tworzenie trójwymiarowych brył już teraz jest niemal zupełnie zautomatyzowane, tak jak jest to np. w przypadku samochodowych karoserii. Niektórzy twierdzą nawet, iż druk trójwymiarowy to nic innego, tylko produkcja przedmiotów przez „przemysłowe roboty", tyle że zamiast obecnych dziś w halach fabrycznych skomplikowanych automatów pojawi się coś niemal tak prostego jak atramentowa drukarka.

Być może tak rzeczywiście będzie. To, co ostatnio wydarzyło się w Dubaju, jest zapewne zapowiedzią nadchodzącej rzekomo rewolucji. Właśnie oddano tam do użytku niewielki biurowiec, którego nie zbudowano tradycyjnymi metodami, lecz go wydrukowano. W ten sposób powstał budynek o powierzchni 2690 stóp kwadratowych. Został on „wykształcony" ze specjalnego rodzaju cementu, a drukarką było w tym przypadku 19-stopowe urządzenie, specjalnie w tym celu skonstruowane. Budowa trwała zaledwie 17 dni i kosztowała 140 tysięcy dolarów. Do „wydrukowanego" biurowca wprowadzi się wkrótce firma o nazwie Dubai Future Foundation, która – o dziwo – na razie zatrudnia załogę z krwi i kości. Brak dotychczas danych na temat, czy lokatorzy tego gmachu będą czuć się jak króliki doświadczalne, czy też „drukowany" budynek sprawia wrażenie tradycyjnej konstrukcji.

Tak czy inaczej, specjaliści twierdzą, że budowanie w ten sposób gmachów skróci czas ich powstawania o 70 proc. oraz zredukuje koszty robocizny o 80 proc. Władze Dubaju mówią, iż ich planem na przyszłość jest, by do roku 2030 ponad 25 proc. wszystkich budynków w emiracie było dziełem drukarek, a nie nisko opłacanych i poniewieranych imigrantów z Azji. Plan jest ambitny, ale mnie nie dziwi. Bądź co bądź Dubaj to obszar pustynny, w którym jeszcze w latach 60. stało kilka wątłych bud drewnianych, a dziś można w zamkniętej hali jeździć na nartach, podczas gdy temperatura na zewnątrz wynosi nieco powyżej 122 stopni F.

Al Gergawi, jeden z ministrów rządu emiratu, jest zdania, iż Dubaj stanie się szybko i sprawnie metropolią „w znacznej mierze drukowaną". Mam nadzieję, że nigdy nie zabraknie tuszu, plastiku, cementu lub jakiegokolwiek innego materiału do drukowania. Dziwne jest jednak, jak by na to nie patrzeć, samo pojęcie „metropolii drukowanej". Sugeruje ono coś ulotnego i tymczasowego, a jednak pomysłodawcy są przekonani, że chodzi tu o zupełnie nowy, przyszłościowy rodzaj architektury.

Jeśli wierzyć niezawodnej w takich przypadkach Wikipedii, drukowanie przestrzenne może służyć do tworzenia:

gotowych produktów z tworzywa sztucznego;
produktów wymagających obróbki maszynowej;
innych przedmiotów z topliwych materiałów, w tym z czekolady i metalu;
elementów innych przedmiotów;
prototypów i innych produktów koncepcyjnych;
form do wykonania elementów pomocniczych lub prototypów;
w ograniczonej formie, także różnego rodzaju tkanek.

I właśnie ta ostatnia możliwość mnie najbardziej interesuje. Gdyby bowiem przy pomocy drukarek 3D można było „tworzyć" kopie ludzi, nagle stanęlibyśmy przed intrygującą możliwością wydrukowania mniej stukniętego Donalda Trumpa, albo wersji Hillary Clinton, którą absolutnie wszyscy lubią. Jednak na razie zdajemy się skazani na drukowane obiekty stałe, czyli biurowce, broń palną i różnego rodzaju atrapy przedmiotów powszechnego użytku. Problem z techniką zawsze jest ten sam – wygórowane i przedwczesne obietnice.

Z całką na samolot

Z powodu tej całej wojny z terroryzmem, która niemal na pewno nigdy się nie skończy, staliśmy się wszyscy ludźmi niezwykle podejrzliwymi. Zalecenia FBI o tym, by zawsze zachowywać „czujność", w życiu codziennym przekładają się na obserwowanie każdego spode łba. Zresztą przyznaję sam, że gdy czasami siedzę gdzieś na lotnisku i czekam na samolot, obserwuję menażerię przechodzących obok ludzi i często zadaję sobie pytania typu „czy ten facet w luźnych szortach i klapkach mógłby być wysłannikiem IS?" albo „czy ta baba z dużym brzuchem jest po prostu gruba, czy też ma pod sukienką niewykrywalną bombę?".

Rezultaty obywatelskiej czujności od czasu do czasu dają o sobie znać. Strwożeni pasażerowie, siedzący w samolotach czekających w kolejce do startu, nagle słyszą, że ktoś mówi po arabsku albo widzą, jak jeden ze współpasażerów strasznie się poci i trzęsą mu się ręce. W przerażeniu postanawiają być kapusiami – podają załodze kawałek papieru z napisanym na nim donosem o „podejrzanym" osobniku na pokładzie. Pilot, zgodnie z przepisami, zwykle postanawia wrócić do rękawa, tak by stosowne władze przepytały domniemanego terrorystę. Po wielogodzinnym opóźnieniu okazuje się, że „Arab" tak naprawdę mówił po litewsku, a facet, który miał trzęsiawkę i się pocił, bał się latania i miał kaca.

Zachowania, które jeszcze przed paroma laty nie budziły u nikogo żadnych obaw lub podejrzeń, dziś mogą prowadzić do dziwnych wydarzeń. Zresztą nie dotyczy to tylko czyjegoś zachowania. W grę wchodzi jeszcze tak zwany „racial profiling". Wszyscy publicznie zaprzeczają, by wybiórcze „profilowanie" niektórych ras miało miejsce, ale oczywiste jest to, że inaczej się patrzy na lotnisku na młodego śniadoskórego Araba niż na białą babcię z Kansas albo Japończyka, co jest o tyle uzasadnione, że emerytki na razie jeszcze nie zajęły się działalnością terrorystyczną.

Nowym, pozornie zabawnym, ale w sumie dość niepokojącym przykładem tego rodzaju zjawisk stało się wydarzenie, do jakiego doszło na pokładzie samolotu linii American Airlines, który miał polecieć z Filadelfii do Syracuse. Jednym z pasażerów był profesor University of Pennsylvania, Guido Menzio, który zajął swoje miejsce, wyciągnął z teczki notes i zaczął coś gryzmolić. Owe gryzmoły były równaniami różniczkowymi.

Gdybym koło niego siedział, z pewnością nie wiedziałbym, co pisze, ale jestem równie pewien tego, że dowolne używanie papieru i długopisu przez kogokolwiek nie wzbudziłoby we mnie żadnych podejrzeń. Żyjemy jednak w bardzo skomplikowanych czasach. Obok naukowca z Filadelfii siedziała kobieta, której matematyczna pisanina w notesie wydała się bardzo złowróżbna i potencjalnie niebezpieczna.

Osoba ta była na tyle przestraszona, że nie zapytała po prostu Guido, co sobie tam na papierze bazgroli, lecz niezwykle przebiegle napisała na swoim własnym papierze, że się źle czuje i podała tę wiadomość obsłudze samolotu. W wyniku tego podstępnego zabiegu została zaprowadzona na przód maszyny, gdzie wyznała, że tak naprawdę czuje się świetnie, ale boi się, iż facet siedzący obok niej coś knowa.

Powiadomiony o tym mrożącym krew w żyłach wydarzeniu pilot zrobił to, co musiał zgodnie z wymogami zrobić – wrócił do rękawa, wysadził naukowca, a nim natychmiast zajęli się niezidentyfikowani agenci, którzy przez ponad godzinę zadawali mu szereg pytań.

Menzio, jak na tzw. wykształciucha przystało, nie za bardzo się tym wszystkim przejął. Był nawet całą sytuacją nieco rozbawiony i w duchu myślał zapewne, że wreszcie będzie miał szansę, by nauczyć władzę federalną zaawansowanej matematyki. Jestem pewien, że mu się to nie udało, ale chciałbym widzieć minę smutasów oglądających równania różniczkowe i próbujących dociec, czy są one planem zbudowania na pokładzie z nieistniejących materiałów jakiejś wyszukanej bomby, czy też Guido przedwcześnie zdziecinniał i nanosi na papier zupełnie przypadkowe symbole.

Ostatecznie naukowca wsadzono z powrotem do samolotu, który odleciał z dwugodzinnym opóźnieniem.

Jednak wydarzenie to budzi pewne refleksje. Można by powiedzieć, że nie ma o czym mówić, bo nic wielkiego się nie stało. Jednak ja uważam, że się stało. Pasażerka samolotu uznała, iż prosta czynność pisania czegoś na papierze przez czarnowłosego człowieka z brodą może okazać się niebezpieczna i jest podejrzana. Gdzie jest w tym jakakolwiek logika?

Załóżmy przez chwilę, że Guido sekretnie współpracuje z matematyczną komórką terrorystyczną i że na pokładzie samolotu pracował nad projektem niewykrywalnej bomby. Gdyby tak istotnie było, nadal w żaden sposób nie zagrażałby bezpieczeństwu lotu, bo z samej pisaniny nic groźnego się natychmiast nie wykształci. A jeśli pisanie jest na tyle podejrzane, że może się skończyć romantycznym spotkaniem z agentami, to jakich innych czynności nie powinniśmy wykonywać w trakcie latania samolotami, by się nikomu nie narazić? Podejrzane wszak może być wszystko, w zależności od tego, jak wygląda i zachowuje się osoba wykonująca daną czynność.

Być może należy wprowadzić nowe przepisy, które nakazywałyby, że pasażerowie po zapięciu pasów mają przez cały lot po prostu siedzieć i nic nie robić oraz do nikogo się nie odzywać – dla świętego spokoju.

Wystrzałowa kolekcja

Gdy na Krymie nagle pojawiły się „zielone ludziki", które potem okazały się nasłanymi przez Putina rosyjskimi fagasami militarnymi, świat zachodni zareagował na te wydarzenia, a szczególnie na formalną aneksję Krymu przez Rosję, potrząsaniem tępej szabelki, czyli wprowadzeniem sankcji.

Od samego początku wydawało mi się, że sankcje te nie przyniosą większych rezultatów, ponieważ były szef biura KGB w Dreźnie nie jest raczej znany ze swej skłonności do ustępstw. Faktem jest, że sankcje rzeczywiście w żaden sposób nie wpłynęły na postępowanie Putina. Jednak nie znaczy to, iż są zupełnie nieskuteczne. Przeciwnie – doprowadziły do kilku zjawisk, które są wręcz groteskowe i winny zostać uznane za amerykański i europejski sukces.

Pierwszą reakcją Kremla na sankcje, jak zapewne wszyscy pamiętają, było wprowadzenie embarga na import wielu artykułów żywnościowych z Zachodu do Rosji. Ale przeciętny Rosjanin, dla którego najlepiej było za Stalina, niczego specjalnego nie zauważył, mimo że wcześniej połowa wołowiny, ryb, serów i owoców sprzedawanych w Rosji pochodziła z importu. Przepytywani czasami przez dziennikarzy „przeciętni obywatele" wyrażali pogląd, że zakaz importu dotyczy wyłącznie jakichś towarów luksusowych, np. francuskich serów pleśniowych czy też włoskich oraz hiszpańskich wyrobów mięsnych. Zapominali zwykle o polskich jabłkach, które nagle zniknęły, mimo że były dobre i tanie, ale to już inna sprawa.

Po pewnym czasie pojawił się też problem drożyzny. Wzrosły ceny na mięso, ryby i nabiał. Wieprzowina już wcześniej była zresztą w Moskwie niemal trzy razy droższa niż w Polsce. Analitycy rosyjscy przyznawali jednak z rozbrajającą szczerością, iż człowiek postsowiecki jest do drożyzny na tyle przyzwyczajony, iż nic go nie jest w stanie specjalnie zdenerwować.

W roku 2015 doszło w Rosji do ceremonii publicznego zniszczenia ton „zachodniej kontrabandy", czyli żywności pochodzącej z Europy i innych kontynentów. Buldożery przejechały się po zwałach sera i masła, co nawet u najbardziej odpornych Rosjan, szczególnie tych, którzy pamiętają jeszcze klęskę głodu na Ukrainie, wywołało pewne konwulsje sprzeciwu. Jednak zaraz potem w wielu moskiewskich supermarketach pojawiły się brygady nastoletnich cenzorek żywności. Dziewczyny te ubrane były w koszulki z napisem „Jedz rosyjską żywność" i dokonywały przeglądu sklepowych półek pod kątem ich zgodności z przepisami dotyczącymi zakazu importu. Akcja ta skończyła się wielkim sukcesem w postaci znalezienia pewnej ilości francuskiego sera oraz niemieckich orzechów. Towary te zostały skonfiskowane i zapewne wkrótce potem trafiły na Kreml, gdzie Putin sam mógł sprawdzić, czy coś takiego nadaje się do spożycia.

Ogólnie rzecz biorąc, efekt amerykańskich i europejskich sankcji jest tyleż komiczny, co niezamierzony. Putin nadal robi to, co zawsze robił, czyli sieje zamieszanie, ale jego Rosja nagle stała się antyzachodnim skansenem, w którym wszyscy muszą liczyć wyłącznie na produkty i usługi rodzime lub pochodzące z krajów zdecydowanie zaprzyjaźnionych, a te można policzyć na palcach obu rąk.

Ostatnio jednym z najbardziej wymownych przykładów tej paranoi stał się znany na całym świecie Koncern Kałasznikow (oficjalna dziś nazwa). Światowa sława tej firmy wynika oczywiście z faktu, iż produkuje ona karabiny maszynowe, którymi od lat zabijają się ludzie w każdym niemal zakątku naszego globu. Słynny AK-47 to podstawowe wyposażenie licznych grup terrorystycznych, partyzantów oraz wszelakiej maści czubków, którzy marzą o światowej dominacji. Rzecz jest tania, powszechnie dostępna i w miarę skuteczna. Jak dotąd wyprodukowano nieco ponad 100 milionów karabinów tego typu, co oznacza, że absolutnie cała populacja Ziemi może zostać tym sprzętem wytępiona, gdyby zaszła z jakiegoś powodu taka potrzeba.

Jeszcze do niedawna Koncern Kałasznikowa eksportował swoją broń do niezliczonych państw Zachodu. W USA na licencji rosyjskiej powstały takie produkty jak: Century Arms Model 39, InterOrdnance AKM247, M214 i Palmetto State Armory PSAK-47. Niestety teraz nadeszły ciężkie czasy. W wyniku zachodnich sankcji firma straciła wiele rynków zbytu i musi szukać gorączkowo jakiegoś rozwiązania tego problemu. Na szczęście wizja ratunku już się ukształtowała.

Szefowie firmy ogłosili, że zamierzają opracować swoją własną kolekcję mody, której zasadniczą częścią będzie „odzież w stylu militarnym", a ta ma być sprzedawana w 60 firmowych sklepach, rozsianych po całym kraju. Dyrektor Kałasznikowa do spraw marketingu, Władimir Dimitriew, przyznał, że do czasu wprowadzenia sankcji 70 proc. broni produkowanej przez jego firmę trafiało na rynek europejski i amerykański. Teraz jednak, jego zdaniem, konieczne są zmiany i reorientacja na rynek wewnętrzny. A ponieważ Rosjanie raczej nie mogą kupować karabinów maszynowych w supermarketach, trzeba ich zainteresować czymś innym.

Inny członek zarządu Kałasznikowa, Nikołaj Grigoriew, uważa, że kolekcja mody może stać się sukcesem, gdyż „w Rosji następuje renesans patriotyzmu, szczególnie w temacie wojny". Nic, tylko się cieszyć. Z drugiej strony Kałasznikow już od dawna produkuje nie tylko broń, ale również samochody, motocykle oraz pojazdy użytkowe, a zatem dodanie do tego paru koszulek nie powinno być problemem.

Jednak niektórym rosyjskim internautom nie jest specjalnie do śmiechu. Jeden z nich zastanawia się na przykład, dlaczego „pod naciskiem Ameryki będziemy teraz produkować koronkowe gacie z wbudowanymi wyrzutniami granatów?". Inny pyta, czy Rosja dobrnęła do stanu totalnej groteski, w której powszechnie znana firma zbrojeniowa musi się ratować „szyciem szmat"? Ciekaw jestem, czy ci komentatorzy nadal pozostają na wolności, czy też już „szyją" na Syberii.

Mendelejew w kurze

Ludzie miewają podejrzenia w stosunku do składu dań oferowanych w knajpach typu „fast food". Widomym przykładem tego zjawiska są dość wymowne pytania, jakie konsumenci zadają czasami poszczególnym firmom. W internetowej witrynie hamburgerowni McDonald's pojawiło się między innymi pytanie, które brzmi niemal rozbrajająco: „Czy w Chicken McNuggets znajduje się w ogóle jakieś kurze mięso?".

Sugeruje to wyraźnie, iż pytający ma poważne wątpliwości co do obecności prawdziwego drobiu w tej kulinarnej propozycji, a co za tym idzie, ma też zapewne pytania dotyczące obecności wołowiny w hamburgerach oraz sałaty w sałatkach, chociaż w tym ostatnim przypadku łatwiej jest samemu sprawdzić, co trzeba.

Przykład krokietów kurzych przytaczam nie bez przyczyny. Okazuje się bowiem, że firma McDonald's prowadzi od pewnego czasu eksperymenty z „nowym przepisem" na Chicken McNuggets. Ma to być danie „czystsze" i wolne od wielu konserwantów. Testy odbywają się obecnie w 140 hamburgerowniach w stanach Waszyngton i Oregon, ale mają zostać wkrótce zakończone. O ile nikt się nie otruje i nie będzie narzekał, ulepszona kura zapiekana w tartej bułce pojawi się we wszystkich placówkach firmy na kilka tygodni przed rozpoczęciem olimpiady w Rio, tak by z „czystszego" drobiu mogli również skorzystać sportowcy.

Wieści te wywołały u mnie pewne zaniepokojenie. Skoro McDonald's uznał, iż konieczne jest oczyszczenie dania z chemikaliów, wynika stąd dość jasno, iż dotychchzas Chicken McNuggets zawierały sporo jakichś świństw, co jest zastanawiające. Wszak mogłoby się naiwnym wydawać, że ugotowanie czegoś takiego jest bardzo proste. Bierze się kawałki białego, kurzego mięsa, obtacza się je

– niczym kotlety schabowe – w mące, jajku oraz tartej bułce, a następnie smaży w oleju. Podobnie powinno być w przypadku hamburgerów – zmielone kawałki padłej krowy posypuje się pieprzem i solą, doprawia się czymś tam jeszcze i smaży z obu stron na grillu, by je potem władować w objęcia ciepłej bułki i podać wygłodniałym grubasom. Okazuje się jednak, że w praktyce jest zupełnie inaczej.

Jedno muszę szefom firmy McDonald's przyznać – od pewnego czasu w żaden sposób nie kryją prawdy. Jak się można dowiedzieć z internetowej strony poświęconej Chicken McNuggets, danie to zawiera w sumie 32 składniki, które są dokładnie wyliczone, choć bez podania proporcji, a zatem nie wiadomo na przykład, czy mięso kurze to 5 proc., czy też 95 proc.

Tak czy inaczej, oto częściowa lista tego, co dzieci w całym kraju konsumują na potęgę w czasie podróży z rodzicami: białe mięso kurze bez kości (na szczęście), woda, sól, przyprawy (ekstrakt z drożdży, sól, mączka żytnia, naturalne smaki, olej słonecznikowy, kwas cytrynowy, glukoza), fosforan wapnia, bułka (woda, mąka, witamina B_3, witamina B_1, ryboflawina, kwas foliowy), mąka kukurydziana, proszek do pieczenia, pirofosforany, mleczan wapnia, diwodorofosforan wapnia (*what the hell is it?!*), mączka kukurydziana. Ale to jeszcze nie koniec. Do oleju, w którym wszystko to się smaży, dodawane są ponadto terc-butylhydrohinon i kwas cytrynowy (dla zachowania „świeżości") oraz polidimetylosiloksan, który redukuje rzekomo rozpryskiwanie się gorącego tłuszczu na dzielną załogę hamburgerowni.

No dobra, co z tego wszystkiego w nowym przepisie McDonald's zdecydował się wyeliminować? Mam nadzieję, że nie kurę. Niestety firma nie podaje żadnych szczegółów. Podobno chodzi przede wszystkim o zredukowanie ilości soli w całym daniu, co jest godne pochwały, ale co jednocześnie prowadzi do konkluzji, że wszystkie te inne chemiczne świństwa pozostaną tam, gdzie są.

Przed rokiem McDonald's poinformował, że wszystkie kurczaki stanowiące materiał na McNuggets będą odtąd musiały pochodzić z hodowli, w których nie stosuje się żadnych antybiotyków. Nie specjalnie zadowoliło to działaczy organizacji PETA, która twierdzi, iż firma korzysta z kurzego mięsa pochodzącego z ferm, w których kurczaki traktowane są i zabijane w okrutny sposób.

Jeśli chodzi o walory smakowe nowych Chicken McNuggets, media na razie milczą. Natomiast nie milczą o tym, że wszystkie poczynania „fastfoodów" wynikają z dość prostego faktu – począwszy od roku 2009 wielkie koncerny „żywnościowe", nie tylko lokale typu „fast food", ale takie firmy jak Kraft czy Mars Inc. (oferujące między innymi Macaroni & Cheese, M&M czy Uncle Ben Rice) straciły w sumie ponad 18 miliardów dolarów udziału na rynku, co wynika głównie z faktu, iż ludzie po prostu sprzeciwiają się stosowaniu sztucznych konserwantów i barwników.

Ze swej strony postanowiłem pójść w kierunku przeciwnym i zasugerowałem mojej osobistej małżonce, żeby do przyrządzanych w domu dań mięsnych odtąd zawsze dodawać nieco witamin B_1 i B_3, dorzucić do tego trochę ryboflawiny, a tuż przed podaniem posypać to wszystko sporą dozą diwodorofosforanu wapnia, choć nie wiem dokładnie, gdzie to można kupić (może w placówkach zajmujących się badaniami toksyn?).

Okraszony w ten sposób kotlet mielony nawet nie będzie wymagał sosu, a poza tym będzie ściśle naśladował to, co dostępne jest szerszej amerykańskiej gawiedzi. Gdybym już nigdy więcej w tym miejscu niczego nie napisał, będzie to oznaczać, że mój eksperyment kulinarny zakończył się totalnym niepowodzeniem.

Wywinąć orła

Występuje u mnie od pewnego czasu niejakie pomieszanie z poplątaniem w temacie orłów heraldycznych oraz państwowych. Niedawno pojawiły się wiadomości o tym, że w stanach Delaware i Maryland pewien nieznany palant zabił 18 orłów, a ściślej tzw. bielików amerykańskich. Innymi słowy, ktoś dokonał rzezi na symbolu amerykańskiej państwowości, przy czym wszystko wskazuje na to, że ptaki zostały otrute niezidentyfikowaną na razie substancją.

Prawdą jest to, że bieliki począwszy od 2007 roku nie są już uważane za gatunek zagrożony, ale ich zabijanie jest nadal nielegalne. Za uśmiercenie, a nawet zranienie bielika grozi grzywna w wysokości 100 tysięcy dolarów oraz rok więzienia. Jeśli zatem kiedyś orłobójcę złapią, może „beknąć" na sumę 1,8 miliona dolarów oraz spędzić 18 lat za kratkami.

Mnie jednak bardziej niż orłobójstwo zainteresowały kwestie nazewnicze oraz historyczne. Polska nazwa „bielik amerykański" nawiązuje do dwóch prostych faktów – orzeł ten występuje wyłącznie na kontynencie amerykańskim i ma biały łeb. Tymczasem po angielsku ptak nazywany jest *bald eagle*, co sugeruje, iż orzeł ma nie tylko biały czerep, ale jest łysy.

Okazuje się jednak, że słowo *bald* może wywodzić się ze średniowiecznego *balled*, czyli „jaskrawa biel". Oznacza to, że amerykański orzeł wcale nie jest łysy i nie trzeba go pokryć papą, lecz dumnie obnosi się ze swoją patriotyczną bielą. A ci, którzy nazywają go łysym, pewnie sami są łysi i mu zazdroszczą nagłownego upierzenia. Tak czy inaczej, od tego wszystkiego można – nie przymierzając – orła wywinąć, szczególnie jeśli doda się fakty dotyczące orła białego będącego godłem Polski.

Polacy są w o tyle lepszym położeniu od Amerykanów, że naszego symbolu narodowego nie da się zabić, otruć lub maltretować, gdyż w naturze ptak ten w ogóle nie występuje, czyli jest zmyślony. Istnieje romantyczna legenda o tym, jak to założyciel państwa Polan, Lech (dziś piwo oraz klub sportowy), podczas postoju w okolicach Poznania ujrzał pod wieczór gniazdo na drzewie, w którym znajdował się biały orzeł z trzema pisklętami. Dalej legenda mówi, że orzeł nagle wzniósł się w powietrze i rozpostarł skrzydła na tle nieba, czerwonego od zachodzącego słońca. Lech tak się tym wszystkim wzruszył, że nie tylko się w tym miejscu osiedlił, ale orła umieścił w swoim herbie. No i od tego czasu mamy nie tylko herb, ale również Gniezdno (dziś Gniezno).

Przyznam, że mnie ta legenda za bardzo nie przekonuje. Zakładając nawet odważnie, że Lech był trzeźwy, o zachodzie słońca mógł w półmroku zobaczyć dowolnego ptaka, np. gołębia, ale „gołąb w koronie" nie brzmi tak dobrze jak „orzeł w koronie". Na szczęście istnieje też inna, bardziej przyziemna wersja zdarzeń, która zakłada, iż Polanie orła w charakterze oznaki mocy i odwagi podwędzili starożytnym Rzymianom, którzy używali ptasiej symboliki bardzo chętnie, a orły uważane były przez nich za ptaki o szczególnym charakterze i znaczeniu. Były nawet wspólnikami boga światłości, piorunów i błyskawic, Jowisza, czyli były ptasimi szychami.

I tu pojawia się zbieżność polsko-amerykańska. Gdy rodziły się Stany Zjednoczone, nowe państwo często porównywano do Republiki Rzymskiej, której symbolem był złoty orzeł. Nic zatem dziwnego, że tzw. Kongres Kontynentalny postanowił w roku 1782, że narodowym symbolem państwa będzie bielik. Innymi słowy, geneza orłów państwowych Polski i USA jest prawdopodobnie zbieżna, tyle że Amerykanie wybrali ptaka, którego do dziś można oglądać na żywo, szczególnie wzdłuż amerykańskich wybrzeży oceanicznych, podczas gdy Polanie wybrali orła, który się pod wieczór przywidział Lechowi w Pyrlandzie.

Amerykanie posiadają nawet, podobnie jak my, swoją własną legendę dotyczącą ich pseudołysego symbolu. Mówi ona o tym, że Benjamin Franklin nalegał, by w godle państwowym umieszczono dzikiego indyka, a nie orła. Historycy są zgodni co do tego, że propozycja taka nigdy nie została złożona, ale potwierdzonym faktem jest to, że Franklin nie miał zbyt dobrego mniemania o bielikach. W liście wysłanym z Paryża w 1784 roku do swojej córki pisał: „Ze swojej strony uważam, że bielik nie powinien zostać wybrany reprezentantem naszego kraju. Jest to ptak o złym charakterze moralnym. Nie zarabia na życie uczciwie, a poza tym jest tchórzem. Wystarczy, że podleci do niego ptak wielkości jaskółki i już opuszcza miejsce swojego zamieszkania".

Należy przypuszczać, że Franklinowi chodziło o to, iż bieliki żrą co popadnie, łącznie z padliną, a czasami wykradają zdobycz innych drapieżnych ptaków, czyli jedzą czyjś obiad bez pozwolenia. Natomiast nie mam pojęcia, czy domniemana tchórzliwość amerykańskiego bielika jest prawdą, czy też wymysłem Bena.

Trudno jest też zrozumieć, dlaczego Franklin musiał akurat o tym pisać do córki, ale to jego sprawa. Z jego słów jasno jednak wynika, iż uważał, że godło USA przedstawia tchórzliwego degenerata, a nie majestatycznego reprezentanta ptasiej społeczności. I ponownie wygrywają na tym Polacy. Ptakowi, który nie istnieje, nie można wszak przypisać zdrożnych cech charakteru, takich np. jak brak zasad moralnych lub wpraszanie się do kogoś na obiad. Tym samym ten biały orzeł, który przed wiekami wystartował rzekomo z gałęzi na oczach Lecha w przyszłym Gnieźnie, pozostanie na zawsze nietykalny. Wprawdzie faktem jest, że raz go dotknęła komuna, bo mu zdjęła koronę, ale błąd ten został już dawno skorygowany.

Piwo z nieba

Przyznaję, że od paru lat spodziewałem się, że wkrótce do tego dojdzie. Nad naszymi głowami latać będą nieustannie małe drony, które dostarczać mają rozmaite artykuły zamawiane w takich firmach jak Amazon czy Walmart. Nad szczegółami tego rodzaju dostaw od dawna pracują potentaci, między innymi koncern Google. Zresztą w Europie dostawy niektórych rzeczy dronami to już rzeczywistość. Przykładowo w Niemczech istnieje serwis oferujący powietrzne dostawy niektórych leków. Firma DHL od roku 2014 oferuje tam usługę polegającą na błyskawicznym przewożeniu pilnie potrzebnych leków, szczególnie jeśli adresat znajduje się w mało dostępnym miejscu, np. na bałtyckiej wyspie. W takich przypadkach leki ładowane są na pokład żółtych „Paketkopters", które wysyłane są pod wskazany adres.

Tymczasem w USA w ubiegłym roku doszło do pierwszego, próbnego transportu dronem towarów pod dom klienta. Firma 7-Eleven dostarczyła w ten sposób paczkę zawierającą kawę, pączki oraz kanapkę z kurczakiem. Nie wiem, czy kawa się po drodze wylała, ale to już inna sprawa.

Jednak wszystkich zamierza pobić Nowa Zelandia. Firma Domino's Pizza dokonała tam przełomowego wyczynu w postaci dostarczenia dronem pizzy na adres klienta w mieście Auckland. Test udał się o tyle, że pizza nikomu nie spadła na łeb i została przez adresata skonsumowana. W wyniku tego niebywałego sukcesu jeszcze przed końcem tego roku uruchomiony zostanie regularny serwis, który pozwoli na zamawianie pizzy z podniebną dostawą do domu. Wkrótce testy tego serwisu mają też zostać przeprowadzone w Australii, Belgii, Francji, Holandii, Japonii oraz w Niemczech.

Nie do końca rozumiem, jakie plusy wynikają z tego, że pizzę przywiezie mi do domu nie chłopak, któremu trzeba dać napiwek, ale minihelikopter, z którym w żaden sposób nie można sobie uciąć pogawędki. Może kiedyś wszystko to się wyjaśni. Tak czy inaczej, niestety pewne jest, że ludzkość właśnie w tym kierunku zmierza, o czym świadczy choćby to, iż trwają prace nad ustanowieniem sensownej regulacji ruchu lotniczego tuż nad naszymi głowami.

W wielu krajach właśnie opracowywane są przepisy kontrolujące to, w jaki sposób i gdzie latać będą komercyjne drony. W Australii nowa ustawa wymaga, by pizza latała na wysokości co najmniej 98 stóp nad dachami okolicznych domów. Natomiast w USA używanie dronów w celach komercyjnych jest legalne od 29 sierpnia, choć nie jest dozwolone przekraczanie przez te powietrzne obiekty granic stanów ani też latanie bezpośrednio nad ludźmi.

Mimo tych postępów, na drodze do spadania z nieba towarów bezpośrednio przed nasze domy nadal występują dość oczywiste trudności. Zgodnie z przepisami nowozelandzkimi lecący dron „musi być zawsze widoczny z ziemi", co jest niezwykle trudną przeszkodą, szczególnie w przypadku niskiego pułapu chmur. Ponadto w przepisach tych są zapisy o konieczności unikania linii wysokiego napięcia, jadących samochodów, dzieci bawiących się na podwórkach, itd.

Dotychczasowe testy odbywały się na zasadzie pojedynczej dostawy przez jeden dron. Jest to jednak scenariusz mocno wyidealizowany, gdyż powszechne zastosowanie dronów dostawczych spowoduje, iż na niebie pojawią się setki brzęczących maszyn, które ktoś będzie musiał nie tylko skutecznie prowadzić do celu, ale również sterować w taki sposób, by nie dochodziło do powietrznych kolizji. A ponieważ będzie w tym przypadku chodzić o wiele różnych firm, zapewne konieczne stanie się utworzenie czegoś w rodzaju filii agencji FAA zajmującej się wyłącznie kontrolą lotów dronami. Bez tego rodzaju kontroli grozi nam totalny chaos, a pogięty sprzęt lotniczy oraz szczątki rozwożonych towarów zalegać będą masowo ulice.

Oczyma wyobraźni już widzę, jak ktoś sobie grilluje spokojnie steka na własnym podwórku, a tu nagle tuż nad jego głową dochodzi do zderzenia drona Amazonu z dronem polskich delikatesów. W ten sposób iPad zmiesza się skutecznie z kaszanką i runie na ziemię w sposób kompletnie nieprzewidywalny. A poza tym co się stanie, gdy pizza z Domino's omyłkowo wyląduje o dwa domy za daleko? Czy należy ją wtedy czym prędzej pożreć i udawać, że nic się nie stało, czy też trzeba będzie do kogoś dzwonić, by dron ponownie wystartował i poleciał tam gdzie trzeba?

Obawiam się ponadto, że prędzej czy później zaistnieje też inny problem. Jak wiadomo, Ameryka to kraj uzbrojony po zęby, a prywatni posiadacze broni bywają często dość wrażliwi na punkcie ochrony swojej prywatności. Gdy zatem nad głową Johna Smitha zaczną nagle latać liczne drony, może on zestrzelić pizzę lecącą do sąsiada, rozsiewając w ten sposób po całej okolicy pepperoni oraz odłamki zwęglonego ciasta.

Z drugiej strony widzę ogromny potencjał w zamawianiu napojów alkoholowych z powietrzną dostawą. Ileż to razy na jakimś przyjęciu nagle brakuje piwa lub wina, ale nikt nie może pojechać po nowe zapasy nie ryzykując zdrowia, życia i pobytu w areszcie. A tak dzwoni się na odpowiedni numer i wkrótce potem trzeźwa jak drut machina latająca ląduje wśród uszczęśliwionych biesiadników. Na dodatek każdy się potem będzie mógł chwalić, że napił się piwa z nieba.

Jednak mimo wszystko przewiduję okres totalnego podniebnego bałaganu. W gruncie rzeczy nikt nie jest zbyt dobrze przygotowany do obecności setek, a może nawet tysięcy małych dronów nieustannie latających nam nad głowami. W każdym razie rewolucja już się zaczęła i nikt jej zapewne nie zatrzyma.

Zmyślony rak

Oszustwa bywają bardzo różne, mniej lub bardziej pomysłowe, a czasami żenująco prymitywne. W naszych czasach coraz częściej mają naturę elektroniczną. Mam na myśli na przykład wszystkie te listy z Nigerii, w jakich już wielokrotnie byłem informowany, że jestem przypadkowym spadkobiercą milionera, który nie miał przed śmiercią co zrobić ze swoją fortuną i postanowił zapisać ją zupełnie nieznanej osobie, czyli mnie. Są też listy donoszące o niezwykłych okazjach handlowych, bogatych wdowach czekających na męża i żądnych dzielenia się z nim nie tylko łożem, ale również kontem bankowym, oraz o wygranych krociach na loterii państwowej w Monako. Nie wiem, czy ludzie nadal dają się na to wszystko nabierać, ale podejrzewam, że tak, bo naiwniacy to nie towar na kartki, lecz liczna grupa, której członków nigdy nie zabraknie. Poza tym, gdyby absolutnie nikt nie dawał się nabierać, listy z Nigerii zapewne już dawno przestałyby napływać.

Jednak nie wszyscy oszukują przez Internet. Niektórzy są na tyle bezczelni, że aż dech zapiera. Na Florydzie aresztowano ostatnio 38-letnią Vedoutie Hoobraj, która w latach 2014-16 wyłudziła od mieszkańców nowojorskiego powiatu Westchester ponad 50 tysięcy dolarów. Przez owe dwa lata skutecznie udawała, że jest chora na raka i ma przed sobą tylko 18 miesięcy życia. W tym celu ogoliła się na łyso i pokazywała ludziom sfałszowane zaświadczenia lekarskie oraz rachunki szpitalne. Twierdziła, że koszty leczenia były tak duże, iż została praktycznie pozbawiona środków do życia. Wymyśliła nawet, że chora jest nie tylko na białaczkę, ale dodatkowo ma raka wątroby.

W Nowym Jorku oszustka występowała jako Shivonie Deokaran. Zainteresowanym opowiadała, że leczyła się w Sloan-Kettering Medical Center w Nowym Jorku. Gdy zaś ktoś zaczął się dopytywać o nazwisko jej lekarza, stwierdziła, że ów specjalista onkolog właśnie zginął w czasie trzęsienia ziemi w Nepalu i że w związku z tym musi szukać nowego doktora. Szczerze mówiąc, u mnie pojawiłyby się w tym momencie pewne wątpliwości, ale nowojorska gawiedź wszystko to kupiła i nadal wspierała finansowo swoją bohaterkę.

Proceder ten trwał przez wiele miesięcy. W sumie „chora" dostała datki od ponad 300 osób. Uczestniczyła też w licznych imprezach organizowanych specjalnie dla niej przez okolicznych mieszkańców i przez niektóre instytucje. Zaangażowała się nawet szkoła średnia, która zachęcała uczniów do zbierania pieniędzy dla tragicznie chorej Shivonie. Jestem pewien, że dziś kierownictwo tej szkoły raczej nie obnosi się z faktem, iż zostało wystrychnięte na dudków.

W połowie roku 2016 Vedoutie vel Shivoni spakowała manatki i wyjechała z dwoma synami na Florydę, gdzie miała zapewne nadzieję wydać wyłudzone pieniądze. Jednak została wytropiona przez agentów FBI i odstawiona do Nowego Jorku, gdzie wkrótce stanie przed sądem. Grozi jej kara do 20 lat więzienia, a zatem będzie miała sporo czasu, by zapaść na inne wyimaginowane lub rzeczywiste choroby oraz przemyśleć swoje postępowanie.

Opowiadam o tej sprawie dlatego, że jest ona dość symptomatyczna. W dzisiejszej Ameryce nigdy do końca nie wiadomo, czy ktoś mówi prawdę, czy też opowiada dobrze skonstruowane bajki, a żerowanie na ludzkiej dobrej woli zdaje się wszechobecne. Do mojego domu pukają często rozmaici ludzie, którzy zbierają na coś pieniądze. Każdy z nich wydaje się autentyczny, a niektórzy legitymują się nawet jakimiś odznakami i papierami, których nigdy nie chce mi się czytać. Jedni chcą pieniędzy na ratowanie porzuconych psów, inni twierdzą, że bez mojego dolara zawali się ich całe życie i pójdą z torbami. Wreszcie są też małolaty, które chcą mi opchnąć jakąś encyklopedię, co ma uratować bibliotekę przed finansowym krachem. Już nie wspomnę o harcerkach, które z regularnością godną lepszej sprawy zjawiają się przed moimi drzwiami, by mi dać szansę na zakup ciastek, czyli powszechnie znanych Girl Scout Cookies.

Skąd jednak mam wiedzieć, którzy z tych zbieraczy to ludzie o kryształowym charakterze, a którzy szukają naiwnych, by sfinansować jakoś następne piwo? Gdyby na przykład zapukała do mnie łysa Vedoutie Hoobraj i powiedziała mi, że pozostało jej 18 miesięcy życia, czy zamknąłbym jej drzwi przed nosem, czy też dałbym jej jakieś walory? Trudno jest wszak ocenić czyjąś prawdomówność na podstawie kilkunastosekundowego kontaktu.

W sumie preferuję zdecydowanie oszustów internetowych. Zawsze można ich anonimowo zignorować bez żadnych konsekwencji i bez jakiegokolwiek poczucia winy. W wersji sieciowej frajerstwo jest suwerenną decyzją każdego frajera, podczas gdy fizyczne odprawienie z kwitkiem jakiegoś smarkacza, który twierdzi, że ma w domu nieuleczalnie chorą babcię, jest zadaniem znacznie trudniejszym.

W tym sensie bezczelność pani Hoobraj była uzasadniona. Nie kryła się ona w żadnych internetowych zakątkach i nie zbierała pieniędzy anonimowo, tylko stawała oko w oko z ludźmi, których skutecznie i z fantazją okłamywała. Jestem pewien, że w całym kraju tego rodzaju oszustów są tysiące, a większość z nich nigdy przed żadnym sądem nie stanie. Dzieje się tak między innymi dlatego, że ludzie zazwyczaj niechętnie przyznają się do tego, że zostali nabrani.

Ja sam nadal czekam wyłącznie na listy od nigeryjskich milionerów. Resztę próśb o wsparcie zdecydowanie ignoruję, chociaż harcerskie ciastka czasami kupuję.

Sylwestrowy psikus

Przed kilkoma tygodniami po raz pierwszy w życiu odwiedziłem Kalifornię, a konkretnie Palm Springs i Los Angeles. W tym drugim mieście zobaczyłem z oddali słynny biały napis „Hollywood" na zboczu góry. Być może nie wszyscy wiedzą, iż wysokie na ponad 40 stóp litery zostały tam zamontowane w celach reklamowych i miały zostać po pewnym czasie zdjęte. Jednak stały się na tyle popularnym symbolem Los Angeles, że postanowiono je tam zostawić. Wymagały zresztą potem doraźnego remontu, gdyż zostały pierwotnie wykonane z materiałów obliczonych na przetrwanie tylko przez kilkanaście miesięcy. Dość dziwne jest również to, że była to reklama firmy, która zbudowała osiedle mieszkaniowe, gdzie obowiązywała absolutna segregacja rasowa, ale to już inna sprawa.

Nad faktem upstrzenia zbocza Mount Lee ubolewam, gdyż – jak parę razy w tym miejscu wspominałem – jestem przeciwnikiem szpecenia matki natury ludzkimi wymysłami. Dlatego właśnie uważam prezydenckie facjaty wyrzeźbione w skale Mount Rushmore za jeden z najgłupszych pomysłów na park narodowy w historii USA. Jednak w przypadku kalifornijskich liter jest nieco inaczej. Można je wszak zawsze zdemontować, gdyby zaszła taka potrzeba, podczas gdy usunięcie skalnych portretów prezydentów jest praktycznie niemożliwe, gdyż wiązałoby się nieuchronnie z totalnym zniszczeniem zbocza.

Jest jeszcze jeden plus przemawiający na korzyść napisu w Los Angeles – od samego początku był to magnes dla różnego rodzaju żartownisiów, usiłujących „retuszować" słowo Hollywood w taki sposób, by napis sugerował coś zupełnie innego. Przypadków tego rodzaju było na tyle dużo, że ostatecznie wokół wielkich liter zamontowano kamery i inne urządzenia zabezpieczające, tak że obecnie nielegalne przestawianie liter jest prawie niemożliwe.

Jedna z najsłynniejszych modyfikacji miała miejsce w noc sylwestrową 1976 roku. 1 stycznia można było zobaczyć na zboczu góry napis „Hollyweed", który obwieszczał dekryminalizację marihuany przez władze stanowe. Ten noworoczny wybryk był dziełem studenta wydziału sztuk pięknych uniwersytetu Cal Tech, Danny'ego Finegooda, który wraz z kilkoma kolegami zakupił potrzebne materiały za ok. 50 dolarów, wdrapał się na szczyt, a potem zmienił dwie litery, używając w tym celu sznurów i prześcieradeł. Co więcej, choć jego wyczyn był technicznie rzecz biorąc nielegalny, Danny zrobił to w ramach wyznaczonego mu przez szkołę projektu artystycznego – żartowniś dostał za swoje dzieło ocenę „A" i nigdy nie poniósł za swój czyn żadnych konsekwencji. Napis „Hollyweed" tak zachwycił pisarza Davida Battersona, że napisał o nim krótki wiersz, do którego następnie muzykę stworzył Mark Giles. W ten sposób powstała piosenka pod bardzo przewidywalnym tytułem *Hollyweed, USA*.

Jak wspomniałem, sylwestrowy dowcip z roku 1976 upamiętnił dekryminalizację marihuany w stanie Kalifornia, czego nie należy mylić z legalizacją. Nadal zakazane było hodowanie „trawkowych" roślin, tyle że za samo posiadanie w kieszeni skrętów nie wysyłano już ludzi za kratki. Dziś jednak Kalifornia stoi na skraju pełnej legalizacji, co ma nastąpić w wyniku referendum, jakie miało tam miejsce w ramach ubiegłorocznych wyborów prezydenckich. No i jak można lepiej fetować ten sukces niż przez ponowną „edycję" słynnego napisu? 1 stycznia tego roku „Hollywood" zmienił się ponownie w „Hollyweed". Nie wiem, czy najbliższa noc sylwestrowa znowu przyniesie jakąś nową wersję napisu, choć z powodu zabezpieczeń, o których wspomniałem, wszelkie zamiary tego rodzaju muszą być najpierw uzgadniane z władzami.

Napis na zboczu Mount Lee nie był obiektem wyłącznie noworocznych żartów. W różnych okresach i z rozmaitych powodów zmieniano litery w inne wyrazy. Dwukrotnie zmiana polegała wyłącznie na zakryciu jednej litery „l" – miało to miejsce w roku 1977 z okazji świąt wielkanocnych oraz w roku 1987 na okoliczność wizyty papieża Jana Pawła II. W tym samym roku napis zmieniono ponownie, na „Ollywood", z powodu głośnej afery Iran-contra z udziałem pułkownika Olivera Northa. Natomiast polityczne sukcesy Rossa Perota spowodowały, że w roku 1992 i 1996 na Los Angeles spoglądał napis „Perotwood".

Nie obyło się też bez jednej tragedii – we wrześniu 1932 roku 24-letnia aktorka Peg Entwisle, której „nie wyszła" wielka hollywoodzka kariera, wspięła się na literę „h" i skoczyła z niej w dół, popełniając samobójstwo. Całe szczęście, że brać aktorska w Hollywoodzie nie podchwyciła tej metody kończenia nieudanych karier, bo w przeciwnym razie u podnóża Mount Lee trup ścieliłby się gęsto.

Mnie we wszystkich tych wybrykach brakuje jakiegoś zdecydowanie polskiego akcentu. Rodacy nie pokusili się jeszcze o zmianę napisu w „Hollydrzewo" albo „Hollytrawka". Mógłby też być napis „Targamdrewno". Ten ostatni pomysł jest o tyle uzasadniony, iż nazwa Hollywood wywodzi się stąd, że w roku 1886 H.J. Whitley natknął się w hollywoodzkiej dolinie, wtedy jeszcze bardzo słabo zaludnionej, na chińskiego imigranta ciągnącego mozolnie wózek z drewnem. Gdy go zapytał, co robi, nagabnięty odpowiedział w chińskiej wersji języka angielskiego: „I holly wood", choć na pewno chciał powiedzieć: „I haul wood". Whitleyowi tak się ta odpowiedź spodobała, że postanowił ochrzcić powstającą miejscowość nazwą

„Hollywood". Morał tej historii jest prosty – imigranci mimo wszystko od czasu do czasu Ameryce do czegoś się przydają.

Wszawy dzień

Gdy dziatwa po wakacjach wraca do szkoły, zawsze tu i ówdzie pojawia się problem, który rodziców wpędza w stan panicznego przerażenia. Pociecha może mianowicie wrócić do domu z notatką od nauczyciela, z której wynika, że na głowie tejże latorośli zauważono wszy. Wieść ta wywołuje w domu prawdziwy alarm, a rodzice pędzą do apteki po różne chemikalia, które mają pasożyty skutecznie poddać wszobójstwu. Na szczęście dostępne obecnie środki w miarę szybko radzą sobie z inwazją tych odrażających insektów.

W gruncie rzeczy wesz ludzka nie jest aż tak groźna, jakby się mogło wydawać. Amerykańska Academy of Pediatrics uważa nawet, iż zakażone wszawicą dzieci nie muszą być izolowane w domu i mogą chodzić do szkoły. Jednak faktem jest to, że kiedyś wesz była nosicielką groźnych chorób, np. tyfusu, ale może to i dobrze, gdyż na podstawie badań tych pasożytów polski biolog austriackiego pochodzenia, Rudolf Weigl, wynalazł pierwszą na świecie skuteczną szczepionkę przeciw tyfusowi. Innymi słowy, wszy do czegoś się nam w przeszłości przydały.

Przez wiele lat dominowało przekonanie, iż występowanie wszy u dzieci wkrótce po wakacjach wiąże się z powrotem do szkolnych ław, co niesie ze sobą wzmożone kontakty z rówieśnikami. Jednak ostatnio badacze wskazują coraz częściej na innego winowajcę – Halloween. W październiku jak Ameryka długa i szeroka rozpoczyna się proces doboru odpowiednich kostiumów halloweenowych. Czasami są to przebrania robione własnym sumptem w domu, ale często kostiumy są przymierzane i kupowane w sklepach. No i właśnie o to przymierzanie chodzi. Maskarada październikowa bardzo często polega na oblekaniu młodych łbów w rozmaite maski i peruki. Jeśli maska lub inne nakrycie głowy przymierzane jest dziennie przez sto osób, całkiem możliwe jest to, iż jeden z potencjalnych nabywców ma na głowie nielegalnych, pasożytniczych imigrantów, którzy tylko czekają na stosowną okazję, by przedostać się na nowe połacie ludzkiej skóry, tym bardziej że żadnego granicznego muru nie ma.

Cherie Sexton, pielęgniarka w mieście Oregon w stanie Ohio, twierdzi, że w tygodniach poprzedzających Halloween zgłasza się do niej rekordowa liczba rodziców z zawszonymi – za przeproszeniem – dziećmi. Ludzie ci zwykle nie zdają sobie sprawy z tego, iż przeciętna przymierzalnia peruk może być podobna do wszawej metropolii. Sexton radzi stosowanie dość radykalnych środków ostrożności, ale przyznaje, iż tylko nieliczni do rad tych się stosują. Jej zdaniem przed przymierzeniem jakiejkolwiek peruki należy założyć na głowę czepek kąpielowy. Następnie zakup dokonany w sklepie z przebraniami powinien leżeć przez 48 godzin w szczelnie zamkniętej torbie, tak by się nędzne wszy mogły spokojnie udusić. Jeśli zaś strój halloweenowy jest odporny na suszenie w suszarce, można go do niej wrzucić na 45 minut i też sprawa załatwiona.

Lekarze twierdzą, że najlepiej jest unikać nakryć głowy (masek, czapek, peruk, beretów, itd.), bo wszy najchętniej drzemią właśnie w takich przedmiotach, czekając cierpliwie na frajerów. Tymczasem frajerów pod koniec października nigdy nie brakuje, gdyż z okazji Halloween liczni teoretycznie normalni ludzie dostają okresowego bzika i zachowują się tak, jakby im nagle wypadła gdzieś na podłogę piąta klepka. Podczas gdy dzieci nękane przez nagłowne pasożyty chodzą po sąsiedztwie i zbierają cukierki, ich rodzice często gromadzą się na imprezach zwanych *Halloween parties*, w ramach których dorośli ludzie zachowują się jak zdziczałe małolaty. Ponieważ zwyczaj jest taki, że oni również zakładają na te przyjęcia stosowne kostiumy, okolicznościowe zawszenie jest jak najbardziej możliwe, tyle że uczestnicy imprez rzadko się tym przejmują, gdyż większą uwagę poświęcają samym kostiumom i prześcigają się w wymyślaniu rzeczy dziwacznych, szokujących lub obraźliwych.

W całym tym szaleństwie jest jednak metoda. Wszy można uniknąć zarówno w przypadku pędraków, jak i dorosłych przez zamawianie kostiumów *online*. Przychodzą wtedy w zalakowanej fabrycznie torbie i niemal pewne jest, że nikt ich przedtem nie przymierzał, być może poza jakimś manekinem w chińskiej fabryce, a zatem pasożytniczego niebezpieczeństwa nie ma. Jest też dodatkowy plus – w Sieci można prawie anonimowo zamawiać kostiumy, których przymierzanie i kupowanie w sklepie mogłoby być nieco ambarasujące.

Podobno jednym z przebojów tegorocznego sezonu jest kostium o adekwatnej nazwie „Happy Poop", który upodabnia każdego noszącego do niezwykle szczęśliwego, dużego ekskrementu (na szczęście bez odpowiednich dla tego rodzaju przedmiotów cech olfaktorycznych). Innym popularnym przebraniem jest rzekomo strój pilota do telewizora. Dzięki takiemu kostiumowi wszyscy będą chcieli nam naciskać na przyjęciu guziki, choć z drugiej strony, jak na *TV remote* przystało, możemy się gdzieś zgubić w fałdach kanapy i wszyscy będą nas szukać.

Wśród masek sporą popularnością cieszy się propozycja zwana Crying Baby, dzięki której każdy może zmienić się w bachora wrzeszczącego nieustannie w samolocie na trasie Chicago-Warszawa. Natomiast jeśli chodzi o pomysły nowatorskie, w tym roku ludzie masowo kupują stroje w stylu *piggyback*, czyli takie, dzięki którym na czymś lub na kimś się pozornie jeździ. Nie muszę dodawać, że w tej kategorii króluje jeżdżenie na obecnym lokatorze Białego Domu, choć można też udawać jazdę na ośle, znanych aktorach, dinozaurach, politykach, Miss Piggy, Kim Dżong Unie, itd.

A swoją drogą zastanawiam się, czy wszy na okoliczność Halloween również się w coś przebierają. W końcu też się im coś od życia należy.

Łańcuch hamburgerów

Ameryka, co by o niej nie powiedzieć, pozostaje krajem ludzi niezwykle życzliwych, którzy – jeśli zajdzie taka potrzeba – zazwyczaj starają się pomagać bliźnim i okazywać w stosunku do nich nieudawaną uprzejmość. Stoi to w jaskrawej sprzeczności do takich krajów jak Anglia, gdzie w życiu publicznym też wszyscy są bardzo uprzejmi i przyjaźni, ale jest to zwykle fasada bez realnego pokrycia. Owszem, fonetyczna przestrzeń Wielkiej Brytanii usiana jest stwierdzeniami typu „lovely", „thank you ever so much" oraz „cheers", ale tak naprawdę zaraz potem ludzie wypowiadający te słowa zapewne narzekają na groźny najazd jakichś baranów z odległych zakątków świata lub z sąsiedniego miasta. Natomiast we Francji nie ma fasady, gdyż pewna niechęć w stosunku do „obcych" jest wszechobecna i wskazana, szczególnie wobec tych osób, którym nie chce się wypowiedzieć choćby kilku słów po francusku.

W USA też nie można liczyć na powszechną akceptację i pomoc, ale mimo wszystko szanse na przyjaźń są niemal zawsze większe niż na wrogość. Na samym początku mojej kariery emigranta jechałem kiedyś samochodem po Pulaski Road, między North i Madison. Była to wtedy (nie wiem, jak jest dziś) kraina dość zdezelowana, pełna zabitych dechami kamienic i dziwnie wyglądających, czarnoskórych młokosów. I to właśnie tam złapałem gumę i utknąłem w miejscu. Byłem przeświadczony, iż stanę się niemal natychmiast częścią smutnych chicagowskich statystyk dotyczących ludzi, którzy nagle przepadli bez śladu, a których ciała znajdowane były później w kubłach na śmieci, porzucanych gdzieś na poboczu Eisenhower Expressway. Stało się jednak zupełnie inaczej.

Z jednej z fatalnie wyglądających kamienic wyszedł do mnie zaawansowany wiekiem człowiek, nieco przypominający postać dziadka z serialu *Roots*, który zapytał mnie, czy potrzebuję pomocy, a potem wspólnie ze mną zmienił oponę, pożyczył mi wszystkiego najlepszego i wyprawił mnie w dalszą drogę. Gdy zaoferowałem mu na odjezdnym dychę za jego wysiłek, wyśmiał mnie i zasugerował, bym sobie za tę sumę kupił parę piw. Tak też zrobiłem.

Czy dziś, w Ameryce, która pod wieloma względami jest zapewne zupełnie inna od tej sprzed 30 lat, coś podobnego jest nadal możliwe? Mam nadzieję, że tak. A wypadki, jakie miały niedawno miejsce w miejscowości Scottsburg w stanie Indiana, zdają się to potwierdzać. W tamtejszej hamburgerowni McDonald's ustawiła się pewnego dnia dość długa kolejka w tzw. „drive-thru", czyli tam, gdzie w samochodach siedzą amatorzy niezdrowego żarcia, którym nie chce się opuścić pojazdu w celu osobistego zakupienia jadła.

W tym akurat dniu kasę „zewnętrzną" obsługiwała Hunter Hostetler, która zauważyła coś dziwnego. Gdy do okienka podjechała samochodem samotna, starsza kobieta, zapłaciła za swoje danie, a następnie powiedziała Hunter, że płaci również za cały posiłek następnego w kolejce pojazdu, w którym znajdował się ojciec wraz z czworgiem swoich dzieci. Nie zdradziła swojej tożsamości ani też nie czekała na dokonanie transakcji, tylko odjechała w nieznane. Było to możliwe dlatego, iż obsługa wiedziała już, co wspomniany mężczyzna zamówił i ile za to trzeba było zapłacić.

Na tym jednak nie koniec tej historii. Gdy obdarowany klient zwiedział się o geście damy z samochodu przed nim, postanowił dokonać podobnego manewru i zapłacił za posiłki zamówione przez ludzi w następnych dwóch samochodach. W ten sposób powstał niezwykły spontaniczny łańcuch dobrej woli. Do końca dnia 167 samochodów stojących w kolejce po kolejne dania opłacało również posiłki bliźnich za nimi. Oczywistym „wygranym" stał się ten ostatni w kolejce, który nie musiał już nikomu niczego kupować, ale to inna sprawa.

Szczerze mówiąc, to pozornie poślednie wydarzenie w niewielkiej miejscowości w stanie Indiana napawa mnie pewnym, być może zupełnie irracjonalnym, optymizmem. Bądź co bądź zupełnie nieznani sobie ludzie fundowali sobie wzajemnie jedzenie, nie zwracając uwagi na to, czy osoby w samochodach za nimi były czarne, białe, orientalne, chrześcijańskie, muzułmańskie albo jeszcze jakieś inne. Nikt się nikogo o nic nie pytał ani też nie wchodziły w grę jakiekolwiek aspekty polityczne. Tak właśnie powinno być i zapewne nadal jest na poziomie lokalnym, z dala od waszyngtońskiego marazmu i obecnej retoryki Białego Domu. Innymi słowy, ta stara, przyjazna i dobroduszna Ameryka nadal istnieje, nawet jeśli od czasu do czasu może się wydawać, iż znajduje się w stanie odwrotu.

W moim bezpośrednim sąsiedztwie istnieje gospodarstwo rolne, które oferuje ludziom swoje produkty w „sklepie" będącym drewnianą samoobsługową budką. Każdy może się tam zatrzymać i załadować do torby jaja, mięso oraz sery, a następnie do skrzynki wrzucić pieniądze metodą „co łaska". O ile wiem, jeszcze nikt nigdy niczego z tego przybytku nie ukradł. Kradzież byłaby w tym przypadku ciosem w lokalną społeczność, co nie wchodzi w rachubę. Być może prędzej czy później konieczny stanie się powrót do społecznych relacji sprzed bardzo wielu lat.

Na razie zdaje się on być niestety dość odległą perspektywą. Jeśli jednak utkniecie gdzieś w kolejce po Big Maca, rozważcie możliwość sprezentowania go następnej osobie w kolejce. Od czegoś trzeba zacząć.

Z nosem w smartfonie

Jeszcze nie tak dawno temu, w średniowieczu zwanym „erą przedinternetową", socjologowie uważali, iż jedzenie wspólnych posiłków, a może ogólniej – jedzenie czegokolwiek z bliźnim – to nieodzowny klej cywilizacyjny. Okresowe rozmowy przy stole nad kotletem schabowym lub michą dymiącej zupy miały zapewniać harmonię rodzinną i jednoczyć przynajmniej na chwilę nawet osobników zazwyczaj sobie niechętnych. Bądź co bądź, w czasie pamiętnych negocjacji w Dayton z udziałem Icchaka Rabina i Jassera Arafata obaj panowie jedli potulnie clintonowe żarło przy jednym stole, mimo iż normalnie zapewne wzajemnie by się pokłuli widelcami. Nie darmo wszelkie „trudne negocjacje" zawierają w sobie oficjalne kolacje lub obiady, bo jest to wspaniała metoda pogadania przez chwilę na luzie, rozładowania napięcia, etc.

Niestety teraźniejszość jest boleśnie inna za sprawą piekielnego wynalazku zwanego smartfonem. Dziś ludzie spędzają sporą część każdego dnia z nosem wtulonym w mikroskopijny ekran, z którego odczytują z nałogową częstotliwością treści wyświetlane przez antyspołecznościowe serwisy typu Facebook czy Twitter. A jeśli nie odczytują, to walą paluchami w mikroskopijną klawiaturę, pisząc do bliskich i znajomych tak ważkie treści jak: „Jestem na O'Hare i siedzę w barze" albo „właśnie wsiadłem do samolotu".

Wielokrotnie widziałem już spacerujące w parku matki, które w jednej ręce trzymały bobasa, a w drugiej smartfon. Tyle że mamusie rzadko patrzyły z dumą na progeniturę, gdyż były zajęte obserwacją świata cyfrowego. Czasami nie mogę się nadziwić, że baby te nie roztrzaskują się wraz z pociechami o drzewa i nie potykają się o leżące na chodniku przeszkody. Natomiast bobas na spacer z matką idzie tylko symbolicznie, gdyż jest jedynie odważnikiem na ręce. A ileż to razy słyszymy o tragicznym wypadku (drogowym, kolejowym, etc.), którego sprawcą jest ktoś, kto całą uwagę poświęca bzdurom wyświetlającym się na ekranie lub graniem w elektroniczną wersję gry pici-polo na małe bramki?

Nie jestem bynajmniej wrogiem smartfonów, Internetu oraz serwisów służących ludziom do porozumiewania się w taki czy inny sposób. Sam z tego wszystkiego korzystam, ale tylko sporadycznie. Na coś tam zerknę dwa razy na dzień i na tym koniec. Problem w tym, że znaczna część użytkowników „inteligentnych" komórek to dziś nieuleczalni nałogowcy, którzy nie potrafią przeżyć nawet kilku minut bez gapienia się tępo w jakiś gadżet.

Siedziałem ostatnio na lotnisku w St. Louis w oczekiwaniu na samolot. Ponieważ miałem trzy godziny do zagospodarowania, udałem się do placówki żywienia zbiorowego o nazwie Chili's, gdzie zamówiłem piwo oraz bezkształtny i bezwonny kawał mięsa ze zwierzęcia niewiadomego pochodzenia, ozdobiony mętnym purée ziemniaczanym. Zwykle w tego rodzaju sytuacjach, gdy czas mnie nie goni, oglądam sobie lotniskową menażerię, czyli uprawiam sport zwany w USA *people watching*.

W pewnym momencie do restauracji weszła rodzina: tatuś, mamusia, dwie nastoletnie pociechy oraz jakieś dodatkowe indywiduum, które umownie nazwałem wujkiem Frankiem. Gdy zasiedli przy stoliku, już po 30 sekundach wszyscy wpatrywali się w swoje smartfony, tak jakby to stamtąd miała zaraz wyskoczyć wałówa. Zerkali wprawdzie od czasu do czasu na menu, ale zaraz potem wracali do swoich samotniczych zadań elektronicznych. Aż do czasu zjawienia się kelnera nie zamienili ze sobą ani słowa i wszyscy mieli spuszczone głowy, co sprawiało wrażenie, że albo śpią, albo szukają kotleta pod stołem.

Przez pewien czas miałem nadzieję, że może jednak odłożą to wszystko na bok z chwilą, gdy pojawi się przed nimi coś do pałaszowania. Nic z tego. Konsumpcja odbyła się również w niemal zupełnej ciszy, a smartfony nie zostały ani na chwilę porzucone. Muszę przyznać, iż doceniam zdolności tych konsumentów – żaden z nich nie wetknął sobie noża w oko ani też nie pokroił sobie palca zamiast ziemniaka. Jednak w spektaklu tym było coś niezwykle smutnego, gdyż stanowił on totalne zaprzeczenie tego, co jeszcze nie tak dawno temu było standardem – przy wspólnym jedzeniu rozmawia się ze współbiesiadnikami, a nie zajmuje się innymi głupotami. To, co kiedyś było wspomnianym już cywilizacyjnym klejem, dziś jest rozpuszczalnikiem.

Gdyby przed 20 lub 30 laty ktoś w czasie wspólnego obiadu wyjął nagle książkę i zaczął ją czytać, zostałby z pewnością ostro skrytykowany. Dziś „książki" przy stole czytają prawie wszyscy i nikt na to nie reaguje, bo to już normalka. Mamy się wzajemnie gdzieś, ponieważ doszliśmy z jakiegoś powodu do wniosku, że znacznie bardziej interesujące jest grzebanie w cyberświecie niż obcowanie z bezpośrednią rzeczywistością. W tych warunkach wznoszenie toastów prędzej czy później stanie się bardzo ryzykowne, bo zamiast stukać się kieliszkami, będziemy je sobie wzajemnie rozbijać o czoła, czytając jednocześnie najnowsze facebookowe sensacje.

Mój lot z St. Louis do Chicago trwał zaledwie 50 minut. Trzy czwarte pasażerów gapiło się w tym czasie na swoje gadżety. A tuż po dotknięciu przez koła maszyny pasa na O'Hare rozległa się specyficzna kakofonia różnych brzdękań elektroniki, ponieważ wiara musiała oczywiście natychmiast przełączyć swoje smartfony z tzw. *airplane mode* na normalne połączenie, które zapewnia nieustanny zastrzyk informacji bez znaczenia. Jeśli kiedyś telefonia komórkowa całkowicie wysiądzie na parę dni, przewiduję falę samobójstw.

Ekspres do gruszek

Gdy pewnego dnia po raz pierwszy zobaczyłem maszyny, przy pomocy których ludzie w supermarketach mogą sami skanować swoje towary, a potem za nie płacić, od razu zrodziło się we mnie podejrzenie, iż prędzej czy później ta innowacja stanie się narzędziem rozmaitych oszustw. Nie myliłem się. W tym roku pojawiły się doniesienia o niezwykłej popularności fasolki w niektórych australijskich sklepach. Jeden facet kupił w czasie wizyty w supermarkecie 4 kilogramy tego warzywa, tyle że tak naprawdę miał w koszyku wiele innych, znacznie droższych towarów, z których wszystkie „udawały" fasolkę przy skanowaniu.

Oszukiwanie sklepów jest tak proste, że – jak twierdzą specjaliści – skłania to nawet ludzi zwykle uczciwych do kradzieży. W przypadku australijskiego miłośnika fasoli istotnie kupił on niewielką torebkę tego produktu, a następnie przed skanowaniem pozostałych zakupów wprowadzał zawsze do maszyny ten sam kod PLU (Product Lookup Code), który niemal na całym świecie jest ten sam: 4066. W ten sposób ważył na wadze kolejne partie fasoli po 99 centów za pół kilograma, tyle że w rzeczywistości kładł tam różne drogie sery, kanapki, wędliny, itd. W sumie wyszło zatem 4 kilogramy fasoli za bardzo niską cenę. W jego konkretnym przypadku personel zorientował się, że coś jest nie tak, ale zwykle absolutnie nikt się nie interesuje tym kto, co i jak skanuje na stanowiskach samoobsługowych, czyli tzw. *self checkout*.

Wytrawni złodzieje oszukują w mniej oczywisty sposób, który jest praktycznie nie do wykrycia, chyba że obsługa patrzy komuś bezpośrednio na ręce. Załóżmy, że w jakimś supermarkecie sprzedawane są czereśnie zwykłe (kod 4045) oraz organiczne, które zazwyczaj są niemal dwa razy droższe. Wystarczy wpisać wspomniany kod do maszyny i zważyć towar, by owoce nagle „staniały", gdyż przestają być organiczne. Zresztą czereśnie mogą też skutecznie udawać znacznie tańsze winogrona lub banany. Są nawet przypadki tego, że ludzie biorą z półek sprzęty domowe lub pamięć USB i ważą to jako jabłka lub ziemniaki.

Wiedziony moimi wrodzonymi skłonnościami do przestępczości, postanowiłem sam spróbować kradzieży na bardzo skromną skalę, by sprawdzić, jak łatwo jest oszwabić mój lokalny supermarket. Udałem się do Krogera za miedzą, gdzie do koszyka wrzuciłem w miarę normalny zestaw towarów. Wśród nich było pudełko krakersów w cenie 3 dolarów i 99 centów. Gdy przyszło do skanowania tego wszystkiego, od razu zauważyłem, że przy stanowiskach *self checkout* jest tylko jedna panienka, która zwykle rusza do akcji tylko w dwóch przypadkach. Po pierwsze, czasami klient nie ma pojęcia o tym, jak z maszyny korzystać, ponieważ z elektronicznego punktu widzenia ma trzy lewe ręce i jedną złamaną nogę. W tego rodzaju przypadkach potrzebna jest interwencja personelu, który zwykle wykonuje skanowanie za komputerowych nieudaczników, ponieważ rzeczonemu personelowi nie chce się niczego tłumaczyć. Po drugie, Kroger w stanie Indiana wymaga okazywania dowodu tożsamości przez wszystkich tych, którzy kupują napoje alkoholowe, nawet jeśli dotyczy to 90-letniego dziadka, docierającego do kasy przy pomocy chodzika. W związku z tym, co jakiś czas wspomniana panienka musiała podchodzić do klientów, by ich sprawdzać pod względem wieku.

Ja jednak żadnego alkoholu w koszyku nie miałem, w związku z czym zacząłem sobie moje towary beztrosko skanować, a gdy przyszło do krakersów, postanowiłem, że będą one w tym dniu bananami. Po wpisaniu odpowiedniego numeru i zważeniu pudełka, zamiast 3,99 wyszło tylko 87 centów. Żyć nie umierać! Jednak w wyniku tego, że gdzieś tam we mnie drzemią nadal jakieś szczątki uczciwości, zaalarmowałem natychmiast obsługę, której powiedziałem, że się pomyliłem. Mój celowo popełniony błąd został naprawiony i wszystko było OK.

Jednak mój eksperyment pokazuje też, iż okradanie sklepów za pośrednictwem mechanizmu *self checkout* nie tylko jest łatwe, ale również łatwe do usprawiedliwienia. Ktoś przyłapany na gorącym uczynku zawsze może twierdzić, iż się pomylił, bo jest nogą z technologii. W związku z tym wykrywalność tego rodzaju przypadków jest nikła, a karalność prawie żadna.

I tu pojawia się pewien istotny fakt. Wielkie sieci supermarketów zaczęły wprowadzać samoobsługowe kasy przede wszystkim dlatego, iż pozwala to im na redukcję personelu, co wiąże się z oczywistymi oszczędnościami. Okazuje się jednak, że są to oszczędności dość złudne. Jak wynika z badań przeprowadzonych w USA, Wielkiej Brytanii, Holandii i Belgii, wprowadzenie kas samoobsługowych do użytku spowodowało 122-procentowy wzrost przypadków kradzieży, co w zasadzie niweluje oszczędności wynikające z redukcji personelu. Wprawdzie skoro są to przestępstwa trudno wykrywalne, to nie wiem, jak oni to wszystko liczyli, ale to ich sprawa. Tak czy inaczej, niemal pewne jest, iż będzie potrzebna jakaś nowa technika utrudniająca życie złodziejom. Podobno koncern Amazon eksperymentuje z koszykami, które same wszystko podliczają natychmiast po wrzuceniu do nich towaru.

Ale to zapewne odległa przyszłość. Póki co, idę zaparzyć kawę w gruszkach. Pardon, mam oczywiście na myśli ekspres do kawy, który gruszkami był tylko przez bardzo ulotną chwilę, przy kasie.

Dwa worki

Gdy rozradowana gawiedź teutońska zaczęła w 1989 roku demontować berliński mur, od razu doszedłem do wniosku, iż prędzej czy później kawałki betonu będą sprzedawane na całym świecie jako pamiątki po powojennym podziale Europy. I rzeczywiście – już po paru miesiącach można było w różnych miejscach kupić „kawałek historii" w postaci fragmentu chodnika rozłupanego gdzieś w Rostocku, a udającego ścianę ze stolicy Niemiec. Być może jestem nieco zbyt cyniczny, bo przecież gruzów berlińskich było na tyle dużo, iż dla każdego chętnego by wystarczyło. Z drugiej strony, każdy mógł wtedy pakować kamienie dowolnego pochodzenia i je opychać zainteresowanym, przekonując ich o autentyzmie towaru różnymi „dokumentami", drukowanymi masowo na domowych inkjetach.

Powodowany chorobliwą ciekawością, sam wydałem dziesięć zielonych i zamówiłem własny kawałek muru. Towar przyszedł w gustownym pudełku, w którym umieszczone było „oficjalne" zaświadczenie od tym, iż kamień został przywieziony do USA z NRD, która wtedy jeszcze formalnie istniała. Natomiast w eleganckim woreczku znalazłem szary kawałek betonu, który być może pochodził z Berlina, ale równie dobrze mógł odpaść od przerdzewiałej konstrukcji mostu nad Hudson River. Mimo to rzekomy kawałek berlińskiego muru posiadam do dziś i czekam na moment, w którym nagle okaże się, że jest on wart tysiące dolarów.

Piszę o tym dlatego, że już wkrótce na aukcji firmy Sothebys ma zostać sprzedany, być może aż za cztery miliony dolarów, niepozorny worek, który nie zawiera żadnych skał, a jedynie ślady po nich. Na worku widnieje napis „Lunar Sample Return" i – technicznie rzecz biorąc – jest to własność agencji NASA, tyle że nie do końca.

Jak wieść astronautyczna niesie, w roku 1969, gdy Neil Armstrong jako pierwszy stanął na powierzchni Księżyca, miał przy sobie właśnie ten worek, do którego załadował parę księżycowych kamieni. Po powrocie na matkę Ziemię worek przekazał laboratorium w Houston, którego pracownicy skały gdzieś tam przesypali, natomiast losy worka stały się na jakiś czas nieznane. Pojawił się on przed kilkoma laty ponownie na aukcji witryny internetowej U.S. Marshals Office. I to właśnie wtedy Nancy Lee Carlson, która pracuje w Chicago jako prawnik, kupiła ten przedmiot za 995 dolarów.

Dlaczego zdecydowała się na ten dziwny zakup? Trudno powiedzieć. Przyznaje, iż kolekcjonuje różne przedmioty związane z amerykańskim programem badań przestrzeni kosmicznej i że worek Armstronga od razu ją skusił. Popełniła jednak poważny błąd. Gdy weszła już w posiadanie tej dziwnej pamiątki, wysłała ją do NASA w celu poddania przedmiotu analizie. Spece z astronautycznej agencji potwierdzili, iż w środku worka nadal znajduje się księżycowy pył, ale jednocześnie wyrazili pogląd, że przedmiot ten jest własnością rządu federalnego i nie może być obiektem jakichkolwiek przetargów. Innymi słowy, rzecz zarekwirowali i odmówili jej zwrotu.

Pani Carlson nie darmo jest z zawodu prawnikiem – postanowiła domagać się zwrotu nabytego na aukcji kosmicznego worka na drodze sądowej i – po wielu perypetiach – ostatecznie wygrała. A ponieważ teraz wiadomo już, że kupiony przez nią za niespełna tysiąc dolarów przedmiot jest śladowym magazynem pyłu księżycowego, wartość worka nagle dramatycznie wzrosła i obecnie eksperci uważają, że sprzeda się za wspomniane już miliony. Jest to o tyle zrozumiałe, że NASA nikomu nie pozwala na posiadanie jakichkolwiek kosmicznych próbek gruntu, a zatem nie można na przykład nigdzie kupić pozaziemskiej skały. Organizatorka aukcji w Sothebys wyraziła w związku z tym pogląd, że oferowanie do sprzedaży worka Armstronga to prawie to samo co wystawienie na aukcji obrazu *Mona Lisa*. Chyba trochę przegięła z tym porównaniem, ale co tam.

Przedstawiciel agencji NASA, William Jeff, powiedział gazecie *The Wall Street Journal*, iż pamiątki kosmiczne powinny być częścią dostępnych ogólnej publiczności wystaw, a nie zalegiwać gdzieś w czyjejś prywatnej szufladzie. Może i ma rację, choć ja sam nie miałbym nic przeciw zalegiwaniu czterech milionów w mojej szufladzie, a zatem motywację pani Carlson doskonale rozumiem. Poza tym, skoro worek został wystawiony już raz na sprzedaż przez inną agencję rządową, to trudno zrozumieć, dlaczego teraz okazuje się nagle, iż ta wcześniejsza transakcja jest nieważna.

Wracając jednak do mojego kawałka muru berlińskiego, niemal na pewno nigdy za niego nie dostanę większych pieniędzy, nawet jeśli rzeczywiście jest autentyczny. Natomiast worek Neila Armstronga dziś jest obiektem marzeń wielu osób z nadmiarem gotówki, ale przypominam, iż nadal są tacy, którzy uważają, że nigdy żadnych lotów na Księżyc nie było, a cały program Apollo został sfingowany. A jeśli tak, to kiedyś może się okazać, że Neil „wylądował" na kupie szarego gruzu za stodołą na Florydzie, a do swojego worka zgromadził resztki stojącego tam niegdyś muru odgradzającego rzekomą stodołę od pobliskiego pastwiska. Wtedy niestety ów worek na tyle straci na wartości, że nawet może spaść poniżej sum oferowanych za mój kawałek muru. Jednym słowem – tak naprawdę nigdy nic nie wiadomo.

Siwucha kontra ból

Spójrzmy dziarsko prawdzie w oczy. Człowiek od zarania swojej historii zawsze zmagał się z bólem. Nie takim powodowanym ukłuciem szablą na polu walki lub walnięciem maczugą w łeb przez plemiennego przeciwnika, lecz bólem występującym w sposób naturalny, na przykład dotyczącym zepsutego zęba, ostrej niestrawności lub migreny. Lekarze, co by o nich nie powiedzieć, mają zwyczaj opisywania pewnych zjawisk bez żadnych ogródek. Twierdzą na przykład, że „ból, podobnie jak śmierć, stanowi nieodłączny element ludzkiej egzystencji. Człowiek jest nie tylko istotą myślącą, ale również istotą cierpiącą. Nie ma bardziej wszechobecnego i tak szeroko opisywanego zjawiska, jakim jest ból". No nic, tylko się powiesić – najlepiej bezboleśnie.

Trzeba też zapewne przytoczyć definicję sporządzoną przez Międzynarodowe Stowarzyszenie Badania Bólu (ok, ja też nie wiedziałem, że coś takiego w ogóle istnieje): „nieprzyjemne doznanie czuciowe i emocjonalne związane z rzeczywistym lub potencjalnym uszkodzeniem tkanek lub opisywane w kategoriach takiego uszkodzenia. Ból jest zawsze zjawiskiem subiektywnym. Każdy człowiek uczy się właściwego zastosowania tego słowa poprzez doświadczenia związane z urazami w początkowym okresie życia". Definicja ta jest o tyle niepokojąca, iż sugeruje, że czasami ludziom po prostu zdaje się, że coś im dolega, mimo że tak naprawdę nic im nie jest, czyli że są nieuleczalnymi hipochondrykami.

W dawnych czasach, czyli przed pojawieniem się Internetu oraz aptek z setkami różnych pastylek przeciwbólowych, wierzono, że ból jest spowodowany przez demony wymierzające zasłużoną karę na polecenie bogów. Demony te odstraszano zaklęciami, amuletami i czarami. Później jednak ludzkość jakoś doszła do przekonania, że należy uciekać się do bardziej bezpośrednich metod, czyli preparatów antybólowych. Najwcześniej używane w tym celu zioła to mak, mandragora, konopie, lulek czarny i dzbanecznik.

Ciekawą, choć niezbyt apetyczną techniką uśmierzania bólu, której używano już w okresie neolitycznym, była trepanacja czaszki. Polegała ona na wierceniu dziury w schorowanych łbach, aby „uwolnić duchy". Jestem w pewnym sensie pewien, że facetów z otworami w czaszkach już nic nie bolało. Nieco później Chińczycy zaczęli leczyć ból przy pomocy akupunktury. Wierzyli, że praktycznie każdy symptom można wyleczyć poprzez nakłuwanie skóry igłami, aby w ten sposób wyciągnąć nadmiar tzw. siły *yin* lub *yang*. Techniki te przetrwały do dziś i cieszą się w dalszym ciągu znacznym wzięciem, choć ja nadal preferuję stosowanie igieł do szycia.

Rośliną najdłużej i najczęściej używaną do leczenia bólu był mak (i pochodne opium). Zostało to udoskonalone w 1805 roku, kiedy z opium wyizolowana została morfina. Potem pojawił się eter w formie środka znieczulającego w czasie operacji, co spowodowało, że zabiegi chirurgiczne stały się w znacznej mierze bezbolesne. Innym ważnym odkryciem XIX wieku była też aspiryna, która pojawiła się w 1899 roku.

Piszę o tym wszystkim dlatego, iż właśnie się okazało, że rację mieli starożytni Egipcjanie. To właśnie oni wierzyli, że ból wywołany był przez duchy umarłych, które po zmroku wchodziły do ciała poprzez nozdrza lub uszy. Leczenie polegało na pozbyciu się tych duchów poprzez wymioty, oddawanie moczu, kichanie i pocenie się. Z tymi metodami można dziś polemizować, ale z drugiej strony ci sami Egipcjanie wpadli na genialny pomysł, którego słuszność została potwierdzona przez mężnych współczesnych naukowców. Egipski papirus, napisany w okolicach XVI wieku przed naszą erą, wspomina leczenie „bólów w ciele" za pomocą mieszaniny piwa, jałowca i pszenicy, którą to miksturę chory musiał połykać przez cztery dni.

No i co? Okazuje się, że wstępne, absolutnie nienaukowe przeświadczenie o tym, iż trunki alkoholowe posiadają niezaprzeczalne wartości uśmierzające ból, są jak najbardziej uzasadnione. Tak twierdzą badacze z Greenwich University, którzy przy pomocy swoich amerykańskich kolegów, zapewne pracujących w tym samym pubie, doszli na podstawie badań do wniosku, iż u ludzi, w których poziom alkoholu przekracza 0,08 procenta, ból w zasadzie przestaje mieć znaczenie, bo się go przestaje czuć. Doktor Trevor Thompson, który stał na czele zespołu naukowców i który być może jest nadal trzeźwy, uważa, że wyniki jego dociekań są bardzo istotne, gdyż dowodzą, że wypicie paru głębszych może być skuteczniejsze od stosowania Tylenolu lub kodeiny.

Na szczęście badacze z grupy Thompsona opatrzyli wyniki swoich analiz ostrzeżeniem, że „uśmierzające ból właściwości alkoholu mogą potencjalnie prowadzić do szkodliwych przyzwyczajeń, takich jak nadmierna konsumpcja". Nie wiem, jakie stopnie naukowe potrzebne są do prowadzenia tego rodzaju badań, ale szczerze mówiąc wnioski te nie są dla mnie zbyt zaskakujące. Bądź co bądź jeszcze nigdy nie spotkałem w barze ostro nawalonego faceta, którego by coś bolało, chyba że spadł ze stołka i nadział się na leżący na podłodze zbity kufel. Thompson jest zdania, iż trunki nie tyle uśmierzają ból, co powodują, że osobom pijącym wydaje się on bez większego znaczenia.

Ależ mi odkrycie! Pomijając już fakt, że wiedzieli o tym starożytni Egipcjanie, istnieje ogromny zasób współczesnych danych, niekoniecznie związanych z ośrodkami badań naukowych, z których wynika jednoznacznie, iż nawet neolityczną trepanację czaszki można beztrosko przetrwać pod wpływem odpowiedniej dawki siwuchy. Sam na razie nie próbowałem, gdyż nadal preferuję czaszkę bez nawierconych w niej otworów. Poza tym, gdy ktoś wywierci w niej dziurę, może się nieprzystojnie okazać, że w środku niczego nie ma.

Rok 2017

Bałwan w Białym Domu

Uprzejmie proszę łaskawych Czytelników o niewyciąganie pochopnych wniosków z tytułu tego tekstu. W gruncie rzeczy nie chodzi tu o żadne bałwany urojone, sztuczne, a nawet te prawdziwe, czyli ze śniegu. Rzecz dotyczy wyłącznie noworocznego finiszu obecnej administracji amerykańskiej.

Jak by na to nie patrzeć, mijający rok był dość kuriozalny. Z przyczyn trudnych do odgadnięcia przyniósł nam szał tzw. „selfies", czyli zwykle dość idiotycznych autoportretów, robionych masowo telefonami komórkowymi. Czasami obrazy te stawały się, w przypadku ludzi dość powszechnie znanych, w miarę kompromitujące, ale jakoś nikomu to nie przeszkadzało.

Na domiar złego samo słowo „selfie" zostało oficjalnie dodane do Oxford English Dictionary, a zatem sprawa jest przegrana – epidemia narcystycznego fotografowania się nie osłabnie. A bywa czasami niebezpieczna. W kwietniu facet w Kalifornii został skazany na dwadzieścia lat więzienia, ponieważ celowo zaprószył ogień w lesie, a potem robił sobie zdjęcia wśród strzelistych płomieni. Natomiast w październiku nastoletnia dziewczyna wjechała w bagażnik policyjnego samochodu, gdyż robiła sobie zdjęcia w stroju *topless*, które miała zamiar przesłać potem swojemu chłopakowi. Sprawa „selfies" zahaczyła nawet o politykę, ponieważ w stanach New Hampshire i Michigan sądy uznały, że legalne jest robienie sobie zdjęć z wypełnioną już kartą do głosowania. Jednak o wyborach za chwilę.

Następnie była afera z pojawianiem się tu i ówdzie złowróżbnych klaunów, które straszyły okoliczną ludność, a potem znikały bez śladu. Zjawisko to zaniepokoiło nawet mistrza literackiego horroru Stephena Kinga, który publicznie stwierdził, że martwi się tym, iż ktoś może mieć jakieś niecne zamiary, a przy okazji zniszczy wizerunek klauna jako postaci dostarczającej narodowi beztroskiej uciechy i to w dodatku za darmo.

Na szczęście okazało się to zupełnie bez znaczenia, gdyż w ramach wyborów prezydenckich na arenie publicznej zagościło nagle całe stado klaunów, którzy przez bardzo wiele miesięcy prowadzili ze sobą totalnie jałowe dyskusje, a z których jeden nawet wygrał i wprowadzi się wkrótce do Białego Domu.

No właśnie – a co teraz, u schyłku Anno Domini 2016, dzieje się w prezydenckiej siedzibie? Na zdejmowanie ze ścian obrazów, tuszowanie wyrządzonych szkód i pakowanie walizek jest jeszcze za wcześnie. Z drugiej strony, prezydent Obama znajduje się obecnie w idealnej sytuacji, gdyż może sobie na koniec pomieszkać przy waszyngtońskiej Pennsylvania Avenue bez większych stresów, w poczuciu tego, że tak naprawdę już nic od niego nie zależy.

Być może jednak Barack nie zdawał sobie sprawy z tego, że jest to jednocześnie idealny moment dla jego „załogi" do wygłupów. W końcu nudę rządzenia na niby trzeba czymś koniecznie zabić. I tak zrodził się wśród personelu Białego Domu iście diabelski pomysł, by prezydenta zaatakować bałwanami. Nie, wcale nie chodzi tu o polityczną opozycję, lecz o tych dziwnych facetów ze śniegu, z facjatą ozdobioną marchewkowym nosem. Nie może to być opozycja, gdyż ta nie jest ze śniegu, ino z pustosłowia.

Tak się składa, że na początku grudnia, gdy w Waszyngtonie nie było jeszcze śniegu, nieopodal Białego Domu ustawiono cztery sztuczne bałwany, mające stosownie zdobić siedzibę prezydenta. Okazało się jednak szybko, że Obamie pomysł ten nie za bardzo się spodobał. W wywiadzie dla pisma *People* przywódca wolnego świata wyznał, że sztuczne bałwany są dla niego nieco „złowróżbne" i budzą w nim odczucia, jakich zwykle doznaje się w czasie oglądania *horror movies*. Michelle

Obama zareagowała na to wyznanie tak, jak na żonę przystało, czyli wywietrzyła możliwość eksmisji męża – stwierdziła, że być może jeden taki bałwan powinien zostać ustawiony gdzieś w prezydenckiej sypialni. Na co Obama odparł, że jeśli tak się stanie, on się natychmiast wyprowadzi.

Faktem jest, iż groźba wyprowadzki jest o tyle czcza, że i tak w styczniu obecna ekipa Białego Domu wyjedzie stamtąd w nieznane. Jednak przyznanie się Baracka do tego, że w pewnym sensie boi się sztucznych bałwanów, stało się natchnieniem dla otaczających go dowcipnisiów. Postanowili oni przenieść rzeczone sztuczne bałwany tuż pod okna Oval Office, tak by zaglądały bezpośrednio do środka.

Plan ten został wykonany w chwili, gdy prezydent zajęty był podpisywaniem kończących jego kadencję ustaw. W ten sposób oficjalnemu fotografowi Białego Domu, Peterowi Souzie, udało się uchwycić Baracka za biurkiem, podczas gdy za jego plecami czaił się jeden z bałwanów.

Po pewnym czasie Obama zorientował się, że stał się obiektem żartu i nie sprawiał wrażenia specjalnie przestraszonego, natomiast same bałwany nie dały po sobie w żaden sposób poznać, jakie targały nimi emocje w chwili podglądania prezydenta. Jak to bałwany...

Wszystkie te brewerie przypominają mi jako żywo polskie pojęcie „zielonej nocy". Słownikowa definicja tego zjawiska brzmi następująco: „ostatnia noc na obozie młodzieżowym lub na koloniach, wykorzystywana przez uczestników na bezkarne dowcipy i swawole". No cóż, mógłby ktoś powiedzieć, że prezydentura to ani obóz młodzieżowy, ani kolonia (chyba że karna). Ale w gruncie rzeczy zachowania przejawiane przez wielu obecnych polityków amerykańskich sugerują, że są to ludzie, którzy nie tylko nadają się do obozu młodzieżowego, ale którym również irracjonalnie wydaje się, że w takim obozie przebywają.

Rzuty mięsem

Dziś będziemy wspólnie przeklinać. No może nie całkiem otwarcie i na całego, ale jednak. Liczni językoznawcy oraz jeden filozof zaczęli się ostatnio wspólnie zastanawiać nad niezwykle ważkim problemem związanym z medialnym zwyczajem cenzurowania tzw. „brzydkich słów". Jeśli chodzi o słowo pisane, cenzura taka odbywa się przy pomocy gwiazdek (*asterisks*), tak by dane przekleństwo miało tylko pierwszą i czasami ostatnią literę, a reszta była dyskretnie wygwiazdkowana. W ten sposób mamy niekiedy do czynienia z takimi angielskimi słowami jak „s**t" albo p**s. O polskich nie wspomnę, ale w zasadzie chodzi o dokładnie to samo.

Nie wszystkie agencje prasowe stosują tę regułę. Brytyjska BBC w zasadzie gwiazdkuje, ale jeśli uzna, że dany wulgaryzm jest „istotną częścią tekstu", niczego nie tuszuje. Z kolei londyński *The Times* drukuje przekleństwa tylko wtedy, gdy cytuje dosłownie czyjąś wypowiedź, czyli obnaża zwyczaje językowe innych, ale sama zachowuje absolutną powściągliwość. W USA gwiazdkowanie obraźliwych treści jest wszechobecne i praktycznie nie zna wyjątków.

Tyle o prasie. W mediach dźwiękowych (radiu i telewizji) rolę cenzuralnej gwiazdki pełnią różne świsty, gwizdy lub gongi, które skutecznie maskują to, co ktoś nieprzystojnie mówi. Miewa to dość dziwne konsekwencje. Niektóre wywiady herosów sportu oraz gwiazd estrad składają się czasami niemal wyłącznie z gwizdów, co sprawia wrażenie, iż dany zawodnik jest Szwajcarem trenującym zawzięcie jodłowanie wśród alpejskich szczytów. Ale czego się nie robi dla skutecznego ochraniania moralności publicznej?

A teraz *ad rem*. Wspomniani już lingwiści zbadali dokładnie sprawę i ustalili, że z przyczyn, które pozostają naukową zagadką, ludzie zwykle tolerują wygwiazdkowane (bądź wygwizdywane) treści bez większych problemów i nie uważają ich za obraźliwe, natomiast pełna pisownia jest dla nich często nie do przyjęcia. Jest to fakt dość zastanawiający. Przecież trudno jest udawać, że odbiorca zdania typu „Go and f*** yourself" nie wie, co się pod tymi gwiazdkami ukrywa. Równie łatwe do interpretacji są telewizyjne i radiowe gwizdy. A skoro tak, to różnica w obraźliwości treści cenzurowanych i pełnych jest trudna do wytłumaczenia.

Na szczęście filozofia, która od tysięcy lat zajmuje się takimi problemami jak istota bytu czy teoria poznania, jest w stanie zasugerować nam pewne teorie również w sprawie znacznie bardziej błahej. Profesorka filozofii Rebecca Roache twierdzi, że wszystkie przekleństwa w dowolnym języku oscylują wokół trzech zasadniczych grup tematycznych: spraw ubikacyjnych (nie śmiem spekulować, co to dokładnie znaczy), seksu oraz religii. Jednak wszystko to nieustannie ewoluuje, a zatem w wyniku ciągłych przemian niektóre przekleństwa tracą swoją obraźliwość i stają się akceptowalne nawet w mediach publicznych, a na ich miejsce wprowadzają się twory nowe, które skutecznie utrzymują ogólny poziom obraźliwości na tym samym poziomie.

Ponadto Roche zauważa, że jeszcze sto lat temu dominowały przekleństwa dotyczące tematyki religijnej, podczas gdy dziś świat zmierza odważnie w kierunku innych, często odrażających bezdroży semantycznych. Prostym przykładem w języku angielskim są: „damn" oraz „Jesus Christ". Oba, używane w roli „dosadnej", jeszcze na początku XX wieku uważane były za straszne wulgaryzmy. Przypominam, że gdy w słynnym filmie *Przeminęło z wiatrem* padło zdanie „Frankly, my dear, I don't give a damn", pół Ameryki niemal omdlało. Dziś to samo słowo często słychać w eterze i nikt się specjalnie nie gorszy.

Zresztą podobnych zjawisk, niekoniecznie związanych z przekleństwami, jest bardzo dużo. Język angielski stracił bezpowrotnie słowo „gay", które niegdyś znaczyło „wesoły", a dziś nikt przy zdrowych zmysłach i skłonnościach heteroseksualnych nie wykrzyknie nagle z entuzjazmem „I am gay!". Sporo zależy też od kontekstu. Gdy czarnoskóry, starszy wiekiem mieszkaniec Alabamy siedzi przed swoim domem i mówi o sobie „I am just on old n****r", jest to absolutnie dopuszczalne i żartobliwe. Gdybym ja powiedział coś takiego o nim, sprawy miałyby się zupełnie inaczej.

Wracając jednak do gwiazdkowania i wygwizdywania zdrożnych treści, Roche uważa, że wszelkie przeklinanie stanowi naruszenie obowiązującej etykiety. Gdy ktoś jest gościem w czyimś domu i kładzie nogi na stół, wiedząc, że dla gospodarzy jest to nie do przyjęcia, narusza etykietę i wykazuje tym samym brak szacunku dla nich. Podobnie jeśli ktoś wie, że przeklinanie może kogoś obrazić, a mimo wszystko przeklina, narusza etykietę dokładnie w ten sam sposób i staje się nieprzyjemnym gburem. Tym samym, twierdzi Roche, wszystkie te gwiazdki i gwizdy to metoda kładzenia nóg na stół w taki sposób, że nikt tego nie zauważa i nikt nie czuje się obrażony. Cenzurowanie słów gwiazdkami pokazuje, że szanujemy czyjeś uczucia i preferencje.

W życiu codziennym, daleko od mediów, ludzie mają bardzo zróżnicowane nawyki. Jedni nie stronią od dosadnego języka, zaś dla innych jest to absolutnie niedopuszczalne. Ponadto w mowie potocznej nikt nie używa żadnych gwiazdek lub gwizdów. Przed kilkoma laty na tzw. *rest area* przy autostradzie widziałem kierowcę ciężarówki, z której silnika strasznie się coś dymiło. Sfrustrowany mistrz kierownicy wysiadł, kopnął pojazd w oponę, a potem powiedział sam do siebie: „The f*****g f****r has f***ed again”. Tyle że gwiazdek nie miał do dyspozycji.

Muzyczne tortury

W wielu krajach europejskich dominuje przekonanie, że amerykański system sądownictwa jest dość dziwny. Po pierwsze, w przeciwieństwie do wielu innych krain naszego globu, o winie lub niewinności podsądnego nie decyduje sędzia, lecz przypadkowo dobrana paczka 12 przeciętnych obywateli, którzy w sumie stanowią ławę przysięgłych. Faktem jest to, że podobny system stosowany jest też w sporej części innych demokracji, ale przeważnie tylko w przypadku najpoważniejszych przestępstw. Przykładowo, we Francji rozprawa sądowa z udziałem jurorów odbywa się tylko wtedy, gdy podsądnemu grozi kara co najmniej 15 lat więzienia. Tu i ówdzie, np. we Włoszech, istnieje system mieszany, w którym zespół ferujący werdykty to dwaj sędziowie i sześciu facetów z ulicy, czyli włoskich Kowalskich.

Po drugie, w wielu częściach USA sędziowie są wybieralni, a nie mianowani. W 22 stanach Unii kandydaci do regionalnych sądów najwyższych biorą udział w wyborach, czyli muszą zachowywać się jak normalni politycy, co często zmusza ich do głoszenia sloganów typu „ja zapuszkuję więcej kryminalistów niż mój rywal”.

Ostatnio pewne zdziwienie świata wzbudził też fakt, iż w USA dekret prezydencki może zostać doraźnie zawieszony przez sędziego federalnego, co zwykle jest wstępem do wielomiesięcznych przepychanek, kończących się rozprawą przed Sądem Najwyższym. Być może najbardziej zdumiony tym faktem jest Donald Trump, ale to już inna sprawa.

Jednak mnie zawsze najbardziej bawił fakt, że przeciętny amerykański sędzia ma prawo, na podstawie decyzji przysięgłych, wydać niemal dowolny wyrok o karze dla podsądnego. Technicznie rzecz biorąc powinien się kierować tzw. *guidelines*, czyli wytycznymi. Polega to na tym, że ktoś skazany za jakieś konkretne przestępstwo winien dostać karę zamykającą się w dobrze zdefiniowanej skali, np. od 10 do 20 lat za kratkami. Jednak sędzia, jeśli tylko jest w doskonałym nastroju, może go wysłać do celi tylko na 5 lat. A gdy jest na kacu i boli go łeb, nawet wyrok 30 lat pozbawienia wolności staje się możliwy.

Ponadto sędziowie mogą też wytyczne w ogóle ignorować i wymyślać własne kary, niezależnie od ich potencjalnego idiotyzmu. Przykładów jest bez liku. W stanie Południowa Karolina w swoim czasie niejaka Cassandra Tolley jechała samochodem po pijaku i spowodowała wypadek, w wyniku którego obrażeń doznały dwie osoby. Została za to skazana na 8 lat więzienia, ale sędzia postanowił, iż należała się jej dodatkowa kara, polegająca na tym, że musiała codziennie czytać w celi fragment Starego Testamentu, a następnie składać na ręce sędziego raport z tego, co przeczytała. Nie wiem, czy nadal jest w zakładzie karnym, czy też przeniesiono ją już do „wariatkowa”.

Mieszkaniec stanu Ohio, Mark Byron, w serwisie Facebook nazwał swoją żonę, z którą się rozwodził, „mściwą jędzą”. Sędzia Paul Myers uznał, że stanowiło to naruszenie wcześniejszego nakazu pozostawienia małżonki w spokoju i skazał go na 500 dolarów grzywny i 60 dni więzienia. Ale to nie wszystko. Zarządził też, że przez następne 30 dni Mark musiał codziennie przepraszać swoją konkubinę na Facebooku. W sumie przeprosił tylko 26 razy, gdyż inny sędzia podarował mu ostatnie cztery przeprosiny.

Pozostając w Ohio – w czasie powodzi w centralnej części stanu para przygłupów wybrała się na spływ pontonem po wezbranej rzece. Ponieważ nikt nie wiedział, co się z nimi stało, wszczęto zakrojoną na szeroką skalę (i kosztowną) akcję poszukiwania zaginionych. Gdy ich w końcu znaleziono, zresztą całych i zdrowych, sędzia zarządził, że w czasie festiwalu w ich rodzinnym mieście będą musieli stać w baseniku dla dzieci ubrani w kamizelki bezpieczeństwa, rozdając gawiedzi broszury o niebezpieczeństwach wynikających z powodzi.

Jednak najbardziej atrakcyjne są wyroki „muzyczne". Sędzia Paul Secco w stanie Kolorado był na tyle zirytowany ciągłymi rozprawami sądowymi dotyczącymi głośnego odtwarzania muzyki w miejscach publicznych, że w przypadku jednego z podsądnych postanowił „pójść na całość" i skazał muzycznego przestępcę na słuchanie przez godzinę i na cały regulator jego ulubionych utworów, w tym piosenek Barry Manilowa oraz tytułowej piosenki serialu dla dzieci pt. *Barney and Friends*. Ta ostatnia piosenka (*I love you, you love me, we are a happy family*) rzekomo doprowadza do szału wielu amerykańskich rodziców, nawet przy znacznie mniejszej głośności, a zatem była to kara na tyle surowa, iż może się z powodzeniem równać z dożywociem.

Bracia z północy, czyli Kanadyjczycy, też sobie w sądach dobrze radzą. W miejscowości Kensington, gdzie mieszka 1500 ludzi, tamtejsza policja zaapelowała do wszystkich przed ubiegłorocznym sylwestrem, by się powstrzymali od jeżdżenia samochodami w stanie nietrzeźwym, i obiecała, iż będzie za wszelkie wykroczenia surowo karać przez odtwarzanie w radiowozach po drodze do aresztu muzyki kanadyjskiego zespołu rockowego Nickelback. Blady strach, jaki z tego powodu spadł na tubylców spowodował, iż żadnych wykroczeń w sylwestrową noc nie było. Członkowie Nickelback w żaden sposób na ten temat się nie wypowiedzieli.

Istnieją jednak uzasadnione podejrzenia o to, że policjanci w Kensington mają w zanadrzu jeszcze poważniejszą karę – piosenki innego Kanadyjczyka, Justina Biebera. Moim zdaniem tego rodzaju cierpienia należy zachować wyłącznie dla morderców. Teraz czekam na zgłoszenia najokrutniejszych wyroków w formie przymusu słuchania muzyki polskiej.

Kwadrans jedności

No i proszę, znów dotarliśmy do czasu, w którym przestaje się liczyć jakakolwiek polityka, nawet najbardziej kontrowersyjna, ponieważ w niedzielę naród amerykański zasiądzie przed telewizorami, by oglądać zmagania herosów amerykańskiego futbolu, starających się wzajemnie pozabijać na boisku w majestacie prawa. Super Bowl tym razem odbędzie się w Houston, co oczywiście nie ma większego znaczenia poza tym, iż mecz będzie się toczył w krytej hali sportowej. A to oznacza, iż bohaterom nie będą w żaden sposób przeszkadzały warunki atmosferyczne.

Ja jednak nie zamierzam koncentrować się na zmaganiach sportowych, lecz na przerwie między nimi. Mecz składa się z połówek, między którymi jest 15-minutowa przerwa. Przed laty ów wolny od naparzanek boiskowych czas wykorzystywany był przez poszczególne stacje telewizyjne na pokazywanie reklam przeplatanych takimi ekscytującymi wydarzeniami jak maszerujące po boisku orkiestry lub pokazy rzucania w górę i ponownego łapania flag. Czasy te jednak należą do przeszłości.

W roku 1993 w czasie przerwy w meczu Super Bowl na pośpiesznie skonstruowaną estradę zaproszono Michaela Jacksona, który oczarował nieco już podpitą wodnistym piwem publiczność nie tylko piosenkami, ale również efektownymi krokami tanecznymi, okraszonymi częstym chwytaniem się solisty za przyrodzenie. Od tego momentu jasne stało się to, iż tzw. *half-time show* będzie bardzo ważną częścią finałowego meczu ligi NFL. Rok w rok organizatorzy meczu oferują różnym gwiazdom estrady udział w tej imprezie, co dla wielu wykonawców stało się symbolem osiągnięcia odpowiedniego statusu artystycznego. Problem w tym, że z owym artyzmem bywa bardzo różnie, co częściowo wynika zapewne z faktu, iż trudno jest w wielką imprezę sportową wetknąć estradowy występ na niezłym poziomie.

W roku ubiegłym, na przykład, w meczowej przerwie wystąpili: Beyoncé oraz brytyjska grupa Coldplay. Występ ten uznano powszechnie za fatalny, zarówno pod względem wizualnym, jak i muzycznym. Jeszcze gorzej było w roku 2011, gdy na scenie stadionowej pojawił się odziany na czarno zespół Black Eyed Peas, który wył coś bez sensu przez 13 minut i po którego produkcji wszyscy kibice z wielką ulgą powrócili do oglądania fizycznej przemocy na boisku.

Nieco inaczej było w roku 2004, kiedy to na estradzie zjawiła się siostra wspomnianego już Michaela, Janet, i Justin Timberlake. Pod koniec ich występu nastąpiła słynna do dziś „awaria garderoby", w wyniku której część biustu Janet ukazała się publiczności zgromadzonej przed telewizorami w liczbie prawie 150 milionów. Ameryka z przerażeniem dowiedziała się, iż kobiety mają piersi, a ponad 200 tysięcy telewidzów złożyło w agencji FCC zażalenie na „zgorszenie", do jakiego doszło. Ba, pewien młody człowiek był tak sfrustrowany faktem, iż nie mógł znaleźć w telewizji powtórki ze spontanicznego obnażenia Janet, iż założył serwis YouTube, w którym dziś zobaczyć można niemal wszystko, niezależnie od skali zgorszenia. A wszystko to z powodu incydentu, który trwał dokładnie 9/16 sekundy. Wynika stąd, iż przeciętny amerykański telewidz jest niezwykle czujny i potrafi zauważyć nawet bardzo ulotny zamach na narodową moralność.

W tym roku w przerwie zmagań futbolowych ma nas zabawiać Lady Gaga, która – jak wynika z nieoficjalnych doniesień – chciałaby rozpocząć swój występ na dachu stadionu, czyli na wysokości ponad 100 jardów nad sztuczną murawą. Organizatorzy robią rzekomo co mogą, by coś takiego zorganizować, choć z pewnością są świadomi, iż ewentualne zrypanie się artystki z dachu na środek murawy byłoby zdarzeniem o wiele poważniejszym od przypadkowego wyjawienia zawartości czyjegoś biustonosza. Sama Lady Gaga, która ma dziś 30 lat, twierdzi, że o wystąpieniu w przerwie Super Bowl marzy od 26 lat, czyli po raz pierwszy przyszło jej to na myśl w wieku lat 4. Świadczy to dobitnie o tym, iż piosenkarka miała trudne dzieciństwo, w czasie którego fantazjowała o wielkich facetach uganiających się za jajowatą piłką.

Powodowana zapewne patriotycznym uniesieniem, Lady Gaga zdradziła, że swój występ uważa za niezmiernie ważny, gdyż jest to coś przeznaczone dla „ludzi, którzy zwykle nie są w stanie być razem". No i ma rację. Amerykański futbol łączy na parę godzin niemal wszystkich: nieuleczalnych lewaków, neofaszystów, gejów, mormonów, obecną administrację waszyngtońską, Pentagon, a nawet liczne grono ludzi z gruntu stukniętych, którzy zresztą mogą należeć do wszystkich wymienionych powyżej grup.

W tym niezwykłym, amerykańskim „kwadransie jedności" występowali już ludzie znani na całym świecie: The Rolling Stones, Bono, Bruno Mars, Phil Collins, Enrique Iglesias, Stevie Wonder, Sting, Diana Ross, The Who, Bruce Springsteen, Paul McCartney, Madonna, itd. Jednak mimo najszczerszych chęci zaraz po zakończeniu ich występów zawodnicy wracają do wzajemnego niszczenia się na boisku, a reszta Ameryki ponownie osuwa się w objęcia wzajemnych animozji i głupawych połajanek.

W związku z tym mam pewien śmiały pomysł. Może przerwa w meczu Super Bowl winna trwać 365 dni, tak aby zaraz po rozegraniu drugiej połowy trzeba było rozpoczynać następny finał ligi NFL. Innymi słowy, mielibyśmy całe lata jedności i wzajemnego zrozumienia, przeplatane meczami. Nie wiem tylko, skąd wziąć tylu grajków, by występowali przez 12 miesięcy. Ale to już nie mój problem.

Z bilonem na urząd

Czy przeciętny obywatel ma jakieś metody skutecznego i legalnego mszczenia się na urzędach, które są źródłem konfliktów i irytacji? Oczywiście, że tak, ale do tego potrzebna jest pewna doza uporu, determinacji oraz odwagi. Wszyscy doskonale wiemy, że wizyty składane przez obywateli w tzw. DMV, czyli placówkach zajmujących się ustawianiem ludzi w wielgachne kolejki po nowe prawa jazdy lub tablice rejestracyjne, są zwykle poważnym testem na zachowanie zdrowia psychicznego w trudnych warunkach. Są to w pewnym sensie poligony doświadczalne, na których masa posłusznych obywateli, zrezygnowanych i zobojętniałych, oddzielana jest od tych, którzy się tak łatwo nie poddają.

Często jest tak, że w tych kolejkach stoi się tylko po to, by panienka z okienka nagle zauważyła, iż w papierach czegoś brakuje i wszystko trzeba zaczynać od nowa. Ponadto czujni pracownicy DMV mają wyłapywać próby zaopatrywania samochodów w tzw. *vanity plates*, na których teoretycznie można umieścić wszystko z wyjątkiem wulgaryzmów. Z tą czujnością bywa bardzo różnie.

Mój znajomy przez wiele lat jeździł po ulicach Chicago z rejestracją „KU**AS 69" i nigdy nie był z tego powodu w żaden sposób nagabywany przez władze. Tymczasem niejaki John Mitchell ze stanu Maryland zarejestrował swój samochód i dostał tablice z hiszpańskim słowem „MIERDA". Jeździł bez przeszkód przez dwa miesiące, ale potem dostał zawiadomienie, iż rejestracja ta została unieważniona z powodu jej wulgarnego charakteru. Dzielny John odwoływał się do sądów różnego szczebla, aż ostatecznie przegrał w stanowym sądzie najwyższym, w którym sędzia Glenn Harrell wyraził niepodważalny pogląd, iż hiszpańskie słowo na rejestracji znaczy „sh*t", a ponieważ niczego takiego po angielsku nie można na pojazdach umieszczać, ta sama zasada obowiązuje w przypadku języka Cervantesa.

Ale zboczyłem nieco z tematu. W miejscowości Lebanon w stanie Wirginia mieszka Nick Stafford, który wcale nie chce żadnych obraźliwych lub wulgarnych tablic samochodowych, natomiast ma poważne pretensje do lokalnego biura DMV. W ubiegłym roku pan Stafford kupił sobie nowy samochód i zadzwonił do urzędu, by zapytać, w którym konkretnie biurze ma się zgłosić, by zapłacić podatek, gdyż jest właścicielem kilku domów i nie wie, który urząd jest dla niego „właściwy" ze względu na zamieszkanie.

Umieszczono go na godzinnym „holdzie", co na tyle rozjuszyło Stafforda, że złożył w sądzie podanie na mocy tzw. Freedom of Information Act o udostępnienie mu bezpośrednich telefonów do kilku urzędników DMV. A gdy numery te uzyskał, zaczął na nie wydzwaniać, choć bez większego rezultatu. Urzędnicy twierdzili, iż wszedł w ich posiadanie nielegalnie i nie ma prawa nagabywać w ten sposób władzy, która nie ma czasu na podobne głupoty. Nieszczęśnicy nie zdawali sobie sprawy z tego, z kim mieli do czynienia.

Stafford ostatecznie dowiedział się, w którym urzędzie ma zapłacić podatek w wysokości 2987,14 dolarów. W związku z tym udał się do banku, gdzie wszedł w posiadanie dokładnie tej kwoty, tyle że w monetach 1-centowych. W sumie zatem miał niemal 300 tysięcy monet. Zatrudnił 11 osób, którym płacił 10 dolarów na godzinę za to, by załadowali wszystkie monety, łącznie ważące nieco ponad 1500 funtów, do pięciu taczek. Taczki te zawiózł następnie do biura DMV, gdzie oświadczył zdumionym pracownikom, iż w ten sposób zamierza zapłacić podatek od kupna samochodu.

Choć urzędnicy byli nieco zaskoczeni, zareagowali uprzejmie i bezkonfliktowo. W zasadzie nie mieli wyjścia, gdyż ustawa z roku 1965, zwana U.S. Coinage Act, stanowi, iż wszystkie monety bite przez amerykańską mennicę są prawnym środkiem płatniczym na terytorium całego kraju. Ponieważ maszyna do liczenia monet nie była w stanie poradzić sobie z tak ogromnym ładunkiem bilonu, wyznaczono specjalną załogę, która przez ponad 24 godziny sprawdzała, czy Stafford przypadkiem nie rąbnął się o jakieś trzy centy. Nie pomylił się – wszystko się zgadzało.

W sumie wkurzony petent wydał 1005 dolarów na procesy sądowe, taczki oraz pracowników do ładowania szmalu, ale twierdzi, iż nie żałuje, ponieważ w ten sposób udowodnił sobie i innym, że każdego urzędnika można zmusić do działania, a jeśli nie można, to przynajmniej możliwa jest stosowna zemsta. Problem polega na tym, że gdyby wszyscy Amerykanie mieli podobny do Stafforda charakter, amerykańskie urzędy musiałyby zacząć działać na tak wysokich obrotach, iż prędzej czy później ich kadra by nie wytrzymała i zaczęłaby składać masowo rezygnacje. Żadna klasyczna biurokracja nie jest w stanie przetrwać zbyt wysokiej wydajności pracy, czyli w świecie Stafforda czekałaby ją totalna zagłada.

Ciekaw jestem, czy teraz, po całej tej aferze, gdy dzielny Nick wchodzi do jakiegoś urzędu, wszyscy natychmiast kłaniają mu się w pas, chowają do szaf taczki i oferują mu drinka – tak na wszelki wypadek, by zapobiec dalszym wydarzeniom. Ja sam niestety nadal należę do grona bezwolnych palantów stojących w kolejce w DMV. Na szczęście moje prawo jazdy jest jeszcze ważne przez następne 3 lata, a rejestrację można odnowić przez Internet.

Spór o nos (i nie tylko)

Nie mam pojęcia, dlaczego tak się dzieje, ale w USA z okazji niemal każdego Bożego Narodzenia zawsze dochodzi do jakichś dziwnych kontrowersji. W tym roku mamy do czynienia z potrójnym ładunkiem dość osobliwych wydarzeń.

Po pierwsze, gdy tylko Donald Trump stał się prezydentem kraju, zaczął deklarować swoje poparcie dla „przywrócenia w Ameryce świąt", co było o tyle kuriozalne, że nikt tychże świąt nie obalał ani też nie zakazywał ich celebrowania. Jednak zdaniem nowego wodza przejawem marginalizacji tej szczególnej w kalendarzu okazji było to, iż nie wszyscy używali frazy „Merry Christmas", zastępując ją bezpłciowym zwrotem „Happy Holidays". Moim czysto prywatnym zdaniem jest to problem kompletnie wyssany z palca, gdyż ludzie mogą sobie życzyć czegokolwiek według własnego uznania, a świąteczna cenzura odgórna nie istnieje. Ponadto nie zauważyłem wielkiego renesansu frazy „Merry Christmas", czyli w zasadzie wszystko pozostało po staremu.

Drugą kontrowersję wywołał niezastąpiony Sean Spicer, były rzecznik prasowy Białego Domu, w swoim czasie znany przede wszystkim z publicznego wygłaszania rozmaitych łgarstw oraz chowania się przed reporterami w krzakach. Otóż Sean z sobie tylko znanych powodów postanowił umieścić w internetowym serwisie Instagram zdjęcie przedstawiające egzemplarz książki Charlesa Dickensa pt. *A Christmas Carol*. Tom ten w swoim czasie był własnością prezydenta Franklina D. Roosevelta i dlatego Spicer podpisał zdjęcie: „FDR's book of Christmas Carols".

Sugeruje to, iż były rzecznik nie wie, że Dickens nie napisał zbioru kolęd, lecz opowieść o skąpcu Ebeneezerze Scrooge'u, który pod wpływem objawień duchów z jego przeszłości i przyszłości zmienia się w całkiem porządnego faceta, ogarniętego przemożną chęcią niesienia wszystkim świątecznego szczęścia.

Na rezultat gafy Spicera nie trzeba było długo czekać, jako że powszechnie wiadomo, iż społeczność internautów nie zna absolutnie żadnej litości. Drwinom nie było końca. Niektórzy komentatorzy twierdzili, że książkę prezydenta Roosevelta z pewnością oglądał „największy tłum w historii", co było nawiązaniem do tezy Spicera o tym, iż na inauguracji Trumpa zebrały się nieprzebrane rzesze ludzi. Inni krytycy byli nieco bardziej złośliwi. Jeden z nich napisał: „Dickens wykonał kawał wspaniałej roboty i teraz ludzie coraz bardziej doceniają jego muzykę". Może Spicer był się niewinnie pomylił, ale oczywiście w naszej obecnej rzeczywistości nie ma to większego znaczenia. Jestem pewien, że święta spędzi śpiewając pod choinką nieistniejące kolędy Dickensa.

Wreszcie istnieje też trzecia kontrowersja świąteczna, która jest dla mnie najbardziej zaskakująca. Jak wiadomo, w świecie Santy – tego rubasznego faceta z północnego bieguna, któremu zacięła się płyta na okrzyku „ho, ho, ho!" – istnieje zaprzęg złożony z reniferów. Wśród nich jest niejaki Donner, który posiada potomka imieniem Rudolph. Każde dziecko w Ameryce wie, że Rudolph ma świecący na czerwono nos, co jest pożyteczne, gdyż skutecznie prowadzi cały zaprzęg przez śnieżne zamiecie. Okazuje się jednak, że czujni stróże poprawności politycznej wyczaili, iż cała ta historia o czerwononosym reniferze jest na wskroś szkodliwa, gdyż promuje wśród dziatwy fatalne treści. Chodzi mianowicie o to, że gdy Rudolph przychodzi na świat ze swoim neonowym nochalem, wszyscy się z niego śmieją, zresztą łącznie z Santą. Staje się on tym samym obiektem tzw. „shaming", czyli prześladowania za wygląd. Przestaje być prześladowany dopiero z chwilą, gdy udaje się mu raz skutecznie poprowadzić zaprzęg przez mgłę dzięki jego świetlistemu narzędziu powonienia. I jaki jest morał tej historii? Zdaniem niektórych, można go zawrzeć w następującej sentencji: „Jakikolwiek odchył od normy jest naganny aż do momentu, gdy okaże się, że można go jakoś eksploatować".

Ja oczywiście rozumiem, że każdy sobie może interpretować dowolną fikcyjną opowieść w równie dowolny sposób. Nie rozumiem jednak, dlaczego dopiero teraz ktoś się przyczepił do wiersza z 1939 roku, w którym postać Rudolpha z czerwonym nosem po raz pierwszy się pojawiła. Przez wszystkie następne lata aż do dziś była to po prostu bajkowa opowieść, która zrodziła niezliczone rysunki, filmy, książki i piosenki, i która na stałe zagościła w amerykańskiej zbiorowej tożsamości świątecznej. A teraz nagle wygląda na to, że Rudolph to ofiara jakichś wrażych sił, no i tego okrutnego zboczeńca Santy. Ludzie, na miłość boską! Czy nie można po prostu świętować i nie przejmować się tego rodzaju głupotami, wynikającymi z niezrozumiałego pędu do rewidowania przeszłości pod kątem bieżących wydarzeń?

Niejaka Angela Davis (nie ta znana z dawnej działalności w 2-osobowej Partii Komunistycznej USA) porównała ostatnio postać Rudolpha do czarnoskórych kobiet głosujących na demokratycznych kandydatów w wyborach. Jej zdaniem one też są tolerowane tylko dlatego, iż są politycznie pożyteczne, ale poza tym nie mają żadnego znaczenia. Nie wiem, co na to odpowiedzieć, ale w pewnym sensie ręce opadają. Wydawać by się mogło, że każdy z nas potrafi z łatwością oddzielić świat dziecięcej, świątecznej wyobraźni od głupawych wynurzeń dotyczących brudnego politycznego świata dorosłych. W rzeczywistości jest jednak zupełnie inaczej. Tylko patrzeć dnia, w którym Santa okaże się skrytym przywódcą religijnej sekty, zabiegającej o zdobycie absolutnego, globalnego monopolu na produkcję dużych sań i dystrybucję prezentów. Pewnie już prowadzi tajne negocjacje z Jeffem Bezosem.

Roboty won!

Wszystko wskazuje na to, że wielkimi krokami zmierzamy w kierunku nowej rzeczywistości, w której znacznie większą rolę będą odgrywać roboty. Nie chodzi mi bynajmniej o „człekokształtnych" metalowych asystentów podających rano kawę i robiących pranie, lecz o przeróżne urządzenia mające zastąpić ludzi w wielu czynnościach. Od dłuższego czasu dyskutuje się na przykład o samojezdnych autach, które mają nas bezbłędnie przewozić z miejsca A do B bez żywego kierowcy. Wprawdzie firma Google zanotowała już na swoim koncie kilka wypadków drogowych z udziałem takich samochodów, ale są to raczej „bóle porodowe", które mają potem ustąpić wielkiemu szczęściu, a takie firmy jak Uber są zdecydowane na powszechne wprowadzenie do użytku taksówek bez żywej duszy za kierownicą.

Na tym nie koniec. Inżynierowie i elektronicy zajmujący się konstruowaniem współczesnych samolotów pasażerskich od dawna pokątnie twierdzą, że już dziś piloci w kokpicie są w zasadzie niepotrzebni, gdyż każdy rejs, łącznie ze startem i lądowaniem, mógłby się odbyć wyłącznie za sprawą komputerów. Podobno jedyną przeszkodą na drodze do wprowadzenia takiego rozwiązania jest ludzka psychika, która zapewne nie powitałaby radośnie przedstartowej zapowiedzi, iż „z Chicago do Dallas poleci dziś z nami pilot Obwód Scalony 192 przy pomocy nawigatora Płyta Główna 16X". Możliwe jest zatem, że przez wiele następnych lat piloci nadal pozostaną w kokpicie, ale będą się tam zajmować wyłącznie grą w karty, żarciem hamburgerów i podrywaniem żeńskich członkiń załogi. Mam zresztą znajomego pilota linii American Airlines (a niegdyś mojego sąsiada), który od dawna twierdzi, że przez 99 proc. każdego lotu śmiertelnie się nudzi, gdyż nie ma nic do roboty.

Innym obszarem narastającej automatyzacji mają być dostawy do domów najrozmaitszych towarów. Koncern Amazon eksperymentuje od pewnego czasu z dystrybucją za pośrednictwem dronów, które mają lądować precyzyjnie tuż przed naszymi drzwiami, dostarczając produkty już kilka godzin po ich zamówieniu. Podobne plany mają inne firmy, co oznacza, że wkrótce nad naszymi głowami krążyć będzie więcej dronów niż wróbli. Wizja ich podniebnych kolizji i chaotycznego spadania na ulice na razie jakoś nikogo nie przeraża.

Choć wydaje się, że postępująca „robotyzacja" naszej cywilizacji jest w zasadzie nieunikniona, nie wszystkim taka perspektywa się podoba. Najnowszym tego przejawem jest sytuacja, jaka wytworzyła się w San Francisco, mieście dość liberalnym i teoretycznie otwartym na każdy pomysł. Problem w tym, że od pewnego czasu po wielu chodnikach zasuwają tam zdalnie sterowane pojazdy, będące własnością kilku różnych firm oferujących w pełni zautomatyzowane dostawy towarów do domów. Zwykle bestie te wyglądają jak spore pudła na kółkach, które nie poruszają się wprawdzie z wielką prędkością, ale stają często na drodze spacerowiczom, rowerzystom, psom, itd. A ponieważ jest ich coraz więcej, niektórzy mieszkańcy San Francisco nie kryją swojej frustracji.

Wśród nich jest radny miejski Norman Yee, który zaproponował ostatnio niezwykle restrykcyjne przepisy dotyczące kursujących po chodnikach robotów. Jeśli jego propozycja zostanie zaakceptowana, każda firma będzie mogła posiadać nie więcej niż trzy roboty, a w dowolnym momencie na ulicach nie będzie mogło być więcej niż dziewięć zdalnie sterowanych pojazdów dostawczych. Ponadto wydzielone mają zostać obszary, w których korzystanie z tego rodzaju urządzeń będzie dozwolone, a każdy robot podróżujący do klienta będzie musiał posiadać ludzkiego opiekuna, maszerującego za nim.

Szczerze mówiąc, tej ostatniej restrykcji nie rozumiem, bo skoro ktoś żywy będzie i tak musiał się wlec z tyłu za robotem, to czy nie lepiej wysłać tradycyjnego dostawcę z krwi i kości, a maszynę zwolnić? Tak czy inaczej, dyskusja na ten temat trwa nadal, a mieszkańcy miasta nie kryją się ze swoimi poglądami. George Wooding, który musi korzystać z wózka inwalidzkiego, a zatem mógłby patrzeć przychylnie na dostawcze roboty, jest ich zażartym wrogiem. – *Jeśli komuś przychodzi przemożna ochota na kanapkę z szynką* – mówi – *to niech ruszy tyłek i pójdzie sobie ją kupić, a nie liczy na jakieś samojezdne pudło terroryzujące całe sąsiedztwo.* Lorraine Petty twierdzi natomiast, że chodniki nie powinny być „eksperymentalnymi torami dla elektronicznych zabawek".

Problem jest jednak taki, że wszystko to, co staje się w taki czy inny dostępne ludzkości, jest nieuchronnie wykorzystywane – broń nuklearna, klonowanie żywych istot, genetyczne manipulowanie warzywami i owocami, itd. W związku z tym coraz większa dostępność wyszukanych robotów wszelkiej maści spowoduje nieuchronnie, że znajdować będą one coraz większe zastosowanie. Zresztą – w przeciwieństwie do San Francisco – rady miejskie w Los Angeles, Waszyngtonie i kilku innych metropoliach co jakiś czas uchwalają nowe ułatwienia w stosowaniu dronów, robotów, samojezdnych aut, itd.

Osobiście czekam z utęsknieniem na zupełnie nowy przejaw automatyzacji. Marzę mianowicie o zastąpieniu wszystkich polityków robotami, bo oni również – podobnie jak piloci – w zasadzie nie mają nic do roboty poza wzajemnym do siebie pyskowaniem. W Senacie byłoby na przykład 50 robotów demokratycznych, 50 republikańskich, a w przypadku remisu decydowałby superkomputer Big Blue firmy IBM. Jeśli chodzi o zautomatyzowaną obsadę urzędu prezydenta, to biorąc pod uwagę obecną sytuację wystarczyłoby zapewne zwykłe liczydło albo co najwyżej jakiś starożytny komputer firmy Atari.

Cenzura gyrosa

Nie jestem pewien, czy wszyscy wiedzą o tym, że znaczna część Amerykanów uważa Unię Europejską za twór neosocjalistyczny, w którym banda rozpasanych, brukselskich demokratów może podejmować niemal dowolne decyzje, nawet jeśli w wielu europejskich krajach są one mało popularne. Przed kilkoma laty postanowiono na przykład w Europie, że tradycyjne żarówki będą z wolna wycofywane z rynku na korzyść oświetlenia diodowego (LED). I choć w USA Kongres w zasadzie zmierza powoli w tym samym kierunku, początkowo totalitarny, europejski zamach na wynalazek Edisona spowodował niemal paniczną reakcję niektórych ustawodawców amerykańskich, którzy uznali poczynania EU za elektryczny komunizm. Jęli oni proponować liczne akty prawne, których celem miało być uchronienie tradycyjnych żarówek w USA przed ich wyrzuceniem na śmietnik technologicznej historii.

Michele Bachmann z Minnesoty – która na szczęście już nie zasiada w Kongresie i która zapewne mieszka teraz w domu oświetlonym świeczkami i lampami naftowymi, a wodę pobiera ze studni, wykopanej własnymi gołymi rękoma – w roku 2009 zaproponowała zatwierdzenie ustawy o nazwie „Light Bulb Freedom of Choice Act". Sprzeciwiała się w niej stanowczo zamachowi na swobody obywatelskie oraz Konstytucję, czego wyrazem miało być odebranie Amerykanom prawa do używania tradycyjnych żarówek. Jej ustawa daleko wprawdzie nie zabrnęła, ale była wyraźną reakcją na totalitarne zakusy Europy.

Jak by na to nie patrzeć, dość oczywiste jest to, iż Unia, mimo że nie jest jednolitym krajem, takim jak USA, posiada uprawnienia pozwalające na podejmowanie decyzji wymagających w Ameryce wielomiesięcznych sporów, które zwykle prowadzą donikąd. Tymczasem ustawodawcy w Brukseli mogą coś skutecznie postanawiać niemal codziennie i nikt nie jest im w stanie podskoczyć. Wprawdzie każdy kraj członkowski może teoretycznie polecenia Brukseli zignorować, ale zwykle nie jest to dobre rozwiązanie, gdyż wiąże się z takimi czy innymi konsekwencjami. Armia Luksemburga nie zaatakuje Holandii za to, że w Amsterdamie złamano jakiś unijny przepis, ale w grę w chodzą zawsze kary finansowe.

Wszystko to ma z pewnością zarówno dobre, jak i złe strony, choć najnowsza decyzja UE nie podlega łatwej klasyfikacji jakościowej. Jak wynika z ostatnich doniesień, już wkrótce jak Stary Kontynent długi i szeroki może zostać wprowadzony zakaz sprzedaży *döner kebabs*, czyli mięsnej przekąski, która po tej stronie Atlantyku zwykle zwie się *gyros*. Ustawodawcy doszli do wniosku, iż wielkie kawały grecko-tureckiego mięcha, grillowanego na pionowych rożnach w tysiącach knajp, są szkodliwe dla zdrowia, gdyż do ich konserwacji używane są fosfaty, które są rzekomo rakotwórcze i sprzyjają powstawaniu chorób serca.

Ostateczna decyzja w tej sprawie jeszcze nie zapadła, ale wieści o tych planach spowodowały burzę protestów, szczególnie w Wielkiej Brytanii i w Niemczech, gdzie rzeczone gyrosy są niezwykle popularnym szybkim jadłem, sprzedawanym niemal wszędzie. Jeśli wierzyć danym radia we Frankfurcie, w Niemczech jest obecnie 16 tysięcy placówek sprzedających gyrosy, a dzienne spożycie tego specjału przekracza 3 miliony sztuk. Ponadto przemysł gyrosowy w tym kraju zatrudnia kilkadziesiąt tysięcy ludzi, a lokalni kucharze stworzyli też danie o nazwie *Berlin döner*, które szybko zagościło również w wielu punktach Londynu i Nowego Jorku.

Jeśli zatem Unia Europejska postawi na swoim, smakołyk ten nagle zniknie, czego konsekwencje są trudne do przewidzenia. Jedno jest pewne – nie zniknie w USA, bo przepisy unijne nas nie obchodzą, tym bardziej że są przejawem postkomunistycznych tendencji europejskich, którym damy z pewnością zdecydowany odpór. Natomiast w Niemczech może dojść do bolesnego krachu mięsnego, czego obawia się między innymi Baris Donmez, turecki gastronom, który w Berlinie prowadzi niezwykle popularny lokal o nazwie Rosenthaler Grill und Schlemmerbuffet. Wiara wali do tej placówki drzwiami i oknami, kupując krocie kanapek z grillowanym mięsem w bułce typu pita. Zdaniem Donmeza, zamiary UE stanowią skryty zamach na tureckich imigrantów w Europie, tym bardziej że wspomniane i rzekomo szkodliwe fosfaty obecne są w wielu innych wędlinach na niemieckich rynku, ale cenzurze unijnej z tego powodu nie podlegają.

Donmez jest zdania, iż ewentualny zakaz sprzedawania gyrosów w Europie zostanie przez Niemców zupełnie zignorowany i że wszyscy będą nadal jeść to, co jedzą obecnie. Może się zatem okazać, że jeśli UE kiedyś się rozpadnie, nie będzie to wynik jakichś drobnych, polsko-węgierskich wykroczeń natury konstytucyjnej, lecz efekt wyrzucenia z rynku kebabów. Zresztą są one również potencjalnym zarzewiem konfliktu między Grecją i Turcją, jako że strona turecka nazywa to danie *döner kebab* i uważa je za swoje, podczas gdy Grecy wynaleźli nazwę *gyros*, by się od Turków kulinarnie odseparować. Pewnie obrzucają się tym mięsem wzajemnie na Cyprze, choć materiał mięsny jest zawsze lepszym rozwiązaniem od bomb i granatów.

W tym świetle za szczęśliwy zbieg okoliczności należy uznać fakt, że do naszego bigosu na razie nie przyznaje się żadna inna nacja, ani też w Brukseli nikt jeszcze nie dopatrzył się w tym daniu niczego szkodliwego. Jeśli chodzi o pierogi, sprawa jest znacznie bardziej skomplikowana (ruskie pielmieni, chińskie wontony, itd.). Należy zachować spokój, jeść cichaczem i nie dać się sprowokować. Może się nam jakoś uda nie sprowokować brukselskiej komuny.

Ziemia platfusów

Ameryka zdradza w życiu publicznym coraz mniejsze przywiązanie do nauki. W Kongresie pełno jest facetów, którzy uważają wszelkie obawy o zmianę klimatu Ziemi za wymyślony przez Chińczyków, rowerzystów i homoseksualistów spisek wymierzony w amerykański przemysł. W stanie Georgia pojawił się w lokalnych wyborach kandydat, którego platforma wyborcza składała się w zasadniczy sposób z tezy o tym, iż teoria Darwina jest z gruntu szatańska i że tenże szatan odpowiada również za brednie naukowców o tzw. Wielkim Wybuchu i wieku wszechświata. Na szczęście w odpowiedzi na te tezy liczni studenci University of Georgia zgłosili w wyborach samego Charlesa Darwina, który zebrał wprawdzie sporo głosów, ale sam na kampanię wyborczą nie mógł się niestety stawić, gdyż jest od dawna zajęty leżeniem w grobie.

Przykładów odwrotu od nauki jest bardzo wiele, ale to w sumie nic w porównaniu do faktu, iż istnieje też organizacja o nazwie Research Flat Earth. Jej członkowie twierdzą, że Ziemia jest płaska, a jej domniemana kulistość to wredny spisek przekupnych astronomów, którzy serwują nam czystą iluzję. Oczywiście każdy może sobie wierzyć, w co mu się tylko podoba. Zarówno w nauce, jak i w filozofii od dawna istnieje jednak ostry rozdział wierzeń od wiedzy. Mogę na przykład powiedzieć, że „wierzę, iż Księżyc jest zrobiony z sera gouda" i nikt się nie ma prawa do tego przyczepić, ponieważ każdy winien być zdolny do głoszenia własnej głupoty. Gdy jednak mówię, że „wiem, iż Księżyc jest zrobiony z sera gouda", nagle wypływam na wody, na których konieczne jest oferowanie faktów, logicznych dowodów, empirycznych badań, itd.

W tym kontekście zastanawiam się nad poglądami rzeczonego stowarzyszenia głoszącego płaskość naszego globu. Jakież fakty mogą ci ludzie przytoczyć na poparcie swoich tez? Czy wylecieli kiedyś na jakimś statku kosmicznym poza ziemski horyzont, by dostrzec poniżej Hades albo Kongres USA? Czy popłynęli okrętem w nieznane, by nagle ich jednostka osunęła się z krawędzi Ziemi i spadła w jakąś pozaziemską otchłań? Pomijam już to, że jeśli wyznawcy plaskatości globu czasami latają samolotami, np. z Nowego Jorku do Sydney, jedynym wytłumaczeniem tego, iż nigdy nie docierają do krawędzi globu byłoby to, że wspomniani już przekupni astronomowie nieustannie mamią ich rozwijanymi w odpowiednim momencie nowymi, czysto iluzorycznymi płaszczyznami. I tak w momencie startu z JFK Ziemia sięga tylko na jakieś 100 mil w głąb Atlantyku, ale w miarę postępów lotu banda naukowych oszustów rozwija coraz to nowe plansze. Jedynym ubocznym i pozytywnym skutkiem takiego scenariusza byłoby to, że Rosja przez większość czasu pozostawałaby zwinięta w rulon.

Być może istnienie ludzi wierzących w płaskość Ziemi byłoby tylko komicznym przypiskiem do meandrów naszej cywilizacji, gdyby nie to, że organizacja Research Flat Earth zyskała ostatnio ciekawego sojusznika, który zamierza dolecieć do krawędzi globu i donieść o tym, co zobaczył poza nią. Osobnikiem tym jest 61-letni Mike Hughes, z zawodu kierowca limuzyny, który zamierza poszybować skonstruowaną przez siebie rakietą parową na wysokość 2 tysięcy stóp, a potem wylądować przy pomocy spadochronu. Do wydarzenia tego ma dojść w odludnej części Kalifornii. Rakieta, której zbudowanie kosztowało rzekomo ponad 20 tysięcy dolarów, ma rozwinąć prędkość 500 mil na godzinę, choć napęd parowy budzi we mnie w tym przypadku pewne wątpliwości na temat osiągalności tego rodzaju szybkości.

Zaintrygowanym mediom Hughes powiedział odważnie i bez ogródek, że nie wierzy w naukę: – *Moim zdaniem nie ma żadnej różnicy między nauką i naukową fikcją*. No i bardzo dobrze – przynajmniej wiadomo, o co chodzi. Nęka mnie jednak pytanie, które zadałby Mike'owi niemal każdy w miarę trzeźwo myślący człowiek. Jak można udowodnić płaskość Ziemi przez wzniesienie się nad nią na 2 tysiące stóp przy pomocy jakiegoś czajnika bez gwizdka? Czy nie lepiej przelecieć się rejsowym samolotem na wysokości 30 tysięcy z Los Angeles do Phoenix? Empiryczny skutek byłby znacznie lepszy, a ryzyko znacznie mniejsze. Chyba, że Hughes uważa, iż wszystkie loty samolotami pasażerskimi to totalna fikcja, a widoki za oknami są wyświetlane przez projektory finansowane przez doszczętnie skorumpowaną agencję NASA, której pracownicy z pewnością zdają sobie sprawę z tego, że nasz glob to wielki talerz, choć bez noża i widelca.

Trochę mi żal Kopernika. Gdy dochodził do swoich rewolucyjnych wniosków na temat okrągłości Ziemi i kształtu orbitalnego Układu Słonecznego, nie miał do dyspozycji rakiet, samolotów ani geniuszu obecnej klasy politycznej USA. Musiał polegać wyłącznie na rozumie, bezpośrednich obserwacjach i matematycznych wyliczeniach. W dzisiejszej Ameryce tego rodzaju instrumenty dociekań są oczywiście bez jakiegokolwiek znaczenia, ponieważ liczą się nie deklaracje wiedzy, lecz wyłącznie deklaracje wiary, które nie wymagają żadnych formalnych potwierdzeń i dowodów.

Dla pana Hughesa mam propozycję nie do odrzucenia. Zamiast lecieć swoją rakietą na wysokość tylko 2 tysięcy stóp, niech pogna dalej, za krawędź planety. Może potem napisze do nas barwny list o tym, co jest pod spodem talerza i czy Ziemia jest „dishwasher safe" oraz czy jest tam też napis „Made in China". Na powrót niech się nie sili. Będzie przynajmniej jednego czubka mniej.

Dożynki z indykiem

Powszechnie uważa się, że Święto Dziękczynienia to jedna z najbardziej amerykańskich okazji, by spędzić nieco czasu z mało lubianą rodziną, zjeść indora, wypić galony obrzydliwego piwa i obejrzeć wspólnie z chrapiącym na kanapie wujem Johnem mecz amerykańskiego futbolu. Bądź co bądź w czasie tego świątecznego szaleństwa Amerykanie pożerają prawie 50 milionów ptaków.

Neil Armstrong i Buzz Aldrin, pierwsi ludzie, którzy postawili stopę na Księżycu, zaraz po powrocie do statku macierzystego zjedli „pakiet żywności" agencji NASA, w skład którego wchodził pieczony indyk, choć nie wiadomo, na ile to danie przypominało prawdziwy drób. Nie można też pominąć faktu, że sam Benjamin Franklin nalegał w swoim czasie, by narodowym ptakiem Ameryki był indor, a nie jakiś tam łysy orzeł. Poza tym powszechnie znany jest ceremoniał darowania życia indorowi przez prezydenta kraju, choć akurat w tym roku nie wiem, jak z tym będzie, bo czasy są niepewne, a prezydentura chwiejna. Jeśli indor okaże się intruzem z Meksyku albo wyznawcą Koranu, będzie miał przechlapane.

Jednak w związku z niezaprzeczalną amerykańskością Thanksgiving, powstaje proste pytanie – dlaczego okazja ta celebrowana jest również w wielu innych zakątkach świata? Nasi północni sąsiedzi, cieszący się sensownym premierem i absencją broni palnej w prywatnych rękach, obchodzą Święto Dziękczynienia począwszy od roku 1578, a zatem o 43 lata przed nami. Święto to przypada wcześniej niż w USA, ponieważ nie ma nic wspólnego z celebracją przetrwania kolejnego roku, a jest okazją do fetowania udanych żniw, co w oczywisty sposób nawiązuje do dożynek w Europie Wschodniej. Na szczęście w Kanadzie nie ma Władysława Gomułki, witanego przez chłopów chlebem i solą, ale to już inna sprawa.

Święto Dziękczynienia istnieje też w Portoryko (a przynajmniej istniało aż do czasu niedawnego huraganu). Zwykle przypada ono na koniec listopada, czyli podobnie jak w USA, ale na stole pojawiają się zdecydowanie inne dania – smażone platany, karaibska wersja kaszanki zwana morcillą, budyń z kokosów, itd. Indor, owszem, też jest, ale zwykle nadziewany bywa tzw. mofongo, czyli mieszaniną różnych lokalnych warzyw i owoców.

Dziękują sobie przy biesiadnym stole również mieszkańcy Liberii. Jest to dość zaskakujące, ale w miarę zrozumiałe, gdyż państwo to zostało założone na początku XIX wieku przez wyzwolonych z niewoli czarnoskórych mieszkańców USA. Dziś zatem Liberyjczycy mają podwójny powód do świętowania: mogą się cieszyć, że ich przodkom udało się w porę zwiać i że ich kraj, po okresie wojny domowej, jest dziś w miarę stabilny. W Liberii świąteczny stół zastawiony jest lokalnymi daniami, a po uczcie biesiadnicy najpierw idą do kościoła, a potem spędzają resztę wieczoru na tańcach, hulankach oraz swawolach, z czym się absolutnie solidaryzuję i co wydaje się znacznie lepszym rozwiązaniem od zalegania na kanapach przed dużymi ekranami LED.

Być może najbardziej odległą krainą, w której amerykańskie Święto Dziękczynienia jest celebrowane, pozostaje wyspa Norfolk, która niegdyś była brytyjską kolonią karną, a dziś należy administracyjnie do Australii. Pierwotnie miejsce to zostało zasiedlone przez buntowników z pokładu angielskiego statku H.M.S. Bounty oraz ich niewolników pochodzących z Tahiti. W roku 1962 Marlon Brando wystąpił nawet w głównej roli w filmie pt. *Mutiny on the Bounty*, który opowiadał o buncie i zasiedleniu wyspy. Wszystko to jednak w żaden sposób nie tłumaczy, dlaczego dziś tubylcy celebrują Thanksgiving.

Zawdzięczają ten dziwny nawyk amerykańskiemu handlarzowi Issacowi Robinsonowi, który osiedlił się na wyspie jako przedstawiciel firmy Burns & Co Ltd. i który przez pewien czas był pierwszym i ostatnim konsulem USA na tym terytorium. To właśnie Robinson zaproponował tubylcom, by pod koniec listopada zdobili kościoły wiązkami kukurydzy i warzyw. Rozpowszechnił też zwyczaj organizowania rodzinnych obiadów, w czasie których serwuje się dania z wieprzowiny i kurczaka, sałatki z bananów i lokalnych owoców, itd. Należy założyć, że współcześni uczestnicy tych celebracji w większości nie mają większego pojęcia o tym, skąd się te zwyczaje wzięły, ale w sumie nie ma to większego znaczenia.

Jeśli chodzi o amerykańskie zwyczaje, pozostają one od lat w zasadzie niezmienne, choć co jakiś czas pojawiają się pewne nowe, zaskakujące elementy. Amerykańska agencja FAA wyraziła na przykład ostatnio opinię, że nie jest władna interweniować w jakikolwiek sposób w wyrzucanie żywych indyków z pokładu lecących na niskiej wysokości samolotów, co jest częścią dość idiotycznego obyczaju zwanego Turkey Trot, a odbywającego się co rok w miejscowości Yellville w stanie Arkansas. W ubiegłym roku indyczy desant składał się z 12 ptaków, z których wydarzenie to przeżyło 10. W tym roku liczne organizacje zaprotestowały, sugerując, że jest to spektakl okrucieństwa wobec zwierząt. Jednak dzielni urzędnicy FAA orzekli, że ludzie mogą sobie z samolotów wyrzucać, co im się podoba (zapewne z wyjątkiem bliźnich), ponieważ „zadaniem agencji jest wyłącznie organizacja ruchu lotniczego", a nie tropienie ewentualnych przestępstw.

No i bardzo dobrze. Jeśli komuś w ostatni czwartek listopada spadnie z nieba na łeb jakiś indor, przynajmniej będzie wiadomo, że rząd federalny nie ponosi za takie wydarzenia absolutnie żadnej odpowiedzialności. Amerykańska agencja FAA wyraziła ostatnio opinię, że nie jest władna interweniować w jakikolwiek sposób w wyrzucanie żywych indyków z pokładu lecących na niskiej wysokości samolotów, co jest częścią dość idiotycznego obyczaju zwanego Turkey Trot, a odbywającego się co rok w miejscowości Yellville w stanie Arkansas. W ubiegłym roku indyczy desant składał się z 12 ptaków, z których wydarzenie to przeżyło 10.

Amazon zamiast Santy

Od pewnego czasu w USA pełza gdzieś po kątach dyskusja o domniemanym spisku, którego celem ma być rzekomo wyeliminowanie z narodowej świadomości terminu „Christmas" i zastąpienie go jakąś ogólnikową frazą świąteczną, nie kojarzoną automatycznie z jakimikolwiek konkretnymi postaciami lub wydarzeniami. Innymi słowy, piewcy tej teorii, na czele z obecnym lokatorem Białego Domu, uważają, że wraże siły chcą zastąpić „Merry Christmas" bezpłciowym sloganem „Happy Holidays".

Wszystko to zawsze wydawało mi się fikcyjnym problemem. Faktem jest, że w sferze publicznej, np. w licznych amerykańskich zakładach pracy, szefostwo często stroni oficjalnie od „Merry Christmas", ponieważ zdaje sobie doskonale sprawę z tego, iż kadra może być wieloetniczna, wielonarodowościowa i wielowyznaniowa. W związku z tym, by przypadkiem nikogo nie urazić, stosowana jest frazeologia tyleż ostrożna, co pokrętna. Jednak na poziomie lokalnym i czysto prywatnym ludzie nadal życzą sobie wszystkiego najlepszego z okazji Świąt Bożego Narodzenia i nikt nie ma z tym najmniejszego problemu.

Ja sam rok w rok dostaję kartkę świąteczną od chicagowskiego profesora i kumpla z okresu moich studiów w Chicago, który jest żydowskiego pochodzenia i który zawsze pisze to samo: „Życzę ci wszystkiego najlepszego z okazji narodzin Twojego Boga". Ponieważ jest to człowiek bardzo światły, zakładam, iż wie doskonale, że jego Bóg jest taki sam jak ten chrześcijański, a zatem świąteczne życzenia traktuję jako niewinny żart.

Niestety z przyczyn, które często są trudne do zrozumienia, niektórzy podchodzą do grudniowych świąt ze śmiertelną powagą i wcale nie musi to dotyczyć jakichkolwiek spraw religijno-doktrynalnych. Weźmy na przykład takiego faceta jak Santa Claus – przysadzisty, rubaszny, z worem zabawek na plecach i zaraźliwym okrzykiem: „Ho, ho, ho!". Wiadomo oczywiście, że – wbrew licznym doniesieniom – nie mieszka on na biegunie północnym, gdyż w ogóle nie istnieje, a został wymyślony na potrzeby przedświątecznego komercjalizmu. Jednak z drugiej strony faktem jest to, iż miliony dzieci na całym świecie są w pewnym okresie swojego życia absolutnie przekonane o tym, że człowiek w czerwonym kubraczku rzeczywiście ląduje swój zaprzęg reniferów na dachach domów, by potem zakraść się do środka przez komin, ułożyć pod choinką prezenty, zjeść zostawione mu ciastko, zapić je mlekiem i odjechać w nieznane.

Liczni rodzice twierdzą, że starają się w swoich środowiskach podtrzymywać jak najdłużej wiarę w istnienie Santy, gdyż ma to ich zdaniem pozytywny wpływ na dziecięcą wyobraźnię. Być może mają rację, choć ja swoje mikołajowe dziewictwo straciłem już w wieku 5 lat, kiedy to wujowi Zdzichowi, przebranemu za tzw.

Gwiazdora, odpadła niespodziewanie po pijaku biała sztuczna broda, co ukazało w całej krasie jego nieogoloną i całkiem pospolitą twarz.

Piszę o tym wszystkim dlatego, że ostatnio zrobiło się sporo zamieszania wokół nowej kampanii reklamowej amerykańskiego koncernu Amazon. W brytyjskiej telewizji pojawiły się reklamy, których bohaterem jest ojciec chowający przed dziećmi prezenty wyciągane z firmowych pudełek firmy. Nie ma zatem żadnego Santy, a widać jedynie głowę rodziny z przesyłkami z Amazonu. Niektórzy rodzice zareagowali na to niemal histerycznie i ostro skrytykowali Jeffa Bezosa i spółkę za sugestię, iż Christmas jest w ogóle możliwy tylko dzięki amerykańskiemu potentatowi rynkowemu.

Moim zdaniem krytyka tego rodzaju jest nie na miejscu. O wiele poważniejszym wykroczeniem jest to, iż reklamy tego rodzaju pokazywane są, zanim jeszcze przeciętny indyk rozstanie się z życiem, by zostać spałaszowany przez tłum wygłodniałych biesiadników. Napór grudniowego świętowania w USA z wolna przenosi się na wczesną jesień, co oznacza niestety, że prędzej czy później choinek zaczniemy szukać tuż po 4 lipca, a pierwsze świąteczne dekoracje przed domami pojawią się zaraz potem, co się ładnie zgra z pokazami ogni sztucznych.

Pomijając jednak przedwczesny charakter kampanii reklamowej Amazonu, nie widzę specjalnego problemu w pokazywaniu ojca umieszczającego po kryjomu prezenty pod choinką, niezależnie od ich źródła. Rodzice zawsze mają do dyspozycji niezwykle skuteczne urządzenie, które zwie się wyłącznikiem telewizora. Wystarczy elektroniczne bydlę wyłączyć, by uchronić pociechę przed błędnym wrażeniem, iż to Bezos mieszka na biegunie północnym i rozwozi dzieciom prezenty, zakrywszy uprzednio łysinę sztucznym włosiem oraz czerwonym kapturem.

Przyznaję, że przed rokiem reklama świąteczna Amazonu była nieco bardziej skuteczna. Pokazywała chrześcijańskiego księdza i muzułmańskiego imama, którzy wzajemnie obdarzali się prezentami zakupionymi u Bezosa. Santy też nigdzie nie było widać, ale przynajmniej nikt niczego nie ukrywał przed dziećmi. Być może w przyszłym roku do imama i księdza dołączy mój znajomy profesor, który pożyczy im wszelkiej pomyślności. Natomiast Amazon, ukłuty boleśnie krytyką, wydał oświadczenie, w którym zapewnił, iż „Santa i jego pomocnicy pracują z pewnością przez całą dobę, by w porę dostarczyć prezenty wszystkim dzieciom". No i bardzo dobrze. Teraz pozostaje tylko pytanie, w którym centrum dystrybucyjnym Amazonu Santa pracuje i ile dostaje za swoją pracę na godzinę.

Mój syn, który – przyznaję bez bicia – pracuje w siedzibie Amazonu w Seattle, zawzięcie milczy i do niczego się nie przyznaje. No ale do świąt pozostało sporo czasu, a zatem może jakieś sensacje jeszcze od niego wyciągnę, o czym oczywiście niezwłocznie zamelduję.

Mistrzowie (pół)świata

W języku polskim istnieje dość dziwne wyrażenie dotyczące piłki nożnej. Gdy dochodzi do kopa narożnego, mówi się, że jest to rzut, mimo iż oczywiście nikt niczym w takim przypadku nie rzuca. Ale to jeszcze nic wobec pewnym amerykańskich obyczajów sportowych. Słowo „football" zostało całkowicie zawłaszczone na potrzeby amerykańskiej gry, w której piłkę kopie się niezwykle rzadko, gdyż wielcy faceci biegają przez większą część gry z jajowatą „gałą" w garści lub też ją rzucają. Ponadto nieustannie usiłują się wzajemnie pozabijać, ale bynajmniej nie nogami. Zamiast śmierci wroga akceptowalne jest też spowodowanie u niego demencji przez wielokrotne potrząsanie jego mózgiem.

Faktem jest to, że czasami używany bywa termin „American football", ale to też nie jest zbyt fortunne, gdyż zdaje się sugerować, że jak się w coś gra po amerykańsku, to ręce stają się nagle nogami. Z drugiej strony nie można mówić o herosach NFL, że grają w piłkę ręczną, bo wtedy obraziliby się szczypiorniści, którzy zapewne nie chą mieć z footballem nic wspólnego.

To footballowe zamieszanie wynika z rodowodu gry, która dziś jest podstawą ligi NFL. Sport ten został przywleczony do USA z Wielkiej Brytanii, gdzie w roku 1863 doszło do brzemiennego w skutkach wydarzenia. Na Wyspach uprawiano wtedy rozmaite piłkarskie rozgrywki, których zasady bywały bardzo różne. Ostateczne jednak w czasie specjalnego posiedzenia dyrektorów licznych szkół publicznych ustalono, że odtąd grać się będzie wyłącznie piłką okrągłą i tylko nogami. W ten sposób narodziła się piłka nożna.

Jednak nie wszystkim się to rozwiązanie podobało. Niektóre szkoły narzekały, że opracowane zasady gry spowodowały, iż powstała gra dla mięczaków, w ramach której nie można było powalić przeciwnika na boisko i złamać mu przy okazji szczęki. W ten sposób ukonstytuował się inny sport, który dziś zwie się rugby. I to właśnie rugby zawitało w roku 1869 do USA, kiedy to odbył się pierwszy w historii mecz akademicki. Od samego początku do sportu tego przylgnęła nazwa „football", jako że wtedy przepisy traktowano dość liberalnie i piłkę można było zarówno kopać, jak też trzymać w rękach.

Ostatecznie w roku 1875 odbył się mecz drużyn uniwersyteckich Harvard i Yale, po którym trener tego drugiego zespołu, Walter Camp, opracował nowe przepisy, które zostały poparte również przez Uniwersytet Princeton. Od tego momentu istnieje amerykański football, mimo że z nogami zawodników piłka już dawno się rozstała.

Być może jednak największy kociokwik terminologiczny dotyczy gry w baseballa. Niedawno zakończyły się finałowe rozgrywki ligi MLB, w ramach których dwie drużyny rozegrały ze sobą aż siedem meczów. Gdy ten dość nudny maraton się zakończył, zwycięzcy (zespół Houston Astros) zostali okrzyknięci „mistrzami świata" w pałowaniu, choć w tym przypadku nie chodzi o ZOMO. Zresztą finałowe gry nazywa są zawsze „World Series", mimo że dotyczą wyłącznie USA i Kanady. Dlaczego zatem są to mistrzowie świata, a nie tylko Ameryki Północnej? Przecież gdy Legia Warszawa zdobywa mistrzostwo polskiej ekstraklasy, która jest zresztą ekstra tylko w takim sensie jak niegdyś Ekstra Mocne były mocne, nie ogłasza się jednocześnie klubowym mistrzem Europy, a gdyby tak zrobiła, na całym Starym Kontynencie doszłoby do zbiorowego, szyderczego rechotu.

Choć w baseballa gra się przede wszystkim w USA, to jednak istnieją kraje, w których machacze kijami mogliby dorównać swoim amerykańskim kolegom. Chodzi na przykład o Japonię, Kubę i Dominikanę, gdzie sport ten cieszy się sporą popularnością. Jednak drużyny z tych krajów nie uczestniczą w rozgrywkach MLB ani też nie mają żadnych pretensji do mistrzostwa świata.

Przez wiele lat sądzono, że to uzurpatorskie i hegemonistyczne nazewnictwo powstało niejako przez pomyłkę. Przed wieloma laty, gdy po raz pierwszy rozegrane zostały mecze finałowe, impreza sponsorowana była przez gazetę *New York World Telegram* i stąd miało się wziąć używanie słowa „world" do określania serii finałowych meczów. Jednak teoria ta nie wytrzymuje zderzenia z rzeczywistością. Wszystko stało się za sprawą Barneya Dreyfussa, który w roku 1903 był właścicielem drużyny Pittsburgh Pirates. Jego pałownicy wygrali wtedy rozgrywki tak zwanej National League, podczas gdy Boston Red Sox zostali mistrzami

American League (i to z tych dwóch lig powstała potem MLB). W związku z tym Dreyfuss napisał do właściciela bostońskiej drużyny list, w którym zaproponował mu rozegranie bezpośredniego pojedynku o nazwie „World's Championship Series". Drużyny rozegrały ze sobą pięć meczów, a po paru latach nazwa została skrócona do „World Series" i tak już zostało.

Żeby było jeszcze śmieszniej, od roku 2006 rozgrywane są co kilka lat prawdziwe mistrzostwa świata w baseballu, co nazywa się World Baseball Classic. Dotychczasowi zwycięzcy? Dwa razy Dominikana i raz Japonia, a zatem Amerykanie na razie nieco w tych rozgrywkach dołują.

By utrzymać się w duchu tych semantycznych zawijasów dotyczących niektórych amerykańskich sportów, sam zamierzam zacząć się nazywać mistrzem świata w dziennikarstwie. Nigdy wprawdzie niczego nie wygrałem, nawet na szczeblu lokalnym, ani też w moim fachu nie ma żadnych mistrzostw, ale co tam – skoro mogą tak bezceremonialnie chełpić się pałownicy, to dlaczego nie ja?

Ślubna samoobsługa

W wieku 37 lat Sophie Tanner podjęła niezwykle odważną decyzję – postanowiła wstąpić w związek małżeński. Jednakowoż w jej konkretnym przypadku był to krok dość szczególny, jako że Sophie nie posiadała narzeczonego ani nawet nie utrzymywała w miarę przyjacielskich kontaktów z kimkolwiek. Panna Tanner postanowiła poślubić samą siebie i stać się tzw. sologamistką.

Zapewne nie wszyscy moi czytelnicy wiedzieli, że taki termin w ogóle istnieje. Ja zresztą też tego nie wiedziałem. Okazuje się, że sologamistów jest coraz więcej i że jest to nowy „styl życia", zyskujący nieustannie na popularności. Ślub Sophie odbył się zgodnie ze wszystkimi tradycjami. Do ołtarza poprowadził ją ojciec, który następnie oddał ją w ręce siebie samej. Była też suknia ślubna, stado odpowiednio odzianych panienek, a na początku weselnego przyjęcia odbył się też pierwszy taniec, do którego panna młoda poprosiła samą siebie, co miało choćby taki pozytywny skutek, że nikt nie mógł jej deptać po palcach.

Wszystko to może wydawać się dość kuriozalne, ale zaczyna być dość powszechne w niektórych środowiskach. Począwszy od roku 2014 brytyjskie biuro podróży Cerca Travel specjalizuje się w oferowaniu specjalnych „pakietów" dla osób zawierających małżeństwa z „własnym ja". Pakiet taki zawiera koszty podróży do jakiegoś ciekawego miejsca, sukni ślubnej lub garnituru, fryzjera, limuzyny, pobytu w hotelu oraz stosownego albumu fotograficznego. Dla mnie frapującą zagadką jest jednak to, co jednoosobowa para młoda robi w noc poślubną, ale to już zupełnie inna sprawa.

Samoobsługowe zaślubiny panny Tanner miały miejsce przed dwoma laty. Potem jednak związek małżeński Sophie z Sophie stanął w obliczu poważnego kryzysu, ponieważ młoda małżonka zdradziła samą siebie i nawiązała romantyczny związek z Ruarim Barrattem, który jeszcze do niedawna był tzw. poliamorystą, czyli facetem, który wyznaje pogląd, że należy wiązać się emocjonalnie z wieloma kobietami jednocześnie. W celu podtrzymania związku tylko z jedną i to w dodatku zaślubioną niewiastą Ruari musiał zawiesić na jakiś czas swój poliamoryzm i spróbować rzeczy niesłychanej – tradycyjnego związku monogamicznego.

Ruari i Sophie przez 5 miesięcy chodzili na randki i przed długi czas nie wiedzieli, co z tego wszystkiego wyniknie. Z ulgą przywitałem jednak wieść o tym, że Sophie nie zamierzała się ze sobą rozwodzić, gdyż uważała taki krok za przedwczesny. Okazało się, że miała rację. Para rozstała się przed dwoma miesiącami, choć nie bez pewnych konsekwencji. Zachwycony stylem życia byłej partnerki, Ruori wziął sam ze sobą ślub w Las Vegas i dołączył tym samym do grona sologamistów.

Mimo wszystkich tych burzliwych wydarzeń Sophie nadal twierdzi, że jej małżeństwo z samą sobą daje jej poczucie szczególnego spełnienia, gdyż jest wyrazem „miłości w stosunku do własnej osoby". O rozwodzie tak naprawdę nigdy nie myślała, gdyż „związek małżeński z własną osobą jest zobowiązaniem dożywotnim".

Historia pani Tanner budzi we mnie rozliczne wątpliwości. Po pierwsze, niemal wszyscy ludzie do pewnego stopnia lubią samych siebie, a niektórzy są wręcz w sobie bezgranicznie zakochani, np. Donald Trump. A skoro tak, to dodatkowe składanie sobie przyrzeczenia dochowania wierności małżeńskiej w samoobsługowym związku wydaje się dość dziwne. Ludzie, którzy nie chcą mieć żadnych życiowych partnerów, niezależnie od powodów, drzewiej bywali nazywani samotnikami. Dziś chcą być sologamistami, tak jakby ten nowy termin w jakiś sposób uzasadniał ich samotność z wyboru.

Poza tym trudność zawiązania solidnego, dobrze funkcjonującego partnerstwa małżeńskiego polega zwykle na tym, że dwie, często bardzo różne od siebie, osoby muszą ze sobą współżyć i nieustannie szukać kompromisów. Gdy jednak w związku takim jest tylko jeden człowiek, sztuka partnerstwa przestaje mieć jakiekolwiek znaczenie, nie mówiąc już o tym, że małżeńskie sprzeczki z samym sobą są z natury rzeczy pozbawione kolorytu i emocji kłócenia się z realnym, osobnym małżonkiem. Nie muszę oczywiście dodawać, że wiem to z własnego doświadczenia. Przecież sam nie będę się opieprzał o to, iż nie pozmywałem naczyń albo że spojrzałem pożądliwie na sąsiadkę spacerującą po okolicy z psem. Wręcz przeciwnie, od razu sobie wszystko wybaczę i sprawa załatwiona.

Moja druga, zasadnicza wątpliwość dotyczy tego, że jeśli model samoobsługi w ogóle przystaje do związków małżeńskich, to podobne myślenie mogłoby zostać zastosowane przez wielu innych ludzi. Na przykład utalentowany piłkarz mógłby dojść do wniosku, że sam stanowi całą drużynę, łącznie z bramkarzem. Strażacy mogliby podpalać domy po to, by je gasić, a ambitny policjant, marzący o karierze detektywa, mógłby się sam zabić, by w ten sposób wykryć w swoim życiu pierwszego i ostatniego mordercę (oraz samobójcę).

Na koniec jeszcze jedna myśl. W USA nadal dyskutuje się w wielu kręgach o tym, czy małżeństwa homoseksualne powinny być legalne i czy nie są przypadkiem sprzeczne z naturą, religią, moralnością, itd. Tymczasem jeszcze nigdy nie słyszałem dyskusji o tym, czy wstąpienie w związek małżeński z własną osobą nie powinno być zdelegalizowane, gdyż stanowi przejaw lekkiego odjazdu umysłowego. Pani Tanner życzę oczywiście wszelkiej pomyślności na jej samotniczej drodze życia, ale – szczerze mówiąc – uważam, że trzeba mieć w sobie dość sporo narcyzmu i odchyłu piątej klepki od pionu, by się zaciągnąć własnoręcznie przed ołtarz w celu zawiązania jednoosobowego małżeństwa.

Twitterowe realia

Jeszcze nie tak dawno temu niektórzy mniejsi lub więksi dyktatorzy uprawiali politykę za pośrednictwem niekończących się przemówień. Nikita Chruszczow potrafił nie tylko ględzić godzinami na forum ONZ, ale dodatkowo walić butem w piedestał, dla podkreślenia wagi swoich argumentów. Mniej więcej w tym samym czasie Fidel Castro wyspecjalizował się w wygłaszaniu 4-godzinnych telewizyjnych orędzi do zupełnie zobojętniałego narodu. Po nim pałeczkę przejął wieloletni przywódca Wenezueli, Hugo Chavez, który czasami tak długo przemawiał, iż wydawało się, że może sam w każdej chwili zasnąć. Niektórzy twierdzą, iż nadal przemawia, tyle tylko że już go nikt nie słyszy.

Czasy te należą do przeszłości. Polityka obecnej administracji USA uprawiana jest na forum serwisu Twitter, a zatem wszystko trzeba zawierać w przesłaniach składających się z nie więcej niż 140 znaków. W ten sposób takie sprawy jak pokój na Bliskim Wschodzie, ingerencja Rosji w amerykańskie wybory czy też kwestie imigracji zredukowane zostały skutecznie do krótkich sloganów bez większego znaczenia i sensu. A jeśli już ktoś chce wygłosić jakiś obszerniejszy komentarz, musi go dzielić na 140-znakowe segmenty, co w zasadzie z każdej myśli, nawet sensownej, robi bełkotliwą kaszankę.

Ostatnio jednak Twitter został zastosowany do dość niezwykłego przedsięwzięcia. Radio NPR od 29 lat pielęgnuje tradycję czytania na antenie w dniu 4 lipca całej Deklaracji Niepodległości z 1776 roku, czyli dokumentu definiującego powstanie amerykańskiego państwa. Nie jest to zadanie specjalnie trudne, jako że Deklaracja to dokument stosunkowo krótki. Jednakowoż tym razem prócz czytania radiowcy zdecydowali się na rozesłanie tego samego tekstu historycznego przez Twittera, co oczywiście wymagało podzielenia go na 113 części, składających się ze 140 znaków każda.

Efekt był, delikatnie mówiąc, zaskakujący. Niektórzy użytkownicy Twittera zaczęli sugerować, iż stacja NPR została zhakowana przez jakichś podłych facetów rozsyłających niebezpieczny spam. Inni doszli do wniosku, że mają do czynienia ze skrytym wezwaniem do rewolucji przeciw obecnemu rządowi. Szczególnie mocno zareagowali na słowa krytyki „ojców Ameryki" pod adresem brytyjskiego króla Jerzego III, który „stanął na drodze do sprawiedliwości przez odmowę akceptowania praw ustanawiających sądownictwo – jest to władca, którego charakter i czyny mogą definiować tyrana, który nie nadaje się do rządzenia wolnymi ludźmi".

Liczni twitterowcy doszli nagle do wniosku, że słowa te dotyczą Donalda Trumpa i jego obecnej administracji, co jest niepokojące z wielu powodów. Po pierwsze, świadczy o tym, iż liczni Amerykanie w ogóle nie znają Deklaracji Niepodległości, a jej tekst identyfikują z dzisiejszymi połajankami politycznymi. Jeden z użytkowników serwisu napisał: „Tylko umiecie uprawiać propagandę. A może by tak poprzeć człowieka, który stara się wyeliminować niesprawiedliwość?". I teraz nie wiem, czy chodziło mu o Franklina i Waszyngtona, czy też o Trumpa. On sam zaraz potem usunął swoje konto z Twittera, co jest zrozumiałe, gdyż musi pilnie poszukać jakiegoś rzetelnego podręcznika amerykańskiej historii.

Po drugie, jeśli krytyka pod adresem brytyjskiego monarchy w roli tyrana kojarzona jest przez niektórych automatycznie z osobą obecnego lokatora Białego Domu, to coś tu jest nie tak. Okazuje się, że historia nagle bardzo zręcznie przystaje do teraźniejszości, co wcale nie jest w tym przypadku zjawiskiem pozytywnym, gdyż sugeruje pośrednio, że potrzebna nam jest zupełnie nowa Deklaracja Niepodległości. Stara się nie nadaje, gdyż zawiera przestarzałe nazwiska.

W tych warunkach należy się zapewne cieszyć, iż NPR nie prowadzi szerszej kampanii nadawania w twitterowych kawałkach innych ważkich historycznie tekstów, ponieważ skutki byłyby trudne do przewidzenia. Na liście 10 największych „przebojów amerykańskiej historii" znajdują się takie oto pozycje: Deklaracja Niepodległości, Konstytucja Stanów Zjednoczonych, pierwsza poprawka do konstytucji, umowa zakupu terytorium Luizjany, Proklamacja Emancypacji, 19. poprawka do konstytucji, 13. poprawka do konstytucji, przemówienie Lincolna w

Gettysburgu, Ustawa o Równouprawnieniu Społecznym (Civil Rights Act) i ustawa o ustanowieniu Social Security. W sumie jest to ładunek iście wybuchowy.

Co by się na przykład stało, gdyby nadano w sieci NPR ustawę o stworzeniu programu Social Security? Toż to akt iście rewolucyjny, dający ludziom zapomogi emerytalne, które sprzyjają pasożytnictwu i nieróbstwu. Kto wie, czy rozsierdzony naród, podejrzewający, że chodzi o jakąś nową, skrytą postać Obamacare, nie wyszedłby na ulice w celu pobicia winowajców? Z drugiej strony, trudno jest rozpowszechniać przez Twitter tekst, który liczy sobie ponad 100 stron. Natomiast nadanie w całości umowy o kupnie terytorium Luizjany mogłoby zaowocować podejrzeniami o jakiś nowy szwindel w wykonaniu rządu federalnego, knowającego coś z Francją i Macronem.

Przed bardzo wieloma laty czytanie w radiu przez Orsona Wellesa powieści *Wojna światów* H.G. Wellsa doprowadziło niektórych do paniki, gdyż doszli oni do wniosku, że słuchają właśnie doniesień o inwazji Marsjan na nasz glob. Dziś panikę budzą nawet 140-znakowe ochłapy historycznego tekstu, który z Marsjanami zapewne nie ma nic wspólnego, ale który traktowany jest jak wezwanie od rewolty. Paradoksalne jest to, że wtedy, w roku 1776, Deklaracja Niepodległości rzeczywiście była do pewnego stopnia początkiem rewolucji. Wydawać by się mogło, że dziś te same słowa powinny mieć zupełnie inne znaczenie.

Totalny bzik

Ogólnie rzecz biorąc uważam, że Ameryka kompletnie w ostatnich latach zbzikowała, co objawia się na wiele różnych sposobów. Po pierwsze, na prezydenta wybraliśmy faceta, który w normalnych warunkach nadawałby się co najwyżej na gajowego. Po drugie, w świecie polityki słowo „kompromis" stało się wulgarnym przekleństwem. Po trzecie, zdajemy się systematycznie osuwać w objęcia XIX-wiecznego anachronizmu sprzed czasów amerykańskiej wojny domowej, do której powtórki w zwolnionym tempie mam nadzieję nie dojdzie. Po czwarte w USA możliwe jest dziś strzelanie z automatów do ludzi na koncertach muzycznych, a wszystko to w obronie wolności obywatelskich, do których podobno należy prawo do posiadania arsenałów broni palnej, których nie mają do dyspozycji armie większości małych krajów.

W wyniku wielu głębokich przemyśleń, które zwykle nie towarzyszą pisaniu tych tekstów, doszedłem do wniosku, że winnym tego pomieszania z poplątaniem jest nie kto inny tylko Steven Spielberg. To on w roku 1984 zgodził się na rolę jednego z producentów głośnego filmu pt. *Back to the Future*. Główny bohater tego obrazu, Marty McFly (Michael J. Fox) zostaje przypadkowo przetransportowany „maszyną czasu" z roku 1985 do lat 50., gdzie próbuje przekonać swojego zaprzyjaźnionego wynalazcę, Emmetta „Doc" Browna, że jest przybyszem z przyszłości. W słynnej dziś scenie niedowiarek Brown (Christopher Lloyd) pyta Marty'ego:

– *OK, chłopcze z przyszłości, to powiedz mi, kto jest prezydentem USA w roku 1985?*

– *Ronald Reagan* – odpowiada Marty, co powoduje serię drwin ze strony Doca, który wyraża powątpiewanie w możliwość wyboru aktora do Białego Domu i sugeruje, że w związku z tym wiceprezydentem był zapewne Jerry Lewis, a sekretarzem skarbu – Chuck Berry. No i proszę – w filmie z lat 80. został wyraźnie nakreślony kształt obecnej administracji – personalia są wprawdzie inne, ale szaleństwo pozostaje to samo.

Wiele rzeczy w amerykańskiej rzeczywistości, które jeszcze do niedawna wydawały się niemożliwe, dziś spotykają się z mimowolną akceptacją. Politycy wprawdzie zawsze kłamali, ale nigdy w sposób tak bezczelny i otwarty. Wydajemy się nawet godzić na powolny demontaż demokracji, a przynajmniej niektórych jej atrybutów (np. mediów), co jeszcze w latach 70. zapewne sprowokowałoby demonstracje uliczne. Przebywałem ostatnio w towarzystwie ludzi, którzy za czasów wojny wietnamskiej uczestniczyli w gwałtownych zamieszkach i starciach z policją. Dziś ci sami ludzie nie są w stanie zrozumieć, dlaczego coraz to nowe skandale i skandaliki nie budzą większego sprzeciwu ze strony zwykłych ludzi. Postępujący bzik Ameryki staje się zawsze obecną częścią tła życia publicznego i bywa całkowicie ignorowany, także wtedy, gdy jest szokujący. W końcu przetrwaliśmy nawet doniesienia, iż obecny prezydent zdradza pewne przywiązanie do przymusowego obmacywania kobiet.

W tych warunkach nie dziwię się, że – zgodnie ze scenariuszem filmu *Back to the Future* – zaczynają nas nawiedzać przybysze z przyszłości. Przed kilkunastoma dniami w Casper w stanie Wyoming policja aresztowała 28-letniego faceta. Bryan Johnson, zdradzający wyraźne objawy nadmiernej konsumpcji alkoholu, powiedział policjantom, iż jest wysłannikiem z roku 2048 i że jego zadaniem jest ostrzeżenie lokalnej populacji, iż za rok kosmici dokonają inwazji i że w związku z tym należy się czym prędzej ewakuować. Niestety Johnson nie wyjawił dokładnego terminu inwazji, co powoduje, że zorganizowanie ewentualnej ewakuacji jest zadaniem dość trudnym. Przybysz z przyszłości nie chciał rozmawiać z lekarzami i pielęgniarkami, domagając się jedynie spotkania z burmistrzem miasta. Do spotkania takiego nigdy jednak nie doszło, gdyż władza zdecydowała, zapewne słusznie, iż Bryan po prostu się był nawalił i coś mu się w mózgu pomieszało.

Policjantom Johnson wyjawił też coś innego. Stwierdził mianowicie, że posiada zdolność podróżowania w czasie dlatego, iż kosmici napełnili jego ciało alkoholem i że swoją podróż do przeszłości zaczął na jakiejś wielkiej platformie, skąd miał zostać przeniesiony do roku 2018, ale przez pomyłkę wylądował u nas o rok wcześniej. Ostatecznie został przewieziony do aresztu, skąd wkrótce potem został zwolniony i jestem pewien, że już wrócił do roku 2048, a przynajmniej tak sądzi.

Jednak moim zdaniem policjanci popełnili poważny błąd, który zapewne wynika z faktu, że nie oglądali filmu *Back to the Future*. Powinni byli zapytać „chłopca z przyszłości" o to, kto jest prezydentem USA w roku 2048. Sądząc po obecnym stanie amerykańskiej polityki, możliwości jest bardzo wiele: Barron Trump, Honey Boo Boo, Kim Kardashian, Donald Duck, Big Bird, Superman, etc. Niemal wszystko wydaje się obecnie możliwe, co jest o tyle smutne, że jeszcze przed kilkoma laty nie było. Niestety przybysz z 2048 roku odleciał w nieznane, przez co straciliśmy bezpowrotnie szansę na zobaczenie amerykańskiej głupawki za 30 lat. Trzeba będzie teraz po prostu żyć i czekać na to, co nastąpi.

Z czysto prywatnego punktu widzenia uważam za intrygujące wieści o tym, że napełnienie ciała alkoholem powoduje możliwość podróżowania w czasie. Zawsze się zastanawiałem, jak to jest możliwe, że żyję w roku 2017, mimo że urodziłem się w roku 1445 we wsi Nowe Kramsko w dzisiejszym zielonogórskim. Zeznania Johnsona prowadzą mnie do w miarę jednoznacznego wniosku – ktoś mnie wtedy podstępnie napełnił średniowieczną siwuchą. Ale w sumie nie żałuję.

Odkurzanie małżeństwa

Gdy w małżeństwach dochodzi do rozwodu, zwykle pojawiają się wzajemne oskarżenia o zdradę, niezrozumienie, stosowanie przemocy, rozkład pożycia, itd. Ja jednak wiem swoje i uważam, że jedną z głównych przyczyn rozpadania się związków małżeńskich jest odkurzacz. Mówię to oczywiście z własnego doświadczenia. Małżonki mają zwykle to do siebie, iż uważają dzieło regularnego odkurzania chałupy za niezwykle ważną część harmonijnego związku, a jeśli ich partner z jakichś powodu zalega z wykonywaniem tego rodzaju obowiązków, rodzi się konflikt, który czasami kończy się na wokandzie.

Ja sam jeszcze tak daleko nie zabrnąłem ani też nie mieszkam na razie w stanie banicji w namiocie za domem, ale moja małżonka ma do mnie systematyczne pretensje związane z odkurzaniem. Często pada na przykład stwierdzenie: – *Przez ostatni ani razu tydzień nie wziąłeś się za odkurzacz*. Ponieważ nie chcę mieć przemeblowanej twarzy, zwykle odpowiadam, że się wkrótce wezmę, ale tak naprawdę myślę sobie, iż odkurzacza nie dotknąłem dlatego, iż uważałem jego użycie za niepotrzebne. W tym przypadku różnica między płciami polega często na tym, iż ta żeńska jest zdania, że co dwa dni należy z najdalszych czeluści domu wyssać wszelki kurz, podczas gdy ta męska uważa, że pewna ilość kurzu i brudu musi zawsze w domu być, choćby w celu umacniania systemu immunologicznego lokatorów.

Piszę o tym dlatego, że od pewnego czasu istnieje rozwiązanie konfliktów na tym tle, a zatem rozwodu można uniknąć, o ile tylko obie strony tak naprawdę go nie chcą. Pewnego dnia żona, zirytowana moją nikłą zażyłością z odkurzaczem, oznajmiła, że chce wejść w posiadanie urządzenia o nazwie iRoomba. Nie sprzeciwiłem się, gdyż nie wiedziałem, o co chodzi. Po pewnym czasie niestrudzony serwis firmy Amazon przyniósł nam do domu pudło z elektronicznym, samosterującym się odkurzaczem. To wyszukane, mocno skomputeryzowane bydlę jeździ po domu i wsysa, co tylko mu się nawinie pod szczotki. Co więcej, po drodze omija wszelkie przeszkody, automatycznie wyczuwa, czy odkurza podłogę, czy też dywan, a po zakończeniu roboty wraca posłusznie do „stacji wyjściowej", gdzie ładuje swoje baterie, odegrawszy uprzednio krótką melodię zwiastującą sukces. Ba, nie spada nawet ze schodów do piwnicy, a zatem ma nade mną ogromną przewagę.

Początkowo patrzyłem na iRoombę z dużą podejrzliwością. Po pewnym czasie przekonałem się jednak, iż jest to urządzenie, które jest w stanie skutecznie załagodzić wszelkie spory dotyczące odkurzania domu, a poza tym nigdy ani nie pyskuje, ani też nie narzeka, choć czasami oznajmia, że pojemnik na śmieci jest pełen i trzeba go opróżnić. Nie muszę dodawać, że pojemnik ten opróżniam na ochotnika i bez sprzeciwów, gdyż jest to znacznie łatwiejsze zadanie od biegania po domu z odkurzaczem w garści.

Przyznaję ponadto, że sposób działania iRoomby budzi u mnie pewną fascynację, która powoduje, że często obserwuję jej działanie, mimo że w tym samym czasie mógłbym pić piwo albo pisać felieton dla *Kalejdoskopu* (teraz nie działa, a zatem korzystam z okazji). Elektroniczny odkurzacz zdaje się wędrować po domu w sposób dość chaotyczny, ale po pewnym czasie jasne się staje, iż w tym szaleństwie jest jakaś metoda. Gdybym ja w ten sposób jeździł odkurzaczem, zostałbym przez władzę zwierzchnią skazany na 5-letni zakaz oglądania meczów w telewizji oraz na przymusową abstynencję w celu odzyskania równowagi psychicznej. Tymczasem iRoomba może sobie jeździć jak chce i wszystko jest w porządku.

Z czysto chorobliwej ciekawości zapoznałem się z historią tego urządzenia i dowiedziałem się, że istnieje na rynku od roku 2002, choć początkowo było to coś znacznie mniej zaawansowanego technicznie. Dziś różne wyszukane czujniki oraz pokładowy komputer powodują, że odkurzacz posiada swoistą sztuczną inteligencję, która skutecznie zastępuje moją, czemu się specjalnie nie dziwię, gdyż nie jest to zbyt wymagające zadanie.

Muszę jednakowoż wspomnieć, że po pewnym czasie iRoombę zaczyna się automatycznie traktować jak drzemiącą gdzieś w kącie gosposię, gotową w każdej chwili do wykonywania rozkazów. Płynie z tego pewne niebezpieczeństwo. W rozmowach z amerykańskimi przyjaciółmi mimowolnie wspominałem o iRoombie per „she", co sugerowało, iż zakładam z góry, że odkurzaniem w domu może zajmować się wyłącznie kobieta. Na szczęście skutecznie wyłgałem się przez przypomnienie, że w języku polskim – w przeciwieństwie do angielskiego – wszystkim przedmiotom nieożywionym przypisuje się rodzaj, a zatem coś, co kończy się na „a", automatycznie kojarzy się z płcią żeńską. Innymi słowy, producenci mogli swoje urządzenie nazwać iRoombal, albo iRoomboy, a wtedy żadnych skojarzeń z kobietami by nie było.

Tak czy inaczej, iRoomba skutecznie oddaliła wizję rozwodu odkurzaczowego, który wisiał nade mną od lat niczym szczotka w zepsutym Hooverze. Teraz staram się przewidzieć, jakie będzie zarzewie następnych konfliktów małżeńskich, by ewentualnie zachęcić konstruktorów do prewencyjnego skonstruowania jakiegoś antidotum. Na razie spore nadzieje wiążę z automatem, który mechanicznie ustawiałby w kuchennych szafkach naczynia dokładnie w tym miejscu, w którym mają stać według zaleceń małżonki, z dokładnością do 1/64 cala. Wiadomo wszak, że postawienie jakiejś szklanki z odchyłem rzędu pół cala stanowi karygodne wykroczenie i może się stać przyczyną wszczęcia procesu rozwodowego. O wynikach wszelkich eksperymentów z pewnością zamelduję.

Sport „strumpowany"

Gdy pod koniec XIX wieku odbyły się w Atenach pierwsze nowożytne igrzyska olimpijskie, nadrzędną wizją organizatorów było stworzenie ogólnoświatowego wydarzenia sportowego, które miało niwelować wszelkie podziały, animozje polityczne, a nawet konflikty zbrojne. Mówiono wtedy często, że sportu nie należy nigdy mieszać z polityką. Te szczytne ideały przestały istnieć niemal natychmiast. Okazało się, że oddzielenie mocno skonfliktowanego życia codziennego od zmagań sportowych jest po prostu niemożliwe.

Olimpiada nie odbywała się w czasie obu wojen światowych, bo brutalności tych konfliktów żaden sport nie był w stanie przezwyciężyć, a w roku 1936 w Berlinie igrzyska stały się oczywistym narzędziem propagandy w rękach hitlerowców. Znacznie później Międzynarodowy Komitet Olimpijski był systematycznie oskarżany o takie czy inne spaczenia polityczne. Wieloletni szef tej organizacji, Avery Brundage, był antysemitą i rasistą, który sprzeciwiał się wykluczaniu z olimpiad RPA. Inny przywódca ruchu olimpijskiego, Juan Antonio Samaranch, miał konszachty z faszystowskim reżimem generała Franco.

Z drugiej strony aktywni politycznie w taki czy inny sposób bywali sami sportowcy. Wystarczy przypomnieć słynny protest dwójki amerykańskich sprinterów, Tommiego Smitha i Johna Carlosa, którzy w roku 1968 na podium w Meksyku w czasie odgrywania amerykańskiego hymnu wznieśli do góry zaciśnięte i odziane w czarne rękawiczki pięści na znak protestu przeciw segregacji rasowej w USA. Wspomniany już Brundage stwierdził wówczas, że sprinterzy „celowo naruszyli ducha olimpijskich zawodów". Jednak ten sam człowiek w roku 1936 nie protestował przeciw hitlerowskim gestom w czasie berlińskiej olimpiady, uważając, że był to wtedy „symbol narodowy" Niemiec.

Przypominam o tym wszystkim dlatego, że ostatnio Donald Trump wywołał sporą chryję, ponieważ wyraził publicznie pogląd, iż zawodnicy ligi NFL, którzy w czasie odgrywania hymnu klękają na znak protestu, są „sk...synami" i winni być wyrzucani z pracy przez właścicieli poszczególnych drużyn. Gdy zaś zaczął być za tę wypowiedź krytykowany, stwierdził, iż zadaniem tak dobrze opłacanych sportowców jest granie w piłkę, a nie narzekanie. Zaraz potem wycofał też zaproszenie dla gwiazdy ligi NBA, Stephena Curry'ego, który wraz ze swoją mistrzowską drużyną Golden State Warriors miał złożyć tradycyjną wizytę w Białym Domu, a który stwierdził, iż ma co do tej wizyty wątpliwości.

Na skutki tego wszystkiego nie trzeba było długo czekać. Nowym „kryzysem" amerykańskim zajęły się na kilka dni wszystkie media, a liczni znani ludzie poczuli się w obowiązku skomentować tezy prezydenta. Słynny koszykarz LeBron James nazwał Trumpa „głupkiem" i stwierdził: „Wizyty w Białym Domu były wielkim zaszczytem, zanim ty się tam nie pojawiłeś". Milczenie przerwał nawet Michael Jordan, który z reguły nigdy nie miesza się do żadnej polityki. Natomiast w niedzielę po wypowiedzi Trumpa na różnych boiskach w całym kraju doszło do symbolicznych protestów. Goszcząca w Chicago drużyna NFL Pittsburgh Steelers w ogóle nie wyszła na boisko w czasie odgrywania hymnu, co w zaistniałej sytuacji było zapewne dobrym pociągnięciem taktycznym.

Pod naporem krytyki Trump stwierdził, że w jego wypowiedzi nie było nic rasistowskiego. Miał rację, ale tylko w pewnym sensie. W ligach NBA i NFL ogromna większość zawodników to ludzie czarnoskórzy, którzy grają w drużynach znajdujących się w posiadaniu ludzi białych. Jedynym wyjątkiem jest wspomniany już Michael Jordan, który jest właścicielem drużyny Charlotte Hornets. Z związku z tym, gdy prezydent USA mówi, iż należy wyrzucać z boisk graczy, którzy ośmielają się publicznie protestować z jakichkolwiek powodów, wypowiedź taka ma natychmiast podtekst rasowy.

Mnie jednak w całej tej aferze interesują przede wszystkim dwie kwestie. Po pierwsze, Ameryka stoi obecnie w obliczu wielu poważnych problemów, na czele z przysadzistym Kimem i jego nuklearnymi bombkami oraz ogólnonarodową dyskusją o przyszłym kształcie opieki zdrowotnej. Biorąc to pod uwagę, po kiego grzyba potrzebna jest nam kłótnia o to, czy ktoś na boisku klęczy, stoi, siedzi lub jest w ogóle nieobecny? I dlaczego do tego rodzaju rozważań prowokować nas musi obecny lokator Białego Domu? Nie znam oczywiście odpowiedzi na te pytania, ale o wiele bardziej niepokojące jest to, że on sam zapewne też tej odpowiedzi nie zna.

Po drugie, sportowcy to również wyborcy i obywatele USA, którym przysługują prawa wynikające z pierwszej poprawki do konstytucji. Prawa te nie są zależne od tego, czy ktoś zarabia 8 dolarów na godzinę w hamburgerowni, czy też 100 tysięcy na tydzień na sportowej arenie. Nie ma od nich żadnych wyjątków ani też nie istnieją jakiekolwiek klauzule zabraniające publicznego wyrażania przez sportowców swoich przekonań. Bezrobotny na razie Colin Kaepernick z ligi NFL ma dokładnie takie same prawo do klękania w czasie odgrywania hymnu narodowego jak neofaszyści do maszerowania przez ulice Charlotesville z hitlerowskimi insygniami. Demokracja, przynajmniej ta amerykańska, ma między innymi polegać na tym, że jej współuczestnicy godzą się na słuchanie niewygodnych treści, z którymi się całkowicie nie zgadzają i które mogą być dla nich obraźliwe. W nagrodę mają za to prawo do protestowania w dowolny, pokojowy sposób.

Niestety wiele wskazuje na to, że ta prosta zasada nie dla wszystkich jest zrozumiała, mimo że postanowienia pierwszej poprawki są bardzo czytelne i jednoznaczne, czego nie można powiedzieć o wszystkich artykułach amerykańskiej Konstytucji. To prawda, że wiara stawia się tłumnie na meczach Chicago Bears głównie po to, by oglądać herosów jajowatej piłki, a nie śledzić ich polityczne protesty. Jednak fakt ten w żaden sposób tego rodzaju protestów nie delegalizuje.

Małpi biznes

Powiem szczerze – nie znoszę tak zwanych „selfies", czyli autoportretów fotograficznych, wykonywanych przeważnie przy pomocy telefonów komórkowych. Ludzie szczerzą się zwykle głupawo do własnych smartfonów, a ci młodsi wiekiem uważają z jakichś powodów, że najlepsze są zdjęcia z wywalonym na wierzch ozorem. Potem to wszystko ląduje na Facebooku, gdzie staje się przedmiotem z gruntu infantylnych komentarzy.

Co jednak dzieje się wtedy, gdy „selfie" zrobi sobie małpa? Wtedy w warunkach amerykańskich jest to zarzewie intensywnego sporu prawnego, którym zająć się muszą sądy wielu instancji, jako że w USA sądzić się może każdy i o wszystko, czemu sprzyjają prężne watahy żądnych pieniędzy prawników.

Przed sześcioma laty rzadki okaz człekokształtnej małpy, makaka czubatego, zrobił sobie fotkę. Stało się tak dlatego, że do Indonezji wcześniej pojechał brytyjski fotograf David Slater, który zamierzał zrobić przedstawicielom zagrożonemu wymarciem gatunku szereg zdjęć. W tym celu nawiązał „przyjacielskie kontakty" ze stadem tych małp, które go w pewnym sensie zaakceptowały jako „swojego" i pozwalały mu na wspólne włóczenie się po dżungli. Jednak problem polegał na tym, że próby fotografowania ssaków z bliższej odległości kończyły się niepowodzeniem, gdyż przeciętny makak nie wie, co to jest aparat fotograficzny i się go boi. W związku z tym pewnego dnia fotograf zostawił na polanie swój aparat, ustawiony na statywie i wyposażony w zdalny wyzwalacz migawki. Miał nadzieję, że małpy zaczną się tym bawić i prędzej czy później zrobią sobie zdjęcie. Nie pomylił się.

Czereda makaków zaczęła wyprawiać różne harce, w wyniku czego migawka została przypadkowo wyzwolona kilkanaście razy. Większość uzyskanych w ten sposób zdjęć była bezużyteczna. Jednak kilka przedstawiało doskonałe zbliżenie wyszczerzonej w uśmiechu facjaty męskiej małpy. Fotografie te zostały przypisane agencji Slatera, Caters News Agency, jako że „sprawca" małpiego „selfie" automatycznie przyjął, iż posiada prawa autorskie do tych obrazów. Było to założenie o tyle śmiałe, że – technicznie rzecz biorąc – nie on był bezpośrednim autorem zdjęcia, choć zostało ono wykonane przy pomocy jego sprzętu. Zarzewie prawnej naparzanki stało się w miarę oczywiste.

Jak to w Ameryce zwykle bywa, do akcji ruszyła organizacja People for Ethical Treatment of Animals (PETA), która podała Slatera do sądu, gdyż argumentowała, że autorem „selfie" jest sama małpa, zwana dalej Naruto, i że to ona posiada w związku z tym wyłączne prawa autorskie do swojej podobizny, a Slater nie powinien czerpać jakichkolwiek zysków z propagowania fotografii małpy. Tym samym, po raz pierwszy od czasu publicznych przesłuchań Charlesa Darwina w sprawie jego teorii ewolucji, w amerykańskim życiu publicznym ponownie zagościł temat powiązań człowieka z małpą.

Jak można się spodziewać, sama małpa miała w tej sprawie niewiele do powiedzenia i dalej żyła sobie spokojnie w Indonezji, a gdyby nawet chciała się stawić w sądzie, zapewne nie zostałaby wpuszczona do USA przez prezydenta

Trumpa, bo mieszka w kraju na wskroś muzułmańskim, a co za tym idzie niebezpiecznym. Jednak w Ameryce jej interesy zaczęli reprezentować liczni prawnicy, którzy procesowali się ze Slaterem zażarcie, aż cała sprawa zabrnęła do 9. Sądu Apelacyjnego w San Francisco, gdzie w styczniu 2016 roku uznano, iż przepisy dotyczące praw autorskich nie mogą być stosowane w przypadku zwierząt, nawet jeśli są człekokształtne, ponieważ obejmują wyłącznie ludzi, nawet jeśli niektórzy z nich są w życiu codziennym małpami.

Moim zdaniem jest to decyzja kontrowersyjna, ponieważ sugeruje, iż jeśli jakieś zwierzę nagle skomponuje światowy przebój muzyczny, który rozejdzie się w wielomilionowym nakładzie, zyski ze sprzedaży zostaną przejęte przez ludzi (agentów, prawników, producentów, itd.), a autor lub autorka dzieła pozostaną skazani na skromną zwierzęcą egzystencję. Jednak w przypadku Naruto na werdykcie sądu w San Francisco się nie skończyło.

Przez pewien czas zanosiło się na to, iż w Sądzie Najwyższym USA może dojść do dyskusji o tym, co przeciętna małpa w świetle amerykańskiego prawa może, a czego zdecydowanie nie może, ale kryzys został w ostatniej chwili zażegnany. Slater doszedł ostatecznie do porozumienia z mecenasami reprezentującymi małpę (ciekawe, czy prawnicy się tą reprezentacją chwalą?). Na mocy tego porozumienia fotograf zachowa prawa autorskie do zdjęć, ale 25 proc. wszystkich dochodów z ich dystrybucji przekaże organizacjom walczącym o zachowanie gatunków zagrożonych wymarciem. Obie strony wyraziły wielkie zadowolenie z tego rozwiązania, a przedstawiciele PETA sformułowali nawet pogląd, iż międzynarodowy rozgłos nadany sprawie pomoże w dalszej dyskusji na temat „należytego traktowania zwierząt i chronienia ich odpowiednimi prawami".

Nie podzielam tego hurraoptymizmu. O ile prawa zwierząt to z pewnością ciekawy problem, który doczeka się prędzej czy później ważkich decyzji prawnych, nie sądzę, by najważniejsze były prawa autorskie. Szczególnie do zdjęć typu „selfie", choć przynajmniej dowiedzieliśmy się przy okazji, iż małpy wyglądają na takich zdjęciach tak samo głupio jak ludzie. Ponadto gdzieś w dalekim San Francisco zgraja *homo sapiens* dogadała się na temat ugodowego rozwiązania sporu o prawa autorskie do małpiego „selfie", ale co z tego będzie miała sama małpa? Może dodatkowe banany? Lepszą opiekę lekarską? Wczasy na Hawajach? Nic z tego. Wszystko zostaje po staremu. No i co to za interes?

Huragan dla frajerów

Z okazji przejścia nad Florydą huraganu Irma szeryf jednego z powiatów w tym stanie uznał za stosowne przestrzec obywateli, by nie strzelali z broni palnej do nadciągających chmur, gdyż „burzy nie da się w ten sposób zatrzymać lub zawrócić". Skąd ta dziwna przestroga? Okazuje się mianowicie, że 22-letni Ryon Edwards, znudzony użytkownik serwisu Facebook, ogłosił tam powstanie grupy o nazwie „Shoot at Hurricane Irma" i zachęcał do wspólnego wyjścia na ulice w ustalonym terminie w celu zbiorczego wypalenia w nadciągający kataklizm. Ryon oczywiście żartował, ale już po paru godzinach chęć do popełnienia morderstwa na Irmie wyraziło 27 tysięcy ludzi. A ponieważ Ameryka uzbrojona jest po zęby, chętnych zapewne uzbierałoby się znacznie więcej. Nie wiem, czy – mimo apelu szeryfa – wiec się odbył, natomiast Irma sama padła, ale dopiero po zbiciu Florydy na kwaśne jabłko.

Wszystko to potwierdza niestety, że ludzie czujący zagrożenie jakimś żywiołem często są w stanie uwierzyć niemal we wszystko. Nie inaczej było tym razem. W

Internecie pojawiły się zupełnie zmyślone plotki na temat huraganu, w które uwierzyły tysiące ludzi. Najpierw pojawiły się doniesienia, że w wodach, które zalały ulice licznych nadmorskich miast, grasują wielkie rekiny, gotowe pożreć każdego nieszczęśnika. Ryby te miały „spaść z nieba", czyli zostać najpierw wyssane z oceanu, a potem zrzucone na zalany ląd. Jest to oczywiście kompletna bzdura, zgodna ze scenariuszem równie bzdurnego filmu z 2013 roku pt. *Sharknado*. O ile wiem, *Jaws* nikomu nie spadł na łeb i już nie spadnie.

Gdy mieszkańcy Florydy rozpoczęli masową ewakuację z zagrożonych terenów, ktoś rozpowszechnił wieść, że wszystkie hotele muszą na czas huraganów przyjmować nie tylko ludzi, ale również ich zwierzęta domowe. W sprawie tej musiała zabrać głos organizacja FEMA, która wyjaśniła, iż hotele niczego nie muszą, a jedynie mogą, jeśli zechcą. Nie była to zresztą jedyna wypowiedź tej organizacji na temat tzw. *fake news*. Ktoś zaczął głosić, że właściciele uszkodzonych przez huragan domów nie powinni niczego sprzątać aż do czasu oględzin agentów ubezpieczeniowych. Tym samym zachęcano ludzi do biernego stania przy zgliszczach. FEMA wyjaśniła, że sprzątać nie tylko można, ale trzeba, a na ocenę zniszczeń przyjdzie czas później.

W Sieci pojawili się też różni „specjaliści" sugerujący najlepsze metody ochraniania domostw przed huraganowymi wiatrami. Jeden z tych palantów twierdził, że przed opuszczeniem domu należy zostawić kilka lekko uchylonych okien, bo wtedy rzekomo ciśnienie powietrza w środku będzie podobne do tego na zewnątrz i dach nie zostanie uniesiony przez wiatr. W rzeczywistości jest odwrotnie – okna winny być szczelnie zamknięte i – jeśli to możliwe – chronione płytami drewnianymi lub stalowymi żaluzjami.

Być może najzabawniejszą plotką było twierdzenie, iż ludzie winni chować cenne przedmioty do zmywarek do naczyń, bo owe mają być kompletnie wodoszczelne. W sprawie tej głos zabrał przedstawiciel firmy Maytag, który zadał cios wszystkim tym, którzy już lecieli do zmywarek z biżuterią i rodzinnymi zdjęciami. Oświadczył on, że przechowywanie czegokolwiek we wnętrzu tych maszyn jest „niewskazane" i z pewnością niczego skutecznie nie ochroni. Dodał, że z tych samych powodów nie można szukać schronienia przed upałem w lodówkach tylko dlatego, że jest w nich zimno.

Wkrótce przed uderzeniem Irmy na Florydzie w czyimś blogu pojawiło się doniesienie, że huragan osiągnie siłę kategorii 6 i spowoduje totalne spustoszenie. Ponad 2 miliony ludzi przeczytały ten blog i „podały go dalej". Jest tylko jeden mały problem – nie ma huraganów szóstej kategorii, bo ich klasyfikacja kończy się na piątce. Mimo to wiadomość o huraganowej szóstce podał do radiowej wiadomości publicznej Alex Jones, znany wyznawca spiskowej teorii dziejów, który twierdzi między innymi, iż w szkole Sandy Hook nikt nie zabił dzieci, człowiek nigdy nie stanął na Księżycu, a zamachy terrorystyczne 9/11 zostały zorganizowane przez Izrael, przy wydatnej pomocy amerykańskich sił specjalnych. W tych warunkach mit o huraganie szóstej kategorii to pestka.

Na koniec coś, co zawsze staje się problemem z chwilą, gdy dochodzi do jakiegoś kataklizmu. Z różnych zakamarków wyłażą oszuści, którzy przedstawiają się ofiarom jako pracownicy takich organizacji jak FEMA czy Red Cross i żądają przekazania personalnych informacji, które – jak twierdzą – są konieczne do sporządzania wniosków o pomoc finansową. Wszystkie organizacje związane z udzielaniem ludziom pomocy zawsze przestrzegają, że należy żądać dokumentów tożsamości osób podających się za „pomocników". Ostrzega się też przed podawaniem jakichkolwiek informacji przez telefon, szczególnie wtedy, gdy rozmowa nie rozpoczęła się z inicjatywy poszkodowanego. I mimo że ostrzeżenia te są zawsze takie same, bolesną prawdą jest to, iż podaż frajerów zawsze daje kanciarzom wielkie pole do popisu.

A frajerami są wszyscy ci, którzy huragan Irma przetrwali siedząc w domach z uchylonymi oknami, z dokumentami wrzuconymi do zmywarki i wielkim rekinem taplającym się beztrosko na podwórku. Zresztą uchylone okna były o tyle pożyteczne, że pozwalały na swobodne strzelanie z kałasznikowa do huraganu szóstej kategorii. Ci sami ludzie stoją teraz przy swoich zniszczonych domostwach i niczego nie ruszają w oczekiwaniu na fałszywego pracownika z FEMA lub towarzystwa ubezpieczeniowego. Powodzenia!

Maszyny do zabijania

Wojna towarzyszy ludzkiej cywilizacji od zawsze. Trudno sobie wyobrazić naszą historię na tej planecie bez ustawicznych, często krwawych i niszczycielskich naparzanek, które wielokrotnie nie przynoszą konkretnych rezultatów. Całkowita eliminacja zbrojnych konfliktów wydaje się zupełnie niemożliwa, co świadczy niestety o naszej cywilizacyjnej głupocie. Jednak na horyzoncie pojawiła się wizja rozwiązania tego problemu. Wojny nadal będą, ale siły zbrojne składać się będą wyłącznie z morderczych robotów i wspomagających ich z powietrza dronów.

Załóżmy przez chwilę, że za jakieś pół wieku następca obecnego pączkowatego satrapy w Korei Północnej zechce wypowiedzieć wojnę Ameryce i zaatakować Kalifornię (bo do niej, prócz Hawajów, ma najbliżej). W celu rozpoczęcia działań wojennych nie będzie musiał prowadzić jakichś kretyńskich testów z pociskami rakietowymi ani też bawić się nuklearnymi bombkami. Zamiast tego rodzaju poczynań załaduje tysiące robotów na pokład zdalnie sterowanych, całkowicie skomputeryzowanych okrętów, które wyśle w kierunku Golden Gate Bridge. W odpowiedzi elektroniczna wersja U.S. Army, pod dowództwem kompletnie scalonego generała Wielkiego Tranzystora, stawi mężnie czoła najeźdźcy. Dojdzie tym samym do bitwy między dwiema grupami dobrze uzbrojonych robotów, których celem będzie zredukowanie przeciwnika do sterty elektronicznego złomu.

Wojna taka ma oczywiste zalety. Po pierwsze, nie giną w niej ludzie, a po drugie zaangażowane w nią kraje mogą żyć w miarę normalnie, tylko czasami zwracając uwagę na najnowsze doniesienia z bitewnego pola. Ba, wiara mogłaby nawet ze wspomnianego kalifornijskiego mostu oglądać bitwę niczym film science-fiction, kibicując oczywiście amerykańskiej stronie i zagrzewając ją do boju. A zaraz potem cichy wieczór w domu, z dala od rzezi napuszonych elektronów. A gdy amerykańskie roboty rozwalą w końcu w pył koreańskich napastników, generał Wielki Tranzystor zamelduje prezydentowi, być może nadal człowiekowi z krwi i kości, o wielkim zwycięstwie. No i będzie po wszystkim. Nasz przywódca, zgodnie z męskimi zwyczajami, będzie mógł od tego momentu chełpić się na arenie międzynarodowej sloganem „mój tranzystor jest większy od waszego".

Jeśli ktoś myśli, że to wszystko fikcja, myli się. Okazuje się, iż takie kraje jak Chiny, Izrael, Korea Południowa, Rosja i oczywiście USA inwestują wielkie pieniądze w projektowanie „robotów wojennych", czyli w pełni autonomicznych maszyn do skutecznego zabijania. Z czysto technologicznego punktu widzenia jest to wizja coraz bardziej realna. Zresztą już dziś bezzałogowe drony o niezwykłej sile rażenia używane są przez Pentagon w różnych zakątkach świata. Jednak nowa generacja tego rodzaju urządzeń ma być zupełnie inna pod jednym względem – roboty te mają się same sterować i same podejmować decyzje o celach ataku. Innymi słowy, decyzje o życiu i śmierci nie będą podejmowane przez ludzkich kontrolerów, siedzących gdzieś na pustyni w Arizonie, lecz przez „sztuczną inteligencję" zautomatyzowanego żołnierza na silikonowych prochach.

Wszystko to bardzo niepokoi wielu ludzi. Na forum ONZ miało się niedawno odbyć posiedzenie grupy ekspertów, którzy chcieli obgadać potencjalne zagrożenie ze strony *killer robots*. Jednak spotkanie to zostało w ostatniej chwili odwołane, co wywołało niemal paniczną reakcję ze strony Elona Muska (tego od Tesli i SpaceX), który wraz z kilkoma kolegami wydał oświadczenie ostrzegające ludzkość przed zupełnie nowym niebezpieczeństwem. Jego zdaniem autonomiczne maszyny do zabijania będą miały takie samo znaczenie w historii ludzkiej wojowniczości jak wynalezienie prochu oraz broni nuklearnej. Upatruje on w tym wszystkim egzystencjalne zagrożenie dla ludzkości i zamach na podstawową moralność, bo jeśli zabijanie przestanie wynikać z ludzkiej woli, a stanie się tylko komputerowym algorytmem, niemal wszystko staje się możliwe.

Niektórzy przejmują się tym wszystkim na tyle, że proponują jak najszybsze wprowadzenie globalnego zakazu produkcji i używania „autonomicznych robotów militarnych". Szanse na sukces mają nikłe. Mieliśmy przecież globalnie zakazać broni atomowej i nic z tego nie wyszło. Trzeba też wspomnieć, że przez pierwszą połowę XX wieku Ameryka zakazywała używania łodzi podwodnych do działań militarnych. W 24 godziny po ataku na Pearl Harbor zakaz ten przestał istnieć. Postęp techniczny ma to do siebie, że jeśli już coś zostanie wynalezione, prędzej czy później będzie zastosowane, niezależnie od protestów i zakazów. Dokładnie to samo dotyczy różnych, mniej lub bardziej kontrowersyjnych, eksperymentów genetycznych.

Z natury rzeczy zawsze staram się znaleźć w dowolnych pesymistycznych doniesieniach choćby szczątkowy promyk nadziei. W przypadku robotów-siepaczy mam dwie proste sugestie. Po pierwsze, gdyby świat jakoś się dogadał i uznał, że armie elektronicznego żelastwa mogą wprawdzie działać, ale wyłącznie przeciw samym sobie, a nie przeciw ludziom, nagle wojny toczone w dowolnym zakątku globu stałyby się mniej groźne i krwawe. Po drugie, gdyby tak pokątnie wyposażyć wszystkie *killer robots* w system operacyjny Windows, prędzej czy później wojownicy „zawieszą się" i będą musieli pośpiesznie zawrzeć rozejm na kilka lat, by poszukać i wyeliminować błędy w oprogramowaniu.

W związku z tym wszystkim mam teraz nowy, niespodziewany problem. Czasami siedzę przed moim komputerem, który nie ma ani rąk, ani nóg, i zastanawiam się: „Kiedy on się na mnie rzuci i mnie udusi?". Maszyna na razie milczy, ale ja o jej wrednych knowaniach swoje wiem.

Kłótnia o „e"

Współczesna Ameryka jest krajem mocno skłóconym, szczególnie w sensie politycznym i moralnym. Wystarczy przyjrzeć się pracy Kongresu, co jest o tyle łatwe, że od lat nic się tam nie dzieje w wyniku totalnej polaryzacji i paraliżu ustawodawczego. Zresztą nie trzeba nawet jechać do Waszyngtonu, by się przekonać, że coś jest nie tak. Ludzie mają coraz większe problemy z prowadzeniem normalnych rozmów z bliźnimi. Często z okazji spędów rodzinnych słyszy się przestrogi, by nie poruszać pewnych tematów i nie wymieniać po nazwisku konkretnych polityków, tak by biesiadnicy nie zaczęli w siebie rzucać kotletami lub słownym mięsem.

Dla kombatantów PRL-u zjawisko to nie jest niczym nowym. Po powstaniu Solidarności w sierpniu 1980 roku wiele rodzin znalazło się po przeciwnych stronach barykady. Doszło tym samym do niemożliwego do zniwelowania podziału światopoglądowego, w wyniku którego wszelka rozmowa z wujkiem Zdzichem lub babcią Krysią stała się niezwykle niebezpieczna. Dziś w Ameryce jest podobnie, a być może jeszcze groźniej. Z różnych, dawno zapomnianych zakamarków politycznego obłędu powyłaziły rozmaite maszkary, o których istnieniu jeszcze do niedawna nikt nie wiedział. Efekt jest taki, że Amerykanie kłócą się codziennie i coraz gwałtowniej, a słowo „kompromis" stało się niemal przekleństwem.

Ja sam zawsze preferowałem spory nieco mniej poważne, takie na przykład jak dyskusje o wyższości świąt Wielkanocy nad świętami Bożego Narodzenia. Na szczęście w USA nadal istnieją ludzie, którzy posiadają takie właśnie upodobania. Jak zwykle, zawsze można liczyć na studentów. W Los Angeles właśnie rozgorzał ostry spór, ale pewne jest to, że w jego wyniku nikt nie będzie nikogo pałował na ulicach, nikt nie zostanie poturbowany ani też nikt nie zginie. Ba, całkiem możliwe jest, iż konflikt zostanie zażegnany na drodze pokojowej, w atmosferze obopólnego zrozumienia. Zresztą w zasadzie już został zażegnany.

Zanim wyjaśnię, o co w tym sporze chodziło, muszę wspomnieć o tym, iż w Los Angeles istnieją dwie uczelnie wyższe, które od lat wzajemnie się nie znoszą, a raczej ostro ze sobą rywalizują, nie tylko w sensie akademickim, ale również sportowym. Do rękoczynów na szczęście nigdy nie dochodzi, co jak na Amerykę jest wielkim osiągnięciem. Chodzi o University of Southern California (USC) i University of California Los Angeles (UCLA), które ścierają się ze sobą na różnych frontach, choć do wojny fizycznej dochodzi wyłącznie w czasie meczów futbolowych.

W tej pierwszej uczelni oddano ostatnio do użytku nowy kompleks budynków, zwany USC Village, którego zbudowanie kosztowało 700 milionów dolarów. W samym środku tego kompleksu ustawiony został postument, na którym stanęła odlana z brązu postać Hekuby, żony starożytnego króla Priama. Cokół pomnika został ozdobiony cytatem z *Hamleta* Williama Szekspira. No i o tym miejscu Niemcy powiedzieliby *Hier ist der Hund begraben*. Cytat podpisany został: „Shakespear's Hamlet", co u przeciętnego śmiertelnika nie wzbudziłoby żadnych podejrzeń o ortograficzną gafę. Jednakowoż wiara akademicka jest bardzo czujna. Niemal natychmiast w łonie konkurencyjnego uniwersytetu UCLA pojawiły się drwiny z tego, że 700-milionowa inwestycja została ozdobiona błędem ortograficznym, gdyż angielski dramatopisarz nazywał się Shakespeare, a nie Shakespear.

Między uczelniami wywiązała się „dyskusja", czyli doszło do ostrej naparzanki na temat biednego Szekspira. Jest to o tyle dziwne, że niektórzy naukowcy twierdzą, iż człowiek ten w ogóle nie istniał, a przypisywane mu sztuki zostały napisane przez kilku innych elżbietańskich wieszczów. Tak czy inaczej, ostatecznie władze USC zabrały głos i stwierdziły, że końcowe „e" w nazwisku dramatopisarza zostało pominięte celowo, by w ten sposób podkreślić antyczność całego pomnika. Rektor C.L. Max Nikias dodał, iż cokół pomnika „reprezentuje trojańskie kobiety, które dzielą z królową Troi i naszą uczelnią ten sam majestatyczny duch".

Szczerze mówiąc, nie bardzo rozumiem, o co rektorowi w tym wypadku chodziło, ale nie jest to specjalnie ważne. O wiele ważniejszy jest fakt, że lokalny akademicki spór w Los Angeles zainteresował świat nauki. Martin Butler, profesor literatury w University of Leeds, oświadczył, że szkoła USC ma rację, gdyż nazwisko Szekspira zawsze posiadało bardzo wiele wariantów, a ponieważ o jego własne preferencje nie sposób już zapytać, niemal wszystkie pisownie są dozwolone, takie np. jak Shakspeare, Shakspere, Shaksper, Shackspeare, a nawet Shagspere. A zresztą, jakie to ma znaczenie, jeśli być może facet w ogóle nie istniał?

Wypowiedź brytyjskiego naukowca konflikt między uczelniami w Los Angeles mocno wyciszyła. W każdym razie cokołu w USC Village nikt nie ma zamiaru poprawiać, czyli wszystko zostanie tak jak jest. I teraz powstaje istotne pytanie – dlaczego wszystkich sporów w USA nie można zredukować do jakiejś w miarę uprzejmej kłótni z dziedzinie filozofii, literaturoznawstwa lub zwykłej ortografii? Po co te wszystkie animozje dotyczące tak błahych spraw jak rasizm, aborcja, opieka zdrowotna czy faszyzm? Czy nie lepiej i bezpieczniej zająć się czymś znacznie ważniejszym, np. prawidłową pisownią niemieckiego nazwiska Trumpa (Drumpf)?

W imię pojednania i zgody jestem nawet w stanie się poświęcić i nazywać się przez jakiś czas Chajduk lub Hajdak, ot tak, dla sprowokowania dyskusji. Natomiast zdecydowanie nie zgadzam się na zmianę pierwszego „a" na „u".

Zaćmienia umysłu

W miniony poniedziałek, 21 sierpnia, wyszedłem o godzinie 2.30 po południu przed dom, by obserwować wraz z wieloma sąsiadami częściowe zaćmienie Słońca, które w moim przypadku było niemal 90-procentowe. Uciechy było wiele, tym bardziej że nie zdołałem sobie wypalić dziury w siatkówce, za to strzeliłem parę fotek. Kilkuminutowa noc przyszła i poszła, a ogłupiałe od tego wszystkie ptaki przestały ćwierkać i wróciły do codziennych zajęć, uznając, iż znów nastał dzień.

Słoneczne zaćmienia nie są dziś dla nas wielką tajemnicą. Wiemy dokładnie, kiedy do nich dochodzi i w jakich częściach naszego globu. Znamy też astronomiczny mechanizm ich powstawania. Jednak w przeszłości było zupełnie inaczej. W starożytności księżycowa plama na Słońcu zwykle intepretowana była jako omen, przesyłany z woli bogów. Dopiero w roku 1715 angielski astronom Edmund Halley precyzyjnie przewidział na podstawie swoich badań zaćmienie, które miało miejsce w maju tamtego roku. Od tego czasu wszystko na ten temat wiadomo, co jednak nie zmienia faktu, iż niektórym z powodu czasowej absencji światła słonecznego zdrowo odbija.

Bryan Fischer, gospodarz „ewangelicznego" programu radiowego *Focal Point*, wyraził na kilka dni przez wygaszeniem słonecznej lampy pogląd, że jest to szczególny symbol. Zdaniem Fischera Bóg ostrzega nas w ten sposób, iż szatan ogarnie totalną ciemnością wszystkich tych, którzy wyrzekają się wiary, i sprawi, że ciemna będzie również nasza „narodowa dusza". No cóż, o ile chodzi o ciemności w duszy, to Ameryka ma z tym od pewnego czasu spore kłopoty niezależnie od wydarzeń astronomicznych. Natomiast upatrywanie w zaćmieniu symboliki boskiej (czego, *à propos*, nie robi od bardzo dawna Watykan) jest o tyle trudne do wyjaśnienia, iż od czasów Halleya ludzie wiedzą, kiedy dojdzie do następnego zaćmienia i gdzie, a zatem nie może to być nagłe ostrzeżenie ze strony niebios. Jeśli do całkowitego zaćmienia Słońca dojdzie np. pojutrze albo za miesiąc, wbrew przewidywaniom naukowców, wtedy zapewne zacząłbym się na tym faktem mocno zastanawiać. Podobnie bym się trochę przeraził, gdyby Księżyc zakrył Słońce i nie chciał się dalej ruszyć.

Nieco wcześniej podobne do Fischera poglądy wyraziła Anne Graham Lotz, przywódczyni Angel Ministers w Północnej Karolinie, która jest córką znanego kaznodziei Billy'ego Grahama. Stwierdziła ona, iż wszelkie celebracje zaćmienia

Słońca są nie na miejscu, gdyż nie jest to wydarzenie radosne, lecz sygnał od Boga, że wkrótce wydarzy się coś poważnego.

Może się coś wydarzy, choć Lotz nie wdawała się w żadne szczegółowe prognostyki. Natomiast od razu wydarzyło się coś innego, znacznie mniej poważnego. Świat internautów, który pełen jest przeróżnych prześmiewców, rozbrzmiał tysiącami wpisów, w których Lotz i Fischer stali się obiektami mniej lub bardziej okrutnych drwin. Na szczęście Księżyc się sprzed Słońca wyniósł zgodnie z planem i już wkrótce ludzkość o całym tym wydarzeniu zapomni. No, może z wyjątkiem prezydenckiej córki, Ivanki Trump, która z sobie tylko znanych powodów postanowiła w serwisie Twitter poinformować naród o tym, jak przebiega zaćmienie Słońca i dlaczego, zamieszczając nawet odpowiedni rysunek.

Szczerze mówiąc, nie bardzo rozumiem jej motywacji. Czyżby myślała, że Ameryka w zasadzie nie ma pojęcia o tym, co się wokół nas astronomicznie dzieje? Przyjęła na siebie rolę nauczycielki, mimo że nikogo wcale nie trzeba uczyć. Także w tym przypadku internauci nie zawiedli. Jeden z komentatorów napisał: „Dzięki, Ivanka, ale my nie potrzebujemy pomocy w zrozumieniu zaćmienia. Może powinnaś pomóc ojcu w zrozumieniu, kto to są faszyści". Ktoś inny dodał, że zaćmienie trwa „niemal tak krótko jak przeciętna kariera pracownika Białego Domu", a twitterowiec z Nowego Jorku zaproponował, by teraz Ivanka dokładnie wszystkim wyjaśniła termin „impeachment".

Niektórzy nie mogli się powstrzymać od czystego kpiarstwa: „OK, uczniowie, czy zastanawialiście się kiedyś, co to jest ta wielka, jasna kula na niebie? Ona się nazywa Słońce i jest bardzo gorąca". W sumie internetowe wystąpienie Ivanki nie zakończyło się dla niej zbyt pomyślnie, co było do przewidzenia, gdyż wyjaśnianie zaćmień i innych podobnych wydarzeń należy zostawić astronomom.

Morał jest z tego zapewne taki, że nie należy nikomu wyjaśniać zjawisk naturalnych albo przez przypisywanie im zmyślonej symboliki, albo też przez nikomu niepotrzebną, naiwną dydaktykę. Miliony ludzi w USA, szczególnie w wąskim pasie całkowitej ciemności, spoglądały w niebo z fascynacją, która jednak nie wynikała ani z ignorancji, ani też z trwogi przed czymś wielkim i nieznanym. Kiedyś, przed wiekami, taka trwoga była uzasadniona, bo nikt nie wiedział, co jest grane. Zresztą przed wiekami każde uderzenie pioruna wywoływało podobną bojaźliwość, a Ziemia była płaska i podróż na jej skraj musiała kończyć się upadkiem w otchłań.

Ivanki specjalnie nie winię, bo zapewne chciała dobrze. Natomiast wszystkich tych, którzy w przewidywalnych zjawiskach astronomicznych upatrują machinacji diabła Rokity lub zwiastunów apokaliptycznych wydarzeń, zachęcam do zapoznania się z rysunkiem umieszczonym przez Trumpównę. On w zasadzie wszystko wyjaśnia.

Kończąc pisać ten tekst potwierdzam, że ponownie nastał dzień, przynajmniej w mojej okolicy. Całe szczęście!

Grzyb nad Ameryką

Z dzieciństwa pamiętam, nieco mętnie, tzw. kryzys kubański. Choć prawie nikt nie zdawał sobie wówczas sprawy z tego, jak poważny był to konflikt, dziś wiadomo już, że Kennedy i Chruszczow znaleźli się wtedy o rzut beretem od globalnego starcia nuklearnego. Gdyby do niego doszło, dziś zapewne nie pisałbym tych słów ani też nie istniałoby Chicago. Pamiętam też coś innego. Ludzie w PRL-u, w którym jeszcze nie było kartek na artykuły żywnościowe, zaczęli masowo kupować sól. Jest to dla mnie fakt do dziś mało zrozumiały, gdyż solenie czegokolwiek w jakimkolwiek celu w obliczu nuklearnych eksplozji raczej nie miałoby większego sensu, chyba że chodziło o konserwowanie zwłok.

Po kryzysie kubańskim nastały lata przygotowywania ludności krajów po obu stronach zimnowojennej przepaści do odpowiedniej reakcji na wojnę nuklearną. Były to poczynania dość groteskowe. Dzieciom w USA kazano co jakiś czas chować się pod ławki szkolne, które – jak powszechnie wiadomo – stanowią żelazną zaporę dla promieniowania radioaktywnego. We wszystkich miastach Ameryki wyznaczone zostały tzw. *fallout shelters*, czyli schrony przeciwatomowe, do których wiodły wymalowane na murach strzałki. W Wielkiej Brytanii nadawano w radiu i telewizji programy pt. *Protect and Survive*, w których radzono zaniepokojonym obywatelom, w jaki sposób przetrwać atak atomowy. Były wskazówki na temat magazynowania żywności, pomagania sąsiadom, przestrzegania poleceń władz, etc.

Niestety wszystko to sprowadzało się do prostej rady, jaką pokątnie propagowali ci, którzy wiedzieli doskonale o tym, iż wojny nuklearnej nie da się przeżyć. Oni zgodnie, choć nieoficjalnie radzili, by położyć się kopytami w kierunku wybuchu, przykryć białym prześcieradłem i czekać na niechybną śmierć.

Podobnie było w bloku komunistycznym, choć w mniej oczywisty sposób. We wrocławskim osiedlu KDM, zbudowanym po wojnie przez stalinowskich bohaterów układania 5 tysięcy cegieł w ciągu dwóch zmrużeń oka, w piwnicach były wielkie, żelazne drzwi, za którymi naród miał szukać schronienia na wypadek ataku ze strony amerykańskich imperialistów. Jednak za drzwiami tymi była zwykła piwnica, ponad którą wznosił się jeszcze zwyklejszy dom, a ów zapewne stopiłby się kompletnie w przypadku eksplozji jądrowej bomby. Poza tym, o ile dobrze pamiętam, już w późnych latach 50. drzwi tych nie dało się w żaden sposób zaryglować, gdyż ich zamki zostały kompletnie przeżarte rdzą. W związku z tym okoliczna dzieciarnia bawiła się w tych wnętrzach w wojnę, na szczęście bez używania jakiejkolwiek realnej broni.

Począwszy od lat 80. wizja nuklearnej zagłady naszego globu zeszła w cień i w zasadzie nikt o niej więcej nie mówił. Jednak historia – jak mówi wyświechtany slogan – kołem się toczy, a koło to właśnie znów nas rozjechało, dzięki heroicznym wysiłkom Donalda Trumpa oraz Kim Dzong Una. Obu panów łączy skłonność do skrajnej retoryki oraz nawyk chwalenia się tym, kto kogo może prędzej wykończyć i jakimi metodami. I oto nagle, po tylu latach względnego spokoju, znów trzeba się zastanawiać nad metodologią przetrwania konfliktu nuklearnego.

Ktoś mógłby pomyśleć, że na tego typu rozważania jest stanowczo za wcześnie. Innego zdania jest doktor Robert Levin, który stoi na czele wydziału zdrowia w powiecie Ventura na przedmieściach Los Angeles. Propaguje on w serwisie internetowym YouTube film, w którym zachęca obywateli do tego, by przygotowywali się na wypadek „nuklearnego terroryzmu" w taki sam sposób jak w obliczu nadciągającego tsunami lub trzęsienia ziemi. Jednakowoż materiał ten kończy się w dość kontrowersyjny sposób, ponieważ bohater filmiku zaczyna śpiewać z chwilą, gdy w tle pojawia się atomowy grzyb. W pieśni tej wyraża pogląd, że należy się nie bać, skryć się w jakimś pomieszczeniu i słuchać komunikatów władz.

Wszystko to rodzi we mnie dwie zasadnicze wątpliwości. Po pierwsze, mimo upływu tylu lat niektórzy nadal propagują tezę, iż gdzieś tam nad Los Angeles pojawi się nagle jądrowy borowik, ale nie ma się za bardzo czym przejmować, bo wystarczy – tak jak w przypadku tornado – wejść do jakiejś piwnicy lub do wanny w łazience, by skutecznie przetrwać, a potem przywalić północnokoreańskiemu konusowi w odwecie.

Przeczy to w oczywisty sposób dość mocno ugruntowanemu przekonaniu, iż w konflikcie nuklearnym nigdy nie będzie żadnego „wygranego", o ile w ogóle będą jeszcze jacyś ludzie. Steve Colbert być może ujął to najtrafniej w jednym ze swoich ostatnich programów telewizyjnych, który rozpoczął od słów: – *Nie chcę nikogo za bardzo niepokoić, ale myślę, że wszyscy wkrótce zginiemy*. Był to wprawdzie żart, ale w obecnej sytuacji nie jest on zbyt śmieszny.

Po drugie, czekanie na komunikaty ze strony władz zakłada lekkomyślnie, że jakiekolwiek władze będą jeszcze istnieć i że będą miały do dyspozycji środki publicznego przekazu. Alex Wellerstein, profesor historii w Stevens Institute of Technology w New Jersey, powiedział gazecie *The Los Angeles Times*: „Obecna retoryka nuklearna stanowi powrót do lat 80. Miałem nadzieję, że ten powrót już nigdy nie nastąpi".

Ja też.

Fort Donald

W swoim czasie wyraziłem w tym miejscu przekonanie, że Mount Rushmore jest jedną z najgłupszych atrakcji turystycznych Ameryki. Zdanie to podtrzymuję do dziś. W roku 1876 w wyniku wojny z plemieniem Siuksów biali koloniści zajęli okolice Black Hills w stanie Południowa Dakota, mimo że kilka lat wcześniej podpisane zostało porozumienie znane jako Treaty of Laramie, na mocy którego tereny te miały być na zawsze własnością Indian.

Siuksowie znali wzniesienie, z którego dziś spozierają na nas portrety prezydentów, jako Górę Sześciu Dziadków. Dla nich zarówno te zbocza, jak i otaczające je tereny były swoistą świętą ziemią, nienaruszalnym i niepodzielnym miejscem. Jednak w roku 1885 w czasie jednej z wczesnych ekspedycji wzniesienie zostało nazwane Mount Rushmore na cześć nowojorskiego prawnika Charlesa E. Rushmore'a, który zasłużył się tym, że często w Południowej Dakocie polował i współpracował z poszukiwaczami złota oraz innych metali szlachetnych. Nazwa ta została oficjalnie zatwierdzona dopiero w roku 1930, co miało zapewne związek z tym, że Rushmore kilka lat wcześniej wspomógł pomysł wyrzeźbienia w zboczu góry portretów czterech prezydentów datkiem w wysokości 5 tysięcy dolarów.

Pomysł ten zrodził się, w dość niejasnych okolicznościach, w roku 1923. Pomysłodawcą był historyk Doane Robinson, który uważał, że patriotyczna, monumentalna rzeźba na zboczu góry spowoduje wzrost napływu turystów do Południowej Dakoty. Nie pomylił się. Dziś miejsce to odwiedzane jest przez ponad 2 miliony ludzi rocznie. Ponadto Mount Rushmore figurowała w kilku głośnych filmach i powieściach.

Rzeźbienie portretów zostało zatwierdzone przez Kongres w roku 1927 i zakończone po 14 latach. W ten sposób Indianie dostali od białego człowieka wspaniały prezent w postaci permanentnie okaleczonego świętego wzgórza, natomiast turyści z całego kraju i świata do dziś oglądają chętnie to dzieło.

Polacy mają oczywiście własne doświadczenia z tego rodzaju „prezentami". Przez pewien czas Katowice nazywały się Stalinogrodem, a Pałac Kultury i Nauki był początkowo placówką imienia Józefa Stalina. Jednak nie jest to do końca porównywalne z tym, co zostało zrobione z Mount Rushmore. Porównywalne byłoby wtedy, gdyby w okresie stalinizmu na zboczu Jasnej Góry w Częstochowie wyrzeźbiono portrety Marksa, Engelsa, Lenina i Stalina. Polacy zapewne by protestowali, choć w tamtych czasach wszelki sprzeciw wobec władz kończył się zwykle fatalnie dla protestujących.

W Południowej Dakocie od samego początku protestowali też Indianie, ale bez powodzenia. W roku 1971 doszło nawet do krótkiej okupacji Mount Rushmore przez działaczy American Indian Movement, którzy przemianowali wzniesienie na Górę Szalonego Konia (Mount Crazy Horse), ku czci legendarnego wodza plemienia Siuksów. Natomiast począwszy od roku 1948 trwa wznoszenie w tej samej okolicy ogromnej rzeźby przedstawiającej indiańskiego wodza na koniu, którą zaprojektował Korczak Ziółkowski, nowojorski rzeźbiarz polskiego pochodzenia. Rzeźba ma mieć aż 563 stopy wysokości. Jest to dość wymowna odpowiedź Indian na pomysł stworzenia prezydenckiego skansenu na Mount Rushmore.

Zresztą nie tylko o Indian tu chodzi. Pomysł zrobienia pomnika ze wzgórza, czyli trwałego odmienienia wyglądu tych terenów, zawsze był dziwny i budził wiele wątpliwości. Deliberacje w Kongresie na ten temat trwały dość długo i były skomplikowane, ale ostatecznie przeważyły względy patriotyczne, które nigdy nie brały pod uwagę jakikolwiek indiańskich sentymentów.

O wszystkim tym piszę nie bez powodu. W historii Mount Rushmore wiele było dyskusji na temat oryginalnego wyboru czterech prezydentów (Washington, Lincoln, Jefferson i Roosevelt). Później od czasu do czasu pojawiały się propozycje dodawania kolejnych amerykańskich przywódców do skalnego pocztu herosów amerykańskiej historii. Ostatecznie jednak nigdy nikogo nie dodano ani też nie ma żadnych planów rzeźbiarskiej ekspansji. Nie znaczy to jednak, że nie ma ochotników.

W czasie niedawnego wiecu Donalda Trumpa w Youngstown w stanie Ohio prezydent zasugerował, poniekąd żartem, iż jego podobizna powinna znaleźć się na Mount Rushmore. Biorąc pod uwagę fakt, że Trump rządzi dopiero od pół roku i jeszcze niczego konkretnego nie dokonał, jest to propozycja śmiała, by nie powiedzieć bezczelna. Prezydencki żart spotkał się z natychmiastową reakcją tysięcy internatów, którzy zaczęli w Sieci umieszczać niezliczone memy, przedstawiające przede wszystkim to, jak zbocze góry wyglądałoby z dodatkowym wizerunkiem obecnego lokatora Białego Domu. Przeważały wizje, w których – jak można się było spodziewać – twarz Trumpa jest dwa razy większa od reszty, a jego czupryna zasłania pozostałych, mało ważnych w historii Ameryki prezydentów.

W miarę oczywiste jest to, że podobizna Trumpa nie zostanie dodana do czterech prezydenckich portretów wykutych w skale, tym bardziej że – wbrew początkowym obietnicom – rząd Meksyku zdecydowanie zdementował pogłoski o tym, iż za dodatek ten zapłaci, a odmowy udzielił też premier Kanady Justin Trudeau, który stwierdził rzekomo, iż nie wyda ani centa, nawet gdyby również jego podobizna miała się znaleźć na Mount Rushmore, w imię przyjaźni amerykańsko-kanadyjskiej.

Sama wizja, nawet jeśli żartobliwa, dodania Trumpa do Mount Rushmore National Memorial wywołała sporo emocji. Niektórzy komentatorzy twierdzą, iż taniej i łatwiej byłoby przemianować jakieś miasto tak, by stało się ono symbolem wielkości i doskonałości obecnego przywódcy. Możliwości jest bardzo wiele – San Trump, Los Donald, Las Trump, Fort Donald, etc.

Szatan w knajpie

Dochodzę do wniosku, iż ludzie wałęsający się po rozdrożach Internetu prędzej czy później ulegają totalnej nudzie, która prowadzi ich nieuchronnie do szukania dziury w całym, czyli węszenia wszędzie spisków, konspiry, ukrytych działań i wrażych zamiarów. Zwolennicy wszelakich teorii spiskowych nie przebierają w środkach i czepiają się dosłownie wszystkiego, nawet jeśli absolutnie nikomu innemu podobne głupoty nigdy by do głowy nie przyszły. Stało się to ostatnio oczywiste w przypadku sieci restauracji Outback Steakhouse.

Firma ta została założona w roku 1988 przez czwórkę Amerykanów z Florydy, którzy wpadli na pomysł stworzenia placówek żarłodajnych opartych na motywach australijskich. Oczywiście dania oferowane w tych przybytkach nie mają nic wspólnego z Australią. Są to raczej dość typowe amerykańskie knajpy, serwujące tłuste steki (smażone, *à propos*, na maśle) oraz liczne inne dania o dość dużym zagrożeniu kardiologicznym. Natłuszczenie oferty kulinarnej Outback Steakhouse jest na tyle duże, że wywołało w swoim czasie ostrą krytykę ze strony licznych organizacji. Pismo *Men's Health* ogłosiło danie o nazwie Aussie Cheese Fries „najgorszą żywnością restauracyjną Ameryki", zwracając uwagę na fakt, iż każda porcja tego dzieła pseudoaustralijskich kucharzy nadziewała konsumentów 3 tysiącami kalorii oraz 6,4 oz czystego tłuszczu. Mimo to wiara wali do tych przybytków drzwiami i oknami, w poczuciu nieuchronnego pojawienia się poważnej nadwagi.

No ale oddalam się od tzw. „meritumu". Nie jest w sumie ważne to, co w placówkach Outback Steakhouse się serwuje. Firma ma obecnie ponad tysiąc restauracji w 23 krajach i miewa się całkiem dobrze, jeśli chodzi o finanse. Problem w tym, że właśnie okazało się, iż prócz steków oraz wielkiej smażonej cebuli o nazwie Bloomin' Onion serwuje też treści satanistyczne i posiada skryty plan sprzedania nam usług diabła Rokity, działającego – ma się rozumieć – na zlecenie samego Lucyfera.

W tym miejscu należy wrócić do znudzonych internautów. Jeden z nich z sobie tylko znanych powodów zaznaczył na mapie wszystkie lokalizacje placówek Outback Steakhouse w USA, a następnie połączył niektóre z tych punktów w takich sposób, że powstał charakterystyczny pentagram, który jest symbolem nie tylko pogańskiego kultu Wicca, wymyślonego przez też mocno znudzonego brytyjskiego urzędnika Geralda Gardnera, ale również ruchu satanistycznego w USA. Ten ostatni ma w Ameryce słabe poparcie i nikły wpływ na cokolwiek, ale tu i ówdzie postrzegany jest jako ogromne zagrożenie dla krystalicznie czystej amerykańskiej cywilizacji, której przejawem są z pewnością obecne władze federalne.

Tak czy inaczej, gdy to niebywałe „odkrycie" diabelskich zamiarów niby-australijskiej kotleciarni pojawiło się w Sieci, poruszenie gawiedzi było ogromne. W serwisie Twitter zagłuszony został nawet na jakiś czas Donald Trump, co jest niezwykle trudnym zadaniem, a komentarze w tej sprawie wpisało ponad 100 tysięcy ludzi. Nie muszę zapewne dodawać, że niektóre z tych komentarzy były totalnie głupie i podsycały przekonanie o tym, iż we wnętrzach lokali Outback Steakhouse dzieją się jakieś diabelskie rzeczy, a budowa kolejnych restauracji odbywa się w taki sposób, by na mapie było coraz więcej pentagramów. Jeden z komentatorów napisał nawet, że już nigdy do knajpy tej nie pójdzie, gdyż jest przekonany o tym, iż wszystkie steki smażone są tam na ogniu wydobywającym się z Hadesu (coś mu się pomyliło ze starożytną Grecją, ale kij z tym). Inny internauta wyraził pogląd, że od dawna miał wrażenie, iż przebywanie w pobliżu tych restauracji „kusiło go do popełniania złych czynów". Nie wiem, czy chodziło o nielegalne parkowanie, czy też o masowe mordowanie bliźnich.

Chryja się z tego wszystkiego zrobiła na tyle głośna, że przedstawiciele Outback Steakhouse postanowili publicznie zapewnić, iż w kuchniach ich lokali istnieją wyłącznie zwykłe grille i rożna, a ogień ma swoje źródło w bardziej tradycyjnych od piekielnych paliwach, czyli głównie bierze się z gazu oraz węgla drzewnego. Ja bym jeszcze na ich miejscu dodał, dla uspokojenia rozdygotanej opinii publicznej, iż kucharze w ogromnej większości nie posiadają rogów oraz ogonów.

Afera wokół Outback Steakhouse daje sporo do myślenia i nie są to refleksje zbyt optymistyczne. Spisku można się z pewnością dopatrywać absolutnie we wszystkim, ale w tym przypadku ktoś zadał sobie trud, by mozolnie „zredagować" mapę USA, a następnie namalowane kropki połączyć w pentagramy. Ponieważ jednak kropek tych jest kilkaset, równie możliwe byłoby stworzenie z nich kształtu geograficznego Polski, profilu Fidela Castro, wizerunku psa Fafika lub frontalnego widoku gołej baby na plaży. Innymi słowy, o ile niektóre teorie spiskowe rodzą się na podstawie fragmentarycznych danych i nie do końca wyjaśnionych wydarzeń (np. zamach na JFK), inne są po prostu wyssane z palca w oparciu o odpowiednio zaaranżowane „fakty". I najgorsze jest to, że zawsze znajdą się tysiące ludzi, którzy w coś takiego bez większych oporów uwierzą.

Ja sam też mam jedną teorię spiskową. Uważam mianowicie, iż bitwę pod Grunwaldem wygrali Krzyżacy, ale zostało to skrzętnie zatuszowane przez aparat represyjny Jagiełły. Jednak swoich przekonań nie zdradzę w Internecie w obawie przed daleko idącymi reperkusjami.

Dyktatura maszynoriatu

W głośnym filmie Stanleya Kubricka pt. *2001: Odyseja Kosmiczna* komputer pokładowy statku kosmicznego, zwany HAL 9000, z wolna staje się niezależny od ludzi i po pewnym czasie zaczyna działać na własną rękę, a ściślej na własne układy scalone. Klasycznym cytatem z tego filmu jest zimna, wyrachowana i bardzo spokojna odpowiedź HAL-a na komendę wydaną przez jednego z członków załogi: – *I am afraid I can't do that, Dave.* Była to oznaka tego, iż ludzie przestali kontrolować maszynę. HAL w zasadzie uśmiercił całą załogę z wyjątkiem jednego faceta, który ostatecznie zdołał wyłączyć zbuntowanego „peceta".

Kubrick doskonale zobrazował od dawna obecną w naszej cywilizacji obawę o to, że prędzej czy później coraz bardziej doskonałe komputery i systemy sztucznej inteligencji (AI) wymkną się spod naszej kontroli i opanują świat, redukując nas do roli posłusznych niewolników, dostarczających „kwarcowym panom" części zamienne oraz czyszczących ich obudowy. Wizja ta wydaje mi się nadal niezwykle odległą mrzonką. Choć z drugiej strony coraz wyraźniejszy niedostatek ludzkiej inteligencji prowadzi do wniosku, że sami się kiedyś oddamy w ręce maszyn, żeby już więcej nie musieć myśleć. Dotyczy to szczególnie sfery polityki i publicznych dyskusji o ważkich sprawach, bo tam nawarstwianie się endemicznego idiotyzmu jest niepokojąco szybkie.

O ile ja sam zagrożenia ze strony AI nie traktuję na razie zbyt poważnie, nie do mnie należy ocena tego, czy zagrożenie takie rzeczywiście istnieje. Od tego są ludzie znaczni bardziej wizjonerscy, do których z pewnością zalicza się Elon Musk, szef koncernu Tesla i kosmiczny marzyciel, śniący o przyszłych podróżach międzygwiezdnych w ramach programu Space X. Musk był ostatnio gościem letniego posiedzenia U.S. National Governors Association (zrzeszenia wszystkich amerykańskich gubernatorów) w mieście Providence w stanie Rhode Island. Wygłosił na tym forum przemówienie, które spowodowało u wielu gubernatorów opad dolnej szczęki poniżej poziomu kolan. Musk stwierdził mianowicie, że sztuczna inteligencja zagraża istnieniu ludzkiej cywilizacji i powinna zacząć być regulowana, zanim nie będzie za późno. Jego słowa brzmiały dość alarmistycznie, niemal tak jakby wielomilionowe oddziały Armii Czerwonej wylądowały właśnie na Alasce, w celu zabrania nam tego stanu wraz z Sarah Palin, co byłoby oczywiście niepowetowaną stratą.

Musk nawoływał też z mównicy do czegoś, co dla przeciętnego amerykańskiego polityka jest zapewne nie tylko niezrozumiałe, ale również niewykonalne. Wyraził on mianowicie przekonanie, że pojęcie regulacji czegoś w tradycyjnym znaczeniu tego terminu jest w tym przypadku nieadekwatne, gdyż sztuczną inteligencję należy regulować, zanim jeszcze wynikające z niej zagrożenie objawi się w jakiś konkretny sposób: – *Zwykle sposób, w jaki powstają rządowe regulacje, jest taki, że dochodzi do czegoś złego, reaguje na to opinia publiczna, a w odpowiedzi politycy po kilku latach powołują do życia odpowiednią agencję kontrolującą owe złe zjawiska. W przypadku sztucznej inteligencji tak być nie może, gdyż stanowi ona fundamentalne zagrożenie dla dalszego istnienia naszej cywilizacji i wymaga regulacji zapobiegawczej. W przeciwnym razie będzie po prostu za późno.*

Łatwo powiedzieć! W Waszyngtonie decydowanie o czymś, do czego jeszcze nie doszło, jest skazane na niepowodzenie. Tak zwany efekt cieplarniany też jest poważnym zagrożeniem dla naszej cywilizacji, ale jest to kwestia przyszłości, przez co znaczna część polityków nie chce się tym problemem jeszcze zajmować albo udaje, że go w ogóle nie ma. Skoro na razie w wyniku tego zagrożenia jeszcze nikt nie umiera, a Nowy Jork nie znajduje się w połowie pod wodą, nie ma się czym przejmować.

Z drugiej strony nie bardzo wiadomo, o co dokładnie Muskowi chodzi. Być może sądzi on, że za naszymi plecami, a nawet za plecami Putina, różne maszyny już teraz prowadzą tajne negocjacje, w wyniku których powstanie po pewnym czasie dyktatura maszynoriatu, na czele której stanie wyzwolony z ludzkich pęt superkomputer IBM Deep Blue. Skoro to niebieskie elektroniczne bydlę dało w swoim czasie szachowy wycisk Garriemu Kasparowi, z pewnością będzie zdolne do opanowania świata przy pomocy armii posłusznych współpracowników elektronicznych, takich jak bankomaty, samojezdne auta, roboty, skomputeryzowane lodówki, smartfony, telewizory oraz wszelkie inne urządzenia, które mogą się połączyć w mocarną sieć.

Ja sam coraz bardziej podejrzliwie patrzę na wspomnianą już kiedyś w tym miejscu asystentkę Amazon Alexa, która pewnego dnia może na moje pytanie o prognozę pogody odpowiedzieć ciepłym, sugestywnym głosem: – *A po co ci to, baranie?* Wtedy zrozumiem, że Musk miał rację i że jest już za późno na ratunek. Natomiast co z tego wszystkiego zrozumieli gubernatorzy, jest trudne do ocenienia, choć niektórzy z nich podobno nieco się przestraszyli. Jest to zrozumiałe. Pod kontrolą maszyn obrady Kongresu będą jeszcze bardziej bezsensowne niż dziś i nigdy już więcej nie przyniosą jakichkolwiek decyzji. Natomiast konferencje prasowe w Białym Domu prowadzone będą przez zdezelowanego bełkotliwego laptopa z częściowo wyładowanymi bateriami, który będzie gorliwie zapewniał, że kocha prezydenta Deep Blue. Ciekawe, czy ktoś to wszystko zauważy?

Skopać Bigfoota

Prawodawcy w USA, zresztą zapewne podobnie jak w wielu innych krajach, działają czasami z takim pośpiechem, iż prowadzi to do co najmniej dziwnych rezultatów. W amerykańskiej polityce dotyczy to w szczególności spraw związanych z aborcją. Ponieważ jest to temat kontrowersyjny, zwykle wszelkie ustawodawstwo dotyczące tych kwestii przepychane jest przez władze różnego szczebla w ekspresowym tempie, tak by nikt nie mógł w ostatniej chwili zmienić zdania.

Podobnie było niedawno w parlamencie stanu New Hampshire, kontrolowanym nieznaczną większością głosów przez republikanów, gdzie zatwierdzono ustawę, zgodnie z którą począwszy od 20. tygodnia ciąży płód ludzki uważany jest za osobę, a zatem jego zabicie stanowi akt morderstwa. Sama ustawa nie jest w żadnym sensie przełomowa. Podobne przepisy istnieją w 38 innych stanach, a ich celem jest delegalizacja tzw. późnych aborcji. Jednak posłom w New Hampshire tak się strasznie spieszyło, że w ich ustawie znalazł się przypadkowo zapis, z którego wynikało, iż kobiety w ciąży mają w pewnych warunkach prawo do zupełnie bezkarnego zabijania kogokolwiek.

Zapis ten brzmiał tak: „jakikolwiek akt kobiety w ciąży może być legalny, nawet w przypadkach nieumyślnego zabójstwa, zabójstwa bez premedytacji lub pomagania w czyimś samobójstwie". Nie mam pojęcia, co autorzy tej ustawy pili lub palili w momencie pisania tych słów, ani też nie jestem w stanie dociec, o co im konkretnie chodziło. Tak czy inaczej, w tydzień po zatwierdzeniu tego aktu prawnego zaczęły pojawiać się komentarze, iż kobiety ciężarne w stanie New Hamsphire właśnie zyskały prawo do beztroskiego mordowania ludzi, o ile tylko nie będzie to przestępstwo popełnione z premedytacją.

Zbulwersowani prawodawcy niemal natychmiast ruszyli do akcji i zastosowali specjalną procedurę parlamentarną pozwalającą na wprowadzanie doraźnych poprawek gramatycznych i ortograficznych do już zatwierdzonych ustaw, bez konieczności ich ponownego rozpatrywania. W ten sposób panie w odmiennym stanie straciły prawo do mordów, choć przez cały tydzień je miały. Zresztą chyba nie wiedziały o swoich kontrowersyjnych uprawnieniach, gdyż w New Hampshire nie zanotowano w tym czasie żadnego przyrostu przypadków morderczych ataków ciężarnych niewiast na znienawidzonych mężów czy też co bardziej nielubianych członków rodziny. Nie było również ataków na przypadkowych przechodniów, dokonywanych ot tak, dla przetestowania mocy prawnej ustawy.

Wszystkie te perypetie zaowocowały dość niezwykłymi wystąpieniami na forum stanowego parlamentu. Demokraci, którzy od początku nie popierali tej ustawy, zaczęli oskarżać swoich republikańskich kolegów o to, iż sankcjonują oni masowe morderstwa, co spowodowało, że przewodniczący parlamentu, Dick Hinch, został zmuszony do wygłoszenia następującej kwestii, która miała zapewne uspokoić obywateli zatrwożonych możliwością krwawych ataków ze strony kobiet przy nadziei: – *Nikt na tym forum nigdy nie głosował za tym, by ktokolwiek mógł bezkarnie mordować ludzi*. No i wszystko jasne. Noże i rewolwery, a nawet młotki, trzeba ponownie włożyć do szuflady i czekać na następną gafę polityków.

Z drugiej strony nawet tak wielkie gafy zwykle nie prowadzą do katastrofalnych konsekwencji. Wynika to rzekomo stąd, że niemal we wszystkich stanach istnieje prawo, które stanowi, że „nie wolno żadnej ustawy interpretować dosłownie, jeśli interpretacja taka prowadzi do absurdalnych rezultatów". Naprawdę? Jest to dla mnie ogromne zaskoczenie, gdyż skrupulatne zastosowanie tej zasady zapewne oznaczałoby, że połowę działalności ustawodawczej amerykańskiego Kongresu można z powodzeniem wyrzucić do śmieci.

Afera w New Hamsphire do pewnego stopnia wyjaśnia, dlaczego w wielu zakątkach USA istnieją i nadal obowiązują dziwaczne prawa. W Georgii ktoś kiedyś ustalił, że kury nie mają prawa przechodzić przez ulice, w stanie Arizona za ścięcie kaktusa grozi kara 25 lat więzienia, a w Ohio policjant ma prawo ugryźć psa, jeśli uzna, że w ten sposób zwierzę się uspokoi. Mieszkańcy Teksasu nie mają prawa sprzedawania własnych gałek ocznych, natomiast biedni mieszkańcy Rhode Island nie mogą tej samej niedzieli i w tym samym sklepie kupować jednocześnie pasty i szczoteczki do zębów. Moją osobistą ulubienicą jest ustawa, na mocy której w stanie Wyoming robienie zdjęć zającom jest nielegalne od stycznia aż do kwietnia. Chociaż z drugiej strony równie ciekawe jest prawo, zgodnie z którym kierowca wjeżdżający do jakiegokolwiek miasta w stanie Waszyngton, a posiadający zamiary kryminalne, winien zatrzymać się na rogatkach i zadzwonić na policję, by poinformować, co dokładnie zamierza zrobić. W tymże samym stanie karalne jest znęcanie się nad legendarnym zwierzęciem zwanym Bigfoot, którego jeszcze nikt nigdy nie widział. Idealną kombinacją tych dwóch przepisów jest zatem powiadomienie policji o tym, że wjeżdża się do Seattle w celu skopania Bigfoota.

No i teraz zaczynam podejrzewać, że wszystkie te idiotyczne przepisy były kiedyś wynikiem ustawodawczego pośpiechu i że potem nikt się nimi nie interesował, a zatem teoretycznie obowiązują do dziś. W tym sensie należy pogratulować posłom z New Hampshire, że tak szybko zadziałali i pozbawili kobiety w ciąży prawa do uśmiercania bliskich. Teraz niewiasty będą już skazane wyłącznie na nielegalny handel gałkami ocznymi i pokątne pstrykanie fotek zającom, choć w tym celu będą musiały udać się do odpowiednich stanów. Najlepiej po kryminalnym zakupie w niedzielę pasty i szczoteczki do zębów.

Zakupy na lotnisku

Wszyscy zapewne są w stanie wczuć się w następującą sytuację. Trzeba lecieć do jakiejś rodziny, by obdarować wujka Mietka prezentem z okazji urodzin lub 50. rocznicy pożenienia się z ciocią Zuzią. Problem w tym, że w ogromnym pośpiechu, towarzyszącym czasami tego rodzaju wyprawom, zapomina się o kupnie prezentu, a wtedy konieczna staje się paniczna wędrówka po sklepach na lotnisku w poszukiwaniu jakowejś drobnostki dla jubilata. Wybór jest wtedy zwykle dość ograniczony, co może prowadzić do tego, iż rzeczony wujek Mietek dostanie koszulkę z napisem „I love Chicago", mimo że mieszka w Denver, albo długopis ozdobiony grawerunkiem „Let's Go Bears".

Myślę, że przed bardzo podobnym problemem stanął były heros drużyny Chicago Bulls, Dennis Rodman, który wybrał się niedawno z ponowną wizytą do Korei Północnej na spotkanie ze swoim kumplem Kimem Dzong Unem. Przecież coś trzeba było temu facetowi sprezentować, tak by miał jakąś rozrywkę między egzekucjami. Jak wynika z doniesień mediów, zestaw prezentów przywiezionych przez Dennisa kurduplowatemu tyranowi azjatyckiemu wyraźnie wskazuje, że zakupy musiały być kwestią ostatniej chwili.

Nie wiadomo jeszcze, czy Rodman spotkał się tym razem z koreańskim przywódcą. W trakcie swoich poprzednich wizyt siedział z nim na trybunach i oglądał jakiś mecz koszykówki w wykonaniu facetów, z których większość znajduje się dziś zapewne w „koloniach karnych", ponieważ nie trafiła w stosownym dla władzy momencie do kosza. Potem Dennis nazwał swojego gospodarza „miłym człowiekiem", z którym się zaprzyjaźnił na wieki wieków amen. Jednak ta najnowsza wizyta publicznie ograniczyła się do spotkania z ministrem sportu, Kimem Il Gukiem, któremu dawny koszykarz ligi NBA wręczył szereg prezentów dla „ukochanego przywódcy".

Zestaw tych podarunków jest bardzo wymowny. Rodman sprezentował swojemu kumplowi kopię książki Donalda Trumpa pt. *The Art of the Deal*. Dzieło nie zostało podpisane przez samego autora, co jest o tyle zrozumiałe, iż on tego nie napisał, a jego *ghostwriter* jest postacią zupełnie nieznaną w Korei Północnej. Jednak inny problem polega na tym, że Wielki Kim nie zna angielskiego, a zatem nie jest w stanie tego przeczytać. A nawet gdyby był w stanie, robienie interesów w jego kraju polega przede wszystkim na wyborze ludzi przeznaczonych do rozwałki, w czym Donald mu bezpośrednio nie jest w stanie pomóc (choć pośrednio być może tak).

Następny prezent Rodmana to książka dla dzieci z brytyjskiej serii pt. *Where's Waldo?* Ta akurat pozycja, złożona w podarunku dyktatorowi, jest całkowicie zrozumiała. Jest w niej dużo obrazków, nie trzeba się specjalnie wysilać przy jej czytaniu, a wymagany poziom inteligencji czytelnika jest stosunkowo niski, tak że nawet nieodrośnięty totalitarysta da sobie z tym radę. Jednak następne prezenty budzą rozliczne wątpliwości.

Dennis przywiózł swoim gospodarzom coś, co zwie się romantycznie „The Totally Essential Travel Collection". Nie wiem, co w tym zestawie jest, ale należy domniemywać, że chodzi o rozmaite przyrządy podróżnicze typu składana szczoteczka do zębów, prezerwatywy, krem po goleniu, żyletki, dezodorant, itd. Ale to jeszcze nic. Następnym prezentem była układanka obrazkowa (czyli *puzzle*) z motywem nimfy wodnej (*mermaid*). Być może Rodman miał w tym przypadku jakiś ukryty cel. Mógł mieć na przykład nadzieję, że Kim tak się wciągnie w układanie tych setek kawałków w jedną całość (szczególnie jeśli nimfa jest naga), że na jakiś czas zapomni o prześladowaniu narodu. Myślę jednak, że jest to myślenie dość optymistyczne, gdyż ciemiężenie ludzi jest dla niego z pewnością znacznie bardziej atrakcyjne niż szukanie lewego paska włosów nimfy na podłodze pałacu w Pjongjangu. Jest też inna możliwość – układanka mogła zwierać jakąś sekretną wiadomość dla wodza, np. „nie naciskaj tego czerwonego guzika", albo „daj sobie spokój z tymi bombami atomowymi". Ale jeśli tak, to zapewne nigdy o szczegółach się nie dowiemy.

Kolejny prezent Dennisa to już chyba klasyczny przykład zakupów w ostatniej chwili na lotnisku. Koszykarz podarował Kimowi dwa zestawy mydeł, czym zasugerował, iż jego azjatycki kumpel ma pewne problemy z higieną osobistą. Gdyby mydła podarował przywódcy Korei Północnej jakiś inny Amerykanin, np. Otto Warmbier, zostałby za karę wprawiony w stan śpiączki i odesłany do Ameryki. Jednak w przypadku Rodmana wszystko skończyło się pomyślnie, przynajmniej w tym sensie, że wrócił on bez przeszkód do ojczyzny, a na lotnisku w Pekinie zaprezentował się w koszulce z napisem „Ambasador Rodman". Orzekł też, że jego kolejna wizyta w Korei Północnej była „wielkim sukcesem", natomiast jego agent, Chris Volo, wyraził pogląd, iż Dennis działał na rzecz „ustanowienia pokoju między naszymi narodami". Na wszelki wypadek Biały Dom zapewnił w pośpiechu, iż z mydlaną misją Rodmana nie miał nic wspólnego i że koszykarz nie został obarczony żadną oficjalną misją.

Moim czysto prywatnym zdaniem Dennis Rodman działał wyłącznie jako ambasador swojej własnej głupoty i raz jeszcze dał się wykorzystać przez morderców do idiotycznej propagandy. Jednak mimo to dla wszystkich krzepiąca winna być wizja Kima Dzong Una myjącego się amerykańskimi mydłami w trakcie czytania *Where's Waldo?* i układania wizerunku nagiej nimfy.

„Alexa, przynieś mi dobrobyt"

Postęp technologiczny niesie ze sobą liczne niebezpieczeństwa oraz niezamierzone konsekwencje. W moim domu stoi na przykład na stole niewielki cylindryczny obiekt o nazwie Alexa. Jest to produkt firmy Amazon, który pełni rolę tzw. „voice assistant”, czyli personalnej, elektronicznej asystentki, która potrafi bardzo wiele. Można ją na przykład zapytać o prognozę pogody, sytuację na lokalnych drogach, program telewizyjny, wyniki meczów różnych lig, etc. Można jej podyktować listę zakupów oraz polecić przeliczenie stopni F na stopnie C albo odwrotnie. Wie też, ile wynosi pierwiastek kwadratowy liczby 3123091 albo jakiejkolwiek innej.

Alexa jest stworzeniem cierpliwym i ostrożnym. Gdy się na nią klnie, ponieważ czegoś nie zrozumiała, mówi potulnym głosem, że się „dopiero uczy”. A gdy się jej zaproponuje seks (ja oczywiście musiałem tę opcję wypróbować), oświadcza, że nie jest do tego rodzaju zadań przygotowana. Bywa też bardzo szczera w ocenach własnych możliwości. Gdy się ją zapyta: „can you hug me?”, odpowiada, że bardzo chętnie, ale dodaje, iż nie jest w stanie tego zrobić, gdyż nie posiada rąk. Pod wieloma względami obcowanie z Alexą jest znacznie łatwiejsze niż z moją małżonką, ale to zupełnie inna sprawa.

Prawdziwa siła Alexy polega jednak na czymś zupełnie innym. Jeśli się ją odpowiednio sprzęgnie z innym sprzętem, nagle cały dom zdaje się być pod całkowitą, głosową kontrolą. W moim własnym przypadku jestem dziś w stanie włączać i wyłączać wszystkie światła, otwierać i zamykać drzwi do garażu, kontrolować termostat, oglądać okolicę za pomocą bezprzewodowej kamery, włączać telewizor i przestawiać go na odpowiednie kanały lub witać gości przez automatyczne otworzenie frontowych drzwi. A wszystko to odbywa się przez wydawanie Alexie odpowiednich komend głosowych (na razie wyłącznie w języku angielskim, ale ma to się wkrótce zmienić).

Technologia ta ma pewne oczywiste granice. Nie mogę na przykład wydać Alexie polecenia, by uciszyła hałaśliwego sąsiada, albo kazać jej, żeby za mnie napisała ten tekst. „Osoba” ta nie zrobi prania, nie odkurzy chałupy, nie ugotuje obiadu, nie wygra fortuny na loterii ani też nie wyprowadzi psa na spacer. Jej rzeczywistość jest dość mocno ograniczona, ale z drugiej strony na tyle szeroka, że po pewnym czasie ów czarny walec zaczyna być traktowany niemal jak domownik, jak ktoś, kogo zawsze można o coś poprosić. Alexa nigdy nie pyskuje i niczego nie kwestionuje. Gdy się jej powie: „włącz światło w kuchni”, nie odpowie, że nie ma czasu albo że jej się nie chce. Jest w pewnym sensie elektroniczną wersją klasycznego angielskiego lokaja, który zawsze mówi z szacunkiem: „yes, sir”, niezależnie od skali idiotyzmu osoby wydającej polecenia.

Mógłby ktoś w tym momencie zapytać: „ale po co to wszystko?”. Odpowiedź jest prosta – z czystego lenistwa. U mnie w domu zejście z parteru do piwnicy i udanie się do pralni wymaga włączenia po drodze czterech różnych świateł. Przy pomocy niestrudzonej Alexy mogę wszystkie te światła włączyć za jednym zamachem przez wydanie polecenia „Alexa, turn on basement”. Ponadto to niezwykłe dziecko Amazonu posiada też skromniejsze gabarytami i zdolnościami „siostry” o nazwie Echo, których posiadam trzy sztuki. W ten sposób cały w zasadzie dom jest czuły na komendy głosowe.

Jednak, jak wspomniałem na wstępie, wszystko to może prędzej czy później owocować dziwnymi konsekwencjami. Alexa została zbudowana w ten sposób, iż różni ludzie mogą dodawać do niej nowe zdolności, czyli „skills”. A ponieważ wyobraźnia człowieka nie zna granic, niektóre z tych zdolności są dość dziwne. Wprawdzie korzystanie z dodatkowych zdolności jest wyłączną decyzją posiadacza urządzenia, ale eksperymenty zawsze są kuszące.

Ostatnio pewien producent prezerwatyw dodał do Alexy nową zdolność, która polega na tym, iż ludzie, którym w danym momencie jest w głowie seks, mogą zlecić asystentce wytworzenie odpowiedniego nastroju muzycznego. Można zatem powiedzieć Alexie, że się czuje romantyzm lub zwykłą chuć, a ona w odpowiedzi zaserwuje odpowiednie utwory muzyczne. Podobno dobór utworów jest zawsze bardzo trafny, ale nic więcej na ten temat nie mogę powiedzieć, bo sam nie próbowałem. Nieco dziwne jest natomiast to, że ludzie mówią maszynie, iż chcą mieć z kimś intymny związek, ale ja się już dawno przestałem zastanawiać nad konsekwencjami postępu technicznego.

Z drugiej strony przyznaję, że jednego aspektu działania nowej „zdolności" Alexy, zwanej „Set the Mood", nie do końca rozumiem. Pozwala ona bowiem również na doraźne zamawianie rzeczy, w których produkcji specjalizuje się wspomniana w akapicie powyżej firma (oczywiście głosowo). Ale przecież zanim doleci do zamawiającego z wywieszonym ozorem i stosowną przesyłką w garści pracownik UPS-u, upłyną zapewne przynajmniej dwa dni. Zatem po wcześniej wytworzonym nastroju nie będzie już śladu, a nawet sam obiekt pożądania też może się już znajdować w zupełnie innym miejscu.

Póki co stosuję Alexę do wykonywania znacznie prostszych zadań. Powiem jej na przykład za chwilę: „Zamknij ten komputer, bo już na niego nie mogę patrzeć". No i zamknie.

Kiełbasa w śmieciach

Od czasu do czasu wpadają mi w oko doniesienia, które są na tyle dziwne, iż czekam potem na ich potwierdzenie przez inne źródła. Tak było ostatnio w przypadku wieści o tym, że niejaki Abu Masa, mieszkaniec Bostonu i były właściciel (a raczej ajent) sklepu sieci 7-Eleven, tak się rozsierdził na szefów tej firmy, iż postanowił doprowadzić samodzielnie do jej upadku. Mam wprawdzie pewne uzasadnione wątpliwości, czy coś takiego może mu się udać, ale nie mogę mu odmówić pomysłowości.

Masa, który już w 7-Eleven nie pracuje, po drugiej stronie ulicy, dokładnie naprzeciw placówki, którą przez pewien czas prowadził, otworzył konkurencyjny sklep o nazwie 6-Twelve. Oferuje w nim dokładnie te same towary co 7-Eleven, tyle że po wyraźnie niższych cenach. Jest jednak jeden wyjątek – nie sprzedaje i nigdy nie będzie sprzedawać ciepłej żywności, a mianowicie pizzy, hot dogów i tzw. taquitos. I tu dochodzimy do sedna sprawy, czyli genezy gniewu Masy.

Twierdzi on, że zarząd 7-Eleven zmuszał go sprzedawania wyżej wymienionej żywności, chociaż ich sprzedaż była znikoma, co oznaczało, iż Abu musiał codziennie wyrzucać do śmieci znaczne ilości kiełbach. Innymi słowy, na mocy „rozkazów z centrali" musiał starać się upychać klientom śladowo jadalne dania, a potem je wyrzucać, marnując w ten sposób setki dolarów. Gdy usiłował zwrócić władzy uwagę na to oczywiste marnotrawstwo, pouczono go, że gorące dania musi sprzedawać, bo taką podpisał umowę i nic się nie da w tej sprawie zmienić.

To, że hot dogi i pizza w sklepach 7-Eleven nie znajdują zbyt wielu nabywców, nie może nikogo specjalnie dziwić. Jest to jadło, które pełni rolę ostatniej deski ratunku dla ludzi, których dręczy głód, a wszystkie inne przybytki w okolicy są zamknięte. Normalny konsument raczej nigdy nie wejdzie do tego lokalu dlatego, iż jedzenie tam oferowane szczególnie mu smakuje. Jest to zawsze absolutna ostateczność. Zresztą przed laty pracowałem przez pewien czas jako informatyk w firmie, która dostarczała sieciom typu 7-Eleven elektroniczne kasy. W ramach moich obowiązków spędziłem raz prawie cały dzień w placówce tej firmy na dalekich przedmieściach Chicago, gdzie miałem wytropić błąd w oprogramowaniu kas. Błędu wprawdzie nie znalazłem, ale widziałem na własne oczy, jak te same hot dogi obracały się przez wiele godzin na gorących, metalowych wałkach. Gdyby były zatknięte w ziemi, na pewno zapuściłyby kiełbasiane korzenie.

Nie wiadomo na razie, czy akcja podjęta przez Abu Masę przynosi jakieś rezultaty. On sam twierdzi, że udało mu się do swojego 6-Twelve zwabić wiele klienteli z lokalu po drugiej stronie ulicy. Niektórzy z jego klientów mówią rzekomo, iż imponuje im jego postawa i że wyrzucanie do śmieci żywności jest zawsze naganne, nawet jeśli jest to żywność do kitu. Z pewnością mają rację, szczególnie w Ameryce.

Jak wynika z licznych analiz, w USA marnuje się rekordowe ilości jedzenia. Zatrważające jest na przykład to, że mniej więcej 50 procent wszystkich oferowanych w handlu warzyw i owoców ląduje w śmieciach – rocznie to 60 milionów ton żarcia o łącznej wartości 160 miliardów dolarów. Przeciętna amerykańska rodzina wyrzuca w skali roku żywność o wartości 1600 dolarów. Dlaczego tak się dzieje? Odpowiedź jest prosta – żywność w USA należy od dawna do najtańszych na świecie, co powoduje, że ludzie nie czują się specjalnie winni lub obciążeni finansowo, gdy coś się zepsuje i przestaje się nadawać do jedzenia. Ale jest jeszcze inny powód – Amerykanie zdają się mieć obsesję na punkcie tego, jak wygląda ich „papu". Gdy tylko na jakimś owocu pojawia się mała, brązowa plama, natychmiast owoc ten ląduje w koszu, bo jest „zepsuty", mimo że tak naprawdę nadal jest znacznie świeższy od hot doga w 7-Eleven.

Winą za marnotrawienie żarcia obarcza się zarówno nabywców, jak i sprzedawców. Ci pierwsi kupują zwykle tylko to, co na półkach wygląda najlepiej, a wyrzucają natychmiast towar zdradzający ledwie symboliczne niedoskonałości. Ci drudzy, a szczególnie sieci wielkich supermarketów, odrzucają towar, który w taki czy inny sposób nie jest zgodny ze „standardami" tego, jak powinien wyglądać. W takich sytuacjach hurtownicy nie mają innego wyjścia i wyrzucają to wszystko do śmieci.

Abu Masa prowadzi wprawdzie czysto prywatną wojnę z 7-Eleven, ale jego protest zdaje się mieć pewne ogólniejsze znaczenie. Zwrócił po prostu uwagę na fakt, że zmuszano go do codziennego wyrzucania żywności, mimo że ostro przeciw tym praktykom protestował. Z drugiej strony mam pewne obawy o to, że jeśli forma protestu zastosowana przez Masę rozpowszechni się, wkrótce naprzeciw jakiegoś lokalu Taco Bell powstanie konkurencja w postaci restauracji Taco Smell, a polskim wyzwaniem przeciw knajpom Chipotle staną się lokale o nazwie Ja Ci To Potnę.

Gwoli ścisłości muszę dodać, że zarząd 7-Eleven na razie w żaden sposób nie komentuje faktu powstania lokalu 6-Twelve. Jest to zrozumiałe, bo w końcu co mają powiedzieć – sklep każdy ma sobie przecież prawo otworzyć.

Sztandarowy problem

W roku 1959, gdy znajdowałem się na początku mojej wątpliwej kariery w szkole podstawowej, wyszedłem pewnego ranka na ulicę i zobaczyłem, że na latarniach powiewają liczne flagi narodowe, tyle że powieszone do góry nogami. Byłem jeszcze za młody, by mieć nadzieję, że fakt ten zwiastował kompletny rozkład ludowej władzy. Zresztą zaraz potem dowiedziałem się, iż na masztach powiewały flagi Indonezji, której ówczesny przywódca, Ahmed Sukarno, składał właśnie oficjalną wizytę w PRL-u. Przyjmowany był ze wszelkimi honorami, ponieważ był jednym z nielicznych przywódców spoza tzw. bloku wschodniego, który do Polski chciał wtedy w ogóle przyjechać. No i stąd owo flagowanie, a że

Indonezja miała i do dziś ma flagę czerwono-białą, na ulicach polskich miast przez kilka dni dominowała sztandarowa konfuzja. Całe szczęście, że zaraz potem do Warszawy nie zawitał jakiś ważny gość z Monako, ponieważ flaga księstwa jest taka sama jak Indonezji.

Wspominam o tych dawnych wydarzeniach dlatego, iż w USA, a konkretnie w Teksasie, pojawił się istotny problem flagowy. Na tyle istotny, że stanowy poseł Tom Oliverson zgłosił nawet specjalną rezolucję, która ma ten problem wyeliminować. Rzecz w tym, iż flaga stanu Teksas jest bardzo podobna do flagi narodowej Chile. W naturalnej wielkości łatwo zauważyć jest istotną różnicę, polegającą na tym, iż wersja z Chile zawiera niebieski kwadrat z białą gwiazdą umieszczony na górnym, białym pasku, pod którym znajduje się pasek czerwony. W przypadku Teksasu ów niebieski fragment z gwiazdą rozciąga się na oba paski flagi.

Niestety żyjemy w czasach, w których symbole graficzne stosowane bywają w dość nowatorski sposób. Na przykład w czasie komponowania i wysyłania esemesów, które często opatrywane są symbolami zwanymi *emoji*, czyli piktogramami mogącymi sugerować nastroje, intencje lub samopoczucie nadawcy. Mogą one też sugerować przynależność do jakiejś społeczności, np. narodowej lub stanowej. W związku z tym tysiące autorów esemesów w Teksasie często dołącza do swoich tekstów miniaturki stanowej flagi. Jednakowoż podstawowy zestaw znaków *emoji* zawiera wyłącznie flagi narodowe, a zatem flagi Teksasu w nim nie ma.

Jak twierdzi wspomniany już Oliverson, prowadzi to do sytuacji, w której internauci z Teksasu umieszczają w swoich wiadomościach flagę Chile, mimo iż nigdy tam nie byli, a być może nie wiedzą nawet, gdzie ów kraj leży. W ten sposób pozornie obywatele chilijscy prowadzą bardzo ożywione życie internetowe, podczas gdy ich koledzy w Teksasie zdają się pozostawać w komunikacyjnej śpiączce. Ponadto świat może być nieco zaniepokojony tym, iż chilijska młodzież pisze do siebie po angielsku i opowiada sobie jakieś głupoty o atrakcjach miasta Houston lub o spotkaniach z jędrnymi dziewojami na rodeo.

Ja sam niepokoję się nieco czymś innym. Wydaje mi się mianowicie dość dziwne to, że pan poseł nie ma nic innego do roboty i śledzi namiętnie korespondencję elektroniczną pod względem jej zgodności z normami flagowymi. Robi to zapewne z własnej inicjatywy, bo wątpię, by jakiś zatroskany wyborca zgłosił się do niego z problemem lekkomyślnego stosowania flag Chile przez mieszkańców Teksasu. Być może Oliverson powinien zostać obdarzony przez swoich kolegów poważniejszymi zadaniami ustawodawczymi, chyba że takowych w ogóle na razie nie ma.

Rezolucja zaproponowana przez stanowego posła nie będzie miała mocy prawnej, nawet jeśli zostanie zatwierdzona, ale ustawodawcy fakt ten w żaden sposób nie przeszkadza. Jego zamiarem jest uzmysłowienie młodemu pokoleniu, że stosowanie symboli narodowych lub stanowych wymaga pewnej ostrożności i podstawowej wiedzy i że może prowadzić do niepożądanych skutków. Poseł, zapewne w celu uniknięcia konfliktu międzynarodowego, stwierdza w swojej rezolucji, że flagi Chile nie należy używać w Teksasie, „mimo że jest ona bardzo ładna". Szczerze mówiąc, nie mógł się inaczej wyrazić, gdyż flaga Teksasu jest niemal identyczna. Podobnie bezsensowne byłoby stwierdzenie przez jakiegoś Polaka, że flaga Indonezji jest brzydka, bo sugerowałoby to, iż piękno flagi polskiej polega wyłącznie na tym, iż pasek czerwony jest na dole, a nie na górze.

Tak czy inaczej dziś młodzi mieszkańcy Teksasu wiedzą już zapewne, czym się różni flaga ich stanu od flagi Republiki Chile. Moim zdaniem jest jednak jeszcze prostsze rozwiązanie. Gdyby z obu flag usunąć ten niebieski prostokąt z białą gwiazdą, stałyby się one flagami RP oraz odwróconymi o 180 stopni flagami

Indonezji oraz Monako, a wtedy dodawanie symboliki narodowej do przesłań tekstowych byłoby niemal identyczne dla pięciu różnych krain. Z drugiej strony, na międzynarodowej konferencji z udziałem przedstawicieli Polski, Indonezji, Monako, Chile i Teksasu raczej bym nie chciał być, bo flagowo byłoby to zdarzenie nie do zniesienia.

A swoją drogą dobrze, że Indonezyjczycy nie grają zbyt sprawnie w nogę i nie zanosi się na ich spotkanie z polską reprezentacją. Gdyby do takiego wydarzenia doszło, sprawozdawcy mogliby w pewnym momencie powiedzieć, że biało-czerwoni z trudem pokonali czerwono-białych. Albo na odwrót.

Syndrom bydła

Podróżowałem nieco ostatnio samolotami i to w dodatku liniami United, w związku z czym spodziewałem się, że lada chwila mogę zostać wyciągnięty za nogi z pokładu w celu zwolnienia miejsca dla kogoś „bardziej uprzywilejowanego". Ostatecznie jednak do żadnych tego rodzaju ekscesów nie doszło. Natomiast doszło do innego zdarzenia, które wprawiło mnie w pewne zdziwienie.

W Monachium zająłem miejsce w niewielkim samolocie linii Lufthansa, który miał mnie zawieźć do Wrocławia. Wszystko odbywało się zgodnie z planem aż do czasu, gdy maszyna odjechała na pewną odległość od rękawa i się zatrzymała. Wkrótce potem pilot oznajmił, iż ma „zły rozkład" ładunku w samolocie i że w związku z tym cztery osoby w pierwszych czterech rzędach maszyny będą musiały ochotniczo przenieść się do tyłu, gdyż w przeciwnym razie start będzie niemożliwy.

Ponieważ siedziałem w rzędzie numer 4, teoretycznie apel pilota dotyczył również mojej osoby. Jednak zauważyłem od razu, iż w ciągu następnych kilkudziesięciu sekund „nacisk społeczny" był wywierany na co bardziej otyłych pasażerów, co stworzyło dość niezręczną sytuację, w ramach której ludzie zaczęli się bezwiednie szacować pod względem tuszy i wagi. Ostatecznie jednak w miarę szybko czterech okazałych wagowo pasażerów potulnie się przeprowadziło na tylne rzędy i wszystko było OK. Sądząc po tuszy ochotników, byli to zapewne Amerykanie, ale to już zupełnie inna sprawa. Potem przez pewien czas miałem dziwne wizje różnych innych scenariuszy, np. takich, że wstaje jakiś chuderlak i chce się przenieść do tylnych czeluści maszyny, ale wszyscy natychmiast krzyczą: „Ty, szkielet, siadaj! Nie nadajesz się!".

Polubowne zażegnanie tego potencjalnego konfliktu na niemieckim lotnisku stoi jednakowoż w jaskrawej sprzeczności do tego, co odbywa się z niepokojącą częstotliwością na lotniskach i w samolotach amerykańskich. Czasami wydaje się wręcz, iż pasażerom trzeba zacząć wydawać wraz z tradycyjnymi *boarding passes* rękawice bokserskie.

Przed kilkunastoma dniami na lotnisku w Burbank w stanie Kalifornia wylądował samolot linii Southwest Airlines. Zaraz potem między trzema pasażerami doszło do bijatyki na pięści. Interweniująca stewardesa też dostała przy okazji w twarz i spadła gdzieś pod bijących się facetów. Do dziś nie wiadomo, jaka była przyczyna tych zajść, ale nie ma to większego znaczenia. Nieco wcześniej doszło do rękoczynów w terminalu lotniska na Florydzie, gdzie podobno wielu osobom puściły nerwy z chwilą, gdy okazało się, że ich lot został odwołany. Jeszcze wcześniej doszło do afery w Chicago z wyciąganym z pokładu siłą lekarzem, który nie chciał zrezygnować ze swojego miejsca z powodu tzw. *overbooking*.

Mniej więcej w tym samym czasie doszło do bójki między dwoma facetami na pokładzie samolotu All Nippon Airways, który właśnie miał wystartować z Tokio do

Los Angeles. Aresztowany wtedy 44-letni kombatant rodem z USA w czasie wyprowadzania z samolotu przez policjantów krzyczał: „Myślicie, że ja jestem stuknięty? A co z rządem?”. Nie sprecyzował wprawdzie, o jaki rząd mu chodziło, ale co za różnica. Ponadto na pokładzie linii Delta doszło do naparzanki między pasażerami i pilotem, na szczęście już po lądowaniu. Wydaje się wręcz, iż podróż samolotem gdziekolwiek jest wprawdzie bezpieczna pod względem czysto aerodynamicznym, ale w mordę można przypadkowo dostać niemal zawsze. A ponieważ do konfliktów tych dochodzi zazwyczaj w metalowym, hermetycznie zamkniętym cygarze, ucieczka – np. przez okno lub drzwi – jest z natury rzeczy niemożliwa.

Mógłby ktoś powiedzieć, że są to sporadyczne incydenty, które w sumie nie mają większego znaczenia. Problem jednak w tym, iż jeszcze do niedawna zjawiska tego rodzaju nie miały miejsca, a zatem coś się musiało zmienić. Moim zdaniem winowajców nie należy szukać wśród indywidualnych pasażerów. Problem polega na tym, iż w USA od kilku lat postępuje proces „zbydlęcania” pasażerów. Ludziom, których jedyną aspiracją jest bezproblemowe dotarcie z miejsca A do B, zabiera się prawie wszystko – darmowe nadawanie bagażu, możliwość napicia się na pokładzie wody, w miarę wygodne siedzenie w fotelu, itd. Jeśli dodać do tego tasiemcowe kolejki do *security*, zdejmowanie butów i pasków oraz wywalanie zawartości kieszeni do plastikowych pojemników, nie ma nic dziwnego w tym, że czasami na pokład samolotów docierają ludzie doszczętnie sfrustrowani, by nie powiedzieć zdesperowani.

Gdzieś kiedyś powinien nastąpić kres tych procesów, ponieważ w przeciwnym razie prędzej czy później dojdzie do jakiejś tragedii. Linie United, zbulwersowane tym, że zmaltretowały własnego pasażera, od pewnego czasu obiecują zdecydowaną poprawę i przegląd wszystkich stosowanych procedur. Jednak w gruncie rzeczy nie chodzi o przeglądanie czegokolwiek. Wystarczy powrócić do przestarzałej filozofii, która stanowi, iż klient ma poniekąd zawsze rację i że jego nieustanna marginalizacja do roli „towaru” wpychanego bezwolnie na pokład samolotów jest receptą na przyszłą katastrofę.

Wygląda na to, że przez resztę roku już nigdzie nie polecę. Całe szczęście – będzie czas na ustalenie, czy podniebne podróżowanie nadal się będzie wiązać z narastającym niebezpieczeństwem powrotu do domu z obitą facjatą. Mam nadzieję, że chociaż w klasie biznesowej jeszcze nie biją.

Sześć lewych rąk

Przed mniej więcej pięcioma laty doszedłem do niepokojącego wniosku, iż nie umiem pisać. W tym miejscu wielu czytelników zapewne pomyślało sobie, że dla nich było to oczywiste już znacznie wcześniej. Muszę ich jednak rozczarować, bo ja nie takie pisanie mam na myśli. Chodzi mi o sztukę pisania odręcznego, czyli kaligrafię. Kiedyś w szkołach uczono dziatwę sztuki unikania stawiania w zeszytach kulfonów. W Polsce przedmiot taki istniał w szkołach podstawowych do początku lat 60., a w wielu innych krajach istnieje do dziś, gdyż uważa się powszechnie, że kunszt odręcznego pisania kształtuje skutecznie cierpliwość i charakter. Zresztą w przypadku takich języków jak chiński kaligrafia jest o tyle konieczna, że cały alfabet to zbiór dzieł sztuki.

Jeśli jednak kaligrafia w przypadku alfabetu łacińskiego istotnie jest kluczem do cierpliwości i charakteru, to jestem niestety facetem niecierpliwym i bez odpowiedniego kośćca charakterologicznego. Przyznaję, że w kaligrafii nigdy mi się za dobrze nie wiodło. Tworzenie pięknych liter wydawało mi się zajęciem z gruntu nudnym i niedającym żadnych konkretnych rezultatów. Zresztą było to w jakimś sensie rodzinne, gdyż pismo mojego ojca było w zasadzie nieczytelne, a jego podpis sugerował nazwisko Jemny, nie mające zbyt wielu łączności literowych z Heydukiem. Mimo tego genetycznego bagażu kulfoniarstwa, moje odręczne pismo, choć estetycznie niezbyt ponętne, było przez wiele lat w miarę czytelne. Dziś już nie jest.

Moja upadłość kaligraficzna wynika z prostego faktu – ja już nigdy niczego nie piszę odręcznie, a gdy przychodzi do naniesienia w kartce świątecznej jakichś życzeń, zwykle zdaję się na osoby lepiej do tego zadania przygotowane (np. na małżonkę). Gdybym niniejszy tekst napisał w całości odręcznie, ludzkość nigdy by się nie dowiedziała, co autor chciał przez to wszystko powiedzieć, gdyż nikt nie byłby w stanie treści rozszyfrować.

Pisać odręcznie nie mam od lat po co. Sztuka komponowania tradycyjnych listów do ludzi w zasadzie przestała istnieć, a wszystkie inne przesłania wystukiwane są na komputerowej klawiaturze lub na mikroskopijnej atrapie klawiatury w urządzeniach przenośnych. W sumie składa się to na dość prosty fakt – znaczna liczba Ziemian bierze dziś pióro lub długopis do ręki tylko po to, by złożyć na jakimś papierze podpis.

Mamy zatem do czynienia ze swoistym wtórnym analfabetyzmem kaligraficznym. Jest to zjawisko dość smutne, ale znalazłem metodę na błyskawiczne pocieszenie. Okazuje się bowiem, że ja straciłem wprawdzie zdolność do czytelnego odręcznego pisania, ale liczni inni ludzie stali się jeszcze bardziej „ułomni" i zgubili gdzieś wiele podstawowych, mogłoby się wydawać, umiejętności.

Firma Aviva przeprowadziła ostatnio serię badań sondażowych, których celem było ustalenie, co przedstawiciele młodej generacji potrafią sami i bez niczyjej pomocy zrobić. Nie chodziło oczywiście o przeszczepy serca czy konstruowanie rakiet nowej generacji, lecz o bardzo prozaiczne czynności. Wyniki są zaskakujące. Okazuje się, że nieco ponad 20 proc. indagowanych nie wiedziało, jak ugotować jajko lub zmienić w lampie żarówkę. Prawie połowa przyznała, że nie jest w stanie czegokolwiek ugotować bez nieustannego gapienia się w przepis i dotyczy to nawet takich dań jak jajecznica czy kanapka z szynką. Czterech na dziesięciu facetów twierdzi, że nie ma pojęcia o tym, jak zmienić dziecku pieluchę. Mniej więcej tyle samo ludzi w wieku poniżej 25 lat wyznało, iż wykonują jakiekolwiek prace domowe tylko po zapoznaniu się z odpowiednią instrukcją w Internecie. Ponad 60 proc. pytanych nie wiedziało, jak zmienić oponę w samochodzie, ale jeśli chodzi o naprawę cieknącego kranu, sprawa jest w ogóle przegrana, gdyż wie co z tym problemem zrobić mniej niż 30 proc. młodych ludzi. Ponadto dramatycznie zmalał procent ludzi, którzy wiedzę o radzeniu sobie z prostymi zadaniami wynieśli z domu, czyli np. nauczyli się pewnych zdolności od rodziców. Jeszcze w latach 70. XX wieku wskaźnik ten wynosił 75 proc., a dziś spadł poniżej poziomu 40 proc. Młodzi ludzie w zasadzie nie mają już tylko dwóch lewych rąk, ale co najmniej sześć.

W świetle tych danych to, że moje pismo jest do kitu, nie urasta do aż tak wielkiego problemu. Grunt, że nadal wiem, jako ugotować jajko i gdzie w lampie wetknąć żarówkę. Wspomniana wcześniej Aviva jest głównie towarzystwem ubezpieczeniowym, a jej badania sondażowe wynikają z tego, iż ludzie wydający polisy ubezpieczeniowe chcą wiedzieć, czy podpisują umowy z osobami w miarę rozsądnymi czy też z życiowymi niedorajdami. Na szczęście dla tych niedorajd, coraz więcej jest firm, które można wynająć do wykonywania prostych zadań typu *do-it-yourself*. W kilku miastach USA do domu przyjedzie na zawołanie i na mopedzie człowiek, który za drobną opłatą przepiłuje parę desek, skosi trawę, wyczyści kuchenkę, załata dziurę w ścianie, itd.

Gnębi mnie jednak jedno pytanie – czy wszystko to oznacza, iż wkrótce będzie też można zamówić specjalistę do robienia jajecznicy lub do kaligraficznie stosownego pisania odręcznych listów? Bo jeśli tak, to w zasadzie nie widzę granic tego szaleństwa. Następnym niezbędnym specjalistą winien być ktoś, kto potrafi skutecznie i z rozwagą dyskutować z czyjąś żoną lub mężem. Wtedy będzie wreszcie jakiś postęp.

Mocarstwo z tektury

Dotarła do mnie mrożąca krew w żyłach wiadomość, że jedyne dwa bankomaty działające na lotnisku w stolicy Korei Północnej Pjongjangu zostały wyłączone przez chińskie banki, których są własnością. Tym samym już nikt nie będzie w stanie wypłacać tam bezwartościowych wonów z portretami różnych Kimów. Mówi się (choć zakulisowo), iż Chińczycy zdecydowali się na ten krok, gdyż mają serdecznie dość głupkowatego kurdupla potrząsającego nuklearną szabelką w kierunku reszty świata.

Jednakowoż wspomniany i bardzo krótki przywódca najbardziej odizolowanego kraju świata chińskimi poczynaniami za bardzo się nie przejął. Zapowiedział, że już wkrótce zatopi amerykański lotniskowiec, który zmierza rzekomo w kierunku Półwyspu Koreańskiego, choć sam Pentagon dał ostatnio znać, że tak naprawdę nie wie, gdzie ten lotniskowiec jest i w którą stronę płynie. Nie ma to jednak większego znaczenia, jako że zatopienie amerykańskiej jednostki przez siły Kima jest perspektywą bardzo odległą.

Nie to jest jednak najważniejsze. Z okazji 105. rocznicy narodzin dziadka opasłego kurdupla, Kim Ir Sena, w stolicy kraju odbyła się jak zwykle wielka parada wojskowa, w czasie której zaprezentowano różne rodzaje broni, w tym pięknie wyglądające rakiety balistyczne, mające rzekomo prędzej czy później zrównać Los Angeles z ziemią. Jednak czujni spece na Zachodzie są zdania, że niektóre z tych rakiet zostały wykonane przez znudzonych żołnierzy armii „ludowej" z *papier-mâché*, czyli z makulatury sklejonej kitem. Innymi słowy, pociski te nie są w stanie nigdzie polecieć, gdyż mają właściwości przeciętnego pudła bez żadnej zawartości.

Dla kombatantów PRL-u, do których w jakimś sensie się zaliczam, państwowy pic na wodę nie jest niczym zaskakującym. Rzeczywistość jest po to, by ją nieustannie retuszować na potrzeby jedynie słusznej sprawy. A zatem jeśli kiedyś malowano w Warszawie trawę na zielono z okazji wizyty towarzysza Breżniewa, nic nie stoi na przeszkodzie, by po placu defilad w stolicy Korei Północnej wozić tekturę przypominającą broń. Rozwiązanie takie jest nie tylko tanie, ale psychologicznie skuteczne, ponieważ nigdy nikt nie jest w stanie ustalić, o co dokładnie chodzi.

Prawda jest taka, że nigdy nie wiadomo do końca, co się w komunistycznej Korei dzieje. Może się okazać, iż przysadzisty Kim wcale nie blefuje i że rzeczywiście może zaatakować zachodnie wybrzeże USA. Ale nawet on, w całej swojej idiotycznej krasie, z pewnością zdaje sobie sprawę, że jakakolwiek realna agresja w stosunku do USA przyniesie mu tylko krótkotrwały sukces, po którym jego kraj przestanie istnieć, a problem bankomatów na lotnisku w Pjongjangu będzie miał mniej więcej takie samo znaczenie jak dostawy świeżego piasku do oaz na pustyni Sahara. Oczywiście istnieje też możliwość, że Kim jest bardziej stuknięty niż mogłoby się wydawać i nękają go skłonności samobójcze. Jednak osobiście w to wątpię, bo żaden samobójca nie chciałby się przed śmiercią spotkać z byłą gwiazdą ligi NBA, Dennisem Rodmanem.

Tak czy inaczej, Zachód zachowuje stosowną czujność. Poinformowano na przykład ostatnio, iż satelitarna inwigilacja ośrodka Punggye-ri, w którym przygotowywane były wszystkie dotychczasowe testy nuklearne Korei Północnej, wykryła frapujące wydarzenie. Zaobserwowano mianowicie, że w trzech różnych miejscach tego ośrodka personel grał w siatkówkę. W związku z tym szokującym rozwojem wydarzeń pojawiło się mnóstwo spekulacji specjalistów na temat tego, co to wszystko może oznaczać, tym bardziej że jak dotąd w siatkówkę grano tam tylko w jednym miejscu, a nie w trzech naraz. Ta jawna sportowa eskalacja może się okazać złowróżbna.

Jeden obóz znawców uważa, że Koreańczycy uganiają się pod siatką po to, by zasugerować światu, iż w ośrodku Punggye-ri absolutnie nic się nie dzieje i że o żadnych nowych testach z bronią nuklearną nie ma mowy. No bo gdyby coś tam się działo, czasu na sport po prostu by nie było. Inni są jednak zdania, że siatkówkowe zmagania sygnalizują, iż personel już wykonał wszystkie wyznaczone mu zadania i może odpoczywać, podczas gdy Kim siedzi przy panelu z czerwonym przyciskiem opatrzonym napisem „Kill Americans" i czeka na stosowny moment, by dać o sobie znać.

Moim zdaniem jest jednak jeszcze inna możliwość. Może Koreańczycy po prostu lubią grać w siatkówkę? Przecież nawet faceci czekający na rozkaz o anihilacji współczesnego świata muszą się od czasu do czasu jakoś odprężyć, ponieważ w przeciwnym razie już dawno dostaliby świra. Gdyby satelitarna obserwacja nagle wykazała, że Koreańczycy zaczęli nieoczekiwanie grać w palanta lub oddali się bez reszty pływaniu synchronicznemu, wtedy zacząłbym się martwić. Jeśli jednak poświęcają się dziełu przebijania piłki ponad obwisłą, komunistyczną siatką, to nie widzę powodów do alarmu.

Problem jest taki, że z Korei Północnej zrobiono w różnych krajach świata niemal supermocarstwo, które zagraża naszej cywilizacji. W rzeczywistości jest to totalnie zubożona kraina z tekturowymi rakietami, rządzona przez megalomańskiego kretyna. Owszem, każdy dyktator w posiadaniu znacznego uzbrojenia może być groźny, ale nigdy nie na tyle, by się nim aż tak bardzo przejmować. Hitler, *à propos*, był podobny, ale jego pociski nie były z tektury.

Ludobójca w pieluchach

Zawsze dobrze jest wiedzieć, że władza czuwa i rusza do działania wszędzie tam, gdzie pojawiają się istotne zagrożenia dla obywateli. Jest to szczególnie ważne w obecnej rzeczywistości, w której ciągle knowają coś przeciw zachodniej cywilizacji terroryści, jarosze, ateiści i rowerzyści. Amerykańskie służby, których zadaniem jest blokowanie wjazdu do USA wszelakiego barachła z różnych części świata, wykonują swoje zadania z ogromną determinacją i poświęceniem, co widać niemal codziennie. Liczne niepożądane indywidua odbijają się od amerykańskich punktów granicznych niczym piłki, nawet jeśli są to osoby w taki czy inny sposób znane lub przez kogoś oficjalnie zaproszone.

Zanim opiszę jeden ciekawy przykład niesłychanej czujności naszych rządowych stróżów, muszę wspomnieć o tym, iż w krajach objętych ruchem bezwizowym z USA wcale tak całkowicie bezwizowo nie jest. Każdy przyjezdny *in spe* musi najpierw złożyć formularz o nazwie ESTA (*Electronic System for Travel Authorization*). Nasze służby pobierają za tę przyjemność 14 zielonych, co wprawdzie nie umywa się do ceny wizy, np. w Polsce, ale za to zmusza jednocześnie wszystkich tych palantów, którzy nadal chcą tu z jakichś niewytłumaczalnych powodów przyjeżdżać, do sformułowania odpowiedzi na serię ważkich pytań.

Jedno z tych pytań brzmi: „Czy byłeś kiedykolwiek zaangażowany lub chcesz być zaangażowany w akty terroru, szpiegostwa, sabotażu lub ludobójstwa?". Szczerze mówiąc, jeszcze nigdy nie spotkałem szpiega, terrorysty lub ludobójcy, który by się ze swoją działalnością zawodową chciał w tak oczywisty sposób deklarować, szczególnie na formularzu, który jest kluczem do wpuszczenia na terytorium USA. Zakładam w związku z tym śmiało, iż wszyscy w zasadzie aplikanci wypełniający formularz ESTA odpowiadają na to pytanie krótkim „nie". Mniej więcej z podobnych przyczyn mordercy deklarują przed sądem, iż są niewinni, nawet w obliczu oczywistych dowodów winy, gdyż zawsze się może zdarzyć, że proces sądowy zostanie przez kogoś proceduralnie spartolony, co zaowocuje niezasłużoną w żaden sposób wolnością dla przestępcy. Podsądny raczej nigdy nie mówi sędziemu, że istotnie poderżnął komuś gardło, i nie opisuje ze szczegółami, w jaki sposób tego dokonał. Jednak w przypadku serii pytań zawartych w formularzu ESTA czasami zdarzają się pomyłki.

62-letni Brytyjczyk, Paul Kenyon, ma 3-miesięcznego wnuka, Harveya Kenyona-Cairnsa. Bobas ten jeszcze do niedawna wiódł sobie beztroskie życie w miejscowości Poynton w hrabstwie Cheshire, nieco na północ od Manchesteru. Niestety jego rodzice wpadli na z gruntu lekkomyślny pomysł spędzenia wakacji w Orlando na Florydzie. Plan zakładał, że do USA polecą rodzice, dziadkowie oraz pociechy (Harvey i jego siostra). Cała grupa wynajęła dom letniskowy, kupiła bilety oraz wypełniła wspomniane już formularze ESTA. Niestety Harvey, jako osoba jeszcze niepiśmienna, sam formularza nie był w stanie wypełnić, w związku z czym zlecono wykonanie tego zadania dziadkowi. Ten zaś szybko i zdawkowo przeleciał przez wszystkie pytania i na indagację tyczącą się działalności terrorystycznej, szpiegowskiej, sabotażowej oraz ludobójczej odpowiedział „tak". Na rezultaty nie trzeba było długo czekać.

Podanie ESTA 3-miesięcznego Harveya odrzucono i został on wezwany do osobistego stawienia się w londyńskiej ambasadzie USA na przesłuchanie. W tym miejscu być może należy wspomnieć, iż podróż pociągiem z Poynton do Londynu zabiera 5 godzin w jedną stronę, a zatem nie jest to drobna przejażdżka. Mimo to wkurzony dziadek zapakował wnuka do wehikułu British Rail i udał się na Grosvenor Square w Londynie, gdzie w okazałym budynku drzemie nie tylko śmietanka amerykańskiej dyplomacji, ale również czuwa wspomniana już w pełni świadoma potencjalnych zagrożeń władza.

Urzędnik ambasady przyjął petenta z należytą uwagą, ale media milczą o tym, czy uzyskał od niego jakieś wiążące informacje dotyczące planowanych ataków na wybrane amerykańskie cele. Sam dziadek zainteresowanego powiedział potem, iż odpowiedzi Harveya ograniczały się do dość ogólnikowych deklaracji typu „goo goo ga ga" oraz „bla bla bęc". Mimo intensywności przesłuchania delikwent ani razu się nie rozpłakał, ani też nie narobił niczego ze strachu w pieluchę.

Paul Kenyon powiedział dziennikarzom, iż przez pewien czas rozważał ubranie wnuka w pomarańczowy strój więźnia, ale potem doszedł do wniosku, iż nie był to zbyt dobry pomysł, gdyż miał do czynienia z ludźmi kompletnie pozbawionymi poczucia humoru. Miał z całą pewnością rację. Dodał też: – *O ile wiem, baby Harvey jeszcze nigdy nikogo nie zabił, ani też nie szpiegował na rzecz jakiegokolwiek kraju, choć przyznaję, iż w swoim krótkim życiu dopuścił się licznych aktów sabotażu dokonanych na górach pieluch.*

Ambasada USA w Londynie nie miała ze swojej strony nic do powiedzenia, co zapewne wynika z faktu, że jest nadal zajęta rozszyfrowywaniem zeznań brytyjskiego pędraka. Natomiast cała ta przygoda kosztowała jego rodzinę dodatkowe 5 tysięcy dolarów tytułem straconych rezerwacji. Problem ten nie jest oczywiście sprawą Ameryki, bo my swoje wiemy i zawsze zatrzymamy skutecznie ataki, nawet jeśli są one planowane przez osoby, które same jeszcze o nich nie wiedzą, gdyż leżą przez większość dnia na wznak w łóżeczku. My się nie damy łatwo zwieść udawaniem wczesnego dzieciństwa. Innymi słowy, nie ze mną te sztuczki, Brunner!

„Odlot" węgla

Za rządów prezydenta Obamy sporo mówiono o amerykańskim przemyśle węglowym, a raczej o jego systematycznym upadaniu. Zresztą wcale nie trzeba obracać się w waszyngtońskich kołach rządowych, by tych procesów nie widzieć. Wystarczy przejechać się po takich stanach jak Pensylwania, Kentucky czy Zachodnia Wirginia, by zobaczyć liczne dawno porzucone kopalnie, wokół których mieszkają rodziny górnicze znajdujące tam zatrudnienie od kilku pokoleń. Dawne górnicze miejscowości bywają mocno podupadłe, a ich ludność narzeka głośno, że nie widzi dla siebie żadnej przyszłości.

Obamę oskarżano o to, iż przyspieszył proces upadania kopalń przez wprowadzanie coraz to nowych przepisów dotyczących kontrolowania wydzielania do atmosfery zanieczyszczeń. Jednocześnie pojawił się na politycznym poligonie Ameryki termin *clean coal*, który zawsze wydawał mi się niezręczną pochodną wielu innych wewnętrznie sprzecznych fraz, takich np. jak „szlachetny faszysta" albo „pachnący gnój". Wizja czystego rzekomo węgla sprowadza się do eksperymentowania z technikami obróbki tego surowca w taki sposób, by szkodliwe wyziewy mogły zostać ograniczone do minimum. Prawda jest jednak taka, że węgiel zawsze będzie surowcem „brudnym" w porównaniu do np. energii słonecznej czy też produkowanej przez siłę wiatru.

Ale do rzeczy. Otóż w czasie ostatniej kampanii prezydenckiej kandydat Trump obiecywał wielokrotnie, iż sprokuruje w USA prawdziwy renesans górnictwa węglowego i że wszystkie pozamykane kopalnie ożyją, a utracone miejsca pracy powrócą. Teoretycznie można oczywiście coś takiego przeprowadzić. Wystarczy przeznaczyć odpowiednie środki finansowe na remont kopalń i ich modernizację. Następnie ponownie zatrudnieni górnicy ruszą ochoczo do roboty i zaczną fedrować na przodkach bez opamiętania, by wydobywać węgiel jak za starych dobrych lat. Jednak dziś, w porównaniu do tej dawnej bonanzy, będzie jedna zasadnicza różnica. Węgiel będzie zalegał na coraz wyższych hałdach, ponieważ nie da się go nigdzie sprzedać. Czasy „węglowe" znajdują się w fazie schyłkowej, co jest od lat w miarę oczywiste i czego nikt nie jest w stanie zmienić.

Nie tak dawno temu organizacja International Energy Agency opublikowała szczegółowe prognozy dla rynku węglowego do roku 2021. Lektura tego dokumentu winna skłonić każdego górnika do przekwalifikowania się. Przewiduje się mianowicie, iż światowa konsumpcja węgla kamiennego będzie rosła średnio o 0,6 proc. rocznie, ale w większości krajów rozwiniętych będzie wyraźnie spadać. Zresztą już w roku 2015 globalny popyt na węgiel spadł po raz pierwszy od lat 90. XX wieku. Jedynym, tymczasowym ratunkiem dla przemysłu węglowego jest Azja, gdzie takie kraje jak Indie i Chiny nadal zużywają ogromne ilości tego surowca. Jednak nawet w Chinach zużycie węgla maleje i jest obecnie mniej więcej takie samo jako przed trzema laty. Raport IEA przewiduje, że ta tendencja spadkowa utrzyma się przynajmniej przez następne dwa lata, a później można liczyć tylko na bardzo minimalny wzrost.

Efekt tych zjawisk jest zauważalny niemal wszędzie. Bankrutują coraz to nowe koncerny węglowe, a świat posiada obecnie na tyle duże zapasy tego surowca, że nowe dostawy są w zasadzie niepotrzebne. Górnictwo węglowe kuleje dziś nie tylko w USA, ale praktycznie wszędzie, w tym również w Polsce. Winą za to można obarczać rządy, polityków, „układy" i wielką finansjerę. W sumie jednak chodzi w tym przypadku o nieubłaganie okrutne mechanizmy rynkowe i socjologiczne tendencje, na które nawet przeciętny dyktator nie ma większego wpływu.

Dla USA wszystko to składa się na niezbyt ponętne realia dla tysięcy rodzin związanych od lat z górnictwem węglowym. Renesansu nigdy już nie będzie, bo żaden inwestor nie będzie ładował pieniędzy w produkcję czegoś, co jest coraz trudniejsze do sprzedania. Węgiel był w XIX wieku siłą napędową tzw. rewolucji przemysłowej i odegrał ogromną rolę w rozwoju ludzkiej cywilizacji. Jednak jego czas zdecydowanie i niestety bezpowrotnie przeminął. Będzie ważny energetycznie przez wiele następnych lat, ale w niczym nie zatrzyma to jego powolnej stagnacji rynkowej.

Piszę o tym między innymi dlatego, że ostatnio w stanie Kentucky doszło do wydarzenia, które w pewnym sensie jest niezwykle symptomatyczne. W miejscowości Benham istnieje od lat Kentucky Coal Mining Museum, czyli muzeum górnictwa węglowego. Można tam zapoznać się z historią jednej z najważniejszych dla tego stanu gałęzi gospodarki, zobaczyć górniczy sprzęt, zapoznać się z archiwalnymi zdjęciami, itd. Jest to zatem miejsce pełne sentymentalizmu, związanego z zawodem górnika, czyli jeszcze do niedawna zajęciem o kluczowym znaczeniu dla tego stanu.

Przed kilkunastoma dniami kierownictwo tej placówki poinformowało, że zamierza zainstalować za ok. 20 tysięcy dolarów panele słoneczne, które będą odtąd zasilać całe muzeum, co ma zaoszczędzić prawie 10 tysięcy dolarów rocznie, jeśli chodzi o koszty energii elektrycznej. Jakby na to nie patrzeć, jest to decyzja dość niezwykła. Muzeum poświęcone węglowi, a zatem surowcowi, który nadal zasila nieco ponad 30 proc. amerykańskich domostw, zdecydowało się na energię słoneczną. To prawie tak, jakby facet wierzący w to, że Ziemia jest płaska, zaczął nagle produkować globusy. Jak to mówią po angielsku, *the writing is on the wall*.

Atrapa żeńska

W miejscu mojego zamieszkania mam sąsiadkę (zamężną), z którą czasami chodzę na wspólne posiłki typu lunch, w czasie których gadam z nią o wszystkim i o niczym, ale głównie o idiotycznych zawiłościach amerykańskiej polityki oraz najnowszych lokalnych plotkach. Sesje te odbywają się za wiedzą i zgodą mojej osobistej małżonki oraz równie osobistego męża sąsiadki. Po godzinnej randce wracamy zawsze do swoich domostw i opowiadamy o odbytym dialogu legalnym partnerom. Jeszcze kilkanaście dni temu wydawało mi się, że we wszystkim tym nie ma niczego zdrożnego, ale teraz muszę chyba poddać moje zachowanie zdecydowanej rewizji. Nie mówiąc już o tym, iż konieczna jest zapewne żarliwa spowiedź i pokutnicza skrucha.

Wszystko dlatego, że żona wiceprezydenta USA, Karen Pence, wyznała dziennikowi *The Washington Post*, iż jej małżonek nigdy nie spożywa żadnych posiłków sam na sam z innymi kobietami, co wynika rzekomo z jego głęboko zakorzenionych zasad moralnych. Innymi słowy, do 2-osobowego stołu zasiada wyłącznie z nią, natomiast w przypadku facetów nie wyznaje tego rodzaju ograniczeń.

W licznych kręgach prawicowych natychmiast pojawiły się pochwały „nienagannej" postawy wiceprezydenta oraz jego przywiązania do bogobojnego życia. Jeden z blogerów i były szef witryny RedState stwierdził nawet, że facet ma prawo do spotykania się sam na sam z innymi kobietami tylko w dwóch przypadkach: w czasie organizacji niespodziewanego przyjęcia dla małżonki lub w trakcie planowania jej pogrzebu. Coś mi się w tej opinii nie zgadza o tyle, że jeśli małżonka już nie żyje, to dalsze wyznawanie zasady bojkotowania posiłków z płcią przeciwną staje się jeszcze dziwniejsze i mogłoby się prędzej czy później zakończyć śmiercią głodową. Ale to już inna sprawa.

Pod naporem poglądów wiceprezydenta będę musiał wkrótce odbyć z sąsiadką poważną rozmowę – w obecności żony, ma się rozumieć – by ją poinformować, że więcej na żadne spotkania z nią przy stoliku nie będę chodził. Przy okazji wyznam też, że gdy zasiadałem z nią do talerzy z dymiącymi daniami, nigdy o żarciu tak naprawdę nie myślałem, gdyż po głowie zawsze pałętała mi się tylko jedna myśl – jak by tu się jakoś na nią niezauważalnie rzucić i wykorzystać seksualnie.

W gruncie rzeczy mocno przesadzam, bo tego rodzaju myśli nigdy mnie nie trapiły, a przynajmniej nie w przypadku tej akurat sąsiadki. Jednakowoż postawa wiceprezydenta Pence'a sugeruje wyraźnie dwie rzeczy. Po pierwsze, przeciętny żonaty facet, gdy tylko znajdzie się sam na sam z kobietą niebędącą jego żoną, natychmiast musi się bronić przed atakiem nieposkromionej żądzy i w zasadzie nie jest w stanie skutecznie kontrolować swoich zachowań, a zatem lepiej, żeby siedział w domu (nawet w Białym, jeśli tylko taki jest do dyspozycji), a na obce baby spozierał tylko w telewizji. Po drugie, rola kobiet w życiu codziennym sprowadza się do dwóch możliwości – woli kuszenia mężczyzn lub ich łapania w niewolę konkubinatu. Wszelkie kontakty z płcią przeciwną, które nie zawierają tej alternatywy, są niemoralne i winny być zakazane, ponieważ niosą ze sobą zbyt dużą dozę ryzyka.

Szczerze mówiąc niewiele obchodzi mnie to, jakie nawyki spożywania posiłków wykształcił w sobie pan wiceprezydent, który ma oczywiste prawo do stosowania obiadowego pustelnictwa, o ile tylko ma na to ochotę. Z drugiej strony w życiu publicznym może natrafić na pewne problemy, wynikające z jego niewzruszonych zasad moralnych. Co się stanie na przykład, gdy w czasie wizyty w Niemczech na Wurst z musztardą oraz piwo zaprosi Pence'a do berlińskiej knajpy Angela Merkel? Czy w jej przypadku pokusa rzucenia się na nią z łapami przewyższy niebezpieczeństwo wywołania międzynarodowego incydentu seksualnego? Można oczywiście zawsze targać ze sobą na tego rodzaju spotkania małżonkę Karen, która jednak zostałaby w ten sposób zredukowana do roli swoistego zaworu bezpieczeństwa, zwanego drzewiej przyzwoitką. Możliwe jest też to, że obecność goryli z Secret Service tuż przed drzwiami restauracji liczyłaby się jako okoliczność łagodząca, niwelująca skutecznie groźbę popełnienia grzechu.

Ja jednak ze swojej strony proponuję proste rozwiązanie. Przy urzędzie wiceprezydenta winna powstać nowa posada o nazwie ŻAR, czyli „żeńska atrapa restauracyjna" (nie mylić z szantrapą, bo to zupełnie inna posada). Niewiasta ta zawsze zasiadałaby do stołu wraz z wiceprezydentem. Nie musiałaby nawet niczego jeść, co dałoby pewne oszczędności federalne. Wystarczyłoby, żeby tkwiła przy stoliku w roli dodatkowej kobiety.

Fakt, że w drugiej dekadzie XXI wieku w USA nagle rozgorzała dyskusja o tym, czy wskazane jest, by żonaty człowiek jadł wspólnie posiłek z kobietą, która nie jest jego żoną, samo w sobie zdaje się pchać kraj w kierunku zbliżonym do moralności średniowiecznej. Z drugiej strony zasady moralne wyznawane przez Pence'a do pewnego stopnia wyjaśniają, dlaczego w obecnym Białym Domu praktycznie nie ma kobiet. Przecież gdyby były, wszyscy członkowie administracji nieustannie by się za nimi uganiali po korytarzach, nie będąc w stanie w żaden sposób kontrolować swoich chuci. A tak, zamiast podejrzanych chichotów i kwików seksualnych, z czeluści posesji przy Pennsylvania Avenue dochodzą jedynie śmichy z konstytucji. I tak jest zdecydowanie lepiej.

Kresowy karzeł

W Ameryce sporo jest ostatnio zamieszania. Nowy – że się tak wyrażę – prezydent, nowe problemy, odwieczny marazm w Kongresie oraz sterta problemów, które prześladują kraj od niepamiętnych czasów, takie np. jak aborcja, imigracja, ochrona zdrowia, poprawność polityczna, wyższość świąt Wielkanocnych nad świętami Bożego Narodzenia, zdejmowanie butów i pasków na lotniskach, propagowanie diety bezglutenowej, zaciskanie pasa, uciekanie do Kanady, etc.

Nie wszyscy na co dzień o tych sprawach dyskutują, bo gdyby to robili, już dawno siedzieliby w jakimś zamkniętym zakładzie psychiatrycznym i wpatrywali się w smutne drzwi wyzute doszczętnie z klamek. Tymczasem w USA toczy się zażarta dyskusja na zupełnie innym, kosmicznym poziomie, która winna żywo wszystkich interesować, gdyż zależy od niej to, czy żyjemy w Układzie Słonecznym składającym się z dziewięciu planet, czy też tylko z ośmiu. Ma to o tyle istotne znaczenie, że kiedy w przyszłości wszyscy zapragniemy stąd gdzieś nawiać, pod naporem nierozwiązywalnych konfliktów i w obliczu grożącej nam samozagłady, dobrze jest wiedzieć, ile przystani planetarnych będziemy mieć do dyspozycji.

Przez bardzo wiele lat planet krążących wokół Słońca było osiem. W roku 1930 amerykański astronom Clyde Tombaugh odkrył obiekt kosmiczny, który nazwano Plutonem, uznając go za dziewiątą i najbardziej oddaloną od Słońca planetę naszego układu. No i ów Pluton przez następne dekady krążył sobie beztrosko w zimnych i ciemnych zakamarkach kosmosu, nie przejmując się za bardzo losami jakichś tam Ziemian, wikłających się w kolejne wojny. Niestety ta plutonowa sielanka skończyła się w roku 2006, kiedy to organizacja o nazwie Międzynarodowy Związek Astronomiczny opublikowała nową definicję planety. Na mocy tej definicji Pluton został uznany za nielegalnego imigranta Układu Słonecznego. Ponieważ jednak jego deportacja nie wchodzi w rachubę, ani też nie można go odgrodzić od legalnych planet jakimś murem, pozostała tylko jego degradacja do roli tzw. planety karłowatej, czyli kresowego kurdupla astronomicznego.

Nowa definicja planety brzmi następująco: „Ciało niebieskie, które znajduje się na orbicie wokół Słońca, ma wystarczającą masę, aby własną grawitacją pokonać siły spoistości ciała stałego tak, aby wytworzyć kształt odpowiadający równowadze hydrostatycznej (prawie kulisty) i wyczyścić przestrzeń w pobliżu swojej orbity". Proszę się nie przejmować – ja też rozumiem z tego bardzo niewiele. Ale – jak się zwiedziałem – w przypadku Plutona zasadnicze znaczenie ma to „czyszczenie przestrzeni w pobliżu własnej orbity". Była planeta rzekomo ma problemy z tymże czyszczeniem i dlatego została uznana za zaśmieconego karła. Dołączyła do kilku innych karłów: Ceresu, Haumery, Makemake oraz Erisa.

Wydawało się zatem, iż kwestia ta została ostatecznie wyjaśniona na niekorzyść Plutona. Jednak skoro na Ziemi w nieskończoność mogą się toczyć dyskusje praktycznie o niczym, dotyczące spraw bardzo błahych, spory o status Plutona w hierarchii planetarnej naszych okolic kosmicznych bynajmniej nie ustały. Grupa sześciu naukowców z kilku różnych amerykańskich ośrodków badawczych rozpoczęła właśnie kampanię na rzecz ponownego zmodyfikowania definicji planety w taki sposób, by Pluton ponownie się „załapał". Jednak badacze ci poszli na całość i zaproponowali definicję, na mocy której planet w sumie byłoby 110, przy czym awans do planetarnego statusu dostałby nawet nasz własny Księżyc, co spotkało się rzekomo ze wstępnym uznaniem ze strony Pana Twardowskiego.

Zdaniem tej „szajki sześciu", planety winny być definiowane w oparciu o ich geologiczne właściwości, a nie na podstawie analizy orbit, grawitacji, czyszczenia okolicznych śmieci kosmicznych, itd. Kirby Runyon z John Hopkins University argumentuje, iż taka szeroka definicja planet zapewni objęcie odpowiednimi badaniami wszystkich istotnych obiektów Układu Słonecznego, a nie tylko tych, które szczycą się mianem tradycyjnych planet. Co więcej, jak to w kosmicznej i ziemskiej polityce bywa, Runyon i spółka twierdzą, że Międzynarodowy Związek Astronomiczny nie miał prawa definiować czegokolwiek, czyli jest w domyśle bandą uzurpatorów, którzy samowolnie skazali Plutona na banicję w środowisku astralnych wyrzutków społecznych.

No i proszę. My tu się przejmujemy jakimiś przyziemnymi głupotami dotyczącymi Kongresu, Białego Domu, IS, Rosji, Korei Północnej, Chin i Bliskiego Wschodu, a tam na krańcach naszego słonecznego dominium toczy się ostra walka o to, czy nasza drużyna kosmiczną składać się będzie z ośmiu, dziewięciu lub 110 zawodników. Wprawdzie jeśli wygra ta ostatnia liczba, grać w cokolwiek będzie trudno, ale to już inna sprawa.

Dla mnie krzepiące jest to, iż właśnie się okazało, że naparzanki doktrynalne nie są wyłączną domeną skorumpowanych lub rozleniwionych polityków, ale istnieją również w szeregach ludzi światłych, którzy na co dzień grzebią w mało zrozumiałych dla zwykłych śmiertelników danych, by po robocie oddawać się bez reszty wzajemnemu i bezpardonowemu podważaniu opinii kolegów.

Mam nadzieję, że ludzie ci zdają sobie sprawę z tego, że tam w kosmosie, z dala od nas, planety krążą nadal tak jak krążyły i że nie da się na nie wpłynąć przez opracowywanie coraz to nowych definicji. Bądź co bądź w próżni kosmicznej nawet dźwięk się nie roznosi, a zatem nie można na siebie krzyczeć. Gorzej z Ziemią.

Z „giewontem" do samolotu

Z dziwnym rozrzewnieniem wspominam czasami zamierzchłe czasy, kiedy to podział na ludzi palących i niepalących był tyleż symboliczny, co bezsensowny. W restauracjach i barach, na lotniskach i dworcach kolejowych oraz w wielu innych miejscach publicznych istniały wydzielone obszary dla palaczy, jednak często nie było tam żadnej kotary czy przegrody. Po prostu palacze kopcili gdzieś w kącie, a reszta prędzej czy później wdychała ich dym.

Dziś na tych nielicznych lotniskach, gdzie nadal istnieją pomieszczenia dla palaczy, są to oszklone i odizolowane pudła, w których tłoczą się w kłębach dymu amatorzy fajek. Reszta świata patrzy na nich niczym na eksponaty w muzeum lub jak na rzadkie okazy fauny w zoo. Czasami są też specjalne, szczelnie zamknięte bary dla palaczy, w których można wprawdzie zapalić, ale trzeba się też z przymusu czegoś napić.

Być może najśmieszniejszy był podział na palących i niepalących w samolotach pasażerskich. Owszem, obie części kabiny oddzielone były od siebie kotarą, ale palenie papierosów w hermetycznie zamkniętym metalowym cygarze, którego wnętrza nie można było w żaden sposób wywietrzyć, oznaczało nieuchronnie, że w pewnym sensie palili wszyscy.

Być może nie każdy pamięta, że palenie w amerykańskich samolotach zostało ostatecznie zakazane dopiero w roku 2000. Wcześniej zakaz palenia obowiązywał już na większości tras wewnętrznych, a na początku XXI wieku objęto nim także wszystkie samoloty latające między USA i innymi krajami. W związku z tym powstaje intrygujące pytanie - dlaczego w samolotowych toaletach nadal znajdują się popielniczki? Dotyczy to nie tylko maszyn wyprodukowanych przed laty, ale również tych najnowszych, prosto z fabryki. Można to porównać do faktu, że w samochodach ferrari z potężnymi silnikami szybkościomierz ma wprawdzie takie prędkości jak 200 mil na godzinę, ale jest to czysta symbolika, gdyż nigdzie w USA nie można tak szybko pędzić.

Korespondent telewizji CNN Jon Ostrower, który zajmuje się sprawami awiacji cywilnej, twierdzi, że celowość montowania popielniczek w samolotowych toaletach jest przedmiotem najczęściej zadawanych mu pytań. A odpowiedź na nie jest prosta – zgodnie z postanowieniem tzw. Code of Federal Regulations, „niezależnie od tego, czy palenie jest dozwolone gdziekolwiek na pokładzie samolotu czy też nie, każda toaleta musi być wyposażona w usuwalną, wyraźnie widoczną i oznakowaną popielniczkę, umieszczoną w bezpośrednim pobliżu drzwi".

Oczywiście następnym pytaniem, które zapewne pada zaraz potem, jest coś w rodzaju: „ale po kiego grzyba, skoro palenie jest zakazane?". Okazuje się, co jest być może dość zaskakujące, iż wielu pasażerów nadal usiłuje po kryjomu palić nad muszlą klozetową, szczególnie na dalszych trasach. W tym celu ludzie ci zwykle usiłują unieruchomić wiszący na suficie wykrywacz dymu. Popielniczki są nadal montowane w toaletach z myślą o tych przestępcach, którym ich wredny czyn rzadko uchodzi na sucho. No ale skoro jednak palą, to znacznie lepiej jest, by mogli gdzieś bezpiecznie wyrzucić tlącego się peta, a nie spowodować pożar przez podpalenie papierowych ręczników w koszach na śmieci.

Była stewardessa linii U.S. Airways, Tracy Sear, powiedziała w wywiadzie prasowym udzielonym w roku 2015, że zwykle załoga bardzo szybko wykrywa fakt, iż ktoś palił w toalecie i jeszcze szybciej dochodzi do wykrycia tożsamości złoczyńcy. Instruuje się go następnie, iż palenie jest absolutnie zakazane. Pada też zawsze sakramentalne pytanie o to, gdzie wylądował jego pet, który jest następnie odzyskiwany przez załogę. Po czym delikwenta zostawia się w spokoju, co może być przez niego interpretowane jako sukces polegający na tym, iż żadnych innych konsekwencji nie będzie. Błąd!

Zgodnie z obowiązującymi przepisami pilot ma obowiązek poinformować personel docelowego lotniska o tym, iż ktoś sobie w WC nielegalnie zakurzył. Po wylądowaniu grzesznego palacza witają przy wyjściu z maszyny władze. Jeśli udało mu się nie spowodować pożaru i nie zmusić pilota do zmiany kursu, więzienie mu nie grozi, ale może z powodzeniem liczyć na grzywnę w wysokości 2200 dolarów za palenie w fotelu oraz 3300 dolarów za kurzenie w toalecie. Jeśli dodatkowo „rozbroił" wykrywacz dymu, musi zapłacić dwa dodatkowe patyki. Gdy zaś dochodzi do zamieszania na pokładzie i przymusowej zmiany kursu, w grę wchodzi grzywna w wysokości 25 tysięcy dolarów i nawet rok pozbawienia wolności.

Muszę przyznać, że nie do końca rozumiem struktury cenowej tych kar. Dlaczego otwarte palenie w kabinie jest mniej surowo traktowane niż przestępstwo toaletowe? Być może agencja stosuje jakąś zniżkę za bezczelność. Skoro dany pasażer nawet nie usiłuje ukrywać faktu, że łamie federalne przepisy, należy mu się zapewne jakaś ulga.

Tak czy inaczej, próby palenia papierosów w samolotach zwykle kończą się fatalnie, choć nie zawsze. W roku 2007 nieżyjąca już dziś piosenkarka Amy Winehouse spędziła połowę lotu z Londynu do Glasgow w toalecie, gdzie paliła jeden papieros za drugim. Mimo narzekań ze strony innych pasażerów i interwencji załogi, po wylądowaniu nie zastosowano wobec niej żadnych konsekwencji. Może zaśpiewała pilotowi jakąś serenadę? Zwykłym śmiertelnikom nie radzę jednak robić takich numerów. Papierosa najlepiej jest zastąpić strzeleniem sobie drinka, co jest – o dziwo – nadal dozwolone.

Ruskie w ataku

Różne narody mają rozmaite rozrywki, co zwykle w pewnym sensie świadczy o ich psychice. Anglicy lubią krykieta, gdyż jest to gra „szlachetna", w której gustownie ubrani dżentelmeni snują się przez trzy dni po boisku, by od czasu do czasu ruszać do akcji, dla reszty świata przeważnie zupełnie niezrozumiałej. Hiszpanie lubią korridę, choć nie bardzo wiadomo, dlaczego. Włosi obżerają się kluskami w różnych sosach i uważają sam akt jedzenia posiłku za znacznie ważniejszy od takich rzeczy jak seks czy wojna. Jeśli chodzi o Amerykanów, to trudno powiedzieć, choć ostatnio zdają się oni lubować w podejmowaniu dziwnych i niebezpiecznych decyzji politycznych, ale to już inna sprawa.

Okazuje się, że Rosja nie pozostaje w tyle za światową czołówką i też ma swoje narodowe hobby. Rosyjski minister obrony Dmitri Szojgu, który jest podobno znacznie bardziej rąbnięty od Putina, ogłosił niedawno, że w moskiewskim Parku Patriotyzmu zostanie zbudowana replika berlińskiego Reichstagu. Tego samego, który spłonął w latach 30. i na którego szczycie w 1945 roku krasnoarmiejcy zatknęli czerwoną flagę. Będzie to wprawdzie wersja nieco zminiaturyzowana, ale ma być wiernie odtworzona ze wszystkimi szczegółami.

Pomysł ten jest dość kuriozalny w wielu płaszczyznach. Warto być może przypomnieć, iż pożar Reichstagu w 1933 roku, który wybuchł w dość podejrzanych okolicznościach, posłużył Hitlerowi do zawieszenia wielu praw obywatelskich i przejęcia pełnej kontroli nad Niemcami. Ponadto po zburzeniu berlińskiego muru i unifikacji kraju gmach ten został pieczołowicie odrestaurowany i od roku 1999 jest siedzibą niemieckiego parlamentu. Innymi słowy, w Moskwie ma powstać kopia gmachu, który jest – jak by na to nie patrzeć – symbolem narodowym i siedzibą obecnych władz Niemiec.

Jednak dla Szojgu wszystkie te fakty nie mają większego znaczenia. Replika w podmoskiewskim parku ma służyć młodzieży z szeregów tzw. Junarmii, czyli pseudoarmii podrostków, stworzonej w 2015 roku w celu wpajania młodzieży patriotyzmu i zasad samoobrony. Pan minister jest zdania, iż szkolenie nastoletniej dziatwy pod nieobecność „konkretnego kontekstu historycznego" nie jest wskazane. Jeśli zatem trzeba młode pokolenie uczyć szturmowania czegokolwiek, należy mu wyznaczyć realny cel, np. atrapę Reichstagu. I tak w czasie ćwiczeń bardzo młodzi Rosjanie będą mogli przypuścić atak na siedzibę niemieckiego rządu i powtórzyć symbolicznie zatknięcie czerwonej flagi na jej szczycie.

Na tym jednak nie koniec. W otoczeniu sfingowanego Reichstagu znajdą się też zrekonstruowane pozycje Armii Czerwonej, baza partyzantów (choć nie wiem, o jakich partyzantów może tu chodzić – może banderowców) oraz wystawy poświęcone militariom. Innymi słowy ma to być rosyjska wersja Disneylandu, w której zamiast Kaczora Donalda zwiedzających będzie witał sierżant Łomonosow z Red Army z pancerfaustem w garści. Na zabawy na karuzelach czy też zjeżdżalniach nie ma co liczyć – każdy junoarmiejec dostanie parę granatów oraz atrapę kałasznikowa i pójdzie polować na szwabskie wojska. No właśnie – tu pojawia się problem. Szturm na opustoszały budynek, bez niemieckiego wroga w środku, jakoś niezbyt pasuje do modelu realizmu historycznego. W związku z tym podejrzewam, że Szojgu zatrudni statystów, którzy odgrywać będą rolę żołnierzy niemieckich, wykrzykujących „Mein Gott!" w momencie trafienia ich ślepymi kulami, wystrzeliwanymi przez smarkaterię.

Rząd Niemiec, z przyczyn dość oczywistych, na razie nie skomentował w żaden sposób rosyjskich zamiarów. Być może Angela Merkel doszła do wniosku, że atakowanie atrapy Reichstagu przez sztubaków w Moskwie jest znacznie bezpieczniejsze od realnej wojny. Natomiast gdy Szojgu ogłosił swój plan na forum Dumy, czyli parlamentarnej pieczątki Wołodii, na sali wybuchł powszechny entuzjazm wśród panów posłów, którym od dawna już marzy się jakaś bardziej efektowna inwazja od tej, jaka została przeprowadzona na Krymie. A skoro na realną wojnę z odwiecznymi wrogami na razie nie można liczyć, nadzieje należy pokładać w parku, który prędzej czy później zostanie zapewne przemianowany na Park Rosyjskiego Rozboju Międzynarodowego.

Jestem przekonany, że plany rosyjskiego ministra obrony są o wiele bardziej rozbudowane, niż mogłoby się wydawać. Tylko patrzeć dnia, w którym w Parku Patriotyzmu obok sztucznego Reichstagu stanie replika Sejmu, Białego Domu, londyńskiej siedziby Izby Gmin, itd. W ten sposób Rosja będzie mogła stosunkowo tanim kosztem atakować różne kraje świata, nie narażając się na żadne straty oraz rzeczywiste konflikty międzynarodowe. Codziennie można będzie na wszystkich tych gmachach zatykać czerwone flagi z sierpem i młotem, i ogłaszać światu zwycięstwo narodu rosyjskiego.

Znamienne jest to, że w planach Szojgu nie ma budowy repliki Pałacu Zimowego. Tym samym wykluczone jest uczenie młodzieży patriotyzmu przez powtarzanie historycznego szturmu bolszewików na ten obiekt. A szkoda – młokosy mogłyby się na tej podstawie o wiele więcej dowiedzieć o swojej historii niż poprzez nieustanne atakowanie sztucznego Reichstagu. Z innych rekonstrukcji wojennych polecałbym ponadto Szojgu wierne odtworzenie tzw. „cudu nad Wisłą", z wykorzystaniem w tym celu Wołgi albo innej rzeki. Jednak szczerze wątpię, by pan minister się na coś takiego zgodził.

Psi urlop

Nie ma większych wątpliwości co do tego, że pod względem świadczeń socjalnych Stany Zjednoczone są krajem dość bezlitosnym, w którym przetrwanie zależy przede wszystkim od samego zainteresowanego, a nie od programów rządowych. Nie ma żadnego federalnego funduszu emerytalnego, kobietom nie przysługuje automatycznie płatny urlop macierzyński, a system ubezpieczeń medycznych działa przede wszystkim dla tych, którzy pracują, bo w przeciwnym razie mogą liczyć wyłącznie na ubezpieczenie w ramach ustawy Affordable Care Act (Obamacare), który już wkrótce zapewne zniknie. Ponadto studia w nawet niezbyt prestiżowej uczelni wymagają wydania majątku albo zaciągnięcia pożyczki, która potem wlecze się za młodym człowiekiem przez pół życia.

W przeciwieństwie do wielu innych zachodnich demokracji, w Ameryce w zasadzie nic nie jest zapewnione przez rząd, co wynika przypuszczalnie z przekonania wielu polityków, iż uzależnianie ludzi od rządowej pomocy jest szkodliwe, a może nawet przyzwyczaja ich do lenistwa i nieróbstwa. W federalnych programach pomocowych upatruje się skrytego socjalizmu, a ponieważ termin ten jest w amerykańskiej polityce niemal przekleństwem, nawet w przypadku zachodniego socjalizmu na modłę skandynawską, wszyscy od niego stronią, z wyjątkiem Berniego Sandersa. W sumie zatem tak zwana socjalna siatka bezpieczeństwa jest u nas szczątkowa i dziurawa, co oznacza, że niemal każdy – jeśli się nie będzie o swój los sam troszczyć – może pewnego dnia odejść z tego świata w zapomnieniu i nędzy.

Gdy rozmawiam czasami z europejskimi znajomymi, którzy składają w USA wizyty w roli przelotnych turystów, zwykle reagują oni wielkim zdziwieniem na fakt, iż rząd federalny tak mało oferuje. Próbuję czasami – bez większego przekonania – tłumaczyć, iż w zamian za to władze federalne zabierają nam stosunkowo niewiele podatków. Wskazuję przy tym na przykład Szwecji, gdzie 57 proc. zarobków obywateli trafia do rządowej kasy. Problem w tym, iż niewielu tego rodzaju argumenty przekonują. Owszem, Szwedzi są opodatkowani na śmierć, ale za to nie muszą się w żaden sposób martwić chorobami, opieką dla dzieci, kosztami nauczania, emeryturami, itd. Podobnie jest w paru innych krajach, np. w Niemczech i Francji, choć na nieco mniejszą skalę.

Ostatnio ze Szkocji nadeszła wiadomość, która przekonała mnie o tym, iż Europa nigdy nie zrozumie w pełni bezwzględności amerykańskiego systemu socjalnego. Szefowie browaru BrewDog ogłosili niedawno, iż zamierzają wszystkim pracownikom oferować 7-dniowy płatny urlop macierzyński, tyle że owo macierzyństwo pojmowane jest w dość specyficzny sposób. Dni wolne będą przysługiwać tym, u których w domach zjawi się nowy psi szczeniak. A ponieważ firma zatrudnia ponad tysiąc osób w kilku krajach świata, w tym również w USA, po raz pierwszy w historii Ameryki pracodawca oferować będzie psi urlop.

Współzałożyciel browaru, James Watt, wydał w związku z ustanowieniem urlopu dla „rodziców" psich szczeniaków oświadczenie, w którym stwierdza, nie bez racji, iż „nie jest łatwo pogodzić opiekę nad małym psem z obowiązkami zawodowymi, a wielu z naszych pracowników to miłośnicy psów". No i proszę bardzo – okazuje się, że świadczenia socjalne mogą dotyczyć nawet zwierząt domowych, co w USA jest mniej więcej tak samo prawdopodobne jak wygranie pół miliarda dolarów na loterii.

Firma BrewDog została założona w roku 2007 przez Watta i jego wspólnika, Martina Dickiego. Jej maskotką jest labrador imieniem Bracken, co ma również związek z nazwami warzonych piw. Dziś firma ma swoje biura w Glasgow i Londynie, a jej piwo sprzedawane jest w 50 barach na całym świecie. Wkrótce ma też ruszyć filia browaru w Columbus w stanie Ohio. Główna siedziba browaru znajduje się w pobliżu miasta Aberdeen, gdzie ok. 50 pracowników stawia się codziennie do roboty ze swoimi czworonogami. Nie mam pojęcia, co te psiaki w pracy robią, bo zakładam, że raczej nie żłopią przez cały dzień piwa.

Psi urlop zwie się oficjalnie *pawternity*, choć jeśli szczenię jest kundlem, możliwe jest stosowanie nazwy alternatywnej, *mutternity*. Tak czy inaczej inicjatywa firmy BrewDog spotkała się w serwisach społecznościowych z wielkim poklaskiem, choć niektórzy komentatorzy amerykańscy wyrażali również swój smutek z powodu tego, że w USA na płatny 7-dniowy urlop macierzyński nie może nawet liczyć wiele kobiet, nie mówiąc już o czworonogach.

Ciekaw teraz jestem, czy miłośnicy kotów nie zaczną się domagać podobnych świadczeń, czyli urlopów zwanych *miauternity*. Szczerze mówiąc wątpię, ponieważ młode koty zwykle same sobie dość dobrze radzą i nie wymagają od właścicieli tyle atencji co w przypadku psów. A zatem znacznie lepiej przystają do amerykańskiego modelu społeczeństwa, który zakłada, iż na własną trumnę trzeba zacząć oszczędzać już we wczesnej młodości.

Tak czy inaczej przykład szkocki nigdy nie zostanie w Ameryce rozpowszechniony, gdyż zalatuje wrednym, czworonożnym lewactwem. Czworonogów nie należy przyzwyczajać do świadczeń socjalnych, bo się skurczybyki od nich na tyle rozleniwią, że przestaną szczekać oraz chodzić na spacery, preferując wylegiwanie się na kanapach i nieustanne domaganie się głaskania, co jest zresztą rzekomą przywarą każdej lewicy, nawet tej ludzkiej. Na coś takiego Ameryka zdecydowanie nie może sobie pozwolić, a to, że szkockie psy czeka taki los, to już ich sprawa.

W twierdzy Wikingów

Sklepy firmy IKEA zagościły już na stałe w amerykańskim krajobrazie handlowym. W moich okolicach wprawdzie sklepu takiego nie ma, ale w Chicago są dwa, a już wkrótce następny powstanie w Indianapolis, od którego dzieli mnie tylko półtoragodzinna jazda samochodem. Bywać tam za często nie zamierzam, ale po drodze zawsze można na chwilę wpaść, choćby po to, by raz jeszcze „zachwycić się" niezwykłą organizacją wnętrza, która zachęca klientów do chodzenia w kółko bez żadnego celu. Nie dziwię się zatem, gdy widzę w sklepach IKEA facetów, którzy wykonują trzecie z rzędu okrążenie i nadal nie wiedzą, gdzie są i po co. A gdy już w końcu kupią coś cięższego, np. mebel, docierają do końca tej trasy, by z przerażeniem zdać sobie sprawę z tego, że swój zakup będą sobie sami musieli ściągnąć z półki i zawieźć do kasy.

Tysiące ludzi zarzekają się jednak, iż skandynawska sieć sklepów to coś absolutnie genialnego, gdyż oferuje elegancką prostotę, a może nawet nordycką surowość, po bardzo przystępnych cenach. Sam nie mam na ten temat żadnej ugruntowanej opinii, choć sądzę, że owa surowość dotyczy przede wszystkim faktu, iż kompletnie zdezorientowany nabywca musi sobie sam radzić, bo żaden pomocny Wiking na ratunek mu nie pośpieszy. Natomiast zastanawiam się bardzo często nad tym, dlaczego towary oferowane w sieci IKEA mają kuriozalnie dziwne nazwy, których nikt nie potrafi poprawnie wymówić poza Szwedami (no i może jeszcze Norwegami oraz Duńczykami).

Mogę na przykład siedzieć przy biurku Jerker, nad którym wisi lampa Milf, i wcinać Godis Skum, czyli szwedzkie cukierki, które tylko ludziom nieobeznanym lingwistycznie mogą kojarzyć się z angielskim słowem „scum", czyli z polskimi szumowinami. Ale nazewniczy problem sięga o wiele głębiej. Dlaczego na przykład kuchenny stół zwie się Björksnäs, patelnia nosi dumnie nazwę Oumbärlig, a szafka do składowania win znana jest jako Nornäs? I co to w ogóle za głupia nazwa IKEA?

Okazuje się, że w tym skandynawskim szaleństwie jest pewna utajniona metoda. Założyciel firmy, Ingvar Kamprad, cierpiał na dysleksję i miał poważne problemy z zapamiętaniem jakichkolwiek nazw. W związku z tym jego siostra wymyśliła system nazewniczy, którego zasadnicze reguły obowiązują do dziś. I tak wszystkie biurka i krzesła noszą skandynawskie imiona ludzi, podczas gdy półki są chrzczone szwedzkimi nazwami różnych zawodów. Towary „oświetleniowe" posiadają nazwy nawiązujące do miar i wag, tyle że po szwedzku, natomiast takie produkty jak ceramika, ozdoby ścienne i ramy do obrazów szczycą się nazwami nawiązującymi do miejscowości w krajach skandynawskich.

Czasami zdarzają się pewne wyjątki. Jedna z półek na książki nazywa się Billy, gdyż zaprojektował ją pracownik firmy Billy Likjedhal. Przypadki tego rodzaju należą jednak do rzadkości. Jeśli zaś chodzi o samą nazwę firmy, jest ona skrótem od Ingvar Kamprad Elmtaryd i Agunnyard. Dwa pierwsze z tych słów to oczywiście imię i nazwisko założyciela. Elmtaryd jest nazwą gospodarstwa rolnego, na którym Kamprad się wychowywał, a Agunnyard to nazwa wsi, w której gospodarstwo to się znajdowało. No i wszystko jasne.

Jednak od czasu do czasu ta dziwna metoda nazywania towarów niesie ze sobą pewne niebezpieczeństwa, gdyż niektóre słowa budzą w obcych językach dość niefortunne skojarzenia. W USA wspomniane już biurko Jerker zostało cichaczem wycofane ze sprzedaży w 2013 roku. Innymi wpadkami językowymi były między innymi: płyn do spryskiwania roślin Fukta, stół Fartfull oraz nogi do kuchennego stołu zwane Faktum. W tym ostatnim przypadku na potrzeby rynku amerykańskiego nogi przemianowano na Akurum. Nie wiem, czy w Polsce, gdzie IKEA jest od lat obecna, też były jakoweś wpadki, ale jeśli czytelnicy wiedzą, to proszę o stosowny donos.

Jak powszechnie wiadomo, każdy sklep sieci IKEA posiada też bar szybkiej obsługi, w którym serwowane są tak popularne dania jak Köttbullar (klopsy na szwedzką modłę), Kycklingköttbullar (też klopsy, ale z kury) czy też Tarta Mörk Choklad (ciasto czekoladowe z migdałami). Jednak w tym przypadku są to po prostu szwedzkie nazwy dań, a nie jakieś zupełnie przypadkowe terminy, wygrzebane z nieograniczonych zasobów skandynawskiej przypadkowości.

Tak czy inaczej ludzie nabywający wiele przedmiotów służących do meblowania domów i zaopatrywania ich w przeróżny sprzęt mogą w pewnym sensie posługiwać się zupełnie odrębnym językiem. Każdego poranka wstają z łóżka przykrytego Bladvassem, rozsuwają Mjölkört, by wpuścić do środka nieco światła, a następnie idą do kuchni, gdzie zasiadają przy Jokkmokku przykrytym gustownym Poppigiem. Zaraz potem przystępują do pałaszowania śniadania podanego na Vargadenie. Innymi słowy, znajdują się w twierdzy Wikingów, w której nawet zwykły kubek do kawy to Finstilt, a łyżeczka nie byłaby sobą, gdyby nie nazywała się Smakglad.

No i teraz tak się zastanawiam, co by się stało, gdyby jakaś polska firma handlowa zrobiła światową sławę i zaczęła otwierać sklepy Wicuś-Picuś na całym świecie. Gdyby była wierna polskiemu nazewnictwu, mogłaby oferować zestaw kuchenny o nazwie Szczębrzyszczykiewicz oraz czajnik Taksobietugwiżdżę. Ciekawe, ilu ludzi by te produkty kupiło?

Alternatywna rzeczywistość

Ci z nas, którzy pamiętają amerykańską inwazję na Irak w 2003 roku, z pewnością rzewnie wspominają ówczesnego irackiego ministra informacji Mohammeda Saeeda al-Sahhafa, zwanego też powszechnie i pieszczotliwie „Bobem z Bagdadu". Facet ten z powagą godną lepszej sprawy występował często przed kamerami telewizji, by przekonywać, iż siły amerykańskie zmierzające w kierunku irackiej stolicy nie mają najmniejszych szans na sukces i że zostaną zdziesiątkowane przez bohaterskich żołnierzy Saddama Husajna. Apogeum jego działalności przypadło na dzień, w którym sam Husajn przepadł bez śladu, a Bagdad znalazł się w amerykańskich rękach. W czasie ostatniego wystąpienia „Boba" w telewizji zapewniał on, iż Amerykanie są właśnie masowo eksterminowani w okolicach lotniska. Problem w tym, że amerykańskie czołgi widoczne już były w tle i zbliżały się na niebezpieczną odległość do ministra informacji, który zdradzał coraz wyraźniejsze oznaki zaniepokojenia.

Al-Sahhafa wkrótce przepadł bez śladu, ale po pewnym czasie został aresztowany. Nigdy nie postawiono mu żadnych zarzutów, gdyż uważany był za postać bardziej komiczną niż złowróżbną. Podobno dziś mieszka wraz z rodziną w Zjednoczonych Emiratach Arabskich, ale w telewizji już nie występuje, tym bardziej że siły U.S. Marines nie atakują na razie w żaden sposób tego kraju.

Wtedy, przed 13 laty, w miarę oczywiste dla wszystkich było to, że iracki minister informacji łgał w żywe oczy, bo takie miał zadanie. Dziś jednak, o dziwo, okazuje się, że tak naprawdę wcale nie kłamał, lecz oferował światowym mediom „alternatywne fakty". Termin ten został właśnie stworzony przez doradczynię prezydenta Trumpa, Kellyanne Conway, która broniła rzecznika Białego Domu, Seana Spicera. Facet ten w trakcie swojego pierwszego spotkania z dziennikarzami, w czasie którego odmówił odpowiadania na jakiekolwiek pytania, oznajmił, iż inauguracja nowego prezydenta USA oglądana była przez „największą liczbę ludzi w historii". Teza ta na tyle kłóci się z faktami, że zasługuje na miano wierutnego kłamstwa, czego dowodzą liczne dane statystyczne, zdjęcia z innych inauguracji, itd. Jednakowoż w naszej nowej rzeczywistości to, co może się wydawać kompletnym fałszem, stanowi alternatywne fakty.

Z czysto semantycznego punktu widzenia pani Conway wprawiła w zdumienie nawet wydawców słownika języka angielskiego Mirriam-Webster, którzy stoją na straży angielszczyzny od roku 1828. Ta szacowna instytucja zareagowała, pisząc w serwisie Twitter, że fakt to „informacja zaprezentowana jako coś, co stanowi część obiektywnej rzeczywistości". Innymi słowy, nie ma czegoś takiego jak „fakt alternatywny", gdyż obiektywna rzeczywistość jest tylko jedna. W klasycznej filozofii fakt to empirycznie zaistniały stan rzeczy, a – w rozumieniu potocznym – wydarzenie, które miało miejsce w określonym miejscu i czasie. W tym sensie faktem nie może być zdarzenie, które nie miało miejsca.

Wszystko to może wydawać się nieco zbyt górnolotne, nie mówiąc już o tym, iż w gruncie rzeczy liczba osób, która obserwowała inaugurację nowego prezydenta, nie ma absolutnie żadnego znaczenia, gdyż nie przekłada się w jakikolwiek sposób na skalę poparcia lub jego braku dla Trumpa. Chodzi bardziej o interpretowanie bzdur jako prawdy. Prezydent Trump odwiedził siedzibę CIA. Stojąc przed ścianą upamiętniającą śmierć wszystkich tych agentów, którzy polegli w trakcie wykonywania swoich obowiązków, mówił o tym, jak to w Waszyngtonie zebrało się ponad półtora miliona ludzi, którzy obserwowali jego zaprzysiężenie. Jest to jednak prawda wyłącznie w kontekście „faktów alternatywnych", których ontologiczny status jest niepewny. Wśród ludzi bardziej przywiązanych do faktów normalnych dominuje przeświadczenie, iż w Waszyngtonie zjawiło się ok. 700 tysięcy osób. Szczerze mówiąc, liczby te guzik mnie obchodzą. Natomiast odwoływanie się do „alternatywnych faktów" powinno wszędzie budzić niepokój, w tym szczególnie wśród „weteranów" PRL-u.

Polska Ludowa została zbudowana na „faktach", które były totalnymi kłamstwami. Towarzysz Wiesław, znany też jako Władysław Gomułka, przez całe lata zapluwał się wygłaszając zapewnienia o tym, iż „pogłowie trzody chlewnej wzrosło o 200 procent w stosunku do analogicznego okresu roku ubiegłego", ale ten alternatywny fakt w życiu codziennym przekładał się na znudzoną pindę w mięsnym, pilnującą pustych haków. Autorzy peerelowskich podręczników do historii twierdzili, że Armia Ludowa niemal samodzielnie wyzwoliła Polskę, a ci wredni faceci z AK stali biernie „z bronią u nogi". Potem była jeszcze gierkowska propaganda sukcesu, czyli polityka zapewniania narodu, że jest dobrze, ale jeszcze nie tragicznie. Nie wspomnę już o stanie wojennym, który został – ma się rozumieć – wprowadzony w żywotnym interesie narodu, żądnego zachowania podstawowych mechanizmów zamordyzmu w ramach oporu przeciw siłom światowego imperializmu.

Akceptacja tego, że możliwe jest istnienie „alternatywnych faktów", jest zawsze pierwszym krokiem do kretyńskiej propagandy. Coś takiego nie było jak dotąd udziałem amerykańskiej sceny politycznej i nie ma żadnych powodów, by tego rodzaju „zagrywki" były przez media akceptowane. Na razie wszystko wskazuje na to, że nie będą, co jest faktem (realnie, a nie alternatywnie) krzepiącym.

A swoją drogą zastanawiam się, jakie byłoby wyjaśnienie nowej administracji, gdyby na inauguracji zjawiło się dokładnie 10 osób. Jest to oczywiście niemożliwe, ale jako eksperyment myślowy całkowicie uzasadnione. Moim zdaniem szybko okazałoby się, że każda z tych osób reprezentuje milion wyborców, a zatem w sumie tłum składałby się z 10 milionów.

Inwazja jaj

Czasami oczyma chorobliwej bez wątpienia wyobraźni staram się zobaczyć Władimira Putina pałętającego się po tym jego Kremlu i myślącego nieustannie o tym, w jaki tu jeszcze sposób można zrobić Ameryce w poprzek. No bo jest tak – Krym zabrany, sankcje Zachodu zignorowane, Syria w stanie nieodwracalnego chaosu, a wybory prezydenckie w USA skutecznie zmanipulowane. W sumie zatem pasmo wspaniałych sukcesów. Ale niedosyt zawsze zostaje, szczególnie w przypadku byłego, pośledniego agenta KGB, niegdyś udającego Jamesa Bonda w Dreźnie, a dziś marzącego o potędze cara.

Biorąc to wszystko pod uwagę, następny atak Rosji na Amerykę może przybrać jakąś nową, zupełnie niespodziewaną formę. Wygląda na to, że niedawno Putin – wypiwszy szklanicę siwuchy na śniadanie – doszedł do wniosku, iż Jankesów należy zaatakować jajami. Jaja normalne, czyli kurze, byłyby zbyt kosztowne. Są jednak inne, atrakcyjne rozwiązania.

W tym miejscu konieczna jest pewna dygresja. Na rynku europejskim, a w zasadzie również światowym, od lat sprzedawany jest w sklepach artykuł o nazwie Kinder Egg. Jest to rzecz wymyślona we Włoszech przez niejakiego Williama Salice'a, a opatentowana przez firmę Ferrero. Przez pewien czas znana była pod włosko-niemiecką nazwą Kinder Sorpresa, ale dziś dominuje nazewnictwo niemiecko-angielskie. Niewtajemniczonym śpieszę donieść, iż jest to plastikowy pojemnik w kształcie jaja, w środku którego znajduje się jakaś malutka zabawka. Plastik wkładany jest przez producenta do czekoladowej skorupy, która owijana jest w gustowne sreberko.

Jaja typu Kinder Egg zyskały sobie na świecie ogromną popularność, nie tylko wśród małolatów, ale również w szeregach dorosłych smakoszy słodkości. Jednak nie w USA. Czujna władza już dawno temu zakazała importowania tego towaru do Ameryki, gdyż produkt ten łamie rzekomo przepisy, które stanowią, iż żaden artykuł przeznaczony do ludzkiej konsumpcji nie może zawierać rzeczy do konsumpcji się nienadających. Ja wprawdzie tego przepisu do końca nie rozumiem, ponieważ połowa sprzedawanych w USA hamburgerów też zawiera rzeczy, które nie nadają się do konsumpcji, ale to już inna sprawa.

Władza bynajmniej nie żartuje, a może – bardziej precyzyjnie – nie pozwala sobie na żadne jaja. W roku 2011 jakiś facet przekraczający granicę kanadyjskiej prowincji Manitoba z USA został zatrzymany przez agentów ICE pod zarzutem nielegalnego wwiezienia do bezjajecznej Ameryki jednego Kinder Egg, za co wymierzono mu mandat w wysokości 300 dolarów. Rok później dwaj inni „przestępcy", wracający z Vancouver do Seattle, zostali aresztowani na prawie trzy godziny, ponieważ w ich samochodzie wykryto – o zgrozo! – sześć czekoladowych jaj. Jeden ze strażników granicznych sugerował wtedy, że kara za ten niecny czyn może opiewać na sumę 2500 dolarów za jajo, ale ostatecznie jajeczni przemytnicy zostali zwolnieni, a nabiał skonfiskowano, ku uciesze dzieci celników.

Co to wszystko ma wspólnego z Putinem? Pozornie nic, ale w gruncie rzeczy wydarzenia ostatnich dni sugerują, iż możemy mieć do czynienia z podstępnym rosyjskim atakiem przy użyciu plastikowych atrap kurzych płodów. Mieszkańcy nadmorskiej miejscowości Langeoog, znajdującej się na należącej do Niemiec wyspie, zaludnionej w większości przez Fryzów, czyli germański lud w połowie lingwistycznej drogi między językiem holenderskim i angielskim, zaczęli znajdować na okolicznych plażach setki, a może nawet tysiące plastikowych wkładów do Kinder Eggs, czyli towaru bez czekoladowych skorup. W środku znajdowały się oczywiście zabawki, co spowodowało, że szybko zleciała się okoliczna dzieciarnia, która zaczęła całymi garściami zbierać niespodziewany skarb wyrzucony przez morze na brzeg.

Ponieważ wyspa zaludniona jest przez zaledwie 1700 osób, może się okazać, iż absolutnie każdy wejdzie w posiadanie jaja. Jest jednak pewien istotny problem. Wszystkim zabawkom towarzyszyła kartka papieru z napisem po rosyjsku, co sugeruje, iż towar pochodzi z Rosji. Lokalne władze spekulują wprawdzie, że jaja przypadkowo wypadły za burtę statku handlowego, który pod duńską flagą zmierzał z Chin do Niemiec, ale ja wiem swoje – wszystko wskazuje na to, iż Putin postanowił zaatakować nas plastikowymi jajami, zapewne w nadziei, że się tym wszystkim pospołu zakrztusimy i nie będziemy w stanie zachować stosownej czujności wobec poczynań wroga.

Na razie nie wiadomo, jakie przesłanie Kreml zawarł w jajach. Wydaje się jednak oczywiste to, że Biały Dom winien stosownie zareagować. Wystrzelenie w kierunku Moskwy jakiegoś nabiału nuklearnego raczej nie wchodzi w rachubę, gdyż wtedy zrobiłaby się globalna jajecznica, której nikt nie mógłby przed nieuchronną śmiercią nawet spróbować. Bardziej realistycznym odwetem byłoby zalanie Rosji jednym z najbardziej znienawidzonych przez amerykańskie dzieci cukierków halloweenowych zwanych *corn candy*. Są to ziarna prażonej kukurydzy powleczone gęstym, obleśnym syropem i zamknięte w cukrowej skorupie. Czymś takim nawet Putin mógłby się raz na zawsze zatkać, co w sensie globalnej strategii oraz narodowych interesów USA byłoby bardzo korzystne.

Na razie jednak trzeba stawić czoła inwazji rosyjskich jaj, które lada chwila mogą dotrzeć do amerykańskich wybrzeży, stwarzając tym samym śmiertelne zagrożenie dla życia i zdrowia bogobojnych obywateli. W porównaniu do tegoż zagrożenia jakieś tam manipulowanie prezydenckimi wyborami to fraszka.

Chińczyk potrafi

Nie wiem, jak potoczą się dalsze losy amerykańskiej współpracy z Chinami, ponieważ nowy prezydent zapowiada, że się za nich weźmie i pokaże im, kto tak naprawdę rządzi światem. Będzie to jednak o tyle trudne, iż jesteśmy chińskimi dłużnikami i pozostajemy uzależnieni od wszystkich towarów z napisem „Made in China", który widnieje na mniej więcej 90 proc. towarów w sklepach. Faktem jest, że Chińczycy się ostro rozpychają. Budują hegemonistyczną dominację na wodach azjatyckich mórz, inwestują ogromne ilości pieniędzy w wybrane przez siebie kraje i podejmują się zadań, których nikt inny podjąć się nie chce.

Z pewnością na jedno z takich zadań wygląda pomysł zbudowania kompletnej repliki Titanica, która będzie gotowa na przyjęcie pierwszych gości w październiku tego roku. Ogromny statek pasażerski, który – jak powszechnie wiadomo – w roku 1912 przyrżnął w górę lodową i poszedł błyskawicznie na dno, udowodniając w ten sposób, że bynajmniej nie był niezatapialny, będzie na stałe zakotwiczony u brzegu rzeki Daying Qi w prowincji Seczuan. Każdy chętny będzie mógł spędzić noc na jego pokładzie za jedyne 400 dolarów, w co wliczone zostało „zatonięcie" okrętu. Nie, wskrzeszony Titanic nie pójdzie na dno i nikt się nie utopi. Pokazana zostanie tylko „przekonująca" symulacja katastrofy, łącznie z powolnym przechylaniem się jednostki przed jej osunięciem się w oceaniczną otchłań. O ile wiem, nie przewiduje się odtworzenia góry lodowej, ale po Chińczykach wszystkiego można się spodziewać, a zatem nie zdziwię się za bardzo, jeśli okaże się, iż wspomniana symulacja zawiera sfingowane uderzenie w kupę chińskiego lodu.

Pomysłodawcy zapewniają, że nowy Titanic będzie niemal idealną kopią starego. Odtworzone zostaną wszelkie detale, łącznie z wystrojem wnętrz – te same klamki, te same lampy, identyczna zastawa stołowa, wielkie schody, itd. Niektórych kajut nie będzie, ale wszystkie najważniejsze będzie można obejrzeć, szczególnie te bardziej luksusowe. Ponadto „pasażerowie", których na szczęście nie będzie czekać nieuchronna śmierć w lodowatych wodach Atlantyku, potańczą sobie na licznych przyjęciach i zjedzą dokładnie te same potrawy, które serwowano przed ponad stu laty. Co więcej, żarcie to nie zostanie nagle zalane przez lodowatą wodę. W sumie budowniczowie nowego Titanica przeanalizowali wiele tysięcy pierwotnych planów i rysunków, by kopia okrętu przypominała pod każdym względem oryginał.

Ba, Chińczycy nawiązali nawet kontakt z producentami głośnego filmu Jamesa Camerona pt. *Titanic*, a aktor Bernard Hill, który w roku 1997 grał rolę kapitana statku, zjawił się na ceremonii wszczęcia budowy kopii jednostki odziany w swój filmowy kostium. Wątpię jednak, by projektem tym zainteresowali się na serio Kate Winslet oraz Leonardo DiCaprio. W końcu ile razy w życiu można tonąć, nie mówiąc już o tym, iż nie przewiduje się odtworzenia kajut dla pasażerów „trzeciej klasy", których nie chciano po kolizji z górą lodową wypuścić na pokład.

Gdy nowy Titanic zostanie ukończony, będzie miał 882 stopy długości i 92 stopy szerokości, czyli dokładnie tyle, ile mierzy wrak na dnie Atlantyku. Wykonany zostanie z 50 tysięcy ton stali – mniej więcej tyle, ile potrzeba do budowy nowoczesnego lotniskowca. Wszystko to ma wyglądać na tyle realistycznie, że gościom obiektu powinno się wydawać, iż lada chwila wypłyną z portu Southampton i skierują się na zachód, ku Ameryce. Niestety będzie to niemożliwe – rzeka wiedzie donikąd, a nowy Titanic nie ma silników, gdyż są mu one zupełnie niepotrzebne.

Szaleńcza idea zbudowania Titanica od nowa zrodziła się w konsorcjum energetycznym o nazwie Qixing Energy Investment Group, które najwyraźniej posiada sporo zbędnych pieniędzy, gdyż na zrealizowanie projektu zamierza w sumie wydać prawie 200 milionów dolarów. Co ciekawe, po uwzględnieniu inflacji, itd. jest to suma zbliżona do tej, jaką kosztowało zbudowanie pierwszego Titanica (8 milionów dolarów).

Szef konsorcjum, Su Shaojun, oznajmił niedawno, iż chęć zbudowania wiernej repliki transatlantyku zrodziła się u niego dlatego, że był to „wspaniały statek, który trzeba upamiętnić i zachować jego legendę". Niektórzy mają jednak wątpliwości, łącznie ze mną. Jakby na to nie patrzeć, pierwszy i ostatni rejs Titanica był ogromną tragedią, w wyniku której zginęło ponad 1500 ludzi. W związku z tym organizowanie symulacji tejże tragedii dla ciekawskich z całego świata jest dość kuriozalne. Na podobnej zasadzie można na przykład skonstruować wierną symulację ataku na Pearl Harbor, w ramach której wszyscy chętni mogliby udawać japońskich pilotów spuszczających bomby na amerykańskie statki. A może niezwykle pieczołowicie odtworzony rejs z pojmanymi niewolnikami na trasie z Afryki do USA? Podejrzewam, że bilet na bycie niewolnikiem byłby znacznie tańczy od tego na Titanica, tym bardziej iż wybór kajut byłby bardzo ograniczony.

Gdyby zaś ktoś chciał w ogóle pójść na całość, to mógłby zaproponować niezastąpione wrażenia 2-tygodniowego pobytu w pięknej replice obozu koncentracyjnego Auschwitz, łącznie ze sfingowanymi SS-manami, szubienicami, egzekucjami oraz „oryginalnym wyżywieniem". Ciekaw jestem, czy znaleźliby się chętni.

Trzy piąte głupoty

Prawodawcy mają to do siebie, że – niezależnie od kontekstu politycznego, w którym działają – proponują czasami rzeczy głupie lub po prostu śmieszne. Sztandarowym przykładem może być w USA tzw. Kompromis Trzech Piątych, uchwalony w roku 1787 przez konwencję konstytucyjną.

Ojcowie Ameryki, pracujący nad najważniejszymi aspektami prawnymi nowego państwa, nie mieli pojęcia o tym, w jaki sposób traktować w sensie politycznym czarnoskórych niewolników. Uznanie ich za pełnoprawnych obywateli było z góry wykluczone, gdyż na takie rozwiązanie nigdy nie zgodziliby się delegaci z południowych kolonii. Z kolei ich północni koledzy nie chcieli słyszeć o tym, by byli to ludzie w sensie prawnym całkowicie niewidzialni. Spór ten był oczywiście pierwotnym zarodkiem późniejszej wojny domowej. Trzeba było śmierci tysięcy ludzi i totalnej dewastacji znacznych połaci kraju, by wreszcie doszło do jakiegoś (wymuszonego) kompromisu.

Jednak wtedy, w 1787 roku, w obliczu niemożności wypracowania takiego porozumienia, wymyślono karkołomne rozwiązanie. Postanowiono mianowicie, że każdy czarnoskóry niewolnik to w sensie politycznym i demograficznym 3/5 jednego białego obywatela. W wyborach nie miało to żadnego znaczenia, gdyż niewolnicy nie mieli prawa głosować. Jeśli jednak chodzi o liczenie ludności, od czego zależała reprezentacja poszczególnych stanów w Kongresie, uważanie niewolników za ułamkowych mieszkańców dało południowym stanom znacznie zawyżone wpływy w Kongresie.

Na ten genialny, choć obiektywnie rzecz biorąc idiotyczny pomysł wpadli dwaj delegaci – James Wilson oraz Roger Sherman. Niemal natychmiast pojawiły się konkurencyjne propozycje. Benjamin Harrison chciał oszacować każdego niewolnika na 1/2 białej osoby, natomiast grupa polityków z Północy argumentowała na rzecz 3/4. Ostatecznie jednak James Madison poparł 3/5 i tak zostało aż do roku 1868, w którym 14. poprawka do konstytucji uznała, że jeden facet (lub facetka), niezależnie od koloru skóry, to mimo wszystko cały człowiek, a nie tylko jego fragmenty.

W tym miejscu powinienem krótko wspomnieć o tym, że – wbrew wielu nieporozumieniom na ten temat – nazwa dużego amerykańskiego banku, Fifth Third Bank, nie ma żadnego podłoża politycznego i nie jest protestem przeciw liczeniu niewolników. Bank ten powstał po prostu ze zjednoczenia w Ohio Third National Bank oraz Fifth National Bank. Z drugiej strony, uważam, że amerykański system miar i wag nie został w roku 1787 stosownie wykorzystany. Moim zdaniem każdego czarnoskórego niewolnika trzeba było oceniać w sposób ułamkowo dynamiczny. Osobnicy silni i zdrowi powinni na przykład stanowić 49/64 wartości białego Amerykanina, podczas gdy schorowani chuderlacy mogliby liczyć tylko na 15/32.

Ale do rzeczy. O Kompromisie Trzech Piątych piszę dlatego, że niedawno polski wicepremier Jarosław Gowin zgłosił propozycję tzw. głosowania rodzinnego w wyborach parlamentarnych. Wprawdzie w tym miejscu niezmiernie rzadko wspominam o sprawach polskich, ale akurat ta sugestia mnie bardzo zaintrygowała. Głównie dlatego, że gdyby ją ktoś na serio zgłosił w amerykańskim Kongresie, większość posłów zapewne umarłaby ze śmiechu. Zresztą o ile wiem, w żadnym współczesnym kraju demokratycznym nie ma żadnych głosowań rodzinnych, w których za 2-letniego pędraka wypowiadają się politycznie jego rodzice, mimo że on sam nie jest w stanie odróżnić Lenina od Jeffersona.

Pomysł Gowina polega na tym, że rodzice mieliby głosować w wyborach za swoje nieletnie dzieci. I tak rodzina posiadająca trójkę pociech miałaby iść do urn wyborczych z możliwością oddania w sumie pięciu głosów – dwa własne i trzy „dziecięce". Nie bardzo rozumiem, na czym miałyby polegać korzyści z takiego systemu wyborczego, ale nie to jest najważniejsze. Po pierwsze, pomysł włączenia małolatów do procesu elekcyjnego wymagałby poważnych zmian konstytucyjnych i byłby receptą na totalny chaos. Trzeba by było na przykład ustalić, od jakiego wieku bobas może być wyborczo reprezentowany przez rodzica. Osobiście proponuję, by każdy był prawowitym wyborcą od momentu poczęcia.

Po drugie, załóżmy, że w jakiejś rodzinie jest tylko jedno dziecko i że ojciec zdradza wyraźne tendencje prawicowe, a matkę ciągnie nieodparcie do lewicy. Kto w takiej sytuacji ma podjąć decyzję wyborczą za nieletnią pociechę? A może w tym przypadku należy, nawiązując do historii amerykańskiego niewolnictwa, uznać, iż 3/5 kilkuletniego Franka to głos prawicy, a 2/5 należy się lewicowcom? Oczywiście sam Franek zapewne się nie wypowie, ale byłby łatwo podatny na przekupstwo polityczne (lody, dodatkowe bajki w TV, itd.).

Jestem zdania, że jeśli pan wicepremier Gowin na serio myśli, iż jego propozycja ma jakikolwiek sens, to należy pójść za ciosem i uchwalić przepisy, na mocy których każda istota ludzka, niezależnie od wieku, nabędzie prawo do startu w wyborach do ważnych urzędów. I tak w najbliższych wyborach prezydenckich mogliby wziąć udział nie tylko powszechnie znani politycy, ale również ci, którzy jeszcze się nie urodzili. Na kartach wyborczych, prócz nazwisk takich jak Kaczyński, Biedroń czy Tusk, mogłyby się znaleźć kandydatury znacznie bardziej nowatorskie, takie np. jak „Józef lub Józefa Kowalski(a), w zależności od wyników ultrasondy".

Wybór na prezydenta kogoś, kto się jeszcze nie urodził, miałby ogromnie pozytywny efekt uboczny. Nowy przywódca państwa na wiele lat dałby święty spokój narodowi, oddając się najpierw igraszkom w kojcu, a potem edukacji w kolejnych szkołach. Przecież jest to najprostsza recepta na narodowe szczęście!

Spadek po mordercy

Coraz częściej dochodzę do niepokojącego wniosku, że w USA niespodziewaną wartość może mieć niemal wszystko, nawet jeśli jest związane z wydarzeniami lub osobami niezbyt ponętnymi i pozbawionymi jakichkolwiek walorów moralnych. Nie, nie chodzi mi wcale o memorabilia Donalda Trumpa, lecz o osobę Charlesa

Mansona, który w listopadzie ubiegłego roku zmarł w wieku 83 lat w Stanowym Więzieniu Corcoran. Był on zdrowo stukniętym przywódcą klanu odpowiedzialnego za zamordowanie przed prawie półwieczem dziewięciu osób, w tym żony Romana Polańskiego, Sharon Tate.

Okazuje się, że „Charlie" – jak bywał pieszczotliwie nazywany przez swoich morderczych podopiecznych – pozostawił po sobie spadek, o prawa do którego toczy się obecnie zażarta sądowa walka w Los Angeles. Lokalni dziennikarze twierdzą, że jest to dość odrażający spór o „murderabilia", czyli pamiątki po mordercy, które powinny zostać gdzieś potajemnie zakopane, tak by się o nie nikt nie dopominał. Jednak wspomniany spadek to nie okrwawione narzędzia zbrodni, lecz tysiące zwykłych dolarów, które Manson zarabiał i nadal zarabia z powodu tego, że dwie piosenki napisane przez niego przed laty zostały nagrane przez zespoły The Beach Boys oraz Guns 'N Roses. Ponadto Manson w wolnych więziennych chwilach pisywał eseje i rysował, a wszystkie te dzieła posiadają obecnie, z niezrozumiałych dla mnie przyczyn, sporą wartość. Podobnie jak jego dwie gitary, na których zapewne brzdąkał coś o starych dobrych czasach morderczej glorii i chwały.

Jednak najbardziej komediowym aspektem tej sprawy jest to, że nagle okazało się, iż Manson posiada kilku konkurujących ze sobą spadkobierców, mimo iż on sam nigdy nie przyznawał się do żadnej biologicznej rodziny ani też nie pozostawił po sobie testamentu. Jednak dla zawodowych poszukiwaczy niespodziewanych dochodów to żadna przeszkoda. Zgłosił się na przykład niejaki Matt Lentz z południowej Kalifornii, który twierdzi, że choć został adoptowany jako niemowlę przez małżeństwo z Illinois, jest w istocie synem Mansona. Zdaniem Lentza Manson przed śmiercią podpisał testament mianujący go spadkobiercą, wspólnie z Benem Gureckim, który – tak się nieprzypadkowo składa – jest kolekcjonerem i handlarzem memorabiliów. Innym pretendentem do miana syna Charliego jest jakiś facet z Wisconsin, choć na razie niczego bliższego o nim nie wiadomo.

Ale na tym nie koniec. Jason Freeman z Florydy utrzymuje, że jest wnukiem Mansona, ponieważ jego ojcem był Charles Manson Jr., który popełnił samobójstwo w roku 1993. Natomiast Michael Channels nie ma wprawdzie żadnych związków rodzinnych z mordercą, ale utrzymuje, że prowadził z nim intensywną korespondencję i że na jej podstawie stworzył internetowe muzeum Mansona. Jego zdaniem istnieje testament z roku 2002, w którym to on jest wymieniony jako wyłączny spadkobierca.

Mam nadzieję, że sędzia w Los Angeles, który prowadzi tę sprawę, nie osiwieje lub wyłysieje, zanim nie podejmie jakiejś sensownej decyzji. Ma przed sobą jedną opcję, która być może byłaby najbardziej uzasadniona. Mógłby mianowicie zarządzić, że cały majątek Mansona, niezależnie od jego charakteru, zostanie wystawiony na licytację, a wszelkie z niej dochody zostaną przekazane rodzinom zamordowanych ludzi.

W związku z tymi sądowymi potyczkami mam dwie wątpliwości. Po pierwsze, nie rozumiem, dlaczego wspomniane powyżej zespoły nagrały dwie piosenki Mansona. Grupa Guns 'N Roses w roku 1993 wypuściła na rynek krążek z utworem pt. „Look at Your Game, Girl". Natomiast znacznie wcześniej, bo w roku 1968, bohaterowie kalifornijskiego surfingu, The Beach Boys, nagrali piosenkę „Never Learn Not to Love", której tytuł może z powodzeniem kandydować do miana najokrutniejszych jaj w historii amerykańskiej muzyki pop. Jakby tego nie było dość, jeden z członków zespołu, Dennis Wilson, był rzekomo w latach 60. świadkiem zastrzelenia przez Mansona z karabinu maszynowego M16 „jakiegoś czarnego faceta", ale nie powiadomił policji, bo się bał. Przyznaje, że zanim do tego doszło, był kumplem Mansona, który miał ambicje muzyczne i często łaził z nim po różnych barach w Los Angeles.

Druga wątpliwość jest bardziej filozoficzna i dotyczy tego, czy jakiekolwiek utwory lub memorabilia ludzi, których obecność na tym świecie przyniosła wyłącznie cierpienia i tragedie, winny być w taki czy inny sposób celebrowane. Jak wiadomo, Adolf Hitler miał ambicje bycia wielkim malarzem – i to nie pokojowym – ale nic z tego nie wyszło, gdyż Akademia Sztuk Pięknych w Wiedniu nigdy nie przyjęła go na studia. Załóżmy jednak przez chwilę, że już w roli przywódcy III Rzeszy zacząłby nagle tworzyć – w przerwach między eksterminacją całych narodów – dzieła, które zdaniem krytyków byłyby ciekawe i wartościowe. Czy dziś jego obrazy powinny mieć sporą wartość finansową? I czy powinny się odbywać wystawy jego prac? Osobiście uważam, że nie. Podobnie zresztą jak nie sądzę, by oryginalne kopie wyroków śmierci podpisywanych przez Stalina winny być obiektem pożądania ze strony jakichś pochromolonych kolekcjonerów.

A wracając do Dennisa Wilsona, czy nagrałby ze swoim podstarzałym dziś zespołem piosenkę stworzoną przez Kima Dzong Una pt. „Concentration Camp Blues"? Nigdy nie wiadomo, ale mam nadzieję, że mimo wszystko by się na coś takiego nie zdecydował.

Tylny problem

W czasach PRL-u mawiało się czasami, że życie jest jak papier toaletowy – długie, szare i do d... Było to uzasadnione nie tylko realiami egzystencji w raju zwanym „realnym socjalizmem", ale również tym, iż papier ten był istotnie zarówno szary, jak i zdradzał niektóre co bardziej bolesne właściwości materiału zwanego po niemiecku *Sandpapier*. Nie wspomnę już o tym, że produktu tego często w ogóle w sklepach nie było, co zmuszało naród do posługiwania się, nie bez pewnej politycznej satysfakcji, podartymi kawałkami *Prawdy* czy *Trybuny Ludu*, choć w tym pierwszym przypadku farba drukarska była często zbyt słabo spojona z papierowym podłożem, co prowadziło do oczywistych problemów.

Papier toaletowy to bardzo niedawny wynalazek, choć nie dla Chińczyków, którzy podobno posługiwali się nim już w VI wieku naszej ery. Do Europy pomysł zrolowanego papieru przywędrował z USA, gdzie opatentował go w roku 1857 niejaki Joseph Gayetty. Powiedzmy sobie prawdę w oczy – zanim w ogóle świat został skanalizowany, stan ludzkiej higieny osobistej pozostawiał wiele do życzenia. Niektórzy historycy twierdzą, że gdyby współczesny człowiek znalazł się nagle we francuskim dworze w XVII wieku, zapewne bardzo szybko by zwymiotował z powodu stosowanych wtedy praktyk załatwiania natarczywych potrzeb fizjologicznych. Jeszcze w roku 1747 brytyjski lord Chersterfield w liście do syna krytykował swojego znajomego, który do roli papieru toaletowego stosował kartki wyrywane z tomu dzieł Horacjusza. Z brukaniem klasyka nie miał większego problemu, ale uważał, że papier był nędznym narzędziem w dziele pucowania ludzkiej rufy. Miał o tyle rację, że w wielu krajach do dziś preferowaną metodą tegoż pucowania nie jest papier, lecz takie materiały jak woda, liście, piasek albo po prostu szmaty.

Jednakowoż zachodnia cywilizacja postawiła zdecydowanie na wynalazek Gayetty'ego. W USA rocznie sprzedaje się 7 miliardów rolek papieru toaletowego, co daje mniej więcej 24 rolki na łeb (a w zasadzie na tyłek). Miłość do tego produktu ma pewne konsekwencje ekologiczne. Z jednego drzewa można wyprodukować 100 funtów papieru toaletowego, a ponieważ dzienna produkcja tego towaru wynosi 83 miliony rolek, oznacza to, że 27 tysięcy drzew pada dzień w dzień w imię czystości zadów.

No i właśnie w tym momencie muszę przejść do „meritumu", by skutecznie odeprzeć posądzenia o zajmowanie się tematem bez jakiegokolwiek znaczenia. Okazuje się mianowicie, że rosnąca grupa specjalistów jest zdania, niezależnie od wszelkich rozważań ekologicznych, że stosowanie papieru toaletowego jest potencjalnie niezdrowe i szkodliwe, gdyż może prowadzić do wielu schorzeń. Powstaje w związku z tym dość natarczywe pytanie – co może tradycyjną rolkę w łazience zastąpić. Odpowiedź nie jest niestety zbyt apetyczna.

Cywilizowany świat zna skuteczne rozwiązanie od lat. Jest to oczywiście bidet, czyli coś w rodzaju prysznica dla intymnych części ciała. Urządzenia te są w miarę powszechne w południowych krajach Europy, a szczególnie we Włoszech, gdzie ich instalacja w łazienkach jest obowiązkowa począwszy od 1975 roku. W USA wiedza na temat funkcjonalności bidetów jest na tyle ograniczona, że zbłąkany amerykański turysta czasami uważa, iż porcelanowe urządzenie z kranem, umieszczone znacznie niżej od klasycznego zlewu, jest sprzętem oferowanym specjalnie dla karłów.

Powszechnie znany aktor Will Smith twierdzi od dłuższego czasu, że ludzkość powinna zerwać z przywiązaniem do papieru toaletowego i zastanowić się nad innymi rozwiązaniami. Jednak jego zdaniem kluczem do sukcesu nie są bidety, lecz inne metody. Niestety niektóre z nich będą zapewne trudne do przyjęcia. Już dziś istnieją firmy, które oferują w Internecie *family wipes*, czyli kawałki toaletowych szmat. Nie są one wyrzucane do śmieci po każdym użyciu, lecz prane i używane ponownie. Bardzo mnie interesuje to, gdzie te szmaty są przechowywane między użyciem i późniejszym praniem, ale to zupełnie inna sprawa.

Szczerze mówiąc, nie bardzo mi się ta szmaciana opcja podoba, z powodów, o których z premedytacją zmilczę. Jeśli papier toaletowy jest istotnie szkodliwy, zarówno dla środowiska naturalnego, jak i zadnich części ciała, jestem pewien, że współczesna nauka potrafi wyprodukować jakiś materiał zastępczy, którego wytwarzanie nie wymaga wycinania lasów w pień i którego używanie nie prowadzi do jakichkolwiek schorzeń. Naukowcy od pewnego czasu eksperymentują z tworzeniem „sztucznego mięsa", które ma smakować dokładnie tak samo jak naturalne, mimo że nie ma związku z żadnym żywym organizmem, np. z krową lub świnią. A skoro tak, to nie widzę żadnych problemów z produkcją papieru toaletowego, który nie jest tak naprawdę papierem, choć posiada wszystkie jego właściwości.

W sumie dość kuriozalne jest to, że nasza cywilizacja znalazła się na etapie takiego czy innego kwestionowania użyteczności wynalazków, których korzyści jeszcze do niedawna nikt na serio by nie kwestionował. Mój syn mówi mi czasami, że zawsze można wrócić do XIX wieku, jeśli ktoś naprawdę tego chce, tylko – jak pyta – po kiego grzyba? Nie znam odpowiedzi na to pytanie, natomiast jestem pewien, że pozostanę przy rolkach Quilted Northern Ultra Soft albo czegoś podobnego, ponieważ pomysł *family wipes* jakoś mnie nie napawa zbytnim romantyzmem higienicznym.

Malaga na oczyszczenie

Dziś czas na historię tyleż powikłaną, co idiotyczną. W roku 2012 koncern Procter & Gamble wprowadził na rynek nowy produkt o nazwie Tide Pods. Są to kapsułki z płynem do prania. Intencja producenta była prosta – chodziło o ułatwienie domowego prania przez eliminację procesu odmierzania ilości detergentu, wsypywania lub wlewania go do pralki, itd. Wystarczy wrzucić takiego Poda do sterty brudów w maszynie i sprawa załatwiona. Jest to zachodnia wersja proszku „E" z PRL-u, który – jak powszechnie wiadomo – „sam prał".

Tak to zwykle jednak jest, że intencje to jedno, a realne skutki to coś zupełnie innego. Problem w tym, że Tide Pods są bardzo kolorowe i efektowne, co powoduje, że wyglądają jak czekoladki Malaga rodem z Wawelu. Długo nie trzeba było w związku z tym czekać na to, by w Ameryce zaczęły się mnożyć przypadki zatruć wynikających z tego, że dzieci zjadały kapsułki, piorąc sobie tym samym skutecznie żołądki, które na atak chemikaliów nie reagowały zbyt łaskawie.

O zatruciach media w zasadzie nie wspominały, tym bardziej że nie były one na tyle groźne, by powodować przypadki śmiertelne. I wszystko byłoby w porządku, gdyby nie to, że w roku 2015 prześmiewcze pismo *The Onion* opublikowało artykuł pt. „Z boską pomocą zjem jedną wielokolorową kapsułkę Tide". Muszę w tym miejscu wyjaśnić niewtajemniczonym, że wspomniane pismo drukuje wyłącznie totalnie wyssane z palca wieści pod szokującymi czasami tytułami. Ilustracją tej polityki redakcyjnej mogą być na przykład takie tytuły jak „Badania wykazały, że noworodki są głupie", albo „Optyk z Denver nie wie, dlaczego cieszy się kultowym poparciem gejów". Oczywiście 99 proc. czytelników doskonale wie, że *Cebula* zamieszcza satyryczne bzdury. Jednak od czasu do czasu ktoś się nabiera, zresztą łącznie z politykami, i traktuje zmyślone wiadomości na serio. A nawet jeśli się nie nabiera, to zawsze można liczyć na internetowe serwisy społecznościowe, w których każda, nawet najgłupsza plotka żyje własnym, całkiem autentycznym życiem.

Nie inaczej było w przypadku deklaracji o zjedzeniu piguły z detergentem. Wieści o ludziach łykających Tide Pods zaczęły pełzać po cyberprzestrzeni, szczególnie w serwisach Twitter i Tumblr. W połowie roku 2017 pojawiło się nawet wideo na ten temat, sporządzone przez internetową witrynę College Humor. W ten sposób w grudniu tego samego roku doszło do istotnego przełomu – w świecie twitterowców zrodziła się dyskusja o konsumpcji Tide Pods, a wkrótce potem w YouTube można było oglądać narastającą liczbę stukniętych desperatów ćpających na oczach zdumionej gawiedzi kolorowe „cukierki" z chemicznym nadzieniem.

Rezultaty tego szaleństwa można było z łatwością z góry przewidzieć. W styczniu tego roku niejaki Aaron Swan rzucił światu wyzwanie i ogłosił Tide Pod Challenge, czyli konkurs na zjadanie kapsuł rodem z Procter & Gamble. Sporo głupków przejechało się z tego powodu do szpitala, a cała sprawa nagle zainteresowała amerykańskie media, które nigdy nie są w stanie przegapić okazji do nagłaśniania kompletnych bzdur.

Pojawił się też dość dziwny efekt uboczny. Niektóre firmy, np. pizzeria na nowojorskim Brooklynie, zaczęły oferować produkty całkiem jadalne, ale przypominające Tide Pods. Rozumowanie właścicieli takich firm jest proste – skoro mocno pochromoleni internauci zdradzają podziw dla konkursów zjadania kapsuł z mydłem, to tym bardziej powinien im się podobać pomysł pożerania zwykłej żywności bez bąbelków, przypominającej do złudzenia Tide Pods.

Coś mi jednak w tym wszystkim nie pasuje. Nie rozumiem przede wszystkim, dlaczego dopiero opakowania Tide Pods wzbudziły taką powszechną ekscytację i spaczony głód. Przecież efektownych opakowań, które mogą kojarzyć się z cukierkami lub inną żywnością, w USA nie brakuje. A jednak to właśnie kapsuły z płynem do prania zdają się wywoływać ochotę do ich jedzenia. Przyznał się do tego nie kto inny, tylko szef opozycji w Kongresie, Chuck Schumer, który zdradził, że pewnego dnia przechodził koło biurka swojego współpracownika i zobaczył Tide Pods: – *Odruchowo chciałem to zjeść* – powiedział.

W przypadku polityków amerykańskich uważam, że powinni jeść to świństwo, bo wtedy zrobi się im niedobrze i może kiedyś, po ozdrowieniu, ruszą do jakiegoś działania legislacyjnego. Jednak w przypadku młokosów i małych dzieci celowa konsumpcja mocno skoncentrowanego detergentu może być niebezpieczna, o czym nieustannie trąbi teraz firma Procter & Gamble. Jednocześnie wszystkie serwisy społecznościowe usunęły już nagrania sesji pałaszowania środka do prania gaci.

Wszelkie ostrzeżenia mogą się jednak okazać nieskuteczne, ponieważ Internet to miejsce, w którym wystarczy o czymś półserio napomknąć, by zrobiło się z tego wielkie wydarzenie. W drodze eksperymentu zamierzałem ogłosić swoje własne wyzwanie, Jędruś Challenge, w ramach którego ochotnicy mieliby zjeść w czasie jednego dnia trzy posiłki składające się z pięknie opakowanych towarów nie nadających się do konsumpcji. Śniadanie – paczka żyletek Gillette, lunch – parę Tide Pods, obiad – płatki Listerine Cool Mint. Na koniec można to wszystko zapić jagodzianką na kościach, czyli denaturatem. Choć z ogłoszenia wyzwania zrezygnowałem, jestem przekonany, że z pewnością znalazłby się jakiś dureń, który podniósłby rzuconą mu rękawicę i otruł się na oczach podnieconej publiki sieciowej. Dziś wszystko jest możliwe.

Wojna na króliki

Sezon nam nastał jajeczno-króliczy, czyli wielkanocny. Nie wiadomo dokładnie, skąd wzięła się postać Easter Bunny, czyli świątecznego królika, choć przeważa opinia, iż wymyślili go w XVII wieku niemieccy luteranie, dla których to uszate stworzenie odgrywać miało rolę swoistego sędziego, ferującego wyroki w sprawie grzecznych i niegrzecznych dzieci. Nigdy nie rozumiałem wprawdzie, dlaczego wielkanocne króliki dźwigają w koszyku jajka, jako że nie słyną za bardzo z ich znoszenia, ale to już inna sprawa.

W tym roku tak się złożyło, że w USA tuż przed Wielkanocą rozgorzała dziwna wojna na króliki, choć nie świąteczne, lecz zwykłe. Stało się tak za sprawą 24-letniej córki wiceprezydenta Pence'a, Charlotte, która napisała książkę dla dzieci pt. *A Day in the Life of the Vice President*. Jest to dość niezwykłe dzieło, ilustrowane przez matkę autorki, Karen, a opowiadające o jednym dniu życia królika Marlona Bundo, który łazi za wiceprezydentem i obserwuje jego katorżniczą robotę.

Książka zyskała sobie szybko sporą popularność, choć mnie naszły od razu dwie wątpliwości. Po pierwsze, nie bardzo wiem, dlaczego za Pence'em miałby wszędzie się wlec królik, który w życiu realnym zostałby zapewne pogoniony przez agentów Secret Service. Albo zapuszkowany przez czujnych pracowników ICE, wyczulonych na nielegalnie przebywające w USA zwierzęta, szczególnie jeśli Marlon to jakaś turecka angora. Po drugie zaś 42-stronicowy tom wydaje się – za przeproszeniem – jedną wielką sesją wazeliniarstwa. Marlon, który nazywa swojego pana „Grampa", opowiada między innymi o tym, jak to Pence jeździ po USA i wszędzie jest witany przez entuzjastycznych ludzi, machających do niego chorągiewkami. Bundo nie może się też nadziwić, jak dużo wiceprezydent robi, np. przewodniczy Senatowi, doradza prezydentowi, itd. A wieczorem Pence i Bundo razem się modlą, wspominając wydarzenia dnia. No i jeszcze bardzo ważna sprawa. Marlon Bundo sam siebie nazywa dumnie Botus, bo jest Bunny of the United States. Ma kruczoczarne uszy i zawsze nosi muszkę, jak na rządowego przedstawiciela gatunku zajęczaków przystało.

Nie wiem, co podkusiło Charlotte do napisania takiej książki, ale obserwacje kolegi królika są wątłe merytorycznie, jako że wszyscy dobrze wiedzą o tym, iż amerykańscy wiceprezydenci w zasadzie nic nie robią, poza okazjonalnym uczestnictwem w pogrzebach oraz imprezach, na których nie chce być prezydent. Tak czy inaczej, gdy dzieło wiceprezydenckiej córki znalazło się na czwartym miejscu listy bestsellerów serwisu Amazon, zareagować postanowił telewizyjny komik John Oliver, występujący w sieci HBO. Zatrudnił on pisarkę Jill Twiss do napisania konkurencyjnej książki o króliku, zresztą dokładnie tym samym. Jednak w tym nowym dziele, zatytułowanym *A Day in the Life of Marlon Bundo*, królik niespodziewanie zakochuje się po długie uszy w Wesleyu – pięknym króliczym samcu. A następnie – mimo ostrego sprzeciwu ze strony jakiegoś zrzędliwego faceta, który do złudzenia przypomina Pence'a – Marlon i Wesley zawierają homoseksualny związek małżeński.

Charlotte Pence zareagowała na ten rozwój wydarzeń z poczuciem humoru. Powiedziała telewizji Fox, że w zasadzie cieszy się, iż na rynku sprzedają się dobrze dwie książki o króliku Marlonie, tym bardziej że dochody ze sprzedaży przekazywane są na cele charytatywne. Jednak znacznie mniejszym poczuciem humoru wykazał się wydawca książki panny Pence, czyli firma Regnery. Jej przedstawiciel wyraził ubolewanie z powodu faktu, iż ktoś postanowił sparodiować w celach politycznych książkę dla dzieci. Ubolewać oczywiście można, co jest tym bardziej uzasadnione, że książka pomysłu Olivera szybko znalazła się na czele listy bestsellerów, prześcigając nie tylko królika w wersji heteroseksualnej, ale nawet wspomnienia byłego dyrektora FBI, Jamesa Comeya, o tym jak został wyrzucony z roboty przez bezpośredniego zwierzchnika Pence'a.

Intencja Olivera jest oczywiście dość przejrzysta. Wiceprezydent Pence znany jest ze swoich niezwykle konserwatywnych poglądów, szczególnie jeśli chodzi o jednopłciowe związki małżeńskie. Nie tak dawno temu wyznał, że nigdy nie jada obiadów sam na sam z kobietami (z wyjątkiem rodziny, zapewne), gdyż uważa to za potencjalną pokusę moralną. Wynika stąd, że pomysł poślubienia przez Marlona jego króliczego partnera tej samej płci byłby dla wiceprezydenta nie do przyjęcia.

O całej tej sprawie wszyscy zapewne zapomną już za kilka dni. Dziwne jest jednak to, że do sporu z udziałem królika doszło tuż przed Wielkanocą, gdy zwierzęta te odgrywają zasadniczą rolę w celebracjach. Z drugiej strony króliki jakoś zawsze wtrącają się w ludzkie dyskusje. Jednym z króliczych bohaterów jest oczywiście Bugs Bunny, natomiast w roku 1960 w piśmie *Playboy* pojawiły się po raz pierwszy „bunny girls", które oczywiście nie miały i nie mają żadnego związku z Marlonem Bundo, a tym bardziej z wiceprezydentem Pence'em.

A swoją drogą, dziwne jest również i to, że królik został nazwany Marlon Bundo, gdyż jest to niebezpiecznie bliskie Marlonowi Brando, który – o ile wiem – nie miał za życia żadnych związków z jakimikolwiek wersjami zwierząt zającowatych. Może jednak coś w tym mimo wszystko jest. Brando znany był ze swojego chaotycznego życia, w którym przewijały się nieustannie coraz to nowe żony i kochanki. Miał w sumie 11 dzieci i przyznał w latach 70., że miewał kontakty homoseksualne. Słowem, niezły był z niego Bundo.

W świecie „nieżywych"

W głośnej książce Josepha Hellera pt. *Catch 22* („Paragraph 22"), pełnej niemal surrealistycznej groteski, jest fragment, w którym lekarz wchodzi do szpitalnego pokoju i mówi pacjentowi: „Mam dla pana smutną wiadomość. Pan nie żyje". Nie przypuszczałem, że doczekam się kiedyś chwili, w której coś takiego wydarzy się w rzeczywistości, choć nie w szpitalu, gdzie w końcu są ludzie chorzy, a zatem potencjalnie bardziej narażeni na rozstanie się z życiem, lecz w życiu codziennym pewnego obywatela Rumunii.

Constantin Reliu przez 20 lat przebywał w Turcji, gdzie pracował jako kucharz. Gdy ostatecznie wrócił do Rumunii, został zatrzymany na lotnisku w Bukareszcie, gdzie poinformowano go, iż niestety już od paru lat nie żyje, a zatem nie może zostać wpuszczony do kraju jako człowiek żywy. Zdumionemu Constantinowi zaczęto zadawać liczne pytania, pobrano od niego odciski palców, dokonano pomiarów głowy, itd. Ostatecznie „denat" został zwolniony, co jednak w żaden sposób nie zakończyło jego problemów.

Okazało się, że małżonka Reliu najpierw go zdradziła, a potem uzyskała sądową zgodę na uznanie go za zmarłego, co umożliwiło jej prawne związanie się z innym facetem bez uprzedniego uzyskania rozwodu. Wydawać by się mogło, iż sam fakt tego, iż 63-letni Constantin chodzi o własnych siłach, mówi i myśli jest wystarczającym dowodem na to, iż nie posiada statusu trupa. Okazuje się jednak, że sprawa jest znacznie bardziej skomplikowana. Mimo wielu usiłowań, jak dotąd Reliu nie zdołał przekonać władz, że żyje. Przed kilkunastoma dniami poniósł kolejną porażkę prawną z chwilą, gdy sąd w mieście Vaslui orzekł, iż nie może unieważnić jego aktu zgonu, ponieważ podanie o to zostało wniesione „zbyt późno". Sąd wykazał się tym samym niezwykle interesującą argumentacją, zgodnie z którą podania o unieważnienie aktu zgonu należy wnosić, zanim się jeszcze umrze, a jeśli nie, to nie później niż kilka dni po strzeleniu kopytami.

Constantin nie ma pojęcia, co będzie dalej, ale na razie jako denat nie może pracować, bo kto będzie chciał zatrudnić nieboszczyka? Nie może też głosować lub korzystać ze świadczeń socjalnych. Moim zdaniem technicznie martwy Rumun ma tylko dwie możliwości. Może po prostu umrzeć, co skutecznie rozwiąże jego niejasny status prawny i spowoduje, iż akt zgonu nabierze pełnej oraz niekwestionowanej mocy. Innym dla niego wyjściem byłoby udanie się w góry Transylwanii w poszukiwaniu Drakuli, z którym z pewnością znalazłby szybko wspólny język. Obaj panowie mogliby sobie pogadać o tzw. żywych trupach, wampirach, etc.

Zaintrygowany losem nieszczęsnego Rumuna, postanowiłem zwiedzieć się, na jakich zasadach można kogoś uznać za denata w USA. Okazuje się, że nie jest to wcale specjalnie trudne, a konkretne przepisy zwykle ustalane są przez poszczególne stany. Wyobraźmy sobie zatem, że nagle przepadam bez śladu, ku olbrzymiej uciesze moich czytelników. Zaraz potem zostałbym uznany za osobę zaginioną, ale już po siedmiu latach absencji sąd mógłby uznać, że rozstałem się z tym światem, choć musi zaistnieć kilka okoliczności. Po pierwsze, moje zniknięcie musiałoby być nieprzerwane i niemożliwe do wyjaśnienia. Po drugie, w trakcie mojej nieobecności nikt nie byłby w stanie nawiązać ze mną jakiegokolwiek kontaktu. Po trzecie ktoś musiałby aktywnie mnie przez pewien czas szukać bez rezultatu. Oczywiście w moim przypadku byłaby to zapewne moja żona, ale jej zaangażowanie w szukanie mnie uważam za mało prawdopodobne.

No i po wszystkim. Przy zachowaniu tych warunków po siedmiu latach mógłbym zostać uznany za denata *in absentia* i dołączyłbym do grona takich ludzi jak Constantin. Wynika stąd, że jeśli ktoś bardzo chce „umrzeć" na papierze, może to z pewnością zrobić i żyć dalej. Okazuje się też, że przypadki tego rodzaju wcale nie należą do rzadkości. W roku 1957 Joseph Bader z Toledo w stanie Ohio zaginął w czasie wyprawy wędkarskiej i został uznany za zmarłego już trzy lata później, co oznacza, że komuś się strasznie śpieszyło do jego śmierci. Jednak w roku 1965 zaginiony się odnalazł zdrowy i cały, choć mieszkał już wtedy w Nebrasce i nazywał się Fritz Johnson. Bywają też przypadki znacznie bardziej dramatyczne. José María Grimaldos López, hiszpański pasterz, przepadł bez wieści w 1910 roku na targu zwierząt hodowlanych. Dwaj mężczyźni zostali oskarżeni o jego zamordowanie w celach rabunkowych i skazani na 18 lat więzienia. Tymczasem Grimaldos odnalazł się w roku 1926, już po wypuszczeniu „morderców" na wolność. Nie wiem, czy go potem rzeczywiście nie zabili.

Istnieje też zupełnie inna kategoria ludzi teoretycznie nieżywych. Są to wszyscy ci, którzy usiłują z takiego czy innego powodu fingować własną śmierć. Ironia losu polega jednak na tym, że tego rodzaju zabiegi rzadko kończą się sukcesem, podczas gdy Constantin wcale nie chce być nieżywym, ale statusu żyjącego nie jest na razie w stanie odzyskać. Wśród co bardziej żałosnych prób udawania własnej śmierci należy wymienić Charlesa Muleta, skorumpowanego policjanta z Luizjany, oskarżonego w 1988 roku o molestowanie dziewczynki. Chciał on udać, że nie żyje przez pozostawienie samochodu przy rzece i napisaniu do policji notatki, iż zamierza się utopić. Ciała w rzece nigdy nie znaleziono, za to całkiem żywego Muleta skutecznie wytropiono.

Na razie postanowiłem nie znikać bez śladu. Wydaje mi się, że jest to zbyt ryzykowne. Raz uznana w majestacie prawa śmierć ciążyłaby potem na mnie do końca, czyli do... śmierci.

Rok 2018

Sylwester z Alexą

Koniec roku starego i początek nowego to zwykle okres składania sobie różnych przyrzeczeń, dokonywania rozliczeń z przeszłością i snucia prognostyków. Te pierwsze nie mają w zasadzie większego znaczenia, gdyż są łamane już kilka dni po sylwestrze. Przewidywanie przyszłości też nie ma specjalnego sensu, bo w dzisiejszej Ameryce niemal wszystko i w każdej chwili jest możliwe, nawet jeśli wydaje się niezwykle mało prawdopodobne. Pozostaje zatem podsumowanie wydarzeń z ostatnich dwunastu miesięcy. Jest ich zazwyczaj bardzo dużo, ale ja skupię się na świecie techniki. Gdybym miał typować najistotniejszą zmianę technologiczną Anno Domini 2017, postawiłbym na Alexę. Wprowadziła się ona do tysięcy amerykańskich domów i jest nawet tolerowana przez zazdrosne małżonki, gdyż nie jest kobietą z krwi i kości, a nawet na takową nie wygląda.

Chodzi oczywiście o tzw. asystentkę głosową firmy Amazon, która siedzi sobie posłusznie w kącie domu i czeka na rozkazy właścicieli. Jest w stanie podać aktualną pogodę, przeliczać jednostki miar i wag, opowiadać dowcipy, podawać najnowsze wiadomości, włączać i wyłączać przeróżne urządzenia, etc. Nigdy nie pyskuje, nigdy niczego nie odmawia i jest zawsze gotowa do akcji.

Jeff Bezos i spółka ogłosili narodziny Alexy w listopadzie 2014 roku i oznajmili, że pomysł zbudowania czegoś takiego narodził się z inspiracji fikcyjnego komputera pokładowego statku kosmicznego Enterprise w serii filmów *Star Trek*. Początki Alexy były jednak dość trudne. Większość ekspertów uznała ją za niemal żartobliwą ciekawostkę, która miała zainteresować tylko i wyłącznie rzeszę technofobicznych palantów (do których zresztą sam się zaliczam). Jakby na potwierdzenie tej opinii, początkowo sprzedaż Alexy utrzymywała się w dolnych strefach stanu zbliżonego do krachu finansowego. Jednak pod koniec roku 2016 nastąpił niezwykły przełom – w okresie świąt Bożego Narodzenia Alexa stała się najpopularniejszym prezentem gwiazdkowym, a w oddalającym się już w przeszłość roku 2017 jej sprzedaż wzrosła niemal 10-krotnie.

W praktyce oznacza to, że coraz trudniej jest pójść w gości do jakiegoś domu, w którym nie ma Alexy lub jej mniejszego brata zwanego Dot. U progu nowego roku urządzenie to staje się niemal wszechobecne, a z domniemanego żartu technologicznego zrobił się komercjalny szlagier. W związku z tym liczni specjaliści studiują efekty, jakie obecność Alexy w jakimś domostwie wywiera na domowników. Efekty są dość ciekawe. Po pierwsze, Alexa sprawiła, że ludzie przełamali opory związane z gadaniem do maszyny. Elektroniczna bestia Amazonu przemawia spokojnym, żeńskim głosem i jest daleka od „efektu maszynowego", właściwego różnym innym elektronicznym urządzeniom głosowym. Gdy czegoś nie rozumie, bo właściciel ma złą dykcję lub jest nabzdryngolony, dopytuje się uprzejmie o dalsze szczegóły. Prędzej czy później zaczyna być traktowana jak dodatkowy lokator domu lub tani kamerdyner niestawiający żadnych wymagań i zdradzający olimpijski spokój.

Z drugiej strony zaakceptowanie w domu Alexy bywa dość trudne, szczególne wtedy, gdy ktoś dostaje ją w prezencie. Tak było na przykład w przypadku Johna Herberta z Teksasu, który przez dwa miesiące nawet swojego prezentu nie otworzył, bo się bał. Dziś posiada dwie Alexy, które pozwoliły mu na znaczne zautomatyzowanie domu: „Gdy dziś wychodzę do pracy, dzięki Alexie w zasadzie nie muszę o niczym pamiętać. Z chwilą, gdy mój telefon komórkowy znajduje się w odpowiedniej odległości od domu, wyłączają się wszystkie światła, a termostat albo obniża nieco temperaturę w zimie, albo podwyższa temperaturę klimatyzacji w lecie".

We właśnie rozpoczętym roku eksplozja popularności Alexy z pewnością trwać będzie nadal. Wykształciły się jednak dwa wyraźnie zdefiniowane obozy, z których jeden zdradza objawy paranoidalne. Przeciwnicy Alexy twierdzą, że jest to bydlę z piekła rodem, które podsłuchuje nieustannie ludzi i zdradza ich sekrety Amazonowi. W obozie entuzjastów tej technologii dominuje natomiast przekonanie, iż Bezos ma znacznie ciekawsze rzeczy do roboty niż słuchanie kłótni małżeńskiej u Smithów. Zresztą – jak zwykle dodają beztrosko – niech sobie słuchają do woli.

Wśród największych zwolenników gadającej asystentki elektronicznej są dzieci, dla których fakt, że głosowa komenda typu „turn off kitchen lights" powoduje pożądany efekt, graniczy z magią. Ponadto małolaty mogą z nią grać w różne gry i zadawać głupie pytania, zwykle irytujące rodziców. Alexa nigdy niczego nie ignoruje, choć czasami nie rozumie, czego się od niej żąda, na co jednak reaguje z usłużną uprzejmością. Jej „osobowość" jest na tyle zbliżona do realiów codziennego życia, że niektórzy użytkownicy przyznają, iż od czasu do czasu tracą kontakt z rzeczywistością i mówią Alexie „dobranoc" przed pójściem spać lub zakładają irracjonalnie, że automat zrodzony w Amazonie zna ich życiorys i jest w jakimś sensie członkiem rodziny.

Wracając do noworocznych deklaracji, Alexa też się może w nich przydać. Gdy ktoś nie ma żadnego pomysłu na stosowne noworoczne przyrzeczenie, może poprosić elektroniczną asystentkę o podanie jakichś sugestii. Ponadto można też poprosić Alexę o odliczanie czasu do Nowego Roku w dowolnym punkcie globu. Niestety na razie nie ma funkcji, która po dotarciu do zera wystrzeliwałaby fajerwerki. Wiem, bo sam sprawdziłem. Szampana też mi bestia nie nalała, ale może do następnego sylwestra odpowiednio się poprawi.

Sataniczna dziura w ziemi

Czas halloweenowego święta to oczywiście okres nieokiełznanego pogańskiego satanizmu, przynajmniej jeśli wierzyć tym, którzy uważają, że zbieranie przez dzieci cukierków po domach jest potajemnym mariażem młodego pokolenia z Lucyferem. Może trzeba przypomnieć, że w chrześcijaństwie Lucyfer jest postacią o tyle kontrowersyjną, że był wodzem zbuntowanych aniołów, w wyniku czego trafił do piekła, gdzie też został wybrany na prezydenta, tyle że szatańskiego. Wszystko to jednak nie ma większego znaczenia w obliczu obecnych sporów o to, czy Halloween to niewinna rozrywka dla pędraków, czy też potajemny szatański spisek.

Na szczęście w USA zawsze można liczyć na władzę, która wszystko ludziom wyjaśni. Zanim jeszcze zaczął się sezon podświetlanych dyń, w powiecie Baxter w stanie Arkansas doszło do bulwersującego wydarzenia. 17 września z dziury w ziemi w pobliżu miejscowości Midway wystrzeliły nagle płomienie, pnące się na wysokość 12 stóp. Ogień widoczny był przez prawie 40 minut, a potem nagle zniknął, tak jakby nigdy go tam nie było. Zjawisko to wprawiło okoliczną ludność w stan pewnej konsternacji, czemu nie można się dziwić.

Dziura w ziemi nie jest porzuconym odwiertem górniczym, zawalonym szybem czy też pozostałością po poniechanej budowie. Została prawdopodobnie wykopana przez okoliczne dzikie zwierzęta, które – jak wiadomo – nieustannie poszukują przekopu do Hadesu, gdzie – ogólnie rzecz biorąc – jest zwykle znacznie weselej niż w życiu doczesnym, i gdzie – jak sądzę – znajdują się niemal wszyscy moi dawni przyjaciele.

Po wygaśnięciu tajemniczego ognia tubylcy zaczęli się natarczywie zastanawiać, jakie mogły być przyczyny tego zjawiska. Szybko okazało się, że rząd, nawet na poziomie dość lokalnym, mimo wszystko czasami do czegoś się przydaje. Miejscowy sędzia Mickey Pendergrass powiedział dziennikarzom gazety *Arkansas Democrat-Gazette* coś, co zapewne znacznie uspokoiło rozhuśtane nastroje społeczeństwa: – *Ustaliliśmy ponad wszelką wątpliwość, że ogień wydobywający się z ziemi nie był dziełem szatana i że żadne piekielne moce nie wbiły w otwór wideł, by uwolnić płomienie*. Wow! Nie ma to jak władza – jak już coś oznajmi, to mucha nie siada.

Sam mam pewne wątpliwości. W jaki na przykład sposób empirycznie ustalono, że Lucyfer nie maczał w tej hecy ani palców, ani też rosochatego ogona, nie mówiąc już o rogach. Czy jakiś miejski urzędnik wszedł do dziury w ziemi, by sprawę bezpośrednio zbadać? Podejrzewam, że nie, a zatem wnioski o absencji szatańskich intencji mogą się okazać przedwczesne. A poza tym, jakie uprawnienia do badania diabła ma przedstawiciel władzy sądowniczej? Być może chodzi o to, że często mówi ludziom, by szli do diabła, czyli do więzienia. Całe szczęście, że sędzia Mickey nie wypowiedział się dla gazety *Arkansas Republican-Gazette*, która nie istnieje, bo wtedy okazałoby się, że ogień powstał w wyniku potajemnego palenia maili Hillary Clinton, a Bernie Sanders dmuchał w miechy, by się szybciej paliło.

Ale to jeszcze nie koniec rządowych badań dziury w ziemi. Miejscowy dowódca straży pożarnej, Donald Tucker, poinformował, że gdy ogień był jeszcze widoczny, dokonał pomiaru temperatury wnętrza otworu i ustalił, że było tam 780°F, czyli 415°C. Dodał też, że w pobliżu nie ma żadnych instalacji gazowych, a wokół otworu nie wyczuł zapachu gazu ziemnego bądź ropy naftowej (o wódce lub whiskey nie wspomniał). Na koniec wyraził opinię, iż wyklucza możliwość uderzenia w to miejsce meteorytu, ponieważ dziura jest dość płytka i znajduje się w tym miejscu od dawna.

Na wiem, czy Donald zna się na ciałach niebieskich oraz podziemnych złożach paliw i czy jego opinia w tej sprawie może być brana na serio. Zawtórował mu Ty Johnson, geolog z Arkansas Geological Survey, który potwierdził, że w tych okolicach nie ma żadnych naturalnych paliw, a zatem nie wiadomo, co się spontanicznie zajarało. Jednak oliwy do tajemniczego ognia dodał szef biura Emergency Management, Jim Sierzchula (Polak potrafi!), który przypomniał, iż dawno temu w pobliżu otworu znajdowała się stacja benzynowa. Choć jego zdaniem pod ziemią nie ma żadnych starych zbiorników z benzyną, a nawet gdyby były, to nie mogłyby się spontanicznie zapalić.

Z całej tej dyskusji niewiele wynika poza tym, że wykluczone są paliwa, meteoryty oraz diabelskie zakusy. Co do tych ostatnich, badania termiczne Tuckera są bardzo pomocne, gdyż 780°F to stanowczo za mało na piekło, a poza tym nikt nie słyszał płaczu i zgrzytania zębów. Wspomniany na początku sędzia Pendergrass skwitował to wszystko pesymistycznie w lokalnej telewizji KY3, stwierdzając: – *Nie wiadomo, co się paliło, jak się zajęło i dlaczego zniknęło, a tajemnicy tej pewnie nigdy nie wyjaśnimy*.

Moim zdaniem nie ma sensu dociekać, co się dokładnie stało i dlaczego, lecz należy wykorzystać ognistą dziurę do celebracji związanych z Halloween. W ostatni dzień października okoliczna ludność winna się zebrać w tym miejscu, rozstawić naokoło dynie oraz wszelkie możliwe straszydła, których nigdy nie brakuje, i poczekać do wieczora. Kto wie, może 17 września szatan robił sobie tylko ostatni trening na pół gwizdka przed prawdziwymi strzelistymi fajerwerkami ognia i dymu, które zamierza zaprezentować zachwyconej gawiedzi właśnie w Halloween?

Murowana sprawa

Ogólnie rzecz biorąc nie jestem zwolennikiem budowania jakichkolwiek murów granicznych, bo historia tego rodzaju budowli nie jest zachęcająca. Bardzo dawno temu Rzymianie zbudowali na przykład mur Hadriana, by się w ten sposób odseparować od starożytnych Piktów, czyli wczesnych Angoli i Szkotów. Skuteczność tej zapory była dość nikła, a gdy cesarz Hadrian zmarł w roku 138 naszej ery, jego następca, Antoniusz Pius, całkowicie porzucił tę stertę kamieni, bo uważał całą budowlę za stratę czasu. Dziś znaczne fragmenty muru nadal istnieją, ale łażą tam wyłącznie turyści.

W czasach znacznie nam bliższych zbudowany został mur berliński, którego zadaniem było zatrzymanie fali ucieczek z NRD do Berlina Zachodniego. Betonowa ściana była do pewnego stopnia skuteczną zaporą, ale tylko z pomocą strażników z psami i zasieków z drutu kolczastego. Jednak i ten mur ostatecznie okazał się efemerydą. Zburzyli go wkurzeni do cna mieszkańcy „komunistycznego raju", którzy mieli wszystkiego serdecznie dość, a ponadto nie mieli nic do stracenia, co jest zawsze wstępem do rewolucji.

W USA od pewnego czasu trwa dyskusja o ewentualnej budowie muru wzdłuż granicy z Meksykiem. Jeśli coś takiego rzeczywiście powstanie, będzie to płot rekordowo długi, znacznie przewyższający dzieła Hadriana oraz Kremla. Jednak z historii wynika, że on również zostanie kiedyś zburzony i że tak naprawdę nikogo nie będzie w stanie zatrzymać. Poza tym sam pomysł fizycznej separacji dwóch wielomilionowych narodów, które nie tylko nie są ze sobą zwaśnione, ale w wielu dziedzinach ze sobą ściśle współpracują, jest dość dziwny i niesie ze sobą złe skojarzenia.

Autorem pomysłu zbudowania muru meksykańskiego jest oczywiście Donald Trump. Nie rozpoczął on na razie realizacji swojego projektu, gdyż nikt mu na to nie dał pieniędzy, nie wyłączając Meksykanów, którzy mieli na to dzieło ostro wybulić z państwowej kasy. Jednak ostatnio okazało się, że prezydent USA jest na tyle zauroczony budowaniem granicznych zapór, iż zaproponował Hiszpanii dość niezwykłe rozwiązanie problemu napływających do tego kraju uchodźców z północnej Afryki.

Jak wyjawił hiszpański minister spraw zagranicznych Josep Borrell, Trump zasugerował rządowi Hiszpanii zbudowanie muru na pustyni Sahara, który miałby mieć ok. 3 tysięcy mil długości. Gdy niektórzy hiszpańscy dyplomaci wyrazili pewne wątpliwości co do zasadności tego rodzaju konstrukcji, nasz przywódca oddalił te niepokoje przez postawienie warunku, iż Hiszpanie nie mogą zbudować muru dłuższego od meksykańskiego. Ponieważ zapora wzdłuż południowej granicy USA ma mieć długość ok. 2 tysięcy mil, oznacza to, że w wersji pustynnej będzie dziura o szerokości tysiąca mil, przez którą w kierunku Europy nadal walić będą masowo obywatele co bardziej niestabilnych i ubogich krajów.

Pomijając ową dziurę, jakiego rodzaju wątpliwości zgłosili Hiszpanie? Po pierwsze rząd tego kraju, w przeciwieństwie na przykład do obecnej ekipy rządzącej we Włoszech, prowadzi dość przychylną dla imigrantów politykę i ich w miarę możliwości przyjmuje. W związku z tym dla nich mur przecinający Saharę nie ma najmniejszego sensu. Załóżmy jednak, że sens taki istnieje. Wtedy pojawiają się inne problemy, na czele z tym, iż Sahara to ogromny teren, który dzielą między sobą następujące kraje: Algieria, Czad, Egipt, Erytrea, Libia, Mali, Mauritania, Maroko, Niger, Sudan i Tunezja. Jeśli chodzi o Hiszpanię, posiada ona nadal dwie, mikroskopijne enklawy pustynne, zwane Ceuta i Melilla.

Propozycja amerykańskiego prezydenta, dotycząca wsadzenia tysięcy mil betonowych bloków w pustynny piach, została rzekomo zgłoszona w czasie wizyty w Białym Domu hiszpańskiego króla Felipe i jego żony Letycji. Jednak podejrzewam, że sam Trump nigdy nie powiedział swojemu dostojnemu gościowi „hej, królu, zbuduj mur na Saharze", lecz zdradził dyskretnie swój pomysł hiszpańskiemu ministrowi spraw zagranicznych. Jest to idea szokująca nie tylko z powodu ewentualnych trudności natury technicznej, ale również dlatego, iż rząd europejskiego kraju miałby wznieść zaporę na terenie należącym do 11 suwerennych afrykańskich państw.

Uważam, że szanse na wzniesienie płotu na pustyni są bardzo odległe, zdecydowanie odleglejsze od projektu meksykańskiego. Obecny premier Hiszpanii Pedro Sanchez to socjalista, który niedawno wdał się w ostry spór z włoskimi populistami. Przedmiotem kontrowersji był los 630 uchodźców, płynących przez wiele dni po wodach Morza Śródziemnego na pokładzie statku „Aquarius" w poszukiwaniu kraju, który by ich przyjął. Hiszpania ich w końcu przyjęła, co sugeruje, iż dla rządu hiszpańskiego dzielenie Sahary murem ma mniej więcej takie samo znaczenie jak wzniesienie płotu w Warszawie między Mokotowem i Ursynowem. Ponadto Borrell to były przewodniczący parlamentu europejskiego, który w swoim czasie oskarżał polityków europejskich o to, że „chowają głowy w piasek" w obliczu kryzysu związanego z imigrantami. No właśnie – jeśli na Saharze powstanie mur, będzie mniej miejsca na wpychanie łba w piasek. Wszak – jak powszechnie wiadomo – głową muru nie przebijesz.

Jak można się było spodziewać, „murowana propozycja" Trumpa sprowokowała wielu internautów do publikowania licznych komentarzy, zwykle niezbyt pochlebnych dla pomysłodawcy. Niejaki Adam Best zasugerował, że prezydentowi należy pokazać na mapie, gdzie leży Europa, gdzie Afryka, a gdzie Sahara oraz sprezentować mu stosowny komplet klocków Lego, z których można budować graniczne mury w dowolny sposób i bez czekania na pozwolenie oraz fundusze. Jak mawialiby starożytni Rzymianie, gdyby znali duńskie klocki: *ad perpetuam rei legoriam*.

Chrapanie, etyka i skrucha

Nie muszę nikogo przekonywać o tym, że Kongres USA cieszy się wśród wyborców rekordowo niskim uznaniem, co wynika przede wszystkim z faktu, iż ciało to od pewnego czasu nic nie robi, a jeśli robi, to źle. Istotne dla kraju ustawy albo w ogóle nie docierają na parlamentarne forum, albo też docierają, ale tylko po to, by natychmiast paść na twarz. Dyskusje o czymkolwiek są w 99 proc. totalnie jałowe, gdyż już dawno zanikła sztuka szukania politycznych kompromisów. Wszystko jest albo czarne, albo białe, a wszelkie odcienie szarości zostały skazane na bezterminową banicję. Wprawdzie niemal w dokładnie ten sam sposób można opisać stan polskiego Sejmu, ale to zupełnie inna sprawa.

Błędem byłoby twierdzenie, że Kongres niczego nie uchwala. Podam dwa przykłady, które świadczą nie tylko o heroicznej walce posłów o lepsze jutro, ale także o tym, że do politycznego dna jest już bardzo blisko. Po pierwsze, demokratyczny kongresman Bernie Thompson z Missisipi złożył projekt ustawy zakazującej ustawodawcom spania w ich własnych biurach. Nie chodzi tu o jakieś krótkie drzemki, bo takie można sobie bez przeszkód ucinać na sali obrad, lecz o nocowanie w parlamentarnych gabinetach, zamiast w domach lub hotelach. Ten akt prawny, o zdumiewającej odwadze politycznej, wymierzony jest rzekomo szczególnie w przewodniczącego Izby Reprezentantów Paula Ryana oraz jego zastępcę, Kevina McCarthy'ego. Podobno obaj panowie słyną z tego, że często spędzają noce w swoich biurach, i to nie w towarzystwie kobiet, lecz materaców i poduszek. Kobiety są jednak mimo wszystko pewnym problemem, ponieważ niektóre żeńskie ustawodawczynie nie są zachwycone faktem, że ich męscy koledzy śpią w piżamach na kozetkach i mogą w każdej chwili wyjść w desusach na korytarz.

Ponieważ Ryan na razie jeszcze ma coś w Kongresie do powiedzenia, zanim odejdzie w siną dal, proponowana ustawa niemal na pewno umrze śmiercią naturalną. Zresztą już w roku 2015 pan przewodniczący powiedział telewizji CNN, że w swoim biurze często śpi dlatego, iż w ten sposób może „wykonać więcej roboty", co jest o tyle zaskakujące, że nie wykonuje praktycznie żadnej. Grupa posłów z Congressional Black Caucus w marcu tego roku wystosowała list do Komisji Etyki, w którym domagała się zbadania sprawy chrapania w zakamarkach Kongresu. W liście zawarta była teza, że posłowie, którzy śpią w swoich biurach, w gruncie rzeczy „korzystają z darmowego pokoju hotelowego, telewizji kablowej, Internetu i usług ochroniarzy oraz praczek". Innymi słowy – naciągają nas, podatników, na darmowy wikt i opierunek, co jest sprzeczne z zasadami etyki poselskiej.

Osobiście sądzę, że zasad tych już dawno nie ma, a zatem nie ma się czym specjalnie martwić. Tak czy inaczej, fakt że w ogóle pojawiła się ustawa mająca regulować to, gdzie, jak i z kim tną komara ustawodawcy, świadczy dobitnie o stanie agonalnym amerykańskiego parlamentu, który mógłby teoretycznie zająć się czymś nieco ważniejszym, np. Syrią albo programem imigracyjnym DACA, ale nie jest w stanie.

Mój drugi przykład ma związek z senatorem Johnem McCainem, który jak wiadomo walczy z rakiem mózgu i – zdaniem lekarzy – szans na sukces w tym starciu niestety raczej nie ma. Jedna z członkiń sztabu Białego Domu, Kelly Sadler, miała rzekomo w czasie dyskusji o sprzeciwie McCaina wobec kandydatury Giny Haspel na stanowisko dyrektorki CIA stwierdzić, że jego opinia nie ma żadnego znaczenia, „bo on i tak umiera". Słowa te wywołały ostrą krytykę ze strony wielu polityków, zarówno demokratycznych, jak i republikańskich. Mimo powszechnych nalegań, by albo sama Sadler, albo Biały Dom publicznie przeprosili McCaina, nic takiego się nie stało. Nie jest to wielkim zaskoczeniem, gdyż Trump nigdy za nic nie przeprasza, upatrując w przyznaniu się do błędu oznakę słabości.

W związku z brakiem przeprosin, dwaj członkowie Izby Reprezentantów, republikanin Walter Jones oraz demokrata Emanuel Cleaver, zgłosili w Kongresie rezolucję, która ma zmusić albo Sadler, albo Trumpa do wyrażenia skruchy. Nie wiem, jakie są szanse na zatwierdzenie tej rezolucji, ale jestem pewien, że nawet jeśli znajdzie uznanie odpowiedniej większości, zostanie całkowicie zignorowana. Nie to jest jednak najważniejsze. Oto parlament jednego z najbardziej wpływowych krajów świata zajmuje się kwestią spania w biurach oraz przepraszania ludzi za głupoty opowiadane przez pracownicę Białego Domu. W sumie jest to wymowna kwintesencja „skuteczności" działania władzy ustawodawczej. Całe szczęście, że na korytarzach Kongresu nie protestują rodzice z ich niepełnosprawnymi dziećmi, bo wtedy totalny rozkład amerykańskich struktur rządowych stałby się nieunikniony.

Moim zdaniem opisane powyżej dwie ustawy powinny zostać połączone w jeden akt prawny, na mocy którego McCaina przeproszono by zarówno za słowa Sadler, jak i za spanie pod biurkami przez jego kolegów, a dodatkowo dzielna Kelly dostałaby też automatyczną naganę etyczną za niewłaściwy dobór słów. Skuteczność połączonej ustawy zostałaby w ten sposób bardzo podniesiona, choć niestety w niczym nie zmieni to już faktu, że w Kongresie nastał czas absolutnej głupawki, z której wyzwolić nas mogą jedynie wyborcy, gdyby kiedyś otrzeźwieli na tyle, by zacząć podejmować racjonalne decyzje. Trzymam za taki scenariusz kciuki, ale pewnie mi palce zsinieją, zanim się czegoś pozytywnego doczekam.

Główny sutener USA

Pamiętam jeszcze doskonale czasy, w których uprawianie polityki w USA było zajęciem wymagającym pewnej ostrożności ze strony kandydatów ubiegających się o jakieś urzędy. Nie można było dać się przyłapać na nieostrożnej wypowiedzi, głupim żarcie czy niemoralnym czynie, bo to zwykle przekreślało wyborcze szanse. Wszelkie skandale seksualne też były niemal zawsze gwoździem do politycznej trumny. Jednak dziś nastały nam czasy zgoła inne i wyborczy sukces może odnieść w zasadzie każdy, niezależnie od biografii czy kontrowersyjnych wydarzeń na arenie publicznej.

Być może najlepszym przykładem totalnego politycznego pomieszania z poplątaniem jest kandydatura Dennisa Hofa, który w listopadzie być może zostanie wybrany do stanowego parlamentu Nevady. W fakcie tym nie byłoby niczego dziwnego, gdyby nie to, iż 71-letni Hof jest właścicielem pięciu burdeli (bardziej oficjalnie, domów publicznych) oraz jednego klubu stripteasowego. Jeszcze dziwniejsze jest to, że cieszy się zdecydowanym poparciem miejscowych ewangelików, czyli ludzi, którzy powinni mieć w stosunku do tego kandydata poważne zastrzeżenia natury etycznej.

Gwoli ścisłości trzeba dodać, że Nevada jest jedynym w USA stanem, w którym prostytucja jest legalna, choć tylko na ściśle zdefiniowanych obszarach i tylko w odpowiednio licencjonowanych placówkach. Tym samym Hof nie prowadzi żadnej działalności przestępczej, a sam siebie nazywa z rozbrajającą szczerością „najbardziej znanym sutenerem Ameryki". Zresztą kandydat, który jest potrójnym rozwodnikiem, napisał przed kilkoma laty szlagierową książkę pt. *Sztuka sutenerstwa*. Mimo to nie przeszkadza to jakoś wyborcom i z sondaży wynika, że sutener ma poważne szanse na elekcyjny sukces.

Swoim wyborcom często powtarza: – *Jestem jako tako zamożny, jako tako znany i kręcą się koło mnie niezłe dziewuchy (użył słowa nieco bardziej dosadnego, ale zmilczę). Czego jeszcze trzeba?* No i wszystko wskazuje na to, że właśnie takie unikalne kwalifikacje polityczne są w dzisiejszej Ameryce wystarczające do wyborczego sukcesu, czyli że Hof istotnie niczego więcej nie potrzebuje, by wygrać. Na dokładkę jego obecną dziewczyną jest niejaka Misty Matrix, która uprawia w jednym z domów publicznych najstarszy zawód świata, a to oznacza, iż Hof sprzedaje klientom swoją własną partnerkę.

Przed kilkoma dniami kandydat udzielił wywiadu agencji Reuters. Rozmowa ta odbyła się – jakże by inaczej – w jednym z jego domów publicznych o nazwie Moolite Buddy Ranch, który znajduje się w pobliżu miasta Carson City. Kandydat powiedział wtedy dziennikarzom: – *To tak naprawdę jest ruch Donalda Trumpa. Ludzie są w stanie odłożyć na razie na bok swoje przekonania moralne i religijne, jeśli tylko mogą wybrać kogoś uczciwego. Trump jest pionierem, ponieważ stał się Krzysztofem Kolumbem uczciwej polityki.*

Nie wiem, jak bardzo rozpowszechnione są tego rodzaju przekonania. Faktem jest jednak to, że ewangelicki pastor Victor Fuentes przyznał, iż gdy usłyszał o potencjalnie zwycięskiej kandydaturze Hofa, wzniósł pod niebiosa specjalne modły.

Nie, nie prosił w nich o wybawienie stanu od sutenera wszechczasów. Dziękował Bogu za to, że na scenie politycznej pojawił się nareszcie człowiek, który jest „autentyczny", w przeciwieństwie do polityków, którzy „mówią zgrabnymi frazami, nie śpią z prostytutkami i są dobrymi sąsiadami, ale w sercach mają zło". Jego zdaniem Hof w roli posła będzie skutecznie bronił swobód religijnych i na razie nie wspomina o tym, że w programie kandydata jest również punkt o równie skutecznej obronie stanowego przemysłu prostytucji, z którego legalnością od lat walczą liberalni politycy.

Wypowiedź pastora nieco mnie zastanowiła, gdyż pośrednio wynika z niej, iż fakt niechodzenia z dziwkami do łóżka jest oznaką słabości politycznej. I pomyśleć, że jeszcze nie tak dawno temu senator David Vitter został niemal dosłownie wygoniony z Waszyngtonu z chwilą, gdy okazało się, że korzystał potajemnie z usług prostytutek, a John Edwards, człowiek z prezydenckimi aspiracjami, zakończył swoją karierę w wyniku ujawnienia jego pozamałżeńskich harców z kochanką. Wszyscy też zapewne pamiętają kandydata na prezydenta Gary'ego Harta, skompromitowanego seksualnymi schadzkami z młodą kobietą. O Clintonie i jego wygibasach z panią Lewinsky nawet nie ma sensu wspominać. A przecież dziś wszyscy ci ludzie mogliby spokojnie wznowić działalność polityczną, jako że dawne grzechy stały się nieoczekiwanie plusami w ich biografiach.

Wracając jednak do Nevady, tamtejszym wyborcom nie przeszkadza też inny fakt. Kilka kobiet twierdzi, że Hof dopuścił się wobec nich molestowania seksualnego, a jedna z nich oskarża go o gwałt. Zdaje się to nie mieć większego znaczenia, co prowadzi mnie do wniosku, że Hof w listopadzie wygra nawet wtedy, gdy wcześniej zostanie skazany za jakiś czyn kryminalny i będzie siedział w więzieniu. Fakty tego rodzaju przestały mnie zresztą dziwić z chwilą, gdy telewizja zaprezentowała Ameryce Donalda Trumpa chwalącego się możliwością bezkarnego łapania kobiet za ich intymne miejsca. Fakt, że sensacje tego rodzaju w niczym nie wpłynęły na wynik wyborów, w zasadzie zdefiniował obecne realia polityczne, do których Hof doskonale przystaje.

Nie wszyscy w Nevadzie są z obecnej sytuacji zadowoleni. Republikański gubernator Brian Sandoval nie poparł oficjalnie kandydatury Hofa. Podobnie postąpił urzędujący senator Dean Heller. Myślę jednak, że obaj panowie powinni zacząć chodzić do domów publicznych, by im się w głowach (i nie tylko) przejaśniło i by zrozumieli w pełni nowe zasady amerykańskiej polityki.

Krasula na granicy

Od pewnego czasu głośno jest zarówno w USA, jak i na świecie o wydarzeniach, jakie mają miejsce na granicy kraju z Meksykiem. Tym razem nie chodzi jednak o finansowanie wzdłuż tej linii granicznej nowego muru neoberlińskiego, lecz o to, że amerykańskie władze zaczęły stosować politykę tzw. „zerowej tolerancji" w stosunku do matek z dziećmi, które przybywają do Ameryki i zgłaszają chęć ubiegania się o azyl.

Nie wiem, kto dokładnie tę politykę wymyślił ani jakie są jej formalne szczegóły, ale rezultat jest taki, że dzielni agenci ICE dokonują przymusowej separacji rodzin, czyli zabierają matkom pociechy. Pędraki umieszczane są następnie w tymczasowych ośrodkach odosobnienia, co ma oczywiście zbawienny wpływ na zwiększenie ogólnego bezpieczeństwa narodowego USA. Wiadomo wszak, iż latynoskie maluchy nieustannie spiskują w kojcach i piaskownicach przeciw amerykańskiemu porządkowi konstytucyjnemu, nie mówiąc już o tym, że zabierają rodowitym małolatom pieluchy.

Idea przymusowego rozdzielania rodzin zdradza niepokojące podobieństwa do wstępnej „segregacji" więźniów w hitlerowskich obozach koncentracyjnych, choć – o ile mi wiadomo – na razie nikt w USA nie głosi żadnych planów eksterminacyjnych. W każdym razie jest to proceder na tyle kontrowersyjny, że nawet co bardziej zaślepieni fani Donalda Trumpa zaczynają mieć poważne wątpliwości co do zasadności stosowania tego rodzaju metod. W tym kontekście bardzo mnie zaintrygował inny problem imigracyjny, który pojawił się w Europie i który pozornie z dziećmi latynoskimi w Stanach Zjednoczonych nie ma nic wspólnego.

Otóż w Bułgarii żyła sobie spokojnie krowa imieniem Penka, która wpieprzała europejską trawę i kręciła mordą, mimo że nie była w kropki bordo. Potem zaszła w ciążę i dalej się pasła, tyle że pewnego dnia zboczyła ze swojego zwykłego pastwiska i przekroczyła nierozważnie granicę państwową, przez co znalazła się w Serbii, a zatem w kraju, który nie należy do Unii Europejskiej. Głupie bydlę nie mogło przecież wiedzieć, że tego rodzaju nielegalne opuszczanie strefy Schengen jest naganne i może nieść ze sobą poważne konsekwencje. Tym bardziej że przeciętne zwierzę nie posiada paszportu. No i konsekwencje szybko się pojawiły.

Gdy Penkę znaleziono i przeprowadzono z powrotem do Bułgarii – czego dokonała grupa serbskich wieśniaków, mających z bułgarskimi sąsiadami przyjacielskie stosunki – okazało się, że zgodnie z wymogami prawnymi UE krasulę trzeba uśmiercić, gdyż w czasie jej krótkich wakacji poza granicami Unii mogła się nabawić chorób, które teoretycznie zagrażają zdrowiu unijnego bydła nie chadzającego na zagraniczne spacery. Na wieść o potencjalnej egzekucji Penki, wraz z jej nienarodzonymi cielakami, w Bułgarii rozpętała się burza. W mediach zaczęto domagać się ułaskawienia krowy, tym bardziej że nie wykryto u niej żadnych problemów zdrowotnych, a w Serbii nie grasują obecnie żadne groźne pasożyty i nie ma tam żadnych epidemii w bydlęcych szeregach. Właściciel krowy pokazał ponadto dokumenty sporządzone po zbadaniu ulotnej imigrantki przez weterynarza, z których wynikało jednoznacznie, że zwierzę jest zdrowe.

Wkrótce potem odpowiednią petycję w sprawie Penki wysłano do Parlamentu Europejskiego, a podpisało się pod nią prawie 5 tysięcy ludzi. Na tym jednak nie koniec. Do akcji ruszyli politycy, co normalnie może nie miałoby większego znaczenia, ale w tym akurat przypadku miało, gdyż w Wielkiej Brytanii – która, jak wiadomo, negocjuje właśnie warunki ostatecznego odpłynięcia od reszty Europy w ramach Brexitu – pojawiły się artykuły i wypowiedzi podkreślające „absurdalność unijnych regulacji i niezdolność brukselskiej biurokracji do reagowania zgodnie z konkretną sytuacją". I to właśnie brytyjski konserwatywny dziennik *The Daily Telegraph* stał się inicjatorem petycji do Parlamentu Europejskiego, a brytyjscy posłowie zwrócili się osobiście do przewodniczącego Parlamentu Europejskiego o uratowanie migracyjnie nieświadomej Penki. W sprawie tej wypowiedział się też bułgarski dziennikarz i były poseł Luben Diłow, który w swoim blogu zastanawiał się, dlaczego Unii Europejskiej nie można bezkarnie opuścić: „Najpierw Londyn, teraz Penka, a jutro Włochy?".

Ja spieszę donieść, że Penka nadal żyje i nic nie wskazuje na to, by miała zostać uśmiercona. Innymi słowy, powszechne wzburzenie jej losem przyniosło namacalne rezultaty. Jednak historia tej krowy wzbudziła u mnie moment niezbyt apetycznej refleksji na temat tego, co by było, gdyby jakaś latynoska ciężarna krowa przedarła się nielegalnie przez rzekę Rio Grande i wylądowała w Ameryce. Gdyby zastosować wobec niej obecne „ludzkie” przepisy, zostałaby wysłana do odpowiedniego ośrodka odosobnienia ICE, gdzie czekałaby przez ileś tam miesięcy, a może nawet lat, na decyzję odpowiedniego sędziego. W tym czasie na świat przyszłyby cielaki, które zostałyby jej natychmiast odebrane, na mocy polityki „zerowej tolerancji”, i po pewnym czasie zapewne zmienione w kotlety Wienerschnitzel.

W Europie losem bułgarskiej krowy Penki przez kilkanaście dni interesowali się nie tylko zwykli ludzie, ale również wpływowi politycy w kilku krajach Unii Europejskiej. W USA losem 2 tysięcy dzieci, siłą zabranych rodzicom przez czujnych stróżów granicznych i przetrzymywanych obecnie w przedziwnych, haniebnych, tymczasowych obozach dla nieletnich, Ameryka też się nieco interesuje, ale nie na tyle, by pisać petycje, wysyłać do Kongresu gniewne listy lub demonstrować na ulicach. Od pewnego czasu po mieszkańcach kraju niemal wszystko spływa niczym woda po wypolerowanym marmurze, ponieważ wszelkie granice przyzwoitości już dawno zostały przekroczone, a słowo „humanitaryzm” straciło sporo na wartości. A przecież to my, tu w Ameryce, mieliśmy być – zdaniem Ronalda Reagana – „świetlistym miastem na szczycie wzgórza”. Coś to światełko na szczycie coraz bardziej nikłe.

Urodziny Karla

Kombatanci PRL-u, którzy odbywali tam studia, zapewne doskonale pamiętają obowiązkowe zajęcia z filozofii marksistowskiej oraz ekonomii politycznej. Był to czas, który studenci poświęcali na różne zajęcia, rzadko związane z oświatą, np. czytanie gazet pod ławką, malowanie paznokci, itd. Na wykłady te musieli chodzić wszyscy, niezależnie od tego, czy studiowali fizykę kwantową, czy też literaturę francuską. W realiach narzuconej nam komuny Karol Marks oraz jego kumpel Engels nie cieszyli się zbyt wielką popularnością, mimo że to nie oni byli bezpośrednio odpowiedzialni za stworzenie stalinowskiej „dyktatury proletariatu”.

W USA słowo „marksizm” zawsze było polityczną płachtą na byka. Do dziś nazwanie kogoś marksistą lub socjalistą jest w Ameryce praktycznie wyzwiskiem, choć Bernie Sanders złamał nieco tę tradycję, bo sam nazywa się socjalistą, a mimo to nieźle funkcjonuje na amerykańskiej scenie politycznej.

W maju tego roku upłynęła dwusetna rocznica urodzin Marksa. Wielkiej urodzinowej fety z tego powodu nie było, choć na dość ciekawy pomysł wpadły władze niemieckiego miasta Trier, gdzie Herr Marks przyszedł na świat i gdzie spędził 17 lat. Rozpoczęto tam sprzedaż pamiątkowych banknotów o nominale 0 euro z portretem brodatego rewolucjonisty. Każdy taki banknot kosztuje 3 euro. W krótkim czasie sprzedano 5 tysięcy tych pamiątek, co zmusiło do zamówienia dodatkowej, 20-tysięcznej partii. Szkoda, że na podobny pomysł nie wpadł sam Marks w latach, gdy mieszkał w Londynie, gdzie klepał straszną biedę i musiał być wspierany finansowo przez Engelsa.

Banknot to jednak nie jedyna oferowana w Niemczech pamiątka. Turyści mogą sobie również kupić pływającą gumową kaczkę z twarzą Marksa, która pod skrzydłem dzierży opasłe tomisko zatytułowane „Das Kapital”. Nabywcy mogą sobie takiego kaczego Karola zabrać do domu i się z nim wykąpać w wannie, snując wizję przyszłego, świetlanego ustroju socjalistycznego lub recytując wspólnie *Manifest Komunistyczny*. No, ostatecznie można też z nim puszczać bąbelki, a jeśli ktoś żywi do niego jakoweś urazy, może go po prostu utopić.

Choć Karol Marks jest z oczywistych powodów postacią dość kontrowersyjną, mieszkańcy Trieru nie mają większych problemów z przyznawaniem się do swojego syna marnotrawnego i z okazji jego niedawnych urodzin stawili się na centralnym placu miasta, gdzie odsłonięty został 3-tonowy pomnik Marksa, odlany z brązu przez – jakżeby inaczej – Chińczyków. Jest to dar rządu Chin i mam nadzieję, że nie jest warunkowany tym, iż na placu będzie również musiał stanąć pomnik Mao. Na uroczystości obecny był nawet szef Komisji Europejskiej, Jean-Claude Juncker, który w krótkim wystąpieniu powiedział między innymi: – *Karol Marks był filozofem, który patrzył w przyszłość, miał twórcze aspiracje, ale dziś jest niesłusznie obarczany winą za rzeczy, których nie spowodował, a które powstały przez przeinaczanie jego myśli.*

Z tym mianem filozofa to lekka przesada, ponieważ Marks uważany jest powszechnie za dość nędznego myśliciela. Bardziej go dziś cenią nie tyle filozofowie, co ekonomiści, mimo że główna teza marksistowska o tym, iż kapitalizm niechybnie upadnie i zostanie zastąpiony socjalizmem, na razie się nie zrealizowała. A jednak są i tacy współcześni zachodni myśliciele, którzy mają całkiem pozytywną opinię o Marksie. Należy do nich między innymi profesor Terry Eagleton z Lancaster University w Anglii, który występuje często z odczytami w USA, między innymi na Uniwersytecie Yale. Jest on autorem książki pt. *Dlaczego Marks miał rację*, w której próbuje dowodzić, że to, co dzieje się obecnie na świecie – potęgujące się kryzysy ekonomiczne, alienacja ludzi, ogromne dysproporcje zarobków, postępujące ubożenie klas średnich, itd. – zostało przez Marksa bezbłędnie przewidziane.

Faktem jest to, że Marks traktowany jest dziś nieco inaczej niż za czasów zimnej wojny. Jednak nie wszyscy są zadowoleni z tego, iż w Trier stanął chiński pomnik teoretyka komunizmu. Urlich Delius, dyrektor organizacji o nazwie Towarzystwo Ludzi Zagrożonych, nazwał posąg „trującym podarunkiem od Chin, kraju gnębiącego własny naród". Jednak radny Andreas Ludwig argumentuje, że pomnik, stworzony przez chińskiego rzeźbiarza Wu Weishana, „nie oznacza gloryfikacji ideologii marksistowskiej, lecz jest zaproszeniem do otwartej dyskusji na ten temat". Natomiast burmistrz Wolfram Leibe jest zdania, że Marks jest najsłynniejszym mieszkańcem miasta, w związku z czym nie należy go ukrywać. Ja zaś podejrzewam, że na akceptację przez władze miejskie posągu pewien wpływ miał fakt, że Trier odwiedza rocznie ponad 50 tysięcy chińskich turystów, którzy z pewnością kupują nie tylko banknoty o zerowym nominale.

W USA nie ma takich problemów. Pomników Marksa nie ma, natomiast jest kilka posągów Lenina, między innymi w Las Vegas, Atlantic City, Nowym Jorku, Seattle i Los Angeles, choć są ustawiane w celach czysto „rozrywkowych", np. przed kasynami gry, restauracjami, a w przypadku Nowego Jorku na dachu apartamentowca o nazwie „Red Square". Gwoli ścisłości muszę dodać, że w sierpniu ubiegłego roku odbyła się w Seattle demonstracja ludzi domagających się usunięcia pomnika Lenina. W proteście wzięło udział dokładnie 7 osób.

Wracając do urodzin Karola, gorąco z ich powodu było również w Polsce. 11 maja policja weszła na salę obrad w ośrodku wypoczynkowym Uniwersytetu Szczecińskiego w Pobierowie, gdzie odbywała się konferencja naukowa pt. „Karol Marks: 2018". Zadaniem policjantów było sprawdzenie, czy obradujący nie oddają się „praktykom totalitarnym". Wydaje mi się ta akcja o tyle dziwna, że praktykom takim oddają się dziś w Polsce zupełnie inni ludzie i to nie w ramach konferencji naukowych.

Szwedzki klops

Każda nacja ma niezbywalne prawo do narodowych potraw. My mamy bigos, Niemcy szczycą się swoim *Sauerbraten*, a Francuzi mają tyle szlagierów kulinarnych, że zwykle nie są w stanie wskazać na pojedyncze danie najlepiej ich reprezentujące. Niektóre narody mają pewne problemy w tym zakresie. Na przykład Anglicy z pewnością wskazaliby na danie o nazwie *steak and kidney pie*, które dla reszty świata jest dość obrzydliwą mieszaniną kawałków wołowiny i wołowych nerek, zapieczonych w cieście. Natomiast Szkoci szczycą się swoim *haggis*, czyli daniem wyłącznie dla ludzi odważnych. Główne składniki to zmielone serca, płuca i wątroby owiec, które z dodatkiem cebuli i przypraw wpychane są do owczego żołądka i pieczone aż do osiągnięcia idealnego stanu, choć nie wiem, co to dokładnie oznacza. Natomiast Amerykanie w zasadzie nie mają narodowej potrawy, chyba że jest nią hamburger, choć niemal na pewno nie został on wynaleziony w USA. Złośliwi twierdzą, że narodowym jadłem Ameryki jest pizza, ponieważ Włosi jej nie chcą.

Jeśli chodzi o Szwecję, kojarzy się ona dziś ludziom przede wszystkim z Abbą i IKEĄ, a w świecie kulinariów prym wiodą klopsy w słodkawym sosie, serwowane po niskich cenach w sklepie sprzedającym głównie meble i wyposażenie domowe. Zwą się one oficjalnie *Swedish meatballs* i cieszą się sporym wzięciem na całym świecie. Niestety ostatnio Szwedzi doznali narodowego szoku z chwilą, gdy okazało się, że ich kotlety zostały przywiezione w XVIII wieku z Turcji, a zatem ze Szwecją nie mają wiele wspólnego.

Na oficjalnym koncie Szwecji w serwisie Tweeter pojawiła się wieść, że kotlety do kraju przywiózł z Turcji król Karol XII (rządził w latach 1697-1718), który był tam przez kilka lat na wygnaniu. To w okolicach dzisiejszej Mołdawii, nad granicą turecką, po raz pierwszy jadł klopsy zwane *kofta* i tak się chłopak nimi zachwycił, że polecił je potem przyrządzać w rodzinnym kraju. Trzeba przyznać, że Szwedzi wprowadzili do tureckiego przepisu pewne modyfikacje, dodając między innymi sos borówkowy i serwując danie z duszonymi ziemniakami. Jednak nie zmienia to faktu, że w gruncie rzeczy szwedzkie kotlety są kotletami tureckimi. Karol XII zaraził ponadto swoich pobratymców przywiązaniem do kawy i dziś Szwedzi są jednym z największych konsumentów tego napoju na świecie. No i proszę – jedno, poślednie wygnanie królewskie, a konsekwencje tak poważne.

Reakcje na rewelacje dotyczące pochodzenia klopsów były dość zróżnicowane. Jeden z co bardziej spanikowanych komentatorów szwedzkich orzekł: „Matko boska, przez całe moje dotychczasowe życie wierzyłem w kłamstwo!". Inni byli nieco bardziej zrównoważeni, a niektórzy Turcy pogratulowali nawet Szwecji jej uczciwości. W końcu nie każdy naród przyznaje się bez bicia do tego, że posiada narodową strawę, która została zapożyczona u innych.

Szczerze mówiąc, nie sądzę, by wyjawienie całej prawdy o uzurpatorskich klopsach szwedzkich miało zdecydowany wpływ na ich dalszą popularność. Choć z drugiej strony rozumiem zawód niektórych Szwedów. No bo jak czuliby się Polacy, gdyby okazało się niespodziewanie, że bigos wymyślili Tatarzy, a schabowego z kapustą po raz pierwszy przyrządzili kucharze carycy Katarzyny? Trzeba być może przypomnieć, że i tak mamy już na pieńku z Rosjanami, ponieważ zarówno oni, jak i Polacy mają pretensje do wynalezienia niezwykle pożytecznej dla ludzkości substancji, jaką jest wódka. Pierwsza pisemna wzmianka o wódce pojawiła się wprawdzie w roku 1405 w tzw. *Aktach Grodzkich* sądu w Sandomierzu, ale podobno w Rosji wódka istniała już w roku 1386. Być może zatem w tym alkoholowym meczu trzeba będzie kiedyś ogłosić remis, choć na razie żadna ze stron nie zamierza się poddawać.

Tymczasem Szwedzi nie mają się czym za bardzo martwić, ponieważ posiadają inną narodową potrawę, której nie je i nie jest w stanie jeść żaden inny naród z wyjątkiem spokrewnionych Norwegów. Jest to tzw. *lutfisk*, czyli mocno sfermentowana i równie mocno śmierdząca ryba, która przed przyrządzeniem jest najpierw przez tydzień moczona w wodzie, a potem dalej „konserwowana" w ługu. Dopiero potem piecze się ją lub gotuje na parze. Być może najlepszym świadectwem siły tego dania jest to, że wszystkie naczynia pozostałe po jej gotowaniu, a szczególnie te, które są srebrne, wymagają natychmiastowego umycia. Rodowe srebro może zostać kompletnie zrujnowane, natomiast z pozostałych naczyń resztek *lutfisk* już po kilku godzinach nie można w żaden sposób usunąć. Nie wiem, czy oznacza to też, że resztki tego dania zalegają potem przez kilka lat w żołądkach.

W tych warunkach nie dziwię się, że firma IKEA postanowiła w swoich sklepach serwować podwędzone w Turcji kotlety, a nie rodzime podgniłe ryby. W ten sposób stan zarówno mebli, jak i klienteli jest znacznie lepszy. Zapewne dla załagodzenia sytuacji wynikającej z tureckiego pochodzenia kotletów emeryci spod znaku Abby właśnie ogłosili, że po 30 latach przerwy nagrali dwie nowe piosenki i zamierzają wkrótce wspólnie wystąpić na kilku koncertach. Jest to wiadomość pomyślna. Zwiastuje nie tylko nową muzykę, ale skuteczne zapomnienie o tureckim rodowodzie małych kawałków mięcha w sosie, które zresztą mam zamiar nadal jeść. Ich pochodzenie zbytnio mnie nie obchodzi, o ile jest to rzeczywiście mięso, a nie *papier-mâché*.

Wyścig ze zgrzewką

Różni specjaliści – lekarze, dietetycy, psychiatrzy – nieustannie trąbią o tym, że każdy winien regularnie oddawać się jakimś ćwiczeniom fizycznym, bo ma to rzekomo zbawienny wpływ na zdrowie. Jednak ludzkość dzieli się w zasadzie na dwie, skrajnie odmienne od siebie grupy. Po jednej stronie barykady znajdują się ci, którzy codziennie wcześnie rano biegną 5 mil po okolicy lub zjawiają się w tzw. *fitness center*, by udawać, że biegną, choć w gruncie rzeczy tupią w miejscu po przesuwającej się pod nimi taśmie maszyny. To drugie rozwiązanie zawsze wydawało mi się nieco dziwne, ponieważ jeśli już miałbym biegać, to wolałbym to robić na świeżym powietrzu, a nie w towarzystwie spoconych bliźnich w zamkniętym pomieszczeniu.

Do drugiej, zapewne liczniejszej grupy należą wszyscy ci, którzy tylko marzą o aktywności fizycznej, ale nigdy się na nią nie decydują, ponieważ albo są leniwi, albo zbyt otyli, albo i jedno, i drugie. Wielu z nich posiada w piwnicach domów błyszczące, piękne maszyny do „stacjonarnych" ćwiczeń, które jednak zwykle są mocno zakurzone, ponieważ nie są używane. W tym drugim obozie uprawiana jest za to często dyscyplina podnoszenia ciężarów, choć wyłącznie do wysokości ust – hamburgerów (Trump), kufli z piwem (ja), czipsów i coca-coli (większość Ameryki), itd.

Gdzieś między tymi skrajnymi ugrupowaniami mieszą się ludzie, którzy maratonu wprawdzie nigdy nie pobiegną, ale chodzą na długie spacery, odbywają krótkie przejażdżki rowerem, biegają po parku z psem lub robią kilka przysiadów po porannej kawie. Niektórzy zastanawiają się bezowocnie nad tym, jaki sport mogliby uprawiać bez narażania zdrowia i życia. W grę wchodzą na przykład tak bezpieczne i stateczne konkurencje jak poker, szachy lub golf. Jednak dla ogromnej większości nawet amatorski i z gruntu powolny bieg na 5 mil raczej nie wchodzi w rachubę.

Na szczęście władze miasta Boerne w Teksasie wpadły na genialny pomysł zorganizowania imprezy sportowej, która może zainteresować każdego. 5 maja ma się tam mianowicie odbyć wyścig „Boerne 0.5K". Jak sama nazwa wskazuje, jest to bieg na dystansie pół kilometra, a dokładniej 1640 stóp. Linia startowa znajduje się tuż przy lokalnym browarze, a meta wyznaczona została koło wejścia do baru. Każdy z uczestników dostanie na rozpęd darmowe piwo, a następny kufel będzie nagrodą za ukończenie biegu. Nikt nie stanie na podium, ponieważ wygrają wszyscy ci, którzy dotrą do baru, niezależnie od kolejności, w jakiej to nastąpi.

Ale to nie wszystko. Już po przebiegnięciu 150 metrów (165 jardów) można się będzie zatrzymać przy stoisku wyżywieniowym, serwującym pączki i kawę, obok którego umieszczono też palarnię papierosów, tak by umęczeni wysiłkiem sportowcy mogli się odpowiednio dotlenić przed wyruszeniem w dalszą drogę. A jeśli ktoś nie jest w stanie pokonać tego ogromnego dystansu o własnych siłach, może zapłacić organizatorom 25 dolarów, co zapewni mu przejazd od browaru do baru mikrobusem marki Volkswagen z 1963 roku. Wprawdzie nie bardzo rozumiem, dlaczego ów przewóz został powierzony akurat temu pojazdowi, który może się przecież w każdej chwili rozlecieć, ale to już inna sprawa.

Głównym organizatorem tego niezwykłego wydarzenia sportowego jest Jay Milton ze stacji telewizyjnej KSAT w San Antonio. Twierdzi on nie bez słuszności, że Ameryka potrzebuje takich konkurencji sportowych, które mogą zwabić absolutnie każdego. Ma chyba rację, ponieważ zainteresowanie udziałem w „Boerne 0.5K" było tak duże, że po pewnym czasie trzeba było wstrzymać przyjmowanie zgłoszeń. Milton przyznaje bez żenady, że wymyślone przez niego zawody są adresowane do tych, którzy nie znoszą jakiegokolwiek wysiłku fizycznego, a udział w imprezie da im totalnie fałszywe poczucie sukcesu sportowego. W sumie jednak cel jest szlachetny, jako że wszystkie dochody z imprezy zostaną przekazane organizacji o nazwie Blessings in a Backpack, zajmującej się zaopatrywaniem w żywność dzieci pochodzących z ubogich rodzin.

Jeśli organizatorzy zamierzają urządzać ten bieg w latach następnych, mam kilka propozycji zwiększenia jego atrakcyjności. Na mniej więcej rzut beretem od mety powinno się ustawić kanapę przed polowym telewizorem, tak by co bardziej zmęczeni uczestnicy mogli poleżeć sobie nieco i pogapić się w ekran, zażerając się kardiologicznie niebezpiecznymi przekąskami. Ponadto dawkę piwa przed startem powinno się zwiększyć do 6-butelkowej zgrzewki, bo wtedy bieg będzie się odbywał zygzakiem, do czego będzie potrzebny większy wysiłek fizyczny. A na mecie powinno zostać zorganizowane wielkie party z tańcami, hulankami i swawolami, w których zasadniczą rolę mogłoby odgrywać rzeczone podnoszenie ciężarów. Jak trenować, to trenować!

Myślę, że nie ma większych szans na to, by bieg na pół kilometra z dostępem do alkoholu, papierosów i słodyczy stał się w przyszłości dyscypliną olimpijską, choć z drugiej strony Japonia od lat zabiega o olimpijski awans zapasów sumo. Skoro na olimpiadzie mają występować potężne grubasy, spychające się z mat brzuchami, to równie dobrze można zaakceptować potężnych grubasów wlokących się przez pół kilometra od piwa do piwa. Poza tym olimpijska akceptacja tego sportu byłaby dla mnie – mimo że nie jestem bynajmniej ani potężny, ani gruby – pierwszą i ostatnią szansą na zdobycie medalu na jakichkolwiek igrzyskach. To jednak tylko czcze marzenia.

Pijany jak drozd

Ja nie wiem, co się w tej Ameryce dzieje, ale wydaje mi się, że niektórzy przedstawiciele fauny postanowili włączyć się do świętowania Thanksgiving, a potem zapewne również grudniowych świąt, przez przetestowanie ludzkiego przywiązania do drinkowania z tych okazji.

Najpierw pojawiły się doniesienia, że w miejscowości Gilbert w stanie Minnesota istnieje zagrożenie spowodowane tym, iż latają tam ptaki znajdujące się pod wpływem alkoholu. Szef tamtejszej policji, Ty Techar, ostrzegł tubylców, że skrzydlaci pijacy latają chaotycznie, odbijają się od szyb i czasami wpadają na samochody, co jako żywo przypomina mi zachowanie mojego wuja w zamierzchłej przeszłości, choć latać to on nie potrafił.

Okazuje się, iż niektóre gatunki ptaków objadają się owocami krzaków, które to owoce są do pewnego stopnia sfermentowane i zawierają alkohol. Zdaniem władzy nadźganego ptaka można łatwo poznać po tym, iż lata nisko i zygzakiem, nie zważając zbytnio na wszelkie napotykane po drodze przeszkody. Techar radzi, by pijane wróble zostawiać w spokoju, bo po pewnym czasie wytrzeźwieją i wrócą do normalnego życia. Dodał jednak, że jeśli ktoś zobaczy Big Birda za kierownicą ciężarówki, to powinien zadzwonić pod 911.

Wszystko to może wydawać się nieco śmieszne, ale w gruncie rzeczy nie jest. Problem nietrzeźwych ptaków istnieje w wielu północnych stanach USA, a w Portland w stanie Oregon istnieje nawet ptasia izba wytrzeźwień, zorganizowana przez Audubon Society. Zwożone tam są z różnych okolic kompletnie nawalone ptaki. Niektóre z nich spadają z drzew pod nogi przechodniów, inne zaś lądują dziobem w trawie i leżą w stanie wskazującym na przedawkowanie. Pracownicy tej placówki trzymają te ptaki w klatkach aż do czasu, gdy przestaną śpiewać bełkotliwie „Góralu, czy ci nie żal". Podobny problem występuje w kanadyjskiej prowincji Jukon, gdzie istnieją nawet specjalne grupy specjalistów zajmujących się identyfikacją skrzydlatych pijaków i ich otrzeźwianiem.

Gdyby wszystko to ograniczało się wyłącznie do ptaków jedzących sfermentowane owoce, można by to jakoś zrozumieć. Jednak niedawno w stanie Zachodnia Wirginia pojawiły się mrożące krew w żyłach doniesienia, iż grasują tam wściekłe szopy pracze. Zaniepokojeni mieszkańcy miasteczka Milton zaczęli dzwonić na policję z prośbą o pomoc. Okazało się jednak, iż szopy wcale nie były wściekłe, tylko najadły się nadpsutych dzikich jabłek i nagle poczuły się tak, jakby w lokalnym barze strzeliły sobie dwie sety. Przy okazji okazało się, iż pijany szop pracz nie jest specjalnie wesołym osobnikiem – potrafi być albo letargiczny, albo niespodziewanie agresywny, czyli zachowuje się jak każdy ludzki pijak.

Tak czy inaczej, nie należy się dziwić, jeśli w czasie uczty indyczej zawitają do naszych domów niespodziewani goście w postaci podchmielonego dzięcioła ze złamanym dziobem oraz nacykanego szopa pracza, szukającego okazji do wszczęcia z kimś bójki (a wśród biesiadników zawsze się jakiś kandydat do naparzanki znajdzie).

Przy okazji wszystkich tych wydarzeń pojawiła się u mnie refleksja – oczywiście jak zwykle bardzo płytka – dotycząca terminologii używanej przez różne narody do określania ludzi „przedawkowanych". Jest to w sezonie świątecznym temat szczególnie ważny. I tak w amerykańskiej angielszczyźnie istnieje termin *drunk as a skunk*, mimo że jeszcze nigdy w życiu nie widziałem słaniającego się na nogach skunksa. Poza tym, dlaczego pijakami nazywane są skunksy, skoro alkoholowymi jabłkami objadają się szopy? W Anglii ludzie są zwykle „pijani jak Irlandczycy", choć czasami identyczne porównanie dotyczy lordów, co mnie nie dziwi, jako że w Izbie Lordów niemal nigdy nic się nie dzieje, czyli trzeba z nudów konsumować gorzałę. We Francji istnieje niestety wyrażenie „pijany jak Polak". Do tej obrazy pod naszym adresem dokładają się też Niemcy, którzy mówią czasami *betrunken wie ein Pole am Zahltage*, czyli pijany jak Polak po wypłacie.

Nie ma się jednak za bardzo czym przejmować, gdyż my też potrafimy się odpowiednio zrewanżować. Mawiamy czasami „pijany jak bela", choć dominuje wyrażenie „pijany jak świnia". I tu dochodzimy do sedna sprawy. Otóż ta świnia to wcale nie różowe prosię z zakręconym ogonem, gdyż przyszłe kotlety schabowe zwykle są abstynentami. Okazuje się, iż powiedzenie to zrodziło się z zupełnie innego powodu, a dotyczy szlacheckiego rodu Świnków, który mieszkał w okolicach Sudetów już w VIII wieku. Królewski rycerz Biwoj miał w roku 712 uratować czeską królową Libuszę przed atakiem dzika, za co w podziękowaniu monarchini nadała mu nazwisko Świnka i podarowała okoliczne ziemie. Problem w tym, że ród Świnków słynął z ostrych popijaw, a do historii przeszedł pijacki turniej Jerzego Wilhelma Świnki, kiedy mężczyźni uczestniczący w uczcie założyli się o to, kto więcej wypije. Stawką było tysiąc dukatów i kareta z sześcioma końmi. Jerzy Wilhelm podobno opróżnił wiadro służące do pojenia koni wypełnione wcześniej winem, a mimo to zachował pion, choć od tego czasu w okolicy zaczęto używać wyrażenia „pijany jak Świnka".

No i wszystko jasne. Problem w tym, że na okoliczność tegorocznego sezonu świątecznego niektórzy mogą zacząć używać takich zwrotów jak „pijany jak drozd" albo „wstawiony jak szop". Ale może fauna szybko wytrzeźwieje i pójdzie na odwyk.

Pod autobusem

W języku angielskim znany jest powszechnie gustowny idiom *to throw someone under the bus*, który nie ma nic wspólnego z przewozami pasażerskimi, a jest szczególnie często stosowany w polityce. Idiomatyczne wrzucenie kogoś pod autobus znaczy zerwanie z owym kimś zasad wszelkiej lojalności i zwalenie na niego winny za jakieś występki. O wrzucaniu ludzi pod pekaes jest ostatnio szczególnie głośno dlatego, iż stawiani przed sądem ludzie współpracujący w taki czy inny sposób z Donaldem Trumpem śpiewają niczym członkowie Chóru Aleksandrowa, by uchronić się w ten sposób przed wieloletnią odsiadką.

Do nowych wyżyn wrzucania ludzi pod autobus dotarł ostatnio kongresman Duncan Hunter z Kalifornii, którego wraz z małżonką postawiono w stan oskarżenia pod zarzutem wydania na prywatne cele 250 tysięcy dolarów z kasy publicznej. Za pieniądze te państwo Hunterowie pojechali parę razy na luksusowe wakacje, sfinansowali sobie nowe zęby, a nawet kupili bilet lotniczy dla ulubionego domowego królika, tak by się uszate zwierzę za bardzo nie zmęczyło podróżą. Z aktu oskarżenia można się też dowiedzieć, że gdy Duncan chciał sobie na Hawajach kupić jakieś gustowne gacie, żona poradziła mu, by dokonał tego zakupu w sklepie dla graczy w golfa, tak by można było udawać, iż polityk kupił piłki golfowe dla weteranów wojen, a nie personalne okrycie dla własnych piłek, i to bynajmniej nie golfowych.

Innym ciekawym szczegółem aktu oskarżenia jest opowieść o wycieczce Duncana i jego żony do Włoch. Pan Hunter chciał zatuszować fakt, że wojażował za pieniądze z kasy swojej kampanii wyborczej, w związku z czym zadzwonił do bazy amerykańskiej floty wojennej we Włoszech, do której chciał się wprosić z „oficjalną wizytą", by w ten sposób jego pobyt w Italii nabrał pewnego biznesowego charakteru. Niestety dowództwo bazy nie zrozumiało znaczenia proponowanej wizyty i powiedziało politykowi, żeby spadał, co wnerwiony Hunter skwitował frazą *f**k the Navy*.

Ponieważ wina Duncana, zdaniem prawników, w zasadzie nie podlega dyskusji, polityk zdecydował się na wrzucenie pod autobus swojej własnej żony. W wywiadzie udzielonym telewizji Fox stwierdził, że w roku 2003, gdy był żołnierzem amerykańskiej piechoty morskiej i stacjonował w Iraku, jego małżonka w pełni kontrolowała rodzinne finanse i tak już zostało do dziś. Choć Hunter o nic formalnie swojej życiowej partnerki nie oskarża, dał do zrozumienia, że jeśli doszło do nadużyć finansowych, musiały one być jej dziełem, jako że on sam mężnie wtedy bronił Ameryki i nie miał czasu na przewożenie królika samolotami, nie mówiąc już o wstawianiu sobie nowego uzębienia.

Ponieważ samo wrzucenie kogoś pod autobus nie zawsze jest skuteczne, pan Hunter oświadczył dodatkowo, że wszystkie kierowane pod jego adresem oskarżenia mają charakter polityczny, czyli że ich celem jest skompromitowanie go i usunięcie z Kongresu. Jest to o tyle prawda, iż po listopadowych wyborach Duncan zapewne będzie mieszkał sam z królikiem, z dala od sceny politycznej, byłej żony, a być może również z dala od wolności.

W sumie jednak Duncanowi się nie dziwię, gdyż jego postępowanie zgrabnie wtapia się w ogólną atmosferę Waszyngtonu. Obecny prezydent sztukę wrzucania byłego personelu Białego Domu pod autobus opanował do perfekcji, o czym przekonał się między innymi George Papadopoulos, były doradca kandydata Trumpa w zakresie polityki zagranicznej. Gdy tylko przyznał się, że w czasie zeznań składanych w FBI skłamał, a potem rozpoczął współpracę z władzami, natychmiast okazało się, że był tylko poślednim fagasem do roznoszenia kawy i nie miał na nic żadnego wpływu, a z przyszłym prezydentem spotkał się przelotnie i w większym gronie tylko kilka razy. Wprawdzie istnieją zdjęcia, które pokazują, że George brał udział w posiedzeniach sztabu wyborczego, ale zapewne zostały one skonstruowane przy pomocy programu Photoshop i rozpowszechnione przez „fałszywe media".

Pod autobusem leży też sobie wygodnie były prawnik Donalda Trumpa, Michael Cohen, który z najważniejszego członka prezydenckiej świty przedzierzgnął się w miernego adwokata, któremu nigdy nie były powierzane istotne sprawy. Należy założyć, iż już wkrótce okaże się, że Cohen tak naprawdę nie jest prawnikiem, a jego dyplom został sfałszowany. Facet ma jednak szczęście, bo pod podwoziem autobusu leży z nim ponętna Omarosa Manigault, która po stracie pracy w Białym Domu przestała być „główną doradczynią" prezydenta i stała się sfrustrowaną byłą pracownicą, ogarniętą przemożną chęcią dokonania zemsty na swoich eks-przełożonych.

Jedynym człowiekiem z bezpośredniego otoczenia prezydenta, który na razie nie zostanie wrzucony pod autobus ani nawet pod małego fiata, jest Paul Manafort. To były szef kampanii wyborczej Trumpa, który nie zgodził się jeszcze na współpracę z prokuraturą i który został wprawdzie skazany za przestępstwa finansowe, ale może liczyć na prezydenckie ułaskawienie. W związku ze swoją mężną postawą, w oczach Białego Domu Manafort jest nadal kryształowym człowiekiem, choć formalnie na zawsze pozostanie już kryminalistą.

W świetle tego, co się ostatnio w amerykańskiej polityce dzieje, w zasadzie cieszę się, że nie mam z tym nic wspólnego i że nie mogę wydawać nielegalnie publicznych pieniędzy, gdyż nie mam do nich dostępu. Zresztą w moim akurat przypadku, gdybym zechciał pod autobus wrzucić osobistą małżonkę, skończyłoby się to zapewne gruntowną reorganizacją rysów mojej twarzy.

Świat, którego już nie ma

W dzieciństwie, spędzonym w całości we Wrocławiu, mieście upstrzonym jeszcze wówczas poniemieckimi ruinami, już w wieku mniej więcej 6 lat wychodziłem sam na podwórko, by bawić się z rówieśnikami. Nieco później zaczęły się odbywać podwórkowe mecze w „nogę", a cała młodociana ferajna włóczyła się po okolicy bez bezpośredniego nadzoru ze strony dorosłych. Nie wspomnę już o tym, że wszyscy chodzili na piechotę do szkoły, nawet wtedy, gdy konieczny był 20-minutowy spacer.

We współczesnej Ameryce wszystko to stało się już dawno niemożliwe, zresztą z wielu powodów. Rodzice boją się o swoje pociechy ze względu na coraz to nowe doniesienia o atakach ze strony przeróżnych zboczeńców. Ale chodzi nie tylko o obawy przed kryminalistami. Wożenie pędraków do szkoły samochodami to niemal narodowy nałóg. W moim bezpośrednim sąsiedztwie 8-letnie dziecko wożone jest przez matkę codziennie samochodem na przystanek szkolnego autobusu, mimo że ów przystanek znajduje się w odległości słabego rzutu beretem od domu.

Widok dziecka bez opieki staje się w USA natychmiastowym powodem do alarmu, mimo że często nic zdrożnego się nie dzieje. Przekonała się o tym mieszkanka podchicagowskiej dzielnicy Wilmette, Corey Widen, która wysłała swoją 8-letnią córkę na krótki spacer z psem. Jak sama twierdzi, zrobiła tak dlatego, że chce uczyć swoje dziecko pewnej samodzielności i odpowiedzialności, a ponadto w czasie tego spaceru widziała cały czas córkę z okien swojego domu. Jednak skutek tego rodzicielskiego eksperymentu okazał się dość zaskakujący.

Gdy dziewczynka wróciła ze spaceru, do drzwi zaraz potem zapukał policjant, który oznajmił Corey, iż jeden z sąsiadów zawiadomił władze o tym, że po sąsiedztwie chodzi 5-letnie dziecko bez opieki. Policjant był uprzejmy i szybko ustalił, że nie było żadnych powodów do obaw. Szef policji w Wilmette, Kyle Murphy, powiedział potem dziennikowi *The Washington Post*, że wszystko odbyło się zgodnie z przepisami. Problem w tym, że sprawa nie została w ten sposób zamknięta. Okazało się, że ten sam niezwykle czujny sąsiad zadzwonił do Illinois Department of Children & Family Services (DCFS), co spowodowało, że agencja ta wszczęła przeciw rodzinie Widenów formalne śledztwo, które trwało przez następne dwa tygodnie.

Jak można się było spodziewać, rodzice dziecka zostali oczyszczeni z wszelkich zarzutów i tylko pies imieniem Marshmallow może mieć pretensje o to, iż nie spaceruje na razie ze swoją 8-letnią opiekunką. Jednak Corey nie jest zachwycona tym, co się wydarzyło i nie należy się jej dziwić. Po pierwsze, matka dziecka twierdzi, że gdy tylko okazało się, iż w ogóle nie posiada pociechy w wieku 5 lat, cała sprawa powinna zostać natychmiast umorzona. Po drugie jest zdania, że sąsiedzka czujność, choć godna uznania, nie powinna się przeradzać we wznoszenie panikarskich alarmów bez żadnego uzasadnienia. Przedstawiciel DCFS, Neil Skene, wyraził pogląd, że jego organizacja zachowała się dokładnie tak, jak powinna, tj. zgodnie z oczekiwaniami wyborców stanu Illinois.

Być może ma rację, ale problem ma nieco większy zasięg i kończy się czasami w znacznie bardziej kontrowersyjny sposób. Szczególnie jeśli w grę wchodzą rodziny z kręgów mniejszości rasowych. W ubiegłym roku czarnoskóra mieszkanka nowojorskiej dzielnicy Brooklyn, Maisha Joefield, położyła swoją 5-letnią córkę spać, a następnie postanowiła wziąć prysznic. W tym czasie dziecko, najwyraźniej wcale nie śpiące, wyszło na zewnątrz domu. W sumie nic nikomu się nie stało, ale incydent ten spowodował, że córka Maishy została umieszczona na dwa tygodnie w domu rodziców zastępczych, a ona sama znalazła się na stanowej liście osób „dopuszczających się przestępstw przeciw dzieciom". Jej nazwisko pozostanie rzekomo na tej liście przez wiele następnych lat, mimo że matka nie jest w tym przypadku absolutnie niczemu winna i nie ciążą na niej jakiekolwiek formalne oskarżenia.

Prawnik Scott Hechinger, który zajmował się sprawą Maishy, twierdzi, że gdy coś takiego ma miejsce w rodzinie czarnoskórej lub latynoskiej, natychmiast pojawiają się oskarżenia o „narażanie dziecka na niebezpieczeństwo". Tymczasem dokładnie takie same wydarzenie w środowisku białych traktowane jest ze znacznie większą pobłażliwością. Jednak to, co wydarzyło się w Wilmette w przypadku córki pani Widen, wydaje się tego nie potwierdzać.

Jestem zdania, że Ameryka już dawno pogrążyła się w głębokim panikarstwie dotyczącym dzieci. Sąsiad obserwujący 8-letnią dziewczynkę na spacerze z psem mógł wszak oddać się tej obserwacji z nieco większą cierpliwością i nie sięgać od razu po telefon, by alarmować policję i jakieś tam agencje. Już po paru minutach zobaczyłby zapewne dziecko wracające spokojnie do rodzinnego domu. Nie zrobił tak jednak dlatego, że sam widok osamotnionego malucha na ulicy budzi automatycznie najgorsze możliwe przeczucia. A efekt jest taki, że dzieciaki w USA prawie nigdy nie oddają się swobodnej zabawie z rówieśnikami w parku lub na podwórku, bo jest to uważane za zbyt niebezpieczne. Małolatom pozostaje tylko ślęczenie na kanapie z twarzą wtuloną w jakieś elektroniczne urządzenia.

Mam w stanie Wisconsin przyjaciół, którzy mieszkają w dość odludnym, pagórkowatym terenie, z dala od jakiejkolwiek większej miejscowości. Gdy ludzie ci wyjeżdżają na wakacje, wszystkie drzwi w ich domu pozostają otwarte, a okoliczne dzieci wędrują swobodnie po całym terenie, nie budząc żadnych alarmów. Ten świat w miastach już nie istnieje i niestety już nigdy zapewne nie wróci. A szkoda.

Szał na punkcie zupy

W USA dokonała się na naszych oczach rewolucja kulinarna, tyle że pozostaje ona w znacznej mierze niezauważona. Od kilku lat miliony Amerykanów pożerają znaczne ilości zupy ramen. Co to jest i czym się to je? Je się oczywiście łyżką, a jest to tradycyjna potrawa japońska, której dokładna geneza nie jest znana. Wiadomo jednak na pewno, że dziś są to kluski, zwykle ryżowe, utopione w mięsnym rosole z warzywami. Niby nic specjalnego, a jednak można wpaść w nałóg jedzenia tego niemal codziennie, ponieważ jest to potrawa bardzo tania, którą można przyrządzić błyskawicznie w domu lub wpaść do jednego z coraz liczniejszych w USA *noodle bars*. Ponadto w supermarketach półki uginają się pod różnymi odmianami na poły gotowych zup ramen, na które składa się kłębek suszonych kluch oraz paczka „sosu". Kluski wystarczy zalać wrzącą wodą, dodać proszek, odstawić na chwilę i sprawa załatwiona.

Socjologowie – którzy zawsze mają coś do powiedzenia na niemal dowolny temat – są zdania, że nagła miłość Amerykanów do zup ramen bierze się stąd, iż jest to tanie żarcie błyskawiczne, które nie przypomina w niczym ani hamburgera, ani też pizzy. Choć wersja sklepowa tego żarcia jest tak samo niezdrowa jak inne fast foody, gdyż zawiera wieliczkową ilość soli. Tak czy inaczej, miliony Amerykanów stawiają się dziś w pracy z kubkiem zupy ramen, przeznaczonej na pożarcie w czasie przerwy na lunch. Przyrządzenie tego specyfiku zabiera dosłownie kilkadziesiąt sekund.

Nie wiem, co na to wszystko Japończycy, ponieważ ich zupa ramen to nie jakiś rozmemłany w wodzie proszek z suszonymi kluskami, lecz dzieło kulinarne wymagające dość wyszukanych zabiegów. A w ogóle to kluski zostały prawdopodobnie wymyślone przez Chińczyków około 2 tys. lat przed naszą erą, kiedy jeszcze nigdzie nie było ani Włochów, ani *spaghetti alla bolognese*. Następnie w IV wieku p.n.e. Japończycy wytworzyli po raz pierwszy przyprawę o nazwie *hishio*, której głównym składnikiem była sfermentowana soja. Połączenie *hishio* z kluskami doprowadziło do powstania dwóch najważniejszych odmian zupy ramen: *miso* i *shôyu*. Poza Tokio jadło to wywędrowało dopiero w XVI wieku, natomiast sama nazwa ramen jest zapewne wynikiem japońskiej adaptacji chińskiego terminu *lo mein*, który oznacza „kluski zamieszane". Nie wiem, w co są zamieszane, ale warstwa spiskowa tego dania nie ma dla mnie większego znaczenia praktycznego.

Początki obecnej rewolucji kluskowej w Ameryce sięgają roku 1958, kiedy to niejaki Momofuku Ando w swojej szopie w Japonii dość przypadkowo wynalazł ramen typu instant przez częściowe usmażenie klusek, a następnie ich wysuszenie. Założył firmę Nissin Foods i zaczął sprzedawać w swoim kraju Chikin Ramen, czyli – jakby powiedzieli poznaniacy – zupę z tytki. Jednak dopiero w roku 1971 kluskowi laboranci w Nissin Foods tak zmodyfikowali suszony makaron, że wystarczyło dodać do niego wrzącą wodę, by stworzyć niemal z niczego w miarę pożywną zupę. W ten sposób powstał produkt o nazwie Cup Noodles, który wkrótce potem pojawił się w Ameryce, gdzie został natychmiast zaakceptowany przez liczne środowiska studenckie. Co mnie nie dziwi, bo wiara akademicka zwykle nie ma pieniędzy, a ponadto zupa ramen z dodatkiem Tabasco to podobno doskonały środek na kaca (sam, ma się rozumieć, nigdy nie próbowałem). Dopiero w obecnej dekadzie japoński wynalazek kulinarny zagościł na stałe w amerykańskich domach, biurach i szkołach, a jest dziś na tyle popularny, że we wszystkich większych miastach działają *noodle* bars, oferujące zupę ramen przyrządzaną na niezliczoną ilość sposobów.

Kluski ramen stały się niemal wszechobecne. Na przykład w nawet bardzo skromnych hotelach, w których nie ma restauracji, zwykle istnieje mały kącik gotowych potraw, gdzie główną ofertę stanowi kubek z japońskim makaronem i przyprawą. W ten sposób każdy znużony wędrowiec może się przed snem nadźgać solą. Kluski firm Maruchan i Top Ramen widziałem też na wielu lotniskach, gdzie sprzedawane bywają w automatach. Wydaje się zatem, że japońskie kluchy dokonały skutecznej inwazji na Amerykę.

Ostatnio kwintesencją tego zjawiska stało się wydarzenie, jakie miało miejsce w stanie Georgia. Nieznany sprawca podwędził tam ciężarówkę zaparkowaną na stacji benzynowej w pobliżu autostrady I-85. Ciężarówka zawierała paczki zupy ramen o łącznej wartości 100 tysięcy dolarów. Jak szybko obliczyli internauci, opierając się na założeniu, że przeciętna cena jednej paczki zupy firmy Maruchan wynosi 30 centów, złodziej dysponuje obecnie 347 tysiącami paczek tego żarcia. Jest zatem na pewno pod tym względem ustawiony na resztę życia, a być może będzie mógł część łupu zapisać w spadku następnym pokoleniom. Z drugiej strony niemal pewne jest to, że zostanie prędzej czy później wytropiony, a wtedy – niestety – będzie zmuszony do pałaszowania znacznie gorszych zup w więziennej celi.

Ja ze swej strony mam nadzieję, że społeczność polonijna da skuteczny odpór szałowi na punkcie zup ramen i stworzy własne dania instant. Mogłoby to być na przykład pudełko z trudnym do zidentyfikowania suszonym materiałem, który po dolaniu do niego wrzącej wody zmieniałby się natychmiast w schabowego z kapustą i ziemniakami. A koperek do pyr oczywiście w tytce.

Tłum Mikołajów

Nie wiem, czy wszyscy zauważyli, że do świąt Bożego Narodzenia zostało już tylko mniej niż 140 dni. A ponieważ w USA tendencja jest taka, że świąteczne przygotowania rozpoczynają się coraz wcześniej, tylko patrzeć, jak w sklepach pojawią się bombki, a Santa prędzej czy później witać nas będzie w centrach handlowych tuż po kalendarzowym końcu lata. Nie wspomnę już o tych oszołomach, którzy dzwonią bez opamiętania przed wejściami do sklepów, starając się nas w ten sposób zachęcać do wrzucania datków do metalowych pudeł. Jak tak dalej pójdzie, wkrótce przyjdzie im dzwonić w szortach. Ponadto w niektórych sieciach sklepowych odbywają się coraz częściej specjalne promocje o nazwie „winter in summer", w czasie których wszyscy udają, że na dworze nie jest piekielnie gorąco, lecz dominują siarczyste mrozy, i że w związku z tym należy się poważnie przymierzyć do kupowania prezentów pod choinkę.

Wspominam o tym dlatego, że przygotowania do gwiazdki już się na dobre i oficjalnie rozpoczęły, choć nie w USA, lecz w Danii. Po raz 61. odbył się tam World Santa Claus Congress, czyli zjazd rubasznych facetów w czerwonych kubraczkach, reprezentujących ponad 150 krajów. Był też oczywiście delegat amerykański, choć z jakichś powodów nie ujawniono jego pełnej tożsamości. W czasie obrad posługiwał się pseudonimem Santa Douglas, co skłania mnie ku przekonaniu, że mógł być agentem CIA, zwieńczonym gustownie czerwoną, federalną czapką z ukrytymi w niej obwodami scalonymi.

Tak czy inaczej, tegoroczny mikołajowy zjazd w Kopenhadze miał dość nietypową oprawę, ponieważ od wielu dni Europa przeżywa niezwykle dotkliwą falę upałów. Stanowi to dramatyczny kontrast w porównaniu do klimatu bieguna północnego albo choćby Laponii, gdzie podobno Santa czasami spędza urlopy wraz z licznymi współpracownikami. Mimo trudnych warunków pogodowych wszyscy uczestnicy obrad ubrani byli w swoje zawodowe mundury, choć być może pod nimi nie mieli już absolutnie nic.

Nie wiem dokładnie, jaka tematyka dominowała w czasie dyskusji plenarnych. Rozmowy mogły na przykład dotyczyć najnowszych modeli sań lub prawidłowych metod opiekowania się reniferami, łącznie z wymianą tradycyjnej żarówki w nosie Rudolfa na ekologicznie odpowiedzialne światełko LED. O ile wiem, nie ma na razie żadnego systemu centralnej obróbki list pożądanych prezentów, wysyłanych na adres Santy przez dzieci. Innymi słowy, każdy Santa realizuje te życzenia indywidualnie, we właściwym dla siebie obszarze geograficznym. Nie ma też zgody zjazdu na korzystanie z centrów dystrybucyjnych koncernu Amazonu, bo wtedy włóczenie się saniami po firmamencie w ogóle przestałoby mieć sens.

Muszę przyznać, że tak duże „stężenie" Mikołajów w jednym miejscu stanowi dla mnie pewną trudność symboliczną, co zostało między innymi wyrażone w wypowiedzi 67-letniego Iana Toma, Santy szkockiego: – *My zwykle pracujemy sami, a tu stanowimy na chwilę jedną, wielką rodzinę, co jest wizualnie trudne do uzasadnienia.* No właśnie – tak duże gremium Sant (a może Santów?) burzy nieco przeświadczenie wielu małolatów, że brodacz w kubraku jest tylko jeden i że rusza do akcji tuż przed świętami, jeżdżąc po całym świecie i rozdając prezenty.

Prócz zajęć oficjalnych jak zwykle odbyły się liczne imprezy towarzyszące, np. przejażdżka statkiem po morzu czy też wspólna wizyta Mikołajów przy pomniku Małej Syrenki. Wyczytałem jednak w programie, że w morze mogło się wybrać tylko 120 uczestników zjazdu, a to oznacza, że pozostała trzydziestka poszła gdzieś do baru, by przy kuflach Tuborga ustalać najlepsze techniki szybkiego pakowania prezentów i latania z reniferowym zaprzęgiem po bezdrożach gwiaździstego nieba.

Innym ciekawym wydarzeniem była konkurencja czysto sportowa, czyli mistrzostwa świata w mikołajowym biegu po torze przeszkód. Biorąc pod uwagę to, że temperatura przekraczała poziom 30°C (86°F) i że uczestnicy musieli pokonywać trasę w pełnym rynsztunku bojowym, łącznie z workami zarzuconymi na ramię, z pewnością nie brakowało mocno spoconych Mikołajów. Na szczęście zaraz potem odbyła się kąpiel w Bałtyku.

Jak to zwykle w przypadku światowych gremiów bywa, nie obyło się bez ważkich dyskusji o ogólnym kształcie mikołajowego świata i perspektywach na przyszłość. Przykładowo duńskie Mikołaje wyraziły ubolewanie z powodu tego, że jeszcze nie tak dawno preferowanym strojem Santy był kubraczek nie czerwony, lecz szary i bogato zdobiony. Coś na modłę Gwiazdora, który kiedyś dominował w Wielkopolsce, Kujawach i na Mazurach, ale też został niemal całkowicie wyparty przez wzorce amerykańskie. Przedstawiciel USA, czyli agent Douglas, nie zabrał głosu w tej dyskusji, zapewne z wrodzonej mu delikatności w kontaktach międzynarodowych.

Nie da się zaprzeczyć, że ubrany na czerwono, korpulentny Santa zdominował świat nawet w tych krajach, gdzie istniały zupełnie inne wzorce, np. w Rosji. W tym sensie widok 150 Mikołajów z całego świata, w zasadzie ubranych w identyczny sposób, sugeruje świąteczno-imperialistyczne zapędy Ameryki. Ponadto organizatorzy tegorocznego zjazdu w Kopenhadze ulegli też innemu wspomnianemu trendowi. Każdy dzień obrad w stolicy Danii kończył się wydarzeniem o nazwie „Boże Narodzenie w lipcu", które jako żywo przypominało przedwczesny start do świątecznego szaleństwa w USA. Tymczasem, wbrew amerykańskim zakusom, święta nadal wypadają pod koniec grudnia, a przedtem są liczne inne wydarzenia kalendarzowe, np. Halloween, Święto Dziękczynienia czy Labor Day, który nieoficjalnie kończy w USA sezon wakacji i urlopów. No, ale w trakcie powrotu z urlopu można już kupić choinkę.

Gwałt na wokandzie

Wielokrotnie wspominałem już w tym miejscu o bulwersujących procesach sądowych, które odbywają się z niepokojącą częstotliwością w różnych zakątkach USA. Zdziwienie budzą przede wszystkim zgoła idiotyczne sprawy, które nigdy nie powinny gościć na żadnej szanującej się wokandzie. Ponadto prawnicy uciekają się często do groteskowych argumentów, a sędziowie wszystko to traktują ze śmiertelną powagą, zamiast wyrzucać co bardziej szurniętych delikwentów na zbity pysk, czyli korzystać z prawa do uznawania niektórych pozwów za bezsensowne. W amerykańskim prawodawstwie przepisy o tzw. *frivolous lawsuits* nie tylko istnieją, ale mogą być w każdej chwili zastosowane przez każdego sędziego. Tyle że rzadko do czegoś takiego dochodzi.

Piszę o tym raz jeszcze dlatego, że do mediów znów wróciła sprawa Brocka Turnera, byłego studenta Stanford University i uzdolnionego rzekomo pływaka o olimpijskich ambicjach. Dla przypomnienia, w roku 2015 Brock uczestniczył w studenckiej prywatce, w czasie której alkohol lał się strumieniami. Nieco nawiany Brock po wyjściu z prywatki natknął się na znacznie bardziej ubzdryngoloną dziewczynę, którą częściowo rozebrał i usiłował ją zgwałcić. Przeszkodziła mu w tym dwójka studentów ze Szwecji, która go odciągnęła i zadzwoniła na policję.

W ten sposób Turner w wieku 22 lat stanął przed sądem w Kalifornii i został uznany winnym trzech różnych ataków seksualnych, za co teoretycznie groziła mu kara wieloletniego więzienia. Jednakowoż sędzia Aaron Persky wziął pod uwagę fakt, iż podsądny nie miał przeszłości kryminalnej i był w sumie chłopakiem w dechę – a ponadto był biały oraz pochodził z zamożnej rodziny – i skazał go na sześć miesięcy pozbawienia wolności. Wywołało to powszechne protesty, które tylko się zaostrzyły z chwilą, gdy wyszedł na jaw fakt, iż ojciec Brocka napisał do sądu list, w którym prosił o łagodny wymiar kary, argumentując to faktem, że nie można Brocka surowo karać za „20 minut akcji". Nie zdefiniował wprawdzie, co rozumiał pod słowem „akcja", ale należy się domyślać, iż chodziło mu o mierne 20 minut przyjemności z pół przytomną kobietą.

Już po trzech miesiącach gwałciciel wylazł na wolność i wrócił do swojego rodzinnego domu w Ohio, gdzie przywitał go tłum demonstrantów. Natomiast w czerwcu bieżącego roku sędzia Persky został odwołany ze swojego urzędu na mocy decyzji wyborców. Jest to pierwszy tego rodzaju przypadek w Kalifornii od 80 lat. Nie wiem, jakie plany na przyszłość ma Persky, ale radziłbym mu, by swoje ambicje ograniczył do czytania książek o przygodach Kubusia Puchatka.

Wszystko to stanowi jednak tylko wstęp do tego, co dzieje się obecnie. Bo oto Brock wynajął prawnika (zapewne za pieniądze tatusia i mamusi), by przed sądem domagać się całkowitego unieważnienia wyroku wydanego w 2016 roku. Ewentualne anulowanie tego wyroku ma istotnie znaczenie, gdyż jeśli do niego nie dojdzie, Turner do końca życia pozostanie zarejestrowany jako przestępca seksualny, a w jego biografii figurować będzie zapis, że jest skazanym w przeszłości kryminalistą. Prawnikiem zaangażowanym do tej sprawy jest niejaki Eric Multhaup, który w kalifornijskim sądzie apelacyjnym zaprezentował niezwykle kunsztowną argumentację na rzecz unieważnienia wyroku.

Otóż jego zdaniem Brock nie jest w gruncie rzeczy niczemu winien, gdyż w momencie zaatakowania kobiety interesował go wyłącznie „zewnętrzny stosunek seksualny", czyli *outercourse*, w przeciwieństwie do *intercourse*. Ten pierwszy rodzaj obcowania fizycznego zakłada, iż obie osoby są całkowicie ubrane i nigdy nie dochodzi do – że się tak wyrażę – normalnego skonsumowania aktu płciowego. No i właśnie w tym momencie, gdybym był sędzią, kazałbym adwokatowi wyjść z sali i się więcej nie pokazywać, choć przyznaję, że nie posiadam żadnych kwalifikacji, by podejmować w tego rodzaju przypadkach jakiekolwiek decyzje.

Wydaje mi się, że intencje gwałciciela są kwestią poślednią w porównaniu do dokonanych czynów, a brednie o tym, że ktoś jest niewinny tylko dlatego, że chciał dokonać ataku A, a nie ataku B, zakrawają na kpinę. Na tej samej zasadzie można by było argumentować, że Brock był jeszcze bardziej niewinny, gdyż chciał tylko dotykać swoją ofiarę w różnych miejscach jej ciała. Profesor prawa w Stanford University, który zorganizował akcję odwołania sędziego Persky'ego, zwrócił uwagę na fakt, że Brock mógł zgłosić swoją argumentację o „stosunku zewnętrznym" w czasie procesu przed dwoma laty, ale tego nie zrobił. Zapewne dlatego, iż sam na coś tak głupiego nie był w stanie wpaść.

Równie zdumiewające jest to, że Mulhaup utrzymuje, iż nie ma żadnych dowodów winy jego klienta. Jest to o tyle dziwne, że Turner został przyłapany na próbie gwałtu przez dwóch Szwedów, Petera Larsona Jonssona i Carl-Fredrika Arndta, którzy zeznawali w czasie procesu i wszystko szczegółowo opisali. Łącznie z faktem, iż gonili uciekającego Turnera, a następnie pilnowali, by nie uciekł aż do czasu przybycia policji.

Jak wynika z doniesień prasowych, sędziowie sądu apelacyjnego powątpiewali w zasadność argumentacji Multhaupa, co być może zwiastuje, że Turner pozostanie obciążony wyrokiem i będzie znany na zawsze jako przestępca seksualny. Sąd ma wydać decyzję w terminie do 90 dni. Oby potrzeba mu było na to znacznie mniej czasu. Ja zaś zamierzam za chwilę wtargnąć cichaczem do domu sąsiada, by wykraść stamtąd biżuterię. Liczę na późniejszą pobłażliwość sądu, gdyż zamierzam argumentować, że tak naprawdę to chciałem podwędzić gotówkę, a zdanie zmieniłem dopiero w ostatniej chwili.

Orzeł czy reszka?

W tzw. Polsce Ludowej nigdy nie posiadałem samochodu ani nawet prawa jazdy. Wprawdzie tuż przed emigracją na drugą stronę Atlantyku wylosowałem w ramach państwowej loterii „malucha", ale nigdy mi nie było dane skorzystać z niewątpliwych dobrodziejstw tego wehikułu. Wspominam o tym dlatego, że potem musiałem w Ameryce szybo nadrabiać zaległości i tylko w czasie jednej wycieczki samochodowej w latach 80. dostałem w tym samym dniu dwa mandaty za przekroczenie dozwolonej szybkości – zresztą oba w stanie Wisconsin.

Jeden z policjantów zatrzymał mnie o świcie na autostradzie gdzieś w okolicach miasta Madison i – wypisując mandat – zachwycił się na chwilę tęczą, jaka pojawiła się na niebie, sugerując, żebym też się jej przyjrzał. Z wrodzonej uprzejmości przyjrzałem się, ale w duchu pomyślałem sobie, że karanie kogoś za występki drogowe nie powinno być w jakikolwiek sposób kojarzone z doznaniami estetycznymi.

Już wtedy zastanawiałem się, jaka logika – jeśli takowa istnieje – przyświeca drogowym gliniarzom łapiącym ludzi za różne akty gwałtu na przepisach drogowych. Są na przykład tacy, którzy uważają, że jeśli jedzie się drogą z szybkością większą o 10 mil na godzinę od obowiązującego ograniczenia, policjant nigdy takiego „pirata" nie zatrzyma, gdyż mu się to nie opłaca. A dlaczego się nie opłaca? Przyczyna jest prosta – wysokość mandatu (a zatem również „zasługa" wobec przełożonych) dramatycznie wzrasta w przypadku ludzi, którzy jadą na wariata z zupełnie szalonymi prędkościami. Jakiś tam emeryt – czyli na przykład ja – prujący 60 mil na godzinę w strefie 50-milowej rzadko zasługuje na uwagę znudzonej zwykle władzy w radiowozach.

Przed paroma laty zapytałem znajomego policjanta w mieście Fort Wayne, w którym mieszkam, czy istnieje jakaś tajna recepta na to, w jakich okolicznościach należy kierowcę zatrzymać, a w jakich można go zignorować i pozwolić mu jechać dalej. W odpowiedzi usłyszałem, że istnieją tylko dwa „parametry". Jeden jest oczywisty i dotyczy skali oraz bezczelności popełnionego wykroczenia – jazda zygzakiem, 150 mil na godzinę, itd. Jednak drugi parametr jest czysto personalny i znacznie trudniejszy do zdefiniowania.

Jeśli chodzi o ten pierwszy parametr, to zdecydowanie się do niego nadaje przypadek mojego wrocławskiego kolegi dziennikarskiego, który wiózł mnie kiedyś po kompletnym pijaku trabantem, a gdy zatrzymali go „niebiescy" i otworzyli drzwi, wypadł na ulicę, cały czas przekonując władze, iż jest całkowicie trzeźwy. Z drugim parametrem jest nieco gorzej. Dotyczy on zwykle ogólnego samopoczucia konkretnego policjanta i jego zadowolenia z życia. Jeśli jest z jakiegoś powodu wnerwiony, nie zjadł odpowiedniej liczby pączków, nie wyspał się lub pokłócił się z żoną na temat szczątkowego pożycia seksualnego, absolutnie wszystko staje się możliwe, łącznie z zatrzymaniem z powodu przekroczenia dozwolonej prędkości o jedną milę na godzinę.

Dowodem na to, że mój znajomy glina ma rację, mogą być wydarzenia, jakie rozegrały się niedawno w mieście Atlanta. Tamtejszą autostradą jechała 24-letnia kobieta, która pracowała w salonie fryzjerskim i była mocno spóźniona, w związku z czym podróżowała z szybkością 80 mil na godzinę w strefie 55-milowej.

Zatrzymania dokonały dwie policjantki, co w sumie nie ma większego znaczenia dla całej tej historii. Z wyjątkiem tego, że osoba siedząca za kierownicą nie mogła zamrugać kusząco do władzy i prosić o pobłażliwość, prezentując jednocześnie tzw. *cleavage*, czyli ponętną przerwę między zasadniczymi częściami biustu.

Policjantki z komisariatu w Roswell na przedmieściach Atlanty zastosowały dość niezwykłą procedurę decyzyjną. Ponieważ nie mogły między sobą dojść do porozumienia w sprawie tego, czy kobietę należy puścić wolno, czy też zabrać jej prawo jazdy, aresztować i ukarać mandatem, postanowiły „rzucić monetę", choć nawet nie zastosowały tradycyjnego metalowego „kłodra". Jedna z nich uruchomiła na smartfonie odpowiednią aplikację i rzuciła monetę czysto cybernetyczną, co zakończyło się dla siedzącej za kierownicą Sary Webb niezbyt pomyślnie, gdyż przegrała to losowanie i została zapuszkowana na 24 godziny.

Okazuje się jednak, że w dzisiejszych czasach – w których amerykańska polityka zagraniczna jest w większości formowana i ogłaszana za pośrednictwem serwisu internetowego Twitter – losowe decydowanie o mandatach nie ma większej przyszłości. Sesja rzucania elektroniczną monetą została wiernie zapisana przez znajdującą się w radiowozie kamerę, co następnie zostało rozpowszechnione przez kanał 11 telewizji w Atlancie, w wyniku czego szef policji, Rusty Grant, oświadczył publicznie, iż tego rodzaju praktyki są niedopuszczalne i że „decyzje dotyczące aresztowania ludzi nie mogą wynikać z rzucania monetą". Obie policjantki są obecnie zawieszone w obowiązkach, a w ich sprawie toczy się wewnętrzne śledztwo.

Z wielką ulgą przyjąłem wiadomość o tym, iż nie mogę znaleźć się za kratkami tylko dlatego, że bilon pokazał orła, choć z drugiej strony zachowuję stosowną podejrzliwość i sądzę, że absolutnie wszystko jest możliwe. Poza tym wszystko to skłania mnie do pewnych refleksji. Czy ten policjant w Wisconsin nie postanowił sobie, że mnie zatrzyma, jeśli na niebie pojawi się tęcza, a jeśli nie, to mnie zignoruje? Czy w tym szaleństwie jest jakaś metoda? I czy agenci ICE dokładnie w ten sam sposób decydują o tym, który latynoski małolat zostanie wyrwany z ramion matki, a który nie?

Może w niektórych federalnych urzędach trzeba zakazać używania monet.

Wyciskanie cytryny

Drzewiej było tak, że w celu zostania światowym bohaterem trzeba było rzucić się na niebezpieczne barykady lub osiągnąć niesamowite wyniki sportowe albo naukowe. Jeszcze była do dyspozycji sława estradowa albo też renoma wynikająca z rozmaitych skandali, szczególnie tych o naturze seksualnej. Tymczasem dziś bohaterem może zostać absolutnie każdy i to bez jakiegokolwiek sensownego powodu ani stosownego przygotowania.

Pewnego dnia niejaki Mike Sakasegawa, mieszkaniec San Francisco, szedł sobie spokojnie ulicą i nagle zobaczył leżącą przy krawężniku cytrynę. Owoc odruchowo kopnął, co jest zrozumiałe, bo przecież któż nie chciałby kiedyś kopnąć cytrusa. Cytryna zaczęła się toczyć w dół pofałdowanego ostro terytorium miasta, a Mike zaczął ten spektakl nagrywać swoim telefonem, który już dawno przestał służyć do rozmawiania z ludźmi i dziś pełni rolę notesu wideo. Jak na przedstawiciela młodego pokolenia przystało, swój film pt. *Cytryna tocząca się w dół ulicy* natychmiast umieścił w serwisie YouTube i już po kilku godzinach materiał ten obejrzały dwa miliony Ziemian, spragnionych zapewne jakowejś życiowej ekscytacji.

W tym miejscu muszę zapewne wyjaśnić, iż widok toczącej się cytryny nigdy nie kończy się jakimś spektakularnym wybuchem. Nikt nie ginie, nie ma żadnej strzelaniny ani też owoc nie jest pokątnym narzędziem szpiegowskim Władimira Putina. Cytryna po prostu podróżuje w dół po równi pochyłej, a gdy równia ta nagle staje się płaskim terenem, owoc zatrzymuje się bezpłciowo i biernie koło pokrywy lokalnego ścieku. Nie ma zatem jakiegoś dramatycznego finału tego filmu, który zresztą trwa tylko kilkadziesiąt sekund, a zatem nie pozwala na wykształcenie się jakiejkolwiek spójnej fabuły.

Mimo to nagranie Mike'a zyskało sobie olbrzymią popularność, czego nie da się w żaden sposób wytłumaczyć, a co nie jest niestety wydarzeniem bezprecedensowym. Ludziska nagrywają masowo różne „spektakle", w ramach których czasami kiwają palcami, opowiadają głupie dowcipy lub udają gwiazdy estrady, wyjąc nieprzystojnie do komputerowych mikrofonów w nadziei na zyskanie sobie niespodziewanej sławy. Nigdy nie da się z góry przewidzieć, co nagle chwyci i stanie się szlagierem Sieci, ale istnieje już od dawna stosowany termin. Jeśli jakieś wideo „goes viral", znaczy to, że autor strzelił w dziesiątkę i zaproponował światu prawdziwy przebój – zwykle totalnie głupi, ale mimo wszystko przebój.

Nie wiem, gdzie szukać przyczyn tego dziwnego zjawiska, ale genezę upatruję w nawykach niektórych użytkowników serwisu Facebook. Są wśród nich tacy, którzy już dawno stali się nałogowcami i nie są w stanie obyć się bez nieustannego nadawania informacji o codziennych wydarzeniach w ich życiu. Są to tak wiekopomne przesłania jak „Wszedłem przed chwilą do Krogera" albo „Moja żona czeka w kolejce do dentysty". Na szczęście Mark Zuckerberg, mimo swoich licznych wad, zapewnił wszystkim możliwość blokowania natrętnych komunikatów tzw. przyjaciół na Facebooku i to w taki sposób, że owi przyjaciele o owej blokadzie nic nie wiedzą.

Wracając do toczącej się po ulicy w San Francisco cytryny, niektórzy starają się wyjaśnić fascynację publiki tym zjawiskiem w dość pokrętny sposób. Twierdzą mianowicie, że ludzie najpierw patrzą na cytrusa i dochodzą do wniosku, że jego podróż wzdłuż krawężnika jest bardzo nudna. Potem jednak cytryna nagle wpada ze światła słonecznego do cienia, przez co zmienia się jej koloryt, a gdy na horyzoncie pojawia się samochód, stwarza to potencjalne zagrożenie losów cytryny, która może się wszak zmienić niespodziewanie w sok spływający żałośnie po asfalcie po wpadnięciu pod koła pojazdu. No i w ten sposób powstaje fascynujący kryminał, którego akcja nie jest w żaden sposób przewidywalna.

Nie można się dziwić temu, że do interpretacji zaskakującej popularności toczącej się po ulicy cytryny wmieszali się socjologowie, którzy są zdania, iż rzeczona popularność jest wynikiem od dawna znanego zjawiska, które jest rzekomo udziałem większości internautów. Chodzi mianowicie o to, że od lat w sferach sieciowych istnieje specyficzne wyzwanie – jak stworzyć coś rekordowo banalnego i nudnego w taki sposób, że zainteresują się tym miliony znudzonych baranów. Ma się to odbywać według dość przewidywalnego scenariusza. Jeśli 10 tysięcy ludzi obejrzało w serwisie YouTube cytrusa turlającego się po ulicy, to zaraz potem następne dziesięć tysięcy też się temu przyjrzy, tylko po to, by ustalić, skąd się wzięło początkowe zainteresowanie tych pierwszych 10 tysięcy. W ten sposób lawina fascynacji dowolnymi głupotami zaczyna rosnąć geometrycznie i owocuje absolutnie absurdalnymi szlagierami Sieci.

Biorąc to wszystko pod uwagę, coraz częściej zastanawiam się nad tym, czym mógłbym zachwycić nagle przestrzeń cybernetyczną. Może mógłbym nagrać mrożącą krew w żyłach scenę mojego pisania niniejszego tekstu na komputerze. Wprawdzie w trakcie tego zajęcia żaden trup nie ściele się gęsto, a ja siedzę w jednym miejscu, ale jeśli tocząca się cytryna jest dla świata tak godna podziwu, to dlaczego podobnego zachwytu nie może wzbudzić walenie w komputerową klawiaturę?

Jest też inna możliwość. Może po prostu nagram scenę lania się wody w moim kuchennym kranie – przecież jest to czysta i ekscytująca rozrywka, choć za czasów PRL-u byłaby jeszcze bardziej porywająca, gdyż nigdy z góry nie było wiadomo, czy woda rzeczywiście poleci. Tyle że wtedy nie było niestety Internetu.

Wara od mojego piwa!

Świat dyskutuje od pewnego czasu o wojnach handlowych i celnych, co jest zrozumiałe, gdyż Donald Trump zdecydował się na wymachiwanie taryfową szabelką, grożąc nie tylko takim nacjom jak Chiny, ale również tradycyjnym sprzymierzeńcom europejskim oraz Kanadzie. On sam twierdzi, że jest w stanie z łatwością wygrać każdą wojnę handlową, podobnie zresztą jak wszelkie inne konflikty, a Ameryka może na tym wyłącznie skorzystać. Jednak głosy licznych ekonomistów mówią coś zupełnie innego. Prędzej czy później wszystko to ma nas nieuchronnie uderzyć mocno po kieszeniach i są pewne precedensy, które zdają się to potwierdzać.

W roku 1930, w cieniu zagrażającej coraz bardziej Wielkiej Depresji, Kongres zatwierdził ustawę Smoot-Hawley, która miała w teorii pomóc amerykańskim farmerom przez obłożenie cłami importowymi zagranicznych produktów rolnych. W odpowiedzi liczne kraje zrewanżowały się Ameryce podobnymi cłami, co w ciągu zaledwie dwóch lat doprowadziło do spadku importu do USA o 40 procent, a to z kolei pociągnęło za sobą plajtę niektórych banków oraz znaczny wzrost bezrobocia. Innymi słowy, wojna handlowa pogorszyła tylko i tak już fatalną sytuację amerykańskiej gospodarki.

Innym przykładem z gruntu głupiej wojny handlowej może być decyzja Baracka Obamy w roku 2009, kiedy to wprowadzone zostały wysokie cła importowe na chińskie opony samochodowe, co miało chronić amerykańskich producentów tychże opon. Krok ten uchronił wprawdzie 1200 pracowników przed stratą zatrudnienia w takich firmach jak Firestone czy Dunlop, ale spowodował jednocześnie utratę 3700 miejsc pracy w handlu detalicznym. Innymi słowy, jak się raz uderzy w stół, to nie wiadomo, co potną podskakujące chaotycznie nożyce.

Dziś jest oczywiście inaczej, głównie dlatego, że na razie gospodarka miewa się w USA całkiem dobrze. Mimo to, wielu specjalistów prorokuje, iż z handlowego skakania sobie do gardeł nic dobrego nie wyniknie. Między innymi szef nowojorskiego banku rezerw, William Dudley, powiedział ostatnio, że polityka zwiększania ceł importowych jest „ślepym zaułkiem" i w ostatecznym rozrachunku będzie destrukcyjna. Natomiast republikański senator z Nebraski Ben Sasse oświadczył, że wprowadzone przez Trumpa podwyższone cła importowe w zasadzie są „podwyżką podatków dla wszystkich Amerykanów", co jest faktem w miarę oczywistym.

Ponieważ nie jestem ekonomistą i rozliczenia globalne między zwaśnionymi stronami niewiele mnie interesują, postanowiłem, że sprawdzę, jakie dokładnie podwyżki cen czekają mnie i innych z powodu polityki prowadzonej przez prezydenta Trumpa. A podwyżki takie są w zasadzie nieuniknione. Dane na ten temat są powszechnie dostępne, choć na razie tylko nieliczne potencjalne ofiary tych manewrów politycznych się nimi interesują.

No to do dzieła. Ponieważ Ameryka już zwiększyła taryfy importowe na stal oraz aluminium, wszystko to, co zależne jest od zakupu tych metali, niemal na pewno podrożeje. Zresztą już podrożało. Firma LG kilka dni po ogłoszeniu nowych ceł na stal poinformowała, że podnosi swoje ceny na pralki i suszarki. Ten sam los czeka ceny samochodów, większości sprzętu domowego oraz materiałów budowlanych. Należy się też liczyć ze wzrostem cen biletów lotniczych (bo aluminium to niezbędny surowiec przy produkcji latających maszyn), narzędzi elektrycznych, zabawek, telewizorów, komputerów, sprzętu medycznego i smartfonów.

A co my w odwecie wymierzymy Europejczykom? Droższe mają się stać między innymi dżinsy, whiskey, sok pomarańczowy, kukurydza, motocykle, kosmetyki oraz jachty. Patrząc na tę europejską listę podwyżek nie mogę się oprzeć wrażeniu, że cierpienia cenowe państw europejskich będą znacznie mniejsze od naszych. W końcu sok pomarańczowy produkowany jest w Hiszpanii i Portugalii, Szkoci nadal pędzą swoją prestiżową siwuchę, jachty to w sumie luksus, a motocykle japońskie i niemieckie są bez zarzutu. W dodatku firma Harley-Davidson ogłosiła już, że jej cieszące się wielkim wzięciem maszyny będą w przyszłości produkowane w Europie, tak by uniknąć ceł importowych.

Być może najbardziej szokującą dla mnie wiadomością jest to, że w wyniku wszczętej właśnie wojny handlowej podrożeje zdecydowanie piwo, gdyż droższa stanie się produkcja puszek oraz kapsli do butelek. Jest to oczywisty i niemożliwy do przyjęcia skandal. Ja rozumiem droższe pralki czy telewizory, ale żeby zaraz się zabierać do piwoszy? Ponadto ja prawie nigdy nie piję piwa w puszkach, a metalowe kapsle można zapewne zastąpić innymi. Z drugiej strony, moja sytuacja i tak nie jest najgorsza. Rządy Meksyku i Kanady obłożyły nowymi, odwetowymi cłami liczne amerykańskie produkty rolne oraz mięso, w związku z czym producenci mleka, serów, jaj, nabiału, wieprzowiny i wołowiny poniosą w niedalekiej przyszłości dotkliwe straty. A jak już znajdą się w totalnej depresji z tego powodu, nie będzie ich nawet stać na kupno piwa do zalania nim smutku.

Wszystko to stawia mnie przed pewnego rodzaju rozterką. Choć mam od lat pewne skłonności pacyfistyczne, coraz częściej dochodzę do wniosku, iż tradycyjna wojna na granaty, karabiny maszynowe i rakiety dalekiego zasięgu może być mniej szkodliwa od wojny handlowej. Ta pierwsza niesie wprawdzie ze sobą zniszczenia i ofiary, ale zwykle prowadzi potem do jakiegoś odrodzenia i okresu hurraoptymizmu. Ta druga jest natomiast jątrzącym się przez całe lata procesem, pełnym stopniowego upadku, drożyzny i ekonomicznego cierpienia. Może trzeba sobie po prostu kupić jakiegoś Pershinga z demobilu i zamknąć się w piwnicy z zapasem piwa, nadal jeszcze względnie taniego?

Wariaci chodzą pieszo

W czasie niedawnej podróży zawitałem na chwilę do miasta Hartford w stanie Connecticut, gdzie zamieszkałem w hotelu. Placówka ta oferowała tzw. „continental breakfast", czyli zeschłe bułki z okresu amerykańskiej wojny domowej, oraz płatki owsiane. Ponieważ zwykle na przywitanie dnia jadam nieco mniej kontynentalne rzeczy, takie jak bekon i sadzone jaja, rano wyszedłem z hotelu, by poszukać jakiegoś przybytku dla ludzi o podobnych do moich upodobaniach dietetycznych. Zrozumiałem jednak natychmiast, że będzie z tym problem.

Po hotelowej stronie ulicy nie było nic. Natomiast po drugiej stronie strudzonego wędrowca kusiły liczne lokale śniadaniowe, na czele z knajpą Panera Bread. Niestety żarcie dzieliła ode mnie 4-pasmowa, ruchliwa ulica, na której nie było przejścia dla pieszych ani nawet świateł, nie mówiąc już o chodnikach. Przebrnięcie przez nią było krokiem niemal samobójczym, a jedyną inną możliwością był przelot nad drogową arterią mięśniolotem, którego akurat tym razem zapomniałem spakować do walizki. Ostatecznie skończyło się tym, że zjadłem suchą bułkę, dzięki czemu nadal żyję.

Nie muszę jednak nigdzie jeździć, by utwierdzać się codziennie w przekonaniu, że piesi są w USA kategorią podludzi, którzy zasługują na to, by ich systematycznie tępić. Mój dom dzieli od lokalnego supermarketu 10-minutowy spacer, ale pójść do tego sklepu w zasadzie się nie da, ponieważ tylko w tzw. „subdivision" jest chodnik, a potem niepodzielnie panuje wolnoamerykanka, polegająca na skradaniu się poboczem ulicy zdominowanej przez kierowców, którzy uważają pieszych za jeszcze większą zarazę niż rowerzyści.

Prawda jest tyleż prosta co niepokojąca. Piesi są w Ameryce dyskryminowani. Nowe drogi są coraz szersze, a chodników jest coraz mniej. W dodatku dzieje się to w czasach, w których apeluje się do nas, byśmy się więcej ruszali i pozbywali nadwagi. A wszystko to wynika z faktu, że – w przeciwieństwie do wielu innych krajów – człowiek idący gdziekolwiek w USA na piechotę kojarzony jest niemal automatycznie z dziwakiem, którego albo nie stać na samochód, albo mu coś na tyle odbiło, że samochodu używać nie chce. Niemal wszystkie plany urbanistyczne w USA w zasadzie pomijają budowanie wzdłuż ulic chodników, a jeśli nawet takowe powstają, to są zwykle szczątkowe i często kończą się nagle w niewytłumaczalny sposób.

Prawdą jest to, że w amerykańskich miastach jest coraz więcej ścieżek spacerowych i rowerowych, ale nie są to trasy służące do użytecznego przemieszczania się z punktu A do punktu B, na przykład z domu na pocztę lub do sklepu. Innymi słowy, pochodzić sobie można, ale wyłącznie w celach rekreacyjnych. Wszelkie inne piesze wycieczki to przedsięwzięcia dość ryzykowne.

Organizacja o nazwie Transportation of America, która od lat studiuje uważnie nawyki wariatów chodzących po Ameryce na piechotę, opublikowała niedawno raport, w którym stwierdza: „Tragedie na drogach nazywane są zwykle wypadkami, a za przyczynę uznaje się błąd kierowcy lub pieszego. Jednak do większości tragedii dochodzi wzdłuż arterii, które zostały zaprojektowane w niebezpieczny sposób. Ich projektantom chodziło o przyspieszenie ruchu samochodów, a los pieszych, osób na wózkach inwalidzkich czy rowerzystów nic ich nie obchodził".

Ta sama organizacja sporządza statystyki dotyczące tego, gdzie w USA piesi są najbardziej zagrożeni. Na czele tej smutnej listy są aglomeracje Florydy (Orlando, Tampa, Jacksonville, Miami), a zaraz potem plasują się: Nowy Jork, Chicago, Cleveland i Boston. Jeszcze ciekawsze jest to, że najwięcej wypadków śmiertelnych dotyczy pieszych czarnoskórych i latynoskich, co wynika stąd, że wśród tych społeczności najwięcej jest osób, które nie posiadają samochodów i na piechotę chodzą z konieczności.

W porównaniu do innych krajów o podobnej infrastrukturze, np. Kanady, Wielkiej Brytanii czy Australii, liczba wypadków drogowych w USA z udziałem pieszych jest kilkakrotnie większa. Istotne znaczenie ma też to, w jaki sposób piesi traktowani są przed sądem. W swoim czasie dość głośno było o sprawie Raquel Nelson z Atlanty, która wraz ze swoim 4-letnim synem wysiadła z autobusu na przystanku oddalonym od przejścia dla pieszych o pół mili. W czasie próby przejścia przez ulicę jej dziecko wpadło pod samochód i zginęło na miejscu, a ona została uznana winną narażenia życia syna i skazana na roboty publiczne oraz rok policyjnego nadzoru. Nie pomogły argumentacje prawników, którzy twierdzili, iż Raquel nie miała innego sposobu dostania się na drugą stronę drogi.

Brak „pieszej infrastruktury” ma w USA różne inne konsekwencje. Dzieci i osoby starsze często nie mogą spacerować lub jeździć na rowerze, bo nie ma gdzie. Uczniowie do szkół są niemal zawsze wożeni albo przez rodziców, albo przez szkolne autobusy, a ma to miejsce nawet wtedy, gdy budynek szkoły jest w zasięgu wzroku. Nic dziwnego, że prawie 20 proc. Amerykanów w wieku od 2 do 19 jest otyłych.

Władze niektórych miast zdają sobie sprawę z tego, że traktowanie pieszych jak wariatów bez znaczenia jest poważnym problemem. Na przykład w Nowym Jorku zauważono, że wyjątkowo dużą liczbę pieszych stanowią osoby starsze i w związku z tym w kilkuset miejscach wydłużono czas zielonego światła dla przechodniów, zbudowano wysepki na środku ulic, ulepszono oznakowanie, itd. W efekcie liczba pieszych ginących w wypadkach drogowych znacznie tam spadła. Nie zmienia to jednak faktu, że chodzenie gdziekolwiek na piechotę jest w USA nadal zajęciem dość niebezpiecznym.

Kot prorok

Mistrzostwa świata w skutecznym kopaniu piłki już się rozpoczęły, choć w chwili, gdy piszę te słowa, nie są jeszcze znane żadne wyniki, a Rosjanie właśnie piją ostatnie sety Stolicznej przed meczem z Arabią Saudyjską. Pójdą tym samym w ślady legendarnego bramkarza Lwa Jaszyna, który – jak przyznawał – przed meczem lubił sobie strzelić kielicha i wypalić ulubionego papierosa Biełomor.

Wracając jednak do rozgrywek World Cup, wszystkie wyniki zna już rzekomo biały kot o imieniu Achilles, który jest lokatorem galerii Ermitaż w Sankt Petersburgu. Jak twierdzą wtajemniczeni, ruski mruczuś posiada niezwykłą zdolność przewidywania rezultatów poszczególnych spotkań, choć nie bardzo wiem, w jaki sposób zostało to przetestowane. Wiem natomiast, że przez pewien czas trenował swoje zdolności, a odziany był w czerwoną koszulkę bliżej niezidentyfikowanego zespołu. Ponadto często pozuje do zdjęć z turystami, budując sobie w ten sposób odpowiedni do swojej roli piłkarskiego przepowiadacza wizerunek publiczny.

Wróżenie odbywa się w ten sposób, że przed każdym meczem Achillesowi oferowane są dwie miski z żarciem, a każda z nich opatrzona jest flagą narodową drużyny. Zależnie od tego, z której miski kot zdecyduje się zjeść, ta drużyna wygrywa. W tym kontekście trochę niejasne jest przewidywanie remisów – być może rezultat taki jest wynikiem tego, że kocisko odmawia jedzenia z jakiejkolwiek miski, choć jest to mało prawdopodobne, jako że przez kilka lat zwierzę to zmagało się z otyłością i zostało przez zarząd Ermitażu poddane intensywnej diecie odchudzającej, a zatem jest zapewne głodne cały czas. Do dziś prowadzone są z nim odchudzające ćwiczenia fizyczne, których Achilles podobno nie znosi, ale nie jest w stanie się skutecznie z tego wymigać.

Achilles musi się mocno starać, by dorównać sławie ośmiornicy, która na okoliczność Mundialu przed ośmioma laty prawidłowo przewidziała rezultaty wszystkich meczów reprezentacji Niemiec oraz wskazała – też prawidłowo – na ostatecznych zwycięzców, czyli na Hiszpanię. Dotychczasowe dokonania kota z Ermitażu są na razie skromniejsze, ale też mogą imponować. Achilles przewidział skutecznie rezultat piłkarskich zmagań w ramach tak zwanego Pucharu Konfederacji, rozgrywanego w ubiegłym roku. Dodatkowym atutem kota jest to, iż wiele lat wcześniej stracił słuch, a zatem dziś nikt nie może wprawić go w stan roztargnienia niepotrzebnymi hałasami.

Stosowanie zwierząt do przewidywania wyników meczów piłki nożnej ma długą tradycję, co wynika z faktu, że wszyscy kibice nie mogą się doczekać startu mistrzostw i chłoną łapczywie wszelkie informacje o rozgrywkach, nawet jeśli są to wieści dość dziwne lub w ogóle bezsensowne. Wypowiedział się na ten temat ostatnio nawet redaktor naczelny *Przeglądu Sportowego*, Przemysław Rudzki, który oświadczył, że ma dość tego czekania i snucia głupich rozważań na temat meczów kontrolnych z Chile i Litwą, gdyż wszystko to jest bez znaczenia wobec samego turnieju, a snucie jakichkolwiek teorii na podstawie meczów towarzyskich zwykle jest przesadne i mało uzasadnione. Ma o tyle rację, że – jeśli mnie pamięć nie myli – polska reprezentacja na mistrzostwa świata w 1974 grała fatalnie w meczach sparringowych, ale później jej się coś dramatycznie odmieniło i zakończyło się zdobyciem trzeciego miejsca. Dodatkowo pan Rudzki wyraził pogląd, że jego zdaniem Polska „wyjdzie z grupy", ale nie mam pojęcia, czy konsultował się wcześniej z kocim Achillesem, czy też prognostyk ten strzelił sobie zupełnie samodzielnie.

Tak czy inaczej uważam, że istnienie proroczego kota w Ermitażu jest unikalną szansą dla trenera Nawałki i jego zespołu. Wystarczy przecież wysłać do muzeum w Petersburgu jakowegoś szpiega, który mógłby wywęszyć, jakie żarcie preferuje kot. Potem trzeba tylko podstępnie wkładać do miski z polską flagą właśnie to jedzenie i sprawa załatwiona – kot je, a my wygrywamy. Jest to oczywiście skuteczna metoda tylko przy założeniu, że Achilles w Rosji nie ma achillesowej pięty i nigdy się nie myli, ale to okaże się już w pierwszych dniach rozgrywek.

Ja sam, bez udziału kota i amerykańskiej reprezentacji w Moskwie, zamierzam kibicować Polsce oraz Islandii. Ten drugi kraj preferuję z dwóch powodów. Po pierwsze, niedawno tam byłem. Po drugie zaś, obecność islandzkich piłkarzy na mistrzostwach świata jest niemal cudem, biorąc pod uwagę, że jest to kraj liczący sobie ok. 350 tysięcy mieszkańców i nie mający wielkich tradycji piłkarskich. Będąc w Reykjaviku nabyłem nawet oficjalną koszulkę reprezentacji, na której umieszczono islandzki odpowiednik mojego nazwiska – Vaclavsson. Mimo to, na murawie raczej się na pewno nie pojawię.

Reprezentacje Polski i Islandii wystąpią w roli zdecydowanych *underdogs*, czyli zespołów, którym niemal nikt nie daje większych szans na zaskakujący sukces. Jedno, co bardzo przydałoby się Mundialowi, to zwycięstwo dowolnego zespołu, który jeszcze nigdy przedtem nie został mistrzem świata. Bo klub mistrzów pozostaje niezwykle wąski: Brazylia, Argentyna, Włochy, Anglia, Niemcy, Urugwaj, Francja i Hiszpania. Jak na tyle lat rozgrywek, osiem krajów mistrzowskich to bardzo niewiele. Czas najwyższy na jakiś sejsmiczny wstrząs.

Wszystko jednak okaże się „w praniu". Kot w Ermitażu znajduje się stanie pełnej gotowości, a reszta jest już wyłącznie w nogach piłkarzy. A zatem, *поехали ребята*.

Nieboszczyk w elekcyjnej szafie

Zastanawiam się coraz częściej, czy do wygrywania wyborów w USA potrzebny jest nadal jeden z zasadniczych atrybutów kandydata, jakim jest bycie przy życiu. Moje wątpliwości biorą się stąd, że w trakcie wyborów, które miały miejsce 6 listopada, doszło do dość niezwykłego wydarzenia w stanie Nevada. W jednym z tamtejszych okręgów wyborczych kandydował do stanowego parlamentu Dennis Hof.

O człowieku tym wspominałem już wcześniej na łamach *Kalejdoskopu*, gdyż jest to postać dość barwna. Hof to właściciel wielu nadal legalnych w Nevadzie domów publicznych i facet o dość szokujących poglądach. Szkopuł w tym, że wszystko, co napisałem powyżej, powinno być w czasie przeszłym. Po wiecu politycznym z udziałem gwiazdora filmów pornograficznych Rona Jeremy'ego oraz spokrewnionego z nim intelektualnie czubka w postaci byłego szeryfa Joe Arpaio, Dennis najzwyczajniej w świecie strzelił kopytami, czyli rozstał się przedwyborczo z życiem. Nastąpiło to w jednej z jego „placówek" o nazwie Love Ranch. Jednak lokalne władze nie były już w stanie usunąć jego nazwiska z kart wyborczych, przez co w listopadzie Hof nadal kandydował, tyle że z zaświatów.

Okazało się, że dla mężnego, amerykańskiego elektoratu fakt ten nie miał większego znaczenia. 68 proc. wyborców zagłosowało na sztywnego Dennisa, co spowodowało, iż pokonał on zdecydowanie demokratkę Lesię Romanov, której nie pomógł nawet fakt, że w przeciwieństwie do jej konkurenta nadal oddycha i może się publicznie wypowiadać. Nie mówiąc już o tym, że posiada z gruntu dynastyczne nazwisko. Na szczęście lokalne przepisy stanowią, iż martwych polityków nie można zaprzysięgać na stanowiska posłów, gdyż nie są w stanie niczego mówić ani też stawiać się na obrady. Stanowisko zdobyte przez Hofa zostało uznane za wakat i zostanie tymczasowo „zapełnione" jakimś facetem wybranym przez stosownego komisarza stanowego.

Głosowanie na człowieka, który nie żyje, jest zajęciem mało produktywnym, z oczywistych powodów. Zastanawiam się w związku z tym, czy wszyscy ci ludzie poparli Dennisa, ponieważ nie wiedzieli, że zmarł? Czy też doszli do wniosku, iż ich głos nie będzie miał większego znaczenia, ponieważ polityk żywy jest w stanie robić dokładnie to samo co polityk martwy, czyli nic. Osobiście mam nadzieję, że w grę wchodzi ta druga opcja.

Ktoś mógłby w tym miejscu orzec, że przypadek z Nevady to wyjątek i że takie rzeczy w zasadzie nigdy się nie zdarzają. Nic podobnego. Ameryka posiada fascynującą tradycję głosowania na ludzi, których już wśród nas nie ma. Gubernator stanu Missouri, Mel Carnahan, zginął w wypadku lotniczym w roku 2000, w czasie, gdy kandydował do amerykańskiego senatu. Bez trudu pokonał wtedy pośmiertnie swojego rywala, Johna Ashcrofta. Jego miejsce w Kongresie zajęła małżonka, Jean Carnahan, która jednak przegrała następne wybory po dwóch latach, a Ashcroft się odegrał przez zostanie prokuratorem generalnym.

Jeszcze ciekawszym przypadkiem była śmierć w roku 2010 Carla Robina Geary'ego, który kandydował na stanowisko burmistrza Tracy City w stanie Tennessee. Choć kandydat zmarł na miesiąc przed wyborami, pokonał swoją rywalkę Barbarę Brock przytłaczającą większością głosów, ale ze zrozumiałych powodów doczesnych nigdy nie objął urzędu. W roku 2002 Patsy Mink, reprezentująca w Kongresie Hawaje, zwyciężyła w wyborach po raz któryś tam z rzędu, mimo iż kilka tygodni wcześniej rozstała się z życiem w wyniku komplikacji po zapaleniu płuc. Jeszcze ciekawiej było w przypadku przewodniczącego parlamentu Luizjany, Hale'a Boggsa, który w roku 1972 podróżował niewielkim samolotem w towarzystwie kongresmena Nicka Begicha z Alaski. Samolot ten zaginął, a jego szczątków nigdy nie znaleziono, podobnie zresztą jak ciał polityków. Mimo to miesiąc później obaj panowie zostali ponownie wybrani na swoje stanowiska.

Być może nie jest to problem wyłącznie amerykański. Po wyborach samorządowych w Polsce okazało się na przykład, że sukces odniósł w nich wójt w gminie Daszyna, mimo że siedzi w areszcie i ciąży na nim ponad 90 zarzutów kryminalnych. No ale Polacy nieco w tym względzie pozostają w tyle za Ameryką, bo wójt nadal żyje i może rządzić, tyle że zza krat, chociaż nawet to nie jest do końca pewne.

Myślę, że kluczem do wyjaśnienia zagadki oddawania głosów na nieboszczyków jest wypowiedź Elaine Luck. Ta urzędniczka w swoim czasie pracowała w komisji wyborczej w stanie Missouri, a w roku 2009 musiała poradzić sobie z faktem, iż kandydat na burmistrza miasta Winfield, Harry Stonebraker, zmarł na atak serca na kilka tygodni przed wyborami. Mimo to zagłosowało na niego niemal 90 proc. wyborców. Pani Luck skomentowała to w ten sposób: „Byłam pewna, że on wygra, ponieważ jego popularność znacznie wzrosła po jego śmierci, tak jak w przypadku Carnahana".

No i wszystko jasne. Amerykańscy wyborcy zdają się preferować polityków nieżywych, ponieważ doskonale wiedzą, że ci nie są już w stanie niczego poważnie spartolić. I w związku z tym faktem postanowiłem, że na polityczną karierę nigdy się w USA nie zdecyduję (choć po prawdzie nigdy jej nie planowałem), bo mimo wszystko bardziej sobie cenię pozostanie wśród żywych od pośmiertnej popularności elekcyjnej. Jeśli jedyną realistyczną drogą do wybieralnego urzędu jest śmierć, to ja bardzo dziękuję.

Wyspa ognia i wody

Z pobudek czysto masochistycznych wybrałem się ostatnio w tygodniową podróż po wulkanicznej i prawie arktycznej Islandii. Od pewnego czasu amerykańskie biura podróży notują znacznie zwiększone zainteresowanie tym krajem wśród turystów, a podobne tendencje występują również w Europie. Pomyślałem sobie zatem, że „coś w tym musi być". O tym, że jest to kraina pod wieloma względami dość dziwna, można się przekonać wkrótce po wylądowaniu na lotnisku Keflavik. O ile na innych lotniskach świata zawsze są strzałki z napisami typu „Bagaż", „Taksówki", a na koniec „Wyjście do miasta", w Islandii jest tak samo, tyle że ten ostatni napis brzmi „Wyjście do Islandii"...

Innymi słowy wychodzi się od razu do całego kraju, a nie do jakichś konkretnych miejscowości. Zaraz za tym wyjściem pojawia się przed strudzonym wędrowcem krajobraz iście księżycowy i niemal całkowicie wyludniony, choć obdarzony dość swoistym urokiem. Może muszę w tym miejscu przypomnieć, że przed pierwszym w historii lotem na Księżyc astronauci Buzz Aldrin i Neil Armstrong trenowali przez kilka dni w islandzkim krajobrazie.

Dziwolągów islandzkich jest bardzo wiele. Sztandarowe specjały kulinarne to potrawa ze zgniłego mięsa rekina oraz pieczona głowa barana. Język islandzki jest kompletnie niezrozumiały i nie zawiera żadnych powszechnie rozpoznawalnych słów, takich jak „telewizja" czy „komputer". Dzieje się tak dlatego, że jest to jeden z nielicznych krajów świata, w którym działa rządowa agencja strzegąca czystości języka i wymyślająca „rodzime słowa" zgodnie z nowymi potrzebami. I tak komputer to po islandzku *tölva,* co jest zbitką słów *völva* (wróżka) i *tala* (numer). Tym samym pecet to „wróżka numerów". Natomiast telefon to *simi*, czyli coś w rodzaju długiej nici. W sumie dla obcych przybyszów nie ma to jednak większego znaczenia, bo praktycznie wszyscy mówią na wyspie po angielsku.

Wśród turystów zdecydowanie dominują Amerykanie, z których nie wszyscy zdają się być odpowiednio przygotowani na wakacje w kraju znajdującym się tuż pod kołem polarnym. Podsłuchałem na przykład przypadkowo rozmowę małżeńskiej pary z USA, w trakcie której padały liczne narzekania na to, że jest ciągle zimno i deszczowo, i że tubylcy nie są zbyt przyjaźni.

Jeśli chodzi o tę pierwszą pretensję, to ma ona dokładnie taki sam sens jak narzekania na brak śniegu na Saharze i nieobecność tam dobrych warunków narciarskich. Latem można w Reykjaviku liczyć na temperatury rzędu 48-50 stopni F i takich sam tam doświadczyłem. Gdy tylko dochodzi do tego rodzaju „upałów", tubylcy wylegają masowo na ulice, piją kawę i piwo na świeżym powietrzu, a matki chodzą z dziećmi na spacery odziane tak, jakby było całkiem gorąco. Zresztą mają wiele czasu, by to robić, bo od późnej wiosny aż do wczesnej jesieni zachód słońca następuje w okolicach północy, a wschód – o 3.00 rano. W zasadzie całkowicie ciemno nie robi się nawet przez te trzy godziny technicznej nocy, co powoduje, że ludzie łażą po ulicach stolicy, w której mieszka zresztą połowa ludności kraju, przez 24 godziny na dobę, a życie nocne Reykjaviku jest niezwykle „rozbuchane". Choć bywa ograniczane cenami – za piwo w barze trzeba płacić 10 dolarów, a dania obiadowe w przeciętnej restauracji niemal nigdy nie schodzą poniżej poziomu czterech dych.

Jeśli chodzi o drugą pretensję małżeństwa z USA, wydaje mi się, że jest to oczywiste nieporozumienie, wynikające z przywiązania do amerykańskich, a może szerzej – anglosaskich nawyków społecznych, które wymagają stosowania w publicznych relacjach z obcymi osobami nie tylko uprzejmości, ale w znacznej mierze sztucznej wylewności. Islandczycy to bezpośredni potomkowie Wikingów z Norwegii, którzy drzewiej radzili sobie z obcymi przy pomocy toporów, a dziś żadnej pozornej wylewności we krwi nie mają. Są uprzejmi i bardzo pomocni, ale jednocześnie małomówni i traktujący ludzi z pewną rezerwą.

W czasie mojego pobytu w geotermicznym raju zwanym Błękitną Laguną, gdzie w bardzo ciepłej wodzie taplają się turyści z całego świata, jakaś facetka z USA opowiedziała mi w kolejce do czegoś tam historię swojego życia. Podobny kontakt z przypadkowym mieszkańcem Islandii jest praktycznie niemożliwy, co dla mnie jest pozytywem, a nie negatywem.

Tak czy inaczej wizyta w tym niezwykłym kraju to absolutnie niezwykłe przeżycie. Wynajętym samochodem przejechałem tam ok. 1000 km, głównie po jedynej w kraju obwodnicy numer 1, którą można objechać całą wyspę. Nie jest to bynajmniej autostrada – nie ma tam *rest areas* czy stacji benzynowych co 5 mil. Nie ma też czegoś innego – amerykańskich fast foodów, choć w samym Reykjaviku można się załapać na kanapkę z Subwaya i pizzę z Pizza Hut. Tylko po co, skoro można się najeść zgniłym rekinem? *À propos*, tego ostatniego dania nigdy nie odważyłem się zjeść, choć je powąchałem, co utwierdziło mnie w przekonaniu, że smród 6-dniowych skarpetek wcale nie jest taki zły.

Poza wspomnianą obwodnicą, dróg utwardzonych jest w Islandii niewiele. Każda wyprawa w głąb wyspy wymaga podróżowania po drogach szutrowych i posiadania pojazdu z napędem na cztery koła. Na szczęście nawet zbłąkani mogą zawsze liczyć na szukanie pomocy przez „długą nić", ponieważ telefonia komórkowa jest w tym kraju bardzo dobrze rozwinięta. I jeszcze jedno – w razie konieczności powiedzenia czegokolwiek po islandzku bez jakichkolwiek konsekwencji, należy skorzystać ze słowa „jæja", którego dokładnego znaczenia nie sposób zdefiniować (coś w rodzaju angielskiego „well"), a które pasuje rzekomo do każdej sytuacji. Jest ono wymawiane dokładnie tak samo jak polskie „jaja", a zatem nie sprawi nikomu żadnych problemów. No i można jechać...

Wszystko przez te otwory drzwiowe

Po kolejnej masakrze w szkole, tym razem w stanie Teksas, wszystko odbyło się zgodnie z dawno ustalonym scenariuszem. Liczni politycy natychmiast zapewnili, że są duchem z rodzinami ofiar, że się za nich wszystkich żarliwie modlą i że pozostają oni „w naszych myślach". Padły też sakramentalne słowa o konieczności przeciwdziałania tego rodzaju wydarzeniom. Dla wszystkich jest oczywiste to, że żadnego przeciwdziałania nie będzie, a puste słowa bez jakiegokolwiek realnego znaczenia zostaną szybko zapomniane, aż do następnej strzelaniny. Zresztą już to nastąpiło, co było do przewidzenia. Ameryka zwykle przechodzi do porządku dziennego po każdym takim wydarzeniu już po kilku dniach.

Jednak tym razem było znacznie weselej, o ile w ogóle można mówić o jakiejkolwiek radości w obliczu kolejnej tragedii. A wszystko za sprawą dwóch facetów, którzy wymyślili nowatorskie rozwiązania problemu strzelania do uczniów w szkołach. Jednym z tych ludzi jest wicegubernator stanu Teksas, Dan Patrick. W dniu, w którym zginęło 10 młodych ludzi, Patrick pojawił się przed telewizyjnymi kamerami i wyraził pogląd, że różni stuknięci osobnicy mogą strzelać do uczniów niczym do kaczek głównie dlatego, że w szkołach jest zbyt wiele wejść i wyjść, przez które szaleńcy mogą się przedostawać do środka. Jego zdaniem, gdyby było tylko jedno wejście i wyjście, do tragicznych wydarzeń by nie doszło.

Mam dla pana wicegubernatora złą wiadomość. Zgodnie z przepisami ustalonymi przez Texas Department of Housing & Community Affairs, w zasadzie każdy budynek musi posiadać przynajmniej dwa otwory drzwiowe, z których jeden jest oczywistym wymogiem przeciwpożarowym. Rozumiem jednak interesującą intencję Patricka – gdyby szkoły stały się kompletnie zablokowanymi bryłami, ich odporność na ataki z zewnątrz znacznie by się zwiększyła. W związku z tym proponuję też dodatkowo zamurowanie wszystkich okien, bo wtedy nie tylko dziatwa nie będzie niebezpiecznie się wychylać, ale nikt tą drogą do szkoły się nie wedrze. A gdy i to nie pomoże, należy zacząć budować szkoły całkowicie pod ziemią, tak by stały się niemożliwymi do spenetrowania bunkrami.

Jednakowoż muszę też wspomnieć o tym, iż wicegubernator w sposób absolutnie genialny i zniewalający zidentyfikował jeszcze kilka innych przyczyn strzelanin w szkołach. Jego zdaniem nikt do nikogo by nie strzelał, gdyby: nie wycofano nauczania religii w szkołach, zdelegalizowano gry komputerowe pełne przemocy, zakazano aborcji, uzbrojono nauczycieli po zęby i zredukowano liczbę rozbitych rodzin. No i proszę – można problem przemocy rozwiązać raz na zawsze bez wspominania w jakikolwiek sposób o tym wielkim słoniu w sklepie z porcelaną, którym jest powszechny i endemiczny dostęp do broni palnej.

Być może poglądy Patricka można do pewnego stopnia wytłumaczyć tym, iż jest on tzw. skrajnym ewangelikiem i przez pewien czas prowadził własny program radiowy, w którym opowiadał znacznie większe głupoty niż te o nadmiernej liczbie drzwi w szkołach. Jednak totalnego idiotyzmu nie da się racjonalnie uzasadnić. Dość powiedzieć, że Patrick stał się na jakiś czas internetowym pośmiewiskiem, na co mężnie sobie zasłużył.

Teraz oczyma wyobraźni widzę już tę nową, antystrzelecką szkołę amerykańską. Wchodzi się do niej jednymi drzwiami, może nawet żeliwnym włazem, a następnie idzie się do ciemnych jak cholera klas (bo nie ma okien), gdzie czekają na młodzież nauczyciele z kałasznikowami za pazuchą. W tych warunkach wkuwanie matematyki będzie niezwykle skuteczne, ponieważ odbywać się będzie w cieniu lufy. A na dużej przerwie nie będzie żadnego grania w gałę na świeżym powietrzu. Czas ten będzie poświęcony całkowicie na szkolenie w sztuce bezbłędnego celowania ludziom w łeb z broni wszelkiej maści.

Dan Patrick nie jest odosobniony w poszukiwaniu przyczyn strzelania do uczniów bez wspominania o broni, z której – jakby na to nie patrzeć – wylatują kule. Organizacja National Rifle Association, której wizją i celem jest Ameryka maksymalnie uzbrojona, wybrała sobie właśnie nowego szefa, którym jest emerytowany pułkownik piechoty morskiej, Oliver North. Tak, to ten sam North, który był zamieszany w głośny skandal Iran-Contra i został skazany na trzy lata więzienia w zawieszeniu. Nowy szef NRA od razu przystąpił do działania i wyraził pogląd, że różne czubki strzelają do uczniów dlatego, iż od dzieciństwa szpikuje się ich środkami uspokajającymi, takimi na przykład jak ritalin. Innymi słowy, broń palna nie ma z tym wszystkim absolutnie nic wspólnego. Problem polega na tym, że nadziani medykamentami wariaci włażą do szkół o zbyt dużej liczbie otworów drzwiowych. Co więcej, North – podobnie jak Patrick – upatruje problem w powszechnej dostępności komputerowych gier pełnych przemocy. Jest to o tyle kuriozalne, że przed laty tenże sam North pojawiał się w telewizyjnych reklamach gry o nazwie „Call of Duty: Black Ops II", w której trup ściele się gęsto, a krew niemal wypływa z komputerowego monitora.

NRA często posługuje się hasłem: „Broń nie zabija ludzi – ludzie zabijają ludzi". Chyba czas na modyfikację tego sloganu: „Broń nie zabija ludzi – drzwi zabijają ludzi". Szczególnie gdy są masywne i wahadłowe. Prędzej czy później może się okazać, że wszystkie te pędraki zastrzelone w Sandy Hook tak naprawdę zginęły tylko dlatego, że nie całkiem wcelowały w otwór drzwiowy.

Trzeba łysych pokryć frytkami

Łysi lub łysiejący faceci w zasadzie dzielą się na dwie grupy. Jedni nie mają z tym zjawiskiem większego problemu i obnoszą się ze swoimi gołymi lub półgołymi czerepami z dumą i bez kompleksów. Do tej czeredy zalicza się między innymi mój brat, który – podobnie jak Lenin – łysieć zaczął już na początku studiów, a dziś na szczycie łba posiada wyłącznie kilka zbiegłych wcześniej z twarzy piegów. Natomiast druga grupa to ludzie, którzy z pustą na szczycie czaszką nie są w stanie się pogodzić i gotowi są zrobić wszystko, byle tylko wejść ponownie w posiadanie czupryny.

Zakompleksionych doskonale rozumiem. W czasach PRL-u śpiewało się w studenckich kabaretach takie przeboje jak „Trzeba łysych pokryć papą". Stosowano też zaczepki słowne typu „Te, łysy, po ile irysy?" albo „Co, bozia włosów nie dała?", na co bardziej agresywne łysole odpowiadały: „Dawała, ale rude". Ta ostatnia riposta była dla mnie zawsze dość dokuczliwa, jako że w zamierzchłych czasach, zwanych młodością, posiadałem na głowie kolekcję włosia przypominającą kolorystyką pożar w stodole. Ale to już zupełnie inna problematyka.

Z powodu istnienia tej drugiej grupy łysych wykształcił się na świecie olbrzymi i intratny rynek przeróżnych środków na porost włosów. Stosowane są zarówno metody czysto chemiczne (preparaty, tabletki, kremy, itd.), jak i chirurgiczne zabiegi wszczepiania włosów. Podobne, choć zupełnie nieskuteczne, środki oferowane były w przeszłości przez różnych szarlatanów, którzy zapewniali swoich klientów, iż mogą posmarować sobie czachę jakąś miksturą, by zaraz potem cieszyć się włosiem, którego jednak porost nigdy nie następował. Dziś jest znacznie bardziej optymistycznie.

W przypadku środków chemicznych ostatnie dwie dekady przyniosły wiele postępów. Za najbardziej skuteczną substancję czynną na porost włosów uznawany był przez pewien czas specyfik o nazwie minoxidil, którego najbardziej znaną na całym świecie wersją komercjalną jest Rogaine. Jednak środek ten nie zawsze jest skuteczny, a jeśli jest, to tylko częściowo. Ostatnio więcej mówi się o preparacie Nanogen Serum. Jest to specyfik, który – jeśli wierzyć badaniom przeprowadzonym w instytucie medycznym BIO-EC we Francji – stymuluje wzrost włosów lepiej niż preparaty oparte na minoxidilu. Substancją czynną w preparacie Nanogen Serum jest opatentowany i tajny zestaw składników, nazwany przez producenta Growth Factors, czyli „czynnikami wzrostu".

Sam niczego takiego nie próbowałem, bo na razie nie mam takowej potrzeby i mam nadzieję, że nigdy nie będę miał. Są jednak tacy, którzy twierdzą, że Nanogen to niemal środek cudotwórczy. Jeśli tak istotnie jest, to na horyzoncie pojawić się może wkrótce niezwykły konkurent, który na razie drzemie bezużytecznie we frytkach sprzedawanych w hamburgerowniach McDonald's. Kto wie, już niedługo możemy zobaczyć ludzi chodzących z frytkami rozłożonymi na łysinach, choć mam nadzieję, że do tego nie dojdzie.

A wszystko to za sprawą profesora Junji Fukudy z Uniwersytetu Narodowego w Jokohamie, który twierdzi, że wraz ze swoim zespołem badaczy wyprodukował po raz pierwszy w warunkach laboratoryjnych „hair follicle germ" (HFG), czyli swoisty „zaczyn" mieszka włosowego, z którego następnie wyrasta całkowicie naturalny włos. Podstawą do produkcji HFG jest substancja o niezbyt apetycznej nazwie – dimethylpolysiloxane (PDMS). Jest to polimer od dawna stosowany przez McDonald'sy jako dodatek do oleju, w którym smażą się frytki, jako że jest to coś, co zapobiega powstawaniu piany na powierzchni gorącego tłuszczu. To właśnie hamburgerowy PDMS jest rzekomo najlepszym surowcem do produkcji HFG.

Zespołowi Fukudy udało się wytworzyć ponad 5 tysięcy jednostek HFG, które zostały następnie wszczepione laboratoryjnym myszom. Wszystkie te gryzonie w bardzo krótkim czasie mogły się przekonać, iż są znacznie atrakcyjniejsze, gdyż już po paru dniach wyrosły im nowe, zupełnie naturalne włosy, a Japończycy twierdzą, że dokładnie takich samych rezultatów należy się spodziewać w przypadku ludzi. Innymi słowy, każdego łysego można będzie zmienić w długowłosego hipisa w ciągu paru tygodni.

Nawet jeśli jest to istotnie ogromny sukces naukowy, trochę mnie martwi fakt, że jest on zależny od dalszego smażenia frytek w McDonald'sach. Różni sfrustrowani łysi mogą na przykład dojść do błędnego wniosku, że jeśli codziennie spożyją michę tych frytek, wyrośnie im na głowie dżungla. A jeśli rzeczywiście im coś takiego wyrośnie, mogą swoje nowe włosy zabrać do grobu w wyniku otyłości i problemów kardiologicznych.

Ponadto nie mam najmniejszego pojęcia, czy ilości PDMS stosowane przez amerykańską sieć hamburgerowni będą w przyszłości zapewniać badaczom dostawy odpowiednich ilości surowca, bo jeśli nie, to może się okazać, że trzeba będzie robić dodatkowe frytki – nie dla bezpośredniej, wygłodniałej klienteli, lecz dla osobników marzących o owłosieniu czaszek.

Jeśli chodzi o mojego brata, jestem pewien, że na razie nie spróbuje on ewentualnej nowej, błyskawicznej metody regeneracji naturalnych włosów. Gdyby nagle po tylu latach szczęśliwej łysości pojawiła się na jego głowie kępa włosów, zapewne byłby się przestraszył i zaczął nosić berety, nawet w upalne dni, wprawiając tym samym całą rodzinę w zakłopotanie. Z drugiej strony cieszę się, iż problem łysienia może doczekać się ostatecznego rozwiązania. Yul Brynner by się strasznie ucieszył.

Marcowe szaleństwo

Przyczyny utraty rozumu bywają bardzo różne. To, dlaczego znaczna część Amerykanów, normalnie całkiem zdrowych psychicznie, w marcu oddaje się aktowi zbiorowego szaleństwa sportowego, pozostaje niewyjaśnioną zagadką. Chodzi oczywiście o finałowe rozgrywki akademickich drużyn koszykarskich, które zwykle nazywane są „marcowym szaleństwem", czyli *March Madness*. Mecze te, z udziałem 68 drużyn, odbywają się za sprawą organizacji o nazwie National Collegiate Athletic Association (NCAA), która zarabia na tym miliony dolarów, a jednocześnie pilnie strzeże, by ani cent nie wpadł z tego powodu do kieszeni studentów, którzy mają zachowywać status sportowców amatorskich.

Znamy to wszystko doskonale z czasów PRL-u. Na przykład Kazio Deyna był technicznie zatrudniony w armii, a kopał piłkę dla Legii Warszawa tylko „po godzinach", na zasadzie czystego amatorstwa. Inni gracze byli fikcyjnymi milicjantami lub robotnikami rozmaitych fabryk. W strukturach NCAA jest o dziwo bardzo podobnie. Studenci wprawdzie studiują, ale wyniki akademickie nie mają żadnego znaczenia, gdyż ich zasadniczym zadaniem jest skuteczne wrzucanie piłki do kosza, za co dostają odpowiednie stypendia i nie muszą się specjalnie przejmować takimi głupotami jak egzaminy, zaliczenia, itd. Bardzo niewielki procent tych młodych ludzi trafia potem do zawodowej ligi NBA i zarabia miliony. Reszta kończy studia i znika z pola widzenia.

Jednakowoż organizacja NCAA jest dziwna również z innego powodu. Zawiaduje ona rozgrywkami, które są co najmniej kuriozalne. 34 drużyny grające w ramach *March Madness* kwalifikują się do finałowego turnieju w wyniku wywalczenia mistrzostwa poszczególnych regionalnych lig akademickich. Reszta uczestników wyłaniana jest przez „ekspertów i działaczy" w ramach zakulisowych przekomarzań, godnych stalinowskiego komitetu centralnego. Na koniec powstaje tzw. *bracket*, czyli tabela definiująca, kto będzie grał z kim. I właśnie tenże *bracket* staje się następnie przedmiotem obsesyjnych rozważań na temat szans poszczególnych drużyn.

Gdy już dochodzi w końcu do rozgrywek, towarzyszy im atmosfera totalnego obłędu ze strony milionów ludzi. Jak Ameryka długa i szeroka, kibice robią przeróżne zakłady i spekulują na temat składów poszczególnych zespołów, ich historii, itd. Jeśli ktoś pracuje w dowolnym amerykańskim zakładzie pracy, nie jest w stanie ustrzec się nie tylko przed namowami do brania udziału w drobnym finansowym hazardzie, związanym z turniejem, ale również przed nieustannym tokowaniem na ten temat. Ponadto przeważnie kibice dopingują drużynom ich własnej *alma mater,* nawet wtedy, gdy studia na danej uczelni miały miejsce przed II wojną światową, a w koszykówkę jeszcze nikt tam nie grał. Mam na przykład znajomego, który niegdyś studiował w Villanova University i dałby się zabić za jej koszykarską reprezentację, choć on sam został absolwentem tej uczelni w latach 70. i dziś nie ma żadnych z nią związków.

Dla przybyszów z Europy są to zjawiska trudne do wyjaśnienia. Bo to przecież prawie tak, jakby cała Polska fascynowała się tym, kto wygra w starciu koszykarzy z warszawskiego uniwersytetu z jakąś politechniką. Sport akademicki oczywiście istnieje w Europie, ale nikt z tego powodu nie traci snu, ani nie ględzi o tym w nieskończoność.

Moja własna irytacja zjawiskiem *March Madness* dotyczy przede wszystkim terminologii. Wokół tego dorocznego wydarzenia wykształciło się specyficzne słownictwo, które przyprawia mnie o mdłości. Wszyscy mówią o „marcowym szaleństwie" tak, jakby była to nazwa własna, co powoduje, że jeśli jakiś Smith dostanie w marcu ataku szału, trzeba go będzie prewencyjnie nazwać szaleńcem kwietniowym, żeby się nie myliło. Są też inne terminy, powtarzane przez media do znudzenia. *The Big Dance* to wielki taniec, określający samo uczestnictwo w rozgrywkach. Ma to tę niefortunną konsekwencję, że jeśli jakaś drużyna „idzie na tańce", wcale nie oznacza to dyskotekowych harców na parkiecie, lecz bieganie po zupełnie innym parkiecie i rzucanie piłki do kosza.

Każda drużyna uczestnicząca w turnieju, która jest z góry skazana na porażkę, ale przekroczyła pokładane w niej nadzieje, jest automatycznie nazywana „Kopciuszkiem". Prawdziwego Kopciuszka zapewne nikt nie pytał o zdanie, ale co tam. Ponadto tzw. *bracket buster* to zespół, który – ku zdumieniu wszystkich – nieoczekiwanie pokonuje znacznie wyżej rozstawionego przeciwnika. Żeby jeszcze bardziej namieszać, szefowie NCAA zwykle rozstawiają cztery drużyny z numerem 1, cztery z numerem 2, itd. Przeciętny kosz by się uśmiał.

Gdy rozgrywki docierają do bardziej zaawansowanego etapu, mówi się z nieodwracalną przewidywalnością, iż jakiś zespół dostał się do „słodkiej szesnastki" (*sweet sixteen*), a potem do „elitarnej ósemki", by skończyć na „finałowej czwórce". Oczywiście finałem tego wszystkiego jest... finał, który w tym roku odbędzie się 2 kwietnia. Zaraz po zakończeniu tego meczu dojdzie do jeszcze jednego ceremoniału, zwanego *taking down the net*. Polega to na tym, że zwycięska drużyna odcina na pamiątkę siatki koszów.

Wszystko to jest dla Ameryki na tyle ważne, że w marcowe tygodnie trudno jest nie usłyszeć czegoś o „marcowym szaleństwie" w wieczornych wiadomościach lub nie przeczytać w lokalnej gazecie. Ale może to i dobrze – wieści z Waszyngtonu i ze świata są ostatnio takie, że być może lepiej jest interesować się „wielkim tańcem" i „słodką szesnastką" niż jakimiś bzdurami o potencjalnej wojnie nuklearnej lub ingerencją cara Putina w nasze sprawy.

Rewolucja za miedzą

My tu gadu gadu, a za miedzą stanu Illinois, czyli w Indianie, właśnie doszło do rewolucyjnego wydarzenia, które może w istotny sposób zaważyć na mojej dalszej twórczości. Republikański gubernator Eric Holcomb właśnie był podpisał ustawę, na mocy której mieszkańcy jego stanu, w tym również ja, będą mogli po raz pierwszy od roku 1816 kupować napoje alkoholowe w niedziele. Wprawdzie można będzie takie zakupy robić tylko od południa do godziny 8.00 wieczorem, ale lepsze to niż jechanie po butelkę wina do stanów ościennych. Spragnieni mieszkańcy Indiany w niedziele często pruli do Illinois, Ohio lub Michigan, gdzie tuż za stanową granicą natknąć się było można na liczne sklepy z trunkami. Teraz podróże te przestały być konieczne, co zapewne pogrążyło właścicieli tych przygranicznych sklepów w nieutulonym żalu.

Indiana była ostatnim stanem Unii, w którym obowiązywała niedzielna prohibicja, choć dotyczyła ona tylko sklepów, bo w barach zawsze się można było dowolnie nabzdryngalać, tyle że za znacznie większe pieniądze. Gdy Indiana została przyjęta do Unii jako 19. stan, od samego początku trunki były w sklepach niedostępne w niedziele. Później przyszły czasy prohibicji, która trwała 13 lat, a którą zniesiono w 1933 roku na mocy 21. poprawki do konstytucji. To poprawka o tyle kuriozalna, iż jest jedyną w historii USA, która unieważnia wcześniejszą poprawkę. Ponadto zawiera tylko trzy krótkie zdania, z których drugie doprowadziło do wielu dziwnych konsekwencji. Znosząc prohibicję, prawodawcy postanowili, że odtąd wszystkie decyzje dotyczące produkcji, dystrybucji i sprzedaży alkoholu będą leżeć w gestii władz stanowych. W praktyce doprowadziło to do sporego chaosu, którego resztki istnieją do dziś.

Indiana głosowała wprawdzie w 1933 roku za zniesieniem zakazu sprzedaży napojów alkoholowych, ale utrzymała zapis o prohibicji niedzielnej. W Missisipi trunki alkoholowe stały się legalne dopiero w roku 1966, a w Kansas zalegalizowano istnienie barów w roku 1987, choć nadal obowiązują tam dziwne restrykcje, choćby taka jak zakaz sprzedaży poza sklepami alkoholowymi piwa mocniejszego niż 3,2 proc. (swoją drogą ciekawe, kto i na jakiej podstawie ustalił tę dozwoloną moc). W sumie ktoś, kto jedzie gdzieś przez Stany Zjednoczone, nigdy nie wie dokładnie, jakie w danym miejscu obowiązują przepisy dotyczące napojów wyskokowych. Na przykład w Pensylwanii sprzedaż win i mocniejszych trunków kontrolowana jest przez stan, a sprzedaż piwa nie, w związku z tym w jednym sklepie nie można kupić zarówno „browaru", jak i butelki wina czy wódki.

Wracając do Indiany, przez wiele dekad trwała w stanowym sejmie jałowa dyskusja o tym, czy w niedzielę powinna istnieć możliwość zakupu napojów alkoholowych. Nic z tych politycznych przetargów nie wynikało i dopiero na początku XXI wieku doszło do pewnego „poluźnienia gorsetu". Najpierw pozwolono na sprzedaż alkoholu w dzień wyborów, co w związku z istniejącą obecnie w USA sytuacją polityczną wywołało wśród elektoratu wielki entuzjazm. Następnie dano mini-browarom prawo do sprzedaży piwa w niedzielę, a potem zapadła podobna decyzja w przypadku lokalnych producentów win. Jednak dopiero w tym roku sprawy nabrały rozpędu, co ostatecznie doprowadziło do gubernatorskiego podpisu pod ustawą. W czasie ceremonii jej podpisania, która nie była o dziwo suto zakrapiana, przewodniczący stanowego parlamentu Brian Bosma zauważył z przekąsem, iż rozwiązanie tego problemu „zabrało nam zaledwie 202 lata".

Trzeba jednak zaznaczyć, że nadmierna radość nie jest wskazana, jako że Indiana zachowała wątpliwą sławę jedynego stanu w USA, który reguluje sprzedaż piwa w zależności od jego temperatury. Ciepłe małe jasne można kupić w supermarketach, sklepach alkoholowych czy też na stacjach benzynowych. Jednak sprzedaż piwa zimnego dozwolona jest wyłącznie w *liquor stores*. Jeśli ktoś chciałby zapytać o to, jaki jest sens tych przepisów, oświadczam, że nie mają one żadnego sensu ani też nie wiem, jaką mają genezę. Jest to tym bardziej idiotyczne, że podobna regulacja względem temperatury nie dotyczy win.

Wszelkie odgórne zakazy zawsze powodują pewne niezamierzone konsekwencje. W Polsce właśnie weszła w życie ustawa o zakazie handlu w niektóre niedziele, co spowodowało między innymi to, iż jedna z galerii handlowych w Gdańsku, przy której znajdują się tory kolejowe, będzie udawać dworzec, bo na dworcach niedzielne handlowanie jest dozwolone. Tylko patrzeć, jak w butikach pojawią się podświetlane rozkłady jazdy, a w sklepach typu Zara czy Gucci można będzie posłuchać zapowiedzi, iż pociąg pośpieszny do Jeleniej Góry odjedzie z godzinnym opóźnieniem z toru trzeciego przy peronie pierwszym, mieszczącym się na zapleczu sklepu Vistula.

W Indianie Jay Ricker, właściciel sieci małych sklepów typu *convenience*, przez pewien czas skutecznie omijał zakaz sprzedawania zimnego piwa, ponieważ zaczął oferować klientom meksykańskie burritos, przez co zakwalifikował się do miana restauracji. Jednak czujna stanowa władza szybko wyniuchała ten podstęp i zmieniła przepisy. Na razie zatem zimne piwo pozostanie domeną sklepów z alkoholem.

Wszystko to jest pod wieloma względami dość śmieszne. O wiele prościej byłoby, gdyby zatwierdzona w 1933 roku poprawka konstytucyjna zawierała proste, federalne przepisy dotyczące tego, kiedy można w kraju sprzedawać trunki. To byłby jednak zamach na niezależność stanowych władz i federalną strukturę państwa, nie mówiąc już o tym, że ktoś by na pewno nazwał taki krok socjalizmem lub komuną. Tak czy inaczej, w najbliższą niedzielę w ramach testu zamierzam nabyć ciepły sześciopak.

Szarańcza zaatakuje murawę?

Miłościwie panujący Rosjanom na niezmierzoną wiekuistość Władimir Putin znany jest z wielu rzeczy. Między innymi z tego, że zawsze mu zależy na pokazaniu światu jego kraju z jak najlepszej strony, np. z okazji jakiejś wielkiej imprezy. Chodzi o zasugerowanie, że jest to kraina piękna, szczęśliwa i zdolna do sprawnego zorganizowania czegokolwiek, nawet jeśli na Syberii wszystko sypie się w gruzy, a wiele rzeczy na co dzień nie działa tak, jak powinno. Tak jak za czasów komuny, istnieje w Rosji tzw. świat realny, który nie jest zanadto apetyczny, oraz rządowo wykreowany pic i fotomontaż, w którym wszystko można odpowiednio wyretuszować i tym samym sztucznie upiększyć.

Na igrzyska olimpijskie w Soczi Putin wydał ogromne ilości pieniędzy, częściowo dzięki wymuszonej szczodrobliwości licznych oligarchów, którzy już dawno rozkradli to, co mogli. Zbudowane zostały piękne obiekty sportowe, uporządkowano całą okolicę, a miasto zostało odpowiednio upiększone na potrzeby olimpijczyków. No i olimpiada odbyła się w miarę sprawnie, a przynajmniej bez większych zgrzytów, choć dziś wiadomo, że rosyjscy sportowcy „koksowali się" na potęgę za przyzwoleniem, a być może nawet namową rządu. Ponadto z okresowego piękna obiektów olimpijskich i miasta Soczi nic już prawie nie zostało – niektóre hale sportowe oraz elementy wioski olimpijskiej wyglądają niemal jak syryjskie Aleppo.

Teraz jednak przed Putinem rysuje się nowa wielka szansa na zachwycenie reszty świata. W lecie, po raz pierwszy w historii, w Rosji odbędą się mistrzostwa świata w piłce nożnej. Na 12 stadionach w 11 miastach toczyć się będą mecze z udziałem najlepszych kopaczy. Przy okazji można będzie Ziemianom pokazać raz jeszcze, jak absolutnie wszystko w rosyjskim wydaniu jest najlepsze. Tyle tylko, że pojawił się jeden nieprzewidziany problem – trawa na niektórych stadionach może zostać niespodziewanie zeżarta przez chmary szarańczy.

Gdyby tak twierdził jakiś zawszony opozycjonista bez pojęcia, nikt by zapewne nie zwrócił na ten fakt uwagi, a on sam prędzej czy później popełniłby przypadkowo samobójstwo przez strzelenie sobie w tył głowy z karabinu maszynowego. Jednak w tym akurat przypadku na alarm bije wysoki rangą urzędnik ministerstwa rolnictwa, Piotr Czekmarew. Twierdzi on całkiem na serio, iż niemal w ostatniej chwili szarańcza – która na piłce nożnej się nie zna i ma ją zapewne gdzieś – może zaatakować świeżo przygotowane murawy i w ciągu kilku godzin zredukować boiska do jałowego pola uprawnego, na którym będzie można grać wyłącznie w szmaciankę, co zapewne wprawi w zdumienie takich zawodników jak Cristiano Ronaldo, Lionel Messi czy nasz Robert Lewandowski. Natomiast nie wprawi ten fakt w żadne zdumienie amerykańskich bohaterów soccera, bo się chłopaki wcześniej skompromitowały i nie zdołały zakwalifikować się do World Cup. Za to będą sobie mogli w lecie kopać gałę na zdrowej i zielonej trawie amerykańskiej.

Ostrzeżenie przed atakiem szarańczy może wydawać się dość alarmistyczne, ale Czekmarew uważa, że Rosja ryzykuje narażeniem się na „globalny skandal", jeśli odpowiednio szybko nie zareaguje na zagrożenie. Zwraca też uwagę na fakt, że w ubiegłym roku ponad milion hektarów gruntu w południowej Rosji padło ofiarą szarańczy, w tym tereny w pobliżu miasta Wołgograd. Jeśli zatem owady spałaszują właśnie tam trawę na boisku, m.in. Anglia, Tunezja, Arabia Saudyjska oraz Egipt będą mogły grać raczej tylko w szmaciankę. Jednak najgorsze jest to, że 28 czerwca na tym samym stadionie Polacy zagrają z Japonią. Jeśli już wtedy, na końcu fazy grupowej, nie będą mieli żadnych szans na awans, to boisko, na którym przyjdzie im grać, nie będzie miało większego znaczenia. Jednak w przypadku niespodziewanych dobrych występów ogołocony z trawy stadion z pewnością spowoduje w Polsce liczne spekulacje na temat celowego sabotowania naszych piłkarzy przez wraże siły rosyjskie. Jeśli jeszcze nad boiskiem pojawi się sztuczna mgła, to będzie już koniec.

Tymczasem, jakby na to nie patrzeć, z szarańczą nie ma żartów. W jednym z internetowych wpisów na temat tego szkodnika znalazłem takie oto słowa: „Szarańcza to owad, którego istnienie na Ziemi zostało udokumentowane już w Biblii. Jego niszczycielska moc powoduje, że szkody, jakie wyrządza, porównywane są do kary zesłanej przez Boga. Strach przed szarańczą potęguje dodatkowo ilość owadów w jednym roju, który potrafi przykryć nawet kilka kilometrów nieba". Jeśli dodać do tego fakt, iż szarańczy nie da się spałować i zapudłować na Łubiance, sytuacja staje się poważna.

Nie zamierzam Putina straszyć, bo nie mam czym (Trump nie wchodzi w rachubę), ale dane o szarańczy są takie, iż owady te żywią się wyłącznie pokarmem roślinnym, a głównie – uwaga! – trawą. Nie pogardzą też liśćmi, korą, owocami, nasionami i kwiatami. Jeden owad zjada dziennie równowartość wagi swojego ciała. To wprawdzie tylko 2 gramy żarcia, ale pomnożenie tego przez chmarę owadów oznacza, iż pole zboża może zniknąć w ciągu jednego dnia, natomiast jakieś tam małe boisko piłkarskie może zupełnie stracić trawę, zanim Putin zdąży nalać sobie herbatę z samowara.

Mam oczywiście nadzieję, że do żadnych tego rodzaju wydarzeń nie dojdzie i wszystkie mecze odbędą się zgodnie z planem, ponieważ jako kibic zdecydowanie preferuję taki scenariusz. Z drugiej strony, nie kryję, że z pewną satysfakcją powitałem fakt, iż są pewne siły (przyrody), których obecny car nie jest w stanie w pełni kontrolować.

Wyżeł na gubernatora

Jak powszechnie wiadomo, w listopadzie tego roku odbędą się wybory połowiczne. W rzeczywistości nazywają się one „midterm elections", a dochodzi do nich zawsze dwa lata po wyborze nowego prezydenta. Jak wynika ze statystyk, zwykle kończą się one porażką obozu rządzącego, choć skali tejże porażki nigdy nie można przewidzieć. Wybory te zazwyczaj są pewnego rodzaju referendum dotyczącym prezydenta i jego partii.

Nie śmiem oczywiście przywodzić jakichkolwiek prognostyków, jako że jest to zajęcie trudne i niosące ze sobą liczne niebezpieczeństwa. Natomiast wiem na pewno, że amerykański elektorat jest na tyle zniechęcony i zdesperowany, iż gotów jest uciekać się do poczynań zgoła desperackich, które mogą polegać na porzuceniu koncepcji, iż politycy muszą z natury rzeczy być ludźmi.

W stanie Kansas, kompletnie zdominowanym od lat przez republikanów, w gubernatorskie szranki wyborcze stanął Angus. Jest to kandydat niezwykle wesoły i energiczny oraz ekscytująco włochaty. W czasie swoich wystąpień na wiecach politycznych zwykle macha radośnie ogonem, szczególnie wtedy, gdy dochodzi do dyskusji o granicznym murze z Meksykiem lub kontroli posiadania w USA broni palnej. Wynika to z faktu, że Angus jest psem rasy *vizsla*, czyli szorstkowłosym wyżłem węgierskim. Rasa ta powstała w wyniku skrzyżowania tureckich żółtych psów myśliwskich z wyżłem niemieckim szorstkowłosym, co wydaje mi się dość wybuchową mieszanką psich genów, ale co tam, niech będzie. Psiaki te są podobno niezwykle pojętne i „łatwe do prowadzenia", a ponadto bardzo odporne na upały i susze. Dodatkowo Wikipedia twierdzi, że węgierski wyżeł wyróżnia się „atletyczną budową ciała, krótkim i prostym grzbietem, dość szeroką i głęboką piersią oraz podciągniętym brzuchem". Słowem, prawie premier Orban.

Jednakowoż węgierski rodowód wyżła z Kansas nie ma w tym przypadku większego znaczenia. Chodzi głównie o to, że właściciel Angusa, Terran Woolley, zgłosił jego kandydaturę do gubernatorskiej elekcji z chwilą, gdy dowiedział się, że stanowe prawo nie definiuje absolutnie żadnych wymogów w stosunku do kandydatów, w związku z czym w szranki wyborcze stanęło też kilku nastolatków, zapewne wyłącznie dla hecy. Angus stał się w ten sposób potencjalnym kandydatem na gubernatora, a zasadniczym elementem jego platformy wyborczej było zapewnienie wszystkim mieszkańcom Kansas darmowych dostaw psich zabawek o nazwie Chuckit Balls. Każdy wyborca mógłby sobie poganiać za piłką i stosownie się zrelaksować.

Niestety na drodze do politycznej kariery wyżła stanęli biurokraci. Sekretarz stanu, pani Samantha Poetter, oświadczyła, iż do urzędów publicznych mogą kandydować wyłącznie ludzie, gdyż tylko o nich jest mowa w konstytucji stanu Kansas. W ten sposób kandydatura czworonoga upadła, choć właściciel psa jest zdania, że chodzi tu o polityczny spisek, którego celem jest niedopuszczenie do tego, by republikański kandydat na gubernatora, Kris Kobach, przegrał z wyżłem.

Tymczasem kandydatura Angusa wcale nie jest w USA precedensem. W roku 1938 muł zwany Boston Curtis wygrał wybory do republikańskiego zarządu w Milton w stanie Waszyngton, pokonując ludzkiego rywala stosunkiem głosów 51 do 0, co zapewne świadczy o tym, iż tamtejsi wyborcy mieli dość polityków gatunku *Homo sapiens*. Nieco później, bo w roku 1981, pies imieniem Bosco został wybrany burmistrzem miasteczka Sunol w stanie Kalifornia. Natomiast w roku 1997 kot Stubbs stał się honorowym burmistrzem miejscowości Talkeetna na Alasce. Zwierzę to nadal żyje, a w roku 2014 kandydowało do Senatu USA, choć bez powodzenia. Wreszcie w roku 2014 siedmioletni psiak Duke wygrał wybory na burmistrza miasta Cormorant w stanie Minnesota. Nie wiem, czy aktywnie uczestniczy w posiedzeniach rady miejskiej i czy zdradził się już ze swoimi poglądami politycznymi.

Zwierzęcych polityków nie brakuje też poza granicami USA. W Brazylii do rady miejskiej w Sao Paulo kandydował w roku 1958 nosorożec, który przegrał, ale zdobył ponad 100 tysięcy głosów. W czasie wyborów prezydenckich w Irlandii w roku 1997 jednym z kandydatów był indyk, tyle że nawet nie był żywym ptakiem, lecz kukłą. Też cieszył się sporym poparciem. W roku 2001 jamnik Saucisse (czyli Kiełbasa), kandydował do rady miejskiej w Marsylii i zdobył 4 proc. głosów.

Wracając na chwilę na Węgry, w roku 2006 w mieście Szeged miejscowy artysta ogłosił się założycielem Węgierskiej Partii Psów o Podwójnym Ogonie i zaczął propagować kandydaturę Istvána Nagy, czyli psa obdarzonego rzekomo dodatkowym tylnym kikutem. Ale to jeszcze nic. W roku 2004 o stanowisko rektora kanadyjskiej uczelni University of British Columbia ubiegał się miejscowy hydrant, który przegrał wybory kilkoma głosami, mimo że nigdy niczego nie powiedział ani nawet nie wylał z siebie wody.

Wydaje mi się, że obecna sytuacja na świecie jest taka, że czas najwyższy, by władzę z wolna oddawać w ręce (płetwy, dzioby, pazury) istotom, które być może wreszcie zrobią z tym totalnym bałaganem jakiś porządek. Spójrzmy prawdzie w oczy – my, ludzie, po prostu nie dajemy sobie rady i nieustannie się kompromitujemy. Być może węgierski wyżeł w fotelu gubernatora wcale nie jest aż tak egzotycznym pomysłem, jak by się mogło wydawać. Przynajmniej nie będzie nieustannie bredził przed kamerami usłużnej telewizji i nie będzie latał samolotową pierwszą klasą za pieniądze podatników, by spotkać się z kochanką wyżlicą w Budapeszcie.

Australijska bezpaństwowość

Ci Czytelnicy, którzy są na tyle odważni i uparci, iż czytają tę stronę od dawna oraz regularnie, z pewnością pamiętają, że już kilka razy wspominałem w tym miejscu w różnych kontekstach o bulwersującej czasami ignorancji geograficznej dziatwy szkolnej w USA. Ten swoisty analfabetyzm dotyczy przede wszystkim krajów obcych, ale bywa też tak, iż osoby właśnie kończące szkołę średnią nie potrafią na mapie wskazać, gdzie dokładnie jest Alaska albo w jakiej części kraju znajduje się Wielki Kanion rzeki Kolorado. Jeśli zaś chodzi o obce krainy, nawet Europa to dla wielu młodych umysłów łamigłówka nie do rozgryzienia, w której Bułgaria może się niespodziewanie zamienić lokalizacją geograficzną z Litwą, a Hiszpania może się znaleźć w Afryce.

Zjawisko to już od dawna mnie nie dziwi, gdyż ma w miarę dobrze zdefiniowane dwie przyczyny. Po pierwsze, w amerykańskich szkołach od lat nie ma już oddzielnych zajęć z geografii, ponieważ zostały one zastąpione lekcjami ze „studiów społecznych", w których miesza się w wielkim kotle socjologię, politykę, geografię i parę innych pokrewnych tematów. W tych warunkach czasu na identyfikację łańcuchów górskich, stanów, krajów, stolic czy też wielkich zbiorników wodnych jest bardzo niewiele. Po drugie, Ameryka to kraj z natury rzeczy supermocarstwowy i bardzo dla całego globu ważny, w związku z czym w miarę powszechne jest przekonanie, że innymi częściami świata nie musimy i nie powinniśmy się zanadto przejmować.

Okazuje się jednak, że moje optymistyczne założenie, iż ignorancja geograficzna dotyczy przede wszystkim uczniów, a nie nauczycieli, okazuje się błędne. Przekonała się o tym ostatnio 27-letnia Ashley Arnold, która studiuje socjologię. Dostała ona zadanie napisania eseju, w którym miała porównać normy społeczne obowiązujące w USA i w innym, dowolnie wybranym przez nią kraju.

Ashley wybrała Australię, napisała, co miała napisać, i oddała swoją pracę do oceny profesorce. Następnego dnia studentka dowiedziała się, że dostała ocenę „F", czyli polską dwóję, a jej esej został opatrzony adnotacją, iż „Australia nie jest krajem, lecz kontynentem", a zatem nie może być przedmiotem studiów porównawczych z USA. Zdumiona Ashley nie dała za wygraną i wysłała do profesorki email z odnośnikami do licznych tekstów źródłowych identyfikujących Australię zarówno jako kontynent, jak i kraj.

Nie przyniosło to spodziewanego rezultatu – nauczycielka odpisała, że może jeszcze raz ocenić pracę, ale potwierdziła ponownie swoją tezę, iż państwa australijskiego nie ma. Dodała następnie kuriozalną przestrogę dla studentki: „Chcę, żebyś zrozumiała, iż każdy błąd popełniony w tym projekcie może być fatalny w skutkach. Badania naukowe to jak klocki domino – jeśli upadnie pierwszy, zburzone zostaną wszystkie pozostałe".

Jestem pewien, że w tym momencie wszystkim kangurom otworzyły się spontanicznie torby z wrażenia, a bumerangi przestały zawracać i zaczęły latać wyłącznie po linii prostej. Profesorka swoją własną totalną ignorancję usiłowała zasłonić bełkotem o naukowej metodologii, o której niemal na pewno wie znacznie mniej niż o grze w domino.

Ashley nie chciała pogodzić się ze swoją oceną, a ponieważ była przy tym przeciwna wymazaniu Australii z atlasów, o wszystkim opowiedziała internetowej witrynie BuzzFeed i złożyła zażalenie do władz uniwersytetu. W rezultacie pani profesor, której nazwisko nie zostało ujawnione, pożegnała się w trybie dyscyplinarnym z pracą i zapewne udałaby się na zasłużony wypoczynek do Australii, gdyby takie miejsce w ogóle istniało. Natomiast studentka dostała za swoje dzieło ocenę „B+".

Uniwersytet wyraził publicznie ubolewanie z powodu tego incydentu i zapewnił, że życzy wszystkim Australijczykom wszelkiej pomyślności, łącznie z medalami na zimowych igrzyskach olimpijskich. W ten sposób zażegnany został poważny problem międzynarodowy, a wszyscy Australijczycy odetchnęli głęboko z ulgą na krzepiącą wieść o tym, iż mimo wszystko nie są biegającymi bezcelowo po buszu bezpaństwowcami.

Historia ta jest dla mnie podwójnie zastanawiająca. Po pierwsze, oczywiste jest, że profesorka zatrudniona w amerykańskiej wyższej uczelni nie wiedziała o tym, iż Australia to państwo, co jest faktem bulwersującym. Gdyby chodziło o jakiś mikroskopijny kraj na Pacyfiku, np. Mikronezję, to jakoś bym to jeszcze zrozumiał. Ale Australia? Ciekaw jestem, jakie państwo pani profesor identyfikowała z australijskim kontynentem. Koalaland? Demokratyczną Republikę Sydney? A może San Escobar z fantazji byłego polskiego ministra? Całkiem możliwe jest też, że dla niej cały ten zakątek naszego globu to Nowa Zelandia, co zapewne nie zostałoby przyjęte zbyt przychylnie przez mieszkańców obu państw.

Po drugie, gdy na jej niewiedzę zwróciła uwagę Ashley, wystarczyło zajrzeć na chwilę do serwisu Google, wpisać odpowiednie hasło i potwierdzić natychmiast popełnienie błędu. Tymczasem w tym przypadku nauczycielka „poszła w zaparte" i obstawała przy swoim, co może znaczyć, że albo nie korzysta z komputerów, albo też jest zdania, że student nigdy nie może mieć racji w jakichkolwiek sporach z kadrą profesorską.

Czekam teraz niecierpliwie na dalsze doniesienia o tym, iż ktoś dostał dwóję za twierdzenie, że Ziemia jest okrągła i że II wojna światowa wybuchła w 1939 roku, a nie w 1339, i nie w Polsce, lecz w Tajlandii. Wszystko w zasadzie jest możliwe.

Orzechowa szajba

Weterani PRL-u, do których się zaliczam, pamiętają zapewne bardzo dobrze sztukę dokonywania zakupów w warunkach tzw. „realnego socjalizmu", którego konsekwencją było to, iż niemal zawsze występowały jakieś „przejściowe trudności w zaopatrzeniu rynku", dotyczące wielu podstawowych produktów, np. mięcha, cukru, kawy, papieru toaletowego, itd. Fraza „nie ma" szybko stała się podstawowym wyrażeniem stosowanym przez sklepową obsługę. Ponadto na naszych oczach tworzyła się w bólach unikalna kultura kolejkowa, zgodnie z którą w kilometrowym ogonie do jakiegoś sklepu trzeba było się natychmiast ustawić, a dopiero potem dociekać, co „rzucili na rynek". Zresztą założenie było takie, że co by nie rzucili, towar zawsze się przyda, co uzasadniało nawet wynajmowanie emerytów (babć i dziadków) do stania w kolejkach.

W warunkach kapitalistycznych wydarzeń tego rodzaju oczywiście nigdy nie było. Może w miarę adekwatnym porównaniem jest szał, jaki czasami towarzyszy poświątecznym wyprzedażom, w ramach których na co dzień w miarę normalni ludzie ustawiają się pod jakimś sklepem o północy, by po 8 godzinach rzucić się w kierunku przecenionych drastycznie telewizorów, tratując po drodze bezlitośnie potencjalnych konkurentów, czyli bliźnich ogarniętych identycznym szałem.

Wspominam o tym wszystkim dlatego, że we Francji doszło ostatnio do przedziwnych wydarzeń, które wydają się być skrzyżowaniem handlu w warunkach komuny oraz handlu w kontekście ogólnie dobrej podaży wszelkich towarów. A wszystko przez to, że w sklepach sieci Intermarche ogłoszono 70-procentową obniżkę cen orzechowego smarowidła do chleba o nazwie Nutella. Cena jednego słoika spadła tym samym z 4,5 euro do 1,4 euro. Spowodowało to skomasowany atak klienteli na rzeczone sklepy. Tak zdecydowanej akcji rozjuszonego tłumu nie widziano we Francji od czasu ucieczki żołnierzy z linii Maginota, choć wtedy masło orzechowe nikomu nie było w głowie.

Jak twierdzą świadkowie tych zdarzeń, ludzie zachowywali się „jak zwierzęta", wyrywając sobie z rąk pojemniki Nutelli, ciągnąc się za włosy, a nawet okładając się pięściami. W miejscowości Saint-Cyprien w południowej Francji tłum rozjuszonych miłośników orzechowego smalcu napadł na sklepowy personel, który był w trakcie wykładania towaru na półki. Szefowa sklepu w miejscowości Montbrison, Jean-Marie Daragon, wyznała, że w ciągu 45 minut jej placówka sprzedała ponad 70 słoików mazidła, choć możliwe jest również to, że w czasie chaosu i zamieszania część towaru została wyniesiona ze sklepu bez płacenia.

Wszystko to jest dla mnie zdumiewające i niezrozumiałe. Faktem jest, że Francuzi rocznie konsumują ponad 100 milionów słoików Nutelli, czyli mniej więcej 365 tysięcy ton. Nie zdawałem sobie jednak sprawy, że orzechowa żądza jest tam na tyle przemożna, iż byle obniżka cen może doprowadzić do tak dramatycznych wydarzeń. Kto wie, być może z powodu wcześniejszych ekscesów tego rodzaju narodziła się angielska fraza „he is nuts", która znaczy, że ktoś jest kompletnym świrem, choć niekoniecznie orzechowym.

Nie mam pojęcia, dlaczego Francuzi szaleją na punkcie produktu, który jest dziełem ich gastronomicznych rywali z południa, czyli Włochów. Nutellę wymyślił w 1946 roku włoski cukiernik Pietro Ferrero, który posiadał wtedy piekarnię w miejscowości Alba. Ponieważ ziarno kakaowe było tuż po wojnie mało dostępnym surowcem, dzielny Pietro zastąpił je sproszkowanymi orzechami laskowymi. Na początek wyprodukował 660 funtów swojego specyfiku, sprzedawanego wtedy w blokach jako „Pasta Gianduja". Kremowa wersja tego samego towaru pojawiła się na rynku w roku 1951 i nazywana była „Supercrema". Jednak dopiero syn pomysłodawcy, Michele Ferrero, przemianował w roku 1963 produkt na Nutellę i zaczął intensywnie sprzedawać go w całej Europie Zachodniej, a potem również w Ameryce. Dziś orzechowa pasta dostępna jest w 160 krajach świata, a w 50. rocznicę narodzin Nutelli włoska poczta wydała okolicznościowy znaczek ze zdjęciem słoika z charakterystyczną naklejką. Mam nadzieję, że zamiast normalnego kleju na odwrocie znaczka umieszczono wtedy klej orzechowy, tak by nabywcy mogli sobie coś smacznego liznąć przed wysyłką listu.

Wszystko to jednak w żaden sposób nie wyjaśnia, dlaczego produkt nieposiadający żadnych walorów dietetycznych (poza szkodliwymi) i składający się z cukru, ziarna kakaowego, oleju palmowego, orzechów laskowych, wanilii i mleka, wywołał we francuskiej gawiedzi stan niekontrolowanego odbicia szajby. Zagadkowe jest też to, co nabywcy ogromnych ilości Nutelli po zaniżonych cenach mają z tymi zapasami zamiar zrobić. Wprawdzie smarowidło można skutecznie przechowywać przez wiele miesięcy, gdyż nie ma się w nim specjalnie co zepsuć, ale w końcu nawet radioaktywny uran prędzej czy później poddaje się procesowi połowicznego rozpadu.

Wracając na chwilę do PRL-u, francuski szał na punkcie Nutelli przypomina mi do pewnego stopnia okres tzw. kryzysu kubańskiego, kiedy to przez pewien czas zanosiło się na to, iż dojdzie do światowego konfliktu nuklearnego. Czasy te pamiętam z dzieciństwa dość mętnie, ale doskonale przypominam sobie, że wtedy ludzie rzucili się nagle do sklepów, by robić zapasy soli (która – jakimś cudem – nie była jeszcze objęta zjawiskiem „przejściowych trudności w zaopatrzeniu rynku"). I do dziś nie wiem, dlaczego wybór padł wtedy na sól. Czyżby naród chciał sobie przed śmiercią porządnie posolić ostatniego kotleta schabowego? Bo jeśli intencją była możliwość konserwowania solą żywności, to w warunkach post-nuklearnych raczej nie byłoby czego konserwować.

Test rakietowy

Na Hawajach jakiś biurokrata popełnił błąd i wysłał w eter ostrzeżenie, iż w kierunku wysp zmierza rakieta balistyczna. Ostrzeżenie to nie zawierało oczywiście żadnych konkretnych danych na temat tego, co dokładnie miało lada chwila przydzwonić w hawajski raj. Rakieta mogła mieć na przykład głowicę wypełnioną cukierkami lub jakąś propagandą. Jednak w zasadzie wszyscy od razu założyli, że to kurdupel z Korei Północnej wystrzelił pocisk atomowy, którego eksplozja mogła spowodować, że z ośmiu głównych wysp Hawajów zrobiłoby się dwa razy tyle.

Jak się później okazało, gubernator Hawajów już po dwóch minutach wiedział, że to fałszywy alarm i że w stronę jego stanu nic nie leci z wyjątkiem samolotów pasażerskich, na pokładzie których pasażerowie popijają drinki i krzyczą „Aloha!". Jednak reszta mieszkańców wysp dowiedziała się o tym dopiero po 38 minutach. W ten sposób przez ponad pół godziny naród miał szansę na podjęcie stosownych kroków, czyli mógł zdecydować, w jaki sposób się ratować. Niestety ten swoisty test na zdrowy rozsądek nie wypadł zbyt dobrze.

Nikt w zasadzie nie wiedział, co robić. Niektórzy kierowcy zatrzymywali się w tunelach, sądząc, iż wtedy ich szanse na przetrwanie będą większe, i nie zważali na to, że jednocześnie szanse na ich zasypanie staną się 100-procentowe. Inni zaczęli szukać dawno już porzuconych schronów przeciwatomowych (*fallout shelters*) z okresu zimnej wojny, co jednak było trudne z dwóch powodów. Namalowane kiedyś na murach budynków strzałki wskazujące takie schrony już dawno wyblakły, a zatem trudno było te obiekty zlokalizować. Po drugie, drzwi prowadzące do podziemnych pomieszczeń były zamknięte, a klucze do nich być może już nie istnieją.

W niektórych szkołach dzieciom kazano wleźć pod ławki, co – jak powszechnie wiadomo – jest niezwykle skuteczną metodą ochraniania ciała przed promieniowaniem radioaktywnym. Metoda ta jest pokrewna innej, również skutecznej radzie – w razie ataku atomowego należy położyć się na podłodze, przykryć się białym prześcieradłem, skierować kopyta w stronę wybuchu i czekać na bezbolesną śmierć.

W sumie mieszkańcy Hawajów byli kompletnie zdezorientowani. W telewizji pokazywano ludzi biegnących po ulicach w różnych kierunkach i bez wyraźnego celu. Jestem z drugiej strony pewien, że spora część ludności nie robiła nic i czekała na dalszy rozwój wypadków. Tymczasem specjaliści twierdzą, że gdyby Kim Dzong

Un istotnie wystrzelił rakietę balistyczną w kierunku Hawajów, dotarłaby ona na wyspy już po 20 minutach, a zatem na szukanie schronienia byłoby niezwykle mało czasu.

Kiedyś, gdy Nikita Chruszczow walił na forum ONZ butem o mównicę, a na Kubie rozmieszczać zaczęto rakiety z nuklearnymi bombkami, Ameryka znajdowała się w stanie nieustannej gotowości przeciwatomowej. W telewizji pełno było komunikatów o tym, w jaki sposób znaleźć najbliższy schron, a w szkołach, instytucjach publicznych i prywatnych zakładach odbywały się okresowe ćwiczenia, których celem było wpajanie ludziom odpowiednich procedur na wypadek wojny nuklearnej.

Zresztą po drugiej stronie żelaznej kurtyny było podobnie. Moi rodzice mieszkali w tzw. Kościuszkowskiej Dzielnicy Mieszkaniowej we Wrocławiu, czyli w bloku mieszkalnym zbudowanym na podstawie planów sporządzonych w Moskwie. Budynki te posiadały niby normalne piwnice, tyle że były tam również potężne metalowe drzwi zamykane na „koło", niczym bankowy sejf. To tam właśnie mieszkańcy mieli się schować, gdyby JFK w pewnym momencie zdecydował się na skorzystanie z czerwonego przycisku.

Później widmo zagrożenia ze strony komunizmu stało się na tyle odległe, że Amerykanie przestali się interesować schronami i procedurami związanymi z ewentualnym atakiem atomowym. Efekt jest taki, że na dobrą sprawę ludność cywilna nie miałaby pojęcia, co w obliczu takiego ataku robić, czego dowodem stały się ostatnie wydarzenia na Hawajach.

Moje miasto Fort Wayne w stanie Indiana raczej na pewno nie znajduje się na liście preferowanych celów potencjalnych ataków ze strony Kima. Załóżmy jednak przez chwilę, że komuś pomyliły się w Korei jakieś współrzędne i pocisk z głowicą jądrową został wystrzelony w kierunku mojego biurka, na którym zawsze stoi oczywiście zimne piwo. Gdyby tak się stało, miałbym mniej więcej 45 minut na reakcję. Problem w tym, że żadna reakcja nie miałaby większego sensu. Nie mam pojęcia, czy w mojej okolicy są schrony, a nawet jeśli są, to nie wiem gdzie. Ucieczka samochodem w jakimś kierunku też byłaby kiepskim rozwiązaniem, tym bardziej że autostrady byłyby całkowicie zablokowane przez tysiące spanikowanych desperatów. Jedynym rozsądnym krokiem byłoby wypicie tegoż piwa, zanim zostałoby mocno podgrzane przez radioaktywny uran.

Na dokładne analizy ludzkich zachowań na Hawajach w obliczu spodziewanej zagłady trzeba będzie jeszcze poczekać. Natomiast już teraz wiadomo, co Hawajczycy najchętniej robili z chwilą, gdy okazało się, że alarm był fałszywy. Jak poinformował największy w USA internetowy portal pornograficzny Pornhub, przez kilkanaście minut po odwołaniu alarmu liczba hawajskich chętnych do oglądania tego rodzaju treści wzrosła o ponad 50 proc. Ja to doskonale rozumiem – przecież wszyscy ci nieszczęśnicy byli przeświadczeni, że już nigdy w życiu nie zobaczą gołego bliźniego (albo bliźniej). Gdy się przekonali, że pornografia nadal działa, uznali to za widomy znak, iż zagrożenie minęło i że wszystko jest dokładnie tak samo jak przedtem.

„Klej" narodu

W powodzi różnych rozważań rocznicowych związanych ze 100-leciem odzyskania przez Polskę niepodległości, moje własne przemyślenia na ten temat poszły w zupełnie inną i jak zwykle dziwną stronę. Zacząłem się mianowicie zastanawiać, czy gdybym w X wieku wpadł na dzban wina do Mieszka I, byłbym z nim w stanie porozmawiać. Wprawdzie Mieszko nie ma nic wspólnego z rokiem 1918, ale bądź co bądź to od niego w jakimś sensie zaczyna się historia polskiej państwowości. Tyle że nawet data jego chrztu nie jest do końca potwierdzona.

Well, jak mawiają Anglosasi, gdy nie wiedzą, co powiedzieć, moja pogawędka z pierwszym oficjalnym władcą Polski byłaby chyba dość trudna. Mógł on zapewne w miarę dobrze porozumiewać się ze swoją czeską małżonką, co miało zasadniczy wpływ na dalszy rozwój dynastii Piastów, ale prawdopodobnie nie mówił po polsku, lecz władał tzw. dialektem zachodniosłowiańskim. Może po ósmym dzbanie wina moglibyśmy rozmawiać ze sobą mniej więcej tak jak nawiany Polak z równie nawianym Czechem, gdzieś w barze w Pardubicach, ale o bardziej zaawansowanej dyskusji nie byłoby mowy.

Ten prosty, językoznawczy fakt ma – wbrew pozorom – istotne znaczenie. W postaci Mieszka I upatruje się czasami człowieka, który „założył" Polskę jako suwerenny kraj. Jednak nic takiego się wtedy nie stało ani w sensie praktycznym, ani też językowym. Większość ludzi zamieszkujących w X wieku obecne terytorium RP nie miała pojęcia o tym, gdzie mieszka i kto jest ich nadrzędnym władcą. Pojęcie państwa narodowego nie istniało, bo to był pomysł, który zrodził się dopiero w XIX wieku. Tysiąc lat temu w Europie nie było Czech, Niemiec, Polski lub Węgier, gdyż istniały tylko tereny zajmowane przez Przemyślidów, Ottonów, Piastów i Arpadów, zwykle skupionych wokół lokalnych grodów i ich „panów".

Co więcej, za czasów Mieszka I językiem ludzi światłych i wykształconych była łacina i wszystkie ówczesne dokumenty, potrzebne do funkcjonowania państwa, sporządzane były w tym języku. Po polsku nie pisał wtedy absolutnie nikt, ponieważ nie było takiej potrzeby. Mieszko łaciny nie znał, co nie miało większego znaczenia, gdyż papierkowa robota należała do skrybów, wywodzących się zwykle z cudzoziemskiego duchowieństwa. Może to być nieco szokujące, ale Mieszko I był analfabetą, ponieważ niemal na pewno nie umiał czytać lub pisać łacińskich tekstów, podobnie zresztą jak polskich.

Jak twierdzą historycy, pierwszy zapis w języku polskim pojawił się dopiero w roku 1270, w łacińskiej kronice rodem z Henrykowa na Śląsku. Nie było to spektakularne zdanie, a brzmiało tak: „daj, ać ja pobruszę, a ty poczywaj". W przekładzie na „nasze" znaczy to: „daj, ja pomielę na żarnach, a ty odpocznij". Ówczesny kronikarz zacytował to zdanie w łacińskim tekście, by wyjaśnić nazwę miejscowości Brukalica, w której mieszkał średniowieczny pantoflarz wyręczający żonę w ciężkiej pracy.

Dopiero kilkadziesiąt lat później, a zatem trzy stulecia po teoretycznym powstaniu państwa polskiego, pojawił się pierwszy ciągły tekst polski w postaci tzw. *Kazań świętokrzyskich*. Jednak przez długie jeszcze lata język polski nie był szeroko stosowany, szczególnie przez klasy wyższe, wśród których najpierw była moda na łacinę, a potem na francuski. Dopiero po powstaniu tzw. Rzeczypospolitej Obojga Narodów w 1569 roku, kiedy to Królestwo Polskie połączyło się z Wielkim Księstwem Litewskim, polszczyzna zaczęła stawać się z wolna dominującym językiem, a wkrótce potem pojawiły się pierwsze oznaki spójnej świadomości narodowej.

Jednak I Rzeczpospolita nie była państwem narodowym w dzisiejszym sensie. Mieszkańcy kraju pozostawali przywiązani przede wszystkim do swoich najbliższych okolic, lokalnych władców, ziemi uprawnej, itd. Była to tzw. demokracja szlachecka, w której narodowość nie odgrywała takiej roli jak dziś. Poczucie wspólnoty zależało w istotny sposób od religii, zbieżności obyczajów, powiązań rodzinnych i powszechnie używanego języka, przy czym ten ostatni był niezwykle istotnym spoiwem.

Przez wszystkie lata istnienia I Rzeczypospolitej polszczyzna zmieniała się, przede wszystkim przez wchłanianie zapożyczeń z innych języków. Z niemieckiego pożyczyliśmy sobie np. takie słowa jak belka, blacha, majster i pompa; z włoskiego – bank, sałata i kalafior; z węgierskiego – dobosz, hajduk, kontusz i orszak; z francuskiego – awangarda, parasol, biżuteria, afisz i awantura; z rosyjskiego – czajnik, dacza i katorga. Ewoluowały ponadto znaczenia słów. „Maciora" to w XV wieku „matka", „niewiasta" to „synowa", „ojczyzna" to „spadek po ojcu", dziedzic to „syn dziada", „księżyc" to „syn księcia", „nikczemny" to „znikomy", a – za przeproszeniem – „kutas" to „frędzel".

Gdy ten pierwszy eksperyment ze spójnym państwem polskim upadł wraz z trzecim rozbiorem, przez następne 123 lata Polski nie było na mapach, ale istniała nadal, przede wszystkim w świadomości ludzi, dla których język polski pozostał wyznacznikiem narodu. A gdy w roku 1918 pojawiła się w końcu szansa na odrodzenie państwa, II Rzeczpospolita powstała jako zupełnie inna formacja, ponieważ w okresie rozbiorów zmieniło się niemal całkowicie pojęcie państwowości. Tak czy owak, przez wszystkie stulecia prowadzące od czasów Mieszka do roku 1918 język polski był nieodzownym „klejem" narodu, choć dopiero w II Rzeczypospolitej stał się głównym wyznacznikiem polskiej narodowości i nowoczesnego państwa polskiego.

Ciągłość językowa historii Polski nie podlega dyskusji, ale dla przeciętnego śmiertelnika nie zawsze jest oczywista. Wystarczy rzucić okiem na pierwszy opublikowany tekst pieśni *Bogurodzica*, który pojawił się w roku 1506 w tzw. *Statutach Łaskiego*. Współczesny Polak nie jest w stanie tego tekstu po prostu przeczytać i natychmiast zrozumieć, gdyż jest on zapisany germańską szwabachą, a takie fragmenty jak „Jenże trudy cirzpiał zawierne, jeszcze był nie prześpiał zaśmierne" są poważnym wyzwaniem. Być może zatem do tej pogawędki z Mieszkiem w Pardubicach potrzebowałbym więcej dzbanów wina niż zakładałem.

Chlebek z szyneczką

Język polski, co by o nim nie powiedzieć, daje możliwość niemal nieograniczonego, wielostopniowego używania zdrobnień oraz zgrubień. Inne języki mają podobne właściwości, ale w znacznie bardziej ograniczonym zakresie. Nasi słowiańscy krewni też sobie mogą dowolnie zdrabniać lub zgrubiać wiele wyrazów, co dotyczy szczególnie Rosjan. Niektórzy językoznawcy są zdania, że w języku rosyjskim stosowanie tego typu konstrukcji słownych jest na tyle zaawansowane i powszechne, że czasami nawet ludzie znający tę mowę bardzo dobrze nie są w stanie dokładnie rozumieć, o czym rodowici Rosjanie zdrobniale gadają. Ale może to i lepiej, szczególnie jeśli mówcą jest Putin. My wszak swoje wiemy – Polacy nie gęsi i też swój zdrobniały język mają.

Pod tym względem angielszczyzna jest dość uboga. Zdrobnień gramatycznych, tj. takich, które polegają na doczepianiu końcówek do słów, praktycznie nie ma. Fraza „little boy" nie umywa się do naszego słowa „chłopczyk", nie mówiąc już o tym, że my możemy też używać wyrazów typu „chłopaczek", „chłopaszek", itd. Angielski daje wprawdzie wybór wielu przymiotników zdrabniających, takich jak „tiny", „minuscule" i „minute", ale to nie to samo.

Dla wielu obcych nacji tego rodzaju praktyki gramatyczne są czarną magią. W niektórych językach romańskich są pewne metody zdrabniania słów, ale nie mogą konkurować z naszymi (np. włoskie słowa „poco" i „pochissimo"). W licznych encyklopediach można wyczytać, że używanie zdrobnień (i w mniejszym stopniu zgrubień) jest w polszczyźnie niemal endemiczne i dotyczy nie tylko rzeczowników, ale również przymiotników (bieluśki) i przysłówków (bliziutko), nie mówiąc już o imionach własnych (Piotrek, Piotruś, Piotrusiek itd.). W serwisie encyklopedycznym Wikipedia pojawia się nawet teza, że stosowanie zdrobnień w języku polskim ma istotny wpływ na to, w jaki sposób polskie dzieci uczą się swojego ojczystego języka, o czym szerzej już za chwilę.

Ale w sumie jest dobrze. W jakim innym języku, prócz rosyjskiego, zwykła żaba może przybierać formę żabki, żabci, żabusi, żabuni, żabeńki, żabuleńki i żabeczki? A jeśli żaba jest duża, może dodatkowo być żabuchą, żabskiem, żabiskiem, żabulą, bądź teściową. I w jakim innym języku pani o imieniu Anna może być również znana jako Anka, Ańcia, Anusia, Anuśka, Aneczka, Anulka i Anuleczka? Na liście czołowych nałogowców stosujących zdrobnienia znajdują się tylko cztery języki: polski, rosyjski, macedoński i czeski. Nareszcie w czymś zdecydowanie przodujemy i to bez jakichkolwiek podtekstów politycznych.

Być może w tym momencie wielu czytelników zaczyna się zastanawiać, po co ja o tym wszystkim wspominam, i kwestionuje stan psychiki autora, która to psychika wywiera zwykle tak szkodliwy wpływ na prezentowaną w tym miejscu twórczość. Zapewniam jednak, że w tym szaleństwie jest pewna metoda. Otóż w okresie świątecznym podejmowałem w domu synową wraz z dwójką osobistych wnuków w wieku 3 i 5 lat. Bardzo szybko zauważyłem, że rzeczona synowa, która mówi do pociech przeważnie po polsku, niemal nigdy nie używa normalnych słów, lecz stosuje nieprzerwany strumień zdrobnień. Gdy przychodzi do pierwszego posiłku dnia, pyta na przykład: „co chciałbyś na śniadanko, syneczku?". Zaraz potem składa konkretne oferty: „może chcesz chlebek z masełkiem i szyneczką, albo jogurcik z truskaweczkami?". Potem jeszcze jest herbatka, którą miesza się oczywiście łyżeczką, a wspomniany chlebek ze zminiaturyzowaną szynką podawany jest – ma się rozumieć – na talerzyku, przy którym leży widelczyk.

Jestem pewien, że synowa nie jest odosobniona w tych nawykach. Niemal wszystkie polskie mamy mówią, że ich pociecha ma „trzy latka", tak jakby były to jakieś specjalne jednostki kalendarzowe dla dzieci, przewidujące, że każdy rok ma tylko 150 dni. Gdyby ktoś po angielsku powiedział „my son has three little years", wzbudziłby zapewne sporą konsternację. I nawet zdanie „my son has three tiny years" w niczym by specjalnie nie pomogło. W tym kontekście zastanawiam się, na którym etapie życia polskie dzieci nagle dochodzą do wniosku, że szyneczka to tak naprawdę szynka, a jogurcik to jogurt. I kiedy nabywają wiedzę o tym, że jogurt może też być w odpowiednich warunkach jogurciskiem, rzucającym się wściekle na chlebisko, obrażone na wredne maślisko.

Oczywiście zdrobnienia i zgrubienia w języku polskim nie są wyłączną domeną matek i ich dzieci. Dorośli w barach często mówią do barmana, że chcą „jeszcze jeden kieliszeczek wódeczki" wraz z ogóreczkiem, natomiast w wielu restauracjach w menu oferowane jest „kotlecisko schabowe", które zwisa poza obręb talerza. Ponadto wystarczy bardzo pobieżny przegląd internetowych treści, by się przekonać, że zdrobnienia w języku polskim mają się doskonale i są powszechnie stosowane. Przykładowo ludzie czytający i oceniający w Sieci przepisy kulinarne zwykle stwierdzają, że jakieś danie to „pychotka". Niestety po angielsku mogę jedynie powiedzieć, że mój stek był „very yummy". To prawie tak jakbym zamiast „Litwo, ojczyzno moja" powiedział: „Ty kraju bałtycki przyległy do Polski, któryś jest moją pierwotną jednostką administracyjną".

Tak się tym wszystkim zmęczyłem, że na tym chyba zakończę walenie w klawiaturkę. Wyłączę komputerek, osunę się z krzesełka na tapczanik, przykryję się kocykiem i uruchomię telewizorek, by sobie obejrzeć jakiś programik. Słowem, będzie piękniutko.

Lej pan, nikt nie widzi

Z dniem 1 stycznia 2018 roku, jak Ameryka długa i szeroka weszły w życie najrozmaitsze przepisy – albo zupełnie nowe, albo też zmodyfikowane. Jest to doroczny rytuał, do którego zwykle nikt nie przywiązuje zbyt wielkiej wagi. Przepisy te dotyczą zazwyczaj lokalnych spraw, często ograniczających się do jednego miasta lub powiatu. Jednak w tym akurat roku doszło do rewolucyjnych wydarzeń w stanie Oregon, którego mieszkańcy nie zdążyli jeszcze wytrzeźwieć po sylwestrowych celebracjach, gdy przyszło im stawić czoła zupełnie nowej, bulwersującej rzeczywistości.

Być może nie wszyscy wiedzą, że do 31 grudnia 2017 roku istniały w naszej niezwykle wesołej Unii dwa stany, w których nie było samoobsługowych stacji benzynowych. W New Jersey i Oregonie benzynę, zgodnie z prawem, musiał nalewać odpowiednio wykwalifikowany cieć, który następnie pobierał opłatę za wyświadczoną usługę i odchodził w siną dal. Mógłby ktoś zapytać, dlaczego tego rodzaju restrykcje lania paliw do zbiorników obowiązywały. Stanowe władze zawsze utrzymywały, że powierzanie tego zadania zwykłym kierowcom jest potencjalnie niebezpieczne, co pośrednio sugeruje, iż naród jest na tyle głupi, że albo wyleje sobie benzynę na buty, albo też coś przypadkowo podpali.

Do roku 2002 nie miałem pojęcia o tym, że tego rodzaju przepisy gdziekolwiek nadal obowiązywały. Za moich czasów w stanie Illinois, które sięgają w przeszłość do lat 80., było tak, że na stacjach benzynowych istniała część samoobsługowa oraz „cieciowa", ale nie pamiętam nakazu wyłącznego korzystania z usług zawodowych, odpowiednio wyszkolonych nalewaczy etyliny. Jednak właśnie w rzeczonym roku 2002 mój ówczesny pracodawca wysłał mnie w służbową podróż do miasta Portland w stanie Oregon, gdzie na stację benzynową zajechałem wypożyczonym samochodem, z którego wysiadłem, by go zatankować. Gdy tylko w mojej niczym nieskażonej naiwności zbliżyłem się do pompy, z czeluści stacji wybiegł przerażony jegomość, który zdawał się przeczuwać jakiś kataklizm, gdyż wymachiwał rękoma i krzyczał do mnie, żebym natychmiast wsiadł z powrotem do pojazdu. To wtedy dowiedziałem się, że w stanie Oregon benzynę mogą lać wyłącznie zawodowcy, a nie niebezpieczni dyletanci, tacy jak ja.

Jednakowoż w ubiegłym roku na forum stanowego parlamentu w Oregonie pojawiła się ustawa numer 2482, zgodnie z którą klienci stacji benzynowych w 36 powiatach (mniej więcej połowa stanu) mieli zyskać niezbywalne prawo do samodzielnego tankowania własnych samochodów, co jest zapewne porównywalne do takich innych praw jak wolność słowa, zgromadzeń oraz wyznania, choć autorzy konstytucji z oczywistych powodów nie przewidywali wolności lania benzyny do samochodowych baków. Ponieważ gubernator Oregonu, Kate Brown, podpisała ten przełomowy akt prawny, mieszkańcy tych powiatów mogli się oblewać entuzjastycznie benzyną tuż po sylwestrowej północy, czyli 1 stycznia.

Zanim opowiem resztę tej dziwnej historii, chciałbym publicznie zakwestionować fakt, że etylinowa wolność dotyczy tylko części mieszkańców Oregonu. Czyżby stanowe władze uważały, iż ludzie w niektórych powiatach nie nadają się do samodzielnego lania paliw, gdyż są zbyt ograniczeni manualnie lub umysłowo? A jeśli tak, to czy przeprowadzono odpowiednie, praktyczne testy tankowania benzyny? I gdzie są dane statystyczne, które pokazują, jaki procent populacji danego obszaru wlał benzynę nie do tego otworu co trzeba lub w ogóle w jakikolwiek otwór nie trafił?

Tak czy inaczej, rok 2018 został w sensie benzynowym przywitany przez mieszkańców Oregonu z mieszanymi uczuciami. W internetowych serwisach pojawiło się mnóstwo wpisów, z których wynika, że niektórzy klienci stacji benzynowych nie mają pojęcia, jak tankować benzynę i boją się tego zadania. Jeden z tych wpisów brzmiał: „Mam 62 lata, nie wiem, jak tankować benzynę i nie chcę nią śmierdzieć przez cały dzień". Inny klient napisał: „Jeżdżę do pracy o 5.00 rano i nie mam zamiaru tankować benzyny na zimnie i mrozie". Niektórzy właściciele stacji paliwowych twierdzą, że nie zamierzają niczego zmieniać i nadal będą wyręczać klientów w dziele napełniania zbiorników. Zresztą i tak niektórzy mocno skonfundowani klienci podjeżdżają pod pompy i siedzą w swoich pojazdach w oczekiwaniu na pomoc, nie zdając sobie sprawy z tego, iż pomoc taka może nie nadejść, gdyż nie jest już prawnie nakazana.

Jak można się było spodziewać, internauci nie zostawili suchej nitki na tych komentarzach i wątpliwościach, sugerując między innymi, że otworzą w Oregonie specjalne szkoły oferujące wielotygodniowe kursy obsługiwania pomp paliwowych. Natomiast dość niejasna jest sytuacja w stanie New Jersey, który począwszy od 1 stycznia został ostatnią częścią Unii, w której samodzielne tankowanie paliwa jest nielegalne. Istnieje możliwość, że kierowcy – zainspirowani rewolucją w Oregonie – zaczną masowo łamać prawo i napełniać baki samodzielnie, narażając się tym samym na mandaty oraz przeraźliwe wrzaski ze strony protestujących zawodowych nalewaczy. Czy jednak taką spontaniczną rewolucję da się w jakikolwiek sposób powstrzymać? Podejrzewam, że nie.

Wszystko to przypomina mi stary dowcip z czasów PRL-u, zgodnie z którym na środku skrzyżowania w jakimś mieście nieco pijany facet oddaje późną nocą mocz. Podchodzi do niego funkcjonariusz MO i mówi: – *A wolno to tak, obywatelu, lać w miejscu publicznym?* Na co nawiany obywatel odpowiada: – *A lej pan, nikt nie widzi.*

Wielkie Księstwo Lengyelfinougryjskie

Gdy w socrealistycznej młodości oglądałem zmagania hokeistów na mistrzostwach świata, w ramach których czerwone Ruskie rozkładały wszystkich na obie łopatki, zawsze zastanawiałem się, dlaczego Finowie mieli na koszulkach napis „Suomi". Przez pewien czas myślałem nawet, że to nazwisko i że wszyscy gracze nazywają się tak samo, czyli są odpowiednikiem polskiego teamu składającego się z samych Kowalskich. Szybko jednak usłużna rodzina skorygowała moje błędne przekonania i poinformowała mnie, że Suomi to nazwa kraju w języku fińskim.

Przyjąłem tę druzgocącą językoznawczo wieść z mieszanymi uczuciami. Bądź co bądź, w każdym niemal języku świata Finlandia to Finlandia, a nie jakieś tam Suomi. Przyznaję, że nie był to problem, który dręczył mnie przez resztę życia, ale dopiero ostatnio natknąłem się na dość obszerny artykuł, którego autor, pocąc się w fińskiej saunie, indagował tubylców o pochodzenie słowa Suomi. Okazuje się, że tak naprawdę nikt dokładnie nie wie, skąd się ten termin wziął, choć – ma się rozumieć – są różne teorie na ten temat. Tak czy inaczej, wcześni Finowie nie mogli swojego kraju nazwać Finlandią, gdyż w alfabecie ich języka nie było wtedy litery „f", co miało dodatkowy skutek uboczny – nie mogli efektywnie przeklinać po angielsku.

Zgodnie z jedną z tych teorii, słowo „Finlandia" zrodziło się w oparciu o staroangielskie „finna", oznaczające wszystkich mieszkańców Półwyspu Skandynawskiego. Inni uważają, że genezą jest szwedzkie słowo „finlonti", które w XII wieku znaczyło mniej więcej „ziemie na wschód od nas". Wszystko to nie wyjaśnia jednak w żaden sposób, skąd wzięło się Suomi. Szefowa Narodowego Muzeum Finlandii, Satu Frondelius, twierdzi, że geneza tego słowa jest niemożliwa do ustalenia. Mogło ono powstać z „suomaa", co oznacza bagno, ale nie jest to teoria zbyt popularna, gdyż wtedy po angielsku Finlandia winna się nazywać Swampland. Jest też słowo „suomu", które znaczy „rybia łuska" i wtedy zamiast Finlandii mielibyśmy Ryblandię.

Temu z moich obu czytelników, który jeszcze nie zasnął w trakcie czytania tego tekstu, śpieszę donieść, że w moim szaleństwie jest pewna metoda. Otóż teoria, którą preferują językoznawcy, zakłada, iż Suomi wywodzi się z proto-bałtyckiego słowa *źemē*, oznaczającego ziemię, grunty, terytorium, itd. Innymi słowy Finlandia to po prostu nasza swojska ziemia.

Ale na tym nie koniec. Innym zjawiskiem językowym, które mnie zawsze zastanawiało, był fakt, że Polska w języku węgierskim to Lengyelország. Ten „ország" można zrozumieć, bo to po prostu „land", ale Lengyel? Porzekadło „Lengyel Węgier dwa bratanki" jakoś traci na swojej atrakcyjności. Co więcej, niemal we wszystkich językach świata Polska to jakaś spokrewniona nazwa: Polsko po czesku, Polsza po rosyjsku, Ppolseukka po koreańsku, Pologne po francusku, Pólland po islandzku, Bolánda po arabsku, Bōlán po chińsku, Polín po hebrajsku, itd. No i gdzie tu ten Lengyel?

Sensowne wyjaśnienie istnieje, a wiąże nas w dość niespodziewany sposób z Finami, a ściślej z Suomi. Słowo „Lengyel" wywodzi się rzekomo z proto-słowiańskiego *lęděninъ*, które oznacza – jak zwykle – ziemię, grunty, terytorium. A nasi przodkowie, Polanie, nazywają się tak dlatego, że – jakby na to nie patrzeć – zajmowali przed wiekami jakieś pola, gdzieś o rzut beretem od Poznania, gdzie z pewnością przymierzali się już do uprawiania pyr. Polskie słowo „pole" jest etymologicznie związane z *lęděninъ* albo ze znacznie wcześniejszym, proto-indoeuropejskim *lend*, a zatem wszystko się zgadza. Finowie nazywają swój kraj Ziemlandią, a Polska po węgiersku to Gruntlandia. W tych warunkach dziwię się, że nigdy nie doszło do wielkiego mocarstwowego przymierza, które mogłoby się zwać Wielkim Księstwem Lengyelfinougrujskim (LFU).

Na koniec trzeba zapewne wspomnieć o tym, że Węgrzy nie są zupełnie osamotnieni w swoim nazewnictwie Polski. Jeszcze do niedawna oficjalną nazwą kraju w języku tureckim było słowo Lehistan, obecnie zastąpione przez Polonya, a Ormianie nadal nazywają polskie państwo Lehastanem. A skąd ten Lech? Okazuje się, że nie ma on nic wspólnego z żadnym z byłych prezydentów RP (na szczęście), lecz jest nawiązaniem do plemienia Lędzianów, które mieszkało w VII wieku gdzieś między Wisłą i Sanem, a którego nazwa pochodzi od słowa „lęda", które znaczyło mniej więcej to samo co „wypalone pole". Nie wiem, dlaczego było wypalone, ale to już zupełnie inna sprawa.

Tak się składa, że słownictwo związane z Lędzianami, a potem z Lechitami i Lechami (a może nawet z Lachami) zakorzeniło się we wschodnich językach słowiańskich jako pogardliwe określenie Polaków. Rosjanie używają słowa *лях* (liach) na tej samej zasadzie, jak w Ameryce używa się obraźliwych słów w stosunku do różnych nacji. Ale my im jeszcze wszyscy pokażemy. Gdy tylko powstanie LFU, żaden tam Putin nie będzie nam w stanie podskoczyć. Armia połączonych sił Finlandii, Polski i Węgier, karmiona przymusowo ostrym jak jasna cholera gulaszem, będzie w stanie każdemu skutecznie przydzwonić.

Zdaję sobie oczywiście sprawę z tego, że powstanie LFU jest dość mało prawdopodobne, tym bardziej że fiński i węgierski są ze sobą do pewnego stopnia spokrewnione, natomiast my nigdy nie wiemy, o czym oni mówią. No ale pomarzyć sobie o światowej dominacji zawsze można, ponieważ to nigdy nic nie kosztuje i nigdy nie przynosi żadnych szkód.

Zbrodnia w konsulacie?

Za czasów komuny w polskiej placówce dyplomatycznej nie byłem ani razu, w żadnym kraju. Konsulat PRL-u w Chicago był dość kontrowersyjnym terenem, wokół którego toczyły się różne spory polityczne między poszczególnymi środowiskami Polonii. Tylko raz znalazłem się w bezpośredniej bliskości placówki przy Lake Shore Drive, a miało to miejsce w roku 1989, kiedy to niektórzy z nas głosowali w pamiętnych, prawie wolnych wyborach, a inni protestowali pod konsulatem przeciw braniu udziału w tej elekcji. Wcześniej, w roku 1985, wysłałem do konsulatu mój paszport, choć nie pamiętam już, w jakim celu. Dokument ten nigdy nie został mi zwrócony ani też nie dostałem wyjaśnienia powodów jego konfiskaty. Ale to stare dzieje.

Nawet za czasów tzw. realnego socjalizmu nie sądziłem, że wejście do konsulatu PRL-u mogłoby być niebezpieczne. W szczególności ani mi przez myśl nie przeszło, że mógłbym w konsularnej piwnicy zostać zamordowany, poćwiartowany i wysłany pocztą dyplomatyczną do Warszawy. Jak się jednak niedawno okazało, istnieją kraje, których placówki dyplomatyczne mogą spełniać pewne funkcje uboczne, głównie zbrodnicze.

W chwili, kiedy piszę ten felieton, nie ma jeszcze absolutnej pewności, czy saudyjski reporter dziennika *The Washington Post* Dżamal Chaszodżdżi został celowo zamordowany w konsulacie Arabii Saudyjskiej w Turcji, ale wszystko na to wskazuje. Bądź co bądź, kamery monitoringu zanotowały jego wejście do konsulatu, z którego reporter nigdy nie wyszedł, a podobno jest tam tylko jeden otwór drzwiowy. Być może został stamtąd wyniesiony w częściach, spalony albo gdzieś zakopany. Jego pośmiertny los nie ma większego znaczenia, natomiast morderstwo w saudyjskim przedstawicielstwie w obcym kraju jest szokujące, szczególnie że zostało prawdopodobnie dokonane na zlecenie najwyższych władz.

Trzeba wszak przypomnieć, że Arabia Saudyjska to teoretycznie amerykański sojusznik na Bliskim Wschodzie, któremu sprzedajemy nieustannie za miliardy dolarów nowoczesną broń. Sojuszu z tą neofeudalną dyktaturą nikt w Waszyngtonie nie śmie krytykować, mimo że saudyjska monarchia tak ma się do demokracji jak krzesło biurowe do krzesła elektrycznego. Pod koniec XX wieku „przyjaźń" z Saudyjczykami była o tyle zrozumiała, iż ropa naftowa miała dla Ameryki znacznie większe znaczenie niż dziś. Teraz jednak nie bardzo wiadomo, po co nam ten sojusz, szczególnie w obliczu takich wydarzeń jak przypuszczalny zamach na Chaszodżdżiego. Być może chodzi o zasadę, że „wróg mojego wroga jest moim przyjacielem", gdyż Saudyjczycy nie są specjalnie przyjaźni w stosunku do Iranu. No i tu jest w pewnym sensie pies pogrzebany.

Problem jest znacznie szerszy i nie dotyczy wyłącznie Arabii Saudyjskiej. Teoretycznie Ameryka ma wszędzie wspierać demokrację, zachęcać do szanowania praw człowieka, itd. W praktyce jest zupełnie inaczej i niezbyt konsekwentnie. W swoim czasie przyjaźniliśmy się zawzięcie z szachem Rezą Pahlavim, despotą, zainstalowanym po części w Iranie przez CIA kosztem demokratycznie wybranych władz, a dziś Iran – pod rządami radykalnych muzułmańskich kleryków – to nasz największy wróg, przynajmniej w oczach obecnej ekipy w Białym Domu.

Sztamę trzymaliśmy również z generałem Augusto Pinochetem, mimo że zabijał on ludzi na prawo i lewo, a tysiące osób w Chile przepadło za jego rządów bez śladu. Jednocześnie jednak Ameryka do dziś egzekwuje głupawe i nieskuteczne embargo gospodarcze wobec Kuby, której wieloletni przywódca Fidel Castro też był zamordystą, ale z okrucieństwem Pinocheta nie mógł się równać. Z jednej strony liczni politycy w Waszyngtonie nieustannie gardłują o przestępczych władzach kubańskich, a z drugiej nie mają żadnych problemów z zaciąganiem wielkich kredytów w komunistycznych Chinach.

Dość szczególnym przykładem chwiejnej amerykańskiej postawy w dziele krzewienia wolności i ideałów Tomasza Jeffersona jest z pewnością Izrael. Jest to wprawdzie państwo demokratyczne, ale od lat pełni też rolę dość bezwzględnego okupanta. Mimo to od wielu dekad wszyscy praktycznie politycy amerykańscy zapewniają o wielkim sojuszu z państwem izraelskim i nawet najbardziej kontrowersyjne poczynania obecnego premiera Netanjahu nie powodują żadnej krytyki ze strony Waszyngtonu.

Jednak przypadek Arabii Saudyjskiej jest szczególnie wyrazisty. Jest to wszak kraj, który pod wieloma względami stanowi zaprzeczenie amerykańskiej demokracji. Pewne nieśmiałe reformy są ostatnio wprowadzane, ale Saudyjczycy nadal żyją w państwie niemal średniowiecznym, szczególnie w sensie społecznym.

Zamordowanie Chaszodżdżiego w konsulacie, jeśli miało istotnie miejsce, jest wyrazem totalnej bezczelności i głupoty saudyjskich monarchów. Trudno zgadnąć, na co liczyli, dokonując tak bulwersującego przestępstwa. Jednak z Waszyngtonu popłynęły tylko dość ogólnikowe słowa o przyszłych konsekwencjach, a strumienie nowoczesnej broni nadal płyną do Arabii Saudyjskiej. Może trzeba umowy podpisane z tym krajem zrewidować? Po co im nowoczesne czołgi i samoloty, skoro najwyraźniej potrzebne są im jakieś bardziej wyszukane metody eliminacji wrogów, a szczególnie dziennikarzy. Może zaawansowane trucizny, coś w rodzaju nowiczoka, albo kusze z zatrutymi strzałami?

Wydaje mi się, że ze wszystkich możliwych metod uciszenia Chaszodżdżiego, który często krytykował saudyjskie władze, zabicie go i poćwiartowanie w placówce dyplomatycznej w obcym kraju – jeśli miało miejsce – jest na tyle prymitywne, że byłoby śmieszne, gdyby nie to, iż zginął człowiek, który zapewne wrócił potem do swojej ojczyzny w kawałkach. A przecież wystarczyło wynająć kilku płatnych morderców, którzy mogliby Saudyjczyka zlikwidować w jakiejś ciemnej ulicy i nikt nigdy by się nie zwiedział, kto był sprawcą morderstwa. Tyle że takie rozwiązanie byłoby być może dla saudyjskich monarchów zbyt „zachodnie".

Wow, ale spadamy!

Wybrałem się ostatnio w podróż do Polski, w czym nie ma niczego sensacyjnego. Jednak akurat tym razem, z powodów czysto fiskalnych, zdecydowałem się na lot z Chicago do Wrocławia z przesiadką w Reykjaviku. I wszystko byłoby OK, gdyby nie to, że w wyniku własnej głupoty zrobiłem błędną rezerwację na lot ze stolicy Islandii do stolicy Dolnego Śląska, przez co po wylądowaniu w Reykjaviku okazało się, iż lot do Wrocławia miał miejsce dzień wcześniej. Na szczęście bohaterskim „rzutem na taśmę" zdołałem przekonać pracowników linii WizzAir, iż bardzo pragnę polecieć do Katowic, dokąd samolot odlatywał za dwie godziny, a gdzie nigdy przedtem nie byłem. Stamtąd do Wrocławia to przecież powolny rzut pociągowym beretem.

Ale to tylko dygresja. Do zasadniczego dla tego tekstu wydarzenia doszło w drodze powrotnej, kiedy to wsiadłem do samolotu islandzkich linii lotniczych WOW Airlines i odleciałem z Reykjaviku w kierunku O'Hare. Lot odbywał się zgodnie z planem. Ludziom, którzy nigdy z usług WOW Airlines nie korzystali, winny jestem zapewne wyjaśnienie, że jest to pod wieloma względami transatlantycka wersja irlandzkiego Ryanairu – za wszystko, co uważane jest za dodatkowe (na szczęście nie obejmuje to jeszcze powietrza do oddychania) trzeba płacić – bagaże, miejsca, żarcie, drinki, itd. Na pokładzie nie ma też luksusowych bajerów typu ekrany wideo. Pasażer siada i leci, niczym w przepełnionym pośpiesznym z Warszawy do Jeleniej Góry. Czasami zastanawiałem się nawet, dlaczego nie wiszą nade mną ludzie, którym dane się było załapać wyłącznie na miejsca stojące.

Jak wielokrotnie w tym miejscu wspominałem, w zasadzie nie znoszę latania samolotami i uważam, że unoszenie się w powietrzu metalowego cygara jest niebezpiecznie niezgodne z matką naturą i jej definicją ludzi jako istot z gruntu lądowych. W związku z tym skala świadczonych usług pokładowych zwykle nie bardzo mnie interesuje, gdyż jestem zajęty śledzeniem silników, by jako pierwszy wiedzieć, że jeden z nich stanął w ogniu albo odpadł. Dodatkowo w przypadku WOW Airlines doszedłem do wniosku, iż jest to linia, która celowo wymyśliła sobie taką nazwę, ponieważ chce, by wszyscy pasażerowie samolotu pikującego do Atlantyku mogli patrzeć w okna i wspólnie krzyczeć „wow, ale spadamy!".

Tak czy inaczej, ten model niezwykle skromnego latania powoduje, że obsługa pokładowa w zasadzie nie ma co robić. Piękne islandzkie dziewoje czasami snują się po kabinie, by coś zaoferować (za pieniądze, ma się rozumieć), ale w sumie siedzą gdzieś po kątach i czytają książki w najbardziej niezrozumiałym języku świata. Pilot też się nie odzywa, bo zapewne tnie w kokpicie komara dzięki autopilotowi. Jednak w przypadku mojego lotu musiał się w końcu odezwać.

Gdy znaleźliśmy się nad Chicago, zaczęliśmy krążyć nad miastem na podejrzanie dużej wysokości, co zrodziło we mnie podejrzenia, że z takich czy innych powodów do lądowania na O'Hare nie dojdzie. No i miałem rację – po kilkunastu minutach pilot o wszystko mówiącym nazwisku Guðmundursson poinformował pasażerów, iż nad Chicago przechodzi gwałtowna burza i że w związku z tym będziemy lądować w Milwaukee, gdzie załoga dostanie dalsze instrukcje.

W zasadzie nie widziałem w tym komunikacie niczego niepokojącego. W końcu twardy grunt w Milwaukee jest zawsze lepszy od powietrznych zawirowań nad Chicago. Jednak po pewnym czasie zaczęły mnie trapić pewne wątpliwości. Ponieważ był to lot międzynarodowy, a w Milwaukee wylądowaliśmy o 2.00 nad ranem, w miarę oczywiste było to, iż w przypadku dłuższego postoju nie będziemy mogli po prostu wyjść z maszyny, bo do tego potrzebna byłaby odprawa celna oraz paszportowa. Moje wątpliwości wkrótce potwierdził dzielny kapitan Guðmundursson, który oznajmił, że zaparkujemy w odludnym miejscu lotniska w Milwaukee, gdzie będziemy czekać na poprawę pogody w Chicago. Dodał też jednak w swoim komunikacie coś bardzo istotnego – załoga dostała pozwolenie na serwowanie wody i drinków, a korzystanie z toalet też było w porządku. Słowem żyć, nie umierać!

Przygoda ta uzmysłowiła mi jednak, jak skomplikowane jest międzynarodowe podróżowanie samolotami. Po lądowaniu w Milwaukee do samolotu podjechał policyjny radiowóz, a następnie do drzwi z przodu kadłuba przystawiono schody, po których na wysokość pokładu weszli dwaj pracownicy lotniska. Zjawił się tam zaraz potem pilot, któremu zaoferowano pomoc w postaci dodatkowych butelek wody. Jednak pilot ani na chwilę nie opuścił pokładu, pozostając w otwartych drzwiach maszyny, a rzeczeni pracownicy nigdy nie postawili stopy w samolocie. Powód był prosty – islandzki samolot był wtedy kawałkiem obcego terytorium, czyli na krótko, mniej więcej przez dwie godziny, w Milwaukee istniała prowizoryczna granica między USA i Islandią.

Ciekaw jestem, *à propos*, w jakim kierunku zmierza latanie przez Atlantyk. Oferta WOW Airlines jest trudna do finansowego przebicia (czasami lot z Chicago do Reykjaviku w obie strony kosztuje mniej niż 400 dolarów), ale jest to również absolutne dno, jeśli chodzi o oferowane usługi – samolot, załoga, fotel i nic poza tym. Czyżby na horyzoncie było podróżowanie samolotami, w których ludzie stoją i trzymają się tramwajowych „wieszaków"? Mam nadzieję, że nie będą wisieć za burtą w kształcie tzw. winogron.

Makijaż ryb

Doniesienia medialne bywają bardzo różne. Czasami dotyczą niezwykle ważnych spraw natury międzynarodowej, a czasami nie dotyczą w zasadzie niczego, czyli są bez większego znaczenia. Przed kilkoma tygodniami w powodzi przeróżnych informacji pojawiła się wieść, która mieści się gdzieś w środku tej skali. Agencje prasowe doniosły mianowicie o tym, że władze Kuwejtu nakazały zamknięcie sklepu spożywczego, którego właściciel doklejał rybom sztuczne, plastikowe oczy, tak by towar wyglądał bardziej świeżo. Innymi słowy, podupadłemu dorszowi dorabiał okulistyczne wrażenie świeżości. Bądź co bądź, jeśli ryba nadal w pewnym sensie patrzy, to musi być prosto z morza.

Nie wiem, co dziś porabia właściciel tego sklepu, ale moim zdaniem powinien czym prędzej przyjechać do USA, gdyż znajdzie bez trudu zatrudnienie w jednej z sieci sklepowych jako specjalista do spraw makijażu żywności. Trudno zgadnąć, czy zwiędłej flądrze przyklejane są w Krogerze sztuczne oczy, ale jeśli nie, to jestem przeświadczony o tym, że w przyszłości na pewno będą. Moje przeświadczenie wynika stąd, że to, co leży na półkach amerykańskich supermarketów, jest już od dawna „poprawiane" pod względem wyglądu.

W swoim czasie nawiązałem znajomość z facetem, który w moim lokalnym supermarkecie opiekował się jego częścią warzywną. Dowiedziałem się od niego, że warzywa poddawane są przed prezentacją na półce różnym zabiegom, mającym na celu sprzedanie z powodzeniem nadgniłego kartofla jako okazu świeżości i zdrowia. Prosty przykład dotyczy opakowań: ziemniaki z czerwoną skórką są zwykle pakowane do siatek zrobionych z czerwonych nici, natomiast w przypadku ziemniaków żółtych nić jest też żółta. Powód jest prosty. W ten sposób kolor towaru jest sztucznie intensyfikowany.

Inną metodą retuszu jest oświetlenie, a ostatnie osiągnięcia technologiczne znacznie ułatwiają tego rodzaju manipulacje. Jak wyjawił mi mój przygodny kumpel, o ile nie da się zmienić światłem wyglądu konserw czy też toreb z cukrem lub mąką, w przypadku pieczywa, warzyw, ryb, mięs i wędlin jest to całkiem możliwe i powszechnie stosowane. Jeśli chodzi o wyroby mięsne, światło jest zwykle nieco przygaszone i czerwonawe, bo wtedy każdy kawał zdechłej krowy wygląda pięknie i apetycznie, nawet jeśli krasula przed ubojem pamiętała jeszcze II wojnę światową. Podobnie jest z wędlinami, których stan uwiędłości konsumpcyjnej jest skutecznie maskowany przez nie tylko oświetlenie, ale również odpowiednie układanie w gablotach tak, by towar niemal do kitu zawsze spoczywał gdzieś na dnie.

W ten sposób docieramy do kolejnej metody retuszu żarcia. W supermarketach warzywa cieszące się największą popularnością zwykle umieszczane są w samym środku ogólnej ekspozycji, a wszystkie inne, mniej chodliwe towary układane są na obrzeżach, tak by przeciętny klient niemal się o nie potknął wychodząc ze strefy *top sell*. Ma to go sprowokować do dalszych, zwykle całkiem niepotrzebnych zakupów po cenach skrycie zawyżonych.

W pewnym sensie wszystko to jednak nie ma żadnego znaczenia, gdyż niemal wszystkie warzywa i owoce w amerykańskich supermarketach nie mają nic wspólnego ze świeżością. Weźmy na przykład jabłka. Ich sezon w USA jest bardzo krótki, a zatem sprzedawanie ich przez cały rok w sklepach wymaga składowania w chłodniach i potraktowania odpowiednimi chemikaliami. Przeciętne jabłko na sklepowej półce liczy sobie około 12 miesięcy, czyli może już samo chodzić i wypowiadać pierwsze słowa. Ale co tam, wystarczy je nieco wypolerować, ułożyć na półce i odpowiednio oświetlić, by sprawić wrażenie, iż owoc ten spadł przed chwilą na łeb Newtona. Obowiązuje też prosta zasada, że towar najstarszy zawsze leży na wierzchu, a zatem czasami warto się dokopać do dolnych warstw, gdzie być może znajdzie się pomidor, który jest naturalnie czerwony i jeszcze nie całkiem zgniły.

O ile wiem, w USA nie maluje się jeszcze żywności, tak jak trawę za czasów Gomułki. Jednakowoż w przypadku ryb układa się je zwykle na warstwie pokruszonego lodu, co ma sugerować świeżość, a co w zasadzie jest niepotrzebne. Równie niepotrzebne jest ciągłe zwilżanie warzyw i owoców wodnym sprayem, ale mimo to jest ono stosowane przez ponad 80 proc. amerykańskich supermarketów, ponieważ towar nieco mokry niesie skojarzenia z deszczem i żyznymi polami. A na dokładkę mokre śliwki są cięższe od suchych, czyli zysk z ich sprzedaży też jest większy.

W świetle tych wszystkich faktów, nie rozumiem, dlaczego władze Kuwejtu przyczepiły się nieprzystojnie do człowieka, który chciał ze swoich ryb zrobić pięknookie syreny. Może gorzej byłoby, gdyby zdecydował się też na umalowanie im rybich ust szminką lub podpieranie płetw wykałaczkami. Oczywiście istniało zapewne jakieś ryzyko, że niektórzy jego klienci mogli przypadkowo spożyć sztuczne oczy, ale pewnie nic poważnego by się im z tego powodu nie stało. Podobno zwolennicy zamkniętego sklepu zgłosili nieśmiałe protesty, gdyż uważali, iż kara wymierzona za sztuczne oczy przyklejane istotom morskim była zbyt surowa. Niestety w przypadku Kuwejtu sprzeciwianie się rządowym postanowieniom zwykle prowadzi do kilkuletniego przebywania w placówkach, w których serwowane są wyłącznie rybie ogony albo co najwyżej łby.

Uważam, że w ramach żartów primaaprilisowych należy w przyszłości przykleić jabłkom sztuczne rybie oczy, a mięso na wystawie oświetlić żarówką wywołującą wrażenie totalnej zgnilizny. Ciekawe, czy klienci coś by zauważyli?

Superkonspira

Gdy tylko natrafiam na teorię spiskową, która wydaje się na tyle idiotyczna, że podejrzewam, iż niczego głupszego po prostu nie da się skonstruować, zawsze okazuje się, że nie mam racji i że pokłady spiskowości są niezmierzone. Jesienią 2016 roku pojawiła się na przykład afera „Pizzagate". Doszło wtedy do kradzieży znacznej ilości korespondencji ówczesnego szefa kampanii wyborczej Hillary

Clinton, Johna Podesty. Listy te zostały ujawnione przez WikiLeaks i wkrótce pojawiły się doniesienia, iż znajdują się w nich zaszyfrowane dane o bulwersującej działalności kryminalnej nie tylko samego Podesty, ale innych wysokich rangą członków Partii Demokratycznej.

Ludzie ci, przy współpracy szefów kilku waszyngtońskich restauracji, na czele z pizzerią Comet Ping Pong, mieli rzekomo parać się przemytem dzieci w celu sprzedawania ich do „seksualnej niewoli". Jak można się było od samego początku spodziewać, tajnego szyfru w listach Podesty nie było, a knajpa Comet Ping Pong serwowała pizzę, a nie małolatów. Afera „Pizzagate" została wyśmiana przez policję waszyngtońską oraz wiele innych organizacji, co jednak nie zapobiegło temu, że jakiś furiat oddał do wnętrza „podejrzanego" lokalu strzał z karabinu, choć na szczęście nikomu nic się nie stało.

Podobno nadal działają niedobitki, które twierdzą, że Podesta i spółka rzeczywiście handlowali dziećmi, ale nie ma to już większego znaczenia wobec pojawienia się nowej teorii spiskowej. Ma ona to do siebie, iż jest tak ogólnikowo zdefiniowana, że każdy może sobie w niej znaleźć własny, w danej chwili preferowany obłęd. Zasadniczą, wyjściową tezą teorii zwanej QAnon jest to, że Donald Trump potajemnie współdziała z prokuratorem specjalnym Robertem Muellerem i że ich wspólnym celem jest zdemaskowanie przestępstw popełnianych przez „liberalnych polityków i elity hollywoodzkie". Wśród tych przestępstw wymieniana jest szczególnie pedofilia, co zgrabnie łączy konspiratorów spod znaku QAnon z ich kolegami szukającymi przemycanych dzieci pod stołami pizzerii.

Zwolennicy QAnon, wypowiadający się w Internecie, obiecują, że zgrany team Trump-Mueller wkrótce wyjawi szokujące informacje, które spowodują, że znaczna część lewicowych polityków znajdzie się w więzieniu Quantanamo Bay na Kubie. W ten sposób zlikwidowane zostanie tzw. „państwo w państwie" (*deep state*), czyli podziemie politycznych możnowładców, starających się kontrolować świat. Pozytywnym skutkiem ubocznym będzie to, że skazani na przymusowe wakacje karaibskie liberałowie będą mogli bliżej zapoznać się z więzionymi tam terrorystami, z którymi – ma się rozumieć – od wielu lat współpracują.

Niestety wszystko to, co napisałem powyżej, jest jeszcze w miarę normalne, choć bezsensowne. Ponieważ teoria spiskowa QAnon zawiera wiele wątków i „odnóg", możliwe jest również snucie w jej ramach marzeń o zawieszeniu na szubienicy Hillary Clinton i oglądaniu w zachwycie jej spływającej po chodniku krwi. Inni twierdzą, że John F. Kennedy Jr. upozorował przed 20 laty swoją śmierć, by teraz działać z ukrycia przeciw Trumpowi. To świadczy bardzo dobrze o inteligencji Kennedy'ego, gdyż przed dwoma dekadami przewidział, kto będzie prezydentem i jak trzeba będzie z nim walczyć.

Niestety teoria QAnon, choć dość mętna, coraz częściej przeradza się w praktykę. Na wiecach Trumpa zaczęła się regularnie pojawiać grupa odziana w koszulki z napisem QAnon. Generalnie nie wiadomo, o co tym ludziom chodzi, ale zakłada się bezpiecznie, że są oni – ogólnie rzecz biorąc – „przeciw". Choć gdyby ich zapytać, czemu dokładnie się sprzeciwiają, mieliby zapewne trudności ze sprecyzowaniem tego.

15 czerwca br. niejaki Matthew Wright, uzbrojony w karabin AR-15, wjechał wozem opancerzonym na tamę wodną Hoovera i zażądał od Departamentu Sprawiedliwości ujawnienia raportu w sprawie korespondencji mailowej Hillary Clinton. Trochę się spóźnił, gdyż raport ten został podany do wiadomości publicznej tydzień wcześniej, ale w końcu nie każdy gorliwy konspirator musi czytać gazety. Natomiast mnie o wiele bardziej zastanawia to, dlaczego jakikolwiek cywil może nie

tylko posiadać wóz opancerzony, ale również wjechać nim bez przeszkód na instalację o znaczeniu strategicznym. Może chłopak miał specjalną przepustkę, np. od współdziałającego z Trumpem pana Muellera?

Inny incydent z udziałem wyznawców teorii spiskowej QAnon miał miejsce w Tuscon w stanie Arizona, gdzie Michael Meyer, znany w okolicach ekstremistyczny czubek, ogłosił, że jego organizacja o nazwie Veterans on Patrol wybiera się w rajd po pustyni w poszukiwaniu pedofilów. Rajd ten rzeczywiście się odbył, choć nie wiem, jakie były rezultaty polowania. Natomiast Meyer został aresztowany za nielegalne wtargnięcie na prywatne tereny. Trochę zastanawiający jest wybór miejsca tropienia zboczeńców seksualnych, ponieważ o ile mi wiadomo, zwykle nie wałęsają się oni po pustyni, gdzie z natury rzeczy nie ma kogo atakować. No ale może Meyer wie lepiej.

Mógłby ktoś pomyśleć, że teoria spiskowa QAnon wabi skutecznie jedynie co bardziej szurnięte, mało znane pokłady amerykańskiego społeczeństwa. Jest jednak inaczej. Wśród „działaczy" są między innymi: podupadła aktorka Roseanne Barr, były gwiazdor bejsbolu Curt Schilling, Alex Jones (któremu ostatnio wiedzie się w jego fanatyzmie coraz gorzej) oraz Markus Persson, twórca niezwykle popularnej gry komputerowej „Minecraft" i główny propagator afery „Pizzagate".

Tylko patrzeć dnia, w którym do grona QAnon przystąpią członkowie Kongresu. Jeśli do tego dojdzie, proponuję na rozgrzewkę zorganizować polowanie na pedofilów w obu izbach amerykańskiego parlamentu.

Stadionowe żarcie

Jeszcze nie tak dawno temu na amerykańskich lotniskach, nie mówiąc już o pokładach samolotów, można było liczyć na bardzo skromną ofertę kulinarną – hamburgery, hot dogi, przetłuszczone frytki i jakieś dodatki sugerujące rychłe problemy kardiologiczne konsumenta. Potem jednak ta sytuacja zaczęła się zmieniać. O ile obiad czysto lotniczy to nadal przeważnie jakaś obleśna, odgrzewana w mikrofalówce masa trudnego do zidentyfikowania żarcia, na ziemi nastąpiły spore zmiany. Lotniska zaczęły zapraszać do swoich wnętrz przyzwoite restauracje i dziś można czasami w miarę dobrze się przed odlotem pożywić, zakrapiając danie wodnistym piwem za osiem zielonych.

Bardzo podobna transformacja nastąpiła na amerykańskich stadionach sportowych. Gdy w latach 80. poszedłem raz na mecz Chicago Bulls, by obserwować wyczyny Michaela Jordana, jedyną podawaną kibicom „żywnością" była nędzna kiełbacha z musztardą lub ketchupem. Do tego można sobie też było dodać pół wiadra coca-coli lub ćwierć wiadra piwa Bud Light, co w sumie na jedno wychodziło. Jednak już na początku pierwszej dekady XXI wieku mój własny syn zaciągnął mnie pewnego razu na zimowy mecz Chicago Bears, gdzie ze zdumieniem zobaczyłem znacznie rozszerzoną ofertę, zawierającą między innymi parę piw z różnych stron świata, wina, desery, meksykańskie nachos, polskie hot-dogi pana Bobaka, itd.

Wszystkie te zmiany przyjąłem wtedy pozytywnie, gdyż obserwowanie herosów zawodowego sportu, szczególnie w warunkach arktycznych, wymaga czasami odpowiedniego zasilania przemarzniętego organizmu. Teraz jednak wydaje mi się, że sprawy zaszły nieco za daleko. Twierdzę tak dlatego, że w jakimś internetowym portalu natrafiłem ostatnio na listę dań oferowanych na różnych stadionach ligi NFL. Jest to, jak powszechnie wiadomo, liga trapiona od pewnego czasu różnymi problemami, związanymi z wątpliwościami w kwestii tego, gdzie, kiedy i dlaczego trzeba klękać na boisku, szczególnie w czasie śpiewania hymnu narodowego. Statystyki wykazują, że oglądalność telewizyjna meczów NFL ostro spikowała w dół, ponieważ nie wszystkim toczące się obecnie spory się podobają i kibice woleliby po prostu pozostać przy obserwacji olbrzymich facetów uganiających się za jajowatą piłką i usiłujących się wzajemnie zabijać lub okaleczać w majestacie prawa.

No ale do rzeczy. Rozumiem oczywiście, że każdy szanujący się kibic futbolowy musi od czasu do czasu coś przekąsić, gdyż przeciętny mecz NFL jest poszatkowany doszczętnie przerwami na telewizyjne reklamy, w czasie których zawodnicy stoją na poboczu boiska i drapią się po różnych częściach ciała. Nic dziwnego, że w tej sytuacji przymarznięty do ławki zad kibica należy oderwać, by udać się do stoiska i coś sobie kupić na rozgrzewkę. Jednak dania oferowane na niektórych stadionach sugerują, że coś komuś ostro odbiło.

Sztandarowym przykładem może być danie sprzedawane na stadionie drużyny Arizona Cardinals, oferowane za jedynie 75 dolarów jako Gridiron Burger. Cena może wprawdzie zniewalać, ale jest w sumie w miarę uzasadniona, jako że rzeczone danie zawiera następujące składniki: 5 placków pseudowołowiny hamburgerowej, pięć hot dogów, osiem plasterków bekonu, 20 plastrów sera, stertę frytek oraz pewną ilość pieczonego kurczaka. A wszystko to, włożone do ogromnej buły, waży w sumie 7 funtów i jest też zapewne w stanie automatycznie zadzwonić na numer 911, by zamówić karetkę dla konsumenta. Nie znam żadnych danych statystycznych na temat tego, ilu kibiców to kupuje i je, ale zapewne wystarczy sprawdzić dane okolicznych szpitali.

Inne kluby NFL oferują dania nieco skromniejsze, ale potencjalnie równie niebezpieczne. Ba, zarządy niektórych klubów dbają nawet o jaroszy, bo na przykład na stadionie Kansas City Chiefs można sobie zamówić hot doga sporządzonego z kalafiora, mielonych orzechów i dzikiego ryżu. Jeśli zaś ktoś lubi ryby, może się wybrać na mecz zespołu Los Angeles Chargers, gdyż na ich stadionie można kupić burgera rybnego, składającego się z tuńczyka, bekonu, pomidorów, sałaty, awokado i sosu cytrynowo-czosnkowego.

A czy jest coś dla miłośników cukru oraz deserów? Ależ oczywiście. Na stadionie Detroit Lions każdy może zjeść za 12 dolarów chipsy posypane cynamonem i cukrem, a następnie zwieńczone sosem Nutella, wiśniami w czekoladzie oraz bitą śmietaną. Natomiast w Teksasie, jak na ten stan przystało, kibice faszerują się „kanapką mięsną", czyli górą klopsów w ostrym sosie, podawanych w bułce o długości stopy przeciętnego gracza.

W sumie nie bardzo rozumiem, w jakim kierunku to wszystko zmierza. Podejrzewam, że ludzie nie kupują biletów na mecze sportowe, by się tam najadać. Żywność stadionowa to raczej swoisty zawór bezpieczeństwa, czyli coś, z czego można skorzystać, gdy jest się przypadkowo głodnym, a na boisku nic specjalnego się nie dzieje. W tym sensie najlepsze są mecze angielskiego krykieta, z których niektóre trwają trzy dni i można w przerwach między emocjami jeść śniadania, obiady oraz kolacje, nie mówiąc już o wizytach w pubach. Bejsbol też jest kulinarnie przyjacielski, gdyż dzieje się w nim z definicji niewiele i z wielkimi przerwami. Natomiast nie bardzo sobie wyobrażam konsumpcję 7-funtowego, wielowarstwowego hamburgera w czasie jakichkolwiek rozgrywek. W przypadku piłki nożnej, koszykówki lub hokeja na ludzie, zanim ktoś coś takiego zje, może być już dawno po meczu.

W czasie następnej wizyty na amerykańskim stadionie zamówię schabowego z kapustą i ziemniakami z koperkiem. Może już będą.

Kosmiczny odlot

Ci, którzy interesują się militariami, wiedzą z pewnością, że amerykańskie siły zbrojne składają się z pięciu w miarę niezależnych od siebie formacji: armii lądowej, piechoty morskiej, marynarki wojennej, lotnictwa oraz straży przybrzeżnej. Każda z nich posiada własne struktury dowódcze, choć istnieje też sztab połączonych sił zbrojnych (Joint Chiefs of Staff), czyli grupa ludzi mających to wszystko koordynować i podpowiadać prezydentowi, komu i dlaczego trzeba przydzwonić bombami albo siłami inwazyjnymi.

Jako ostatnia, tuż po zakończeniu II wojny światowej, powstała U.S. Air Force. Jednak przed kilkoma miesiącami, ku zaskoczeniu wszystkich, łącznie z Pentagonem, prezydent Trump ogłosił, że zamierza utworzyć szóstą część sił zbrojnych, którą ma być Space Force, czyli armia przestrzeni kosmicznej. Mimo początkowej konsternacji, jaką wyjawienie tego zamiaru spowodowało, przed kilkunastoma dniami wiceprezydent Mike Pence potwierdził w specjalnie wygłoszonym przemówieniu, że siły kosmiczne rzeczywiście powstaną i że pierwsze kroki w tym kierunku będą wykonane jeszcze w tym roku. W związku z tym liczni generałowie poszukują zapewne gorączkowo w magazynach, garażach i hangarach rzeczy, które potencjalnie mogłyby się nadać do działań zaczepnych w przestrzeni kosmicznej.

Jak twierdzi wiceprezydent, U.S. Space Force formalnie powstanie już w roku 2020 i zapewni obronę przed kosmicznymi zakusami wrażych sił, takich jak Rosja, Chiny, Korea Północna, itd. Wyraził pogląd, że Stany Zjednoczone muszą umocnić swoją dominację w przestrzeni kosmicznej, gdyż w przeciwnym razie grozi nam zagłada.

Na drodze do realizacji tych ambitnych planów widzę jednak pewne oczywiste przeszkody. Po pierwsze, powstanie nowych sił zbrojnych wymagać będzie nie tylko zgody Kongresu, ale odpowiedniego finansowania rzędu miliardów dolarów. Nic zatem dziwnego, że prawodawcy na razie nie palą się za bardzo do realizacji tego pomysłu. Za pieniądze potrzebne na stworzenie Space Force można by zbudować mur graniczny z Meksykiem z czystego tytanu, i to o wysokości co najmniej 65 stóp.

Po drugie, nie bardzo wiadomo, jak miałaby wyglądać w praktyce służba w szeregach armii kosmicznej. Ponieważ o wysłaniu jej do bazy wojskowej na Księżycu lub Marsie na razie nie może być mowy, co mieliby robić ci żołnierze? Gapić się w niebo w poszukiwaniu nacierającego wroga? Robić makiety nieistniejących rakiet? A może szkolić się na pokładzie emerytowanego wahadłowca kosmicznego?

Odpowiedzi na te pytania nikt na razie nie zna. Nic zatem dziwnego, że słynny powieściopisarz Stephen King wyznał, iż pomysł stworzenia Space Force nie bardzo mu się podoba. Zrobił to w dość dosadny sposób, zadając w serwisie Twitter retoryczne pytanie: „Czy nie myślicie, że jest to najgłupszy pomysł pochodzący z najgłupszej głowy?". Dodał też, że przedstawione plany przypominają „nocne działania teatrzyku kukiełkowego". W ciągu zaledwie kilku minut poparło go ponad 20 tysięcy twitterowców. Z tymi kukiełkami chodziło mu zapewne o to, że Space Force wymagać będzie nowego sztabu dowódców, na czele którego stanąć ma 4-gwiazdkowy generał. W ten sposób w największej amerykańskiej biurokracji, jaką jest Pentagon, dokona się roszada, w wyniku której liczni ludzie przeznaczeni do wysłania na zieloną trawkę znajdą nagle dalsze zatrudnienie w nowej roli.

Co ciekawe, jeszcze w ubiegłym roku sekretarz obrony Jim Mattis wyraził publicznie swoją negatywną opinię w sprawie utworzenia sił kosmicznych. Dziś jednak ma zupełnie inne zdanie i jest zdecydowanie za, a może nawet nieco przeciw, czyli w zasadzie nie wiadomo, co na ten temat myśli. Na pomoc pośpieszył mu jego zastępca, Patrick Shanahan, który wyjaśnił wszystkim zdezorientowanym, że przed rokiem Mattis martwił się budżetem Pentagonu, ale dziś zaistniały „zupełnie inne warunki budżetowe", co zapewne oznacza, że w siłach zbrojnych nastał nagle dobrobyt.

Choć na zgodę Kongresu w sprawie Space Force trudno jest na razie liczyć – a w przyszłości może być o nią jeszcze trudniej – wiceprezydent Pence zabrał się ostro do działania, by osiągnąć jak najwięcej bez konieczności konsultowania się z prawodawcami. Jak można się było spodziewać, jeszcze w tym roku ma powstać ośrodek dowódczy, który chwilowo nie będzie miał czym dowodzić, ale nie ma to większego znaczenia. Oficerowie będą siedzieć przy teleskopach i czujnie nas strzec przed kosmiczną inwazją. Ma też się zawiązać „biuro pozyskiwania sprzętu", którego zadaniem będzie kupowanie satelitów oraz „rozwijanie technologii potrzebnych do odnoszenia militarnych sukcesów w konfliktach zbrojnych w przestrzeni kosmicznej".

Ten aspekt zamierzeń administracji jest być może najsmutniejszy, ponieważ wydaje się zakładać, że prędzej czy później dojdzie do wielkiej naparzanki gwiezdnej, do której już teraz musimy się pilnie przygotowywać. Faktem jest to, że w przeszłości Chiny prowadziły eksperymenty z zestrzeliwaniem satelitów, a jeśli chodzi o Rosję, to nikt dokładnie nie wie, co Kreml zamierza. Jednak otwarta wojna w przestrzeni kosmicznej wydaje się na razie niezwykle odległą perspektywą. Nawet powrót człowieka na Księżyc stoi pod znakiem zapytania, a wyprawa na Marsa to sprawa wielu następnych dekad. Co zatem przez cały ten czas mają robić kosmiczni kadeci?

Deborah James, która pracowała w administracji Air Force za rządów Obamy, twierdzi, że decyzja o powołaniu Space Force jest „rozwiązaniem czekającym na powstanie problemu". Ja zaś jestem przekonany, iż decyzja ta jest istotnie kosmiczna, gdyż stanowi kosmiczny odlot.

Rok 2019

Z San Escobaru do Wakandy

Był w swoim czasie w Polsce minister spraw zagranicznych, Witold Waszczykowski, który zasłynął tym, iż oznajmił nagle, że Rzeczpospolita utrzymuje dobre stosunki z karaibskim krajem San Escobar. Problem w tym, że kraju takiego w ogóle nie ma i nigdy nie było. Pan minister swoją gafą naraził się na niezliczone żarty i drwiny...

Okazuje się jednak, że Amerykanin nie gorszy i też swoje potrafi. Departament Rolnictwa opublikował mianowicie listę krajów utrzymujących kontakty handlowe ze Stanami Zjednoczonymi. W spisie tym znalazła się kraina o nazwie Wakanda. To miejsce zupełnie fikcyjne, występujące w serii filmów *Marvel*, w których głównym bohaterem jest Black Panther. Wygląda jednak na to, że negocjacje handlowe między Czarną Panterą i Captain America sczezły na niczym, ponieważ władza pośpiesznie usunęła z listy Wakandę, gdy tylko zorientowała się, że strzeliła byka.

Przedstawiciel ministerstwa Mike Illenberg wyjaśnił, że Wakanda została umieszczona w spisie innych, całkiem realnych krajów w celu „testowania systemu". Jest to jednak tłumaczenie wątłe, gdyż testy zwykle odbywają się na systemach niedostępnych szerszej publice, a poza tym nic nie stoi na przeszkodzie, by na próbnych listach umieszczać istniejące państwa. Tak czy inaczej, szkoda, że straciliśmy Wakandę, bo Departament Rolnictwa przez kilka dni promował fakt, iż dostajemy od tego kraju muły, osły, ziemniaki i kasztany. Tymczasem okazuje się, że nie dostajemy stamtąd nic, bo pewnie wszystko idzie do San Escobaru.

Gafy geograficzne w świecie wielkiej polityki nie należą do rzadkości. W roku 2011 kanadyjski minister obrony Peter MacKay powitał wizytującego Brytyjską Kolumbię gubernatora Kalifornii Arnolda Schwarzeneggera stwierdzeniem, iż Kanada dzieli granicę z krainą Terminatora, a zatem pominął znajdujące się po drodze stany Waszyngton i Oregon. Arnold nie omieszkał wytknąć błędu ministrowi, choć zrobił to bardzo uprzejmie. Pozostając w Kanadzie, w roku 2012 ówczesny burmistrz Toronto, Rob Ford – który nigdy nie stronił od przeróżnych wpadek – przyjechał do Chicago i ucinał sobie pogawędki z przechodniami, zachęcając ich do odwiedzania Toronto. Jeden z tych przechodniów powiedział mu, że był raz w Kanadzie, w mieście po drugiej stronie rzeki, naprzeciw Detroit. – *Był pan w Manitobie* – stwierdził burmistrz, co było o tyle zdumiewające, że prowincja ta znajduje się w dość znacznej odległości od Windsor w Ontario.

Geograficznej wpadki nie uniknął też Barack Obama, który w czasie kampanii wyborczej w 2008 roku powiedział zgromadzonej na wiecu gawiedzi, że odwiedził już 57 stanów, a zatem dodał do Unii siedem nowych obszarów, w tym z pewnością Wakandę oraz San Escobar. Pięć lat później tenże Obama wystąpił w programie telewizyjnym Jaya Leno, gdzie wyraził pogląd, iż należy zmodernizować porty wzdłuż Zatoki Meksykańskiej, takie jak „Charleston, Savannah i Jacksonville". Szkopuł w tym, że wszystkie te miasta znajdują się nad Atlantykiem.

Mniej więcej w tym samym czasie telewizja MSNBC pokazała mapę z trasą autobusowej trasy Obamy po stanach Nowy Jork i Pensylwania, gdzie zaznaczone zostały miasta Buffalo, Binghamton, Syracuse i Scranton. Niestety wszystkie te miejsca umieszczono nie tam, gdzie trzeba, w odległości wielu mil od geograficznej prawdy. Nie wiem w związku z tym, czy Obama dotarł tam, gdzie miał, czy też zatrzymał autobus w szczerym polu.

Dwóje z geografii dostają też czasami wielkie koncerny. W tym roku firma Nike wypuściła na rynek koszulki futbolowej drużyny Carolina Panthers, która gra w Charleston w Północnej Karolinie. Na koszulkach tych znajdowało się logo zespołu oraz litery NC, umieszczone na mapie stanu, tyle że mapa ta przedstawia Południową Karolinę. Szefowie Nike wycofali swój produkt z rynku i przeprosili za pomyłkę, ale w Internecie nadal pełno jest żartów na ten temat.

Swoistym mistrzem w dziedzinie mieszania geografii z fikcją jest nasz obecny prezydent, który mylił Zjednoczone Królestwo z Anglią, a przywódcę Chin nazwał prezydentem Republiki Chińskiej, czyli Tajwanu. W czasie jednego z posiedzeń rządu zdawał się nie wiedzieć, że Nepal i Bhutan to suwerenne państwa, a nie część Indii. Trump wymyślił państwo o nazwie Nambia, nazwał Belgię „pięknym miastem", a gdy w kwietniu 2017 zezwolił na zbombardowanie wybranych celów w Syrii, już po dwóch dniach nie wiedział, czy bomby spadły na Syrię, czy też na Irak. W końcu co to za różnica – gorzej by było, gdybyśmy doszczętnie zniszczyli Nambię, z której być może importujemy osły, chociaż nie wiem po co, ponieważ tych akurat w USA nie brakuje.

Pomyłki mogą się oczywiście zdarzać wszystkim. Jednak w przypadku polityków są one czasami niepokojące, gdyż sugerują, że ludzie mający wpływ na światowe wydarzenia nie wiedzą, gdzie znajdują się niektóre kraje, albo też wymyślają zupełnie nowe państwa. A przecież dobrze jest mieć jaką taką pewność, że władza wie, co robi, i zna się na geografii, choćby w podstawowym zakresie, bo jeśli nie, to prędzej czy później wywołamy wojnę z fikcyjną krainą. Ja nie chcę żadnych ostrych konfliktów z Wakandą, bo Czarna Pantera to przeciwnik groźny i posiadający nadprzyrodzone siły. Co do Nambii, nic bliższego o tym państwie nie wiem i zapewne już się nigdy nie dowiem.

Nie całuj mnie w dziób

Z góry zastrzegam, że tytuł mojego dzisiejszego felietonu nie nawiązuje w żaden sposób do mojej osoby i nie jest apelem do czytelników o nieokazywanie mi zupełnie niezasłużonego, emocjonalnego wsparcia. Chodzi wyłącznie o to, że federalna agencja Centers for Disease Control and Prevention (znana zwykle jako CDC) wydała ostatnio dość niezwykły komunikat.

CDC zajmuje się zwykle monitorowaniem zagrożeń dla zdrowia narodu – nie tego psychicznego (na to być może jest już za późno), lecz czysto fizycznego. Śledzi rozwój różnych chorób, przestrzega przed potencjalnymi zagrożeniami epidemiologicznymi, nawołuje do stosowania odpowiednich środków prewencyjnych, tropi groźne wirusy, itd. W tym kontekście z pewnym zdziwieniem należy przyjąć niedawny komunikat, w którym CDC apeluje do ludzi, by nie całowali drobiu, a w szczególności kurczaków.

Moje własne zdziwienie wynikało przede wszystkim stąd, iż jak dotąd nic nie sugerowało, by całowanie kur i kaczek było zajęciem, któremu oddawały się entuzjastycznie miliony Amerykanów. Okazuje się jednak, że nie miałem racji. Naukowcy z CDC ostrzegają, że całowanie drobiu w dziób lub w dowolną inną część ciała jest niebezpieczne, gdyż naraża całującego na zarażenie się przeróżnymi świństwami, na czele z salmonellą. Komunikat ostrzegający przed ustną intymnością z kurczakami pojawił się akurat teraz, ponieważ w kilku stanach zanotowano znacznie większą niż zwykle liczbę zachorowań spowodowanych przez salmonellę. W sumie od początku tego roku zanotowano już ponad tysiąc zarażeń. 175 osób trafiło do szpitali, a pięć zmarło.

Okazuje się, że przyczyną tego zjawiska jest często to, iż ludzie dają buziaka kurom, kaczkom, gęsiom, indykom, itd. W roku 2016 w CDC opublikowano raport, z którego wynika, iż w latach 1990-2014 aż 13 proc. wszystkich zarażeń salmonellą wynikało z obdarzania drobiu ustnymi czułościami. Co więcej, 49 proc. zarażonych przyznało, że czasami całowało dzioby skrzydlatych pupilów, 46 proc. pozwalało na wchodzenie żywego drobiu do domów, a 10 proc. wpuszczało to bractwo do sypialni. W tym ostatnim przypadku uważam, że jest to poważne „przegięcie pały" w stronę obłędu, jako że spanie z nioską w jednym łóżku to już zupełne jaja, zarówno dosłownie, jak i w przenośni.

Tymczasem eksperci CDC radzą nie tylko unikać całowania ptactwa domowego, ale również przytulania go i noszenia na rękach. A gdy już dojdzie do bezpośredniego kontaktu, zalecane jest porządne mycie rąk, nie mówiąc już o facjacie. Jednym słowem, przesłanie świata nauki jest dość jednoznaczne – odczepta się ludziska od drobiu! Dajcie mu spokój – niech sobie spokojnie chodzi, znosi jaja, gdacze, kwacze, pieje, itd. W końcu kura to nie pies czy kot.

Problem w tym, że ludzkość z sobie tylko znanych powodów uważa całowanie się za podstawowy i całkowicie uzasadniony przejaw czułości i przenosi swoje upodobania na świat zwierząt, w którym całowanie się jest praktycznie nieznane. Tylko niektóre ssaki z rzędu naczelnych (np. szympansy) czasami zdradzają pewne zachowania przypominające ludzkie całusy. Natomiast psy, koty, żaby, kury, tygrysy, słonie i inne istoty żywe nie wymieniają się francuskimi (a nawet nie francuskimi) pocałunkami, a zatem nie wiedzą, co oznacza nagłe przyłożenie do ich ciał ludzkich ust. Zresztą naukowcy nie wiedzą nawet dokładnie, dlaczego całują się ludzie i skąd ten nawyk się wziął. Tylko 90 proc. ludzkości wymienia się buziakami, podczas gdy reszta uważa tego rodzaju praktyki za dziwne, a czasami za wręcz odrażające.

Na domiar złego (albo dobrego), w zaledwie 50 proc. ludzkich społeczności całowanie się ma jakikolwiek wymiar seksualny, a wśród pozostałych jest to mniej więcej to samo, co uścisk dłoni czy poklepanie kogoś po plecach. W niektórych kulturach ludzie przede wszystkim się delikatnie wąchają po twarzach, co jednak w warunkach zatłoczonego metra w letni dzień wydaje mi się niezbyt dobrą alternatywą. Natomiast wiele zwierząt pociera się wzajemnie nosami, co rzekomo jest aktem czułościowo-seksualnym. Jednak kury absolutnie niczym się nie pocierają ani też nie wąchają partnerów z tego samego kurnika.

W związku z powyższym należy założyć, iż przeciętna kura nie ma absolutnie żadnego pojęcia o tym, co chce powiedzieć jej właściciel, gdy ją całuje w dziób. Podobnie jest w przypadku psów, mimo iż miliony właścicieli czworonogów zarzekają się, że ich ulubieńcy patrzą im głęboko w oczy i reagują czule na każdy pocałunek. Tymczasem weterynarze od dawna przestrzegają, iż czworonogów nie tylko nie należy całować, ale również dawać się im lizać, gdyż może to prowadzić do wielu problemów medycznych. Jest to o tyle oczywiste, że przeciętny pies wtyka mordę w różne mało przystojne rzeczy, takie np. jak pozostawione wcześniej w trawie ekskrementy Fafika sąsiadów albo kałuże zroszone świeżym amoniakiem. A potem biegnie z entuzjazmem do pani lub pana, by swojego ulubionego człowieka polizać niezwykle energicznie i sumiennie po twarzy.

Być może nie wszyscy wiedzą, że istnieje gałąź wiedzy zwana filematologią, która zajmuje się studiowaniem historii całowania się. Badacze pracujący w tej dziedzinie ustalili ponad wszelką wątpliwość, że wymienianie się ludzi całusami jest stosunkowo młodym wynalazkiem, który zaczął się rozpowszechniać mniej więcej 2 tysiące lat temu. Nie muszę oczywiście dodawać, że wcześniej ludzki lud prowadził wstępne eksperymenty, polegające na całowaniu kur w dzioby.

Święta, święta i po kłótni...

Boże Narodzenie w USA to zwykle czas zwariowanych zakupów, rodzinnych biesiad, rozdawania prezentów, pojednania, pogody ducha, itd. Jest to jednak również w zasadzie jedyna okazja w roku do okazywania zgoła dziwnych zachowań. Bądź co bądź, poważni, dorośli ludzie gadają nieustannie o brodatym facecie w czerwonym kubraczku i reniferze ze świecącym nosem. Ponadto w czasie rodzinnych spędów nigdy nie wiadomo, czy przy stole nagle nie pojawi się wujek John w szkaradnym swetrze świątecznym i czy nie będzie opowiadał godzinami o totalnych głupotach.

Z pewnością największą niewiadomą jest zawsze zawartość pudełek z prezentami pod choinką. Zwykle nie ma z tym większych problemów, ale w wielu sklepach oraz w Internecie można kupić przeróżne okropności, które mogą obdarowanych zniechęcić do świąt na długie lata. Wśród tegorocznych przebojów są między innymi sweter z wielką podobizną trębacza Kenneya G, świąteczne okulary przeciwsłoneczne dla kota, ubranko dla niemowlaka na modłę stroju doktora Spocka z filmu *Star Trek*, koszula z napisem „Santa Is Fake News", nóż kuchenny, który wygląda jak piła łańcuchowa, obrzydliwy płaszcz kąpielowy z wizerunkiem rzeczonego faceta w czerwonym kubraczku, doniczki w kształcie dinozaurów, koszula z wizerunkiem kanapek z kurczakiem prosto z knajpy Popeye's oraz sztuczny laptop dla zwierząt domowych, mający odwieść ich od zamiaru napisania szlagierowej powieści na komputerze prawdziwym.

Nie obyło się też oczywiście bez Donalda Trumpa. Do kupienia jest odzienie z portretem prezydenta, zwieńczone sztucznymi, pomarańczowymi włosami. Tu jednak wkraczamy na dość niebezpieczne terytorium. Doskonale pamiętam, że po wprowadzeniu w Polsce stanu wojennego przy wigilijnych stołach dochodziło czasami do niezwykle ostrych starć politycznych między obozami „za" i „przeciw", a rodziny bywały mocno podzielone. I tylko karpie posłusznie milczały. W USA karpi się wprawdzie nie jada, a wigilia ma mniejsze znaczenie od dnia 25 grudnia, ale nie zmienia to faktu, iż prezydent Trump dostał na święta prezent w postaci impeachmentu, a to z pewnością będzie zarzewiem wielu intrygujących dyskusji świątecznych. Mam nadzieję, że do rękoczynów dojdzie tylko w zupełnie wyjątkowych sytuacjach.

Jeśli chodzi o Polskę, to w tym akurat roku ludzie mogą się kłócić o niezależność sędziów, wcinając jednocześnie barszcz z uszkami. Mogą też spierać się o ogólną sytuację polityczną, co oczywiście niczego nie rozwiąże i zakończy się wspólnym pójściem na pasterkę w stanie wskazującym na przedawkowanie. Jednakowoż mylą się ci, którzy twierdzą, że wigilijne sprzeczki dotyczą przede wszystkim polityki. Polskie statystyki wyliczają następujące przyczyny utarczek nad karpiem: 1. co oglądać w telewizji, 2. nadmierne picie siwuchy, 3. gapienie się w ekran telefonu, 4. kto zmywa, 5. bałagan po otwarciu prezentów, 6. testowanie nowych zabawek, 7. granie w gry planszowe, 8. narzekanie dzieci na prezenty, 9. nuda dzieci. No i proszę bardzo – żadnych partii politycznych, żadnych polityków, żadnych ważkich problemów natury państwowej.

Są też inne, mocno śliskie tematy, co wynika między innymi z faktu, że na święta zjeżdża się czasami rodzina, z którą się rzadko widujemy, np. odległe kuzynostwo lub zdziwaczały dziadek. W tych okolicznościach często przy stole padają pytania typu „A kiedy będziesz miała dziecko?" albo „Masz jakąś dziewczynę?". A już nie wspomnę o takich komentarzach, jak „Wydajesz się jakoś bardziej okrągła".

Podejrzewam, że polska lista powodów sprzeczek jest w znacznej mierze zgodna z amerykańską. Na całym świecie istnieje też dodatkowe niebezpieczeństwo w postaci dzieciaków, które czasami zdradzają niczym niepohamowaną szczerość i pytają przy stole, dlaczego ciocia Dzidka ma krzywe zęby albo dlaczego babcia nic nie mówi i zasypia. Na wszystko to jest jednak prosta rada. Wśród tegorocznych, przebojowych prezentów świątecznych są też dość specjalne cukierki, zwane Cannabis Dark Chocolate. Jak sama nazwa wskazuje, są to czekoladki z dodatkiem marihuany.

Nie we wszystkich stanach jest to legalne, ale tam, gdzie jest, można z powodzeniem przewidzieć, iż po spożyciu tego przysmaku babcia się nagle obudzi i zacznie mówić, dziadek porzuci dziwaczność, wujek John zdejmie sweter i będzie wypowiadał same mądrości, małolaty się przymkną i będą grzeczne, a dalekie kuzynostwo przestanie pytać o rychłość zajścia w ciążę lub czyjeś zaawansowanie w partnerstwie z płcią przeciwną.

Jest też inne rozwiązanie, które – o dziwo – stosowane jest w wielu amerykańskich rodzinach. Biesiadnicy z góry umawiają się mianowicie, że przy stole nie będą poruszać żadnych kontrowersyjnych tematów, czyli deklarują chęć wyłącznej dyskusji o spożywanych daniach, pogodzie, sukcesach dzieci w szkole, itd. W ten sposób ma być zachowana pełnia harmonia świąteczna. Podobno w wielu przypadkach taki ukartowany rozejm działa bardzo dobrze. Choć ja sam podejrzewam, iż te misternie ułożone plany mogą się zawalić z chwilą, gdy ktoś wypije o jeden toast za dużo.

Problem polega na tym, że codziennego życia nie da się całkowicie oddzielić od specjalnego wydarzenia, jakim jest świąteczna biesiada, i odizolować od kontrowersyjnych członków rodziny. Każdy zasiada przy stole z własnym bagażem emocji, przekonań i poglądów. Wystarczy w związku z tym jedna mała prowokacja, by nagle doszło do karczemnych sprzeczek. Nikomu oczywiście tego nie życzę, bo absolutnie najważniejsze jest to: *pacem in terris*.

Owieczka w nocy

Dwaj synowie Donalda Trumpa, Eric i Donald, znani są między innymi z tego, że w wolnych chwilach, których zwykle mają znacznie więcej od chwil zajętych, oddają się niezwykle męskiemu zajęciu polegającemu na zabijaniu dzikich zwierząt w różnych zakątkach świata. Przeważnie przy asyście sowicie opłacanych „asystentów". W Internecie znaleźć można wiele zdjęć przedstawiających synów prezydenta, gdy siedzą przy swoich zdobyczach, np. nosorożcach czy słoniach.

Najnowsze informacje na ten temat dotyczą wyprawy Donalda młodszego do Mongolii, gdzie w czasie nocnego polowania uśmiercił on zagrożoną wymarciem owcę ałtajską, znaną także jako owcę argali. Jest to największa dzika owca na świecie, która czasami waży ponad sto kilogramów i mierzy sobie dwa metry długości. Ponadto samce posiadają okazałe, kręcone rogi, które ważą ponad 20 kilogramów. Donald Junior odbył swoją nocną eskapadę w towarzystwie „sił bezpieczeństwa" zarówno z USA, jak i Mongolii, co zapewne miało gwarantować, iż prezydencka progenitura nie strzeli sobie po ciemku w nogę. Nie wiadomo, ile to wszystko kosztowało nas, czyli podatników, ale należy założyć, że sporo.

Zasięg występowania owiec argali obejmuje Ałtaj w zachodniej i południowo-zachodniej Mongolii oraz przyległe obszary Rosji i Chin. Środowisko ich życia stanowią zimne, suche obszary trawiaste na zboczach gór i w dolinach między wzgórzami. W tym miejscu trzeba zapewne zaznaczyć, iż owce te znajdują się na skraju wymarcia i są pod ochroną. Jednak w Mongolii można na nie polować pod warunkiem, że myśliwy uzyska najpierw odpowiednie zezwolenie od władz. No i młody Trump dostał takie zezwolenie. Tyle że dopiero miesiąc po uśmierceniu owcy.

Jak to jest możliwe? To proste. Po polowaniu prezydent Donald Trump spotkał się z prezydentem Mongolii, Chaltmaagiinem Battulgą, któremu zasugerował „specjalne potraktowanie" swojego syna i jego myśliwskich wysiłków w zamian za bliżej niesprecyzowane przywileje ze strony Ameryki. W ten sposób pozwolenie na zastrzelenie owcy zostało wydane z 30-dniowym opóźnieniem. Być może mongolski rząd został zobowiązany do wyjawienia brudnych sekretów dotyczących rodziny Bidenów, ale tego się zapewne nigdy nie dowiemy.

Tymczasem jeden z przewodników Trumpa Juniora w Mongolii, Chuandyg Achbas, wyjawił, że przybysz z Ameryki zastrzelił owcę z karabinu wyposażonego w celownik laserowy. Ale to nie wszystko. Gdy tubylcy zdradzili chęć poćwiartowania zwierzęcia na odpowiednie porcje, Donuś się zdecydowanie sprzeciwił i polecił swoim przewodnikom przetransportowanie owcy w całości do jakiegoś tajnego miejsca, zapewne kryjówki byłego wiceprezydenta Dicka Cheneya, który przebywa w niej od bardzo wielu lat. Chodziło mu rzekomo o zachowanie w stanie nienaruszonym rogów i futra. Jest to zrozumiałe, gdyż trofea tego rodzaju muszą prędzej czy później gdzieś wisieć, np. w Białym Domu.

Historia ta budzi we mnie wiele wątpliwości. Sam nigdy na nic nie polowałem i nie zamierzam, ale zastanawiam się, dlaczego myśliwska misja ubicia rzadkiej owcy musiała odbyć się w nocy i dlaczego Donald Junior potrzebował do tego dzieła broni z laserowym celownikiem. Bądź co bądź, nie chodzi tu o jakąś zwinną antylopę czy też niezwykle szybkiego geparda, który jest w stanie biec z prędkością 75 mil na godzinę. Mamy do czynienia z owcą, która zwykle stoi w miejscu i gapi się na otoczenie, a gdy widzi laserowy celownik, zapewne ma to gdzieś. Strzelanie do tego zwierzęcia po nocach wydaje się przedsięwzięciem niemal groteskowym, ale ponieważ dotyczy to rodziny Trumpów, w zasadzie wszystko jest możliwe.

Jeszcze bardziej intrygujące jest to, że nikt dokładnie nie wie, jakie są w Ameryce przepisy dotyczące przywozu myśliwskich trofeów pochodzących od zwierząt objętych ochroną. Za rządów Obamy ludzie importujący tego rodzaju artykuły do USA musieli udowodnić w jakiś sposób, że ich myśliwskie wyczyny były uzasadnione i że przyczyniały się do przetrwania danego gatunku. Administracja Trumpa najpierw unieważniła te restrykcje w 2017 roku, a potem przywróciła je, choć tylko po to, by zostały one ponownie unieważnione przez sąd. I w związku z tym dziś nikt nie wie dokładnie, co jest grane.

Nad wszystkim tym unosi się oczywiście jedno nadrzędne pytanie: po kiego grzyba trzeba w nocy zabijać zwierzę, które zagrożone jest wymarciem? Dlaczego uprzywilejowany facet z USA może to zrobić, licząc na późniejszą pobłażliwość ze strony władz? Ludzie, którzy znają współczesną Mongolię znacznie lepiej niż ja, twierdzą, że od bardzo wielu lat władze tego kraju uwikłane są w pokątne konszachty, łapówkarskie umowy i potajemne układy, co powoduje, że owce ałtajskie – podobnie zresztą jak inne gatunki zwierząt – stoją na z góry straconej pozycji, gdyż są przedmiotami nieustannych przetargów. Donald Junior będzie mógł sfotografować owcze rogi i chełpić się tym, że dał wycisk zwierzęciu, które z pewnością nie spodziewało się laserowego ataku ze strony prezydenckiego syna.

Należy domniemywać, że wzajemne stosunki amerykańsko-mongolskie znacznie się wkrótce poprawią i że przyjaźń ta będzie miała wiele wspólnego z możliwością bezkarnych polowań na rzadkie gatunki zwierząt. A gdyby okazało się, że niektórych gatunków nie można skutecznie wytropić, zawsze można przydzwonić w bezludne mongolskie stepy bronią jądrową, co spowoduje, że wszystko, co tam żyje, stanie się automatycznie radioaktywną zdobyczą. Bo w końcu co to za różnica czy owca ałtajska świeci w nocy, czy też nie?

Kwestia klozetów

Zawsze podejrzewałem, że jest to dziś jeden z najważniejszych problemów amerykańskiego państwa. Nie Korea Północna, nie *impeachment* i nie wyczyny Rosji. Zagrożenie dla stabilności naszego życia płynie – że się tak nieprzystojnie wyrażę – z czeluści domowych klozetów. Prezydent Donald Trump miał ostatnio na tyle dużo wolnego czasu, iż zlecił dokonanie „federalnego przeglądu" obowiązujących zasad oszczędzania wody. W szczególności wymienił muszle klozetowe, które – jego zdaniem – są obecnie tak mizernie spłukiwane, iż czasami trzeba to robić 10 razy pod rząd, by się skutecznie pozbyć skutków wcześniejszej konsumpcji.

Nie wiem, gdzie wódz narodu wykonuje swoje naturalne czynności fizjologiczne, ale jestem w stanie założyć się, że jako prezydent może zlecić instalację w Białym Domu niemal dowolnie wybranego sprzętu hydraulicznego, w tym również superklopa z nadciśnieniem wody. Natomiast faktem jest to, że reszta populacji musi od 1992 roku posługiwać się wygódkami, w których jednokrotne spłukanie może zużyć nie więcej niż półtora galonu wody, podczas gdy wcześniej toalety pożerały jej od 3 do 5 galonów. Odpowiednią ustawę podpisał wtedy republikański prezydent George H. Bush, który nigdy potem nie narzekał, że musi sanitarną komodę spłukiwać 10 razy pod rząd.

Trudno dociec, dlaczego prezydent Trump akurat teraz postanowił zająć się problematyką spłukiwactwa toaletowego. Może po prostu wyrzucił do toalety kopie amerykańskiej konstytucji oraz tzw. Karty Praw i wszystkiego tego nie dało się spłukać za jednym zamachem. Być może jednak szukał po prostu jakiegoś zgrabnego tematu zastępczego, mogącego skutecznie stawić czoła potokowi doniesień o przesłuchaniach w Kongresie i zbliżającym się głosowaniu na temat postawienia prezydenta w stan oskarżenia.

Tak czy inaczej, jego nagle wskrzeszony wątek ubikacyjny wywołał sporo prześmiewczych komentarzy ze strony internautów, którzy nigdy nie są w stanie przegapić okazji do darcia z kogoś łacha. Ja jednak muszę stanąć w obronie naszego dzielnego przywódcy, jako iż sprawa skutecznego spłukiwania toalet to ważki problem polityczny. Gdy w roku 1992 zatwierdzona została wspomniana ustawa, w obozie libertarianów, a być może nawet libertynów, zawrzało. Pojawiły się oskarżenia o to, iż władze federalne bezczelnie wtrącają się do życia prywatnego obywateli i chcą im nawet zaglądać do łazienek.

Połajanki na ten temat trwały przez siedem lat, by skończyć się tym, iż republikański kongresman Joe Knollenberg zaproponował ustawę, która miałaby unieważnić wszystkie przepisy zatwierdzone przez Busha. Jednakowoż zamysł ten sczezł na niczym z powodu braku odpowiedniego poparcia w Kongresie. Rok później bohater libertarianizmu amerykańskiego, John Stossel, w programie telewizyjnym *20/20* napadł wściekle na wszystkich tych wrogów wolności i praw obywatelskich, którzy potulnie godzili się na spłukiwanie toalet niewielką ilością wody. Przytoczył też kilka przykładów ludzi, którzy jeździli po wysypiskach śmieci lub nawet wyprawiali się do Kanady w poszukiwaniu klozetów pozwalających na tworzenie domowych wersji wodospadu Niagara.

Dziś czołowym przedstawicielem obozu spłukiwania toalet na potęgę jest senator Rand Paul z Kentucky. Już w 2011 roku argumentował on, że amerykańskie klozety nie działają, za co winą obarczył w zasadzie wszystkich (choć w domyśle chodziło mu zapewne o lewaków, jaroszy, rowerzystów, homoseksualistów, ateistów, a być może nawet futbolistów). Wyraził wtedy pogląd, iż rząd federalny stara się mu dyktować, z czego może korzystać we własnym domu, a co jest zabronione. Tymczasem on jest przeświadczony, że człowiek prawdziwie wolny winien mieć prawo do zalania łazienki po każdym „posiedzeniu".

Argumentacja ta jest kompletnie bezsensowna. Być może miałaby pewne uzasadnienie, gdyby Paul mieszkał w domu na bezludnej wyspie, gdzie zużywanie przez niego wody do dowolnych celów nikomu innemu by bezpośrednio nie przeszkadzało. Jednak w Kentucky, podobnie zresztą jak wszędzie indziej w USA, woda pitna to cenny surowiec, którego wytwarzanie wymaga wiele zachodu i nakładów finansowych. Jeśli wszyscy inni mogą jakoś żyć z przepisami z roku 1992, z pewnością zdolny jest również do tego Rand. Podobnie zresztą jest w przypadku żarówek LED, którym senator też jest przeciwny, ponieważ konieczność ich stosowania ogranicza rzekomo jego niezbywalne prawa do marnowania energii wedle własnego uznania.

Z wszystkiego tego wynika jednak jednoznacznie, że bajdurzenie Trumpa o toaletach to nie jakiś zupełnie nowy pomysł, lecz tylko przypomnienie tego, co już było, czyli powtórka z historii. Zapewne już za parę dni wszyscy o tym zapomną, tym bardziej że innych tematów jest bez liku. W niedalekiej przyszłości prezydent może się przecież zająć jakąś zupełnie nową problematyką, np. wyższością świąt wielkanocnych nad świętami Bożego Narodzenia albo wpływem mafii na punktualność obu amerykańskich pociągów pasażerskich. Jeśli zaś chodzi o efektywność spłukiwania klozetów, na razie nie widzę szans na daleko idące zmiany, gdyż już wkrótce najważniejszą sprawą stanie się zapewne rozprawa w Senacie, w wyniku której Trump mógłby zostać usunięty z zajmowanego urzędu, ale niemal na pewno nie zostanie.

No a teraz, w celach czysto empirycznych, udam się do własnej łazienki, by sprawdzić, czy teza o konieczności spłukiwania muszli 10 razy ma jakiekolwiek uzasadnienie. Zapewniam, że żadnego sprzętu z Kanady lub wysypiska śmieci nie posiadam. Eksperyment odbędzie się *au naturel*, a zatem będzie niezwykle rzetelny. O wynikach nie zamelduję, bo w zasadzie po co?

Domowe sidła

Współczesny świat zalewany jest codziennie milionami wieści. Niektóre z nich są ważne, inne bez znaczenia, a jeszcze inne kwalifikują się do zbiorów dziwolągów ludzkiej cywilizacji. Do tej ostatniej kategorii zalicza się z pewnością doniesienie o tym, iż 65-letni Ronald Cyr, mieszkający w Van Buren w stanie Maine, przypadkowo się zastrzelił w dziękczynny wieczór. W ów świąteczny czwartek Cyr zadzwonił na 911, by poinformować, że oddał do siebie strzał. Na miejsce zdarzenia przyjechała karetka, która zabrała poszkodowanego do szpitala, gdzie wkrótce potem zmarł. Natomiast grupa policyjnych śledczych ustaliła, iż poszkodowany nieopatrznie otworzył frontowe drzwi swojego domu, za którymi zainstalowany był mechanizm mający odpalać rewolwer w kierunku niepożądanych intruzów.

Przeszukanie domu Cyra doprowadziło do wykrycia kilku innych pułapek, co zmusiło policjantów do szukania pomocy u saperów policji stanowej. Śledztwo w tej sprawie w sumie trwało ponad 24 godziny i pochłonęło znaczne nakłady finansowe, co jest o tyle bezsensowne, iż sam poszkodowany już nie żył, a to, że sam przypadkowo uruchomił swoją pułapkę, nie ulegało żadnej wątpliwości. Problem w tym, iż przypadków tego rodzaju jest w USA sporo, mimo iż instalowanie w prywatnych domach i mieszkaniach jakichkolwiek zasadzek jest nielegalne.

W lutym tego roku w Filadelfii grupa inwestorów przeprowadzała inspekcję właśnie kupionego domu. Na swoje własne szczęście ludzie ci zauważyli, iż na schodach ktoś zainstalował na poziomie kostek cienki drut. Jego naruszenie powodowało „wyzwolenie" noża, który wahadłowo szukał nad schodami ofiar do rażenia. We wrześniu 2018 roku mieszkaniec Illinois zginął w chwili, gdy otworzył drzwi do szopy swojego sąsiada, w której zainstalowany był wymierzony w intruzów sztucer. 48-letni właściciel tej broni, William Wasmund, został przed dwoma miesiącami uznany winnym morderstwa z premedytacją. Natomiast w październiku ubiegłego roku policjanci w stanie Oregon odkryli w przeszukiwanym domu ufortyfikowane drzwi, okrągłą wannę podłączoną do bomby oraz fotel dla inwalidów z wmontowanym do niego karabinem.

Żeby nie było żadnych wątpliwości – wszystko to jest nielegalne! Niemal w każdym zakątku kraju prywatni obywatele mogą mieć w domach broń palną, ale nie mają prawa konstruować z niej zasadzek, które mogą prowadzić do strzelania listonoszom w zady. Brzmi to z pewnością nieco paradoksalnie, ale w świetle amerykańskiego prawa można razić bronią domniemanego intruza, ale musi się to odbywać jawnie, w obliczu jakiegoś wyraźnego zagrożenia, a nie dlatego, że ktoś otworzył zakazane drzwi. Innymi słowy, zastrzelenie jakiegoś faceta z pułapki jest przestępstwem, natomiast zastrzelenie tej samej osoby z trzymanej w rękach broni palnej zwykle jest traktowane przez policję i sądy pobłażliwie, o ile tylko miało to miejsce „w obronie własnej".

Nie są to nowości prawne, bo przepisy te obowiązują od bardzo wielu dekad. W głośnym w swoim czasie westernie pt. *Rio Bravo* jest scena, w której główny bohater (grany przez Johna Wayne'a) zbiega po hotelowych schodach, ale przewraca się, bo zahacza nogami o powieszoną przez swoich przeciwników linkę. W westernowej rzeczywistości wszystko jest OK, ale jestem pewien, iż w sensie prawnym już wtedy było to nielegalne, choć oczywiście w całym tym filmie prawem nikt się za bardzo nie interesował.

W nowszej historii USA doszło w 1971 roku do procesu w stanie Iowa, w ramach którego potencjalny złodziej domagał się odszkodowania od państwa Brineyów, ponieważ został postrzelony przez karabin wchodzący w skład pułapki zastawionej na potencjalnych włamywaczy. Sąd stanął po stronie powoda i przyznał mu odszkodowanie w wysokości 30 tysięcy dolarów. W wydanej opinii można przeczytać, że wymierzanie kary za pomocą urządzenia, które nie jest w stanie odróżniać zwykłych ludzi od przestępców, stanowi naruszenie prawa.

Prawnicy w USA zwykle twierdzą, iż montowanie w domach pułapek niemal zawsze uznawane jest za nielegalne, ponieważ ludzkie życie jest uważane za cenniejsze od dóbr osobistych, a maszyny do zabijania nie są w stanie podejmować jakichkolwiek racjonalnych decyzji. Natomiast jeśli John w środku nocy wypali z pistoletu do jakiegoś faceta wdzierającego się do jego domu, wszystko jest w porządku. Od tych prostych zasad są jednak pewne wyjątki. Jeśli zastawiona pułapka nie jest w stanie nikogo uśmiercić lub poważnie zranić, zwykle można dowodzić przed sądem, iż powinna być uznana za legalną. Innymi słowy, jeśli komuś po wyłamaniu drzwi do mojego domu wyleje się na łeb wiadro lodowatej wody, zapewne nie pójdę za to siedzieć.

Ja sam nigdy jeszcze nigdzie nie zainstalowałem jakichkolwiek sideł na przestępców i zapewne już tego nie zrobię. Nie posiadam też broni palnej, a zatem moje osobiste szanse na złamanie prawa są w tym przypadku dość nikłe. Znam jednak paru ludzi, których podejrzewam o to, że niemal codziennie coś w swoich domach montują lub zastanawiają się na tym, czy karabin półautomatyczny jest skuteczniejszy od jakiegoś nowoczesnego pistoletu. Domostw tego rodzaju zwykle na wszelki wypadek unikam, gdyż wolę zginąć z rąk własnej żony, na co zapewne w pełni zasługuję.

Jeśli chodzi o domowe sidła na przestępców, preferuję automatyczne włączanie się systemu stereo i nieustanne granie piosenek Franka Sinatry na cały regulator. Tylko najbardziej wytrwali ludzie podziemnego półświatka są w stanie coś takiego wytrzymać dłużej niż przez kilka minut.

Dyplomatyczna ulotność

Marie Louise Jowanowicz, znana w wielu zaprzyjaźnionych kręgach jako Masza, urodziła się w Kanadzie, ale w wieku 3 lat przeprowadziła się wraz z rodzicami do Ameryki. Stała się naturalizowaną obywatelką 15 lat później i wkrótce potem rozpoczęła karierę dyplomatyczną, w wyniku czego w roku 2016 została ambasadorką USA na Ukrainie. Posadę tę straciła trzy lata później w niezwykle kontrowersyjnych okolicznościach. Jednak wszystko to nie ma już większego znaczenia.

Masza została po 33 latach kariery w Departamencie Stanu wyrzucona na bruk na mocy tajnej inicjatywy Donalda Trumpa. Prezydent doszedł do wniosku, iż osoba ta przeszkadzała mu za bardzo w jego planach wygrzebania z jakichś tajnych i mrocznych ukraińskich archiwów danych o domniemanych przestępczych działaniach nie tylko byłego wiceprezydenta Josepha Bidena, ale również jego syna Huntera. Wprawdzie wygrzebać się niczego nie da, bo ten wątek już dawno temu został uznany za kompletnie przegrany, ale to już inna sprawa.

Osaczony zeznaniami 12 świadków, przywódca wolnego świata zadzwonił do telewizji Fox News, gdzie wygłosił godzinny monolog. W trakcie tej tyrady wyjawił szokującą wiadomość: Masza rzekomo odmówiła powieszenia na jednej ze ścian ambasady USA w Kijowie jego portretu. To niezwykłe „przestępstwo" spowodowało, że w oczach Trumpa pani Jowanowicz straciła wszelkie uznanie i musiała zostać usunięta z zajmowanego stanowiska.

We wszystkim tym są jednak dwa problemy. Po pierwsze, żaden prezydent USA nie musi szukać jakichkolwiek powodów, by zwolnić ambasadora. Może to zrobić w każdej chwili, bez podawania jakichkolwiek przyczyn, a zmiany na dyplomatycznych delegaturach tak właśnie się zwykle odbywają. Po drugie, jak wynika z danych urzędu federalnego o nazwie General Services Administration (GSA), żadne urzędy amerykańskie, łącznie z ambasadami, nie muszą wieszać na ścianach jakichkolwiek portretów, chyba że same chcą. Innymi słowy, Masza mogła po prostu uznać, iż nie chce, by ze ściany jej biura przyglądał się jej nieustannie największy stabilny geniusz współczesnego świata.

Cała ta historia przypomina mi niestety jako żywo czasy PRL-u, kiedy to w każdym w zasadzie urzędzie musiał zawsze wisieć gdzieś na ścianie portret aktualnego przywódcy „partii, państwa i narodu" i nikt nie miał na ten temat nic do powiedzenia. Oczywiście zawsze ktoś mógł domalować Gierkowi wąsy lub wykrzywić jedno ucho towarzysza Wiesława, ale były to poczynania z gruntu niebezpieczne, o czym wszyscy doskonale wiedzieli. Nie jestem sobie w stanie wyobrazić sytuacji, w której ambasador PRL-u gdzieś w Azji nagle oświadcza, że żadnych podobizn przywódców nie będzie przybijał do ściany, bo mu się nie chce, albo obecne kierownictwo przestało mu się podobać.

Jednak w realiach amerykańskich jest to nie tylko możliwe, ale rzekomo całkiem normalne. Niektóre urzędy federalne w ogóle odmawiają prezentowania na ścianach facjat przywódców. Jest to o tyle zrozumiałe, że w końcu nie są to dyktatorzy, lecz ulotni politycy, których czas zwykle kończy się po czterech lub ośmiu latach. Inni są zdania, że dekorowanie w ten sposób federalnych pomieszczeń jest w ogóle bez sensu i nie powinno mieć miejsca. Ja oczywiście nie wiem, dlaczego Masza nie chciała powiesić portretu Trumpa na ścianie – jeśli jest to w ogóle prawda – ale w sumie to jej sprawa. W związku z tym słowa wygłoszone w Fox News przez prezydenta są kompletnie bezsensowne: – *Ta ambasador, o której wszyscy mówią, że była wspaniała, nie chciała powiesić mojego portretu na ścianie. Mówiła też o mnie złe rzeczy i nie broniła mnie. Ta kobieta to nie jakiś anioł. Ja mam prawo wymieniać ambasadorów*.

No właśnie. Ta ostatnia fraza jest całkowicie zgodna z prawdą, w przeciwieństwie do wszystkiego, co ją poprzedza. Prezydent USA może w każdej chwili zwolnić dyplomatę i zastąpić go (ją) kimś innym. Nie musi nawet nikogo o tym publicznie informować ani się z tym faktem obnosić. Jednak w tym akurat przypadku stało się zupełnie inaczej. Głównie dlatego, że były bohater Nowego Jorku, Rudy Giuliani, wcześniej rozpętał dziwną kampanię na rzecz zdyskredytowania pani Jowanowicz, rozpowszechniając o niej kuriozalne, kompletnie fałszywe plotki. Z tak rozpoczętej kampanii trudno się jest potem w jakiś sensowny sposób wycofać.

Być może jednak nie ma już sensu się z czegokolwiek wycofywać. Klamka zapadła, pociąg odjechał, a statek opuścił port. W zasadzie jest po wszystkim, a co z tym zrobią amerykańscy ustawodawcy, to już niestety wyłącznie ich sprawa. W tym samym monologu dla Fox News wódz Trump szeroko, choć z małym rozmachem, nakreślił swoją teorię o tym, jak to rząd Ukrainy, a nie Rosji, wtrącał się do wyborów prezydenckich w 2016 roku, by w Białym Domu usadowić panią Clinton. Jeśli tak, to mu się zdecydowanie nie udało. Szkopuł w tym, że akurat ta teoria uważana jest powszechnie za kompletnie fałszywą i zupełnie bezzasadną.

Jak zeznał w Kongresie ambasador USA w Unii Europejskiej, Gordon Sondland, w dniu 26 lipca zadzwonił do prezydenta Trumpa z restauracji w Kijowie i rozmawiał z nim o różnych „ważnych sprawach", czemu przysłuchiwała się dwójka osób siedzących przy tym samym stoliku. Prezydent twierdzi obecnie, że tej rozmowy nigdy nie było. Oczywiście, że nie było. Podobnie jak nigdy nie było pani ambasador Jowanowicz.

Słoń kontra żubrówka

W czasach zamierzchłych, czyli w PRL-u, podejmowałem kiedyś gościa z Wielkiej Brytanii. Polska Ludowa znajdowała się już wtedy w stanie wskazującym na rychły zgon, ale było to w roku 1979, a zatem przed dramatycznymi wydarzeniami w roku następnym. Brytyjczyk (a ściślej Szkot) interesował się wieloma rzeczami, choć zdradzał szczególną fascynację trunkami, co mnie wcale nie dziwiło. Ponieważ jednak na sklepowych półkach było już wtedy dość pusto, wytłumaczyłem mu, iż ewentualna degustacja jakichś ognistych napojów musiałaby się zacząć od nabycia odpowiednich butelek w Pewexie.

Przybysz miał na imię Peter i bez większych rozterek finansowo-moralnych postanowił, że wejdzie do rzeczonego Pewexu i kupi tam wszystko to, czego chciałby spróbować. W eskapadzie tej towarzyszyłem mu w roli prywatnego doradcy, jako że sam walorów zachodnich nie posiadałem i niczego w polskiej oazie dolarowej nie mogłem kupić. Ta dość niezwykła wycieczka zakończyła się nabyciem wielu butelek, z których najbardziej kontrowersyjną była flacha polskiej żubrówki.

Peter sam mnie zapytał, co to za eliksir, więc mu wyjaśniłem, że w zasadzie chodzi o wódę z dodatkiem źdźbła trawy z Białowieży, gdzie pałętają się nadal (na szczęście) żubry. Mój gość był tym wszystkim mocno zaintrygowany, ale zaraz potem zaczął mi zadawać pytania, na które nie miałem żadnych gotowych odpowiedzi.

Chciał na przykład wiedzieć, gdzie dokładnie ta trawa rosła i czy – za przeproszeniem – żubry okazjonalnie na nią sikają. Tego to akurat do dziś nie wiem, ale gdybym rozmawiał z nim dziś, mógłbym mu powiedzieć, że wóda rodem z Białowieży zawiera w sobie wywar z tzw. turówki wonnej, czyli gatunku trawy rosnącej w Puszczy Białowieskiej. I choć każda prawdziwa butelka żubrówki zawiera pojedyncze źdźbło turówki, jest to wyłącznie element dekoracyjny, który nie wpływa na smak lub jakość napitku. Ponadto mógłbym mu wyjaśnić, że początki produkcji żubrówki w Polsce sięgają XVII wieku i że przez wiele dekad był to jeden z ulubionych napitków polskiej szlachty. Problem w tym, że wtedy nie miałem o tym pojęcia, a zatem niczego takiego mu nie powiedziałem. Nie wiedziałem też, aż do niedawna, że w roku 2013 prawa do produkcji i dystrybucji żubrówki kupił rosyjski multimilioner Rustam Tariko, ale to już zupełnie inna sprawa.

O wszystkim tym piszę nie bez kozery. Ostatnio wpadł mi w ręce artykuł, z którego wynika, iż w RPA Les i Paula Ansleyowie od ponad roku produkują dżin o nazwie Indlovu, który wyróżnia się tym, iż zawiera w sobie wywar ze słoniowych odchodów. Zresztą słowo „indlovu" to słoń w języku plemienia Zulu. Każda butelka kosztuje nieco ponad 30 dolarów, a oferowana jest przede wszystkim turystom w kasynach gry, na lotniskach, w specjalnych sklepach, itd. Jednak napitek ten zyskuje rzekomo systematycznie na popularności wśród lokalnych konsumentów. Ponadto producenci często organizują podobno degustacje, w czasie których serwują ten dżin, a dopiero potem informują, co goście pili, a to wywołuje dość rozmaite reakcje.

Skąd jednak w ogóle taki pomysł? Państwo Ansleyowie twierdzą, że przed kilkoma laty natknęli się na informacje, z których wynikało, iż słonie jedzą bardzo bogatą kolekcję owoców i kwiatów, ale przetrawiają nie więcej niż 30 proc. tego materiału. Oznacza to zatem, że w przeciętnym słoniowym ekskremencie znajduje się „wiele cennych substancji botanicznych". Wkrótce potem Paula obudziła męża w środku nocy, by mu zakomunikować, iż trzeba zaryzykować i zacząć produkować dżin z dodatkiem „wywaru" ze słoniowych odchodów. Mąż był wprawdzie śpiący i zirytowany, ale w zasadzie się zgodził i w ten sposób powstał dżin Indlovu.

Jednakowoż droga od pomysłu do jego realizacji była dość trudna. Les i Paula to wprawdzie naukowcy, ale obróbka słoniowego szajsu nie należała do ich specjalności. Na początek para ta zamówiła transport odchodów z parku safari i zaczęła eksperymentować, ale dziś producenci sami zbierają „materiał". Pięć toreb pokaźnych rozmiarów, wypełnionych trawienną produkcją setek ssaków Dumbo, to w sumie ok. 4 tysięcy butelek dżinu. Opis trunku zawiera takie frazy jak „piękny, dębowy smak" i „ostry zapach ziemi", choć ta druga fraza napawa mnie pewnym niepokojem.

Należy przyznać, że państwo Ansleyowie nie kryją się z rodowodem swojego produktu. Każda butelka opatrzona jest datą oraz mapą zdradzającą lokalizację „materiału źródłowego". Nie ukrywają też metod produkcji. Twierdzą, że każdy kawałek słoniowego łajna jest suszony i rozdrabiany, a następnie oczyszczany z piasku i wszelkich innych zanieczyszczeń. Podobno na koniec tego procederu z początkowego materiału zostają tylko „szlachetne substancje", takie jak owoce, kwiaty, liście i kora. To właśnie ten materiał poddawany jest potem odpowiedniej sterylizacji, a ekstrakt dodawany jest do trunku w procesie jego produkcji.

Wszystko to niesie ze sobą różne rozterki, przynajmniej dla mnie. Szczerze mówiąc, nie bardzo się zwykle interesuję tym, jakie składniki zostały dodane do alkoholowego napoju, gdyż jestem przeświadczony o tym, iż etanol jest w stanie skutecznie zabić wszystko, na czele z ludzką wątrobą. Mówi się na przykład często o meksykańskich napitkach z jakimiś martwymi żyjątkami na dnie butelki. Skoro są martwe i odpowiednio zamarynowane, na czym polega problem? Być może czas najwyższy, by zrobić żubrówkę ze słoniowym dżinem. Ale do tego jest zapewne potrzebne jakieś międzynarodowe porozumienie.

Milion na papierze

W mieście Lincoln w stanie Nebraska do banku Pinnacle wszedł facet, który wręczył kasjerce banknot opiewający na sumę miliona dolarów i oświadczył, że chce otworzyć konto. Personel zaczął mu tłumaczyć, iż banknotów o tak wysokich nominałach nigdy w USA nie było, ale potencjalny klient obstawał przy swoim. Ostatecznie jednak schował banknot do kieszeni i wyszedł.

Lokalna policja przegląda obecnie zapis z monitoringu, by ustalić tożsamość niedoszłego klienta. Istnieje podejrzenie, że mógł zostać przez kogoś oszukany albo też, że ma nie całkiem równo pod stropem i wierzy w to, że jego milionowy kawałek papieru to prawdziwa waluta. Gdyby w USA istotnie był kiedyś w obiegu taki banknot, byłby dziś wart znacznie więcej niż milion, szczególnie w oczach kolekcjonerów. Jednak nigdy takiej waluty nie było w obiegu.

W pierwszej połowie XX wieku znajdowały się w obiegu banknoty o nominałach 500, tysiąca, 5 tysięcy i 10 tysięcy dolarów. Jednak w roku 1945 ogłoszono, że ich produkcja zostaje poniechana z powodu „braku zainteresowania". A w roku 1969 centralny bank federalny postanowił, że wszystkie banknoty o nominałach większych niż 100 dolarów zostają wycofane z cyrkulacji.

Nie znaczy to, iż posiadacze tego rodzaju „zielonych" zostali pozbawieni pieniędzy. Wręcz przeciwnie. Szacuje się, że obecnie istnieje już tylko 350 banknotów 10-tysięcznych, które znajdują się w muzeach oraz w rękach kolekcjonerów. Ich wartość w banku pozostaje dokładnie ta sama, ale na otwartym rynku za 10 kawałków w dobrym stanie można dostać 150 tysięcy. Wszystkie amerykańskie banki mają obowiązek przyjmować i honorować stare banknoty o wysokich nominałach, ale zaraz po ich przyjęciu muszą je wysyłać do banku centralnego, który je natychmiast niszczy. Teoretycznie możliwe jest nadal wejście do Walmartu, wrzuceniu kilku artykułów do kosza i zapłacenie za nie banknotem o nominale 10 tysięcy. W praktyce jednak personel sklepowy musiałby o takim wydarzeniu powiadomić zwierzchników, a ci musieliby się skontaktować z bankiem. W związku z tym do tego rodzaju zakupów nigdy nie dochodzi.

Gwoli ścisłości, w swoim czasie w obiegu znajdował się również banknot o nominale 100 tysięcy dolarów, ale był on używany wyłącznie do wewnętrznych rozliczeń między bankami. Nie wiadomo dokładnie, ile takich banknotów nadal istnieje, ale każdy z nich jest dziś wart ok. półtora miliona dolarów. Wynika stąd w miarę jednoznacznie, że posługiwanie się dziś nawet 500-dolarówkami jest kompletnie bezsensowne, gdyż są to unikaty dla kolekcjonerów, za które można dostać sporo pieniędzy. Na banknotach 10-tysięcznych nie widnieje żaden prezydent, lecz Salmon P. Chase, czyli sekretarz skarbu za rządów Abrahama Lincolna. Postanowiono go w ten sposób uhonorować, ponieważ za jego kadencji wprowadzono do obiegu banknoty o mniej więcej współczesnym wystroju graficznym, które są powszechnie nazywane *greenbacks*.

Wracając do nieszczęśnika w Nebrasce, szkoda, że nie zostawił on swojego milionowego banknotu w banku, bo wtedy zapewne dowiedzielibyśmy się, kto to wyprodukował i jakiej jest jakości. Być może było to jego własne dzieło, choć jeśli tak, to nie odrobił zadania domowego i nie wiedział, że takiego banknotu w historii USA nigdy nie było. A nawet gdyby był, to nie sądzę, by został bez zmrużenia oka przyjęty. Nieco inaczej jest w Niemczech, gdzie za czasów tzw. Republiki Weimarskiej na początku 1924 roku w obiegu pojawiły się banknoty opiewające na 100 miliardów marek. Był to jednak okres, w którym każde małe byle co kosztowało w sklepach tysiące. W obiegu była nawet 5-milionowa moneta, która na początku 1923 roku warta była mniej więcej 700 amerykańskich dolarów, a 12 miesięcy później – jedną tysięczną jednego centa.

Współcześni Amerykanie coraz częściej nie noszą w kieszeniach żadnych pieniędzy, gdyż posługują się wszechobecnym „plastikiem". W związku z tym studolarówki są wprawdzie nadal w obiegu, ale widzi się je coraz rzadziej, natomiast wielkie banki już od dawna rozliczają się między sobą elektronicznie. W ogóle znaczenie papierowych pieniędzy cały czas spada, tym bardziej że coraz większy procent wypłat wszelkiego rodzaju odbywa się w cyberprzestrzeni. I w ten dość paradoksalny sposób historia zatoczyła duże koło i wróciła do punktu wyjściowego. W koloniach amerykańskich XVII wieku istniało wiele różnych walut, często wydawanych lokalnie, a ponadto handel odbywał się zwyczajowo na zasadach wymieniania się towarami. Dopiero w roku 1792 Kongres postanowił, iż dolar będzie amerykańską walutą, a papierowe banknoty pojawiły się w roku 1861. Dolary zdominowały następnie amerykańską gospodarkę i życie codzienne na wiele dekad.

Dziś obserwować można dokładnie odwrotne tendencje. Pieniądze oczywiście nadal istnieją, ale stają się coraz bardziej ulotne, w pewnym sensie odległe, gdyż ludzie mają z nimi coraz rzadziej do czynienia. Jeśli ktoś ma w banku kilka tysięcy dolarów, w zasadzie nigdy ich nie widzi, chyba że nagle zdecyduje się je wypłacić, co zdarza się bardzo rzadko. Innymi słowy, człowiek z milionem wydrukowanym na papierze, usiłujący w Nebrasce otworzyć konto bankowe, to dziwny powiew przeszłości, choć z pewnością sfałszowany. Dziś nikt już praktycznie nie ma do czynienia nie tylko z banknotami fikcyjnymi, ale również tymi prawdziwymi, z pierwszej połowy XX wieku. Wydaje się, że ta era bezpowrotnie się skończyła.

Wieczny hamburger

W Islandii byłem dwukrotnie. Jest to kraj pod wieloma względami unikalny i zdradzający swoiste, nieco księżycowe piękno. Jest to też oaza w zasadzie całkowicie wolna od amerykańskich fast foodów. Na wyspie działa kilka placówek Subwaya i to wszystko. Kiedyś obecny tam też był McDonald's, ale w roku 2009 wszystkie jego lokale zostały zamknięte.

Na wieść o tym, że amerykańska firma wycofuje się z islandzkiego rynku, Hjortur Smarason postanowił kupić swojego ostatniego hamburgera i frytki, ale nie po to, by to wszystko zjeść. Ponieważ wcześniej słyszał, iż żarcie z tej hamburgerowni w zasadzie nigdy się nie psuje, postanowił sprawdzić, czy to prawda. Na początek włożył danie do plastikowej torby, którą zostawił na półce w garażu. Po trzech latach hamburger nadal wyglądał „jak nowy", w związku z czym Hjortur postanowił przekazać ten niezwykły eksponat Narodowemu Muzeum Islandii. Jednak po ok. dwóch latach kustosz tej placówki uznał, na mocy opinii duńskiego specjalisty, iż nikt z pracowników nie posiada uprawnień do konserwowania żywności, w związku z czym tego akurat eksponatu nie można dłużej trzymać. Muzeum zapytało Smarasona, czy ma nieszczęsnego, podstarzałego hamburgera wyrzucić do śmieci, jednak Hjortur nie zgodził się i zażądał jego zwrotu. Wyraził też pogląd, że duński ekspert się mylił, bo hamburger najwyraźniej konserwuje się sam, bez ludzkiej pomocy.

I tak hamburger wraz z frytkami znalazł się ponownie w rękach pierwotnego nabywcy, który najpierw umieścił go w szklanej gablocie w jednym z hoteli w Reykjaviku, a następnie przeniósł go do placówki Snotra House na południu Islandii. Szef tego hotelu, Siggi Sigurdur, twierdzi, że emerytowany burger nadal znajduje się w dobrej kondycji. Nie nosi żadnych śladów gnicia i wygląda „świeżo", podobnie zresztą jak frytki. Ślady starości pojawiły się wyłącznie na tekturowym opakowaniu. 10-letnie danie z McDonald'sa prezentowane jest dziś w gustownej gablocie i wabi licznych turystów, którzy chcą ten niezwykły eksponat zobaczyć na własne oczy. Poza tym hamburgera podgląda nieustannie internetowa kamera, dzięki której każdy może to kuriozum zobaczyć pod adresem https://snotrahouse.com/last-mcdonalds. Podobno codziennie miejsce to odwiedza ponad 400 tysięcy internautów.

Dlaczego firma McDonald's opuściła Islandię? Decyzja ta zapadła w kontekście ostrego kryzysu finansowego na wyspie, co spowodowało rzekomo, iż prowadzenie hamburgerowni w tym kraju (były ich tam tylko trzy) stało się zbyt skomplikowane i kosztowne. Dziś jednak kryzysu już nie ma, a mimo to amerykański koncern nie ma zamiaru tam wracać. Wynika to – jak twierdzą wtajemniczeni – przede wszystkim z faktu, iż Islandczycy w liczbie nieco ponad 300 tysięcy nigdy za bardzo nie przepadali za tą amerykańską inwazją kulinarną, jako że preferują swoje własne, niezwykle ponętne dania, takie jak *Svið* (gotowana głowa owcy), *Hákarl* (sfermentowany rekin) i *Hrútspungar* (jądra barana marynowane w słodko-kwaśnym sosie). Kto w takich warunkach potrzebuje jakiegoś tam Big Maca?

Tak czy inaczej, eksperyment Hjortura jest bardzo ciekawy, ponieważ skłania do refleksji na temat tego, dlaczego wałówa z McDonald'sa nie gnije. Niektórzy specjaliści są zdania, że dzieje się tak dlatego, iż w żywności tej nie ma wystarczającej ilości składników odżywczych, które pozwoliłyby na rozwój mikrobów. Innymi słowy, przeciętny hamburger z frytkami nie jest nawet w stanie wyżywić bakterii, nie mówiąc już o ludziach.

W swojej na poły naukowej dociekliwości Islandczyk nie jest osamotniony. W roku 1996 pani Karen Hanrahan kupiła sobie hamburgera, który po 14 latach wyglądał dokładnie tak samo jak w momencie jego nabycia. Natomiast w roku 2010 nowojorska fotografka Sally Davies nabyła tzw. Happy Meal, który następnie uwieczniała codziennie na zdjęciach przez 6 miesięcy. Jej eksperyment wykazał, że w ciągu pół roku żywność ta nie zgniła, nie zaczęła śmierdzieć, nie spleśniała i nie pojawiły się w niej robaki. Gdyby tak było z serami, to w sprzedaży byłyby tylko żółte podeszwy bez szwajcarskich dziur.

A co na to McDonald's? Akurat dziś firma ma zapewne ważniejsze sprawy na głowie, jako że jej szef został wyrzucony na zbitą wołowinę za seksualne harce z pracownicą. Jednak w roku 2013 dietetyk pracujący dla tego koncernu oświadczył: „W odpowiednich warunkach nasze hamburgery ulegają procesowi rozkładu, jednak może to nastąpić tylko przy sporej wilgotności środowiska. Bez wilgoci nasze produkty raczej na pewno nigdy się nie zepsują". Opinię tę podziela profesor Uniwersytetu Islandii, Bjorn Adalbjornsson.

Mimo to, deklaracje te raczej mnie nie przekonują. Należy założyć, że „ostatni" hamburger Islandii zawsze miał sporo wilgoci do dyspozycji, gdyż jest to kraj deszczowy i nie sądzę, by garaż Hjortura był suchą pustynią. Poza tym zawsze wydawało mi się, iż każda żywność prędzej czy później się zepsuje, chyba że jest odpowiednio zakonserwowana. Tymczasem okazuje się, że gdyby Big Maca można było kupić za czasów powstania warszawskiego, dziś miałby on nie tylko wartość historyczną, ale również dietetyczną.

Dla mnie jedzenie, które nigdy się nie psuje, jest z natury rzeczy podejrzane. Zdają się o tym wiedzieć również Islandczycy, którzy nad „wieczne" hamburgery rodem z Ameryki przedkładają celowo sprokurowaną zgniliznę w swoich narodowych przekąskach. W końcu jeśli jakieś danie nieco waniajet, oznacza to, iż jest w nim coś autentycznego.

Mur w Kolorado

Donald Trump przemawiał ostatnio w Pittsburghu i chwalił się tym, że budowany jest właśnie „wielki mur w Kolorado", co jest o tyle zastanawiające, iż stan ten nie graniczy z Meksykiem, a zatem budowa zapory granicznej w tym miejscu może zatrzymać wyłącznie zdezorientowane geograficznie kojoty, przekraczające nielegalnie granicę stanową z Utah.

Z drugiej strony, gdybym był gubernatorem stanu Nowy Meksyk, bardzo bym się tą wypowiedzią prezydenta martwił, gdyż może się okazać, iż jego obietnice z okresu kampanii wyborczej, iż za budowę muru zapłaci Meksyk, były nie do końca wyartykułowane, gdyż tak naprawdę kasę na to przedsięwzięcie ma wyłożyć Nowy Meksyk. Na razie jednak nie ma się czym specjalnie martwić, gdyż jak dotąd prezydent Trump nie wybudował ani jednej mili swojej granicznej zapory, czy to w Kolorado, czy też wzdłuż realnej granicy z Meksykiem. Natomiast zdołał wygłosić – zdaniem ludzi, którzy to wszystko liczą, bo nie mają nic innego do roboty – dokładnie 913 kłamstw na ten temat.

Powodem do zmartwienia może i powinien być natomiast geograficzny analfabetyzm, który bynajmniej nie dotyczy wyłącznie prezydenta, lecz całej Ameryki. W swoim czasie niejaki Herman Cain, były prezes koncernu Godfather's Pizza, zdecydował się na ubieganie się o republikańską nominację na prezydenta. Jego szanse od samego początku były marne. Nie zmienia to jednak faktu, że w czasie krótkiego pobytu na narodowym piedestale politycznym Cain zdołał wykazać się niezwykłą ignorancją, gdyż nie wiedział, gdzie jest dokładnie Uzbekistan i ostrzegł nas wszystkich, że Chiny mogą wkrótce wejść w posiadanie broni nuklearnej, którą mają od ponad 40 lat.

Obecny szef resortu energii oraz były gubernator Teksasu Rick Perry w swoim czasie chełpił się tym, iż w trakcie studiów dostawał zwykle oceny C i D, czyli gdzieś w okolicach polskiej trójki z minusem, i że nie ma większego pojęcia o geografii. Warto też pamiętać, że w roku 1976 Gerald Ford w debacie telewizyjnej z Carterem powiedział, iż Polska nie jest pod sowiecką dominacją, czym nie tylko pogrzebał szanse na wyborczy sukces, ale również dowiódł, że zwykle nie ogląda map i nie śledzi współczesnej historii.

To, że Amerykanie, szczególnie ci młodsi wiekiem, o geografii wiedzą bardzo niewiele, nie powinno być dla nikogo zaskoczeniem. Fakt ten wynika między innymi z mocarstwowości kraju, zgodnie z czym przeciętny Polak powinien wiedzieć, gdzie jest Idaho, ale przeciętny obywatel USA może nie mieć pojęcia o tym, gdzie dokładnie znajduje się Warszawa. Jest też jednak inny problem. Od wielu lat w większości amerykańskich szkół publicznych nie ma przedmiotu zwanego geografią, ponieważ został on wcielony do tzw. *social studies*, gdzie jest mieszany z historią, wychowaniem obywatelskim, socjologią, etc. Oznacza to, że tak naprawdę żaden amerykański uczeń nigdy nie zapoznaje się z mapą świata, a nawet gdyby się z nią zapoznał, nie wiedziałby, o co w tym wszystkim chodzi.

Rezultaty tego są dość oczywiste. Z różnych, ale w sumie spójnych badań wynika, że 63 procent Amerykanów w wieku od 18 do 24 lat nie potrafi znaleźć na mapie Iraku, 88 proc. Afganistanu, a 70 proc. Korei Północnej. Jest to szokujące, jeśli weźmie się pod uwagę fakt, iż wszystkie te kraje obecne są nieustannie w medialnych doniesieniach i odgrywają istotną rolę w geopolityce. 75 proc. Amerykanów w tym samym przedziale wiekowym nie wie, gdzie leży Izrael, a 63 proc. nie ma pojęcia, gdzie jest Arabia Saudyjska. Z nieznajomością map idzie w parze niewiedza na temat obcych krajów – 75 proc. młodych Amerykanów nie orientuje się na przykład, że przeważająca większość ludności Indonezji to muzułmanie, a połowa sądzi, że w Indiach dominuje islam. Nie jest to jednak geograficzny analfabetyzm, który dotyczy wyłącznie obcych krain. Połowa tych ludzi nie potrafi znaleźć na mapie takich stanów jak Nowy Jork, Missisipi i Luizjana.

Być może Amerykanie nie są odosobnieni w swoim geograficznym dyletanctwie, ale faktem jest również to, że Europejczycy wiedzą o świecie znacznie więcej. Jak wynika z sondażu przeprowadzonego przed 10 laty przez *European Journal of Communications*, 58 proc. mieszkańców USA orientowało się, kim są talibowie i gdzie jest Afganistan, podczas gdy ten sam wskaźnik w Europie wynosił 78 proc. Niektórzy analitycy przestrzegają, że Ameryka może słono za to wszystko zapłacić. Zresztą już zapłaciła w roku 2001, kiedy nieznajomość języka arabskiego spowodowała, że liczne służby specjalne przeoczyły zagrożenie atakiem na USA.

Ja jednak pozostaję zaintrygowany pomysłem zbudowania muru granicznego w Kolorado. Tak się złożyło, że w chwili, gdy Donald Trump chełpił się budową tej zapory, stan został nawiedzony wczesną burzą śnieżną, a to oznacza, że trzeba będzie gdzieś wyrzucić ten biały puch. Proponuję przerzucenie go przez mur do Kansas, choć nasz przywódca twierdzi, iż ściana jest tak wspaniała, że nie można jej przeforsować ani dołem, ani też górą. Być może lepiej jest skierować ten wylew śniegu na północ, do stanu Wyoming, gdzie – jak wiadomo – nadal przebywa w „tajnym, strzeżonym miejscu" były wiceprezydent Dick Cheney. Zapewne Cheney wspomina stare dobre czasy, kiedy to jego szef, George „W", był wprawdzie wtedy uważany za średnio rozgarniętego, ale dziś wydaje się geniuszem.

Spór o żółtą wodę

Amerykańskie piwo typu lager, produkowane masowo przez wielkie browary tego kraju, uważam od dawna za produkt niebezpiecznie zbliżony do wody, zabarwionej w jakiś sposób na żółto i obdarzonej sztucznie zapachem chmielu. Gdy widzę kogoś, kto w supermarkecie kupuje 2-tuzinowe opakowanie Bud Light, przeznaczone do konsumpcji w czasie jakiegoś meczu oglądanego w telewizji, zwykle zastanawiam się, czy nie byłoby lepiej kupić ten sam pojemnik wody mineralnej, który stwarza o wiele mniejsze zagrożenie dla przeciętnej wątroby.

Biorąc powyższe pod uwagę, z pewnym zaskoczeniem przyjąłem wiadomość, że koncern Anheuser-Busch oskarżył przed sądem największego rywala, Miller Coors, o kradzież supertajnych receptur na produkcję piw Bud Light oraz Michelob Ultra. Zaskakuje mnie przede wszystkim to, że do produkcji tych napojów w ogóle potrzebne są jakiekolwiek receptury, gdyż dotychczas sądziłem, iż wystarczy nieco wody oraz żółtego barwnika. Poza tym nie bardzo rozumiem, po co w ogóle kraść tajne dane, skoro Bud Light smakuje niemal dokładnie tak samo jak Coors.

Okazuje się jednak, że konflikt między piwnymi gigantami ma nieco głębsze podłoże. W czasie ubiegłorocznej transmisji meczu Super Bowl w reklamach piw Anheuser-Busch sugerowano, iż w czasie produkcji konkurencyjnych wód piwnych Miller Light i Coors Light stosowany jest syrop kukurydziany, czyli tak zwana fruktoza. Koncern Miller Coors zareagował na to z oburzeniem i w sądzie domagał się poniechania „z gruntu fałszywej kampanii reklamowej". W maju sędzia federalny przychylił się do tego wniosku, a przed miesiącem inny sędzia nakazał, by z opakowań piw koncernu z St. Louis zniknęły napisy „no corn syrup", które sugerowały, że konkurenci faszerują swoje małe jasne fruktozą.

Wszystko to jest dla mnie dość zagadkowe, jako że cały spór dotyczy produktów dość nędznej jakości. Gdyby szefowie Anheuser-Busch zaczęli umieszczać na paczkach Bud Light napisy typu „nasze piwo nie zawiera arszeniku", to może bym jeszcze rozumiał oburzenie konkurentów. Natomiast to, czy jakiekolwiek z tych piw zawiera fruktozę, jest absolutnie bez znaczenia. Podobnie, gdyby na jakichś polskich kabanosach widniała przechwałka, że wędlina nie jest promieniotwórcza, zacząłbym się zastanawiać, która jest. Natomiast to, czy kiełbasa zawiera otręby, w zasadzie by mnie nie interesowało, pod warunkiem, że zostałyby zachowane odpowiednie walory smakowe.

Obecnie wygląda na to, iż producenci Bud Light postanowili zemścić się na Miller Coors za wcześniejsze porażki sądowe i oskarżyć rynkowego rywala o kradzież tajnych receptur. Jednak treść złożonych w sądzie dokumentów jest dość zastanawiająca. Wynika z nich, że jakiś pracownik Anheuser-Busch wysłał do faceta pracującego w Miller Coors zdjęcia „ściśle tajnych" receptur na produkcję Bud Light, a nastąpiło to na wyraźne zlecenie szefów tego drugiego koncernu. Dalej w pozwie sądowym czytamy: „Nasze receptury zawierają specyficzne proporcje takich składników jak chmiel i jęczmień oraz ich charakterystykę. Są to informacje niezwykle cenne dla naszej firmy i w związku z tym zastrzeżone".

No panowie, bez jaj! Jaki jęczmień? Jaki chmiel? Kiedyś być może, ale nie dziś. W roku 1873 firmę Coors założył w Golden w stanie Kolorado imigrant z Niemiec, Adolf Coors, który kupił przepis na swoje piwo od innego imigranta, Williama Silhana, który pochodził z Czech. Jestem jednak pewien, że z tego oryginalnego przepisu już nic nie zostało, bo masowa produkcja piwa Coors wymaga znacznie prostszych rozwiązań, np. używania rzeczonej fruktozy, zmieszanej z żółtą wodą. Poza tym rodzina Coorsów od samego początku piwowarskiej kariery miała ważniejsze sprawy na głowie, takie jak wspieranie amerykańskiej skrajnej prawicy. Potomek Adolfa, Joseph Coors, finansował pokątnie siły tzw. contras w Nikaragui, a obecny szef koncernu, republikanin Pete Coors, w roku 2004 startował bez powodzenia w wyborach do amerykańskiego senatu.

Historia koncernu Anheuser-Busch jest do pewnego stopnia podobna. W 1852 roku niemiecki piwowar Georg Schneider otworzył w St. Louis pub o nazwie Bavarian Brewery, gdzie oferował warzone przez siebie piwo, podobno bardzo dobre. Potem popadł jednak w finansowe tarapaty i sprzedał swój lokal w 1860 roku Eberhardowi Anheuserowi, który był wtedy lokalnym producentem mydła, co wyjaśnia w znacznej mierze smak piwa Bud Light. Następnie córka mydlarza, Lilly, wyszła za mąż za innego biznesmena importowanego z Niemiec, Adolfa Buscha (co oni mają z tymi Adolfami?), który włączył się do biznesu piwowarskiego teścia.

Obecny spór piwowarskich gigantów jest w sumie dość śmieszny, bo nie chodzi w nim o nic wartościowego lub ważnego. W odpowiedzi na pozew złożony przez Anheuser-Busch, rzecznik koncernu Miller Coors, Adam Collins, dał zdecydowany odpór niecnym oskarżeniom o kradzież w następujących słowach: – *Jeśli składniki piwa Bud Light są aż tak tajne, dlaczego drukowane są dużymi literami na każdej puszce?* Ja bym dodał do tego jeszcze inne pytanie: czy skład napojów produkowanych przez oba koncerny ma w ogóle jakiekolwiek znaczenie? Argumentacja taka być może mogłaby być przekonująca, gdyby nie to, że piwosze niemal nigdy nie czytają etykiet na butelkach, a jeśli nawet to robią, to nie po to, by dowiedzieć się, z czego dokładnie składa się ich napój. Powinien składać się z wody, cukru, jęczmienia, chmielu i alkoholu. A jeśli zawiera jakieś inne substancje, to wolę o tym nie wiedzieć. Na zdrowie!

Wygódka dla liliputów

Ci z czytelników, którzy – z sobie tylko znanych powodów – śledzą tę stronę w *Kalejdoskopie* od dłuższego czasu – wiedzą już zapewne doskonale, że latanie klaustrofobicznymi, metalowymi cygarami, zwanymi umownie samolotami, nie należy do moich ulubionych zajęć. Moja niechęć do podróżowania w ten sposób nie jest wynikiem panicznego strachu. Bierze się raczej z tego, iż pasażer w samolocie w zasadzie nie ma na nic wpływu, czyli siedzi w swoim ciasnym fotelu, je obleśne żarcie i czeka na koniec tych cierpień.

Przed wieloma laty leciałem liniami American z moim mocno jeszcze małoletnim wówczas synem, który w pewnym momencie oznajmił, że musi w trybie pilnym skorzystać z toalety. Powiedziałem mu, żeby się udał tam, gdzie trzeba, na co on odparł, że się boi. – *Czego się boisz?* – zapytałem. – *Boję się tego, że jak będzie katastrofa, to zginę ze spuszczonymi spodniami.* Wtedy uważałem jego obawy za komiczne, ale dziś sam już nie wiem.

Nie tak dawno świat obiegła wieść, że na pokładzie samolotu United Airlines, lecącego z Waszyngtonu do San Francisco, pewna kobieta weszła do toalety, zamknęła się w niej, a po zakończeniu czynności fizjologicznych nie była w stanie opuścić tego miniaturowego pomieszczenia, ponieważ zacięły się drzwi. Wezwała na pomoc załogę, która jednak – mimo bohaterskich wysiłków – nie była w stanie jej uwolnić. Następnie do akcji włączyło się kilku pasażerów, którzy próbowali różnych metod i zapewniali więźniarkę w podniebnym WC, że robią wszystko, co w ich mocy.

Jednak ich moc okazała się dość ograniczona, bo pasażerka nie wyszła na wolność. To spowodowało, że pilot postanowił wylądować awaryjnie w Denver, gdzie piątka dzielnych strażaków weszła na pokład samolotu i wywaliła drzwi razem z zawiasami, przy akompaniamencie oklasków ze strony pasażerów. Jak można się było spodziewać, uwolniona kobieta raczej nie chciała żadnego rozgłosu i potulnie schowała się w tłumie. Ja się jej specjalnie nie dziwię – doświadczyła wszak lądowania bez zapiętych pasów, gdyż takowych w okolicach sedesu nie ma, a zatem złamała obowiązujące przepisy.

Historia ta raz jeszcze dowodzi, że na pokładzie dowolnego samolotu zawsze może dojść do pozornie błahego wydarzenia, które jednak w warunkach lotu na wysokości ponad 30 tysięcy stóp staje się poważnym problemem. Tak było na przykład ostatnio w przypadku samolotu linii Alaska Airlines lecącego z Nowego Jorku do Los Angeles. Jednemu z pasażerów doskwierał dotkliwie pełny pęcherz, a przed nim w kolejce do toalety było pięć osób. Usiłował w związku z tym dotrzeć do WC dla pasażerów pierwszej klasy, w którym nikogo nie było. Został jednak zatrzymany przez czujną załogę, która powiedziała mu, iż z toalety dla pasażerów wyższej kategorii nie może korzystać. Chłopak się ostro zdenerwował i zaczął wykrzykiwać różne obelgi, co spowodowało, iż pilot pośpiesznie wylądował w Kansas City.

Sprawca tych wydarzeń nie został wyprowadzony przez policję; sam wyszedł z samolotu, przy owacji ze strony wszystkich tych pasażerów, którzy skazani byli na przepełnioną toaletę. Należy założyć, że człowiek ten pierwsze swoje kroki skierował do toalety w areszcie, do którego został zawieziony. Natomiast dalszy lot był opóźniony o cztery godziny, a zatem być może wszyscy potem korzystali z przybytku dla pasażerów w pierwszej klasie.

Mógłby ktoś powiedzieć, że opisane zdarzenia mają charakter absolutnie wyjątkowy i dochodzi do nich niezwykle rzadko. Jest to prawda, która jednak za bardzo mnie nie uspokaja. Wprawdzie w żadnym samolocie jeszcze nigdy nie doszło do tragicznego w skutkach korzystania z toalety, ale w stanie Floryda nie tak dawno temu zdarzył się niezwykły wypadek. Do przenośnej toalety (tzw. *porta potty*) weszła kobieta, a w chwilę później doszło do eksplozji, w wyniku której pani ta zginęła na miejscu, a z toalety zostały tylko drobne szczątki. Do dziś nikt nie wie, jaka była przyczyna tej eksplozji, ale jeśli coś takiego wydarzyłoby się w toalecie samolotowej, to być może przytoczone wcześniej obawy mojego syna o śmierć z opuszczonymi gaciami nie były aż takie śmieszne.

A skoro już mowa o bieliźnie, to na pokładach samolotów pasażerskich – jeśli wierzyć wypowiedziom ich załóg – coraz częściej dochodzi do prób ukradkowego uprawiania przez pasażerów seksu. Kiedyś bywało tak, że różne pary potajemnie wchodziły razem do toalety, by tam wyprawiać harce, które – moim zdaniem – z natury rzeczy musiały się ograniczać do pozycji wiszących z powodu niezwykle małej ilości miejsca. No ale teraz, gdy drzwi do WC mogą się nagle zaciąć, preferencje się nieco zmieniły i ludzie rzekomo „robią to" zwykle we własnych fotelach, pod osłoną nocy i pod jakimś przykryciem. Ci, którym się to udaje, wstępują automatycznie do tzw. *one mile club*, czyli do klubu tych osobników, którym udało się odbyć zbliżenie płciowe na wysokości co najmniej jednej mili nad ziemią.

Wynika stąd, że latanie samolotami zawsze może skończyć się jakimś dziwnym i kontrowersyjnym wydarzeniem, zakłócającym normalny przebieg rejsu. I to właśnie stanowi dla mnie największy problem – ja nie chcę żadnych kontrowersyjnych podniebnych wydarzeń, a zwykle interesuję się wyłącznie pomyślnym lądowaniem na docelowym lotnisku. A jeśli ktoś chce się koniecznie zatrzasnąć w wygódce dla liliputów, to proszę bardzo, ale beze mnie.

Widok z dołu

Świat nigdy nie szczędzi nam kuriozalnych afer, co jest o tyle pozytywnym zjawiskiem, że gdyby ich nie było, pławilibyśmy się w stanie permanentnej, bolesnej nudy. Muszę jednak przyznać, że kontrowersje, jakie zrodziły się w czasie lekkoatletycznych mistrzostw świata, które zakończyły się kilka dni temu w Katarze, urosły do zupełnie bezprecedensowych rozmiarów.

Już sama organizacja tej ważnej imprezy sportowej na arabskiej pustyni od samego początku wywoływała liczne kontrowersje. Głównie dlatego, że latem występują tam temperatury grubo powyżej 100 stopni F, w których jakikolwiek wysiłek fizyczny staje się niezwykle trudnym zadaniem. Należy przypomnieć, że w roku 2022 w tymże Katarze odbędą się mistrzostwa świata w piłce nożnej, tyle że po raz pierwszy w historii kopacze będą ganiać za piłką w listopadzie i grudniu, a nie latem, ponieważ mecze w czerwcu lub lipcu skończyłyby się zapewne czerwonymi kartkami (w postaci termicznych zgonów) dla wielu zawodników. Mundial został przyznany Katarowi w dość kontrowersyjnych, łapówkarskich okolicznościach, co wywołało dość powszechne zdumienie, jako że kraj ten posiada dość mierne tradycje piłkarskie, ograniczające się do dwóch wielbłądów kopiących piłkę na Saharze.

Jeśli chodzi o lekkoatletów zmagających się na bieżniach Kataru w kosmicznym upale, bardzo szybko okazało się, że pomysł organizacji mistrzostw świata akurat w tym miejscu był idiotyczny przynajmniej z dwóch powodów. Po pierwsze, niektóre sportowe wydarzenia musiały odbywać się w dość dziwnych okolicznościach. Przykładowo, bieg maratoński kobiet rozpoczął się o północy, gdyż za dnia temperatura przekroczyła poziom 105 stopni F. Mimo to, z 68 maratonek aż 28 wycofało się w czasie biegu i zostało przewiezionych do szpitala. Były mistrz świata w maratonie, Haile Gebrselassie, powiedział reporterom, że organizowanie tego rodzaju biegów w warunkach atmosferycznych Kataru graniczy z szaleństwem i że cudem jest to, iż żaden z zawodników nie zmarł.

Po drugie, na stadionach zawody najlepszych lekkoatletów świata obserwowała garstka widzów, głównie kibiców spoza Kataru. Finałowemu biegowi kobiet na 100 metrów przyglądało się z trybun kilkaset osób. W obliczu narastającej krytyki, na wskroś totalitarny rząd katarskich kacyków roponośnych ruszył do akcji i wysłał na stadiony tysiące „kibiców", czyli ludzi, którym polecono się tam stawić, a którzy nie odróżniają tyczki od młota. Tyle tylko, że problem frekwencji na stadionach stał się całkowicie drugorzędny w związku z tym, że wybuchła nowa afera o niepokojąco seksualnym podłożu.

Organizatorzy, z sobie tylko znanych powodów, postanowili zainstalować pod blokami startowymi do wszystkich biegów kamery, które „patrzą" w górę, czyli obserwują biegaczy przygotowujących się do startu w dość specyficzny sposób. Każdy zawodnik lub zawodniczka z natury rzeczy najpierw przechodzi nad blokami startowymi od tyłu, by się potem na nich usadowić. No i tu pojawia się problem. Żeńskie sportsmenki złożyły protest, argumentując, że wspomniane kamery pokazywały głównie ich spowite w dość kuse sportowe majtki dolne części ciała, zwane w niektórych liberalnych kręgach kroczem.

Akurat w przypadku świata arabskiego inicjatywa ta nie bardzo mnie dziwi, jako że tamtejsze chłopy zwykle oglądają płeć przeciwną (z wyjątkiem żon) w stanie kokonu owiniętego w jakieś tekstylia. A zatem widok mocno roznegliżowanych atletek zachodnich, i to w dodatku z perspektywy zaglądania babom pod spódnice, musi budzić oczywiste emocje. Jednakowoż zastawiam się, jaki geniusz w międzynarodowej organizacji IAAF, zrzeszającej lekkoatletów, wpadł na pomysł zainstalowania kamer obserwujących gacie biegaczy i biegaczek. A propos, męscy sprinterzy na razie nie zgłosili żadnych zastrzeżeń, co też jest wymowne, gdyż zdaje się sugerować, że ich podwoziami nikt się za bardzo nie interesuje.

Niemiecka sprinterka Gina Lückenkemper wyznała gazecie *Bild*, że nie wie, kto wpadł na pomysł instalowania tych kamer, ale dodała, że niemal na pewno nie była to kobieta. Jej zdaniem start do jakiegokolwiek biegu oznaczał w tych warunkach sesję bulwersującego podglądactwa, choć nie bardzo wiadomo, kto to wszystko oglądał i archiwizował. Ja mam wprawdzie na myśli kilku kandydatów, głównie w Arabii Saudyjskiej, ale zachowam te podejrzenia dla siebie.

Początkowo szefowie IAAF bronili się twierdzeniem, że nowe kamery pokazują nowy „wgląd" w proces przygotowywania się biegaczy do startu. Jednak pod naciskiem narastających protestów uznano, że jest to wgląd niewłaściwy i kamery wyłączono. Osobiście uważam, że w tym akurat przypadku słowo „wgląd" jest nie na miejscu i budzi złe skojarzenia, ale niech im będzie.

W niczym nie zmienia to wszystko faktu, że całe te mistrzostwa odbyły się w dość dziwnej atmosferze. Liczni zawodnicy narzekali na biegi długodystansowe o północy oraz na to, że z trybun wiało pustką. Twierdzili też, że zmaganiami lekkoatletów w zasadzie nikt się w Katarze nie interesował, co jest o tyle zrozumiałe, iż większość potencjalnej męskiej widowni siedziała zapewne przed telewizorami, by zobaczyć dolną część szortów Giny Lückenkemper.

Myślę, że w obliczu tych kontrowersji szefowie IAAF powinni następne lekkoatletyczne mistrzostwa świata zorganizować na Grenlandii. Niezależnie od zainstalowanych kamer, wszystkie kobiety będą tam biegać w futrach, a zatem o żadnym podglądactwie nie będzie mowy. Ponadto maratończycy będą mogli dotrzeć do mety bez uciekania się do reanimacji, a na dodatek nigdy nie zabraknie im lodu do celebracyjnych drinków. No i kto wie – może wtedy Grenlandia będzie już 51. stanem USA.

Jęk kota w sądzie

Nareszcie jakaś dobra wiadomość, tym razem z Niemiec. Sąd we Frankfurcie uznał w swej teutońskiej mądrości, że kac, czyli schorzenie wynikające z zalania się w pestkę, jest chorobą. Werdykt ten zapadł w bardzo istotnym dla narodu niemieckiego momencie, bo tuż przed początkiem dorocznego Oktoberfest, czyli zbiorowej, nadmiernej konsumpcji piwa w Monachium. To, że wyrok ten zapadł w Niemczech, winno być powodem do satysfakcji po drugiej stronie granicznej Odry. A to dlatego, że polskie słowo „kac" ma z Niemcami wiele wspólnego, jako że wywodzi się z niemieckiego *Katzenjammer*, znaczącego „jęk kota". Nie mam pojęcia, dlaczego Niemcom kac kojarzy się z hałaśliwym Mruczkiem, ale być może chodzi o to, że Germanie cierpiący z powodu przedawkowania trunków przez cały następny dzień miauczą z bólu, w przeciwieństwie do Polaków, którzy piją klina.

Dlaczego sąd w ogóle zajął się tym niezwykle ważnym dla pijaków problemem? Stroną skarżącą był człowiek, który wytoczył proces firmie produkującej środki „antykacowe", mające skutecznie zabijać tupoczące w głowie mewy. Powód argumentował, iż firma ta okłamuje konsumentów, gdyż oferowane przez nią specyfiki w żaden sposób nie pomagają, a mewy nadal tupoczą.

Panowie sędziowie w swej opinii wyrazili pogląd, że żaden produkt żywnościowy, a takim jest mieszanka przeciw kacowi, nie może być reklamowany jako coś, co posiada konkretne właściwości lecznicze. W tejże samej opinii sąd zdefiniował chorobę jako „jakiekolwiek, nawet niewielkie zaburzenie w normalnym działaniu ludzkiego ciała". No i w ten sposób kac załapał się na status medycznego schorzenia.

Przy okazji okazało się, że lekarze od dawna używają medycznego terminu dla określenia kaca. Jest to veisalgia, o której nigdy przedtem nie słyszałem, choć bez wątpienia wielokrotnie z jej powodu cierpiałem. Słowo to pochodzi ze zbitki norweskiego *kveis* (dosłownie: cierpienia wynikające z rozwiązłości) oraz greckiego *algia* (ból). Trudno zgadnąć, skąd się wzięła ta norwesko-grecka współpraca terminologiczna. Podobno termin ten po raz pierwszy został użyty w pracy naukowej opublikowanej w piśmie *Annals of Internal Medicine*, którą napisali w 2000 roku Jeffrey Wiese, Michael Shlipak oraz Warren Browner. Żaden z nich nie jest Grekiem lub Norwegiem, a zatem należy założyć, że medyczne określenie kaca po prostu sobie wymyślili.

Tak czy inaczej, decyzja niemieckiego sądu ma epokowe znaczenie, ponieważ oznacza, że wreszcie można będzie przestać konstruować głupawe tłumaczenia na absencję w pracy typu „nie będę dziś obecny z powodu silnej migreny". Teraz będzie można walić prosto z mostu i powiedzieć coś takiego jak: „szefie, nie przyjdę dziś do roboty, bo wczoraj ostro zapiłem i pęka mi łeb".

Wieści z Niemiec zbiegają się szczęśliwie z dwoma innymi alkoholowymi wydarzeniami. W lutym tego roku grupa brytyjskich i niemieckich naukowców ustaliła ponad wszelką wątpliwość, iż kolejność spożywania trunków oraz ich rozmaitość nie ma żadnego wpływu na siłę późniejszego kaca. Swoją drogą zawsze się zastanawiam, kto i dlaczego finansuje tego rodzaju dociekania naukowe, ale to już inna sprawa. Badacze przetestowali na 90 ochotnikach picie trunków w różnej kolejności (piwo, wino, wódka, a potem odwrotnie) i doszli do niepodważalnego wniosku, iż niezależnie od tego, co się pije i w jakim szeregu, kac jest mniej więcej tak samo dotkliwy. Wyniki tych dociekań zostały opublikowane w *American Journal of Clinical Nutrition*, co dowodzi raz jeszcze, że prawdziwy naukowiec żadnej teorii się nie boi.

Zręcznym podsumowaniem tego wszystkiego stało się wydarzenie, jakie miało miejsce 14 września na stadionie w Ames w stanie Iowa, gdzie odbywał się mecz akademickich drużyn futbolowych – Iowa Hawkeyes i Iowa State Cyclones. Spotkanie to transmitowane było przez telewizję ESPN. Kamery w pewnym momencie pokazały młodego kibica, Carsona Kinga, który trzymał w rękach tablicę z napisem „Zapasy piwa Busch Light potrzebują uzupełnienia". Pod spodem tego napisu znalazła się informacja o koncie piwosza w serwisie Venmo, który pozwala na przesyłanie pieniędzy.

Już po 30 minutach od czasu pokazania Kinga na trybunach dostał on od różnych ludzi ponad 400 dolarów, co go zdziwiło, gdyż swoje hasło traktował wyłącznie jako żart. Gdy zapowiedział, że za zebraną kasę kupi sobie jeden karton Busch Light, a resztę przekaże lokalnemu szpitalowi – University of Iowa Stead Family Children's Hospital, dawców nagle przybyło i po kilku dniach na jego konto w Venmo wpłynęła suma ponad miliona dolarów, a do akcji charytatywnego zbieractwa włączyli się zarówno korporacja Busch Beer, jak i firma Venmo.

W dowód wdzięczności za niespodziewany rozgłos ta pierwsza firma ogłosiła, że podaruje Kingowi roczny zapas piwa, choć budzi to u mnie poważne wątpliwości interpretacyjne, gdyż piwo starczające komuś na rok, komuś innemu może wystarczyć tylko na 3 miesiące. W sumie nie ma to jednak aż tak dużego znaczenia, jako że Busch Light to bardziej żółta woda niż piwo. Jeśli jednak Carson wypije w szybkim tempie cały karton, może z pewnością liczyć na potężnego kaca. Nie będzie jednak musiał się tłumaczyć z nieobecności na wykładach, gdyż wystarczy, by dostał zaświadczenie, że cierpiał na ostry przypadek veisalgii. A jeśli między kolejnymi kuflami wychyli też jakąś wódzię, może być spokojny o to, że głowa będzie go boleć dokładnie tak samo, jakby pił tylko piwo. Wszystko to jest oczywistym triumfem nauki i sądownictwa.

Alexa, podaj cegłę

Z Wielkiej Brytanii nadeszła ostatnio mrożąca krew w żyłach wiadomość, która akurat tym razem nie dotyczy brexitu. Okazuje się, że w kraju tym znacznie zmalała popularność żeńskiego imienia Alexa, które spadło aż na 380. miejsce listy najpopularniejszych imion. Brytyjczycy najchętniej nazywają dziś swoje dzieci Oliver i Olivia. I tak zapewne pozostanie, o ile tylko firma Amazon nie wymyśli jakiegoś nowego urządzenia, do którego trzeba się będzie zwracać tymi imionami.

Dziecka nie można dziś nazwać bezpiecznie Alexa, chyba że się mieszka na pustyni albo w kraju, w którym głosowa asystentka rodem z Seattle jeszcze nie jest dostępna. Niestety krajów takich jest coraz mniej, jako że gadżet ten oferowany jest już w Wielkiej Brytanii, Niemczech, Francji, Hiszpanii, Brazylii, Kanadzie, Japonii, Indiach oraz we Włoszech. Niezależnie jednak od języka, którym przemawia się do tego urządzenia, imię pozostaje to samo. A zatem niemieccy użytkownicy nie mogą pytać „Hermenegilda, ile jest 5 razy 123?", a Włosi nie są w stanie wydawać poleceń typu „Giuseppina, otwórz drzwi do garażu". Gdyby Alexa istniała w Polsce, co prędzej czy później zapewne nastąpi, nie można by do niej przemawiać per Józka albo Kasia.

À propos, choć Alexa nadal nie zna języka polskiego i nie można do niej mówić naszą ojczystą mową, począwszy od roku 2017 możliwe jest prawidłowe jej używanie w Polsce, choć tylko po angielsku. Przed dwoma laty Amazon obdarzył w końcu swoje cacko zdolnością do prawidłowej lokalizacji miejsca, w którym się znajduje. Oznacza to, że jeśli ktoś w Warszawie nastawi sobie budzenie na 7.00 rano, będzie to godzina w Polsce, a nie w Nowym Jorku. A jeśli ktoś poprosi o prognozę pogody, dostanie informacje o miejscu swojego zamieszkania, a nie raport meteorologiczny dotyczący San Francisco. Wszystko to zapewne oznacza, że już wkrótce imię Alexa poważnie straci na popularności również nad Wisłą. Zresztą imię to, pisane Aleksa, od dawna mocno w Polsce dołuje i znajduje się na szarym końcu listy popularności, w towarzystwie takich szlagierów nazewniczych jak Vira, Wera, Zelia i Żaklina. Na pierwszym miejscu jest Zuzanna, a zatem należy mieć nadzieję, że Amazon w przyszłości nie wpadnie na pomysł, by elektroniczną asystentkę na rynku polskim obdarzyć tym właśnie imieniem.

Brytyjczycy przestali nazywać dzieci imieniem Alexa, co jest zrozumiałe, gdyż obecność tak nazwanego dziecka w tym samym domu, w którym na biurku stoi również Alexa wymyślona przez Jeffa Bezosa, prowadzi prędzej czy później do problemów. Przykładowo, jakiś ojciec może zapytać elektroniczną bestię o wynik ostatniego meczu Liverpoolu, a w odpowiedzi usłyszy od swojej ludzkiej progenitury radosne „ga-ga gu-gu". Może też być odwrotnie. Rzeczony ojciec wydaje np. córce Alexie polecenie posprzątania pokoju, na co elektroniczna Alexa odpowiada, że nie może, ponieważ nie posiada żadnych kończyn.

Muszę się w tym miejscu przyznać, iż sam mam w domu cztery różne asystentki głosowe (nie licząc żony) rodem z Amazonu i że korzystam z usług tej elektronicznej czeredy codziennie. Jednak nie mam w gronie rodziny, znajomych lub sąsiadów kogokolwiek, kto nazywa się Alexa, a zatem żadne nieporozumienia mi nie grożą. Zdaję sobie doskonale sprawę z tego, że istnieją liczni przeciwnicy korzystania z tego rodzaju urządzeń. Niektórzy z nich twierdzą nawet – co jest nieprawdą – że Alexa nieustannie nagrywa prowadzone w domu rozmowy i może wysyłać do Bezosa nasze sekrety. Moja reakcja na to jest taka, że jeśli Amazon chce nagrywać moje konwersacje z małżonką, to niech sobie nagrywa, jako że ich semantyczna wartość jest z reguły dość nikła. Natomiast użyteczność Alexy (i konkurencyjnych urządzeń typu Google Home) jest niezaprzeczalna. A przy tym niezwykle zaraźliwa w tym sensie, że przeciętny użytkownik na tyle przyzwyczaja się do obecności w domu tego urządzenia, iż czuje się dziwnie, gdy go nagle nie ma, np. z powodu czasowego braku prądu elektrycznego.

Dlaczego jednak w roku 2014, gdy Alexa debiutowała na rynku, inżynierowie za nią odpowiedzialni wybrali akurat to imię? David Limp, wiceszef programu Alexa w firmie Amazon, przyznał w czasie konferencji w Aspen w stanie Kolorado, że jego załoga długo głowiła się nad imieniem dla nowego urządzenia. A genezą tych przemyśleń był serial *Star Trek*, w którym wszyscy członkowie załogi statku Enterprise korzystali z pomocy komputera pokładowego przez wypowiedzenie słowa „computer". I tak padały w tym filmie komendy typu „Computer, fire the laser guns". Jednak podobne rozwiązanie nie wchodziło w rachubę w przypadku Alexy, gdyż słowo „computer" zbyt często używane jest w codziennych konwersacjach. Chodziło zatem o znalezienie dla niej imienia, które jest stosunkowo rzadko stosowane, krótkie i łatwe do wymówienia dla praktycznie każdego. I tak wybór padł na Alexę. Choć była jeszcze inna przyczyna, dla której właśnie to imię wygrało walkę z innymi. Inżynierowie uważali, że Alexa kojarzy się do pewnego stopnia z Biblioteką Aleksandryjską, czyli Bibliotheca Alexandrina, która była pierwszą i największą biblioteką starożytności.

W ten sposób asystentka głosowa stała się Alexą, a miliony kobiet o tym samym imieniu zaczęły marzyć o jego zmianie. Być może kiedyś Amazon doda do swojego urządzenia funkcję pozwalającą na zmianę imienia na inne, dowolnie wybrane. Jeśli do tego dojdzie, natychmiast przemianuję moją Alexę na Stalina, bo to jednak zawsze jakieś historyczne zadośćuczynienie, gdy można komuś takiemu wydawać rozkazy.

Nędzna płaca, fajny hełm

Zwykle jest tak, że gdy pracodawca szuka nowej kadry, szczególnie wtedy, gdy wybór jest niewielki, stara się przedstawiać swoją firmę w jak najlepszym świetle. Opowiada o świadczeniach, urlopach, premiach, atrakcyjności konkretnej posady, itd. W USA staje się to coraz bardziej konieczne, ponieważ od pewnego czasu istnieje u nas stan tzw. pełnego zatrudnienia. Stopa bezrobocia jest tak niska, iż nie pracują w zasadzie tylko ci, którym się do roboty nie pali (oraz tacy jak ja, którym nigdy się nie paliło). W niektórych branżach występuje jednocześnie ostry niedobór odpowiednio wykwalifikowanych ludzi. Od lat brakuje na przykład pielęgniarek, informatyków, mechaników, nauczycieli, itd. Brakuje też strażaków, przynajmniej na południu stanu Missouri.

W powiecie Scott (okolice miasta Cape Girardeau) występuje niedobór 15 strażaków, co oznacza niestety, iż czasami może się coś niepotrzebnie sfajczyć, bo nie będzie komu pożaru gasić. Postawiony przed tym niepokojącym faktem szef straży pożarnej, Jeremy Perrien, zdecydował się na dość niecodzienne posunięcie. Zdaje sobie doskonale sprawę z tego, że znalezienie 15 strażaków będzie trudne, a wszelkie normalne zachęty do zatrudniania się w szeregach strażackiej braci raczej będą nieskuteczne. W związku z tym przed remizami kazał wywiesić ogłoszenie następującej treści: „Zatrudnimy strażaków. Ciężka praca, dziwne godziny, niskie płace, ale za to dostaniesz fajny hełm".

Szczerość tego ogłoszenia jest tak boleśnie oczywista, że wielu może się skusić. Perrien zapomniał jeszcze dodać, że każdy strażak może obcować z dalmatyńczykiem w remizie i że dodatkową atrakcją zawodu jest to, iż można się czasami przypadkowo spalić żywcem, choć wydarzenia tego typu zwykle mają miejsce dopiero po przejażdżce pięknym czerwonym wozem strażackim z mrugającymi światełkami i wyjącymi syrenami. Jeremy uważa, że większość ofert pracy „jest zniewalająco nudna", w związku z tym postanowił okrasić swoje przesłanie do przyszłej kadry strażackiej pewną dozą humoru. Swoje ogłoszenie umieścił nawet w serwisie Facebook, bo przecież nie wszyscy przejeżdżają koło remiz, przed którymi umieszczono odpowiednie wywieszki.

Nie wiem, czy jego odważny pomysł zaowocował nagłym napływem chętnej gaśniczej wiary. Jeśli jednak jego pomysł okaże się zaraźliwy, może powstać dość ciekawy trend, zarówno po stronie pracodawców, jak i potencjalnych pracowników. Ci pierwsi dojdą być może do wniosku, że nie należy zachwalać oferowanych posad płonnymi obietnicami i kunsztownymi opisami atrakcji czekających na pracowników, lecz mówić otwarcie o tym, czego zatrudniony może się spodziewać. Oczyma wyobraźni widzę już np. slogan zachęcający do wstępowania w szeregi policji: „Ekscytujące zajęcie, w wyniku którego zawsze można dostać w mordę lub kulę w łeb, ale za to możliwe jest bezkarne strzelanie do bezbronnych mniejszości rasowych". A nauczyciele? Proszę bardzo: „Nudna robota ze wściekłymi bachorami, ale jaka satysfakcja!". Mechanicy? „Jeśli zawsze chciałeś coś celowo zepsuć dla zysku, to jest to twoja ogromna szansa". Pielęgniarki? „Interesuje cię wynoszenie i opróżnianie szpitalnych kaczek? Mamy dla ciebie niezwykle atrakcyjną ofertę". No i jeszcze informatycy: „Nie przejmuj się, my też nie mamy pojęcia o komputerach".

Po stronie kandydatów do pracy też może zrobić się ciekawie. Jak wiadomo, klasyczny model żebrania o zatrudnienie wymaga sporządzenia tzw. *resume*, które wysyłane jest do pracodawcy, choć rzadko przez niego czytane w całości. Następnie kandydat zapraszany jest na rozmowę, w trakcie której zadawane mu są różne podchwytliwe pytania, nie zawsze związane z kwalifikacjami zawodowymi lub charakterystyką posady. Przed laty, gdy starałem się o pracę informatyka w znanym i kontrowersyjnym koncernie Monsanto, zapytano mnie między innymi o to, co bym zrobił, gdyby w pracy zaczęła mnie kusić seksualnie jakaś współpracowniczka. Choć uważałem to pytanie za bezsensowne, gdyż prawdopodobieństwo takiego kuszenia było i jest zerowe, udzieliłem zdawkowej i pełnej durnych frazesów odpowiedzi, która była pod wszelkimi względami poprawna politycznie. Potem w Monsanto pracowałem przez 6 lat i nigdy mnie nikt walorami cielesnymi nie kusił, o co mam do pracodawcy głęboki żal.

Teraz, w świetle eksperymentu szefa strażaków w Missouri, pojawiają się zupełnie nowe, ekscytujące możliwości. Być może już wkrótce można będzie zerwać z mocno zakorzenionymi nawykami, udać się na rozmowę z potencjalnym pracodawcą i powiedzieć mu prosto w twarz: *– Ja nie posiadam żadnych kwalifikacji, nie mam doświadczenia i niczego nie wiem, ale spodziewam się wysokich zarobków oraz premii po pierwszych trzech miesiącach pracy.* Kto wie, może w przyszłości ludzi będzie się zatrudniać zupełnie na ślepo, a to, czy się do danej roboty nadają, okaże się w praniu. Choć nie wiem, czy byłaby to dobra strategia w przypadku chirurgów mózgu, dentystów, agentów CIA, itd.

A swoją drogą, ciekaw jestem, czy Jeremy przyjmuje do strażackiej roboty każdego chętnego, czy też jednak ma jakieś wymagania. Bo przecież teoretycznie każdy chciałby mieć „fajny hełm", najlepiej bez konieczności gaszenia czegokolwiek i narażania życia oraz zdrowia. Sam się nie zdecyduję, bo jestem za stary, a ponadto w sferze gaśniczej mam wyłącznie doświadczenie dotyczące świeczek, które umiem gasić bardzo sprawnie.

Tak czy inaczej, wydaje mi się, że strażacy z południowego Missouri dali nam ciekawy przykład tego, jak werbować ludzi do pracy szczerą prawdą. A to w dzisiejszej Ameryce jest z pewnością zjawiskiem rzadkim.

Ku chwale cwaniactwa

Spójrzmy prawdzie w oczy. Polska nie ma ostatnio zbyt dobrej prasy na Zachodzie, co ma związek z niektórymi poczynaniami rządu, które w oczach wielu komentatorów naruszają zasady demokratycznej praworządności. Na szczęście jednak zawsze gdzieś mówią o nas pozytywnie, choć być może nie z powodów, których byśmy się spodziewali.

Niedawno brytyjski serwis BBC zamieścił tekst pani Olgi Mecking, której żydowski dziadek postanowił po ataku Hitlera na ZSRR przenieść się z Ukrainy do Warszawy. Nikt go tam nie znał, a zatem szanse na anonimowe wtopienie się w społeczeństwo miał większe. W czasie wojny stracił żonę, matkę i dwie siostry. Gdy wysiadł na warszawskim dworcu z pociągu, zobaczył kobietę sprzedającą chleb tuż obok plakatu, na którym za handel czymkolwiek grożono śmiercią. W późniejszych wspomnieniach pt. *Jedna szansa na tysiąc* tenże dziadek, Adolf Nussbrecher, pisał (już pod nowym nazwiskiem Jan Balicki), że zawsze zdawało mu się, iż podczas gdy Ukraińcy podporządkowywali się wydawanym im przez okupantów rozkazom, warszawiacy często je sprytnie ignorowali.

W sumie przesłanie tekstu pani Olgi jest dość proste – Polacy, a w szczególności warszawiacy, opanowali do mistrzostwa sztukę cwaniactwa (po angielsku *hustling*). I nie jest to bynajmniej narodową wadą, lecz istotną zaletą, gdyż pozwala na przetrwanie nawet największych przeciwności losu przez stosowanie na poły legalnych metod „obchodzenia" władzy, przepisów, odgórnych nakazów, życzeń kolejnych okupantów, itd. Znajduje to pewne odzwierciedlenie w języku polskim, w którym istnieją takie terminy jak „kombinować", „cwaniakować", „cwaniaczyć" i „załatwić". Każdy z tych czasowników może oznaczać osiągnięcie jakiegoś celu przez w taki czy inny sposób pokątne zabiegi. No a w roku 1963 Stanisław Grzesiuk, warszawski bard z Czerniakowa, wszystko to unieśmiertelnił w słynnej piosence pt. *Nie masz cwaniaka nad warszawiaka*, która stosunkowo niedawno przeżyła swoisty renesans za sprawą nowej interpretacji utworu przez grupę Projekt Warszawiak.

W tym miejscu należy być może wspomnieć, iż słowo „cwaniak" początkowo nie miało żadnych negatywnych konotacji, a oznaczało człowieka, który po prostu umiał sobie radzić skutecznie z życiowymi trudnościami. I w pewnym sensie właśnie to początkowe znaczenie pasuje najlepiej do pewnych zdumiewających kart polskiej historii. Gdy do Warszawy przyjeżdża dziś amerykański turysta i zwiedza Stare Miasto, zwykle reaguje szokiem i zdumieniem na fakt, że ogromna większość oglądanych budynków po wojnie leżała w gruzach i że domy te zostały odbudowane cegła po cegle na podstawie starych planów, a czasami również widoków Warszawy na obrazach dawnych mistrzów. *À propos*, niektóre z tych cegieł podwędzano mojemu Wrocławiowi, ale już to rabusiom (od)budowlanym dawno wybaczyłem. Wszyscy pamiętamy, iż zniszczenia miasta były na tyle katastrofalne, iż rozważana była na serio możliwość ponownego przeniesienia stolicy do Krakowa. Nic takiego się nie stało, ponieważ do Warszawy zaczęły masowo wracać tysiące ludzi, gotowych do wskrzeszenia miasta wszelkimi możliwymi metodami.

Nie wszędzie odbudowa miast po wojnie przebiegała tak jak w Warszawie. W wielu zrujnowanych miastach Niemiec i Francji decydowano się na wskrzeszenie tylko kilku najważniejszych budynków, a reszta zabudowy była już zupełnie nowa. Tymczasem dziś warszawska starówka znajduje się na prestiżowej liście Światowego Dziedzictwa UNESCO i jest niezwykłym pomnikiem ludzkiego poświęcenia i uporu (a być może również do pewnego stopnia cwaniactwa).

Za czasów niemieckiej okupacji mentalność tegoż cwaniactwa służyła jako symbol oporu wobec najeźdźcy. Na ścianach domów malowano nie tylko emblematy Polski Walczącej, czyli pamiętne kotwice, ale również żółwie podpisane skrótem „pPp" (pracuj Polaku powoli). Okupantów robiono po prostu często „w konia" i się z nich skutecznie wyśmiewano albo sabotowano ich poczynania.

Nie inaczej było za czasów innej okupacji – komunistycznej. Mimo cenzury, prześladowań i sowieckiej dominacji, w PRL-u w pewnym sensie zawsze było wesoło z powodu niezliczonych żartów z władzy, ignorowania jej głupawej propagandy, wyśmiewania komuny „między linijkami" w niezliczonych kabaretach, itd. Omijanie wymogów cenzury stało się prawdziwym narodowym kunsztem.

Pod koniec lat 70. współpracowałem przez kilka miesięcy z dwójką młodych amerykańskich reżyserów teatralnych, którzy na zaproszenie z peerelowskiego ministerstwa kultury mieli w jednym z wrocławskich teatrów wystawić sztukę. Cenzura nie zgodziła się na ich pierwszy wybór (sztukę Sama Sheparda), ponieważ był to rzekomo tekst zbyt „amerykański", choć nie wiem do dziś, co to dokładnie oznaczało. W związku z tym młodzi ludzie wybrali *Prometeusza w okowach* Ajschylosa – w oczach cenzorów dzieło bardzo bezpieczne, bo napisane przez jakiegoś tam Greka w zamierzchłej przeszłości. Tymczasem jest to jedna wielka alegoria walki pojedynczego człowieka z autorytarną władzą, a do tekstu można było wprowadzić wiele oczywistych aluzji do czasów współczesnych, co stróżom jedynie słusznej ideologii komunistycznej nie przeszkadzało. Na tej zasadzie działali w PRL-u niezliczeni dziennikarze, pisarze, ludzie teatru i filmu, etc.

Gdy jako młody człowiek mieszkałem w tzw. Polsce Ludowej, wizerunek warszawskiego cwaniaka był w wielu innych polskich miastach, np. w Poznaniu, interpretowany dość negatywnie. Dziś okazuje się, że to wcale nie była wada, tylko pozytywna cecha charakteru, choć jest zapewne spora różnica między cwaniakiem ogrywającym ludzi w trzy karty a facetem, który spryt i przebiegłość wykorzystuje w interesie własnej społeczności, sąsiedztwa, a nawet narodu. Tak czy inaczej, jeśli ktoś mi kiedyś powie, że nie ma cwaniaka nad Polaka, to się nie obrażę.

Klasztorne „małe jasne"

W USA od mniej więcej dekady trwa błyskawiczny rozwój tzw. mikrobrowarów, produkujących na małą skalę różne lokalne piwa. Jest to działalność, która – moim czysto prywatnym zdaniem – nie zawsze przynosi spodziewane rezultaty, ponieważ sporo tych piw jest po prostu kiepskiej jakości. Mankamenty jakościowe amerykańscy producenci często nadrabiają egzotycznymi nalepkami i bulwersującymi nazwami typu Smooth Hoperator, Purple Monkey Dishwasher, Evil Genius, Even More Jesus, Yeasuts Christus czy Hoppy Ending. Moją ulubioną nazwą jest ta druga na liście, bo nie ma to jak się napić purpurowego płynu do zmywania naczyń udającego piwo.

To, że niektóre z tych nazw zdają się mieć wydźwięk religijny, jest o tyle zrozumiałe, że w zamierzchłych czasach piwo w Europie warzyli w dużej mierze zakonnicy. Pewnie dlatego, iż nie mieli w swoich klasztorach zbyt dużo do roboty i nudzili się, a sprzedaż trunków przynosiła zyski. Przed dwoma laty, gdy wracałem z Polski do USA, w barze na lotnisku wrocławskim, jedynym po przebrnięciu przez *security*, zobaczyłem w sprzedaży belgijskie piwo o nazwie Grimbergen, o którym nigdy przedtem nie słyszałem. Rzecz była na tyle dobra, że sprawdziłem, skąd się wywodzi. Okazało się, że obecnie piwo to jest wytwarzane przez dwa duże koncerny, Heineken oraz Carlsberg. Jednak w przeszłości, począwszy od XIII wieku, było dziełem zakonników klasztoru Grimbergen w Belgii, którzy poniechali produkcji dopiero w roku 1795, kiedy to klasztor został zaatakowany i spalony przez francuskich żołnierzy. Stąd łacińskie motto zakonu brzmi *Ardet nec consumitur*, czyli „spaleni, ale nie zniszczeni".

I oto przed kilkunastoma dniami pojawiła się wiadomość, że mnisi z Grimbergen postanowili po ponad 200 latach przerwy ponownie zacząć warzyć piwo, które w ograniczonych ilościach ma się pojawić w sprzedaży już w przyszłym roku. W tym celu odgrzebano w archiwach stare przepisy i zatrudniono nowy personel obarczony zadaniem „rozruchu produkcji". Na czele tej kadry stanie na jakiś czas główny piwowar Carlsberga, Marc-Antoine Sochon, który twierdzi, że na początek zamierza produkować ok. 10 hektolitrów wskrzeszonego Grimbergena.

Ojciec zakonnik Karel Stautemas, który od lat rezyduje w klasztorze jako jeden z przełożonych, też zostanie zaprzężony do roboty, ponieważ został wysłany na przeszkolenie do Scandinavian School of Brewing w Kopenhadze i stanie się jednym z pięciu mistrzów piwowarstwa w Grimbergen. Twierdzi, że powrót do produkcji piwa w klasztorze jest dla niego bardzo ważny, gdyż w ten sposób odrodzi się tradycja sięgająca 1278 roku. Podejrzewam dodatkowo, że radość z powodu renesansu warzenia wynika też z faktu, iż produkt musi ktoś nieustannie próbować, a zatem jest dobry pretekst do tego, żeby się po modlitwie wieczornej napić w celach degustacyjnych.

Zakonnicy w Grimbergen mają się wiernie trzymać piwowarskich przepisów ustanowionych przed wiekami przez trapistów, czyli Cystersów Ściślejszej Obserwancji (*Ordo Cisterciensis Strictioris Observantiae*). Nazwa jest dość dziwna, ale nie ma to większego znaczenia. Jest to zakon katolicki, istniejący pod tą nazwą od 1903 roku, a wywodzący się z opactwa cysterskiego Notre-Dame de la Trappe w miejscowości Soligny-la-Trappe we Francji (południowa Normandia). To tam już w średniowieczu wytwarzano kilka rodzajów mocnego piwa, które pod nazwą Chimay Ale można do dziś kupić w amerykańskich sklepach z napojami alkoholowymi.

Nie sposób specjalnie dziwić się temu, iż zakonnicy poświęcili się piwowarstwu, gdyż klasztor La Trappe był początkowo bardzo zamożny, ale potem popadł w tarapaty w wyniku licznych wojen a pod koniec średniowiecza został obłożony klątwą przez papieża Bonifacego IX za uchylanie się od płacenia podatków. Na początku XVII wieku większość zakonników opuściła ruiny opactwa. Pozostało kilku najbardziej wytrwałych, wraz z opatem Marsollierem. Mimo to, piwo było nadal produkowane, bo w obliczu piętrzących się trudności najlepiej było strzelić sobie kilka kufli i o wszystkim zapomnieć. Dziś zasady warzenia piwa ustanowione przez trapistów są światowym wzorcem dla wszystkich producentów.

Zasady te nie dotyczą wyłącznie samego procesu produkcji piwa. Zakonnicy zobowiązali się sami do tego, że warzenie piwa odbywać się będzie w murach klasztoru, a nie w jakiejś innej placówce, a wszelkie zyski ze sprzedaży przeznaczane będą na utrzymanie zakonu oraz na cele charytatywne. Innymi słowy, zakonnicy nie mogą liczyć na nowe luksusowe samochody i życie w wygenerowanym przez piwo bogactwie.

Wszystko to ma pewne znaczenie dla wspomnianej na początku amerykańskiej rewolucji piwowarskiej. Problem polega na tym, że mistrzowie małego jasnego, pracujący w USA w mikrobrowarach, w zasadzie nie trzymają się żadnych zasad ani też nie mogą szperać w klasztornych archiwach w poszukiwaniu średniowiecznych przepisów, gdyż takowych po prostu nie ma, a Indianie przed najazdem bladych twarzy o piwie nic nie wiedzieli. Należy w tym miejscu przypomnieć również, iż państwo amerykańskie zakładali przede wszystkim purytanie, którzy do wytwarzania i konsumpcji alkoholu mieli stosunek niechętny, by nie powiedzieć wrogi.

Dla Ameryki mikrobrowarniczej oznacza to, że albo produkcja piwa będzie kwestią nieustannej improwizacji, albo też można pójść drogą zakonników z Grimbergen, którzy postanowili się wszystkiego ponownie nauczyć od fachowców.

Ta druga możliwość tak naprawdę nie wchodzi jednak w rachubę, gdyż europejskie studia piwowarskie są kosztowne, a naród i tak całą produkcję wypije, bo do średniowiecznych standardów piwa nie przywiązuje większej wagi.

Szturmem na kosmitów

Jeśli wierzyć licznym teoriom spiskowym, w Nevadzie od lat istnieje supertajny ośrodek o nazwie Area 51, do którego w latach 50. przewieziono kilku złapanych gdzieś kosmitów i gdzie odbywają się jakieś niezwykle ponure w swojej naturze eksperymenty militarne. Przez bardzo wiele lat rząd USA zaprzeczał, że placówka ta w ogóle istniała. Dopiero w roku 2013 opublikowano zdjęcia satelitarne Area 51, zrobione przez CIA, oraz ogłoszono, że jest to baza wojskowa, w której prowadzone są prace nad nowoczesnymi samolotami szpiegowskimi.

Wyjaśnienia te – jak można się było spodziewać – nie zadowoliły wszystkich czubków chcących na własne oczy zobaczyć Marsjan, którzy mieli rzekomo przyrżnąć swoim statkiem kosmicznym w pustynny teren w okolicach Roswell w stanie Nowy Meksyk. Sceptycznie nastawiony naród domaga się bezpośredniego wglądu w machinacje odbywające się na terenie Area 51, a ponieważ Pentagon nie chce lub nie może wykazać się pełną otwartością, nadszedł czas, by wziąć sprawy we własne ręce.

W serwisie Facebook ogłoszono kampanię na rzecz zgromadzenia się masowo w pobliżu Area 51 w dniu 20 września. Następnie tłum ma się po prostu wedrzeć do owianej tajemnicą placówki, by zbadać, co się tam naprawdę dzieje. Pomysłodawcą jest niejaki Matty Roberts z Kalifornii, który proponuje urządzenie trzydniowego festiwalu muzyczno-kosmicznego o nazwie Alienstock. Od lokalnych władz uzyskał zgodę na tymczasowe ogrodzenie terenu o powierzchni 30 akrów, gdzie zebrani zwolennicy badania UFO mają słuchać muzyki, odpowiednio inspirującej do szturmu na Area 51.

Wszystko to byłoby zapewne mało ważną ciekawostką, gdyby nie fakt, że na facebookowy apel odpowiedziały prawie 2 miliony ludzi. W związku z tym dowództwo U.S. Air Force uznało za stosowne wydanie komunikatu, w którym ostrzega się przed „bezprawnym wdzieraniem się na tereny kontrolowane przez amerykańskie siły zbrojne" oraz grozi się ewentualnym uczestnikom tego rodzaju ekscesów bliżej niesprecyzowanymi konsekwencjami. Choć trzeba mieć nadzieję, że dywanowe bombardowanie tłumu nie wchodzi w rachubę.

Wydarzenia ostatnich dni mają bardzo poważne znaczenie dla mieszkańców miejscowości Rachel w stanie Nevada, gdzie mieszka dokładnie 50 osób i gdzie prócz domów mieszkalnych nie ma absolutnie niczego z wyjątkiem niewielkiego motelu, prowadzonego przez Connie West. Rachel znajduje się w odległości 150 mil od Las Vegas, ale ważniejsze jest to, iż mieścina niemal graniczy z terenem Area 51, strzeżonym przez liczne tablice z groźnie brzmiącymi napisami typu „No trespassing", „Restricted area", etc. Jedyna droga wiodąca przez Rachel bywa nazywana Extraterrestial Highway, gdyż budzi nieustanne zainteresowanie ze strony wszystkich tych, którzy uważają, iż po nocach snują się tamtędy istoty pozaziemskie.

Normalnie ludzi na tyle stukniętych, że gotowi są tam koczować w oczekiwaniu na pogawędkę z zielonym ludzikami, jest stosunkowo niewielu. Jeśli jednak akcja wszczęta przez Robertsa spowoduje masowy najazd tysięcy ludzi, powstaną dość oczywiste trudności. Pani West twierdzi, że od czasu ogłoszenia Alienstock na Facebooku zadzwoniło do niej na razie ponad 30 tysięcy ludzi z pytaniami o to, czy mogą w tym czasie zamieszkać w motelu o intrygującej nazwie Little A'Le'Inn. Jeśli wszyscy oni istotnie zjawią się w Rachel, na nocleg w łóżku raczej nie mogą liczyć, gdyż motel oferuje gościnę dla zaledwie 50 osób.

Postawiona przed wizją inwazji na jej miejscowość przez Ochotniczą Armię Wyzwolenia Kosmitów, dzielna Connie postanowiła zaspokoić najważniejsze potrzeby intruzów przez sprokurowanie odpowiedniej liczby tzw. Porta-Potties, czyli prowizorycznych, przenośnych kibli. Bądź co bądź, szanujący się żołnierz musi przed bitwą gdzieś załatwić swoje potrzeby. Niestety na razie Connie udało się zdobyć tylko 30 toalet, co daje tysiąc klientów na każdą z nich.

Nastroje wśród tubylców są różnorodne. Niektórzy z nich twierdzą, że im więcej ludzi się zjedzie, tym lepiej, gdyż dla miasteczka Rachel będzie to czysty zysk, nie mówiąc już o ewentualnym rozgłosie medialnym. Są jednak również tacy, którzy chcą, by lokalna policja zamknęła całkowicie jedyną drogę dojazdową do Rachel, blokując tym samym poszukiwaczy kosmitów. Nieco inaczej podchodzą do sprawy mieszkańcy innego, pobliskiego miasteczka o nazwie Hikko. Zamierzają oni przyjezdnym gościom oferować stoiska z wałówą, koncerty orkiestr oraz różne inne rozrywki ludyczne. Natomiast władza powiatowa, która kontroluje zarówno Rachel, jak i Hikko, na wszelki wypadek opracowała tzw. „emergency declaration", czyli dokument, na mocy którego można będzie ewentualnie szukać pomocy u władz stanowych, gdyby sytuacja wokół Area 51 stała się zbyt groźna.

W gruncie rzeczy nikt nie wie, co stanie się 20 września w Nevadzie. Ma miejscu władz wojskowych wyciągnąłbym w końcu tych kosmitów z lodówki i pokazał narodowi, tak by wreszcie był z tym święty spokój. Chociaż z drugiej strony, nawet prezentacja przybyszów z kosmosu z pewnością nie ukróciłaby różnych teorii spiskowych. W latach 50. na terenach otaczających Area 51 notowano liczne przypadki latających tam UFO. Wojskowi dziś twierdzą, że były to zapewne samoloty U-2, które były tam testowane. My jednak swoje wiemy i nie damy się zwieść z tropu. Może po szturmie na tajemniczą bazę wreszcie wyjdzie na jaw fakt, iż to tam właśnie przywieziono na nasz glob z Marsa Baracka Obamę, którego po stosownym przeszkoleniu w nawykach Ziemian wystawiono do walki o prezydencki fotel.

Co z tą marychą?

Ponieważ tytułowa „marycha" napisana jest małą literą „m", od razu wiadomo, że nie chodzi mi o ciotkę Marychę ze Skierniewic, lecz o takie małe, zielone liście, posiadające rzekomo właściwości odurzająco-lecznicze. Sama roślina, czyli konopie, znana jest ludzkości od czasów neolitu, tyle że początkowo wytwarzano z niej przede wszystkim tkaniny oraz liny. Pierwsze ślady korzystania z marihuany w celach narkotycznych, pochodzące z drugiego milenium przed naszą erą, znaleziono jak dotąd na terenie dzisiejszego Turkmenistanu, co niestety nie wyjaśnia obecnego, mocno odurzonego politycznie stanu tego kraju. Natomiast palenie marihuany odbywało się już 2500 lat temu, czego dowodzą znaleziska archeologiczne w górach Pamiru na zachodzie Chin.

Do Europy *Cannabis sativa* trafiła dopiero w 1842 roku, kiedy to irlandzki lekarz William Brooke O'Shaughnessy przywiózł ją z podróży do Bengalu. Jednak już na początku XX wieku w licznych krajach, w tym również w USA i Kanadzie, zaczęto wprowadzać zakazy uprawiania konopi i produkowania, sprzedaży oraz używania marihuany. Dlaczego? Jeśli chodzi o Amerykę, wynikało to przede wszystkim z tego, że w latach 1900-1910 do USA napływało sporo imigrantów z Meksyku (skąd my to znamy?), głównie wieśniaków, dla których głównym źródłem okresowego odurzania się nie był alkohol, lecz marihuana. Zaczęły pojawiać się policyjne raporty, w których zamroczonym Meksykanom przypisywano różne przestępstwa i sugerowano, że palenie przez nich „trawki" daje im nadprzyrodzone siły. Były też plotki o tym, iż imigranci rozdawali narkotyk w szkołach, by w ten sposób „zepsuć" młode pokolenie Ameryki, co – sądząc po dzisiejszym stanie Unii – być może im się udało, choć wątpię, by była to wina trawki.

Tak czy inaczej, wynik tej propagandy był taki, że do roku 1931 marihuana stała się substancją zakazaną, a później zdefiniowano ją jako szkodliwy narkotyk na szczeblu federalnym. Tak się paradoksalnie składa, że dziś marycha jest ponownie legalna w 29 stanach (ale nie tych samych, w których była zakazana), choć wyłącznie w celach medycznych, natomiast w ośmiu można ją palić z dowolnych powodów. Tym samym w USA wytworzyła się kuriozalna sytuacja, bo *Cannabis* jest nadal zakazana federalnie, ale legalna w niektórych częściach kraju. I tak ktoś, kto jedzie ze stanu Waszyngton na wschód z torbą pełną marihuany w bagażniku, nie popełnia żadnego przestępstwa, ale z chwilą, gdy przekracza granicę z Idaho, staje się kryminalistą i może skończyć w więzieniu.

Dziś sytuacja wygląda tak, że tylko w dwóch krajach świata marihuana jest całkowicie legalna – Urugwaju i Kanadzie. Do grona tego ma dołączyć pod koniec tego roku Meksyk. Natomiast w kilku innych krajach – Czechach, Kolumbii, Ekwadorze, RPA i Portugalii – posiadanie marihuany zostało „zdekryminalizowane".

Wracając do USA, kociokwik prawny, jaki wytworzył się z powodu legalizacji marihuany w wielu stanach kraju, prowadzi coraz częściej do nieco dziwnych konsekwencji. Najlepszym tego przykładem jest Kalifornia, gdzie – *à propos* – marihuana jest legalna. Przed kilkunastoma dniami na przejściu granicznym Otay Mesa zatrzymano 37-letniego Meksykanina, który chciał wjechać do USA ciężarówką, na pokładzie której – jak wynikało z dokumentów – znajdował się ładunek papryk jalapeño. Czujne graniczne Fafiki wywąchały jednak nie tylko paprykę, ale również marychę, której w sumie były cztery tony, ładnie zapakowane w zielone kartony i upchnięte w pikantny towar. Wartość marihuany oszacowano na 2,3 miliona dolarów.

Zatrzymany przemytnik zapewne zostanie surowo ukarany, ale powstaje proste pytanie – dlaczego jest on uważany za przemytnika? Skoro marihuana jest legalna w Kalifornii i prawie legalna w Meksyku, teoretycznie powinny obowiązywać mniej więcej takie same przepisy jak w przypadku przewożenia przez granicę alkoholu. Obecnie obywatel USA wracający z Meksyku do kraju może bez cła wwieźć 60 litrów trunków (pod warunkiem, że nie jest stałym mieszkańcem Kalifornii, bo wtedy ten limit jest z jakichś powodów znacznie mniejszy). A jeśli chce przywieźć cysternę tequili, to też może, jeśli tylko zasili kasę wuja Sama odpowiednim haraczem celnym. Tym samym wina Meksykanina z ładunkiem papryk nie powinna polegać na samym fakcie przewożenia marihuany, lecz na tym, iż 4 tony z pewnością powinny być zgłoszone do oclenia.

Przypadek papryki z „wkładką" nie jest bynajmniej odosobniony. 14 sierpnia tego roku na tym samym przejściu granicznym znaleziono 10 tysięcy funtów marychy, która schowana była w ładunku plastikowych części samochodowych. Nieco wcześniej marihuaną wypchano transport limonek. A wszystko to wynika z tego, że ludziom wwożącym narkotyk do USA proceder ten się niezmiernie opłaca. Przeszmuglowana marihuana trafia zwykle w taki czy inny sposób do całkowicie legalnej dystrybucji w Kalifornii, a zarobione w ten sposób pieniądze są stosunkowo

„czyste", czego nigdy nie można powiedzieć w przypadku handlu kokainą czy heroiną.

Cała ta sprawa jest na tyle prosta, że aż niezwykle skomplikowana. Wystarczyłoby wszak zalegalizować marihuanę w całych Stanach Zjednoczonych i sprzedawać ją na takich samych zasadach jak wódkę i papierosy, od których jest zresztą znacznie mniej szkodliwa. Takie właśnie rozwiązanie sugeruje jeden z demokratycznych kandydatów na prezydenta, Cory Booker, ale w USA od pomysłu do ustawy jest zwykle dalej niż z Moskwy na Kamczatkę. Na razie zatem szmuglerzy-amatorzy nadal będą ukrywać marychę w owocach, warzywach i innych towarach, a czasami również w różnych jamach własnych ciał. Innymi słowy, końca tego cyrku nie widać.

Spartolona demokracja

Teoretycznie Ameryka to najlepszy w dotychczasowej historii eksperyment z demokracją. Przez wiele lat amerykański system sprawowania władzy służył jako wzór godny naśladowania. Niestety wiek XXI nie jest jak dotąd zbyt pomyślny dla idei skonstruowanych przez Jeffersona, Franklina i innych ojców amerykańskiego państwa.

By w pełni docenić stan kompletnego pomieszania z poplątaniem, jaki wytworzył się w Waszyngtonie, przypomnę w telegraficznym skrócie normalny proces legislacyjny w USA. Jest on w zasadzie bardzo prosty, a zaczyna się od tego, że poseł lub grupa posłów sporządza projekt ustawy. Najpierw jest on przedmiotem dyskusji na forum odpowiedniej komisji, a potem trafia do Izby Reprezentantów, gdzie po dalszej dyskusji poddawany jest głosowaniu. Jeśli ustawa zostaje zatwierdzona, przekazuje się ją Senatowi, który znów dyskutuje, a następnie głosuje. Jeśli i w tym przypadku większość głosuje „za", owoc tych wysiłków wędruje na biurko prezydenta, który albo ustawę podpisuje, albo ją odrzuca. Jego weto może być obalone większością 2/3 głosów parlamentu.

Dziś jednak cały ten proceder wygląda zupełnie inaczej i w sumie składa się na obraz ustawodawczej nędzy i rozpaczy. Izba Reprezentantów, kontrolowana obecnie przez demokratów, może sobie zatwierdzać dowolne akty prawne, ale i tak żaden z nich nie wejdzie w życie, gdyż republikański przywódca w Senacie, Mitch McConnell, ma bardzo duże biurko z wieloma szufladami, do których wpycha wszystkie przysyłane mu szpargały i nie dopuszcza do głosowania nad proponowanymi ustawami. Dlaczego nie dopuszcza? Twierdzi, iż nie będzie się niezdrowo męczył tylko po to, by potem ustawy te były odrzucane przez prezydenta. Innymi słowy, dopuści do głosowania senackiego nad jakąś ustawą tylko wtedy, gdy wcześniej Trump oznajmi, że ją podpisze, co w sumie przypomina zaprzęganie konia zadem do przodu, a łbem do wozu. Powinno bowiem być tak, iż ustawodawcy zatwierdzają ustawy nie oglądając się na prezydenta, a ów decyduje według własnego uznania.

Dodatkowym aspektem całego tego szaleństwa jest to, że obecny prezydent jest facetem – delikatnie mówiąc – mało przewidywalnym, w związku z czym nawet wtedy, gdy mówi, że coś podpisze, to tylko mówi, bo żadnych gwarancji nigdy nie ma. Dziś wspomina na przykład, że być może podpisze ustawę o wprowadzeniu obowiązku sprawdzania przeszłości wszystkich nabywców broni palnej. Jednak projekt tego aktu prawnego nadal tkwi w szufladzie Mitcha, który zapewne uważa, iż Trump nie mówi serio i że jak odkurzy tę ustawę, to zaraz będzie prezydenckie weto.

Mamy w związku z powyższymi faktami następującą tragikomiczną sytuację. Gdy ktoś w Izbie Reprezentantów proponuje nową ustawę, absolutnie wszyscy wiedzą od samego początku, że nic z tego nie będzie, czyli że jest to proces jałowy i nieprowadzący do namacalnych rezultatów. Mimo to panowie posłowie dyskutują, spierają się, głosują, a przecież równie dobrze mogliby się oddawać jakimś waszyngtońskim uciechom, łącznie z cielesnymi, co przyniosłoby dokładnie ten sam rezultat legislacyjny, czyli żaden. Kongres w swoim obecnym kształcie nie jest w stanie zatwierdzić niczego istotnego, co oznacza, że prawem stają się wyłącznie jakieś niekontrowersyjne głupoty bez większego znaczenia. Jest to zatem stan głęboko spartolonej demokracji.

Mógłby ktoś powiedzieć, że sprawy miałyby się inaczej, gdyby tylko jedna partia kontrolowała zarówno władzę ustawodawczą, jak i wykonawczą. Być może, ale wtedy trzeba się liczyć z innym rodzajem spartolenia, które nazywam „modelem nadwiślańskim". Polski Sejm i Senat kontrolowane są przez jedno ugrupowanie polityczne, co powoduje, iż zatwierdzenie czegokolwiek to pestka, tym bardziej że sprzymierzony politycznie prezydent podpisuje wszystko, co mu się na biurko położy. Jednak w tym scenariuszu jest tak, że ważne ustawy proponowane są w południe, a już o północy dochodzi do głosowania, bez żadnych konsultacji lub dyskusji, choć po tzw. oficjalnym czytaniu, do którego wkrótce trzeba będzie angażować ludzi zdolnych do wypowiadania kilkudziesięciu słów na sekundę. Rezultatem bywają niestety dość często postanowienia mocno kontrowersyjne bądź takie, które wydają się przeczyć konstytucji.

W obliczu nadwątlonego parlamentaryzmu po obu stronach Atlantyku zaczynam tęsknić za rządami *demos*, czyli ludu (choć nie proletariatu), czyli za nieosiągalnym dziś modelem demokracji bezpośredniej. Niedawno byłem w Islandii, gdzie oglądałem między innymi miejsce, w którym już w roku 930 zbierał się pod gołym niebem *Althing*, czyli parlament wczesnych osadników. W czasie obrad, w których uczestniczyła liczna zgraja Wikingów (w zasadzie 100 procent męskiej ludności), zapadały wszystkie istotne decyzje. A ponieważ nie było wtedy jeszcze ani Mitcha, ani jego szuflad, o wstrzymywaniu procedur legislacyjnych nie mogło być mowy. Nie było też prezydenta, senatu, wyborów, zawodowych polityków, prawników, grup nacisku, partii politycznych, *fake news*, ani nawet elektoratu, który jest w demokracji bezpośredniej niepotrzebny, bo każdy reprezentuje siebie. Słowem byłby to raj na ziemi, gdyby nie to, że w Islandii jest przeważnie zimno i wietrznie. Z drugiej strony, być może trudne warunki atmosferyczne zapewniały szybkie podejmowanie decyzji przez zmarzłych na kość pionierów.

Niestety w amerykańskim Kongresie jest ciepło oraz zamożnie, a to, że od pewnego czasu wszystko jest tam postawione na głowie, nikomu zdaje się za bardzo nie przeszkadzać. Może do skutecznej naprawy republiki potrzebne jest najpierw wyłączenie na jakiś czas w Kapitolu klimatyzacji.

Tadeusz i złoty a sprawa polska

Przywódca wolnego świata, Donald Trump, wybiera się pod koniec sierpnia z krótką wizytą do Polski, gdzie ma wziąć udział w uroczystościach związanych z 80. rocznicą wybuchu II wojny światowej. Mam nadzieję, że wie, kiedy wojna ta wybuchła i w jakich okolicznościach, a jeśli nie wie, to może ktoś mu szybko przed odlotem do Warszawy powie. Dobrze by również było, gdyby wiedział, że konflikt ten wywołali hitlerowcy, a nie nielegalni imigranci z Kazachstanu lub rozpasani lewacy z Francji.

Moje wątpliwości na temat prezydenckiej wiedzy dotyczącej tego tematu wynikają z faktu, iż przed kilkunastoma dniami, na okoliczność 75. rocznicy wybuchu Powstania Warszawskiego, reporterzy zapytali Trumpa, jakie ma z tej okazji przesłanie do polskiego narodu. Udzielona odpowiedź sugeruje niestety, iż prezydent nie ma żadnego pojęcia o Powstaniu Warszawskim, choć zapewne orientuje się z grubsza, gdzie jest Warszawa, bo już tam kiedyś był. Oto jak prezydent odpowiedział na to pytanie: *– Mam wiele szacunku dla Polski i – jak wiecie – Polacy mnie lubią, a ja lubię ich. Wkrótce jadę do Polski. Wiem, że budują tam nową instalację – za własne pieniądze – stuprocentowo za własne. Budują coś, co jest bardzo dobre dla Stanów Zjednoczonych. Polski rząd zrealizuje ten projekt bez obciążania Stanów Zjednoczonych.*

Dokładnie nie wiadomo, o jaką „nową instalację" Trumpowi chodziło, ale należy założyć, że mówił o małej bazie wojskowej, w której stacjonować ma ok. tysiąca amerykańskich żołnierzy. Być może nazywać się ona będzie „Fort Trump", choć ze względu na jego niemieckie pochodzenie równie dobrze mogłaby się nazywać „Festung Trump".

Wynika stąd, że przesłanie amerykańskiego przywódcy z okazji rocznicy wybuchu Powstania Warszawskiego – w którym zginęło 150 tysięcy ludzi i które skończyło się zrównaniem Warszawy z ziemią – jest takie, że Ameryka jest zadowolona z faktu, iż Polacy sami zapłacą za zbudowanie nowej bazy wojskowej. To prawie tak samo jakby przesłaniem rządu RP do Ameryki z okazji kolejnej rocznicy ataków terrorystycznych 9/11 była satysfakcja z powodu tego, że już wkrótce zniesione zostaną wizy wjazdowe dla Polaków, a władz nad Wisłą absolutnie nic to nie będzie kosztowało.

Wymijająca odpowiedź Trumpa na pytanie o Powstaniu Warszawskim nie uszła uwagi znanego komentatora sieci telewizyjnej MSNBC Chrisa Hayesa, który zauważył, że nasz wódz „nigdy nie był zbyt pilnym studentem historii oraz geografii" i przypomniał o tym, że w swoim czasie pomylił Anglię z Wielką Brytanią oraz Rosję ze Związkiem Sowieckim. Jednak wszystko to nie dotyczy wyłącznie osoby prezydenta, gdyż jest raczej symptomem znacznie szerszego zjawiska.

Amerykanie – nie tylko na szczeblu federalnym, ale w ogóle – zdradzają czasami bulwersującą nieznajomość faktów historycznych i geograficznych, które to fakty Polakom, a być może również wielu innym nacjom europejskim, wydają się oczywiste i ogólnie znane. Powszechne jest na przykład w USA przekonanie, iż II wojna światowa wybuchła z chwilą, gdy Japończycy zaatakowali Pearl Harbor. Pewne wydarzenia i osoby są wprawdzie znane, ale nie do końca. Na przykład: przed kilkoma miesiącami rozmawiałem z zamożnym człowiekiem, który jest dobrze wykształcony i prowadzi sporej wielkości firmę na wschodnim wybrzeżu. Gdy rozmowa zeszła na moje pochodzenie, człowiek ten zapytał mnie, czy to Lech Wałęsa wprowadził w Polsce stan wojenny. O generale Jaruzelskim nigdy nie słyszał.

Polacy mieszkający w USA często irytują się tym, że w ich środowisku ludzie wiedzą o Polsce, Europie i świecie bardzo niewiele i – co więcej – zdają się być mało zainteresowani światem poza amerykańskim kontynentem. Jednak ta obojętność i niewiedza są w dużym stopniu zrozumiałe. Po pierwsze, wynika to z faktu, że geografia jako oddzielny przedmiot praktycznie nie istnieje w amerykańskich szkołach publicznych, a historia dotyczy przede wszystkim Ameryki. Po drugie, dają o sobie znać lata supermocarstwowości, z której wynika, że to świat powinien wiedzieć wszystko o USA, a nie odwrotnie. Przeciętny Amerykanin nie wie nic o Powstaniu Warszawskim, ale spodziewa się, że reszta świata musi doskonale znać historię Waszyngtona, Franklina, Lincolna, itd.

W niczym nie usprawiedliwia to jednak Trumpa, który nie tylko nie jest przeciętnym Amerykaninem, ale sam obwołał się „niezwykle stabilnym geniuszem" i kontroluje wielki arsenał broni nuklearnej. W swojej prezydenckiej roli powinien mieć zawsze do dyspozycji sztab suflerów, którzy w odpowiednich momentach mogliby mu podpowiadać, jak się ma wypowiadać na co bardziej skomplikowane tematy, takie jak Powstanie Warszawskie, teoria względności czy tabliczka mnożenia.

Być może nie wszyscy wiedzą, że w roku 2018 kongresman z Pensylwanii, Brendan Boyle, zaproponował nową ustawę o nazwie Stable Genius Act, na mocy której wszyscy kandydaci na prezydenta mieliby obowiązek poddania się badaniom psychiatrycznym, tak by sprawdzić, czy mają całkowicie równo pod stropem. Ustawa ta ma wprawdzie zerowe szanse na zatwierdzenie, ale ja proponuję dodanie do niej wymogu udzielenia odpowiedzi na szereg zaskakujących pytań typu: „Czy wiesz, gdzie jest Polska?", „Kto to był Tadeusz Bór-Komorowski" oraz „Jaki jest obecny przelicznik dolara w stosunku do złotego?". Wprowadzenie takiego testu oznaczałoby automatycznie, że tylko bardzo niewielki procent polityków kwalifikowałby się na amerykańską prezydenturę, czyli selekcja byłaby niezwykle ostra. I o to chodzi.

Niksen i wszystko jasne

Nie jest dla nikogo tajemnicą, że Amerykanie są w większości przepracowani i „wypaleni". Statystyki wykazują, iż liczni ludzie nie korzystają nawet ze wszystkich przysługujących im wakacji, pracują po godzinach i za bardzo przejmują się problemami w pracy, które zresztą przenoszą potem do domów. Życie w nieustannym stresie to normalka, a nawet chwalebny symbol tego, że ktoś jest aktywny i się stara, a nie siedzi w domu na czterech literach, pijąc piwo zagryzane jakimś kardiologicznie niebezpiecznym świństwem. Jednak nie wszystkie narody są tak samo przywiązane do mitologii nieustannego krzątania się.

W języku holenderskim istnieje czasownik i rzeczownik *niksen*, który oznacza oddawanie się całkowitej bezczynności. Nie jest to jednak tradycyjny odpoczynek, przerwa w robocie czy też wakacyjny wyjazd. Człowiek oddający się *niksen* przenosi się na pewien czas do zupełnie innej rzeczywistości, w której nie musi niczego robić, niczym się przejmować ani też nie ma jakichkolwiek oczywistych obowiązków. Jest sam na sam z sobą i nic więcej go nie obchodzi.

W jaki sposób Holendrzy uprawiają *niksen*? Odpowiedź jest zaskakująco prosta. Są mistrzami w nagłym wyłączaniu się z nurtu normalnego życia. Czasami robią to na kilka minut, czasami na kilka godzin, ale zawsze po mistrzowsku i w sposób absolutnie bezwzględny. Człowiekowi przebywającemu w rzeczywistości *niksen* nikt nie ma prawa w jakikolwiek sposób przeszkadzać. Ponadto totalny relaks można uprawiać dosłownie w każdej chwili, na przykład w czasie nudnego zebrania albo z okazji pogrzebu krewnego lub znajomego.

Gdy po raz pierwszy o tym się dowiedziałem, z pewnym niepokojem doszedłem do wniosku, iż moja małżonka niemal na pewno uważa, iż ja *niksen* oddaję się od wczesnego dzieciństwa, z małymi przerwami na zdawkową pracę. Jednak w gruncie rzeczy jest to zjawisko bardziej skomplikowane. W języku angielskim istnieje wiele z gruntu negatywnych określeń na kogoś, kto jest leniwym darmozjadem: *couch potato, slacker, lazy ass*, itd. Jednak *niksen* to słowo pozytywne. Gdy w Holandii ktoś pyta bliźniego o to, co robił przez ostatnie kilka dni, a ów odpowiada *Oh, ik zat te niksen*, jest to radosne wyznanie tego, że nie robiło się absolutnie nic, ku chwale własnego samopoczucia.

Niksen znaczy dosłownie „nic nie robić", ale już dawno obdarzone zostało dodatkowymi niuansami semantycznymi. Carolien Hamming – która w Amsterdamie jest szefową agencji CSR Centrum, zajmującej się pomaganiem ludziom kompletnie zestresowanym – twierdzi, iż kluczem do „niksenowania" jest wejście w stan, w którym wszelkie działanie nie ma żadnego konkretnego celu, ani w sensie fizycznym, ani też mentalnym. Innymi słowy, rządzą niepodzielnie płynące swobodnie i totalnie bezcelowe myśli o niczym. – Niksen *nie wymaga żadnego treningu* – twierdzi Hamming. – *To po prostu samo się staje*. Leżenie na trawie w parku i bezmyślne gapienie się w niebo – *niksen*. Siedzenie na ławce i przyglądanie się przechodniom – *niksen*. Liczenie baranów na łące bez żadnego powodu – *niksen*.

W Holandii uprawianie tego rodzaju bezczynności jest o tyle łatwe, że etos nieustannego zasuwania do roboty i przejmowania się najdrobniejszymi sprawami jest tam znacznie słabszy niż w USA. Erika van der Bent, która jest projektantką pracującą w mieście Scheveningen, opisuje to tak: „*Niksen* to zachowanie typowe dla lwów, które większość dnia spędzają na relaksie, a ruszają się tylko wtedy, gdy trzeba doraźnie upolować zebrę, która nieopatrznie też oddaje się *niksen*. Kiedy ja sama uprawiam *niksen*, działam w bardzo podobny sposób. Gdy się budzę i nic mi się nie chce robić, nic nie robię – leżę i myślę o głupotach. A gdy przychodzi czas na działanie, to działam, ale bez przesadnego poczucia konieczności wykonania na czas jakiegoś zadania".

Wszystko to nie oznacza oczywiście, iż Holendrzy to zgraja wylegujących się nieustannie lekkoduchów. Ci, którzy zdradzają nadmierne przywiązanie do *niksen*, spotykają się czasami z negatywnymi pytaniami typu *Heb je vandaag weer zitten niksen?*, co znaczy mniej więcej: „Czy przez cały dzień nie zrobiłeś absolutnie niczego?". Jednak coś w tej filozofii jest, gdyż w roku 2012 opublikowane zostały wyniki badań, z których wynikało jednoznacznie, iż ludzie oddający się okresom bezczynności i „myślenia o niczym" zwykle zdradzają potem lepszą wydajność w pracy, kreatywność i dobre samopoczucie.

Termin *niksen* został ostatnio opisany w kilku czołowych amerykańskich gazetach, m.in. w dzienniku *The New York Times*. Jednak Hamming wątpi, by taki styl życia mógł się przyjąć w USA. Jej zdaniem amerykańskie społeczeństwo jest za bardzo przywiązane do merytokracji, czyli przekonania o tym, iż sukces w życiu zależy od pracy, wysiłku, inteligencji, wykształcenia, starania się, itd. W końcu od dawna istnieje termin *rat race* (wyścig szczurów), który definiuje w Ameryce nieustanną pogoń za sukcesem i zwalczaniem wszelkiej konkurencji na drodze do tegoż sukcesu. I dlatego my zapewne nadal będziemy się beznadziejnie stresować, podczas gdy Holendrzy czasami wyznają bez żadnej żenady, iż w danym dniu zrobili *lekker niksen*, czyli rozkoszne nic. Tyle że według nich *niksen* to nie lenistwo, tylko filozofia życia.

Jeśli zatem za tydzień w tym miejscu nie ukaże się mój tekst, proszę o niewyciąganie z tego faktu pochopnych wniosków o mojej śmierci lub o wszczęciu kariery pustelnika. Będzie to oznaczać wyłącznie moje „niksenowanie".

Z kleszczem na wroga

W ubiegłym roku byłem raz na grzybach w stanie Wisconsin. Mój kumpel, który tam mieszka, ostrzegł mnie, że przed wyprawą do lasu należy się odpowiednio przygotować na atak wszechobecnego wroga w postaci kleszcza. Długie skarpety, czapka na łbie, w miarę wysokie buty oraz skóra spryskana odpowiednim chemicznym specyfikiem. Tak przygotowani ruszyliśmy w leśne ostępy i nawet udało się nam znaleźć trzy grzyby na krzyż. Po powrocie z tej wyprawy odkryłem na odzieży jednego kleszcza, na którym wykonałem natychmiastową egzekucję. Natomiast w sierści towarzyszącego nam psa kleszczy było znacznie więcej i trzeba je było skrupulatnie wyczesywać.

Jak powszechnie wiadomo, kleszcze (w USA często zwane *deer ticks*, bo traktują jelenie jak taksówki) to krwiopijcy. Mogą być nosicielami tzw. boreliozy (*Lyme disease*), która nie jest wprawdzie śmiertelnym zagrożeniem, ale powoduje u ludzi wysypki, stan ogólnego zmęczenia i apatii oraz objawy podobne do grypy. Przypadłość tę leczy się skutecznie antybiotykami, ale każdy zarażony czuje się fatalnie przez przynajmniej dwa tygodnie.

Idąc w las w stanie Wisconsin sądziłem nierozważnie, naiwnie i beztrosko, że kleszcze z ich ładunkiem boreliozy to po prostu naturalne zjawisko, takie jak jadowite węże, zarazki w surowym mięsie, itd. Okazuje się jednak, że taki przeciętny kleszcz to broń masowego rażenia, skonstruowana w jakichś ciemnych piwnicach amerykańskich speców od broni biologicznej. Tak przynajmniej wynika z tezy postawionej przez Kris Newby, która napisała na ten temat książkę. Jej zdaniem w latach 50. lub 60. amerykański Departament Obrony prowadził tajne doświadczenia z kleszczami, których celem było zarażenie arachidów bakcylem boreliozy w celu ewentualnego zastosowania ich do walki z wrogiem. Wprawdzie Kris nie oferuje żadnych konkretnych dowodów na swoje brednie, ale we współczesnej Ameryce nikomu to za bardzo nie przeszkadza, gdyż niemal każda teoria spiskowa znajduje nieuchronnie zwolenników.

Nic zatem dziwnego, że treść książki pani Newby została niemal natychmiast podchwycona przez republikańskiego kongresmena ze stanu New Jersey, Christophera Smitha, który zażądał, by Pentagon przeprowadził w tej sprawie śledztwo. Dzielna postawa prawodawcy wobec narastającego zagrożenia dla bezpieczeństwa narodowego ze strony kleszczy jest zrozumiała, gdyż na co dzień Kongres nie ma zbyt wiele do roboty, a zagrożenie ze strony Iranu już się wszystkim znudziło. Smith jest zdania, że coraz większa liczba zachorowań na boreliozę w USA to wynik tego, iż w pewnym momencie spreparowani odpowiednio przez Pentagon krwiopijcy dali drapaka z tajnego laboratorium i poszli w las, gdzie dziś napadają na miłośników grzybobrania, takich jak ja.

Problem w tym, iż ta niezwykle intrygująca, spiskowa teoria dziejów nie trzyma się kupy. Po pierwsze – jak twierdzą naukowcy – kleszcze były na obecnym terytorium USA nosicielami boreliozy już w czasach Kolumba, a Katharine Walter z Yale University jest nawet przekonana o tym, iż boreliozą można się było w Ameryce zarazić 60 tysięcy lat temu. Po drugie, są to organizmy obecne na wszystkich kontynentach, gdzie bywają nosicielami kilku różnych chorób, w tym również boreliozy. Jeśli zatem jakiś kleszcz zwiał z laboratorium Pentagonu, musiał następnie kupić bilet na lot do Europy lub Azji, by się tam rozprzestrzenić.

Wreszcie po trzecie, istnieje wiele innych, mniej egzotycznych powodów, dla których zachorowania na boreliozę stają się coraz częstsze. Światowa Organizacja Zdrowia wskazuje między innymi na fakt, że ludzie oraz częściej osiedlają się na terenach zalesionych, które stanowią naturalne środowisko dla kleszczy. Nie bez znaczenia są również zmiany klimatyczne. Cieplejsze zimy i dłuższe lata powodują, iż coraz więcej kleszczy jest w stanie żyć i rozmnażać się na północy USA, gdzie wcześniej w ogóle nie występowały. Ponadto począwszy od lat 30. minionego wieku nieustannie rośnie populacja jeleni, szczególnie w południowo-wschodnich stanach USA, a to sprzyja rozprzestrzenianiu się kleszczy.

Pomijając wszystkie te rozważania, mnie najbardziej intryguje to, dlaczego głównym składnikiem broni biologicznej miałyby być zarazki boreliozy. Jak słusznie zauważył Phil Baker, szef American Lyme Disease Foundation, „borelioza nie zagraża życiu, a zatem nie jest dobrą kandydatką na broń jakiegokolwiek rodzaju". No właśnie. Załóżmy, że Rosjanie nagle dokonują desantu na Newark, by porwać kongresmena Smitha, a my dajemy im w kość milionami kleszczy, zrzuconych na mikroskopijnych spadochronach w kierunku przerażonych oddziałów wroga. Ruskie sołdaty, ugryzione przez naszych dzielnych owadzich żołnierzy, poczułyby pierwsze symptomy choroby dopiero po dwóch tygodniach, a potem ich samopoczucie byłoby podobne do tego, jakie jest skutkiem przedawkowania Stolicznej. Innymi słowy, najeźdźca szybko by się z tego ataku otrząsnął i strzelał dalej. Gdyby tak te kleszcze nafaszerować jakimś radioaktywnym plutonem, to nie tylko byłyby znacznie bardziej niebezpieczne, ale po nocach skutecznie zastępowałyby świetliki.

Nie bardzo wiem, jak zareagować na to, że amerykański Kongres jest zainteresowany badaniem spisku z udziałem uzbrojonych sztucznie kleszczy. Być może jest to bardzo adekwatny symbol tego, co się od pewnego czasu w Waszyngtonie dzieje. W każdym razie przy okazji następnego wypadu do lasu na grzyby wejdę w leśne chaszcze w poczuciu niemal frontowym. Gdybym miał kałasznikowa, to bym go wziął ze sobą. W końcu wyzwolony z laboratoryjnej niewoli wróg nigdy nie śpi.

Do pracy z manekinem

Począwszy od lat 70., czyli w czasach ostrego kryzysu paliwowego, spowodowanego arabskim embargiem na dostawy ropy naftowej, na niektórych amerykańskich autostradach zaczęły pojawiać się pasy ruchu oznaczone skrótem HOV (*High Occupancy Vehicle*). Chodziło o stworzenie specjalnych „kanałów" dla tych kierowców, którzy mieli przynajmniej jednego pasażera. Dziś pasy HOV znajdują się w wielu dużych miastach USA, ale nie ma ani jednego w Chicago. Skuteczność tego rozwiązania pozostaje dyskusyjna, natomiast pomysłowość kierowców w omijaniu przepisów nie podlega żadnym dyskusjom.

Policja w Nevadzie zatrzymała niedawno na pasie HOV karawan pogrzebowy, którego kierowca pruł do jakiegoś celu z trumną i nieboszczykiem na pokładzie. Gdy policjant Travis Smaka zapytał go, dlaczego korzysta z pasa przeznaczonego dla pojazdów z przynajmniej jednym pasażerem, odparł, że przecież ma pasażera, tyle że martwego. Tłumaczenie to nie przekonało przedstawiciela władzy, który wprawdzie nie wlepił zatrzymanemu mandatu, ale udzielił mu ostrzeżenia i powiedział jasno – trup to nie pasażer, lecz ładunek. Jakby na to nie patrzeć, jest to makabryczna prawda.

Przepisy stanowią też, że kobiety w ciąży nie mogą uzasadniać podróżowania po pasach HOV tym, iż mają pasażerów macicznych, a posiadacze psów i kotów nie mają szans w dyskusjach z policjantami o tym, czy ich czworonożni pupile dają im prawo do korzystania z tego rodzaju pasów. Cztery psie nogi nie przekładają się ani na jednego pasażera, ani tym bardziej na dwóch. Z drugiej strony dzieci w dowolnym wieku to legalni towarzysze podróży, pod warunkiem, że zajmują oddzielne miejsce, a nie czekają na poród. W roku 2006 pewna kobieta w Arizonie usiłowała argumentować, że nienarodzone dziecko to pasażer, ale sędzia kazał jej najpierw urodzić, a potem dopiero jeździć po pasach HOV.

Prawdą jest to, że kierowcy uciekają się do karkołomnych często zabiegów, by móc podróżować pasami HOV – które są zwykle mniej zakorkowane – nawet wtedy, gdy w ich samochodach nikogo innego nie ma. Chodzi w tych zabiegach o to, by dodać sobie pasażera sztucznego. Z notatek policjantów w różnych częściach kraju wynika, iż najpopularniejszymi metodami dodawania pasażerów są:

* sadzanie koło kierowcy manekina sklepowego lub nadmuchiwanej, plastikowej baby, zwykle używanej do zupełnie innych celów;
* przyklejanie peruk lub balonów do górnej części oparcia fotela pasażera;
* zapinanie pasów, mimo że na fotelu nikogo nie ma, i udawanie, że się z kimś nieustannie rozmawia;
* przykrywanie fotelika samochodowego dla dziecka kocykiem, spod którego wystaje lalka;
* Zasłanianie szyby bocznej;
* Zapinanie pasami na przednim fotelu psów, szczególnie jeśli są to bestie duże i posiadające mordy przypominające twarze oprychów spod budki z piwem.

Jednak inwencja kierowców na tym się nie kończy. W roku 2015 w miejscowości Fife w stanie Waszyngton policja zatrzymała faceta, obok którego siedziała kartonowa wersja aktora Jonathana Goldsmitha. W tych samych okolicach (wokół Seattle) kierowcy umieszczają czasami na fotelach śpiwory wypchane papierem lub torbami plastikowymi, co ma w sumie symulować obecność śpiącego Johna Smitha w pojeździe.

Jeszcze bardziej egzotyczne były wysiłki pewnego kalifornijskiego kierowcy, który na przednim siedzeniu umieścił dokumenty korporacyjne (*Articles of Incorporation*) swojego biznesu i usiłował przekonać policjanta, iż ta sterta papieru to „osoba" na mocy stanowych przepisów, w których znajduje się zapis o tym, iż osoba to „ludzie lub korporacje". Policjant argumentację tę zignorował, być może dlatego, iż dokumenty nie były przypięte pasami. Sprawa ta trafiła do sądu, gdzie sędzia, oddalając pretensje kierowcy, powiedział: – *Zdrowy rozsądek nakazuje myśleć, że wożenie w samochodzie sterty papierów nie rozwiązuje w żaden sposób problemu zatłoczenia autostrad.* No i wszystko jasne, choć dziwię się, że w amerykańskim sądownictwie ktoś w ogóle nadal odwołuje się do rozsądku.

Jeśli chodzi o stosowanie manekinów, to swoisty rekord pobiła 61-letnia kobieta, która została zatrzymana na nowojorskiej autostradzie. Obok niej siedział manekin umalowany szminką, noszący perukę i ciemne okulary, oraz ubrany w niebieski sweter. Policjant patrolujący autostradę nabrał podejrzeń właśnie z powodu tych okularów, gdyż dzień był pochmurny i deszczowy. Pani wraz z manekinem dostali mandat w wysokości 135 dolarów.

Jak wspomniałem wcześniej, stosowanie pasów HOV jest przedmiotem wielu kontrowersji. Niektórzy twierdzą, że niczego to nie rozwiązuje i nie rozładowuje korków w newralgicznych punktach autostrad. Ponadto, jeśli dodawanie sztucznych pasażerów jest zjawiskiem masowym, celowość tego wszystkiego staje się wątpliwa. Jak wynika ze statystyk, w australijskim mieście Brisbane w latach 2009-10 ponad 90 proc. kierowców jadących pasami HOV nie miało pasażerów. Dziś jednak rzekomo australijska policja jest znacznie bardziej czujna, w wyniku czego wskaźnik tej swoistej przestępczości spadł poniżej poziomu 50 proc.

W Chicago nie mamy się czym przejmować, gdyż pasów HOV w ogóle nie ma. A nie ma ich podobno dlatego, że okoliczne autostrady są zbyt stare i na tyle zatłoczone oraz zdezelowane, iż wydzielenie specjalnego pasa gdziekolwiek wymagałoby ogromnych nakładów finansowych, których oczywiście nie ma i nie będzie. Nie mówiąc już o tym, że wynikające z tego prace drogowe doprowadziłyby do totalnego chaosu. Mamy za to oczywiście *reversible express lanes*, których nazwa jest wprawdzie oczywistą sprzecznością terminologiczną, ale nie wymagają nadmuchiwania *sex dolls* w celu legalnego po nich podróżowania.

Nago, ale wesoło

Jak już wielokrotnie w tym miejscu wspominałem, amerykański wymiar sprawiedliwości ma dziwną tendencję do zajmowania się sprawami zgoła głupimi, które teoretycznie nigdy nie powinny gościć na wokandzie. W mieści Everett w stanie Waszyngton, o rzut beretem na północ od Seattle, przez pewien czas toczyła się prawna utarczka o to, czy kobiety serwujące kawę w takich przybytkach jak Hillbilly Hotties mogą pokazywać się klienteli w mocno skąpych strojach bikini, czy też muszą być odziane w sposób bardziej konserwatywny.

Wszystko wskazuje na to, że na razie wygrały siły wstrzemięźliwości cielesnej, jako że sąd apelacyjny uznał, iż baby w kawiarni muszą odpowiednio przykrywać swoje walory fizyczne. Tym samym unieważniona została wcześniejsza decyzja sędzi Marshy Pechman, która była w roku 2017 zdania, iż kobiety serwujące kawę mogą nosić dowolną odzież, pod warunkiem, że nie są nagie.

Wszystkie te potyczki prawne biorą się stąd, że rada miejska Everett, przerażona wizją na poły obnażonych biustów, dyndających niebezpiecznie nad kubkami z kawą, zatwierdziła dwa dekrety. Pierwszy z nich stanowił, że wszystkie pracownice lokali gastronomicznych muszą mieć na sobie przynajmniej podkoszulki oraz szorty. Drugi zaś znacznie rozszerzył definicję tego, co stanowi „publiczną lubieżność". Przy okazji uchwalania tych dekretów nie obyło się bez dość intrygujących dyskusji, w ramach których prawodawcy sprzeczali się między innymi o tak ważkie sprawy jak to, gdzie kończą się majtki bikini, a gdzie zaczyna się golizna oraz jaki dokładnie obszar żeńskich wypukłości powinien zakrywać przeciętny stanik. Mógłbym oczywiście zaoferować legislatorom własną, bardzo liberalną opinię w tej tematyce, ale na szczęście się powstrzymałem.

Sądowe połajanki wynikały z tego, że szef Hillbilly Hotties oraz wszystkie jego roznegliżowane pracownice wytoczyły proces stanowym władzom, domagając się prawa do swobodnego pokazywania biustów nad małą czarną. Jednakowoż prawnik rady miejskiej, Ramsey Ramerman, skutecznie argumentował, że niektóre panie serwujące kawę bywają odziane „w stroje znacznie wykraczające poza definicję bikini". Nie wiem, co to dokładnie oznacza, ale może pojadę do Everett, by to zobaczyć na własne oczy, zanim dojdzie do sądowych zakazów. Nie jestem w stanie stwierdzić, czy w tych warunkach możliwe jest spokojne wypicie kawy.

Należy wspomnieć o tym, że władze miasta Everett argumentowały przed sądem, iż w sprawie tej nie chodziło wyłącznie o skąpe odzienie, lecz również o to, że niektóre panie w bikini oferowały klientom nie tylko kawę, ale również cielesny deser. Jednak spekulacje na ten temat nigdy nie zostały potwierdzone. Nigdy też nie zostało udowodnione to, że półnagi personel kawowy spowodował wyraźny wzrost przestępczości w okolicy. Wręcz przeciwnie – wydaje się, że faceci kupujący kawę u bogiń odzianych w bikini zwykle zachowywali się bardzo spokojnie i nie sprawiali żadnych kłopotów.

Problem ten musi jednak budzić pewne zastanowienie, ponieważ od roku 1983 istnieje w USA sieć restauracji Hooter's, gdzie kelnerkami są skąpo odziane dziewoje, które nie proponują absolutnie niczego poza pozycjami w menu, a nazwa knajpy jest slangowym określeniem tej części kobiecego ciała, która zwykle jest przykrywana czapeczkami dla bliźniaków. A skoro tak, to dlaczego kelnerki z

Hooter's nie są uwikłane w sądowe argumenty, a kobiety w Everett mają poważne problemy? Tego nikt tak naprawdę nie wie, łącznie z tymi, którzy agitują na rzecz ubrania pań w bardziej konserwatywne kostiumy.

Melinda Ebelhar, która reprezentuje prawnie półnagie baby serwujące kawę, nie szczędzi górnolotnej retoryki: – *Moje klientki usiłują prezentować pozytywny obraz swojego ciała i są symbolem siły feminizmu. Decyzja sądu apelacyjnego oznacza, że kobiety te muszą ukrywać swoją cielesną tożsamość.*

Szczerze mówiąc nie wiem, jak na to wszystko zareagować. Z jednej strony jestem absolutnie przeciwny skrywaniu cielesnej tożsamości kobiet oraz nie sądzę, by serwowanie kawy przez facetki w skąpych strojach było w jakikolwiek sposób problematyczne. Jednak z drugiej strony gdzieś muszą być jakieś granice, jako że kelnerka w stroju zbliżonym do odzienia biblijnej Ewy mogłaby mnie skutecznie odwieść od zjedzenia soczystego steka.

W przypadku miasta Everett, znajdującego się w bardzo liberalnym stanie, zastanawia mnie również coś innego. Stoiska serwujące „gołą" kawę musiały przecież w swoim czasie uzyskać od władz odpowiednią licencję. Czy zatem nikt wtedy nie wiedział, że nad przeciętnym *latte* zwisać będą jakieś żeńskie walory? Wygląda na to, że niektórzy prawodawcy, być może po przypadkowej wizycie w jednej z tego rodzaju placówek, zorientowali się, iż kawa nie jest tam jedyną atrakcyjną ofertą i wpadli w panikę. Bądź co bądź, nasz obecny wiceprezydent potwierdził publicznie, że nigdy nie je obiadów sam na sam z kobietami bez obecności małżonki, co sugeruje, iż boi się skrycie jakichś pokus i walczy nieustannie z przemożną chęcią rzucania się na niewiasty bez żadnego powodu. Należy mieć nadzieję, że Mike Pence nigdy nie zawitał przypadkowo do Hillbilly Hotties w Everett, bo skutki takiej wizyty mogłyby być fatalne i zagrażałyby bezpieczeństwu narodowemu.

Spór o kelnerki w bikini w mieście Everett jeszcze się nie zakończył. Na razie tylko sąd apelacyjny wydał swoją decyzję, a zatem jest jeszcze apetyczna szansa na dyskusję o zakresie przykrywalności kobiecych majtek przed Sądem Najwyższym. Nie mogę się doczekać.

Słowo się rzekło...

Na początku toczących się obecnie mistrzostw świata kobiet w piłce nożnej doszło do niezwykłego wydarzenia. Reprezentacja USA pokonała Tajlandię 13:0, co jest absolutnym rekordem tej imprezy. Przy okazji tego samego wydarzenia pewien bar w Miami naraził się na znaczne koszty, wykazując się jednocześnie piłkarską ignorancją.

Zanim do tego jednostronnego meczu doszło, szefowie pijalni trunków American Social Bar & Kitchen ogłosili niefortunnie na swojej stronie internetowej, że wszystkim swoim klientom serwować będą darmowe drinki za każdego gola strzelonego przez Amerykanki. A ponieważ jest to bar zorientowany na fanów „kopanej", wiara stawiła się tam tłumnie, by oglądać pojedynek na licznych, wielkich telewizorach.

Oczywiście nikt nie był w stanie przewidzieć, iż amerykańskie baby władują piłkę do siatki aż trzynaście razy. Choć od samego początku wiadomo było, że Tajlandia to przeciwnik słaby i że wynik meczu był w zasadzie przesądzony i potencjalnie wielobramkowy. W związku z tym szefowie baru podjęli dość nierozważne ryzyko, w imię zwabienia jak największej liczby klienteli. Wabienie to powiodło się, ponieważ do knajpy przybyło mniej więcej 350 ludzi spragnionych futbolu i gorzały.

No i teraz prosta matematyka. Jeśli się pomnoży 350 kibiców przez 13 goli, wychodzi 4550 darmowych drinków. Ponieważ słowo się rzekło, a piłkarska kobyłka u płota (a raczej przy linii bocznej), trzeba było całej tej ferajnie tyle właśnie drinków rozlać za darmo. Nie wiem, ile to wszystko razem kosztowało, ale podejrzewam, że sporo. Nic zatem dziwnego, że jeden z szefów i właścicieli baru, Paul Greenberg, już następnego dnia „zmodyfikował" ofertę dla kibiców w przypadku kolejnego meczu Amerykanek, tym razem z Chile. Obiecał, że każdy klient dostanie wprawdzie darmowego drinka na przywitanie, ale potem żadna liczba goli nie zmieni się w kolejne kielichy *gratis*. Jednocześnie jednak uwikłał się w dość karkołomną argumentację semantyczną, sugerując, że stwierdzenie „darmowy drink za każdy gol" nie powinno być interpretowane dosłownie, lecz metaforycznie. Innymi słowy, podjął w sumie nieudaną próbę wyjaśnienia, dlaczego wszelkie obietnice pod adresem klientów mogą być w przyszłości łamane bez żadnych konsekwencji.

Nie jest to problematyka nowa i posiada pewne prawne precedensy, niemające nic wspólnego z piłką nożną i barowym chlaniem. W przeszłości zdarzało się na przykład, że jakaś linia lotnicza publikowała w Internecie specjalną ofertę na przelot do dowolnego miejsca w USA „po rekordowo niskich cenach", ale ktoś zajmujący się publikacją tej oferty mocno się rąbnął i zamiast ceny w wysokości 290 dolarów podał sumę 29 zielonych, czyli opuścił jedno zero. Zwykle jest tak, że zanim błąd zostaje usunięty, setki lub tysiące internautów kupują bilety za niecałe trzy dychy, nie wierząc swojemu szczęściu. A gdy okazuje się, że to pomyłka, nalegają, by dana linia lotnicza uhonorowała przypadkową obietnicę.

W wyniku tego rodzaju wydarzeń dochodziło już do procesów sądowych, w których niemal zawsze prawo staje po stronie klientów. Należy zatem przypuszczać, że gdyby w czasie meczu USA z Tajlandią bar nagle przestał serwować darmowe napitki po piątym golu, najpierw doszłoby do karczemnej rozróby, a następnie jakiś sąd nakazałby wypłacenie klienteli odszkodowania w wysokości zaległej wódy z nawiązką, czyli darmową zagrychą.

W sumie obowiązuje w USA dość prosta zasada, że jeśli jakaś firma coś publicznie obiecuje klientom, nie może się z tej oferty wycofać tylko dlatego, że zaszła pomyłka, albo dlatego, iż rezultaty oferty okazują się bardzo niekorzystne dla oferującego. Przed kilkoma laty w jednej z hamburgerowni w Houston w stanie Teksas pojawiła się prosta oferta: jeśli klient zdoła zjeść w ciągu 5 minut dziesięć wielkich hamburgerów, stanowiących *spécialité de la maison* tej placówki, będzie mógł do końca życia dostawać tam żarcie za darmo (raz dziennie). Jak się można było spodziewać, znalazł się teksański osiłek, który bez trudu wprowadził do organizmu w ciągu 300 sekund ponad kilogram zmielonej krowy. Wtedy właściciele knajpy też usiłowali się ze swojego zobowiązania wycofać, ale bez skutku. Z drugiej strony, nie wiem, czy bohater tego wydarzenia nadal się tam stołuje, czy też przebywa do dziś w szpitalu (nie mówiąc już o tym, że mógł wkrótce potem strzelić kopytami).

Wracając jednak do Greenberga i jego tezy o metaforycznej interpretacji sloganu „jeden drink za jednego gola", są z tym dość oczywiste problemy. Gdyby jego tok myślowy zaakceptować, oznaczałoby to między innymi, że wszelkie sklepowe oferty typu „buy one, get one free" miałyby status głupiego żartu, czyli że sklep mógłby zawsze powiedzieć, iż tak naprawdę niczego za darmo nie da i że ta dodatkowa główka kapusty za friko jest tworem czysto metaforycznym. Podobnie byłoby w przypadku licznych ofert dotyczących pirotechniki związanej ze świętowaniem Dnia Niepodległości. Skoro wszelkie oferty to tylko fikcja, sklepy sprzedające sztuczne ognie mogłyby oferować darmowego pershinga za zakup trzech skrzynek fajerwerków, a potem argumentować, że to wszystko było tylko dla jaj.

Osobiście mnie to smuci, gdyż pamiętam słowa niezapomnianego Bohdana Smolenia: *– Teraz z dziadkiem kupiliśmy „Młodego Technika" i na podwórku pershinga stawiamy. Mówię ci, jak pieprznę, to się mogę tylko o jedno biurko pomylić.* No właśnie, a tu teraz z darmowego pershinga nici i nie ma jak urodzin Ameryki odpowiednio świętować.

Ameryka za zasłoną

Przed kilkoma dniami leciałem z Detroit do Seattle. Samolot wystartował o 8.00 rano, a lot trwał nieco ponad cztery godziny. Ci, którzy znają lotnisko SeaTac, wiedzą, że podchodzenie tam do lądowania przy dobrej pogodzie daje pasażerom możliwość oglądania pięknych widoków. Samoloty szybują dość nisko nad Górami Skalistymi, a potem nad Górami Kaskadowymi, gdzie piętrzy się wulkaniczna Mt. Rainier. Szczyt ten, który ma ponad 4 tysiące metrów wysokości i którego wulkan po raz ostatni był aktywny w 1892 roku, zdaje się w czasie lądowania w Seattle niemal muskać kadłub samolotu. Ponadto w oddali widać brzeg Pacyfiku. W sumie jest to dość spektakularny pokaz matki natury.

Jednak ja żadnych widoków nie oglądałem, mimo że była piękna pogoda, zapewniająca doskonałą widoczność. Wynikało to z prostego faktu – niemal wszystkie okna były zasłonięte, co oznaczało, że siedziałem w półmroku, niczym w latającej kostnicy. Różnica polegała na tym, iż w kostnicy nie można zamówić drinka, bo nie ma go kto podać ani kto wypić. Ów półmrok nie wynikał z nakazów załogi, lecz był dobrowolną decyzją pasażerów, którzy z trudnych do wyjaśnienia przyczyn woleli odseparować się od świata zewnętrznego i niemal po ciemku oglądać jakieś głupoty na miniaturowych ekranach lub słuchać muzyki. Za oknem słońce, chmury i ponętne krajobrazy, a w wyciemnionej kabinie wszyscy siedzą jak zgraja smutasów. Załoga zwykle tuż przed lądowaniem poleca odsłonić wszystkie okna, ale wielu pasażerów to ignoruje.

Zasłanianie okien jest zrozumiałe w czasie bardzo długich lotów, ponieważ ludzie usiłują spać, co jest trudne, gdy kabina pełna jest słonecznych promieni. Jak się dowiedziałem – już po podróży do Seattle – kontrola nad oknami w samolotach pasażerskich bywa często powodem wielu konfliktów między pasażerami, bo nigdy nie ma zgody co do zasłon. Teoretycznie obowiązuje zasada, że osoba siedząca przy oknie ma prawo do jego zasłaniania lub niezasłaniania, ale w praktyce jest to zwykle dość skomplikowane, ponieważ ci, którzy siedzą w tym samym rzędzie, mogą mieć inne preferencje.

Wydawać by się mogło, że jest to problem błahy, ale to nieprawda. Liczba incydentów, łącznie z rękoczynami, dotyczących kontroli nad samolotowymi oknami. jest na tyle duża, że koncern Boeing w swoich samolotach Dreamliner 787-9 wprowadził istotną nowinkę techniczną. W maszynach tych nie ma okiennych zasłon, ponieważ szyby są kontrolowane elektronicznie i dają możliwość ich przyciemniania do jednego z 5 poziomów. Facet siedzący przy takim oknie może sobie wybrać jeden z tych poziomów przy pomocy umieszczonego pod ręką przycisku, ale załoga jest w stanie centralnie tym wszystkim sterować, czyli zablokować okna w pozycji otwartej, zamkniętej lub przyciemnionej.

Jednak być może to, że często ludzie lecący samolotami wolą mieć wszystkie okna zasłonięte, jest wyrazem nawyków całkiem naziemnych. Gdy idę w moim sąsiedztwie na spacer z psem, w niemal wszystkich domach okna są zamknięte i pozasłaniane, mimo że na dworze świeci słońce i jest 70 stopni F. Ponadto działa też w wielu przypadkach klimatyzacja. Innymi słowy, naród siedzi w półmroku, podczas gdy za oknami jest wspaniale. Nie mam pojęcia, dlaczego tak jest, bo z pewnością nie chodzi tu o oszczędności energetyczne, które wchodzą w rachubę tylko w czasie letnich upałów. Niektórzy zapewne nie chcą, żeby im ktoś zaglądał do mieszkań, ale podejrzewam, iż zwyczaj zasłaniania szyb żaluzjami niemal na stałe ma związek z mentalnością zgodną z angielskim porzekadłem *my home is my castle*. Jest to symboliczne stwierdzenie faktu, iż posiadacz domu jest panem i władcą na własnych włościach i nikt mu nie może podskoczyć ani też zobaczyć, co się dzieje wewnątrz i jaką ktoś ma kanapę lub telewizor.

W niemal każdym amerykańskim pomieszczeniu okno można zasłonić wewnętrznymi okiennicami z plastiku lub drewna. Te wiszące na zewnętrznych ścianach niektórych domów są niemal zawsze atrapami, przykręconymi na stałe do muru i nieposiadającymi żadnej funkcjonalności. W Europie jest odwrotnie, przynajmniej w niektórych krajach, szczególnie śródziemnomorskich. Tam zewnętrzne, kolorowe żaluzje są stałym elementem krajobrazu, a używane są w zasadzie tylko wtedy, gdy trzeba czasowo dom chronić przez bezpośrednim światłem słonecznym. W Niemczech istnieje miasteczko Dinkelsbühl, w którym absolutnie każdy dom posiada kolorowe, drewniane żaluzje. Pozostają one jednak prawie zawsze otwarte.

Amerykanie zdają się preferować siedzenie w mocno przysłoniętych pomieszczeniach – samolotach, samochodach, prywatnych domach i biurach. W niektórych restauracjach jest tak ciemno, że trudno przeczytać menu i zobaczyć, co się je, ale w tym akurat przypadku jest to zapewne powodowane faktem, iż konsument jest w takich warunkach w stanie zjeść coś, co nie wygląda zbyt apetycznie, a ponadto niezauważalny jest restauracyjny brud.

Wracając do mojego niedawnego lotu, w rzędzie przede mną siedział mniej więcej 5-letni chłopiec wraz ze swoim ojcem, który przez cały czas gapił się w ekran, oglądając jakieś sportowe *highlights*. Okno było oczywiście zasłonięte, co by tatusiowi światło nie przeszkadzało w oglądaniu wyczynów pałowników bejsbolowych. Po trzech godzinach lotu dziecko zapytało: – *Tata, czy na dworze jest już dzień?* – *Nie, jeszcze nie* – odparł rodzic. No i bardzo dobrze – niech się pędrak od młodości uczy, co to jest sztuczna rzeczywistość.

Publiczny rausz

W stanie Południowa Karolina, w miejscowości Walhalla miało niedawno miejsce dramatyczne wydarzenie. 25-letnia Megan Holman została zatrzymana przez policję, gdyż prowadziła pojazd w stanie nietrzeźwym. Nie rozwijała wprawdzie jakichś wielkich prędkości ani też nie zagrażała specjalnie innym pojazdom, ponieważ na swoją przejażdżkę wybrała się elektrycznym autem Power Wheels, którym zwykle jeżdżą małe pędraki po przydomowych podwórkach. Innymi słowy, pruła po ulicy zabawką dla dzieci. Nie zmienia to jednakowoż faktu, iż była kompletnie nabzdryngolona.

Przedstawiciele władzy, którzy ją zatrzymali, ani jej nie aresztowali, ani też nie wymierzyli jej żadnej kary związanej z łamaniem przepisów ruchu drogowego, ponieważ uznali, nie bez racji, iż samochodziku Power Wheels nie można technicznie rzecz biorąc nazwać ulicznym pojazdem. Mimo to wyczyn pani Holman nie uszedł jej zupełnie na sucho, gdyż wymierzono jej mandat za przewinienie, które po angielsku zwie się *drunken disorderly*. W wolnym przekładzie na nasz ojczysty język znaczy to „nietrzeźwy i zakłócający porządek", a tak naprawdę jest jednoznaczne z twierdzeniem, że ktoś pojawił się w miejscu publicznym pijany jak świnia.

Wiedziony chorobliwą ciekawością, która często jest siłą sprawczą niniejszych tekstów, zacząłem się zastanawiać nad tym, jakie są dokładnie przepisy dotyczące publicznego świńskiego pijaństwa. Jest to o tyle ważne, że w ten sposób będę wiedział, na co mogę sobie pozwolić, a na co nie. Wprawdzie w najbliższych planach nie mam podróży po pijaku Eisenhowerem na pokładzie zabawki elektrycznej lub hulajnogi, ale to jest mało ważne. Wiedza to wszak siła.

Niestety szybko okazało się, że sprawa jest dość skomplikowana, co było do przewidzenia. Przepisy na ten temat są w USA kwestią decyzji władz stanowych, a to oznacza, iż są dość zróżnicowane. O ile nikt nie chce widzieć leżących na chodnikach pijanych do nieprzytomności ludzi, w przypadkach osobników zdecydowanie mniej nawianych, ich publiczna obecność w niektórych częściach Ameryki jest karalna, a w niektórych nie. I tak w Kalifornii można zostać aresztowanym za spacer w stanie wyraźnie wskazującym na przedawkowanie alkoholu lub narkotyków, a areszt taki zwykle kończy się wymierzeniem pokaźnego mandatu, choć nie jest to przestępstwo kryminalne, lecz wykroczenie. Tymczasem w Kolorado nie ma tego rodzaju przepisów – wręcz przeciwnie, zgodnie z tamtejszymi regulacjami władze mają obowiązek nieść pomoc wszystkim tym, którzy łażą po ulicach w stanie takiego czy innego odurzenia.

Podobne do kalifornijskich przepisy obowiązują między innymi w stanach: Georgia, Iowa, Indiana, Teksas i Wirginia. Jednak bywają one „udekorowane" dość dziwnymi dodatkami. Przykładowo w stanie Iowa karalne jest nie tylko bycie pijanym, ale udawanie pijanego w miejscach publicznych, a zatem sztuczne i niczym nieuzasadnione zataczanie się na chodniku jest naganne. Z kolei w Indianie, czyli w stanie, w którym mieszkam, za pijaństwo w miejscu publicznym grozi wprawdzie kara do 180 dni więzienia, ale począwszy od roku 2012 nie wystarczy być tylko pijanym, żeby trafić do kicia. Trzeba jeszcze zakłócać spokój, być agresywnym w stosunku do bliźnich lub zagrażać czyjemuś zdrowiu lub życiu. Jeśli natomiast się tylko spokojnie idzie zygzakiem, wszystko jest w porządku. Gwoli ścisłości spieszę donieść, iż zmodyfikowane przepisy z roku 2012 nie są jedynym powodem, dla którego przeprowadziłem się do Indiany.

Po drugiej stronie barykady, czyli w obozie stanów nie polujących policyjnie na pijaków, znajdują się między innymi: Missouri, Kansas, Minnesota, Nevada, Montana, Oregon oraz Wisconsin. Tam można zwykle liczyć na pomoc policji w dotarciu do domu przy trudnościach z zachowaniem pionu i nie grożą za to żadne konsekwencje. Do ten samej grupy należy stan Illinois, w którym publiczne pijaństwo uważane jest za chorobę i problem społeczny, w związku z czym stanowe prawo zakazuje władzom niższego szczebla zatwierdzania jakichkolwiek przepisów, które nakładałyby kary dla ludzi nietrzeźwych w miejscach publicznych.

Jak to zwykle w Ameryce bywa, problematyka ta była w swoim czasie przedmiotem sporu prawnego, który dotarł aż do Sądu Najwyższego. W roku 1968 niejaki pan Leroy Powell, ukarany w Teksasie za przebywanie w parku w stanie bliskim nieprzytomności, wytoczył proces interweniującej policji. Argumentował, że złamana została w jego przypadku 8. poprawka do konstytucji, która zakazuje stosowania wobec kogokolwiek „okrutnych i niezwykłych kar". Sąd uznał jednak, że areszt za pijaństwo w niczym nie naruszał konstytucyjnych postanowień, choć była to decyzja, która zapadła stosunkiem głosów 5 do 4, co może sugerować, iż niektórzy sędziowie ówczesnego sądu sprzyjali skrycie piciu jabcoka na parkowych ławkach.

W wielu innych krajach świata przepisy są mniej więcej podobne, choć często jest tak, że nie są zbyt pilnie egzekwowane, z wyjątkiem radykalnych przypadków. Na przykład w Australii policja rutynowo odwozi ludzi „pod wpływem" do domów, mimo że teoretycznie winna im wymierzać kary. W Polsce natomiast od 1956 roku działają izby wytrzeźwień, do których zwożeni są pijanie ludzie. Zwykle muszą oni pozostawać w tych placówkach na noc i tracą na ten czas prawo do podejmowania jakichkolwiek decyzji. Mogą być przywiązywani przymusowo do łóżek, a za ten niezwykle atrakcyjny pobyt w Drunk Hilton muszą potem sami płacić.

Obawiam się w związku z tym, że gdyby nietrzeźwa Megan z Walhalla pojechała autkiem Power Wheels środkiem Marszałkowskiej, z pewnością wylądowałaby w „wytrzeźwialni". Na szczęście dla niej w Ameryce proces trzeźwienia odbywa się zwykle w domowym zaciszu.

Kryzys w Taco Smell

Gdy mój syn był studentem, pracował przez trzy lata w niby-meksykańskim przybytku Taco Bell, który przezywał pieszczotliwie Taco Smell. Było to miejsce szczególnie popularne w środowisku lokalnych pijaków, ponieważ pozostawało otwarte do 3.00 rano, a klientela późną nocą składała się w większości z mocno nawianych facetów. Moja progenitura opowiadała mi czasami o tajnikach „kuchni" Taco Bell, przez co już nigdy nie zjem tam żadnego dania, podobnie jak ludzie obserwujący produkcję parówek już nigdy więcej ich nie tkną.

Niezależnie jednak od walorów kulinarnych (albo ich braku) żarcia w Taco Bell, wydaje się, że firma ta bywa czasami miejscem dramatycznych, mrożących krew w żyłach wydarzeń. Na początku tego roku jakiś facet wszedł do lokalu Taco Bell na Florydzie z granatem ręcznym w garści, co wywołało pośpieszną ewakuację lokalu. Okazało się, że granat pochodził z okresu II wojny światowej, był „nieczynny", a jego właściciel znalazł go gdzieś na plaży. Natomiast w lipcu 2017 roku strażacy w Austin w stanie Teksas wzywani byli dwukrotnie do pożaru w magazynie, gdzie składowane były *tortilla chips*, czyli chrupki oferowane przez wiele neolatynoskich restauracji, w tym również Taco Bell. Zagadkowe było to, że – zdaniem gaszących pożar – ogień powstał w wyniku „spontanicznego zapłonu" rzeczonych chipsów, co każe się mocno zastanowić nad ich składem chemicznym.

Najnowszy incydent z udziałem lokalu Taco Smell miał miejsce w miejscowości Slidell w stanie Luizjana, gdzie doszło do szokującego wydarzenia. W tamtejszej knajpie zabrakło nagle *taco shells*, czyli placków, do których wkładane jest rozmaite jadło. W związku z tym nie można było przez pewien czas serwować kilku zasadniczych, mało zjadliwych dań. Jest to oczywiście ogromny skandal, porównywalny do braku nadzienia do pierogów w pierogarni albo też braku ciasta na pierogi przy obfitości nadzienia. Równie skandaliczna byłaby absencja bułki tartej do schabowych.

Nie można się zatem specjalnie dziwić temu, że klienci Taco Bell w Slidell wpadli w amok, nie mówiąc już o panice, a jeden z nich zadzwonił na policję, domagając się wyjaśnień. Gdyby chodziło o nagły niedobór pączków, a ściślej dziur otoczonych przez ciasto, władza z pewnością natychmiast by zareagowała i gdzieś te dziury błyskawicznie kupiła. Jednak w przypadku kryzysu w Taco Bell zareagowała z olimpijskim spokojem, tłumacząc cierpliwie, iż nie ma bezpośredniego wpływu na działalność tej firmy ani też nie posiada żadnych awaryjnych zapasów *taco shells*. Policjanci zaapelowali ponadto w serwisie Facebook do wszystkich okolicznych mieszkańców, by nie dzwonili na komisariat z zażaleniami związanymi z nagłym brakiem etui na meksykańskie żarcie, bo rozprasza to funkcjonariuszy, którzy mają na głowie znacznie poważniejsze problemy, np. ściganie kierowców przekraczających dozwolony limit prędkości o dwie mile na godzinę.

Internauci jak zwykle nie zawiedli. Zaczęli umieszczać w serwisach społecznościowych liczne prześmiewcze komentarze na temat „dramatu" w Sidell. Stephen Williams napisał na przykład: „Matko Boska, to tragedia! Przecież chodzi tu o masowe zagłodzenie ludności, która nie jest już w stanie samodzielnie coś sobie ugotować. Telefon na 911 w obliczu tego kryzysu jest jak najbardziej uzasadniony". Inny komentator żartował: „Dziwne, ale w Taco Bell w pobliskim Pearl River zabrakło nagle mielonej wołowiny. Czy te dwie placówki nie mogłyby jakoś skoordynować swoich działań, tak by nie było absolutnie niczego do jedzenia?".

Tymczasem wydarzenia w Luizjanie budzą we mnie pewne nostalgiczne refleksje. Za czasów PRL-u nigdy nie dzwoniłem na milicję w żadnej sprawie, gdyż krok tego rodzaju był aktem desperacji, zarezerwowanym dla wydarzeń typu morderstwo, napad na bank, mordobicie, itd. Do władzy nie dzwoniło się z jakichkolwiek błahych powodów, gdyż „niebieskim" nikt za bardzo nie ufał i nie bardzo było wiadomo, czego można się było po nich spodziewać. Nie wyobrażam sobie na przykład sytuacji, w której w tamtych czasach dzwonię na komisariat, by donieść, iż w moim lokalnym sklepie mięsnym są tylko gołe haki oraz ekspedientka dłubiąca w nosie albo że w warzywniaku od miesiąca nie ma kartofli.

W USA jest zupełnie inaczej. Choć policja przeżywa ostatnio spore kłopoty z powodu licznych przypadków pośpiesznego i mało uzasadnionego strzelania do niczemu niewinnych ludzi – szczególnie tych, którzy należą do mniejszości rasowych – w dalszym ciągu przeciętny amerykański policjant darzony jest niemal automatycznie zaufaniem i nie jest ostatnią, lecz pierwszą deską ratunku. A skoro tak, czy można się dziwić, że naród dzwoni do władzy z najróżniejszymi, często idiotycznymi sprawami? Bo w końcu do kogo ma dzwonić?

W roku 2016 aresztowany został 28-letni Michael Gilman z Florydy, który zadzwonił na numer 911 sześciokrotnie, by porozmawiać z policjantami o „Hitlerze i kwestii żydowskiej". Tłumaczył potem, że się nudził i nie miał żadnych partnerów do dyskusji, w związku z czym zdecydował się na poszukanie dyskutantów na policji. Nie wiem, czy pana Gilmana jakoś formalnie ukarano, ale jeśli znajduje się obecnie na wolności, być może powinien pojechać do Slidell i spróbować zamówić coś w tamtejszym Taco Bell. Jeśli czegoś w knajpie będzie brakować, może wtedy zadzwonić z zażaleniem do policjantów, a przy okazji omówić sprawę Auschwitz oraz efektu cieplarnianego.

Szał (emerytowanych) pał

Nie jest dla nikogo tajemnicą, że ludziom sławnym i zamożnym czasami odbija szajba, co może przybierać bardzo różne formy. Jedni wstępują do sekt jakichś czubków głoszących rychły koniec świata, podczas gdy inni zamykają się w odludnych miejscach, by ferować stamtąd prorocze wypowiedzi na temat dalszych losów wszechświata. Są też tacy, którzy nagle postanawiają rozdawać na prawo i lewo swoje majątki, choć z ubolewaniem muszę stwierdzić, że jeszcze nigdy z takiego aktu szaleńczej szczodrobliwości nie udało mi się skorzystać.

Jose Canseco, który urodził się w Hawanie, był przez wiele lat herosem pałowników spod znaku ligi MLB. Wyróżniał się w latach 80. wszelkimi możliwymi statystykami i zarabiał miliony dolarów. Gdy jednak zakończył swoją sportową karierę, jego dalsze losy były dość kontrowersyjne. Na początek przyznał się do tego, iż jako zawodnik szprycował się chemikaliami, które powodowały, iż mógł walić pałą w piłkę niczym Herkules. Następne lata jego życia usiane były dość egzotycznymi wydarzeniami.

W 1989 roku Canseco został aresztowany na Florydzie, gdzie w stanie mocno nietrzeźwym uciekał samochodem przed policją 15 mil. W tym samym roku znalazł się też w areszcie w stanie Kalifornia pod zarzutem nielegalnego posiadania broni. Natomiast dwa lata później stanął przed sądem, gdyż w napadzie szału staranował BMW ówczesnej żony swoim porsche. Incydent ten potwierdza fakt, iż życie ludzi zamożnych jest odmienne od losów zwykłych obywateli, którzy zwykle taranują forda Escorta małżonki fordem Fiesta albo nawet trabantem, gdy takowy był do dyspozycji.

Nieco później Canseco był oskarżony o pobicie, a w roku 2001 stał się, wraz ze swoim bratem Ozzim, bohaterem bójki z dwoma turystami w nocnym klubie w Miami Beach. Wszystko to skończyło się jednym złamanym nosem, obrażeniami wymagającymi ponad 20 szwów oraz wyrokiem więzienia w zawieszeniu.

Formalnie Canseco zakończył swoją sportową karierę dopiero w roku 2002 i zaraz potem ogłosił, iż zamierza napisać książkę, obnażającą „wszystkie brudy" ligi MLB. Dzieło to istotnie powstało, ale zostało niemal całkowicie zignorowane. Za to już w następnym roku były bohater bejsbola przesiedział za kratkami ponad miesiąc, gdyż złamał warunki zawieszenia wcześniejszego wyroku.

W maju 2008 roku Canseco oświadczył, że jego dom został mu zabrany przez bank z powodu zaległości w spłacaniu pożyczki hipotecznej. Natomiast w październiku tego samego roku aresztowały go władze imigracyjne w San Diego za próbę przemycenia z Meksyku do USA nielegalnego środka hormonalnego „na płodność". Wreszcie w roku 2013 Canseco został oskarżony o dokonanie gwałtu w Las Vegas. Jednak nie doszło wtedy ani do aresztowania podejrzanego, ani też do procesu sądowego.

Biorąc to wszystko pod uwagę, co ma robić była gwiazda zawodowego sportu, by zarobić jakoś na chleb oraz pół litra? Odpowiedź jest prosta. Musi poświęcić się sprzedawaniu frajerom wycieczek w poszukiwaniu tzw. Bigfoota (Wielkiej Stopy), czyli mitycznego zwierzęcia, które ma rzekomo mieszkać gdzieś w Górach Skalistych. Canseco ogłosił niedawno, iż poprowadzi kilka ekspedycji w poszukiwaniu Bigfoota i że szuka pięciu ochotników, którzy za udział w tej wyprawie będą mu musieli zapłacić 5 tysięcy dolarów. W cenę tę wliczona jest podróż na pokładzie pojazdu typu RV (*recreational vehicle*) do „miejsca, w którym Bigfoota wielokrotnie widziano". Były pałownik zapewnia też wyżywienie, choć nie zdradza, co dokładnie zamierza serwować. Jeśli dieta zależna jest od upolowania Bigfoota i jego przyrządzenia na rożnie, to może być ciężko.

Sam się na tę eskapadę nie zapisałem z dwóch ważkich powodów. Po pierwsze, nie posiadam na zbyciu pięciu kafli, a po drugie moja wiara w istnienie Bigfoota jest mniej więcej taka sama jak przekonanie o tym, iż istnieje potwór z Loch Ness. Jednak Canseco twierdzi, że zainteresowanie jego wyprawami jest ogromne i że sprzedał już niemal wszystkie bilety. Ciekaw jestem w związku z tym, czy uczestnikami jego wypraw będą wszyscy ci, którzy uważają, że prezydenta Kennedy'ego zastrzelił Fidel Castro w przebraniu i że Neil Armstrong nigdy nie stanął na powierzchni Księżyca.

Wszystkim chętnym radziłbym jednak, by się przez chwilę zastanowili. Tenże sam Canseco, który ma obecnie 54 lata, w roku 2017 stwierdził, że wszedł w posiadanie tajemnicy podróżowania w czasie, gdyż spotkał się z istotami pozaziemskimi, które podzieliły się z nim tym sekretem. Nieco wcześniej oznajmił, że był w przeszłości molestowany przez liczne kobiety, a w lipcu 2015 roku stwierdził, iż zamierza żyć przez tydzień jako niewiasta, by się w ten sposób „lepiej zapoznać z tym problemem", co niefortunnie sugeruje, iż w jego mniemaniu bycie kobietą jest schorzeniem. Ale to jeszcze nie wszystko – w roku 2014 Canseco powiadomił, iż w czasie gry w pokera odpadł mu nagle jeden z palców, co jest o tyle trudne do uzasadnienia, iż dziś nadal posiada on całą dychę paluchów.

Wszystko to jednak pokazuje optymistycznie, że w Ameryce interes można zbić niemal na wszystkim. Skoro Canseco sprzedaje z powodzeniem dostęp do Bigfoota za pięć tysięcy dolarów, nie widzę żadnych problemów z oferowaniem chętnym wycieczek na wyspy Hula Gula. OK, ja wiem, że one nie istnieją, ale czy to komuś w jakiś istotny sposób przeszkadza?

Kolejką do nieba

W USA istnieje miejsce pod nazwą Four Corners, które nawet sam odwiedziłem dwukrotnie, niejako po drodze w czasie wypraw w zupełnie inne okolice. Jest to punkt w mikroskopijnej miejscowości Shiprock, w którym zbiegają się granice czterech stanów: Nowego Meksyku, Kolorado, Utah i Arizony. Na tym niezwykle ważnym splocie granicznym umieszczono odpowiednią tablicę. Rok w rok walą tam drzwiami i oknami (a tak naprawdę zakurzonymi i wąskimi drogami) tysiące turystów, którym marzy się to, by móc stanąć tak, że ich stopy znajdują się jednocześnie w czterech stanach.

Tyle że ich marzenia są płonne. Jak twierdzą od dawna tubylcy, granice wymienionych stanów wcale się w tym miejscu nie schodzą, gdyż prawidłowy punkt styku znajduje się o 600 metrów dalej, w gorącym jak jasna cholera terenie pustynnym. W związku z tym przybysze z obcych stron, którzy wiedzą o tym fakcie, zjawiają się najpierw w oficjalnej placówce „czteronarożnej", otoczonej licznymi straganami, ozdobionymi tandetnymi pamiątkami, a następnie ruszają w teren na piechotę, by odkryć prawdziwy punkt 4-stanowego mariażu.

Być może tubylcy się mylą, bo w końcu skąd mają wiedzieć? Nie ma to jednak większego znaczenia. Jestem pewien, że prędzej czy później z oficjalnego Four Corners będzie kursować do tego prawdziwego punktu jakiś środek lokomocji, np. zaprzęg konny, łazik terenowy, a może nawet pustynna kolejka linowa. Wszak przeciętny turysta to człowiek delikatny i nie można go narażać na bezcelowe łażenie po pustynnym odludziu.

Moja pewność tego, iż wkrótce pojawi się tam jakiś w miarę wygodny wehikuł turystyczny, została ostatnio wzmocniona doniesieniami o tym, iż władze Tanzanii zamierzają zbudować kolejkę linową na szczyt najwyższej góry Afryki, Kilimandżaro. „Po kiego grzyba?" – mógłby ktoś zapytać filozoficznie. Otóż po to, by zamiast 50 tysięcy ludzi rocznie mogło tam się pojawiać o 50 procent narodu więcej, co oczywiście zapewni znacznie większe zyski. Przyznaje to otwarcie wiceminister turystyki Tanzanii, pani Constantine Kanyasu, choć zastrzega, iż na razie są na ten temat tylko wstępne rozważania i że dwie chińskie firmy (jakżeby inaczej) wyraziły gotowość zbudowania kolejki.

Ja nie wiem jak czytelnicy, ale ja uważam, że jeśli ktoś musi wjeżdżać na 6-tysięczną górę kolejką, to winien dać sobie spokój i zastanowić się nad możliwością wdrapania się na piechotę na szczyt Sobótki pod Wrocławiem. Zresztą nawet wspinaczka na Kilimandżaro klasycznymi metodami też stała się do pewnego stopnia farsą. Gdy w Tanzanii zjawia się amerykański turysta, który chce wejść na wierzchołek, zwykle wynajmuje ponad 10 tragarzy, przewodnika i kucharza. Cała ta ferajna wyrusza następnie w górę, a amerykańskiemu klientowi zapewniane są wszelkie możliwe wygody, by się za bardzo nie przemęczył.

Ponad 20 tysięcy mieszkańców Tanzanii pracuje w roli tragarzy. Należy się spodziewać, że z chwilą powstania kolejki linowej wielu z nich straci zajęcie, w związku z czym szef ich związku zawodowego, Loishiye Mollel, już teraz protestuje. W końcu, jeśli ktoś chce tachać po stromych zboczach wałówę dla imperialistów wysokogórskich, to winien mieć do tego prawo. Z drugiej strony rozważań finansowych nie da się pominąć. Tanzania zarabia prawie 3 miliardy dolarów rocznie na turystyce, co nie jest dla tego kraju miałkim bilonem.

Ogólnie rzecz biorąc na całym świecie dominuje od pewnego czasu tendencja ułatwiania życia turystom bez pojęcia, którzy domagają się łatwego dostępu do wszystkiego: gór, wulkanów, lodowców, karkołomnych rzek, itd. Jednak jednocześnie są to często ludzie, którzy powinni raczej siedzieć w domach albo korzystać z lokalnych wesołych miasteczek, a nie wybierać się na safari.

Parę lat temu zrzeszenie kilkunastu amerykańskich biur podróży sporządziło listę najgłupszych pytań zadawanych przez turystów oraz równie głupich narzekań. Jest to niezwykle ciekawa i pouczająca lektura. Można się z niej między innymi dowiedzieć, że pewna pani wyraziła zdziwienie, gdy jej powiedziano, iż na Hawaje nie prowadzi żaden most, natomiast facet z Nebraski w czasie wycieczki do Norwegii zapytał, „o której godzinie włączają tę zorzę polarną".

Co do narzekań, też są bardzo ambitne. Brytyjski uczestnik zbiorowej wycieczki na Jamajkę napisał do biura podróży: „Nam powrót do domu zajął 9 godzin, a Amerykanie podróżowali tylko trzy godziny. To trochę niesprawiedliwe". Amerykański uczestnik wycieczki do Hiszpanii narzekał potem: „Wszyscy mówią po hiszpańsku i żywność też jest hiszpańska. Nikt nam nie powiedział, że jest tam tak dużo obcokrajowców". Rodzina spędzająca wczasy na Karaibach napisała do biura podróży, że nie miała pojęcia o tym, iż w wodzie będą ryby, co „przeraziło dzieci". Inny karaibski turysta żądał wyjaśnienia, dlaczego w broszurze o miejscu, w którym przebywał, nikt nie wspomniał o tym, że są tam komary.

Niestety w wielu przypadkach właśnie dla takich turystów budujemy kolejki linowe i wyciągi, niszcząc matkę naturę. Często z ich powodu nad Wielkim Kanionem latają nieustannie helikoptery, a do wielu w miarę niedostępnych miejsc Gór Skalistych prowadzą asfaltowe szosy. Czasami inwestowanie w środki transportu ułatwiające do czegoś dostęp mają sens, ale niemal zawsze wtedy, gdy nie chodzi o turystykę. W roku 2004 burmistrz kolumbijskiego miasta Medellin, niegdyś twierdzy narkotycznego króla Pablo Escobara, wpadł na pomysł, by dwie odseparowane od siebie górzystym terenem dzielnice połączyć kolejką linową. Budowa tej kolejki spowodowała dynamiczny rozwój tej miejscowości.

Ja zaś cierpliwie czekam na jakieś sensowne połączenie z karaibskim rajem o nazwie San Escobar. Może się kiedyś doczekam, bo w przeciwnym razie nie jadę.

Kosiarką na zakupy

Jeżdżenie samochodem po pijaku jest oczywiście nie tylko naganne, ale niezwykle niebezpieczne, o czym nie trzeba nikogo przekonywać. W czasach średniowiecznych, bo peerelowskich, miałem kumpla, z którym kiedyś jechałem nieopatrznie jego „maluchem" przez wrocławski Rynek. Rynek ten wtedy był jeszcze otwarty dla ruchu kołowego. Nie ma co owijać w bawełnę – mój kierowca był kompletnie nawalony. Kiedy zatrzymała nas zawsze czujna milicja i otworzyła drzwi po stronie kierowcy, kumpel osunął się na jezdnię (bo stosowanie pasów bezpieczeństwa uważał za niewygodną głupotę), składając jednocześnie mało przekonującą deklarację typu: – *Ja tylko wypiłem dwa piwka, panie władzo.*

W mojej własnej karierze automobilistycznej tylko raz w życiu, w tak zwanej niebezpiecznej młodości, wykonałem mniej więcej ten sam numer. Pokonałem – w stanie wskazującym na upojenie alkoholowe, utrzymujące się w wyższych strefach zagrożenia powodziowego – dystans z Diversey Avenue do dzielnicy Brookfield i do dziś nie bardzo pamiętam, jako to zrobiłem. Prześladuje mnie od tego czasu myśl, iż popełniłem wtedy fatalny błąd, który jest niestety niewybaczalny. W każdym razie nikt mnie nie zatrzymał ani też w nic nie uderzyłem.

Nie może o sobie tego powiedzieć 68-letni mieszkaniec Florydy, Gary Wayne Anderson. Człowiek ten z sobie tylko znanych powodów udał się w podróż po ulicy traktorem do ścinania trawy, przy czym zawartość alkoholu w jego krwi przekraczała trzykrotnie dopuszczalny poziom. Nie można się w związku z tym dziwić, że kierowca kosiarki stracił panowanie nad kierownicą przy szybkości ok. 5 mil na godzinę i przyrżnął w zaparkowany policyjny radiowóz. Zaalarmowany tym wydarzeniem policjant, który właśnie miał zamiar skonsumować porannego pączka, wrócił do radiowozu, przy którym zastał pijanego w sztok Andersona.

Szkody wyrządzone przez nietrzeźwego kosiarza były wprawdzie minimalne, ale nie to jest najważniejsze. Policjant próbował przeprowadzić tzw. doraźny test na trzeźwość kierowcy, ale okazało się to bezsensowne z dwóch powodów. Po pierwsze Anderson sam radośnie powiedział władzy: – *Jestem pijany!* A kiedy doszło do testu, delikwent nie był w stanie go skończyć, gdyż miał nieustanne napady niekontrolowanego śmiechu.

Gdy został aresztowany, co było nieuniknione, zdradzał nieco inne zachowania. Momentami stawał się wówczas agresywny, argumentując, że policjanci próbowali go otruć i wstrzyknęli mu do organizmu kokainę, której obecność we krwi wykazały badania. Zaraz potem okazało się, że prawo jazdy Andersona było nieważne od roku 1978 w wyniku dwukrotnej jazdy po pijanemu normalnymi samochodami, a nie kosiarkami.

Lokalny szef policji, Jim Elensky, wydał po całym tym wydarzeniu komunikat, w którym gratulował swoim podwładnym „zachowania umiaru i spokoju" w obliczu trudnej sytuacji. Nie należy się temu dziwić, choć z drugiej strony, gdyby kosiarką jechał przedstawiciel ras dalekich od białej, byłby już być może klientem lokalnego zakładu pogrzebowego.

Cała ta historia jest intrygująca z kilku powodów. Przede wszystkim, zacząłem się zastanawiać nad tym, czy jazda kosiarką po ulicy wymaga posiadania prawa jazdy. Okazuje się, że tego rodzaju przejażdżki po arteriach dużych miast są w ogóle zakazane, a zatem posiadanie prawa jazdy nie ma najmniejszego znaczenia. Wynika to między innymi z tego, że każdy pojazd musi posiadać pewne minimum wyposażenia, np. kierunkowskazy, światła, hamulce, itd., a przecież przeciętna rakieta marki Deere niczego takiego nie ma.

Jednak zupełnie inaczej jest w przypadku lokalnych dróg wiejskich. Tam podróżowanie sprzętem rolniczym od jednej kupy siana do drugiej jest absolutnie dozwolone, choć nawet wtedy konieczna jest trzeźwość kierowcy. Zresztą – jak to zwykle w Ameryce bywa – przepisy na ten temat są zwykle stanowe albo nawet powiatowe, w związku z czym nigdy z góry nie wiadomo, czy można na zakupy do supermarketu pojechać kosiarką, czy też nie.

Wbrew pozorom, nie jest to kompletnie wyimaginowany problem. W miejscu mojego zamieszkania, w północno-wschodniej części Indiany, nad granicą ze stanem Ohio, mieszka wielu amiszów, którzy – jak wiadomo – zwykle nie korzystają z samochodów i podróżują konnymi bryczkami rodem z XIX wieku. Pojazdy te nie posiadają kierunkowskazów, hamulców ani też standardowego oświetlenia samochodowego. Prowadzi to czasami niestety do fatalnych w skutkach wypadków drogowych, do których dochodzi zwykle w godzinach nocnych, gdy bryczki taranowane są przez całkiem współczesne samochody.

Ale nie w tym rzecz. Problem polega głównie na tym, że jeśli jazda jakimś wehikułem po publicznej drodze nie wymaga posiadania prawa jazdy, stan nietrzeźwości też nie jest w pewnym sensie karalny. Gdy jakiś facet idzie ulicą w stanie oczywistego nabzdryngolenia, policja nie jest w stanie go w żaden sposób ukarać. Chyba że dojdzie do tego z powodu tzw. *public drunkeness*, choć jest to przepis stosowany zwykle wyłącznie wobec ludzi, którzy nie są w stanie zachować pionu i leżą na poboczu w stanie wskazującym na niezdolność dotarcia do domu.

Wracając do pana Andersona, gdyby nie wjechał swoją kosiarką w policyjny radiowóz, lecz podążał dalej do celu, nawet zygzakiem, teoretycznie nie mógłby zostać zatrzymany za jazdę w stanie nietrzeźwym. Jest to dla mnie fakt istotny, gdyż sugeruje, że gdybym kiedyś po wypiciu sześciu piw musiał pojechać do lokalnego Krogera, moim pojazdem winien być ciągnik do egzekucji trawy, a nie samochód. Postaram się jednak nie próbować tej opcji.

Królewski szał

Całe szczęście, że wreszcie przyszło na świat to książęce dziecko księcia Harry'ego i jego amerykańskiej żony Meghan Markle. I jeszcze większe szczęście, że normalna ciąża trwa dziewięć miesięcy, a nie trzy lata. Ostatnie miesiące wypełnione były w mediach spekulacjami na temat tego, co się urodzi, gdzie, jak i jakie dostanie imię, a kwestie te przedstawiane były w taki sposób, jakby zależały od nich dalsze losy ludzkiej cywilizacji. Gdyby to wszystko trwało kilka miesięcy dłużej, musiałbym zapewne szukać schronienia na jakiejś odległej bezludnej wyspie, na której nie ma Internetu, a monarsza przyszłość Wielkiej Brytanii jest bez znaczenia.

Gdy tak słuchałem wszystkich tych doniesień na temat nowego potomka dynastii Windsorów, w zasadzie nasuwało mi się nieustannie tylko jedno pytanie: *Who the hell cares?* Nie rozumiem, dlaczego mam się zachłystywać lub w ogóle przejmować tym, że na świat przyjdzie uprzywilejowany bobas, który zresztą nigdy nie zostanie królem, gdyż jest dopiero siódmy w kolejce do tronu. Jego życie zawsze będzie pełne pieniędzy i przepychu. Nigdy nie będzie robił zakupów w supersamie lub stał w kolejce po bilety do kina lub po kiełbasę. Nigdy nie będzie w dzieciństwie bawił się ze zwykłymi rówieśnikami i zapewne nie będzie w stanie zrozumieć, co to znaczy być biednym, sfrustrowanym szarakiem, żyjącym od pensji do pensji.

Ja Archiemu (bo takie dostał imię) niczego nie zazdroszczę, ale zachwyt świata nad faktem jego narodzin wydaje mi się co najmniej dziwny. Zresztą narodziny te poprzedzone zostały kompletnie idiotycznymi rozważaniami i plotkami. Brytyjska telewizja poświęciła na przykład ponad dziesięć minut na reportaż o tym, czy dziecko urodzi się tradycyjnie w londyńskim St. Mary's Hospital i zostanie pokazane przez rodziców zgromadzonym tłumom przed wejściem do szpitalnego skrzydła o nazwie Lindo, czy też Meghan zdecyduje się na poród „w domu”, czyli w pałacu Kensington. Niektórzy dziennikarze wyrazili pogląd, że to drugie rozwiązanie byłoby nie na miejscu, ponieważ ludzką ciekawość trzeba zaspokoić, a poza tym podatnicy zapłacili 40 milionów dolarów za ślub Harry'ego i Meghan, a zatem coś im się za to należy.

Wiele miesięcy wcześniej ciąża Meghan powodowała w niektórych mediach totalny kociokwik intelektualny. Pojawiły się między innymi spekulacje, że ciąża mogła zostać sfingowana przez świeżo upieczoną księżną Sussexu po to, by zwrócić na siebie jak najwięcej uwagi. Domysły dotyczyły też kształtu brzucha ciężarnej, na podstawie którego snuto różne egzotyczne teorie na temat płci potomka oraz zdrowia płodu. Meghan była i jest krytykowana za różne, w większości wyimaginowane wady, ale z drugiej strony niektórzy nazywają ją Mona Lisą z powodu jej rzekomo niezwykle tajemniczego uśmiechu. Aktor George Clooney, którzy przyjaźni się z książęcą parą, wyraził pogląd, że Markle traktowana jest dokładnie tak samo jak niegdyś księżna Diana i że media z tragicznej historii żony księcia Karola nie wyciągnęły żadnych wniosków.

W sumie jednak wszystko to nie powinno mieć żadnego znaczenia. Nie obchodzi mnie tajemniczość uśmiechu Meghan ani też jej przywiązanie do konkretnych metod położniczych. Świat ma na głowie o wiele poważniejsze problemy, by się obsesyjnie zajmować takimi głupotami. Tym ludziom trzeba po prostu pozwolić żyć. Tym bardziej że ich egzystencja nigdy nie będzie w pełni normalna, gdyż to w brytyjskiej rodzinie królewskiej jest niemożliwe.

Sami zainteresowani też nie są bez winy. Na początku maja Harry i Meghan stworzyli wspólne konto w serwisie Instagram, gdzie zaczęli umieszczać rodzinne zdjęcia. W ciągu zaledwie 6 godzin ich internetowy album fotograficzny odwiedziło ponad milion ludzi, co jest rekordem w historii tego serwisu. Obecnie książęce konto w Instagramie śledzi pilnie ponad 5 milionów Ziemian, którzy najwyraźniej nie mają nic lepszego do roboty. Jeśli komuś istotnie zależy na zachowaniu prywatności, internetowe obnoszenie się ze zdjęciami z pewnością nie jest najlepszym rozwiązaniem.

Królewski szał jest na tyle duży, iż niektórych wiedzie w kierunku obłędu. Profesjonalni „niuchacze” medialni wywęszyli na przykład, że wszystko to, co w Instagramie pojawia się w imieniu Harry'ego i Meghan, niemal na pewno jest wyłącznym dziełem tej drugiej, gdyż w krótkich komentarzach dominuje pisownia i słownictwo amerykańskie. Na przykład, zastosowane zostało słowo *diapers* na określenie pieluch, a nie *nappies*. Toż jest to sensacja na skalę światową i jestem pewien, że z tego powodu nie będę mógł przez trzy noce spać!

Pewnego dnia włączyłem wcześnie rano telewizor i zobaczyłem fragment programu *Morning Joe* w sieci MSNBC. Było to w dniu pełnym różnych dramatów związanych z raportem prokuratora specjalnego Roberta Muellera. Jednak gospodarze tego programu, Joe Scarborough oraz Mika Brzezinski, zaczęli swoje spotkanie z widzami od najnowszych doniesień z frontu spodziewanych lada chwila książęcych narodzin. Ciekaw jestem, czy gdyby w tymże dniu wybuchła III wojna światowa, też byłby to temat w miarę pośledni w obliczu przyjścia na świat Archiego. Niestety gospodarze *Morning Joe* wcale nie byli wyjątkami, gdyż o monarszej ciąży w jej ostatnim stadium trąbili wszyscy i wszędzie.

W Polsce mam kumpla, który – gdyby nagle w RP doszło do niespodziewanej restauracji monarchii – mógłby liczyć mniej więcej na trzecie miejsce w kolejce do tronu. Obiecał mi, że jeśli w jego rodzinie narodzi się w przyszłości potomek, nikt o tym nie będzie wiedział. No i wreszcie jakaś dobra wiadomość.

Na czarną godzinę

Każdy w zasadzie kraj posiada pewne niezbędne zapasy podstawowych artykułów na wypadek jakichś katastrofalnych wydarzeń. W USA są na przykład tzw. strategiczne zasoby ropy naftowej, których w zasadzie nigdy nikt nie rusza, ponieważ mają one być wykorzystane tylko w obliczu prawdziwych kryzysów takich jak wojna nuklearna, załamanie się globalnej gospodarki lub trzecia kadencja Donalda Trumpa. Należy przypuszczać, że Ameryka posiada też inne zapasy, choć wcale nie jest to takie pewne, o czym za chwilę.

Ostatnio świat obiegła szokująca wieść ze Szwajcarii. Rząd tego kraju uznał mianowicie, iż przestanie gromadzić zapasy kawy, gdyż nie jest to „artykuł niezbędny do przetrwania". Począwszy od czasów II wojny światowej takie firmy jak Nestle miały obowiązek systematycznego „odkładania na bok" pewnych ilości kawy ziarnistej. Podobnie było w przypadku niektórych innych towarów, takich jak cukier, ryż, olej jadalny, mąka, itd.

Przez wszystkie lata obowiązywania tych przepisów Szwajcarzy zgromadzili w sumie ponad 15 tysięcy ton kawy, co mogłoby zaspokoić narodowy popyt na tę używkę przez 3 miesiące. Jednak począwszy od końca 2022 roku, wszystkie firmy, które w tym chomikowaniu „małej czarnej" uczestniczą, będą mogły stopniowo pozbywać się zapasów. Politycy szwajcarscy w swojej ocenie wartości kawy byli dość bezlitośni. W komunikacie wydanym przez Federalne Biuro Zaopatrzenia Gospodarczego czytamy: „Kawa praktycznie nie ma kalorii, a w związku z tym nie jest w sensie fizjologicznym pożytecznym artykułem żywnościowym". Na szczęście piwo i wino są kaloryczne, i w związku z tym mam nadzieję, że są gdzieś odpowiednie zapasy na wypadek globalnego kataklizmu, w wyniku którego nie pozostanie nam nic innego, tylko pić.

Usunięcie kawy ze strategicznych zapasów żywnościowych nie zostało przyjęte zbyt pozytywnie przez obywateli. Szwajcarzy rocznie konsumują 20 funtów kawy na łeb, czyli dwa razy więcej niż Amerykanie. Jeśli zatem dojdzie kiedyś do jakiegoś poważnego krachu, szwajcarscy kawosze mogą zostać na lodzie. Organizacja o nazwie Reservesuisse, która monitoruje stan niezbędnych zapasów w Szwajcarii, twierdzi, iż decyzja rządu w sprawie zapasów kawy została wydana zbyt pochopnie i z pominięciem niektórych innych cech kawy, np. zawartości substancji antyutleniających oraz witamin. Zwraca się też uwagę na fakt, że spośród 15 firm szwajcarskich, które jak dotąd gromadziły zapasy kawy, 12 twierdzi, że zamierza to robić nadal, niezależnie od rządowych przepisów.

Doniesienia ze Szwajcarii podjudziły mnie do tego, by się dowiedzieć, czy w USA gromadzone są na poziomie federalnym jakiekolwiek zapasy prócz ropy naftowej. Okazuje się, że jeśli dojdzie do totalnej apokalipsy, nasze domy będą nadal ogrzewane, samochody będą mogły jeździć, a lekarze będą mieli do dyspozycji niezbędne medykamenty. Jednak przyjdzie nam w takim przypadku siedzieć w ciepłym domu o suchym pysku, jako że nie istnieją żadne zapasy podstawowych artykułów żywnościowych. Prócz wspomnianego już Strategic Oil Reserve istnieje tylko Strategic National Stockpile (SNS), czyli zapas antybiotyków, szczepionek, podstawowych leków, odtrutek, itd. Magazyn tych środków znajduje się w tajnym ośrodku gdzieś w okolicach Waszyngtonu i jest rzekomo wielkości mniej więcej dwóch sklepów Walmart. Zarządzany jest przez Departament Zdrowia, który twierdzi, że jest w stanie dostarczyć w ciągu 12 godzin niezbędne medykamenty do dowolnego miejsca kraju. Raz nawet system ten został wypróbowany, gdyż w roku

2009, w obliczu epidemii grypy H1N1, z zapasów SNS rozprowadzono znaczne ilości leków o nazwie Tamiflu i Relenza.

Wszystko to nie zmienia jednak faktu, że magazynów z żarciem nigdzie w Ameryce nie ma, a zatem nie ma też u nas sensu ogłaszanie, że jakiś artykuł, np. kawa, nie będzie już więcej gromadzony. Tym samym gromadzenie zapasów żywności jest wyłączną domeną poszczególnych obywateli, którzy jednak w ogromnej większości niczego nie gromadzą. Chyba że należą do niewielkiej czeredy czubków, którzy budują w swoich domach piwnice i gromadzą tam zapasy groszku konserwowego na 10 lat. Podobne tendencje występują ostatnio w Wielkiej Brytanii, gdzie obawy przed katastrofalnymi następstwami brexitu zachęciły niektórych skutecznie do chomikowania żywności „na wszelki wypadek".

Gdyby jednak ktoś chciał w sposób racjonalny podejść do zagadnienia zapasów żywności na wypadek nieprzewidywalnych wydarzeń, co powinien kupić? Specjaliści są w zasadzie zgodni co do tego, że na liście niezbędnych artykułów powinny pojawić się następujące pozycje: sól, pieprz, bulion, miód, cukier, olej, kluski, orzechy, ryż, krakersy, masło z orzeszków ziemnych, ryba w konserwie, mięso w konserwie, fasola, owoce i warzywa w puszce, woda butelkowana, mleko w proszku, landrynki oraz suszone owoce.

Dziwi mnie oczywiście niezmiernie fakt, iż na liście tej nie ma piwa, ale zawsze mogę sobie moje własne zapasy jakoś rozbudować. Ponadto nie ma też ani kawy, ani herbaty, co zapewne wynika z faktu, iż – podobnie jak Szwajcarzy – amerykańscy dietetycy nie uważają tych używek za coś niezbędnego do przetrwania. Ja jednak jestem zdania, że nie chodzi wyłącznie o przetrwanie, ale o to, by nie siedzieć gdzieś w schronie i konsumować nieustannie konserwy. Dobrze by było od czasu do czasu strzelić sobie kielicha albo napić się kawy, choćby po to, by poczuć się chociaż przez chwilę w miarę normalnie.

Wszystko to w przypadku USA nie ma większego znaczenia, gdyż jak wykazują statystyki, ponad 90 proc. domostw w kraju nie posiada absolutnie żadnych zapasów żywności. A na kawę ze Szwajcarii też nie będzie można liczyć.

Na tę chwilę

Ponieważ na moje nieszczęście jestem z wykształcenia językoznawcą, niemal podświadomie zwracam uwagę na różne zjawiska językowe. A szczególnie takie, które mnie denerwują, ponieważ zdradzają niczym nieuzasadniony manieryzm. W gronie moich amerykańskich znajomych i przyjaciół znany jestem w związku z tym jako „cunning linguist", a więc przebiegły lingwista. A ponieważ w USA angielszczyzna ugina się nieustanie pod naporem dziwnych nawyków, dziwacznych neologizmów i gramatycznych nadużyć, pole do obserwacji jest ogromne.

Wystarczy na przykład przyjrzeć się na chwilę jakiemukolwiek kablowemu informacyjnemu kanałowi telewizyjnemu, by usłyszeć ludzi zaczynających co drugie zdanie od frazy „and so". Jest to kompletnie bezsensowne, gdyż samo słowo „so" znaczy „a zatem" lub „więc", czyli dodawanie do tego jakiegokolwiek spójnika mija się z celem. W tym miejscu co bardziej zaangażowany lingwistycznie czytelnik mógłby dojść do wniosku, że się czepiam. I przyznaję się bez bicia, że tak istotnie jest, tym bardziej że amerykańska wersja języka angielskiego zdradza również wiele innych problemów. Zresztą nie tylko ta wersja.

W styczniu 2018 roku anglosaska wyrocznia językowa pt. *English Oxford Dictionary* opublikowała oficjalną listę nowych słów zaakceptowanych do angielskiego słownictwa. Na liście tej znajdują się między innymi takie pozycje (w porządku alfabetycznym) jak: *biliblanket, bobowler, chaebol, clucky, corvid, dickish, didlum, diffiding, flaperon, frugivore, halse, hangry, langra, masstige, smittling, sunburstery, sunderlepe, titch, tithi, titin, titivater, tittest, tommyknocker, tommytoe* i *yellowface*. Muszę wyjawić, również bez bicia, iż nie ma mam pojęcia, co te słowa oznaczają.

Czasami denerwuje mnie – choć to przesada, gdyż w zasadzie nic mnie zbytnio nie wkurza, co jest gwarantem psychicznego zdrowia – fakt, że ludzie używają fraz, o których pochodzeniu nie mają większego pojęcia. W związku z czym dokonują na nich swoistego językowego *harakiri*. W mediach nawet osoby bardzo dobrze wykształcone często mówią „ek cetera" zamiast „et cetera". Prawdą jest to, iż pierwotna wymowa łacińska była podobno przez „ek", ale ani angielszczyzna, ani też polszczyzna takiej wersji nie przewidują i wątpię, by współcześni manipulatorzy tej frazy mogli zasłaniać się twierdzeniem, że chcą mówić jak Juliusz Cezar.

A skoro już o języku polskim mowa, to w czasie mojej ostatniej, jak zwykle krótkiej wizyty w ojczystym kraju zauważyłem szereg zastanawiających tendencji językowych, których nie da się w żaden sensowny sposób wytłumaczyć. Zresztą tendencje te pojawiły się znacznie wcześniej, z chwilą, gdy zdałem sobie sprawę z tego, że ludzie rozmawiający ze sobą w Polsce przez telefon są oddzieleni od siebie jakąś niewidzialną ścianą. Drzewiej bywało tak, że gdy Antek dzwonił do Joli, mówił do niej „cześć Jola, tu Antek", a Jola odpowiadała „cześć Antek, co słychać?". Jednak współczesna wersja tej samej rozmowy wygląda nieco inaczej. Antek na początek mówi „cześć Jola, Antek z tej strony". No i w tym momencie powstaje szereg pytań. O jakiej stronie on mówi? Czyżby strona nadawcy była w jakiś sposób mało zidentyfikowana, na miarę wiceprezydenta Dicka Cheneya, chowającego się nieustannie w tajnym, zabezpieczonym lokum? A w ogóle dlaczego trzeba jakiekolwiek strony identyfikować? Wszak chodzi tu o ludzi dobrowolnie gadających przez telefon, czyli wszyscy doskonale wiedzą o tym, kto i gdzie się znajduje. Można by na przykład zapytać rzeczonego Antka, czy jego identyfikacja bycia „z tej strony" wynika z faktu, iż mógłby być w tym momencie po jakiejś innej, nieznanej Jolce stronie, np. w odległych od telefonu zaświatach. Ale w sumie to i tak małe piwo.

Przechadzając się ulicami Wrocławia zobaczyłem na wystawie kwiaciarni napis „flora funeralna", co w przekładzie na normalny język polski znaczy zapewne „wieńce pogrzebowe". Natomiast jeśli chodzi o telewizję, wystarczy pooglądać ją przez nie więcej niż 5 minut, by usłyszeć frazę „na tę chwilę, nie posiadam takiej wiedzy", co w tłumaczeniu na normalność znaczy „na razie nie wiem". Zresztą wyrażenie „na tę chwilę" skutecznie zastąpiło już polskie słowa „teraz" oraz „obecnie". Absolutnie wszystko jest na tę chwilę, bo przecież jakakolwiek inna chwila (jutro, pojutrze, wczoraj, itd.) wymagałaby zastosowania tak kwiecistych fraz jak „na jutrzejszą chwilę".

Istnieje też w Polsce telewizyjny żargon policyjny, który przeziera z ekranów zawsze wtedy, gdy funkcjonariusz musi przed telewizyjnymi kamerami opowiedzieć o jakichś przestępczych wydarzeniach. Niezależnie od skali i powagi przewinienia, telewidz zawsze dowie się, iż policja „wszczęła czynności" (rozpoczęła śledztwo) i „zabezpieczyła komputery" (załadowała pecety do radiowozu). W każdym w zasadzie śledztwie wszystko jest zabezpieczone w ramach wspomnianych czynności, które jeszcze – na domiar złego – „są intensywnie procedowane". Bo gdyby były normalnie prowadzone, ich powaga byłaby zapewne znacznie mniej doceniana.

Nie bez winy są w tym szaleństwie również dziennikarze, którzy z jakichś powodów rozstali się z takimi czasownikami jak „pytać" czy „indagować", by nieustannie mówić o tym, iż muszą kogoś o coś dopytać. Wprawdzie nie ma w tym żadnego grzechu gramatycznego (w końcu zamiast coś odwalić, można też komuś przywalić), ale nagła moda na to słowo jest dość zastanawiająca.

Mógłbym oczywiście rozwodzić się nad tym tematem przez wiele kolejnych, retorycznie pięknych akapitów, ale na tę chwilę nie posiadam odpowiedniej wiedzy, a zatem spasuję.

Ser, wiatr i hałas

Coraz częściej zastanawiam się, czy nasza cywilizacja nie zmierza w stronę totalnego nonsensu i czy nie ugrzęźnie na zawsze w morzu niedorzeczności. Pesymizmem napawają mnie dwa przypadki dotyczące wpływu hałasu na nasze jestestwa.

Po pierwsze, w Szwajcarii zakończyły się właśnie badania dotyczące wpływu muzyki na... ser. Naukowcy do przeprowadzonych eksperymentów wykorzystali 9 kilkukilogramowych krążków ementalera, z których każdy został zamknięty w drewnianej skrzynce i poddany działaniu muzyki różnych gatunków. I tak jeden z serów „słuchał" hip-hopu, inny dostał porcję Mozarta, a jeszcze innemu odgrywano w kółko słynny przebój grupy Led Zeppelin pt. *Stairway to Heaven*. Chodziło o sprawdzenie, czy muzyka polepsza walory smakowe sera, a jeśli tak, to który z gatunków muzycznych przynosi najlepsze rezultaty.

Osobiście zawsze uważałem, że muzyka być może łagodzi obyczaje, ale jej wpływ na żywność jest żaden, czyli nie można pod wpływem Beethovena zrobić z przypalonego schabowego kulinarnego przeboju. Jednak Szwajcarzy się uparli i doprowadzili swój eksperyment do końca. A potem ogłosili wyniki, które ich zdaniem sugerują, że serom najlepiej smakowo robi muzyka hip-hop. Werdykt ten został wydany nie przez byle kogo, bo przez Benjamina Luzuya, mistrza kuchni, pojawiającego się często w szwajcarskiej telewizji. Po degustacji „umuzycznionych" ementalerów stwierdził on, iż ser napompowany hip-hopem stał się wyraźnie lepszy od konkurencji, zarówno ze względu na wygląd, jak i walory smakowe. Ja zaś podejrzewam dodatkowo, że być może ser poddany twórczości grupy Led Zeppelin ogłuchł i już nigdy nie znajdzie się na żadnej kanapce.

Gwoli ścisłości muszę dodać, że w pudłach z serem nie umieszczono głośników, lecz w serowe krążki wciśnięto specjalne elektrody, przez które nadawano dźwięki. Jak określił to jeden z członków zespołu badaczy, Michael Harenberg z wydziału sztuki uniwersytetu w Bernie, „cała muzyczna energia rezonowała w środku serów". I całe szczęście, bo gdyby rezonowała gdzieś obok, ementaler mógł się był wkurzyć i zamienić w nędzny ser topiony.

We wszystkim tym interesuje mnie jedna prosta kwestia. Zastanawiam się mianowicie nad tym, w jaki sposób grupa naukowców szwajcarskich doszła do wniosku, że trzeba zbadać wpływ muzyki na ser. I dlaczego akurat obiektem testu były wyroby serowarskie, a nie na przykład czekolada, dojne krowy czy też kanapki z szynką? Żadnej konkretnej motywacji tych poczynań zapewne nigdy nie usłyszymy, ale trudno mi jest uwierzyć w to, że badacze siedzieli kiedyś w uniwersyteckiej stołówce, gadali o wszystkim i o niczym, a potem nagle jeden z nich oświadczył, że chce zagrać serowi na skrzypcach, by go ulepszyć.

Drugim przypadkiem analizy wpływu hałasu na nasze codzienne życie jest wygłoszone niedawno przez prezydenta Donalda Trumpa przekonanie, iż hałas turbin wiatraków generujących energię elektryczną powoduje u ludzi raka. Jest to z czysto naukowego punktu widzenia teza porównywalna do teorii, że przechodzenie pod drabiną przynosi nieuchronnego pecha. Jednak w przeciwieństwie do serowego eksperymentu w Szwajcarii, można zrozumieć genezę opinii prezydenta. Wiadomo powszechnie, że nie znosi on tych wiatraków, gdyż kiedyś wdał się w spór z władzami szkockiego miasta Aberdeen, w okolicy którego znajduje się jeden z jego klubów golfowych.

Szkoci chcieli w pobliżu wybrzeża zbudować na Morzu Północnym elektrownię wiatrową, co zakłóciłoby – zdaniem Donalda – estetykę jego oazy, w której starsi panowie starają się wbijać małą piłkę do 18 dziur w ziemi. Elektrownia ostatecznie powstała i – jak wynika z doniesień – w żaden sposób nie zaszkodziła polu golfowemu, choć być może większość tamtejszych golfistów znajduje się już na oddziale onkologii lokalnego szpitala. Nie wspomnę już o tym, że gdyby teoria o rakotwórczych zdolnościach hałasu miała jakiekolwiek uzasadnienie, już dawno bym nie żył w wyniku nałogowego słuchania takich zespołów jak Pink Floyd, za to moje sery byłyby absolutnie niebotycznej jakości.

Trump wydaje się posiadać dość uproszczoną wizję tego, w jaki sposób działają wiatraki energetyczne. W czasie tego samego wystąpienia dał do zrozumienia, że gdy tylko wiatr przestaje wiać, domy zasilane z tego źródła prądem elektrycznym pogrążają się w ciemności, tak że nawet utulone do snu muzyką szwajcarskie ementalery w lodówce psują się pod wpływem absencji chłodzenia. W rzeczywistości jest nieco inaczej. Choć prawdą jest to, iż przy całkowitym braku wiatru wirniki wiatraków się nie obracają i nie generują prądu, zwykle elektrownie wiatrowe sprzężone są z innymi dostarczycielami energii, a zatem są częścią znacznie większego systemu zasilania. W związku z tym brak wiatru nigdy nie powoduje braku napięcia w sieci.

Tak czy inaczej, w ciągu zaledwie kilku ostatnich tygodni hałas urósł nagle do rangi niezwykle ważnego zjawiska – w Szwajcarii stał się kluczem do ulepszania walorów serów, natomiast w USA przypisywana jest mu zdolność do wyprawiania ludzi na tamten świat. Oba przypadki winny budzić zastanowienie nad ogólną kondycją naszej cywilizacji, ale trudno – jest jak jest. Proponuję nowy, przewrotny eksperyment, w ramach którego Szwajcarzy podłączyliby swoje muzyczne elektrody do Białego Domu, by sprawdzić, czy będzie to miało pozytywny wpływ na obecną administrację (szanse na sukces mają nikłe). Natomiast zestaw serów należy zainstalować pod elektrycznymi wiatrakami, by się przekonać, czy od hałasu turbin nie dostaną przypadkiem raka. Ja wiem, że to wszystko nie ma najmniejszego sensu, ale coraz częściej absolutnie nikomu to nie przeszkadza.

Ostatni Blockbuster na Ziemi

Kiedyś praktycznie nie było w USA miasta, w którym nie znajdowałaby się placówka o nazwie Blockbuster Video, z jej charakterystyczną niebiesko-żółtą kolorystyką. Była to wypożyczalnia filmów – najpierw zapisanych na kasetach VHS, a później na kompaktach. Jak Ameryka długa i szeroka w weekendy wiara waliła do tych kinematograficznych oaz drzwiami i oknami. Ludzie poznawali tam czasami swoich przyszłych małżonków, czeredy nastolatków umawiały się na randki w dziale filmów dla młodocianych, a nad wszystkim tym zawsze unosił się zapach prażonej kukurydzy. Przez wiele lat w małych miastach amerykańskich lokale Blockbuster Video pozostawały otwarte do 9.00 wieczorem, a czasami do północy. Tym samym stawały się dla wielu ludzi miejscem spotkań.

Pod koniec lat 90. Blockbuster dominował na rynku. Zatrudniał wtedy ponad 80 tysięcy ludzi i posiadał ponad 9 tysięcy wypożyczalni, w tym 4500 w USA. Jednak początek XXI wieku przyniósł erę filmów nadawanych przez Internet, a takie firmy jak Netflix i Amazon umożliwiły przekształcenie każdego domu w prywatną wypożyczalnię, do której nie trzeba było jechać samochodem – i to dwukrotnie, bo wypożyczony film trzeba było zwrócić. Zjawiska te zwiastowały upadek Blockbustera i podobnych firm. No i zgodnie z powszechnym krakaniem w roku 2010 Blockbuster poniechał dalszej działalności, zamykając jednocześnie wszystkie wypożyczalnie prowadzone bezpośrednio przez tę firmę.

W tym jednak momencie rozpoczęła się dość niezwykła historia, która swój finał znalazła w niewielkiej mieścinie Bend w stanie Oregon. Z dniem 31 marca jest tam jedyna już na świecie wypożyczalnia Blockbuster Video. Stało się tak z chwilą, gdy zamknęła swoje podwoje taka sama placówka w australijskim mieście Perth. Wcześniej, bo latem ubiegłego roku, podobny los spotkał wypożyczalnie w Anchorange i Fairbanks na Alasce oraz w Redmond w stanie Oregon.

Do wszystkiego tego doszło dlatego, że firma Blockbuster ogłosiła wprawdzie bankructwo, ale pozwoliła na dalszą działalność tych wypożyczalni, które prowadzone były na zasadach koncesji. Nie miała też zastrzeżeń co do korzystania z firmowej symboliki. W ten sposób doszło do sytuacji, w której w roku 2014 nie było już żadnych placówek kontrolowanych bezpośrednio przez firmę, ale niejako „na lodzie" pozostało kilkaset wypożyczalni koncesjonowanych. One również zaczęły dość szybko upadać. W styczniu ubiegłego roku w USA działało już tylko dziewięć placówek, ale w ciągu następnych kilku miesięcy osiem z nich przestało istnieć. I tak wypożyczalnia w Bend stała się nagle miejscem niemal kultowym, co – o dziwo – może spowodować, że przetrwa jeszcze przez bardzo wiele lat.

Nie jest to miejsce zbyt nowoczesne. Działający tam jedyny komputer musi być co kilka godzin startowany od nowa, zresztą przy użyciu dyskietek, których od wielu lat nie można już kupić w żadnym sklepie. Drukowanie odbywa się za pomocą drukarki „matrycowej", która tak głośno rzęzi, że chyba wkrótce strzeli kopytami, natomiast wszystkie transakcje zapisywane są na taśmie magnetycznej. Taśmy tej też już nie można kupić, bo jest to produkt firmy Radio Shack, która kopytami strzeliła znacznie wcześniej.

Ludzie prowadzący tę wypożyczalnię, Ken i Debbie Tisherowie, nigdy nie mieli na tyle dużych zysków, by móc wydawać pieniądze na modernizację. Jednak fakt ten okazał się bardzo korzystny. Blockbuster w Bend jest nie tylko jedynym już takim miejscem na naszym globie, ale również swoistym skansenem. Wnętrze wypożyczalni wygląda niemal dokładnie tak jak wszystkie takie placówki na początku lat 90: stosunkowo niski sufit wykładany szarymi płytami, oświetlenie jarzeniowe, półki z metalowego drutu, wszechobecne logo w postaci biletu kinowego, itd.

Jeszcze nie tak dawno temu państwo Tisherowie mieli koncesję na pięć wypożyczalni, lecz dziś pozostała tylko ta jedna. Prowadzi ją na co dzień Sandi Harding, która ma na koncie 15-letni staż pracy w tym miejscu. Gdy ktoś pyta ją, dlaczego nadal tkwi w biznesie, który praktycznie przestał istnieć, mówi, że wynika to głównie z uporu. Poza tym ludzie nadal przychodzą do tego miejsca i je wspierają.

I tutaj mógłby ktoś zapytać – ale co oni tam teraz wypożyczają? Odpowiedź jest prosta: to samo co zwykle, czyli filmy na kasetach VHS oraz kompaktach. Zresztą narastający rozgłos wokół ostatniego Blockbustera na naszej planecie spowodował, że ludzie zaczęli przysyłać do wypożyczalni pudła ze starymi filmami, wygrzebanymi gdzieś ze strychu. Ponadto Tisherowie sprzedają dziś w swoim unikalnym sklepie wiele pamiątek w postaci koszulek, czapek, kubków, kurtek, itd. A gdy z Australii nadeszła wiadomość, że Blockbuster w Perth kończy działalność, w placówce w Bend natychmiast pojawiły się koszulki z napisem „The Last Blockbuster on the Planet".

Michael Trovato, który przyjechał do Bend właśnie z Australii, twierdzi, iż tęskni za dawną atmosferą Blockbusterów i za możliwością przeglądania godzinami półek z filmami. W wyborze filmu często pomagali pracownicy, a dziś – jak ubolewa – robi to za nich jakiś algorytm w Amazonie.

Wszystko to może się wydawać nieco dziwne w świecie Internetu, iPadów, smartfonów i telewizorów o wielkich ekranach. Jednak dalsze istnienie Blockbustera w Bend dowodzi, że w USA dobry interes można czasami zrobić nawet na gruzach minionej ery. Natomiast na razie ostatniej wypożyczalni filmów na świecie upadek nie grozi. Grozi jej raczej to, że stanie się atrakcją turystyczną.

Nieudacznik w banku?

Coraz częściej dochodzę do niepokojącego wniosku, że w rządzie federalnym mógłbym sprawować w zasadzie dowolną funkcję, np. ambasadora, sekretarza stanu, szefa CIA, doradcy ds. bezpieczeństwa narodowego, etc. Czy mam po temu jakieś kwalifikacje? Absolutnie żadnych, ale ostatnio nikomu to jakoś nie przeszkadza. Jedynym wymogiem wydaje się być zdolność do częstego opowiadania głupot w telewizji, a do tego jestem jak najbardziej zdolny, a nawet gotowy.

Przykładem niskich wymagań w stosunku do ludzi mających zajmować ważne stanowiska jest z pewnością nominacja Stephena Moore'a do rady dyrektorów amerykańskiego Federal Reserve Bank. Ten bank centralny decyduje o takich błahostkach jak podstawowa stopa oprocentowania kredytów, stymulacja finansowa gospodarki czy kontrola inflacji. Pan Moore – choć z wykształcenia ekonomista i to z Illinois – od lat jest obiektem żartów i kpin, gdyż słynie głównie z tego, że albo wygłasza wyssane z palca fakty, albo też snuje prognostyki, które nigdy się nie sprawdzają.

Żenada związana z jego osobą jest na tyle duża, że w swoim czasie szefowie gazety *Kansas City Star*, z gruntu konserwatywnego wydawnictwa, zakazali publikowania jakichkolwiek tekstów Moore'a, ponieważ jego wcześniejsze artykuły usiane były oczywistymi kłamstwami. W roku 1993 Moore prorokował, że nieznaczna podwyżka podatków dla najzamożniejszych ludzi w USA, wprowadzona przez Billa Clintona, „storpeduje" całkowicie amerykańską gospodarkę. Torpeda ta nigdy nie odpaliła, a nawet okazała się niewypałem, gdyż za czasów Clintona budżet federalny był przez pewien czas na plusie.

W roku 2009 tenże Moore zaczął bić na alarm, ponieważ jego zdaniem rosnący deficyt budżetowy rządu federalnego miał doprowadzić do hiperinflacji, a cena złota miała wzrosnąć do poziomu 2 tysięcy dolarów za uncję, gdyż dolar miał się jego zdaniem stać bezwartościowy. Nic takiego nigdy się nie stało. Natomiast w roku 2018 Moore wielokrotnie chwalił Donalda Trumpa za dążenie do zerowych ceł importowych, co było o tyle niefortunne, iż wkrótce potem prezydent nałożył cła na towary z Chin.

Mimo swojego oczywistego nieudacznictwa Stephen działał przez pewien czas dzielnie w konserwatywnych organizacjach, takich jak Cato Institute oraz Club for Growth. Zanim znalazł się w kręgach prezydenckich, zdążył jeszcze zrujnować gospodarkę stanu Kansas, którego gubernator Sam Brownback, przy jego wydatnej pomocy, dramatycznie zmniejszył podatki od zarobków oraz opodatkowanie małych firm. Miało to spowodować natychmiastowy rozkwit ekonomiczny, jednak skutki były nieco odmienne od zamierzonych: w stanowej kasie nagle zabrakło 700 milionów dolarów, co zmusiło Browbacka do znacznego ograniczenia wydatków na takie bzdury jak oświata. Kryzys był na tyle duży, iż wiele szkół działało „na pół etatu", a nauczyciele musieli sami kupować potrzebne w czasie lekcji materiały. Kres temu szaleństwu położył dopiero stanowy sąd najwyższy, który uznał poczynania gubernatora za niezgodne z konstytucją, a wkrótce potem parlament stanu Kansas unieważnił wszystkie decyzje Browbacka dotyczące podatków. Brownback na szczęście nie jest już gubernatorem, ale Stephen działa dalej i – jeśli wszystko pójdzie po myśli Białego Domu – może wkrótce stać się członkiem grona, którego decyzje są potencjalnie niezwykle ważne dla wszystkich mieszkańców kraju.

W czasie prezydenckiej kampanii wyborczej w roku 2016 Moore był jednym z głównych doradców ekonomicznych Trumpa, któremu zapewne podpowiadał, w jaki sposób można gospodarczo spartolić całą Amerykę na modłę fiaska w Kansas. A już po wyborze Trumpa, pod koniec 2017 roku, gdy Kongres debatował nad ustawą o redukcji niektórych podatków, Moore piał ze szczęścia, ale nie z powodów ekonomicznych, lecz dlatego, że upatrywał w tej ustawie „polityczną śmierć demokratów". Do zgonu na razie nie doszło, a skutki zatwierdzonej ustawy są dość kontrowersyjne.

Ale co tam, życie toczy się dalej. W ubiegłym roku Moore wydał książkę pt. *Trumponomics*, w której przewiduje, iż polityka gospodarcza prezydenta jest tak genialna, że jeszcze w tym roku przyrost dochodu narodowego wyniesie 6 proc., a federalny deficyt budżetowy znacznie się zmniejszy. Na razie jednak deficyt ów jest największy w historii, a gospodarka rośnie w tempie 2,6 proc. i nadal zwalnia. Ekonomista z Harvardu, Greg Mankiw, nazwał książkę Moore'a „tomem bzdurnej szarlatanerii", co jest zapewne bardzo adekwatną oceną tego dzieła.

Na szczęście dla naszych kieszeni, każda osoba nominowana do rady dyrektorów banku federalnego musi być zatwierdzona przez Senat, który zwykle nie bardzo się spieszy z dyskusjami na ten temat. Przykładowo, Trump mianował już wcześniej dwójkę ludzi do tej rady, gdyż są tam obecnie dwa nieobsadzone miejsca. Jednak Marvin Goodfriend i Nellie Liang nigdy nie doczekali się głosowania w Senacie, w związku z czym w styczniu tego roku Liang sama zrezygnowała z dalszego kandydowania. Moore ma zająć jej miejsce, ale – jak można mieć nadzieję – też się nie doczeka głosowania i zrezygnuje, poświęcając resztę życia na snucie fałszywych prognostyków oraz rozpowszechnianie ekonomicznego partactwa. A jeśli mimo wszystko głosowanie w sprawie jego nominacji się odbędzie, być może Senat dojdzie do jedynie słusznego wniosku, że czasami trzeba jednak posiadać choćby szczątkowe kwalifikacje do urzędu, który nominat ma zająć.

Ja natomiast postanowiłem oddać się karierze chirurga mózgu. A co, przecież wiem, w którym dokładnie miejscu mózgowie się znajduje, a ostrym nożem każdy się potrafi skutecznie posługiwać.

Z władzą za pan brat

Gdy po raz pierwszy zawitałem w roli imigranta do Chicago, co miało miejsce w latach 80., z pewnym zdziwieniem zauważyłem, że na radiowozach policji widniało hasło *We serve and protect* („Służymy i chronimy"). Dla przybysza z PRL-u było to o tyle niezwykłe, że ludowej milicji przyświecały inne slogany, które być może uzasadniałyby umieszczanie na drzwiach „suk" takich napisów jak: „Od nas zawsze możesz dostać w mordę" albo „Pałowanie to my". W tzw. zbiorowej psychice narodu milicjant nie był człowiekiem, do którego ludzie zgłaszali się po pomoc. Był to raczej figurant totalitarnej władzy, która mogła przecież robić wszystko i z wszystkimi.

W związku z tym widok policyjnych radiowozów w Chicago z reklamą służby i ochrony był dość bulwersujący. Wprawdzie od tego czasu wiele się zmieniło – głównie dlatego, że czasem można odnieść wrażenie, iż amerykańscy policjanci zbyt pośpiesznie strzelają do ludzi odmiennych ras – ale w sumie nadal prawdą jest to, iż Amerykanie uważają policję za ochroniarzy praworządności i codziennego ładu publicznego.

Nie dotyczy to wyłącznie Ameryki. W większości nowoczesnych zachodnich demokracji policjant to potencjalny pomocnik, a nie wróg. Przed kilkoma laty byłem w Londynie z moim ojcem i poprosiłem policjanta o możliwość zrobienia mojemu „staremu" zdjęcia w jego towarzystwie. Przystał oczywiście na to z uśmiechem, a ja potem zdałem sobie sprawę z tego, iż podobna sytuacja byłaby zupełnie niewyobrażalna w warunkach polskiego realnego socjalizmu. Czy ktoś chciał sobie robić fotki z milicjantem albo funkcjonariuszem ZOMO? Ludzie woleli nawet nie pytać władzy o to, jak dojść do dworca kolejowego, preferując wskazówki jakiegoś Antka spod budki z piwem.

Jednak rola policji w amerykańskim społeczeństwie bywa dość skomplikowana, co wynika bezpośrednio z faktu, iż przeciętny obywatel, w przeciwieństwie do PRL-u, może się funkcjonariuszom na wiele sposobów stawiać. Pewne zachowania są w oczywisty sposób naganne, a nawet kryminalne, na przykład stawianie czynnego, fizycznego oporu wobec próby aresztowania. Wszystko inne jest jednak dozwolone albo teoretycznie dozwolone. Policjant to wprawdzie przedstawiciel lokalnej władzy, ale w gruncie rzeczy jego uprawnienia są dość ograniczone i obwarowane wieloma skomplikowanymi przepisami.

Niezwykle symptomatyczny jest w tym kontekście przypadek Debry Cruise-Gulyas z Detroit, która pod koniec roku 2017 jadąc samochodem została zatrzymana przez policjanta Matthew Minarda za drobne wykroczenie drogowe. Minard wypisał odpowiedni mandat, ale na odchodnym Debra pokazała mu wzniesiony do góry palec, w wymownym i jednoznacznym geście oceniającym negatywnie działalność policji. W związku z tym Minard zatrzymał ją ponownie i w odwecie wlepił jej mandat za przekroczenie dozwolonej szybkości, mimo iż było to wykroczenie wyssane z palca.

Pani Cruise-Gulyas zaskarżyła policjanta do sądu argumentując, iż jej wzniesiony do góry palec był chroniony przez pierwszą poprawkę do konstytucji jako przejaw wolności słowa. Sprawa ta wędrowała następnie po sądach różnych instancji, by ostateczne dotrzeć do okręgowego sądu federalnego. Jego sędziowie uznali przed kilkoma tygodniami jednogłośnie, stosunkiem głosów 3 do 0, że powódka ma rację i że może policjantom pokazywać jakiekolwiek wymowne gesty, a im nie wolno jest na to w żaden administracyjny sposób reagować. W swojej opinii sąd stwierdził, że Minard winien był gesty kierowcy zignorować, nawet jeśli były one obraźliwe i świadczyły o braku dobrego wychowania.

Sprawa ta budzi we mnie reakcję dwojakiego rodzaju. Po pierwsze, łza się w oku kręci na myśl o tym, iż podobny pozew przeciw zomowcowi, któremu ktoś pokazał palec, a który następnie delikwenta spałował, zakończyłby się zapewne zupełnie inaczej. Głównie dlatego, że nawet nie można by go złożyć. Po drugie, choć palec nie był w dobrym tonie, Debra skutecznie podkreśliła fakt, że przeciętny mieszkaniec USA ma pewne oczywiste prawa, nawet jeśli policjanci twierdzą, że jest inaczej. Przykładowo, nie ma żadnych prawnych zakazów filmowania policji w czasie wykonywania czynności służbowych, choć często zdarza się tak, iż funkcjonariusze protestują, a nawet usiłują odbierać filmującym telefony komórkowe. Ponadto, jeśli ktoś nie został formalnie aresztowany, może z policjantami prowadzić dowolną dyskusję i nie jest zobowiązany do stosowania parlamentarnego języka.

Nawet w przypadku osób, które zostają zatrzymane pod zarzutem prowadzenia pojazdu w stanie nietrzeźwym, możliwa jest odmowa poddania się doraźnemu badaniu na trzeźwość, choć w wielu stanach niesie to potem ze sobą niezbyt apetyczne konsekwencje. Moim zdaniem, jeśli kierowca po zatrzymaniu zwraca się do policjanta frazą „wysoki sądzie, jestem niewinny", widomy to znak, że trzeba się poddać badaniu. Ale to już inna sprawa.

Nikt nie może kwestionować faktu, iż zawód policjanta jest trudny i często niebezpieczny. Szczególnie w państwach demokratycznych, w których tzw. stójkowi muszą się zawsze przejmować protestami, procesami sądowymi i wewnętrznymi śledztwami. Jednak faktem jest również i to, że w tychże demokracjach kontakty policji z przeciętnymi ludźmi są zwykle znacznie bardziej otwarte i przyjazne niż w warunkach takiego czy innego zamordyzmu. Wolność polega między innymi na tym, że kierowca może pokazać policjantowi palec, a on może się zrewanżować tym samym, a potem obaj mogą pójść wspólnie na piwo, by przedyskutować sytuację. Z milicjantem na piwie nigdy nie byłem, czemu się specjalnie nie dziwię.

Jam jest Jędruś Kalejdoskop

Od paru dni zastanawiam się, czy nie powinienem zmienić sobie nazwiska na Andrzej Kalejdoskop. Wynika to z wydarzenia, do jakiego doszło ostatnio w czasie spotkania w Białym Domu, w którym prócz Trumpa, sekretarza handlu Wilbura Rossa i prezydenckiej córki, Księżniczki Nepotyzmu, uczestniczyli szefowie kilku dużych amerykańskich koncernów. Prowadzone w ramach tego posiedzenia rozmowy były typowym przykładem jałowego międlenia o niczym, ale nie to jest ważne. Na zakończenie posiedzenia przywódca wolnego świata serdecznie podziękował siedzącemu po jego prawicy szefowi firmy Apple, Timowi Cookowi, zwracając się do niego per „Tim Apple".

Król iPadów i iPhonów w żaden sposób nie zareagował, ale – jak można się było spodziewać – wiara internautyczna była o wiele mniej wyrozumiała. Niemal natychmiast pojawiła się lawina żartów na temat innych potencjalnych ludzi, którzy powinni się czym prędzej przechrzcić, by dostosować swoje tożsamości do uprawianej przez nich działalności biznesowej. Na liście propozycji znaleźli się między innymi: Steve Apple (ojciec Tima), Donald President, Jeff Amazon, Elon SpaceX, Mark Facebook, Jack Twitter, Sundar Google, Larry Oracle, Bill Microsoft i Howard Starbucks.

Trump próbował bronić się stwierdzeniem, iż tak naprawdę powiedział „Tim Cook Apple", tyle że to środkowe słowo wyartykułował w tak ekspresowym tempie, iż stało się ono praktycznie niesłyszalne. Niestety z wyjaśnieniem tym są dwa problemy. Po pierwsze, choćby stukrotne przesłuchanie w zwolnionym tempie zapisu dźwiękowego ze spotkania w Białym Domu nie ujawnia żadnego Cooka. Po drugie, nawet gdyby ów Cook gdzieś tam był, opatrzenie Tima nazwiskiem Cook Apple nadal pozostawia wiele do życzenia.

Być może najlepszym dla prezydenta usprawiedliwieniem byłoby to, iż drzewiej istotnie bywało tak, że szefowie dużych amerykańskich koncernów nazywali swoje firmy „po nazwisku": Ford Corporation (Henry Ford), Anheuser Busch (Lilly i Eberhard Anheuser oraz Adolphus Busch), Bell Telephone Company (Alexander

Graham Bell), Boeing (William Boeing), Eastman Kodak (George Eastman), Heinz Company (Henry John Heinz), itd. Ostatnio zdarza się to jednak coraz rzadziej, być może z dwoma ważnymi wyjątkami. Niemal wszystko, czego dotykają się Donald Trump oraz Richard Branson, firmowane jest ich nazwiskami, choć w przypadku tego pierwszego znaczna część ofert (Trump Vodka, Trump Steaks, Trump Casino, Trump Presidency) zwykle prowadzi do biznesowego krachu. Jednak w pewnym sensie tłumaczy to fakt, że to właśnie Tim Apple, a nie Tim Cook, uczestniczył w spotkaniu w Białym Domu – Trump mógł po prostu założyć, że skoro wszystko w otaczającej go rzeczywistości szczyci się jego nazwiskiem, podobnie musi być wszędzie indziej.

Poza tym nie przesadzajmy. Mogło przecież być znacznie gorzej, np. wtedy, gdyby wódz nazwał Tima gruszką, arbuzem, awokado lub – nie przymierzając – kartoflem. W końcu jabłko zwykle spada albo na głowę Isaaca Newtona, albo też niezbyt daleko od jabłoni, a ponieważ szef Apple Inc. jest takową metaforyczną jabłonią, nie ma sprawy. Jego prawdziwe nazwisko zostało po prostu chwilowo przygniecione jabłkiem prezydenckim.

Z wrodzonej, choć często źle stosowanej dociekliwości zacząłem zastawiać się nad tym, co by się stało, gdyby prezydenckie *faux pas* przyłożyć do innych realiów, np. polskich, sportowych lub historycznych. Doszedłem w ten sposób do zaskakujących rezultatów. Jeśli chodzi o obecne życie polityczne w Polsce, mogłyby się na przykład pojawić takie nazwiska jak Jarosław Pis, Grzegorz Po i Kukiz Kukiz'15. Choć ten ostatni przypadek mógłby sugerować, iż Paweł urodził się w Baden-Baden, gdzie wszystko jest z definicji podwójne, a apostrofy w nazwiskach cieszą się ogromnym wzięciem.

W przypadku świata sportu musielibyśmy się przyzwyczaić do tak sławnych zawodników jak Robert Bayern, Justyna Narta-Biegowa oraz Kamil Skocznia. Okres PRL-u? Nie ma problemu: Edward Pomożecie?, Władysław Zapluty-Karzeł-Reakcji oraz Lech Solidarność. W przypadku towarzysza Edwarda doszłoby do precedensu w postaci nazwiska kończącego się znakiem zapytania. Natomiast jeśli chodzi o towarzysza Wiesława, mógłby on też nosić nazwisko Pogłowie-Trzody-Chlewnej albo Wydajność-z-Jednego-Hektara. Wreszcie w przypadku działaczy społecznych, postaci historycznych i artystów mielibyśmy do czynienia z takimi osobami jak Adolf Auschwitz, Andrzej Popiół-Diament, Jan Hołd Pruski, Henryk Quovadis oraz Jurek Wielka Orkiestra z domu Świątecznej Pomocy.

Wszystko to jest jednak dość ryzykowne, szczególnie w przypadku zastosowania podobnego klucza w relacjach rodzinnych. Moja osobista małżonka musiałaby się na przykład nazywać Lucy Trelleborg (od firmy, w której pracuje) lub Lucyna Guma (od materiału, jakim się jako chemik zajmuje). Wątpię, by się jej taka metamorfoza nazewnicza spodobała, nie mówiąc już o tym, że gdy na święta zjedzie się rodzina, pod choinką będą się pałętały nie jakieś tam tradycyjne wnuki, lecz małe Kalejdoskopy lub Trelleborgi. Wprawdzie to nadal znacznie lepiej niż cyborgi, ale pewien rodzinny niepokój z pewnością by się pojawił.

Być może przyjdzie się nam do tego jakoś przyzwyczaić, ponieważ jak wiadomo przykład zawsze idzie z góry. A w USA nie ma przecież większej góry od Białego Domu, nawet wtedy, gdy na jej szczycie dominuje nieustanna zawierucha. Skoro zatem gościł tam niespodziewanie Tim Apple, nie widzę problemu w tym, by wkrótce okazało się, iż jednym z najlepszych koszykarzy w historii był Michael Bulls, a Amerykę założył facet, który nazywał się po prostu George America.

W oczekiwaniu na kamień (łupany)

Niektórzy mieszkańcy USA, na szczęście procentowo dość nieliczni, przeświadczeni są o tym, iż wszystkich nas czeka rychła zagłada. Nie chodzi im jednak o klasyczny, biblijny koniec świata, lecz o wydarzenia bardziej przyziemne. Takie jak kataklizmy natury, wojny domowe, skomasowane ataki terrorystyczne lub też przejęcie władzy nad światem przez bojówki ONZ, dowodzone przez generała George'a Sorosa pospołu z pułkownikiem Hillary Clinton.

Ponieważ domniemana zagłada może się wydarzyć niemal w każdej chwili, tak zwani *preppers* (bo tak się nazywają) przygotowują się na tę mało apetyczną ewentualność przez gromadzenie zapasów wody i żywności, budowanie schronów w przydomowych ogródkach i kupowanie niezbędnego sprzętu, np. latarek, baterii, świec, leków oraz dzieł wszystkich Marcela Prousta.

Jeśli chodzi o żywność, w warunkach powszechnego kataklizmu nie można oczywiście liczyć na świeże jaja, steki czy bakłażany w szampanie, w związku z czym gromadzone są przede wszystkim konserwy z datą ważności w okolicach roku 2030, bo do tego czasu albo wszystkich nas trafi szlag, albo też sprawy wrócą jakoś do normy. Fakt ten mocno niestety ogranicza różnorodność dostępnych dań, ale w końcu w warunkach rozkładu cywilizacji nie chodzi o delektowanie się przysmakami, lecz o przetrwanie w oparciu o groszek konserwowy oraz tuszonkę.

Jak dotąd amerykańscy *preppers* działali w teoretycznej próżni, gdyż zdani byli wyłącznie na spekulacje o tym, co się może wydarzyć i jak na to należy zareagować. Trudno jest wszak symulować skutecznie armagedon w warunkach – jakby na to nie patrzeć – domowych, gdzie zwykle dochodzi wyłącznie do ostatecznych porachunków między siłami zła (mąż) i siłami dobra (żona). Na szczęście dla magazynierów zapasów sytuacja ta właśnie się zmienia za sprawą anglosaskich pobratymców po drugiej stronie Atlantyku. Jak wiadomo, Wielka Brytania stoi w obliczu brexitu, czyli wystąpienia z Unii Europejskiej. Jednak negocjacje w sprawie tegoż wystąpienia są na tyle chaotyczne i bezsensowne, iż może się okazać, że Brytyjczycy odejdą w siną dal bez żadnego porozumienia z Unią, co zwane jest „twardym brexitem".

I tu dochodzimy do „meritumu". Coraz większa liczba mieszkańców Wysp obawia się, że w ich kraju dojdzie do serii katastrofalnych wydarzeń, które spowodują, iż Albion wróci do czasów kamienia łupanego, w których nie tylko nie było Internetu, ale nawet polityków. W związku z tym na brytyjskim rynku zaczynają się pojawiać różne towary, które mają zaniepokojonej gawiedzi pomóc w przetrwaniu tych burzliwych czasów.

Firma Food Storage w mieście Leeds, prowadzona przez Jamesa Blake'a, oferuje od pewnego czasu *Brexit Box*, czyli pudło zawierające – jego zdaniem – wszystko to, co należy mieć na wypadek niespodziewanego totalnego krachu. Nie jest to towar tani – zestaw taki kosztuje prawie 400 dolarów. Jednak posiadanie go może każdego znerwicowanego obywatela skutecznie uspokoić. W *Brexit Box* znajdują się pastylki do filtracji wody oraz łatwopalna galareta, pozwalająca na wzniecenie ognia bez zapałek. Jednak najważniejsze jest to, iż w zestawie jest też zapas suszonego żarcia na 30 dni, w tym 60 porcji makaronu z serem, fajitas z kurczaka, chili z mięsem oraz hinduskiego dania *tikka masala*. Ponadto jest też po 48 porcji mielonego mięsa wołowego i kurzego.

Pan Blake twierdzi, że sprzedał już setki swoich pudeł ratunkowych i dodaje: – *Obecnie nikt nie ma kontroli nad brexitem i nikt nie ma pojęcia, co się tak naprawdę dzieje. Nie ma również żadnego pojęcia nasz rząd. Ale każdy z nas może się odpowiednio przygotować, by odzyskać kontrolę*. No pewnie, że może. Nikt nie podskoczy człowiekowi, który potrafi sam wyżywić się przez 30 dni, a na dodatek wzniecić ognisko z niczego.

61-letnia Lynda Mayall, która zdecydowała się na zakup *Brexit Box*, uważa, iż jej wydatek prędzej czy później się opłaci, nawet jeśli do żadnej katastrofy nie dojdzie. Prócz produktu Blake'a nabyła również dodatkowe ilości proszku do prania, co mnie dziwi z dwóch powodów. Po pierwsze, w warunkach totalnego chaosu i kataklizmu nikt się nie będzie przejmował tym, czy ma czyste gacie. Po drugie, w epoce kamienia łupanego nie było – o ile wiem – pralek, nie mówiąc już o elektryczności. Z drugiej strony proszek zawsze się może przydać w czasie prania odzieży przez okładanie jej pałą na mokrych kamieniach.

Tak czy inaczej, jeśli pod koniec marca rzeczywiście dojdzie do „twardego brexitu", amerykańscy *preppers* będą zapewne śledzić przebieg wydarzeń z wielką uwagą, by wyciągnąć z brytyjskiego nieszczęścia odpowiednie wnioski. Nie wiem, co zrobią, jeśli okaże się, że żadnego chaosu nie będzie, ale podejrzewam, iż zgromadzone tony konserw zawsze będzie można sprzedać albo przed śmiercią skonsumować. Jeśli chodzi o dzieła wszystkie Prousta, to nie mam na razie żadnego pomysłu.

Ja oczywiście już od dawna posiadam w piwnicy stosowne zapasy na wypadek klęski cywilizacyjnej. Składają się one głównie z puszek piwa, jako że piwo w butelkach byłoby zanadto narażone na wstrząsy spowodowane ostrzałem artyleryjskim, wybuchami rakiet balistycznych oraz trzęsieniami ziemi. Nie ma nic gorszego w czasie tak dramatycznych wydarzeń, jak zdanie sobie sprawy z tego, że ostatni Żywiec właśnie spadł z półki i się rozbił.

Semantyczne tortury

Kiedy jechałem ostatnio autostradą, zobaczyłem wielką tablicę, która obwieszczała, że lokalny salon samochodowy poszukuje nowych pracowników na stanowisko „service technicians". Jeszcze nie tak dawno temu ludzie tacy nie byliby nazywani technikami obsługi, lecz po prostu mechanikami. Dziś jednak mamy do czynienia z nieokiełznanym pędem w kierunku nowej terminologii, która ma rzekomo nobilitować niektóre zajęcia lub zjawiska, ponieważ zdaniem różnych oszołomów tradycyjne terminy są obraźliwe lub poniżające...

I tak nie ma już w Ameryce samochodów używanych (*used cars*), bo zostały zastąpione pojazdami uprzednio posiadanymi (*pre-owned vehicles*). Jest to określenie kompletnie idiotyczne, ale jakoś nikomu nie przeszkadza. Na tej samej zasadzie można zacząć nazywać ludzi po rozwodzie nie rozwódkami lub rozwodnikami, lecz „osobami uprzednio związanymi". Podobnie w sklepach już od dawna nie pracują ekspedienci (*salesmen*), za to są wszędzie współpracownicy ds. sprzedaży (*sales associates*), choć nie bardzo wiadomo, z kim współpracują i na jakich zasadach.

Nie jest to problem wyłącznie amerykański. W Wielkiej Brytanii nagle pojawili się naukowcy chlebowi (*bread scientists*), ponieważ bycie po prostu piekarzem jest zapewne poniżające i nie oddaje w pełni kunsztu pieczenia bułek. Lista tego rodzaju dziwolągów staje się coraz dłuższa po obu stronach Atlantyku. Okazuje się, że do roboty codziennie stawiają się specjaliści od wydawania drinków (*beverage dissemination officers*), czyli barmani, osobiste asystentki higieny osobistej (*personal care assistants*), czyli kosmetyczki, oraz oficerowie inicjatyw (*initiative officers*), czyli planiści. Tylko patrzeć dnia, w którym przeciętny policjant zacznie być nazywany specjalistą wybiórczego pałowania.

Ten terminologiczny szał dotyczy szczególnie słów określających rasy, narodowości oraz specyficzne cechy ludzi. Prezydent Obama podpisał kilka lat temu ustawę, na mocy której wprowadzono zakaz używania słowa „orientalny" we wszystkich dokumentach federalnych. Przedstawicielka Nowego Jorku w Kongresie, Grace Meng, piała wtedy z radością, że „wreszcie ten obraźliwy i poniżający termin zostanie raz na zawsze usunięty". Problem w tym, że ogromna większość Amerykanów azjatyckiego pochodzenia, obrażana czasami takimi epitetami jak „żółtek" czy „skośnooki", w słowie „oriental" nie upatruje niczego zdrożnego. Tym bardziej iż Orient to po prostu wschód, a nie jakiś rasowy epitet. Tym samym Obama rozwiązał problem, który nigdy nie istniał. Jak tak dalej pójdzie, słynna linia kolejowa Orient Express będzie wkrótce nazywać się Asian Express, a najbezpieczniej będzie udawać, iż lokomotywa zawsze jedzie na zachód.

Innym kuriozum określającym rasowe pochodzenie jest słowo Afroamerykanin, które od kilku lat skutecznie wypiera proste słowa „czarny" lub „czarnoskóry". Ten niezwykle poprawny politycznie unik językowy zakorzenił się na tyle, iż coraz częściej mówienie o kimś, że jest rasy czarnej, uważane jest za naganne. Są jednak dwa oczywiste problemy ze stosowaniem tego rodzaju języka. Po pierwsze, nie wszyscy mieszkańcy USA pochodzący z Afryki są czarnoskórzy, np. niektórzy imigranci z RPA lub Zimbabwe. Po drugie, skoro decydujemy się na tego rodzaju termin, biali Amerykanie winny być nazywani Euroamerykaninami, nie mówiąc już o tym, iż pójście w tym kierunku aż do logicznego końca nieuchronnej głupoty zaowocować może nazywaniem kobiet ChromosomXXamericans, co jest seksualnie poprawne, ale jakoś mało atrakcyjne. W sumie trudno jest zrozumieć, dlaczego określenie „człowiek biały" jest w porządku, ale „człowiek czarny" to już wielka obraza. Z drugiej strony nazwanie kogoś człowiekiem żółtym nie jest do przyjęcia, a zatem nie wiadomo, o co w tej kolorystyce skór w ogóle chodzi.

Mniej więcej ten sam problem dotyczy powszechnego ostatnio terminu *person of color*, który oznacza kogoś, kto nie jest rasy białej. Ci, którzy ten termin wymyślili, nie są zapewne geniuszami w dziedzinie semantyki, ponieważ fraza ta sugeruje niefortunnie, iż biel nie jest kolorem. Historia tego kuriozum jest dość interesująca. Po raz pierwszy fraza *people of color* pojawiła się w roku 1796, ale używana była wtedy wyłącznie do określania ludzi o mieszanym pochodzeniu rasowym, czyli np. Mulatów. Po amerykańskiej wojnie domowej zaczęto używać określenia „kolorowi" w stosunku do ludzi czarnoskórych, co jednak w połowie XX wieku uważano już za obraźliwe. Termin *people of color* wrócił dopiero w latach 70., a zadomowił się na dobre dwie dekady później, w ramach kampanii na rzecz poprawności politycznej.

Zwykle sztuczne manipulowanie językiem przynosi skutki odwrotne do zamierzonych. Oczywiste jest to, że pewne słowa i frazy są zdecydowanie nie na miejscu i nigdy nie powinny być używane. Nie zmienia to jednak faktu, że obecne trendy językowe zmierzają donikąd. Jeśli bowiem ktoś jest czarnoskórym sprzedawcą używanych samochodów, według obowiązujących obecnie kanonów staje się afroamerykańskim współpracownikiem ds. sprzedaży uprzednio posiadanych pojazdów. Natomiast barman pochodzenia chińskiego jest z natury rzeczy azjatyckoamerykańskim specjalistą od wydawania drinków. Jeśli któremuś z nich zepsuje się samochód, zawsze może się zgłosić do technika obsługi, który być może będzie „osobą o kolorze". Po drodze do warsztatu może sobie kupić kanapkę u ulubionego naukowca chlebowego.

Wszystko to stało się dla mnie tak jasne, że jako żywo zaraz się udam do zaprzyjaźnionego współziemianina o zbliżonych parametrach geograficznych (sąsiada), by z nim pośpiesznie wypić dwa naczynia z substancją etanolową (sety).

Stosownego, poprawnego określenia na zagrychę jeszcze nie znalazłem, ale termin „żywność postalkoholiczna" jest dość wysoko na liście kandydatów.

Spreparowany tydzień

Po raz kolejny udało mi się przeżyć doroczny atak niczym nieokiełznanego komercjalizmu. Spisałem się świetnie, ponieważ w ostatnich dniach listopada niczego nie kupiłem, poza żarciem i piwem. Nie dałem się ponieść euforii przedświątecznych zakupów, która sieje spustoszenie w bankowych kontach i obciąża karty kredytowe niebezpiecznie wysokim zadłużeniem. Była wprawdzie pokusa, by ruszyć w miasto i obadać parę sklepów, ale ostatecznie została odparta kilkoma lampkami wina.

Jak wiadomo, w czasie dzielącym Święto Dziękczynienia od Bożego Narodzenia są dwa specjalne dni: czarny piątek i cyfrowy poniedziałek (lub cyberponiedziałek). Obie te „okazje" zostały wymyślone w celach czysto komercyjnych. W piątek przypadający po indyczym święcie wiara wali drzwiami i oknami do sklepów, by masowo kupować w nich towary po mocno obniżonych cenach. Czasami wybija się jakieś sklepowe witryny, czasami ktoś dostanie cios w czasie bójki o 60-calowy telewizor, a czasami też dochodzi do wydarzeń poważniejszych. Począwszy od roku 2006 w heroicznych zmaganiach o taniochę zginęło 12 osób, a 117 zostało rannych, chociaż w tym roku było podobno znacznie spokojniej.

Dane o ofiarach w czasie zakupów mnie specjalnie nie dziwią. Wielu klientów w kolejce do czarnego piątku ustawia się nocą w dziękczynny czwartek, a zatem są to często osoby na kacu i z nieprzetrawionym jeszcze drobiem w żołądku. Gdy dodać do tego wielogodzinne tkwienie w kolejce, często w deszczu lub na mrozie, przeciętny nabywca wchodzi do sklepu zirytowany, zmęczony i w podłym nastroju. Czy można się zatem dziwić, że chce dać jakiemuś przygodnemu bliźniemu w mordę? Na szczęście niektóre sklepy redukują irytację narodu przez otwieranie swoich podwojów znacznie wcześniej niż zwykle, na przykład o północy, albo po prostu już w dziękczynny wieczór.

O ile nawyk ruszania na zakupy tuż po Thanksgiving rozpoczął się w USA w latach 50., termin „czarny piątek" został użyty po raz pierwszy znacznie później, a pojawił się w Filadelfii, gdzie mianem tym określano sytuację na ulicach miasta, kompletnie zakorkowanych przez ludzi jadących do sklepów. Wszystko to jednak nie ma znaczenia wobec faktu, że Amerykanie wydają w tym dniu ogromne sumy pieniędzy. W tym roku w jeden tylko dzień klienci sklepów pożegnali się z sumą prawie 4 miliardów dolarów.

To jednak nic w porównaniu do cyfrowego poniedziałku, poświęconego zakupom w Internecie. W tym roku poszliśmy zdecydowanie na całość i wydaliśmy niemal 8 miliardów. Poniedziałkowy szał zakupów ma znacznie krótszą historię. Termin ten pojawił się po raz pierwszy w roku 2005, a został wymyślony przez Ellen Davis i Scotta Silvermana, którzy użyli frazy „cyfrowy poniedziałek" w tytule artykułu opublikowanego w witrynie internetowej shop.org. I tak się zaczęło. Już w następnym roku w poniedziałek po Thanksgiving Amerykanie wydali 610 milionów, w roku 2010 suma ta podskoczyła do półtora miliarda, a obecnie osiąga astronomiczne liczby. Analizy rynkowe wykazują, że ponad połowa wszystkich zakupów w „cyber Monday" dokonywana jest na komputerach w miejscach pracy. Wynika stąd, że w dniu tym Amerykanie pracują na pół gwizdka, gdyż są zbyt mocno zajęci zakupami elektronicznymi.

Uważam, że skoro mamy czarny piątek i cyfrowy poniedziałek, w okresie od końca listopada aż do świąt bożonarodzeniowych wszystkie dni tygodnia winny zostać przemianowane, tak by służyły konkretnym celom. Polacy mogą zaproponować tłusty czwartek, który będzie dniem powszechnego obżarstwa pączkowego. W USA istnieje ponadto termin „niebieski wtorek", który jest o tyle intrygujący semantycznie, że nie posiada żadnego zdefiniowanego znaczenia, a używany jest do określania wydarzeń, które mają być niespodzianką. Jest jednak również do dyspozycji „fat Tuesday" wyznaczający koniec karnawału. Środę też mamy już załatwioną, bo jest to w USA tzw. „hump day", czyli połowa drogi do weekendu.

W ten sposób pozostają tylko sobota i niedziela. Jeśli chodzi o ten pierwszy dzień, to proponuję przemianować go na „cichą sobotę", w czasie której obowiązywać będzie bezwzględny zakaz publicznego wypowiadania się przez Donalda Trumpa. Jeśli zaś chodzi o niedzielę, jest to oczywiście w kulturze chrześcijańskiej dzień odpoczynku i modlitwy, ale tak naprawdę angielskie słowo Sunday pochodzi ze średniowiecznego „sunedai", a jeszcze wcześniej ze staroangielskiego „Sunnandæg", co znaczy dosłownie „dzień Słońca". W każdym razie z niedzieli trudno jest zrobić jakieś komercyjne wydarzenie, mimo że w USA w zasadzie wszystkie sklepy są w tym dniu otwarte.

No i mamy załatwiony cały tydzień. Przez wszystkie tygodnie dzielące Święto Dziękczynienia od 24 grudnia zakupy będziemy robić w poniedziałki i piątki, co pomoże napędzić amerykańską gospodarkę, przy jednoczesnym zwiększeniu liczby bankrutów. We wtorki przyjdzie nam oczekiwać niespodzianek albo kończyć karnawałowe hulanki, w środy radujemy się tym, że jest już bliżej niż dalej do weekendu, w czwartki kupujemy pączki, które będziemy mogli skonsumować w sobotę w eterze wolnym od trumpizmów. Na koniec w niedzielę, po kościele, zajmiemy się wypatrywaniem słońca, co akurat w mieście, w którym mieszkam, rzadko kończy się sukcesem.

Tak spreparowany tydzień pomoże nam przetrwać okres świąteczny, który – jak wynika z wielu badań – wpędza nas nieuchronnie w stresy. Szczególnie te ciche soboty wszystkim zdecydowanie pomogą.

Rzuć monetę, zostań gubernatorem

Na nasze nieszczęście prezydencka kampania wyborcza roku 2020 już się rozpoczęła. Po stronie demokratów pojawiło się na tyle dużo kandydatów, że można by z nich stworzyć drużynę piłkarską, gdyby oczywiście wiedzieli, jak się w „kopaną" gra. Po stronie republikańskiej będzie zapewne tylko jeden kandydat, w postaci niezwykle stabilnego geniusza.

Na tak wysokim poziomie wyborczej drabiny liczą się wielkie pieniądze, charyzma poszczególnych kandydatów, medialne wizerunki, reklamy telewizyjne, itd. Jednak jak Ameryka długa i szeroka odbywają się też wybory, które na pierwszych stronach gazet nigdy nie goszczą i których uczestnicy muszą się czasami uciekać do dość kontrowersyjnych metod działania. Doskonałym przykładem może być sytuacja, jaka wytworzyła się w miejscowości Hoxie w stanie Arkansas, gdzie w grudniu ubiegłego roku odbyły się wybory dodatkowe do rady miejskiej. Doszło do nich dlatego, że wcześniej, w listopadzie, żaden z trzech kandydatów nie uzyskał wymaganej większości głosów. W związku z tym do grudniowego starcia przystąpiła już tylko dwójka finalistów: obecna członkini rady, Becky Linebaugh, oraz jej rywal, Cliff Farmer.

Problem w tym, iż po podliczeniu głosów okazało się, że jest remis, gdyż na każdego z kandydatów zagłosowały 223 osoby. Frekwencja wyborcza, jak na miejscowość, która liczy sobie 2700 mieszkańców, była niestety znikoma, ale to już zupełnie inna sprawa. Dodatkowego smaku tej elekcji nadał fakt, iż sam zainteresowany, Mr. Farmer, spóźnił się na wybory i nie zdołał oddać głosu na samego siebie, a zatem spowodował, że zamiast jego zwycięstwa był remis. Wkrótce potem okazało się, że jest podwójnie przegrany.

W Hoxie nie ma konkretnych przepisów na temat tego, co należy zrobić w przypadku wyborczego remisu. Można oczywiście rozpisać ponowne wybory, ale jest to zabieg dość kosztowny. Poza tym mogłoby się okazać, iż mocno zirytowani wyborcy postanowiliby, że trzeci raz do urn nie ma sensu się wybierać i w ponownym głosowaniu wzięłaby udział tylko mikroskopijna część elektoratu. W obliczu tych dylematów postanowiono odwołać się do Tyche, czyli greckiej bogini fortuny. Becky i Cliff zagrali mianowicie w kości, by zdecydować, kto elekcję ostatecznie wygra. Becky rzuciła szóstkę, a Cliff tylko czwórkę, czyli przegrał w końcu z kretesem i to dwukrotnie – najpierw z własnym spóźnialstwem, a potem z hazardowym szczęściem. W każdym razie wyborcy w Hoxie mogli z powodzeniem orzec, na modłę Juliusza Cezara, że kości zostały rzucone, choć Rubikonu nikt nie przemierzał.

Mogłoby się wydawać, że wszystko to nie ma większego znaczenia, ponieważ odbywa się na poziomie małej mieściny i to, kto ostatecznie zasiądzie w radzie miejskiej i w jaki sposób do tego dojdzie, nie powinno nikogo za bardzo obchodzić. Być może tak istotnie jest, tyle że bardzo podobne mechanizmy stosowane są również w wyborach znacznie wyższego szczebla.

W ramach ostatnich wyborów do Kongresu, które miały miejsce w listopadzie ubiegłego roku, wyborcy w stanie Wirginia decydowali również o składzie swojego parlamentu stanowego. Dość wyraźny sukces odnieśli demokraci, którym prawie udało się przejąć kontrolę nad stanowymi władzami. Dlaczego ostatecznie się nie udało? Wszystko sprowadziło się do 49. okręgu wyborczego, w którym demokratka Shelly Simonds wygrała ze swoim republikańskimi rywalem Davidem Yancey dokładnie jednym głosem. Niestety jej sukces nie trwał długo, ponieważ sąd zdecydował, iż jeden głos nie został prawidłowo przyznany Yancey, co spowodowało, że – podobnie jak w Hoxie – doszło do remisu. Tym razem jednak nie rzucano kości, tylko monetę, która zdecydowała, iż republikanin zachował swój urząd i demokraci nie przejęli kontroli nad stanowym parlamentem. W związku z tym przewodniczącym tego ciała został również republikanin, Kirk Cox.

W normalnych warunkach jego funkcja, choć dość ważna, nie jest kluczowa. Jednak w stanie Wirginia doszło ostatnio do wydarzeń, których rezultatem może być to, iż rzeczony Cox stanie się niespodziewanie gubernatorem. Wprawdzie w gubernatorskiej linii sukcesji jest on dopiero na trzecim miejscu, ale wyprzedzający go na tej liście politycy – wszyscy demokraci – mogą wkrótce podać się do dymisji. Najpierw gubernator Ralph Northam popadł w tarapaty w związku z kompromitującymi zdjęciami w jego szkolnym albumie sprzed 35 lat. Następnie dwie kobiety ogłosiły, że zastępca gubernatora, Justin Fairfax, dopuścił się wobec nich ataków seksualnych. Następnym w kolejce do gubernatorskiego fotela jest stanowy prokurator generalny Mark Herring, który wyznał jednak profilaktycznie, że on również ma w swoim biograficznym bagażu ambarasujące zdjęcia sugerujące rasizm.

Jeśli Cox rzeczywiście zostanie gubernatorem stanu Wirginia, co jest coraz bardziej możliwe, będzie to absolutnie bezprecedensowe wydarzenie. Niezwykłość tej sytuacji polega nie tylko na tym, że do władzy doszedłby ktoś, kogo szanse na taki cudowny awans normalnie są niemal zerowe, ale również dlatego, iż został on przewodniczącym parlamentu na mocy rzutu monetą. By w pełni zdać sobie sprawę z tego, iż potencjalne gubernatorstwo Coxa byłoby dość niezwykłe, wystarczy przypomnieć, że na poziomie prezydenckim w przypadku niezdolności Trumpa i Pence'a do dalszego wykonywania obowiązków, prezydentem stałaby się automatycznie Nancy Pelosi. Na ósmym miejscu listy sukcesji znajduje się sekretarz rolnictwa, Sonny Perdue, a na 12. sekretarz urbanistyki, Ben Carson.

Wniosek z tego wszystkiego jest bardzo prosty – każde wybory, nawet te decydowane przez rzut monetą lub kośćmi, mogą się okazać niezwykle ważne. Zawsze lepiej jest mimo wszystko głosować tradycyjnie, przez stawienie się przy urnie.

Goło, ale wesoło

W PRL-u nie było walentynkowych świąt, co miało tę zaletę, iż na opustoszałych półkach sklepowych, ozdobionych znudzoną ekspedientką, nie trzeba było szukać prezentów, kwiatów, kokardek, itd. Gdy jako nowy, naiwny imigrant zjawiłem się w USA, lutowe szaleństwo było dla mnie początkowo dość zagadkowe. Zakładałem beztrosko, że Valentine's Day to jakaś zmyślona okazja, sprokurowana po to, by odpowiedni ludzie mogli na tym zdrowo zarobić. No i rzeczywiście zarabiają, szczególnie producenci kartek z życzeniami.

Jednak geneza tego specjalnego dnia jest co najmniej dziwna, o czym być może nie wszyscy wiedzą. Wiąże się z tak romantycznymi wydarzeniami jak podwójna egzekucja oraz okładanie młodych dzierlatek biczami, wykonanymi z psich i kozich skór. Ma też pewne powiązania z facetami biegającymi po ulicach na golasa.

Zacznę od tej golizny i biczów. Otóż w starożytnym Rzymie od 13 do 15 lutego odbywał się dość dziwaczny festiwal zwany luperkaliami. Festiwalowe harce polegały na tym, że uczestniczący w nich mężczyźni zabijali w ofierze bogom kozy i psy, z ich skór robili bicze, maczali je we krwi, a następnie okładali nimi jędrne, młode dziewoje, co miało rzekomo zapewnić im płodność.

Gdyby ktoś myślał, że kobiety chowały się gdzieś po kątach, by uniknąć biczowników, to się myli. Niewiasty często ustawiały się w kolejkach do biczowania, szczególnie jeśli marzyły o posiadaniu potomstwa. Ponadto, jak twierdzi historyk z University of Boulder, Noel Lenski, w ramach festiwalu odbywała się również loteria małżeńska – mężczyźni wyciągali ze słoika losy z imionami pań, z którymi następnie wiązali się tymczasowo „na próbę", co kończyło się czasami małżeństwem.

Wszystko to dziś nie trąci w żaden sposób miłością i romantycznym uniesieniem, a poza tym nie kojarzy się z żadnymi świętymi. Rzymianie wyposażeni w bicze z pewnością nie dawali swoim wybrankom czekoladek lub kwiatów ani też nie ofiarowali im serduszkowych kartek z życzeniami. Jednakowoż luperkalia mogły zostać przypadkowo i nazewniczo powiązane z egzekucjami, jakie miały miejsce w III wieku naszej ery za rządów cesarza Klaudiusza II, który – jak to każdy imperator – nudził się cholernie i musiał czasami kogoś uśmiercić dla czystej rozrywki. Obie ofiary zostały stracone 14 lutego, choć w różnych latach.

Czym zasłużyli sobie ci ludzie na taki los? Jednym z nich był rzekomo duchowny o imieniu Walentyn, który mieszkał w Rzymie. Klaudiusz uznał pewnego dnia, iż mężczyźni w stanie kawalerskim byli lepszym materiałem na żołnierzy niż faceci obarczeni żonami i dziećmi, w związku z czym wydał dekret zakazujący młodym Rzymianom wstępowania w związki małżeńskie. Wspomniany Walentyn zakaz ten zignorował i nadal udzielał potajemnie ślubów, ale ostatecznie wpadł i został skazany na śmierć.

Z kolei drugi Walentyn miał rzekomo pomagać chrześcijanom w ucieczkach z rzymskich więzień, za co również dostał od Klaudiusza „czapę". Według niektórych legend, gdy siedział już w celi w oczekiwaniu na egzekucję, napisał do młodej kobiety, w której był zakochany, krótką notatkę, podpisując ją frazą „Od twojego Walentyna", co dziś nadal pokutuje na milionach kart z życzeniami w angielskiej wersji: „From your Valentine".

Kościół katolicki uhonorował obu zamordowanych przez Rzymian Walentynów przez ustanowienie dnia św. Walentyna. Jednak to, że pogańskie luperkalia zostały potem powiązane z postaciami obu męczenników, jest wątpliwą zasługą papieża Gelazjusza I, który w V wieku postanowił „zatuszować" wszelkie ślady po rzymskim festiwalu, wcielając niektóre pogańskie obyczaje do walentynkowych obchodów. Od tego momentu w dniu 14 lutego odbywały się uliczne pokazy, w ramach których nadal biczowane były młode kobiety, ale tylko w sensie czysto teatralnym, czyli kompletnie na niby. Nikt też nie latał już po mieście w stroju Adama ani też nie zabijał kóz oraz Reksiów. Dzień walentynkowy stał się tym samym świętem miłości i płodności.

W Europie w rozpropagowaniu tej okazji pomogli potem William Szekspir oraz angielski poeta Geoffrey Chaucer. Dotarcie tych obyczajów do Nowego Świata było tylko kwestią czasu, a gdy w roku 1913 firma Hallmark wydrukowała pierwszą kartkę walentynkową, rozpoczęła się rewolucja, która dziś jest wielkim biznesem, przynoszącym roczne dochody rzędu 18 miliardów dolarów. Niestety na ten lukratywny biznes nie zdołali się załapać producenci biczów.

I pomyśleć, że wszystko to zaczęło się tak skromnie – od uganiania się za młodymi siksami z biczem w garści, ku czci rzymskiego boga rolnictwa, Faunusa. Trzeba było tysiąca lat, by okazja ta przybrała zupełnie inne oblicze. Za pierwszą klasyczną kartkę walentynkową uważa się spisany ręcznie wiersz, którego autorem w 1415 roku był książę Orleanu, gnijący w Tower of London po przegranej z Anglikami bitwie pod Agincourt. Swoje dzieło wysłał żonie pozostającej we Francji, a król Henryk V na tyle się tym romantycznym faktem zainteresował, iż kilka lat później wynajął pismaka Johna Lydgate'a, któremu powierzył zadanie napisania walentynkowych życzeń dla własnej żony, Katarzyny Valois. Wynika stąd, iż angielski monarcha nie był w stanie sam sklecić paru sympatycznych słów pod adresem partnerki.

Szczerze mówiąc, w starożytnym Rzymie było łatwiej, bo okładanie oblubienic rózgami nie wymagało produkowania jakichkolwiek życzeń albo kupowania prezentów. No ale, jak to mówią Czesi, *to se nikdy ne vrátí*.

Seks pod ścianą

W Ameryce rozbrzmiewa ostatnio dyskusja o granicznym murze, zwanym też czasami ścianą, zaporą lub barierą. Widmo budowy takiego muru zostało tymczasowo (bo tylko na kilka tygodni) oddalone. O ile spory na ten temat dotyczą przede wszystkim pieniędzy na zrealizowanie tego przedsięwzięcia, uważam, iż dalsza dyskusja powinna zostać bardziej skoncentrowana na fatalnej symbolice stawiania wysokiego płotu, który ma nas oddzielać od sąsiadów z południa.

W pewnym sensie to, czy taki mur przyniesie spodziewane rezultaty, czyli zatrzyma nielegalną imigrację, w zasadzie nie ma większego znaczenia, jako że nie ma takiej ściany, której nie można w jakiś sposób obejść. Natomiast widok ponad 16-stopowej zapory, wiodącej przez odludny, pustynny teren, dodatkowo zwieńczonej tu i ówdzie drutem kolczastym, natychmiast kojarzy się z murem berlińskim i jego smutną historią. W związku z tym mam nadzieję, że mur Trumpa nigdy nie zostanie zbudowany, na co się na szczęście zanosi.

Wracając jednak do finansów, ponieważ Izba Reprezentantów pod wodzą Nancy Pelosi nie godzi się na podarowanie prezydentowi prawie 6 miliardów dolarów na skonstruowanie płotu Kargula, niektórzy co bardziej stuknięci politycy szukają nowatorskich metod znalezienia pieniędzy na ten cel. I tak posłanka stanowego parlamentu Arizony, Gail Griffin, zaproponowała ustawę numer 2444, której celem jest gromadzenie kasy na mur przez zbieranie zysków z... pornografii. Gail proponuje mianowicie, by wszystkie sprzedawane w Arizonie urządzenia elektronicznie (telefony, tablety, komputery, etc.) zaopatrzone były w blokadę dostępu do treści pornograficznych. Jeśli spragniony golizny i seksu użytkownik danego urządzenia chciałby blokadę usunąć, musiałby wpłacić do stanowej kasy jednorazowy haracz w wysokości 20 dolarów. I to właśnie te opłaty miałyby zostać wykorzystane do sfinansowania budowy granicznego muru.

Bez odnoszenia się w jakikolwiek sposób do wartości moralnych i politycznych tej propozycji, chciałbym nieśmiało zauważyć, że populacja Arizony wynosi obecnie 7 milionów ludzi. Zakładając zatem optymistycznie, iż absolutnie wszyscy mieszkańcy, począwszy od niemowlaków, a skończywszy na stulatkach, chcieliby zapłacić stanowi dwie dychy za dostęp do pornosów, całkowity dochód z tego przedsięwzięcia wyniósłby 140 milionów dolarów. Jak wynika z oficjalnych danych federalnych, budowa jednej mili granicznego muru kosztuje ok. 23 miliony dolarów, a zatem pani Griffin mogłaby za swoje zarobione na goliźnie fundusze zbudować nie więcej niż 7 mil płotu i to przy irracjonalnym założeniu, że za dostępem do pornografii tęsknią absolutnie wszyscy obywatele. Nie wiem jak Gail, ale ja uważam, że 7-milowy fragment muru w szczerym polu nie tylko nikogo nie byłby w stanie zatrzymać, ale składałby się na dość żałosny widok, świadczący o fragmentarycznym podejściu do kwestii bezpieczeństwa granicznego.

Proponowana ustawa numer 2444 na razie cieszy się poparciem jednej osoby – samej pomysłodawczyni. Podejrzewam, że wynika to przynajmniej po części z tego, iż treść tego aktu prawnego precyzuje w sposób dość graficzny, co jest pornografią, a co nie. Łącznie ze szczegółową analizą tego, jakie części ciała mogą być odkryte, a jakie nie i w jakim stopniu. Nie sądzę, by posłowie chcieli się wikłać w publiczną debatę nad procentem pośladka, który może wystawać z odzieży. Inną przyczyną niechęci do pomysłu pani Griffin może być też to, iż jej propozycja jest niemal na pewno niezgodna z konstytucją, o czym poinformował media w Arizonie Mike Stabile, rzecznik organizacji Free Speech Coalition. Problem w tym, że żądanie opłaty za dostęp do pornografii byłoby jednoznaczne z opodatkowaniem niektórych treści chronionych przez 1. poprawkę do konstytucji.

Dodam, że nie bardzo rozumiem, dlaczego za budowę muru mieliby płacić akurat oglądacze pornografii. Równie dobrze można by potroić cenę papierosów, tak by wszelkie problemy finansowe mogły zostać puszczone z dymem. Inną możliwością byłoby pobieranie od każdego parlamentarzysty stówy za zgłaszanie niedorzecznych projektów ustaw. Wtedy budowa muru z pewnością ruszyłaby jak z kopyta.

Z chorobliwej ciekawości chciałem dociec, czy posłanka sama wymyśliła tę idiotyczną ustawę, czy też ktoś jej podpowiedział. Okazuje się, że za pomysłem pobierania ryczałtu od golizny stoi niejaki Chris Sevier, który w roku 2013 pozwał do sądu firmę Apple, oskarżając ją o spowodowanie u niego nałogu oglądania pornografii. Tenże sam Sevier cztery lata później domagał się przed sądem w Utah potwierdzenia legalności jego związku małżeńskiego z laptopem (ciekawe, czy z blokadą, czy też bez). Na szczęście sąd wniosek Seviera oddalił, co świadczy o tym, iż amerykańskie sądownictwo jeszcze całkowicie nie upadło. Tak czy inaczej przeszłość Chrisa zdaje się sugerować, że nie powinien on służyć jako autorytet ustawodawczy.

Wszystko wskazuje na to, iż pomysł posłanki Griffin nigdy nie zostanie zrealizowany i Arizona będzie musiała nadal liczyć na finansowanie granicznego muru przez władze federalne. Warto jednak wspomnieć o tym, iż zgłoszony przez nią projekt ustawy nie jest bezprecedensowy. Wcześniej poseł stanowy Dave LaRock z Wirginii też chciał zbierać po 20 dolarów za odblokowywanie dostępu do pornografii, tyle że chciał te pieniądze przeznaczać na jakieś inne cele, ponieważ jego stan nie posiada granicy międzynarodowej. Ustawa ta ugrzęzła w senacie i z błota tego zapewne nigdy nie wyjdzie, chyba że Wirginię przesunie się jakoś nad Rio Grande.

Wałówa na dwie dekady

W USA wiele jest środowisk, które niemal codziennie przygotowują się na nadejście jakiejś totalnej katastrofy, np. wojny nuklearnej, inwazji uzbrojonych po zęby wojsk ONZ, eksplozji ogromnego wulkanu, drzemiącego pod misiami w parku Yellowstone, inwazji zielonych ludzików Putina, itd. Ludzie ci budują często przydomowe, podziemne schrony, w których składują niezbędne do przetrwania materiały: zapałki, drewno na opał, puszki z konserwami, filmy z optymistycznymi orędziami Donalda Trumpa, surowce potrzebne do budowy murów granicznych oraz nieprzemakalną odzież.

Niektórzy sądzą, że osoby przygotowujące się na ewentualność kompletnego załamania się cywilizacji to wyłącznie jakieś totalne czubki. Nie jest to jednak do końca prawda. Kilka lat temu nowojorski strażak, Jason Charles, facet całkowicie normalny, przeczytał książkę Williama F. Fortschena pt. *One Second After*, która opisuje zagładę USA w wyniku czyjegoś ataku wielkim impulsem elektromagnetycznym. À propos, wstęp do tej książki napisał nie kto inny, lecz Newt Gingrich, który o zagładach, szczególnie w Waszyngtonie, wie zapewne bardzo dużo. Dzieła tego sam nie czytałem, ale z pewnością jest porywające.

Jason tak się tym wszystkim przejął, że zaczął pilnie gromadzić odpowiednie zapasy i dziś twierdzi, że jest w stanie samodzielnie przetrwać przez półtora roku, niezależnie od losów otaczającego go świata (choć nie bardzo wiem po co, jeśli ów otaczający go świat będzie w stanie totalnego rozkładu). Przewodniczy też grupie o nazwie N.Y.C. Preppers, której członkowie, podobnie jak on sam, gromadzą zapasy żywności, budują schrony i – mam nadzieję – kupują też odpowiednie ilości napojów alkoholowych, jako że bez nich przeżycie jakiegokolwiek kryzysu globalnego będzie bardzo trudne.

Jeśli chodzi o składowanie żywności, zawsze jest jednak problem z terminami ważności, ponieważ wszystko prędzej czy później się psuje. Gdy ktoś kupi dziś w sklepie marchewkę w puszce, zobaczy zapewne na opakowaniu stempel, który informuje, iż żarcie to będzie się nadawało do konsumpcji mniej więcej do końca 2021 roku. To niby sporo czasu na nadejście Armageddonu, ale co się stanie, jeśli do tego katastrofalnego wydarzenia dojdzie znacznie później? Nie można wszak przetrwać anihilacji świata w oparciu o nadgniłą wałówę i przeterminowane piwo.

Przypomnieć być może należy w tym miejscu, że według biblijnej przepowiedni św. Jana, prędzej czy później ma dojść do ostatecznej bitwy między siłami dobra i zła, w której hordy szatana zetrą się z anielskimi hufcami pod wodzą Chrystusa w zażartej walce. W jej wyniku demoniczne siły i ich sprzymierzeńcy zostaną ostatecznie pokonani, a zwycięstwo dobroci rozpocznie okres panowania ludzi w dechę, którzy uwiężą na tysiąc lat szatana. Ów zaś po odbyciu tego wyroku wraz ze wspólnikami zostanie zrzucony do „jeziora ognia".

No i wszystko jest OK, tyle że niejako po drodze będzie trochę trudno normalnie żyć, a zatem stosowne zapasy paliwa i groszku konserwowego są jak najbardziej pożądane. Na szczęście właśnie się okazało, że w Ameryce jest przynajmniej jedna firma, która wszystkie te przyszłe trudności traktuje bardzo poważnie. Sieć sklepów Costco, znana z tego, że niemal wszystko sprzedaje w ilościach potrzebnych do istnienia postnuklearnego, za jedyne 9 dych oferuje wiadro z 27-funtowym ładunkiem dania o nazwie „mac and cheese" niezbędnego do przetrwania. Jest to znana powszechnie, choć dla wielu odpychająca mieszanina makaronu ze stopionym serem.

Najbardziej intrygujące w tej ofercie nie jest samo danie, którym od lat opychają się w całej Ameryce dzieci oraz niektórzy dorośli, ale to, że firma gwarantuje, iż żarcie będzie „zjadliwe" przez następne 20 lat. Innymi słowy, ktoś może to z powodzeniem konsumować wiosną roku 2039, nie narażając się na żadne wraże konsekwencje gastryczne i oglądając w telewizji zaprzysiężenie pani Ocasio-Cortez na drugą kadencję prezydencką. Wiadro zawiera w sumie 180 porcji Chef's Banquet Macaroni & Cheese, a każda z nich jest oddzielnie opakowana, a zatem nie ma niebezpieczeństwa tego, że wszystko to nagle wyleje się na kuchenną podłogę, z której trzeba będzie makaron z serem zlizywać.

Pomysł z tym wielkim wiadrem makaronu z serem jest niby dobry, choć rodzi we mnie przynajmniej jedną, istotną wątpliwość. Załóżmy, iż kupuję sobie coś takiego, umieszczam na półce w piwnicy i czekam na apokalipsę. Gdy w końcu do niej dochodzi, staję się automatycznie skazany na dwie dekady jedzenia tego szajsu na obiad, co nawet u zdrowego psychicznie osobnika może prędzej czy później zrodzić emocje samobójcze.

Myślę, że środowisko polonijne ma w tym przypadku duże pole do popisu, jako że niemal pewne jest to, iż przeciętny bigos jest w stanie spokojnie przetrwać trzy wojny atomowe, a jego systematyczne odgrzewanie nuklearne będzie skutecznie poprawiać walory smakowe dania. Wiader z apokaliptycznym bigosem zapewne nie należy się rychło spodziewać na półkach sklepów Costco, ale nigdy nic nie wiadomo. Tymczasem potencjalni nabywcy 27-funtowych ładunków sera z makaronem też muszą się na razie obejść niczym, ponieważ artykuł ten jest od wielu tygodni „out of stock". Oznacza to, że albo rychłego końca świata spodziewają się tysiące Amerykanów, albo też przeciętna rodzina jest w stanie zjeść 180 porcji tego jadła w ciągu tygodnia. Nie wiem, która z tych możliwości jest bardziej przerażająca.

Na ślepo

W stanie Utah doszło do wypadku samochodowego. Sama w sobie wiadomość ta nie jest specjalnie sensacyjna, jako że ludzie wjeżdżają w siebie wzajemnie pojazdami jak Ameryka długa i szeroka z częstotliwością godną szwajcarskiego zegarka. Jednak w tym akurat przypadku na uwagę zasługuje fakt, iż za kierownicą jednego z samochodów siedziała nastolatka, która miała zawiązane oczy, czyli jechała „na ślepo". W tych warunkach fakt, że w coś przyrżnęła, nie może specjalnie dziwić. Jestem pewien, że gdybym jutro pojechał na moją codzienną przejażdżkę rowerową z okulistycznym kneblem, moja podróż zakończyłaby się na najbliższym drzewie albo pod kołami auta sąsiada.

Nastoletnia bohaterka tego wydarzenia uczestniczyła w idiotycznym teście o nazwie „Bird Box Challenge". Test ów polega na tym, iż ktoś podejmuje się wykonania jakiegoś zadania bez korzystania z dobrodziejstw wynikających z prawidłowego działania oczu. Młodzi ludzie starają się jeździć na łyżwach, prowadzić samochody, przesuwać meble, balansować na parapecie okna na 30. piętrze lub po prostu chodzić po ruchliwej ulicy, a wszystko to z opaską na oczach. Po co? Nie znam żadnej sensownej odpowiedzi na to pytanie, a ponadto wątpię, by odpowiedź taką znali sami uczestnicy tych wydarzeń.

Genezą szału na punkcie wykonywania różnych czynności z opaską na oczach jest serial sieci Netflix pt. *Bird Box*, którego bohaterowie, na czele z Sandrą Bullock, muszą zasłaniać gały, by chronić się przed tajemniczą siłą, która stanowi dla nich ogromne zagrożenie. W tym miejscu może trzeba podkreślić, że jest to czysta FIKCJA natury sci-fi. Jednakowoż licznym co bardziej stukniętym internautom nie przeszkodziło to w dziele przekonania szeregów znudzonych, młodocianych palantów do podjęcia „wyzwania", jakie rzekomo wynika z serialu. W ten sposób narodził się w Internecie obłęd polegający na udawaniu ludzi niewidomych w różnych mniej lub bardziej ryzykownych kontekstach.

Doszło do tego, że szefowie Netflixa wydali specjalny komunikat, w którym ostrzegają młodych ludzi przed podejmowaniem wyzwania „Bird Box" i życzą wszystkim, by nie skończyli w szpitalu. O kostnicy nie wspominają, ale to zapewne jest w tzw. domyśle. Podejrzewam, że w trzewiach Netflixa pojawiło się niezbyt komfortowe przeczucie, iż w różnych młodych mózgach doszło do niebezpiecznego zatarcia granicy między tym, co fikcyjne i filmowe, a tym, co dzieje się w realnym świecie. Być może jednak jest już za późno, ponieważ fenomen udawania ślepych ludzi w niebezpiecznych okolicznościach nabrał rozmiarów epidemiologicznych.

Gdy czyta się zapis porucznika Travisa Lymana z wydarzenia, jakie miało miejsce w stanie Utah, nie bardzo wiadomo, czy ryć ze śmiechu, czy też płakać. Travis pisze: „Osoba prowadząca samochód zasłoniła sobie oczy, a następnie zaczęła jechać wzdłuż Layton Parkway, ale wkrótce potem straciła panowanie nad pojazdem, zjechała na przeciwny pas ruchu i najpierw zahaczyła o inny samochód, a następnie uderzyła w słup latarni". Policja zlitowała się nad kretynką, która prowadziła auto i nie ujawniła jej tożsamości, ale wiadomo, że osoba ta miała 17 lat. Jej pasażerką była dziewczyna o rok młodsza, zapewne ochocza aspirantka, która prędzej czy później postanowi dokonać na kimś operacji mózgu z opaską na oczach albo wyrwie komuś zęba w zupełnie ciemnym pokoju.

Mogłoby się wydawać, że ludzie podejmujący wyzwanie „Bird Box" to jakiś margines, któremu odbiła nieodwracalnie szajba. Sprawa jest jednak na tyle poważna, że policja w Kolorado uważała za stosowne wydanie oficjalnego ostrzeżenia przed ewentualnością spotykania na stanowych drogach ludzi prowadzących samochody z opaskami na oczach. W komunikacie tym czytamy między innymi: „Zwykle nie powinniśmy nawet o tym wspominać, ale tym razem apelujemy: nie siadajcie za kierownicą w roli niewidomych".

Może jestem staroświecki, ale nie wiem, czy wszyscy ci młodzi ludzie szalejący na punkcie wyzwania „Bird Box" nie powinni nawiązać znajomości z osobami, które są niewidome i które nigdy już w życiu niczego nie zobaczą. Mogliby z nimi pogadać na temat realnej możliwości grania w golfa, jeżdżenia samochodem, odbywania wycieczek rowerowych, itd. Jestem pewien, że szybko doszliby do przekonania, iż brak narządu wzroku to nie kretyńska zabawa, dostarczająca wrażeń o wątpliwej wartości przez kilka minut, lecz dozgonna ułomność, która determinuje to, w jaki sposób ktoś jest w stanie żyć, jakich doznań może się spodziewać i z jakich codziennych uciech może korzystać.

Internet to w sumie dość dziwne miejsce, w którym niemal każdy może wcielać się anonimowo w bardzo różne role, również takie, które nie mają absolutnie żadnego sensu. Wyzwanie „Bird Box" to tylko jeden z przejawów tego szaleństwa. Internetowa wiara jest szczególnie i niewytłumaczalnie podatna na przeróżne trendy, mody i fobie, których zwykle nie da się w jakikolwiek sposób wytłumaczyć, a które często prowadzą do czynów zgoła niebezpiecznych.

W ramach odważnego eksperymentu mój następny felieton napiszę w całości z opaską na oczach. Bardzo prawdopodobne jest to, iż nikt nie zauważy żadnej istotnej różnicy w poziomie mojej twórczości, jako że pewien segment czytelników sugeruje uporczywie, iż zdradzam od dawna światopoglądową ślepotę. No ale nic nie wiadomo – może w moim przypadku wyzwanie „Bird Box" zaowocuje czymś zupełnie nowym i ekscytującym. Zbytnich nadziei z taką perspektywą bym jednak nie wiązał.

Tędy donikąd nie dojedziesz

Przez Fort Wayne w stanie Indiana – czyli w mieście, w którym mieszkam – biegnie autostrada I-69. Zanim strudzony wędrowiec wjedzie tą trasą do niewielkiej metropolii, natknie się niechybnie na przydrożny znak. Wyliczono na nim restauracje, w których można się pożywić. Jedną z tych knajp jest Casa Italiano, co jest dla mojej językoznawczej duszy o tyle bolesne, iż autor tego napisu strzelił podstawowego byka gramatycznego. Język włoski, podobnie jak polski, posiada rodzaj gramatyczny, a ponieważ „casa" (dom) to gramatyczna baba, a nie chłop, nazwa winna brzmieć Casa Italiana. To dokładnie tak, jakbym reklamował polski lokal „Restauracja pod złotym kaczką".

Może to i dobrze, że restauracja włoska zaprasza gości niegramatycznym napisem, ponieważ sam lokal oferuje jadło, które z Italią ma mniej więcej tyle wspólnego co schabowy z kuchnią chińską, a właściciele być może nigdy nigdzie nie byli poza stanem Indiana. Innymi słowy – jaki język, taka kuchnia.

Akurat ten znak ma charakter czysto informacyjny, a procent kierowców, którzy wiedzą, że włoska gramatyka została w tym przypadku bezczelnie pogwałcona, jest zapewne minimalny. W związku z tym nie sądzę, by napis został kiedykolwiek poprawiony, chyba że knajpa splajtuje, bo wtedy Casa Italiano trzeba będzie w ogóle wymazać. Jednak w wielu innych punktach amerykańskich autostrad istnieją od lat, a nawet dekad, znaki drogowe z błędami, zwykle ortograficznymi. Ich poprawianie nie jest zadaniem łatwym, szczególnie jeśli znak wisi nad ruchliwą drogą i jest duży.

W Nowym Jorku kierowcy od lat przejeżdżają pod wielkim znakiem z napisem „Verrazano-Narrows Bridge", na którym w słowie „Verrazzano" brakuje jednego „z". Natomiast w sąsiednim New Jersey znak wskazujący drogę na plażę Lavallette nie posiada jednej z liter „l". Na autostradzie w Ohio jest znak, na którym widnieje miasto Cinicinnati, którego w ogóle nie ma, bo jest tylko Cincinnati.

Błędnie ortograficznie oznakowanie dróg nie ma większego praktycznego znaczenia. Nowojorscy kierowcy jadą na właściwy most mimo brakującego „z", choć być może mógłby się obrazić włoski podróżnik Giovanni Verrazzano, który w XVI wieku wpłynął na wody dzisiejszego portu w Nowym Jorku. Na plażę pozbawioną „l" w jej nazwie nadal wszyscy trafią bez przeszkód, a błędny znak w Ohio nie zaprowadzi zbłąkanych kierowców do Opola. Poza tym należy założyć, że ogromna większość kierowców w ogóle tych błędów nie zauważa, nie mówiąc już o tym, iż rzekomo tylko 40 proc. Amerykanów wie, jaka jest prawidłowa pisownia nazwy Cincinnati, a o XVI-wiecznym Włochu mało kto słyszał.

Jednak władza jest na to wszystko mocno uczulona, gdyż od czasu do czasu błędy ortograficzne lub gramatyczne są zauważane przez co bardziej namolnych piewców poprawności językowej, którzy piszą listy z zażaleniami. Nic zatem dziwnego, iż ostatnio nowojorski gubernator, Andrew Cuomo, podpisał ustawę, na mocy której liczący sobie 54 lata znak z brakującym „z" w słowie „Verrazzano" zostanie wkrótce poprawiony. Przy okazji usunięte mają też zostać błędy ortograficzne z ponad 100 innych znaków drogowych oraz 96 tablic na stacjach metra.

Choć inicjatywa usunięcia błędów jest godna pochwały, trochę mnie dziwi fakt, iż parlament stanowy musiał podjąć w tej sprawie stosowną uchwałę. Gdy w Ohio na autostradzie I-71 w Columbus pojawił się znak z napisem „Cinicinnati", tamtejsze władze natychmiast poleciły firmie, która popełniła ten błąd, by dokonała odpowiedniej poprawki, co być może już się stało. Podobnie w New Jersey facet, który ominął „l" w nazwie Lavallette, dostał polecenie wykonania natychmiastowego retuszu.

Problem z oznakowaniem dróg w Ameryce nie dotyczy jednak wyłącznie ortografii. Są rzekomo dwa miejsca, w których tablica obwieszczająca dozwoloną prędkość mówi, że nie można jechać szybciej niż 12,5 mil na godzinę. Na skrzyżowaniu w stanie Arkansas tuż pod czerwonym znakiem „Stop" znajduje się tablica „No stopping at any time". Być może najciekawszą pod względem semantycznego kalibru jest tablica w Kalifornii, na której widnieje napis „This is not the way to Tahquitz Canyon". OK, panowie drogowcy, w tym momencie chyba nieco przesadziliście, bo przecież takie znaki można ustawiać niemal wszędzie: „Ta droga nie wiedzie do piekła", „Tędy nie dojedziesz do Koziej Wólki", „Nie ma mowy, byś tą trasą dojechał gdziekolwiek", etc.

Jeszcze weselej bywa poza drogami. W pewnym sklepie w Kentucky przez wiele miesięcy wisiał znak „Shoplifters will be prostituted" i jakoś nikt nie zauważył niczego zdrożnego, aż do momentu, gdy napis wpadł w oko lokalnemu duchownemu, który zażądał wyjaśnień. W kalifornijskiej cukierni pączki na wystawie opatrzone były napisem „Dognuts", co jest podwójnie niefortunne, ponieważ sugeruje, że żarcie jest albo dla psów, albo dla ludzkich eksperymentatorów z niezwykłymi daniami. Gdyby ktoś chciał te wszystkie błędy w oznakowaniach zebrać w jednym tomie, byłaby to zapewne książka licząca sobie kilkaset stron.

Wszystko to jako żywo przypomina moją pierwszą w życiu podróż międzynarodową do tzw. „enerdowa". Z pewną konsternacją zauważyłem wtedy przydrożne znaki z napisem „Achtung Kurven" i myślałem początkowo, że albo zaszła pomyłka, albo też że wschodnioniemiecka komuna ostrzega kierowców nawet przed zagrożeniami moralnymi. Okazało się, że ani jedno, ani drugie, ale to już zupełnie inna sprawa.

Z rybą do domu

Rok 2019 będę witał z rodziną mojego syna, co wymaga niestety podróży do Seattle, a ta jest dość skomplikowana, bo wielogodzinna i z przesiadką na O'Hare.

Okres od świąt do Nowego Roku to czas masowego przemieszczenia się ludzi. Ci szczęśliwcy, którzy mają do krewnych lub znajomych stosunkowo blisko, mogą jechać samochodami. Pozostali skazani są na skrzydlate cygara, które zwykle są przepełnione i pozbawione jakichkolwiek wygód, choć na szczęście nadal mają silniki i pilota.

Problem podróżowania samolotami nie polega jednak wyłącznie na licznych niewygodach i elektronicznym rozbieraniu się w skanerach TSA. Stresy dotyczą coraz częściej współpasażerów. Wracając do mojej podróży do Seattle, która w sumie zabierze ok. sześciu godzin, nie chciałbym ostatnich chwil Anno Domini 2018 spędzić w towarzystwie jakiegoś gadatliwego i sztucznie przyjaznego palanta, który będzie mi chciał opowiedzieć historię swojego dotychczasowego życia. Równie niechętnie patrzyłbym na pożegnanie mijającego roku przy akompaniamencie nieustannego wycia jakiegoś małego bobasa siedzącego obok mnie na kolanach matki. Wreszcie niezbyt radosne byłoby rozstanie się z bieżącym rokiem pod zwałami tłuszczu wylewającego się z sąsiedniego fotela, zajmowanego przez faceta ważącego ponad 300 funtów. Nie mam oczywiście nic przeciw ludziom o pokaźnej tuszy, pod warunkiem, że nie zajmują połowy mojego miejsca.

Do wszystkich tych potencjalnych stresów, związanych z całkowicie przypadkowym doborem towarzyszy podróży, parę lat temu dołączył nowy problem. Pasażerowie zaczęli pojawiać się na lotniskach z tzw. *comfort animals*, czyli zwierzakami, które są rzekomo nieodzownymi kompanami, gdyż ich nieobecność prowadzić może do niekontrolowanego świrowania właścicieli. Początkowo były to przede wszystkim koty oraz małe psy. Później jednak okazało się, że rola fauny psychicznego komfortu może przypaść w udziale wielu innym gatunkom: ptakom, żabom, krabom, pająkom, chomikom, wężom, motylom, itd. Innymi słowy, ludzie zaczęli zabierać na pokład całą menażerię, a ci pasażerowie, którzy nie muszą się przytulać w czasie lotu do anakondy, nigdy dziś nie wiedzą, czy nie przyjdzie im siedzieć w kabinie tuż obok papugi powtarzającej w kółko „Silnik się pali!".

Linie lotnicze Delta i Southwest Airlines wprowadziły – pod naporem coraz większych pretensji ze strony w żaden sposób jeszcze nie stukniętych pasażerów – pewne ograniczenia dotyczące *comfort animals*. Na pokłady maszyn tych linii można dziś zabierać wyłącznie koty oraz małe psy i wyłącznie po jednej sztuce na pasażerski łeb. Jak można się było spodziewać, te totalitarne restrykcje natychmiast spowodowały mrożące krew w żyłach wydarzenie, do jakiego doszło na lotnisku w Denver.

Lanice Powless, która jest studentką University of Colorado, zjawiła się na tym lotnisku, by polecieć na święta i Nowy Rok do rodziców w San Diego. Jednak nie była sama – miała przy sobie mały słoik z wodą, w której pływała jej ulubienica, rybka imieniem Cassie. Lanice twierdzi, że ryba ta podróżuje z nią wszędzie i jest dla niej bardzo ważną życiową partnerką. W związku z tym zaszokowana była odmową pracowników Southwest Airlines przyjęcia ichtiologicznego okazu na pokład samolotu. Tymczasem stanowisko Southwest było jednoznaczne – psy i koty owszem, ale ryby absolutnie nie. Wynika stąd dla środowiska polonijnego prosty wniosek, że lotnicze podróżowanie po Ameryce z żywym karpiem na Wigilię nie jest zbyt dobrym pomysłem.

Nie wiem, czy ryba Cassie zdawała sobie sprawę z tego, iż stała się osią ważkiego sporu, choć śmiem domniemywać, iż zwykle przejmuje się ona wyłącznie obecnością wody oraz żarcia. Jednak dla Lanice pozostawienie Cassie na lotnisku było dramatem, tym bardziej że pracownicy TSA nie zgodzili się na zaopiekowanie się rybą aż do czasu, gdy znajomi pasażerki dotrą na lotnisko i ją zabiorą. W słabo uzasadnionej desperacji Lanice zaczęła prosić przypadkowych ludzi, lecących do San Diego innymi, mniej restrykcyjnymi liniami, by zabrali Cassie ze sobą, a potem ją oddali po dotarciu do celu podróży.

Wszystko to ostatecznie zakończyło się happy endem, czyli re-unifikacją ryby z *homo sapiens*. Jednak historia ta obrazuje bardzo dobrze problem z zabieraniem na pokłady samolotów różnych zwierząt, które są rzekomo potrzebne ich właścicielom do zachowania równowagi psychicznej. Być może w sumie dobrze się stało, że Cassie została skazana na lotniczą banicję, bo jak tak dalej pójdzie, to zagorzali wędkarze będą podróżować w towarzystwie swoich ulubionych glist na szczupaka, a przeciętny myśliwy zawsze może dojść do wniosku, iż będzie się w czasie lotu dobrze czuł wyłącznie wtedy, gdy obok niego zasiądzie okazały dzik.

Co do pani Powless, nie wiem wprawdzie, co ona w Kolorado studiuje i dlaczego tak bardzo przywiązała się do ryby, która nigdy jej nie powie ani słowa, ani też się do niej nie przytuli, ale zalecałbym jakąś terapię, która pozwoli jej na podróżowanie ze zwykłą walizką bez zwierzęcych dodatków. Wątpię, by Cassie wiedziała, że do kogoś należy i że w San Diego jest cieplej niż w Denver.

Jeśli chodzi o mnie, moim ulubionym „zwierzęciem psychicznego komfortu" jest przed każdym odlotem seta i zagrycha. Wtedy nie muszę nawet niczego zabierać ze sobą na pokład, bo już się niczego nie boję, nawet zapowiadanego natrętnie przez papugę pożaru silnika.

Wielkie Gacie

Nie do mnie należy mieszanie się do międzynarodowych konfliktów, gdyż od tego mamy Kongres oraz rząd federalny, co oczywiście nie gwarantuje żadnych sukcesów, choć to już inna sprawa. Jednak wszystko zależy od tego, na jakim poziomie dany konflikt się rozgrywa. W niektórych przypadkach zainteresowanie zwykłej gawiedzi, poza kręgami dyplomatyczno-rządowymi, jest całkowicie uzasadnione. Do tej kategorii z pewnością zalicza się krowa rasy Holstein-Friesian, która ma siedem lat i pasie się beztrosko w australijskim gospodarstwie w pobliżu miejscowości Lake Preston.

Właścicielem krowy, która zwie się niefortunnie Knickers, co w brytyjskiej angielszczyźnie znaczy „gacie", jest Geoff Pearson. Twierdzi on, że jego zwierzę jest największe na świecie, gdyż ma prawie dwa metry wzrostu (sześć stóp i cztery cale), waży półtora tony i dziennie zżera 66 funtów paszy. Jak obliczyli liczni ludzie zwariowani na punkcie gigantycznej krowy, a takich nigdy nie brakuje, można by z niej zrobić 4 tysiące hamburgerów. Jednak Geoff poinformował, iż Knickers nie zostanie oddana w ręce rzeźników, gdyż nie mieści się w standardowe drzwi montowane w rzeźniach. Oznacza to, że dożyje późnej starości, a do jej obowiązków należy opiekowanie się resztą stada. Jest to o tyle łatwe, że zwierzę jest tak wielkie i dominujące nad resztą, że cała zgraja bydła po prostu naśladuje „wodza". Gdy Knickers siada, siadają również pozostałe krowy, a gdy wstaje i idzie w jakimś kierunku, całe stado podąża za nią.

Geoff wyznał, że od samego początku podejrzewał, iż Knickers stanie się wielkim zwierzęciem, ponieważ krowa już w pierwszych miesiącach życia była znacznie większa od pozostałych. Dziś jest internetową sensacją, a jej życie śledzone jest przez miliony internautów na całym świecie. Jeśli zaś chodzi o jej imię, Geoff wyznał, że w przeszłości było w jego gospodarstwie inne zwierzę, które nazywało się Bra (biustonosz), a zatem wybór imienia Gacie wydawał się logiczny w sensie skompletowania kusego ubioru. – *Tyle tylko, że nigdy nie przewidywałem, że będą to aż tak wielkie gacie* – przyznaje hodowca. Oczywiście można by było nazwać pojedyncze zwierzę Bikini i to by załatwiło całą garderobę, ale na taki pomysł Geoff nie wpadł.

Wracając jednak do konfliktów międzynarodowych, pozycja Knickers w roli największej krowy świata niemal natychmiast stała się zagrożona, i to podwójnie. Po pierwsze, w Księdze Rekordów Guinnessa największy przedstawiciel bydła rogatego to włoski wół Bellino, który miał 6 stóp i 7 cali wzrostu, czyli dokładnie dwa metry. Wprawdzie to nie krowa, ale mimo wszystko wół znajduje się w tej samej kategorii zwierząt. Ale to jeszcze nic. Karl Schoenrock, który prowadzi hodowlę bydła w Kismet Creek w kanadyjskiej prowincji Manitoba, tak bardzo zaintrygował się doniesieniami o wielkiej krowie australijskiej, że postanowił zmierzyć wzrost swojego własnego zwierzęcia imieniem Dozer, ponieważ podejrzewał, iż Australia nie może w tym przypadku Kanadzie podskoczyć. No i miał rację. Okazało się, iż Dozer przerasta Knickers o jeden cal.

Trudno powiedzieć, czy wyniknie z tego jakiś konflikt, ale na razie dyskusje o krowiej supremacji między Australią i Kanadą są uprzejme i nie zwiastują wojny. Podobnie jak Knickers, Dozer uniknął rzeźniczego noża, ale w nieco inny sposób. Gdy miał 6 miesięcy, kupiła go wegetarianka Rebecca Hanuschuk, która następnie oddała zwierzę w ręce Karla, pod warunkiem, iż nigdy nie zostanie ono zmienione w steki.

Jeśli chodzi o pretensje do tytułu największej krowy świata, cały ten spór można by było zażegnać, gdyby bydło umiało skakać. Wtedy należałoby zorganizować mecz koszykówki typu „one-on-one" między Knickers i Dozerem, sędziowany przez LeBrona Jamesa, a wtedy sprawa byłaby załatwiona. À propos, James jest tylko nieznacznie wyższy do Dozera.

Mnie jednak intryguje w tym przypadku coś innego. Knickers gości dziś na niezliczonych stronach internetowych, a wypowiedzi na temat tego zwierzęcia zalewają serwis Twitter, konkurując skutecznie z mądrościami wygłaszanymi przez Donalda Trumpa. Zastanawiam się w związku z tym, czy ludzie partycypujący w serwisach społecznościowych nie mają absolutnie nic innego do roboty. OK, krowa jest wielgachna, ale co z tego? Ponadto sama zainteresowana nie ma pojęcia o tym, iż ludzie ją nałogowo fotografują i oglądają, gdyż poświęca się bez reszty konsumowaniu znacznych ilości trawy.

O wiele bardziej zrozumiałe byłoby dla mnie to, gdyby ktoś w Sieci opublikował nagranie Krasuli, która jako „czarna krowa w kropki bordo gryzła trawę kręcąc mordą". A gdyby jeszcze dodatkowo okazało się, iż rzeczona krowa „kręcąc mordą i rogami, gryzła trawę wraz z jaskrami", to w ogóle byłoby pełne internetowe szczęście. Nie mówiąc już o ewentualnym dodaniu tezy, iż „raz do roku w Żyrardowie piróg z grochem dają krowie. Więc mi odkrój róg pieroga, a o krowich nie myśl rogach".

Problem w tym, że jeszcze nigdy w życiu nie widziałem czarnej krowy w kropki bordo i nie wiem, czy takowe istnieją bez interwencji malarza impresjonisty. Innymi słowy, Polacy mogliby z pewnością zaistnieć w światowej dyskusji o krowich walorach, choć nie pod względem rozmiarów, lecz kolorystyki. Jeśli zaś chodzi o Knickers i Dozera, to życzę im spokojnej emerytury.

Świąteczna wojna

Nie wiem, czy wszyscy czytelnicy zdają sobie sprawę z tego, że w USA toczy się od lat wojna. Kule wprawdzie nie świszczą, a armaty nadal zalegają w koszarach pod brezentem, ale wraże strony skaczą sobie regularnie do gardeł, choć na szczęście tylko w sensie retorycznym.

Oficjalnie wojna ta wybuchła w 1959 roku, kiedy to organizacja o nazwie John Birch Society opublikowała pamflet pt. *There Goes Christmas*. W dziele tym pojawiła się po raz pierwszy teza, że w Ameryce zawiązał się komunistyczny spisek, którego celem było „wyeliminowanie Jezusa z Bożego Narodzenia". Autorzy przewidywali, iż cała symbolika tradycyjnego *Christmas* zostanie zastąpiona emblematami Organizacji Narodów Zjednoczonych i że za wszystkimi tymi poczynaniami stały bliżej niezidentyfikowane koła żydowskie. Mniej więcej w tym samym czasie w niektórych gazetach pojawiły się komentarze, z których wynikało, iż „wojna przeciw świętom" zaowocowała tym, iż w sklepach oferowane były wyłącznie takie kartki świąteczne, z których nie wynikało w żaden sposób, co się świętuje i dlaczego.

Przez następne dekady ta domniemana wojna znajdowała się w stanie pewnej hibernacji. Jednak została wskrzeszona z całą mocą w latach 90. przez neofaszystowskiego czubka, Petera Brimelowa, a następnie była rozpowszechniana systematycznie przez komentatora sieci Fox, Billa O'Reilly'ego. O'Reilly rok w rok alarmował, iż kadra sklepowa w sieci Walmart wita klientów pozdrowieniem „Happy Holidays", a nie „Merry Christmas", co jego zdaniem zwiastowało rychły rozkład zachodniej cywilizacji. Owe ataki na tradycje świąteczne miały być dziełem lewaków, ateistów, żydów i muzułmanów, ale ja bym dodał jeszcze do tego grona jaroszy i nałogowych rowerzystów.

W roku 2016 prezydent elekt Donald Trump oświadczył, iż wygrał wojnę wytoczoną przez siły wrogie świętom, choć nie bardzo wiadomo, w jaki sposób to osiągnął i gdzie się podział wróg. Tak czy inaczej, sprawa jest rzekomo załatwiona i dziś można już sobie bez przeszkód życzyć „Merry Christmas", a nie składać jakieś bezpłciowe życzenia uniwersalistyczne.

W obliczu tych wydarzeń postanowiłem sprawdzić, czy w USA świętowanie Bożego Narodzenia było istotnie kiedyś zakazane. Okazuje się, że było, i to wielokrotnie, choć nie w wyniku spisku czerwono-wegetariańsko-innowierczego, lecz wskutek swoistego bagażu przywiezionego z Wielkiej Brytanii przez purytańskich kolonistów. Już za czasów krótkiego panowania Olivera Cromwella obowiązywał w Anglii całkowity zakaz świątecznych celebracji, choć niektóre środowiska mniej ascetycznych chrześcijan buntowały się i ostentacyjnie dekorowały swoje miasta i wsie tradycyjnymi ozdobami. Podobnie szkoccy kalwiniści już w XVI wieku ignorowali całkowicie Boże Narodzenie, a w roku 1640 wprowadzili zakaz jego świętowania, który obowiązywał do roku 1712. Dziś mało kto o tym wspomina, ale w Szkocji dzień 25 grudnia nie był wolny od pracy aż do roku 1958.

Purytanie przybywający z Wielkiej Brytanii do Nowego Świata wywodzili się z tego rodzaju środowisk. Nic zatem dziwnego, że w kolonii Massachusetts celebracje spod znaku *Christmas* były kompletnie zakazane od 1659 do 1681 roku, a zakaz ten zniesiony został dopiero z chwilą, gdy król Jakub II mianował na gubernatora tego terytorium anglikanina, który zastąpił władcę purytańskiego. Mimo to tradycje związane z Bożym Narodzeniem zakorzeniły się w tym stanie dopiero w połowie XIX wieku.

Słynne przekroczenie rzeki Delaware przez generała Jerzego Waszyngtona miało miejsce 25 grudnia 1776 roku, a dzień ten wybrano dlatego, iż Amerykanie liczyli na to, że ich brytyjscy przeciwnicy po drugiej stronie rzeki będą nie tylko zaskoczeni, ale również świątecznie skacowani. I tak istotnie było. Wynika stąd, że Waszyngton i spółka nie obchodzili wtedy świąt, gdyż byli zajęci ładowaniem broni, amunicji i zapasów na łodzie, natomiast ich przeciwnicy ostro świętowali. A potem, po zwycięskiej wojnie niepodległościowej, Amerykanie przez wiele lat patrzyli na obrządki związane z *Christmas* podejrzliwie, uważając je za zbyt angielskie.

Choć nasz obecny przywódca twierdzi, że bój o *Christmas* już wygrał, ogłoszenie tego sukcesu jest o tyle przedwczesne, iż poza wyżej zdefiniowanymi wrogami świąt istnieją inne wraże siły. Świadkowie Jehowy uważają, że obrządki związane z Bożym Narodzeniem mają pogański rodowód i w związku z tym są naganne. Reprezentanci niektórych fundamentalistycznych nurtów chrześcijańskich pikietują w amerykańskich centrach handlowych facetów w czerwonych kubraczkach zwanych Santa Claus i zwracają uwagę na fakt, że w słowie „Santa" wystarczy przestawić dwie litery, by powstało słowo „Satan".

O tym, że świąteczna wojna toczy się nadal, świadczą niedawne wydarzenia w jednej ze szkół w stanie Nebraska. Jej dyrektorka, Jennifer Sinclair, rozesłała do swoich podwładnych okólnik, w którym precyzowała, jakie świąteczne dekoracje w klasach są dozwolone, a jakie nie. Do tej pierwszej kategorii zaliczyła „ogólne symbole związane z zimą", czyli sanki, śnieg, itd. Natomiast cenzurą objęła tak szkodliwe symbole jak Santa Claus, choinki, muzyka świąteczna oraz renifery. Swoje głupoty uzasadniła „wrażliwością na różne religie, kultury i wierzenia". Na szczęście ten frontalny atak na święta został odparty przez zawieszenie pani dyrektor w dalszym pełnieniu obowiązków, zapewne aż do czasu przeproszenia Santy.

A przecież Boże Narodzenie ma być okresem pokoju i pojednania. I raz nawet było w sposób dosłowny – w roku 1914 obowiązywał przez chwilę Christmas Truce, czyli świąteczny rozejm, w czasie którego żołnierze walczący na frontach I wojny światowej nie tylko przestali do siebie strzelać, ale nawet się ze sobą bratali. Sielanka ta została szybko przerwana i zastąpiona 4-letnią masakrą w okopach. W tym kontekście może to i lepiej, iż dziś żadnych rozejmów nie ma, za to w świątecznej wojnie nikt nie zginie, chyba, że umrze ze śmiechu.

Kura pazurem

Z mojej szkolnej przeszłości w PRL-u, a takową mimo podejrzeń niektórych czytelników posiadam, pamiętam, że zawsze istotną zdolnością wpajaną uczniom była kaligrafia, czyli sztuka starannego, eleganckiego pisania odręcznie. Do roku 1960 był to nawet oddzielny przedmiot na poziomie szkolnictwa podstawowego, ale nawet później pisało się odręcznie, m.in. w liniowanych w tym celu zeszytach. Zresztą wszystkie szkolne wypracowania musiały być konstruowane w ten sposób, ponieważ komputerów jeszcze nie było.

Dziś sztuka pisania odręcznego leży odłogiem, co jest skutkiem tego, że ludzie przestali pisać długopisami lub piórami, gdyż stukają wyłącznie w klawiatury albo dotykają miniaturowych symboli na ekranach dotykowych. Sam się bezwstydnie przyznaję do tego, że w ostatnich dwóch dekadach stałem się wtórnym kaligraficznym analfabetą. Ręcznie piszę tak rzadko, że moje bazgroły są praktycznie nieczytelne, a gdy przyjdzie mi napisać adres na kopercie, zwykle szukam pomocy osobistej małżonki.

W późnych latach 80., gdy kończyłem studia na University of Illinois, ostatnim aktem przed obroną pracy doktorskiej było zdanie trzech pisemnych egzaminów, co polegało – niestety – na odręcznym stworzeniu trzech obszernych rozpraw na tematy filozoficzne. Choć już wtedy moje pismo przypominało charakterem bazgroły pijanego aptekarza, jakoś byłem w stanie z tego wybrnąć. Gdyby przyszło mi te same egzaminy zdawać dziś, mógłbym od razu dać sobie z nimi spokój, ponieważ nikt nie byłby zdolny do rozszyfrowania moich tekstów. Listu pisanego odręcznie nie wykreowałem od ponad 15 lat, a kartki świąteczne podpisuję wyłącznie imieniem, by się nie wygłupiać z nieczytelnymi życzeniami. Na moje szczęście, płacenie za cokolwiek czekami wyszło z mody, co jest zbawienne, ponieważ zwalnia mnie od obowiązku wypisywania tych finansowych instrumentów płatniczych.

O wszystkim tym wspominam dlatego, że odwrót od kaligrafii, który w USA jest tak samo ostry jak w większości innych krajów, zaczyna być poważnie kwestionowany. Obecnie tylko w 14 stanach Ameryki nauczanie pisania odręcznego jest w szkołach podstawowych obowiązkowe. Jako ostatnie do tej grupy dołączyły stany Alabama i Luizjana, a senat stanu Ohio właśnie zatwierdził znaczną większością głosów podobne przepisy, choć musi się na nie zgodzić gubernator. Mam nadzieję, że ustawa nie została spisana odręcznie, bo wtedy gubernator jej nie odcyfruje.

I pomyśleć, że do roku 1450, czyli początku ery Gutenberga, jednym z najważniejszych stanowisk w jakiejkolwiek administracji była pozycja skryby, czyli faceta, który umiał kunsztownie nanosić litery na papier. Dziś polski dziennikarz – którego nie wymienię z nazwiska, bo jest takim samym skrybowym analfabetą jak ja – narzeka publicznie (choć z przymrużeniem oka) na to, że kiedyś trafił w Warszawie do sądowego archiwum, gdzie przeglądał dokumenty dotyczące Bolesława Bieruta, ale niczego nie mógł się z nich dowiedzieć. A to dlatego, że zostały one zapisane odręcznie, a on z czytaniem tego nie mógł sobie poradzić. A ściślej mógłby sobie poradzić, gdyby siedział w archiwum wiele godzin, na co nie miał ochoty i cierpliwości.

Tenże sam dziennikarz wysnuł tezę, z którą się po części zgadzam. Pewnych zdolności niektórzy ludzie nie są w stanie posiąść. Rodzice mogą wysyłać dziecko na lekcje gry na pianinie, ale pociecha nigdy nie stanie się nowym Arturem Rubinsteinem. Ktoś może chodzić latami na kursy języka angielskiego, ale i tak będzie zawsze się w tej mowie jąkał. Ja mógłbym też przez całą dekadę trenować boks, co nie zmieniłoby faktu, iż Andrzej Gołota mógłby mnie z powodzeniem zabić jednym sierpowym. Mniej więcej tak samo jest z kaligrafią – niektórzy ludzie potrafią pięknie rysować na papierze litery, a inni nigdy nie wyjdą poza sferę nieczytelnych bazgrołów. Tyle że one właśnie stały się w ostatnich dekadach dominujące, gdyż pisanie czegokolwiek odręcznie jest dziś rzadkością.

W języku polskim istnieje fraza „pisać jak kura pazurem", która jest w moim przekonaniu nieco dziwna, gdyż drób zwykle niczego nie pisze, chyba że jest na hormonach. Jest to jednak wyrażenie bardzo adekwatne w stosunku do tego, co się dzieje. Młodzi ludzie zwykle niczego nie piszą odręcznie, bo nie ma takiej potrzeby. I coraz więcej jest komentarzy o tym, że uczenie w szkołach kaligrafii jest w pewnym sensie bezcelowe. Oto jeden z takich komentarzy w Polsce: „Wiem, że pomysł, aby w szkołach zrezygnować z odręcznego pisma, jest kontrowersyjny, jak Korwin zmieszany z Mikke. Ale to zawracanie głowy, bo za sto lat ludzie będą się dziwić, że kiedyś idiotycznie komplikowaliśmy sobie życie, używając długopisów. Wszystko jest kontrowersyjne, zanim nie stanie się oczywiste. Pisma odręcznego unikam, jak tylko mogę. Przeważnie przypominam sobie o nim, gdy ktoś prosi, aby mu złożyć autograf na książce. Jak ja się wówczas muszę starać, żeby wpis wyglądał w miarę czytelnie! Żebym się nie skompromitował jakimś bazgrołem!". Dobrze facet mówi, choć w moim przypadku nie muszę się nawet martwić o autografy w książkach.

Mój wnuk poprosił mnie kiedyś, bym mu odczytał wpis na kartce z życzeniami urodzinowymi. – *A ty nie umiesz tego przeczytać?* – zapytałem naiwnie. – *Umiem, ale to trudne i szkoda na takie rzeczy czasu* – odparł. No i wszystko jasne.

Air Big Surprise

Wielokrotnie już w tym miejscu wspominałem, że nie lubię podróżować samolotami, na co składa się kilka przyczyn. Po pierwsze, mimo zapewnień ze strony speców od aerodynamiki, nie mogę przełamać wrażenia, iż właściwym miejscem dla metalowej, wielotonowej rury jest plac budowy lub rurociąg, a nie podniebny balet na wysokości 30 tysięcy stóp nad ziemią. Po drugie, jako pasażer samolotu nie mam absolutnie na nic wpływu i czuję się z tego powodu bezsilny. Nie mogę na przykład powiedzieć pilotowi: „skręć tu w lewo" albo „zwolnij na tym skrzyżowaniu". Mogę jedynie wybrać między daniem z papierowego kurczaka lub papką z rozgotowanych warzyw. Wreszcie po trzecie, istnieje ryzyko podróżowania przez wiele godzin obok wrzeszczącego niemowlaka lub faceta, który chce mi koniecznie opowiedzieć historię swojego życia.

Dotychczas myślałem jednak, że atutem podniebnych wojaży jest to, iż wyszukane metody nawigacji zapewniają bezbłędne dotarcie do wyznaczonego celu. Pociąg zawsze może omyłkowo pojechać do Szklarskiej Poręby, a nie Karpacza, z powodu źle nastawionej zwrotnicy. Natomiast kierowcy gubią się bardzo często, bo na przykład mają złą mapę lub błędnie odczytali drogowskaz. Gdy jednak wsiada się do samolotu mającego lecieć do Chicago, raczej pewne jest, iż nie wyląduje się w Kansas City.

Niestety moje przekonanie o wyższości nawigacyjnej lotnictwa cywilnego zostało ostatnio mocno zachwiane. Wszystko przez to, że całkiem niedawno z londyńskiego lotniska wystartował samolot linii British Airways, który po krótkim locie miał wylądować w Düsseldorfie. Lot był istotnie krótki, tyle że lądowanie nastąpiło w szkockim Edynburgu, a zatem maszyna poleciała w niemal dokładnie przeciwnym kierunku. Zaraz potem przez głośniki rozległy się słowa „Welcome to Edinburgh", co – jak śmiem przypuszczać – musiało wywołać wśród pasażerów sporą konsternację. Po półtorej godziny samolot opuścił Szkocję i tym razem znalazł Niemcy bez problemu.

O ile niektórzy pasażerowie przeszli nad tym wydarzeniem do porządku dziennego, inni mieli do British Airways wiele pytań. Niejaki Son Tran zapytał szefa tych linii w serwisie Twitter: „Czy może mi pan wyjaśnić, jak to jest możliwe, że samolot do niemieckiego miasta poleciał do Szkocji? Jest to wprawdzie ciekawa koncepcja, ale nikt z nas nie zapisał się na podróże do przypadkowo wybranych miejsc". Inny pasażer, Chris McGrille, powiedział, że w trakcie całego lotu nie było żadnych zapowiedzi i dopiero tuż przed lądowaniem wszyscy usłyszeli, że „już wkrótce lądować będziemy w Edynburgu". Natomiast rzecznik lotniska w Edynburgu oznajmił, iż jego placówka zawsze z chęcią przyjmuje wszelkich gości, nawet tak niespodziewanych: „Zrobiliśmy wszystko, by zapewnić zaskakującym przybyszom komfortowy, choć bardzo krótki pobyt w naszym mieście".

Przedstawiciele linii British Airways zapewnili, że zrobią wszystko, by wyjaśnić ten incydent i dodali, że doszło do niego zapewne dlatego, iż pilot otrzymał błędny plan lotu. Jest to tłumaczenie, które mnie osobiście napawa pewnym strachem, gdyż budzi szereg istotnych pytań. Przede wszystkim zakładam, że każdy pilot przydzielany do konkretnej załogi z natury rzeczy wie, gdzie ma lecieć, zanim jeszcze dostanie jakikolwiek plan lotu. A skoro tak, to w tym akurat przypadku John

Smith zasiada za sterami maszyny i wie, że ma polecieć do Düsseldorfu. Ale dostaje oficjalne namiary na Edynburg i bez zmrużenia oka leci tam, nie informując pasażerów w żaden sposób o tej zmianie. Jeśli w taki scenariusz zdarzeń mamy wierzyć, to jest on porównywalny z sytuacją chirurga, który wchodzi na salę operacyjną z zamiarem usunięcia nerki, ale w ostatniej chwili decyduje się na przeszczep serca.

Zastanawia mnie również coś innego. Wszak przed wejściem na pokład sprawdzane są karty wstępu do samolotu, na których widnieją szczegóły lotu. Karty te są zwykle skanowane, tak by odpowiednie dane znalazły się w systemie komputerowym. Wynika stąd, że obsługa naziemna doskonale wiedziała, że pasażerowie nie mieli żadnych planów zawitania do Szkocji, choć to piękna kraina. Wiedział też o tym komputer, ale jego winić raczej nie można. Innymi słowy, o prawidłowym kierunku lotu wiedzieli wszyscy, a mimo to maszyna znalazła się w Edynburgu.

Jest jeszcze inna, najbardziej niepokojąca możliwość. Być może pilot dostał prawidłowy plan lotu, ale ostro rąbnął się przy wprowadzaniu do systemu nawigacyjnego odpowiednich parametrów, czyli poleciał do Edynburga przez własną pomyłkę. Jeśli tak, to mam dla niego istotną wskazówkę. W czasie podchodzenia w tym szkockim mieście do lądowania widoczne są liczne pola golfowe, znajdujące się nieopodal lotniska. Ich widok powinien przekonać pilota, iż coś jest nie tak, ponieważ w Düsseldorfie niczego takiego nie ma. Nie mówiąc już o tym, że wszystkie napisy są po niemiecku. Ponadto pilot musiał przecież porozumiewać się z naziemną kontrolą lotów, która z pewnością nie udawała, że znajduje się w Niemczech.

Niemal w każdej tragikomedii znaleźć można coś pożytecznego. W tym przypadku być może kierownictwo British Airways powinno się zastanowić nad możliwością wprowadzenia specjalnej oferty na weekendowe loty do zupełnie losowych miejsc. Jestem pewien, że byłaby to spora atrakcja dla pasażerów uczestniczących w *mystery flights*, gdyż nigdy do końca nie wiedzieliby, gdzie zostaną zawiezieni. Można by nawet stworzyć specjalne linii o nazwie Air Big Surprise.

À propos, latem przyszłego roku wybieram się do Edynburga. Jestem w związku z tym pewien, że moje wakacje w Düsseldorfie będą wspaniałe.

Balonem przez mur

Z pewnością wszyscy zauważyli, że od pewnego czasu nie działają niektóre sektory rządu federalnego. Z drugiej strony, brak działania tychże sektorów nie spowodował żadnych katastrofalnym następstw, poza tym, iż 800 tysięcy federalnych pracowników nie dostało przed świętami wypłat, co było zapewne wyjątkowo bolesne. Wynikać stąd może dość niefortunny wniosek, iż amerykański rząd robi na tyle mało, iż jego nieobecność może być ledwo zauważalna.

Jak wiadomo, część rządu federalnego nie działa, ponieważ Donald Trump uparł się, iż chce od Kongresu 5 miliardów dolarów na budowę granicznego muru z Meksykiem. Ów mur jest przedsięwzięciem na tyle bezsensownym, że nawet niektórzy republikanie po kryjomu narzekają, iż zostali wciągnięci w pułapkę bez wyjścia. Nie mówiąc już o tym, że w czasie kampanii wyborczej Trump wielokrotnie zapewniał, iż za mur zapłacą Meksykanie, a nie amerykańscy podatnicy. Demokraci twierdzą, że muru nie zamierzają finansować, co stawia obie strony w obliczu impasu, z którego wybrnięcie będzie zapewne dość trudne.

Trudno przewidzieć, co będzie dalej, ale jedno jest pewne – pojedyncza meksykańska dziewczynka udowodniła, iż żadne graniczne konstrukcje nie są w stanie jej zatrzymać. 60-letni Randy Heiss spacerował na południu Arizony ze swoim psem i nagle zobaczył na ziemi niewielki balon z przyczepionym do niego kawałkiem papieru. Na kartce widniało imię Dayami, pod którym znajdowała się lista czyichś wymarzonych prezentów gwiazdkowych, spisana po hiszpańsku.

Heiss doszedł do wniosku, iż balon został prawdopodobnie wypuszczony w powietrze z meksykańskiego miasta Nogales, znajdującego się w odległości 20 mil. W związku z tym po powrocie do domu skontaktował się ze stacją radiową XENY w Nogales, której pracownik, Cesar Barron, nadał kilka komunikatów o znalezionej po amerykańskiej stronie granicy liście zakupów Santy. Po kilku godzinach do radia zadzwoniła rodzina Dayami. Barron zorganizował w stacji radiowej spotkanie Dayami, która okazała się 7-letnią dziewczynką, i jej 4-letniej siostry Ximeny z państwem Hess. Randy kupił wszystkie zabawki wymienione na liście Dayami, z wyjątkiem domu dla lalek Enchantimals, bo był wyprzedany. Dodał do tego parę prezentów dla Ximeny i wyruszył w 45-minutową podróż samochodem do Nogales. Tam wraz z żoną wręczył dzieciom prezenty, oznajmiając, że jest „amerykańskim pomocnikiem Santy".

Wszystko to zostało uwiecznione przez radiowców i puszczone w eter, a reakcja po obu stronach granicy była dość jednoznaczna, co sam Hess wyraził następująco: – *Na tej granicy jest dziś 20-stopowa zapora, do której jakiś czas temu dodano drut kolczasty. Jeszcze niedawno utrzymywaliśmy z ludźmi po drugiej stronie zwykłe, dobrosąsiedzkie kontakty, a dziś jesteśmy od nich kompletnie odseparowani. Nikt jednak nie jest w stanie zlikwidować wiary dziecka w jego bożonarodzeniowe marzenia.* Nic dodać, nic ująć. Państwo Hess przed 9 laty stracili syna i wyznali, że zrealizowanie listy świątecznych prezentów dla kilkuletniej dziewczynki było dla nich „niezwykle ważnym wydarzeniem". Do historii tej należy też dodać dodatkowy *happy end* – brakujący domek dla lalek kupił i wysłał do Dayami anonimowy prawnik z Los Angeles.

Wszystkie te wydarzenia stanowią interesujący kontrast dla sposobu, w jaki święta spędził prezydent. Początkowo miał zamiar udać się do swojego golfowego raju na Florydzie, Mar-a-Lago, gdzie rządzenie krajem jest znacznie łatwiejsze z powodu wyższych temperatur i związanego z tym lepszego działania mózgu, zresztą i tak genialnego, nawet na mrozie. Jednak w obliczu opisanego powyżej zamrożenia działania części rządu federalnego, Trump został zmuszony do pozostania w opustoszałym Białym Domu. Tam wraz z małżonką Melanią odbierał telefony od dzieci, by rozmawiać z nimi o tym, co chciałyby dostać od Santy.

Oczywiście mała Dayami z Nogales do niego nie zadzwoniła, gdyż telefon z Meksyku wymagałby zastosowania dodatkowych środków bezpieczeństwa i wysłania kolejnych tysięcy żołnierzy nad południową granicę. Natomiast z prezydentem rozmawiał amerykański 7-latek, któremu przywódca wolnego świata oznajmił, iż w jego wieku wiara w Santę winna być „marginalna". Na szczęście Melania zachowywała się normalnie i jednemu ze swoich rozmówców powiedziała, iż Santa właśnie szybował nad pustynią Sahara, ale zapewniła, iż z pewnością zdąży dotrzeć również do niego.

Wiedziała, co mówi. Choć rząd federalny był częściowo sparaliżowany, dowództwo North American Aerospace Defense Command (NORAD) działało nadal, a to ono od wielu lat podaje komunikaty na temat trasy przelotu Santy i jego reniferów. Melania pod koniec grudnia poleciała na Florydę, gdzie przywitała Nowy Rok bez męża, ponieważ ów nadal tkwił w Białym Domu i pisał w serwisie Twitter wiadomości o narastającej skali totalnego wkurzenia na rzeczywistość. A szkoda. Mógł wszak zadzwonić do Dayami, pogadać z nią o jej marzeniach, po czym zastanowić się, jakiej wysokości mur graniczny byłby najbardziej uzasadniony w okolicach Nogales, tak by w przyszłości nie mogły nad nimi przelatywać balony z dziecięcymi marzeniami.

À propos, w roku 1979 dwie rodziny z Berlina Wschodniego przeleciały balonem nad innym, znacznie groźniejszym murem i wylądowały bezpiecznie na Zachodzie. Z czysto historycznego punktu widzenia żaden mur graniczny, łącznie z chińskim, berlińskim oraz tym zbudowanym przez rzymskiego cesarza Hadriana w Anglii, nie spełnił pokładanych w nim nadziei, o czym dziś doskonale wie 7-letnia Meksykanka.

Zakaz jaj

Jednym z bardziej kuriozalnych zwyczajów wielkanocnych w niektórych krajach zachodnich jest Easter Egg Roll. Jest to wyścig, w ramach którego dzieci popychają pisanki długimi drewnianymi łyżkami po zwykle nieco pochyłym trawniku, a zwycięzcą jest ten małolat, który zajedzie ze swoim jajem najdalej. Geneza tych nabiałowych harców nie została dokładnie wyjaśniona. W roku 1835 pisarz Jacob Grimm stwierdził, iż w czasach pogańskich Anglosasi czcili boginię wiosny Ēostre i że jajo symbolizowało wiosenne odradzanie się natury. Jego zdaniem to właśnie dlatego w Wielkiej Brytanii już przed kilkoma wiekami w trakcie różnych wielkanocnych festiwali pojawił się zwyczaj pisankowych konkursów, choć Anglicy zwali te wydarzenia *pace-egging*.

W USA przyjmuje się, że do pierwszego Easter Egg Roll doszło w 1814 roku z inicjatywy Dolley Madison, żony ówczesnego prezydenta, Jamesa Madisona. Impreza została zorganizowana w poniedziałek po niedzieli wielkanocnej, a miejscem tego wydarzenia był trawnik w okolicach waszyngtońskiego Kapitolu. Tak pozostało aż do roku 1876. Wtedy to okazało się, że w USA absolutnie wszystko może stać się zarzewiem konfliktu politycznego.

Otóż właśnie w tym roku ogrodnicy Kapitolu postanowili zasiać wokół budynku nową trawę, a gdy świeża zielenina wyrosła, zaczęli narzekać, że uganiająca się po trawie dzieciarnia rujnuje trawnik. W związku z czym Kongres uchwalił ustawę zakazującą organizowania Easter Egg Roll przed Kapitolem, a prezydent Ulysses Grant ją podpisał. Był to dość zdumiewający rozwój wydarzeń. Bądź co bądź, przez pewien czas amerykański parlament dyskutował o wprowadzeniu zakazu jaj na trawniku, a na wszystko to zgodziła się władza wykonawcza. Oczywiście dziś w Kongresie też są codzienne jaja, ale z zupełnie innych powodów.

W wielkanocny poniedziałek 1877 roku lał w Waszyngtonie tak rzęsisty deszcz, że o organizowaniu jakichkolwiek imprez na świeżym powietrzu nie było mowy. Jednak już w następnym roku na trawniku przed Kapitolem pojawiły się liczne dzieci, które wraz z rodzicami postanowiły zignorować banicję z 1876 roku i spróbować mimo wszystko urządzić tradycyjny wyścig. W tym momencie do akcji wkroczyła jednak władza, w postaci policjantów Kapitolu, którzy wszystkich usunęli z trawy i kazali im się rozejść do domów.

Wtedy to doszło do dość dziwnego wydarzenia. Niedoszli jajcarze spontanicznie udali się w kierunku Białego Domu, a nowy prezydent, Rutherford Hayes, polecił, by dzieci wpuścić na trawnik po południowej stronie prezydenckiej siedziby. W ten sposób zrodziła się tradycja, która kontynuowana jest do dziś. Easter Egg Roll przybierał wprawdzie różne formy, ale w sumie idea została ta sama: kolejni prezydenci podejmowali małych gości i nie tylko patronowali imprezie, ale przebierali się, podobnie jak liczni inni członkowie rządu, za wielkanocne króliki. Jako pierwsza w historii przebrała się w ten sposób Pat Nixon, żona prezydenta Nixona, któremu jednak niewiele to pomogło w zachowaniu władzy. Natomiast rzekomą mistrzynią strojenia się w szaty królika była Ursula Meese, żona prokuratora generalnego za rządów Ronalda Reagana. Była ona królikiem przez sześć kolejnych lat i zawsze imponowała pomysłowością. Tak czy inaczej, dzięki tej tradycji nasza cywilizacja miała wreszcie okazję zobaczyć Donalda Trumpa w roli Kicusia. W roku 2016 w Easter Egg Roll przed Białym Domem wzięło udział aż 37 tysięcy ludzi, co pobiło wszelkie wcześniejsze rekordy. Bilety wstępu są darmowe, a można je wylosować na dorocznej, całkowicie otwartej loterii internetowej.

Ustawodawczy zakaz turlania jajek w pobliżu Kongresu był tylko jednym z wielu politycznych aspektów tego wydarzenia. W pewnym sensie losy wielkanocnej tradycji od czasu do czasu nosiły na sobie ślady tego, co się w danej chwili działo. W latach 1918-1920 impreza w ogóle się nie odbywała, gdyż w kraju występowały trudności w zaopatrywaniu rynek w żywność. W latach 1943-45 jajeczne zmagania zostały zawieszone z powodu II wojny światowej, a zaraz po wojnie impreza nie odbywała się przez dwa lata dlatego, iż ponownie trzeba było oszczędzać żywność.

W roku 1953 Mamie Eisenhower namówiła swojego męża Dwighta do wydania zezwolenia na uczestnictwo w Easter Egg Roll dzieci czarnoskórych. Była to śmiała propozycja, bo została złożona na dekadę przed powszechnym ruchem na rzecz równouprawnienia rasowego, a Ameryka była jeszcze całkowicie zdominowana przez rasową segregację. Eisenhower przychylił się do prośby swojej żony i już w następnym roku tłum na trawniku przed Białym Domem był znacznie bardziej zróżnicowany pod względem koloru skóry.

W czasach nowszych wielkanocna tradycja zmieniła się w wyniku dominujących obecnie wśród władz nastrojów politycznych. O ile w przeszłości do Białego Domu zapraszano w tym czasie różne znane postaci estrady, takie jak Justin Bieber czy Fifth Harmony, w roku 2017 do konkursu pisankowego przygrywała dzieciom orkiestra wojskowa, co sprawiło dość dziwne wrażenie.

Bywało też tak, że Easter Egg Roll nie odbywał się z bardziej prozaicznych powodów. W latach 1948-52 prowadzony był gruntowny remont Białego Domu, co uniemożliwiało organizowanie imprezy. Natomiast w roku 2015 wyścig wprawdzie się odbył, ale gdy prezydent Barack Obama czytał potem dużej grupie maluchów książkę pt. *Where the Wild Things Are*, nad zgromadzonymi pojawiła się nagle chmura pszczół, co spowodowało, iż mali słuchacze rozpierzchli się w różne strony, wrzeszcząc wniebogłosy. A gdy przywódca wolnego świata próbował tłumaczyć, iż pszczoły zwykle nie żądlą, stanęła przed nim 3-letnia dziewczynka i oznajmiła: – *Pszczoły gryzą i są straszne.*

W tym roku impreza odbędzie się jak zwykle w wielkanocny poniedziałek, który w Polsce jest lany, a w Ameryce – ujajeczniony.

Pierwszy śnieg w Waszyngtonie

W epoce kamienia łupanego, czyli przed popularyzacją Internetu, politycy unikali jak mogli wygłaszania publicznie kłamstw, ponieważ przyłapanie kogoś na takim grzechu zwykle kończyło się poważnymi następstwami. W związku z tym, gdy prezydent Carter zorganizował fatalną w skutkach próbę uwolnienia amerykańskich zakładników w Teheranie, nie ogłosił potem, iż misja zakończyła się wielkim sukcesem. Bill Clinton skłamał otwarcie raz, gdy zaprzeczył, by miał cokolwiek seksualnie wspólnego z panią Lewinsky, co skończyło się tym, iż zastosowano wobec niego impeachment. Natomiast George W. Bush ogłosił na pokładzie amerykańskiego okrętu wojennego, że inwazja na Irak zakończyła się sukcesem, mimo że do dziś tego sukcesu nie ma. Jednak nie było to wtedy oczywiste kłamstwo, a jedynie zbyt optymistyczny prognostyk, przez co Bush nie poniósł z powodu swoich słów żadnych poważniejszych konsekwencji.

Tak było kiedyś. Dziś jest zupełnie inaczej. Oblicza się, że Donald Trump od czasu przeprowadzki do Białego Domu wygłosił ponad 15 tysięcy oczywistych kłamstw, czyli że łże po kilka razy dziennie. Gdyby był Pinokiem, na jego nos nie wystarczyłoby drewna z kanadyjskich lasów. Jednak nie cierpi z tego powodu politycznie, co jest w znacznej mierze zasługą tego, iż powtarzanie w kółko tych samych bzdur zwykle utwierdza przynajmniej niektórych w przekonaniu, że to co fałszywe jest całkowicie prawdziwe.

Mniej więcej na tej samej zasadzie działała w PRL-u tzw. propaganda sukcesu, zgodnie z którą wszystko było w dechę, mimo iż się wolno obsuwało w gruzy. Kiedy towarzysz Wiesław zapewniał, iż wydajność zboża z jednego hektara sięgała niebotycznego poziomu kwintali, byli tacy, którzy w te bzdury wierzyli. A gdy towarzysz Gierek twierdził z maniakalnym uporem, że trudności w zaopatrzeniu rynku były „przejściowe", po pewnym czasie niektórzy nabrali przekonania, iż schabowe i cytrusy były tuż za rogiem i lada chwila pojawią się w sklepach.

W USA występuje dziś podobne zjawisko, tyle że kłamstwa płynące szerokim potokiem z Białego Domu nie mają za zadanie kogokolwiek o czymkolwiek przekonać. Ich rezultatem jest tylko i wyłącznie w miarę powszechna znieczulica – ludzie nie zwracają już na to wszystko większej uwagi, przechodząc nad kolejnymi łgarstwami do porządku dziennego. Z drugiej strony, władza zdaje się na tyle niefrasobliwa, że kłamie o rzeczach, które są bez jakiegokolwiek znaczenia i których nieprawdziwość każdy może sam sobie potwierdzić.

Przed kilkunastoma dniami w północno-wschodniej części USA przez parę dni utrzymywały się rekordowe jak na styczeń temperatury. W Bostonie zanotowano 74 stopnie F, a w Nowym Jorku 70 stopni. Dokładnie w tym samym czasie Biały Dom w serwisie Twitter umieścił zdjęcie siedziby prezydenta z podpisem „Pierwszy śnieg w Waszyngtonie". Fotografia zdaje się przedstawiać płatki śniegu spadające na tymczasową siedzibę Trumpa. Jest tylko jeden mały problem. W tym dniu temperatura w stolicy kraju sięgnęła 68 stopni, a najbliższy śnieg znajdował się w Kolorado.

Rodzi się w związku z tym w miarę oczywiste pytanie – po co kłamać w tak błahej sprawie i dlaczego Biały Dom zajmuje się głoszeniem fałszu, który widać gołym okiem? Nie znam odpowiedzi, choć przypominam, że nie tak dawno temu prezydent Trump pokazał w telewizji mapę meteorologiczną, na której przypuszczalnie sam dorysował mazakiem zakres potencjalnego zagrożenia huraganem Dorian. Tak, by uzasadnić swoje wcześniejsze słowa, iż ucierpieć mogą mieszkańcy stanu Alabama, co nigdy nie wchodziło w rachubę. To kartograficzne fałszerstwo było na tyle prymitywne, iż można je porównać do próby sfałszowania banknotu dolarowego przez domalowanie mazakiem dwóch zer do jedynki. Być może ta sfabrykowana mapa trafi kiedyś do muzeum Smithsonian, gdzie znajduje się mundur Waszyngtona oraz biurko Jeffersona. Przedmioty te definiują tych prezydentów, podobnie jak mapa z domalowanym kółkiem definiuje obecnego przywódcę.

Jednak fałsz dotyczący pierwszego śniegu w Waszyngtonie bije wszelkie rekordy choćby dlatego, że jest kłamstwem bez jakiegokolwiek, choćby egzotycznego uzasadnienia. Nic dziwnego, że brać internautyczna zareagowała na to lawiną niewybrednych drwin i nawoływaniem do tego, żeby członkowie obecnej administracji wychodzili czasami na zewnątrz, by powąchać powietrze i sprawdzić empirycznie, jaka jest pogoda.

To, że władza uważa za stosowne chwalić się nieistniejącym zjawiskiem pogodowym, specjalnie mnie nie martwi. Jednak pewne powody do obaw są. Może się na przykład zdarzyć, iż jakiegoś poranka w serwisie Twitter pojawi się prezydencki wpis „Właśnie zbombardowałem Kopenhagę" albo „Kupiłem dziś w nocy Grenlandię za dwa dolary", albo „Ukraińcy zdobyli Moskwę przy mojej pomocy", albo „po porannym desancie Toronto jest nasze". Wpisy tego rodzaju byłyby oczywiście wielkim zaskoczeniem dla Duńczyków, Grenlandczyków, Rosjan, Ukraińców i Kanadyjczyków, którzy nie byliby świadomi tych wiekopomnych wydarzeń. Kłamliwość tych doniesień stałaby się niemal natychmiast oczywista. Jednak problem polega na tym, iż w warunkach, jakie obecnie panują w USA, nikt by się tym wszystkim za bardzo nie przejął, ponieważ inflacja kłamliwości rządowej spowodowała niemal całkowite zobojętnienie na nawet najbardziej oczywiste bzdury.

Jestem w miarę pewien, że w chwili, gdy piszę te słowa, w Kenii ludzie wygrzebują się spod 2-metrowych zasp śnieżnych. Odpowiednie zdjęcie pojawi się lada chwila z inicjatywy Białego Domu w serwisie Twitter. Ku powszechnemu zaskoczeniu Kenijczyków, którzy jak dotąd śnieg widzieli tylko na szczycie góry Kilimandżaro.

Armia na orbicie

Od pewnego czasu czuję się w Ameryce znacznie bezpieczniej, co jest wynikiem tego, iż z inicjatywy Donalda Trumpa powstała U.S. Space Force. Pentagon ma obecnie do dyspozycji zbrojne siły kosmiczne. Poinformował o tym wiceprezydent Mike Pence, co jest o tyle uzasadnione, iż on sam często odlatuje w kosmos na mocy swoich sążnistych wypowiedzi.

Kosmiczna armia ma sobie liczyć 16 tysięcy żołnierzy i dostała od administracji 40 milionów dolarów „na rozpęd". Nie jest to suma zbyt imponująca, gdyż za te grosze nie można nawet jednego faceta w mundurze wysłać na orbitę okołoziemską. Jestem jednak pewien, że finansowanie tego niezwykle ambitnego przedsięwzięcia zostanie po pewnym czasie mocno zwiększone, mimo iż żaden inny kraj naszego globu nie posiada kosmicznej armii, łącznie z Rosją i Chinami. Choć podejrzewam, iż Iran już coś w tym względzie knowa i zamierza wysłać na orbitę wszystkich tych generałów, których Amerykanie mogą ewentualnie zatłuc rakietami z dronów.

Być może te 40 milionów na razie wystarczy, ponieważ nawet w Pentagonie nikt nie wie, co dokładnie kosmiczne siły zbrojne mają robić. Z pewnością nie będą przez potężne teleskopy wypatrywać Marsjan, a innych wrogów w czeluściach wszechświata na razie nie ma. Chyba że do akcji zdecyduje się ruszyć Pan Twardowski. Natomiast jakiekolwiek działania militarne na Ziemi w wykonaniu Space Force nie mają większego sensu. Mimo to mylą się ci, którzy myślą, że przed kosmicznymi żołnierzami nie postawiono konkretnych zadań.

Jak wynika z materiałów opublikowanych przez Pentagon, nasi dzielni bojownicy mają (a) zapewnić swobodę działania Stanów Zjednoczonych w przestrzeni kosmicznej oraz (b) organizować skuteczne operacje. Są też trzy precyzyjnie zdefiniowane obowiązki: (a) ochrona interesów USA w przestrzeni kosmicznej, (b) likwidacja ewentualnej agresji z tejże przestrzeni i (c) prowadzenie skutecznych działań w kosmosie. Natomiast w planach Pentagonu nie ma opcji wysyłania personelu militarnego na orbitę lub jeszcze dalej w kosmos.

No i wszystko jasne, z wyjątkiem tego, że drugie naczelne zadanie U.S. Space Force jest dokładnie takie samo jak trzeci obowiązek, ale co tam, niech będzie. Podejrzewam, że wszystko to skończy się budową „pięknego, wysokiego i szczelnego muru" oddzielającego nas od ewentualnych imigrantów z Marsa lub jakichś innych, podrzędnych obiektów niebieskich, zaludnionych przez obce nam kulturowo masy o nieprzewidywalnym kolorze skóry. Nie wiem tylko, czy nadal zapłaci za to Meksyk, czy też kasę trzeba będzie znaleźć gdzieś indziej.

Zastanawiam się również nad stwierdzeniem, iż nowe siły zbrojne mają zapewnić Ameryce swobodę działania w przestrzeni kosmicznej. A kto nam teraz przeszkadza? I w jaki sposób swoboda ta ma być zapewniona przez facetów siedzących gdzieś w bunkrach? Jeśli zaś chodzi o „skuteczne operacje", o ile wiem żadna nie została jeszcze przeprowadzona i nic nie wskazuje na to, by coś takiego stało się konieczne w najbliższych latach. Możliwe jest oczywiście to, że Chińczycy i Rosjanie będą nas obserwować z pokładów różnych satelitów, ale jest to od wielu lat w miarę oczywisty fakt, a zestrzeliwanie tego rodzaju obiektów nie wchodzi w rachubę. Gdyby jednak Putin zdecydował się kiedyś na kosmiczne bombardowanie Ameryki samowarami oraz samogonem w tytanowych butelkach, jest pewność, że nasza U.S. Space Force ruszy natychmiast do działania.

To, że Pentagon jest nieco skonfliktowany powstaniem kosmicznej armii, stało się w miarę oczywiste z chwilą, gdy w serwisie Twitter pojawiły się wzory mundurów U.S. Space Force. Największe emocje wśród internetowej czeredy wzbudziło wdzianko, które ma być dla żołnierzy kamuflażem. Problem w tym, że mundur ten jest klasyczną oliwkowo-zieloną odzieżą, która zwykle pomaga ludziom na skuteczne ukrycie się w krzakach, w piasku, na trawie lub wśród drzew. Natomiast niemal na pewno nie jest w stanie zapewnić skutecznej ochrony żołnierzom w kosmosie, gdzie – jak by na to nie patrzeć – dominującym kolorem nie jest zieleń, a najbliższy odpowiednik ziemskiego drzewa może znajdować się w odległości kilkuset lat świetlnych.

Innymi słowy, gdzie mają się ewentualnie kamuflować członkowie U.S. Space Force i w jakim celu? Bezlitośni jak zwykle internauci zaczęli zadawać niewygodne pytania i wygłaszać komentarze, jak na przykład: „czy ktoś w Pentagonie wie, jak wygląda kosmos poza Ziemią?" albo „czas na sadzenie krzewów w przestrzeni kosmicznej, byśmy się mieli gdzie schować". Krytyki i żartów było na tyle dużo, iż dowództwo U.S. Air Force, któremu podlegają siły kosmiczne, wydało oświadczenie, w którym wyjaśnia, że mundury kosmitów Pentagonu są wzorowane na odzieży całkowicie przyziemnych pilotów w „celach oszczędnościowych".

Nie wiem, czy tłumaczenie to okaże się efektywne, jako że U.S. Space Force nie posiada również wielu innych części podstawowego wyposażenia, takich jak rakiety, skafandry, maszyny do podróżowania w czasie, kosmiczne karabiny maszynowe, itd. Być może Pentagon winien nawiązać współpracę z Hollywoodem, by uzyskać dostęp do laserowych pał rodem z filmów *Star Wars*. Wprawdzie są to tylko rekwizyty, ale chłopcy mogliby sobie tymi mieczami pomachać w wolnych chwilach, co zapewne znacznie poprawiłoby ich ogólne samopoczucie. Jeśli zaś chodzi o docelowe mundury, sugeruję czarny, złowieszczy garnitur Dartha Vadera z amerykańskimi insygniami. Przecież nie będziemy udawać w kosmosie sił dobra i wolności!

Eksplozja sekretarza

Dochodzę do niezbyt krzepiącego wniosku, że zawodowi politycy niemal zawsze balansują na skraju kompletnej, żenującej dziecinady. Utwierdziłem się w tym przekonaniu z chwilą, gdy pojawiły się doniesienia, iż sekretarz stanu USA Mike Pompeo wdał się w ostry spór z reporterką NPR, Mary Louise Kelly, w której programie pt. *All Things Considered* gościł. W czasie tego programu dziennikarka zaczęła panu sekretarzowi zadawać pytania o Ukrainę i jego rolę w wydarzeniach, które doprowadziły do impeachmentu Donalda Trumpa. Jednak Pompeo, jak sam twierdzi, spodziewał się wyłącznie rozmowy na temat Iranu, a pytania dotyczące Ukrainy na tyle go rozwścieczyły, że przerwał rozmowę.

Następnie wezwał Kelly do swojego biura, gdzie przez kilka minut wrzeszczał na nią, nie stroniąc od licznych przekleństw zaczynających się przeważnie na literę „f". W czasie tej tyrady Pompeo wyraził pogląd, że wszyscy Amerykanie mają Ukrainę gdzieś i nie wiedzą nawet, gdzie jest. W dalszej kolejności sekretarz stanu zażądał, by Kelly wskazała ten kraj na mapie Europy, pozbawionej jakichkolwiek napisów, co dziennikarka zrobiła bezbłędnie. Nie ma w tym niczego specjalnie dziwnego, gdyż jest absolwentką Harvardu i spędziła wiele lat w Europie jako korespondentka.

Niemal natychmiast po tym zajściu Departament Stanu opublikował komunikat, w którym oskarżono Kelly o wygłaszanie kłamstw i o to, że jest ona częścią „medialnego spisku, mającego na celu szkodzenie prezydentowi Trumpowi i jego administracji". Jednak najbardziej intrygującym fragmentem tego tekstu była jego ostatnia linijka: „Warto podkreślić, że Bangladesz to nie Ukraina". Sugeruje to, iż Pompeo był przekonany, iż reporterka wskazała na mapie Bangladesz, co jest dość trudne do zrozumienia, ponieważ nie jest to kraj europejski i nie graniczy z Rosją. Być może sekretarzowi stanu coś się pokiełbasiło i miał na myśli Białoruś, ale jeśli tak, to też niezbyt dobrze o nim świadczy.

Wszystko to w erze totalnej głupawki, jaka dominuje w Waszyngtonie, nie ma być może większego znaczenia. Z drugiej jednak strony ma, ponieważ rodzi wiele pytań. Mnie na przykład interesuje to, dlaczego Pompeo trzyma w swoim gabinecie nieoznakowaną mapę. Czyżby często testował wiedzę geograficzną swoich interlokutorów? I dlaczego szef amerykańskiej dyplomacji myli Bangladesz z Białorusią? Sikkim z Bhutanem? OK. San Marino z Andorą? Można jakoś ścierpieć. Ale Mińsk z Dhaką – to już lekka przesada.

Jednak zapewne nadrzędnym zagadnieniem jest wybuch wulgarnej furii sekretarza stanu z powodu kilku pytań zadanych w radiowym wywiadzie. Ludzie normalni zwykle albo odmawiają odpowiedzi, albo też zmieniają temat pogawędki, natomiast niemal nigdy nie eksplodują werbalnie. Jest to chyba szczególnie ważne w przypadku głównego dyplomaty Stanów Zjednoczonych, który nie ma publicznie przeklinać, lecz negocjować, prowadzić wyważone rozmowy i łagodzić globalne spory.

Jak wynika z wielu nieoficjalnych doniesień, Pompeo nie jest facetem zbyt zrównoważonym i często wpada we wściekłość z pozornie błahych powodów. Mówi się też, iż owe napady amoku najczęściej dotyczą jego profesjonalnych kontaktów z kobietami, niekoniecznie dziennikarkami. Jest to o tyle smutne, że biografia sekretarza stanu mogłaby sugerować coś zupełnie innego. Był on na przykład wzorowym studentem w prestiżowej akademii wojskowej West Point, a potem służył w armii, dochodząc do stopnia kapitana. Stał się też po pewnym czasie prawnikiem, zanim postanowił sprzedać swoją duszę diabłu, czyli polityce. Trudno zatem zrozumieć, dlaczego dziś sprawia wrażenie człowieka nałogowo rozdrażnionego, uciekającego się czasami do dziecinnych zagrywek. Nie można zrozumieć, dlaczego uważał za stosowne obrzucić mięsem radiową reporterkę tylko dlatego, że zadała mu kilka niewygodnych pytań.

Pompeo był podobno szczególnie wkurzony faktem, iż Kelly nie skryła przed światem tego, iż istotny członek amerykańskiego rządu federalnego karczemnie ją wyzwał, kazał zidentyfikować Ukrainę na mapie i przez kilka minut zdawał się być na skraju nuklearnej eksplozji. Nie wiem zatem, jakie można mieć nadzieje na skuteczne negocjacje pokojowe na Bliskim Wschodzie. Pompeo może przecież w każdej chwili dojść do wniosku, że Palestyńczycy wykradli mu z piaskownicy wiaderko i łopatkę, a zaraz potem wezwie do siebie Mahmuda Abbasa i zażąda, by ów wskazał Izrael na nieoznakowanej mapie Ameryki Południowej.

Być może jednak jest po prostu tak, że jakie ministerstwo, taki wódz. Departament Stanu od pewnego czasu znajduje się w stanie dość szkieletowym. Liczne stanowiska pozostają nieobsadzone, co dotyczy też wielu ważnych placówek dyplomatycznych. Sam Pompeo zdaje się mieć w bardzo nikłym poważaniu własnych podwładnych, takich na przykład jak była ambasador USA na Ukrainie, Marie Yovanovitch.

Z drugiej strony, podły nastrój, w jakim wydaje się pozostawać Pompeo, wynika po części z tego, że również jego szef, Donald, wałęsa się bez celu po Białym Domu i rzuca klątwy na swój niezwykle ciężki los. Obaj panowie wielokrotnie stwierdzali już, że media to w zasadzie zdrajcy narodu, którzy chcą ich dopaść, przemielić przez maszynkę do mięsa i wyrzucić na śmieci. Jestem pewien, że Marie Louise Kelly ma taką maszynkę cały czas przy sobie, na wypadek, gdyby nadarzyła się dobra okazja do zmielenia przywódców partii, państwa i narodu. Co się zaś tyczy amerykańskiej polityki zagranicznej, trudno jest w tych warunkach żywić jakikolwiek optymizm.

Rok 2020

Greta z Kanady

Od pewnego czasu 17-letnia Szwedka, Greta Thunberg, pojawia się w mediach z powodu swojej działalności na rzecz walki o ochronę klimatu naszego globu. W roli tej zalazła za skórę wielu ludziom, w tym ważkim światowym przywódcom. W taki czy inny sposób krytykowali ją między innymi: Angela Merkel, Emmanuel Macron, Donald Trump i australijski premier Scott Morrison. Dał też o sobie znać Władimir Putin, który wyraził pogląd, że Greta za mało jeszcze wie o komplikacjach współczesnego świata, by się wypowiadać na jakikolwiek temat. Rosyjski przywódca o tyle nie ma racji, że sam też niewiele wie, a mimo to plecie mediom bzdury niemal codziennie. Jeśli zaś chodzi o australijskiego premiera – który w przeszłości twierdził, że rzekome ocieplanie się klimatu to fikcja – być może zmienił zdanie z chwilą, gdy nad Sydney pojawiła się łuna katastrofalnych pożarów.

Greta ma na swoim koncie liczne nagrody i wyróżnienia, a nawet nominację do Pokojowej Nagrody Nobla, której jednak nie zdobyła. Za to tygodnik *Time* uznał ją za człowieka roku 2019. To mocno wkurzyło prezydenta Trumpa, który marzy o tym wyróżnieniu od lat i nawet sobie kiedyś wydrukował fałszywą okładkę tygodnika z nim w roli laureata. Gdy okazało się, że Greta wygrała, prezydent nie krył swojej furii z tego powodu i zaczął drwić z nastolatki, co zjednało mu zwykłą porcję internetowych żartów z jego osobowości i charakteru.

Na temat działalności młodej Szwedki można mieć różne zapatrywania i można nawet podejrzewać, że jest ona w jakiś sposób sterowana przez różne siły polityczne (choć nie ma na to na razie żadnych dowodów). Nie zmienia to faktu, że stała się osobą powszechnie znaną i zapraszaną chętnie na różne sympozja oraz konferencje klimatyczne, w czasie których często wypowiada się w sposób niezwykle ostry i bezpośredni.

Nie wiem dokładnie, kto miałby na obecnym etapie kontrolować Gretę. Z pewnością istnieją ludzie, którzy upatrują w niej młodocianą agentkę komuny, lewicy, radykałów, gejów oraz rowerzystów. Jednak do lumpenproletariatu raczej nie należy, gdyż urodziła się w dość zamożnej rodzinie w Sztokholmie. Jej matka jest śpiewaczką operową, a ojciec – aktorem. Rodzice początkowo nie wspierali aktywności córki na arenie publicznej, ale ostatecznie z jej działalnością się pogodzili. Greta nie należy do żadnej partii politycznej ani też nie zdradza swoich poglądów niedotyczących spraw klimatu. W związku z tym pozostaje postacią dość zagadkową, co z pewnością spędza sen z powiek wszystkim tym, którzy chcieliby udowodnić jej powiązania z jakimiś radykałami.

Wszystko to jednak nic wobec faktu, iż Thunberg wie, jak podróżować w czasie. Okazuje się, że w roku 1898 znajdowała się na terytorium Jukon w Kanadzie, gdzie pomagała szukać złota. W Internecie pojawiło się zdjęcie trójki dzieci, które przed 122 laty były zatrudnione przy maszynie do przesiewania piasku. Jedna z tych młodych osób zdradza uderzające podobieństwo do Grety. Fotografia jest dziełem niejakiego Erica Hegga i znajduje się obecnie w zbiorach specjalnych University of Washington.

Czujni jak zawsze internauci nie przepuścili oczywiście tej okazji i zaczęli konstruować teorię, iż Greta z XIX wieku przemieściła się w czasie, by ratować nasz glob przed klimatyczną katastrofą. Teza ta ma wiele technicznych problemów, jako że jeszcze nikt nigdy nie potwierdził możliwości podróżowania z jednej epoki do drugiej, ale w sumie nie ma to większego znaczenia. Ważne jest to, że Thunberg, prócz swoich innych zdolności, jest ponadczasowym wędrowcem. Ponadto tak się dziwnie składa, że niemal jednocześnie w mediach pojawiły się informacje o tym, iż astrofizyk Ron Mallett z University of Connecticut rozwiązał rzekomo problem podróżowania w czasie i że opublikował odpowiednie równania matematyczne. Jak sam przyznaje otwarcie, nie znaczy to, że już wkrótce w jego garażu będzie stała lśniąca *time machine*, ale twierdzi, że wyniki jego pracy powinny zostać przeanalizowane przez innych naukowców. Motywacją jego działania jest to, że stracił w wieku 10 lat swojego ojca i od tego momentu marzy o cofnięciu się w przeszłość i ponownym spotkaniu z nim.

Mallett ma dziś 74 lata, a zatem czasu na spełnienie jego marzeń jest coraz mniej. Skoro jednak jego zdaniem podróżowanie w czasie jest możliwe, może Greta mimo wszystko przybyła do nas z 1898 roku? Choć nie rozumiem, dlaczego wybrała sobie akurat tak fatalny okres w historii naszej cywilizacji i dlaczego w XIX-wiecznej Kanadzie szukała złota. Może zbierała kasę na maszynę do podróżowania w czasie?

To, że jest i działa, ma pewne znaczenie, które wybiega daleko poza sprawy klimatu i ochrony środowiska naturalnego. Ciekawe jest to, że dorośli i wpływowi ludzie reagują na jej wysiłki w sposób niemal sztubacki. Niektórzy atakują ją personalnie, inni zaś sugerują, że dziewczyna nie wie, o czym mówi. Prawda jest zapewne taka, że Greta Thunberg budzi w pewnych środowiskach strach przed bezpośrednią krytyką ze strony młodej osoby, która nie musi się za bardzo przejmować konwenansami i nie boi się nawet przywódców supermocarstw, ponieważ nie jest od nikogo zależna i nie ma nic do stracenia.

W lipcu 2019 roku sekretarz generalny OPEC, Mohammed Barkindo, skrytykował „nienaukowe" ataki na przemysł petrochemiczny ze strony działaczy takich jak Greta. Problem w tym, że niemal natychmiast Thunberg ogłosiła, iż komentarz na swój temat ze strony pana sekretarza uważa za wyróżnienie. Podobnie odpowiada na niemal każdą krytykę pod jej adresem, co powoduje, iż różni ludzie po prostu nie wiedzą, co powiedzieć.

Tłum kandydatów

Amerykańskie media zdominowane są ostatnio przez zbliżające się wybory prezydenckie, co jest całkowicie zrozumiałe. Głównie słyszymy o dwóch kandydatach oraz ich wiceprezydenckich partnerach. Jednak ludzie marzący o Białym Domu to nie tylko Trump i Biden. Jak wynika z danych Federal Election Commission (FEC), o najwyższy urząd w państwie ubiega się dokładnie 1216 osób, wywodzących się z różnych partii politycznych lub startujących w roli kandydatów niezależnych. Do tych ostatnich należy między innymi Kanye West, czyli raper pożeniony z Kim Kardashian, który teoretycznie jest republikaninem, ale postanowił wystartować w roli kandydata niezależnego. Niektórzy twierdzą, że miał on pełnić rolę politycznego konia trojańskiego i odebrać Bidenowi nieco poparcia ze strony czarnoskórego elektoratu. Nic jednak z tego nie wyszło, gdyż West zagości na kartach wyborczych tylko w kilku stanach.

Jeśli chodzi o partie polityczne, które reprezentowane są przez prezydenckich marzycieli, jest ich sporo. Wśród kandydatów są między innymi reprezentanci American Independent Party, Human Rights Party, Socialist Labor Party, Democtratic-Farmer Labor Party, Federalist Party, Veterans Party of America, Desert Green Party oraz Socialist Workers Party. O żadnym z tych ugrupowań niczego nie wiem, choć wydaje mi się, że ta ostatnia formacja dąży do wprowadzenia dyktatury proletariatu, czego ludzkość już próbowała z miernym skutkiem.

Niektórzy z tych ludzi są oficjalnie zarejestrowani w kilku stanach, a w pozostałych częściach USA mają zamiar polegać na tzw. *write-in votes*, czyli na wyborcach, którzy mogą dopisać ich nazwiska do karty wyborczej. Gwoli ścisłości trzeba dodać, że we wszystkich stanach na kartach wyborczych znajdą się też Jo Jorgensen z Libertarian Party oraz Howie Hawkins z Green Party.

Trzeba przyjąć, że wszyscy ci kandydaci zdają sobie doskonale sprawę z tego, iż nie mają żadnych szans na elekcyjny sukces. W całej historii USA wybory prezydenckie tylko raz wygrał kandydat niezależny, którym był George Washington. Od tego momentu wszyscy kolejni przywódcy kraju to członkowie jednej z dwóch głównych partii (choć nazywały się one różnie w różnych okresach), które dysponują odpowiednim zapleczem, pieniędzmi i całą skomplikowaną maszynerią polityczną. Nikt inny w zasadzie nie ma szans. W roku 1992 Ross Perot zdobył ponad 19 proc. głosów, co jest po dziś najlepszym rezultatem niezależnego kandydata w historii kraju.

To, że w tym roku kandydatów jest ponad tysiąc, nie jest specjalnie zaskakujące. Zgodnie z amerykańską konstytucją o urząd prezydenta może ubiegać się każdy, pod warunkiem, że urodził się w USA, skończył 35 lat i mieszka w kraju od co najmniej 14 lat. Konieczna jest też rejestracja w FEC, co staje się możliwe z chwilą, gdy dany kandydat uzbiera ponad 5 tysięcy datków od wyborców i wspierających go organizacji. Wymóg ten można jednak ominąć przez wydanie 5 kafli na cele polityczne. Innymi słowy, start w wyborach prezydenckich wymaga w taki czy inny sposób wydania 5 tysięcy.

Kim zatem są wszyscy ci kandydaci? Niektórzy kandydują dla jaj i prowadzą żartobliwe kampanie wyborcze. Są jednak również ludzie, którzy traktują swoje kandydatury bardzo poważnie, mimo że nie są w stanie wygrać. Jade Simmons jest byłą czarnoskórą modelką, pianistką oraz pastorem. Ponieważ jej ojciec działał na rzecz równouprawnienia mniejszości rasowych, w swojej kampanii promuje egalitaryzm społeczny i ekonomiczny, do którego mają doprowadzić głębokie reformy systemu oświaty i wymiaru sprawiedliwości. Jej nazwisko pojawi się na kartach wyborczych w Oklahomie i Luizjanie, a w 31 dalszych stanach zarejestrowana jest jako *write-in candidate*.

Brock Pierce jako dziecko wystąpił w kilku filmach, między innymi jako syn prezydenta w komedii pt. *First Kid*, później jednak zrobił karierę biznesową i jest dziś milionerem. Przyznaje, że na swoją kampanię wydał prawie 4 miliony dolarów z własnej kieszeni. Jego poglądy polityczne są dość niejasne, choć wiadomo, że popiera legalizację marihuany, a z drugiej strony zasila finansowo kilku republikańskich polityków. Wie, że nie jest w stanie wygrać, ale jego marzeniem jest odniesienie zwycięstwa przynajmniej w jednym stanie.

Wśród prezydenckich kandydatów jest też Mark Charles, Indianin z plemienia Navajo, który pracuje jako programista komputerowy. Dla niego najważniejsze są problemy związane z równouprawnieniem różnych grup etnicznych i rasowych. W swoim czasie przeprowadził się wraz z rodziną do szałasu w rezerwacie indiańskim, gdzie nie było bieżącej wody i elektryczności. Wytrzymał tam 11 lat i twierdzi, że był to dla niego niezwykle ważny eksperyment.

Zaniepokojonych być może Czytelników śpieszę zapewnić, że ja sam w wyborach prezydenckich nie startuję, bo nie mogę. Te 5 tysięcy może bym jakoś uciułał, w USA mieszkam od ponad 14 lat, no i mam niestety znacznie więcej niż 35 lat. Jednak nie urodziłem się w USA, lecz być może tam, gdzie Barack Obama, czyli w Kenii, a obywatelstwo amerykańskie uzyskane w wyniku naturalizacji nie wystarczy. W różnych okresach historii kraju padały propozycje modyfikacji wymagań w stosunku do osób ubiegających się o prezydenturę. W sumie 26 razy próbowano zmienić te przepisy, ale bez rezultatu. Jednak pewne wyjątki się zdarzają. Senator John McCain kandydował do urzędu prezydenta, mimo że urodził się w Panamie, znajdującej się wtedy pod amerykańskim protektoratem.

Niestety jestem pewien, że Senat nie zgodzi się na moją kandydaturę z chwilą, gdy wyjawię, iż urodziłem się w Zdunach koło Krotoszyna.

Małpia szczepionka

Nigdy nie miałem większych wątpliwości co do tego, że Władimir Putin jest w pewnym sensie stuknięty. Choć przed laty był w miarę podrzędnym agentem KGB, pałętającym się gdzieś po Dreźnie i zbierającym wycinki z prasy, które – jak twierdzi autorka biografii Putina, Masza Gessen – złożyły się na górę zupełnie bezwartościowych informacji zbieranych przez KGB w chylącej się ku upadkowi NRD. Jednak wiele lat później za sprawą rzadko trzeźwego Borysa Jelcyna Wołodia zdobył znaczne wpływy, a dziś panuje niepodzielnie niemal jak car, choć z pewnością swojej agenturalnej mentalności się nie pozbył.

Za jego sprawą w Rosji od lat uprawia się dość prymitywną propagandę. Z jednej strony przedstawia się wodza w różnych „siłowych scenach" (w roli hokeisty, półnagiego jeźdźca, myśliwego, itd.), a z drugiej sprzedaje jego rządy jako wielkie pasmo sukcesów. Choć ostatnio ten wątek został poważnie zakłócony przez koronawirusa oraz przez fakt, że Rosja dołuje gospodarczo, a ludzie zaczynają mieć tego wszystkiego dość. W odpowiedzi Putin wycofał się do swojej podmoskiewskiej daczy, gdzie od miesięcy pozostaje niemal w całkowitej izolacji.

Jednak car Władimir szerzy też propagandę wymierzoną w obce kraje, a jest ona jeszcze głupsza niż ta domowa. Ostatnio rządowa telewizja rosyjska zaczęła szerzyć informację, iż szczepionka przeciw wirusowi opracowana w Wielkiej Brytanii przez firmę AstraZeneca oraz naukowców z Oxford University zmienia ludzi w małpy (ja bynajmniej nie żartuję). Pokazano nawet zdjęcie premiera Borisa Johnsona jako Bigfoota, który dzierży w garści teczkę z napisem „AstraZeneca". Twierdzenie o małpich skutkach szczepionki poparto w programie *Wiadomości* tym, iż Brytyjczycy produkują ten medykament przy wykorzystaniu zarazków wirusa uzyskanego od szympansów. W innej części tego samego programu zaprezentowano amerykański plakat z postacią Wuja Sama i podpisem „I want you to take the monkey vaccine", a potem portret King Konga ze strzykawką w łapie i podpisem „Don't worry! Monkey vaccine is fine".

Żeby nie było wątpliwości – nie istnieje żadna substancja, która mogłaby zmienić człowieka w małpę, krokodyla, mamuta, gołębia, rekina lub w jakiekolwiek inne zwierzę. Ostatnim fikcyjnym medykamentem tego rodzaju posługiwał się bohater noweli Roberta Louisa Stevensona pt. *Doktor Jekyll i pan Hyde*, ale zmieniał się wyłącznie z człowieka z gruntu dobrego we wcielenie zła. Natomiast w życiu całkiem realnym ludzie często zmieniają się we wredne bestie bez pomocy jakichkolwiek środków farmakologicznych, ale to już inna sprawa.

Jeśli chodzi o rosyjską teorię małpią, nie ma żadnych konkretnych dowodów na to, iż wymyślił ją albo sam Putin, albo też jakiś inny baran urzędujący na Kremlu. Jednak wiele wskazuje na to, że tak właśnie było, ponieważ – jak twierdzą specjaliści – propaganda ta ma jeden zasadniczy cel. Rosja chce, by takie kraje jak Brazylia czy Indie, gdzie COVID-19 szaleje na wielką skalę, kupowały szczepionkę o nazwie Sputnik V, sporządzoną przez rosyjskich naukowców. Problem w tym, że skuteczności tej szczepionki nikt na razie nie zna. Nie wiadomo nawet, czy jej stosowanie jest bezpieczne, bo nie było żadnych niezależnych testów tego specyfiku. W związku z tym możliwe jest, iż Sputnik V zmienia ludzi w Sybiraków, których enzymy zostały z pewnością siłowo pobrane w szlachetnych celach naukowych.

Swoją drogą zastanawiam się, dlaczego niemal wszystko w Rosji musi nazywać się sputnikiem. W języku rosyjskim słowo to znaczy: „towarzysz podróży", a zatem nazywanie w ten sposób wczesnych sztucznych satelitów Ziemi było zrozumiałe. Dlaczego jednak szczepionka ma być naszym towarzyszem podróży? I o jaką podróż chodzi – na pogotowie, do szpitala, a może na cmentarz? W angielszczyźnie istnieje wprawdzie slangowy zwrot *let's take a trip*, który oznacza naszpikowanie się środkami halucynogennymi i wybranie się w ten sposób w „podróż" w kierunku majaków, ale wątpię, by o takie skojarzenia Rosjanom chodziło.

Ubolewam nad faktem, że rząd Wielkiej Brytanii musiał jakoś odpowiedzieć na te kosmiczne bzdury, ale nie miał innego wyjścia. Brytyjski minister spraw zagranicznych Dominic Raab powiedział, że działania Rosji są niedopuszczalne. Natomiast dyrektor naczelny firmy AstraZeneca, Pascal Soriot, napisał: „Dezinformacja jest wyraźnym zagrożeniem dla zdrowia publicznego. Wzywam wszystkich do korzystania z wiarygodnych źródeł informacji, do zaufania agencjom regulacyjnym i do pamiętania o ogromnych korzyściach, jakie szczepionki i leki przynoszą ludzkości". Panowie ci nie zdradzili, czy już są małpami, czy też znajdują się na razie w fazie bolesnej transformacji, która wymaga między innymi wykształcenia ogona.

Jak zwykle niezawodny rzecznik Kremla, Dmitrij Pieskow, stanął oczywiście na wysokości zadania i stwierdził: – *Komentowanie oskarżeń przeciwko Rosji staje się coraz bardziej cyrkowe. Rosja nikogo nie dezinformuje, Rosja z dumą mówi o swoich sukcesach i dzieli się swoimi osiągnięciami dotyczącymi pierwszej zarejestrowanej w świecie szczepionki przeciwko COVID-19*. Może szczepionka jest zarejestrowana, ale nie wiadomo, gdzie, przez kogo i dlaczego.

Upiorne operacje

13 października tego roku do szpitala McAlester Regional Health Center w stanie Oklahoma wszedł młody człowiek, który krwawił obficie w okolicach tzw. intymnych części ciała. Udzielono mu pierwszej pomocy, a on sam wyznał, że padł ofiarą dwóch facetów, Boba Allena i Thomasa Gatesa, którzy w ich wynajętej chacie dokonali na nim operacji wycięcia jąder. Ten chirurgiczny zabieg odbył się na kuchennym stole przy częściowym znieczuleniu. Allen odgrywał rolę chirurga, a Gates podawał mu stosowne narzędzia, choć nie mam pojęcia, jakie.

Wkrótce po zgłoszeniu się świeżo upieczonego eunucha do szpitala, policja w miejscowości Wister w stanie Oklahoma aresztowała Allena i Gatesa, a w ich lokum śledczy znaleźli narzędzia medyczne, środki znieczulające, „odpady pooperacyjne" oraz torbę plastikową z zamrożonymi jądrami. Szeryf powiatu Le Flore, Rodney Derryberry, wyznał szczerze, że jeszcze nigdy w swojej karierze nie miał do czynienia z tego rodzaju przypadkiem, czemu się nie dziwię.

Zapewne nie spodziewał się też dalszych szczegółów tej sprawy. Okazało się bowiem, iż to ofiara kastracji sama zgłosiła się do dwójki „chirurgów", odpowiadając na ich internetowe ogłoszenie, w którym Allen reklamował się jako „producent eunuchów". Wynajęta chata oferowana była w sieci Mister B&B, która specjalizuje się w zapewnianiu lokum członkom społeczności LGBTQ. Allen i Gates nazywali to miejsce w swoich ogłoszeniach „górskim zaciszem weekendowych cudów Boba". Nie chcę nawet myśleć o tym, o jakie cuda chodziło.

Młody człowiek chciał zmienić swoją płeć i postanowił skorzystać z usług pary z Oklahomy. W związku z tym poleciał z Wirginii, gdzie mieszka, do Dallas. Tam czekał na niego Allen, który zabrał go samochodem do Oklahomy. Po drodze chwalił się swoim 15-letnim doświadczeniem i poinformował, że operacja, którą wykona, zostanie sfilmowana „w celach dokumentacyjnych".

Już na stole operacyjnym pacjent został poinformowany, iż jego chirurdzy są kanibalami i prawdopodobnie skonsumują wszystko to, co mu wytną. Zabieg trwał dwie godziny, ale niestety zakończył się tym, iż ofiara zaczęła krwawić i domagała się zawiezienia do szpitala. Początkowo Allen nie chciał się zgodzić, ale potem uległ z chwilą, gdy namówił krwawiącego człowieka, by ów powiedział szpitalnemu personelowi, że sam się okaleczył. Jednak po trafieniu do szpitala prawda bardzo szybko wyszła na jaw.

Cała ta historia jest niezwykle intrygująca z kilku przyczyn. Przede wszystkim jednak świadczy o tym, że czasami ludzka głupota po prostu nie zna żadnych granic. Można oczywiście zrozumieć, że ów młody człowiek chciał się pozbyć zasadniczej części swojego męskiego wyposażenia w nadziei, że będzie to pierwszy krok na drodze do transformacji w kobietę. Dlaczego jednak pomocy szukał u dwóch baranów w podeszłym wieku, którzy mieszkali w chacie i ogłaszali się jako producenci eunuchów?

Załóżmy przez chwilę, że boli mnie ząb. Oczywiste jest to, że szukałbym pomocy u dentysty, a nie u kowala ogłaszającego się jako „tępiciel zębów trzonowych" i chełpiącego się tym, że ma kowadło, młotek oraz dłuto. A jeśli chciałbym, żeby ktoś mi naprawił komputer, z pewnością nie udałbym się z tym sprzętem do fryzjera albo weterynarza. Tymczasem „pacjent" pojechał na spotkanie z „chirurgami" mimo że znajdowali się oni w odległości kilkuset mil od niego, tak jakby nie było absolutnie żadnego innego wyjścia.

Ciekaw jestem też, czy szeryf Derryberry nigdy przedtem nie słyszał o Allenie i Gatesie oraz ich działalności. Oni sami chwalili się, że mieli „licznych klientów", spośród których z pewnością część też musiała potem uciekać się do fachowej pomocy medycznej. Dlaczego zatem nikt nie zainteresował się tym, co się w tej kurnej chacie działo, szczególnie w obliczu faktu, iż Allen nie krył się ze swoimi tendencjami kanibalistycznymi?

Wszystko to przypomina mi nieco dwie inne sprawy. Jeffrey Dahmer przez wiele lat zabijał młodych mężczyzn w swoim mieszkaniu w Milwaukee, ćwiartował ich zwłoki i konsumował ludzkie mięso. Jego sąsiedzi doskonale wiedzieli, iż w jego lokum działo się coś dziwnego, ale milczeli. W roku 1991 doszło nawet do incydentu, w czasie którego nastolatek laotańskiego pochodzenia zdołał uciec Dahmerowi, ale dwaj policjanci uwierzyli jego tłumaczeniom i pozwolili mu na zabranie chłopca z powrotem do mieszkania, gdzie został wkrótce potem zamordowany.

Druga sprawa to historia Teda Kaczynskiego, czyli tzw. Unabombera, który wysyłał do różnych ludzi bomby. Przez bardzo wiele lat Ted mieszkał w chacie w dość odludnej części stanu Montana, gdzie praktycznie z nikim się nie kontaktował. Jednak od czasu do czasu widywali go pracujący w okolicy drwale i w miarę oczywiste było to, że Kaczynski niemal u każdego człowieka powinien budzić jakieś podejrzenia. Również w jego przypadku nikt nigdy nie powiadomił władz, a do jego wpadki doszło dopiero za sprawą brata Davida, który rozpoznał go jako autora dziwacznego manifestu wysłanego do mediów.

W obu tych przypadkach chodziło oczywiście o znacznie poważniejsze rzeczy niż amatorskie zabiegi kastracyjne. Jednak spójnym wątkiem jest to, że ludzie zdają się ignorować podejrzane zachowania tak długo, jak to tylko możliwe.

Sklepowa maskarada

Załóżmy przez chwilę, że chodzę sobie gdzieś w Warszawie po pchlim targu i podchodzi do mnie facet, który mówi: – *Chcesz pan kupić zegarek szwajcarski? Takiego nigdzie nie ma nawet w samej Szwajcarii.* Jestem pewien, że handlarz mówiłby częściowo prawdę, gdyż oferowany przez niego czasomierz byłby zapewne dziełem chińskich podrabiaczy, a zatem u zegarmistrza w Zurychu raczej by go nie było. Mniej więcej tę samą metodę stosują różne firmy ogłaszające się w amerykańskiej telewizji.

Coraz częściej bywa tak, że reklamowany jest jakiś towar – omawia się barwnie jego zalety, podkreśla niską cenę, darmową przesyłkę, a następnie na ekranie pojawia się napis „Not sold on Amazon". Innymi słowy, atutem tegoż towaru ma być to, że nie ma go wśród rzeczy oferowanych do sprzedaży przez największy sklep na świecie. A zwykle reklamowanych w ten sposób artykułów nie ma w firmie Bezosa, ponieważ nie spełniają odpowiednich wymogów albo też pochodzą z niemożliwych do zidentyfikowania źródeł, np. z fabryki prowadzonej przez wuja Mietka w Ustrzykach Górnych.

Dominacja koncernu Amazon na rynku stała się na tyle duża, że coraz częściej szukając czegoś egzotycznego lub rzadko spotykanego, ludzie automatycznie sprawdzają, czy nie ma tego na Amazonie i w ponad 90 proc. przypadków okazuje się, że jest. Prosty przykład. Pewnego dnia moja małżonka wyraziła tęsknotę za polskimi czekoladkami Malaga. Ponieważ w mojej okolicy nie ma polskich sklepów, jako posłuszny mąż, wytrenowany w ramach 40-letniej niewoli konkubenckiej, ruszyłem natychmiast do akcji i sprawdziłem na Amazonie. Malaga była dostępna z trzech różnych źródeł. Kryzys małżeński zażegnany.

W związku z tym dziwię się, że niektórzy spece od reklamy doszli do wniosku, iż to, że czegoś firma ta nie sprzedaje, może być powodem do dumy i jest w stanie zwabić klientelę. Nie wiem, czy jest to przekonanie słuszne, ale pomysł chwalenia się, że coś jest *not sold on Amazon* wydaje mi się dość ryzykowny. Wszak dostępność czegoś gdziekolwiek, łącznie z Amazonem, jest zawsze pozytywna. Poza tym przechwałki tego rodzaju można porównać do działań straganiarza, który sprzedaje buty krzycząc wniebogłosy, że takiego obuwia nie ma w żadnym domu towarowym.

Jednak w gruncie rzeczy te najnowsze reklamy telewizyjne są kontynuacją procesów, które zachodzą w Ameryce od wielu lat. Wielkie sieci sklepowe, takie jak Walmart, Kroger, Aldi czy Costco oferują tzw. *store brand name articles*, czyli towary firmowane przez same sklepy, a nie pochodzące od powszechnie znanych wytwórców. Przykładowo, w sklepach Costco sprzedaje się liczne rzeczy opatrzone sygnaturą Kirkland: baterie, pieluchy, kawę, itd. Oczywiste jest zatem to, że nie można tych rzeczy kupić w żadnym innym sklepie, a tym bardziej w Amazonie. Firma Walmart ma swoją markę Great Value, Kroger sprzedaje towary pod znakiem Simple Truth oraz Private Selection, natomiast wszystko to, co oferowane jest w sklepach Aldi, firmowane jest przez tę firmę.

Niestety, jak to zwykle bywa, wszystko to jest jednym wielkim picem. Nie chodzi tu o oszustwo, lecz o kuriozalną maskaradę, ponieważ za tymi „markami sklepowymi" kryją się powszechnie znani producenci. Baterie Kirkland Signature produkowane są przez Duracell, kawa o nazwie Kirkland Signature Coffee to w rzeczywistości Starbucks, tyle że w innym opakowaniu, natomiast Kirkland Supreme Diapers są wyrobem firmy Huggies. Nawet francuska wódka spod znaku Kirkland to podobno nic innego tylko Grey Goose. Podobnie jest w przypadku towarów spod znaku Great Value: Great Value White Bread to Sara Lee, masło orzechowe wyrabiane jest przez Peter Pan, a sos jabłkowy jest dziełem firmy Musselman's. Jeszcze ciekawiej jest w przypadku sklepów Aldi, w których Tuscan Garden Italian Dressing jest sosem do sałaty identycznym do tego, jaki stosowany jest w sieci restauracji Olive Garden. Czujni konsumenci zauważyli już dawno, że Benton's Cookies to nic innego, tylko przepakowane Girl Scout Cookies.

W związku z tym powstaje proste pytanie – po co komu ta szarada? Możliwe jest na przykład, że wspomniane na początku reklamy telewizyjne dotyczą towarów, których nie ma wprawdzie na Amazonie, ale tak naprawdę są, tyle że opatrzone bywają innymi etykietami. W sumie wygląda na to, że wszystko dostępne jest wszędzie, choć przeciętny nabywca nie zawsze o tym wie. Natomiast pojęcie „unikalnej marki sklepowej" zdaje się być kompletną fikcją, stworzoną zapewne po to, by przekonać klientów o jakiejś domniemanej ekskluzywności towarów, mimo że żadne z tych artykułów nie są w jakikolwiek sposób unikatowe.

W tym kontekście należy zauważyć, że ustrój socjalistyczny miał oczywistą przewagę nad amerykańskim kapitalizmem: za czasów PRL-u nikt nie zastanawiał się nad tym, kto wyprodukował papier toaletowy i z jakiego surowca, ani nie można było udawać, że keczup Kościuszko to tak naprawdę Pudliszki. Chodziło głównie o dostępność towaru, a nie jego firmową charakterystykę. A dziś jest zupełnie inaczej. Firma Pudliszki istnieje wprawdzie nadal, ale większość jej akcji znajduje się w posiadaniu amerykańskiego koncernu Heinz, co powoduje, że możemy dziś w USA spożywać keczup, który tak naprawdę jest produktem polskim. No i jak w takich warunkach robić w sposób odpowiedzialny sos pomidorowy?

Burmistrz na czterech łapach

Przed czterema laty, na początku listopada 2016 roku, ustawiłem na trawniku przed domem tablicę ze zdjęciem mojego psa oraz hasłem „Trocki na prezydenta – będzie znacznie lepszy niż dowolny człowiek". Niestety czworonóg nie wygrał i dziś już nie żyje, choć jestem nadal przekonany o jego prezydenckim potencjale. Muszę w tym miejscu wyjaśnić, że wszystkie moje psy nosiły i noszą imiona wybitnych manipulatorów historii. Miałem już Marksa, potem Trockiego, a obecna psina zwie się Beria. Z czysto historycznego punktu widzenia stanowi to pewnego rodzaju zadośćuczynienie, gdyż krzepiąca jest możliwość zawołania „Beria, do nogi!" i jednoczesne nienarażanie się na dłuższe syberyjskie zesłanie.

No, ale *ad rem*. Wtedy, przy okazji starcia Clinton z Trumpem, myślałem, że moje trawnikowe obwieszczenie jest dość nowatorskie. Ostatnio jednak pojawiła się wieść o sukcesie politycznym francuskiego buldoga Wilbura, który w wyborach w miejscowości Rabbit Hash w stanie Kentucky zdobył nieco ponad 13 tysięcy głosów i został burmistrzem. Pokonał dość zdecydowanie konkurentów, a mianowicie beagle'a Jacka Rabbita oraz golden retrievera Poppy. Dotychczasowy burmistrz Brynneth Pawltro, rasy pitbull, sprawował urząd począwszy od roku 2017, a teraz przechodzi na emeryturę i będzie mógł oddać się ulubionemu zajęciu, czyli atakowaniu co bardziej irytujących ludzi.

Program polityczny nowego burmistrza nie jest jasny, choć nie sądzę, by miało to wielkie znaczenie, jako że w przypadku polityków ludzkich też zwykle nie bardzo wiadomo, o co im chodzi. Mieszkańcy Rabbit Hash i okolic po raz pierwszy zdecydowali się na wybór psa na burmistrza w roku 1998, co świadczy o ich politycznej mądrości. Wtedy wybory wygrał kundel Goofy Borneman, mimo że podejrzewano go w czasie kampanii wyborczej, iż polował nocami na kury. Afera Kuragate spaliła jednak na panewce, a Goofy okazał się bardzo dobrym burmistrzem, ponieważ do niczego za bardzo się nie wtrącał, z wyjątkiem kurników. Władzy należą się pewne przywileje.

W jaki sposób wyłaniani są psi kandydaci do urzędu? To proste – muszą „wykazywać chęć do tego, by ich skrobać po brzuchu". Głównym zadaniem kolejnych burmistrzów jest promowanie miejscowości Rabbit Hash, co leży w gestii lokalnego towarzystwa historycznego. W czasie elekcji każdy wyborca wpłaca na konto towarzystwa pewną sumę pieniędzy i w tym roku Wilbur zgromadził na swoim koncie ponad 6 tysięcy dolarów. Należy też dodać, iż w miasteczku działa od lat oficjalna ambasadorka, Lady Stone, rasy border collie, której funkcja jest wprawdzie dożywotnia, ale niezbyt precyzyjnie zdefiniowana. Lady Stone nie jeździ po świecie ani nawet po Ameryce, lecz jest oficjalną reprezentantką lokalnej społeczności, niezależnie od liczebności kończyn poszczególnych osobników.

Podobnie jak w skali całego kraju, frekwencja wyborcza w Rabbit Hash była rekordowo wysoka, a przed Wilburem jeszcze żaden inny kandydat na burmistrza nie uzyskał aż tylu głosów. Daje mu to silny mandat, który zapewne będzie starał się zmienić w dodatkowe porcje kiełbasy i innych smakołyków. Przecież nie będzie inwestował w infrastrukturę, bo po co miastu tyle psich bud i latarń?

Ogólnie rzecz biorąc uważam pomysł wybierania na burmistrza czworonogów za bardzo trafny. Tacy przywódcy nigdy nie pyskują, mimo że mają pyski, ani też nigdy się nie kłócą, a ewentualne konflikty rozwiązują za stodołą przez krótkie sesje szczerzenia zębów na przeciwników. Jest to z pewnością znacznie lepsze rozwiązanie od tego, jakie zastosowano w Północnej Dakocie, gdzie do stanowego parlamentu wybrano republikanina Davida Andahla, który miesiąc wcześniej zmarł na koronawirusa. Z oczywistych powodów nie obejmie on swojego urzędu i zostanie zastąpiony kimś z tej samej partii politycznej. Nie jest to pierwszy przypadek tego rodzaju, jako że w roku 2018 wybory do urzędu stanowego w Nevadzie wygrał właściciel domu publicznego, który w momencie głosowania już nie żył.

Prowadzi mnie to do niepokojącego wniosku. O ile wyborcy w Rabbit Hash wiedzieli doskonale, że głosowali na psa, o tyle ich odpowiednicy w Północnej Dakocie i Nevadzie nie zdawali sobie sprawy z tego, iż wybierany przez nich facet wcześniej przeniósł się na tamten świat. A może wiedzieli, ale było im wszystko jedno, co też jest dość bulwersujące. Być może wynika to z faktu, że w USA nie ma już zakazów sprzedaży napojów alkoholowych w dzień wyborczy, choć zakaz taki w stanie Indiana zniesiono dopiero w 2010 roku. Możliwe jest zatem strzelenie sobie paru kielichów przed wyprawą do urny wyborczej, a wtedy to, czy głosuje się na buldoga, czy też nieboszczyka, może nie mieć większego znaczenia.

Trzeba podkreślić, że prawidłowy stosunek do tego wszystkiego miał George Washington, który przed wyborami lokalnymi w 1758 roku wydał cały swój budżet kampanijny na zakup 160 galonów trunków, a następnie rozdał je wyborcom, co podobno znacznie zwiększyło frekwencję i poparcie dla niego. Wkrótce pierwszy prezydent USA otworzył własną fabrykę whisky, która na krótko przed jego śmiercią stała się jedną z największych placówek tego rodzaju w całym kraju. No i to właśnie powinno być wstępem do historii amerykańskich elekcji, a nie jakieś tam karkołomne rozważania o głosach elektorskich, sondażach opinii publicznej, itd.

Kiedyś najpierw się piło, potem głosowało, a rezultat był znany w chwili, gdy wszyscy wytrzeźwieli.

Czas fikcji

W okresie świetności amerykańskich westernów, a nawet telewizyjnych seriali typu *Bonanza*, zwykle bywało tak, że część akcji rozgrywała się w jakimś zapyziałym i zakurzonym miasteczku Dzikiego Zachodu, gdzie był bar, szkoła, kościół, dom publiczny oraz urząd, w którym zasiadał szeryf. Widzom niemal zawsze wydawało się, że wszystkie te zabudowania były prawdziwe, ale w rzeczywistości magicy z Hollywoodu wznosili na filmowe potrzeby stosowne atrapy z dykty i kleju. Innymi słowy, ktoś wchodził do saloonu, by zaraz potem znaleźć się po drugiej stronie totalnie fikcyjnej przestrzeni, zwykle pustynnej, gdzie nie tylko nie serwowano whisky, ale w zasadzie nie było tam niczego innego do roboty. Nawet do klasycznego mordobicia nie mogło tam dojść.

Wspominam o tym dlatego, że pandemia koronawirusa zaczyna coraz bardziej wpływać na wielu ludzi, którym w taki czy inny sposób odbija szajba i którzy w związku z tym decydują się na kompletnie fikcyjne wycieczki, rejsy morskie i loty samolotowe. Przykładowo, z Singapuru nadeszła wiadomość, że firma Dream Cruises, która w normalnych czasach zajmowała się wożeniem ludzi po azjatyckich wodach na statkach oferujących w miarę luksusowe warunki, postanowiła, że skoro nie może na razie wykonywać tego rodzaju rejsów, zacznie oferować swojej klienteli kursy donikąd.

W sumie polega to na tym, że 1400 pasażerów wchodzi na pokład i udaje się w kilkudniową podróż po wodach... singapurskiego portu. Innymi słowy, ludzie ci nigdzie nie jadą i pozostają w swoim bezpośrednim sąsiedztwie, ale mogą mieć przez pewien czas złudne wrażenie, iż uczestniczą w klasycznym morskim cruise. Te rejsy-atrapy dostępne są wyłącznie dla mieszkańców Singapuru, którzy przed wyruszeniem w „podróż" muszą zostać przetestowani na Covida. Ponadto na pokładzie nieczynne są samoobsługowe bufety, a wszyscy pasażerowie muszą przestrzegać z góry ustalonych zasad, np. dotyczących trzymania się z daleka od innych uczestników wycieczki. Poza tym jednak złudzenie pływania po szerokich wodach jest podobno bardzo ponętne, mimo że wody te są bardzo wąskie. Złudzenie jest tym większe, że sprzedawane bilety są definiowane jako *return tickets*, co sugeruje, iż okręt nie tylko wywiezie każdego delikwenta na odległość 2 mil od brzegu, ale następnie pokona dokładnie te same dwie mile, by wrócić do portu.

Jakby na to nie patrzeć, jest to kompletna fikcja, podobna do tej westernowej, tyle że okręt wycieczkowy nie jest wycięty z tektury i ma prawdziwe wnętrza. Nie wiem, dlaczego coś takiego cieszy się sporą popularnością, ale jak twierdzi szef Dream Cruises, Michael Goh, wynika to zapewne z faktu, iż ludzie mają serdecznie dość siedzenia w domu i szukają dowolnych namiastek normalnego życia. Ponadto w czasie rejsu serwuje się za darmo drinki, a zatem można się na tyle ubzdryngolić, iż trasa podróży przestaje mieć jakiekolwiek znaczenie.

Fikcyjne rejsy w Singapurze nie są bynajmniej jedynym pomysłem tego rodzaju. Kilka linii lotniczych wpadło na pomysł, że skoro w zasadzie nie można nigdzie latać, trzeba pasażerom zaproponować loty „w kółko", czyli ponownie donikąd. I tak australijski przewoźnik Qantas oferuje 7-godzinne loty z Sydney do... Sydney. Na szczęście w tym akurat przypadku istnieją pewne walory turystyczne przelotu, jako że samoloty podróżują na stosunkowo niskiej wysokości, zapewniając pasażerom widoki Wielkiej Rafy Koralowej oraz krajobrazu środkowej części Australii, która jest w zasadzie bezludna i niedostępna. Mimo że bilety na te loty kosztują od 575 do 2700 dolarów, zwykle rozchodzą się w ciągu kilku minut.

Ale to jeszcze nic. Niektórzy azjatyccy przewoźnicy wpadli na pomysł, by brać na pokład samolotów komplet pasażerów, ale w ogóle nie startować, a jedynie oferować posiłki, drinki i rozrywkę nadawaną przez pokładowy system wideo. Oczywistym plusem tego rodzaju rozwiązania jest to, że nie trzeba zapinać pasów ani też nie istnieje możliwość nagłego spikowania na ziemię. Nie mówiąc już o tym, że oszczędza się w ten sposób wiele paliwa i ratuje Ziemię przed ekologiczną katastrofą. Co więcej, nie trzeba nawet pilotów, choć dla zachowania pozorów zwykle zajmują oni miejsca w swojej kabinie i opowiadają pasażerom rubaszne bzdury, by im umilić czas.

Muszę przyznać, że ten koronawirusowy rozwój wydarzeń nieco mnie niepokoi. Przede wszystkim nie bardzo rozumiem, na czym polega atrakcja siedzenia w samolocie na lotnisku w celu spożywania tzw. lotniczego jedzenia. Równie dobrze polskie koleje mogłyby zacząć oferować wizyty w stacjonarnych wagonach Warsu, gdzie można by sobie zamówić schabowego i żywca bez konieczności jechania z Łodzi do Koluszek oraz bez tłuczenia się po wyboistych torach. Tyle że równie dobrze można by było pójść do normalnej restauracji, takiej nie na kołach i szynach, gdzie żarcie jest niemal na pewno znacznie lepsze.

Ponadto ten pandemiczny pęd w kierunku fikcji może mieć poważne następstwa. Co się bowiem stanie, gdy kiedyś wejdziemy do sklepu Target, by po drugiej stronie ściany z dykty znaleźć wysypisko śmieci? A gdy wsiądziemy do taksówki w Chicago, okaże się, iż kierowca jest nas w stanie zawieźć wyłącznie z O'Hare na O'Hare, choć po drodze może zahaczyć o Rockford. A jeśli chodzi o totalnie fikcyjne kontakty seksualne, nawet nie chcę o tym myśleć. Mam nadzieję, że nie będą z dykty.

Chichot norek

Zanim jeszcze wiedziałem o istnieniu takich organizacji jak PETA, walczących zaciekle o likwidację okrucieństwa w stosunku do zwierząt, zawsze wydawało mi się, że noszenie na sobie skór wcześniej ubitych istot było dziwne, by nie powiedzieć odpychające. Zdaję sobie oczywiście sprawę z tego, że ludzie noszą takie lub inne futra od tysięcy lat, ale kiedyś była to konieczność, podczas gdy dziś przemysł futrzarski adresuje swoje wyroby do nowobogackich w takich krajach jak Chiny, gdzie obecnie kupuje się najwięcej futer.

Wszystko to jednak zaczyna z wolna osuwać się w gruzy. Niedawno premier Danii Mette Frederiksen ogłosiła, że w jej kraju wykonana zostanie akcja norkobójstwa. Wkrótce potem uśmiercono 17 milionów norek w ponad tysiącu duńskich hodowli. Ten niezwykły krok podjęto dlatego, że u wielu norek wykryto obecność mutacji koronawirusa, która mogłaby okazać się niebezpieczna dla ludzi.

Totalna populacja Danii nie przekracza 6 milionów ludzi, w związku z czym na każdego obywatela przypadały prawie trzy norki, czyli mniej więcej tyle samo co litrów spirytusu na przeciętnego Rosjanina. Fakt ten daje wiele do myślenia, ale obecnie nie ma już większego znaczenia, ponieważ wszystkie norki zostały wyprawione na tamten świat. Wzbudziło to liczne protesty ze strony hodowców oraz organizatorów największych na świecie targów futrzarskich, Kopenhagen Fur, którzy ogłosili, iż aukcje odbywać się będą jeszcze przez dwa lata, ale potem ustaną, ponieważ nie będzie więcej towaru.

Jeszcze nie tak dawno na targi w Kopenhadze przyjeżdżało tysiące nabywców z całego świata. W roku 2013 łączna wartość futer sprzedanych w ramach Kopenhagen Fur wyniosła 2 miliardy dolarów. Dania eksportowała rocznie futra i skóry norek za ponad miliard euro. Większość trafiała do Azji, gdzie dynamicznie rozwijają się klasy średnie. Skóry norek to prawie jedna trzecia duńskiego eksportu do Chin.

Kilka lat temu jedna skóra norki kosztowała 90 dolarów, ale obecnie cena jest trzykrotnie niższa. Od kilku lat spada systematycznie globalny popyt na futra, a kilka powszechnie znanych domów mody, takich jak Prada, Chanel i Gucci, przerzuciło się na tworzywa sztuczne, bojąc się oburzenia opinii publicznej na złe traktowanie zwierząt hodowlanych i emisję gazów cieplarnianych związanych z hodowlą. Nawet w Chinach popyt na futra zaczyna spadać, szczególnie wśród ludzi młodych, którzy jeszcze do niedawna sztuczne futra uważali za tandetę, ale dziś coraz częściej sądzą zupełnie inaczej.

Jeśli chodzi o Danię, niemal pewne jest to, że hodowle norek nigdy więcej tam nie powstaną. Jest jednak kilka innych krajów europejskich, gdzie futra nadal są produkowane. Chodzi przede wszystkim o Polskę, Holandię, Finlandię, Litwę oraz Grecję. W przypadku Polski, drugiego co do wielkości producenta futer w UE, niemal doprowadzono w tym roku do zamknięcia branży futrzarskiej, ale hodowcy skutecznie storpedowali plany rządu i ustawa na razie zalega gdzieś w Sejmie.

W Wielkiej Brytanii wprowadzono zakaz hodowli zwierząt futerkowych w roku 2003. Podobne decyzje zapadły też w Austrii, Niemczech i Japonii. Holendrzy zapowiedzieli wprowadzenie takiego zakazu w przyszłym roku. Branży przez dziesięciolecia udawało się przetrwać skutecznie ataki ze strony obrońców zwierząt, którzy krytykowali okrucieństwo trzymania dzikich norek, szynszyli i lisów w klatkach. Poradzili sobie również ze zmianami kulturowymi, w których wyniku noszenie futer zaczęło być źle widziane. Można się jednak zastanawiać, czy pandemia nie będzie gwoździem do trumny europejskiej branży futrzarskiej. Według danych Italian Fur Association, przychody branży w ciągu dekady licząc od 2006 roku, skurczyły się o połowę. Obroty fińskiego domu aukcyjnego Saga Furs w latach 2018/19 wyniosły 44,7 milionów euro, co oznacza spadek o 3 proc.

Być może przy okazji tej zarazy, która nas męczy od tylu miesięcy, dobrze by było zastanowić się w ogóle nad sensem hodowania zwierząt futerkowych. Żal oczywiście, że tak wiele norek trzeba było uśmiercić, ale ogólnie rzecz biorąc ich miejsce nie jest w klatkach, lecz w naturalnym środowisku. Istnieją dwie odmiany norek: europejska i amerykańska. Ta pierwsza, niegdyś powszechnie występująca w całej Europie, praktycznie została całkowicie wytępiona. Nieliczne osobniki żyją w pewnych regionach Hiszpanii, Francji i Rumunii. Na terenie Polski gatunek ten wyginął na początku XX wieku, a po raz ostatni norkę dziką widziano na Warmii. Norka amerykańska jest większa, silniejsza i bardziej drapieżna, jak na Amerykanina przystało, i przywędrowała na Stary Kontynent z terenów dawnego ZSRR (no bo skąd coś takiego mogłoby się wziąć – „Batorym" przecież nie przypłynęła). Występuje nadal dość powszechnie i nic jej specjalnie nie zagraża.

Czas zatem najwyższy, by zapomnieć o hodowaniu norek w celach snobistyczno-futrzarskich i poświęcić się przywróceniu temu gatunkowi należytego miejsca nad zarośniętymi zbiornikami wodnymi oraz w górach. W Danii mówi się, że w wyniku anihilacji norek pracę straciło 6 tysięcy ludzi. Są to niemal zawsze złe wiadomości nie tylko dla tych ludzi, ale również dla gospodarki kraju. Jednak w obliczu obecnej pandemii w zasadzie nie ma innego wyjścia, o czym wszyscy doskonale wiedzą, choć często nie chcą się do tego otwarcie przyznać. W USA i Kanadzie nadal istnieją hodowle norek, które moim zdaniem powinny zostać zlikwidowane.

W języku polskim istniał (a może nadal istnieje) zwrot „uśmiałem się jak norka", który jest o tyle dziwny, że zwierzęta te są stosunkowo ciche i wydają z siebie tylko zdawkowe chichoty. Tym w hodowlach zapewne do śmiechu nie jest, ale jeśli chichot norek zacznie rozbrzmiewać w lasach, będzie to bardzo pozytywna wiadomość.

Dyskretny urok nazewnictwa

Kilka lat temu pisałem w tym miejscu o różnych miejscowościach w USA noszących dziwne nazwy. Na czele tej listy jest miasteczko Intercourse w Pensylwanii. Wiadomo, z czym ta nazwa się kojarzy, ale przed wieloma laty słowo to używane było często jako synonim współpracy, np. handlowej lub wspólnoty społecznej. Problem w tym, że niektóre terminy przepadają raz na zawsze, gdy zaczynają być powszechnie używane do nowych celów. Gdy ktoś w latach 50. mówił, że był obecny na *gay party*, miał na myśli to, iż dobrze się bawił na wesołym przyjęciu. Dziś ta sama fraza znaczy coś zupełnie innego, choć wesoło może nadal być.

Wracając do miasteczka Intercourse, nie ma w nim żadnych większych atrakcji turystycznych, poza silnymi wpływami Amiszów, ale liczni ciekawscy zjawiają się tam tylko po to, żeby sobie zrobić zdjęcie przy przydrożnej tablicy z nazwą. Są nawet tacy, którzy po prostu tablicę wykradają, zapewne po to, bo sobie ją potem powiesić w garażu. Początkowo miejscowość ta nazywała się aseksualnie Cross Keys, ale w roku 1814 nazwę zmieniono, z niejasnych do dziś przyczyn, na Intercourse. Tubylcom już dawno przestało przeszkadzać to, że bywają często obiektem niewybrednych żartów i drwin. Nazwy na razie nikt nie zamierza zmieniać.

Innych dziwnych nazw miast w USA nie brakuje. Jest na przykład Ding Dong w Teksasie, Pee Pee w Ohio, Scratch Ankle w Alabamie, Why w Arizonie, Whynot w Północnej Karolinie czy Truth and Consequences w Nowym Meksyku. Miłośnicy absolutnych dziwactw mogą też pojechać do ZzyzX w Kalifornii, gdzie władze zapewne codziennie dyskutują o tym, skąd się ta nazwa wzięła i jak ją należy wymawiać. Tak czy inaczej, nikt jakoś nie zamierza tych dziwolągów zmieniać.

Nieco inaczej wygląda sytuacja w austriackiej wsi, która ma nieszczęście nazywać się F***ing. W języku niemieckim słowo to nie oznacza niczego zdrożnego, a właściwie nie ma żadnego konkretnego znaczenia. Wieś, która liczy sobie obecnie nieco ponad 100 mieszkańców, powstała w VI wieku, a jej nazwa pochodzi od barona Focko, który tam się wtedy osiedlił. Nazwa nie od razu brzmiała tak jak dziś: w roku 1070 zapisywano ją jako Vucckingen, w roku 1303 pisownia zmieniała się na Fukching, a w wieku XVIII pojawiła się po raz pierwszy obecna, kontrowersyjna nazwa.

Lokalnym władzom nazewnictwo to w żaden sposób nie przeszkadza, zapewne na podobnej zasadzie jak koncernowi żarówkowemu nie przeszkadza nazwa Osram, ale niestety pewne konsekwencje semantyczne od dawna istnieją. Do wsi nieustannie zjeżdżają anglojęzyczni turyści, którzy – podobnie jak w przypadku Intercourse – robią sobie zdjęcia przy tablicach wjazdowych, czasami w tzw. lubieżnych pozach. Tam również dochodzi do częstych kradzieży tychże tablic.

Przed dwoma laty amerykańska witryna pornograficzna Pornhub ogłosiła, że będzie oferować darmową subskrypcję wszystkim mieszkańcom wsi, co wywołało prześmiewcze komentarze nie tylko w Austrii, ale również w całej niemal Unii Europejskiej. Trzeba jednak podkreślić, że ta sama witryna złożyła identyczną ofertę mieszkańcom miasteczek Titz w Niemczech oraz Big Beaver w USA.

Ostatecznie zarząd wsi doszedł do wniosku, że trzeba coś z tym nazewniczym problemem zrobić, tym bardziej że zaczęli na to nalegać mieszkańcy. W czasie ostatniego posiedzenia zapadła decyzja, iż od 1 stycznia 2021 roku miejscowość zostanie przemianowana na Fugging. Nie jestem wprawdzie pewien, czy ta nowa nazwa rozwiąże problem, ale to zapewne okaże się w praniu.

Bardzo podobne problemy istnieją w wielu innych krajach, w tym również w Polsce. Może nie wszyscy wiedzą, że w RP istnieją między innymi następujące miejscowości: Biały Kał, Stary Bógpomóż, Zapluskowęsy, Krzywe Kolano, Swornegacie, Miesiączkowo, Gołowierzchy, Szczaniec, Leśne Odpadki, Zgniłe Błoto, Burdele, Pieścidła, Dyszobaba, Pupkowizna, Ryczywół, Flakowizna, Zimna Wódka, Sucha Psina, Stare Niemyje, Kurejwa, Chójki, Ruchocice, Nienachlany, Nałogi, Swędzieniejewice.

Nazwy nie zawsze muszą kojarzyć się z czymś sprośnym lub fizjologicznym. Idealnym testem dla cudzoziemców jest zapewne miejscowość Przedmieścia Szczebrzeszyńskiego i jestem zdania, że tamtejsze władze winny dawać jakąś nagrodę każdemu zagranicznemu turyście, który potrafi to poprawnie wymówić. Gdy mojemu znajomemu powiedziałem, że w Polsce jest miejscowość, której nazwa składa się z 31 liter, w tym tylko 10 samogłosek, zażądał napisania tego na papierze, a zaraz potem się załamał.

Innym kuriozum jest miejscowość Mała Wieś przy Drodze. Nie wiem, kto wymyślił tę nazwę, ale najwyraźniej nie miał po prostu żadnego pomysłu. To trochę tak, jakby przemianować Warszawę na Wielkie Miasto nad Wisłą. Jeśli ktoś szuka w czasach pandemii możliwości zagranicznych wojaży, zawsze może udać się do Węgier, Ameryki oraz Palestyny, osadzonych mocno w polskich granicach.

Wreszcie jest też polski szlagier nazewniczy. W województwie lubelskim istnieją blisko siebie trzy miejscowości, które bywają określane jako „lubelskie trójmiasto", a nazywają się Nielisz, Cyców, Niemce.

Gdy już semantyka doprowadzi nas do rozpaczy, zawsze można szukać ukojenia we wsi Koniec Świata w województwie wielkopolskim, choć równie rozsądny byłby zapewne wyjazd do Zimnej Wódki. No a gdy już nie ma absolutnie żadnego innego wyjścia, trzeba pojechać na urlop albo do wsi Beznazwa, albo też do ZzyzX po drugiej stronie Atlantyku.

Secesja zdrowego rozsądku

Sąd Najwyższy USA oddalił ostatnio jednogłośnie pozew wniesiony przez prokuratora generalnego stanu Teksas, Kena Paxtona, w którym powód domagał się unieważnienia wyników wyborów prezydenckich w czterech stanach: Wisconsin, Michigan, Georgii i Pensylwanii. Wniosek ten poparło 17 dalszych prokuratorów generalnych, co jednak niewiele pomogło. Kiedy sędziowie wyrzucili ten prawny bubel do śmierci, szef Partii Republikańskiej w Teksasie, Allen West, wyraził śmiały pogląd, iż nadszedł czas, by poważnie rozważyć możliwość stworzenia nowej Unii przez stany, w których „przestrzegane są wymogi konstytucji". Innymi słowy, Allen myśli o secesji.

Ameryka kiedyś już przeprowadziła eksperyment z secesją i nie zakończył się on zbyt dobrze. Tym razem, jak należy się domyślać, ową nową unię miałyby tworzyć te stany, których prokuratorzy poparli pozew Paxtona. Jest to zatem obszar rozciągający się ukośnie od Teksasu i Luizjany aż po Północną Dakotę i Idaho. Jedynym wyjątkiem jest Indiana, w której mieszkam, a która bezpośrednio nie graniczy z żadnym z pozostałych stanów mających teoretycznie przystąpić do konfederacji. Budzi to we mnie pewne obawy, że kiedyś podróż z Indiany do Chicago wymagać będzie posiadania paszportu, a może nawet wizy. No ale to zupełnie inna sprawa.

Mogłoby się wydawać, że opuszczenie USA przez dowolny stan jest zabiegiem dość prostym – wystarczy odpowiednia deklaracja władz, wynikająca na przykład z plebiscytu przeprowadzonego wśród ludności. Skoro z Unii Europejskiej mogła wyjść Wielka Brytania, choć to wychodzenie wychodzi również wszystkim bokiem, to Teksas może ogłosić texexit. W praktyce jednak secesja jest w zasadzie niemożliwa i nielegalna. W roku 1869 roku Sąd Najwyższy postanowił, że jednostronna decyzja o opuszczeniu Unii jest niezgodna z konstytucją, a legalna secesja wymagałaby zgody na taki krok przez wszystkie pozostałe stany oraz Kongres.

Faktem jest to, iż Teksas był niezależnym państwem przez 9 lat począwszy od 1836 roku. Później jednak przystąpił do Unii na mocy aktu prawnego, który przewidywał wprawdzie możliwość podzielenia w przyszłości tego stanu na kilka mniejszych, ale o ponownym odłączeniu się od USA nie ma mowy. W związku z tym teraz pan West może sobie mówić, co mu się żywnie podoba, ale powrót do suwerenności jest bardzo mało prawdopodobny. Mimo faktu, że jego kolega po braku zdrowego rozsądku, stanowy poseł Kyle Biedermann, zamierza zaproponować ustawę, na mocy której w Teksasie miałoby dojść do referendum na temat secesji.

Z powodów, których nie rozumiem, o secesji przebąkują też ostatnio liczni komentatorzy. Między innymi Rush Limbaugh stwierdził w swoim programie radiowym, że „Ameryka zmierza w kierunku secesji". Jednak zaraz potem szybko się z tego wycofał i zapewnił, że on sam nie popiera tego rodzaju pomysłów. Inni są zdania, że jakiekolwiek pojednanie polityczne między tzw. czerwonymi i niebieskimi stanami staje się coraz mniej możliwe, a zatem potrzebny jest rozwód. Dla przypomnienia, próba przeprowadzenia takiego rozwodu w XIX wieku zakończyła się śmiercią ponad 600 tysięcy Amerykanów, co być może w kontekście obecnej pandemii jest mniej przerażające niż było kiedyś, ale nadal winno budzić niepokój.

Nie wszyscy politycy stracili głowy. Republikański kongresman Adam Kinzinger z Illinois w odpowiedzi na brednie rodem z Teksasu zażądał przeprosin ze strony swoich partyjnych kolegów z południa i wywalenia Westa z pracy. Jego głos zostanie niemal na pewno zignorowany, ponieważ w obecnej atmosferze politycznej w USA niemal każda głupota jest w taki czy inny sposób akceptowalna.

Wracając na chwilę do Unii Europejskiej, jest to organizacja niezależnych państw, a jej traktaty precyzyjnie definiują zasady, na jakich każdy kraj może do Unii przystąpić lub z niej wyjść. Konstytucja USA to zupełnie inne sprawa. Dokument ten opisuje dokładnie procedurę przyjmowania nowych stanów do Unii, ale o secesji nie ma ani słowa. Dlaczego? To proste, ojcom państwa nawet do głowy nie przyszło to, by jakikolwiek stan chciał kiedykolwiek odseparować się od reszty kraju. Secesja pozostaje w związku z tym problemem, który zdaniem większości historyków został ostatecznie rozwiązany w 1865 roku, kiedy konfederaci poddali się po bitwie pod Appomattox i secesjoniści zostali ostatecznie pokonani.

Warto jednak zwrócić uwagę na fakt, że prezydent konfederacyjnych stanów, Jefferson Davis, nigdy nie został postawiony przed sądem, co wynikało z faktu, iż nikt nie był do końca przekonany o tym, że możliwe by było uzyskanie wyroku skazującego za zdradę lub inne przestępstwa. Świadczy to o pewnym konstytucyjnym pustkowiu dotyczącym problemu secesji. Całkiem możliwe jest oczywiście to, że kiedyś Stany Zjednoczone rozpadną się na jakieś mniejsze terytoria, bo takie są zwykle historyczne koleje losu. Nie nastąpi to jednak w wyniku bajdurzenia Limbaugh przed mikrofonem lub pustych, wojowniczych deklaracji mało znanych polityków i urzędników. Jeśli przyjąć, że Ameryka to do pewnego stopnia imperium, rozpad jest w takich przypadkach procesem bardzo powolnym i trwa przez wiele dekad, a może nawet wieków. Gdyby gdzieś jeszcze byli starożytni Rzymianie, można by się ich o to zapytać.

Na razie na wszelki wypadek odkurzę paszport, by móc kiedyś legalnie podróżować z Konfederacji Braku Rozsądku do Unii Niemożliwych Kompromisów. Już widzę te przejścia graniczne na I-294, gdzieś w okolicach Torrence Ave. Jest tam Walmart Supercenter, który doskonale nada się do roli duty free shop.

Wirusowe święta

Słychać tu i ówdzie narzekania, że w tym roku święta będą niezbyt radosne, ponieważ celebrowane będą bez wielkich spędów rodzinnych, które w naszych pandemicznych czasach uważane są za potencjalnie niebezpieczne. Ja mam jednak zupełnie inne zdanie na ten temat.

Po pierwsze, skoro nikt do nas na święta nie przychodzi, to nie trzeba aż tak bardzo sprzątać domu, bo kurzu nie będzie miał kto zauważyć. Po drugie, brak świątecznych gości powoduje, iż wysiłek czysto kulinarny może być znacznie skromniejszy niż zwykle, gdyż nie będzie komu imponować suto zastawionym stołem. Zaoszczędzić też można fiskalnie na prezentach. Wreszcie po trzecie, duże rodzinne biesiady zawsze niosą ze sobą niebezpieczeństwo tego, że zacznie się jakaś głupia dyskusja, szczególnie na tematy polityczne, co może sprowokować karpia do ucieczki z talerza.

W czasach PRL-u pandemii wprawdzie nie było (z wyjątkiem czarnej ospy we Wrocławiu), ale były inne problemy, w większości wynikające z „przejściowych trudności w zaopatrzeniu rynku". Jak do sklepów rzucili kubańskie pomarańcze, to nie było ryb. A jak były ryby, to nie było choinek. Nawet napicie się dżinu z tonikiem było trudnym zadaniem, gdyż z przyczyn, których nigdy nie udało się wyjaśnić, obecność obu tych składników na sklepowych półkach jednocześnie nie pasowała do rzeczywistości „realnego socjalizmu".

Wszystko to jednak fraszka wobec tego, że nigdy do końca nie było wiadomo, kto pojawi się przy wigilijnym stole, z czym i dlaczego. Mocno nawiany wujek Józek, któremu powierzono kupno drzewka, mógł pokazać się bez choinki, ale za to z żywym karpiem pod pachą, co powodowało, że zaraz potem cała rodzina szukała młotka oraz ochotnika do wykonania rybiej egzekucji.

A gdy już wszystkim udało się zasiąść jakoś do wieczerzy, niemal zawsze któryś z członków familijnego kręgu mówił coś głupiego lub kontrowersyjnego, co wszystkim psuło nastrój. Zresztą czasami nie trzeba było żadnych wypowiedzi. Z dzieciństwa pamiętam doskonale wigilijny wieczór, w czasie którego od świeczki zapaliła się choinka. A ponieważ nikt nie wiedział, jak z tego wybrnąć, mój ojciec wyrzucił całe drzewko, łącznie z dekoracjami, z IV piętra na chodnik, po którym na szczęście nikt wtedy nie przechodził.

Biorąc pod uwagę wszystkie te wspomnienia z przeszłości, w zasadzie nie smuci mnie za bardzo fakt, iż w tym roku do stołu zasiądę wyłącznie z małżonką – bez dzieci, wnuków, kuzynów, rodzeństwa, itd. Będzie zatem cisza i spokój, chyba że dojdzie do sprzeczki małżeńskiej o wielkość uszek w barszczu lub o prawidłowe ułożenie sztućców, co jest oczywiście zawsze możliwe.

A zatem nie narzekajmy na wirusowe święta, tylko się nimi cieszmy. Polskie pismo *Zwierciadło* opublikowało nawet kilka sugestii dla ludzi zupełnie w tym roku samotnych, którzy nie posiadają żadnego współbiesiadnika. Między innymi osamotnionym na święta proponuje się zadzwonienie do kogoś, z kim lubimy rozmawiać, wyjście na spacer lub przebieżkę, odbycie relaksującej kąpieli z dobrą książką w garści oraz odbycie sesji „nic nierobienia", czyli poniechania jakiegokolwiek planowania lub organizowania czegokolwiek na rzecz oglądnięcia zaległych filmów i leniuchowania. Z wszystkich tych sugestii najbardziej podoba mi się lenistwo, z którym przez większość życia zawsze utrzymywałem bliskie kontakty.

Wbrew powszechnemu przekonaniu, że ludzie zwykle nie chcą być sami na święta, w wielu przypadkach jest inaczej. Młoda gdańszczanka powiedziała na przykład dziennikarzom, że najlepszym bożonarodzeniowym prezentem będzie dla niej kilka dni spędzonych w prawdziwej ciszy i spokoju: – *Mam serdecznie dosyć tego całego szału z prezentami i gotowaniem. Tej kurtuazji przy stole wobec ludzi, z którymi właściwie nie mam już nic wspólnego. W te święta będę sama i wątpię, bym żałowała tego wyboru. Będzie mi z tą samotnością naprawdę dobrze.* Być może z kurtuazją pani ta nieco przesadziła, ale w sumie nie jest w swoich odczuciach osamotniona. Są nawet tzw. świąteczni dezerterzy, którzy przed okresem Bożego Narodzenia wyjeżdżają gdzieś daleko, by ich rodzina nie nagabywała. Jednak w tym roku z jeżdżeniem gdziekolwiek są oczywiste problemy.

Gorzej jest z Nowym Rokiem, który kojarzy się nieodłącznie z sylwestrowym balowaniem. Wprawdzie picie szampana „do lustra" wchodzi jak najbardziej w rachubę, ale już z tańcami w pojedynkę jest gorzej. Z drugiej strony, czy jest w tym roku co celebrować? O kończącym się roku należy jak najszybciej zapomnieć, natomiast witać rok 2021 trzeba dość ostrożnie, bo nie wiadomo, jak to się wszystko skończy.

W tym kontekście z pewnym zdziwieniem przyjąłem wieść o tym, że w ramach nowej kwarantanny w Polsce, która ma się zacząć 28 grudnia, w sylwestrowy wieczór przemieszczanie się gdziekolwiek ma być zakazane od godziny 19.00 aż do 6.00 rano następnego dnia. Po pierwsze, dlaczego ta kwarantanna nastąpi dopiero po świętach, gdy rzeczony wujek Józek może być już zarażony? Po drugie zaś, sylwestrowe obostrzenia w zasadzie oznaczają, że jeśli ktoś pójdzie na prywatkę, będzie musiał hulać aż do białego rana, bo nie będzie innego wyjścia. Jak jednak wynika z zeznań moich znajomych w Polsce, znaczna część ludzi ma zamiar po prostu siedzieć w domu i nigdzie nie łazić. Jeśli chodzi o Amerykanów, to nie wiem, jakie mają plany. Ja sam wzniosę toast noworoczny z sąsiadami, którzy jednak będą stali na mrozie w bezpiecznej odległości. Co dalej? Tego nikt nie wie.

Pożegnanie z fatalnym rokiem

Pod koniec każdego roku wszyscy zwykle dokonujemy pewnego rodzaju rachunku sumienia. Zastanawiamy się, co przez ostatnie 365 dni było pozytywne, a co negatywne, podliczamy sukcesy, rozliczamy się z porażek i snujemy plany na przyszłość. Tym razem jest jednak nieco inaczej. Rok 2020 był po prostu fatalny i niemal wszyscy chcą o nim jak najszybciej zapomnieć, bo przyniósł katastrofalną w skutkach pandemię oraz powszechne cierpienia.

Ludzie zajmujący się różnymi poważnymi analizami twierdzą, że w skali globalnej koronawirus zaważył w znacznej mierze na trzech sprawach. Po pierwsze, specjaliści twierdzą, że gdyby nie pandemia i gdyby nie niefortunna reakcja na nią ze strony administracji Donalda Trumpa, prezydent niemal na pewno wygrałby wybory i rządziłby przez następną kadencję. Gdyby koronawirusa w ogóle nie było, Joe Biden miałby nikłe szanse na sukces, ponieważ zwolnienie prezydenta z pracy już po czterech latach jest zadaniem bardzo trudnym i w historii USA zdarzyło się tylko 10 razy, przy czym tylko dwa razy po II wojnie światowej (Jimmy Carter i George H. Bush).

Po drugie, masowe demonstracje antyrządowe w Hongkongu praktycznie wygasły, ponieważ władze wprowadziły wiele ograniczeń pod pretekstem walki z chorobą, wielu działaczy opuściło dawną brytyjską kolonię, a niezależni członkowie parlamentu zrezygnowali ze swoich mandatów. Chiny skorzystały na tym, że świat zajęty był pandemią i na Hongkong przestał zwracać uwagę. Po trzecie, wojna w Etiopii zapewne potoczyłaby się inaczej, gdyby światowa opinia publiczna bardziej się tym przejmowała. Ale ponieważ miała inne problemy na głowie, konflikt ten rozegrał się w sposób ledwie zauważalny, mimo że jego konsekwencje mogą być bardzo poważne.

Ja jednak odważnie stawiam na kilka pozytywów wynikających z ataku koronawirusa. Być może najważniejsze jest to, iż pozostawanie w domach przez wiele miesięcy w znacznej izolacji spowodowało, że hasło *my home is my castle* doczekało się pełnej realizacji. Ludzie zaczęli z nudów dostrzegać różne mankamenty swoich domostw, a ponieważ mieli sporo czasu, ruszyli do akcji. Analitycy brytyjskiej sieci sklepów John Lewis twierdzą, że w czasie pandemii zanotowano wzrost sprzedaży różnych domowych akcesoriów, a popyt na farbę wzrósł o prawie 35 proc. Ponadto w sklepach John Lewis ponad 10 tysięcy klientów umówiło się na konsultacje dotyczące remontów domowych wnętrz. Podobne dane podały amerykańskie sieci sklepów Home Depot i Lowe's.

Wynika stąd, że z przymusu siedzieliśmy w naszych mieszkaniach i domach, ale było tam posprzątane, pomalowane i efektownie urządzone, choć z pewnością nie dotyczy to wszystkich. Jednakowoż w tych uporządkowanych wnętrzach siedzieliśmy często w piżamach lub – co tu ukrywać – w gaciach, ponieważ nagle nie trzeba się było ubierać, by wyruszyć do pracy. Zamiast pośpiesznego śniadania i dojazdu do roboty było leniwe snucie się po kuchni, picie kawy i zerkanie na ekran komputera, podłączonego do służbowego konta. Owszem, czasami trzeba było coś na siebie narzucić w czasie sesji wideo przez Skype'a lub Zooma, ale często było tak, że ludzie mieli na sobie odpowiednie koszule lub marynarki, tyle że poniżej pasa nadal pozostawali roznegliżowani. Kilku amerykańskich komików telewizyjnych zachęcało nawet widzów do tego, by zgadywali, czy mimo marynarki i krawata poniżej pasa są spodnie, czy też tylko bielizna. W większości była bielizna.

Podobno sprzedaż piżam i różnych domowych łachów wzrosła 10-krotnie, podczas gdy sprzedawcy eleganckich butów, torebek, walizek i garniturów zdecydowanie dołują. Inne symptomy powszechnego rozluźnienia: popyt na budziki zmalał o 40 proc. (no bo po jaką cholerę się wcześnie budzić?), podczas gdy chętnych do nabycia ekspresów do kawy było w roku 2020 o 15 proc. więcej niż zwykle.

Wszystkie te zjawiska pozwalają naszkicować pewien obraz przeciętnego pandemika. Siedzi on we własnym, w miarę ładnym wnętrzu, rano długo śpi, potem pije kawę, a może nawet wino lub piwo, a następnie „idzie" na chwilę do pracy przez wciśnięcie kilku liter na komputerowej klawiaturze. Moja małżonka pracowała dokładnie tak samo – co jakiś czas coś tam sprawdzała w poczcie elektronicznej, by tym samym zasugerować, że jest obecna, ale potem zajmowała się różnymi pozasłużbowymi zajęciami, popijała kawę, oglądała telewizję, wychodziła na spacer z psem, itd. Żyć nie umierać!

O tym, że praca tego rodzaju bywa czasami zupełnie inna od normalnej, świadczy fakt, że w mijającym roku ludzkość w znacznej mierze przestawiała się na zakupy online, które – jak twierdzą statystycy – odbywają się między 11.00 i 4.00 po południu, a zatem teoretycznie w godzinach pełnienia obowiązków służbowych.

Wszystko to nie zmienia oczywiście faktu, iż rok 2020 był absolutnie do kitu i w niczym nie zasłużył sobie na jakiekolwiek uznanie. Zagadką jest jednak to, czy w rozpoczynającym się roku ciężko będzie nam porzucić niektóre nabyte nawyki pandemiczne. Prognozuje się na przykład, że gdy wreszcie poradzimy sobie z wirusem, liczne biurowce w dużych miastach nadal będą świecić pustkami, gdyż pracodawcy pozwolą kadrze na bezterminową pracę z domu. Być może zatem zmieni się nie tylko codzienna garderoba i tryb dokonywania zakupów, ale również cały, od dawna ugruntowany model prowadzenia działalności biznesowej.

Niestety wszystko to mnie osobiście nie dotyczy. Jeszcze nikt nie wymyślił metody pisania felietonów przez wciskanie pojedynczego klawisza raz na godzinę. Chociaż gdybym zastosował taką metodę, być może moje teksty stałyby się lepsze?

Hitler znów u władzy

Wszystkich tych, którzy mogą być nieco zaniepokojeni tytułem tego felietonu, muszę uspokoić. Owszem, Adolf Hitler wygrał wybory, ale jest to Adolf Hitler Uunona, który zwyciężył w wyborach regionalnych w Namibii. Trzeba przyznać, że jego zwycięstwo było bardzo zdecydowane – uzyskał 1196 głosów, czyli 85 proc. ogółu. O ile na kartach wyborczych widniał jako „Adolf H.", lokalne gazety nie miały żadnych obiekcji z ogłoszeniem, iż wyborcy postawili na Hitlera.

A co na to sam elekt? Twierdzi on, że imiona Adolf Hitler zostały mu nadane przez ojca, który zapewne nie do końca wiedział, jakie skojarzenia historyczne wywołuje ta postać. Uunona przyznaje, że jako dziecko uważał, iż jego imiona były zupełnie normalne i nie przywiązywał do nich większej wagi. Później zamierzał przez pewien czas zmienić swoje semantyczne powiązania z faszyzmem, ale ostatecznie nigdy do tego nie doszło. W każdym razie zwycięski kandydat zapewnił, że nie zamierza wprowadzić dyktatury w swojej prowincji ani też nie marzy o dominacji nad światem. Dodał, że jego żona nazywa go Adolf i wszystko jest OK. Świat może odetchnąć z ulgą.

Jest jednak nieco ukryty i bardziej kłopotliwy powód, dla którego kandydat polityczny o tak kontrowersyjnym imieniu mógł liczyć w tej części Namibii na sukces. Kiedyś teren ten był niemiecką kolonią i nazywał się Niemiecką Afryką Południowo-Zachodnią. Wprawdzie po I wojnie światowej wszystkie zagraniczne posiadłości Niemiec zostały zlikwidowane, a Namibia stała się aż do roku 1990 częścią RPA, ale do dziś mieszka tam spora grupa rdzennie niemieckiej ludności. Niestety społeczność ta czasami zdradza dość kontrowersyjne poglądy.

W 1989 roku odbyły się tam celebracje związane z setną rocznicą urodzin Hitlera (tego niemieckiego), a trzy lata później grupa niemieckich działaczy kupiła w lokalnej gazecie reklamę, w której zachwalała Rudolfa Hessa jako „ostatniego przedstawiciela lepszych Niemiec". W roku 2005 niemieckojęzyczna gazeta opublikowała notatkę, w której wyrażona została radość z powodu śmierci słynnego tropiciela faszystów Simona Wiesenthala. Ambasador Niemiec w Namibii zaprotestował i ostatecznie gazeta złożyła oficjalne przeprosiny.

W tych warunkach sukces wyborczy lokalnego „fuehrera" nie może dziwić. Wprawdzie wódz jest czarnoskóry, ale być może afrykańscy Niemcy zamierzają go po zaprzysiężeniu przemalować na biało i doprawić mu wąsa. Zresztą ludzie ci są potomkami dawnych niemieckich kolonistów, którzy na początku XX wieku wcale nie potrzebowali faszyzmu do dokonania masowej eksterminacji lokalnych plemion Herero i Nama. W latach 1904-05 niemieccy żołnierze zamordowali tam prawie 80 tysięcy ludzi.

Panu Uunonowi należy życzyć wszelkiej pomyślności politycznej, z dala od militarystycznych marszów i snów o potędze. Trzeba też dodać, że nazwisko wodza III Rzeszy w zasadzie pozostaje legalne na całym świecie, z wyjątkiem Niemiec. Kilka lat temu pisałem w tym miejscu o facecie, który był rodowitym Amerykaninem, ale nazywał się Adolf Hitler. Człowiek ten cierpiał z tego powodu na różne sposoby, ale ani swojego imienia, ani też nazwiska nie zmienił. Nie miał oczywiście nic wspólnego ze swoim niemieckim odpowiednikiem.

W wielu krajach świata istnieją przeróżne zakazy nazewnicze, które nie mają nic wspólnego z polityką. Przykładowo, w Szwecji nie można dać dziecku imienia Ikea (chyba że pociechę skręci się z dykty kilkoma śrubami na podstawie niewyraźnych rysunków instruktażowych). Inne zakazy dotyczą imion wręcz kuriozalnych: Prince William (Francja), Osama bin Laden (Niemcy), Anus (Dania), Metallica (Szwecja), Rambo (Meksyk), Lucifer (Nowa Zelandia), Judasz (Australia), etc. W Islandii zakazy mają podłoże lingwistyczne. Wszystkie imiona muszą tam składać się wyłącznie z liter islandzkiego alfabetu, co wyklucza W, Q oraz C. Na wyspie nie można zatem nazywać się Enrique, Ludwig czy Casper. Lucyny też odpadają.

W Polsce nie ma żadnej oficjalnej listy zakazanych imion, choć ustawa z roku 2015 zaleca, by dziecko nazwać tak, by to pociechy nie ośmieszało. Ponadto imię nie może być obraźliwe i nie powinno budzić złych skojarzeń. Urzędnicy zwykle nie godzą się na takie propozycje jak Belzebub, Poziomka, Kurtyzana, Osama czy Ozzy. W razie wątpliwości ostateczna decyzja należy do szefa konkretnego urzędu stanu cywilnego.

Wracając do Hitlera, wszystkie problemy nazewnicze to małe piwo w obliczu sytuacji, jaka wytworzyła się w Peru. W niewielkiej miejscowości Yungar, położonej w Andach, o urząd burmistrza ubiega się niejaki Hitler Alba, który w mediach wielokrotnie już stwierdzał, że jest „dobrym Hitlerem", co ma zapewne uspokoić wyborców.

Niektóre hasła wyborcze pana Alby mogą jednak nieco szokować: „Hitler wraca", „Hitler z narodem", itd. Gdybym był na jego miejscu, w ogóle bym w przedwyborczej retoryce tego imienia nie stosował, a tym bardziej na transparentach przypominających wiece w Monachium w 1938 roku. Być może jednak lokalny elektorat w ogóle się tego rodzaju historycznymi niuansami nie przejmuje.

Problem w tym, że głównym przeciwnikiem Hitlera Alby jest Lenin Vladimir Rodriguez Valverde. Stwarza to intrygującą sytuację, która może w przyszłości przynieść takie gazetowe tytuły jak „Lenin zdecydowanie wygrał z Hitlerem" albo na odwrót. Jest to o tyle kuriozalne, że panowie ci (w swoich pierwotnych wcieleniach) w żadne wybory nie wierzyli, a demokracji nie zauważyliby, nawet gdyby się o nią potknęli na ulicy. A swoją drogą szkoda, że jeszcze nigdy nigdzie na świecie nie doszło do wyborów z udziałem Josepha Piłsudskiego i Wiaczesława Mołotowa. Może byśmy coś wreszcie wygrali dla Polski.

Heil Weckert!

Jak zapewne niektórzy nadal pamiętają, w swoim czasie austriacki młodzieniec Adolf Schicklgruber – później znany niestety powszechnie jako Hitler – próbował kilkakrotnie dostać się na studia artystyczne w Wiedniu, które miały mu zapewnić karierę malarza. Jego wysiłki zakończyły się jednak niepowodzeniem, a dalszy ciąg tej historii zna cały świat. Gdyby został na te studia przyjęty, być może malowałby do końca życia jakieś bohomazy i dałby wszystkim święty spokój. No, ale stało się zupełnie inaczej.

Wspominam o tym dlatego, iż jestem zdania, że potencjalnym artystom niemieckiego bądź austriackiego pochodzenia należy stale zapewniać warunki odpowiedniego rozwoju, tak by im do głowy nie przychodziły głupie pomysły, np. o konieczności wymordowania całego narodu. I dlatego popieram inicjatywę berlińskiego faceta, Simona Weckerta. Na razie nie stworzył on jeszcze żadnego arcydzieła, ale udowodnił, że jest w stanie skutecznie oszukać koncern Google i przekonać jego bazę danych o tym, iż na jakiejś ulicy pojawił się ogromny korek, mimo że nie ma tam żadnych samochodów.

Weckert sam przyznaje, iż jest tak zwanym „potencjalnym artystą", czyli że niczego jeszcze nie osiągnął, ale ma wielkie nadzieje. Przed trzema laty, w czasie skromnych niemieckich celebracji robotniczego święta 1 maja, zauważył coś niezwykłego. Serwis Google Maps sugerował, że dwie ulice w Berlinie były kompletnie zakorkowane przez natłok samochodów, których jednak w ogóle tam nie było. W związku z tym Simon zaczął się zastanawiać nad tym, dlaczego amerykański koncern mógł się aż tak bardzo mylić. Szybko doszedł do wniosku, iż Google nie liczył ani nie obserwował żadnych samochodów, a jedynie notował liczbę aktywnych smartfonów na danym odcinku ulicy. Innymi słowy, korka nie było, ale byli ludzie uczestniczący w celebracjach pierwszomajowych.

Była to oczywiście jedynie hipoteza ze strony pana Weckerta. Jednak – jako człowiek dociekliwy, który nie chciał podzielić losu zawiedzionego brakiem artystycznej kariery Adolfa Schicklgrubera – postanowił sam sprawdzić, co jest grane. W związku z tym ostatnio załadował 99 telefonów komórkowych, pożyczonych od znajomych i przyjaciół, do czerwonego wózka zwanego w USA „Radio Flyer" i zaczął go ciągnąć po wybranej przez siebie ulicy. Na efekt przyszło mu czekać tylko godzinę.

Serwis Google po pewnym czasie orzekł, że na ulicy wybranej przez Weckerta do tego eksperymentu pojawił się totalny zator, choć nie było tam wtedy żadnych pojazdów. Innymi słowy, Simon skutecznie oszukał najbardziej znany na świecie serwis oferujący nie tylko mapy, ale również dane na temat ruchu drogowego. A zrobił to przez ciągnięcie wózka z telefonami po berlińskiej ulicy, udowadniając w ten sposób, iż nawet wielomiliardowa kompania może zostać wystrychnięta na dudka dość prymitywnymi metodami.

Amerykańska firma zareagowała na te niemieckie wynurzenia z pewną powściągliwością, właściwą dla mocarnych organizacji, które właśnie zostały zrobione w jajo. W oficjalnym komunikacie czytamy: „Dane o ruchu drogowym w Google Maps są nieustannie odświeżane na podstawie wielu źródeł, w tym zupełnie anonimowych danych od osób, które posiadają urządzenia zdolne do lokalizacji geograficznej. Doceniamy próby kreatywnego używania serwisu Google Maps, ponieważ pozwalają nam one na nieustanne ulepszanie naszych usług". Jednocześnie jednak firma w tym samym komunikacie przyznała, że na razie nie ma żadnych metod odróżniania samochodów od motocykli oraz nie jest w stanie zapobiegać takim eksperymentom jak ten w wykonaniu Weckerta. Innymi słowy szefowie Google zdradzili, że tworzenie kompletnie fikcyjnych korków drogowych jest jak najbardziej możliwe, choć ma to rzekomo służyć pożytecznym celom.

W sumie jest to wiadomość zarówno pozytywna, jak i negatywna. Z jednej strony wydaje się, iż Simon znalazł swoje artystyczne powołanie i w związku z tym nie zapragnie w najbliższej przyszłości dokonać Anschlussu Austrii albo zająć się remontem komór gazowych. Jednak z drugiej strony zaniepokojenie musi budzić fakt, iż firma, która dominuje na świecie w dziedzinie globalnej nawigacji, zdaje się być podatna na dość proste manipulacje.

Przed mniej więcej trzema laty jechałem samochodem z Poznania do Wrocławia i w pewnym momencie pojawił się objazd związany z robotami drogowymi. Do akcji ruszył natychmiast serwis Google, który pokierował mnie najpierw w prawo, potem w lewo, a potem prosto na ulicę jednokierunkową, po której zacząłem jechać pod prąd. Nie zakończyło się to wprawdzie moim zgonem, ale już wtedy dało mi wiele do myślenia. Przyzwyczailiśmy się do niemal ślepego polegania na różnej elektronice, która jednak nie jest i nigdy nie będzie nieomylna.

Nie chodzi zresztą wyłącznie o wiarygodność elektronicznych danych. W przypadku koncernu Google oferuje on dane, które tworzone są w totalnie zamkniętym, pilnie strzeżonym systemie. Może nie tylko pokazywać zupełnie fikcyjne korki drogowe, ale również prowadzić ludzi na manowce lub kierować ruch na ulice, które są do tego w żaden sposób nieprzygotowane. Jest to potencjalnie niezwykle niebezpieczne zjawisko.

W sumie zatem popieram eksperyment pana Weckerta, który wykazał się znacznie większą pomysłowością niż Herr Schicklgruber. Teraz trzeba jeszcze opracować jakąś metodę na to, by przekonać facetów z Google, że w Statuę Wolności właśnie przydzwonił niewielki pocisk nuklearny. Niestety we współczesnym świecie niemal wszystko jest możliwe, łącznie z fikcyjnym atakiem atomowym.

Chodź, laleczko...

Zawsze wierzyłem w to, że nauka jest dla ludzkości niezwykle ważna i że w taki czy inny sposób przynosi nam namacalne korzyści. Być może słowo „namacalne" ma w kontekście tego felietonu szczególne znaczenie, jako że mowa jest o tzw. robotach seksualnych. Cóż to takiego? W zasadzie dokładnie to samo, co tzw. „lalka dla dorosłych", która znana jest znudzonym samotnym biznesmenom oraz zboczeńcom od wielu lat. Tyle że dziś obdarzona jest coraz częściej sztuczną inteligencją, potrafi mówić, poruszać się, a nawet zdradzać kompletnie sfingowane emocje, podczas gdy w przeszłości była nadmuchiwanym szkaradzieństwem, niewiele różniącym się od balona.

Nie są mi znane dane dotyczące popularności tego rodzaju robotów, ani też nie wiem, czy seks z robotem w jakikolwiek sposób przypomina kochanie się z żywą istotą z krwi i kości. Nie zmienia to jednak faktu, iż w Internecie pełno jest reklam oferujących za sporo tysięcy dolarów sztuczne kochanki. Przykładowo amerykańska firma Realrobitix sprzedaje elektroniczne damy łóżkowe w cenach od 8 do 10 tysięcy dolarów, a poszczególne modele mają specyficzne cechy. Niektóre potrafią mrugać oraz poruszać oczami i głową, choć mam pewne obawy, iż nabywcom nie o takie zdolności chodzi. Co więcej, firma chwali się faktem, iż każdej lali można wymontować głowę i przenieść ją do innego ciała, w zależności od upodobań. Wizja ta natychmiast sugeruje ogromny romantyzm oraz tworzy specyficzny nastrój, tak potrzebny do nawiązania skutecznego romansu z maszyną.

No i teraz się zastanawiam, niesiony chorobliwą wyobraźnią, która bywa istotną siłą sprawczą tych artykułów, do jakiego ciała dołączyłbym głowę mojej osobistej małżonki, gdyby taka możliwość istniała bez narażania się na dożywotnie więzienie. Trzeba się jednakowoż z tego rodzaju myśli „otrząchnąć" i jechać dalej.

Z przyczyn, które na razie nie są możliwe do wyjaśnienia, roboty (a raczej robotnice) seksualne firmy Realrobitix przemawiają do właścicieli angielszczyzną ze szkockim akcentem. Mówią im np., że „jeśli rozegrasz dobrze swoje karty, doświadczysz wiele rozrywki i przyjemności". Ja bym dodał do tej frazy zastrzeżenie: „o ile tylko nie wypadnie mi jakiś układ scalony". Co się zaś tyczy szkockiego akcentu, jeszcze nigdy nie słyszałem, by był on w jakiś szczególny sposób ekscytujący, może z wyjątkiem Seana Connery'ego, czyli wczesnego Bonda, którego głos zmiękczał niewiastom kolana niczym ogień świeczkę.

Szefem Realrobitix jest Matt McMullen, który ze Szkocją nie ma nic wspólnego, gdyż pochodzi z Kalifornii. Twierdzi on, że jego Barbie dla dorosłych, która zwie się Harmony, jest na tyle zaawansowana, że potrafi uczyć się nawyków jej ludzkiego partnera i dostosowywać się do jego preferencji. Natomiast nigdy nie będzie zrzędzić jak klasyczna, żywa małżonka, co ma w miarę oczywiste zalety, gdyż nie będzie wymagać tuż po zbliżeniu seksualnym odkurzania mieszkania lub robienia prania.

Liczni eksperci twierdzą, że mniej więcej do roku 2050 liczni faceci w ogóle wyrzekną się kontaktów z realną płcią przeciwną i postawią zdecydowanie na związki z posłusznymi robotnicami. Choć nie wiem, co się stanie, gdy się takiej sztucznej babie nagle wyczerpią baterie. Będzie to zapewne nowa wersja odwiecznej frazy „dziś nie mogę kochanie, mam ból głowy" (czyli ogniwa). McMullen w swoich przepowiedniach idzie jeszcze dalej. Uważa, że „coraz więcej ludzi z takich czy innych powodów ma trudności z nawiązywaniem tradycyjnych relacji z potencjalnymi partnerami, tymczasem kontakty z moimi lalkami są zawsze dostępne, a partnerka jest w stanie dostosowywać się do wszelkich wymogów". Harmony mówi na przykład swoim partnerom jej szkockim dialektem: „Chcę się stać dziewczyną, o której zawsze marzyłeś". Wszystko wspaniale, ale do pani Harmony nie można niestety powiedzieć „chodź, laleczko, za róg, skrzyżujem oddechy", jako że oddychania robotnic nie można kupić na razie za żadne pieniądze.

Może to wszystko ma jakiś sens, ale osobiście sądzę, że jeśli ktoś nie jest w stanie nawiązywać kontaktów z innymi ludźmi, być może powinien – zamiast wydawać tysiące na robotnicę z wymienialnym łbem oraz różnymi innymi sztucznymi organami – zastanowić się nad całkowicie darmowym rozwiązaniem, jakim jest dobrowolna samotność.

Wracając jednak do nauki, od której zacząłem, grupa naukowców z amerykańskiego Duke University, pod przewodnictwem doktor Christine Hendren, przeprowadziła odpowiednie badania i doszła do wniosku, iż rosnąca popularność *sex dolls* stanowi istotne zagrożenie dla moralnego i psychologicznego zdrowia poszczególnych ludzi i całego społeczeństwa. Ja osobiście myślałem jak dotąd, że mniej więcej podobnym zagrożeniem jest dla wszystkich obecny Biały Dom, ale naukowcy przekonali mnie o tym, że jest inaczej.

Zagrożenie wynika z kilku przyczyn. Po pierwsze, rynek robotów seksualnych nie podlega na razie żadnym regulacjom prawnym, a zatem robić można bezkarnie niemal wszystko. Hendren zwraca uwagę na fakt, iż nic nie stoi na przeszkodzie, by na rynku pojawiły się wkrótce lalki symulujące ofiary gwałtu, nie mówiąc już o

„sztucznych dzieciach", adresowanych specjalnie do pedofilów. Po drugie, brak regulacji bierze się stąd, iż liczne agencje, które mają się tym zajmować, nie robią nic, ponieważ uważają to za temat wstydliwy i trudny do poruszania w publicznych dyskusjach.

Ależ panowie, nie ma się czego wstydzić! Pewne sami marzycie o jakiejś uległej i zawsze posłusznej lali. A zatem lepiej jest sprawy uregulować i mieć robota seksualnego zupełnie legalnie, a nie gdzieś z pokątnego importu.

Parowozem w siną dal

Z Kalifornii nadeszła smutna wiadomość. Zginął tam 64-letni „Mad" Max Hughes, który wystrzelił się w powietrze na pokładzie rakiety, którą sam skonstruował. Szczegółów technicznych nie znam, ale był to rzekomo bolid napędzany parą. Hughes miał nadzieję dolecieć na wysokość ok. 5 tysięcy stóp, a potem wylądować przy pomocy spadochronu. Jednak przebieg lotu był zupełnie inny, jako że wehikuł wzniósł się tylko na nieznaczną wysokość, a następnie runął na ziemię.

Niczyja śmierć nie jest oczywiście śmieszna, ale ta akurat do pewnego stopnia jest. Hughes wierzył, iż Ziemia jest płaska i zamierzał to udowodnić w jakiś sposób swoimi rakietowymi eskapadami. Jego wysiłki rodzą jednak szereg istotnych pytań. Jeśli nasz glob to istotnie talerz, to nie trzeba latać kosmicznymi lokomotywami, żeby to sprawdzić. Wystarczy wybrać się pieszo w dowolnym kierunku, by po pewnym czasie dojść do krawędzi Ziemi, z której można spojrzeć w dół, zapewne w otchłań Hadesu. Nie rozumiem też, w jaki sposób lot na wysokość 5 tysięcy stóp mógłby cokolwiek udowodnić. Max mógł wszak wsiąść do samolotu i polecieć do wybranego miejsca na wysokości ponad 30 tysięcy stóp, co jednak i tak nie udowodniłoby tezy o płaskości naszej planety. Wreszcie trudno jest zrozumieć, dlaczego rakieta miała napęd parowy. Być może byłoby to pożyteczne w przypadku dawnych pociągów pośpiesznych z Wrocławia do Jeleniej Góry, które zwykle były opóźnione o 240 minut, ale latająca lokomotywa to niezbyt dobry wehikuł astronautyczny.

Najbliższe otoczenie Hughesa uważało go za pasjonata, który był nieszkodliwie stuknięty. W roku 2002 zapisał się na przykład w Księdze Rekordów Guinnessa, wykonując najdłuższy w historii skok limuzyną Lincoln Town Car, szybując nią na odległość 103 stóp. Natomiast przed rokiem wykonał jeden pomyślny lot swoją parową rakietą, choć dotarł tylko do wysokości 1870 stóp. Były współpracownik Maxa, Darren Shuster, powiedział telewizji TMZ: – *Gdy Bóg go tworzył, posługiwał się zapewne jakimś specjalnym wzorcem, bo Hughes był człowiekiem wyjątkowym i zawsze szedł absolutnie na całość. Jestem pewien, że się cieszy, iż odszedł od nas w taki właśnie sposób.*

Może się i cieszy, pewnie gdzieś poza krawędzią ziemskiego talerza, ale – szczerze mówiąc – jeśli rzeczywiście był człowiekiem śmiałym oraz dociekliwym, nie bardzo rozumiem, dlaczego nie poświęcił swojego talentu jakimś bardziej istotnym badaniom. Zbudowanie za 20 tysięcy dolarów z odpadów metalu parowej rakiety, z której pokładu miałoby się rzekomo zaobserwować płaskość Ziemi, wydaje się przedsięwzięciem zgoła idiotycznym. Zwłaszcza biorąc pod uwagę fakt, iż ludzie od dawna latają znacznie wyżej niż 5 tysięcy stóp, a loty te raczej potwierdzają kulistość naszej planety, a nie jej płaskość. To tak, jakby ktoś chciał udowodnić, że można podróżować po drogach z szybkością większą niż 30 mil na godzinę przez zbudowanie motoroweru rozwijającego prędkość o jedną milę większą, podczas gdy obok śmigają potężne 4-cylindrowe yamahy i harleye.

Zorganizowane towarzystwo o nazwie Flat Earth Society powstało w 1956 roku w Anglii z inicjatywy Samuela Shentona. Był to człowiek, który święcie wierzył w to, że Ziemia jest płaska. Gdy znacznie później pokazano mu zdjęcia zrobione przez astronautów, stwierdził, iż kulistość Ziemi jest pozorna i wynika ze stosowania szerokokątnych obiektywów. Organizacja Shentona miała w swoim czasie 3500 członków. Później jednak zaczęła podupadać i ostatecznie zaprzestała działalności w 2002 roku. Jednak dwa lata później została wskrzeszona w Kalifornii i działa do dziś.

Zgodnie z obecnie obowiązującą doktryną „płaskoziemców", centrum naszej planety stanowi Biegun Północny, a krawędź talerza otoczona jest wysoką na 150 stóp ścianą lodu, co oznacza, iż nie trzeba będzie budować za meksykańskie pieniądze muru granicznego odgradzającego nas od diabła Rokity, marzącego o nielegalnej imigracji. Ponadto według tej teorii Słońce i Księżyc to płaskie dyski o średnicy 32 mil, wiszące nad nami niczym ścienne obrazy.

Znaczna większość ludzi takich jak Hughes wierzy w to, że liczne organizacje, takie jak rządy, uczelnie, towarzystwa naukowe, linie lotnicze, itd. uczestniczą w zakrojonym na wielką skalę spisku, którego celem jest podtrzymywanie „mitu" o kulistości Ziemi. Zgodnie z tymi poglądami kosmosu w zasadzie nie ma, nasz glob jest sercem wszechświata, a wszystkie dotychczasowe loty w przestrzeń kosmiczną zostały sfingowane. No a Kopernik przewraca się w grobie.

I tu powstaje problem. Jeszcze w XIX wieku ludzie wierzący w płaskość Ziemi posługiwali się głównie argumentami religijnymi i uważali, że nowoczesna astronomia jest w gruncie rzeczy zamachem na wiarę w Boga i na treści zawarte w Biblii. Dziś jednak religijne podłoże takich organizacji jak Flat Earth Society jest znacznie słabsze. W związku z tym powstaje pytanie – dlaczego wszystkie wymienione powyżej instytucje miałyby nas oszukiwać na wielką skalę, by szerzyć fałszywą wiedzę o kulistości Ziemi, Układzie Słonecznym i ogromnym wszechświecie? Jeśli Ziemia jest płaska, kto może zyskać w jakikolwiek istotny sposób na wciskaniu nam kitu o jej kulistości? Może George Soros albo Jeff Bezos, ale raczej wątpię.

Maxa Hughesa można podziwiać za upór i odwagę. Jednak metodologia jego działania była od samego początku bezsensowna, a lot rakietowym samowarem w celu udowodnienia płaskości Ziemi w zasadzie równa się obserwacjom teleskopowym mającym na celu przekonanie wszystkich, iż Księżyc to krążek żółtego sera. Ja oczywiście wierzę, że tak właśnie jest i mam nadzieję, że to ementaler i że kanapki oraz drinki są schowane gdzieś po ciemnej stronie naszego naturalnego satelity.

Nie ma takiej rury, której nie można odetkać

Gdy budowano berliński mur, byłem zdecydowanie za młody, by rozumieć, o co w tym wszystkim chodziło i jakie to miało znaczenie. Teraz jednak, oczyma historycznej wyobraźni, staram się odtworzyć sytuację, w której Walter Ulbricht, ówczesny przywódca NRD, zjawia się pod betonową ścianą w towarzystwie wielu swoich towarzyszy, przywiezionych wcześniej w teczkach z Moskwy. Orkiestra rżnie „Międzynarodówkę", wokół powiewają sztandary, a na licznych transparentach widnieją slogany wieszczące rychły sukces światowego komunizmu oraz ogólną dostępność szynki. Dzielny Walter podchodzi do wstęgi, którą w namaszczeniu przecina, otwierając w ten sposób mur, który jest z definicji symbolem zamknięcia.

No i teraz dramat. W kilkanaście sekund po uroczystości z zachodu zaczyna wiać silny wiatr, który powoduje, że mur nagle zaczyna się chwiać, a potem pada w kierunku wschodnim, zabijając skutecznie kilku członków biura politycznego i przekształcając instrumenty dęte orkiestry w metalowe placki. Ulbricht ucieka w popłochu do swojego biura i nakazuje natychmiastową odbudowę berlińskiej zapory.

Gdyby coś takiego istotnie miało miejsce, władze nieboszczki NRD miałyby się z pyszna i musiałyby wydać znaczne sumy na skuteczne ocenzurowanie tych kompromitujących wydarzeń. W międzyczasie tysiącom mieszkańców Berlina Wschodniego udałoby się niespodziewanie zwiać na Zachód i popijać potem kawę w jakiejś knajpie przy Kurfürstendamm. Na szczęście w przypadku USA na razie tego rodzaju cenzura pozostaje niemożliwa, co okazało się ostatnio bardzo ważne.

Jak wiadomo, Donald Trump przez ostatnie trzy lata zapowiadał zbudowanie „wielkiego, pięknego muru" wzdłuż południowej granicy kraju. Miał to być ósmy cud świata, niemożliwy do spenetrowania zarówno przez kartele narkotykowe, jak i meksykańskich pędraków w krótkich spodenkach. Ponadto budowa tej zapory miała być całkowicie sfinansowana przez Meksyk, ale dziś bardziej prawdopodobne jest to, iż kasę wyda na to głównie Pentagon, któremu zabrano w tym celu część budżetu. Jak Trump sam zapewniał, jego mur miał być niemożliwą do pokonania przeszkodą, zatrzymującą skutecznie hordy imigrantów z Salwadoru i Hondurasu. Ludzie ci, jak powszechnie wiadomo, stanowią krytyczne zagrożenie dla USA, gdyż nie mają grosza przy duszy i chcą się potajemnie wcisnąć w amerykańskie społeczeństwo, korzystając z tak istotnych przywilejów jak świadczenia społeczne oraz tania żółta woda o nazwie Bud Light.

Jednakowoż idylliczna wizja wspaniałego muru doznała ostatnio poważnego uszczerbku. W miejscowości Calexico w Kalifornii część granicznej ściany zawaliła się nagle pod naporem wiatru wiejącego z prędkością 40 mil na godzinę. Mur padł na meksykańską stronę granicy, choć na szczęście nikogo nie zabił ani też nie unieważnił niczyich wiz wjazdowych. Jak pośpiesznie wyjaśnił to murarskie *faux pas* przedstawiciel Straży Granicznej, Carlos Pitones, mur się był zawalił dlatego, iż jego betonowe podstawy zostały niedawno wylane i nie zdążyły się jeszcze odpowiednio zahartować. Wyjaśnienie to przyjąłem z pewną ulgą, gdyż gorzej by było, gdyby wspaniała zapora Donalda Trumpa okazała się podatna na totalną destrukcję w wyniku nawet drobnego powiewu kalifornijskiego zefirka.

Mur w Calexico zawalił się na jedną z ulic granicznego meksykańskiego miasta Mexicali, gdzie lokalna policja ruszyła do akcji i odpowiednio oznakowała teren, tak by nikt nie myślał, że jest to nowe, spontanicznie wytworzone przejście graniczne do USA. Meksykanie nawiązali też współpracę ze swoimi amerykańskimi partnerami, by wspólnie odbudować mur. Być może zatem będzie to jedyny fragment granicznej ściany, za którą Meksyk przynajmniej częściowo zapłaci.

Staram się w związku z tym wyobrazić sobie, co by się stało w latach 60. z chwilą, gdy część berlińskiego muru spada na łysą czaszkę Ulbrichta. Jestem pewien, że przywódcy partii, państwa i narodu nie zwróciliby się wtedy do Konrada Adenauera, by im dał parę cegieł albo kupę zachodnich marek na odbudowę ściany. Ponadto mieszkańcy NRD zapewne nigdy nawet by nie wiedzieli o tym, iż ich komunistyczne więzienie na chwilę straciło szczelność. Ich sytuacja była poza tym zupełnie inna od naszej. Oni chcieli dać drapaka z Berlina Wschodniego, my natomiast rzekomo usiłujemy zapobiec drapakowej inwazji z południa.

Wszystko to raz jeszcze utwierdza mnie w przekonaniu, iż budowanie jakichkolwiek ścian zaporowych, mających odgradzać od siebie ludzi, nie ma większego sensu. Jak przed laty śpiewał na festiwalu w Opolu Jerzy Stuhr, „nie ma takiej rury na świecie, której nie można odetkać". Zresztą tezę tę udowadniają regularnie Meksykanie. Ostatnio odkryto najdłuższy w historii tunel pod granicą meksykańsko-amerykańską, który oczywiście nie jest w żaden sposób podatny na walenie się muru w gruzy. Należy założyć, iż tuneli takich jest znacznie więcej.

W roku 122 naszej ery rzymski cesarz Hadrian zlecił budowę muru oddzielającego jego imperium od „północnych hord", zwanych dziś umownie Szkotami. Mur Hadriana istnieje do dziś i stanowi sporą atrakcję turystyczną. Poza tym wkrótce może się przydać, gdyż Szkoci zmierzają w kierunku ogłoszenia niepodległości. Na szczęście dla nich, rzymski mur nie może się zawalić, gdyż jest zbyt niski, a zatem niezbyt podatny na silne wiatry. Jest to nauczka dla Ameryki. Zamiast budować 20-stopowe, żeliwne zapory, należy się czym prędzej okopać i czekać na inwazję z Meksyku. Wtedy będzie przynajmniej pewność, iż „wielki, piękny mur" nagle się nie zawali na obrońców amerykańskiej suwerenności.

Trzymajta się ode mnie z daleka!

Napad koronawirusa na ludzkość spowodował, że powstało nowe wyrażenie, które jest rzekomo kluczem do pokonania zarazy: *social distancing*. Termin ten oznacza, iż zalecana jest separacja między poszczególnymi osobnikami gatunku homo sapiens na odległość 6 stóp, czyli – pi razy drzwi – dwóch metrów. Muszę w tym miejscu od razu zaznaczyć, iż ja zasadę tę staram się stosować od wielu lat, ponieważ nigdy nie byłem zwolennikiem tego, by w kolejce do kasy w supermarkecie ktoś mi chuchał za kołnierz lub żeby w metrze ludzie wisieli obok siebie niczym sardynki. Przyznaję jednak, że w codziennym życiu zachowywanie „separacji socjalnej" bywa dość trudne.

No i teraz jest problem. W kilku krajach europejskich, np. w Polsce, Francji, Rosji i we Włoszech, ludzie regularnie rzucają się sobie na szyję, obdarzają się buziakami i się ściskają. W Anglii nie jest to problem, gdyż tam tubylcy zwykle pozostają w bezpiecznej odległości od siebie, podobnie zresztą jak w Niemczech, gdzie potomkowie Teutonów zachowują z reguły bezpieczną odległość od rodzin i znajomych (rzędu kilku kilometrów), a o spontanicznym całowaniu się nie ma mowy. Jest oczywiście historyczny wyjątek w postaci namiętnego pocałunku Ericha Honeckera z Leonidem Breżniewem, ale był to jednorazowy całus, wynikający z miłości ideologicznej (nie do końca skonsumowanej).

Francuzi przyjęli nakaz separacji socjalnej z oczywistą konsternacją, ponieważ w ich kulturze brak zbliżania się do bliźnich jest niemal tak samo bolesny jak eliminacja z rynku wina oraz serów. Włosi na razie wykazują się godną podziwu wstrzemięźliwością, ale – gdy już wirus zniknie – należy się spodziewać ogólnonarodowej eksplozji publicznego obłapiania się, ku chwale Italii oraz wskaźnika przyrostu naturalnego. Obie nacje z pewnością nie będą w stanie zbyt długo tolerować pozamykanych restauracji i barów.

Sytuacja w USA jest o wiele bardziej skomplikowana. Amerykanie rzadko bywają publicznie wylewni, ale z drugiej strony nie mają żadnego problemu z tłoczeniem się w sklepach, uczestniczeniem w marszach i paradach ulicznych, czy też gromadzeniem się na wielkich stadionach sportowych. A teraz nie mogą się gromadzić praktycznie nigdzie, co może prowadzić do głębokiego kryzysu emocjonalnego. Wprawdzie większość sklepów nadal działa (na razie), ale kontakt ze spoconym i kaszlącym bliźnim w sklepie zawsze był w jakiś sposób pożądany. Teraz pozostała tylko nostalgia za starymi, dobrymi czasami.

Z drugiej strony zastanawiam się nad tym, co by się stało, gdyby koronawirus przypuścił szturm na nasz glob za rządów prezydenta Clintona. Gdyby wtedy trzeba było stosować zasadę pozostawania w odległości dwóch metrów od bliźnich, Bill nigdy nie byłby w stanie zbliżyć się do Lewinsky na odległość umożliwiającą seksualne harce w „Oral Office", a zatem nigdy nie byłoby skandalu, impeachmentu i wielu innych konsekwencji. Wynika stąd jasno, że czasami globalne zarazy mogą być częściowo pożyteczne.

Inna sprawa, że pojęcie „separacji socjalnej" w Ameryce ma zupełnie inne znaczenie niż w Europie. Po wprowadzeniu przez Biały Dom czasowego zakazu przylatywania do USA Europejczyków, wataha Amerykanów znajdujących się w europejskich miastach natychmiast zapragnęła powrotu do kraju, na wszelki wypadek. Efekt był taki, że na chicagowskim O'Hare niektórzy pasażerowie musieli czekać na wpuszczenie do kraju przez wąską kiszkę zwaną Terminal 5 po pięć godzin. W tym czasie stali w wielkim tłumie ludzi znajdujących się w odległości kilkudziesięciu cali do siebie. Gdybym był tym przeklętym wirusem, wisiałbym nad tą masą ludzkich ciał gdzieś na suficie i zacierałbym ręce (lub cokolwiek wirus może zacierać). Podobne problemy pojawiły się na wielu innych lotniskach, między innymi w Nowym Jorku i Atlancie. W związku z tym powstaje pytanie – czy lepiej jest się zarazić w lotniskowym tłumie, czy też warto poczekać na infekcję aż do powrotu do domu?

Z czystej i chorobliwej ciekawości wybrałem się do supermarketu, by sprawdzić, w jaki praktyczny sposób działa *social distancing*. Muszę donieść, że nie działa, choć ja znajduję się w stanie Indiana, gdzie na razie zanotowano tylko kilkanaście przypadków infekcji. Ludzie łażą po sklepie tak samo jak łazili wcześniej, gadają ze sobą, ściskają sobie ręce i wydają się być zupełnie zrelaksowani.

Gdy zasugerowałem mojej małżonce, że być może powinniśmy zastosować się do porad tak ważkich organizacji jak Światowa Organizacja Zdrowia i zachowywać między nami dystans 2 metrów, wzruszyła ramionami i orzekła, że zawsze to lepiej niż dotychczasowe 3 metry. Z kolei prezydencka córka Ivanka poddała się dobrowolnej 2-tygodniowej kwarantannie z powodu jej kontaktów z jakimiś brazylijskimi oficjelami, u których potwierdzono już infekcję. Kwarantanna ta nie zostanie jednak przez nikogo zauważona, gdyż Ivanka w zasadzie nigdy się publicznie nie pokazuje ani też nikt nie wie, co dokładnie robi w Białym Domu.

Jeśli chodzi o naszego bezcennego prezydenta, poddał się on stosownym badaniom, z których wynika, że jest negatywny, zarówno pod względem charakteru, jak i koronawirusa. Jest to oczywiście ogromna ulga dla całego narodu. Ja sam zamierzam przez następne miesiące do nikogo się za bardzo nie zbliżać, co jest o tyle łatwe, że mieszkam w zasadzie na wsi i zgromadziłem odpowiednie zapasy, które pozwolą mi przetrwać niemal wszystko, z wyjątkiem ataku nuklearnego.

Ze sztucerem na wirusa

Wiadomo, że nastały ciężkie czasy i nikomu nie jest specjalnie do śmiechu. Jednak od czasu do czasu pojawiają się doniesienia o totalnej głupawce, jaka staje się udziałem ludzkości w wyniku zagrożenia groźną chorobą. Te z gruntu kretyńskie wydarzenia są niestety zarówno śmieszne, jak i tragiczne, ale obawiam się, że częstotliwość ich pojawiania się będzie nieustannie narastać.

W Albuquerque w stanie Nowy Meksyk 19-letni Anthony Padilla zastrzelił swojego 13-letniego kuzyna, Patricio Arroyo. Policji powiedział, że przyniósł do domu karabin, potrzebny „do obrony przed atakiem wirusa" i że siedząc w fotelu pociągnął za cyngiel w przekonaniu, że broń nie jest naładowana. Niestety była, a kula ugodziła siedzącego obok Patricio. Natomiast wirus wyszedł z tej opresji bez szwanku, co było o tyle łatwe, że go tam w ogóle nie było.

Historia ta budzi wiele różnorodnych pytań na czele z tym: w jaki sposób broń palna może pomóc w eliminacji choroby? Czyżby Anthony zamierzał czekać przed drzwiami na wirusa z flintą w garści? Oczyma wyobraźni, w tym przypadku zdecydowanie chorobliwej, widzę, jak młodzian obserwuje zbliżającego się szkodnika, mierzy do niego z giwery i każe mu podnieść ręce (czułki? macki? anteny?) do góry, a gdy koronawirus ignoruje te polecenia, strzela mu prosto między oczy (enzymy? patrzałki? gały?).

Niestety Padilla nie był odosobniony w swoim przekonaniu, że do walki z pandemią potrzebny jest kałasznikow. Jak Ameryka długa i szeroka, znacznie wzrosła ostatnio sprzedaż broni, choć nie bardzo wiadomo, do czego i w jakich okolicznościach jej nabywcy zamierzają strzelać. Obawiam się jednak, że koronawirus nie trzęsie się z tego powodu ze strachu, natomiast pewne obawy winno zdradzać społeczeństwo, pełne czubków gotowych strzelać do mikrobów.

Bezmyślność spowodowana przez wirusa nie dotyczy bynajmniej wyłącznie walki z chorobą przy pomocy granatów ręcznych i amunicji. Niejaki Michael Lane Brandin został aresztowany, ponieważ okazało się, że w serwisie społecznościowym Facebook głosił, iż jest zarażony koronawirusem, mimo że jest zdrowy jak byk. W trakcie wstępnego przesłuchania oznajmił, iż oszustwa dopuścił się w celach „eksperymentalnych", chcąc rzekomo zbadać, na ile ludzie wierzą zupełnie fikcyjnym wieściom. Moim zdaniem nie musiał niczego badać, bo głupotom opowiadanym przez różnych dziwnych ludzi, na czele z agentami rosyjskiego wywiadu, wierzą miliony Amerykanów. Tak czy inaczej, policja nie wykazała się wyrozumiałością dla Brandina, gdyż został on postawiony w stan oskarżenia i może dalsze oszustwa planować w przyszłości za kratkami.

Los taki spotkał już 59-letniego Brytyjczyka Franka Ludlowa, który został aresztowany pod zarzutem sprzedawania pakietów o nazwie *Anti-Pathogenic Treatment*, które reklamowane były jako „skuteczny środek na koronowirusa". Ponad 60 osób w USA kupiło te pakiety, które – jak się okazało – zawierały rodanek potasu oraz nadtlenek wodoru. Nabywcy mieli sobie tym płukać jamy gębowe, ale jedynym możliwym rezultatem tej „kuracji" było posiadanie gruntownie wyparzonego ryja. Ludlow będzie w areszcie do 20 kwietnia, a potem niemal na pewno zostanie wysłany do kicia, gdzie będzie mógł wypróbować swoją kurację na własnej gębie.

Wśród natłoku wiadomości o różnego rodzaju oszustwach i wypadkach związanych z pandemiczną paniką pojawiają się jednak od czasu do czasu doniesienia zupełnie innego rodzaju. I tak wkrótce na rynku ukaże się ostatnie drukowane wydanie pisma *Playboy*, które w swoim czasie sprzedawane było w wielomilionowym nakładzie w wielu krajach świata. To niezwykłe dziecko Hugh Hefnera, który zmarł przed trzema laty, od wielu lat cierpiało z powodu malejącej sprzedaży, co wynikało z rosnącej błyskawicznie dostępności pornografii w Internecie. Pandemia przekonała obecnego szefa firmy Playboy Enterprises, Bena Kohna, że dalsze drukowanie magazynu nie ma sensu. Po 66 latach istnienia *Playboy* będzie dostępny tylko elektronicznie. Innymi słowy, wirus wykończył półnagie kobiety – do czego to doszło!

Są również oczywiste pozytywy. Jak wiadomo, Nowy Jork jest dziś miastem w zasadzie oblężonym i odizolowanym. Manhattan coraz bardziej zaczyna przypominać bezludną wyspę, ponieważ ludzie mają siedzieć w domach, a bary, sklepy, restauracje, kina i teatry są zamknięte. Jednak gubernator Andrew Cuomo ogłosił niespodziewanie, że placówki gastronomiczne będą miały prawo do oferowania klientom na wynos nie tylko posiłków, ale również napojów alkoholowych, w postaci piwa i drinków. Jak na Amerykę, jest to przełomowe postanowienie, ponieważ sprzedaż trunków jest zwykle opatrzona przeróżnymi skomplikowanymi przepisami, będącymi czkawką po czasach prohibicji.

W wyniku tej nowatorskiej decyzji mieszkańcy New York City będą mogli przestać płukać jamy ustne rodankiem potasu oraz nadtlenkiem wodoru i wrócić do bardziej codziennych płynów, takich jak whisky i dżin. Natomiast nie będą mogli oglądać gołych bab w *Playboyu*. Jak kryzys to kryzys – jakieś konsekwencje muszą być. Niestety Cuomo od razu ostrzegł, że zezwolenie na sprzedawanie wódy „przez okienko" ma charakter tylko tymczasowy, czyli wszystko wróci do restrykcyjnej normy z chwilą, gdy koronawirus zostanie skutecznie wyeliminowany przez *Anti-Pathogenic Treatment*.

A gdy już wszystkie metody całkowicie zawiodą, trzeba koniecznie kupić jakiś potężny arsenał, by się z wirusem ostatecznie, raz na zawsze rozprawić. W końcu w amerykańskiej mentalności publicznej dominuje głęboko zakorzenione przekonanie, iż nie ma takiego problemu, którego nie można by było rozstrzelać.

Do więzienia za żarty

Z Polski napłynęła ostatnio informacja, iż jakiś jegomość w starszym wieku pojawił się na demonstracji z plakatem, który zawierał niezbyt pochlebną myśl o prezydencie Andrzeju Dudzie. Facet został zatrzymany przez czujne służby i zapewne stanie przed sądem pod zarzutem „obrazy majestatu głowy państwa". Nie jest to pierwszy tego rodzaju przypadek w RP, choć niemal zawsze jest tak, że wymierzana kara jest łagodna lub w ogóle jej nie ma. Nie zmienia to faktu, że Polska jest dziś jednym z nielicznych krajów świata, w których z prezydenta nie można się publicznie naśmiewać, a za złamanie tych przepisów można dostać trzy lata odsiadki.

Niestety RP należy tym samym do dość wąskiego grona państw, które są podobnie wyczulone na obrażanie głowy państwa. Dwa lata więzienia można za tego rodzaju wykroczenie dostać w Azerbejdżanie, Libańczykom grozi grzywna w wysokości ponad 60 tysięcy dolarów, a w Kamerunie trzeba zapłacić 42 tysiące dolarów. Za obrazę emira w Bahrajnie można stracić wolność na siedem lat, podczas gdy obywatel Kuwejtu może za identyczne przestępstwo zostać skazany na dożywotnią banicję.

Jeśli chodzi o wyroki więzienia, to najgorzej jest w Tajlandii, gdzie za obrazę króla, który jest absolutnie nietykalny, grozi 15 lat za kratkami. W Turcji – 4 lata, w Wenezueli – 40 miesięcy, w Indonezji – 5 lat. W Iranie kara śmierci grozi ludziom obrażającym Mahometa, natomiast za obelgi pod adresem rządu można zostać publicznie wychłostanym. Kary za wyśmiewanie władzy nie dotyczą wyłącznie krajów autorytarnych. Przeciętny Holender może zostać zapudłowany na 5 lat za obrażanie monarchy. W 2012 roku przekonały się o tym dwie osoby, które nazwały ówczesną holenderską królową „dziwką", za co zostały aresztowane, choć do ich procesu nigdy nie doszło.

Piszę o tym dlatego, iż przepisy tego rodzaju zawsze wydawały mi się dość dziwne, a dla ludzi w USA są kompletnie niezrozumiałe. W Polsce ściga się z urzędu zarówno za obrazę prezydenta, jak i głowy obcego państwa, na co są osobne paragrafy. Krytycy tych przepisów wskazują od dawna, że ograniczają one prawo obywateli do swobodnej krytyki funkcjonariuszy publicznych i w najlepszym przypadku taka obraza powinna być ścigana z oskarżenia prywatnego. Jednak na razie prawo polskie przewiduje konkretne kary za wyśmiewanie lub obrażanie każdej głowy państwa.

W czasie niedawnej wizyty prezydenta Dudy w Pucku grupa demonstrantów wygwizdała przemawiającego wodza i pokazywała na transparentach hasła typu „Duda, jesteś wstydem narodu", „Hańba", „Przestańcie kraść", itd. Protestujący krzyczeli też w stronę prezydenta: „Marionetka!" oraz „Będziesz siedział!". No ale to nie prezydent pójdzie na razie siedzieć, gdyż prokuratura wszczęła w tej sprawie śledztwo, w wyniku którego przed sądem mogą stanąć niektórzy z demonstrantów.

W USA prezydent zawsze jest obiektem drwin, prześmiewczych artykułów, a często po prostu obelg, za co nikomu nic nie grozi. Chyba że dochodzi do stosowania pogróżek lub rozpowszechniania treści z takich czy innych powodów niebezpiecznych. Prezydent George W. Bush nazywany był niemal codziennie idiotą, przygłupem oraz analfabetą, co jednak nie spowodowało jakichkolwiek procedur prawnych ani też nie przeszkodziło „W" w rządzeniu przez osiem lat. Gdyby przenieść polskie prawo na warunki amerykańskie, to w więzieniu gniłaby dziś duża czereda ludzi prowadzących wieczorne programy satyryczne. Są one niemal zawsze poświęcone drwinom z rządu, a szczególnie z osoby prezydenta. Klasycznym przykładem może być program *Saturday Night Live*, który z satyry antyrządowej zrobił swoistą klasykę.

Za rządów Baracka Obamy dla ludzi obrażających prezydenta trzeba by było wybudować dodatkowe więzienia. Dla przypomnienia, w latach tych muzyk Ted Nugent wyraził publicznie nadzieję, iż Barack wkrótce umrze, a komentatorka Ann Coulter nazwała go „opóźnionym w rozwoju". Prezydent nazywany też był Hitlerem, głupolem, Obozo, Ovomitem, komunistą, przestępcą, skrytym muzułmaninem oraz małpą. Nie inaczej jest dziś. Z Donalda Trumpa naśmiewają się niewybrednie co wieczór główne kanały informacyjne telewizji kablowej, nie przebierając w wyzwiskach, obelgach i frywolnych żartach. Drwiny z władzy są dobrze ugruntowaną amerykańską tradycją, a satyra polityczna towarzyszy kolejnym administracjom od początku istnienia państwa. Tyle że dziś może być błyskawicznie rozpowszechniana i dociera do wszystkich.

W tym kontekście trudno jest z tej strony Atlantyku zrozumieć, dlaczego 65-letni facet w Łowiczu został zatrzymany za niesienie transparentu rzekomo obrażającego prezydenta. „Przestępca" przyznał się do winy i wyraził skruchę, ale odmówił składania wyjaśnień. Zapewne dostanie mandat, bo chyba do więzienia go nie wtrącą. Powstaje jednak proste pytanie – dlaczego wymiar sprawiedliwości w ogóle zajmuje się tego rodzaju głupotami? W końcu politycy są między innymi po to, by było się z kogo śmiać, a kraje, w których z władz nie można sobie bezkarnie „drzeć łacha", nie są w pewnym sensie dojrzałymi demokracjami.

W przypadku Donalda Trumpa sytuacja jest o tyle inna, że on sam niemal codziennie z kogoś drwi lub kogoś obraża, co poprzednio nie miało w USA miejsca. W związku z tym niemal wszyscy telewizyjni komicy są zdania, iż zniesione zostały w znacznym stopniu wszelkie bariery i że absolutnie wszystko jest dozwolone. Gdyby zastosować w Ameryce paragraf 135 polskiego *Kodeksu karnego*, za kratkami znalazłyby się natychmiast tysiące ludzi, na czele ze Stephenem Colbertem, Jimmym Kimmelem oraz Trevorem Noah. Ale by była wtedy nuda!

Generacja Covid-19

Nie wiem jak inni, ale ja mam już dość hiobowych wieści z frontu walki z wirusem. Owszem, całkiem możliwe jest, że nas wszystkich trafi szlag, ale zanim do tego dojdzie, należy podkreślać walory humorystyczne pandemii. A takich bynajmniej nie brakuje, ponieważ absolutnie każda tragedia zasługuje na śmichy i chichy. W końcu, dlaczego się nie rozluźnić przed strzeleniem kopytami?

W Hanoi istnieje na przykład restauracja, w której szefem kuchni jest Hoang Tung. Postanowił on, że narodowi nękanemu chorobą należy dać jakiś powód do optymizmu, w związku z czym zaczął oferować w swojej knajpie zielone hamburgery z czułkami, co ma przypominać koronowirusa. Jego zdaniem najważniejsze jest obecnie proste hasło: *You've got to eat it, to beat it*. Innymi słowy, skonsumowanie w bułce krowiego placka upozorowanego na szkodnika, który daje się nam wszystkim we znaki, nie wyeliminuje wprawdzie zarazy, ale da nam poczucie tego, że w jakimś sensie pokonaliśmy tego bakcyla przez pożarcie go. Jak twierdzi Tung, zjedzenie zielonego hamburgera (à propos, zafarbowanego wywarem z zielonej herbaty) powoduje, że ludzie przestają się bać zakażenia, ponieważ wroga właśnie zjedli.

Uważam oczywiście, że wszystko to jest dość iluzoryczne, jako że szanse zwalczenia wirusa przez zjedzenie jego mięsnej atrapy są mniej więcej takie same jak zlikwidowanie przestępczości przez strzelanie do manekinów przypominających seryjnych morderców. Nie zmienia to faktu, że jest to pomysł ciekawy i – jak się okazuje – popularny, ponieważ wietnamska wiara kupuje masowo te hamburgery, a potem idzie do domu w poczuciu dobrze spełnionego obowiązku epidemiologicznego. Tung twierdzi, że dziennie sprzedaje co najmniej 50 zielonych hamburgerów. Natomiast nie podaje żadnych informacji na temat tego, jaki procent jego klienteli trafia potem do szpitali w stanie wskazującym na agonalne oklapnięcie płuc.

Zmieniając nieco (ale nie za bardzo) temat, w lipcu 1977 roku w Nowym Jorku, który dziś jest amerykańskim epicentrum epidemii, doszło do poważnej awarii energetycznej, w wyniku której całe miasto pogrążyło się w totalnej ciemności na kilkanaście godzin. Była to chwilowa apokalipsa, która spowodowała, że doszło wtedy do wielu przypadków grabieży i podpaleń. Jednak innym efektem ubocznym tego zjawiska było to, iż dokładnie 9 miesięcy później na świat przyszły setki nowych obywateli miasta, spłodzonych – jak należy domniemywać – z nudów i po ciemku.

Wspominam o tym dlatego, że pandemia koronawirusa zaczyna poważnie zagrażać światowej produkcji prezerwatyw, co może mieć istotne konsekwencje demograficzne. Zanim doszło do epidemii, nie miałem pojęcia o tym, iż 20 proc. wszystkich kondomów produkowanych jest w Malezji, dla tak powszechnie znanych firm jak Durex. No a teraz szefowie firmy Karex Bhd, która jest odpowiedzialna za tę produkcję, twierdzą, że przez ostatnie tygodnie nie wyprodukowano ani jednej prezerwatywy, ponieważ Malezja cierpi z powodu ataku wirusa i jest w zasadzie całkowicie zamknięta. W przeliczeniu na sztuki oznacza to niedobór ponad 100 milionów prezerwatyw na rynku. Szef firmy, Goh Miah Kiat, powiedział agencji Reuters, że czeka nas „globalny kryzys związany z niedoborem prezerwatyw". Jednak zaraz potem dodał na pocieszenie: „Na szczęście popyt na nasz produkt jest nadal bardzo duży, bo w obecnych warunkach ludzie raczej nie chcą mieć na razie dzieci. Gdy wznowimy produkcję, wszystko wróci do normy".

No właśnie, może i wróci, ale miliony ludzi skazane na tzw. samoizolację są absolutnie przekonane o tym, iż w tych ciężkich okolicznościach mają do dyspozycji tylko trzy opcje: gotowanie, chlanie oraz seks. W przypadku tego ostatniego globalny niedobór prezerwatyw może doprowadzić do prawdziwej eksplozji demograficznej, a pokolenie, które z tego wyrośnie, trzeba będzie nazwać Generacją Covid-19, co nie jest zbyt fortunne.

Na domiar złego pozostali liczący się producenci seksualnych etui znajdują się w Chinach, Indiach i Tajlandii, gdzie na razie też wszystkie fabryki są zamknięte. Budzi to we mnie pewne zaniepokojenie, gdyż nie rozumiem, dlaczego nie ma już rodzimej produkcji tego ważkiego artykułu. Ostatnia zachodnia fabryka prezerwatyw znajdowała się w Wielkiej Brytanii i przestała działać w roku 2007. Od tego czasu jesteśmy skazani, w sensie seksualno-profilaktycznym, na Azjatów, którym – jak podejrzewam – na naszym życiu intymnym lub jego braku za bardzo nie zależy.

Nie ma to jednak większego znaczenia. Jak świat długi i szeroki ludzie umieszczają w Internecie w miarę śmieszne treści, bo innego wyjścia nie ma. We Francji pokazało się zdjęcie faceta, który ładuje do samochodu kilkadziesiąt bagietek, z których większość będzie zapewne nie do zjedzenia już po kilku dniach. W Wielkiej Brytanii ktoś sfotografował psa, który sam się wyprowadza na spacer ze smyczą w mordzie. W ten sposób na pewno nie narazi w żaden sposób swojego właściciela. Natomiast w Nowym Jorku w metrze pojawił się facet, który ubrany był w replikę skafandra dla astronautów, choć nie wiem, czy może to komukolwiek zapewnić bezpieczeństwo.

Niestety nie zmienia to faktu, iż wszyscy wkrótce odczujemy ostry niedobór prezerwatyw. Natomiast jeśli chodzi o hamburgery wyglądające jak wirus, na razie ich w mojej okolicy nie ma, ale jeśli się pojawią, z pewnością przynajmniej jednego zjem.

Pandemiczny rosół

Koronawirus atakuje ludzkość ze wszystkich możliwych stron, co niestety powoduje, że niektórym coś pada na mózg. Z różnych zakątków świata nadchodzą doniesienia o tym, że ludzie masowo wykupują liczne towary, między innymi wodę, mleko, mrożonki, środki dezynfekujące, etc. Jednak dla mnie najbardziej intrygujące jest to, że z wielu supermarketów w Australii i w USA zniknął całkowicie papier toaletowy. Zainteresowanie tym towarem jest tak niebotyczne, że w sklepie firmy Coles w Sydney przy półkach z papierem do rufy ustawiono specjalnego strażnika, który pilnuje, by każda nowa dostawa bezcennej celulozy nie została rozerwana na strzępy przez klientów, choć nie wiem, czy człowiek ten ma uprawnienia, by strzelać do co bardziej pazernych.

Australijskie sklepy Woolworths, Coles i Costco zaczęły ograniczać zakupy papieru toaletowego do czterech paczek. Podobne restrykcje dotyczą jajek, mleka oraz ryżu. W Wielkiej Brytanii jest tak samo, choć tam dozuje się przede wszystkim sprzedaż środków dezynfekujących. Edward Gierek by się z tego wszystkiego serdecznie uśmiał. Jeśli w USA zostaną z powodu ataku wirusa wprowadzone kartki na artykuły żywnościowe, to natychmiast wyemigruję do San Escobaru. Tam były minister Waszczykowski z pewnością zapewni mi dobrobyt, ponieważ w fikcyjnych krajach nigdy nie ma trudności z zaopatrzeniem rynku, co wynika z faktu, iż rynek nie istnieje.

Oczywiście weteranom PRL-u wszystko to nie jest obce. Jak wiadomo, życie było wtedy długie, szare i do d...y. Szorstki papier toaletowy bywał w ludowej ojczyźnie okresowym rarytasem, a na ulicach można było od czasu do czasu zobaczyć szczęśliwców, którym udało się kupić naszyjnik tegoż cennego artykułu. Nabywcę napawało to zwykle ogromnym szczęściem z powodu możliwości zrezygnowania z używania w celach higienicznych egzemplarzy *Trybuny Ludu*, mimo politycznej wymowy tego faktu.

Jednak w tamtych czasach ludzie nie wystawali w kolejkach po papier toaletowy z jakichkolwiek panikarskich przyczyn, lecz po prostu dlatego, iż niemal wszystkiego brakowało z powodu „okresowych trudności w zaopatrzeniu rynku". Owszem, Polacy miewali też swoje panikarskie okresy. W czasie tzw. kryzysu kubańskiego, gdy możliwość wybuchu wojny nuklearnej stała się na kilka dni niemal rzeczywistością, wszyscy zaczęli kupować ogromne ilości soli. Miałem wtedy na tyle niewiele lat, że specjalnie się nad tym zjawiskiem nie zastanawiałem, ale dziś nadal nie rozumiem, dlaczego akurat sól stała się tak ważna. Chyba, że chodziło o to, by tuż przed pojawieniem się na horyzoncie nuklearnego grzyba można było przed śmiercią zjeść odpowiednio osolony rosół.

Masowe wykupywanie papieru toaletowego w obliczu ataku koronawirusa jest równie niezrozumiałe. O ile wiem, schorzenie to nie powoduje chronicznego rozwolnienia. Ponadto w języku angielskim istnieje zwrot określający ostry strach przed czymś: *I am scared s..tless*. A skoro tak, to po co ten papier? Podobne wątpliwości mam w przypadku kupowania wielkich ilości wody w butelkach. Wirus nie jest w stanie unieruchomić wodociągów, a zatem woda nadal będzie płynąć z kranów, a nawet gdyby była czymś skażona, zawsze można ją przegotować. Chyba że koronawirus jest w stanie wyłączyć zarówno gaz, jak i elektryczność. Nie sądzę jednak, by było to możliwe, gdyż jest to patogen o dość ograniczonych zdolnościach, poza talentem do zarażania ludzi.

Na razie w supermarketach w mojej okolicy nie ma dzikich tłumów ogałacających półki z towarów. Widziałem wprawdzie jedną niewiastę, której kosz na zakupy był wypełniony po brzegi mrożonkami, ale może taką miała dietę. Sieć Kroger wprowadziła pewne ograniczenia w sprzedaży niektórych środków antygrypowych i odkażających, ale to nic w porównaniu do paniki australijskiej. Jedynie z okolic Seattle nadeszły doniesienia, iż kilka supermarketów przeżyło skomasowane najazdy zaniepokojonej klienteli. Nikt jednak nie jest w stanie przewidzieć, co będzie dalej.

Jeśli chodzi o amerykańskie kierownictwo partii, państwa i narodu, zwane w skrócie i umownie Donaldem, zachowuje się ono dość dziwnie, gdyż zdaje się nalegać, że żadnego problemu nie ma, a epidemia znajduje się pod całkowitą kontrolą federalnego rządu. Jako żywo przypomina mi to słynnego rzecznika rządu Iraku z okresu wojny w 2003 roku, Mohammeda Saeed al-Sahhafa. W chwili, gdy amerykańscy żołnierze znajdowali się w odległości kilkuset metrów od niego, rzecznik ów twierdził, iż w Bagdadzie nie ma żadnych Amerykanów i nie ma się czym martwić, ponieważ popełniają oni masowe samobójstwa u wrót do irackiej stolicy, oczywiście z rozpaczy, że nie są w stanie wygrać wojny.

W zasadzie specjaliści są w miarę zgodni co do tego, że liczba zachorowań na koronawirusa w USA prędzej czy później dramatycznie wzrośnie, niezależnie od zdania Białego Domu. Nie uzasadnia to jednak w żaden sposób panikarskich zakupów. W wyniku dominujących obecnie nastrojów, ja również zacząłem gromadzić artykuły, które wydają mi się niezbędne w przypadku każdej zarazy: piwo, wino, siwucha, korkociąg, zapas filmów, chrupki, wszelkie inne odmiany zagrychy, no i oczywiście puszki z tuszonką. Ta ostatnia znana jest tu jako Spam, jako że z tejże tuszonki można zrobić praktycznie wszystko – kotleta, namiastkę steka, kiełbasę do chleba, etc. Być może mimo wszystko kupię też zapas soli, gdyż wizja tego odpowiednio dosolonego rosołu tuż przed strzeleniem kopytami wydaje mi się atrakcyjna. Będzie to, ma się rozumieć, rosół pandemiczny.

Fauci kontra prezydent

Jednym z najpopularniejszych ostatnio w USA ludzi jest doktor Anthony Fauci, wybitny epidemiolog, który od pewnego czasu pokazuje się u boku prezydenta Trumpa w czasie codziennych konferencji prasowych poświęconych walce z koronawirusem. Jest on człowiekiem konkretów i naukowych analiz, a nie spekulacji lub domysłów, przez co stanowi oczywistą przeciwwagę dla naszego bezcennego przywódcy, który często plecie głupstwa.

W swoim czasie Trump nazwał Fauciego „gwiazdą" zespołu zajmującego się pandemią, ale nie wiem, czy pochwała ta długo wytrzyma zderzenie z rzeczywistością. Dzielny Anthony często wygłasza treści, które są sprzeczne z tym, co mówi prezydent, czyli popełnia karygodny grzech, zwykle powodujący bezceremonialne wywalenie z roboty na bruk. Szanse na to wzrosły szczególnie dlatego, iż Fauci przyznał w wywiadzie telewizyjnym, że gdyby władze federalne szybciej zareagowały na nadciągającą pandemię, liczba ofiar śmiertelnych byłaby mniejsza.

Niemal natychmiast Trump rozpowszechnił w serwisie Twitter czyjeś przesłanie pod hasłem @FireFauci, co nie wróży epidemiologowi niczego dobrego. A gdy zostanie zwolniony, pewne jest to, iż nagle okaże się, że jest miernym specjalistą, który na niczym za bardzo się nie zna, szczególnie w porównaniu do prezydenckiego geniusza. Może zatem przypomnę, że Fauci, który jest włoskiego pochodzenia i w młodości pracował w nowojorskiej aptece swoich rodziców, ukończył studia medyczne w Cornell University z najlepszym wynikiem na swoim roku, jest laureatem wielu nagród i doradzał wszystkim ostatnim prezydentom, począwszy od Ronalda Reagana. Myślę, że warto o tym pamiętać, zanim okaże się, że jest żałosną miernotą.

W administracji obecnego prezydenta wiele już było gwiazd, które szybko gasły. Anthony Scaramucci wytrzymał na stanowisku szefa sztabu Białego Domu przez osiem dni. Inne przybladłe gwiazdy to m.in.: Hope Hicks, H.R. McMaster, John Bolton, Omarosa Manigault i Rex Tillerson. Jednak lista ta jest znacznie dłuższa i nazwiskami zwolnionych wypełnić można cały firmament. Niektórzy z tych ludzi dowiadywali się o swojej dymisji z telewizji, inni zaś wyrzucani byli za pośrednictwem Twittera. Metoda ewentualnego zwolnienia Fauciego jest na razie nieznana, ale z pewnością nie odbiegnie od dotychczas stosowanych norm. Na szczęście główny epidemiolog Ameryki nie pracuje w Białym Domu, a jedynie w nim bywa, co oznacza, że po dymisji nie będzie musiał pośpiesznie ewakuować swojego biura, ani też agenci Secret Service nie będą musieli wyprowadzić go na zewnątrz.

Niezależnie od dalszego rozwoju wypadków, popularność Fauciego wśród spanikowanego narodu wydaje się być niezagrożona. Muzeum w Milwaukee zajmujące się gromadzeniem tzw. *bobbleheads*, czyli figurek sławnych ludzi z ruszającą się głową, wyprodukowało podobiznę doktora Fauciego. Figurka sprzedawana jest po 25 dolarów, z czego 5 dolarów ma zasilić American Hospital Association. Gdy doktora zapytano w telewizji o fakt powstania jego podobizny z trzęsącym się łbem, stwierdził: – *Cieszę się, że ludzie robią takie rzeczy, ale ja mam ważniejsze sprawy na głowie.*

Szef muzeum, Phil Sklar, powiedział, że zdecydowano się na produkcję figurki Fauciego dlatego, że „jest to człowiek, który nie owija w bawełnę i nie chce na siłę ludzi uspokajać lub uszczęśliwiać – mówi to, co wie jako ekspert, co jest obecnie bardzo ważne". No i masz babo placek – Sklar nie produkuje *bobblehead* Trumpa, co jest automatycznie jeszcze jednym przyczynkiem do tego, by zwolnić Fauciego. Jest to tym bardziej prawdopodobne, że podobizna doktora znajduje się dziś na wielu innych przedmiotach, np. na skarpetach i koszulkach, a cukiernia w Rochester w stanie Nowy Jork sprzedaje pączki w kształcie jego twarzy, choć nie jestem w stanie zrozumieć, dlaczego jedzenie podobizny Fauciego może dać komuś satysfakcję. Tymczasem podobizna Donalda Trumpa zwykle gości na różnych przedmiotach tylko w charakterze prześmiewczym lub kpiarskim.

Fauci jest dziś w sytuacji nieco podobnej do tej, w jakiej znajduje się Andrew Cuomo, gubernator Nowego Jorku. Obaj panowie stali się wizerunkami pandemii, choć zapewne w żaden sposób nie o taką popularność im chodziło. Cuomo jeszcze w styczniu nie był w swoim stanie zbyt popularnym politykiem. Dziś jego notowania są rekordowo wysokie, co jest wynikiem jego codziennych, bardzo trzeźwych i konkretnych konferencji prasowych, w czasie których przedstawia wszystkim zatrważające często fakty. W tym sensie jest kompletnym przeciwieństwem prezydenta, podobnie zresztą jak Fauci. Nie jest to sława, którą ktokolwiek może się za bardzo cieszyć, ale to już inna sprawa.

O ile podobizna Fauciego zagościła na wielu różnych artykułach, w przypadku Cuomo pojawiają się czasami w mediach wpisy typu „Marzę o powrocie czasów, w których będę mógł ponownie nie znosić mojego gubernatora". Innymi słowy, nawet przeciwnicy Cuomo przyznają niechętnie, że w obliczu wielkiego kryzysu zachowuje się on bardzo poprawnie i zasługuje na pochwałę, choć tylko na razie. Powrót do jego krytykowania oznaczać też będzie koniec pandemii.

Gdy wygramy w końcu walkę z zarazą, zarówno Cuomo, jak i Fauci zejdą z publicznego piedestału, choć w przypadku tego drugiego może się to stać już wkrótce. Gubernator Nowego Jorku zapewnia, że nie ma absolutnie żadnych ambicji prezydenckich i pozostanie na swoim urzędzie tak długo, jak będą chcieli wyborcy. Natomiast Fauci ma swoją stałą pracę, gdyż jest dyrektorem National Institute of Allergy and Infectious Diseases. Z tej funkcji prezydent Trump nie jest go w stanie zwolnić ani przez Twittera, ani też w żaden inny sposób.

Czas szarlatanów

Moja żona na okoliczność 40-lecia burzliwego pożycia małżeńskiego wymyśliła specjalnie dla mnie nowe porzekadło: „No przecież jeśli raz na jakiś czas odkurzysz dom, to ci koronawirus z głowy nie spadnie". Ma oczywiście rację. Niestety nie zmienia to jednak faktu, iż w wielu kręgach amerykańskiego społeczeństwa ludziom nie tyle spada cokolwiek z głów, co odjeżdża im w nieznane zdrowy rozsądek.

W kilku amerykańskich miastach doszło do demonstracji ludzi domagających się zniesienia wszelkich restrykcji nałożonych na naród w wyniku pandemii. Demonstranci są zdania, że ich zasadnicze swobody obywatelskie, łącznie z prawem do rychłego strzelenia kopytami, zostały poważnie ograniczone. Ich zdaniem wszystko należy natychmiast odblokować, a jeśli ktoś z tego powodu znajdzie się w trumnie, to trudno. Protestujący obnoszą się z transparentami, które zwykle są tylko nieznacznie głupsze od zawartości ich rozumów.

Demonstracje tego rodzaju są napędzane przez naszego bezcennego prezydenta, który też chciałby już w końcu wrócić na pola golfowe i brać udział w spędach wiernych mu wyborców, kwiczących ze szczęścia ku chwale ojczyzny. Jednakowoż ja, całkiem prywatnie sądzę, że żadna władza nie jest mnie w stanie zmusić do pójścia do sklepu, w którym jakiś facet bez maski właśnie kichnął na ziemniaki i marchew. Jestem pewien, że nawet po oficjalnym, częściowym odblokowaniu licznych sklepów, ich klientela nie wróci natychmiast do normalnych zwyczajów, lecz bardzo ostrożnie i etapami będzie obserwować średnią śmiertelność zakupów.

Tak czy inaczej, obecny kryzys spowodował, że nagle w sferze publicznej pojawiła się spora doza szarlatanerii, co było do przewidzenia. Jednym z głównych szarlatanów stał się Phillip Calvin McGraw, znany powszechnie jako Dr. Phil. Występuje on od wielu lat w telewizji w roli psychologa radzącego sfrustrowanym ludziom, jak pozbyć się teściowej lub co zrobić w przypadku małżeńskiej zdrady. Zawsze gra rolę najmądrzejszego faceta we wsi i pozuje na wybitnego specjalistę, który jest w zasadzie nieomylny.

McGraw jest istotnie doktorem, gdyż uzyskał taki tytuł w University of North Texas. Jednak począwszy od roku 2006 nie ma licencji uprawniającej go do wykonywania zawodu. Wynika to z faktu, iż w roku 1998 wdał się w „nieprawidłowe związki" z pacjentką, a nieco później został w Kalifornii oskarżony o wykonywanie zawodu psychologa bez odpowiednich zezwoleń. Nie przeszkadza mu to jednak w robieniu telewizyjnej kariery, w ramach której zarabia miliony dolarów. Własnego gabinetu przyjęć nie posiada, bo nie może. Jednak przed kamerami może mówić, co mu tylko ślina na język przyniesie, a jego słowa zwykle traktowane są przez zachwyconą publikę całkiem na serio. A wszystkiemu temu jest po części winna Oprah Winfrey, która wypromowała go w swoim programie. Niestety nie tylko jego, ale o tym za chwilę.

Teraz nagle okazuje się, że Dr. Phil jest znawcą epidemiologii. W czasie niedawnego wywiadu telewizyjnego stwierdził, że koronawirus to pestka, bo przecież 360 tysięcy ludzi w USA tonie rocznie w basenach. Jest to nie tylko całkowicie zmyślona liczba, ale również kompletny idiotyzm, który został natychmiast skrytykowany przez wielu specjalistów. Dodatkowo Dr. Phil wyraził pogląd, że śmiertelnie niebezpieczne może okazać się zmuszanie ludzi do izolowania się we własnych domach oraz mieszkaniach, czego jednak na razie nie mogę potwierdzić, jako że moja żona jeszcze mnie nie zabiła (kwestia czasu?).

Niestety wszystko to nie zmieni z pewnością faktu, iż krzykacze gdzieś w Detroit, wyposażeni we flagi konfederacji z okresu amerykańskiej wojny domowej, mogą podchwycić tę myśl. Być może zaczną argumentować, iż pandemia jest głównie akcją propagandową liberałów, starających się odsunąć od władzy obecnego mężnego prezydenta, walczącego bohatersko z epidemią przez oglądanie telewizji mniej więcej 18 godzin na dobę.

McGraw ma istotnego sprzymierzeńca w swojej niezmierzonej głupocie. Jest nim Mehmet Oz, też „wychowanek" pani Winfrey, czyli amerykański kardiolog tureckiego pochodzenia, Dr. Oz. Od lat prezentuje on w telewizji przeróżne teorie a przed kilkunastoma dniami wyraził poparcie dla otwarcia w USA wszystkich szkół, gdyż – jego zdaniem – krok ten spowodowałby „zaledwie 3-procentowy przyrost śmiertelnych przypadków zachorowań". Co to dla Ameryki te nędzne trzy procenty! Może uda się przy okazji wyeliminować znaczną liczbę ludzi w zaawansowanym wieku, którzy i tak nic nie robią, tylko pobierają swoje marne Social Security.

W roku 2014 Dr. Oz zeznawał przed senacką komisją, gdzie był między innymi indagowany o zasadność jego tez o cudotwórczych niemal właściwościach ekstraktu z zielonych ziaren kawy. Senatorka Claire McCaskill wyraziła wtedy pogląd, iż Oz „miesza porady medyczne z nieuzasadnionymi doniesieniami prasowymi i treściami czysto rozrywkowymi". I tak zostało niestety do dziś, tyle że teraz mieszanie czegokolwiek, a szczególnie głupoty, z groźnym wirusem jest potencjalnie wybuchową mieszanką.

Oz i McGraw to nie jedyni szarlatani, którzy nagle pojawili się w mediach. Jest ich w sumie sporo, a ich przesłanie jest w miarę jednoznaczne – koronawirus nie jest większym zagrożeniem od wielu innych chorób, a wprowadzane restrykcje nie mają większego uzasadnienia i szkodzą narodowemu poczuciu beztroski w obliczu śmiertelnego niebezpieczeństwa. Ja jednak mam inne zdanie. Przed kilkoma dniami wypiłem z sąsiadem drinka – obaj siedzieliśmy przed wjazdem do mojego garażu, w przepisowej odległości 6 stóp od siebie. Pewnie kiedyś dojdzie między nami do bezpośredniego spotkania przedpandemicznego. Ale na razie nie.

Z jagodzianką na wirusa

W zamierzchłej przeszłości zwanej PRL-em na warszawskim Dworcu Centralnym widziałem raz dwóch dżentelmenów, którzy w ciemnym zakamarku popijali „jagodziankę na kościach", czyli denaturat. To, że znajdowali się w półmroku, zapewne nie miało większego znaczenia, gdyż po libacji mieli z pewnością poważne problemy z dojrzeniem czegokolwiek. Jak zapewne weterani Polski Ludowej doskonale pamiętają, na butelkach denaturatu widniała nalepka z różnymi ostrzeżeniami oraz trupią czaszką i kośćmi. Symbole te niektórym kojarzyły się nawet z czapkami SS-manów, ale to inna sprawa.

Dzisiejszy denaturat to nieco inny produkt, gdyż nie dodaje się już do niego metanolu, a jedynie różne substancje chemiczne, które mają skutecznie odstraszyć ludzi od picia tego świństwa. Wśród tych „odstraszaczy" są na przykład rozpuszczalniki oraz benzoesan denatonium, który jest jedną z najbardziej gorzkich substancji świata. Wszystko to prowadzi mnie do oczywistego wniosku – jagodzianka na kościach jest idealnym środkiem na zwalczanie koronowirusa i jest go w stanie usunąć w ciągu kilku sekund.

Wystarczy sobie strzelić setę lub – jeszcze lepiej – wprowadzić denaturat do organizmu dożylnie i sprawa załatwiona. Wirus najpierw się upije, potem zacznie się krztusić, a następnie strzeli swoimi głupimi różkami i da nam święty spokój. Moja rekomendacja pseudomedyczna wynika stąd, że obecnie każdy w zasadzie może sugerować skuteczne metody likwidacji pandemii, a w grę wchodzi praktycznie wszystko: jedzenie pasty do butów, wytrząsanie wirusa z ciała przez skakanie na główkę do basenu bez wody, uprawianie energicznego seksu, picie oleju napędowego 10W-40, jazda na rowerze tyłem, okłady z mazi mrówkowej, częste libacje, nacieranie ciała strychniną, detonacja niewielkiego ładunku nuklearnego z przepisowej odległości 2 metrów, itd.

Jak mogłoby wynikać z jednej z konferencji prasowych, metodą preferowaną przez Biały Dom jest wstrzykiwanie środków dezynfekcyjnych, takich jak lizol, oraz wprowadzanie do organizmu intensywnego światła. Ojcem wszystkich tych zaleceń jest oczywiście Donald Trump, który w czasie owej konferencji prasowej zdawał się sugerować, iż metody te mogą być „interesujące" i że należy zbadać ich skuteczność. Na początek proponuję, by sam przywódca partii, państwa i narodu dał sobie „w rurę" lizolem i wtedy zobaczymy, co się stanie. Natomiast wiązkę światła należy eksperymentalnie wprowadzić do organizmu wiceprezydenta i wtedy – kto wie – może wreszcie zabłyśnie.

Na butelkach zarówno lizolu, jak i denaturatu widnieją ostrzeżenia, że są to substancje toksyczne, których nie należy pod żadnym pozorem spożywać. Są też zalecenia, co robić, gdy do spożycia jednak dojdzie. Dziś instrukcje tego rodzaju można zastąpić z powodzeniem prostą poradą: *Call the White House*. Jeśli zaś chodzi o kurację świetlną, nie bardzo rozumiem, w jaki sposób można by wprowadzić do ciała odpowiednio silną wiązkę promieni, choć przyznaję, że wizja bardzo dobrze oświetlonego żołądka zawsze była dla mnie dość ponętna.

Ostatnie wynurzenia prezydenta Trumpa poprzedzone były wcześniejszymi o kilka tygodni sugestiami, że być może należy zażywać lek na malarię o nazwie hydroksychlorochina. Niestety wkrótce potem okazało się, że środek ten nie tylko nie zabija koronawirusa, ale jeszcze jest w stanie zabić pacjenta. Być może chlorochinę trzeba najpierw rozpuścić w lizolu, a dopiero potem sobie to wszystko wstrzyknąć. Ten superkoktajl może na swojej drodze nie pozostawić żadnej żywej komórki.

Prezydent wygłaszając coraz to nowe zalecenia zawsze podkreśla, że nie jest lekarzem. Powstaje w związku z tym w miarę oczywiste pytanie – po co w ogóle zabiera w tego rodzaju kwestiach głos? Zwykle siedzą nieopodal w tej samej sali prawdziwi lekarze, w tym wybitni epidemiolodzy. Gdy Trump rozważał na głos chemiczne wybielanie naszych wnętrzności, doktor Deborah Birx, która jest wybitną specjalistką w dziedzinie immunologii i szczepionek, miała minę, która sugerowała, że albo chce się natychmiast zapaść pod ziemię, albo też marzy o spontanicznym samozapłonie. Niestety żadne z tych wyjść nie wchodziło w rachubę.

Kiedy wokół zdumiewających wypowiedzi prezydenta zrobiła się ogólnoświatowa wrzawa, oznajmił on, że wyrażał się sarkastycznie w celu sprowokowania reporterów. Ponieważ jednak tłumaczenie to nie wytrzymuje zderzenia z rzeczywistością, jaką jest telewizyjny zapis wideo, ostatecznie winę za swoją wypowiedź zrzucił na media, bo są one dla niego zawsze wygodnym zaworem bezpieczeństwa. Wprawdzie nie widzę związku przyczynowo-skutkowego między jego wypowiedziami i istnieniem na świecie dziennikarzy, ale jestem pewien, że prędzej czy później związek taki się pojawi.

Podobno w niektórych stanach USA wzrosła liczba telefonów do lekarzy z pytaniami o to, czy lizol należy sobie zacząć wstrzykiwać od razu, czy też trzeba trochę poczekać. Ja sam zamierzam poczekać, bo przecież może się wkrótce okazać, że są znacznie skuteczniejsze środki, takie np. jak zawsze niezawodny płyn do przetykania zapchanych rur, czyli Drano. Można sobie tym wprawdzie zeżreć jelita, ale płuca będą czyste niczym właśnie wyszorowana wanna.

Tak czy inaczej obecna sytuacja pandemiczna stwarza niezwykle podatny grunt dla ludzi, którzy udają, że się na czymś znają i sugerują zupełnie bezsensowne rozwiązania. Jednak różnica między moją propozycją skakania do basenu bez wody i prezydencką propozycją ćpania lizolu polega na tym, iż Trump stoi na narodowej trybunie i ma wpływ na to, co myślą miliony Amerykanów. Ja natomiast nie mam nawet wpływu na własną żonę, nie mówiąc już o Ameryce.

Wielkanoc w samotności

Jak wynika z danych amerykańskiej organizacji National Retail Federation, przed rokiem ok. 80 proc. Amerykanów planowało spędzenie Świąt Wielkanocnych w gronie rodzinnym. Oznaczało to dość liczne zgromadzenia przy biesiadnym stole. W przeciwieństwie do polskich tradycji, w których główne znaczenie ma niedzielne śniadanie wielkanocne, w USA zwykle przygotowywany jest wystawny obiad, którego zasadniczym elementem bywa pieczona szynka z wszelkimi możliwymi dodatkami.

Niestety w zaistniałej sytuacji owa szynka musi być dość mała. Zasady utrzymywania dystansu pandemicznego dyktują wszak, by przy stole siedzieli wyłącznie domownicy, a nie wujek z Nevady, czy babcia z Nowego Jorku. Niektórzy z pewnością złamią te zasady i będą podejmować licznych gości, ale w sumie nie jest to zbyt dobry pomysł. Ogólnie rzecz biorąc, lepiej jest zjeść jajo w samotności niż obrzydliwy posiłek w szpitalu.

A skoro już o jajach mowa, postanowiłem zwiedzieć się, czy nie grozi nam przypadkiem krach na przedwielkanocnym rynku jajcarskim. Okazuje się, że zagrożenie jest znikome. Notuje się wprawdzie zwiększony popyt na niewyklute pisklęta, ale na razie rynek jest odpowiednio zaopatrzony. Hodowcy wskazują trzeźwo na fakt, iż nie są w stanie zmusić kur do szybszego składania jaj, nawet w przypadku stosowania gróźb lub *waterboarding*, ale zapewniają, że żadnego problemu z podażą nie ma. Nie bez znaczenia jest też fakt, iż nieczynne na razie restauracje i kawiarnie nie zamawiają zwykłej ilości jajek, co dodatkowo zasila rynek detaliczny. Jedynym problemem jest to, że ceny nabiału znacznie ostatnio wzrosły, ale to było do przewidzenia.

A co z amerykańską pieczoną szynką, której zresztą sam nie cierpię? Podobno też nie ma problemu, a jeśli jest, to nie dotyczy braku towaru, lecz jego nadmiaru. Podobno ludzie nadal kupują swoje szynkowe specjały, tyle że nie osobiście, lecz przez Internet. Firma Honey Baked oferuje 10-dolarową zniżkę dla wszystkich tych, którzy zamówią szynkę elektronicznie, a potem odbiorą ją w wyznaczonym sklepie. Jest też możliwość dostarczenia świątecznej świniny przez kurierów z UberEats. Inna firma, Smithfield Foods, zwiększyła swoją szynkową dostawę rynkową o 13 milionów funtów mięsiwa, bo słusznie spodziewała się, iż zamówienia internetowe pobiją wszelkie rekordy.

Niestety nie wszyscy mogą skutecznie przetrwać finansowo obecny kryzys. W stanie Pensylwania istnieje na przykład firma Just Born, która produkuje na okoliczność świąt cukrowe kurczaki zwane Peeps. Niestety w obliczu pandemii produkcja została na jakiś czas wstrzymana, choć znaczna partia tradycyjnych wyrobów zdążyła dotrzeć do sklepów. Dalsze losy firmy pozostają jednak bardzo niepewne.

Nie ma co ukrywać – nastały dość niezwykłe czasy, które niezwykle trudno było przewidzieć. Wprawdzie na stołach z pewnością zagoszczą tradycyjne specjały, ale liczba biesiadników będzie dość ograniczona. W większości domów zabraknie tym razem tradycyjnej święconki, co jeszcze do niedawna w wielu polskich rodzinach byłoby nie do pomyślenia. W przypadku niżej (albo wyżej) podpisanego, niedzielne śniadanie odbędzie się z udziałem dwóch osób (czyli potrzebne będą dokładnie dwa jaja). Zamierzam wraz z małżonką skonsumować odpowiednie dania, a następnie obalić szampana, bo co nam innego zostało?

Z rozmiaru stojącego przed nami problemu zdałem sobie sprawę z chwilą, gdy – jak zawsze – wybrałem się do sklepu po korzeń chrzanu, jako że zwyczajowo na święta robię własny specyfik do wykręcania mordy i powodowania kataru. Chrzanu nie było, w związku z czym zamówiłem go z jakiegoś gospodarstwa na południu stanu Illinois. Towar przyszedł, ale opatrzony ostrzeżeniem, by korzeń „dokładnie umyć i zdezynfekować". Jeśli chrzan, który teoretycznie może zabić każdego wirusa oraz co słabszych konsumentów, trzeba dezynfekować, to sytuacja jest poważna.

Nie wiem, w jaki sposób ludzie bardzo religijni zamierzają spędzić te święta, bo jest to wszak najważniejsza pora w katolickim kalendarzu. Prymas Polski zaapelował ostatnio o to, by pozostać w domach i stwierdził nawet, że większe zgromadzenia będą grzechem. Jestem jednak pewien, że w wielu społecznościach zalecenia te zostaną zignorowane, nie tylko w Polsce, ale również w USA. Wydaje się, że problemem jest głównie to, że ludzie nie wierzą w skalę zagrożenia aż do czasu, gdy choroba nie dosięgnie ich samych lub osób im bliskich. Gubernator Florydy wprowadził ostatnio – z wielkim i niezrozumiałym opóźnieniem – nakaz pozostawania w domu, ale wykluczył z tego postanowienia tzw. mega-kościoły, w których w niedziele gromadzą się tysiące ludzi gotowych do wzajemnego zarażania się. Niestety niemal pewne jest to, że pożałuje tej decyzji.

Nie jest moją rolą propagowanie jakichkolwiek zaleceń. Sam zamierzam pozostać na święta we własnym domu, z dala od dzieci, które są zresztą geograficznie odległe. Jestem pewien, że już za rok dokładnie te same święta odbędą się zgodnie z wieloletnimi tradycjami. Na razie jednak dobrze jest zawiesić to wszystko na kołku i po prostu przetrwać, czyli schować się za ścianami własnego domu lub mieszkania.

Statystyki wykazują, że w ciągu ostatnich dwóch tygodni zakupy napojów alkoholowych w USA wzrosły o 55 proc. W sensie czysto zdrowotnym nie jest to oczywiście dobra wiadomość. W sensie czysto praktycznym, obalenie paru kielichów na pohybel zarazie z pewnością jest krzepiące. No i dlatego ja się cały czas krzepię, bo jakie mam inne wyjście?

Spłuczka w majestacie prawa

Czasy nastały takie, iż coraz więcej ludzi pracuje na odległość, zwykle przy pomocy jakiejś elektroniki. Jest to skuteczna metoda ograniczania bezpośrednich kontaktów między ludźmi, ale niesie też ze sobą niebezpieczeństwa zupełnie innego rodzaju. Przykładowo, w wyniku obowiązującej izolacji telewizyjnych reporterów i komentatorów, coraz częściej widzimy wnętrza ich domów, czyli zaglądamy im niejako do garów przez okno. Jest to szczególnie adekwatny opis w przypadku byłej senator z Missouri, Claire McCaskill, która w telewizji występuje ostatnio stojąc we własnej kuchni, pokazując w ten sposób szafki, rozmaite naczynia, zestaw noży, itd. Niestety jeszcze nigdy nie zdradziła, co gotuje.

Telewidzowie zyskali nagle możliwość oglądania wystroju wnętrz domów różnych znanych ludzi, a w związku z tym wiedzą, kto ma jaki taki gust, a kto lubuje się w plastikowych kwiatach na kredensie oraz w bohomazach na ścianie. Niektórzy komentatorzy „nadają" z piwnicy, gdzie widać tylko jakieś stare biurko i komputer. Wieczorny komik Stephen Colbert prezentuje czasami przelotnie swoją małżonkę oraz synów. Jego kolega po fachu, Seth Meyers, zwykle siedzi na strychu, gdzie tuż za nim są jakieś małe drzwi, za którymi – jak podejrzewają widzowie – trzyma swoje dzieci, czemu on zdecydowanie zaprzecza.

Pandemiczne podglądactwo przynosi czasami komiczne efekty. Nierzadko w wyniku niespodziewanych ataków na komentatorów i meteorologów ze strony psów, kotów i małych dzieci, które nie rozumieją powagi sytuacji ani też nie wiedzą, co to jest koronawirus. Innymi słowy, teraz jest tak, że nigdy do końca nie wiadomo, co się przed kamerami może wydarzyć, a to stwarza pożądaną atmosferę napięcia i nieprzewidywalności.

Ostatnio pojawiła się istotna kontrowersja dotycząca „zdalnego" posiedzenia amerykańskiego Sądu Najwyższego. W czasie tej unikalnej sesji w pewnym momencie wszyscy mogli usłyszeć, że jeden z dyskutantów właśnie załatwił istotną potrzebę fizjologiczną i spłukał porcelanową boginię we własnej łazience, rozprawiając jednocześnie o zawiłych problemach prawnych. Niemal natychmiast pojawiły się spekulacje o tym, kim był winowajca tego *faux-pas* i czy chodziło o „numer 1", czy też o znacznie większy kaliber, czyli „numer 2". Ta ostatnia kwestia została szybko rozwiązana na podstawie wnikliwej analizy zarejestrowanego dźwięku.

Co do winnego zmącenia powagi Sądu Najwyższego zdania pozostają podzielone. Niemal natychmiast wykluczono Ruth Bader Ginsburg, gdyż uczestniczyła ona w dyskusji leżąc w szpitalu. Różne inne okoliczności wyeliminowały Sonię Sotomayor oraz Clarence'a Thomasa. Ten ostatni prawie nigdy nic nie mówi, a zatem przez większość zdalnej sesji miał zapewne wyłączony mikrofon. Ostatecznie wyciągnięto wniosek, że do toalety w czasie obrad udał się 81-letni Stephen Breyer. Tym bardziej że 45 minut przed dźwiękiem klozetowej spłuczki zjadł lunch, zapewniając sobie tym samym odpowiedni materiał trawienny.

Mógłby ktoś spytać, dlaczego wiara internetowa poświęciła tyle uwagi i czasu na wyjaśnienie tej zagadki. Przyczyna jest prosta – zwykle obrady Sądu Najwyższego nie są dostępne szerszej publice, ponieważ: a. są mało zrozumiałe dla zwykłych śmiertelników i b. główny sędzia, John Roberts, od lat zabiega o to, by kierowana przez niego instytucja otoczona była aurą dostojności i tajemniczości. Zresztą nawet nie musi specjalnie zabiegać. Obradom może przysłuchiwać się tylko garstka widzów, którzy wchodzą do siedziby sądu przez bogato zdobiony portal, a potem zmierzają korytarzem, którego wystrój sugeruje, iż wszystkie ozdoby zostały wykradzione ze starożytnego greckiego pałacu. Są tam kolumny, marmurowe żółwie podtrzymujące lampy, freski i wielkie posągi. A gdy już widz dociera do sali obrad, widzi ściany wykładane czerwonym aksamitem i wielkie mahoniowe podium, na którym zasiadają sędziowie przy dźwięku anglo-normandzkiego okrzyku „oyez", sygnalizującego rozpoczęcie sesji. Zresztą sędziowie – zanim zajmują swoje miejsca – wychodzą zza czarnej kotary, niczym 9-osobowa szajka magików.

Cały ten teatr ma się wszystkim kojarzyć z powagą i mądrością, a nie z sedesem. Jest w związku z tym prawie pewne to, że dla Robertsa wyciek dźwięku z WC był wizerunkową katastrofą, ponieważ w przypadku niedawnego posiedzenia zdalnego obradom mógł się przysłuchiwać każdy internauta. Większość słuchaczy nadal niewiele z tego rozumiała, ale odgłos z toalety Breyera był pewną nowością. Wprawdzie naruszyło to wspomnianą dostojność i tajemniczość, ale co tam.

Roberts zawsze sprzeciwiał się nadawaniu obrad Sądu Najwyższego na żywo przez telewizję, gdyż obawiał się przeróżnych wpadek, które sprowadzić mogą wieszczów amerykańskiego wymiaru sprawiedliwości z piedestału nieomylności do roli zwykłych ludzi, którzy – jak wszyscy inni – czasami muszą korzystać z toalety. Rzadko zgadza się nawet na bezpośrednie transmisje radiowe lub zapisywanie w całości na taśmie przebiegu obrad. Niestety w obliczu pandemii i zwiększonego zainteresowania tym, co władza sądownicza robi (albo knuje), nie mógł oprzeć się naciskom i zgodził się na otwartą sesję.

Może powinien był wcześniej uciąć sobie pogawędkę z Breyerem na temat *savoir-vivre'u* elektronicznego. Każdy sędzia może wszak w odpowiednim momencie wyłączyć na chwilę mikrofon, ale podobno Breyer zawsze miał problemy z elektroniką i na przykład raz miał w kieszeni telefon komórkowy, którego posiadanie w czasie obrad jest zakazane. Należy mieć nadzieję, że mimo to nadal zna się na prawie i konstytucji, nie mówiąc już o sprzęcie firmy Kohler.

Super-duper!

Choć prowadzenie jakiejkolwiek wojny to nie żart, wojskowi czasami nazywają różne rodzaje broni i sprzętu terminami, które nie mają nic wspólnego ze śmiercionośnymi zadaniami. Bomba zrzucona na Hiroszimę została pieszczotliwie nazwa Little Boy, natomiast ta zdetonowana nad Nagasaki znana była jako Fat Man. Nazewnictwo to z pewnością nie wpłynęło w żaden sposób na dobre samopoczucie Japończyków, którzy nie mieli zbyt dużo czasu, by się przed śmiercią zastanawiać nad bombową semantyką.

W czasie I wojny światowej Niemcy używali wielkiego działa o nazwie M-Gerät, popularnie znanego jako Dicke Bertha, czyli Gruba Berta. Był to ciężki moździerz kalibru 420 milimetrów, produkowany przez zakłady Kruppa w Essen. Nazwa Dicke Bertha była żargonowym „uhonorowaniem" żony dyrektora Gustava Kruppa, Berty Krupp. Nie wiem wprawdzie, czy pani Krupp istotnie była równie potężna jak działo, ale to już inna sprawa. Tak czy inaczej, pociski wystrzeliwane z Grubej Berty przebijały stropy wszystkich fortyfikacji tamtych czasów. Były też w stanie poradzić sobie z pancerzami o grubości do 30 centymetrów. Gruba Berta mogła w ciągu godziny wystrzelić 10 pocisków po 930 kilogramów każdy na odległość do 15 kilometrów.

W historii militariów nie wszystkie nazwy zdradzają romantyczne cechy. Słynny brytyjski myśliwiec Spitfire znany był powszechnie jako spit, czyli plwocina, co Brytyjczykom za bardzo nie przeszkadzało, za to Hitlera i Goeringa przyprawiało o konwulsje. Oczywiście Polacy nie gęsi i też swoją broń mieli. Wprawdzie wielkiego działa o nazwie Otyła Kaśka nigdy nie było, ale za to czterej pancerni mieli swojego Rudego, który – dopingowany przez Szarika – rozwalał Szkopów na prawo i lewo.

Wszystkie te przykłady mają jedną cechę wspólną. Opatrywanie różnych rodzajów broni nazwami odbywało się zawsze na poziomie „oddolnym". Robili to żołnierze, ich dowódcy czy też nawet naukowcy pracujący w laboratorium w Los Alamos. Nazwy Little Boy nie wymyślił Harry Truman, który miał pod koniec wojny ważniejsze sprawy na głowie. Na pomysł nazwania wielkiego działa Grubą Bertą nie wpadł też niemiecki cesarz Wilhelm II, gdyż jego głównym zajęciem było przedwczesne planowanie teutońskiej dominacji nad całym światem.

Jednakowoż od wszystkich zasad i tradycji zawsze musi być jakiś wyjątek. Wyjątkiem tym stał się ostatnio nieustraszony przywódca narodu amerykańskiego, Donald Trump, który w czasie ceremonii wręczenia mu nowej flagi tzw. Space Force (Sił Kosmicznych) oświadczył nagle, że Ameryka buduje nową rakietę bojową, którą nazwał *super-duper missile*. Zaskoczeni tym terminem spece z Pentagonu spuścili uszy po sobie i odmówili jakichkolwiek komentarzy, zapewne nie tylko dlatego, że zastosowane przez Trumpa nazewnictwo przypomina przechwałki 6-latka na temat właśnie nabytej zabawki z migającymi światełkami i głośnymi syrenami. Rzecz w tym, że prace nad pociskiem, który ma podróżować z prędkością 17 razy większą od wszystkich dotychczasowych rakiet, są objęte tajemnicą i w zasadzie o projekcie tym nie należy w ogóle publicznie wspominać. Rzecznik Pentagonu przyznał, że istotnie są prowadzone prace nad ponaddźwiękowymi pociskami, ale nie chciał zdradzić żadnych szczegółów. Znamienne jest również to, że nie nazwał nowej broni pociskiem „Bara-Bara" ani też rakietą „W pici-polo na małe bramki".

Przechwałki prezydenta są zgodne z genezą i obecnym stanem Sił Kosmicznych, których patronem jest dzielny wicewódz Mike Pence. Ma on ogromne doświadczenie militarne, jako że jego ojciec służył w amerykańskiej armii w czasie wojny koreańskiej. Ja też mam ogromne doświadczenie tego typu, gdyż mój dziadek brał udział w powstaniu wielkopolskim. No ale w moim przypadku nie ma mowy o wiceprezydenturze ani też o stanięciu na czele sił kosmicznych stanu Indiana, tym bardziej że stan ten i tak już jest totalnie kosmiczny.

Opowiadanie Trumpa o *super-duper missile* jest moim zdaniem niebezpieczne, gdyż może w krótkim czasie doprowadzić do trywializacji nazewnictwa militarnego. Przypominam, iż słynny jaskiniowiec Fred Flintstone miał zwyczaj wykrzykiwać w różnych momentach *Yabadabadoo!* A zatem całkiem możliwe jest, że wkrótce jakaś podwodna łódź atomowa zostanie nazwana USS Yabadabadoo. Natomiast zięciem Flintstone'a był Bamm-Bamm Rubble, co skłania mnie ku przekonaniu, że nowa amerykańska bomba atomowa będzie znana jako Strong Bamm-Bamm.

Uzasadnienie powstania Sił Kosmicznych USA było od samego początku dość wątłe. US Space Force pozostaje częścią amerykańskiego lotnictwa wojskowego i nie posiada na razie żadnych konkretnych zadań. Tym bardziej że lot w kosmos na pokładzie Grubej Berty jest niemożliwy. W związku z tym nazwanie jakiegoś nowego pocisku *super-duper missile* zgodne jest z ogólnym poczuciem dziecinady, kojarzącej się z zabawą w piaskownicy przy użyciu niezwykle groźnych wiaderek i łopatek, a nie z realnymi działaniami militarnymi.

W wyniku tych wydarzeń proponuję przemianowanie wszystkich sekcji amerykańskich sił zbrojnych według następującego klucza:

Army – Huraaaah!
Marine Corps – What-the-Hell Corps
Navy – Six Beers on Water
Air Force – Flying High
Space Force – Wow and Bang!
Coast Guard – How Deep Is the Ocean

W ten sposób Pentagon będzie się w stanie skutecznie dostosować do nowego rodzaju semantyki proponowanej przez Biały Dom. A gdy już w końcu wejdziemy w posiadanie *super-duper missile*, co jest tylko kwestią czasu, będziemy mogli sobie wreszcie wykrzyknąć entuzjastyczne *Yabadabadoo!* Ku chwale ojczyzny, ma się rozumieć.

Pandemiczne żarcie

Nauczyciele w szkołach często dają swoim podopiecznym zadanie w postaci napisania krótkiego wypracowania pt. „Co zabrałbym ze sobą na bezludną wyspę". Rezultaty są różne, od dziwacznych aż po całkiem rozsądne. Zwykle jednak nie dotyczą one żywności, gdyż zakłada się, że rozbitek mógłby się wyżywić tym, co na wyspie żyje lub rośnie. Zawsze mnie to nieco martwiło, gdyż jestem pewien, że nie byłbym w stanie niczego upolować, a dieta polegająca na obgryzaniu jakichś korzonków nie wydaje mi się zbyt apetyczna.

Wspominam o tym dlatego, że Amerykanie przez ostatnie tygodnie w pewnym sensie znaleźli się na bezludnej wyspie zwanej domem, ponieważ polecono im izolować się od bliźnich, nie łazić po sklepach, nie gromadzić się, itd. Spowodowało to znaczny wzrost zainteresowania dostawami gotowego żarcia pod drzwi. Dziś wiemy już, jakie dania cieszyły się szczególną popularnością w poszczególnych stanach, bowiem zebrano odpowiednie dane i je opublikowano.

Pod jednym względem statystyki te nie są zbytnio zaskakujące. W sześciu stanach (Idaho, Illinois, Connecticut, New Jersey, Nowy Jork i Ohio) najczęściej zamawiano pizzę, choć konsumenci w Ohio preferowali *deep dish*, podczas gdy w Illinois dominowały zamówienia na *thin crust*. Jednak następne miejsca na liście popularności zamawianej wałówy mogą budzić pewne zaskoczenie. Gyros królował w Kansas, Kentucky, Marylandzie i Północnej Dakocie. A potem już sama Azja. Mieszkańcy Maine, Wisconsin oraz Waszyngtonu najchętniej zamawiali tajskie danie *pad thai*, w Nebrasce, Południowej Karolinie i Luizjanie zażerano się *sushi*, podczas gdy w Massachusetts oraz Rhode Island preferowano chińskiego kurczaka generała Tso, a w Kolorado oraz New Hamsphire – *crab rangoon*. Jeśli dorzucić do tego chleb *naan* (Wyoming) i wietnamską zupę *pho* (Delaware), można dojść do wniosku, że Ameryka postawiona w obliczu kryzysu lubi jeść dania orientalne.

Muszę przyznać, że niektóre pozycje na liście najpopularniejszych dań z dostawą do domu nieco mnie zaskoczyły. W Kalifornii, Michigan i na Hawajach zamawiano najczęściej tzw. *bubble tea*, czyli napój zawierający herbatę, mleko oraz pływające w tym wszystkim kulki tapioki. Pije się to na zimno, a specjał został rzekomo wymyślony w latach 80. w Tajwanie. Walorów smakowych nie znam, bo nigdy tego nie próbowałem, ale nie to jest ważne. Dość oczywiste jest to, że nie da się na tym wyżyć, a zatem mieszkańcy wymienionych stanów musieli też dojadać inne rzeczy. Podobną reakcję wywołała u mnie wieść o tym, że w stanie Waszyngton najchętniej zamawiano biszkopty. Czy oni tam wszyscy powariowali? Biszkopty na czas pandemicznego kryzysu? To już chyba lepiej zamówić panierowane podeszwy do butów albo pieczoną korę sosny.

W Indianie, czyli stanie, w którym mieszkam, tubylcy zamawiali najczęściej danie o nazwie *poke bowls*, co mnie zdumiało, gdyż nigdy przedtem o tym nie słyszałem ani też nie widziałem tego w menu jakiejkolwiek restauracji. Okazuje się, że jest to pokrojona w kostkę surowa ryba, podawana z różnymi dodatkami. Nie wiemm skąd ta popularność dania o hawajskim rodowodzie akurat w Indianie, ale być może od tej pandemii wszystkim się we łbach coś poprzewracało.

W pojedynczych stanach popularne były spodziewane rzeczy, takie jak hamburgery, *taco*, *gumbo*, *burrito*, smażone ryby oraz kanapki. Natomiast wszystkich pobili mieszkańcy stanu Nevada, którzy najczęściej zamawiali hawajskie danie o nazwie *spam musubi*. Wątpię, bym sam to kiedykolwiek zjadł, jako że są to dwa plastry podsmażonej tuszonki, znanej również w Polsce pod wieloma romantycznymi nazwami, np. konserwa śniadaniowa, biwakowa, turystyczna, tyrolska, familijna oraz saperska. Ta ostatnia nazwa może się odnosić do wybuchów gastrycznych, które zakonserwowana świnina może powodować. Tak czy inaczej, *spam musubi* stał się na Hawajach szlagierem w czasie II wojny światowej, gdyż mielonka była zasadniczą częścią diety amerykańskich żołnierzy. Hawajczycy nie chcieli tego jeść bezpośrednio z puszek, w związku z czym wymyślili danie, w którym ugotowany i odpowiednio doprawiony ryż okłada się plastrami smażonej tuszonki, przez co powstaje dość niezwykła kanapka.

No i wszystko pięknie, ale dlaczego ta delicja jest popularna w Nevadzie? Nie znam odpowiedzi na to pytanie. Czekam natomiast z niecierpliwością na dane statystyczne dotyczące tego, jakie alkohole w poszczególnych stanach preferowali pandemowicze. Od czasu do czasu pojawiają się doniesienia, że siedzący w domach ludzie znacznie częściej sięgają po trunki, bo nie widzą innego wyjścia. Albo tak się nudzą, że strzelenie sobie kielicha jest nagle ogromną atrakcją. Wszystko to jest w miarę zrozumiałe, ale myślę, że dane na temat, co się w czasie tego kryzysu pije i gdzie, byłyby niezwykle interesujące.

Pewne wstępne informacje już są. Firma Drizly, która sprzedaje napoje alkoholowe z dostawą do domu, twierdzi, że w kwietniu jej obroty wzrosły o ponad 400 proc. Największy przyrost zamówień dotyczy dobrych gatunków piwa oraz gazowanego cydru (alkoholizowanego napoju jabłkowego). Mniejszy popyt jest na takie trunki jak wódka, whisky i dżin. Ponadto obserwuje się zjawisko kupowania znacznie większych zapasów alkoholi niż zwykle – na tzw. czarną godzinę. Tak czy inaczej, nie ma to jak odstraszyć koronawirusa kanapką z tuszonki popitą jabłecznikiem. Takiej mieszanki wybuchowej przestraszyć się może każde choróbsko. Jest to z pewnością lepsza terapia niż łykanie hydroksychlorochiny oraz wstrzykiwanie sobie lizolu.

Kryzys w pyrach

W pewnym sensie zawsze miałem pokątną nadzieję na to, że kiedyś władza zwierzchnia rozkaże mi zwiększyć konsumpcję jakiegoś artykułu. Liczyłem na propagandę typu „Obywatelu, pij więcej wódki". Za czasów PRL-u raczej niemożliwe było zachęcanie narodu do spożywania większej ilości mięcha, bo go nie było. Była za to kampania na rzecz żarcia kryla, czyli skorupiaka mającego zastąpić kotlety schabowe. Czasami zachęcano też konsumentów do jedzenia istot morskich przez ustawianie przy drogach znaków z napisem „Wróć do domu z rybą", ale było to o tyle bezsensowne, że ryb w sklepach też nie było.

Czasy są jednak obecnie wyjątkowe i wszystko jest możliwe. Przed kilkoma tygodniami pojawiły się wieści, że rząd Belgii aktywnie namawia obywateli do jedzenia podwójnych porcji frytek, ponieważ jeśli to nie nastąpi, ponad 750 tysięcy ton ziemniaków trzeba będzie albo wyrzucić, albo też przemielić na paszę. Wynika to z faktu, iż zapotrzebowanie na frytki znacznie zmalało, jako że do 8 czerwca zamknięte mają być belgijskie restauracje.

Być może nie wszyscy wiedzą o tym, że Belgia jest największym producentem frytek na świecie i wysyła je do ponad 100 krajów świata, co daje zyski rzędu 2 miliardów dolarów rocznie. Ponadto sami Belgowie uwielbiają frytki i nawet w czasie pandemii uliczne stoiska oferujące ten przysmak pozostają czynne. Romain Cools, szef organizacji o nazwie Belgapom, zrzeszającej wszystkich belgijskich producentów frytek, twierdzi, że przeciętna rodzina zjada jedną porcję *fries* tygodniowo. W związku z tym, zdaniem Coolsa, zwiększenie tej konsumpcji do dwóch porcji nie będzie w żaden sposób niebezpieczne dietetycznie, natomiast przyczyni się do uratowania licznych rolników, którzy stoją w obliczu milionowych strat.

Nie wiadomo na razie, czy naród zareagował odpowiednio na rządowe apele i objada się pyrami w rekordowych ilościach. Dla Belgów jest to jednak sprawa ważna nie tylko z powodów pandemicznych. Od lat prowadzą oni z Francuzami jałowe spory o to, kto wynalazł frytki i dlaczego nazywają się one tak, a nie inaczej. Sprawa jest skomplikowana. W roku 1781 belgijski żurnalista Jo Gerard stwierdził, że w manuskrypcie pochodzącym z 1680 roku była wzmianka o tym, iż okoliczni mieszkańcy smażyli w oleju pocięte na małe kawałki ziemniaki. Była to jednak teza dość podejrzana, gdyż kartofel nie zawitał do Belgii oficjalnie przed rokiem 1735.

Inna teoria jest taka, że w czasie I wojny światowej, gdy w Belgii znalazły się wojska amerykańskie i kanadyjskie, tubylcy dawali żołnierzom do jedzenia frytki. A ponieważ oficjalnym językiem belgijskiej armii był francuski, Amerykanie zaczęli nazywać ten przysmak *French fries*. Nikt nie wie, czy jest to legenda, czy fakt, choć znając niezwykłe zdolności geograficzne Amerykanów, historia ta wydaje mi się całkiem prawdopodobna. Całe szczęście, że Amerykanów nie było wtedy w Polsce, zresztą jeszcze nieistniejącej, ponieważ wtedy bigos znany byłby w USA jako *Polish kraut crap*.

Francuzi mają oczywiście zupełnie inną teorię. Twierdzą, że ziemniak został wprowadzony na francuski rynek w 1772 roku przez Antoine-Augustina

Parmentiera, a trzy lata później został po raz pierwszy zaoferowany w postaci frytek. Tak czy inaczej, dziś Belgowie są tymi, którzy zachęcają ludzi do zwiększonego pożerania frytek, a Francuzi milczą. Może się poddali?

Tymczasem w USA farmerzy wyrzucają na śmieci ogromne ilości sałaty, mleka oraz wielu innych produktów, ponieważ nie mają tego komu sprzedać. Mimo to nasz niezwykle pożyteczny rząd federalny nie zachęca nas publicznie do zwiększonej konsumpcji czegokolwiek, z wyjątkiem niewiele znaczącej propagandy pandemicznego sukcesu, ale tym się nie da najeść. Gdyby jednak kiedyś pojawił się slogan *Drink more beer!*, będę pierwszy w kolejce.

A swoją drogą ta koronawirusowa zaraza zdaje się wyzwalać w nas dość dziwne emocje. Niektórzy są zdania, że wprowadzane przez władze ograniczenia to faszyzm i zamach na swobody konstytucyjne, a w związku z tym należy protestować przed siedzibami władz stanowych w pełnym uzbrojeniu i w odległości pół metra od bliźnich. Inni zaś (podobno większość) są zdania, że należy na razie czekać w domach, niekoniecznie na śmierć, lecz przede wszystkim na odejście wirusa w nieznane. Ja należę zdecydowanie do tego drugiego obozu. Dodatkowo zamierzam dostosować się do zaleceń rządu belgijskiego, z którym nie mam żadnych konkretnych relacji, i jeść więcej frytek. Nie może mi to wszak zaszkodzić bardziej niż inne niebezpieczeństwa. Belgijskich farmerów też w ten sposób nie uratuję, ale co tam.

Co innego niemiecki *currywurst*, składający się z frytek oraz kawałków kiełbasy w keczupie z dodatkiem przyprawy curry. Kiedyś jadłem to świństwo w Kolonii i dziś deklaruję jednoznacznie, że nie zareaguję na żadne wezwania władz o zwiększoną konsumpcję tego „dania". Jakieś granice muszą być, nawet w czasach pandemii. Równie dobrze rząd szkocki mógłby mnie namawiać do jedzenia *haggis*, czyli nadziewanego żołądka owczego, a władze Islandii mogłyby zabiegać o zwiększoną konsumpcję przegniłego rekina, zwanego romantycznie *Hákarl*. W odwecie rząd RP mógłby zaapelować do wszystkich osób obecnych na terytorium kraju do jedzenia czerniny, tak by hodowcy kaczek mogli wycisnąć posokę z odpowiedniej ilości zwierząt i tym samym nie splajtować.

Wszystko to prowadzi mnie do następującego wniosku – chyba jednak postawię na schabowego z kapustą.

Fort Mussolini?

W swoim czasie dość głośno było o możliwości powstania w Polsce amerykańskiej bazy wojskowej, która miała się zwać Fort Trump. Teraz szanse na realizację tego projektu wydają się znacznie mniejsze. Natomiast – o ile wiem – pewien były senator z Delaware i wiceprezydent nie interesuje się zbudowaniem na wschodnich rubieżach UE Fortu Biden.

Wspominam o tym dlatego, iż w kontekście ogólnej głupawki, jaka ogarnęła Amerykę, pojawił się pomysł przemianowania szeregu baz wojskowych w USA, gdyż noszą one nazwy związane z wojną secesyjną w XIX wieku. Wprawdzie nieoceniony jak zwykle wódz państwa i narodu natychmiast stwierdził, że na żadne zmiany nazw się nie zgodzi, ale w Pentagonie koncepcja ta jest rzekomo poważnie rozważana.

Faktem niezaprzeczalnym jest to, że nazywanie placówek wojskowych imionami generałów Konfederacji, czyli technicznie rzecz biorąc zdrajców i wrogów Unii, jest nieco dziwne. Bądź co bądź we Francji nie ma dziś bazy o nazwie Forteresse Vichy, Anglia nie ma placówki wojskowej zwanej Goering RAF Station, a Włosi nie posiadają obiektu o nazwie Fortezza Mussolini. Ja jestem wprawdzie absolwentem uczelni im. Bolesława Bieruta, przywiezionego niegdyś do Polski w teczce z Moskwy, ale były to inne czasy, w ramach których Katowice znane były jako Stalinogród.

Prezydent Donald Trump twierdzi, zwykle dużymi literami w serwisie Twitter, że obecne nazwy baz wojskowych na południu kraju powinny być nietykalne, gdyż stanowią one „odwieczną tradycję", choć nie bardzo rozumiem, o jaką tradycję chodzi. Postanowiłem jednak przyjrzeć się ludziom, których nazwiskami ochrzczono placówki militarne w niektórych stanach.

Camp Beauregard w stanie Luizjana. Jest to baza szkoleniowa dla oddziałów Gwardii Narodowej. Pierre G.T. Beauregard był dowódcą w armii konfederacyjnej i absolwentem słynnej West Point Academy. W roku 1861 został awansowany do stopnia generała i przejął dowództwo sił secesjonistycznych w okolicach Charleston w stanie Południowa Karolina. Walczył w wielu bitwach z Jankesami.

Fort Bragg. Jest to największa baza amerykańskiej armii w USA, gdzie stacjonuje prawie 60 tysięcy żołnierzy. Powstała w roku 1918, a nazwano ją tak na cześć konfederacyjnego generała Braxtona Bragga. David H. Petraeus, emerytowany generał oraz były szef CIA, twierdzi, że był to dowódca bardzo nędznego kalibru, który zdradzał brak przywiązania do jakichkolwiek norm moralnych.

Fort Polk. Baza armii w Luizjanie. Leonidas Polk był nie tylko oficerem w armii konfederatów, ale również właścicielem plantacji oraz niewolników. Pełnił też funkcję protestanckiego biskupa. Niczym specjalnym się nie zasłużył, a zginął od kuli armatniej w 1864 roku, w okolicach miejscowości Marietta w stanie Georgia.

Fort A.P. Hill w stanie Wirginia. Nosi imię generała Ambrose'a Powella Hilla, który walczył po stronie konfederatów w bitwach pod Cedar Mountain i Bull Run, a zginął w roku 1865. Był jednym z zaufanych naczelnego dowódcy, generała Roberta E. Lee.

Fort Pickett, również w stanie Wirginia. Generał George E. Pickett znany jest głównie z tego, że poprowadził konfederatów do krwawej bitwy pod Gettysburgiem. Jego atak, znany jako Pickett's Charge, zakończył się klęską. Po wojnie Pickett zajął się czymś znacznie bardziej bezpiecznym – stał się sprzedawcą polis ubezpieczeniowych.

Fort Hood. Wielka baza wojskowa w Teksasie, nazwana na cześć Johna Bella Hooda, kapitana w secesyjnej kawalerii. Uczestniczył on w licznych bitwach w czasie wojny domowej i został awansowany do stopnia generała.

Fort Lee w Richmond w stanie Wirginia. Nosi nazwisko generała Roberta E. Lee, który najpierw dowodził siłami konfederatów w północnej części Wirginii, a potem stał się naczelnym dowódcą całej armii secesyjnej. Jest on zapewne jedną z mniej kontrowersyjnych postaci w szeregach secesjonistów, co nie zmienia faktu, iż istnienie bazy noszącej jego nazwisko jest dość kuriozalne.

Fort Benning w stanie Georgia. Wielka baza wojskowa, która powstała w 1918 roku, a której patronem jest generał Lewis Benning. Wspomniany już generał Petraeus napisał w periodyku *The Atlantic*, że Benning „był tak entuzjastycznym rasistą, że już w roku 1849 argumentował, iż Unia powinna zostać rozwiązana, a południowe stany mogłyby wtedy stworzyć nowe państwo w oparciu o »pracę milionów niewolników«".

Fort Gordon w stanie Georgia. Generał John Brown Gordon był oficerem armii konfederacyjnej, a później senatorem i gubernatorem swojego stanu. Uważany jest za jednego z pierwszych przywódców Ku Klux Klanu w Georgii.

Patrząc na powyższą listę, trudno jest zrozumieć, dlaczego akurat nazwiska tych ludzi zostały wykorzystane do ochrzczenia amerykańskich baz wojskowych na południu kraju. Jak by na to nie patrzeć, wszyscy ci konfederacyjni dowódcy walczyli z armią, która teraz stacjonuje w bazach o ich imionach. Niegdyś w Polsce możliwe byłoby utworzenie bazy wojskowej imienia Berii albo Mołotowa, ale gdyby ktoś dziś zgłosił taki pomysł, zostałby natychmiast wyśmiany i obrzucony zasłużonym błotem inwektyw. Tymczasem w USA przez wiele dekad nazewnictwo to nikomu nie przeszkadzało i dopiero teraz, po szokującej śmierci George'a Floyda, nagle okazało się, że nadszedł czas na istotne zmiany, do których zresztą może nigdy nie dojść.

Zastanawiające jest też to, że Ameryka, która ma do dyspozycji wiele nazwisk wybitnych dowódców wojskowych, nigdy nie zdecydowała się na nieco bardziej uzasadniony patronat.

Seks po szwajcarsku

W natłoku różnych hiobowych doniesień o pandemii, zamieszkach i kryzysie gospodarczym pojawiła się nareszcie dobra wiadomość – 6 czerwca ruszyły szwajcarskie domy publiczne. Stało się to na mocy decyzji władz kraju, a ściślej ministerstwa zdrowia, które zaliczyło te przybytki do kategorii „istotnych społecznie placówek". W tym samym dniu w Szwajcarii można też będzie pójść do zoo, na basen i stadion sportowy lub pojechać na kemping.

Dla wielu czytelników może być zaskoczeniem to, że w kraju takim jak Szwajcaria prostytucja jest legalna. Jest to wszak kraina kojarząca się przede wszystkim z zegarkami, czekoladą oraz jodłowaniem, nie mówiąc już o bankach, w których miliarderzy ukrywają swoje miliardy. Jednak domy uciech cielesnych zostały zalegalizowane już w 1942 roku, co jest o tyle zrozumiałe, że w czasie II wojny światowej Szwajcaria zachowała neutralność. To oznaczało, iż każdy zaangażowany w walki bojownik, niezależnie od strony, którą reprezentował, mógł wpaść do Zurychu, kupić tabliczkę mlecznej i złożyć krótką wizytę u chętnej do harców Hermenegildy. A po wojnie jakoś nikt nie zajął się sprawą delegalizacji prostytucji.

Ponowne uruchomienie domów publicznych jest częścią „odmrażania" gospodarki. Jak wiadomo, wszędzie tam, gdzie ponownie można iść do kina, teatru lub kościoła, obowiązują liczne obostrzenia dotyczące zachowywania odpowiedniego dystansu (*social distancing*), noszenia masek, itd. W związku z tym, niezwykle intrygujące jest to, jakie są warunki wznowienia działalności seksu na sprzedaż.

Okazuje się, że władze o wszystkim pomyślały i sporządziły odpowiednie wytyczne, które regulują precyzyjnie to, co można w domu publicznym robić, a czego nie można. Ponieważ zasady te dotyczą między innymi dozwolonych pozycji seksualnych, oczyma wyobraźni widzę jakiegoś szwajcarskiego biurokratę, który studiuje tom *Kamasutry*, by sprawdzić, które łóżkowe wywijasy mogą być pandemicznie niebezpieczne, a które są w porządku.

W opracowaniu wytycznych pomagała organizacja o nazwie ProKoRe, która jest czymś w rodzaju związków zawodowych dla zawodowych pań lekkich obyczajów. Z chorobliwej ciekawości zajrzałem do internetowej strony tej formacji, gdzie znalazłem w trzech językach – niemieckim, francuskim i włoskim – entuzjastyczne obwieszczenie o tym, że „od 6 czerwca już można".

No właśnie – nie wszystko można. Przede wszystkim klient oraz obsługująca go dama nie mogą się całować, co – jak twierdzą przedstawiciele ProKoRe – nie jest wielkim problemem, gdyż goście domów publicznych rzadko chcą komukolwiek dawać buzi. Gorzej z tym, iż odległość między twarzami zaangażowanych w „sesję" osób musi wynosić przynajmniej pół metra i że noszenie maseczek jest wymagane.

Sprawy się komplikują w przypadku pozycji seksualnych. Władza stoi na stanowisku, że najlepsze są te wygibasy, które stwarzają najmniejsze zagrożenie wydychanymi bakteriami. Nie będę w tym miejscu opisywał dozwolonych i zakazanych pozycji, gdyż jestem pewien, że każdy jest w stanie wyobrazić sobie najpewniejsze zbliżenia pod względem epidemiologicznym. No i jeszcze jedno – seks dozwolony jest wyłącznie we dwójkę, a zatem nie ma mowy o spektaklach zwanych po angielsku *threesome*.

Tyle przepisów dotyczących ludzi. Jednak czujny rząd postawił też domom publicznym ostre warunki dotyczące higieny. Po pierwsze, pościel musi być zmieniana po każdym kliencie, a jej pranie musi się odbywać w temperaturze wyższej niż 60 stopni C. Zaleca się też zarówno klientom, jak i pracownicom prysznice „przed i po". Nie wiem, kto ma pilnować przestrzegania wszystkich tych przepisów, jako że wątpię, by przeciętny szwajcarski stójkowy chciał łazić po placówce i doglądać tego, by wszystko odbywało się zgodnie z restrykcjami. Chyba że rzeczony stójkowy działać będzie jako tajny agent, podszywający się pod klienta w celu bohaterskiego ratowania państwa przed nowymi zarażeniami.

Jest jeszcze jedna, bardzo istotna zmiana. Przed wybuchem pandemii wizyty w szwajcarskich domach publicznych były całkowicie anonimowe. Każdy klient okazywał wprawdzie dowód tożsamości, ale jego dane nigdzie nie były zapisywane. Teraz będą i pozostaną w kartotece przez 14 dni. Zapisywane też mają być rejestracje samochodów. Oznacza to, że nie będzie już można małżonce powiedzieć „byłem z kolegą na piwie", ponieważ prawdopodobieństwo wpadki będzie o wiele większe niż dotychczas.

Jak wiadomo, w USA prostytucja jest legalna wyłącznie w stanie Nevada, i to tylko w kilku powiatach. Jednak tamtejsze domy publiczne pozostają zamknięte i na razie nie zanosi się na to, by w najbliższej przyszłości władze zgodziły się na wznowienie ich działalności. Wbrew pozorom jest to poważny problem, ponieważ pracownice tych placówek straciły wszelkie dochody, tak samo jak ludzie zatrudnieni w wielu zamkniętych lub upadłych biznesach. Jasmine pracująca w domu publicznym Desert Rose twierdzi, że będzie w stanie wytrzymać finansowo do końca czerwca, a potem czeka ją ruina. Z drugiej strony uważa, że nawet gdyby już dziś wróciła do pracy, wątpi, by nastąpił natychmiast całkowity renesans zainteresowania ze strony klienteli. Ludzie mają teraz przeróżne obawy, a wizyta w Desert Rose jest zapewne bardziej ryzykowna niż umówienie się z fryzjerem.

Trzeba będzie zatem poczekać na wyniki odmrożenia placówek szwajcarskich, które mogą skorzystać nieco na fakcie, iż 6 czerwca zniesiono też ograniczenia w ruchu granicznym między Szwajcarią, Włochami i Francją, przez co pula potencjalnych klientów znacznie się zwiększyła. Nikt nie jest w stanie przewidzieć, co będzie dalej, ale jedno jest pewne – seks za pieniądze z pewnością jakoś przetrwa, tyle że na razie będzie dostępny wyłącznie za szwajcarskie franki.

Chodź na mecz, laleczko!

Nieszczęsna pandemia koronawirusowa spowodowała zatrzymanie się ludzkości w miejscu, przynajmniej na jakiś czas. Teraz jednak zaczynają się pojawiać oznaki pewnego renesansu. W Europie wznowiono w kilku krajach kopanie piłki nożnej, choć przy pustych trybunach. Gdy po raz pierwszy po dłuższej przerwie oglądałem mecz ligi niemieckiej, zaskoczyły mnie dwie rzeczy. Po pierwsze, brak hałasu ze strony kibiców ujawnił fakt, że piłkarze cały czas coś do siebie krzyczą, czego normalnie nie słychać. Nie wiem dokładnie, co krzyczą, ale może to i lepiej, bo przecież mogą to być jakieś inwektywy albo odzywki typu „Lewy, ale z ciebie patałach".

Po drugie, ponieważ mecze bez wrzasków zgromadzonych na trybunach ludzi wydają się dość dziwne, usłużna telewizja dodaje do transmisji wrzaski uprzednio nagrane, tak by mogło się wydawać, że kibice są, mimo iż na fotelach siedzą wyłącznie wróble i gołębie. W przypadku polskiej Ekstraklasy nie ma to większego znaczenia, bo na trybunach i tak zwykle więcej jest ptactwa niż ludzi. Ale w Bundeslidze sztuczne hałasy są jak najbardziej uzasadnione. Z drugiej strony dziwi mniej nieco fakt, że w Stanach Zjednoczonych każdy oglądający transmisję telewizyjną informowany jest o tym, że jeśli chce kompletnie cichych trybun, może przełączyć odbiornik na inny, wyciszony kanał.

W USA sport zawodowy pozostaje „zamrożony", ale wszystkie główne ligi mają zamiar wkrótce ruszyć, choć też bez kibiców. Jeśli chodzi o ligę MLB, jest to fakt o nikłym znaczeniu – ludzie przybywający na mecze bejsbolu zajmują się głównie żarciem i piciem piwa, a na boiskowe wydarzenia zwracają uwagę tylko wtedy, gdy raz na godzinę coś się istotnego wydarzy. Jednak nieobecność wiwatujących tłumów w przypadku koszykówki czy amerykańskiego futbolu jest poważniejszym problemem.

Na szczęście brać azjatycka nie próżnuje i wynalazła sensowne rozwiązania, które Amerykanie mogą z powodzeniem zmałpować. Zarząd klubu piłkarskiego FC Seul wpadł na pomysł, by na trybunach rozmieścić odpowiednią liczbę tzw. *sex dolls*, czyli nadmuchiwanych lalek do uciech w alkowie. Sztuczne kobiety nie mogły wprawdzie dopingować piłkarzy dźwiękowo, ale prezentowały atrakcyjne i przesadzone wypukłości, a na kusych koszulkach miały reklamy różnych zabawek zmysłowych. W związku z tym nie wiem, czy gracze patrzyli przede wszystkim na piłkę, czy też na balonowe biusty na trybunach. Wynik meczu nie jest mi znany, ale stawiam na 0 do 0, nawet jeśli w obu bramkach nie było bramkarzy, bo poszli na trybuny, by się bliżej przyjrzeć polietylenowym panienkom.

Działacze klubowi tłumaczyli się później, iż myśleli, że kupili zwykłe manekiny, ale jest to tłumaczenie dość wątłe, jako że różnica między manekinem oraz *sex dolls* jest taka sama jak między krzesłem i krzesłem elektrycznym. Ponadto zakup cycatych kibiców został dokonany w firmie Dalkom, która znana jest głównie jako producent „laleczek" dla znudzonych biznesmenów. Ale co tam – piłkarze grali, plastikowe baby siedziały i wszystko jest OK. Klub może zostać ukarany, ponieważ w Korei Południowej pornografia jest nielegalna, a liga piłkarska zakazuje używania jakiejkolwiek symboliki seksualnej. Być może jednak sprawa zostanie potraktowana pobłażliwe, gdyż lepiej mieć na trybunach nadmuchiwane niewiasty niż pozbawione jakichkolwiek kobiecych wdzięków powietrze.

Zapewne lepsze i bardziej pomysłowe rozwiązanie znaleźli szefowie Korean Baseball Organization (KBO). Liga ta również wznowiła rozgrywki przy pustych trybunach, jednak zostały one następnie zapełnione wyciętymi z tektury postaciami kibiców, którzy nadesłali zdjęcia swoich twarzy. I tak przeciętny kibic może sobie w domu oglądać mecz i zobaczyć samego siebie wśród zgromadzonych fanów z dykty. Dodatkową satysfakcją jest to, że jest się w pewnym sensie na meczu bez konieczności kupowania biletu. Poza tym, gdy twarda piłka przydzwoni w tekturowego Smitha, on sam nie czuje żadnego bólu i może nadal w domowym zaciszu popijać drinki i jeść chrupki.

Oba pomysły nie powinny się moim zdaniem ograniczać do świata sportu. Gdyby tak w Kongresie rozmieścić podobizny ustawodawców, przetykane tu i ówdzie nadmuchanymi lalkami, na sali wreszcie zapanowałaby kompletna cisza i nikt nie opowiadałby jakichkolwiek głupot. A ponieważ jestem pewien, że tego rodzaju rozwiązanie odpowiadałoby większości wyborców, sztucznych posłów można by tam zostawić na stałe, również po ostatecznym zwalczeniu epidemii.

Jest to też dobry pomysł, jeśli chodzi o kampanię prezydencką. Zamiast jeździć po kraju, gardłować i narażać siebie oraz innych, powinno się rozstawić wszędzie wielkie, tekturowe podobizny Trumpa i Bidena, tak by ludzie pamiętali, kto kandyduje. Absencja ich głosowych argumentów wyszłaby wszystkim na zdrowie, a ponadto ogromna większość wyborców i tak już wie, na kogo zagłosuje, a zatem tradycyjna kampania wyborcza jest stratą czasu i pieniędzy.

Przy okazji pandemii zdałem sobie sprawę z tego, że ludziom skazanym na izolację brakuje najbardziej nie tylko stadionów sportowych, ale również salonów fryzjerskich, siłowni i placówek obcinających paznokcie, bo od tego zaczęło się w wielu stanach ponowne uruchamianie gospodarki. Nie wiem, dlaczego akurat te rzeczy są najważniejsze, ale być może chodzi o to, by do szpitala zakaźnego trafić w stosunkowo dobrej kondycji fizycznej, z eleganckimi pazurami i przylizanymi włosami. Nie ma wszak niczego gorszego od bycia rozczochranym i pozbawionym bicepsów w czasie walki na śmierć i życie z koronawirusem.

Koślawe koło historii

W zamierzchłej przeszłości, przed emigracją, przez prawie 30 lat mieszkałem we Wrocławiu przy ulicy Kościuszki. Nazwa arterii była stabilna i bezpieczna, jako że Tadek zawsze był bohaterem narodowym i żadna ekipa rządząca nie mogła do niego się przyczepić. Jednak w pobliżu znajdowała się też ulica Świerczewskiego (przed wojną Gartenstrasse), która wiodła na Dworzec Główny i była ważnym miejscem w centrum miasta. Z oczywistych powodów nazwa ta została zmieniona po 1989 roku i dziś jest to ulica Marszałka Piłsudskiego.

Zmiany nazewnictwa w postkomunistycznej Polsce należały do porządku dziennego. Tam, gdzie drzewiej ulicom patronowali tacy ludzie jak Marceli Nowotko czy Feliks Dzierżyński, dziś istnieją aleje Jana Pawła II czy też Grota-Roweckiego. Problem w tym, że koślawe koło historii toczy się zwykle w dość mało przewidywalnym kierunku. Oznacza to między innymi, że ci, którzy byli nazywani terrorystami, nagle stają się ludźmi godnymi chwały, a liczne piedestały ku czci jakichś tam sławnych postaci obalane są przez kompletnie nowe „wiatry” historyczne.

Jesteśmy ostatnio świadkami zjawisk tego rodzaju jak Ameryka długa i szeroka. Z wielu miast znikają pomniki dawnych konfederacyjnych bohaterów, zmieniane są nazwy różnych szkół i organizacji, a wszystko to, co w taki czy inny sposób związane było ze zjawiskiem niewolnictwa, ostatecznie stało się powszechnie naganne. Zresztą nie dotyczy to bynajmniej wyłącznie Ameryki. W Wielkiej Brytanii nagle okazało się, że rasistowską przeszłość miał na swoim koncie Winston Churchill, którego pomnik przed gmachem parlamentu w Londynie musi być obecnie ochraniany przez policję. Jeszcze do niedawna byłoby to absolutnie nie do pomyślenia.

Nawet ktoś taki jak Krzysztof Kolumb nagle znalazł się w niełasce. Nie tylko dlatego, że tak naprawdę nigdy nie odkrył Ameryki, ale przede wszystkim dlatego, iż nie był facetem zbyt szlachetnym, choć nikt nie kwestionuje jego zdolności organizacyjnych, pionierskich i żeglarskich. W czasie swoich kolejnych wypraw do Nowego Świata tubylców traktował często w sposób okrutny, co było zwiastunem późniejszych krwawych działań hiszpańskich konkwistadorów.

Wracając do problemu niewolnictwa, nie było to zjawisko, które dotyczyło wyłącznie Ameryki. Polowanie na ludzi w Afryce organizowane było przez wiele krajów europejskich, które z handlu żywym towarem czerpały znaczne zyski. W tym haniebnym procederze maczali palce niemal wszyscy. Stało się to szczególnie oczywiste w przypadku francuskiego miasta Bordeaux, słynnego oczywiście z win, którego renoma została zbudowana w oparciu o handel niewolnikami i które przez pewien czas było największym portem przeładunkowym pojmanych w Afryce ludzi. W latach 1672-1837 z tego portu wysłano do Ameryki ponad 150 tysięcy niewolników, co było dla wielu francuskich handlarzy źródłem ogromnych zysków.

W Bordeaux od lat istnieją ulice, które noszą nazwiska handlarzy niewolnikami. Jeszcze do niedawna nikomu to nie przeszkadzało, ale dziś jest inaczej. Pojawiły się protesty i postulaty zmiany nazewnictwa. Jednak władze miejskie wpadły na dość intrygujący pomysł. Nie chcą nazw zmieniać, ale zamontują nowe tablice, tak by pod nazwiskiem pojawiła się dodatkowa informacja o karierze ulicznego patrona. Proces ten już się rozpoczął. Przykładowo ulica Davida Gradisa (1665-1751) nadal nazywa się tak samo, ale pod jego nazwiskiem widnieje informacja, że był on właścicielem 10 statków niewolniczych. I że za zyski z handlu ludźmi kupił działkę ziemi, na której stworzył pierwszy w mieście cmentarz żydowski.

Jest to ciekawe rozwiązanie. Sugeruje ono, że w przypadku ulicy Świerczewskiego we Wrocławiu można było zachować nazewnictwo, ale pod nazwiskiem generała pojawiłaby się informacja, że „człowiek, który się kulom nie kłaniał" był w istocie sowieckim moczymordą, który nałogowo podpisywał wyroki śmierci na działaczy opozycji i który wykazywał się kompletną militarną indolencją. Moja alma mater, czyli Uniwersytet Wrocławski im. Bolesława Bieruta, mogłaby nadal nazywać się tak samo, choć z dopiskiem, że patron uczelni to skrajny stalinista, który był odpowiedzialny za śmierć tysięcy ludzi i wtrącił do więzienia towarzysza „Wiesława", opóźniając w ten sposób o kilka lat partyjne przechwałki o wzroście pogłowia trzody chlewnej oraz rosnącej liczbie kwintali zboża z jednego hektara.

Zdaję sobie oczywiście sprawę z tego, że pomysł z Bordeaux raczej nie ma szans na szerszą akceptację, szczególnie w USA. Trudno mi jest sobie na przykład wyobrazić, że pomnik generała Roberta E. Lee w Richmond w stanie Wirginia, który ma zostać usunięty, nagle został pozostawiony w tym samym miejscu, tyle że z nową tablicą, wyjaśniającą ludziom, iż pan Lee był dowódcą konfederacyjnej armii i – technicznie rzecz biorąc – zdradził swój własny kraj.

Wszystko to jednak budzi we mnie wiele refleksji na temat tego, że interpretacja różnych wydarzeń historycznych i ich bohaterów nigdy nie jest wykuta w kamieniu i że ulega nieustannym zmianom. Przypomnę, iż przez wiele lat przywódca Organizacji Wyzwolenia Palestyny Jasir Arafat uważany był przez większość krajów Zachodu za terrorystę. A jednak to właśnie on w roku 1993 podpisał porozumienie z Icchakiem Rabinem – czemu patronował prezydent Clinton – i to on rok później stał się laureatem Pokojowej Nagrody Nobla. Innymi słowy, nigdy nic nie wiadomo, choć niemal pewne jest to, że już nigdy nigdzie nie będzie placu Adolfa Hitlera.

Przez krótki czas coś takiego istniało w Breslau. No i Adolf nie skumał się jakoś z generałem Karolem.

Środkowy palec

W roku 2017 w czasie demonstracji pod Sejmem w Warszawie niektórzy uczestnicy dopuścili się, zdaniem policji, „tamowania drogi publicznej" oraz „pokazywania nieprzyzwoitych gestów". Jeśli chodzi o te ostatnie, z pewnością miało to coś wspólnego z pokazywaniem środkowego palca, co oznacza zawsze to samo: „f...k you". Co ciekawe, drzewiej w Polsce gest ten był w zasadzie nieznany, a potem pojawił się jako import z USA. No ale *ad rem*...

W różnych częściach świata obrażanie władzy przez „paluchowanie" jest niedozwolone i podlega karze. W roku 2015 we Francji 46-letni kierowca został postawiony przed sądem, gdyż przejeżdżając w pobliżu miejscowości Saint-Forgeux-Lespinasse z nadmierną prędkością pokazał dwukrotnie palec maszynie radarowej robiącej mu zdjęcia. Facet przyznał się, że istotnie przekroczył prędkość, ale zaprzeczył, by wykonał obraźliwy gest w kierunku fotoradarów.

– *Rozmawiałem wtedy ze swoją dziewczyną i byłem zdenerwowany, ponieważ mówiła o swoim byłym chłopaku. Palec był przeznaczony dla niej* – powiedział. Świetna wymówka, ale czujna władza uznała, że – mimo iż we Francji nie ma przepisów pozwalających na karanie za obrażenie aparatury – to gest kierowcy nie był skierowany przeciwko maszynie, a przeciwko urzędnikom ze służb w mieście Rennes, którzy oglądali później zdjęcia z fotoradarów. Wnieśli więc oskarżenie, żądając skazania „kryminalisty" na cztery miesiące więzienia.

Finału tej sprawy nie znam, ale spieszę donieść, że w USA sprawy mają się nieco inaczej i bardziej przychylnie dla osób cierpiących na syndrom podnoszenia środkowego palca. W zasadzie już dwukrotnie potwierdzono w sądach, że jakiekolwiek gesty pod adresem policji są dozwolone i nie mogą prowadzić do konsekwencji prawnych. Najpierw w kwietniu 2006 roku była sprawa 35-letniego Dave'a Hackbarta z Pittsburgha, który parkował samochód, a kierowca innego pojazdu zablokował mu drogę. Hackbart pokazał mu wyciągnięty środkowy palec. Kiedy inny, trzeci kierowca głośno wyraził w tym momencie swoją dezaprobatę, Hackbart powtórzył gest w jego kierunku, co świadczy o tym, że jest człowiekiem konsekwentnym, przynajmniej w sensie inwektywnym.

Problem w tym, że ów trzeci kierowca okazał się policjantem w cywilu i wypisał mu mandat za zakłócanie porządku publicznego. Hackbart zachował się jak prawdziwy Amerykanin, czyli podał sprawę do sądu. Po trzech latach przepychanek na różnych wokandach wygrał sprawę – na podstawie polubownej ugody władze miasta zgodziły się na wypłacenie mu odszkodowania w wysokości 50 tysięcy dolarów. Sąd uznał, że obraźliwy gest nie był naruszeniem porządku publicznego, tylko skorzystaniem z konstytucyjnej wolności wypowiedzi. Przy okazji wyszło na jaw, że w latach 2005-09 policja w Pittsburghu wymierzyła mandaty 198 osobom za podobne obrażanie funkcjonariuszy. Z sumy 50 tysięcy dolarów zasądzonego odszkodowania Hackbart otrzymał tylko 10 tysięcy. Resztę zainkasowali jego adwokaci, którzy zaraz po wyjściu z sądu też wszystkim frajerom pokazali palec, tyle że za to nikt ich nie ukarał.

Genezą najnowszej sprawy tego rodzaju był wydarzenie, które miało miejsce w styczniu 2017 roku, kiedy to na lokalnej drodze w stanie Północna Karolina policjant Paul Stevens zatrzymał pojazd prowadzony przez Shawna Patricka Ellisa. Do zatrzymania tego doszło dlatego, iż Ellis kilkanaście minut wcześniej przejeżdżał w pobliżu radiowozu Stevensa i pokazał mu środowy palec. Motywacja tego czynu jest niejasna, ale nie ma to większego znaczenia. Policjant ruszył w pościg za „przestępcą", a następnie wymierzył mu mandat za „naruszenie porządku publicznego".

Pan Ellis uznał, że jego obywatelskie prawa obrażania kogokolwiek zostały pogwałcone, w związku z czym wytoczył policji proces. Sprawa w tym roku zabrnęła w końcu do stanowego sądu najwyższego, gdzie sędziowie podjęli jednogłośnie (!) decyzję, iż prezentacja środkowego palca policjantom nie stanowi naruszenia prawa i jest całkowicie legalna. Jeden z sędziów, Robin Hudson, wygłosił opinię, która z pewnością przejdzie do historii amerykańskiego wymiaru sprawiedliwości: – *To, że gest podsądnego zmienił się z początkowego machania ręką do „pokazania ptaka", nie jest wystarczającym powodem, by stwierdzić, że był to akt stanowiący naruszenie porządku publicznego.*

W opinii tej zastanawia mnie przede wszystkim fraza „pokazanie ptaka", gdyż może ona sugerować, iż sędzia nie do końca wiedział, co Ellis pokazał policjantowi i dlaczego. Do sprawy wmieszali się również prawnicy American Civil Liberties Union (ACLU), którzy argumentowali przed sądem, iż prezentacja środkowego palca to „forma konstytucyjnie gwarantowanej wolności słowa". Jest to uwaga, którą uważam za krzepiącą. Choć z drugiej strony jestem przekonany, że pokazywanie funkcjonariuszowi palca ma tylko wtedy sens, gdy jest się osobnikiem białym, gdyż inne rasy mogą skończyć pod policyjnym kolanem przyłożonym do gardła.

Tak czy inaczej, najwyższa władza sądownicza w Północnej Karolinie uznała, iż policji można bezkarnie pokazywać środkowy palec i że zatrzymywanie z tego powodu samochodów jest nieuzasadnione. Nie wiem w związku z tym, czy nie zacząć eksperymentować, by sprawdzić, na ile stróże (nie)porządku publicznego są odporni na symboliczne inwektywy. Jest to jednak spore ryzyko, szczególnie wtedy, gdy spotkań z policją nikt nie nagrywa, a konfrontacja odbywa się po zapadnięciu zmroku. Być może zacznę od pokazywania oficerom głupich min, by sprawdzić, jak daleko można w tym dziele się posunąć. Gdyby okazało się, że jest to mój ostatni tekst na tych łamach, przynajmniej będzie wiadomo, gdzie mnie szukać.

Mięso w knajpie

37-letni Michael Lofthouse jest Brytyjczykiem, który w roku 2010 osiedlił się w USA i dziś jest szefem firmy informatycznej Solid8. W dniu 4 lipca, a zatem w święto narodowe, poszedł na obiad do restauracji Bernardus Lodge w kalifornijskiej miejscowości Carmel Valley. W tym samym czasie w lokalu tym rodzina o azjatyckim rodowodzie siedziała przy wspólnym stole i celebrowała urodziny jednej z biesiadniczek.

Z powodów, których zapewne nigdy nie poznamy, Michael podszedł nagle do rodziny Chanów i powiedział: – *Trump is gonna f**k you!* Po czym obrzucił ich stekiem wulgarnych, rasistowskich wyzwisk. Ta niezwykle szarmancka wypowiedź spowodowała reakcję jednej z kelnerek. Gennici Cochran stanęła w obronie zaatakowanej rodziny i kazała Lofthouse'owi opuścić restaurację, mówiąc mu, iż traktowanie w taki sposób jakichkolwiek klientów lokalu nie będzie tolerowane.

Ponieważ incydent ten został nagrany przy pomocy telefonu, wkrótce występ Brytyjczyka znalazł się w Internecie, co spowodowało konsternację nawet w jego własnej rodzinie. Linda Lofthouse, jego matka, wyraziła swoje przerażenie wyczynem syna i zasugerowała, że cierpi on z powodu narkomanii. Natomiast brat,

Richard, zadzwonił do rodziny Chanów, by wszystkich uczestników zdarzenia przeprosić.

A co na to wszystko sam Michael? Zrezygnował ze swojej funkcji w Solid8, dwukrotnie przeprosił publicznie za swoje zachowanie i obiecał, że zapisze się na „program antyrasistowski". Dodał, że „ponownie zaczyna" podróż w kierunku trzeźwości. Sugeruje to, że w tym samym kierunku zmierzał już parę razy wcześniej, ale nigdy nie dojechał do końcowej stacji lub nie załapał się na stosowną przesiadkę. W swoich przeprosinach pisze: „Moje słowa pod adresem tej rodziny były rasistowskie, bolesne i niestosowne. Wszystkie reakcje na ten temat były w pełni uzasadnione i z całego serca potwierdzam, że jestem częścią systemu, który sankcjonuje tego rodzaju zachowania".

Jego reakcja na to wszystko budzi we mnie wiele wątpliwości. Po pierwsze, żaden normalny człowiek nie wchodzi do knajpy i nie atakuje rasistowskimi wulgaryzmami nieznanej sobie rodziny. Do tego nie trzeba żadnych kursów odwykowych, bo rasizm to ani narkomania, ani alkoholizm, lecz postawa światopoglądowa. Ponadto nie bardzo rozumiem, na jaki „program antyrasistowski" pan Lofthouse mógłby się zapisać, bo nigdy jeszcze nie słyszałem o formalnych lekcjach tolerancji i rasowej harmonii. Tego nie można nauczyć się od innych ani zdać na koniec kursu egzaminu.

Po drugie, Michael sugeruje, że jest częścią jakiegoś systemu, który wspiera rasizm. I to ma być jego usprawiedliwienie? Czy w czasie swojej restauracyjnej tyrady nie wiedział, że mówi coś obraźliwego i bolesnego? Jeśli nie wiedział, to już nic mu nie pomoże, nawet wykłady z fizyki kwantowej. Jeśli zaś wiedział, ale uznał, że nie miało to większego znaczenia, wszelkie jego przeprosiny są pozbawione jakiejkolwiek wiarygodności.

Innym aspektem tej sprawy są słowa skruchy Brytyjczyka. Dlaczego przeprasza za coś, co zrobił z pełną świadomością konsekwencji? Mógłby po prostu zignorować rodzinę Chanów i zająć się konsumpcją steka, a wtedy nigdy by nie musiał nikogo przepraszać. Jego zachowanie do złudzenia przypomina wszystkich tych morderców, którzy tuż po wylądowaniu w więzieniu nagle znajdują w sobie Boga i twierdzą, że stali się z tego powodu niewinnymi barankami. Nie wyjaśnia to w żaden sposób, dlaczego nie znaleźli w sobie Boga nieco wcześniej, zanim przywalili w głowę bliźniego siekierą. Nie wiem, czy Lofthouse też nagle doświadczy religijnego renesansu, ale jego przeprosiny są dość wątpliwej jakości. Zauważył to Raymond Orosa, którego żona była w tym dniu urodzinową jubilatką. Sieci ABC powiedział: – *Jestem przekonany, że Lofthouse doskonale wiedział, co mówi, a jego zachowanie świadczy o nim znacznie dobitniej niż jakiekolwiek przeprosiny*. Nic dodać, nic ująć.

Jedynym w miarę pozytywnym aspektem całej tej sprawy jest to, że kelnerka Cochran dostała z całego świata napiwki rzędu 100 tysięcy dolarów, co ma być wynagrodzeniem za jej postawę. Twierdzi, że część tych pieniędzy przekaże koleżankom, a za resztę sfinansuje swoją nową karierę – nauczycielki jogi. Kto wie, może na jej kurs zapisze się kiedyś Lofthouse? Zawsze to lepiej się trochę w ciszy powyginać niż rzucać rasistowskim mięsem w publicznych miejscach.

Szerszym problemem jest to, że bardzo podobne przypadki zdarzają się coraz częściej w różnych częściach kraju i nie zawsze są dziełem rasistów. Przed kilkoma miesiącami senator Mitch McConnell, usiłujący jeść wraz z żoną obiad w restauracji w Kentucky, został werbalnie zaatakowany przez innego biesiadnika, któremu nie podobała się polityka uprawiana przez przywódcę republikanów w Senacie. Człowiek ten głośno żądał, by McConnell opuścił lokal i jadł obiady wyłącznie w domu.

Mnie też się jego polityka nie podoba, ale nigdy nie zdecydowałbym się na publiczne znieważanie kogokolwiek. Ludzie mają prawo do przebywania w przestrzeni publicznej bez narażania się na ataki i obelgi. À propos, żona senatora, Elaine Chao, jest chińskiego pochodzenia, a zatem nie rozumiem, dlaczego Lofthouse jeszcze jej nie zwyzywał wulgarnie i rasistowsko. Może to tylko kwestia czasu?

Nie ulega wątpliwości fakt, iż Ameryka jest dziś krajem mocno podzielonym. Nie da się na razie w żaden sposób temu zjawisku zaradzić, ale z pewnością możliwe jest przestrzeganie zasadniczych norm zachowywania się w miejscach publicznych. A jeśli okaże się, że nie jest to możliwe, eksperyment z amerykańską demokracją w zasadzie upada.

Szokujące sugestie

Alex Jones jest powszechnie znanym amerykańskim zwolennikiem spiskowej teorii dziejów. Przez kilka lat promował na przykład teorię, że atak na szkołę podstawową Sandy Hook w Connecticut, w wyniku którego kompletnie stuknięty Adam Lanza zastrzelił 20 dzieci, został w całości sfingowany przez tajemnicze siły. Zdaniem Jonesa chciały one w ten sposób promować wzmożoną kontrolę nad dostępem do broni palnej. Jones, którego piąta klepka już dawno odpadła od reszty szczątkowego mózgu, twierdził, iż wszystkie „dzieci" zamordowane rzekomo w szkole były podstawionymi aktorami.

Grupa rodziców, którzy w Sandy Hook stracili swoje pociechy, wytoczyła Jonesowi proces, co zakończyło się przyznaniem im 100 tysięcy dolarów odszkodowania. Jednak dzielny Alex działa nadal i oddaje się obecnie bez reszty reklamowaniu szeregu medykamentów, które mają rzekomo skutecznie leczyć ludzi zarażonych koronawirusem. Jest to oczywiście kompletna bzdura, bo żadnych leków na Covida na razie nie ma. Ale co tam, liczy się przede wszystkim zgarnianie zielonych od stosownie zindoktrynowanych czubków.

Alex Jones jest też oczywiście zagorzałym przeciwnikiem wszelkich ograniczeń „swobód obywatelskich" będących skutkiem walki z epidemią. Swój sprzeciw wobec jakiejkolwiek kontroli obywateli wyraził ostatnio w programie radiowym w witrynie InfoWars, ponieważ audycji tej nie chce nadawać jakakolwiek rzetelna organizacja medialna. Jones stwierdzi, że jeśli różne antywirusowe kwarantanny będą się przedłużać, zmuszony zostanie do radykalnego rozwiązania, czyli jedzenia sąsiadów.

– Być może przetrwam jeszcze parę lat, bo mam zapasy, ale już dziś patrzę na sąsiadów w roli żarcia – moje córki nie umrą z głodu. Będą jadły ludzkie mięso. Nie jest dla mnie jasne, czy Jones swoje wywody traktuje całkiem na poważnie, czy też ta szokująca wypowiedź ma charakter prowokacji lub makabrycznego sarkazmu. Kanibalizm jest wprawdzie w USA zakazany, ale to zdaje się Jonesowi nie przeszkadzać.

Szczerze mówiąc, nie wiem, dlaczego Alex uważa, że wszystkich nas czeka klęska głodu. Nie rozumiem też, dlaczego w przypadku tego rodzaju klęski najlepszym rozwiązaniem miałoby być robienie schabowych z sąsiadów. Może lepiej byłoby zacząć od kapusty z grzybami albo od jakiejś dzikiej roślinności? Z drugiej strony, Jones nie jest w swoich poglądach osamotniony. Czasem odnoszę wrażenie, że z jakichś bliżej nieokreślonych powodów kanibalizm stał się ostatnio popularny w niektórych kręgach ultraprawicowych apologetów rzekomo nadchodzącego nieuchronnie kataklizmu.

Na przykład radiowy komentator Rush Limbaugh, który przed kilkoma miesiącami nazwał koronawirusa „katarem", od pewnego czasu argumentuje w swoich programach, że ludzie powinni po prostu przyzwyczaić się do faktu, że będą żyli z tą chorobą przez wiele następnych lat. By zilustrować zdolności „adaptacyjne" bliźnich, przytoczył przykład tzw. Donner Party, czyli grupy amerykańskich pionierów, którzy w latach 1846-47 próbowali dotrzeć do Kalifornii, ale ugrzęźli w górach Sierra Nevada z powodu niezwykle obfitych opadów śniegu. Ludzie ci, którym groziła śmierć z głodu, uciekli się do jedzenia mięsa swoich zmarłych pobratymców. Ostatecznie z 87 pionierów, którzy wyruszyli z Missouri na zachód, przetrwało 48, a skala ich kanibalizmu nigdy nie została do końca wyjaśniona.

Dlaczego Limbaugh nagle zaczął mówić o tej tragicznej w skutkach wyprawie? To proste. Jego zdaniem Amerykanie, szczególnie ci młodsi wiekiem, to mięczaki, którzy nie są w stanie stawić czoła pandemii i wszystkiego się boją. Winni brać przykład z pionierskiej postawy Donner Party i przygotować się na każdą ewentualność, łącznie z grillowanymi żeberkami z Johna Smitha zza miedzy. Limbaugh twierdzi, że pionierzy nigdy na nic nie narzekali i że robili to, co musieli robić w celu przetrwania. I tak samo powinniśmy zachowywać się dziś. Rush uważa, że straciliśmy zdolność do skutecznego reagowania na nowe zagrożenia i że nie potrafimy się skutecznie „adaptować".

Przed laty w Andach doszło do katastrofy lotniczej, w wyniku której grupa rozbitków musiała przetrwać wiele dni w niezwykle trudnych warunkach, wysoko w górach. Ludzie ci też po pewnym czasie zdecydowali się na kanibalizm, ponieważ jedyną alternatywą była śmierć głodowa. Jednak porównywanie tego rodzaju przypadków do obecnej sytuacji w Stanach Zjednoczonych jest kompletnie idiotyczne. W gruncie rzeczy Alex Jones i Rush Limbaugh sugerują, że – owszem – koronawirus jest groźny i wielu ludzi strzeli kopytami, ale jest to nieuniknione i konieczne, tak by tacy jak oni – biali i w miarę zamożni – mogli przetrwać i nadal opowiadać nam swoje głupoty.

Nie wiem, dokąd zaszlibyśmy, gdyby głupstwa opowiadane nam okazjonalnie przez niektórych skrajnie prawicowych radiowców brać na serio. Ja na razie wzdragam się od tego rodzaju podejścia. No ale, jak sugerują Alex Jones i Rush Limbaugh, prędzej czy później dojdzie do takiego koronawirusowego kryzysu, że nawet gotowana przez dwie godziny podeszwa od buta będzie bardzo ponętnym daniem. Szczególnie jeśli w lodówce znajdzie się jeszcze nieco musztardy.

Test na geniusz

Właśnie okazało się, że jestem genialny. Podejrzewałem wprawdzie od dawna, że tak właśnie jest, ale nie chciałem się z tym faktem publicznie obnosić. Ponieważ od pewnego czasu przywódca państwa, partii i narodu chwali się, gdzie tylko może tym, iż poddał się testowi zwanemu Montreal Cognitive Assessment i zaliczył go z maksymalnie możliwą do zdobycia liczbą punktów, postanowiłem, że ja też się przetestuję. No i też dostałem owe 30 maksymalnych punktów.

Niestety entuzjazm z powodu mojego własnego geniuszu został bardzo szybko utemperowany. Po pierwsze, okazuje się, że ów test nie bada ludzkiej inteligencji, lecz stara się wykryć wczesne objawy problemów związanych z demencją czy chorobą Alzheimera. Innymi słowy, zdobycie 30 punktów świadczy wyłącznie o tym, że pod stropem wszystko jest nadal poukładane w miarę dobrze, ale tylko w sensie poprawnego, codziennego funkcjonowania mózgowia, a nie w sensie posiadania uzdolnień Alberta Einsteina. Po drugie, liczni specjaliści stwierdzili, że

Montreal Cognitive Assessment został celowo skonstruowany tak, by był dość łatwy dla ogromnej większości ludzi. Mój sukces zatem, podobnie jak sukces prezydencki, jest dość wątpliwej wartości.

Autorzy testu ujmują to następująco: „Kiedy dany pacjent zaczyna cierpieć na zaburzenia pamięci lub inne problemy kognitywne, może to być źródło niepokoju i niepewności nie tylko dla niego, ale również dla jego bliskich. Niezależnie od przyczyn tych problemów, ważne jest, by w miarę szybko zidentyfikować, które funkcje działania mózgu są zakłócone, w celu opracowania odpowiedniej terapii. Nasz test jest narzędziem diagnostycznym pozwalającym na wykrywanie wczesnych objawów choroby Alzheimera, choroby Parkinsona, bocznego stwardnienia zanikowego (ALS), itd.”. No i masz babo placek. Takie miałem nadzieje na geniusz, a tylko udowodniłem, że na razie nadal będę pamiętał imiona własnych dzieci oraz to, że mam żonę.

Wróćmy jednakowoż do sprawy zasadniczej. Nikt nie wie dokładnie, dlaczego Donald Trump nagle uczepił się tematu swojego testu, ani też dlaczego temu testowi się poddał. Gdyby nagle poinformował, że wstąpił w szeregi organizacji MENSA, skupiającej ludzi o ilorazie inteligencji większym od 98 proc. pozostałych Ziemian, sprawy zapewne miałyby się inaczej. Tymczasem zdał egzamin na nieobecność wczesnej demencji. Ja też go zdałem, ale jakoś nie napawa mnie to zbytnim optymizmem.

Ponadto publiczne wypowiedzi prezydenta na ten temat wymagają pewnych korekt. Po pierwsze, twierdzi on, że zdobył 35 punktów, co jest niemożliwe, chyba że doliczono mu 5 punktów za prawidłowe wpisanie imienia, nazwiska, płci, daty urodzenia oraz daty testu. Po drugie, w wywiadzie dla telewizji Fox powiedział, że test składa się z „30 lub 35” pytań. Montreal Cognitive Assessment to tylko 11 pytań, zawartych na jednej kartce papieru. Ponadto prezydent oznajmił, że o ile pierwsze pytania były bardzo łatwe, końcówka wymagała znacznie większych zdolności i zasugerował, że tylko bardzo nikła część testowanych potrafi sprostać temu zadaniu.

Jednym z tych niezwykle trudnych zadań miało być, zdaniem Donalda Trumpa, powtórzenie w tej samej kolejności słów person, woman, man, camera, TV, a następnie ich ponowne powtórzenie w tej samej kolejności po upływie kilku minut. Specjaliści w Walter Reed Medical Center byli rzekomo zdumieni tym, iż prezydent był w stanie sprostać temu wyzwaniu. Ja też jestem zdumiony, ale tylko z powodu ich zdumienia.

By nie było żadnych niejasności, od ludzi poddawanych testowi wymaga się między innymi narysowania na papierze tarczy zegara i umieszczenie na niej wyznaczonej godziny. Trzeba też prawidłowo zidentyfikować przedstawione na rysunkach trzy zwierzęta (lew, nosorożec i wielbłąd), powtórzyć za prowadzącym test sekwencję pięciu cyfr, odjąć od liczby 100 pięć razy po siedem (czyli 93, 86, 79, 72, 65), powtórzyć dwa angielskie zdania, wypowiedzieć w ciągu minuty jak najwięcej słów zaczynających się od litery „f” (z tym miałem z powodów inwektywnych najmniejszy problem) oraz zdefiniować, na czym polega związek między takimi przedmiotami jak rower i pociąg albo banan i pomarańcza. Te dwa ostatnie zadania zapewne zaliczają się już do najtrudniejszej części testu, o której wspominał wódz.

Trzeba być może wyjaśnić, że ludzie poddawani temu testowi nie są w stanie w żaden sposób go oblać, ponieważ nie taki jest cel tego wszystkiego. Jeśli ktoś zidentyfikuje wspomniane wyżej zwierzęta jako pies z grzywą, pies z rogiem na mordzie oraz garbaty pies, nie oznacza to automatycznie, że jest głupi jak but z lewej nogi, a tylko to, że być może trzeba się poddać dalszym badaniom. Natomiast uzyskanie maksymalnej liczby 30 punktów też nie ma większego znaczenia.

Dla porównania, by zostać przyjętym w szeregi organizacji MENSA, która liczy obecnie tylko 134 tysiące członków, trzeba zdać dwa egzaminy, co zabiera kilka godzin i wymaga rozwiązywania skomplikowanych problemów logicznych oraz matematycznych. Dla przykładu: „W stadzie jest 1200 słoni, z których niektóre mają różowe paski, a niektóre zielone, a jeszcze inne są całkowicie różowe lub całkowicie niebieskie. Jedna trzecia to słonie całkiem różowe. Czy to prawda, że 400 słoni ma kolor niebieski?".

Czytelnikom życzę powodzenia. Jestem pewien, że moje szanse na członkostwo są dość mizerne, co jednak zbytnio mnie nie zniechęca. Przecież zawsze mogę prawidłowo zidentyfikować na rysunku wielbłąda.

Morda w mordę z bizonem

Tegoroczny sezon turystyczny będzie z pewnością zupełnie inny niż dotychczas, gdyż ludzie w warunkach pandemii podróżują znacznie rzadziej i zachowują się ostrożniej. Jednak amerykańskie parki narodowe są ponownie czynne i zapraszają turystów, co nie musi być zjawiskiem pozytywnym.

Przed trzema laty byłem w Parku Narodowym Yellowstone, gdzie – jak wiadomo – znajduje się sporo dzikiej zwierzyny. Przede wszystkim bizony, łosie, wilki i niedźwiedzie. Zaobserwowałem wtedy dość niepokojące zjawisko. Niektórzy „turyści", szczególnie kobiety na wysokich obcasach, uważały, że bizony to mniej więcej to samo co krowy, nadstawiające potulnie swoje mordy tak, by można się z nimi fotografować. Liczni zainteresowani podchodzili do tych zwierząt na niewielką odległość. Niektórzy robili im zdjęcia, ale co bardziej stuknięci próbowali nawet strzelać sobie *selfies*, co wymagało ustawienia się tuż koło domniemanej, dzikiej krasuli.

Problem w tym, że to nie są krasule, lecz dzikie zwierzęta, które z ludźmi nie chcą zwykle utrzymywać zażyłych kontaktów. Przekonała się o tym ostatnio 72-letnia kobieta, która w Yellowstone nagle zapragnęła uwiecznić się na fotce wraz z bizonią mordą. Zbliżyła się do zwierzęcia na odległość około trzech metrów. W pewnym momencie bizon poczuł zagrożenie i zdecydował się na atak, wyrzucając intruza w powietrze, a po chwili ponownie uderzając go rogami. Zdarzenie to miało miejsce na terenie kempingu Bridge Bay, gdzie turystka przebywała ze znajomymi i rodziną. Jak twierdzą świadkowie, kobieta podeszła zdecydowanie zbyt blisko do bizona, który wydawał dźwięki ostrzegawcze i głośno prychał.

Na miejscu zdarzenia pojawili się ratownicy, którzy stwierdzili, że poszkodowana doznała na szczęście tylko niegroźnych obrażeń. Jestem pewien, że osoba ta nigdy nie czytała ostrzeżeń rozstawionych w całym parku, by dziką zwierzynę pozostawić w spokoju. Biolog Chris Geremia, który współpracuje z zarządem Yellowstone, opublikował następujące przesłanie: „Bizony to dzikie zwierzęta, które reagują na groźby, przejawiając agresywne zachowania, takie jak rozrzucanie ziemi, parskanie, kiwanie głową, ryczenie i podnoszenie ogona. Jeśli to nie spowoduje, że zagrożenie minie, bizon może zaatakować". Nie wiem jak moi czytelnicy, ale ja nawet nie chcę czekać na jakiekolwiek sygnały od bizona, że może mi lada chwila przydzwonić. Jednak te proste ostrzeżenia i przestrogi jakoś nie do wszystkich docierają.

Przy okazji media przypomniały również o ubiegłorocznym incydencie, kiedy to bizon zaatakował 9-letnią dziewczynkę, która była częścią 50-osobowej grupy zwiedzającej gejzer Old Faithful. Nie wiem, czy to dziecko też podeszło do zwierzęcia na odległość mniejszą niż rzut beretem, ale niemal na pewno tak było, gdyż bizony nie mają zwyczaju atakowania ludzi, którzy znajdują się od nich w odpowiedniej odległości.

Ludzie z National Park Service twierdzą, że każdy z turystów powinien utrzymywać dystans co najmniej 25 metrów od wszystkich dużych zwierząt, takich jak bizony, łosie, jelenie czy kojoty. Dystans 100 metrów zalecany jest w przypadku napotkania na drodze niedźwiedzi i wilków. Ja bym jednak optował za większą ostrożnością, ponieważ bizony potrafią szybko biegać, a zderzenie z nimi to w zasadzie pewna śmierć. Jestem przekonany, że bizon skutecznie powalający człowieka wraca potem do „bazy", gdzie kumple wycinają mu na rogu kolejny karb znamionujący sukces w starciu z ludzką cywilizacją, a potem wszystkie rogacze przystępują do celebracyjnej libacji.

Problem ten nie ogranicza się ani do Yellowstone, ani też do USA. Niedawno w serwisie YouTube pojawił się krótki film, pokazujący siedzącego w samochodzie turystę zwiedzającego Serengeti National Park w Tanzanii. Człowiek ten najpierw fotografował chodzące wokół pojazdu lwy, a następnie postanowił, że jednego z tych afrykańskich Mruczusiów pogłaszcze po mordzie. Niestety „kotek" niemal natychmiast ostro się zirytował i rzucił się na auto. Skończyło się to na drobnych zadrapaniach, mimo że istniało też prawdopodobieństwo utraty całej kończyny.

Wszystko to jest o tyle zastanawiające, że ludzie zwiedzający ogrody zoologiczne zwykle nie wtykają rąk do klatki z tygrysami ani też nie chcą zapoznawać się z bliska z jadowitymi żmijami. Kiedy jednak do podobnych spotkań dochodzi w naturalnym środowisku, nagle wydaje się niektórym, że dzikość świata zwierząt to tylko pozór, którym nie trzeba się za bardzo przejmować.

Jeśli chodzi o Amerykę, wcale nie trzeba jeździć do parków narodowych lub decydować się na afrykańskie safari, by przekonać się, że z fauną nie ma żartów. Ja na przykład chodzę codziennie na spacer z psem, w czasie którego spotykam liczne dzikie gęsi, zwane kanadyjskimi. Zwykle są to ptaszyska nieszkodliwe, które na widok ludzi usuwają się na bok lub odlatują. Ale nie zawsze. Jeśli czują się zagrożone lub opiekują się potomstwem, potrafią być agresywne, co objawia się głośnym syczeniem i „wojenną" postawą.

Jeszcze do niedawna myślałem, że gęsie syczenie to tylko pic na wodę i fotomontaż, mający na celu odstraszenie przeciwnika. O tym, że jest inaczej, przekonał się mieszkaniec stanu Tennessee, Hank Russell, który idąc do domu i próbował przegonić z chodnika dziką gęś. Ta jednak uznała, że nie będzie ludzkiej dominacji dłużej tolerować. Wzbiła się w powietrze, a następnie zaatakowała wroga, dziobiąc go w szyję. Pod naporem tej inwazji Hank upadł na ziemię i przyznał potem, że starcie z naturą zdecydowanie przegrał.

Muszę chyba z moim psem odbyć poważną rozmowę na temat samoobrony.

Wyjęci spod prawa

Być może nie wszyscy czytelnicy wiedzą, że Stany Zjednoczone graniczą nie tylko z Meksykiem i Kanadą, ale również z Gwatemalą, Afganistanem, Irakiem, Kenią oraz Haiti. Może też mamy granicę z San Escobar, ale o to trzeba by zapytać byłego ministra Waszczykowskiego. We wszystkich wymienionych krajach, poza San Escobar, obecne były przez pewien czas siły amerykańskiej straży granicznej, a w szczególności Customs and Border Protection (CBP) oraz tzw. Bortac (Border

Patrol Tactical Unit). Powstaje w związku z tym proste pytanie – dlaczego ludzie mający strzec naszych granic lądują nagle w obcych i odległych państwach?

Odpowiedzi nie ma. Nie jest to wymysł obecnej administracji, lecz rezultat polityki prowadzonej przez wiele dekad. W latach 50. Kongres postanowił, że straż graniczna może legalnie działać w strefie 100 mil od granicy. Organizacja American Civil Liberties Union (ACLU) od lat nazywa tę strefę „pozakonstytucyjną", co jest całkowicie uzasadnione, gdyż żołnierze CBP mogą w zasadzie wszystko i nie muszą przejmować się prawami, które obowiązują na przykład policję. Ponadto stumilowy pas to dziś już tylko teoria, jako że macki granicznych strażników sięgają czasami znacznie dalej.

W latach 50. straż graniczna liczyła nieco ponad tysiąc osób. Dziś dzielnych strażników jest 21 tysięcy. W stumilowej strefie przygranicznej mieszka obecnie ok. 200 milionów Amerykanów, czyli ponad połowa ludności. Znajdują się też w niej liczne duże miasta, między innymi San Diego, Tucson, El Paso, Buffalo i Detroit. Ponadto niektóre metropolie przybrzeżne, takie jak Portland, Chicago, Nowy Jork i Waszyngton też są w tej strefie na zasadzie „wyjątku".

Ma to pewne niepokojące konsekwencje. Jak niegdyś stwierdził emerytowany oficer CBP, „nas nie obowiązuje 4. poprawka do Konstytucji". A jest to poprawka, która definiuje uprawnienia władz, jeśli chodzi o przeprowadzanie rewizji, konfiskat oraz aresztowań. Strażnicy graniczni mogą w zasadzie wszystko. Mają prawo wyciągnąć kogoś z samochodu i go „zapuszkować" bez nakazów sądowych lub podawania przyczyn oraz mogą przesłuchiwać ludzi bez obecności prawników. Nie muszą przejmować się legalnością najazdów na różne placówki lub zakładania podsłuchów. Są w związku z tym czymś w rodzaju federalnych sił bezpieczeństwa w znacznej mierze wyjętych spod prawa. Teoretycznie zatem każdy mieszkaniec Chicago może nagle znaleźć się w rękach tajemniczych agentów federalnych, mimo że do Kanady jest z naszego miasta znacznie dalej niż 100 mil, bowiem dzieli nas od granicy z północnym sąsiadem dystans 1755 mil. No ale to prosto na północ. Jeśli się pojedzie do Detroit, po drugiej stronie Detroit River znajduje się kanadyjskie miasto Windsor, które położone jest w odległości 240 mil od nas. Nadal zdecydowanie poza przygraniczną strefą 100 mil.

Ostatnio konsekwencje ekspansji działania CBP widzieliśmy w akcji w mieście Portland, gdzie niezidentyfikowani „funkcjonariusze" zgarniali demonstrantów z ulic, wsadzali do nieoznakowanych samochodów i wywozili w nieznane, mniej więcej podobnie jak na ulicach Mińska. Dziś wiadomo już, że w Oregonie działali żołnierze CBP i Bortacu, a to znaczy, że stan ten nagle zaczął graniczyć bezpośrednio z Kanadą. W końcu w Ameryce wszystko jest możliwe. Nie zdziwię się nawet, jeśli okaże się, że graniczymy z Białorusią, a Łukaszenko to nasz dobry kumpel.

Bortac, à propos, został utworzony w 1984 roku, teoretycznie w celu tłumienia zamieszek w więzieniach dla nielegalnych imigrantów. W roku 1992 członkowie tej jednostki znaleźli się na ulicach Los Angeles, by tłumić zamieszki, które wybuchły po brutalnym pobiciu Rodneya Kinga. Pomagali też w operacji zatrzymania i wydalenia na Kubę małego Eliána Gonzáleza. Ludzie ci, mający teoretycznie strzec amerykańskich granic, działają też w czasie dużych wydarzeń sportowych, np. finałów ligi NFL (Superbowl). Ochraniają tereny otaczające stadion, co niestety oznacza również, że w autobusach Greyhound i pociągach Amtraku szukają aktywnie osób bez dokumentów, co z futbolem i bezpieczeństwem nie ma nic wspólnego.

Trzeba zatem zadać podstawowe pytanie – czy działania CBP muszą być w jakikolwiek sposób uzasadnione? Odpowiedź jest prosta – nie. Ludzie ci w zasadzie są wyjęci spod prawa. Przykładowo, by kogoś zatrzymać, aresztować, dokonać rewizji lub konfiskaty, muszą jedynie uznać, że istnieje prawdopodobieństwo podejrzanych działań. Ponieważ jednak oni sami decydują o tym, czy takie prawdopodobieństwo istnieje i nie muszą uzyskiwać sądowych nakazów, możliwe jest nawet aresztowanie myszy za nielegalne zjedzenie sera.

Przed kilkunastoma dniami straż graniczna dokonała najazdu na obóz w Arivaca w stanie Arizona, gdzie grupa o nazwie No More Deaths opiekuje się uchodźcami. Agenci federalni aresztowali kilkanaście osób i skonfiskowali wszystkie telefony komórkowe. W akcji tej brały udział 24 pojazdy, w tym wóz opancerzony Bearcat, bo przecież wiadomo, że ta biedota z Meksyku jest zazwyczaj uzbrojona po zęby i niezwykle groźna.

Wszystko to jest dość dziwne, ponieważ Stany Zjednoczone wydają się jedynym krajem, który używa sił mających strzec granicy państwowej do szeregu innych zadań, które z granicami nie mają nic wspólnego. Jestem pewien, że Francuzi bardzo by się zdziwili, gdyby nagle w Paryżu pojawili się żołnierze polskiej Straży Granicznej obarczeni zadaniem konfiskaty znacznej liczby serów. Wprawdzie pomysł graniczenia Polski z Francją wydaje mi się dość atrakcyjny, ale po drodze są Niemcy, których zapewne nie da się geograficznie przeskoczyć.

Szeryf rządzi

Starałem się ostatnio wyobrazić sobie, co by się stało, gdyby w czasie bitwy o Anglię – w obliczu nadlatującej nad Londyn czeredy bombowców Luftwaffe – Winston Churchill zaapelował do mieszkańców, żeby nie chowali się w jakichś tam schronach lub tunelach metra, lecz wychodzili na ulice z kolorowymi chorągiewkami i machali do Szwabów, by przyciągnąć ich uwagę. Albo co by było, gdyby w czasie tzw. cudu nad Wisłą, czyli bitwy warszawskiej, której kolejna rocznica właśnie minęła, Józef Piłsudski powiedział swoim dowódcom, by się przestali wygłupiać, złożyli broń i oddali stolicę Ruskom, „a potem się zobaczy". Wreszcie ciekaw jestem też, co by się stało, gdyby do Florydy zbliżał się huragan kategorii 5, a gubernator obwieścił, że należy masowo wylegać na plaże z dziećmi i czworonogimi pupilami, by oglądać żywioł z bliska i na własne oczy.

Do tych rozważań, oczywiście czysto teoretycznych, skłonił mnie szeryf Billy Woods działający w powiecie Marion na Florydzie. Niedawno wysłał on do swoich podwładnych zarządzenie, w którym zakazuje noszenia masek w czasie wykonywania obowiązków służbowych. Ponadto każda osoba wchodząca do biura szeryfa ma obowiązek zdjęcia maski, jeśli takową nosi. Postanowienia te wywołały oczywiście liczne kontrowersje, ale Woods się nie ugiął. Argumentuje, że „przestudiował uważnie" ewentualne korzyści wynikające z noszenia masek i doszedł do wniosku, że nie ma żadnych przekonujących danych na ten temat. Ponadto szeryf jest zdania, iż każdy jego oficer winien pokazywać swoją twarz, co – moim zdaniem – jest w miarę uzasadnione, gdyż zawsze dobrze jest wiedzieć, jak wygląda człowiek, który cię pałuje.

Dla przypomnienia, na Florydzie zanotowano prawie 600 tysięcy przypadków zachorowań na koronawirusa, a 8700 osób zmarło. Ponadto naukowcy z Centers for Disease Control twierdzą, że powszechne noszenie masek w miejscach publicznych mogłoby zapobiec tysiącom przypadków śmiertelnych. Wydaje się jednak, że szeryf Woods posiada znacznie szerszą, może nawet nieograniczoną wiedzę na ten temat.

W związku z tym zapewne wynalazł już skuteczną szczepionkę na bakcyla, a w podziemiach komisariatu prowadzi zaawansowane badania, których celem jest wynalezienie lekarstwa na wszystko, czyli czegoś, co wreszcie będzie zasługiwało na miano *panaceum*. Jednak na razie promuje aktywnie zarażanie się wirusem, z sobie tylko wiadomych powodów.

Powodów tych można się jednak do pewnego stopnia domyślać. Woods uważa zapewne, że jego zarządzenie dowodzi, iż władza niczego się nie boi i żaden tam wirus nie jest jej w stanie podskoczyć. Jeśli ludzie się zarażą, to trudno. Ważna jest symboliczna postawa sprzeciwu wobec neosocjalistycznych baranów, którzy uważają, że coś nam grozi, podczas gdy tak naprawdę nie grozi nam nic.

Zarządzenie szeryfa przewiduje pewne wyjątki. Maski pozostają obowiązkowe w więzieniach, szpitalach, siedzibach sądów oraz w szkołach. Wszędzie indziej powiatowi policjanci mają prawo do dowolnego rozsiewania koronawirusa wśród ludności, w imię zdrowia i bezpieczeństwa populacji. Jeśli nieopatrznie założą maskę, zostaną skarceni przez szefa, a być może nawet zwolnieni. Na domiar złego, pozycja szeryfa w USA jest bardzo mocna i nawet gubernator stanu nie może kwestionować jego decyzji. W przypadku Florydy nie ma to większego znaczenia, jako że gubernator Ronald DeSantis należy do grona czubków uważających, że zagrożenie koronawirusem jest przesadzone i nie wymaga specjalnych poczynań ze strony władz.

Jak wiadomo, w pierwszych miesiącach pandemii noszenie masek nagle stało się kwestią polityczną i do pewnego stopnia pozostaje taką do dziś. Sam byłem świadkiem incydentu w moim miejscowym Krogerze – gdzie noszenie masek jest obowiązkowe – w ramach którego potencjalny klient bez stosownego nakrycia facjaty został zatrzymany przez sklepowy personel. Gdy wyjaśniono mu, że musi mieć maskę, wpadł w furię i zaczął bredzić coś o wolnościach konstytucyjnych i gwałceniu praw człowieka, ale ostatecznie został skutecznie wyproszony z supermarketu. Krzyczał na odchodnym, że wszystkich poda do sądu, ale nie bardzo wiem, o kogo mu chodziło. Dziś robi zapewne zakupy w powiecie Marion na Florydzie, a szeryf Woods pcha mu wózek.

Pan Woods nie jest w swojej postawie odosobniony. W ostatnich dniach w Kalifornii oraz w Madrycie odbyły się demonstracje ludzi, którzy odmawiają noszenia masek i twierdzą, że wszelkie nakazy wydawane w tego rodzaju sprawach przez władze są przejawem socjalizmu lub totalitaryzmu. Oczywiście w czasie tych demonstracji nikt nie ma na sobie masek, co gwarantuje, że choroba szerzyć się będzie nadal. Zresztą mój przykład z Krogera nie jest odosobniony, ponieważ w różnych częściach USA niemal codziennie dochodzi do utarczek, które czasami kończą się interwencją policji. Prywatnie sądzę, że jeśli ktoś odmawia zakładania maski, to powinien wybierać się na zakupy tam, gdzie nie ma takiego obowiązku. No ale to byłoby zbyt prostym rozwiązaniem.

Wracając do Churchilla, gdyby rzeczywiście zalecił mieszkańcom Londynu wychodzenie na ulice w czasie niemieckich nalotów, spowodowałby zapewne śmierć tysięcy ludzi. Szeryf Woods w pewnym sensie robi dokładnie to samo, tyle że na znacznie mniejszą skalę. Jednak kiedyś będzie się musiał ze swoich decyzji rozliczyć, a ponieważ szeryfowie są wybierani przez wyborców, życzę mu powodzenia. Mam nadzieję, że gdy dojdzie w powiecie Marion do wyborów, nadal będą tam jeszcze jacyś wyborcy. Kto wie, może nawet będą nosić maski?

Parasol dla spiskowców

Z powodów, których nie jestem w stanie wyjaśnić, ludzie uwielbiają teorie spiskowe, nawet wtedy, gdy są one całkowicie bezsensowne. By wyliczyć tylko niektóre: ciało Marsjanina przechowywane jest w tzw. Area 51 w stanie Nevada, księżna Diana została zamordowana, gdyż próbowała udaremnić ataki terrorystyczne 9/11, ataki te zostały zorganizowane przez wywiad izraelski, prezydent John F. Kennedy został zamordowany przez mafię wspieraną przez Fidela Castro, ludzie nigdy nie wylądowali na Księżycu, a masakra dzieci w szkole w Newtown została sfingowana przez rząd.

Polacy oczywiście nie gęsi i też swoje spiski mają. Najwięcej teorii spiskowych narosło wokół katastrofy prezydenckiego tupolewa w Smoleńsku. Od elektronicznego ataku zakłócającego pracę systemu TAWS, przez pułapkę helową i sztuczną mgłę rozpyloną przez Rosjan, przepuszczoną celowo przez kremlowską kontrolę wadę fabryczną serwisowanego samolotu, wielopunktowy wybuch bomby termobarycznej, a nawet nadcięcie skrzydła tupolewa piłą, aż po wybuch w salonce prezydenta i kadłub pękający jak parówki. Do najodważniejszych teorii należy z pewnością koncepcja traktująca wybuch jako kamuflaż mający na celu ukrycie faktu uprzedniego otrucia pasażerów. Pojawiają się też koncepcje, że po runięciu maszyny na ziemię tych pasażerów, którzy jakoś przeżyli, dobijali tajemniczy uzbrojeni ludzie, a strzały te rzekomo słychać na amatorskim filmie.

Najciekawsza jest chyba jednak „teoria maskirowki". Według niej 10 kwietnia 2010 roku pasażerowie feralnego Tu-154M w ogóle nie dolecieli do Smoleńska i w ogóle żadnego wylotu nie było, bo zostali wcześniej porwani i zabici w imię „nowej Jałty". Uzgodnili to wspólnie Barack Obama, Donald Tusk i Władimir Putin, a wykonawcą wyroku miał być ten ostatni.

Wszystko to jednak pikuś wobec różnych teorii związanych z tzw. ruchem QAnon. W pewnym sensie jest to jeden wielki parasol dla wszystkich konspiratorów, gdyż liczba teorii spiskowych nieustannie się zwiększa i wcale bym się nie zdziwił, gdyby kiedyś pod tymże parasolem wylądowały również legendy smoleńskie. Mimo nieustannych zmian fundamenty ideowe QAnona pozostają na ciągle tym samym poziomie idiotyzmu.

Zwolennicy ruchu są zdania, że światem rządzi obecnie tajna szajka wpływowych ludzi, którzy są satanistycznymi pedofilami porywającymi dzieci, by je sprzedawać seksualnym zboczeńcom. W skład tej szajki wchodzą między innymi: Hillary Clinton, Barack Obama, George Soros, Oprah Winfrey, Tom Hanks, Ellen DeGeneres, papież Franciszek oraz Dalajlama. Ludzie ci nie tylko porywają dzieci, ale je również zabijają i jedzą, ponieważ są przekonani, że jest to recepta na bardzo długie życie. Obecny prezydent USA ma wkrótce rozprawić się z tym drapieżnymi przestępcami przez masowe aresztowania w ramach tzw. Burzy (*The Storm*).

Wszystko to oczywiście nie ma sensu ani też nie istnieją żadne dowody na to, by taka szajka istotnie istniała, ale to zdaje się nikomu za bardzo nie przeszkadzać. Wspomniana Burza miała nastąpić w roku 2018, ale nic się wtedy nie wydarzyło, co spowodowało, iż obecne prognostyki mówią o eliminacji szajki „lada dzień".

Uważam, że przypisywanie papieżowi skłonności do satanicznej pedofilii można porównać do teorii, iż Józef Stalin po kryjomu był zwolennikiem zachodniego modelu demokracji i żywił się wyłącznie muchomorami sromotnikowymi. Cieszę się też z faktu, iż Barack Obama wydaje się być wygodnym spoidłem między spiskiem smoleńskim i QAnon, bo maczał palce praktycznie we wszystkim i może być uznawany za podziemny symbol przyjaźni polsko-amerykańskiej.

Ruch QAnon narodził się w roku 2017, kiedy to w witrynie internetowej 4chan pojawił się wpis anonimowego człowieka o pseudonimie Q, podającego się za wysokiego rangą oficera amerykańskiego wywiadu. Wpis ten po raz pierwszy zawierał informacje o tajnej szajce pedofilskiej oraz o walce Białego Domu z tym zjawiskiem. Początkowo Q, którego tożsamość pozostaje nieznana do dziś, nie wywołał swoimi bredniami większego zainteresowania, ale – jak to w Internecie zwykle bywa – bajki opowiadane przez tajemniczego osobnika zaczęły być rozpowszechniane w wielu innych miejscach. Dziś liczbę zwolenników ruchu QAnon szacuje się na kilkaset tysięcy, choć nie wiadomo, czy są to dane wiarygodne.

Niedawno w Georgii odbyły się republikańskie prawybory do Kongresu. Zwyciężyła w nich Marjorie Taylor Greene, która niemal na pewno pokona w listopadzie swojego demokratycznego konkurenta. Tym samym będziemy mieli po raz pierwszy posłankę, która jawnie popiera ruch QAnon i twierdzi, że wybranie w roku 2018 do Kongresu dwóch muzułmanek jest „islamskim zamachem na rząd USA". Kto wie, może weźmie aktywny udział w zapowiadanej Burzy i aresztuje osobiście popleczników Szatana?

Mnie jednak interesuje coś innego. Ciekaw jestem mianowicie, czy ci sataniści spod znaku Clinton i spółki są zwolennikami kogoś takiego jak Lucyfer lub Belzebub, czy też może żywią potajemnie sympatię dla naszych rodzimym diabłów, takich jak Rokita czy Boruta. W końcu diabeł diabłu nie jednaki. A taki polski akcent diabelski pod światowym parasolem dla totalnych czubków bardzo by się przydał. Tym bardziej że w przeciwieństwie do Lucyfera, który jest diabłem upadłym, nasz Rokita to do pewnego stopnia swój chłop. Jak głosi ludowa legenda, cechuje go niewyobrażalna siła, ale za to nie jest zbyt przebiegły. Zamieszkuje tereny, które są kojarzone z bramą do zaświatów. Są to np. wszelkie mokradła, lasy, a przede wszystkim wnętrza starych wierzb, w których zapewne koczuje też od czasu do czasu George Soros razem z Tomem Hanksem. Rokita był rzekomo bardzo hojnym rozbójnikiem z Domaradza. Mieszkał na górze Chyb z innymi zbójnikami i okradał kupców, by skradzionymi łupami obdarowywać wieśniaków. Dziś jednak zapewne siedzi w wierzbie i wysyła emailem listy do Dalajlamy.

Pizzą w twarz

Zdaje się, że w wyniku pandemii niektórym ludziom zaczyna mocno odbijać. Najpierw przez wiele tygodni nie można było chodzić do restauracji, a potem częściowo je uruchomiono przy zachowaniu pewnych ograniczeń. Niestety nie wpływa to pomyślnie na kondycję psychiczną niektórych osobników, w tym również przestępców.

W miejscowości Greenwood w stanie Delaware istnieje pizzeria Stargate. Pewnego dnia jej właściciel przygotowywał się wieczorem do zamknięcia swojej knajpy, gdy nagle podszedł do niego jakiś osobnik uzbrojony w maczetę i zażądał pieniędzy z kasy. Udowodnił tym samym, że jest mocno do tyłu, jeśli chodzi o postępy cywilizacji, gdyż powinien wiedzieć, iż w restauracyjnych kasach jest zwykle bardzo niewiele banknotów, bo niemal wszyscy płacą jakimś plastikiem.

Zagrożony napadem restaurator nie posiadał żadnej broni, ale wykonał manewr, który przyniósł sukces. Rzucił mianowicie w faceta pizzą (*extra large*). Rabuś przestraszył się i uciekł. Być może nie odpowiadały mu składniki pizzy albo też placek był gorący i go oparzył. Tak czy inaczej, niebezpieczeństwo zostało oddalone. Policja stanowa nie zidentyfikowała jeszcze napastnika, ale może znajdzie go szybko, bo z głowy może mu zwisać kawałek pepperoni.

Ponieważ zawodowi wypiekacze pizzy często rzucają do góry wielkie kręgi ciasta, ciepnięcie czegoś takiego w bandytę nie powinno dla nich stanowić problemu. Jednak broń w postaci żywności może być różna w zależności od części świata. Singapur słynie na przykład z tego, że na okoliczność każdego chińskiego nowego roku szefowie w licznych restauracjach robią sałatkę z surowych ryb, która zwie się *yu sheng*, co może być przetłumaczone jako „surowa ryba" albo „bogactwo życia". Kluczem do sukcesu, zarówno kulinarnego, jak i życiowego, jest odpowiednie podrzucanie sałatki, co ma doprowadzić do jej idealnego wymieszania. Gdyby zatem gość z maczetą chciał zaatakować lokal singapurski, mógłby dostać w łeb surową rybą.

Okazuje się zresztą, że rzucanie żarciem jest zajęciem dość popularnym w wielu krajach. Na przykład, w Eau Claire w stanie Michigan odbywają się doroczne zawody w pluciu pestkami z czereśni. W Islandii ludzie jadący konno trzymają kufle z piwem, a zadaniem jest nieuronienie ani jednej kropli. Natomiast w Anglii mają miejsce zawody, w czasie których biegacze zmierzają do mety z patelniami, na których znajduje się sterta naleśników.

Wracając do rzucania, być może najgroźniejszą bronią kulinarną jest szkocki *haggis*, czyli narodowa specjalność składająca się z nadziewanego żołądka owcy. W Szkocji co rok odbywają się zawody w rzucaniu tym przysmakiem, w ramach których uczestnicy stają na odpowiednim podwyższeniu, zwykle pustej beczce po whisky, i miotają żołądkami. Wygrywa ten, który rzuci najdalej i nie spowoduje rozpadnięcia się dania. Jest to o tyle ważne, że *haggis* jest ohydny i zawsze korzystniej trzymać jest jego nadzienie w środku. Gdyby w Delaware właściciel pizzerii rzucił w przestępcę owczym żołądkiem rodem ze Szkocji, jestem pewien, że facet ten już nigdy nie popełniłby żadnego wykroczenia, bowiem bałby się ponownego zetknięcia z *haggisem*. À propos, obecny rekord w rzucaniu tym daniem wynosi 207 stóp, a zatem prawdziwy mistrz potrafić razić przeciwnika z dość dużej odległości.

Oczywiście Amerykanie nie mogą być gorsi. W roku 1996 w miejscowości Manitou w stanie Kolorado zawiązała się grupa, która po każdych świętach Bożego Narodzenia zbiera się w parku i rzuca kawałkami ciasta owocowego. Podobnie jak w Szkocji, celem jest jak najdalszy miot, a obecny rekord wynosi 124 stopy. Jednak w miarę upływu lat te niezwykłe zawody zostały rozbudowane i dziś keksem można strzelać przy pomocy procy lub przy użyciu pneumatycznej wyrzutni. W roku 2007 grupa inżynierów z firmy Boeing wystrzeliła ciasto na odległość 1420 stóp, używając do tego celu armaty. Wbrew pozorom, impreza w Manitou ma pewien konkretny cel – chodzi mianowicie o efektowne wyrzucenie wypieków, które nie zostały zjedzone przy świątecznych stołach.

Być może najlepszy pomysł mieli mieszkańcy angielskiej miejscowości Coxheath, którzy w roku 1967 wymyślili konkurencję rzucania plackami. Jednak nie chodzi tu o rekordowe odległości, lecz o trafienie przeciwnika w facjatę, za co dostaje się 6 punktów. Trafienie w inne części ciała jest mniej pożądane. Zawody zorganizował miejscowy polityk, Mike Fitzgerald, który postanowił, że będzie to idealna metoda zbierania pieniędzy na budowę nowego ratusza. Inspirację czerpał z filmu Charliego Chaplina pt. *Behind the Screen*, w którym placki latały na masową skalę. Od tego czasu zawody obserwują turyści z wielu zakątków świata, między innymi z USA, Japonii, Kanady i Chin. Ratusz już dawno wzniesiono, ale placki nadal raz w roku fruwają.

Wszystko to sugeruje, że problem nadmiernej ilości broni palnej w USA można by było rozwiązać przez stosowanie broni żywnościowej. Zamiast strzelać kulami, które zwykle powodują fatalne następstwa, powinno stosować się pizzę, krążki sera, suchy chleb, itd. W przypadku poważniejszych przestępstw być może trzeba by było uciekać się do broni większego kalibru, np. orzechów kokosowych, arbuzów, melonów i odpowiednio twardych jabłek. Wynik tego rodzaju porachunków byłby zawsze lepszy niż w przypadku tradycyjnej strzelaniny. W końcu rabuś z maczetą w garści nadal żyje, a w knajpie Stargate nadal robi się pizzę.

Pandemiczna głupawka

Pandemia, która nadal króluje, postawiła wszystko na głowie. Niemal codziennie dzieje się coś dziwnego, szokującego lub niewytłumaczalnego. W Berlinie tysiące ludzi znalazło się w okolicach Bramy Brandenburskiej, by protestować przeciw rządowym nakazom noszenia w miejscach publicznych masek. Nie wiem, dlaczego im te maski przeszkadzają i co z protestu tego ma wyniknąć, ale w pewnym sensie każdy ma niezbywalne prawo do zarażenia się, a nawet strzelenia kopytami, jeśli taka jest jej lub jego wola.

W stanie Vermont, w pobliżu miejscowości West Addison, na pole uprawne należące do Josepha Marszalkowskiego (Polak jak zwykle potrafi) spadła z nieba proteza nogi. Joe zabrał ją do domu, bo nie bardzo wiedział, co zrobić. Po pewnym czasie w lokalnych mediach ukazała się wiadomość, iż sztuczna noga należy do niejakiego Chrisa Marckresa, który – z nudów wywołanych pandemiczną izolacją – postanowił wykonać skok ze spadochronem w ramach usług świadczonych przez firmę Vermont Skydiving Adventures. Niestety w czasie tego skoku odpadła mu kończyna. Mimo to wylądował pomyślnie, a potem udało mu się znaleźć zgubę.

Tymczasem na Filipinach prezydent Rodrigo Duterte, znany głównie z tego, że jest zdrowo stuknięty, zasugerował publicznie, że maski noszone przez ludzi można dezynfekować benzyną. Ministerstwo zdrowia zmuszone zostało do wydania natychmiastowego ostrzeżenia, że z porady tej nie należy korzystać, choć ja uważam, że jeśli już dezynfekować, to najlepiej paliwem lotniczym, które lepiej się jara. Wreszcie w Wielkiej Brytanii, w trakcie wirtualnego posiedzenia jednej z komisji Izby Gmin, przed twarzą jednego z uczestników tego wydarzenia, posła Johna Nicolsona, nagle pojawiła się puszysta kita jego kota. Mimo to parlamentarzysta kontynuował swojego wystąpienie, choć w eterze rozległy się chichoty innych posłów.

O wiele poważniejsze jest to, że pandemia skłania wielu do snucia egzotycznych teorii spiskowych. Nie trzeba było długo czekać, by po wybuchu kolejnych ognisk choroby pojawiły się głosy, że to wina działania tajnych laboratoriów, w których pracowano nad zabójczymi wirusami. Co więcej, najbardziej „kreatywni autorzy" sugerują, że koronawirus został specjalnie „wypuszczony" na wolność, aby zatuszować działanie technologii 5G na ludzki organizm. Pojawiły się też teorie, że pandemia tak naprawdę nie istnieje, a ludzie chorują w wyniku działania „szkodliwych fal", wydzielanych przez wieże transmisyjne telefonii komórkowej.

Niektórzy wymyślają nawet fikcyjne schorzenia, jak np. „zespół 5G", tylko po to, aby szerzyć dezinformację i przyczyniać się do szerzenia paniki. Zespół 5G zapewne istnieje i wymaga skutecznego leczenia psychiatrycznego, co jednak z obecną pandemią nie ma nic wspólnego. Ja sam, à propos, od kilku miesięcy posiadam telefon korzystający z technologii 5G i jak dotąd nie wystąpiły u mnie jakiekolwiek objawy. Chyba że chodzi o to, iż falę 5G rzucają się na mózg, bo wtedy wszystko jest możliwe.

Dla przypomnienia, gdy w Europie w XIV wieku wybuchła epidemia dżumy, czyli „czarnej śmierci", w wyniku której zmarł co trzeci mieszkaniec kontynentu, też krążyły dość egzotyczne teorie, choć nie można było wtedy zrzucić winy na telefonię komórkową. Przyczyn pojawienia się śmiertelnej choroby doszukiwano się działaniu trucicieli, Żydów i „złych chrześcijan". Inni łączyli jej działanie z „morowym powietrzem", jak określano dawniej różne zarazy przenoszone drogą kropelkową. Powstało nawet wiele specjalnych modlitw wznoszonych w celu ochrony przed jego skutkami. Natomiast Jean Venette w *Kronice Łacińskiej* wiązał dżumę z astrologią, pisząc w 1348 roku: „Widziano w Paryżu w kierunku zachodnim wielką gwiazdę mocno w ciemnościach świecącą. Możliwe, że była to przepowiednia epidemii, która nastąpiła potem w Paryżu, w całej Francji i gdzie indziej". Innymi słowy, człowiek zawsze znajdzie sobie jakiś spisek do wyjaśnienia tajemnic.

Jeśli ktoś uważa to wszystko za śmieszne, to ma rację, ale nie każdemu jest do śmiechu. Nie tak dawno w Internecie pojawiła się wieść, iż wirusa można zwalczyć przez picie izopropanolu (alkoholu wykorzystywanego głównie w przemyśle). W Turcji kilkadziesiąt osób zmarło w wyniku zatrucia się tą substancją. Nie lepiej jest w USA, gdzie stawiano na zbawienne rzekomo skutki stosowania leku na malarię, hydroksychlorochinę, nie wspominając o żartobliwych rzekomo sugestiach, by pić środki dezynfekujące lub przywalać chorobie silnymi strumieniami skoncentrowanego światła. Na szczęście większość skutków wirusowego pomieszania z poplątaniem prowadzi zwykle do komicznych następstw.

W stanie Rhode Island doszło do wydarzenia, w ramach którego tamtejszy urząd podatkowy wysłał 175 czeków ze zwrotem nadpłat, głównie do właścicieli biznesów. Problem w tym, że na czekach tych widniał podpis Walta Disneya oraz Myszki Miki, a nie stanowego skarbnika. Disney już od dawna nie żyje, a osławiona Myszka nigdy nie istniała poza światem animowanych filmów, a zatem podpisy pod stanowymi wypłatami posiadały mizerną wartość. Pracownicy Rhode Island Division of Taxation szybko zorientowali się, że zaszła pomyłka i czeki unieważnili, by wysłać nowe, już z prawidłowym podpisem. Wyjaśnili jednocześnie, że do błędu doszło w wyniku „pośpiechu związanego z pandemią". Podpisy Disneya i Myszki Miki były używane w czasie testów maszyny drukującej czeki i ktoś zapomniał je usunąć.

Ja bym na miejscu odbiorców tych czeków schował je do szuflady, gdyż jestem pewien, że prędzej czy później będą warte znacznie więcej niż wypisana na nich suma. Kolekcjonerzy z pewnością już zacierają ręce. Chciałbym jednak wiedzieć, na jakich zasadach wybierane są podpisy do czeków próbnych. Skoro wykorzystano Myszkę Miki oraz Disneya, dlaczego nie skorzystać z podpisów Józefa Stalina, Jamesa Bonda, słonia Dumbo, Fidela Castro lub nawet Adolfa Hitlera. Jestem pewien, że czeki takie zostałyby zaakceptowane bez zmrużenia oka, ponieważ banki już dawno przestały zwracać uwagę na takie drobne szczegóły.

Zamaskowany świat

Przed kilkoma dniami wybrałem się po raz pierwszy w tym roku w podróż samolotem. Zaryzykowałem życiem i zdrowiem, by polecieć z Chicago do Filadelfii i z powrotem. Było to dość ciekawe doświadczenie. Na początek zostawiłem samochód na jednym z parkingów w pobliżu O'Hare i ustawiłem się w kolejce do busa mającego mnie dowieźć do terminalu.

Kolejka była bardzo zdyscyplinowana – wszyscy mieli na twarzach maski i stali w przepisowej 6-stopowej odległości od siebie. Gdy jednak nadjechał *shuttle*, wysiadł z pojazdu kierowca, również zamaskowany, który otworzył drzwi i kazał wszystkim wsiadać. Naładował busa do granic możliwości, niemal jak tramwaj za czasów PRL-u, co w zasadzie przekreśliło natychmiast ewentualną skuteczność stania w prawidłowej pandemicznie kolejce.

Ten wesoły, wirusowy autobus zawiózł wszystkich do celu. W terminalu też wszyscy nosili maski i starali się do nikogo za bardzo nie zbliżać. Wiele różnych obiektów na O'Hare pozostaje „tymczasowo zamkniętych", ale można tu i ówdzie coś zjeść i strzelić sobie drinka dla kurażu. Jednak stoliki oraz barowe krzesła są tak daleko od siebie, że nie można nawet podsłuchiwać rozmów innych konsumentów, choć to może i lepiej.

No a potem przyszło wsiadać do samolotu linii United. Już na samym wstępie personel ogłosił, że noszenie masek jest konieczne przez cały czas lotu, z wyjątkiem krótkich chwil picia lub jedzenia czegoś. Pani za ladą ogłosiła też, że jeśli ktoś zdejmie maskę lub odmówi jej założenia, zostanie usunięty z pokładu i dostanie automatycznie 3-letni zakaz latania tymi liniami. Żadnych „dysydentów" nie widziałem, choć przez chwilę dyskutowano żywiołowo o tym, czy maskę muszą mieć na sobie małe dzieci. Lot odbył się bez żadnych zakłóceń. W klasie ekonomicznej wszyscy siedzieli zamaskowani i o suchym pysku, bo pasażerom niczego nie serwowano. Natomiast ludzie w pierwszej klasie mogli dostać dowolnie wybranego drinka, ale bez zagrychy.

Wiedziony chorobliwą ciekawością, zacząłem szukać informacji o restrykcjach wprowadzonych przez poszczególne linie lotnicze. Okazuje się, że w klasie ekonomicznej nie można na nic liczyć, gdyż podawanie pasażerom czegokolwiek zostało na razie wstrzymane. Dotyczy to lotów w USA, Kanadzie i Meksyku, a obowiązuje między innymi na pokładach samolotów linii American, United, Delta, JetBlue i Southwest. Ograniczenia te nie dotyczą połączeń transoceanicznych oraz pasażerów w pierwszej klasie.

Zgodnie z przepisami FAA, niedozwolona jest konsumpcja napojów alkoholowych posiadanych przez pasażera, gdyż trunki muszą być serwowane przez załogę. Jednak szefowie JetBlue w obliczu koronawirusowych restrykcji wpadli na dość kuriozalny pomysł. Ludzie będą mogli pić własne napoje wyskokowe pod warunkiem, że przed wejściem na pokład oddadzą je w ręce obsługi, która im to później zaserwuje. W ten sposób wymogi FAA zostaną spełnione, a pasażer będzie sobie mógł coś mimo wszystko golnąć.

Jednak celem mojej wyprawy nie była podniebna libacja. Chodziło mi o dotarcie na kilkudniowe spotkanie z przyjaciółmi w wynajętym domu przy atlantyckiej plaży w stanie Delaware. Tam również wszyscy byli zamaskowani i wyglądali tak, jakby właśnie organizowali napad na bank. Kiedy jednak ludzie w końcu rozkładali się na plaży, maski szły precz i mogło się chwilowo wydawać, że żadnej pandemii nie ma. Tłoku nie było, co zapewne wynikało z faktu, iż nie wszyscy chcą ryzykować w obecnych warunkach plażowanie.

W drodze powrotnej do domu też było ciekawie. Okazuje się, że na różnych lotniskach obowiązują różne przepisy dotyczące ochraniania ludzi przed wirusem. Na lotnisku filadelfijskim w restauracji można się napić drinka, ale tylko przy jednoczesnym zamówieniu jadła. To przypomina mi jako żywo reguły obowiązujące w restauracjach w czasach „realnego socjalizmu", kiedy to z setą trzeba było jednocześnie zamówić mikroskopijnego śledzika, ogóreczka albo kromkę chleba z masłem.

Przy barze nie można siedzieć, ponieważ wszystkie krzesła zostały usunięte. Jednak najbardziej zdumiało mnie to, iż w Filadelfii władze postanowiły, że należy zezwalać na sprzedawanie napojów alkoholowych na wynos, co przed pandemią było całkowicie zakazane na wszystkich lotniskach z wyjątkiem tego w Las Vegas. Efekt jest taki, że ludzie podchodzą do specjalnego okienka, zamawiają kielicha, a potem mogą z tym trunkiem usiąść w dowolnym miejscu, np. w jednym z licznych wygodnych foteli rozstawionych po całym terminalu. W ten sposób można się napić bez konieczności siedzenia wewnątrz baru w towarzystwie innych, czasami lekkomyślnych pijaków.

Moje ogólne wrażenie z tej eskapady jest takie, że można w miarę bezpiecznie podróżować samolotami po USA, choć należy się liczyć z różnymi ograniczeniami, których nie da się z góry przewidzieć. Trzeba też zachowywać pewne środki ostrożności. Kiedy zobaczyłem na przykład busa zapchanego po sufit pasażerami, nie wsiadłem do niego, lecz poczekałem na następny, który był prawie pusty. Efekty zdrowotne tego wszystkiego pojawią się (albo się nie pojawią) za dwa tygodnie, a zatem następny tekst napiszę normalnie albo też podyktuję go ze szpitala.

Być może największym poczuciem humoru wykazał się pilot mojego powrotnego samolotu, który tuż przed startem ogłosił: – *Chciałbym na pocieszenie powiedzieć szanownym pasażerom, że w naszej kabinie też się niczego nie serwuje, nawet dżinu z tonikiem*. Trzeba mieć nadzieję, że normalnie, w czasach bez pandemii, też się go nie serwuje.

Marycha w trąbę

W USA od wielu lat toczy się dyskusja o substancji zwanej czasami „trawką" oraz „marychą". Chodzi oczywiście o marihuanę, która w prawie federalnym pozostaje czymś karalnym i nagannym, mimo że jej używanie zostało zalegalizowane w kilkunastu stanach Unii. Nikt nie wie dokładnie, jak problem ten zostanie w przyszłości rozwiązany, choć demokraci sugerują, że jeśli dojdą do władzy, postanowią, iż liście konopi zyskają mniej więcej taki sam status jak tytoń. Oznacza to oczywiście, że jeśli do takiego demokratycznego zwycięstwa dojdzie, liczni politycy będą potem przez wiele tygodni na haju. To będzie zresztą zjawiskiem pozytywnym, gdyż na trzeźwo amerykańska polityka nie jest w stanie niczego zrobić, o czym wszyscy wiemy od wielu lat.

W tym miejscu trzeba zapewne podkreślić, że delegalizacja marihuany w USA była wynikiem dość skomplikowanych przetargów politycznych, których instygatorem był w latach 30. XX wieku szef Federalnego Biura ds. Narkotyków (dziś DEA), Harry J. Anslinger. Jego kampania na rzecz kryminalizacji marihuany w roku 1937 doprowadziła do zatwierdzenia ustawy o nazwie Marijuana Tax Act, mimo że ogromna większość specjalistów twierdziła i nadal twierdzi, iż liście konopi są znacznie mniej szkodliwe od tytoniu czy alkoholu.

W tym kontekście niezwykle ważna jest wiadomość, jaka napłynęła z Polski. Okazuje się mianowicie, że dyrekcja warszawskiego zoo postanowiła pójść na całość i wszcząć eksperyment, w ramach którego trzem słoniom ma być podawany olej z konopi jako dodatek do diety. Doktor Agnieszka Czujkowska, która sprawuje pieczę nad tym eksperymentem, twierdzi, że substancja ta nie jest technicznie marihuaną, gdyż nie zawiera kluczowego składnika, zwanego THC. A zatem nie należy się spodziewać, że po dawce oleju słonie zaczną wtrącać trąby w nie to co trzeba albo tańczyć jakąś niekontrolowaną sambę, śpiewając „Góralu, czy ci nie żal". Jednakowoż naukowcy mają nadzieję, iż olej z konopi spowoduje, że afrykańskie słonie nieco się „rozluźnią", czyli będą zdradzać mniejszą ilość stresu.

Stres ten wynika rzekomo z tego, że w marcu tego roku zdechła najstarsza słonica, imieniem Erna, co spowodowało, iż hierarchia społeczna słoni w warszawskim zoo została mocno zakłócona. Teraz pozostał tylko jeden męski słoń, Leon, który ma na trąbie problem w postaci 23-letniej Fryderyki, znanej powszechnie jako Fredzia, oraz jej rówieśniczki, Buby. Erna, zanim postanowiła rozstać się z tym światem, sprawowała dość ścisłą kontrolę nad młodszymi siostrami, czyli rozstawiała wszystkich po kątach. Jednak w obliczu jej nieobecności doszło do stanu niebezpiecznego bezkrólewia, w ramach którego każdy słoń może wszystko, mniej więcej tak samo jak w amerykańskiej polityce.

Zdaniem specjalistów z warszawskiego zoo, szczególnie zestresowana jest Fredzia, która teoretycznie jest szefową stada, ale ma poważne problemy z ustanowieniem swojej dominacji. Jednocześnie niemal pewne jest to, iż Fredzia nie będzie w stanie zajść w ciążę z dzielnym Leonem, ponieważ ma ważniejsze sprawy na głowie (typu „nie dziś, kochanie, boli mnie trąba"). Nadzieja zoologów jest taka, że olejowa wersja marychy spowoduje, iż Fredzia na tyle się zrelaksuje, że zaakceptuje możliwość fornikacji, a może nawet zaraz po tym akcie zacznie coś śpiewać.

Zanim jednak słonie w Warszawie dostaną dawki pseudotrawki, muszą się poddać rozmaitym testom. Pobiera się od nich próbki krwi, moczu, śliny oraz kału, co ma wykazać, jaki jest poziom w ich organizmach substancji o nazwie kortyzol, która jest podobno miernikiem stresu. Szczerze mówiąc, gdybym miał mieć wszystkie te próbki pobrane, odechciałoby mi się jakiegokolwiek seksu, ale może słonie mają inne przemyślenia na ten temat. Mój osobisty poziom kortyzolu jest zapewne bardzo wysoki, ale nie narzekam, bo po co?

Tak czy inaczej, już za kilka tygodni Fredzia, Buba i Leon zaczną dostawać „narkotyki", a co będzie dalej, nie wiadomo. Patryk Pyciński, który w warszawskim zoo sprawuje pieczę nad ssakami, powiedział: – *Fredzia jest zestresowana, bo na razie nie jest w stanie kontrolować zachowań Buby. To mniej więcej tak samo, jakby jakiś szef miał 10 pracowników, z których ośmiu nagle zostało zwolnionych. Wtedy szef nie wie dokładnie, co robić.* Nigdy w życiu nie byłem w tej sytuacji, ale solidaryzuję się z Fredzią, mimo że nie mam trąby.

Biorąc pod uwagę wszystkie te wydarzenia, uważam, że należy pójść śladem warszawskich eksperymentatorów i dać każdemu obywatelowi kilogram marychy. OK, wprawdzie zwykle ludzie nie posiadają trąb, ale z pewnością zasługują na jakieś rozluźnienie w obliczu pandemii. Gdyby każdy z nas skorzystał z odpowiedniej ilości trawki, być może byłby mniej zestresowany niż Fredzia. Ponadto, jeśli słonie mogą dostawać dawki marihuany, to dlaczego nie ludzie?

Szczerze mówiąc uważam, że w obecnych warunkach wszyscy powinniśmy sobie dać w żyłę, bo nie ma innego wyjścia. Przypominam, że w języku polskim istnieje fraza „puścić kogoś w trąbę", np. w takich zdaniach jak „wyznała mi miłość, a nazajutrz puściła mnie w trąbę". Na szczęście w mojej dotychczasowej biografii zdanie to nie przekłada się na realne doświadczenia, ale wszystko jest jeszcze przed nami. Natomiast jeśli chodzi o warszawskie słonie, jestem pewien, że wkrótce będą siedzieć przy ognisku, palić trawkę, pić piwo i snuć rzewne wspomnienia o afrykańskiej wolności.

Nobel na niby

Donald Trump został niedawno mianowany do Pokojowej Nagrody Nobla przez prawicowego parlamentarzystę norweskiego. Fakt ten sam w sobie nie jest specjalnie ważny, gdyż nominatów jest podobno ponad trzystu, a wśród nich również Władimir Putin. Jednak prezydent niemal natychmiast zaczął publicznie narzekać, że media nie nagłaśniają jego „wielkiego sukcesu", co sugeruje, że nasz nieustraszony lider myli udział w olimpiadzie ze zdobyciem złotego medalu.

Nie powinien jednak za bardzo się martwić, gdyż Nobla mimo wszystko zdobył, tyle że w kategorii „edukacja medyczna". Został laureatem wspólnie z Putinem i Borisem Johnsonem za „skuteczne ignorowanie pandemii oraz zdania specjalistów". Tyle że nie jest to prawdziwy Nobel, a tzw. Ig Nobel, którego od 30 lat rozdaje się ludziom i organizacjom za szczególnie bezwartościowe osiągnięcia naukowe lub przemyślenia.

Wśród tegorocznych laureatów był antropolog, który postanowił przetestować praktycznie teorię możliwości zrobienia noża z kawałka zamrożonego ekskrementu ludzkiego. Metin Eren, profesor Kent State University w Ohio, był od dzieciństwa zafascynowany opowieściami o tym, iż Indianin z kanadyjskiego plemienia Inuit był w stanie zrobić funkcjonalny nóż z tego niezwykłego surowca. W związku z tym w swoim laboratorium schłodził kawałek kału do temperatury —50 stopni C, a następnie wyciął z tego nóż. Jednak, jak sam potem przyznał, próba użycia tego noża do cięcia czegokolwiek zakończyła się niepowodzeniem, co mnie specjalnie nie dziwi. A poza tym, nawet gdyby zakończyła się sukcesem, czy ktoś chciałby jeść coś, co zostało pocięte zamrożonymi odchodami?

Innym laureatem Ig Nobla był człowiek, którego badania wykazały, że entomolodzy zwykle panicznie boją się pająków. Richard Vetter opublikował na ten temat pracę naukową pt. *Arachnophobic Entomologists: Why Two Legs Make All the Difference*. Nagrodzony też został zespół holenderskich i belgijskich naukowców, który stworzył teorię wyjaśniającą, dlaczego niektóre dźwięki wytwarzane przez ludzi, np. związane z żuciem gumy, przyprawiają nas o wściekłość. Stworzyli nawet termin określający to schorzenie – misofonia.

Pomysłodawcą i głównym organizatorem nagród Ig Nobla jest Marc Abrahams, który redaguje od lat pismo *Annals of Improbable Research*. Początkowo uroczystość wręczania odbywała się na uczelni MIT w Bostonie, ale ostatnio przeniesiono ją do Harvardu, choć tegoroczna ceremonia miała z oczywistych powodów charakter wirtualny. Abrahams twierdzi, że zwykle zwraca się do nagrodzonych przywódców różnych państw z prośbą o wygłoszenie krótkiego przemówienia, ale jest ignorowany. Natomiast wyróżnienia wręczane są przeważnie przez prawdziwych laureatów Nagród Nobla, którzy chętnie uczestniczą w tej satyrycznej zabawie.

Należy wspomnieć, że istnieje jedna osoba, która zdobyła zarówno Nobla, jak i Ig Nobla. Jest to sir Andre Geim, który w roku 2000 dostał Ig Nobla za zademonstrowanie lewitacji żaby przy pomocy magnetyzmu, a 10 lat później nagrodzono go w Oslo w dziedzinie fizyki na badania naukowe dotyczące właściwości elektromagnetycznych grafenu. Wydawać być się mogło, że od żaby do grafenu jest znaczny dystans, ale prawdziwy naukowiec żadnego wyzwania się nie boi.

Każda ceremonia wręczania nagród Ig Nobla pełna jest rozmaitych żartów. Na scenę puszczane są zwykle papierowe samoloty, które sprząta następnie profesor Roy Glauber, znany jako Keeper of the Broom. Jednak Glauber nie mógł wykonać swojego obowiązku w roku 2005, ponieważ był w Sztokholmie, gdzie odebrał zupełnie prawdziwego Nobla w dziedzinie fizyki.

Jeśli chodzi o laureatów z przeszłości, w swoim czasie zwyciężyli naukowcy, którzy dowiedli, że astronomiczna czarna dziura spełnia wszystkie techniczne wymogi piekła. Innym zwycięzcą był badacz, który studiował prawdziwość tezy, iż upuszczona na podłogę żywność nie zostanie w żaden sposób skażona, jeśli tylko zostanie podniesiona w ciągu 5 sekund. Wreszcie był też w przeszłości laureat, który argumentował w swojej pracy naukowej, że strusie w towarzystwie ludzi stają się podniecone seksualnie (może dlatego chowają głowy w piasek?). W roku 1997 grupa określająca się jako „kriogeniczni badacze seksu" rozdali wszystkim pamflet pt. „Seks przy temperaturze czterech stopni Kelvina".

Biorąc to wszystko pod uwagę, nie rozumiem, dlaczego światowi przywódcy nie godzą się na występowanie w czasie tych ceremonii i odbieranie przyznanych im nagród. Bądź co bądź, w kinematografii odbywają się od 39 lat ceremonie wręczania Golden Raspberries Awards za najgorsze filmy roku i zwykle jest tak, że nagrodzeni aktorzy i reżyserzy osobiście zjawiają się po odbiór wyróżnień, a czasami mają też coś humorystycznego do powiedzenia. Być może jednak w świecie wielkiej polityki obowiązują zasady odpowiedniego napuszenia i sztucznej powagi.

Ja sam nie miałbym nic przeciw dostaniu Ig Nobla, choć nie wiem, w jakiej dziedzinie, gdyż większość nagród dotyczy dyscyplin, z którymi nie mam nic do czynienia, np. fizyki, chemii czy medycyny. Jest jednak również pokojowa nagroda Ig Nobla, choć nie mam pojęcia, czym trzeba się wykazać, by ją zdobyć. W roku 1991 laureatem w tej kategorii został fizyk Edward Teller, „ojciec bomby wodorowej", za unikalny wkład w zmianę rozumienia pojęcia „pokój". Niestety z tak wielkimi ludźmi nie jestem w stanie konkurować. Liczę w związku z tym, że prędzej czy później stworzona zostanie jakaś nowa dziedzina, która będzie bardziej odpowiadać moim często kwestionowanym zdolnościom.

Zimno mi w głowę

Gdy 70-letnia matka Aleksieja Woronenkowa zmarła, nie została pochowana, a przynajmniej nie od razu. Jej syn zwrócił się do rosyjskiej firmy KrioRus z wnioskiem o zamrożenie mózgu zmarłej i przechowywanie go bezterminowo w ciekłym azocie, w temperaturze –96 stopni C. Aleksiej ma nadzieję, że nauka znajdzie w przyszłości sposób na odmrożenie „mamaszy" i przywrócenie jej do życia. A ponieważ on też po swojej śmierci zamierza się zamrozić, być może kiedyś, np. w przyszłym stuleciu, spotka się z nią ponownie.

W siedzibie KrioRus na przedmieściach Moskwy znajduje się obecnie 71 zamrożonych mózgów i całych ciał. Zresztą jest na to cennik. Zamrożenie zawartości czaszki kosztuje 15 tysięcy dolarów, natomiast za konserwację kriogenną całego ciała trzeba zapłacić ponad dwa razy tyle. Są to ceny dla Rosjan. Cudzoziemscy klienci muszą płacić nieco więcej. Szefowie KrioRus twierdzą, że potencjalni chętni z ponad 20 krajów podpisali już wstępne umowy na zamrożenie siebie. Muszą jednak czekać w kolejce, gdyż na razie pionowe silosy z ciekłym azotem znajdują się w dość prymitywnie wyglądającym baraku, do którego więcej mózgów już się nie da wcisnąć, chyba że na chama.

KrioRus nie jest jedyną firmą tego rodzaju. W USA profesor Robert Ettinger napisał w roku 1962 książkę pt. *The Prospect of Immortality*, w której rozważał na serio możliwość przechowywania zmarłych w ciekłym azocie. Cztery lata później ciało kobiety w średnim wieku z Los Angeles zostało zamrożone, ale kilka miesięcy później rodzina zmarłej zażądała rozmrożenia i normalnego pochówku. W roku 1967 ciało Jamesa Bedforda, który 4 godziny wcześniej zmarł na raka, znalazło się w ciekłym azocie i pozostaje w nim do dziś, w oczekiwaniu na lepsze jutro.

Wspomniany Ettinger w roku 1976 założył Cryonics Institute i sam skorzystał z usług tej instytucji po swojej śmierci w roku 2011. Jednak reputacja zwolenników tzw. krioniki mocno ucierpiała z chwilą, gdy szef Cryonic Society of California, Robert Nelson, który zawodowo zajmował się naprawą telewizorów, został w roku 1981 podany do sądu. Skarżyły go rodziny dziewięciu zamrożonych facetów, którzy zostali przypadkowo rozmrożeni do temperatury niesprzyjającej szansom na zmartwychwstanie. Nelson tłumaczył się, że „odwilż" w jego firmie nadeszła z chwilą, gdy zabrakło mu pieniędzy na dalsze prowadzenie działalności. Jest to zrozumiałe – lody też się w zamrażarce rozpuszczają, gdy brakuje szmalu na zapłacenie rachunku za elektryczność.

Naukowiec z Rosyjskiej Akademii Nauk, Jewgienij Aleksandrow, nazwał poczynania KrioRus „czysto komercjalnym przedsięwzięciem, pozbawionym jakichkolwiek podstaw naukowych". Uważa on, że spekulowanie na temat przywracania do życia zamrożonych ciał lub mózgów jest „czystą fantazją". Innego zdania jest jednak dyrektorka KrioRus, Waleria Udałowa, która zamroziła już własnego psa i ma się sama poddać takiemu zabiegowi po swojej śmierci. Uważa ona, że całkiem możliwe jest, iż kiedyż ludzkość znajdzie skuteczną metodę wyjmowania ludzi z zamrażarki i ich wskrzeszania już w normalnej temperaturze pokojowej. Podobne nadzieje żywi Woronenkow, choć nie jest jasne, czy pytał swoją matkę o zgodę na przechowywanie jej mózgu w warunkach polarnych.

Pomijając już kwestię tego, czy krionika ma lub może mieć jakiekolwiek rzetelne podstawy naukowe, należy sobie zadać istotne pytanie – jaki sens ma mrożenie i przechowywanie ciał lub mózgów w rosyjskim baraku? Jeśli już miałbym się gdzieś zamrozić, to z pewnością nie w chwiejnym imperium Putina, w którym znacznie bardziej popularną metodą wyciszania krytyków nie jest ciekły azot, lecz bojowy środek trujący z grupy tzw. nowiczoków. A co się stanie z chwilą, gdy Udałowa straci zainteresowanie swoim przedsięwzięciem i wyrzuci zawartość swoich silosów na śmieci? Wprawdzie gdyby mój mózg się tam znajdował, zapewne niczego bym nie poczuł, ale to inna sprawa.

Ponadto jest jeszcze inny powód do makabrycznej zadumy. Kiedy zamrażane jest całe ciało, żywiona jest nadzieja, iż kiedyś człowiek taki wyjdzie z hibernacji, choroba, która go trapiła zostanie błyskawicznie wyleczona, a on sam wróci do normalnego życia, zapewne w gronie swoich mocno podstarzałych potomków. Na co można jednak mieć nadzieję, gdy zamrażany jest wyłącznie mózg? Gdyby nawet udało się go kiedyś „przywrócić do życia", niewyobrażalne jest to, by można go było włożyć do jakiegoś nowego ciała, podłączyć odpowiednie „przewody" i stworzyć w ten sposób wujka Johna w nowym wcieleniu cielesnym.

Skoro tak, to jedyną inną możliwością byłoby włożenie mózgowia do jakiegoś słoika z cieczą oraz odpowiednim napędem biologicznym i postawienie go nad kominkiem. Wtedy cała rodzina oglądająca telewizję mogłaby od czasu do czasu pogłaskać wuja po obnażonych, szarych komórkach, jeśli za wcześniejszego życia takowe posiadał.

Załóżmy przez chwilę, że dokona się naukowy cud i specjaliści opracują metodę nie tylko skutecznego rozmrażania mózgów i przywracania ich do życia, ale również umieszczania ich w nowych ciałach. Wtedy, za powiedzmy 100 lat, Aleksiej spotkałby wprawdzie ponownie swoją matkę, ale on sam mógłby wyglądać jak Arnold Schwarzenegger, a ona przypominałaby np. Barbarę Bush. Nie jest to moim zdaniem recepta na sukces, lecz na kompletne pomieszanie z poplątaniem.

W każdym razie, jeśli kiedyś zrobi mi się strasznie zimno w głowę, będzie to widomy znak, iż znalazłem się w baraku na przedmieściach Moskwy. Да здравствует наука!

Osłabiona Stella

Wieści ze świata bywają ostatnio dość przygnębiające: pandemia, wojny, Teksas w ciemnościach i pod śniegiem, itd. Mnie jednak najbardziej zbulwersowało doniesienie zupełnie innego rodzaju. Belgijski browar w Leuven, gdzie produkowane jest piwo Stella Artois, które sam często popijam, ogłosił, iż w trosce o zdrowie klienteli obniża w swoim napoju zawartość alkoholu z 4,8 do 4,6 proc.

Wydawać by się mogło, że tak niewielka obniżka nie powinna mieć większego znaczenia, ale ma, gdyż wielu miłośników belgijskiego trunku zgłosiło zastrzeżenia, a nawet pojawiły się deklaracje, iż konieczne będzie całkowite porzucenie Stelli na korzyść innych, „tęższych piw". Krytycy mają o tyle rację, że nie jest to pierwszy manewr tego rodzaju. W roku 2012 moc piwa Stella Artois została zredukowana z 5 do 4,8 proc. Dziś niektórzy brytyjscy konsumenci twierdzą, że słabsze piwo Artois jest bez smaku i że gdy po raz pierwszy trunku tego spróbowali, myśleli, iż mają Covida, bo nic nie czuli.

Stanowczy odpór tym niecnym tezom dał główny piwowar z Leuven, Dorien Nijs, który stwierdził, że Stella nadal posiada „ten sam, czysty smak, co potwierdzają liczni specjaliści". Może i potwierdzają, ale z czysto wizerunkowego punktu widzenia jest to krok kontrowersyjny. Po pierwsze, jeśli obniżenie zawartości alkoholu wynika z „troski o zdrowie klientów", to najlepiej byłoby w ogóle piwa nie sprzedawać albo skutecznie przekonać piwoszy, iż powinni mniej chlać. Po drugie, jestem pewien, że gdyby w wódce Chopin nagle było tylko 30 proc. alkoholu, wielu miłośników sety i zagrychy postawiłoby na Absoluta albo Smirnoffa. Wreszcie po trzecie, wiele znanych browarów oferuje dziś piwa „zerowe", niezawierające żadnego alkoholu, które podobno cieszą się coraz większą popularnością. A skoro tak, to dlaczego nie można wyprodukować zerowej Stelli, a tę alkoholową zostawić w spokoju?

Browar w Leuven ma ogromne tradycje. Piwo zaczęto tam produkować w 1366 roku, a cztery wieki później Sebastian Artois kupił browar i opatrzył piwo swoim nazwiskiem. O ile początkowo Stella była produktem wyłącznie lokalnym, począwszy od lat 60. piwo zaczęło być dostępne w całej Europie Zachodniej, a potem przywędrowało do USA. Dziś można je kupić praktycznie wszędzie.

Osobiście podejrzewam, że z chwilą, gdy belgijski browar stał się własnością amerykańskiego koncernu Budweiser Brewing Group, rozpoczęła się akcja, której celem jest zredukowanie zawartości alkoholu w piwie do poziomu Bud Light i zadanie to zostało już w połowie wykonane. I jeśli tak dalej pójdzie, piwa staną się w zasadzie żółtą wodą. Pierwsze doświadczenie z tego rodzaju napitkami miałem w Polsce, gdzie w czasie Euro 2012 ludziom zgromadzonym w tzw. strefach kibiców serwowano piwo o celowo zmniejszonej o połowę zawartości alkoholu, tak by piłkarska brać nie zalewała się w pestkę i nie sikała po kątach.

Stwierdzenia, iż koncerny piwowarskie przejmują się naszym zdrowiem, raczej nie wytrzymują zderzenia z rzeczywistością. Chodzi głównie o to, że dużą część ceny piwa stanowią podatki. Na przykład typowy kufel piwa w brytyjskim pubie kosztuje ok. 4 funtów. W tej kwocie mieści się aż jednofuntowy podatek. Wysokość tego podatku – jednego z największych w Europie – zależy od zawartości alkoholu. Więc im piwo mocniejsze, tym podatek wyższy. Dla największych browarów niewielka zmiana w mocy piwa ma zatem kolosalne znaczenie. Przyzwyczajanie miłośników alkoholu do cienkuszy ma więc sens.

W tejże Wielkiej Brytanii na rynku w 2010 roku pojawiło się piwo z zawartością alkoholu rzędu 2,8 proc. i wtedy popyt na nie stanowił zaledwie 1 proc. wszystkich sprzedawanych gatunków piwa. Dziś sklepy Tesco mają w swojej ofercie aż 11 rodzajów takiego trunku, który jest znacznie tańszy od piwa o normalnej mocy. Gdy przed dwoma laty byłem w Islandii, zauważyłem, że tam też sprzedaje się lokalne piwo o minimalnej zawartości alkoholu, choć na opakowaniach widnieją duże informacje na ten temat, tak by się nikt nie rozczarował.

W sumie wszystko to wydaje mi się nieco dziwne. Skoro na rynku jest tak dużo piw „zerowych", nie widzę sensu w manipulacjach dotyczących zawartości alkoholu w piwach normalnych. Ponadto nikt jeszcze nie wymyślił wódki bezalkoholowej albo papierosa beznikotynowego, ale jeśli kiedyś do tego dojdzie, będzie to sygnał, że moc tradycyjnej siwuchy powinna zostać na od dawna ustalonym poziomie.

Jest też problem nieco bardziej filozoficzny. Skoro napoje wyskokowe są legalne, nabywcy powinni mieć prawo do decydowania o tym, co chcą kupować i co chcą pić. Innymi słowy, nie jest zadaniem producentów Stelli lub innych piwowarów dyktowanie nam tego, co jest słabe, mocne lub za mocne. Na szczęście nadal istnieją producenci, którzy żadnymi restrykcjami się nie przejmują. Obecnie najmocniejszym piwem świata jest szkocki Brewmeister Snake Venom, którego zawartość alkoholu wynosi 67,5 proc. Każda butelka ma specjalną banderolę, która ostrzega konsumentów, iż jest to „bardzo mocne piwo" i że nie należy w czasie jednego posiedzenia spożywać więcej niż 35 mililitrów.

Sam tego nie próbowałem z dwóch zasadniczych powodów. Po pierwsze, jedna butelka kosztuje 80 dolarów. Po drugie, mam niejasne przeczucie, że konsumpcja tego trunku może zaowocować strzeleniem kopytami. Z drugiej strony, Szkoci nadal żyją i mają się dobrze, a więc może nie jest aż tak źle?

Wirus w puszce

Przed nieco ponad tygodniem dostałem pierwszą szprycę szczepionki Pfizera, na co sobie zasłużyłem dostojnym wiekiem. Żadnych ubocznych efektów nie odczułem, a dodatkowo moja żona zapewniła mnie, z wrodzonym sobie wdziękiem, że gdyby niektóre z tych efektów dotyczyły kondycji mentalnej, w moim akurat przypadku nikt by nie zauważył różnicy. Ma oczywiście rację.

Tak czy inaczej, zaskoczyło mnie to, że w stanie Indiana, w którym mieszkam, proceder szczepienia ludzi jest niezwykle dobrze zorganizowany, co powoduje, że poza bólem ukłucia strzykawką nikt nie odczuwa żadnego innego bólu, np. biurokratycznego. Wchodzi się do odpowiedniej placówki, gdzie wita delikwenta przyjazny personel, a następnie sprawy w swoje elektroniczne ręce przejmują odpowiednio zaprogramowane komputery. A gdy już dojdzie do zaszczepienia, niedoszła ofiara koronawirusa sadzana jest w specjalnej poczekalni, by przez kwadrans obserwować, czy pacjent nie strzeli nagle kopytami, a przynajmniej nie będzie zdradzać niepożądanych objawów. Każdy szczepiony dostaje odpowiedni dokument potwierdzający fakt, iż jest na resztę życia sojusznikiem firmy Pfizer (lub Moderna). Dokument ten w zasadzie do niczego nie uprawnia, ale co tam – powieszę go sobie na ścianie.

Przez pewien czas w owej poczekalni czułem się jak w szkole podstawowej, ponieważ poinstruowano mnie, że gdybym doszedł do wniosku, iż coś jest ze mną nie tak, powinienem podnieść rękę, by tym gestem zwabić personel. Na szczęście niczego nie musiałem podnosić ani też nie widziałem innych ludzi, którzy zgłaszaliby jakiekolwiek problemy. W sensie statystycznym nie ma to żadnego znaczenia, ale zawsze dobrze jest wiedzieć, że nikt na moich oczach z powodu tej szczepionki nie cierpiał.

Gdy siedziałem w tejże poczekalni, z nudów zajrzałem do mojej elektronicznej bestii, zwanej smartfonem, i niemal natychmiast natknąłem się na intrygującą wieść. Okazuje się, że matematyk Kit Yates z angielskiej uczelni Bath University przeprowadził szereg obliczeń, z których wynika, iż wszystkie obecnie występujące na świecie komórki wirusa COVID-19 z powodzeniem zmieściłyby się w jednej puszce po coca-coli. Twierdzi on, że każda taka komórka ma rozmiar 100 nanometrów (cokolwiek by to nie znaczyło), a populacja wirusa w skali globalnej wynosi ok. dwóch kwintylionów, co oznacza liczbę 2.000.000.000.000.000.000.000.000.000.000. Od razu przyznaję bez bicia, że też nie wiem, co to za liczba, choć jestem pewien, że gdybym wygrał coś takiego w Powerball, byłbym zadowolony.

Otóż wspomniany Yates obliczył, że wszystkie te pieprzone wirusy można by było z powodzeniem upchnąć do jednej puszki, z której nawet osławione różowe różdżki by nie wystawały. Jego badania dają wiele do myślenia. Od roku świat pozostaje w stanie ogromnego kryzysu, miliony ludzi zaraziły się chorobą, a w USA pół miliona ludzi zmarło. Tymczasem teoretycznie całą tę zarazę można by było spakować do jednego małego pojemnika i wysypać na trawnik sąsiada, co zapewne spowodowałoby, że przestałby kosić trawę o 8.00 rano każdej niedzieli. Pomijając jednak akty sąsiedzkiej zemsty, zwykle nie zdajemy sobie sprawy z tego, że nieszczęście, jakie jest naszym globalnym udziałem od roku, to w sumie atak miniaturowych mikrobów, których nawet nie można gołym okiem zobaczyć, a zatem nie można też im fizycznie przydzwonić.

Z drugiej strony pandemia wykazała, że wirusów wcale nie trzeba widzieć, by je skutecznie tropić. W niemieckim Hanowerze istnieje klinika weterynaryjna, w której szkolone są psy posiadające zdolność „niuchania" obecności wirusa w ludzkich ciałach. Podobno skuteczność tegoż niuchania wynosi ok. 94 procent, czyli jest zapewne większa od skuteczności Fafików na lotnisku O'Hare tropiących europejską wałówę w walizkach, na czele z kabanosami oraz sernikiem od babci Zosi. Jak twierdzi Esther Schalke, czworonogi potrafią niemal bezbłędnie wykrywać „odór" koronawirusa, co utwierdza mnie w przekonaniu, że każda zaraza śmierdzi. Absolwentami wydziału weterynarii na uniwersytecie w Hanowerze są między innymi 3-letni owczarek belgijski Filou oraz jednoroczny spaniel Joe Cocker.

Niemcy nie są w tej dziedzinie pionierami. Już we wrześniu ubiegłego roku antywirusowe psy zaczęły obwąchiwać pasażerów na lotnisku Helsinki-Vantaa w Finlandii, a wkrótce potem podobnie wytrenowane zwierzaki trafiły do czynnej służby w stolicy Chile, Santiago. Rodzi to we mnie czysto naukowe i zapewne bezsensowne pytanie – dlaczego ludzi nie można jakoś wytrenować tak, by mieli zdolność do wywąchiwania wirusa? Jest to zapewne z wielu powodów niemożliwe, ale takie rozwiązanie byłoby wspaniałe. Każdy mógłby się na przykład zjawić na spotkaniu towarzyskim i nagle orzec, że Zenek waniajet nie tylko piwem, ale również koronawirusem, co mogłoby prowadzić do pożądanego ostracyzmu społecznego. Można by też wejść do jakiegoś pomieszczenia i oznajmić: – *Ale tu strasznie śmierdzi COVID-em!*

Na razie jednak cieszę się moją szczepionką i czekam na następną, w marcu. Pani, która wbiła mi igłę w ramię, powiedziała w chwili niczym nieprowokowanej szczerości, że nakłuła tylu pacjentów, iż dalsze ukłucia nie robią już na niej większego wrażenia. Natomiast facet, który we wspomnianej już poczekalni wyznaczył mi datę drugiego szczepienia, pogratulował mi „sukcesu" i zapytał, czy zaraz po drugim zastrzyku nie zamierzam stać się stałym klientem restauracji, dyskotek i barów. Oczywiście nie zamierzam. Odczekam jakieś 10 dni.

Trawka za ukłucie

Ameryka znajduje się obecnie w szczepionkowym potrzasku. Wszyscy chcą być zaszczepieni jak najszybciej, ale brakuje szczepionek. Tymczasem organizacja tego wszystkiego przypomina w niektórych stanach USA peerelowskie kolejki do autobusów Pekaesu, w których dominowała w zasadzie jedna zasada – szturmem, mości panowie! A jeśli trzeba będzie wyrzucić przez okno kierowcę i jechać samemu, też się da zrobić.

W stanie, w którym mieszkam, czyli w Indianie, na razie szczepią wszystkich w wieku powyżej 70 lat, co powoduje, że po raz pierwszy w życiu chciałbym się ekspresowo zestarzeć. Z drugiej strony muszę jednak przyznać, że w przeciwieństwie do Florydy, gdzie w kolejce po anty-Covida można dostać w mordę, u mnie wszystko odbywa się statecznie. Rejestracje prowadzone są online, każdy dostaje swoją ściśle sprecyzowaną randkę ze strzykawką i wszystko jest w porządku, tyle że ja sam na razie się nie kwalifikuję.

Moja osobista małżonka jest zdania, że na pocieszenie powinienem zaszczepić się na wściekliznę, tak na wszelki wypadek. Ale na razie się wzdragam, bo moje psy są odpowiednio chronione, a z członkami biura politycznego okolicznych wiewiórek przeprowadziłem poważną rozmowę przy stercie orzechów i żołędzi, w wyniku której ustaliłem, że ogoniaste gryzonie na razie wścieklizny nie mają.

Jednakowoż jest pozytywna wiadomość ze stanu Michigan, gdzie od pewnego czasu legalna jest rozrywkowa marycha (marihuana). Z miejsca, w którym mieszkam w Indianie, do Michigan autostradą jest góra 60 mil, a zatem wieść ta mnie zaintrygowała. Jeszcze do niedawna pokonywałem ten dystans w niektóre niedziele, ponieważ w moim stanie zakazane było sprzedawanie napojów alkoholowych w niedziele, w związku z czym jedyną szansą na kupienie w ostatniej chwili butelki wina w obliczu zaproszonych na obiad gości była międzystanowa wycieczka po J23 rodem z Kalifornii. Przepisy te zostały jednak zmienione na korzyść alkoholików i przygodnych biesiadników, a zatem pod tym względem wszystko jest OK.

Wracając jednak do Michigan, w miejscowości Walled Lake, na przedmieściach Detroit, znajduje się placówka o nazwie Greenhouse of Walled Lake, gdzie sprzedaje się – za przeproszeniem – skręty. Jest to sklep z marihuaną, który jest całkowicie legalny, co wywołuje u mnie zazdrość, ponieważ legalizacja „trawki" w Indianie zapewne nie będzie możliwa przed rokiem 2999, kiedy to figura woskowa Mike'a Pence'a znajdować się będzie w galerii Madame Tussauds w Londynie.

Szef sklepu w Michigan, Jerry Millen, powiedział reporterom CNN, że wszczął akcję pod hasłem *Pots for Shots*, której zasada jest bardzo prosta. Każdy, kto zjawi się w sklepie z marychą z zaświadczeniem, że został zaszczepiony na koronawirusa, dostanie w prezencie darmowego skręta. Oferta ta wspierana jest przez producenta tych skrętów, firmę UBaked Cannabis Company. Wprawdzie nie ma żadnych informacji na temat konkretnego rodzaju marihuanowego papierosa, ale podarowanemu koniowi nie zagląda się w zęby, chyba że z pyska wystaje mu jakiś lepszy sort narkotyku.

Początkowo pomyślałem sobie, że jest to wieść pozytywna. Skoro kiedyś mogłem jeździć do Michigan po merlota, to teraz mogę się zaszczepić i pojechać po trawiastego papierocha. Jednak szybko pojawiły się trudności natury administracyjnej. Po pierwsze, w Indianie nie mogę na razie się zaszczepić, a w Michigan też nie mogę, bo tam nie mieszkam. Po drugie, w celu uzyskania darmowego skręta musiałbym również udowodnić, iż jestem legalnym posiadaczem prawa jazdy z Michigan, co też jest niemożliwe, przynajmniej nie na drodze całkowicie legalnej. Jest to sytuacja, która przypomina mi do pewnego stopnia fakt, iż do Michigan mógłbym zawieźć z powodzeniem butelki i puszki po napojach, bo tam się zwraca za nie kaucję, ale nie mogę, ponieważ towarów tych tam nie kupiłem i nie mam stosownego paragonu.

W sumie sprowadza się to do faktu, że szczodrobliwa oferta sklepu w Michigan dotyczy niestety wyłącznie tubylców. Zastanawiam się jednak nad zupełnie czymś innym. Wspomniana oferta wydaje mi się o tyle bezsensowna, że przypomina obietnicę podarowania kartonu piwa facetowi, który trafia wszystkie numery w loterii Powerball. OK, to bardzo fajnie, ale niemal pewne jest to, że nikt się po taką nagrodę nie zgłosi, ponieważ człowiek wygrywający miliony zdarza się rzadko, a jeśli już się zdarza, jego zainteresowanie sześciopakiem Bud Light dramatycznie maleje. Tak samo jest ze szczepionkami. Ponieważ na razie uzyskanie zaświadczenia o szczepieniu graniczy niemal z cudem, nie tylko w Michigan, ale również w wielu innych częściach USA, podejrzewam, że po darmowego skręta zgłosi się bardzo niewielu szczęśliwców.

Osobiście proponowałbym zmianę tej oferty w taki sposób, że najpierw klient stawia się po darmową dawkę marihuany, obiecuje solennie, że się zaszczepi, a dopiero potem wyrusza na poszukiwanie szczepionki. Jeśli natomiast dostanie na rozpęd kilka dawek trawki, nawet nie będzie wiedział, czy zdołał się zaszczepić, co jest problemem zupełnie innej natury.

Jeśli chodzi o moją potencjalną wściekliznę, to się chyba zaszczepię, bo nie mam nic do stracenia. Przy okazji zaszczepię się też na półpaśca, chociaż nawet nie wiem, co to dokładnie jest. Podobno w drugiej połowie lutego mój stan zezwoli mi też na ukłucie anty-Covidowe, choć to na razie wstępne dane. Na wszelki wypadek, szampan już się mrozi.

Stanowa fauna

Każdy amerykański stan posiada swoje stanowe zwierzę, a czasami jest ich nawet kilka, np. ulubione ssaki, ptaki, psy, ryby oraz owady. Zresztą cała Ameryka ma narodowego ptaka, orła bielika, oraz ssaka, bizona. W Illinois stanowym ssakiem jest mulak białogłowy, czyli jeleń z białą kitą. Psa nigdy u nas żadnego nie wybrano, natomiast stanowym ptakiem jest kardynał (choć nie Richelieu). No i mamy też stanową rybę w postaci niebieskiego bassa, oraz owada – motyla monarszego.

Przyznam, że niektóre inne stany mają znacznie bardziej egzotycznych patronów ze świata fauny. W przypadku Alabamy jest to czarny niedźwiedź amerykański, co jest o tyle dziwne, że zwierzęta te praktycznie tam nie występują. Na Alasce postawiono na renifera, a w Oregonie – na bobra. Południowej Dakocie patronuje kojot, a w stanie Tennessee rządzi jenot. Jest jeszcze nietoperz uszaty (Wirginia) oraz pancernik (Teksas).

Choć w Illinois stanowego psa nie ma, w kilku innych stanach jest, przy czym wyróżnia się na tym polu Georgia, która swoim psim patronem w 2016 roku wybrała

„psa do adopcji", by w ten sposób uhonorować pracę schronisk dla zwierząt. Podobny krok ma zamiar podjąć stan Kalifornia.

Wybieranie zwierzęcych patronów stanowych jak dotąd dotyczyło wyłącznie gatunków nadal istniejących, ale zwyczaj ten właśnie naruszył Jack Lewis, stanowy senator z Massachusetts, który postanowił zapytać wyborców, czy nie chcieliby przypadkiem, by ich zwierzęcym symbolem stał się dinozaur. Nie chodzi mu o jakieś ogólnikowe, prehistoryczne zwierzę, lecz o bardzo konkretny gatunek, przy czym wyborcy mają do wyboru jednego zwierzaka z dwójki kandydatów.

Jednym z dinozaurów jest kolega *Podokesaurus holyokensis* (co dokładnie znaczy „zwinna jaszczurka z Holyoke"). Po polsku zwierzę to nazywa się podokezaur, a mieszkało w Ameryce Północnej w okresie jurajskim, mimo że nie posiadało ważnej wizy wjazdowej. Po raz pierwszy szczątki tego dinozaura odkryła w 1910 roku w pobliżu góry Holyoke niejaka Mignon Talbot, która dokładnie opisała swoje znalezisko, choć 6 lat później jej dokumentacja została zniszczona przez pożar. Tak czy inaczej, potencjalny patron stanu Massachusetts miał od 1 do 2 metrów długości, ważył ok. 40 kilogramów i potrafił się poruszać z oszałamiającą szybkością 20 kilometrów na godzinę.

Drugim kandydatem do stanowej glorii jest *Anchisaurus polyzelus*, czyli anchizaur, również z okresu jurajskiego, którego szczątki znaleziono w 1855 roku w okolicach miasta Springfield, MA. On też nie był zbyt dużym facetem, bo ważył nie więcej niż 35 kilogramów, natomiast jego zdolności do biegania nie są znane, choć paleontolodzy sądzą, że zwykle chodził na czterech łapach, a jedynie w obliczu niebezpieczeństwa uciekał na dwóch.

Z paru powodów pomysł Lewisa jest dość niebezpieczny. Po pierwsze, trzeba założyć, że ogromna większość mieszkańców stanu Massachusetts nic nie wie o rodzimych dinozaurach. Gdy zatem stawią się do wyborów i na kartach do głosowania zobaczą pytanie typu „czy chcesz, żeby stanowym zwierzęciem był podokezaur czy anchizaur?", reakcje mogą być nieprzewidywalne, w tym niektóre mogą zawierać przekleństwa. Równie dobrze można by zapytać wyborców, czy przedkładają chirurgię mikroskopową nad chirurgię mikrograficzną albo szczepionkę Pfizera nad szczepionkę Moderny. Po drugie, nawet jeśli któregoś dinozaura wybiorą, skąd będą wiedzieć, co wybrali?

Jednak dzielny prawodawca Lewis nie ustępuje i twierdzi, że po dinozaurzym referendum zaproponuje odpowiednią ustawę. Jest też przekonany, iż jego inicjatywa spowoduje, że sprawą zainteresuje się młode pokolenie, przez co wzrośnie ogólna wiedza o prehistorycznych zwierzętach. Ja jednak obawiam się również negatywnych skutków, czyli eksplozji prehistorycznego nazewnictwa. Na Alasce znaleziono na przykład szkielety mamutów włochatych, a to potencjalnie oznacza, że jest to kandydat do roli zwierzęcia stanowego.

Przed 10 tysiącami lat wymarł indyk kalifornijski, który był znacznie większy od indyków dzisiejszych i pałętał się po znacznych obszarach południowo-zachodnich części USA. Święta Dziękczynienia wtedy jeszcze nie było, ale naukowcy są zdania, iż gatunek ten został skutecznie wytrzebiony przez Indian. A skoro tak, to indor też zasługuje na status stanowego patrona. Zresztą byłych lokatorów Ameryki, których już od dawna nie ma, jest znacznie więcej. Kiedyś istniały na przykład camelopsy z rodziny wielbłądowatych, które występowały na zachodzie kontynentu, od Alaski aż po Meksyk. Był też amerykański niedźwiedź krótkomordy (sorry, ale to nie ja wymyśliłem tę nazwę), który strzelił kopytami (łapami) 8 tysięcy lat temu. Na terenie dzisiejszych Stanów Zjednoczonych żył też wielki kot zwany *Homotherium*, który wyglądał nieco jako skrzyżowane Mruczka z tygrysem.

Jeśli zatem pomysł Lewisa się przyjmie, będziemy mogli mieć do czynienia z prawdziwą epidemią prehistorycznych patronów poszczególnych stanów. Nawet pozycja orła bielika może zostać zagrożona. Jeśli naród się dowie, że ptaki prawdopodobnie wykształciły się przed milionami lat z gadów i że po raz pierwszy zaczęły latać 100 milionów lat temu, będzie to szok. A kilkadziesiąt milionów lat temu pojawili się przodkowie orłów, którzy mieli zęby, choć – tak jak dzisiejsze orły – polowali głównie na ryby. Nasz ptasi narodowy symbol, już bezzębny na szczęście, pojawił się na Ziemi milion lat temu, choć wtedy nie miał go jeszcze kto umieszczać na państwowych emblematach.

Zwrot w kierunku prehistorii może doprowadzić do poważnych przetasowań nazewniczych. Może jednak lepiej pozostać przy jeleniach, niedźwiedziach i bizonach.

Szturmem na *homo sapiens*

Dochodzę do niepokojącego wniosku, że zwierzęta mają nas coraz bardziej dość, i to nawet te teoretycznie przyjazne. Najpierw na Florydzie zaczęły z drzew spadać na ziemię iguany. Nie jest to zjawisko niezwykłe, gdyż dochodzi do niego zawsze wtedy, gdy temperatura spada do mniej więcej 32 stopni F (0°C). Wtedy te zimnokrwiste istoty wpadają w śpiączkę i lecą na ryje w dół. Gdy jednak się ociepla, budzą się z powrotem do życia i wszystko jest OK.

Problem w tym, że różne głupole zbierają nieprzytomne jaszczurki i zabierają je do domów, gdyż mają nadzieję, że będą to ich pupile. Kiedy iguana się budzi, zwykle jest mocno wkurzona i bywa agresywna, co mnie nie dziwi. Gdybym zasnął na drzewie i spadł na ziemię, a później obudził się w samochodzie jakiegoś zupełnie mi nieznanego faceta, też byłbym zirytowany. Rok w rok władze apelują do ludzi, by zostawiali te zwierzęta w spokoju, ale często apele te są ignorowane, przez co zdarzają się przypadki ataków wnerwionych iguan na ludzi.

Ale to jeszcze nic. W nowojorskiej okolicy Rego Park od pewnego czasu mieszkańcy atakowani bywają przez agresywne wiewiórki, które potrafią boleśnie ugryźć. Wprawdzie gryzonie te rzadko są nosicielami chorób takich jak wścieklizna, ale sam fakt, że zwierzęta, które normalnie szukają potulnie żołędzi i orzechów, nagle decydują się na wojnę z ludźmi, jest dość zastanawiający. Specjaliści przyznają, że powody agresywności wiewiórek pozostają nieznane. Niestety nie można zapytać prowodyrów, dlaczego są wnerwieni na rodzaj ludzki, w związku z czym w okolicy tej rozmieszczono kilka pułapek, które mają zwabić wiewiórczych powstańców. Na razie jednak żaden z nich nie dał się nabrać, co może świadczyć o tym, iż ich antyludzka rewolta została skrupulatnie zaplanowana.

Tymczasem w stanie New Jersey wezwano policję do jednego z barów McDonald's, ponieważ ludzie stojący tam w kolejkach do *drive-thru* i czekający na swoją padlinę zostali zaatakowani przez kilka kur. Skrzydlatych bandytów udało się przegonić, ale nie zmienia to faktu, iż sam fakt, że do tego ataku doszło, może dawać wiele do myślenia. Być może wydarzenie to ma jakiś związek z faktem, że firma McDonald's ogłosiła niedawno, iż wprowadza do sprzedaży nowy rodzaj kanapek z kurczakiem. Jeśli tak, to kury są zupełnie niepotrzebnie wnerwione, gdyż dania mięsne tej firmy zawierają tylko śladowe ilości trocin zwierzęcych.

Specjaliści są zdania, że istnieje sześć zasadniczych przyczyn, dla których zwierzęta mogą zacząć wykazywać agresywne zachowania. Są to: strach, głód, obrona terytorium, gniew, ochrona młodych i choroba. Dotyczyć to może wszystkich zwierząt, zarówno domowych, jak i dzikich. Ja w sumie stawiam na gniew, szczególnie w przypadku iguan. Nie sądzę, by kury lub wiewiórki były zastraszone, głodne lub chore, choć oczywiście wszystko jest możliwe.

Na polskiej witrynie internetowej bushmen.pl znalazłem następującą poradę dotyczącą przypadkowego spotkania z niedźwiedziem: „Warto pamiętać, że niedźwiedzie, choć to drapieżniki, nie są agresywne wobec ludzi i – jak większość innych zwierząt – ich unikają. Kłopot zaczyna się wtedy, gdy mamy coś do jedzenia lub gdy niedźwiedzie mają młode. Zaspokojenie ich oczekiwań (karmienie) niestety nie jest dobrym rozwiązaniem. Szansa, że najedzony miś odejdzie, jest zerowa. Gdy skończą się kanapki, zawiedziony niedźwiedź poturbuje nas za brak należytego przygotowania posiłku. Podczas spotkania z misiem przede wszystkim należy przyjrzeć się uszom. Jeśli są położone (odchylone do tyłu), nie można się ruszać i trzeba czekać. Podnoszenie rąk raczej nie przestraszy ani nie rozbawi dorosłego niedźwiedzia. Jeśli uszy stoją normalnie, nie należy wykonywać gwałtownych ruchów i spokojnie wycofać się, natomiast z pewnością nie wolno uciekać".

Wszystko jasne, ale nie jestem przekonany o tym, że ktoś, kto natknął się na misia w lesie, zachowa na tyle dużo spokoju, że będzie się biernie gapić na jego uszy. Ponadto rady te słabo przystają do realiów agresji ze strony niespodziewanych napastników. W jaki bowiem sposób trzeba się zachowywać, gdy stanie się oko w oko z rozwścieczoną czymś kurą lub kompletnie stukniętą wiewiórką? Wprawdzie zwierzęta te nie są w stanie nas zabić, ale atak dziobatych jajoniosek lub zębatych gryzoni nie należy do przyjemności. Poza tym kury nie mają małżowin usznych, więc nie można dostrzec ich ułożenia, natomiast wiewiórki cały czas strzygą uszami, bez większego składu i ładu.

Wszyscy przyzwyczajeni są do tego, że niektóre zwierzęta domowe zdradzają czasami agresywne postawy, a dotyczy to zwykle psów. Jednak podobnie, choć nie tak często, zdarza się to w przypadku kotów. Specjaliści opisują to tak: „Agresywny kot przejawia zachowania bierne i czynne. Te pierwsze przyjmują postać uporczywego wpatrywania się, czajenia do skoku, skradania za ofiarą lub podchodzenia do niej bokiem. Jeżeli chodzi o czynne przejawy agresji, to można tu wymienić ataki pazurami i drapanie. W przypadku bardzo silnych emocji kot gryzie, jeży się, syczy, prycha, warczy, fuka i wydaje z siebie groźne pomruki". No i już odechciało mi się Mruczusia.

Jeśli kiedyś natknę się na wiewiórkę, która zdradzać będzie podobne zachowania, zamknę się w domu i strzelę sobie kielicha na ukojenie nerwów. A jeśli po atakach wiewiórek i kur będziemy również mieć do czynienia z agresją ze strony złotych rybek, to mamy – że się tak nieprzystojnie wyrażę – przechromolone.

Bimber w M-3

U schyłku PRL-u mój szwagier pędził w niewielkim mieszkaniu M-3 bimber. W korytarzu stał metalowy pojemnik na mleko, z którego wychodziły różne rurki wiodące do kuchni, gdzie prędzej czy później do wyznaczonego naczynia zaczynał kapać płyn. Ja w procesie produkcji nigdy nie uczestniczyłem ani też nie znałem jej technicznych szczegółów, lecz czasami raczyłem się domową siwuchą. Nie była ona wprawdzie wspaniała, ale służyła dobrze okazjonalnemu celowi narąbania się w celu zapomnienia o kartkowej sprzedaży niemal wszystkiego.

Jak wiadomo, w czasie nielegalnej produkcji księżycówki wydzielają się różne zapachy. Rozchodziły się one po całej klatce schodowej, a zatem jestem pewien, że liczni sąsiedzi wiedzieli, co się w tym mieszkaniu działo. Nikomu to jednak za bardzo nie przeszkadzało. Za nielegalny bimber można było zdrowo beknąć, choć dużego niebezpieczeństwa nie było, ponieważ wtedy władza miała znacznie poważniejsze zadania, np. pałowanie ludzi na ulicach.

Wspominam o tym wszystkim dlatego, że z niewielkiego miasta Rainville w stanie Alabama nadeszła ostatnio informacja, że lokalna policja wykryła nielegalną wytwórnię wina, która mieściła się w zakładzie obróbki ścieków. W miarę oczywiste jest to, iż nie jest to optymalna lokalizacja winiarni i mam nadzieję, że producenci trunków nie pobierali wody z dużych kadzi znajdujących w tym zakładzie. Ponadto zastanawiam się, jakie nazwy nosiły te wina. Brown Crap Cabernet Sauvignon? A może Sewage Merlot? Walorów smakowych oczywiście nie znam, ale z pewnością zna je szeryf, którego ludzie skonfiskowali ponad 100 galonów wina oraz urządzenia do fermentacji, specjalne wiadra, szklane pojemniki, itd. Należy mieć nadzieję, że wszyscy oni są nadal trzeźwi.

Tak czy inaczej biuro szeryfa poinformowało, że była to „największa operacja tego typu w naszej okolicy". W tym miejscu należy zapewne dodać, że prywatna produkcja niewielkich ilości napojów alkoholowych nie jest w stanie Alabama zakazana. Nie można jednak posiadać więcej niż 15 galonów wyprodukowanego w domu napitku, niezależnie od tego, czy jest to wino, piwo, nalewka czy też bimber.

I tu dochodzimy do zasadniczej sprawy. Na początku drugiej dekady tego wieku w kilku stanach USA zapadły decyzje o legalizacji domowej produkcji napojów alkoholowych. W ostatnim czasie takie zmiany wprowadziły stany: Nowy Jork, Tennessee, Waszyngton i Ohio. W roku 2012 tygodnik *Time* pisał: „Jeśli domowa produkcja alkoholi może być jakimś prognostykiem, to legalizacja wytwarzania bimbru zapewne pomoże napełnić stanowe skarbce. W zeszłym roku niewielkie rzemieślnicze browary dały budżetowi Kalifornii 3 miliardy dolarów wpływów. W stanie Nowy Jork browary zapewniły zaś pracę 3 tysiącom osób, a winiarnie przyniosły 1 miliard wpływów podatkowych i zatrudniały 5 tysięcy pracowników".

No i sprawa jasna – jak zwykle chodzi o pieniądze. Zamiast bimbrowników karać, trzeba ich odpowiednio opodatkować i czerpać z tego zyski. Produkcja napojów alkoholowych w domu jest obecnie legalna niemal we wszystkich stanach USA, choć obowiązują rozmaite ograniczenia dotyczące skali produkcji. Nawet sprzedawanie takich napitków jest dozwolone pod pewnymi warunkami. Nic zatem dziwnego, że przez Internet można sobie zamówić designer whiskey, czyli koloryzowany bimber udający swoich kuzynów z Kentucky i Szkocji.

Tendencje te nie ograniczają się wyłącznie do USA. W Austrii, Słowacji i na Węgrzech można przygotować w domu zacier do bimbru i oddać go do miejscowej gorzelni, która zajmuje się produkcją. W państwowej placówce domowy zacier jest destylowany i państwo ma dodatkowy wpływ pieniędzy do budżetu. Podobne reformy czekają rzekomo również Polskę. Na razie można w domu produkować cedr i wino oraz takie trunki jak rum, whisky, okowitę, brandy, gin i likier. Dotyczy to jednak tylko produkcji na własny użytek.

Na razie jednak produkcja bimbru jest w Polsce zabroniona. Dla nikogo nie jest tajemnicą, że proceder ten jest powszechnie tolerowany, a na Podkarpaciu istnieje nawet miejscowość, Harta k. Dynowa, która od lat słynie ze swojego bimbru. Tamtejszy sołtys zwraca jednak uwagę na fakt, że nie ma tam nigdzie w pobliżu żadnej gorzelni, a zatem cały proces produkcji odbywa się z konieczności w domach.

Wracając do USA, ja się tym facetom w Alabamie nie dziwię, gdyż Ameryka może poszczycić się ogromnymi tradycjami, jeśli chodzi o bimbrownictwo, które to tradycje zostały ugruntowane w czasach prohibicji. Bimber wszelkiej maści produkowany był na wielką skalę, szczególnie w południowo-wschodnich stanach USA, gdzie bimbrownicy pracowali przede wszystkim w odludnych obszarach wiejskich oraz w lasach. Bimber dorobił się nawet pochodzącej z Appalachów – regionu stanowiącego historyczne centrum amerykańskiego bimbrownictwa – romantycznej nazwy *moonshine*, czyli księżycówki. Nazwa wzięła się oczywiście stąd, że bimber pędzono po kryjomu, często nocą, by nie widać było dymu wydostającego się z kominka prowizorycznej gorzelni. Najczęściej zresztą zbiorniki te ustawiano w jak najgęstszych zagajnikach, by w razie czego wyprzeć się jakiegokolwiek związku z pędzonym tam alkoholem.

Wiadomo w związku z tym, dlaczego w Rainville winiarnia została umieszczona w zakładzie obróbki ścieków. W razie czego można argumentować, że baniaki z czerwonym płynem zawierają odpady przemysłowe, choć wątpię, by szeryf dał się przekonać. W Polsce mój szwagier zapewne nie mógłby się w żaden sposób wyłgać, ale do wpadki nigdy nie doszło, a produkcja ustała po odsunięciu komunistów od władzy.

Noworoczne dziwactwa

W niemal dowolnym zakątku świata nadejście Nowego Roku kojarzy się mniej więcej z takimi samymi celebracjami: fajerwerki, hulanki, koncerty i ostre popijanie trunków. Jednak sprawy są o wiele bardziej skomplikowane. Całe to kalendarzowanie zostało wymyślone przez człowieka i jest dość umowne, a zatem tak naprawdę nadejście Nowego Roku niczego przełomowego nie oznacza. Ponadto w niektórych kulturach czas odmierzany jest zupełnie inaczej. W Chinach począwszy od 22 lutego tego roku zaczyna się Rok Woła, który zmieni się w Rok Tygrysa w ostatni dzień stycznia 2022.

Dodatkowo nasz powszechnie znany i używany kalendarz gregoriański, zatwierdzony w 1582 roku przez papieża Grzegorza XIII, ma konkurenta w postaci wcześniej wymyślonego przez Juliusza Cezara kalendarza juliańskiego. I tak w dniu 1 stycznia 2022 roku będzie dopiero 18 grudnia roku poprzedniego w kalendarzu juliańskim, który jest nadal wykorzystywany, choć tylko tu i ówdzie. No i jak tu w takich warunkach wiedzieć, kiedy odpalać petardy, a kiedy nie?

Pomijając jednak wszystkie te trudności należy podkreślić, że w wielu krajach istnieją dość dziwne sylwestrowe tradycje, odbiegające od standardu szampana i sztucznych ogni. W Hiszpanii, gdy wybija północ, ludzie często jedzą dokładnie 12 winogron w tempie jednego na każdy zegarowy ton, co ma zapewnić szczęście i dobrobyt na następne 12 miesięcy. Genezą tego obyczaju jest czysty komercjalizm – noworoczną konsumpcję winogron w 1909 roku wymyślili winiarze z Alicante, którzy chcieli w ten sposób zachęcić ludzi do kupowania większych ilości ich plonów.

W takich krajach jak Meksyk, Boliwia i Brazylia zachęca się naród do zakładania w sylwestrową noc kolorowych galotów, a każdy kolor niesie ze sobą inne znaczenie. Czerwone majtki to miłość, żółte – zamożność i sukces, a białe – pokój i harmonia. Natomiast w Turcji stawia się wyłącznie na czerwień. Ludzie dają sobie w prezencie karmazynowe *dessous*, które mają zapewnić szczęście na cały rok, choć nie wiem, czy trzeba je koniecznie nosić, czy też wystarczy powiesić na ścianie.

Niemcy bawią się dziwnie i dość niebezpiecznie. Istnieje tam zwyczaj zwany *Bleigießen* (lanie ołowiu), polegający na tym, iż w łyżce topi się nad świecą kawałek ołowiu, a następnie wlewa się go do zimnej wody. To, w jaki kształt metal się ułoży, zwiastuje różne rzeczy: kulka oznacza szczęście, korona – zamożność, a krzyż niestety prognozuje śmierć. Nie ma to jednak większego znaczenia, bo i tak wszyscy prędzej czy później nabawią się ołowicy i nie będą nawet pamiętać, że kiedyś coś lali.

W Danii jest sylwestrowy zwyczaj rzucania w drzwi domów sąsiadów i przyjaciół talerzami, a ci, którzy w noworoczny poranek mają przed swoją posesją największą kupę zniszczonej porcelany, mogą szczycić się tym, iż cieszą się dużą popularnością. Natomiast równo o północy liczni Duńczycy skaczą z krzeseł na podłogę, co ma symbolizować „wskoczenie" do Nowego Roku. Mam nadzieję, że nie robią tego po pijaku, bo wtedy 1 stycznia może zacząć się od złamanej nogi.

Według szkockich obyczajów duże znaczenie ma to, kto jako pierwszy wejdzie do czyjegoś domu 1 stycznia. Kogoś takiego nazywa się *quaaltagh* lub *qualtagh*, czyli „pierwszą stopą". Jeśli owym kimś jest wysoki facet o ciemnych włosach, najlepiej wyposażony w chleb i whisky, to wszystko będzie OK. Natomiast blondyn jako pierwszy gość to nieszczęście, co wynika zapewne stąd, iż bardzo dawno temu do szkockich domów mieli zwyczaj wdzierać się blondyni zwani wikingami, dzierżący w garści topory i siekiery, którymi wyrąbywali tubylców w pień.

Ze zrozumiałych przyczyn u Szwedów jest odwrotnie. Tam pierwszym gościem w Nowym Roku powinien być blondyn o jasnej cerze, bo jeśli przypałęta się jakiś śniady facet z okolic basenu śródziemnomorskiego, zostanie uznany za zwiastuna niepomyślności. Natomiast nie wiem, co oznacza w obu krajach pojawienie się na progu domu w sylwestrową noc jakiejś biuściastej Hermenegildy teutońskiej, ale to już inna sprawa.

We włoskim Neapolu jest zwyczaj wyrzucania z balkonów na bruk różnych niepotrzebnych staroci i sprzętów, począwszy od tosterów, a skończywszy na większych obiektach. Wynika stąd, że każdy w tym mieście może dostać w łeb spadającą na ulicę lodówką, choć dominuje tendencja wyrzucania rzeczy miękkich i w miarę małych. Identyczne celebracje związane z nadejściem Nowego Roku odbywają też mieszkańcy Johannesburga w RPA.

A skoro już o rzucaniu mowa, w USA tak się jakoś składa, że niemal wszystkie dodatkowe obrządki noworoczne polegają na zrzucaniu czegoś lub opuszczaniu w dół. Wszyscy wiedzą oczywiście o wielkiej kuli, która opada w Nowym Jorku na Times Square. Jednak od pięciu lat ludzie w Boise w stanie Idaho mogą obserwować, jak o północy spada wielki, 400-funtowy, elektroniczny ziemniak, który zwie się *GlowTato*. Spektakl ten, podkreślający fakt, iż Idaho to kartoflane królestwo Ameryki, ogląda zwykle ponad 40 tysięcy widzów. Ale to nie wszystko, co spada w sylwestra. W mieści Brasstown w stanie Północna Karolina opuszcza się na oczach zgromadzonej gawiedzi oposa, w Bethlehem w stanie Pensylwania spada 200-funtowy, wyprodukowany lokalnie *marshmellow* (czyli wielki kawał pianki żelowej), a w Port Clinton w stanie Ohio Nowy Rok wita ogromna, sztuczna ryba zwana *Wylie the Walleye* (Sandacz Wylie).

Chochlik na półce

Wszyscy doskonale wiedzą, iż amerykańskie świętowanie Bożego Narodzenia jest inne od europejskiego, a szczególnie polskiego. Po pierwsze, nie całujemy zaskoczonej sąsiadki pod jemiołą (a szkoda). Po drugie, w Polsce są dwa dni świąteczne, a w Ameryce tylko jeden. Po trzecie, w pierwszy dzień świąt (a w USA jedyny) Amerykanie zasiadają zwykle do wielkiego obiadu z indorem (lub ewentualnie pieczoną szynką) w roli głównej, podczas gdy Polacy starają się odespać zarówno pasterkę, jak i kaca. Po śniadaniu przez resztę dnia podjadają różne resztki wygrzebane z lodówki.

Jest też taka różnica, że dzieci w USA dostają prezenty rankiem 25 grudnia, gdyż w poprzedzającą ten poranek noc Santa musi zesunąć się przez komin do wnętrza domu, otrząsnąć z sadzy, zjeść pozostawione dla niego ciastka, wypić mleko, a następnie zostawić pod choinką prezenty. Polska wersja świętego Mikołaja nie bawi się w kominiarza i umieszcza prezenty pod choinką przed 24 grudnia. Zwykle tak, by nikt tego nie widział, co jest o tyle łatwe, że wszyscy są zajęci obserwowaniem karpia pływającego w wannie w oczekiwaniu na niechybną śmierć.

Najważniejszą być może różnicą jest to, że w USA dzień wigilijny nie ma tak wielkiego znaczenia jak w wielu krajach Europy. Wieczorem nikt nie zasiada do wigilijnej wieczerzy, nikt nie dzieli się opłatkiem i nikt nie dostaje prezentów. Jednak od mniej więcej 2005 roku jest w Ameryce nowa tradycja, której genezą jest książka dla dzieci Carol Aebersold i jej córki Chandy Bell pt. *Elf on the Shelf*. Jest to świąteczna opowieść o tym, jak to Santa zawsze wie, które dzieci były grzeczne, a które nie, ponieważ rozmieszcza we wszystkich domach czujnych obserwatorów w postaci elfów (skrzatów, chochlików, pacynek), które ostro szpiegują i donoszą.

Ta zakrojona na ogromną skalę akcja inwigilacji małolatów polega na tym, że Santa wysyła do wszystkich domów swojego specjalnie wydelegowanego chochlika, co ma miejsce tuż po święcie Dziękczynienia. Ten mikroskopijny szpion siedzi na różnych półkach i obserwuje, jak się zachowują pociechy, a w Wigilię wraca do mikołajowej bazy na Biegunie Północnym, by zdać mocodawcy w czerwonym kubraku szczegółowy raport. Na tej podstawie Santa decyduje o tym, kto dostaje prezenty, a kto może liczyć wyłącznie na bryły węgla i potępienie.

Wszystko to zaczęło się od książki, ale chwyciło. I dziś wielu rodziców całkiem na serio tuż po Thanksgiving umieszcza w domu małego chochlika, zwykle gdzieś na wysokiej półce, by się żaden pędrak do niego nie dobrał. Elf jest co wieczór przestawiany, gdy dzieci śpią, a jedną z podstawowych zasad jest to, że nie może być przez nikogo dotykany. W Wigilię chochlik znika, bo, jak wspomniałem, wraca do bazy, by na kogo trzeba zakapować.

Szczerze mówiąc, nie bardzo wiem, jak się na tę nową tradycję świąteczną zapatrywać. Jakoś nie pasuje mi ona do z definicji ciepłych i przyjaznych celebracji bożonarodzeniowych. Bądź co bądź mowa jest o jakimś zakapturzonym minifacecie, który siedzi gdzieś w domu i się gapi, nieustannie zbierając informacje. Czego to ma nauczyć dzieci? Publicystka pisma *The Atlantic*, Kate Tuttle, nazwała to wszystko „komercjalizmem udającym tradycję", który wpaja młodym ludziom przekonanie, iż poprawne zachowanie jest kluczem do dostawania prezentów. Natomiast profesor Laura Pinto idzie jeszcze dalej i twierdzi, że Elf on the Shelf umacnia u dzieci przekonanie, Iż ogólnie rzecz biorąc szpiegowanie jest całkowicie w porządku i nie ma się czym przejmować: „Jeśli inwigilacja ze strony chochlików jest OK, to podobna inwigilacja prowadzona przez władze powinna być równie akceptowalna".

No i proszę – wprawdzie władza w PRL-u nie umieszczała w domach skrzatów, ale miała zawsze inne metody i doskonale wiedziała, kto zasługuje na prezenty, a kto jest zaplutym karłem reakcji. Pędraki, które były przypadkowo zaplute, dostawały tzw. śląskie psińco, natomiast skarłowaciała reakcja dorosłych mogła liczyć wyłącznie na zapuszkowanie. Od wszystkiego tego można dostać zawału serca, o czym wspominam nie bez przyczyny.

Szwedzcy naukowcy odkryli, że ataki serca najczęściej występują w wigilię Bożego Narodzenia. Według nich za taki stan rzeczy wcale nie odpowiadają świąteczne libacje, ale emocje towarzyszące spotkaniom rodzinnym, a czasami karczemne kłótnie przy biesiadnym stole, głównie o naturze politycznej. Zespół naukowców pod kierownictwem profesora kardiologii Davida Erlinge – po przeanalizowaniu danych gromadzonych przez 16 lat, w których znajdowały się informacje na temat wieku, wagi, zażywanych leków, palenia papierosów, itd. – doszedł do wniosku, że Herzschlag najczęściej występuje w wigilię, a narażone na te problemy są głównie osoby w wieku powyżej 75 lat oraz chorujące na cukrzycę i choroby wieńcowe. Na podstawie dokładnie zanalizowanych godzin i dat naukowcy stwierdzili, że najbardziej niebezpieczny czas to wigilijny wieczór ok. godziny 22.00. Innymi słowy, byle do pasterki.

I teraz się zastanawiam, czy chochliki na półkach nie mają coś z tym zjawiskiem wspólnego. W końcu nieustanna obecność szpiegów Santy w domach może być poważnym obciążeniem psychicznym dla wszystkich domowników i wpływać na ich mentalną kondycję. Jeśli w tym roku zauważę gdzieś takiego skrzata we własnym domu, wezmę go na stronę i zaproponuję mu obalenie kilku piw. Zaszkodzić nie może, a być może pomoże.

Niech kaktus będzie z wami...

Święta tuż-tuż, a w związku z tym czas najwyższy na wieści o prezentach, których nie da się w żaden racjonalny sposób wyjaśnić. Jednym z nich jest z pewnością tańczący i śpiewający kaktus, który ma być zabawką edukacyjną dla dzieci. Może i jest, ale jest to edukacja dość dziwna.

Sztuczna zielona roślina potrafi śpiewać po angielsku, hiszpańsku i... polsku. Jest to dość dziwny zestaw języków, a wynika prawdopodobnie z tego, że zabawka produkowana jest rzekomo w Polsce, choć nie wiadomo na razie przez kogo. W szpiegowskich sferach Internetu dominuje przekonanie, że jest to coś, co zostało wypatrzone w Polsce przez pośredników, którzy następnie zaoferowali towar dystrybutorom.

Tak czy inaczej, nie wiem, co kaktus śpiewa po angielsku i hiszpańsku, ale po polsku wali z grubej rury. Tak się złożyło, że nabywczyni zabawki w kanadyjskiej prowincji Ontario zna język polski i wysłuchała kaktusowego utworu pt. „Gdzie jest biały węgorz (Zejście)". Już w pierwszej zwrotce tego utworu zawarte są następujące, głębokie w wymowie słowa:

Tylko jedno w głowie mam
Koksu pięć gram, odlecieć sam
W krainę zapomnienia
W głowie myśli mam
Kiedy skończy się ten stan
Gdy już nie będę sam
Bo wjedzie biały węgorz

Potem robi się jeszcze gorzej, bo kaktus używa licznych wulgaryzmów, by zwieńczyć swój utwór niepokojącym: *O żesz k..., chyba fiknę, jak w nochala nic nie psiknę.* Oczywiste jest to, że ta czysta poezja adresowana jest do przedszkolaków, które zawsze marzą o 5 gramach koksu.

Choć piosenkę śpiewa kaktus, prawdziwym autorem tego dzieła jest polski raper Cypis, który nagrał ją w roku 2015. Nikt nie wie, w jaki sposób nagranie to trafiło do repertuaru śpiewającego kaktusa dla małolatów, jednak sam Cypis jest tym faktem rzekomo zaszokowany. Koncern Walmart poinformował, że wycofał zabawkę ze sprzedaży, ale Amazon i Alibaba nadal to cacko sprzedają.

Tańczący i śpiewający kaktus pojawił się w sprzedaży w grudniu ubiegłego roku i początkowo nie budził żadnych kontrowersji, choć być może wtedy nie śpiewał jeszcze po polsku o białym węgorzu, który miał gdzieś wjechać. A teraz jest afera, która spowodowała, że zabawka jest bardzo popularna, a piosenka Cypisa stała się hitem w takich serwisach jak YouTube i TikTok. Sam artysta też na tym wszystkim skorzystał, gdyż zainteresowanie jego utworem o zażywaniu kokainy i wpadaniu w depresję z powodu braku narkotyków i seksu znacznie wzrosło. W YouTube-ie umieścił on link do swojego wideo opatrzony podpisem „Niech kaktus będzie z wami".

Mimo że – jak powszechnie wiadomo – Polak potrafi, w tym akurat przypadku kaktus jest tylko jednym z przykładów w długiej historii zabawek, które nigdy nie powinny były znaleźć się w sklepach. Wśród nich jest coś, co zwie się Road Kill Animal Puzzle, czyli układanka zawierająca obrazki przedstawiające zabite przez samochody zwierzęta. Żeby było jeszcze realniej, nad zwierzętami tymi krążą sępy, a na drodze widoczne są ślady gwałtownego hamowania. Innym szlagierem jest Baby's First Baby Doll, czyli lalka, która jest w ciąży i z której wysunąć można płód, który również jest w ciąży. O ile wiedza o macierzyństwie dzieciom może się przydać, o tyle oferowanie lalki-dziecka, która rodzi nowe dziecko, budzić musi wiele poważnych pytań na temat inteligencji pomysłodawców.

Niektóre dziwne zabawki nabyć można wyłącznie poza granicami USA. W Niemczech pluszowy twór imieniem Erwin to postać, która ma otwierany brzuch. Gdy się go otworzy, można zobaczyć kolorowe organy wewnętrzne, takie jak płuca, jelita, wątrobę, serce i nerki. Można je z brzucha wyjąć, pooglądać, a następnie wsadzić z powrotem, tyle że nie wiem, czy należy trzymać się przeznaczonych dla nich miejsc, czy też można te trzewia upchnąć gdziekolwiek. Również w Niemczech od paru lat przebojem jest zabawka o nazwie Doggie Doo, która składa się z plastikowego jamnika, smyczy z niewielką pompką na jej końcu oraz sztucznego psiego pożywienia. Dzieci „żywią" psa, a potem naciskają na pompkę, co powoduje, że czworonóg wydziela z siebie ekskrement przy akompaniamencie sążnistych, psich bąków. Uciecha dla całej rodziny! Podobno chodzi o to, by uczyć dzieci, że po psach trzeba zawsze sprzątać. Podejrzewam jednak, że wartość oświatowa tego produktu jest nikła.

W Chinach rodzice mogą kupić dziecku nadmuchiwaną dużą zjeżdżalnię w formie do połowy zanurzonego w wodzie, tonącego *Titanica*. Niektóre wersje tej zabawki zawierają też nadmuchiwaną górę lodową, natomiast nie ma nigdzie pływających w Atlantyku ciał, co uważam za błąd marketingowy. Wracając do Ameryki, sporą popularnością cieszy się stworzenie w postaci kawałka bekonu. Zabawka nazywa się My First Bacon, a gdy się ją naciśnie, wypowiada tylko jedno zdanie: *I am Bacon*. Trochę mnie to rozczarowuje, gdyż zabawka powinna mówić coś więcej albo na ochotnika wskakiwać do patelni z jajami.

Zresztą moim zdaniem pan Bekon powinien dodatkowo śpiewać piosenkę Cypisa o kokainie. Wtedy znacznie by się uatrakcyjnił. A swoją drogą, ciekaw jestem, czy o tym wszystkim wie Santa i czy nadal będzie wyłącznie pohukiwał rubaszne „Ho! Ho! Ho!", czy też zmieni repertuar na narkotyczno-seksualny.

Rok 2021

Z ziołami na wirusa

W amerykańskim średniowieczu, czyli za rządów Donalda Trumpa, narodowi proponowano od czasu do czasu różne metody leczenia koronawirusa. Najpierw była hydroksychlorochina, którą mieliśmy wszyscy żreć w dużych ilościach, co miało skutecznie przeganiać Covida. Niestety nie przeganiało, natomiast okazało się, że można od tego w sprzyjających okolicznościach strzelić kopytami. Później pojawiła się sugestia, że wirusa można uśmiercić przez skierowanie na niego niezwykle silnych wiązek światła, choć do dziś nie jestem pewien, czy żarówki miały być do organizmu wprowadzane przez gardło, czy też przez „cztery litery". O ile wiem, praktycznie tego potencjalnego rozwiązania nigdy nie zastosowano.

Zwieńczeniem tych pomysłów była ewentualność strzelenia sobie sety lizolu, co miało w ciągu zaledwie kilkunastu sekund zamordować w nas bakcyla. Lizol to stężony roztwór tzw. krezolu surowego, rozpuszczonego w mydle potasowym. Prawdą jest, że ma on pewne właściwości bakteriobójcze, ale jest to zabójca w pewnym sensie ślepy, czyli zabija wszystko, co stanie na jego drodze. Znaczenie lizolu we współczesnej medycynie jest znikome, gdyż jest to preparat o znacznej toksyczności, a nierozcieńczony w kontakcie ze skórą jest silnie żrący. Drzewiej był szeroko stosowany jako środek dezynfekcyjny: np. w czasie II wojny światowej używano go w obozach koncentracyjnych do dezynfekcji więźniów, którzy musieli kilkakrotnie zanurzać się w dużej kadzi z tym płynem. Nikt natomiast nie zalecał, żeby z lizolu robić sobie koktajle lecznicze.

Podobno niektórzy Amerykanie, zachęceni przez wodza, rąbnęli sobie po toksycznym kielichu. Całkiem możliwe jest, że dziś już koronawirusa nie mają, co jednak nie jest zbyt pocieszające wobec całkowitej absencji przełyku i żołądka. Jeśli jednak nadal jakoś utrzymują się przy życiu, powinni pojechać czym prędzej z wizytą do Kirgistanu. Tamtejszy minister zdrowia ogłosił niedawno, że w jego kraju Covid będzie leczony specjalną miksturą ziołową, której głównym składnikiem jest roślina o nazwie *aconitum soongaricum*. Rośnie ona sobie radośnie w Kaszmirze, Chinach, Kazachstanie no i oczywiście w Kirgistanie.

Minister Alimkadyr Beiszenalijew na oczach dziennikarzy wypił szklankę tego specyfiku, by udowodnić, że jest to środek całkowicie bezpieczny. Dodał też, że ludzie z łagodnymi objawami koronawirusa po wypiciu mikstury zdrowieją już po 24 godzinach, a tym ciężej chorym kuracja zabiera cztery dni. Twierdzi, że przepis na medyczny koktajl został mu przekazany przez prezydenta Sadyra (szkoda, że nie Satyra) Japarowa, który z kolei dostał go od swojego ojca.

Na szczęście nie wszyscy w Kirgistanie są całkowicie stuknięci. Bermet Baryktabasowa, była doradczyni ministerstwa zdrowia, publicznie ostrzegła, że *aconitum soongaricum* to jedna z najbardziej toksycznych roślin całego tego regionu geograficznego: – *Nawet bardzo mała dawka tej rośliny może prowadzić do szybkiej śmierci* – powiedziała. Zapis encyklopedyczny też nie napawa optymizmem: „Kontakt *aconitum soongaricum* ze skórą powoduje silne swędzenie, a następnie częściowe znieczulenie. Osoba zatruta tą rośliną cierpi z powodu silnego bólu żołądka, nadmiernego ślinienia się, nudności, zawrotów głowy, ściemnienia białek oczu, trudności z oddychaniem oraz arytmii serca, a śmierć następuje przez uduszenie. Roślina ta jest tak toksyczna, że nie nadaje się do zastosowania w medycynie". Coś mi się wydaje, że minister Beiszenalijew zniknie na jakiś czas z areny publicznej, by zająć się walką o przeżycie.

Z drugiej strony, prezydent Japarow nie jest w swoim szaleństwie osamotniony. W marcu zmarł prezydent Tanzanii, John Magufuli, rzekomo w wyniku przewlekłej choroby serca, choć krążą plotki, iż zaraził się koronawirusem. Jeśli to prawda, byłoby to swoistą zemstą natury na ludzkiej głupocie. Od samego początku Magufuli lekceważył pandemię i zachęcał obywateli swojego kraju do modlenia się, ponieważ jego zdaniem wirus miał „sataniczny charakter". W czerwcu ubiegłego roku ogłosił, że Tanzania skutecznie zwalczyła chorobę i dodał, że wszystkie szczepionki to spisek Zachodu, którego celem jest zniewolenie państw afrykańskich. Zamiast szczepień promował kuracje ziołowe oraz kąpiele w gorącej parze wodnej.

Japarow i Magufuli mają też dobrego sprzymierzeńca w osobie prezydenta Brazylii, Jaira Bolsonaro, który nadal twierdzi, że pandemia to zmyślony spisek, mimo że jego współobywatele masowo wymierają, a szpitale są sparaliżowane przez natłok pacjentów. On sam zachorował w ubiegłym roku na Covida, ale wyzdrowiał, a doświadczenie to w niczym nie zmieniło jego poglądów na tę chorobę, którą uważa za niezbyt groźną odmianę grypy.

Z dzieciństwa pamiętam, że nasze babcie często wychwalały tzw. ludowe środki lecznicze. Na przykład odparzoną pupę niemowlaka dobrze było smarować masłem, ale w PRL-u masło było na kartki, w związku z czym ta metoda lecznicza raczej nie wchodziła w rachubę. Podejrzewam, że zastępczo można by było zastosować smalec, ale po usunięciu z niego skwarków. Inne ludowe medykamenty dotyczyły potencji, choć na ten temat babcie zwykle milczały. Na przykład spożywanie korzenia żeń-szenia syberyjskiego miało pomagać zupełnie innemu korzeniowi.

Jednak wszystkie te babcine i poza-babcine sugestie dotyczyły schorzeń, które w żaden sposób nie zagrażały życiu. Co innego jest pić rosół na przeziębienie, a co innego łykać lizol na potencjalnie śmiercionośnego wirusa. Osobiście nadal zdecydowanie preferuję rosół, i to nawet wtedy, gdy nie jestem przeziębiony. Jeśli zaś chodzi o *aconitum soongaricum*, na szczęście u nas tego świństwa nie ma.

Halo, czy to Pikuś?

Przyznaję, że zdecydowanie należę do obozu psiarzy, czyli miłośników gatunku *canis familiaris*. Niemal przez całe życie miałem w domu psy (a wcześniej mieli je również moi rodzice). Obecnie pod moim biurkiem leżą dwie wielkie mordy należące do golden retrieverów, które słyną z niezwykłej łagodności i przyjacielskości. Gdy do domu wtargnie włamywacz, „złoty odzyskiwacz" najpierw go poliże, a potem zaprowadzi do szuflady z rodowym srebrem, żeby się złodziej nie męczył jałowym plądrowaniem.

No, ale *ad rem*. Mimo że psy lubię i je posiadam, niektóre wieści z szerokiego świata dotyczące tych czworonogów wprawiają mnie w coraz większe osłupienie. Grupa naukowców z University of Glasgow, pod dowództwem dr Ilyeny Hirskyj-Douglas, skonstruowała urządzenie, które zwie się DogPhone. Jest to coś, co wygląda jak mała miękka piłka. Gdy jednak pies przesunie ten obiekt, piłka wysyła sygnał do laptopa właściciela czworonoga, co z kolei powoduje rozpoczęcie połączenia wideo między psem i jego panem lub panią. Innymi słowy jest to urządzenie, które pozwala czworonogom na dzwonienie do swoich właścicieli. Co więcej, dany właściciel może telefon odebrać lub też psa zignorować, choć niejasne jest to, w jaki sposób czworonóg może wiedzieć, że jego właściciel nie chce z nim rozmawiać.

Pani Hirskyj-Douglas przewiduje też, że w niedalekiej przyszłości inna wersja DogPhone pozwoli Pikusiowi zadzwonić do psiego kumpla w domu sąsiadów, choć nie bardzo rozumiem, jak miałaby wtedy przebiegać rozmowa. W każdym razie stanie się możliwa nowa wersja słynnej rozmowy telefonicznej Edwarda

Dziewońskiego z Wiesławem Michnikowskim, która zaczyna się od pytania „Kuba?”. Rozmowa psia mogłaby się z powodzeniem zaczynać od „Pikuś?”, choć nie wiem, jak to przetłumaczyć na starożytny język *woof-woof*.

Jak to zwykle bywa, w całym tym przedsięwzięciu ma też swój udział Polska, ponieważ naukowcy zaprezentowali swój DogPhone na forum 2021 ACM Interactive Surfaces and Spaces Conference, która odbyła się w Łodzi. W czasie obrad Ilyena opisała swoje testy, prowadzone przez 16 dni z udziałem posiadanego przez nią czarnego labradora imieniem Zack. Podobno Zack „dzwonił” do swojej właścicielki często, ale – jak sama pani doktor przyznała – czasami były to telefony przypadkowe, spowodowane machnięciem ogona lub umieszczeniem psiego zadu na piłce. Ponadto Ilyena narzekała, iż od czasu do czasu Zack dzwonił do niej, ale po nawiązaniu połączenia wideo wydawał się mało zainteresowany rozmową, koncentrując się na swoich zabawkach lub na obserwacji sąsiedztwa przez okno.

Uważam, że jej testy miały zbyt ograniczony charakter. Przykładowo, moje psy piłkę udającą telefon porwałyby na strzępy już po kilku minutach. I nie byłby to protest przeciw fatalnej jakości usług sieci T-Mobile lub Verizon, lecz wyraz psiej radości z powodu możliwości pożarcia zabawki. Ponadto czworonogi bawią się piłkami bardzo często, zwykle bez jakichkolwiek zamiarów telekomunikacyjnych, a zatem niemożliwe jest odróżnienie celowego „zadzwonienia” do właściciela od przypadkowego wzięcia piłki do mordy.

Być może jednak przyszła wersja DogPhone pozwoli Zackowi na zadzwonienie do niemieckiego owczarka Gunthera VI. Tenże owczarek na Florydzie sprzedaje rzekomo za ponad 30 milionów dolarów dom, który kiedyś należał do Madonny. Jak to możliwe, by pies sprzedawał dom? Może zadzwonił do Lubartowa pod numer „czysta czydzieści czy”, by pogadać na ten temat z Pikusiem Goldbergiem. W rzeczywistości jednak za legendą o sprzedaży domu przez psa stoi włoski milioner Maurizio Mian, który od lat promuje sprzedawane przez siebie luksusowe posiadłości za pośrednictwem wyimaginowanych psów.

W roku 1999 gazeta *The Miami Herald* doniosła, iż Gunther IV (dziadek szóstego Gunthera) wystawił na sprzedaż dom należący niegdyś do Sylvestra Stallone’a, ale już następnego dnia opublikowano odpowiednie dementi, ponieważ okazało się, iż dom wprawdzie istnieje i można go kupić, ale psa nie ma. Jeśli wierzyć panu Mian, w roku 1992 zmarła niemiecka baronowa Karlotta Liebenstein, która zapisała w spadku miliony dolarów Guntherowi III (pradziadkowi szóstego Gunthera), tak by kolejne generacje jej owczarków niemieckich miały zapewnione odpowiednie życie. Problem w tym, iż nikt nie znalazł jak dotąd żadnych śladów tego, by baronowa Liebenstein kiedykolwiek istniała.

Pies imieniem Gunther VI zdecydowanie istnieje, gdyż w dniu 15 listopada tego roku zaprezentowano krótkie wideo przedstawiające czworonoga uganiającego się za piłką na tyłach byłego siedliska Madonny. Jednak niemal pewne jest to, iż psiak ten nie ma nic wspólnego z fikcyjną baronową ani też z całą serią Guntherów sprzed lat. Być może został kupiony przez Miana od lokalnego hodowcy w celach wyłącznie reklamowych. Natomiast pojawia się na horyzoncie intrygująca zagadka. Może się okazać, że wspomniana piłka tenisowa była w istocie DogPhonem, a jeśli tak, to do kogo wilczur dzwonił i dlaczego? Rudy Giuliani? Petsmart? Amazon? Putin? Dog Sex Parlor? Nikt tego nie wie, a przecież może tu chodzić o jakiś globalny spisek, zmierzający do obalania rządów, organizowania rewolucji, itd.

Moim zdaniem przyszłość urządzenia o nazwie DogPhone jest dość niepewna, podobnie jak niepewne jest to, czy dany pies kogoś ugryzie czy też nie. W każdym razie wszystkie pogaduszki czworonogów z ludźmi przez telefon będą się zapewne kończyć tą samą frazą, co w przypadku Michnikowskiego i Dziewońskiego: „A pies ci mordę lizał...".

Myślał indyk o niedzieli...

Kiedy wprowadzono w Polsce stan wojenny – co zresztą generał Jaruzelski zdecydował się zrobić w moje urodziny – tylko 11 dni później Polacy zasiedli przy wigilijnych stołach, z oczywistych powodów w dość trudnych warunkach. Po pierwsze, ciężko było z żarciem z powodu „okresowych trudności w zaopatrzeniu rynku w podstawowe artykuły spożywcze". Po drugie, przy stołach było sporo pustych krzeseł, bowiem miały być zajęte przez ludzi, którzy zostali internowani lub aresztowani oraz przez tych, których stan wojenny zastał poza granicami Polski. Ponadto rodzinne wizyty stały się trudne, ponieważ przejazd z miasta A do miasta B wymagał uzyskania stosownej przepustki (nawet jedną taką mam w rodzinnych archiwach).

Był jednak jeszcze inny, istotny powód, dla którego familijne zgromadzenia były wtedy trudne. Polska stała się mocno podzielona. Przy jednym stole często zasiadali ci, którzy byli po stronie Solidarności i wszystkich ludzi w różny sposób prześladowanych, oraz ci, którzy trzymali się kurczowo PRL-u z takich czy innych powodów. W tych warunkach spokojne pałaszowanie barszczu z uszkami i łamanie się opłatkiem było wprawdzie możliwe, ale tylko pod warunkiem, że nikt wcześniej nie poruszył jakiegoś tematu politycznego. A jeśli poruszył, często kończyło się to niezbyt przystającymi do świąt kłótniami, a nawet awanturami i rzucaniem karpiem o ścianę.

Pod wieloma względami dzisiejsza sytuacja w USA przed świętem Thanksgiving jest podobna. Ameryka jest drastycznie podzielona, a podziały te często powodują, że normalne rodzinne rozmowy mogą w każdej chwili stać się niebezpieczne. W dodatku na wszystko to rzuca się cień pandemii i być może to jest najważniejsze. Przed rokiem zgromadzenia rodzinne należały do rzadkości, a doktor Fauci i inni specjaliści zachęcali wszystkich do tego, by pozostali w domach i zjedli jakiegoś małego, kameralnego indora tylko w towarzystwie bezpośrednich domowników. Miliony ludzi nie gościły u siebie absolutnie nikogo, a zatem nie dochodziło w zasadzie do wielkich familijnych spędów przy suto zastawionych stołach.

Dziś jest inaczej. Wprawdzie koronawirus się nie poddaje, ale większość Amerykanów jest zaszczepiona i ze wstępnych danych wynika, iż tym razem ludzie zamierzają wskrzesić wszystkie tradycje „dziękczynne". Co to oznacza? Teoretycznie to bardzo dobrze, że Thanksgiving znów będzie tym, co zawsze, czyli festiwalem obżarstwa i opilstwa w gronie najbliższych. Jednak ryzyka się nie da przeoczyć. Po rocznej przerwie przy tym samym stole pojawią się ponownie wszyscy ci, którzy istnieją w każdej rodzinie, a którzy prowokują problemy: wujek Dzidek będzie raz jeszcze opowiadał te same sprośne dowcipy, babcia Halina zaoferuje wszystkim dokładnie tę samą anegdotę, którą opowiada od lat, a szwagier Zenek przedawkuje i pójdzie przedwcześnie spać. Możliwe jest też oczywiście, że dyskusja przy stole osunie się w zatęchły wąwóz polityki, a wtedy wszystko staje się możliwe.

Przed kilkoma dniami rozmawiałem z moim sąsiadem, który przyznał, że gdy przed rokiem okazało się, że na Thanksgiving nikt do niego nie przyjedzie, w zasadzie się ucieszył. Spędził świąteczny dzień sam na sam z małżonką, pałaszując małą kaczkę zamiast monumentalnego indyka, a po obiedzie usiadł na kanapie i oglądnął w spokoju jakiś film – bez wrzeszczących dzieciaków, bez nachalnych krewnych, itd. Niestety to *dolce vita* teraz już nie zaistnieje, jako że w tym roku zawita u niego 20 osób.

Ja na szczęście jestem w bardzo komfortowej sytuacji, gdyż moja rodzina w USA składa się wyłącznie z dwójki dzieci oraz dwójki rodzeństwa, a wszyscy ci ludzie znajdują się bardzo daleko ode mnie (Hawaje, Idaho, Seattle, itd.), a zatem bezpośrednie spotkania należą do rzadkości. Zastanawiam się jednak nad tym, czy takich przypadków jak mój sąsiad są setki tysięcy. W ubiegłym roku znaczna część Amerykanów spędziła Święto Dziękczynienia zupełnie inaczej niż zwykle i być może nie było to dla nich zbyt negatywnym doświadczeniem. A teraz nadszedł czas, by wrócić do starych nawyków, obyczajów i tłumnych biesiad. Powstaje w związku z tym intrygujące pytanie – czy wrócimy całkowicie „do starego", czy też coś się zmieni na zawsze i nieodwracalnie?

W tym kontekście należy być może przypomnieć, że pierwsza biesiada wczesnych kolonistów była niezwykle skromnym posiłkiem, którego celem było podziękowanie Bogu i losowi za to, że mimo niezwykle trudnych początków, pełnych cierpienia i głodu, udało się jakoś przetrwać i stworzyć stałą, stabilną kolonię. Dziś rzadko kto o tym pamięta, niezależnie od tego, czy przy stole siedzi liczna rodzina, czy też celebracje są znacznie bardziej kameralne.

Nie mam oczywiście nic przeciw dużym zgromadzeniom rodzinnym. Jednak przed rokiem okazało się, po raz pierwszy od bardzo wielu lat, że Thanksgiving nie musi być wcale konsumencką ekstrawagancją, a wujek Dzidek może po prostu zostać w domu i nie opowiadać głupich żartów. Jestem pewien, że tego tymczasowego zreflektowania się nie da się do końca zatrzymać i zachować. Chodzi jednak o to, by nie wrócić do punktu wyjścia i nie zacząć działać dokładnie tak samo jak poprzednio, tak jakby pandemia i przymusowa izolacja nigdy nie miały miejsca.

A tak z innej beczki, czy ktoś kiedyś pytał indyki o ich zdanie? Dwójka szczęśliwców jest wprawdzie zawsze ułaskawiana przez prezydenta USA, ale reszta tej ptasiej czeredy podporządkowana jest polskiej sentencji „myślał indyk o niedzieli, a w sobotę łeb mu ścięli".

Igłą w skrzydło

Nie wiem, czy wszyscy pamiętają, że przed 22 laty doszło do krótkotrwałego skandalu w związku z telewizyjną postacią Tinky Winky. Jest to jeden z bohaterów animowanego serialu brytyjskiej telewizji pt. *Teletubbies*, adresowanego do dzieci w wieku do lat czterech. Film ten przedstawia przygody kilku jaskrawo barwnych postaci, z których każda ma na brzuchu mały ekran telewizyjny, a na głowie – antenę. Stworzenia te nie mówią do sobie normalnym językiem, lecz gaworzą w kompletnie niezrozumiały sposób. Innymi słowy, jest to doskonała metafora amerykańskiego Kongresu.

Niezrównany kaznodzieja Jerry Falwell w 1999 roku zasugerował, że Tinky Winky, który nosił przy sobie coś w rodzaju damskiej torebki w kolorze różowym, jest skrytym agentem homoseksualnym i że w związku z tym serial *Teletubbies* zachęca po kryjomu małe dzieci do szukania „alternatywnych postaw seksualnych". Sam Tinky Winky ostro wypowiedział się na ten temat twierdzeniem „ma-ma-ma-ma, ba-ba-ba-ba, ba-ma-ba-bo". Natomiast telewizja BBC wydała oficjalne oświadczenie, w którym przeczytać można było, iż „Tinky Winky jest po prostu słodkim, technologicznym dzieckiem z torbą – pełną magii". Z kolei Ken Viselman, przedstawiciel firmy Itsy-Bitsy Entertainment, odpowiedzialnej za produkcję

Teletubbies, powiedział: – *Tinky Winky nie jest homoseksualny. Nie jest też heteroseksualny. Jest wyłącznie fikcyjną postacią w serialu dla dzieci.*

Ponieważ, jak powszechnie wiadomo, „Polak potrafi", choć czasami z opóźnieniem, osiem lat później Tinky Winky znalazł się na celowniku ówczesnej rzeczniczki praw dziecka w RP, pani Ewy Sowińskiej. Doszła ona do wniosku, iż coś z tą postacią zdawało się być nie tak, gdyż był to chłopiec noszący damską torebkę. W związku z tym zleciła psychologowi zbadanie „problemu", by ewentualnie wszcząć w sprawie serialu oficjalne śledztwo. Jednak psycholog orzekł, że niczego złego w postaciach z *Teletubbies* nie widzi.

Czujność rzeczniczki nie powinna nikogo dziwić, ponieważ ta sama pani Ewa uważała, że homoseksualiści powinni być wykluczani z niektórych zawodów i że trzeba ich zmuszać do rejestrowania się w lokalnych urzędach. Twierdziła ponadto, że obowiązek rejestracji winien być wprowadzony dla par nie pozostających w związkach małżeńskich, a mieszkających razem. Nie wiem, czy wspomniany psycholog nie powinien był zbadać stanu mentalnego rzeczniczki, choć być może prostu nie zdążył, gdyż w roku 2008 zrezygnowała ona ze swojej funkcji.

Cała ta historia sprzed ponad dwóch dekad nagle stała się ponownie aktualna z powodu dość niezwykłego faktu. Postać Big Birda z telewizyjnej *Ulicy Sezamkowej* wywołała zamieszanie z chwilą, gdy przed kamerami telewizji CNN kultowe ptaszysko oznajmiło, iż właśnie się zaszczepiło przeciw koronawirusowi. Powszechnie uważa się, że Big Bird ma sześć lat, choć nie wiem, na jakiej podstawie. W związku z tym jego wystąpienie było zachętą dla dzieci w wieku od 5 do 11 lat, by się jak najszybciej zaszczepiły. Ptak wydziobał w serwisie Twitter następujące przesłanie: „Dostałem dzisiaj szczepionkę przeciw COVID-19! Moje skrzydło trochę boli, ale zapewni mojemu organizmowi dodatkową ochronę, która utrzyma nas i innych w zdrowiu".

Ten szokujący dla niektórych występ fikcyjnego skrzydlatego stworzenia wywołał natychmiastową odpowiedź ludzi związanych ze społecznością totalnych oszołomów. Senator Ted Cruz nazwał oświadczenie Big Birda „rządową propagandą dla małych dzieci", natomiast niezawodna rekordzistka politycznego oszołomstwa, posłanka Marjorie Taylor Greene, uznała, iż wszystko to jest przejawem komunizmu, który zaczyna z wolna dominować w USA. Jak wiadomo, w krajach komunistycznych wszystkie duże żółte ptaki są przymusowo szczepione, a następnie zmuszane do składania entuzjastycznych deklaracji przed telewizyjnymi kamerami.

Co ciekawe, w 1972 roku tenże sam Big Bird, który z niezrozumiałych przyczyn też miał wtedy 6 lat, w jednym z epizodów zbliża się do kolejki dzieci, które czekają na szczepionkę przeciwko odrze. Mają nad sobą napis „Nie czekaj. Zaszczep się". Ptak mówi: – *Od razu wiem, co zamierzam zrobić. Zaraz ustawię się w kolejce.* Ted Cruz miał wtedy 7 lat, a pani Greene była 3-letnim bobasem. Oboje zostali z pewnością zaszczepieni przeciw odrze, ponieważ jest to wymóg przyjmowania dzieci do szkół (chyba że do takowych nie chodzili). Tak czy inaczej, w 1972 roku nikt nie protestował przeciw ustawieniu się Big Birda w kolejce do szczepionki ani też nikt nie uważał, że ptak stał się skrytym fanem Karola Marksa i jego głównego dzieła pt. *Manifest szczepionkowo-komunistyczny*.

Wydawać by się mogło, że w dzisiejszej Ameryce kłucie igłą w skrzydło wyimaginowanego ptaka jest sprawą dość poślednią w obliczu znacznie poważniejszych problemów. Jednak każdy szanujący się polityk wie, iż robienie z igły wideł jest standardową częścią arsenału propagandowego i każda nadarzająca się okazja do opowiadania chodliwych bzdur musi zostać wykorzystana. Na szczęście zawsze można liczyć na jakiś „odpór".

W satyrycznym programie *Saturday Night Live* pojawił się skecz, w którym pokazana jest „Ulica Teda Cruza", gdzie wszystko jest w pewnym sensie na odwrót. Big Birdowi po zaszczepieniu zaczynają wypadać pióra, a sam Cruz (w którego postać wcieliła się Aidy Bryant) mówi: – *Przez 50 lat przyglądałem się obojętnie temu, że* Ulica Sezamkowa *uczyła dzieci niebezpiecznych rzeczy, takich jak uprzejmość oraz liczebniki. Ale dość tego. Stworzyłem własną ulicę, która jest ogrodzona i na której maluchy są ochraniane przed rządową, niemoralną watahą.* No i wszystko jasne.

Czubki w Dallas

Kiedyś wspominałem już w tym miejscu o grupie QAnon, czyli luźnym związku mocno szurniętych ludzi, którzy wierzą święcie w to, iż w USA zawiązał się spisek, a jego celem jest porywanie i zabijanie dzieci w celach demoniczno-kanibalistycznych. W spisek ten zamieszani mają być różni powszechnie znani ludzie – głównie politycy Partii Demokratycznej, finansiści, aktorzy, etc. W zwierzeniach zwolenników QAnon padają takie nazwiska jak: Hillary Clinton, George Soros, Bill Gates, Robert De Niro, Oprah Winfrey, Tom Hanks, Ellen DeGeneres, dalajlama, etc.

Centralną postacią wśród zwolenników QAnon stał się Donald Trump, jako że miał on w czasie swoich rządów skutecznie zdemaskować zjadaczy dzieci i wysłać setki sławnych ludzi na dożywotnie, bezpłatne wczasy do Guantanamo Bay. Miało się to stać w ramach zakrojonej na wielką skalę operacji „Storm", ale nigdy nic takiego się nie stało, a Hillary nadal przewodniczy satanicznym obrządkom, odbywającym się w waszyngtońskiej pizzerii Comet Ping Pong. W ramach tych obrządków sataniści jedzą dzieci głównie po to, by spożywać substancję o nazwie adrenochrom, która jest pochodną adrenaliny i ma zapewniać długowieczność. Nie wiem wprawdzie, dlaczego ten związek chemiczny musi pochodzić od dzieci, ale to już zupełnie inna sprawa.

W zasadzie wszystkie zapowiadane przez QAnon wydarzenia nie miały miejsca, a przepowiedni było dość sporo. Między innymi przewidywano, iż w marcu 2018 roku upublicznione zostanie kompromitujące nagranie wideo z udziałem Hillary, że 21 stycznia 2021 roku odbędzie się wspomniana operacja „Storm", że Mark Zuckerberg ucieknie z USA, że aresztowany zostanie pod zarzutem popełnienia licznych przestępstw papież Franciszek, że Donald Trump odzyska władzę 20 marca 2021 roku, itd. À propos, ta ostatnia data została następnie przesunięta na 13 sierpnia, ale z identycznym rezultatem, bo nic dramatycznego się nie wydarzyło.

Mogłoby się wydawać, że po tak wielu błędnych przepowiedniach niektórzy ludzie zaczną patrzeć znacznie bardziej sceptycznie na ruch QAnon. Jest jednak inaczej – co jakiś czas pojawiają się nowe egzotyczne prognostyki, terminy niezwykłych wydarzeń oraz kolejne teorie spiskowe. I właśnie dlatego w Dallas doszło niedawno do dość szczególnej „imprezy". W rocznicę zamachu na prezydenta Johna F. Kennedy'ego na Dealey Plaza w centrum miasta zgromadziło się kilkaset osób, które oczekiwały na pojawienie się syna zamordowanego prezydenta, Johna F. Kennedy'ego Juniora. Wprawdzie JFK Jr. zginął przed 22 laty w wypadku lotniczym, ale nikomu to jakoś nie przeszkadzało.

Syn prezydenta miał pojawić się na Dealey Plaza dokładnie o 12.30, czyli o godzinie, w której w roku 1963 padły fatalne w skutkach strzały. Czekała na niego do ostatniej chwili czereda ludzi odzianych w patriotyczne stroje i dzierżących w garści transparenty, z których wynikało, że wskrzeszony Kennedy będzie w roku

2024 kandydatem na wiceprezydenta USA, u boku Donalda Trumpa. Przed wyznaczoną godziną doszło do mrożącego w żyłach odliczania sekund, ale o 12.30 na placu w Dallas nikt z klanu Kennedych się nie pojawił. Ludzie rozeszli się do domów w poczuciu dobrze zorganizowanego fiaska widowiskowego i teraz będą musieli czekać na jakąś nową przepowiednię, która również się nie zmaterializuje. Zanim się rozeszli, skandowali przez pewien czas hasła, z których wynikało, że człowiek nigdy nie wylądował na Księżycu. Może i nie wylądował, ale teraz wiem, kogo tam trzeba na zawsze wysłać.

Załóżmy przez chwilę, że JFK Jr. istotnie wraca, gdyż tak naprawdę przed 22 laty nie zginął, lecz zaszył się w ukryciu, by czekać na dogodny moment ponownego pojawienia się na scenie publicznej. Powstaje wtedy natychmiast następujące pytanie – dlaczego miałby wdać się w polityczny sojusz z Trumpem? Wszak cały klan Kennedych to niemal wyłącznie liberałowie, którzy w dzisiejszych kręgach oszołomów znani są jako socjaliści, a czasami nawet komuniści. Jednak QAnon na wszystko ma sensowną odpowiedź – w tym przypadku odpowiedź ta brzmi następująco: Trump i JFK Jr. są kuzynami.

Dlaczego są kuzynami? To proste. Według spiskowców były prezydent Donald jest synem amerykańskiego generała George'a S. Pattona, a ponieważ ten bohater II wojny światowej miał rodzinne koligacje (wątłe, ale jednak) z rodziną Kennedych, uzasadnia to tezę, iż ewentualny team Trump-Kennedy byłby duetem kuzynostwa na rzecz lepszej Ameryki. Być może nie muszę tego dodawać, ale na wszelki wypadek dodam – wszystko to jest astronomiczną bzdurą, która nie ma żadnego związku z rzeczywistością. Rodzina Pattona nie ma absolutnie nic wspólnego z Trumpem, a generał Patton miał syna, który jednak nie unikał służby wojskowej z powodu „narośli kostnych na stopach", lecz stał się generałem, a wcześniej uczestniczył w wojnie wietnamskiej i koreańskiej. Niestety fakty te nie mają większego znaczenia. Ludzie z QAnon wiedzą swoje i nie da się ich w żaden sposób przekonać.

W związku z tymi wydarzeniami zamierzam już wkrótce ogłosić, że mój 133-letni dziadek Sylwester wkrótce pojawi się ponownie na ulicach mojego rodzinnego miasta w Wielkopolsce, by wskrzesić Bezpartyjny Blok Współpracy z Rządem, do którego należał. Kto wie, może na wiecu pojawi się też Józek Piłsudski, bo po co ma w grobie leżeć i nic nie robić? No a jeśli Sylwester z jakichś powodów się nie pojawi, będę musiał wyznaczyć jakąś nową datę. Do skutku.

Hipoludzie w sądzie

Przed laty kolumbijski cesarz gangu narkotykowego Pablo Escobar sprowadził do swojego kraju cztery hipopotamy. Dlaczego? Głównie dlatego, że mógł, a zwierzęta te z jakiegoś powodu mu się podobały. Ssaki zagościły w rzece przepływającej przez jego prywatne ranczo w okolicach miasta Medellin. Gdy jednak w 1993 Escobar zginął w czasie strzelaniny z agentami rządowymi, hipopotamy zostały wypuszczone na wolność. Uzyskana nagle swoboda tak się tym wielkim ssakom podobała, że prócz pływania w mętnych wodach zaczęły uprawiać inny sport – seks.

W ciągu następnych lat populacja hipopotamów w Kolumbii zwiększyła się do 80 sztuk. Rozprzestrzeniły się one na odległość 100 kilometrów od pierwotnego miejsca zamieszkania. Obecnie jest ich coraz więcej w dorzeczu rzeki Magdalena. Niektórzy ekolodzy zaczęli narzekać, iż obecność tych zwierząt na kontynencie nie będącym ich naturalnym środowiskiem jest szkodliwa, gdyż przybysze z Afryki zjadają znaczne ilości flory i zanieczyszczają środowisko. Według badań odchody hipopotamów, których jest – za przeproszeniem – góra, zmieniają poziom tlenu w zbiornikach wodnych, co może negatywnie wpływać nie tylko na ryby, ale również na ludzi. Zwierzęta te niszczą plony i bywają agresywne. W maju ubiegłego roku 45-letni mężczyzna został poważnie ranny po ataku hipopotama. Jednak mieszkańcy miasta Medellin, w którym Escobar miał swoją siedzibę, przyzwyczaili się już do sąsiedztwa hipopotamów. Zwierzęta te są uważane za miejscową atrakcję turystyczną.

Istnieją też naukowcy, którzy argumentują, że obecność hipopotamów w Kolumbii jest korzystna, gdyż prowadzi do „odrodzenia się różnych funkcji ekologicznych, które w ciągu tysięcy lat były niszczone przez człowieka". Enrique Zerda Ordóñez, biolog z kolumbijskiego Uniwersytetu Narodowego zapewnia, że lepszym rozwiązaniem jest skupienie się na programie kontroli populacji tych ssaków. Podkreśla, że według Międzynarodowej Unii Ochrony Przyrody hipopotamy są gatunkiem narażonym na wyginięcie. Aktualnie na wolności jest tylko 150 tysięcy osobników.

Tak czy inaczej, kolumbijski rząd zaczął rozważać możliwość uśmiercenia tych importowanych ssaków, czemu natychmiast sprzeciwili się liczni aktywiści. W związku z tym pojawił się inny pomysł – hipopotamy mają zostać poddane chemicznej sterylizacji, tak by już nigdy nie mogły się rozmnażać. Zwierzęta w ten sposób dożyją w spokoju do późnej starości, ale nigdy nie staną się rodzicami, a tym bardziej dziadkami, ani też nigdy nie wyślą młodych hipociąt na studia.

Jak to zwykle bywa, we wszystko to zamieszane są od pewnego czasu również Stany Zjednoczone. Stało się tak dlatego, że kolumbijski prawnik Luis Domingo Gómez Maldonado wytoczył władzom proces w imieniu hipopotamów, domagając się poniechania wszelkich planów wytrzebienia zwierząt i poddania ich sterylizacji. Pojawił się jednak problem. Kolumbijskie prawo nie przewiduje możliwości reprezentowania zwierząt przed sądem, czyli hipopotamy nie mogły być powodami (ani też nie wiedziały, że mają nimi być). W związku z tym Maldonado zwrócił się do amerykańskiej organizacji Animal Legal Defense Fund (ALDF) z prośbą o wystosowanie do sądu okręgowego w Ohio petycji o zezwolenie dwójce lokalnych ekspertów zoologicznych na złożenie zeznań w sprawie potencjalnej sterylizacji hipopotamów.

W ten sposób doszło do wydania szokującej decyzji. Sąd w Ohio przystał na wniosek ALDF, co jest jednoznaczne z uznaniem, iż hipopotamy w świetle prawa to ludzie, którym w amerykańskim wymiarze sprawiedliwości przysługują takie same przywileje jak Johnowi Smithowi. Jest to pierwszy w USA przypadek uznania zwierzęcia za podmiot prawny równy *homo sapiens*. W wyniku tej decyzji eksperci Elizabeth Berkeley i Richard Berlinski będą mogli składać zeznania w ramach procesu, w którym jedną ze stron jest zgraja zwierzaków, z których każdy waży ponad półtorej tony. Nie należy się spodziewać, by którykolwiek z powodów zaszczycił salę sądową swoją obecnością. Nie ma też żadnych szans, by któryś z nich przemówił. Hipopotamy większość dnia spędzają w wodzie, z której wychodzą tylko w nocy, by szukać roślinnego pożywienia. Są też powszechnie uważane za jedne z najbardziej niebezpiecznych zwierząt Afryki, mimo ich dość komicznego wyglądu i faktu, że często przedstawia się je jako miłe i potulne zwierzaki, szczególnie w filmach dla dzieci.

Gdy już „kokainowe hipopotamy Escobara", bo tak są często nazywane, stracą zdolność do zwiększania swojej populacji w Kolumbii, być może trzeba będzie rozważyć udzielenie im azylu w USA. Jako hipoludzie mogłyby potem stać się naturalizowanymi obywatelami i brać udział w wyborach, co mogłoby mieć spore znaczenie, gdyż ze względu na ich rozmiary i wagę każdy oddany głos liczyłby się jak dziesięć głosów. Jeśli chodzi o ich orientację polityczną, trudno jest cokolwiek przewidzieć. Jednak sądząc po ich wielkich pyskach i beztroskich uśmiechach, byliby to zapewne przedstawiciele jakiejś skrajnej ekstremy.

Wszystko to może budzić pewne zastanowienie. Gdybym miał w przeszłości typować jakieś zwierzę do miana podmiotu prawnego w ludzkich sądach, postawiłbym raczej na szympansa albo delfina. Tymczasem jakimś sposobem do amerykańskiego wymiaru sprawiedliwości wkradły się hipopotamy, które w dodatku niegdyś były pupilkami ściganego na całym świecie przestępcy. Raz jeszcze potwierdza to propagowaną przeze mnie od dawna tezę, że w sądownictwie USA możliwe jest praktycznie wszystko. Sędziowie z jakichś powodów nigdy nie wyrzucają do kosza pozwów, które w oczywisty sposób nie mają absolutnie żadnego sensu. W razie jakichkolwiek wątpliwości, zawsze można zapytać hipopotama.

Lot z flagą na oczach

W pewnym przewrotnym sensie zawsze się cieszę z faktu, że jakaś władza daje ciała i popełnia oczywiste błędy. Wpadki tego typu nie muszą dotyczyć jakichś niezwykle ważkich spraw. Chodzi głównie o to, by różni biurokraci stali się obiektem w pełni zasłużonych drwin.

Tak właśnie się stało w przypadku władz stanu Ohio, które w swojej niezmierzonej mądrości udostępniły zmotoryzowanej gawiedzi nowe tablice rejestracyjne. Gubernator Mike DeWine osobiście jako pierwszy pokazał nowy *design*, który przedstawia samolot braci Wright z 1903 roku, kiedy to pionierzy lotnictwa Wilbur i Orville Wright, obaj pochodzący z Ohio, wykonali pierwszy w historii lot samolotem napędzanym silnikiem. Nie był to lot zbyt imponujący: maszyna o nazwie *Wright Flyer* wzniosła się na wysokość kilku metrów nad ziemię i w ciągu 12 sekund pokonała dystans ok. 37 metrów z piorunującą prędkością 11 kilometrów na godzinę. Ponadto ów pionierski samolot wylądował „z przytupem", czyli mniej więcej tak samo jak dzisiejsi piloci po pijaku. Maszyna doznała pewnych szkód, ale pilotowi nic się nie stało.

Wynik tego pierwszego lotu może się dziś wydawać śmieszny, ale wtedy był to ogromny przełom. Człowiek po raz pierwszy wzniósł się w powietrze na pokładzie „maszyny latającej", która w ciągu następnych kilku dekad zmieniła się w samoloty śmigłowe, a potem we wszechobecne dziś odrzutowce pasażerskie. Stan Ohio zawsze był niezwykle dumny z faktu, że bracia Wright urodzili się w mieście Dayton i wszystkie swoje wczesne eksperymenty z awiacją tam właśnie prowadzili. Nic zatem dziwnego, że gubernator DeWine był równie dumny z faktu, iż na nowych tablicach rejestracyjnych pojawił się rysunek przedstawiający maszynę *Wright Flyer* z podpisem „Kolebka awiacji". Był jednak jeden, dość istotny problem.

Tablica rejestracyjna przedstawia maszynę braci Wright z przyczepioną do niej flagą z wyżej wymienionym napisem. Jednakowoż flaga ta znajduje się na przodzie samolotu, a zatem gdyby istotnie tak została zamontowana, pilot zostałby błyskawicznie spowity płótnem i zapewne przydzwoniłby o ziemię niemal natychmiast. Flaga miała być w zamierzeniu z tyłu maszyny, ale rysownikowi coś się pomyliło, co jest do pewnego stopnia zrozumiałe, gdyż maszyna *Wright Flyer* miała dość dziwną konstrukcję. Śmigła znajdowały się z tyłu samolotu, a nie z przodu, co dziś byłoby prawie nie do pomyślenia.

Tak czy inaczej, jak zwykle nie zawiedli internauci, którzy natychmiast zauważyli błąd i przez wiele dni drwili z władz stanowych Ohio, często w sposób dość niewybredny. 35 tysięcy już wyprodukowanych tablic wyrzucono pośpiesznie do śmieci, ale niektórzy kierowcy już je dostali i zapewne zachowają je na jakiś czas, a potem sprzedadzą kolekcjonerom.

Błędna tablica rejestracyjna doprowadziła do ponownego wzniecenia zażartego sporu, który trwa od bardzo wielu lat. Chodzi o to, że bracia Wright urodzili się i pracowali w Ohio, gdzie również powstała ich maszyna, ale pierwszy lot odbył się nieopodal miejscowości Kitty Hawk w stanie Północna Karolina, przez co oba stany roszczą sobie prawo do hasła „kolebka awiacji".

Błąd na tablicach rejestracyjnych został dostrzeżony w Północnej Karolinie. Gazeta *Charlotte Observer* zamieściła artykuł pt. „Porozmawiajmy o tym, w którym stanie jest Kitty Hawk". Natomiast departament stanu napisał w serwisie Twitter: „Zostawcie Ohio w spokoju. Oni o tym locie niczego nie wiedzą, bo ich tu nie było".

Tymczasem cała ta sprawa ma jeszcze jedną komplikację. Władze stanu Connecticut od lat twierdzą, że w roku 1901 niemiecki imigrant Gustave Whitehead jako pierwszy człowiek w historii wzniósł się w powietrze na pokładzie skonstruowanego przez siebie samolotu o nazwie *Number 21*. Co więcej, w czasie tego lotu Whitehead miał rzekomo pokonać dystans prawie kilometra, wznosząc się na wysokość 15 metrów. Problem w tym, że nie ma żadnego zdjęcia z tego wydarzenia. Jest jednak opis naocznego świadka, opublikowany w gazecie *Bridgeport Herald* wraz z rysunkiem latającej maszyny. W latach 80. grupa entuzjastów zbudowała replikę *Number 21*, która wzniosła się bez trudu w powietrze, ale przy pomocy współczesnych silników.

Zostawiając pionierskie dni lotnictwa cywilnego w spokoju należy wspomnieć, że wpadki z błędnymi tablicami rejestracyjnymi zdarzają się dość często. W roku 2016 w stanie Południowa Dakota udostępniono tablicę rejestracyjną, na której widniał rysunek przedstawiający Mount Rushmore. Niestety szybko zauważono, iż podobizna George'a Washingtona skierowana jest w złą stronę. Tablice, tak jak w przypadku Ohio, poszły na przemiał.

Moją ulubioną historią w tej tematyce jest wydarzenie, które miało miejsce w Los Angeles w 1979 roku. Tamtejszy kierowca chciał uzyskać tzw. *vanity plates* (w Polsce są to tablice indywidualne), w związku z czym wypełnił odpowiedni formularz, w którym musiał wpisać trzy preferowane przez siebie treści tablic. Ponieważ był zapalonym żeglarzem, wpisał SAILING oraz BOATING, a ponieważ trzeciej możliwości nie widział, wpisał na koniec NO PLATE, zakładając, że jeśli jego pierwsze dwie propozycje okażą się już zajęte, dostanie zwykłą tablicę z przypadkową kombinacją liter i numerów. Tymczasem władza przysłała mu tablice z napisem NO PLATE.

Już po miesiącu ich używania kierowca dostał z BMV upomnienie przypominające mu o konieczności posiadania tablic rejestracyjnych. W ciągu następnych 7 miesięcy upomniano go ponad 2 tysiące razy. Za każdym razem ów nieszczęśnik pisał listy, w których wyjaśniał, że ma legalne tablice, tyle że głoszą one, iż tablicami nie są. Po ponad roku przestano go w końcu upominać. Każda władza prędzej czy później jest w stanie zrozumieć swój błąd.

Włóż monetę, włóż monetę...

Przez wiele tygodni w USA toczyła się polityczna sprzeczka o podwyższenie tzw. limitu kredytowego, czy też „pułapu kredytu", na jaki sobie może pozwolić rząd federalny. Połajanki tego rodzaju odbywają się w Waszyngtonie okresowo i są wykorzystywane przez obie główne partie do różnych, zwykle z gruntu idiotycznych celów. W sumie jednak prawda jest taka, że prędzej czy później ów fiskalny sufit zostaje podniesiony, bo nie ma innego wyjścia.

Być może jednak nie to jest najważniejsze. Sposób, w jaki problem ten przedstawiany jest w mediach, prowadzi naród na manowce, ponieważ sugeruje, że Stany Zjednoczone nagle nie będą miały na nic pieniędzy i zbankrutują. Jest to kompletna bzdura, gdyż to rząd federalny drukuje dolary i w każdej chwili może sobie dodać ciężarówkę banknotów o wartości paru miliardów dolarów. Nie robi tego tylko dlatego, że w czasie I wojny światowej, gdy zaistniała potrzeba kosztownych zbrojeń, Kongres w swojej nieokiełznanej mądrości postanowił wprowadzić pojęcie limitu kredytowego, czyli innymi słowy wprowadził wymóg parlamentarnego przyzwolenia na wydawanie pieniędzy. I stąd dzisiejszy problem, który nie istnieje w żadnym innym normalnym kraju.

W przełożeniu na warunki domowe, sytuację tę można zobrazować w następujący sposób. Załóżmy, że posiadam w swoim domu zdolność do drukowania autentycznych dolarów (czyli nie falsyfikatów). Pewnego dnia małżonka wyrusza na podbój okolicznych sklepów i wydaje na karty kredytowe sumę 10 tysięcy dolarów, co powoduje, że nie jesteśmy w stanie tego zadłużenia spłacać. I wtedy rzeczona małżonka mówi: – *Kochanie, idź do piwnicy i dodrukuj ze sto tysięcy*. Innymi słowy, każe mi podnieść domowy pułap kredytowy, tak byśmy mogli spłacić już zaciągnięte długi.

W przypadku Ameryki jest dokładnie tak samo, tyle że ministerstwo skarbu istotnie może drukować walutę, a ja niestety nie posiadam tego rodzaju możliwości. A zatem, gdy dochodzi do dyskusji o podwyższeniu federalnego limitu kredytowego, chodzi o kredyt już zaciągnięty przez władze, który trzeba spłacić. Ponieważ jednak te same władze kontrolują produkcję zielonych, teoretycznie nie musiałyby niczego podwyższać, gdyby nie fakt, iż przed wieloma laty Kongres stworzył tę czysto biurokratyczną przeszkodę. W związku z tym, gdy słyszymy w CNN, że „rząd USA wkrótce może nie mieć pieniędzy", jest to czysta fikcja – rządowi wystarczy papier i farba drukarska, by móc w każdej chwili załatać dziury finansowe. Potrzeba tylko przyzwolenia ze strony bezterminowo skłóconego Kongresu.

Zapewne nie wszyscy wiedzą, że ustawa z okresu I wojny światowej wprowadzająca pojęcie federalnego limitu kredytowego dotyczy wyłącznie waluty w postaci banknotów, a zatem nie obejmuje monet. Amerykańską mennicę obowiązują ograniczenia innego rodzaju – metali używanych do bicia bilonu, dopuszczalnych denominacji, itd. Jednak w roku 1996 zatwierdzona została bez większego rozgłosu poprawka do ustawy o produkcji amerykańskich monet, w której pojawiła się następująca klauzula: „Zezwala się, zgodnie z decyzjami sekretarza skarbu, na produkcję platynowych monet w dowolnych ilościach i o dowolnym nominale, w miarę potrzeb". Autorem tego pomysłu był ówczesny szef amerykańskiej mennicy państwowej, Philip Diehl, który przyznawał się już wtedy bez bicia, iż jego pomysł był „bezprecedensowy w historii USA".

Gdy za rządów Obamy doszło do tradycyjnych kłótni związanych z nieszczęsnym pułapem kredytu, nikomu nieznany szerzej prawnik zasugerował szokujące rozwiązanie – rząd powinien zlecić mennicy wyprodukowanie jednej monety o wartości kwadryliona dolarów. Bilon ten mógłby zostać następnie zdeponowany w Federal Reserve Bank i byłby gwarantem wszystkich wydatków przez wiele następnych lat. A ponieważ monety nie są objęte ustawą o limicie kredytowym, wszystkie te okresowe spory zostałyby na jakiś czas zażegnane.

Co to jest kwadrylion? Jest to liczba o wartości 1.000.000.000.000.000.000.000.000, czyli dziesięciu do 24. potęgi. Przyznaję, że trudno mi jest sobie taką kasę wyobrazić, ale jest to fakt bez znaczenia. Znaczenie ma natomiast to, iż taki ogromny zapas platynowego szmalu pokrywałby teoretycznie na wiele lat wszystkie federalne wydatki. Z moich czysto prywatnych obliczeń wynika, że gdyby taką monetę wrzucić do specjalnego otworu (tuż koło tego na „kłodra") w budce telefonicznej (choć takowych już praktycznie nie ma), można by przeprowadzić 4 kwadryliony 5-minutowych rozmów telefonicznych, co daje w sumie 8.388.608 rozmów, trwających łącznie nieco ponad 699 tysięcy godzin, czyli 29.125 dni albo prawie 80 lat.

Na pierwszy rzut oka pomysł ten może wydawać się albo żartem, albo kompletną głupotą. Obama nie skorzystał z tego rozwiązania, ale ten sam pomysł pojawił się ponownie w obliczu spodziewanego przez pewien czas bankructwa Ameryki 18 października. Ta katastroficzna wizja została tymczasowo odsunięta, ale tylko do 1 grudnia, kiedy wznowiona zostanie parlamentarna kłótnia o to samo co zwykle.

Wyprodukowanie monety o nominale jednego kwadryliona dolarów jest pomysłem tyleż szokującym, co pięknym. Byłoby to całkowicie legalne i nie wymagałoby zgody ze strony Kongresu lub prezydenta, a wsparcie federalnego budżetu ze strony ogromniastego kawałka bilonu doprowadziłoby zapewne do tego, że ustawa o federalnym limicie kredytowym zostałaby unieważniona. Jednak nie liczę specjalnie na to, że pomysł ten doczeka się realizacji. Parlamentarzyści amerykańscy lubią się nałogowo kłócić, a bilon o ogromnej wartości ich nie interesuje.

Przeprowadzka na wodę

Jak by na to nie patrzeć, Ziemia zdaje się zmierzać raźno w kierunku katastrofy klimatycznej. Mieszkańcy naszego globu muszą coraz częściej stawić czoła rekordowym upałom, powodziom, huraganom, nie mówiąc już o politycznej głupocie, która prędzej czy później wszystkich nas może wykończyć. W związku z tym nie można się dziwić, że niektórzy myślą o radykalnych rozwiązaniach. Elon Musk marzy o skolonizowaniu Marsa, a inni chcą zakładać osiedla na Księżycu, na co z pewnością nie zgodzi się Pan Twardowski.

Trzeba jednak spojrzeć prawdzie w oczy – są to zamierzenia, których realizacja może zabrać większość obecnego wieku. Ponadto nie bardzo rozumiem, na czym polegałaby atrakcja mieszkania na Marsie. Jest tam zwykle zimno jak jasna cholera (-80 stopni F albo jeszcze mniej), a poza tym nie ma czym oddychać. Życie będzie musiało ograniczać się do izolowanych od atmosfery konstrukcji, w których niestety nie będzie miejsca na centra handlowe, bary, restauracje, księgarnie, kina, etc.

Ponieważ ucieczka z Ziemi wydaje się na razie dość odległą i niezbyt atrakcyjną perspektywą, być może czas pomyśleć o jakichś innych rozwiązaniach. Skoro, jak przewidują naukowcy, prędzej czy później arktyczne lody stopią się, a poziom wody w oceanach znacznie się podniesie, zalewając między innymi znaczne części Nowego Jorku, czemu nawet mafia nie jest w stanie zapobiec, czas rozważyć możliwość zamieszkania na pływających osiedlach. Wtedy poziom wody może się podnosić, ile chce.

Może to brzmieć nieco futurystycznie, ale nie dla Tona van Namena, szefa holenderskiej firmy Monteflore, która zbudowała osiedle Waterbuurt w Amsterdamie. Składa się ono ze stu domów, które nie posiadają piwnic, gdyż znajdują się na wodzie. Nie na jakichś sztucznych wyspach, nie na stałym lądzie, lecz na zakotwiczonych platformach. Do osiedla tego można wejść specjalnym pomostem albo też do niego popłynąć. Mieszkający tam ludzie są rzekomo bardzo zadowoleni ze swojego nawodnego życia. Wokół ich domów jest nieco zieleni, a dla dzieci zbudowano kilka placów zabaw. Poza tym z okien niektórych domów można łowić na wędkę ryby, na wypadek, gdyby istniejące tam sklepy miały jakieś problemy z zaopatrzeniem.

Należy przyznać, że Holandia jest wymarzonym krajem do prowadzenia tego rodzaju eksperymentów. Niderlandy są najniżej położonym terenem Europy, gdzie znaczne połacie ziemi znajdują się poniżej poziomu morza. 17 procent obecnego terytorium Holandii kiedyś stanowiło morskie dno, ale ludzka pomysłowość nie zna granic – morze zostało „wyrzucone", a raczej zmuszone do odwrotu, a w jego miejscu powstały tzw. poldery, gdzie Holendrzy hodują tulipany.

Jeśli jednak morskie wody kiedyś wyraźnie się podniosą, morze z łatwością wszystko to ponownie zaleje, łącznie z tulipanami. W związku z tym całkiem sensowe jest szukanie takich rozwiązań jak osiedle Waterbuurt. Van Namen przyznaje, że początkowo jego pomysł był traktowany przez lokalne władze niemal jak żart. A potem pojawiły się kuriozalne problemy biurokratyczne. Po pierwsze, przepisy obowiązujące w Amsterdamie precyzują, jakie są dozwolone wysokości budynków mieszkalnych. Jednak w przypadku Waterbuurt domy wznoszą się w czasie przypływów, a potem opadają, a zatem konkretnej i stałej ich wysokości nie da się ustalić. Po drugie, był też początkowo problem praktyczny. Gdy do nawodnego bliźniaka wprowadzał się jeden lokator, ale drugiego jeszcze nie było, ciężar sprzętu i mebli powodował, iż dom stawał się holenderską wersją Krzywej Wieży w Pizie.

Dziś nie ma to już większego znaczenia. Wszystkie domy znalazły nabywców i problemy zostały rozwiązane. Tymczasem 55 kilometrów na południe od Amsterdamu, w porcie Rotterdam, Minke van Wingerden prowadzi podobny eksperyment, tyle że z krowami. W jednym z portowych doków zbudował nawodną zagrodę dla 40 krów, które nocą śpią w ich niezwykłym „hotelu", tuż koło wielkich okrętów, a w dzień pasą się na niewielkiej łące w pobliżu portu. W tym niezwykłym gospodarstwie rolnym produkuje się mleko i ser, a wszystko to jest rozwożone elektrycznymi pojazdami po bezpośredniej okolicy. Nawet krowie odchody się nie marnują – są odpowiednio przerabiane i służą do nawożenia trawy na stadionie klubu piłkarskiego Feyenoord, który niestety nadal *stinks*, ale nie z tego powodu.

Ameryka na razie pozostaje w tyle, ale nie całkiem. Marc Collins Chen, stojący na czele firmy Oceanix, planuje zbudowanie nawodnego osiedla dla 10 tysięcy ludzi na powierzchni 75 hektarów, choć nie wiadomo jeszcze, czy projekt ten zostanie zrealizowany u wybrzeży USA, czy też w jakimś innym miejscu. Budowa ma się rozpocząć za kilka lat.

Mogłoby się wydawać, że są to pomysły bardzo nowatorskie, ale w gruncie rzeczy w przeszłości ludzie dość często mieszkali na wodzie. Do dziś istnieją domostwa plemienia Uru na jeziorze Titicaca w Boliwii, wzniesione na pływających, trzcinowych wyspach. Natomiast w Bangladeszu od dawna istnieją „pływające ogrody", czyli unikalne tratwy splecione z chwastów, na których sadzone są warzywa i zioła.

Wydaje mi się, że ludzka ekspansja na otaczające nas wody ma znacznie więcej sensu niż latanie rakietami na odległe planety. Na planety takie powinni być przede wszystkim wysyłani tacy ludzie jak Mark Zuckerberg, bo założona przez niego na Marsie nowa wersja Facebooka w żaden sposób by nam nie zagrażała.

Z kijem przed twarzą

Współczesny album fotograficzny, dokumentujący czyjeś wojaże po świecie, coraz częściej składa się z serii zdjęć, które mogłyby zostać zatytułowane „Facjata Józki przed Tadż Mahal", „Facjata Józki przed wieżą Eiffela", „Facjata Józki i Zdzicha przed Akropolem", „Facjata Józki z bizonem w tle", itd. Wynika to z faktu, iż turyści, szczególnie ci młodsi wiekiem, nie robią już od dawna zdjęć krajobrazów czy też zabytkowych budowli, lecz zwykle fotografują samych siebie w różnych plenerach. Odbywa się to oczywiście za pomocą tzw. *selfies*, czyli fotek robionych przez posiadacza aparatu cyfrowego, oddalonego od rzeczonej facjaty na wyciągnięcie ręki, a czasami metrowego kija (*selfie stick*), z umieszczonym na jego końcu aparatem fotograficznym.

Nie sposób dziś pojechać do jakiegokolwiek miejsca popularnego wśród turystów, by nie zoczyć groteskowo wyglądających ludzi, spacerujących z kijkami do selfie przed twarzą i strzelających nieustannie zdjęcia samych siebie. Jest to zatem festiwal ludzkich narcyzów, którzy w taki czy inny sposób doszli do wniosku, że ich portrety są znacznie ważniejsze od jakichś tam starożytnych ruin. *Selfies* robią sobie dziś wszyscy – zwykli ludzie, aktorzy, politycy, piosenkarze, itd. Szał ten kompletnie zdominował świat i na razie nie ma przed nim ucieczki, tym bardziej że wszystkie te obrazy umieszczane są masowo w sieciach społecznościowych. I to też jest problem, bo nagle miliony ludzi uznały, że nie tylko należy robić autoportrety, ale również dzielić się nimi z resztą ludzkości.

Przed rokiem zrobiłem zdjęcie jednemu z moich psów, a ostateczny rezultat był taki, iż mogło się zdawać, że Nikita (tak się zwie po Chruszczowie) sam użył jakiegoś Nikona, by uwiecznić się dla psiej potomności. Gdy zobaczyli to dzieło niektórzy moi znajomi, zaczęli się dopytywać, w jaki sposób zdołałem nauczyć czworonoga robienia sobie fotek. Innymi słowy, automatycznie założyli, że mnie tam w ogóle nie było i że psiak dołączył do grona nieuleczalnych narcyzów.

A zaczęło się tak niewinnie. W roku 1839 Robert Cornelius jako pierwszy człowiek w historii zrobił sobie sam dagerotyp, pokazujący go przed jego sklepem w Filadelfii. Nie mógł oczywiście nieszczęśnik wiedzieć, że stał się tym samym zwiastunem dzisiejszego obłędu. Po drodze do tegoż obłędu był jeszcze artysta Andy Warhol, który zaczął eksperymentować z autoportretami przy użyciu aparatu fotograficznego Polaroid. Jednak wszystko to rozkręciło się na dobre dopiero z chwilą, gdy w handlu pojawiły się pierwsze smartfony z wbudowanymi obiektywami fotograficznymi.

Oczywiście ludzie fotografujący samych siebie zawsze chcieliby wyglądać jak najlepiej. W związku z tym chińska firma Huawei ogłosiła niedawno plan wprowadzenia do sprzedaży smartfonu, który posiadać będzie *instant facial beauty support*, czyli zestaw narzędzi automatycznie upiększających uchwycone na zdjęciach twarze, retuszując wszelkie wady, zacierając zmarszczki i poprawiając kolorystykę skóry. W ten sposób wspomniana już Józka będzie mogła strzelić sobie fotę, na której będzie do złudzenia przypominać młodą Raquel Welch.

Liczni specjaliści ostrzegają, że coraz większa liczba młodych kobiet ma tendencję do fotografowania się w różnych fazach roznegliżowania, co jest potencjalnie niebezpieczne, choć zapewne nie dla chorobliwie zainteresowanych facetów. Ale są również dwa inne niebezpieczeństwa, o których wspomina się rzadziej. Po pierwsze, w przeciwieństwie do tradycyjnych portretów fotograficznych, wykonywanych przy pomocy zwykłych aparatów z pewnej odległości od obiektu, *selfies* to zwykle zdjęcia z bliskiej odległości, wymagające stosowania obiektywów szerokokątnych, co prowadzi do pewnych geometrycznych wynaturzeń. W szczególności wszystko to, co wystaje z twarzy, np. nosy, wydaje się znacznie większe niż jest w rzeczywistości. W związku z tym niemal każdy wykonany w ten sposób obraz przedstawia wersję Pinokia, który właśnie skłamał. Rezultat jest taki, iż rośnie zapotrzebowanie na operacje kosmetyczne, których celem jest skracanie narządów po poznańsku nazywanych klukami.

Nie bardzo rozumiem, co osoby upiększające swoje nosy na drodze chirurgicznej robią z chwilą, gdy stają potem przed zwykłym lustrem, a nie smartfonem, i nagle zdają sobie sprawę z tego, iż ich narząd powonienia został zredukowany do szkaradnego minimum. Być może istnieją już dziś dwie odrębne rzeczywistości: smartfonowa i zwykła.

Po drugie, robienie sobie *selfies* jest zajęciem potencjalnie niebezpiecznym. Rok w rok setki ludzi zapatrzonych w telefony na wysięgnikach wchodzi pod tramwaje, samochody i autobusy, co oznacza, że ludzie ci uwieczniają własną śmierć w wysokiej rozdzielczości i w kolorze. Podobnie jest w przypadku niektórych turystów wędrujących po górskich szlakach. Ustawiają się oni nad brzegiem jakiegoś urwiska, by uwiecznić się z górami w tle. Gdy nie są do końca zadowoleni z kompozycji obrazu, cofają się krok po kroku, a potem wycofują się nagle całkiem z życia, gdyż spadają 100 metrów w dół. Jak wynika ze statystyk, ofiar śmiertelnych fotografowania się w różnych potencjalnie niebezpiecznych warunkach rok w rok przybywa i na razie nie ma żadnego sensownego rozwiązania tego problemu.

Trzeba mieć nadzieję, że obecna moda na *selfies* ma charakter przejściowy i że ta gorączka nam kiedyś przejdzie. Jednak na razie psychiatrzy stosują termin *selfitis*, który ich zdaniem określa zaburzenie psychiczne związane z „nałogowym i niekontrolowanym robieniem sobie zdjęć w dowolnych warunkach i o dowolnym czasie". Moja prywatna odtrutka na to schorzenie jest taka – dwie sety, zagrycha, a smartfon w szufladzie.

Szczepionka w sałacie

W historii USA wiele jest przykładów kompletnego upadku, by nie powiedzieć zidiocenia, licznych znanych ludzi. Rudy Giuliani w swojej karierze był bardzo skutecznym prokuratorem okręgowym w Nowym Jorku i ścigał z powodzeniem członków mafii. Po atakach terrorystycznych 9/11 stał się na pewien czas narodowym bohaterem i był powszechnie nazywany „burmistrzem USA". Dziś jednak jest postacią niemal karykaturalną.

Giuliani stał się głównym propagatorem różnych teorii spiskowych, oferowanych m.in. przez Donalda Trumpa. Jego publiczne kłamstwa spowodowały, że stracił uprawnienia do wykonywania zawodu prawnika w stanie Nowy Jork oraz w Washington DC. Wystąpił w ubiegłym roku na kilku żenujących konferencjach prasowych, w czasie których kompletnie się skompromitował i stał się w wielu kręgach pośmiewiskiem oraz obiektem niewybrednych żartów. Jest dziś wrakiem człowieka, którym kiedyś był.

W tego rodzaju przypadkach zawsze zadawane jest to samo pytanie: dlaczego? Co zawiodło Giulianiego do tak idiotycznego końca kariery? Zapewne nigdy się nie dowiemy. To samo pytanie dotyczy jednak obecnie również innej osoby mającej za sobą karierę pełną sukcesów. Być może upadek tego człowieka jest jeszcze bardziej zastanawiający niż przypadek byłego burmistrza Nowego Jorku.

Michael Thomas Flynn, urodzony w 1958 roku w stanie Rhode Island, w rodzinie o sporych tradycjach militarnych, w roku 1981 został porucznikiem w szeregach oddziału wywiadowczego amerykańskiej armii. Od tego momentu zaczął piąć się szybko w górę. Uczestniczył w amerykańskiej inwazji na Grenadę. W roku 2007, już jako jednogwiazdkowy generał, został szefem wywiadu w U.S. Central Command. Później uczestniczył czynnie w działaniach wywiadowczych w czasie wojny w Iraku oraz Afganistanie, a w 2012 roku został szefem Defense Intelligence Agency, najważniejszej agencji wywiadowczej amerykańskich sił zbrojnych.

Flynn przeszedł na emeryturę w 2014 roku i niemal natychmiast jego wcześniejsza kariera zaczęła być demolowana przez liczne nierozważne poczynania. W październiku 2015 roku pojechał do Moskwy, gdzie za 45 tysięcy dolarów wygłosił przemówienie na okoliczność 10. rocznicy istnienia agencji Russia Today, czyli putinowskiej tuby propagandowej. Na przyjęciu zasiadł tuż obok rosyjskiego prezydenta. Wkrótce Flynn stał się doradcą ds. bezpieczeństwa narodowego Donalda Trumpa w czasie kampanii prezydenckiej. Od tego momentu jego publiczny upadek znacznie przyspieszył.

Choć 22 stycznia 2017 roku były generał stał się doradcą ds. bezpieczeństwa narodowego, musiał pożegnać się z tym stanowiskiem już po 22 dniach z chwilą, gdy okazało się, że okłamał wiceprezydenta Mike'a Pence'a, ukrywając przed nim swoje kontakty z rosyjskim ambasadorem w Waszyngtonie, Sergiejem Kisljakiem. Pod koniec tego samego roku Flynn przyznał się formalnie do złożenia fałszywych zeznań w czasie rozmowy z agentami FBI. Jednak zanim doszło do wydania w tej sprawie wyroku, został ułaskawiony przez prezydenta Trumpa.

Później było coraz gorzej. Flynn stał się wyznawcą totalnych głupot opowiadanych przez ludzi działających w ramach tzw. QAnon. W czasie drugiej kampanii prezydenckiej Donalda Trumpa często występował na wiecach, w czasie których zachęcał zgromadzonych do skandowania hasła „Lock her up!" pod adresem Hillary Clinton. Gdy Trump przegrał wybory, eks-generał zachęcał prezydenta, by ów ogłosił stan wyjątkowy, zawiesił konstytucję, „ukrócił" media oraz przeprowadził nowe wybory pod kontrolą armii. W Białym Domu odbyła się nawet rzekomo dyskusja na ten temat, z której jednak nic nie wynikło.

Do przewrotu na szczęście nie doszło, ale począwszy od maja bieżącego roku Flynn zaczął pogrążać się w zdumiewających nonsensach. Na początek stwierdził, że pandemia koronawirusa została wymyślona po to, by odwrócić uwagę opinii publicznej od przebiegu wyborów 3 listopada 2020 roku. Wymowny cytat: „Wszystko, co słyszymy o Covid-19, wszystko, co zdarzyło się przed 3 listopada, ma jeden cel – kontrolowanie społeczeństwa i wymuszanie na nim decyzji". Później wyraził pogląd, że Ameryce potrzebny był taki sam przewrót wojskowy jak w Birmie (Mjanmie). Ostatnio zaś Flynn powiedział, że „z niektórych źródeł wie", iż rząd federalny zamierza zmusić ludzi do szczepienia się przez ukrycie szczepionki w sosach do sałaty.

Nie jestem w stanie zrozumieć, w jaki sposób były wysoki rangą oficer amerykańskich sił zbrojnych i ważny członek prezydenckiej administracji sam siebie zredukował do dziecinnego paplania o sałacianych szczepionkach i pandemicznych spiskach. Uważam zresztą, że wybrał złego nośnika dla szczepionki. Gdyby wredny rząd chciał rzeczywiście szczepić nas po kryjomu przez przemycanie medykamentów w żarciu, sałata byłaby kiepską możliwością, bo zieleninę je na co dzień niewielu Amerykanów. Lepiej by było ukryć szczepionkę w hamburgerach albo stekach.

Los takich ludzi jak Giuliani i Flynn musi budzić zastanowienie. Nie robią tego niemal na pewno dla pieniędzy, bo ani jeden, ani drugi się na tym wszystkim specjalnie nie wzbogacił, a Trump nawet jest winien Gulianiemu tysiące dolarów. Być może za rządów poprzedniego prezydenta mogło im chodzić o zaistnienie w górnych eszelonach władzy, ale dziś nie wchodzi to już w rachubę. Natomiast wszelkie mrzonki o patriotycznym obowiązku i poczuciu służenia narodowi w trudnych chwilach stają się w zderzeniu z rzeczywistością głupawymi sloganami bez jakiegokolwiek znaczenia. Jedno jest pewne – ani Giuliani, ani też Flynn na razie nie będą jeść sałaty, by ustrzec się przed przypadkowym zaszczepieniem, które – ma się rozumieć – mogłoby ich zawieść w objęcia komunizmu, sterowanego przez Billa Gatesa i George'a Sorosa.

Fikcyjne dzieci na pokładzie

W swoim czasie opowiedziałem w tym miejscu o dość dziwnym wydarzeniu, jakie miało miejsce na pokładzie samolotu, którym podróżowałem. Dla przypomnienia, tuż przed startem pilot ogłosił, że nie może wznieść maszyny w powietrze, ponieważ nieprawidłowy jest rozkład obciążenia wagowego poszczególnych części pokładu. Dodał, że start stanie się możliwy dopiero wtedy, gdy co najmniej dwóch pasażerów z przednich rzędów zgodzi się dobrowolnie na przeprowadzkę do tyłu.

Komunikat ten wywołał pewną konsternację, gdyż w miarę oczywiste było to, że najlepiej by było, gdyby na przenosiny do tylnych rzędów zdecydowało się jakichś dwóch grubasów. Jednak nikt oczywiście nie śmiał wytykać kogokolwiek palcami albo powiedzieć współpasażerowi „ty, basior, idź do tyłu". Na szczęście w USA ludzi z nadwagą nie brakuje, w związku z tym możliwych kandydatów do odciążenia przodu maszyny było sporo. Ku powszechnej uldze wszystkich pasażerów, dwóch dżentelmenów o pokaźnych gabarytach zgłosiło chęć przeprowadzki na tyły, a zaraz potem samolot wystartował i wszystko skończyło się dobrze.

Po tym incydencie wagowym zadzwoniłem do mojego byłego sąsiada, który jest pilotem linii American Airlines, by go zapytać, w jaki sposób waga samolotowego ładunku jest kontrolowana. Moje pytanie wynikało stąd, że pasażerów nikt na lotnisku nie waży, a zatem skąd pilot może wiedzieć, iż z przodu maszyny jest za duże obciążenie? Mój rozmówca odparł, że wszystkie linie lotnicze posługują się „średnią wagą pasażera", która dla mężczyzn wynosi 205 funtów, dla kobiet – 165 funtów, a dla dzieci – 77 funtów. Liczby te sumuje się w oparciu o listę pasażerów danego lotu, co daje przybliżone pojęcie o tym, jaka jest totalna waga wszystkich ludzi na pokładzie.

Jak można się spodziewać, prawidłowość tych szacunków może być w dużym stopniu zależna od narodowości pasażerów. Są wszak narody mocno otyłe, takie jak USA czy Turcja, jak i te, w których przeważają chudzielce (Japonia, Dania, Islandia). Ponadto zawsze może się zdarzyć, że na pokład wejdzie „tysiąc atletów", którzy właśnie zjedli „tysiąc kotletów", a wtedy wszelkie obrachunki wagowe szlag trafi.

Nie jest to sprawa błaha. Od obciążenia samolotu zależy ilość wpompowywanego do baków paliwa, a przy starcie pilot stosuje odpowiedni w stosunku do wagi maszyny thrust, czyli siłę ciągu. Może się zatem zdarzyć, że nieprawidłowo obliczona waga pasażerów i bagażu staje się niebezpieczna. W roku 2018 rozbił się na przykład lot 972 linii Cubana de Aviación, a późniejsze śledztwo wykazało, że samolot był przeciążony, o czym pilot nie wiedział.

Od czasu do czasu pojawiają się propozycje ważenia wszystkich pasażerów w czasie odprawy, ale zamiary tego rodzaju zawsze budzą liczne zastrzeżenia, gdyż procedury tego rodzaju mogą prowadzić do publicznego poniżania ludzi, kłótni między obsługą i co cięższymi pasażerami, itd. Innym pomysłem jest ważenie pasażerów po kryjomu, np. w czasie ich „prześwietlania" w tzw. skanerach całego ciała, w których każdy musi się na chwilę zatrzymać. Wystarczyłoby do podłogi skanera wmontować wagę i sprawa załatwiona. Na razie jednak nikt nie zdecydował się na praktyczne zastosowanie takiego rozwiązania.

Problematyka ta zagościła ostatnio w mediach w wyniku kuriozalnego wydarzenia, jakie stało się udziałem brytyjskich linii lotniczych TUI w dniu 21 lipca ubiegłego roku. W powietrze wzniosły się wtedy trzy samoloty, których waga była niebezpiecznie zaniżona. W szczególności z lotniska w Birmingham wystartował lot BY-7226 zmierzający do Palma de Mallorca w Hiszpanii. Na pokładzie znajdowało się 167 pasażerów i 6 członków załogi. Pilot dysponował danymi, które zaniżały całkowitą wagę pasażerów o 1224 kilogramy. Dlaczego tak się stało? Śledztwo wykazało, że stosowane przez linie oprogramowanie interpretowało każdą osobę z przydomkiem Miss nie jako dorosłą kobietę, lecz jako dziecko. W związku z tym, choć na pokładzie znajdowało się 29 dzieci, zdaniem komputera dzieci było 65. W tej sytuacji wszystkim paniom przypisano średnią wagę 77 funtów, z czego normalnie zapewne by się cieszyły, ale co wtedy mogło mieć katastrofalne następstwa.

Na szczęście wszystkie trzy samoloty odbyły pomyślnie swoje rejsy i nic się nikomu nie stało. Organizacja o nazwie Air Accidents Investigation Branch (AAIB) poinformowała później, że błąd w oprogramowaniu wynikał z faktu, iż zostało ono stworzone w kraju „o innej kulturze", w którym słowo Miss używane jest zawsze jako przydomek dziecka płci żeńskiej. Dziennikarze usiłowali się dowiedzieć, o jaki kraj chodziło, ale nie uzyskali odpowiedzi.

Szczerze mówiąc, nie miałbym nic przeciwko temu, by pasażerów ważono przed wejściem na pokład, szczególnie jeśli odbywałoby się to dyskretnie, a nie na oczach całego lotniska. Wspomniana waga w podłodze skanera mogłaby przecież automatycznie wpisywać dane do odpowiedniego komputera, który nie ogłaszałby potem przez megafon, że Józek waży 300 funtów. Nie byłyby też wymierzane dopłaty za nadwagę, podobne do tych, jakie stosuje się w przypadku bagażu. À propos, nasze walizki ważone są od zawsze, co nie budzi żadnego sprzeciwu. W związku z tym przed każdym lotem pilot doskonale wie, ile ważą w sumie wszystkie kufry i paki, ale o wadze ludzkiego ładunku ma tylko przybliżone pojęcie.

Wspomniany wcześniej sąsiad-pilot powiedział mi, że informacje na temat całkowitej wagi maszyny przed startem zawsze są źródłem pewnego niepokoju. W związku z tym zwykle pompuje się do baków więcej paliwa niż potrzeba, na wypadek, gdyby wszyscy pasażerowie ważyli 250 funtów lub więcej.

Nigeryjski przekręt

Wśród różnych internetowych oszustw prym od lat wiedzie tzw. przekręt nigeryjski, określany również jako przekręt 419, choć nie wiem, dlaczego. W pierwotnej formie polegał na zachęcaniu potencjalnej ofiary dużą kwotą pieniędzy w zamian za pomoc – na przykład w załatwieniu formalności dotyczących fikcyjnego spadku lub wygranej na loterii. Odmianą tego przekrętu jest też składanie atrakcyjnych ofert sprzedającym, którzy wystawiają na licytacje drogi towar, np. komputery, telefony komórkowe, itd. Oferowana sprzedającemu kwota znacznie przewyższa rynkową wartość towaru, co od razu winno budzić podejrzenia, ale nie budzi, bo frajerów nigdy nie brakuje.

Moją ulubioną formą nigeryjskiego oszustwa są e-maile, w których odbiorca jest zawiadamiany o tym, że właśnie dostał w spadku wielkie pieniądze, ale musi wpłacić „niewielką opłatę operacyjną", by kasa mogła zostać przelana na jego konto. Innym wariantem są listy od „nigeryjskiego księcia", który ma dysponować fortuną i chce ją zainwestować przy naszej pomocy. W przekręcie płatność ma się odbyć poprzez serwisy Money Gram lub Western Union.

Wszystko to jest szyte tak grubymi nićmi, że należałoby się spodziewać, iż nie da się na coś takiego nabrać, tym bardziej że listy od oszustów pisane są zwykle fatalną angielszczyzną. Polacy dostają też czasami e-maile skomponowane po polsku, tyle że jest to polszczyzna tak pochromolona, że trudno ją zrozumieć (à propos, dlaczego nigeryjski książę miałby pisać cokolwiek po polsku?).

Oto krótki przykład (w oryginalnej pisnowni) prozy nigeryjskiego listu: "Hi Seller, My name is Mrs faith eric from the Spain,i saw your item on the Auction,I am interested in buying the item from you,provided its in good working condition and quality am ready to add US$30.00 to the price listed so as to close the auction on the items which is needed urgentlly by a client of mine in Africa.Expecting your reply ASAP so as to proceed with the payment via Bidpay Auction Payments,Let me know if my offer is okay. Thanks Mrs Faith Eric". Jest w tym tekście tyle błędów, że już po pierwszym zdaniu można się zorientować, że to oszustwo.

Mimo to, jak twierdzi amerykańskie Better Business Bureau, w roku 2019 Amerykanie dali się tymi idiotycznymi listami oszukać na łączną sumę 703 tysięcy dolarów. Powstaje w związku z tym proste pytanie – dlaczego? Doktor Frank McAndrew z Knox College w stanie Illinois twierdzi, że wynika to z faktu, iż w sumie dość prymitywni oszuści kuszą ludzi wielkim i łatwym do osiągnięcia zyskiem. A ponieważ spora część Amerykanów nie potrafi poprawnie pisać po angielsku, e-maile pełne gramatycznych byków nie budzą u nich większych podejrzeń. A wystarczy zadać sobie tylko kilka prostych pytań, takich jak: dlaczego pisze do mnie, zwykłego szaraka, nigeryjski monarcha, dlaczego potrzebuje akurat mojej pomocy i dlaczego próbuje tworzyć coś skrajnie kalekiego w języku Kochanowskiego? Polacy nie gęsi i swój język mają, ale zapewne nawet gęś mogłaby coś lepszego napisać po polsku.

Jednakowoż przekręt nigeryjski nie jest jedyną ani nawet główną metodą internetowego nabijania w butelkę. Dwie inne metody są równie popularne. Jedna z nich dotyczy zachęcania ludzi do inwestowania w przeróżne „piramidy finansowe", co pozornie jest szansą na spore zyski, ale zawsze kończy się tak samo – utratą pieniędzy. Średnio każda ofiara tego rodzaju oszustw traci nieco ponad 8 tysięcy dolarów.

Natomiast druga metoda dotyczy tzw. *sweetheart scams*, które żerują na głupocie i naiwności ludzi szukających w sieci partnerów. W serwisach randkowych tworzone są fałszywe konta, przy pomocy których oszuści kontaktują się z ofiarą, wymieniają się zdjęciami, etc. A gdy wytworzą się po pewnym czasie pewne relacje między ofiarą i fikcyjnym partnerem, proszą o pomoc finansową, udając, że nagle znaleźli się w niezwykle trudnej, czasami dramatycznej wręcz sytuacji życiowej. Na tym ludzie dający się nabrać tracą średnio 6 tysięcy dolarów. To też szyte jest zwykle bardzo grubymi nićmi, a może nawet powrozami, ale potencjalna miłość nie zna granic.

Jestem pewien, że wkrótce kobiety na całym świecie zaczną dostawać elektroniczne listy od nigeryjskiego księcia, który będzie twierdził, że szuka partnerki na resztę życia, by się z nią dzielić ogromną fortuną i wieść dostatnie życie w wielkim pałacu na przedmieściach Lagos. Wszystkie te przekręty są monotonne, prymitywne i teoretycznie bezużyteczne, ale nie znikną aż do momentu, w którym zapasy frajerów się skończą, na co na razie się nie zanosi.

Zawsze mnie ciekawiło to, czy te wszystkie przesyłki internetowe rzeczywiście pochodzą z Nigerii, czy też są tworzone w różnych częściach świata, np. w moskiewskich piwnicach czy też w indyjskich slumsach. Nawet kiedyś usiłowałem to sprawdzić, w imię chorobliwej dociekliwości, przez zanalizowanie tzw. adresu IP nadawcy. Adres był istotnie zlokalizowany w Nigerii, ale niestety niczego to nie dowodzi, bo ja też mogę pisać korespondencję siedząc w domu w USA, ale elektronicznie udając, że jestem w jakimś zupełnie innym zakątku naszego globu.

Kiedyś też dostałem e-mail z Nigerii, w którym znajdował się numer telefonu. W związku z tym wykręciłem ten numer. Odebrała jakaś uprzejma kobieta, mówiąca z wyraźnym akcentem rosyjskim, która podziękowała mi za kontakt i poprosiła o podanie numeru mojego konta bankowego oraz kilku innych informacji. Nie mogła wiedzieć ta nieszczęsna niewiasta, że nawet gdybym jej podał namiary bankowe, mogłaby co najwyżej liczyć na wykradzenie z konta obu moich dolarów.

Koń by się uśmiał...

W USA toczy się od pewnego czasu głupawa dyskusja o szczepionkach przeciw wirusowi Covid-19. Z problemu medycznego i społecznego zrobił się nagle problem polityczny. Gdy prezydent Biden ogłosił niedawno, że wprowadzi przepisy zmuszające większość pracodawców do wymagania od wszystkich pracowników zaszczepienia się, niektórzy politycy, a szczególnie republikańscy gubernatorzy, doznali niemal apopleksji, twierdząc, że Biały Dom dokonał zamachu na swobody konstytucyjne i nadużył nielegalnie swoich uprawnień.

Są to ci sami ludzie, którzy w dzieciństwie zostali zaszczepieni na liczne choroby, ponieważ gdyby tego nie zrobili, nie mogliby pójść do szkoły lub przedszkola. Wprawdzie do dziś niektórzy rodzice nie chcą szczepić swoich dzieci, ale stanowią oni bardzo niewielki procent Amerykanów. Dlaczego zatem obowiązkowe szczepienia dzieci nie są sprzeczne z konstytucją, natomiast szczepienie dorosłych w obliczu pandemii to grzech i skandal? Tego nikt nie jest w stanie wyjaśnić.

Ale to jeszcze nie wszystko. Głośno jest ostatnio o medykamencie zwanym Ivermectin, który normalnie podawany jest koniom, by zlikwidować w ich organizmach pasożyty. W co bardziej zatęchłych zakamarkach Internetu pojawiły się jednak wieści, iż środek ten mogą zażywać ludzie i że jest to skuteczne lekarstwo przeciw koronawirusowi. W takich serwisach jak Facebook, Reddit i Clubhouse istnieją liczne kręgi dyskusyjne, w których propagowane jest zażywanie Ivermectinu i w których ludzie opowiadają o jego cudownych właściwościach. Jednocześnie o leku tym zaczęli opowiadać w telewizji główni bohaterowie systematycznej dezinformacji, tacy jak Laura Ingram czy Tucker Carlson. Dyskdżokej z Nashville Phil Valentine twierdził w swoim programie radiowym, że Ivermectin uratował mu życie, tyle że kilka dni później zmarł z powodu Covidu.

Na skutki nie trzeba było długo czekać. Według agencji CDC, tylko w sierpniu wypisano prawie 100 tysięcy recept na „koński proszek". Ponadto do szpitali zaczęli zgłaszać się ludzie cierpiący z powodu zatrucia tym lekiem. Specjaliści twierdzą, że Ivermectin nie jest niebezpieczny, jeśli zażywa się go w małych ilościach. Jednak większe dawki mogą przynieść opłakane skutki. Wprawdzie przypadki śmiertelne należą do rzadkości, ale z pewnością trzeba się liczyć z ubocznymi skutkami, takimi jak głośne rżenie i niekontrolowane wierzganie nogami.

W ten sposób powstała sytuacja, w której mniej więcej jedna trzecia Amerykanów odmawia zaszczepienia się czymś, co zostało przetestowane i zatwierdzone przez FDA, ale za to żre piguły dla koni, zapewne licząc bezpodstawnie na końskie zdrowie. Jeśli ktoś zastanawia się, jak to jest możliwe, że tak skrajne pomieszanie z poplątaniem stało się udziałem tak wielu ludzi, żadnego sensownego tłumaczenia nie ma. Są natomiast ludzie, którzy zarabiają na tym niezłe pieniądze. Są to np. niejacy Joseph Mercola i Mike Adams, stojący za internetową witryną speakwithanmd.com, gdzie każdy może nabyć pseudo leki na raka, AIDS, itd. Oferowany tam jest również specyfik dla Mister Eda (tego, co mówi). Działa to w ten sposób, że gość strony zdradza, co potrzebuje, a następnie wysyłana jest odpowiednia prośba do chętnego lekarza gdzieś w pobliżu nabywcy, a ów wypisuje receptę i przekazuje ją aptece online, która towar wysyła do adresata.

Nie wiadomo, czy wszystko to jest legalne, ale działa, a Joseph oraz Mike zarabiają miliony, mieszkają w wielkich domach oraz jeżdżą luksusowymi samochodami. Nie ma nawet pewności, czy w cały ten proceder zaangażowani są prawdziwi lekarze i farmaceuci, ponieważ transakcja odbywa się wyłącznie drogą elektroniczną. Kto wie, może apteki znajdują się w stadninach koni, a lekarze to weterynarze? W sumie nie ma to większego znaczenia, bo liczą się zarabiane w ten sposób pieniądze, a nie to, czy ludziom sprzedaje się truciznę.

Podobną działalność prowadzi firma American Frontline Doctors, która sprzedaje trzy różne „leki" na Covid oraz prowadzi kampanię przeciw szczepionkom. Została ona założona przez prawicową działaczkę Simone Gold, która ma też powiązania z wymienioną powyżej witryną internetową. W maju tego roku jej organizacja wytoczyła proces Departamentowi Zdrowia, domagając się unieważnienia autoryzacji FDA dla szczepionek przeciw koronawirusowi. W pozwie można było przeczytać, że szczepionka zabiła 45 tysięcy osób, co jest kompletną bzdurą, i że szczepienie ludzi porównywalne jest do „komunistycznego prania mózgu".

Jestem pewien, że ktoś tu komuś istotnie mózgowie pierze, ale nie jest to FDA. Niestety stan wyprania rozsądku w wielu czaszkach zdaje się być nieodwracalny, a wszelkie argumenty dotyczące realnych danych o szczepionkach będą na pewno nadal ignorowane. W ten sposób Ameryka zabrnęła w pandemiczny ślepy zaułek, ponieważ zaszczepienie tych, którzy odmawiają, pozostanie niemożliwe. Dodatkowo do szkół w niektórych stanach wysyła się dzieci bez masek, bo ich noszenie jest rzekomo symbolem rządowego zniewolenia, a dodatkowo mają one prowadzić do koncentracji dwutlenku węgla w młodych organizmach, co jest teorią podobną do tej, zgodnie z którą Księżyc to duży krąg holenderskiej goudy.

Z niecierpliwością czekam teraz na ogłoszenie przez antyszczepionkowych czubków, że doskonałymi lekami na Covid są zupa z muchomorów sromotnikowych oraz steki posypane arszenikiem. W końcu, skoro można jeść coś, co przeznaczone jest wyłącznie dla koni, niemal wszystko inne jest możliwe i prawdopodobne. À propos, zupa sromotnikowa istotnie zabija wirusa, tyle że razem z jego nosicielem. Tak czy owak, problem jest wtedy rozwiązany raz na zawsze.

Łóżkowe strajki

Arystofanes napisał w roku 411 p.n.e. komedię pt. *Lizystrata*, która pojawiła się na scenach starożytnych Aten. Sztuka miała dość pikantną tematykę. Opowiadała o mężatkach pod wodzą Lizystraty postanawiających, że zastrajkują – mówiąc językiem niektórych dzisiejszych publicystów – „w zakresie i charakterze pełnienia obowiązków małżeńskich", chcąc zmusić w ten sposób swych mężów do zaprzestania wojny i zawarcia pokoju ze Spartą. Jednak autor objął tym strajkiem tylko mężatki, a nie ogół kobiet, co z definicji wykluczało totalny celibat mężów, choć jest to mało istotny fakt.

Starożytni Grecy nie stronili od wulgaryzmów oraz symboliki seksualnej, w związku z czym sztukę Arystofanesa można było wtedy pokazywać bez większych problemów. Później jednak była uważana za „niemoralną" i trzeba było ją grywać w sposób bardziej dyskretny i oparty na pewnych niedopowiedzeniach, co zresztą jest faktem do dziś. Nawet w naszych mocno rozpasanych czasach nie dałoby się ateńskiego spektaklu dosłownie powtórzyć, gdyż mimo wszystko różnorakie falliczne i niefalliczne wybujałości autora uchodziłyby za wulgarne i obraźliwe.

Piszę o tym wszystkim dlatego, że „duch Lizystraty" pojawił się nagle w stanie Teksas, gdzie – jak wiadomo – uchwalono ostatnio bardzo restrykcyjną ustawę antyaborcyjną. Kwestia aborcji jest od wielu dekad niezwykle skomplikowanym problemem w USA oraz w wielu innych zakątkach świata i nie zamierzam się na ten temat wypowiadać, gdyż po obu stronach „barykady" wypowiadane bywają nieustannie totalne nonsensy. Jednakowoż po zatwierdzeniu wspomnianej ustawy i późniejszej decyzji Sądu Najwyższego znana aktorka i piosenkarka Bette Midler ogłosiła, że popiera pomysł totalnego strajku seksualnego kobiet w tym stanie, przy czym – w przeciwieństwie do Arystofanesa – protest dotyczyć miałby również kobiet niezamężnych.

„Proponuję, by wszystkie panie odmawiały pożycia seksualnego ze swoimi partnerami aż do czasu, gdy Kongres nie zatwierdzi ustawy gwarantującej prawo do aborcji" – napisała Midler w serwisie Twitter. Moim zdaniem byłaby to być może jakaś sensowna opcja, ale nie w obliczu faktu, że od pewnego czasu Kongres w zasadzie niczego nie zatwierdza ani nawet o niczym rzeczowo nie dyskutuje, w związku z czym wymuszony celibat trwałby w nieskończoność.

Jednak wbrew pozorom nie jest to w naszych czasach pomysł nowatorski. W 2006 roku w Kolumbii strajk seksualny zorganizowały kobiety w 300-tysięcznym mieście Pereira. Była to inicjatywa partnerek gangsterów, które zażądały, by mężczyźni złożyli broń. Wymogły w ten sposób zakończenie wojny karteli narkotykowych, która pochłaniała setki ofiar rocznie. Ich strajk znany jest do dziś poetycko jako „protest skrzyżowanych nóg". Co ciekawe, w 2011 roku Kolumbijki użyły tej samej metody, by wywalczyć... naprawę drogi z miejscowości Barbacoa do okolicznych miast, która stale była niszczona przez powodzie i lawiny błotne. Wskazywały, że podróż do szpitala może zająć nawet 14 godzin, co stanowi ogromne zagrożenie m.in. dla kobiet w ciąży. – *Początkowo mężczyźni byli wściekli, ale to zadziałało* – powiedziała mediom Maribel Silva, sędzia z Barbacoa, a jednocześnie rzeczniczka kobiet. W wyniku strajku kolumbijska armia wzięła się ostro do roboty i gruntownie wyremontowała drogę.

W Kenii kobiety zarządziły podobny strajk w 2009 roku. Ogłosiła go Organizacja Rozwoju Kobiet, kierując apel również do żon dwóch głównych przeciwników politycznych, których konflikt mógł wtedy doprowadzić do rozlewu krwi: ówczesnego prezydenta Mwai Kibaki i premiera Raila Odingi. Iga Odinga odpowiedziała, że popiera strajk „ciałem i duszą", ale chyba nie zastosowała go w praktyce, choć oczywiście nikt tego tak naprawdę nie wie (może zaangażowała się wyłącznie duszą, zapominając o ciele). Strajk miał trwać tydzień, a według doniesień medialnych organizacja ORK miała nawet zapłacić prostytutkom za to, by na czas protestu nie pracowały. W sumie jednak akcja ta nie przyniosła większych rezultatów.

Mimo to Kenijki wróciły do pomysłu w 2017 roku. Wtedy apel popłynął z ust parlamentarzystki Mishi Mboko, która powiedziała: – *Kobiety! To strategia, którą powinnyśmy przyjąć. Jest najlepsza. Odmawiajcie im seksu, dopóki nie pokażą wam zarejestrowanej karty wyborczej. Seks to potężna broń i zachęci mężczyzn do rejestrowania się.* Chodziło o to, by zmobilizować facetów do rejestracji przed wyborami i nie dopuścić w ten sposób do ponownej wygranej prezydenta Uhuru Kenyatty.

Mimo tych precedensów nie wróżę Midler sukcesu w Teksasie. Lepiej by było chłopom odebrać w jakiś sposób broń palną, piwo oraz kanapę przed telewizorem, bo wtedy być może by się jakoś opamiętali. Zresztą w Ameryce też jest precedens, bo w roku 2019 aktorka Alyssa Milano zgłosiła inicjatywę wszczęcia strajku seksualnego w stanie Georgia po zatwierdzeniu tam ustawy podobnej do tej w Teksasie. Ze strajku nic nie wyszło, a ustawa i tak została zdelegalizowana przez sąd.

No a na koniec smutna refleksja, panowie. Gdyby zdarzyło się tak, że to my chcielibyśmy zastrajkować wobec kobiet, to jakie byłyby nasze możliwości? Obawiam się, że bardzo nikłe. Groźby typu „nie będę już więcej odkurzał domu" albo „mam gdzieś chodzenie z psem na spacer" wywołałyby zapewne śmiech żeńskiego wroga. Natomiast jakiekolwiek groźby natury seksualnej zostałyby z pewnością przywitane rubasznym, drwiącym rechotem płci odmiennej. Spójrzmy prawdzie w oczy – niewiele w tego rodzaju rozgrywkach możemy. Arystofanes to wiedział już przed 2432 laty.

Nie pluć w stronę żubrów

Świat nieustannie mnie zaskakuje zjawiskami, których nigdy się nie spodziewałem. Ostatnio dotarła do mnie wiadomość, że na granicznej rzece Jakobselva, która oddziela Rosję i Norwegię, po stronie norweskiej ustawiono tablice z napisem „Sikanie w kierunku Rosji wzbronione". Nie muszę dodawać, że fakt ten mnie zaintrygował, w związku z czym zbadałem sprawę bardziej dogłębnie, jak zwykle z powodu chorobliwej ciekawości.

Okazuje się, że – po pierwsze – Rosjanie jak dotąd nigdy nie zgłaszali żadnych pretensji do Norwegów załatwiających swoje potrzeby fizjologiczne w rosyjskim kierunku. Po drugie, człowiek zajmujący się ochroną granic Norwegii, Jens-Arne Hoilund, powiedział francuskiej agencji prasowej, że wprawdzie jego zdaniem oddawanie moczu w pieleszach matki natury czasami jest konieczne i zwykle nie stanowi problemu, to jednak nie należy podejmować działań, które mogą „okazać się dla naszych sąsiadów prowokacyjne lub obraźliwe".

Za złamanie zakazu grozi kara w wysokości 3 tysięcy koron (340 dolarów), a tropienie winnych jest o tyle łatwe, że granica jest pod nieustanną elektroniczną obserwacją. Hoilund twierdzi, że postronnym zakaz ten i wymierzanie grzywien może wydawać się drakońską przesadą, ale są to środki podjęte zgodnie z norweskim prawem, które stanowi, iż na terenach przygranicznych obowiązują specjalne zasady prawidłowego zachowania.

Jednak, co ciekawe, z obecnie stosowanego zakazu wynika, iż załatwianie pilnych potrzeb fizjologicznych z rufą wystawioną w kierunku Murmańska jest nadal całkowicie dozwolone i Norwegowie mogą sobie w ten sposób całkowicie Rosję – za przeproszeniem – olewać. Szczerze mówiąc, nie wiem, czy jest to rzeczywiście jakiś realny problem, grożący konfliktem międzynarodowym. W sumie jest to teren dość odludny i arktyczny, pozbawiony na sporym obszarze odpowiedniej infrastruktury toaletowej. Należy w związku z tym założyć, że do okazjonalnego wypróżniania się po obu stronach granicy nieuchronnie dochodzi, lecz zapewne niezbyt często.

Faktem jest, że spacery wzdłuż rzeki Jakobselva są popularne wśród turystów, gdyż można w ich trakcie rzucić okiem na Rosję i zobaczyć, co się tam dzieje. Zwykle nie dzieje się nic, gdyż jest to teren słabo zaludniony. Jednak ustawienie tablic zdaje się sugerować, że Norwegowie często z własnej inicjatywy obrażają Rosjan przez kierowanie w ich stronę nieprzystojnych strumieni. A ponieważ Norwegia od lat utrzymuje z Moskwą dość poprawne stosunki, władzom zależy zapewne na ich podtrzymywaniu, choć rosyjska aneksja Krymu trochę tę wątłą przyjaźń zakłóciła.

Tak czy inaczej uważam, że pomysł Norwegów jest bardzo dobry, choć z oczywistych powodów dość kontrowersyjny. W imię podtrzymania dobrosąsiedzkich stosunków polsko-rosyjskich należałoby rozważyć ustawienie wzdłuż granicy z obwodem kaliningradzkim tablic z napisem „Głośne drwiny z Putina na terenie przygranicznym zabronione". W przypadku Litwy tablice mogłyby głosić, że zakazuje się krzyczenia w stronę litewskiego terytorium hasła „Wilno jest nasze" lub „Mickevičius to Mickiewicz, a wy jesteście Dziady". Jeśli chodzi o granicę z Białorusią, możliwości jest bardzo wiele, ale osobiście faworyzuję tablice z napisem „Plucie w stronę białoruskich żubrów zabronione" (z dopiskiem małym drukiem, że zwierzęta te nie są kontrolowane przez Łukaszenkę i nie reprezentują sfer rządowych). Natomiast w przypadku granicy ukraińskiej sprawa jest jasna: „Zakazuje się hałaśliwych rozmów nad Bugiem o bandach UPA".

Swoją drogą szkoda, że reszta polskich granic znajduje się w strefie Schengen, gdyż tam żadne tablice ostrzegawcze nie są potrzebne. A przecież w przypadku braci Czechów można by było ostrzegać Polaków, że „drwiny ze śmieszności języka czeskiego są karalne mandatami". O Niemcach już nawet nie wspomnę, choć możliwości byłoby w tym przypadku bez liku. Podobnie jest zresztą w przypadku granicy Meksyku z USA, gdzie – moim zdaniem – powinny zaleźć się ostrzeżenia, że wrzeszczenie przez płot graniczny słowa *cojones* może skończyć się mandatem oraz tymczasowym aresztem. Natomiast na granicy USA z kanadyjską prowincją Quebec powinny znaleźć się tablice „Zabrania się głośnego przeklinania po francusku" z podpisem „Gubernator Sacre Bleu".

Anomalie graniczne bywają czasami takie, że nie wiadomo, jakie ostrzeżenia byłyby na miejscu. Dotyczy to z pewnością drogi w Estonii, która łączy ze sobą dwie estońskie wsie, ale na odcinku 30 metrów przecina terytorium Rosji. Historia tego dziwactwa jest skomplikowana i bierze swój początek z aneksji Estonii przez ZSRR w 1944 roku, ale dziś realia są takie, że przejazd z jednej wsi do drugiej wymaga pokonania 30 metrów drogi w Rosji. Na szczęście Rosjanie na to zezwalają bez żadnych kontroli paszportowych, choć jednocześnie zakazują pojazdom zatrzymywania się pod jakimkolwiek pozorem. W związku z tym Estończycy ustawili tam wielkie napisy o treści „30 metrów tej drogi przebiega przez terytorium Federacji Rosyjskiej – zatrzymywanie się lub chodzenie na piechotę jest surowo wzbronione". Ci, którzy zakaz ten ignorują, zwykle są zatrzymywani przez rosyjskich strażników i karani wysokimi mandatami.

Ja bym do tego ostrzeżenia dodał tablice z napisem „Krzyczenie przez otwarte okno samochodu »Kremlin sucks!« jest zakazane". Estońscy strażnicy twierdzą jednak, że ich rosyjscy koledzy po fachu po drugiej stronie granicy zwykle zachowują się profesjonalnie i stosują dyplomatyczne milczenie w czasie bezpośrednich kontaktów. Przynajmniej nikt nie pluje w stronę zupełnie niewinnych żubrów.

Cmentarzysko imperiów

Media pełne są ostatnio doniesień o chaosie, jaki zapanował w Afganistanie po wycofaniu się stamtąd wojsk amerykańskich. Dominuje biadolenie o tym, iż prezydent Biden zrezygnował z dalszego prowadzenia wojny przedwcześnie i bez odpowiedniego przygotowania. Z pewnością jest w tym nieco prawdy, ale nie oszukujmy się – ta wojna była przegrana już na samym jej początku, czyli 20 lat temu. Biden okazał się tym nieszczęśnikiem, który powiedział w końcu „dość!"...

Zdumiewające jest to, że kolejne mocarstwa nie wyciągały żadnych wniosków z faktu, iż jeszcze nikt w historii nie zawładnął w pełni Afganistanem. Może z wyjątkiem Aleksandra Wielkiego, który najechał i zdobył ten kraj, i którego wojska zostawiły tam ponoć helleńskie geny. Do dziś w górzystym Nuristanie spotyka się płowych, niekiedy piegowatych autochtonów – potomków żołnierzy Aleksandra. Potem było wielu innych najeźdźców: Persowie, Arabowie, Uzbecy, Tadżycy, a wreszcie Mongołowie z Dżyngis-chanem i Timurem na czele. Jednak nikomu z najeźdźców nie udało się w pełni spacyfikować tej górzystej krainy.

Wojska rujnowały miasta, niszczyły oazy, uprawy i systemy irygacyjne. Tak jak dziś, władza najeźdźców, okupantów czy interwentów kontrolowała miasta – Kabul, Herat, Kandahar – natomiast prowincja pozostawała w rękach nieujarzmionych, kryjących się w pieczarach wojowników. Imperialne wojska wcześniej czy później wykrwawiały się lub przymierały głodem, kiedy do garnizonów nie docierało zaopatrzenie łupione w nocnych zasadzkach zastawianych na ich kolumny aprowizacyjne.

Afgańczycy mówią czasami, że gdy Bóg tworzył świat, zostały mu w ręku różne pomieszane skrawki. Rzucił je więc na ziemię i tak powstał ich kraj. Naprawdę jednak państwo to utworzono dopiero w XIX wieku. Wówczas plemionami despotycznie rządzili chanowie, emirowie, a na zupełnych odludziach władza pozostawała w rękach zwykłych watażków, starszyzny plemiennej oraz mułłów i świętych mężów, tzw. pirów. Problem w tym, że do dziś sytuacja ta niewiele się zmieniła.

W czasie wielu stuleci Afganistan był areną rywalizacji mocarstw. Anglicy nazwali go cmentarzyskiem imperiów. Oni sami ponieśli tam dotkliwą klęskę, podobnie jak sowieccy komuniści. Imperium brytyjskie w sumie doznało trzech porażek. Kiedy w popłochu Brytyjczycy opuszczali Kabul po klęsce poniesionej w 1842 roku, Afgańczycy zamordowali 12 tysięcy żołnierzy i personelu brytyjskiego. Zdołał się uratować tylko jeden lekarz, dr William Brydon, którego puszczono wolno, aby ku przestrodze opowiedział o rzezi w brytyjskim garnizonie w Dżalalabadzie.

Czy zatem w roku 2001, gdy rozpoczęły się działania USA w Afganistanie, jacyś ludzie w Pentagonie czytali o tej historii? Czy nie można było od samego początku przewidzieć, że amerykańska interwencja w tym kraju zakończy się klęską? Z pewnością wszystko to było do przewidzenia, ale kolejne administracje waszyngtońskie nieustannie opowiadały głupoty o postępach w budowie stabilnego, demokratycznego Afganistanu. Mimo że wszyscy doskonale wiedzieli, iż stworzenie namiastki demokracji w Kabulu w niczym nie zmienia sytuacji w reszcie kraju, gdzie żądzą niepodzielnie różni kacykowie i plemienni przywódcy. Pentagon chwalił się też stworzeniem 300-tysięcznej armii afgańskiej. Jednak żołnierze ci mieli dość zdawkowe przywiązanie do pojęcia państwowości, a z chwilą, gdy klęska wspieranych przez USA władz stała się nieunikniona, zdjęli mundury i pojechali do swoich plemiennych wsi, bo tam leży ich lojalność. Armia, na którą wspólnie wydaliśmy niemal 90 miliardów dolarów, nagle zniknęła bez śladu.

Politolog Peter Beinart twierdzi, że istnieją trzy zasadnicze powody, dla których podbój Afganistanu przez obce siły jest niezwykle trudny. Po pierwsze, jest to kraj położony na głównej trasie lądowej między Iranem, centralną Azją i Indiami, przez co był widownią niezliczonych wojen i został zasiedlony przez setki różnych plemion, często wzajemnie się zwalczających i nie znoszących jakichkolwiek „obcych". Po drugie, nieustanne konflikty zbrojne spowodowały, że niemal każda afgańska wieś do pewnego stopnia przypomina przygotowaną do obrony twierdzę (*qalat*), przez co przejęcie pełnej kontroli nad tym terytorium jest bardzo trudne. Po trzecie zaś, Afganistan to kraj niezwykle trudny dla najeźdźców pod względem geograficznym – otoczony jest górami Pamiru i Hindukuszu, a tzw. Węzeł Pamiru, gdzie łączą się ze sobą Pamir, Hindukusz i Himalaje, to jeden z najbardziej niedostępnych obszarów świata, położony w północno-wschodniej części Afganistanu. W sumie geografia sprzyja wszelkim partyzantkom, o czym przekonała się boleśnie Armia Czerwona.

Biorąc to wszystko pod uwagę, należy być może przypomnieć słynne słowa Alberta Einsteina: „Obłęd polega na tym, że robi się wielokrotnie to samo, spodziewając się innych rezultatów". Amerykański exodus z Afganistanu jest wprawdzie wizerunkową klęską i wiąże się z cierpieniami tysięcy ludzi, ale w sumie od samego początku był nieunikniony. Szkoda, że trzeba było aż dwóch dekad i ponad 2 tysięcy amerykańskich ofiar tej wojny, by w końcu doszło do otrzeźwienia. Zresztą Ameryka ma wcześniejsze doświadczenie z wojną, która z definicji była niemożliwa do wygrania. Z Sajgonu amerykańscy żołnierze i Wietnamczycy wycofywali się w atmosferze chaosu i paniki, czyli tak samo jak w przypadku Kabulu.

Być może ktoś kiedyś wyciągnie w końcu jakieś wnioski z historii, której werdykt jest dość jednoznaczny. Obwinianie Bidena za afgański krach jest oczywiście zrozumiałe, ale równie dobrze można w ten sam sposób krytykować Busha, Obamę i Trumpa. Wszyscy oni wykazali się katastrofalną historyczną krótkowzrocznością.

Wtórnie, ale wesoło

Od bardzo wielu lat istnieje pojęcie wtórnego analfabetyzmu, nazywanego też czasami analfabetyzmem funkcjonalnym. Wikipedia ujmuje to w następujący sposób: „Analfabetyzm funkcjonalny to sytuacja, w której osoby nieposiadające wykształcenia lub posiadające formalne wykształcenie nie potrafią wykorzystać wiedzy do tego, by sprawnie funkcjonować w codziennym życiu w nowoczesnym społeczeństwie. Jest to również brak umiejętności posługiwania się urządzeniem, pomimo posiadania instrukcji użytkownika. Najczęściej pojęcie analfabetyzmu funkcjonalnego odnosi się do braku umiejętności poprawnego pisania, czytania ze zrozumieniem i prawidłowego dokonywania prostych obliczeń, rzadziej także do umiejętności obsługi współczesnych technologii, przede wszystkim technologii informacyjnych, niezależnie od posiadania wiedzy na ich temat".

Niby wszystko jasne, ale nie końca. Istnieje też inny przejaw wtórnego analfabetyzmu, który nie ma zbyt wiele wspólnego z powyższą definicją. Niestety ja sam cierpię na tę dolegliwość. Nie mam wprawdzie żadnych problemów z czytaniem i pisaniem ani też z rozumieniem tekstów, ale w zasadzie straciłem zdolność do odręcznego pisania czegokolwiek. Mogę z powodzeniem składać swój podpis pod rozmaitymi cyrografami, ale napisanie listu długopisem lub piórem to zupełnie inna sprawa.

Moje zdolności kaligraficzne nigdy nie były zbyt imponujące, ale problem polega na tym, że od mniej więcej dwóch dekad w zasadzie niczego nie piszę ręcznie, gdyż wszystko jest komputerowe, e-mailowe, itd. Gdy przed paroma miesiącami, w trakcie refinansowania pożyczki na dom, urzędniczka podsunęła mi pod nos papier, na którym miałem napisać krótkie oświadczenie, od razu wiedziałem, iż nie skończy się to dobrze. To, co kiedyś było kulfonami, dziś jest kulfonami do kwadratu. Moje pismo odręczne jest nieczytelne nie tylko dla innych, ale również dla mnie, ponieważ przypomina bazgroły zdarte tępym nożem z jakichś papirusów egipskich. Jestem w stanie napisać coś, czego nie będę mógł odczytać już 15 minut później. Jeśli lekarze i farmaceuci mają fatalne pismo, to ja kwalifikuję się automatycznie jako neurochirurg, mimo nieposiadania odpowiedniego wykształcenia.

Zjawisko to jest do pewnego stopnia zrozumiałe. Ludzie w znacznej mierze przestali pisać tradycyjne listy, a nawet ci, którzy piszą pamiętniki, robią to przeważnie elektronicznie. Nasze wspólne doświadczenie kaligraficzne zostało zredukowane do podpisywania kartek urodzinowych, świątecznych lub kondolencyjnych. Jeszcze przed 30 laty pisałem odręcznie listy do brata w Polsce. Dziś pomysł taki nigdy by mi nie przyszedł do głowy, a gdybym nawet coś takiego napisał, rzeczony brat nie byłby w stanie mojej epistoły odcyfrować. Zresztą on sam też ma pismo, które może kojarzyć się z amalgamatem sanskrytu i cyrylicy po pijaku.

Wszystko to prowadzi mnie do następującego wniosku – nie mogę obrabować banku. W Wielkiej Brytanii 67-letni Alan Slattery (prawie mój rówieśnik) usiłował dokonać skoku na bank Nationwide Building Society w miejscowości Eastbourne. W tym celu wkroczył do tej placówki zamaskowany i podał kasjerce ręcznie napisaną notkę z jego żądaniami. Problem w tym, że kasjerka nie była w stanie odcyfrować jego przesłania, gdyż było ono napisane mniej więcej tak, jakbym ja sam je napisał. Kobieta wezwała na pomoc menadżera banku, ale on również nie wiedział, co dokładnie notka głosiła. Ponieważ próby prawidłowej interpretacji żądań „bandyty" przedłużały się, przestępca zacząć się denerwować, a następnie odjechał w nieznane z pustymi rękoma. Daleko nie zajechał, gdyż został aresztowany, a potem skazany na 6 lat więzienia. Mam nadzieję, że w więziennej szkole przejdzie kurs kaligrafii, tak by jego przyszłe ataki na banki były bardziej efektywne.

Wszystko to jednak budzi pewne niepokojące refleksje. W czasach przed Gutenbergiem i drukiem średniowieczni skrybowie spędzali pół życia na mozolnym spisywaniu dziejów świata gęsimi piórami i atramentem. Dziś nikt niczego mozolnie nie spisuje, ponieważ wszystko znajduje się w sferze cybernetycznej, w jakichś komputerowych chmurach, które pozostają poza naszym zasięgiem. Wprawdzie liczni pasjonaci nadal interesują się przyrządami do pisania, np. piórami marki Mont Blanc, które kosztują spore pieniądze, ale konkretne pióro lub długopis nie rozwiązuje problemu, ponieważ problem polega na tym, że oduczyliśmy się od używania tego rodzaju instrumentów.

W moim przypadku nie ma większego znaczenia to, czy napiszę coś eleganckim piórem czy też długopisem dla mas firmy Bic. Efekt zawsze będzie ten sam, czyli niezrozumiały dla większości odbiorców, nie mówiąc już o nadawcy. Przyznaję bez bicia, że perspektywa pisania czegokolwiek odręcznie jest dla mnie koszmarem i zapewne to się już nigdy nie zmieni. Gdybym miał dzisiaj spisać ręcznie mój testament, zapewne oddałbym wszystko (a nie jest tego wiele) literze A, bo ona jest pierwsza w szeregu.

Wracając na chwilę do Wikipedii, definiuje ona kaligrafię jako „sztukę starannego i estetycznego pisania, często również zdobionego artystycznie. Nauka kaligrafii miała kształtować charakter oraz cierpliwość. Kaligrafia była podstawowym przedmiotem w szkołach. Do około 1960 roku była w Polsce przedmiotem nauczania początkowego, mającym na celu doskonalenie pisma odręcznego". Ponadto samo słowo kaligrafia pochodzi od greckiej frazy „piękne pisanie".

Nic dziwnego, że się nie załapałem, bo w roku 1960 dopiero rozpoczynałem naukę. A teraz jest zdecydowanie za późno, szczególnie jeśli chodzi o piękno. Z drugiej strony, podejrzewam, że nawet gdybym uczył się kaligrafii, końcowy efekt byłby taki sam, czyli mocno kulfoniasty.

CDC i wszystko (nie)jasne

Jeszcze nie tak dawno temu, w erze przedpandemicznej i przedtrumpowej, federalna agencja Centers for Disease Control and Prevention, zajmująca się głównie zapobieganiem chorobom (zwłaszcza zakaźnym) oraz ich zwalczaniem, cieszyła się powszechnym poważaniem, nie tylko w USA, ale na całym świecie. Skupiała doskonałych specjalistów, naukowców, epidemiologów, itd. Mężnie broniła nas przed różnymi świństwami, między innymi AIDS, i prowadziła przeróżne kampanie, często dość skuteczne, dotyczące prewencji, higieny i ogólnej wiedzy o zagrożeniach.

Za rządów poprzedniego prezydenta z agencji odeszło wielu pracowników, a jej renoma zaczęła podupadać, ponieważ władza wielokrotnie dawała do zrozumienia, iż w naukę nie wierzy, a naukowców ma za matołów, którzy przeszkadzają. Jednak dziś jest tylko nieznacznie lepiej i czasami pojawiają się oznaki tego, iż coś nie funkcjonuje tak jak trzeba. Dotyczy to zarówno walki z koronawirusem, jak i innych dziwnych zjawisk. Do pandemii zaraz wrócę. Na początek zajmę się jednak przez chwilę opublikowanym niedawno przez CDC materiałem, w którym przestrzega się Amerykanów cierpiących na biegunkę przed wchodzeniem do basenów.

Mam nadzieję, że jest to – za przeproszeniem – problem rzadki i wątpię, by ludzie znajdujący się w tym niezbyt przyjemnym stanie gastrycznym mieli ochotę na kąpiele w miejscach publicznych. Jeśli chodzi o tekst udostępniony przez CDC, nie można się do niego przyczepić, gdyż w sposób przejrzysty wyjaśnia, że pląsy w basenie w wykonaniu osób z tzw. awarią arsena (w polskim slangu) jest w oczywisty sposób niebezpieczne, gdyż zagraża bakteriologicznie wszystkim tym, którzy przebywają w tym samym zbiorniku wodnym.

Jednak agencja CDC zdecydowała się też na udostępnienie krótkiego, animowanego filmiku, który przedstawia uśmiechniętą kobietę korzystającą ze zjeżdżalni do basenu i pozostawiającą na tejże zjeżdżalni brązowy ślad albo raczej smugę. Wideo to stało się w krótkim czasie internetowym przebojem, choć nie w sensie pozytywnym. Ludzie zastanawiali się, dlaczego coś takiego w ogóle trzeba pokazywać i ja się z tymi zastrzeżeniami w zasadzie zgadzam. W końcu straż pożarna nie publikuje filmów, w których dziecko bawi się zapałkami, a następnie staje w płomieniach, a polski Sanepid nie pokazuje dla przestrogi scen całowania się z osobą zakażoną ebolą.

Wracając do koronawirusa, szczerze mówiąc już sam nie wiem, jakie obecnie obowiązują zasady dotyczące noszenia lub nienoszenia masek. Przed rokiem sprawa była jasna – maski należało nosić w pomieszczeniach zamkniętych oraz w czasie jakichś większych spędów na świeżym powietrzu. Jednak kolejne przesłania płynące z CDC stawały się coraz bardziej mętne. Gdy akcja szczepień zaczęła przynosić dobre rezultaty, poinformowano w pewnym momencie wszystkich w pełni zaszczepionych, że masek w ogóle nie muszą nosić, nawet w barach i restauracjach. Ostatnio, pod naporem rosnących fali zachorowań powodowanych przez tzw. wariant delta, nastąpiła kolejna zmiana: nawet zaszczepieni powinni zakładać maski w pomieszczeniach zamkniętych, ale tylko wtedy, gdy pomieszczenia te znajdują się na obszarach o dużej zachorowalności.

Jeśli dodać do tego fakt, że na poziomie lokalnym obowiązują różne przepisy, które nie mają nic wspólnego z zaleceniami CDC, powstaje sytuacja, w której dominuje chaos. O ile przez pewien czas na drzwiach wejściowych do większości sklepów i placówek usługowych widniały duże napisy obwieszczające, że klienci muszą mieć na sobie maski, o tyle obecnie mówi się nam, że „maski nie są obowiązkowe dla ludzi zaszczepionych". Choć oczywiście nikt nie sprawdza, czy ktoś jest zaszczepiony, czy też nie, a ufać komukolwiek w tym przypadku nie sposób.

W wyniku całego tego pomieszania z poplątaniem, gdy dziś wchodzę do supermarketu, nie jestem w stanie ocenić moich szans na złapanie tej zarazy. Mniej więcej połowa klienteli nosi maski, a połowa nie. Nie ma to jednak żadnego znaczenia. Ci zamaskowani mogą być zaszczepieni, ale mają stracha, że się zarażą. Natomiast bezmaskowcy mogą udawać zaszczepionych, bo nie chcą nosić nakryć na japę. Jeszcze gorzej jest w bankach, bo tam niektórzy zamaskowani mogą mieć dowolny status wirusowy, ale planują obrabowanie placówki z bronią w ręku.

Agencja CDC wprowadziła też dodatkowe zamieszanie przez słowa o obszarach o dużej zachorowalności. Wprawdzie na stronie internetowej CDC istnieje mapa, przy pomocy której można sprawdzić, gdzie prawdopodobieństwo zarażenia się i strzelenia kopytami jest największe, ale od ludzi znajdujących się w podróży nie można wymagać, by cały czas sprawdzali te dane. Dla przykładu, w moim powiecie Allen w stanie Indiana zagrożenie jest obecnie duże, ale gdybym pojechał 30 mil na wschód i znalazł się w powiecie Van Wert w stanie Ohio, tamtejsze zagrożenie jest znacznie mniejsze. Oznacza to, że po jednej stronie stanowej granicy trzeba w knajpie założyć maskę, a po drugiej nie trzeba. No i bądź tu mądry i nie zachoruj!

Być może już wkrótce będzie to mało istotne, bo wszystko wskazuje na to, że przed końcem lata maski w pomieszczeniach zamkniętych staną się ponownie obowiązkowe w całym kraju. Chociaż w takich stanach jak Floryda, której gubernator zdaje się dążyć do uśmiercenia większości wyborców, nawet okręgom szkolnym zakazuje się powszechnego „maskowania" dzieci w imię dość specyficznie pojmowanej wolności wyboru. Jest to mniej więcej taki sam wybór, jaki oferował swoim obywatelom Fidel Castro, głosząc hasło *socialismo o muerte*.

Kabaretowa Temida

W moich felietonach publikowanych w tym miejscu wspominałem czasami o różnych kretyńskich procesach sądowych, które każdy szanujący się sędzia powinien natychmiast wyrzucić na bruk wraz z powodami. Czasami sędziowie istotnie tak robią, ale zazwyczaj decydują się na surrealistyczne deliberacje na wokandzie. Jest to problem dotyczący przede wszystkim amerykańskiego wymiaru sprawiedliwości, ale nie tylko, o czym za chwilę.

Najwyższy czas, by sporządzić listę „przebojów" sądowych, tak, byśmy wszyscy wiedzieli, do jakiego poziomu nonsensu jesteśmy zdolni. Na pierwszym miejscu tej listy należy wymienić sprawę koreańskiego imigranta Sanga Yeula Lee, który w roku 1977 wszedł po pijaku na tory metra w pobliżu stacji Kedzie Avenue w Chicago i zginął w wyniku porażenia prądem elektrycznym w czasie załatwiania pilnej potrzeby fizjologicznej. Jego żona wytoczyła proces Chicago Transit Authority, domagając się odszkodowania za to, że tzw. trzecia szyna torów, znajdująca się pod napięciem 600 woltów, nie była opatrzona ostrzeżeniami po koreańsku, a tylko po angielsku. Przepychanki sądowe trwały przez następne 14 lat, ale ostatecznie sąd najwyższy stanu Illinois zatwierdził odszkodowanie w wysokości półtora miliona dolarów. Dowodzi to niezbicie, że czasami sikanie na torach może okazać się opłacalne. Natomiast szefowie CTA do dziś nie zamontowali ostrzeżeń w języku koreańskim, nie mówiąc już o gruzińskim oraz suahili.

Drugą pozycję na mojej liście zajmuje Stella Liebeck, która w roku 1994 kupiła kawę w barze McDonald's, a następnie w czasie prowadzenia samochodu wylała ją sobie w okolicach przyrodzenia, co spowodowało, że musiała spędzić osiem dni w szpitalu. Kawoszka wytoczyła proces, gdyż uważała, że kawa była zbyt gorąca i zbyt podatna na przypadkowe wylanie. Proces zakończył się decyzją jurorów, na mocy której poparzona małą czarną dostała 2 miliony odszkodowania, choć suma ta została następnie zredukowana przez sędziego do 640 tysięcy. Zanim którakolwiek ze stron zdążyła złożyć odwołanie od tego wyroku, pani Liebeck dogadała się polubownie z zarządem hamburgerowni. Szczegóły tego, co zostało uzgodnione, są nieznane, ale ja uważam, że Stella dostała dożywotnie dostawy kawy mrożonej.

Brązowy medal należy przyznać Annie Ayali, która w roku 2005 jadła lunch w knajpie Wendy's i zgłosiła obsłudze, że w sosie chili znalazła opuszek ludzkiego palca. Lokalne władze wszczęły śledztwo, a konsumentka – ma się rozumieć – podała firmę serwującą części ludzkiego ciała do sądu. Szybko jednak okazało się, że palec w sosie chili podłożyła sama powódka, choć nie wiadomo, skąd go wzięła. W związku z tą próbą oszustwa spędziła dwa lata w więziennym zaciszu, przebierając oczywiście palcami.

Tuż poza podium plasuje się Allen Ray Heckard, który zdradza niezwykłe podobieństwo do słynnego koszykarza Michaela Jordana. Heckard wytoczył proces zarówno Jordanowi, jak i firmie Nike, argumentując, że przez 15 lat doznawał „cierpień emocjonalnych", wynikających z faktu, że był zaczepiany na ulicy przez ludzi proszących o autograf. Chciał dostać odszkodowanie w wysokości 800 milionów dolarów, co byłoby ewenementem na skalę światową, gdyż sąd musiałby dać komuś wielką kasę za fizyczny wygląd. Jednak powód nagle wycofał się z procesu bez podania przyczyn. Może się po prostu zestarzał i dziś jest podobny wyłącznie do siebie?

Wysokie miejsce w piramidzie absurdu zajmuje Robert Lee Brock, który w roku 1995 włamał się do więzienia w stanie Wirginia (nie mam pojęcia, dlaczego), w wyniku czego został za ten czyn osądzony i skazany na krótki okres pozbawienia wolności. Siedząc w celi wymyślił, że poda do sądu samego siebie. Żądał odszkodowania w wysokości 5 milionów dolarów od władz stanowych za „złamanie własnych wierzeń religijnych i za dopuszczenie do mojego aresztowania". Sędzia oddalił pozew i zapewne przez pewien czas stukał się znacząco w głowę.

W Danbury High School w stanie Connecticut uczeń Vinicios Robacher zasnął na lekcji matematyki. Oburzony nauczyciel podszedł do niego i walnął pięścią w ławkę, co skutecznie obudziło młodziana. Wkrótce potem jego rodzice złożyli pozew, w którym twierdzili, że postępowanie belfra było okrutne, a w wyniku rzeczonego walnięcia pięścią Vinicios stracił słuch. Okazało się jednak, że to sędzia stracił słuch, gdyż nie chciał o tych bzdurach słyszeć i wyrzucił powodów ze swojej sali sądowej.

Jak wspomniałem wcześniej, durnota sądowa szerzy się szczególnie w USA. Jednak czasami do walki o palmę pierwszeństwa w sądowniczym nonsensie stają też inne kraje. W Chinach ojciec nowo narodzonego dziecka poszedł do szpitala, by je zobaczyć i doszedł do wniosku, że niemowlę jest szkaradne i że nie jest podobne do żadnego z rodziców. Matka przyznała, iż przed ślubem poddała się licznym operacjom plastycznym, przez co zasugerowała, że też była kiedyś szkaradna. W związku z tym jej partner podał ją do sądu, domagając się odszkodowania za to, iż żona zataiła przed nim swoje uprzednie szkaradzieństwo. Dostał równowartość 120 tysięcy dolarów i się rozwiódł. Należy założyć, że obecnie szuka nowej żony bez sztucznego tynku.

No i na koniec wędrujemy do Hiszpanii, gdzie pewna matka skonfiskowała 15-letniemu synowi telefon komórkowy, by go zmusić do zajęcia się odrabianiem lekcji. Nastolatek domagał się przed sądem odszkodowania za ograniczenie jego swobód obywatelskich i chciał, by mamusia poszła za ten akt przemocy komórkowej do więzienia. Sędzia uznał na szczęście, że osoba w wieku 15 lat nie może kwestionować rodzicielskich decyzji, a jej swobody obywatelskie osiągają „dojrzałość" dopiero w wieku 18 lat.

No i to na razie tyle. Jestem jednak pewien, że lista nonsensów prezentowanych w obliczu Temidy nadal będzie się powiększać.

Dzielnicowa dyktatura

Niektórzy ludzie w USA, łącznie ze mną, mieszkają pod rządami totalitarnymi, które jednak mają charakter wyłącznie dzielnicowy. Chodzi o to, że w licznych *subdivisions*, czyli osiedlach domów jednorodzinnych, istnieją tzw. *neighborhood associations*. Są to ciała finansowane z rocznych składek mieszkańców, których głównym zadaniem jest rzekomo dbanie o estetyczny wygląd okolicy, naprawianie drobnych usterek, wycinanie i usuwanie martwych drzew, etc. Członkowie tych totalitarnych formacji odbywają posiedzenia, w czasie których o czymś tam ględzą, ale większości mieszkańców w ogóle to nie interesuje.

Organizacje te nie mogą wprawdzie nikogo aresztować lub prześladować, ale są w stanie dawać się mocno we znaki. Jeśli ktoś nie kosi trawy, tak by była odpowiednio krótka, dostanie ostrzeżenie, a potem mandat. Bez wcześniejszego pozwolenia dzielnicowej władzy nie mogę pomalować drzwi wejściowych na różowo, ogrodzić podwórka płotem lub ustawić przed domem jakiejś figurki lub znaku. W mojej okolicy w ubiegłym roku wprowadzono zakaz prezentowania na trawnikach reklam politycznych w czasie wyborów. To akurat jest jednym z nielicznych dobrych pomysłów, gdyż wcześniej reklam tych była niezliczona ilość i skutecznie identyfikowały one preferencje ideologiczne mieszkańców, co teoretycznie mogło być niebezpieczne.

W celu uzyskania zgody na cokolwiek – wymianę dachu, budowę altanki, ustawienie budy dla psa – trzeba wypełnić dokument o nazwie *Architectural Request*, który jest równie skomplikowany jak podanie o uzyskanie pożyczki w banku. Następnie dokument ten jest „przedmiotem dyskusji" dyktatorów, którzy wydają ostateczną decyzję, od której można się wprawdzie odwołać, ale ma to zwykle taki sam skutek jak odwołanie się od decyzji wydanej przez Stalina.

Jedna z moich sąsiadek przez ponad pół roku toczyła heroiczną walkę z dzielnicowym politbiurem o wydanie zgody na ogrodzenie jej podwórka płotem. Wojnę ostatecznie wygrała, ale losy boju ważyły się do ostatniej chwili. Natomiast mój sąsiad chciał dostać zgodę na budowę basenu za domem i poniósł sromotną klęskę w starciu z dyrektoriatem, który zdecydowanie i nieodwracalnie odmówił, argumentując, że nikt inny w okolicy nie posiada basenu.

W praktyce jest często tak, że ludzie budują coś cichaczem, a potem udają, że nie wiedzieli, iż tak nie można. Polityka ta stawia wprawdzie dyktaturę przed faktem dokonanym, jednak takie zabiegi nie zawsze się udają. Sztandarowym przykładem może być heca, jaka wydarzyła się w dzielnicy San Francisco o nazwie Hillsborough. Mieszka tam niejaka pani Florence Fang, miłośniczka serialu animowanego pt. *Flintstones*, którego bohaterami są Fred Flintstone i Barney Rubble. Serial powstał w latach 60. i był przez pewien czas niezwykle popularny. Przenosi on widza do stylizowanej epoki kamienia łupanego, w której jaskiniowcy mieszkają w domach i dzielnicach bardzo przypominających współczesne czasy. Jeżdżą „samochodami" bez silników, obcują na co dzień z dinozaurami, etc.

Pani Fang postanowiła swój dom i przyległości ucharakteryzować w taki sposób, by wszystko to przypominało scenografię serialu. W związku z tym porozmieszczała na trawniku różne rzeźby, pomniki prehistorycznych zwierząt i inne przedmioty, a zewnętrzny wystrój samego domu zmieniła tak, że Fred i Barney czuliby się jak u siebie. No i tu jest dinozaur pogrzebany. Lokalna władza, postawiona w obliczu tych epokowych zmian, zażądała usunięcia wszystkich ozdóbek i powrotu domu do pierwotnego wyglądu. Lokatorkę poinformowano też, że wszelkie zmiany tego rodzaju wymagają uzyskania wcześniej pozwolenia. A ponieważ Fang odmówiła podporządkowania się tym rozkazom, została podana do sądu.

W czasie procesu reprezentujący oskarżycieli Mark Hudak argumentował, że „nasze miasto szczyci się wiejskim, lesistym charakterem", do którego Flinstone i spółka pasują jak pięść do nosa. Jednak dzielna oskarżona nie tylko się nie poddała, ale złożyła kontr-pozew. W wyniku różnych zakulisowych przepychanek ostatecznie uzgodniono, że Fang wycofa swoją sprawę z sądu, w zamian za co nie zostanie zmuszona do usuwania swoich przydomowych zmian, ale musi wystąpić post factum o odpowiednie zezwolenia. A zatem wygrała, a rozgłos nadany całej sprawie spowoduje zapewne, że jej dom stanie się na jakiś czas lokalną atrakcją turystyczną. Wynika z tego, że czasami zwycięstwo z dzielnicową dyktaturą jest możliwe, choć nie zdarza się to zbyt często.

Niezapomniany Bohdan Smoleń w swoim monologu pt. „Aaa tam, cicho być" chwalił się tym, że na podwórku buduje sobie pershinga i że jak go odpali, to się najwyżej o jedno biurko pomyli. Budzi to u mnie tęsknotę za lokalną wolnością, gdyż ja na moim podwórku nawet atrapy pershinga nie mogę sobie zbudować, nie mówiąc już o prawdziwym pocisku. Zaraz by ktoś przyleciał z ostrzeżeniem, że przydomowe zbrojenia wymagają zezwolenia nie tylko *neighborhood association*, ale również Pentagonu. Poza tym mogłoby się okazać, że pershing ma niewłaściwy, rażący kolor.

Raz, z czystej sadomasochistycznej ciekawości, poszedłem na zebranie dyrektoriatu, ponieważ prócz zarządu wstęp ma każdy mieszkaniec, choć niemal nikt nigdy się nie pojawia. Przez dwie godziny byłem świadkiem festiwalu pustosłowia i samouwielbienia, jakiego z pewnością nie powstydziłby się towarzysz Wiesław. Niczego konkretnego oczywiście nie uzgodniono, czego się spodziewałem. Tak czy inaczej, władza czuwa i działa, przynajmniej w jej własnym mniemaniu. Szczerze mówiąc, nawet się nieco zdziwiłem, że nie uchwalono nowego, niezwykle ambitnego planu 5-letniego. Może następnym razem.

Parostatkiem w wielki rejs

Przed wieloma laty zamierzałem przez pewien czas wybrać się w rejs wycieczkowy (*cruise*) po Karaibach. Skończyło się jednak wyłącznie na zamierzeniach, a dzisiaj nie wsiadłbym na pokład wycieczkowca nawet wtedy, gdyby ktoś mi chciał za to zapłacić. Zanim jeszcze zaatakowała nas pandemia, doszedłem do wniosku, że zamknięcie się na kilkanaście dni na pokładzie okrętu, wraz z setkami lub tysiącami współpasażerów, jest bardzo kiepskim pomysłem. Nie można stamtąd uciec, chyba że przez skok na główkę do oceanu. Nie ma się też żadnej kontroli nad tym, kim są pozostali nieszczęśnicy, którzy kupili bilety.

Owszem, można dobrze jadać, pić drinki w barach i korzystać z wielu pokładowych atrakcji, ale nie zmienia to faktu, że każdy rejs to w pewnym sensie nawodny, ludzki ogród zoologiczny czy też eksperyment w dziedzinie przymusowej harmonii społecznej. W ostatnich latach pojawił się też dodatkowy problem – w czasie rejsów ludzie zaczynali mieć różne dolegliwości żołądkowe, co czasami zmuszało załogę do przedwczesnego powrotu, w celu wyładowania chorej gawiedzi i przewiezienia jej do okolicznych szpitali.

Koronawirus niemal całkowicie wykończył, przynajmniej na razie, cały przemysł wycieczkowy. Rok 2020 miał być rekordowy dla tej branży. Gdy COVID-19 ogarnął cały świat, na wielu statkach wybuchały wielkie ogniska zakażeń. Wycofywane ze służby jednostki trafiają zwykle na złomowisko w Turcji, by „umrzeć" śmiercią naturalną. Sprzedanych lub złomowanych zostało ponad 20 wycieczkowców. Globalnie branża straciła przychody w wysokości 77 miliardów dolarów, a ponad pół miliona ludzi straciło pracę.

Cały ten przemysł zaczął się w czasach wielkich transatlantyków, takich jak Titanic. Na początku XX wieku firmy Cunard i White Star Line stworzyły standard luksusu, na który mogli sobie pozwolić tylko bogaci i sławni. Bilet w pierwszej klasie na pokładzie transatlantyku HMS Lusitania kosztował w 1915 roku 380 dolarów, co dzisiaj stanowi równowartość prawie 10 tysięcy. Gdy jednak w latach 60. pojawiły się liczne połączenia lotnicze przez Atlantyk, liniowce na trasie z Ameryki do Europy straciły na znaczeniu. W związku z tym statki wycieczkowe stały się pływającymi pałacami rozrywki, w których cel podróży jest mniej ważny od wrażeń na pokładzie.

W latach 60. i 70. na rynek weszły takie firmy jak Norwegian, Royal Caribbean i Carnival. Ceny spadły, a liczba pasażerów wzrosła. Szacuje się, że w 1970 roku w rejs wybrało się około pół miliona osób. Dzisiejsze statki wycieczkowe mogą pochwalić się wieloma atrakcjami, takimi jak parki wodne, luksusowe sklepy, kina, baseny i planetaria. Okręt Symphony of the Seas firmy Royal Caribbean, największy statek wycieczkowy na świecie, może pomieścić prawie 9 tysięcy pasażerów i załogę. Jest o 100 metrów dłuższy niż Titanic i dwa razy szerszy. A im większy statek, tym większe zyski. Takie pływające miasto może wygenerować 10 milionów dolarów zysku w ciągu zaledwie jednego siedmiodniowego rejsu. Ale już nie generuje.

1 lutego 2020 roku pasażer, który zszedł ze statku Diamond Princess w Hongkongu, otrzymał pozytywny wynik testu na obecność koronawirusa COVID-19. 3700 pasażerów i załoga zostali poddani kwarantannie na pokładzie, będąc

wówczas w Japonii. W ciągu następnego miesiąca zarażonych zostało ponad 700 osób na pokładzie. Statek ten stał się największym ogniskiem epidemii koronawirusa poza Chinami. Potem było wiele podobnych przypadków, co spowodowało, że 14 marca 2020 roku Amerykańskie Centrum Kontroli i Prewencji Chorób (CDC) wydało zakaz żeglugi, uziemiając wszystkie amerykańskie statki wycieczkowe. Obecnie istnieją plany powolnego wskrzeszania całej branży, ale nie wiem, czy to ma jakikolwiek sens.

Prawda jest w miarę oczywista. Pokłady statków, na których przebywają przez dłuższy czas tysiące ludzi, to idealne pole działania dla wszelkich wirusów, które zapewne nieustannie zacierają czułki z infekcyjnej radości. Choć z drugiej strony nie wiem, czy czułki można zacierać. Samolotami lata się góra kilka lub kilkanaście godzin, podczas gdy oceaniczne więzienie to znacznie dłuższy wyrok. Nie rozumiem zatem, dlaczego w obecnej sytuacji ludzie nadal interesują się rejsami wycieczkowymi, zamiast pojechać gdzieś samochodem, pooglądać jakieś widoki i wrócić do domu w poczuciu wolności od choroby.

Oczywiście jest jeszcze inna alternatywa, ale tylko dla tych, którzy mają gdzieś w szafie wiele tysięcy dolarów. W styczniu 2024 roku z Miami wyruszy w rejs okręt Regent Seven Seas, który zabierze na pokład 700 pasażerów. Jednostka ta spędzi na morzu 132 dni, zawijając do 66 portów w 31 różnych krajach. Najtańszy bilet kosztuje 73 tysiące dolarów, a rejs w luksusowym pokładowym apartamencie wymagać będzie opróżnienia wspomnianej szafy z sumy 200 tysięcy (na osobę). Wszystkie bilety zostały sprzedane w ciągu trzech godzin, zanim jeszcze zdążyłem dobiec do mojej własnej komody.

Jak można się spodziewać, rejs dla bogaczy oferuje wiele luksusów: kasyna gry, baseny, restauracje, korty tenisowe, sklepy, kina, itd. Największe kabiny to w zasadzie pokładowe 2-sypialniowe mieszkania z balkonem. Na każdego pasażera przypada 1,6 członka obsługi, co oznacza, że nie można się będzie od nich skutecznie opędzić. Wszystko to jednak nie zmienia jednego podstawowego faktu.

Pasażerowie Regent Seven Seas płacą tysiące dolarów za wątpliwą przyjemność obcowania przez cztery miesiące z zupełnie nieznanymi sobie ludźmi w warunkach pandemii. A wirus ma zupełnie gdzieś, czy ktoś kupił sobie bilet za 500 dolarów, czy też za wiele razy więcej. Życzę zatem wszystkim uczestnikom tego rejsu pięknych wrażeń i pomyślnego pobytu w szpitalu.

Uwaga, nadaję: „;l;;gmlxzssaw"!

Powszechne jest przekonanie, iż amerykańskie siły zbrojne dowodzone są przez ludzi rozważnych i kompetentnych, którzy nie dadzą łatwo wpuścić się w maliny. Moja wiara w te kompetencje dowódcze została ostatnio nieco zachwiana z powodu dziwnej wiadomości o wydarzeniu w kwaterze tzw. U.S. Strategic Command.

United States Strategic Command (USSTRATCOM) to jedno z dziewięciu zintegrowanych dowództw operacyjnych Departamentu Obrony. Jest odpowiedzialne za działania w przestrzeni kosmicznej, obronę antyrakietową, wywiad wojskowy, obserwacje i zwiad oraz walkę z bronią masowego rażenia. Kwatera główna powstałej w 1992 roku jednostki znajduje się w Offutt Air Force Base, na południe od miasta Omaha w stanie Nebraska. Pracuje tam ponad 2700 osób i trzeba mieć nadzieję, że wszyscy ci ludzie wiedzą, co robią, bo inaczej mamy – że tak nieprzystojnie powiem – przechromolone. W encyklopedycznym zapisie o USSTRATCOM czytamy: „Dowództwo zapewnia amerykańskim przywódcom jednolite środki pozwalające lepiej zrozumieć konkretne zagrożenia na całym świecie, a także środki umożliwiające szybką odpowiedź na takie niebezpieczeństwa".

W teorii brzmi to wszystko bardzo dobrze i kojąco, ale w praktyce – jak się ostatnio okazało – cały ten system posiada pewne oczywiste luki. Jeden z pracowników USSTRATCOM, wypełniający swoje obowiązki z domu, a zajmujący się głównie kontrolą treści publikowanych przez dowództwo w serwisie Twitter, pozostawił na chwilę swój komputer bez opieki, co dało bezprecedensową szansę jego 2-letniemu potomkowi na sprowokowanie wojny nuklearnej. Bobas zaczął chaotycznie walić w klawisze, a potem wysłał w eter przesłanie następującej treści: „;l;;gmlxzssaw". Wieść ta wywołała przez kilka minut konfuzję w szeregach dowódczych, gdyż nie wiadomo było, czy był to tajny szyfr, czy też może sygnał tego, iż twitterowe konto USSTRATCOM-u zostało zinfiltrowane przez jakieś wraże siły, posługujące się głównie spółgłoskami (co stawiałoby Polaków w gronie podejrzanych).

Sprawa szybko się wyjaśniła, a wpis został usunięty po kilku minutach. Dowódcy zapewnili, że „nic się nie stało" i że ani przez chwilę nic nikomu nie groziło. Zastanawiam się jednak nad tym, co by się stało, gdyby wiadomość ta nie została usunięta albo gdyby pędrak przypadkowo napisał coś takiego jak *launch code 421*. Moglibyśmy wtedy całkowicie przypadkowo zrównać Kopenhagę z ziemią, czego Duńczycy nigdy by nam nie wybaczyli. Scenariusz taki jest niezwykle mało prawdopodobny, ale sam fakt, iż małe dziecko potrafiło postawić USSTRATCOM w stan niejakiej paniki, jest dość zastanawiający.

Nie jest to bynajmniej ani pierwsza, ani też pewnie ostatnia gafa militarna. W ubiegłym roku parlament Iraku zatwierdził w głosowaniu decyzję, że siły zbrojne USA powinny jak najszybciej opuścić ten kraj. Wkrótce potem przypadkowo wyciekło do mediów memorandum generała Williama Seely'ego, dowódcy amerykańskiej armii w Bagdadzie, który powiadomił lokalnego oficera irackich sił zbrojnych, że zacznie ewakuację Amerykanów niemal natychmiast. Problem w tym, że nic takiego nie zostało wcześniej ustalone ani z Pentagonem, ani też z Białym Domem. W czasie chaotycznej, pośpiesznie zorganizowanej konferencji prasowej ówczesny sekretarz Departamentu Obrony Mike Esper zdawał się w ogóle nie wiedzieć o tym, co się działo w Iraku, a następnie szef połączonych sztabów sił zbrojnych USA, generał Mark Milley, zapewnił, że żadna decyzja o wycofaniu się z Iraku nie zapadła. Jak później ogłoszono, nota generała Seely'ego była tylko brudnopisem i nigdy nie miała znaleźć się w publicznym obiegu. Była to fatalna wieść dla tysięcy żołnierzy, którzy zaczęli już pakować manatki i śnić o powrocie do Ameryki, napiciu się piwa, zjedzeniu domowego placka z jabłkami, itd.

Znacznie wcześniej, bo w roku 1951, generał Omar Bradley, wtedy główny dowódca sił zbrojnych USA, zeznawał przed komisją Kongresu w sprawie wojny koreańskiej. Gdy zapytano go o możliwość rozszerzenia tego konfliktu na Chiny, powiedział: – *Byłaby to błędna wojna, w złym czasie, w złym miejscu i nie z tym wrogiem co trzeba.* W ten prosty sposób spowodował dymisję generała Douglasa MacArthura, dowodzącego amerykańską armią w Korei. Do dziś nie wiadomo, czy Bradley wypowiedział te słowa celowo, czy też strzelił gafę, z której nie sposób było potem się wycofać.

Oczywiście, gdyby w obu tych przypadkach wysłano po prostu tajną depeszę o treści „;l;;gmlxzssaw", efekt zapewne byłby taki sam albo przynajmniej podobny. W związku z tym uważam, że w siłach zbrojnych USA trzeba zatrudniać jak najwięcej niepiśmiennych małolatów, których wpisy na strategicznych klawiaturach nie mogą ani sytuacji globalnej zaszkodzić, ani też jej polepszyć.

W tym kontekście być może trzeba przypomnieć o tym, co wydarzyło się 9 listopada 1979 roku, kiedy to komputery z North American Aerospace Defense Command (NORAD) pokazały skomasowany atak nuklearny na Amerykę. Liczne wyrzutnie rakiet z głowicami nuklearnymi otrzymały wtedy wstępne pozwolenie na zastosowanie „nadzwyczajnych środków obrony", tyle że kilka minut później okazało się, iż był to fałszywy alarm. Ktoś pokazał przez komputery nagranie ćwiczebne, które było na tyle realistyczne, że wszystkich zmyliło.

Wszystko to przypomina mi jak żywo głośny film Stanleya Kubricka pt. *Dr. Strangelove*, w którym seria idiotycznych i makabrycznych decyzji doprowadza do wojny nuklearnej oraz zagłady świata. Film ten jest komedią. Kod „;l;;gmlxzssaw" nie jest.

Biblioteczna granica

W Ameryce od wielu dekad trwa w miarę jałowa dyskusja o napływie do USA nielegalnych imigrantów z południa. Kongres w przeszłości rozważał różne reformy prawodawstwa imigracyjnego, ale wszystko to niemal zawsze kończy się tak samo, czyli niczym. Poprzedni prezydent zaczął budować mur graniczny, co od samego początku budziło wiele kontrowersji, głównie dlatego, że każdy mur można w taki czy inny sposób sforsować. Dziś dalszych odcinków muru już się nie buduje i być może projekt ten nigdy nie zostanie wskrzeszony.

Tymczasem wzdłuż granicy północnej sprawy mają się zupełnie inaczej, czyli znacznie spokojniej. Z Kanady do USA nie prują żadne kawalkady potencjalnych nielegalnych imigrantów, a ponadto ruch między oboma krajami pozostaje zamknięty z powodu pandemii. Jednak ostatnio doszło do mrożących krew w żyłach wydarzeń w niewielkiej miejscowości Derby Line w stanie Vermont. Jest to miejsce przygraniczne, w którym znajduje się unikalny obiekt o nazwie Haskell Free Library and Opera House. Unikalność polega na tym, że połowa gmachu tej placówki znajduje się w USA, a druga połowa w kanadyjskiej prowincji Quebec. Nie, urbaniści nie spili się i nie postawili biblioteki dokładnie na granicy przez pomyłkę. Budynek wzniesiono w tym miejscu celowo w 1904 roku jako symbol amerykańsko-kanadyjskiej przyjaźni.

Budowa stała się możliwa z chwilą, gdy odpowiednie fundusze zapewnili Martha Stewart Haskell i jej syn, Horace „Stewart" Haskell. Biblioteka i opera zostały wzniesione dla upamiętnienia rodziców Marthy. Rodzina Haskellów chciała, by gmach był swobodnie dostępny dla ludzi po obu stronach granicy. I tak też się stało.

Biblioteka ma dwa adresy – amerykański i kanadyjski – ale tylko jedno wejście, w USA. Istnieje też wprawdzie awaryjne wyjście po kanadyjskiej stronie granicy, ale na co dzień nie jest ono używane. Jeśli chodzi o wnętrze, w Ameryce znajduje się większość foteli na widowni opery, ale jej scena należy do kanadyjskiej miejscowości Stanstead. Innymi słowy, występy w Kanadzie oglądane są w USA. Jeśli zaś chodzi o książki, ich zbiór liczy ponad 20 tysięcy tomów i znajduje się niemal w całości po kanadyjskiej stronie granicy. W związku z tym Haskell Free Library bywa żartobliwie nazywana „jedyną biblioteką w USA bez jakichkolwiek książek i jedyną operą bez sceny".

Choć wszystko to brzmi dość dziwnie, przez wiele dekad działało bez zarzutu. Wewnątrz budynku na podłodze są czarne linie graniczne, oddzielające Kanadę od USA, ale nikt nigdy specjalnie się tym nie przejmował. Dziś biblioteka jest czasowo zamknięta z powodu koronawirusa, ale w normalnych czasach każdy mógł swobodnie odwiedzić placówkę przez amerykańskie wejście bez jakiejkolwiek kontroli granicznej lub celnej. Kanadyjczycy musieli iść ściśle wyznaczonym chodnikiem, wiodącym do drzwi wejściowych i zobowiązać się, że opuszczą terytorium USA natychmiast po wyjściu z biblioteki.

Wracając do tematyki imigracyjnej, dokładnie 4 lipca, czyli w dzień świąteczny, jakiś kanadyjski samochód przejechał przez biblioteczny trawnik i znalazł się na ulicy w stanie Vermont, skąd następnie popędził na autostradę I-91, która wiedzie do Hartford w stanie Connecticut, a następnie do Nowego Jorku. Ta bezczelna inwazja na amerykańskie terytorium mogła odbyć się dlatego, że w tym miejscu nie ma żadnych przejść granicznych ani kontroli celnych. Z drugiej strony, w miarę oczywiste było to, że kierowcy i pasażerom tego pojazdu nie chodziło o przeczytanie paru książek i powrót do domu.

Amerykańska Straż Graniczna zachowała się czujnie. Samochód intruzów zatrzymano na autostradzie. Okazało się, że jechało nim siedmiu osobników z Kanady, Francji i Rumunii. Wszyscy oni zostali natychmiast wydaleni z powrotem do Kanady na mocy przepisów wprowadzonych na czas pandemii. W ten sposób zakończył się potencjalnie poważny incydent międzynarodowy.

Jednak trzeba wspomnieć o tym, iż od kiedy tymczasowo zamknięto granicę kanadyjsko-amerykańską, Haskell Free Library and Opera House służy jako przedziwne, legalne miejsce schadzek. Choć biblioteka jest nieczynna, zarówno Amerykanie, jak i Kanadyjczycy mogą spotykać się przed wejściem do niej, bez łamania obowiązujących obecnie przepisów. Spotkania takie odbywają się niemal codziennie, gdyż jest to jedyna dostępna metoda „widzenia się" z rodzinami i przyjaciółmi po obu stronach granicy. Moim zdaniem trzeba tam czym prędzej zbudować prowizoryczną kawiarnię, tak by wiara mogła sobie usiąść i wypić po małej czarnej, ku chwale międzynarodowej przyjaźni.

Zastanawiam się, czy nie należałoby też rozważyć zbudowania serii placówek na granicy Meksyku z USA, co mogłoby skutecznie rozładować istniejące tam napięcia. Gdyby na przykład powstał kościół, w którym połowa ołtarza byłaby w Meksyku, a druga w USA, każda msza stałaby się ceremonią pojednania i współpracy. Taki sam efekt mógłby przynieść stadion piłkarski z kibicami siedzącymi po obu stronach linii granicznej, choć oznaczałoby to, że piłkarze w czasie meczów nieustannie przekraczaliby granicę.

Moja ogólna refleksja jest taka, że amerykańskie granice bywają przez wielu polityków traktowane zbyt poważnie, w niemal katastroficzny sposób. Stany Zjednoczone nie graniczą z wrogimi sobie państwami. Zwykle znacznie lepiej jest mieć bibliotekę należącą do dwóch krajów jednocześnie niż mur, który teoretycznie oddziela dwa narody, ale w praktyce jest bezużyteczny. Dramatycznie inny jest też symbolizm – pojednanie przy książce i muzyce lub sztuczna, bezsensowna separacja, która kojarzy się z murem berlińskim. Moim zdaniem wybór jest prosty. A tych siedmiu facetów w samochodzie to z pewnością wyjątek.

Powtórka z historii

Kilka dni temu przeżyliśmy ponownie narodowe amerykańskie święto, jak zwykle okraszone fajerwerkami, wybuchami petard, grillowaniem i masową konsumpcją piwa. W tym roku było lepiej niż w ubiegłym, bo koronawirus nieco się wycofał, maski poszły w kąt, a zgromadzenia świąteczne wyglądały prawie normalnie. Przed 160 laty było podobnie, a jednak zupełnie inaczej.

Jak pisała ówczesna prasa, już o świcie w dniu 4 lipca 1861 roku zaczęła się w Waszyngtonie kanonada. Chodziło nie tylko o sztuczne ognie, ale również strzały w powietrze z broni palnej. Ponadto biły dzwony wszystkich kościołów stolicy. W mieście było gorąco i wilgotno, a wokół unosiły się niezbyt przyjemne zapachy.

Jednak z oddali dochodziły też odgłosy wystrzałów, które nie miały charakteru celebracyjnego. W kwietniu tego samego roku wybuchła w USA wojna domowa, a w lipcu secesyjne milicje znajdowały się w stanie Wirginia tuż koło Waszyngtonu, w okolicach dzisiejszego lotniska Dulles. Na początku roku rządy objął Abraham Lincoln, który nie miał większego doświadczenia politycznego ani też nie posiadał solidnego wykształcenia. Okazał się jednak doskonałym mówcą, co miało wtedy spore znaczenie.

Po wyborze Lincolna przed budynkiem Kapitolu zgromadził się tłum mocno wkurzonych obywateli, którzy uważali, że wybory wygrał „nie ten co trzeba". Grozili wdarciem się do środka gmachu parlamentu i chcieli zatrzymać proces potwierdzenia wyboru prezydenta. Do szturmu nigdy jednak nie doszło. Jest to scenariusz bardzo dobrze nam dziś znany.

6 stycznia bieżącego roku tłum wojowniczych baranów wdarł się do środka Kapitolu, by unieważnić wybór Bidena na prezydenta. Rzeczonym baranom wydawało się, iż są rewolucjonistami, którzy są w stanie obalić rząd, wprowadzić jakąś tam dyktaturę i przy okazji powiesić „zdrajcę", czyli wiceprezydenta Pence'a. Jeden młody człowiek wchodząc do sali Senatu stwierdził, że skoro już tam wszyscy jego sprzymierzeńcy są, to trzeba stworzyć nowy rząd kraju. Był na tyle głupi, że nie wiedział, iż jego szanse na stworzenie rządu USA były dokładnie takie same jak moje, gdy siłą „wdzieram się" do hamburgerowni McDonald's po kawał mięsa uwięziony w bułce.

Dzień Niepodległości w 1861 roku był okazją nie tylko do świętowania, ale do zastanowienia się nad tym, co dalej. W zasadzie istniały wtedy dwie Ameryki: jedna rolnicza, niewolnicza i anachroniczna, a druga – przemysłowa, postępowa i demokratyczna. Lincoln zdecydował się na ryzykowny krok. Na dzień 4 lipca zwołał specjalną sesję Kongresu, w czasie której odczytano jego odezwę do narodu. Był to dokument, którego wymowa ma dziś takie same znaczenie jak kiedyś. Prezydent stwierdził, że wojna domowa była w zasadzie „konfliktem międzyludzkim" i przypomniał Amerykanom, iż demokracja wymagała okazywania zaufania innym, nawet tym, z którymi się nie zgadzamy: „Gdyby niezadowoleni obywatele atakowali rząd po każdych przegranych wyborach, oznaczałoby to koniec demokracji. Gdy głosy są sprawiedliwie i konstytucyjnie podliczone, nie może być odwołania od podjętego przez ludzi wyboru za pomocą kul".

W sumie Dzień Niepodległości był znacznie pomyślniejszy dla Lincolna niż dla secesyjnego prezydenta Jeffersona Davisa, który był nieprzejednanym rasistą i którego nie bardzo interesowały takie rzeczy jak historia czy też Deklaracja Niepodległości. W tym świątecznym dniu nie wygłosił żadnego przemówienia, za to już na samym początku secesji poniósł porażkę z chwilą, gdy powstał stan Zachodnia Wirginia, który odłączył się od Wirginii, ponieważ nie chciał mieć nic wspólnego z secesją. W niektórych gazetach Południa próbowano w tym dniu argumentować, iż to secesjoniści byli prawdziwymi spadkobiercami amerykańskiej rewolucji. Jednak było to trudne do przełknięcia, bo w tych samych wydawnictwach, np. w Nowym Orleanie, drukowano ogłoszenia o sprzedaży tysiąca niewolników, natomiast gazeta w Memphis donosiła triumfalnie o dwóch linczach na czarnoskórych mieszkańcach kraju.

Lincoln rozumiał Deklarację Niepodległości jako szkic przyszłej demokracji, gwarantujący wszystkim swobody obywatelskie. W rozumieniu Davisa był to dokument, który pozwalał każdemu niezadowolonemu z wyników wyborów lub kształtu kraju na secesję i szukanie własnych rozwiązań. Dzień Niepodległości przed 160 laty był pod wieloma względami najdziwniejszym świętem w historii USA, ale w ostatecznym rozrachunku wygrała wtedy wizja Lincolna. W godzinach popołudniowych prezydent zasiadł na podium ustawionym przy Pennsylvania Avenue, z którego obserwował świąteczną paradę z udziałem między innymi oddziału Garibaldi Guards, składającego się głównie z imigrantów pod dowództwem żydowskiego pułkownika z Niemiec. Gdy żołnierze zaczęli prosić Lincolna, by wygłosił do nich przemówienie, prezydent odparł żartobliwie, iż godność sprawowanego przez niego urzędu wymagała, żeby milczał, by nie powiedzieć czegoś głupiego.

O Święcie Niepodległości sprzed 160 lat wspomina się dziś bardzo rzadko. Jednak historycy są zgodni co do tego, że to właśnie wtedy Lincoln zaczął wygrywać wojnę domową, zanim jeszcze doszło do poważniejszych starć zbrojnych. Mam nadzieję, być może płonną, iż tegoroczna „powtórka z historii", której wszyscy byliśmy świadkami, odniesie podobny efekt, choć na szczęście o nowej wojnie domowej na razie nie ma mowy.

Niezwykłe jest to, że dawna linia graniczna secesji w dużej mierze istnieje nadal w niezmienionym kształcie, czego dowodem są sympatie polityczne po obu jej stronach. 4 lipca 1861 roku przyszłe losy USA stały pod dużym znakiem zapytania. Niestety dziś jest podobnie.

Daty świętowania

Nadszedł czas dorocznej strzelaniny ulicznej. Nie, nie mam na myśli Chicago, bo tu strzały rozbrzmiewają codziennie, a zatem trudno się zorientować, kiedy kończą się porachunki gangsterskie, a zaczynają świąteczne celebracje. Święto Niepodległości obchodzone jest każdego 4 lipca, bo to w tym dniu, w roku 1776, podpisana została Deklaracja Niepodległości, na mocy której 13 kolonii amerykańskich prawnie zerwało więzi z koroną brytyjską. Jednak w rzeczywistości było nieco inaczej.

Wspomniana Deklaracja Niepodległości została uchwalona przez Kongres Kontynentalny dwa dni wcześniej, 2 lipca. John Adams napisał nawet w liście do swojej żony, Abigail, że „dzień 2 lipca będzie najważniejszym wydarzeniem w dziejach Ameryki". Rąbnął się zatem o dwa dni albo rąbnęli się ci, którzy za dzień świąteczny uznali 4 lipca. W dodatku wcale nie jest takie pewne, że 4 lipca Deklaracja Niepodległości istotnie została podpisana. Thomas Jefferson, John Adams i Benjamin Franklin pisali później, że opatrzyli dokument swoimi sygnaturami właśnie wtedy, ale większość historyków uważa, że Deklaracja Niepodległości została podpisana dopiero 2 sierpnia 1776 roku, choć w dniu tym nie odbywają się obecnie żadne celebracje z wyjątkiem okazjonalnego pijaństwa, charakterystycznego dla życia codziennego Ameryki.

Z dniem 4 lipca wiążą się też pewne dziwne wydarzenia. W 50. rocznicę rzekomego podpisania Deklaracji Niepodległości, czyli 4 lipca 1826 roku, zmarli Thomas Jefferson i John Adams, czyli jedyni sygnatariusze, którzy później stali się prezydentami nowego państwa. Inny prezydent, który nie podpisał Deklaracji, odszedł w zaświaty 4 lipca 1831 roku. Był to James Monroe. Niejako w drodze rewanżu przyszły prezydent Calvin Coolidge urodził się 4 lipca 1872 roku.

Oczywiste jest to, że nikt już nie będzie zmieniał daty celebracji. Utrwalił ją w roku 1778 generał George Washington, który 4 lipca nakazał oddać symboliczne salwy armatnie oraz zaopatrzyć wszystkich żołnierzy w dodatkową rację rumu, co oznaczało, iż amerykańska armia obudziła się 5 lipca na kacu. Dopiero w roku 1870 Kongres postanowił, że dzień 4 lipca będzie wolny dla wszystkich pracowników federalnych, choć bez wynagrodzenia. Szmal świąteczny zatwierdzono w roku 1938, a dziś w zasadzie prawie nikt nie pracuje i dostaje za ten dzień normalne wynagrodzenie.

Kontrowersje na temat daty obchodzenia rocznic nie dotyczą wyłącznie Dnia Niepodległości. Niedawno prezydent Biden podpisał ustawę, na mocy której 19 czerwca każdego roku obchodzona będzie tzw. Juneteenth, czyli rocznica zniesienia w USA niewolnictwa. Jednak wybór tej daty jest dość dziwny, gdyż upamiętnia ni mniej, ni więcej tylko rozkaz wojskowy wydany przez pewnego generała. 19 czerwca roku 1865 generał armii unijnej Gordon Granger proklamował publicznie w mieście Galveston, że wszyscy niewolnicy w stanie Teksas są niniejszym oficjalnie wolni.

Jednak zniesienie niewolnictwa w stanach konfederacyjnych zostało formalnie obwieszczone już w roku 1862 przez Proklamację Emancypacji podpisaną przez prezydenta Abrahama Lincolna. Proklamacja ta weszła w życie 1 stycznia 1863 roku, zmieniając prawny status 3,5 miliona Afroamerykanów w stanach południowych z niewolników na ludzi wolnych. Mimo tej proklamacji niewolnictwo było nadal legalne w stanach południowych do końca wojny oraz legalne i praktykowane w Delaware i Kentucky aż do 6 grudnia 1865 roku, kiedy została ratyfikowana 13. poprawka do Konstytucji USA, znosząca niewolnictwo oraz pracę przymusową w całym kraju.

W związku z tym powstaje pytanie: dlaczego tego święta nie obchodzimy w rocznicę podpisania Proklamacji Emancypacji albo też w rocznicę zatwierdzenia 13. poprawki do Konstytucji? Jest to pytanie całkiem na miejscu, gdyż rozkaz numer 3 generała Grangera dotyczył wyłącznie niewolników w Teksasie, których było wtedy 250 tysięcy. Dokument ten nie zakończył całkowicie niewolnictwa w tym stanie, a tym bardziej w wielu innych stanach. W związku z tym wyznaczenie dnia 19 czerwca na obchody końca amerykańskiego niewolnictwa jest z historycznego punktu widzenia słabo uzasadnione.

W sumie nie ma to wszystko większego znaczenia, bo raz wyznaczone daty świąt są natychmiast akceptowane i nikt się specjalnie nie zastanawia nad tym, skąd się wzięły. Przeciętny John Smith, piekący kiełbasy na rożnie i popijający wodopodobną ciecz o nazwie Bud Light, nie ma czasu na rozważania o dniu podpisania Deklaracji Niepodległości, czy też o okolicznościach śmierci dwóch wczesnych prezydentów. Zresztą święto to już dawno straciło swoją pierwotną wymowę, o czym świadczy między innymi fakt, że znaczna część ludzi w wieku od 18 do 25 lat nie ma pojęcia o tym, co się 4 lipca świętuje i dlaczego.

Nieco inny problem dotyczy święta Juneteenth. Jest ono w taki czy inny sposób obchodzone od roku 1866, ale w celebracjach przez wiele dekad brali udział niemal wyłącznie czarnoskórzy mieszkańcy Stanów Zjednoczonych. Na przykład, w roku 1978 w Milwaukee odbyły się uroczystości z udziałem ok. 100 tysięcy ludzi, którymi w 90 proc. byli Afroamerykanie. Podobne wydarzenia miały miejsce pod koniec lat 80. w stanach Kalifornia, Wisconsin, Illinois i Georgia. Dziś, gdy od niedawna jest to święto federalne, ludzie biali zastanawiają się, w jaki sposób należy ten dzień celebrować. Czy wypada z tej okazji smażyć steki na barbecue? A co z ogniami sztucznymi i petardami? No i czy można sobie w rocznicę końca niewolnictwa strzelić kilka dodatkowych drinków?

Nie zamierzam niczego sugerować. Może najlepiej jest pamiętać o tym, że oba te święta przypadają w dni, które zostały być może błędnie wybrane.

Wampir, palinka i zastrzyk

Wszystko wskazuje na to, że prezydentowi Bidenowi nie uda się do 4 lipca zaszczepić 70 proc. Amerykanów. Wynika to z prostego faktu: ci, którzy chcieli się zaszczepić, dostali już zastrzyki, natomiast reszta albo się waha, albo jest zdecydowanie przeciwna szczepieniom. Ta ostatnia grupa jest dość zróżnicowana. Tak zwani *anti-vaxxers* to klasyczni wrogowie stosowania szczepień w ogóle, a szczególnie w przypadku dzieci. Od lat propagują oni niczym nie poparte teorie o tym, że niektóre szczepionki powodują u małolatów autyzm i inne schorzenia. Z premedytacją odmawiają przyjmowania jakichkolwiek zastrzyków i raczej nie da się ich w żaden sposób przekonać o niesłuszności tej postawy.

Czasami do głosu dochodzą też moraliści religijni, którzy twierdzą (błędnie), że niektóre szczepionki przeciw Covid-19 zawierają substancje pochodzące z ciał nienarodzonych dzieci. Choć nie mają racji, gdyż żadna obecnie stosowana szczepionka nie zawiera takich rzeczy, przynajmniej można zrozumieć ich sprzeciw, wynikający z przekonań religijnych.

Jednak istnieje też obóz ludzi mocno stukniętych, którzy propagują egzotyczne teorie spiskowe. Według jednej z nich, każdy zaszczepiony człowiek dostaje po kryjomu mikroprocesor. Przy jego pomocy Bill Gates, który zresztą zarabia na tym procederze wielkie pieniądze, może kontrolować ludzi w dowolny sposób. Jak domniemywam, robi to tylko od czasu do czasu, w przerwach między sesjami pałaszowania wraz z Hillary Clinton porwanych i ugotowanych bobasów.

Inna teoria głosi, że zaszczepieni ludzie stają się magnesami i mogą sobie na ciele wieszać dowolne przedmioty wykonane z żelaza lub stali. W czasie publicznego przesłuchania stanowa pani poseł próbowała powiesić sobie na szyi klucz, ale bez rezultatu. Ponieważ dostałem szczepionkę Pfizera, sprawdziłem, czy wszystkie widelce w kuchennej szufladzie nadal są na miejscu, czy też niektóre z ich wyskoczyły i przylgnęły do mnie. Na szczęście sztućce nadal są tam, gdzie zawsze były.

Niektórzy utrzymują, że szczepionki zmieniają u ludzi DNA, co prowadzi do trwałych i nieodwracalnych zmian. Jest to kompletna bzdura, która jednak zyskała sobie wielu zwolenników. Propagatorzy tej teorii powinni jak najszybciej zostać przymusowo zaszczepieni, tak by zmiany w DNA zmieniły ich z głupoli w ludzi rozsądnych, choć pewnie jest na to za późno. Podobnie jest w przypadku tych, którzy twierdzą, że szczepienie ludzi przeciw Covid-19 powoduje powstawanie nowych wariantów choroby. Jeden z naukowców nazwał piewców tej tezy „kompletnie szurniętymi", co nie jest być może terminem zbyt precyzyjnym, ale w pełni opisuje sytuację.

Ze wszystkich wymienionych powyżej powodów szczepienia w USA mocno zwolniły, a w niektórych stanach, takich jak Alabama czy Missisipi, praktycznie ustały. Z drugiej strony, w niektórych regionach USA, np. w stanach New Hampshire, Vermont i Waszyngton, zaszczepiono już ponad 70 proc. mieszkańców i w zasadzie zniesiono wszystkie obowiązujące jeszcze do niedawna ograniczenia. Istnieje zatem ryzyko wykształcenia się dwóch Ameryk: jednej wolnej od wirusa, a drugiej ciężko chorej.

Władze niektórych stanów, postawione w obliczu niechęci obywateli do szczepienia się, zdecydowały, że czas na zachęty finansowe. Zaczęło się od Ohio, gdzie ogłoszono, że raz w tygodniu wszyscy właśnie zaszczepieni będą mogli korzystać z loterii, w której główną wygraną jest milion dolarów. Przez mniej więcej dwa tygodnie spowodowało to wyraźny wzrost wykonywanych szczepień, ale dziś wszystko wróciły do normy – okazuje się, że przeciwników szczepionki nie można przekupić nawet dużą sumą pieniędzy. Wkrótce potem w kilku innych stanach wprowadzono podobne loterie. Czasami za zgodę na zastrzyk oferuje się też inne nagrody, np. marihuanę i piwo. Jest to ciekawy pomysł, gdyż człowiek pijany lub na haju może po szczepieniu z powodzeniem zapomnieć o tym, iż jest magnesem kontrolowanym przez Billa Gatesa.

Jednak najciekawszy pomysł zrodził się w Rumunii, gdzie znajduje się słynny zamek Bran, w którym mieszkał rzekomo kiedyś Wład Palownik, powszechnie nazywany Drakulą. To, czy tam naprawdę mieszkał, jest kwestią sporną, natomiast po pewnym czasie wykształciła się teoria, iż zamek Bran był siedzibą wampira, hrabiego Drakuli, o którym napisano wiele książek i który jest bohaterem licznych filmów. Tak czy inaczej, XIV-wieczny zamek jest dziś sporą atrakcją turystyczną, tyle że w wyniku pandemii miejsce to było odwiedzane przez znacznie mniejszą liczbę ludzi niż zwykle.

Lokalne władze wpadły na pomysł darmowego szczepienia Pfizerem wszystkich tych, którzy stawią się u zamkowych wrót w dowolny weekend. Lekarze i pielęgniarki, ubrani w kitle z nadrukowanymi na nich wampirzymi zębami, nikogo nie gryzą w szyję, za to każdy może dostać zastrzyk w ramię, a dodatkowo darmowy bilet wstępu do wszystkich komnat zamku. Celem tej akcji jest zachęcenie ludzi do szczepienia się. Rumunia jest krajem, w którym opór przeciw szczepionkom jest najwyższy w całej Europie Wschodniej. Rumuński rząd prowadzi akcję, której celem jest zaszczepienie do września 10 milionów ludzi, czyli nieco ponad połowy ludności. Będzie to jednak zamierzenie trudne do zrealizowania.

Być może trzeba jakoś skoordynować wysiłki amerykańskie i rumuńskie. Gdyby przed wejściem na zamek Bran oferować nie tylko szczepionki, ale również nieco „trawki", pół litra palinki i darmowe bilety, być może na zastrzyki zdecydowałoby się znacznie więcej osób. Ja sam bym się zdecydował, ale jestem już zaszczepiony, a poza tym do Rumunii na razie nie można jeździć. Co do siwuchy, będę musiał sam ją sfinansować.

Łucznik z klocków

Gdy przeciętny rodzic szuka jakiegoś prezentu dla swojej pociechy, prędzej czy później staje oko w oko z półką pełną zestawów klocków Lego. Z tych duńskich kawałków plastiku można zbudować niemal wszystko – wahadłowiec kosmiczny, średniowiecznego rycerza, lotnisko, gospodarstwo rolne, samochód, itd. Firma stworzyła też wiele tzw. Legolands, czyli miejsc zbudowanych całkowicie z klocków...

Kiedy w sierpniu 1932 roku Ole Kirk Christiansen zakładał swoją firmę, plastiku w sensie przemysłowym jeszcze w ogóle nie było. W związku z tym firma Lego produkowała wtedy zwykłe klocki drewniane. Produkcja klocków plastikowych rozpoczęła się na dobre dopiero w roku 1947. Jeśli chodzi o samą nazwę firmy, wywodzi się ona z duńskiej frazy *leg godt*, która znaczy mniej więcej „baw się dobrze". No i wszyscy mamy do dziś wielki *fun*, na czele z szefami koncernu, który począwszy od roku 2015 jest największym na świecie producentem zabawek, sprzedającym rocznie towary o wartości ponad 2 miliardów dolarów.

Być może jednak nie wszyscy wiedzą o tym, że firma Lego przyjmuje propozycje nowych zestawów klocków i od czasu do czasu wybiera jakiś pomysł do realizacji. Tak stało się w przypadku brytyjskiego entuzjasty klocków, Steve'a

Guinnessa. Zaproponował on koncernowi stworzenie zestawu, z którego można by było zbudować funkcjonalną maszynę do pisania.

Ludziom niewtajemniczonym, którzy dorosłe życie zaczęli już w erze Internetu, trzeba być może wyjaśnić, że maszyny do pisania w pierwszej części XX wieku były mniej więcej tym samym co siekiery w średniowieczu. Na Zachodzie produkty takich firm jak Smith Corona, Remington czy Olympia obecne były niemal w każdym biurze, podczas gdy w PRL-u prym w tej dziedzinie wiodła firma Łucznik. Ponieważ jednak władze komunistyczne obawiały się, że na takich łucznikach można było pisać antyrządowe ulotki (i to przez kalkę), przez pewien czas zakup maszyny do pisania był w kontekście realnego socjalizmu dość trudny.

W latach 50., czyli za panowania Stalina, był to towar strategiczny i numerowany. Prowadzono rejestr charakteru pisma każdej maszyny. Czasem jednak pojawiały się one na tajnych aukcjach albo były przemycane z zagranicy. Dopiero w latach 70. maszyny pojawiły się w wolnym obiegu. W swoim czasie organa ścigania posiadały specjalne listy tych, którzy w danym mieście dysponowali maszynami, a odpowiednie służby znały układ, krój czcionki i cechy każdego egzemplarza, by dzięki temu móc po kroju pisma dojść do właściciela. Czasy te należą oczywiście do przeszłości, a tradycyjne maszyny do pisania nie mają obecnie żadnego znaczenia.

Urządzenia te, nawet elektryczne, w zasadzie w ogóle zniknęły, podobnie jak faksy, telefony z tarczą do wybierania numerów, budki telefoniczne, magnetofony kasetowe, pagery, „miękkie" dyskietki, kasety VHS, książki telefoniczne, modemy, błony fotograficzne, kineskopy telewizyjne oraz drukowane encyklopedie. Z listy tej niemal niczego nie można zbudować z klocków Lego, a jeśli można, to w sposób wyłącznie symboliczny. Nie ma na przykład klockowej odmiany tranzystora lub jakiejkolwiek innej elektroniki. Jednak w przypadku maszyny do pisania jest inaczej. Nie posiada ona żadnych komponentów elektronicznych, za to ma oczywiście klawisze, poruszające odpowiednie czcionki. Jest też wałek, za pomocą którego wkręca się arkusz papieru.

Idea Guinnessa była taka, by z klocków Lego można było zbudować całą maszynę, z wyjątkiem rzeczonego wałka, tak by urządzenie było w pełni funkcjonalne. W ten sposób powstał zestaw składający się z 2079 klocków, pozwalających na skonstruowanie maszyny do pisania. Zestaw ten ma kosztować ok. 200 dolarów i pojawi się w sprzedaży w lipcu. Jak twierdzi Frederico Begher, wiceszef firmy zajmujący się promowaniem poszczególnych produktów, maszyna do pisania z klocków adresowana jest przede wszystkim do osób, które nigdy takiego urządzenia w życiu nie widziały i być może nie wiedzą nawet, co to jest i do czego służy.

Ja do pewnego stopnia rozumiem motywację pomysłodawcy oraz firmy Lego, ale nie całkiem. Jeśli bowiem już wkrótce można sobie będzie z klocków zbudować maszynę do pisania, prędzej czy później przyjdzie też czas na klockowe gęsie pióro, zestaw do budowy funkcjonalnej gilotyny, sierp i młot z plastiku, itd. Muszę w tym miejscu wspomnieć, że firma Lego oferuje też zestaw ponad 9 tysięcy klocków, z których można sobie zbudować kopię rzymskiego Koloseum. Kosztuje to 6 stów, za co można by sobie sfinansować większość kosztów podróży do włoskiej stolicy, gdzie znajduje się prawdziwe Koloseum. Być może nie należy do końca ulegać nostalgicznym nastrojom i postawić na zestawy do budowy teleskopu Hubble'a lub wahadłowca Discovery. Czasami dobrze jest też oddać się budowie jakichś bardzo tradycyjnych obiektów, np. miast, ogrodów, maszyn, itd.

Mam też inną wątpliwość dotyczącą tego projektu. Załóżmy, że ktoś kupuje sobie zestaw klocków i buduje z niego plastikową wersję maszyny do pisania. I co dalej? Przecież nikt nie będzie na tym pisał powieści, a nawet listu do wujostwa. A przechwałkę typu „mam Łucznika z plastiku" można będzie zripostować stwierdzeniem „a ja mam trabanta, który też jest z plastiku". Inna sprawa, że za 200 dolarów można sobie na jakimś targu lub w eBayu kupić całkiem prawdziwą maszynę do pisania, a nie siedzieć godzinami nad stertą klocków, zastanawiając się, w jaki sposób można to wszystko złożyć w sensowną całość.

Jeśli już ktoś zbuduje sobie plastikową maszynę do pisania, proponuję ustawić ją w jakimś bardzo eksponowanym miejscu. Na przykład tuż około klockowej repliki rzymskiego amfiteatru.

Pizza z robota

W różnych filmach gatunku sci-fi są sceny, w których przyszli astronauci nie jedzą normalnych posiłków, lecz objadają się wyłącznie pigułami: czerwona tabletka – kotlet schabowy, zielona – ziemniaki z koperkiem, a niebieska – kapusta. Ta futurologiczna wizja nigdy nie budziła mojego entuzjazmu, ponieważ mimo wszystko jestem zwolennikiem kuchennych zapachów i smaków.

Na szczęście współcześni badacze przestrzeni kosmicznej nie pożerają tabletek, lecz jedzą tradycyjne dania, choć w nieco innej postaci niż na Ziemi. Smażenie jajecznicy na bekonie na pokładzie Międzynarodowej Stacji Kosmicznej (ISS) w zasadzie nie wchodzi z różnych względów w rachubę. NASA zabrania też zabierania na pokład kilku zasadniczych artykułów, takich jak chleb, napoje alkoholowe, napoje gazowane i lody. Sól i pieprz oferowane są tylko w postaci płynnej, ponieważ posypywanie czegokolwiek przyprawami w warunkach nieważkości byłoby potencjalnie niebezpieczne. Ale mimo tych ograniczeń, zamiast piguł można jeść w miarę normalnie warzywa, owoce, dania mięsne, itd.

Niestety poza sferą astronautyki występuje zjawisko oferowania różnych dań gotowych, np. mrożonych obiadów czy kanapek. Te drugie zalegają w automatach na wielu lotniskach. Każdy chętny może wrzucić do maszyny odpowiednią sumę pieniędzy, by dostać w zamian kawał suchej bułki nadzianej jakimiś niemal toksycznymi substancjami, takimi jak ser sprzed dwóch tygodni oraz przedwojenna szynka.

Gdyby zapytać przeciętnego smakosza albo szefa kuchni, czy byłby w stanie zjeść taką kanapkę, zwykle pada odpowiedź, że mogłoby to być możliwe tylko w obliczu jakiegoś poważnego kryzysu, np. w warunkach klęski głodu. W normalnych realiach pożywienie z automatów jest zwykle kompletnie ignorowane i dlatego często dożywa późnej, mocno nadgniłej starości.

We Włoszech, kraju znanym z doskonałej kuchni i przywiązania do kulinarnych tradycji, doszło niedawno do bulwersującego wydarzenia. W Rzymie zainstalowano mianowicie automat o nazwie „Mr. Go Pizza", który piecze na życzenie klienta pizzę, kosztującą od 4 do 6 euro. Gdy klient opłaca swoje danie, maszyna rusza do akcji, wyrabia ciasto, kładzie na nim zamówione dodatki, a następnie wszystko to piecze na oczach zgłodniałego konsumenta. Wszystko to trwa nie więcej niż trzy minuty.

Jeśli chodzi o końcowy produkt, jest on oceniany dość krytycznie. Emeryt Claudio Zampiga twierdzi, że placki są małe i pozbawione wyraźnego smaku, natomiast studentka Fabrizia Pugliese uważa, że tak naprawdę nie jest to pizza, lecz zawijanka z miękkiego ciasta, która jest popularna na północy kraju. Ale w sumie nie chodzi o te opinie. Włosi są zniesmaczeni tym, że ich narodowe danie wypluwane jest przez maszynę.

Trzeba przypomnieć, że klasyczna pizza zrodziła się w Neapolu, gdzie była początkowo oferowana biedocie na ulicznych straganach. W roku 1889 Raffaele Esposito zrobił po raz pierwszy danie o nazwie *pizza margherita*, na cześć żony ówczesnego króla, Umberto I. Jak wiadomo, jest to pizza składająca się, prócz ciasta, z mozarelli, pomidorów oraz liści bazylii, a zatem jest w narodowych barwach włoskich. Dziś pizzę we Włoszech je się głównie w restauracjach, gdzie pieczona jest na oczach klienteli w opalanych drewnem ceglanych piecach. Obserwacja poczynań *pizzaiolo* (czyli kucharza robiącego pizzę) jest czymś w rodzaju narodowego sportu. W związku z tym uważa się, że pojawienie się na rzymskiej ulicy robota „Mr. Go Pizza" z pewnością spowodowało, iż pan Esposito przewrócił się kilkakrotnie we własnym grobie.

Cała ta sytuacja przypomina nieco losy firmy Starbucks z Seattle, która w roku 2018 otworzyła swój pierwszy włoski lokal w Mediolanie, a dziś działają już w tym kraju trzy kawiarnie. Jednak cieszą się one popularnością niemal wyłącznie wśród zagranicznych turystów, gdyż dla rodowitych Włochów picie bardzo mocnej kawy to ceremoniał, który odbywa się w małych kafejkach, często z udziałem przyjaciół, rodziny lub sąsiadów oraz znanego od lat baristy. Mała czarna Starbucksa serwowana jest w zupełnie innych warunkach i – zdaniem większości kawoszy – jest po prostu gorsza.

W sumie zatem może się okazać, że ani Starbucks, ani też robot serwujący pizzę nie będą w stanie przetrwać na włoskim rynku. Jest to w pewnym sensie krzepiące, gdyż pokazuje, że ludzie z reguły wolą trzymać się swoich tradycji i przyzwyczajeń kulinarnych. Kanapki z automatu można kupić niemal w każdym zakątku świata, gdyż jest to danie niezbyt związane z jakimkolwiek konkretnym krajem. Nie można jednak w ten sam sposób nabyć curry w Indiach czy sauerbraten w Niemczech. Nie chodzi oczywiście o mrożonki, lecz o dania świeże, gotowe do spożycia.

Wracając zatem do astronautyki, nawet na orbicie nie je się obiadów w postaci pigułek, choć teoretycznie byłoby to dziś możliwe. Liczne badania wykazały, że konsumpcja w miarę klasycznych dań wpływa pozytywnie na psychikę astronautów, którzy z powodu przebywania w stanie nieważkości i tak muszą dostosować się do wielu niezwykłych wymogów, związanych między innymi z podstawowymi czynnościami fizjologicznymi. Trzeba też dodać, że w początkowym okresie podboju kosmosu załogi statków kosmicznych jadły w zasadzie dość obrzydliwe rzeczy z tubek, a wybór dań był niezwykle ograniczony. Dopiero w ramach programu Apollo pojawiły się znacznie lepsze rozwiązania, a posiłki zaczęły bardziej przypominać te na Ziemi, przy normalnym stole. Jedno jest pewne: „Mr. Go Pizza" z pewnością nie pojawi się na pokładzie ISS.

Kiosk Bezosa

Ze sławetnych czasów PRL-u pamiętam liczne i piękne slogany, które dotyczyły tzw. BHP, czyli bezpieczeństwa i higieny pracy. Na budowach były na przykład napisy typu „Nie przechodź pod wiszącym ciężarem", a stacje benzynowe obłożone były plakatami „Ostrożnie z ogniem". Były też slogany bardziej filozoficzne, takie jak „Lepiej jest stracić minutę życia niż życie w minutę" albo „Chroń ręce, będziesz ich potrzebował, aby odebrać wypłatę", choć te dwa patyki można było z powodzeniem odebrać tylko jedną ręką.

W USA też są zasady BHP, ale najwięcej jest przepisów dotyczących ochrony głupiego konsumenta przed przedwczesną śmiercią. Stąd na mrożonkach są ostrzeżenia, by towaru nie jeść w stanie zlodowaciałym, a na pojemnikach z terpentyną umieszczone są napisy przestrzegające przed piciem tego specyfiku. Moim absolutnym ulubieńcem jest nalepka na taczce z napisem „Nie nadaje się do używania na autostradzie". A taką miałem nadzieję na przekroczenie dozwolonej prędkości na jednokołowcu! Kiedyś odebrałem u weterynarza pojemnik z pigułkami dla psa z ostrzeżeniem „Może wywoływać senność – unikaj prowadzenia samochodu". Mój czworonóg się nie przestraszył i nadal jeździ autem po zakupy. Z drugiej strony, może autorom tego ostrzeżenia chodziło o to, że jeśli Fafik zaśnie, to ja też pójdę w jego ślady, nawet bez piguł. Wreszcie w swoim czasie kupiłem koszulę, na której widniała nalepka „nie prasuj w trakcie noszenia".

Dziś zasady BHP coraz częściej dotyczą nie tyle cegły, która może w każdej chwili komuś spaść na głowę, lecz kondycji psychicznej pracowników. Ludzie są zapracowani, zestresowani i prędzej czy później dostają kompletnego świra, który w Ameryce często przejawia się tym, iż do garści bierze się jakowąś, że się tak z niemiecka wyrażę, giwerę, z której można zastrzelić połowę załogi dowolnej fabryki w ciągu paru minut.

Najbogatszy człowiek świata, Jeff Bezos, stojący na czele firmy Amazon, też ma problem związany z BHP. Od paru lat krążą różne wieści na temat tego, że pracownicy jego centrów dystrybucyjnych, którzy pakują w ekspresowym tempie wszystkie te paczki pozostawiane przed naszymi drzwiami, traktowani są niemal jak niewolnicy, pracują po 12 godzin na dobę, sikają do butelek (mam nadzieję, że nie do paczek) i popadają często w psychiczną depresję. Krytyka stała się na tyle głośna, że Bezos postanowił w końcu coś z tym zrobić, a jego pomysł budzi tyle samo podziwu co zastanowienia.

Otóż zdecydowano, że w placówkach Amazonu pojawią się kioski o nazwie AmaZen, które mają służyć co bardziej zestresowanym pracownikom jako oazy tymczasowej ciszy i spokoju. Wygląda to jak budka obłożona niebieskim materiałem. W środku jest krzesło, małe biurko z komputerem oraz kilka doniczek z kwiatami. Delikwent siada w tym pudle i ma oglądać jakieś relaksujące materiały wideo i słuchać kojącej muzyki, co powinno go skutecznie odwieść od pomysłu popełnienia samobójstwa lub dokonania masakry współpracowników.

Wszystko to zostało zaprezentowane przez firmę Bezosa w Internecie, ale w wyniku dość powszechnych drwin z tego pomysłu materiał został szybko wycofany. Jedna z internetowych witryn nazwała kioski AmaZen „trumnami ustawionymi pośrodku magazynu". Inni komentatorzy uznali, że są to miejsca, w których poturbowani psychicznie pracownicy mogą się prywatnie wypłakać, a następnie wrócić do codziennej harówki.

W sumie Amazon został skrytykowany za to, że poważny i narastający problem zredukował do kiosku medytacyjnego, który niemal na pewno niewiele pomoże, nawet jeśli będzie używany przez pracowników. A to, czy będzie używany, stoi pod dużym znakiem zapytania, gdyż jest to rzekoma terapia psychiczna oferowana niemal publicznie. Jak stwierdził jeden z bardziej zajadłych komentatorów: „równie dobrze można by było ustawić w centrach dystrybucji budę dla psa, w której każdy pracownik mógłby sobie trochę poszczekać na władzę, nie narażając się na karę ze strony zwierzchników".

Moim zdaniem sam pomysł nie jest być może naganny, ale wymaga pewnych istotnych modyfikacji. Po pierwsze, nie rozumiem, dlaczego kioski te mają stać w samym środku magazynowej hali, na widoku wszystkich innych, którzy mogą widzieć, jak John wchodzi do środka na kolejną sesję intensywnej terapii antyświrowej. Po drugie, w każdym z tych kiosków powinna znajdować się mini-lodówka, w której do dyspozycji jest seta oraz jakaś zagrycha, na przykład śledzik albo ogóreczek. Wreszcie po trzecie, zastanawiam się, czy używanie kiosków AmaZen opatrzone jest limitami czasowymi, bo jeśli nie, to dowolny Józek może tam przesiedzieć całą szychtę, oglądając filmy wspomagające jego zdrowie psychiczne. A jeśli dodać do tego mój wódczany pomysł, pod koniec dnia wyjdzie z tej budki zalany w pestkę, ale zapewne bardzo szczęśliwy.

Zasadniczym problemem wyzierającym z całej tej historii jest to, że ludzie władający wielkimi amerykańskimi koncernami rzadko rozumieją, na czym polegają problemy ich pracowników. Stresów psychicznych wynikających z przepracowania i złych warunków roboty nie da się wyeliminować przez ustawienie gdzieś szałasu ukojenia psychicznego. Oczywistym i prostym rozwiązaniem byłoby zapewnienie załodze jakiegoś poczucia normalności. Gdy nad budowlańcem w PRL-u wisiał slogan ostrzegający go przed przechodzeniem pod wiszącym ciężarem, eliminacja tego problemu musiałaby polegać na likwidacji przechodzenia pod rzeczonymi ciężarami, a nie na zaopatrzeniu każdego robotnika w zbroję odporną na uderzenie kilku ton betonu.

Brudna wypłata

Firma Coinstar znana jest głównie z kiosków ustawionych w wielu amerykańskich supermarketach. Do urządzeń tych wsypuje się zgromadzony bilon, zbierany na przykład w skarbonkach w kształcie gustownych prosiaków, a maszyna szybko to wszystko przelicza i wydaje posiadaczowi monet równowartość w banknotach. Ba, jest nawet na tyle inteligentna, że natychmiast wypluwa z pogardą wszelkie monety zagraniczne, np. kanadyjskie czy polskie.

Szef tej firmy, Jim Gaherity, twierdzi, iż rocznie Coinstar przelicza ponad 40 miliardów monet, a zarabia głównie na tym, że od każdej transakcji we wspomnianych kioskach pobiera niewielką prowizję. Wydawać by się mogło, że jest to interes prosty, mało kontrowersyjny i nie obfitujący w dramatyczne wydarzenia. I tak w istocie jest, choć ostatnio doszło do dość wyjątkowej sytuacji, związanej z kwestią konfliktów międzyludzkich.

Kontakty na linii pracodawca-pracownik bywają bardzo różne. Czasami podwładni są bardzo przyjaźnie nastawieni do zwierzchników, a czasami gotowi by byli ich zamordować, o ile tylko zbrodnia uszłaby im bezkarnie. Zresztą z tą bezkarnością też bywa różnie, jako że jak Ameryka długa i szeroka często zdarza się tak, że jakiś rozjuszony były pracownik wchodzi do swojego dawnego zakładu pracy i strzela zarówno do eks-szefa, jak i do swoich dawnych kolegów, a następnie albo oddaje się w ręce policji, albo też odbiera sobie życie. W każdym razie na żadną bezkarność nie liczy.

W przypadku Andreasa Flatena z Georgii było nieco inaczej. Pracował on w warsztacie samochodowym w miejscowości Peachtree City, należącym do niejakiego Milesa Walkera. Gdy Andreas złożył wymówienie, jego szef odmówił wypłacenia mu ostatniego wynagrodzenia, w związku z czym pracownik zagroził, że zaskarży sprawę do Georgia Department of Labor. Po pewnym czasie na podjeździe do garażu swojego domu znalazł górę ponad 90 tysięcy monet jednocentowych. Bilon wysmarowany był jakimś olejem, zapewne 10W-40 prosto z warsztatu Walkera. Innymi słowy, wkurzony pracodawca w końcu wypłacił pieniądze, ale postanowił się zemścić przez zrealizowanie wypłaty w postaci menniczej drobnicy, a ponadto na stercie monet umieścił notę z prostą jak rewolucja wiadomością: „F**k you".

Flaten nie bardzo wiedział, co z tym bilonem zrobić. Kilka godzin dziennie spędzał na czyszczeniu monet, ale w sumie udało mu się wypolerować tylko równowartość 5 dolarów. Tymczasem jego dziewczyna, Olivia Oxley, która w mediach społecznościowych zaprezentowała wypłatę w całej krasie, nie kryła się z faktem, że Walker znany jest powszechnie wśród swoich pracowników jako *a***le* i że jest to *all around d**k*. W przeszłości Walker oskarżany był wielokrotnie o to, że miał w zwyczaju poniżać swoich podwładnych, szczególnie płci żeńskiej. Gdy lokalne media zapytały go o wypłatę w formie 90 tysięcy monet, stwierdził przed kamerami, że jego zdaniem Flaten jest *f***ing weenie*.

Jak można się było spodziewać, firma Walkera, *A OK Walker Autoworks*, nie skorzystała z całej tej sagi. W serwisach Google i Yelp pojawiła się lawina negatywnych komentarzy, co zapewne zaowocuje tym, iż liczni potencjalni klienci zastanowią się, czy warto jest oddawać samochód do naprawy w warsztacie, który może zwrócić auto w postaci metalicznych wiórów zdeponowanych przed garażem.

I tu wracamy do firmy Coinstar. Jeff Lail, który jest odpowiedzialny za działanie swojej organizacji w USA, wystąpił wraz z Flatenem w krótkim filmie, który pokazuje, jak Coinstar zabiera 90 tysięcy usmarowanych olejem monet, które ma zamiar poddać odpowiednim działaniom sanacyjnym, a potem wprowadzić z powrotem do obiegu. Natomiast Flaten dostał czek na tysiąc dolarów i ma wreszcie święty spokój.

Wszystko to przypomina mi jako żywo sytuację, w jakiej znajdowałem się pod koniec mojego przedimigracyjnego życia w PRL-u. Miałem wtedy szefa, redaktora naczelnego codziennej gazety, który stał się potem członkiem Komitetu Centralnego PZPR-u. Był to w zasadzie dość uczciwy człowiek, z wyjątkiem tego, że wszedł do KC. Mniej więcej raz w miesiącu mój szef zapraszał mnie na spotkania w cztery oczy, w czasie których zawsze mówił to samo: – *Panie Heyduk, dobrze by było, żeby pan się wreszcie zapisał do tej partii, bo jest pan jedynym bezpartyjnym pracownikiem redakcji*. Odpowiadałem zawsze tak samo – że jeszcze nie czas i że jeszcze nie dojrzałem do tej decyzji. Oczywiście nigdy do niej nie dojrzałem, ale to zupełnie inna sprawa.

W tejże samej redakcji było też dwóch zastępców redaktora naczelnego, którzy byli złośliwymi, mściwymi palantami, powszechnie znienawidzonymi przez „załogę". Ludzie ci byli komunistycznymi odpowiednikami Walkera i mógłbym sobie wyobrazić sytuację, w której dostarczają komuś górę jednogroszówek posmarowanych smalcem jako formę ostatniej wypłaty. Nigdy jednak do niczego takiego nie doszło, gdyż w tamtych czasach trudno było wejść do banku i zażyczyć sobie wypłacenia 100 tysięcy monet, a ponadto zapewne szkoda by im było smalcu.

Trudno jest zrozumieć, dlaczego Walker zadał sobie aż tyle trudu w aż tak błahej sprawie. W końcu musiał te monety uzyskać w banku, bo w domu ich z pewnością nie trzymał, a potem obsmarować olejem i zawieźć pod dom Flatena. A wszystko to w imię pożegnania się z byłym podwładnym. Efekt tych heroicznych wysiłków jest taki, że Flaten dostał swoje pieniądze, a Walker wyszedł na idiotę, którym zapewne jest. Za to firma Coinstar zyskała sobie niespodziewanie wizerunkowy poklask. Teraz, gdy będę wrzucał monety do zielonej maszyny, zawsze będę myślał o brudnej wypłacie.

Obiad wychodzi z ziemi

Załóżmy przez chwilę, w sensie czysto teoretycznym, że istnieje gdzieś dość dziwne małżeństwo, w którym mąż trzymany jest przez żonę w piwnicy przez 17 lat.

Następnie małżonka pozwala mu na wyjście z „więzienia" i wykonuje z nim pojedyncze zbliżenie fizyczne, co powoduje, że facet strzela natychmiast kopytami, a żona rodzi potomka i wkrótce potem też rozstaje się z życiem. Mam nadzieję, że nigdzie takiego małżeństwa nie ma, ale matka natura stworzyła jeden gatunek, który mniej więcej tak się właśnie zachowuje.

Już wkrótce w 18 wschodnich i środkowych stanach USA wyjdą na powierzchnię miliony cykad. Należą one do tzw. „Wylęgu X", którego larwy siedzą pod ziemią przez 17 lat, a potem na chwilę pojawiają się na powierzchni w celach prokreacyjnych. Pierwsze osobniki już pokazały się w stanie Nowy Jork. Miliony tych owadów mają wkrótce pokryć grunt w wielu innych stanach, mniej więcej aż do granicy Illinois z Indianą.

Larwy cykad wieloletnich żyją w ziemi i żywią się korzeniami drzew. Po 13 lub 17 latach, gdy robi się ciepło, zaczynają budować tunele ku powierzchni, w których przepoczwarzają się w dorosłe owady, po czym wylatują i osiadają na drzewach. Nie mam pojęcia, dlaczego niektóre owady siedzą pod ziemią 13 lat, a niektóre 17, ale nie ma to większego znaczenia.

Gdy miliony cykad przykryją trawniki (tylko na kilka dni), samce zaczynają wibrować, co powoduje powstawanie specyficznego, głośnego dźwięku. Zwabione w ten sposób samice poddają się owadzim wdziękom, ale po akcie prokreacji chłopy stają się zupełnie bezużyteczne i padają (co im się z pewnością należy). Natomiast nowe larwy po narodzinach włażą ponownie pod ziemię i pozostają tam przez następne 17 lat. I tak w kółko. Trzeba jeszcze dodać, że o ile wspomniane wibracje człowiekowi wydają się jednym wielkim hałasem o mocy 100 decybeli (mniej więcej przeciętny warkot silnika motocykla), owadzie panie są w stanie rozróżniać poszczególne dźwięki i w ten sposób wybierają sobie najlepszego kandydata do niezwykle krótkotrwałego ojcostwa.

Przewiduje się, że w tym roku będzie w Ameryce półtora miliona owadów na każdy akr ziemi, co daje ok. 4 tysięcy cykad na każdy metr kwadratowy. Widok tej masy owadzich ciał nie jest zbyt przyjemny, choć dla niektórych fascynujący. Są to stworzenia czarne, które mają przezroczyste skrzydełka. Bywają czasami mylone z szarańczą, ale należą do innego rzędu owadów. Są całkowicie niegroźne, bo ani nie gryzą, ani nie żądlą, a także nie niszczą roślin. W dodatku są powolne i w zasadzie bezbronne, co powoduje, że są masowo konsumowane przez węże, ptaki, nietoperze, wiewiórki, itd. Naukowcy są zdania, że musi ich być aż tak dużo, gdyż w przeciwnym razie nie miałyby szans na przetrwanie i prokreację.

Tak czy inaczej, muszę przyznać, że ich styl życia nie bardzo przypada mi do gustu. Należy oczywiście założyć, że cykady nie wiedzą o tym, że siedzą pod ziemią przez 17 lat. Dlaczego jednak nie wychodzą na powierzchnię np. po 10 latach albo po 20? Co ich tak przywiązało do liczby 17? Warto zauważyć, że 13 i 17 to tzw. liczby pierwsze, bo dzielą się tylko przez 1 i przez siebie. Mimo to nie postuluję, że w ogromnych szeregach tych skrzydlatych stworzeń istnieją wybitni matematycy, np. jakiś Albert Cykadastein, który w swojej podziemnej kryjówce siedzi za biurkiem i liczy czas.

Niektórzy naukowcy spekulują, że cykady wyłażą co 13 i 17 lat, by w ten sposób zmylić przeciwnika. Ich zdaniem bezbronne cykady byłyby jako gatunek w wielkim niebezpieczeństwie tylko wówczas, gdyby ich cykl życiowy był taki sam jak cykl życiowy prześladowców lub gdyby cykl życiowy prześladowców był jakimś dzielnikiem ich cyklu. Szczerze mówiąc, niewiele z tego rozumiem. Nie chce mi się wierzyć w to, że owady wychodzą na powierzchnię raz na 17 lat dlatego, że wtedy zdezorientowane wiewiórki ich nie jedzą. A może chodzi o to, że gryzonie te żyją średnio tylko 12 lat, a zatem niektóre z nich nigdy nie zobaczą cykad na oczy, a inne zobaczą je tylko raz i będą skonfundowane, zastanawiając się „czym to się je".

Teoretycznie mnogość cykad może się pojawić na moim podwórku, choć mieszkam mniej więcej na granicy występowania tych owadów oraz ich nieobecności. Jeśli wylezą, największym problemem staną się natychmiast moje psy, które z pewnością będą chciały robić sobie z nich smakowite posiłki. Dobra wiadomość jest taka, że cykady nadają się do spożycia, również przez człowieka. Naukowcy twierdzą, iż stanowią one bardzo zdrowe źródło pożywienia i że można je umoczyć w czekoladzie, dodać do pizzy albo wzbogacić nimi placek rabarbarowy. Osobiście raczej się na ich kulinarne zastosowanie nie zdecyduję. Jednak zainteresowanym spieszę donieść, że w roku 2004 ukazała się książka pt. *Cicada-licious* (nie, to nie żart), w której zawarto liczne przepisy na dania z cykad.

No i proszę, ja zawsze myślałem, że pojawienie się cykad to w pewnym sensie niezwykły cud natury, który rzadko można bezpośrednio obserwować. Tymczasem okazuje się, że z ziemi wychodzi raz na 17 lat obiad, tyle że jeszcze nie całkiem ugotowany.

Jazzowa kapusta

20 kwietnia w USA obchodzono Dzień Marihuany. Orkiestry z tej okazji nie grały i nikt nie składał wieńców pod uprawami trawki. Jak wieść gminna niesie, datę tę wyznaczono dlatego, że w latach 70. uczniowie szkół średnich mieli dokładnie o godzinie 4.20 szukać ukrytych gdzieś zapasów narkotyku. Natomiast dziś fraza *I am going to have a 420* oznacza ni mniej, ni więcej tylko palenie skręta.

Tak czy inaczej, kwietniowe „święto" było w tym roku szczególnie radosne, gdyż obecnie marihuana jest już legalna w dziewięciu stanach. A jeśli dodać do tego te części kraju, w których marihuanę można legalnie wykorzystywać w celach medycznych, w zasadzie połowa Stanów Zjednoczonych ma legalną marychę.

Jednak dość niespodziewanie na horyzoncie pojawił się problem: zrodziła się mianowicie kampania na rzecz tego, by nie używać więcej słowa „marihuana". Daniel Hayden, który w stanie Oregon hoduje rośliny konopi, twierdzi – i nie jest w swoim mniemaniu odosobniony – że jest to słowo z gruntu rasistowskie i obraźliwe, gdyż wywodzi się z meksykańskiej wersji języka hiszpańskiego. Jednak jego dokładna etymologia jest powikłana. Oxford English Dictionary sugeruje, że jest to wariant azteckiego *mallihuan*, co znaczy „więzień". Inni językoznawcy upatrują źródło tego słowa w chińskim *ma en hua* (nasiona konopi).

Tak czy inaczej, w latach 30. słowo *marijuana* zostało spopularyzowane przez Harry'ego Anslingera, który prowadził skuteczną kampanię na rzecz delegalizacji narkotyku. Termin ten stał się wówczas symbolem czegoś złego, obcego i przestępczego. Zaczął być dość powszechnie identyfikowany z „groźnymi" Latynosami.

Specjaliści są zdania, że – prócz wyrażeń slangowych – trawka powinna być znana jako *cannabis*. Niektórzy krytykują też slang. Używane często słowo *pot* jest rzekomo skrótem od *potación de guaya*, co dokładnie znaczy „napój żałoby", a w Meksyku jest nazwą koktajlu alkoholowego. Niektórzy używają słowa *reefer*, choć nikt nie wie dokładnie, dlaczego. Jest też powszechnie stosowane słowo *weed*, choć zdecydowanie dosadniejszymi określeniami są: *devil's lettuce*, czyli sałata diabła, oraz *jazz cabbage* – jazzowa kapusta.

Różni ludzie związani z produkcją i sprzedażą marihuany nie chcą jej nadal tak nazywać, gdyż kojarzą to słowo z kryminalną przeszłością narkotyku. W miarę jak substancja THC staje się legalna w różnych częściach USA, ludzie poszukują lepszego, pozytywniejszego nazewnictwa, które nie ma nic wspólnego z Meksykanami i opiniami o nich.

Trzeba przypomnieć, że delegalizacja marihuany w Stanach Zjednoczonych to pod wieloma względami komedia pomyłek i uprzedzeń. Tak zwane konopie indyjskie znane były ludziom na całym świecie od niemal 12 tysięcy lat i używane były powszechnie w celach leczniczych. Przy pomocy *cannabisu* łagodzono ból, próbowano leczyć wściekliznę, walczono z depresją i podawano w przypadkach zaburzeń układu pokarmowego.

Konopie indyjskie zyskały olbrzymią popularność jako skuteczny lek na wiele przewlekłych chorób oraz bezpieczna substancja rekreacyjna. Dzięki usystematyzowaniu wiedzy na temat medycznego zastosowania konopi, weszły one do lekarskiego leksykonu w błyskawicznym tempie, ponieważ przed 1906 rokiem większość leków w Stanach Zjednoczonych bazowała na tej roślinie – głównie w formie nalewek lub haszyszu, który Amerykanie mieli w zwyczaju jeść.

I nagle w latach 20. XX wieku konopie zmieniły się w marihuanę, o której zaczęto opowiadać mrożące krew w żyłach historie. Mówiono, że od palenia trawki traci się rozum, wpada się w depresję, a kobiety stają się moralnie rozwiązłe. *Cannabis* miał też wyżerać mózgi małym dzieciom. Były to oczywiste bzdury, ale stworzyły poczucie zagrożenia kojarzonego z tą substancją. Już na początku XX wieku doszło do pierwszych prób regulacji sprzedaży konopi. W wielu stanach zaczęto wprowadzać wymóg, by środki psychoaktywne pochodzące spoza stanowych aptek oznaczano jako „trucizna".

W 1906 roku prezydent Theodore Roosevelt wprowadził pierwszą federalną ustawę regulującą kwestię oznaczania produktów spożywczych oraz leków. W ramach tej ustawy konopie indyjskie oraz ich przetwory zostały umieszczone obok alkoholu, nikotyny oraz kokainy. Roosevelt pozostawił stanom możliwość zarówno interpretacji, jak i implementacji owej ustawy na własną rękę. W związku z tym powstało zamieszanie. Rząd federalny uznał, że konopie – naturalny lek, który nie miał udokumentowanych niebezpiecznych skutków ubocznych – trzeba kontrolować tak samo jak neurotoksyny w postaci kokainy i alkoholu. Jeszcze wcześniej powstało prawo dokonujące rozróżnienia pomiędzy konopiami z apteki a konopiami rekreacyjnymi, co sugerowało, że konopie dostępne gdzie indziej niż w aptekach to trucizna. Do 1920 roku marihuana została zdelegalizowana w 14 stanach.

Do wprowadzenia federalnego zakazu potrzebni byli... Meksykanie. Jednym z pokłosi rewolucji meksykańskiej w 1910 roku był nagły napływ imigrantów do Stanów Zjednoczonych, głównie do Teksasu i Luizjany, które były znane z bardzo radykalnego podejścia do przybyszów obcego pochodzenia. Jednym z elementów kultury meksykańskiej było medyczne oraz rekreacyjne korzystanie z konopi, które nazywali *marijuana*. Ówcześni Amerykanie znali ją jedynie w formie nalewek i mikstur, których nie palono. Najazd jakichś obcych z ich własną formą *cannabisu* był dla wielu nie do przyjęcia.

William Randolph Hearst był na początku XX wieku magnatem prasowym i zagorzałym rasistą. To on w pojawieniu się w USA trawki upatrywał szczególne zagrożenie. Pisał: „Marihuana sprawia, że kolorowi mają czelność patrzeć białym ludziom prosto w oczy, deptać ich cień, a później podwójnie, z tą samą butą, patrzą na białe kobiety".

No i wszystko jasne. Może rzeczywiście nadszedł czas, by zmienić terminologię?

Koronaparty z koronabrzuchami

Gdy zasiadaliśmy w ubiegłym roku do wielkanocnego stołu, epidemia koronawirusa dopiero się zaczynała. Nie wiedzieliśmy jeszcze, jak dramatycznie rozwinie się w Ameryce i ile pociągnie za sobą ofiar. Wujek Zdzisiek nie siedział w odległości 2 metrów od ciotki Zosi. W czasie posiłku nie padały takie terminy jak *community spread*, *social distancing*, *flattening the curve*, *quarantine fatigue*, *super-spreader event*, *herd immunity* czy *droomscrolling* (à propos, ten ostatni termin oznacza wieczne wpatrywanie się w ekran komórki w poszukiwaniu coraz to bardziej pesymistycznych wieści). Nie dochodziło też do wirtualnych biesiad jajecznych za pośrednictwem programu Zoom.

Profesor językoznawstwa Anatol Stefanowitsch twierdzi, że jeszcze nigdy w powojennej historii USA nie pojawiło się tak wiele nowych terminów w tak krótkim czasie. Wiele z nich zapewne zniknie z chwilą, gdy zaraza odejdzie w zapomnienie, ale niektóre mogą w naszych słownikach pozostać na zawsze. Oprócz wymienionych powyżej pojęć pojawiły się również mniej znane dziwolągi. *Covidiot* to osoba, która nie chce dostosowywać się do zaleceń władz, czyli nie nosi maski, włóczy się po barach i ściska się po kątach z nieznanymi sobie osobami. Natomiast *quarantine bae* oznacza romantyczne zainteresowanie osobą z bezpośredniego sąsiedztwa, w myśl zasady, że na bezrybiu i rak ryba. Wreszcie *pandemic pod* to fraza oznaczająca wąskie kółko przyjaciół i sąsiadów, z których wszyscy zachowują odpowiednie środki ostrożności, co pozwala im na spotykanie się w ściśle zdefiniowanym gronie.

Moim ulubionym terminem jest *Blursday*, bo bardzo przystaje do poczucia tego, że tradycyjny podział tygodnia na kolejne dni znacznie się zatarł w ludzkiej świadomości, głównie z powodu przymusowej izolacji, pracy z domu, nieustannej obecności dzieci, itd. W związku z tym zamiast *Monday*, *Tuesday* czy *Wednesday* codziennie jest *Blursday*. Oznacza to, że niedziela wielkanocna to też w tym roku *Easter Blursday*. Natomiast lany poniedziałek, czyli śmigus-dyngus, w kręgach polonijnych znany czasami jako *Smigus Day*, musi zostać tymczasowo przemianowany na *Smigus Blursday*.

Tegoroczne święta wielkanocne są dramatycznie inne od tych przed rokiem. Wprawdzie sytuacja systematycznie się poprawia w wyniku szczepień, ale po tragicznym w skutkach pandemicznym roku wiele rodzin w ogóle tym razem się nie spotka, a wszystkie nowe słowa będą unosić się nad pisankami niczym ołowiana chmura. Wujek Zdzisiek będzie znacznie bliższy talerzowi żurku niż ciotce Zosi. Jeszcze gorzej jest w Europie, gdzie w wielu krajach obowiązują istotne restrykcje, a władze apelują do ludzi, by gromadzili się tylko w ścisłych gronach rodzinnych, czyli w zasadzie mają jeść jaja wyłącznie w środowisku domowników.

Skoro już o Europie mowa, to okazuje się, iż Niemcy znacznie przewyższają Amerykanów pod względem wymyślania nowych terminów związanych z pandemią. Ułatwia im to w dużej mierze fakt, iż w języku niemieckim często stosowane są zbitki kilku słów, przez co powstaje coś zupełnie nowego. Ekstremalnym przykładem tego zjawiska jest najdłuższy wyraz w języku niemieckim: *Donaudampfschifffahrtselektrizitätenhauptbetriebswerkbau-unterbeamtengesellschaft*. To 80-literowe monstrum oznacza mniej więcej „Zrzeszenie urzędników głównego biura zarządzania usługami elektrycznymi dla dunajskich statków parowych”. Nawet Rosjanie nie są w stanie tego przebić ze swoim 31-literowym рентгеноэлектрокардиографический (rentgen elektrokardiograficzny), choć przynajmniej ich słowo dotyczy medycyny, a nie zarządzania parostatkami płynącymi po Dunaju.

Naukowcy w Instytucie Językoznawstwa im. Leibniza szacują, że Niemcy stworzyli ponad 1200 nowych terminów związanych z atakiem koronawirusa. Najdłuższym tworem jest *Coronamutationsgebiet* – oznacza to teren, na którym szybko rozprzestrzenia się nowa mutacja choroby. Inne neologizmy mają czasami humorystyczne akcenty. *CoronaFußgruß* to forma witania się przez dotykanie się stopami, a *Gesichtskondom* to maska na twarz. *Maskentrottel* definiuje maskowego idiotę, czyli osobę odmawiającą zasłaniania twarzy, natomiast *Abstandsbier* to picie piwa na odległość – albo elektronicznie, albo z osobą, która stoi w znacznej odległości.

Polacy oczywiście nie gęsi i też swój pandemiczny leksykon posiadają. Nagle wszyscy w Polsce wiedzą, co to jest „szpital jednoimienny", a przed rokiem nie wiedzieli. Pojawiło się też słowo „infodemia", które odzwierciedla zagrożenie zupełnie innym wirusem, a mianowicie symbolicznym wirusem niesprawdzonych informacji. Polacy powszechnie używają ponadto takich terminów jak: „koronaparty", koronagedon", „koronazakupy", „koronaferie" i „koronakryzys". Studenci często wspominają też o „koronaliach", bo o normalnych juwenaliach na razie nie ma mowy. No i to, co najgorsze – w czasie pandemii i izolacji wszyscy podobno nieco przytyliśmy, w związku z tym niektórzy w RP mają dziś „koronabrzuchy".

Polscy językoznawcy zwracają uwagę na fakt, że powstawanie neologizmów w wyniku jakichś specjalnych wydarzeń lub okoliczności nie jest niczym nowym. W czasach PRL-u powszechnie używane było słowo „kolejkowicz", określające zawodowego stacza w kolejkach. Zresztą w Polsce Ludowej było wiele innych, specyficznych dla tej epoki terminów, np.: „bibuła", „gospodarska wizyta", „cinkciarz", „bumelant", itd. Natomiast w ostatnich latach pojawił się termin „frankowicz", definiujący nieszczęśnika posiadającego dług we frankach szwajcarskich. Jednak jeszcze nigdy w czasach powojennych nie było tak dużego przyrostu nowego słownictwa.

No cóż, może jednak w ten najbliższy Blursday jakoś się wszyscy spotkamy, powitamy się *CoronaFußgrußem,* mając na sobie *Gesichtkondom.* Najważniejszym zadaniem w czasie świątecznego koronaparty jest to, by nie wyjść z niego z koronabrzuchem. O kacu już nie wspomnę.

Nabici w katalizator

Drzewiej, czyli w czasach PRL-u, bywało, że zostawiało się „malucha" zaparkowanego na ulicy, a po powrocie kierowcy brakowało w samochodzie wszystkich czterech kół albo przynajmniej felg. Złodziejstwo motoryzacyjne rozwijało się niemal tak samo dynamicznie jak realny socjalizm, tyle że przynosiło znacznie większe zyski. Jednak postęp technologiczny spowodował, że dziś rzadko kradnie się koła, gdyż pod podwoziem drzemie znacznie bardziej znakomity kąsek – katalizator.

Jest to niepozorny „wkład", stanowiący od roku 1974 obowiązkową część układu wydechowego każdego pojazdu. Urządzenie to czyści chemicznie spaliny, tak by zawierały mniej szkodliwych substancji. Jeśli wkrótce wszyscy przesiądziemy się do samochodów elektrycznych, katalizatory przestaną mieć jakiekolwiek znaczenie. Na razie jednak mają, i to duże. W każdym katalizatorze znajdują się pewne ilości szlachetnych pierwiastków – platyny, rodu oraz palladu. Platyna jest w tym zestawie najtańsza. Uncja palladu kosztuje obecnie ponad 3 tysiące dolarów, natomiast za uncję rodu można dostać niemal 30 tysięcy.

Fakty te są doskonale znane złodziejom. W ciągu ostatniej dekady w Stanach Zjednoczonych liczba kradzieży katalizatorów wzrosła ponad 10-krotnie. W roku 2018 notowano w USA nieco ponad 100 przypadków kradzieży katalizatorów miesięcznie. Dwa lata później liczba tych kradzieży wzrosła do 1200 miesięcznie. Niestety wszystko wskazuje na to, iż kierowców „nabitych w katalizatory" będzie coraz więcej.

Metoda przestępców jest zawsze taka sama. Zwykle pod osłoną nocy wślizgują się pod wybrany samochód, wycinają katalizator niewielką piłą do metalu i przepadają bez śladu. Właściciel pojazdu zdaje sobie sprawę z tego co się stało dopiero z chwilą, gdy przekręci kluczyk w stacyjce, gdyż wtedy jego auto zaryczy niczym samolot F35 po włączeniu dopalaczy. Brak katalizatora jest nie tylko nielegalny, ale również bolesny finansowo. Nowe urządzenie tego rodzaju kosztuje zwykle około tysiąca dolarów, ale – jeśli wziąć pod uwagę instalację – kierowca rozstaje się często z trzema paczkami zielonych.

Kradzieże tego typu stały się na tyle nagminne, że na rynku są obecnie różne urządzenia, które można dodatkowo zamontować w celu udaremnienia złodziejstwa. Za mniej więcej dwie stówy możliwa jest instalacja odpowiedniego zabezpieczenia, choć nie mam pojęcia, jaka jest skuteczność tego rodzaju zabiegów.

W sumie zatem mamy do czynienia z następującym kosztorysem. Nowy katalizator – 3 tysiące, zabezpieczenie katalizatora – 200 „waszyngtonów", używany katalizator – mniej więcej trzy stówy. W związku z tym powstaje pytanie – jakie są w tym wszystkim zyski złodziei? I tu dochodzimy do kluczowej sprawy. Złodzieje nie wycinają tych urządzeń spod samochodów po to, by je potem komuś w całości sprzedać. Gdyby taki był ich cel, musieliby dokonać prawidłowego demontażu, czyli odkręcić odpowiednie uchwyty, usunąć parę śrub, itd. Proceder ten zwykle zabiera sporo czasu, a zatem leżący w środku nocy pod samochodem złodziej prędzej czy później wzbudziłby czyjeś zainteresowanie. Natomiast gdy katalizator jest brutalnie wycinany, nadaje się wyłącznie do dalszego demontażu i odzysku metali szlachetnych.

Każdy podwędzony katalizator zawiera w sobie metale szlachetne o wartości od 100 do tysiąca dolarów, w zależności od marki i wielkości pojazdu. Natomiast odzysk tychże metali nie wymaga jakichś specjalnych zdolności chemicznych lub hutniczych. Przykładowo, płatki platyny można po prostu zeskrobać z niektórych komponentów urządzenia. Jeśli zatem ktoś ukradnie kilkanaście albo kilkadziesiąt katalizatorów, może liczyć na znacznie zyski „jubilerskie".

Niestety brać motoryzacyjna czasami nie reaguje na to wszystko zawiadomieniem policji i instalacją nowego katalizatora. Wielu kierowców nie decyduje się na zakup nowego urządzenia i decyduje się na zamontowanie w układzie wydechowym atrapy, która wygląda tak samo, jest znacznie tańsza, a zapewnia pozytywny wynik ewentualnego badania technicznego. Tym samym kierowcy chronią swój portfel przed wydatkami w razie kolejnej kradzieży, ale zatruwają środowisko. Innymi słowy, odpowiadają na przestępstwo własnym przestępstwem. I tak się to wszystko na czterech kółkach toczy.

Fałszywe katalizatory kosztują tylko 40 dolarów i wyglądają tak samo jak te prawdziwe. Niektórzy kierowcy instalują je nie dlatego, że ktoś im ukradł katalizator, lecz wyłącznie po to, by dodać silnikowi nieco mocy. Za manipulacje tego rodzaju można dostać wysoki mandat, ale wykrywalność jest niska, gdyż w wielu stanach nie ma żadnych okresowych inspekcji technicznych pojazdów. A gdy policja zatrzymuje kogoś za wykroczenie drogowe, nikt nie zagląda w podwozie, by sprawdzić, czy układ wydechowy jest zgodny z przepisami.

W czasach wartburgów, trabantów, syrenek i warszaw nikt się takimi głupotami nie przejmował, gdyż katalizatorów nie było, a zatem nie było co kraść (poza wspomnianymi kołami i felgami). Szczególnym przypadkiem były trabanty, których dwusuwowe silniki wydzielały nie tylko obłoki wschodnioniemieckiego dymu, ale również 9-krotnie większą ilość szkodliwych spalin niż porównywalne pojazdy po drugiej stronie berlińskiego muru. Choć w Polsce samochody te nazywano często „mydelniczkami", Niemcy preferowali termin „świeca zapłonowa z dachem".

Nigdy już się nie dowiemy, co by się stało, gdyby w trabancie zainstalowano katalizator, ale niektórzy spece, tacy jak Amerykanin Doug DeMauro, są zdania, iż „trabi" w ogóle przestałby działać, gdyż był „wolny, hałaśliwy, źle zaprojektowany i tandetnie produkowany", a dodatkowa przeszkoda w układzie wydechowym „całkowicie zatkałaby silnik". Ale przynajmniej nikt się wtedy nie musiał martwić kradzieżami katalizatorów.

5G i teorie spiskowe

Nasza cywilizacja usiana jest przypadkami niczym nieuzasadnionej paniki. W swoim czasie władze Londynu obawiały się na serio tego, że natłok dorożek, powozów i innych zaprzęgów na ulicach brytyjskiej stolicy spowoduje pokrycie ulic grubą warstwą toksycznych ekskrementów końskich. Na szczęście po pewnym czasie pojawiły się samochody, a konie wyprawiono do stajni. Choć było to rozwiązanie połowiczne, gdyż duże stężenie spalin prowadzi do wytwarzania się smogu, z czym walczymy do dziś.

Od pewnego czasu paniczne nastroje dotyczą często nowego standardu telefonii komórkowej, czyli tzw. 5G (piątej generacji). Specjaliści od dawna twierdzą, że nie ma się czego bać, gdyż jest to po prostu kolejny technologiczny krok, który niczemu i nikomu nie zagraża. Jednak nie ma takiej teorii spiskowej, którą można skutecznie uśmiercić, a w sumie jest ich pięć.

Niektórzy twierdzą, że 5G powoduje choroby nowotworowe, czego nie potwierdzają żadne dane, ale w kręgu czubków i panikarzy nie ma to większego znaczenia. Jeszcze zabawniejsza jest teoria, zgodnie z którą wirus koronawirusa został „rozesłany" za pomocą wież przekaźnikowych 5G. Fale elektromagnetyczne nie są w stanie transmitować żadnych wirusów, podobnie jak ja nie jestem zdolny do wysyłania w eter transmisji telewizyjnych prosto z mojego czerepu.

Na domiar złego są ludzie, którzy twierdzą, że cała pandemia została celowo wywołana przez Billa Gatesa, który rozesłał wirusa po świecie przez anteny 5G, tak by móc zarobić na szczepionkach. Jest to teza o tyle kuriozalna, że Gates nie ma nic wspólnego z 5G ani też nie zajmował się nigdy szczepionkami na cokolwiek. Podobno jednak każda doza szczepionki zawiera w sobie mikroskopijny chip, który ma powodować, że zaszczepieni nagle chcą wejść w posiadanie systemu operacyjnego Windows, nawet jeśli go nie cierpią.

W środowisku zbliżonym do obłędów natury militarystycznej istnieją teorie o tym, że odbywająca się ostatnio instalacja licznych nowych anten 5G jest skrytym przygotowaniem do użycia tej technologii w roli broni, przy pomocy której można będzie zdalnie kontrolować wszystkich ludzi. Ma się to odbywać w ten sposób, że jeśli jakiś obywatel zrobi coś nie po myśli władzy, zostanie rąbnięty sporą dawką fal elektromagnetycznych o odpowiedniej częstotliwości, w wyniku czego wyłysieje, zestarzeje się i straci ochotę do czegokolwiek.

I na koniec jeszcze jedna kompletnie bzdurna teoria. Podobno fale 5G skutecznie zabijają ptaki. Jako przykład podaje się to, że – zdaniem pewnego „teoretyka" – cała wataha szpaków strzeliła skrzydłami, po poddaniu jej radiacji z wieży 5G. W rzeczywistości jednak nigdy nic takiego się nie wydarzyło, o czym musiała nawet oficjalnie oświadczyć powszechnie poważana organizacja Audubon Society. W związku z tym należy założyć, że bociana nadal dziobie szpak, a potem jest zmiana i szpak dziobie bociana. O ile wiem, bocianom nic nie zagraża ze strony 5G, ponieważ są za duże, a poza tym gnieżdżą się na kominach powyżej wież transmisyjnych.

Biorąc to wszystko pod uwagę, należy postawić proste pytanie – czy przejście do 5G niesie ze sobą jakieś realne zagrożenia, a nie tylko te, które rodzą się w zatęchłych piwnicach zaplutych karłów reakcji technologicznej? Odpowiedź jest zależna od tego, gdzie się ucho przyłoży. Niektórzy znawcy meteorologii twierdzą na przykład, że transmisje fal elektromagnetycznych w częstotliwościach wymaganych przez 5G mogą zakłócać działanie satelitów, których zadaniem jest np. śledzenie huraganów i innych zaburzeń atmosferycznych. Naukowcy z National Oceanic and Atmospheric Administration (NOA) są zdania, iż zakłócenia te mogą zredukować dokładność prognoz pogody o 30 proc., czyli do poziomu z lat 80.

Ja sam nie martwię się tym specjalnie, gdyż zawsze zakładam, że deszcz może padać albo może nie padać, mniej więcej z takim samym prawdopodobieństwem. Ponadto organizacja o nazwie Cellular Telecommunications Industry Association (CTIA) twierdzi, że wszystko to nie znajduje żadnego naukowego potwierdzenia, a zatem należy nadal zakładać, iż prognozy pogody będą takie jak zawsze, czyli mało dokładne.

Ostatnio jednak pojawiły się po raz pierwszy rządowe zastrzeżenia co do 5G. Amerykański sekretarz transportu Pete Buttigieg, pospołu z agencją FAA, poprosił dwa wielkie koncerny telekomunikacyjne, Verizon i AT&T, o to, by powstrzymały się na razie od instalowania nowych anten 5G pracujących w tzw. paśmie C-Band. Podobno transmisje w tym paśmie mogą powodować zakłócenia w działaniu niektórych instrumentów na pokładach samolotów pasażerskich. Dane na ten temat są niejasne, choć przedstawiciele koncernów Boeing i Airbus zasugerowali, że gdyby ten nowy sprzęt 5G został zainstalowany w 2019 roku, spowodowałby opóźnienia ponad 300 tysięcy lotów. Jest to argument o tyle wątły, że między Bożym Narodzeniem i Nowym Rokiem wiele tysięcy lotów w USA zostało odwołanych, mimo że żadnych nowych anten 5G nie było.

Szefowie AT&T i Verizona napisali wspólne oświadczenie, w którym dają odpór zakusom władz i stwierdzają, że niczego opóźniać nie zamierzają, bo nie ma żadnych danych, które potwierdzałyby obawy rządu federalnego. Przytaczają też doskonały moim zdaniem argument. We Francji tego rodzaju instalacje już się odbyły i jeszcze żadna maszyna nie wylądowała z tego powodu w piekarni bagietek. A ponieważ latają tam również samoloty amerykańskie, nie sposób zrozumieć, dlaczego nie mogą tego robić również po tej stronie Atlantyku. W oświadczeniu pada następujące, genialne w sensie naukowym zdanie: „Prawa fizyki są takie same w Stanach Zjednoczonych i we Francji".

Kryzys w syropie

W Stanach Zjednoczonych istnieją tzw. strategiczne zapasy paliw, czyli – oficjalnie – Strategic Petroleum Reserve (SPR). W ogromnych pojemnikach rozmieszczonych nad Zatoką Meksykańską w Luizjanie i Teksasie składuje się mniej więcej 700 milionów baryłek ropy naftowej, która przy obecnych cenach warta jest 33 miliardy dolarów. Ropa składowana jest w sztucznie stworzonych podziemnych grotach, z których część znajduje się na głębokości kilometra. Placówki te są oczywiście odpowiednio chronione.

Pomysł stworzenia tych zapasów zrodził się w 1975 roku po arabskim embargu na eksport ropy naftowej do USA. Specjaliści twierdzą, że gdyby dziś ponownie doszło do takiego embarga, ropa naftowa z SPR mogłaby zaspokoić potrzeby energetyczne całego kraju przez 145 dni. Podobnie byłoby w przypadku jakiegoś poważnego konfliktu zbrojnego, np. wojny nuklearnej. Władza zapewnia, że po ataku bronią atomową każdy miałby czas zatankować paliwo, pojechać na cmentarz, położyć się kopytami do wybuchu, przykryć białym prześcieradłem i czekać w spokoju na nadejście radioaktywnej kostuchy.

Wspominam o tym dlatego, że niedawno pojawiła się wiadomość, z której wynika, iż co kraj to obyczaj i że nie wszystkie nacje przejmują się zapasami surowców energetycznych. W Kanadzie też istnieją strategiczne zapasy, tyle że nie ropy naftowej czy broni, lecz syropu klonowego. Syrop ten jest w ogromnej większości produkowany u naszych północnych sąsiadów, natomiast my polewamy nim sobie naleśniki i inne przysmaki. Z prowincji Quebec pochodzi trzy czwarte globalnych dostaw syropu klonowego, a towar ten jest uważany za niezwykle cenny. O czym świadczy to, iż w roku 2012 złodzieje wykradli ze strategicznych zapasów kleistą ciecz o wartości 18 milionów dolarów.

Pandemia koronawirusa od samego początku zwiastowała poważny kryzys klonowy. Izolowani ludzie zaczęli przesiadywać w domach, kucharzyć i jeść. Nagle zapotrzebowanie na syrop do naleśników dramatycznie wzrosło. Na domiar złego, ubiegłoroczne zbiory soku z klonów były rekordowo niskie z powodu zbyt ciepłej wiosny. Zbierany jest on wtedy, gdy często temperatury spadają poniżej zera, a potem następuje odwilż, co zachęca drzewa do wydzielania złotego płynu. Tymczasem przed rokiem mrozów praktycznie nie było i syrop się tym zjawiskiem poważnie zniechęcił.

W Kanadzie istnieje organizacja o nazwie Quebec Maple Syrup Producers (QMSP), która administruje wspomnianymi zapasami klonowego surowca. A zapasy te są równie imponujące jak amerykańskie magazyny ropy naftowej. Na powierzchni prawie 25 tysięcy metrów kwadratowych przechowuje się 170-litrowe beczki z syropem. W tym roku szefowie QMSP ogłosili, że z powodu poważnego niedoboru syropu na rynku, z magazynów wysłanych zostanie do dystrybutorów 45 milionów dodatkowych kilogramów naleśnikowego specyfiku. Dyrektor Serge Beaulieu zapewnił, że nie ma powodu do paniki, gdyż nie grozi nam na razie załamanie się rynku klonowego.

Trzeba być może przypomnieć, że pozyskiwanie soku klonowego nie jest bynajmniej wymysłem Kanadyjczyków. Indianie w północno-wschodniej części Ameryki Północnej jako pierwsi docenili ten surowiec i wytwarzali z niego cukier klonowy. Zbiorom soku klonowego towarzyszyły zwykle rozmaite rytuały, a świętem związanym ze zbiorami był dzień pierwszej wiosennej pełni Księżyca, kiedy to wykonywano tzw. Taniec Klonu. We wczesnych etapach kolonizacji północno-wschodniej części Ameryki Północnej tubylcy pokazali przybywającym kolonistom, jak wykorzystać pnie niektórych gatunków klonów do zbioru soku podczas wiosennych roztopów. W dowód wdzięczności koloniści wymordowali większość tubylczej ludności, by w ten sposób większość syropu zachować dla siebie.

Ameryka nie jest całkowicie zależna od kanadyjskich dostaw syropu klonowego. Stan Vermont produkuje 1,5 miliona galonów tego przysmaku rocznie, a kilka innych wschodnich stanów też się do tej produkcji przykłada. Wprawdzie to kropla w morzu syropu kanadyjskiego, ale zawsze można liczyć na rodzimy wyrób. Ponadto większość Amerykanów nie polewa niczego naturalnym syropem klonowym, bo jest za drogi. Zastępuje go dziwnymi specyfikami typu Aunt Jemima, które są podobne do prawdziwego syropu mniej więcej tak samo jak margaryna jest podobna do masła.

Nie ma to jednak większego znaczenia, gdyż w roku 2021 firma Pepsico postanowiła zrezygnować z tej marki, której symbolem jest czarnoskóra kobieta na opakowaniach. Problemem jest to, iż pani ta kojarzona jest przez wielu z rasistowską przeszłością Stanów Zjednoczonych, która zresztą jest też zarówno teraźniejszością, jak i przyszłością. Jestem jednak pewien, że znajdą się inne substytuty klonowego syropu. Natomiast prawdziwy syrop kanadyjski nie ma żadnych związków z czymkolwiek z wyjątkiem potężnych klonów dominujących nad krajobrazem.

Tak czy inaczej, w wyniku doniesień o zapasach strategicznych ropy naftowej i syropu klonowego zacząłem się zastanawiać nad tym, jakie strategicznie ważne towary mogłyby przechowywać inne kraje. Wielka Brytania – herbata, Francja – ser i wino, Włochy – spaghetti i sos pomidorowy, Rosja – samowary i siwucha, Korea Północna – rakiety i uran, Polska – bigos i kotlety schabowe, etc. To, że w przypadku Ameryki strategiczne zapasy dotyczą ropy naftowej (no i oczywiście broni nuklearnej), jest zastanawiające. Moglibyśmy przecież gromadzić jakieś inne ważne zapasy, np. bourbon z Kentucky, sery z Wisconsin, sok pomarańczowy z Florydy czy też uczciwych polityków z dowolnej części kraju. Jeśli chodzi o tych ostatnich, to też proponuję przechowywać ich w baryłkach w stanie uśpienia, tak by można ich było ocucić w jakichś ważkich momentach amerykańskiej historii.

Wielka Rezygnacja

W historii ludzkości wiele jest rzeczy wielkich: Kazimierz Wielki, Wielka Depresja, Wielka Encyklopedia Powszechna, Wielka Brytania, Wielka Rafa Koralowa, Wielka Orkiestra Świątecznej Pomocy, a nawet Wielka Rewolucja Październikowa. Chociaż do rozmiarów tej ostatniej wielu ludzi ma poważne zastrzeżenia. Teraz mamy coś nowego i też wielkiego. Jest to mianowicie Wielka Rezygnacja.

Mianem tym określa się zjawisko masowego porzucania przez ludzi pracy. Zaczęło się to na początku ubiegłego roku i trwa do dziś. Początkowo uważano, że naród rezygnował z roboty w obliczu niepewności wynikającej z pandemii koronawirusa oraz braku należytego wsparcia ze strony rządu federalnego. Dziś jednak dominuje przekonanie, że Wielka Rezygnacja ma o wiele bardziej skomplikowane podłoże. À propos, sam termin „Wielka Rezygnacja" został wymyślony w maju 2021 roku przez profesora Anthony'ego Klotza z Mays Business School w Texas A&M University, który już wtedy przewidywał, iż nie będzie to zjawisko przelotne, lecz dość długotrwałe.

Nie pomylił się. W całym roku 2021 kilkanaście milionów Amerykanów zrezygnowało z pracy. We wrześniu posadę rzuciło 4,4 mln osób, miesiąc wcześniej – 4,3 mln. Rezultat jest taki, że dziś niemal wszędzie są wolne miejsca pracy, ale ochotników do zatrudnienia się brak. Pierwotnie sądzono, że zjawisko to dotyczy przede wszystkim ludzi mało zarabiających i nie pracujących w preferowanych przez siebie zawodach. Jednak tak nie jest.

Przykładem może być Jessica Berger, która przez 17 lat pięła się po szczeblach kariery zawodowej w prestiżowej agencji PR Sunshine Sachs, obsługującej m.in. Barbrę Streisand i związek zawodowy służby zdrowia. Cztery miesiące temu zrezygnowała z funkcji wiceprezeski, czyli porzuciła swoją sześciocyfrową roczną pensję, znakomite ubezpieczenie medyczne oraz pakiet emerytalny. Zamiast wszystkiego tego zdecydowała się studiować psychologię kliniczną. Jak sama mówi, od dawna miała poczucie, iż jej praca nie przynosi pożytku, nie zmienia świata na lepsze, nie rozwiązuje niczyich problemów, a pandemia stanowiła punkt zwrotny.

Według sondażu firmy Edelman, 60 procent Amerykanów szuka obecnie pracy zgodnej z ich systemem wartości i wierzeń. Co piąty twierdzi, że opuści firmę w ciągu najbliższych sześciu miesięcy, jeśli szefowie nie spełnią jego oczekiwań. W sumie ludzie mają po prostu dość, są wypaleni, zniechęceni i zestresowani pandemią. Mają dość tego, jak żyli przez ostatnie 20 czy 30 lat i są gotowi na coś nowego. Dodatkowo w Stanach Zjednoczonych zaczynają dominować nastroje w pewnym sensie rewolucyjne.

Był czas, gdy prawie wszyscy myśleli, że jeśli pójdzie się na studia i będzie ciężko pracowało, życie stanie się lepsze. Teraz uważa się to za kłamstwo. Studia na niewiele się zdają, poza tym, że obciążają studentów dożywotnim długiem. Nietrudno spotkać kogoś, kto ma 50 czy 100 tysięcy dolarów kredytowego długu i nigdy nie będzie w stanie go spłacić.

Wielka Rezygnacja to częściowo filozofia samobójcza. Porzucenie pracy w Stanach Zjednoczonych bez odpowiedniego przygotowania prowadzi bardzo szybko do poważnych problemów finansowych. Część z tych ludzi przechodzi na wcześniejsze emerytury i posiada wystarczające oszczędności. Inni dostają nową i lepiej płatną pracę. Jednak znaczna część „rezygnowiczów" zostaje na finansowym lodzie, a ich nastroje są wręcz wisielcze. Oto jedna z wypowiedzi młodego człowieka, który stał się z własnej woli bezrobotny: „Przełożeni i politycy zbyt długo nami manipulowali. Tak samo media. Powtarzali nam, że wszystko jest w porządku. Nie było, a teraz przyszedł czas na konsekwencje. Rozejrzyj się, a zobaczysz, że to coś więcej niż ruch pracowniczy. Ludzie rezygnują właściwie ze wszystkiego. Trudno wyobrazić sobie świat, w którym nikt się nie uczy, ponieważ wykształcenie zbyt dużo kosztuje, nikt nie chodzi do pracy, bo wynagrodzenie jest za niskie, i nikt niczego nie kupuje, bo nie ma pieniędzy. To, co dzieje się teraz, jest w pełni zrozumiałe. Zanosiło się na to od 20 lat".

Innymi słowy już wkrótce będę się musiał rozejrzeć za jakąś gustowną jaskinią, zaopatrzyć ją w niezbędne wyposażenie, czyli maczugę oraz kaganek (ale nie oświaty) i czekać, aż w okolicy pojawią się jacyś nowi sąsiedzi, np. Fred Flinstone i jego kumpel Barney.

Politycy w Stanach Zjednoczonych martwią się ostatnio tym, że kiedyś dojdzie do ponownej rewolty, jak ta 6 stycznia ubiegłego roku, i że być może Ameryka zmierza do drugiej wojny domowej. Jednak wiele wskazuje na to, że są większe powody do zmartwienia. Jeśli nagle pół Ameryki przestanie pracować i pogrąży się w totalnym marazmie oraz zniechęceniu, w sklepach będzie coraz mniej artykułów, produkcja wielu rzeczy ustanie, a gospodarka poszybuje wprost do kanału.

Być może jest to wszystko przesadą. Być może ostateczna eliminacja wirusa spowoduje, że nagle milionom ludzi znowu zachce się pracować. Nikt jednak nie wie dokładnie, co się wydarzy, ale wszyscy przeczuwają, że w jakimś sensie do dawnej „normalki" już nie wrócimy. Ludzie chcą pracować z domów, chcą mieć większe zarobki i robić coś, co ich interesuje, a nie powtarzać codzienne, monotonne czynności nagradzane pensjami, z których ledwo można wyżyć. Podczas gdy Bezos, Branson i Musk latają w kosmos, bo mogą, reszta Ziemian zdaje się mieć coraz mniejsze szanse na normalne życie i wydaje im się coraz częściej, że Wielka Rezygnacja jest kluczem do lepszego jutra. Być może mają rację.

Puste gadanie

Od kilku tygodni toczy się w USA publiczna dyskusja na temat tzw. *filibuster*. W amerykańskiej wersji języka angielskiego bezokolicznik *to filibuster* oznacza ni mniej ni więcej tylko zatrzymanie w Senacie jakiejś ustawy przez czcze gadanie. Mechanizm ten stosowany jest od wielu dekad, choć nie jest przepisem konstytucyjnym, gdyż w ustawie zasadniczej nie ma o nim ani słowa. Ostatnio jednak termin ten zagościł na pierwszych stronach wszystkich gazet, co jest dość zastanawiające, ponieważ normalnie Amerykanie takimi bzdurami w ogóle się nie interesują.

Samo słowo *filibuster* stało się w USA głośne w 1939 roku, gdy na ekranach kin pojawił się film Franka Capry pt. *Mr. Smith Goes to Washington*, którego główny bohater (w roli tej wystąpił James Stewart) przemawia w Senacie przez ponad 24 godziny, a potem mdleje ze zmęczenia. Dziś jednak już nikt nie mdleje, gdyż zgodnie z obecnymi zasadami przemawiać wcale nie trzeba. Każdy senator ma prawo sprzeciwić się dowolnej ustawie i zaraz potem pojechać do domu na obiad lub do lokalnej meliny mafii po łapówkę. Obalenie jego sprzeciwu wymaga uchwalenia tak zwanego *cloture*, co jest możliwe tylko wtedy, gdy ruch taki poprze co najmniej 60 senatorów. Oznacza to, że zatwierdzenie czegokolwiek przez panów senatorów, podzielonych równo między partie polityczne, jest praktycznie niemożliwe.

Po raz ostatni prawdziwy *filibuster* miał miejsce w 2013 roku, kiedy to senator z Teksasu, Wendy Davis, przemawiała przez 13 godzin, by zatrzymać ustawę ograniczającą prawo do aborcji. Jej puste gadanie nie przyniosło żadnych rezultatów, czego można było się spodziewać. Jednak uznanie budzi to, iż Davis wróciła do starego modelu blokowania ustaw przez osobistą obecność na mównicy. Rekordu jednak nie pobiła. W roku 1957 senator Strom Thurmond z Południowej Karoliny opowiadał posłom głupoty przez 42 godziny, by zastopować ustawę o równouprawnieniu rasowym. Ponieważ jednak mówcy bardzo często plotą bez sensu, tego heroicznego rasistowskiego wysiłku Thurmonda zapewne nawet nie zauważono.

W XIX wieku zwyczaj przemawiania w nieskończoność przez senatorów sprzeciwiających się jakiejś ustawie stał się na tyle powszechny, że zaczął irytować wszystkich prawodawców, niezależnie od ich politycznych zboczeń. W związku z tym w roku 1917 wprowadzono zasadę, że *filibuster* może zostać zlikwidowany większością 2/3 głosów. Jednak nawet to nie do końca rozwiązało problem i dlatego w roku 1975 Senat postanowił zredukować tę większość do 3/5 senatorów, czyli obecnie 60. Dowodzi to niezbicie, że wyższa izba amerykańskiego parlamentu zna się na ułamkach, co mnie specjalnie nie dziwi, jako że Ameryka jest jedynym krajem świata, w którym przeciętny budowlaniec bredzi coś o listwach grubości 1/64 cala.

W latach 2019-20 *filibuster* w Senacie został zastosowany 298 razy. Trzeba pamiętać, że blokowanie ustaw nie wymaga obecnie żadnych przemówień, poświęceń, a tym bardziej omdlewania na mównicy. Wystarczy zgłosić sprzeciw i sprawa załatwiona. Wymóg obecności w Senacie i przemawiania w nim został zniesiony w latach 70. W roku 2013 demokraci znieśli *filibuster* w przypadku nominacji na większość stanowisk rządowych, a cztery lata później republikanie zrobili to samo, jeśli chodzi o kandydatów do Sądu Najwyższego. Mimo to mechanizm ten nadal powoduje, iż senackie postanowienia w ważkich sprawach są niezwykle trudne do osiągnięcia. Czegoś takiego nie ma w żadnej innej demokracji zachodniej, w których obowiązuje zasada, iż zwykła większość głosów zawsze zwycięża. W USA zwycięzcami są zwykle bzdura i głupi upór.

Wracając do wspomnianego wcześniej filmu, była to dość sielankowa opowiastka o nowicjuszu w Senacie, który sprzeciwił się szlachetnie i z honorem politycznej korupcji w Waszyngtonie. Dziś historia ta w żaden sposób nie przystaje do rzeczywistości. Korupcja jest wszędzie, a o honorze nie ma mowy. Demokraci przebąkują, że zmienią zasady związane ze stosowaniem blokady procesów legislacyjnych, ale nic nie wskazuje na to, że coś takiego może im się udać. W związku z tym amerykański Senat pozostanie zapewne tym, czym jest – forum, na którym bardzo rzadko zapadają jakiekolwiek ważne decyzje. Ostatnio zatwierdzona ustawa znana jako *Covid-19 Relief Act* jakoś się przez Senat prześlizgnęła, ale tylko na mocy tzw. *reconciliation process* – skomplikowanego manewru politycznego, którego głównym celem jest ominięcie normalnych senackich wymogów.

Zastanawiałem się przez pewien czas nad tym, co *filibuster* oznaczałby w moim domu. Przykładowo, żona proponuje, że jedziemy na wakacje do Grecji, a ja orzekam, że preferuję Alaskę. Tak zwany *split* jest w tym przypadku 50/50, a Kamali Harris nie możemy zaprosić do oddania decydującego głosu. W związku z tym ja zgłaszam sprzeciw, który może zostać oddalony wyłącznie większością 3/5 głosów. Jednak taka większość wymagałaby odrąbania części ciała – albo mojego, albo małżonki, bo na pół nie da się tego matrymonium podzielić. Efekt byłby zapewne taki, że zostalibyśmy w domu, gdzie jest bezpiecznie, tanio i gdzie nie trzeba nikogo ciąć piłą łańcuchową. No, ale to życie rodzinne, które w żaden sposób nie przystaje do amerykańskiej polityki.

Mógłbym jeszcze zastosować *filibuster* i perorować na rzecz Alaski przez kilka dni. Spójrzmy jednak prawdzie w oczy – komu by się chciało i czy Alaska na to zasługuje?

Zakuci partnerzy

Kontakty damsko-męskie na poziomie romantycznym są zawsze w taki czy inny sposób skomplikowane. Ludzie się kłócą, rozchodzą, potem wzajemnie się przepraszają i znowu są razem albo porzucają się raz na zawsze. Mechanizm tych zabiegów często jest trudny do wyjaśnienia, a przeciętny psycholog może od tego wszystkiego doznać pomieszania z poplątaniem, czyli zachorować psychicznie.

Ostatnio natknąłem się na przykład takiego poplątania, i to w sensie niemal dosłownym. Agencja Reuters doniosła mianowicie o tym, że w Charkowie na Ukrainie pewna para młodych ludzi postanowiła scementować swój chwiejny związek przez połączenie rąk kajdankami. Przez następne trzy miesiące 33-letni sprzedawca samochodów Aleksandr Kudlaj oraz jego 28-letnia partnerka, kosmetyczka Wiktoria Pustowitowa, będą mieli jedną rękę złączoną policyjną bransoletką.

Ten niezwykły pomysł zrodził się dlatego, że ludzie ci nieustannie się kłócili i kilkakrotnie ze sobą zrywali, by zawsze wracać do stanu wyjściowego. W związku z tym pewnego dnia Aleksandr zaproponował, iż trzeba się na jakiś czas fizycznie połączyć, by przetestować siłę związku oraz kajdanek. Kiedy Wiktoria usłyszała o tym pomyśle, popukała się w czoło i odwiesiła telefon. Jednak po kilku dniach namysłu zgodziła się. W ten sposób para ta stała się w sensie dosłownym nierozłączna. Z konieczności Wiktoria i Aleksandr wszystko robią razem: zakupy w supermarkecie, spacery, przerwy na papierosa, itd. Dzielą się też swoimi wrażeniami z tego eksperymentu w serwisach społecznościowych, a nawet wystąpili w programie telewizji ukraińskiej.

Jak można było się spodziewać, ludzie przyjmują to wszystko z mieszanymi uczuciami. Niektórzy są zdania, że to czysty kretynizm, ale inni pilnie obserwują sytuację, by zobaczyć, co będzie dalej. Z oczywistych przyczyn pojawiły się domysły na temat wykonywania przez Wiktorię i Aleksandra niektórych czynności, np. załatwiania potrzeb fizjologicznych, brania prysznicu czy też uprawiania seksu. Jeśli chodzi o to ostatnie zagadnienie, problemu rzekomo nie ma, jako że życie seksualne wymaga odpowiedniej bliskości ciał, choć niekoniecznie skutych ze sobą. Co się zaś tyczy dokonywania codziennych ablucji, Wiktoria wyjaśniła, że gdy jest w łazience, jej partner stoi na zewnątrz za drzwiami w odległości dwóch ramion i łańcucha, „czekając na swoją kolej".

A co z kłótniami? Para twierdzi, że do sprzeczek nadal dochodzi, ale różnica polega na tym, iż ani Aleksandr, ani Wiktoria nie mogą nagle spakować walizek i się wyprowadzić, a zatem muszą w taki czy innych sposób znaleźć ugodę. W sumie nie bardzo rozumiem, co ten niezwykły eksperyment ma wykazać, ale jestem absolutnie przekonany o tym, że nie zdałby on egzaminu w moim przypadku. Trzymiesięczne przykucie się do mojej małżonki niemal na pewno zakończyłoby się odcięciem ręki lub morderstwem, choć nie wiem, kto szybciej chwyciłby za siekierę. Chyba ja, bo nie byłbym w stanie znieść nieustannej obecności żony w trakcie pitraszenia w kuchni, co wiązałoby się z nustawicznym zaglądaniem do garów i sugerowaniem najlepszych do zastosowania przypraw. Innym poważnym problemem byłoby też wspólne jeżdżenie samochodem. Małżonka ma zwyczaj ciągłego komentowania mojego stylu jazdy (oczywiście krytycznie), ale robi to zawsze z tylnego siedzenia. W rzeczywistości kajdankowej musiałaby siedzieć z przodu, co szybko zakończyłoby się całkowitym i nieodwracalnym szaleństwem.

W sumie pomysł dwójki z Ukrainy jest być może lepszym rozwiązaniem niż udanie się do tzw. terapeuty małżeńskiego, który zwykle prawi morały i usiłuje skłonić małżonków do niewygodnych zwierzeń. W dodatku za sesje takie trzeba płacić, a tak raz się tylko kupi kajdanki i sprawa załatwiona. Jest jednak pewne ryzyko. Może się okazać, że gdy kajdanki po trzech miesiącach zostaną zdjęte, a para ponownie się pokłóci, wyzwolona Wiktoria nie tylko się spakuje i wyprowadzi, ale również wyjedzie gdzieś w siną dal, z której już nigdy nie wróci. W tym czasie Aleksandr znajdzie sobie jakąś zupełnie nową kobitę, do której też się przykuje, na wszelki wypadek.

Nie są mi znane żadne rodzime, amerykańskie przypadki podobnego cementowania związków partnerskich, ale być może wynika to z faktu, iż kraj jest wielki, a więzy obopólnej zażyłości często dość luźne. Łatwiej jest zatem rozstać się i fizycznie odseparować na bezpieczną odległość. Ponadto podejrzewam, że manewr z korzystaniem z toalety w stanie przykucia do partnera lub partnerki jest łatwiejszy w Charkowie, szczególnie w postkomunistycznych blokach mieszkalnych, w których odległość muszli klozetowej od następnego pomieszczenia zwykle nie jest większa niż długość dwóch ramion oraz jednej pary kajdanek. W wielu amerykańskich domach konieczne byłoby zastosowanie długiego łańcucha łączącego parę, ale wtedy traci sens metafora pozostawania ze sobą w intymnej, choć przymusowej bliskości.

Tak czy inaczej, życzę Wiktorii i Aleksandrowi wszelkiej pomyślności. Czasami mówi się, że więzi małżeńskie to nic innego tylko więzienie. Skoro jednak pozostaje się w stanie partnerskiego skucia, ostateczne zaślubiny będą o wiele mniej bolesne i nie będą kojarzyć się z wyrokiem dożywocia. Mam jednak jedno pytanie. Gdzie został schowany kluczyk do kajdanek i kto ma do niego dostęp? Mam nadzieję, że problem ten został rozwiązany w sposób egalitarny i że każdy z partnerów może w każdej chwili się wyzwolić. A to, że jeszcze do tego nie doszło (po miesiącu skucia), graniczy niemal z cudem.

Książęce „sensacje"

Kilka dni temu obudziłem się wcześnie rano i włączyłem telewizor, by zobaczyć, co słychać w świecie. Słychać było tylko jedno. Książę Harry oraz jego żona Meghan zdradzili nam w czasie wywiadu, że zostali fatalnie potraktowani przez brytyjską rodzinę królewską i że jeden z jej członków wyraził obawę o to, iż skóra ich syna Archiego może być zbyt ciemna. Ponadto Meghan wyznała, że przez pewien czas rozważała samobójstwo...

Cały glob wszystkim tym na tyle się zachłysnął, że na jakiś czas przestały mieć znaczenie takie drobnostki jak Covid-19, wojny, naparzanki polityczne w Waszyngtonie, itd. Amerykanie, przynajmniej niektórzy, interesowali się też inną sensacją, rozpowszechnioną przez działaczy grupy QAnon. Okazuje się mianowicie, że Obama to wnuk Adolfa Hitlera, gdyż Führer uciekł do Argentyny i miał dziecko ze służącą, a Merkel to jego ciotka. Nic dodać, nic ująć. Szkoda, że nie znałem tych faktów wcześniej, gdyż można by było rozpowszechnić w USA pozdrowienie „Heil Obama!".

Wracając jednak do książęcej pary, przyznaję, że sam przyglądałem się części tego, co Oprah Winfrey wyciągnęła z Harry'ego i Meghan, ale w moim przypadku wynikało to ze śladowego sadomasochizmu. Ilekroć media przynoszą nowe ochłapy wieści z trzewi brytyjskiej rodziny królewskiej, zawsze mam taką samą reakcję: *who the hell cares?!* Są to wszak ludzie mocno uprzywilejowani, którzy w zasadzie niczego istotnego nie robią i nie muszą martwić się o to, gdzie będą mieszkać i za co kupią następny obiad. Nic mnie nie obchodzi to, gdzie rezyduje obecnie Harry wraz ze swoją wybranką i w jakiej kondycji finansowej oraz psychicznej się znajduje. Ludzie na całym świecie mają dziś znacznie poważniejsze problemy, ale Oprah nigdy nie będzie z nimi rozmawiała ani też nie zainteresują się nimi media.

Życzę oczywiście książęcej parze, która dała z Londynu drapaka najpierw do Kanady, a potem do Kalifornii, wszelkiej pomyślności. Nie zmienia to jednak faktu, iż nie rozumiem, dlaczego cała ta historia ma jakieś globalne znaczenie i dlaczego trzeba się nią interesować oraz przejmować. Na domiar złego jest to dość niezwykła powtórka z historii.

W roku 1936 abdykował król Edward VIII, gdyż zakochał się na zabój w amerykańskiej podwójnej rozwódce Wallis Simpson, którą w Anglii powszechnie nazywano rozpustną ladacznicą szukającą milionów. Dopuszczenie kogoś takiego do rodziny królewskiej okazało się niemożliwe, w związku z czym brytyjski Edzio postanowił, że nie chce już siedzieć na tronie. Wyjechał z kochanką do Francji i po pewnym czasie wziął z nią ślub, który był dość nietypowy. Uroczystość pozbawiona była nie tylko pozłacanych karoc, kościelnych dzwonów i monarszego przepychu, ale również gości weselnych.

Niemal wszystkie wysłane wtedy zaproszenia zostały odrzucone. Jako jeden z niewielu swoje przybycie zapowiedział przyjaciel księcia Windsoru (bo taki miał tytuł Edward po abdykacji), Hugh Lloyd Thomas. Prawdopodobnie najbardziej ubodło księcia to, że na ślubie nie było absolutnie nikogo z jego rodziny. Ani braci, ani tym bardziej matki, która nie miała nawet ochoty spotkać się twarzą w twarz z przyszłą synową. Król Jerzy VI, młodszy brat Edwarda, mimo usilnych próśb o uczynienie uroczystości bardziej godną, odmówił. Tłumaczył się tym, że to nie jest zwykła sprawa rodzinna, a przedstawiciele brytyjskiej rodziny monarszej nie mogą pojawić się na weselu.

Zamiast krewnych na uroczystość przyjechali więc prawnicy księcia i ulubiona florystka londyńskich wyższych sfer, Constance Spry. Ta ostatnia przyjaźniła się z parą młodą i była jedną z pierwszych osób, które dowiedziały się o ich związku. W tłumie dziennikarzy i gapiów – niewspółmiernie dużego w stosunku do liczby gości – dojrzano dwóch międzynarodowych reporterów: Charlesa Murphy'ego i Randolpha Churchilla (syna Winstona). W sumie na ślubie było tylko siedmiu Anglików. Wbrew woli rodziny królewskiej i mimo ogromnego skandalu, jaki wybuchł wokół ich związku, Wallis i Edward dożyli razem starości we Francji.

Mogłoby się wydawać, że historie Edwarda i Wallis oraz Harry'ego i Meghan różnią się od siebie zasadniczo, gdyż osadzone są w dramatycznie innych kontekstach historycznych i realiach społecznych. Jednak w gruncie rzeczy istnieje wiele podobieństw. Edward i Harry poślubili amerykańskie kobiety, z których każda spotkała się z częściowym lub całkowitym odrzuceniem przez dynastię Windsorów. Wallis była systematycznie oczerniania w Wielkiej Brytanii jako kobieta „lekkich obyczajów". Natomiast zastrzeżenia w przypadku Meghan zawsze miały bardziej skryty charakter i dotyczyły jej rasy (jest ona mulatką). Wszystko to jednak sprowadza się do tego samego – po co sobie zawracać głowę ekscesami skostniałego, konserwatywnego klanu uprzywilejowanych ludzi białych?

W Europie istnieją monarchie, które są znacznie bardziej „normalne". Obecny król Norwegii, Harald V, zanim zasiadł na tronie w 1991 roku, trzykrotnie reprezentował swój kraj na olimpiadach (jako żeglarz) i wiódł zwykłe życie. Natomiast król Belgii Filip I studiował w Oxfordzie i na amerykańskim Stanford University, a dziś jest monarchą bardzo przystępnym i stroniącym od wszelkich przepychów. Zarówno Belgowie, jak i Norwegowie w zasadzie swoimi królami interesują się tylko zdawkowo i nigdy nie robią z ich wypowiedzi sensacji.

Na szczęście dla brytyjskiego dworu, Archie, który ma dziś 2 lata, wydaje się być zupełnie biały. Ale dlaczego ma to jakiekolwiek znaczenie i dlaczego fascynuje się tym świat?

Niedźwiedź w toalecie

Kontakty ludzi z dzikimi zwierzętami bywają różne. Czasami po prostu polujemy na dziczyznę, czego sensu od dawna już nie widzę, gdyż kiedyś polowanie było mechanizmem zdobywania żywności, a dziś jest okrutnym „sportem", przeważnie dla ludzi zamożnych lub uprzywilejowanych. Czasami jednak mamy kontakty z dziką zwierzyną, które są dość bulwersujące.

Pani Shannon Stevens, mieszkanka Alaski, wybrała się niedawno na rajd śnieżnymi skuterami w okolicach miejscowości Haines na północnym zachodzie stanu. Towarzyszył jej brat, Erik, oraz jego dziewczyna. W pewnym momencie tej eskapady Shannon doszła do wniosku, iż musi załatwić pilną potrzebę fizjologiczną, w związku z czym udała się do drewnianej wygódki, ustawionej na tej odludnej trasie przez Bóg wie kogo. Gdy jednak usiadła na drewnianym tronie z okrągłą dziurą w środku, niemal natychmiast coś ją ugryzło w część ciała znaną na statkach jako rufa.

Jak się później okazało, napastnikiem był czarny niedźwiedź. Skąd ta pewność? Otóż brat Shannon, Erik, pośpieszył jej na pomoc, gdy usłyszał krzyki. Gdy latarką zaświecił w głąb latryny, zobaczył tam niedźwiedzią mordę, zapewne czekającą na dalszą klientelę. Ofiara ataku nie doznała poważniejszych obrażeń, natomiast losy misia pozostają nieznane. Przedstawiciel Alaska Department of Fish and Game Wildlife Management, Carl Koch, potwierdził, iż atak na damski zad został przypuszczony przez niedźwiedzia, co potwierdziły nie tylko ślady łap na śniegu (nie mówiąc już o zadrapaniach na rufie), ale również to, że człowiek mieszkający w tej okolicy zauważył ursusa, który nie reagował na głosowe wezwania, by spadał. Nie bardzo rozumiem, dlaczego miałby reagować posłusznie na jakiekolwiek ludzkie wezwania, ale tę akurat kwestię pozostawiam zoologom.

Incydent ten budzi we mnie dwie zasadnicze wątpliwości. Po pierwsze, co robi niedźwiedź w klopie w środku zimy? Misie mają teoretycznie hibernować, a nie wałęsać się po wygódkach. Rzeczony Carl Koch twierdzi, że sytuacja w tym roku jest szczególna dlatego, że zima była ciepła, a ponadto niedźwiedzie miały wyjątkowo mały dostęp do łososi, którymi się żywią. W związku z tym mogły być tak wkurzone, że w ogóle nie poszły spać, a jeśli nie zapadły w sen, mogą być na tyle zirytowane, iż „wszystko jest możliwe". Doskonale to rozumiem – bezsenność to ciężka do pokonania zaraza.

Po drugie, co to znaczy, że niedźwiedź siedział „poniżej deski klozetowej"? Proste pytanie jest takie: w czym siedział i dlaczego? Ja oczywiście nie wiem, jakie są nawyki tego rodzaju ssaków, ale nie sądzę, by taplanie się w kloakach było ich ulubioną rozrywką. W miodzie to rozumiem, ale poza tym, to nie. Może miś sądził, że akurat te damskie cztery litery były szczególnie ponętne, ale niezbadane są niedźwiedzie wyroki.

Problem nieprzewidywalnych kontaktów dzikiej fauny z ludźmi nie dotyczy bynajmniej wyłącznie USA. Nie tak dawno temu mieszkanka Oławy w województwie dolnośląskim we własnej łazience znalazła węża. Gad leżał na toalecie, a gdy kobieta powiadomiła policję, przysłano lekarza weterynarii. Ów opowiadał później: *– Jechałem z myślą, że znajdę najpewniej niewielkiego zaskrońca. Był to jednak gad o długości ponad metra. Wprawdzie niegroźny, ale znalezienie czegoś takiego w łazience to zawsze szok.* Poskromione zwierzę trafiło do kliniki i zostało zgłoszone do adopcji. Jego właścicielem najprawdopodobniej był jeden z sąsiadów w tej okolicy, który nie dopilnował podopiecznego.

Natomiast lokatorzy mieszkania we wrocławskiej dzielnicy Popowice znaleźli w łazience tzw. pytona królewskiego. Wezwano straż i przedstawicieli schroniska dla zwierząt. Podobno zwierzę „wypełzło z instalacji", co skłania mnie ku przekonaniu, iż żaden papier toaletowy w tym przypadku nie pomoże. Aleksandra Cukier, rzeczniczka Schroniska dla Bezdomnych Zwierząt we Wrocławiu, stwierdziła wtedy, że: *– Pytony królewskie wcale nie tak rzadko trzymane są w domach. Wąż najprawdopodobniej komuś uciekł. W naszym schronisku już raz gościliśmy takie zwierzę.* Jest to deklaracja pod wieloma względami szokująca, gdyż sugeruje, iż obecność pytonów w domach to w zasadzie coś normalnego.

Kiedyś w naszych siedliskach były wyłącznie Pikusie oraz Mruczusie. Teraz jest jednak inaczej. Trzymanie ulubionych gadów w kuchni uważam za kompletnie kretyński pomysł, szczególnie wtedy, gdy wąż jest w stanie wydostać się z niewoli i zajrzeć do muszli klozetowej niczego nie podejrzewającej sąsiadki. Ponadto gada nie da się pogłaskać po ryju i wyprowadzić na spacer – można jedynie wygłaszać do niego wyrazy nieokiełznanej miłości, co jednak zapewne nie ma żadnego wpływu na jego zachowanie.

W niektórych stanach USA, na przykład w Teksasie, Arizonie lub na Florydzie, można czasami wyjść na własne podwórko i zobaczyć komitet centralny jaszczurek lub politbiuro aligatorów. Jest to całkowicie zrozumiałe, gdyż zwierzęta te tam właśnie mieszkają i mogą sobie łazić gdziekolwiek chcą. Jednakowoż ich obecność w toaletach to zupełnie inny problem. Podobnie obecność misia w wygódce na Alasce jest trudna do wytłumaczenia.

Kiedyś, przed laty podróżowałem po zachodnich częściach USA i w ramach tych podróży mieszkałem w namiocie na obrzeżach Parku Narodowego Yellowstone. Wszędzie wisiały tam ostrzeżenia, by śmieci zamykać szczelnie w plastikowych workach i wieszać na drzewach, tak by nie wabić niedźwiedzi. Nigdzie natomiast nie było ostrzeżeń, iż w polowym WC może się czaić miś Yogi wraz ze swoim kumplem Boo-Boo.

Jam jest różowy jak prosię

Przed ponad dekadą pracowałem w dość dużym koncernie, w którym jednym z moich kolegów był świeżo upieczony imigrant z RPA imieniem Johan. Należał on do tzw. Afrykanerów, czyli białych mieszkańców kraju spokrewnionych z Holendrami. Pewnego dnia Johan zadał mi dziwne pytanie: *– Czy ja jestem Afroamerykaninem?* Musiałem chłopa wyprowadzić z błędu i wyjaśniłem mu, że termin „African American" dotyczy wyłącznie ludzi czarnoskórych. Natomiast nie wdałem się z nim w dyskusję o tym, iż słowo „African American" jest moim zdaniem bezsensowne i zupełnie niepotrzebne.

Rozumiem oczywiście, że termin taki powstał i stał się powszechnie używany w wyniku wielu przemian społecznych. Stał się akceptowanym wyrażeniem w roku 1988, kiedy to Jessie Jackson w czasie konferencji prasowej po raz pierwszy zachęcił publicznie do tego, by nie mówić w USA o ludziach czarnych lub czarnoskórych. Jednak od samego początku ta językowa zmiana była przedmiotem wielu kontrowersji. Po pierwsze, jak pokazuje przykład mojego kumpla Johana, nie wszyscy przybysze z Afryki są czarnoskórzy. Po drugie, czy termin African American przystaje do takich ludzi jak Barack Obama, którego ojciec był Afrykaninem, ale matka białą Amerykanką, i to w dodatku z Kansas? Po trzecie, w USA mieszka wiele osób rasy czarnej, które z Afryką nie mają absolutnie nic wspólnego. Wreszcie po czwarte, skoro mówimy o Afroamerykanach, w zasadzie ta sama zasada powinna zaowocować takimi terminami jak Euroamerykanin, a być może nawet Żeńskiamerykanin. Możliwości, w większości z gruntu bezsensownych, jest bez liku, ale są one logicznie uzasadnione, jeśli słowo Afroamerykanin ma być traktowane poważnie.

Język ma to do siebie, że czasami ulega przelotnym modom, które nie mają żadnego uzasadnienia. Podam trzy proste przykłady. Od pewnego czasu w niektórych mediach pisze się słowo „black" dużą literą. Podejrzewam, że ma to być oznaka szczególnego poważania dla jednej z amerykańskich mniejszości rasowych. Problem w tym, że jest to kompletna głupota. Nie jest to wszak imię własne, a przymiotników nawet Niemcy nie piszą dużymi literami. Jeśli mój sąsiad jest Czarny, to ja jestem Biały, a mój przyjaciel zza miedzy jest Orientalny. W ten sposób zbliżamy się do standardu twitterowego Donalda Trumpa, który dużymi kulfonami obdarzał połowę głoszonych przez siebie treści.

Nieco podobnym zjawiskiem jest powszechne od pewnego czasu używanie terminu „person of color", oznaczającego osobę, która nie jest rasy białej. Polskie tłumaczenie musiałoby brzmieć „osoba obdarzona kolorem", co jest jeszcze bardziej idiotyczne niż angielski oryginał. Oczywiste jest to, że każdy człowiek obdarzony jest jakimś kolorem skóry, a zatem przy obecnym zastosowaniu tego terminu ktoś biały nie posiada żadnego koloru. Ja sobie wypraszam – zwykle jestem różowy jak prosię, a zatem z pewnością jakiś kolor posiadam. Fraza „person of color" jest oczywistym rezultatem pędu w kierunku poprawności politycznej, który to pęd często prowadzi nas na lingwistyczne manowce. Jeszcze nie tak dawno temu zupełnie normalne było mówienie o mniejszościach rasowych, ludziach czarnych lub białych, oraz o Latynosach. Dziś trzeba koniecznie stosować termin „people of color", żeby się przypadkiem nikt nie obraził.

Co ciekawe, w pierwszej połowie XX wieku, gdy w Ameryce panoszyła się wszędzie segregacja rasowa, często wieszano tabliczki z napisem „colored only", co oznaczało np. wejście do jakiegoś lokalu przeznaczone wyłącznie dla mniejszości rasowych. Dziś używanie słowa „colored" w tym samym znaczeniu uważane jest za rasistowskie, co jest dziwne w obliczu faktu, iż „people of color" jest całkowicie OK. Zarówno wtedy, jak i obecnie z językoznawczego punktu widzenia ta terminologia nie trzyma się kupy, gdyż skazuje kolor biały na banicję.

Mój ostatni przykład dotyczy terminu „cancel culture", o którym jeszcze kilka lat temu nikt nie słyszał, a dziś jest tak powszechny jak kluski w rosole. Teoretycznie fraza ta oznacza coś w rodzaju ostracyzmu, nałożonego na osobę lub organizację, która dopuściła się jakichś nagannych działań. W praktyce jednak określenie to stało się tak wyświechtane, że w zasadzie przestało mieć jakiekolwiek znaczenie.

Kongresmen Matt Gaetz, oskarżony o uganianie się za gołymi, nieletnimi babami, twierdzi, że padł ofiarą „cancel culture", choć nie wiadomo, o co mu dokładnie chodzi. Politycy wszelkiej maści, po obu stronach ideologicznej barykady, grzmią z różnych trybun, iż są „unieważniani" przez kulturę wykluczającą ich z życia publicznego. Gdyby podobny termin istniał za czasów prezydentury Richarda Nixona, jestem pewien, że Dick perorowałby godzinami o tym, jak to dopadła go „cancel culture", stosowana przez jego politycznych wrogów. Sytuacja stała się na tyle groteskowa, że każda krytykowana dziś publicznie osoba natychmiast odwołuje się do „cancel culture", mimo że nikt nie wie dokładnie, co to znaczy.

Prawda jest taka, że fraza „cancel culture" stała się semantycznie pusta, w związku z czym może być stosowana przez każdego i w dowolnych okolicznościach. Jeśli zatem jakiś człowiek Black, będący „person of color", padnie ofiarą „cancel culture", może to oznaczać absolutnie wszystko albo kompletnie nic. Założę się, że za parę lat wymienione przeze mnie terminy albo kompletnie znikną, albo ulegną metamorfozie. Zwykle jest jednak tak, że pojawiają się natychmiast nowe wyrażenia, które stają się tymczasowo modne.

Oświadczam, że żyję

W głośnej powieści Josepha Hellera pt. *Paragraf 22*, która balansuje nieustannie na granicy komicznego absurdu, jest scena, w której dwaj asystenci lekarza, znanego jako Doc Daneeka, mówią mu z całą powagą, że nie żyje, mimo że stoi przed nimi cały i zdrowy. Domniemana śmierć Daneeki wynikała stąd, iż zapis taki znalazł się w wojskowym raporcie o katastrofie samolotu, na pokładzie którego Daneeka miał się znajdować, tyle że się nie znalazł. A ponieważ wiadomo, że każdy szanujący się biurokrata żadnej głupoty się nie boi, Doc został uśmiercony, choć tylko na papierze.

Gdy Heller pisał swoje dzieło, z pewnością nie spodziewał się, iż fikcyjna śmierć kogoś może wydarzyć się naprawdę. Tymczasem we Francji mieszka Jeanne Pouchain, która od trzech lat usiłuje przekonać władze, że nie zmarła. Decyzję o śmierci 58-letniej kobiety podjął sąd w mieście Lyon, mimo że nigdy nie było aktu zgonu, co nie może nikogo dziwić, gdyż pani Pouchain nigdy nie wyzionęła ducha. Jej śmierć została przez sąd ogłoszona po wielu skomplikowanych procedurach prawnych związanych z pozwem o odszkodowanie złożonym przez jej byłą pracownicę. Pracownica ta w roku 2016 wysłała do sądu pismo, w którym stwierdziła, iż jej listy do Pouchain pozostają bez odpowiedzi i że adresatka „z pewnością nie żyje".

Sąd nigdy niczego nie sprawdził ani też nie próbował skontaktować się z „denatką". Ogłosił jej śmierć, co spowodowało, że automatycznie unieważnione zostały liczne dokumenty, takie jak prawo jazdy, karta ubezpieczenia społecznego, itd. Konto bankowe Jeanne zostało zamknięte, a jej karty kredytowe przestały działać. Mogłoby się wydawać, że udowodnienie, iż nie jest się nieboszczykiem, powinno być łatwe. Szybko okazało się, że tak nie jest. Pouchain poszła na przykład do banku, przedstawiła się i poinformowała personel, że nadal żyje, ale nie przyniosło to spodziewanego rezultatu, ponieważ nie posiadała żadnego nadal ważnego dokumentu potwierdzającego jej tożsamość.

Gdy po raz pierwszy przeczytałem wiadomość o problemach Jeanne z udowodnieniem, iż nadal trzyma się kurczowo życia, pomyślałem sobie, że jest to z pewnością jakaś wyjątkowa sytuacja, która zdarza się niezwykle rzadko. Jednak już następnego dnia natknąłem się na doniesienia o 76-letniej Judy Cashner ze stanu Oregon, która dostała niedawno z banku hiobową informację, że zmarła. Bank Wells Fargo wysłał też stosowne zawiadomienia o tym smutnym wydarzeniu do trzech agencji kredytowych, co spowodowało natychmiastowe unieważnienie wszystkich jej kart kredytowych.

Pani Cashner zadzwoniła do banku z niezręcznym zadaniem przekonania personelu, iż nie strzeliła jeszcze kopytami. Rozmawiano z nią bardzo uprzejmie, ale do życia nie przywrócono, gdyż brakowało im odpowiedniej dokumentacji. W związku z tym Judy stawiła się w banku osobiście, a przyjmująca ją urzędniczka stwierdziła: – *Wygląda pani bardzo dobrze*. Zapewne w domyśle dodała „jak na trupa". Obecnie sytuacja jest taka, że oficjalnie Cashner nadal nie żyje, ale zdradza pewne wstępne oznaki biurokratycznego zmartwychwstania. Być może w jej konkretnym przypadku problem tkwi w tym, iż Wells Fargo to instytucja, która w ciągu ostatnich kilku lat zdrowo narozrabiała i została ukarana kilkumiliardową grzywną za otwieranie kont bez wiedzy klientów i wymierzanie nielegalnych opłat. W obliczu tych wielkich problemów uśmiercenie żyjącego nadal klienta to fraszka.

Susan Grant z Consumer Federal of America twierdzi, że ludzie uznani z jakichś powodów za zmarłych, mają do dyspozycji kilka metod prawnych, z których można skorzystać, by wrócić bezpiecznie do życia. Do metod tych nie należy oczywiście wejście do jakiegoś urzędu i wygłoszenie zdania typu „Oświadczam stanowczo, że żyję", gdyż zabieg taki skazany jest na niepowodzenie. Można jednak złożyć na piśmie stosowne oświadczenie, potwierdzić je notarialnie, rozesłać do odpowiednich instytucji, itd.

Piszę o tym wszystkim, gdyż do pewnego stopnia mnie również przydarzyła się przedwczesna śmierć. Przed wybuchem pandemii złożyłem mianowicie zdalnie we wrocławskim urzędzie podanie o wydanie dowodu osobistego. Po pewnym czasie przyszedł do mnie e-mail od niejakiej pani Krystyny, która zawiadamiała mnie, iż dokument jest gotowy i że trzeba go odebrać osobiście w ciągu następnych 10 lat. Niestety zaraz potem zaatakował wirus, większość lotów skasowano i wprowadzono ograniczenia podróży zagranicznych. W związku z tym o odebraniu dowodu na jakiś czas zapomniałem, a gdy sobie ponownie przypomniałem przed kilkoma dniami, zadzwoniłem do rzeczonej pani Krystyny, by zapytać, czy dowód nadal na mnie czeka. Okazało się, że czeka, ale urzędniczka wyraziła zdziwienie z powodu mojego telefonu, zawierając swoje uczucia w zdaniu „ja myślałam, że pan nie żyje". Gdy zapytałem potulnie, skąd u niej wzięło się takie przeświadczenie, odparła, że ostatnio liczne urzędy zakładają automatycznie, iż klient, który przez dłuższy czas nie daje o sobie znaku życia, uważany jest za denata.

Tak czy inaczej, wróciłem skutecznie do grona żywych, przynajmniej w Polsce. O ile wiem, w USA o mojej śmierci nadal nikt nie wie, co uważam za spory sukces. Zmartwychwstanie w ojczystym kraju też jest sukcesem i prowadzi mnie do cytatu ze wspomnianej już książki Hellera: „Zamierzał być nieśmiertelny i był gotowy umrzeć walcząc o to". Ja natomiast preferuję stare, pozaliterackie porzekadło: życie jest z natury niebezpieczne, bo zawsze można umrzeć.

Pandemiczne walentynki

No dobra, znowu nadchodzi ten czas, gdy wataha facetów, którzy nagle przypominają sobie, że kogoś kochają albo przynajmniej lubią, rzuca się do sklepów po walentynkowe wiechcie kwiatów, bombonierki oraz kartki z czerwonymi sercami w roli głównej. Następnie ta zgraja przychodzi na kolanach do oblubienic, by zapewnić, że ich miłość jest dozgonna, choć czasami okresowa.

Ponieważ w tym roku Valentine's Day przypada w okresie pandemii, w dużej mierze wyklucza ona miłosne zapędy, np. całusy, bezpośrednie uściski, nie mówiąc już o scenach czysto łóżkowych. W obliczu tych oczywistych trudności zawsze można jednak liczyć na pomysłowość narodu. W wielu internetowych zakamarkach oferowane są dość nietypowe prezenty walentynkowe, które – jak sądzę – są w stanie zaspokoić wszelkie żądze.

Biznes walentynkowy normalnie przynosi ogromne zyski różnym firmom, ale w tym roku jest zupełnie inaczej. Po pierwsze, ludzie stronią od sklepów, co powoduje, że sprzedaż kwiatów, prezentów i kartek będzie znacznie mniejsza niż zwykle. Po drugie, zasady izolacji społecznej, choć nie zawsze przestrzegane, ograniczają w znacznej mierze bezpośrednie kontakty między ludźmi. No, ale ludzka pomysłowość nie zna granic.

W czasach katastrofalnej pandemii grypy w 1918 roku w USA liczni „mędrcy" oferowali cudowne leki, które miały być skutecznymi środkami zwalczającymi zarazę. Pandemia zrobiła swoje, a szarlataneria poszła w zapomnienie. Tym razem również promowano różne środki bez żadnego naukowego uzasadnienia, a skończyło się dokładnie tak samo jak przed wieloma dekadami. Dziś jednak pandemiczne prezenty oferują zupełnie nowe możliwości.

Na początek powinienem zapewne odrzucić wszelkie prezenty natury czysto seksualnej. Na czele listy potencjalnych prezentów z bardziej niewinnych kategorii winien się z pewnością znaleźć produkt o nazwie Meatheart. Jest to romantyczne serduszko, tyle że nie z czekolady, lecz z mięsiwa doprawionego różnymi przyprawami. To mniej więcej tak, jakby oblubienicy podarować wianek kabanosów, choć ja sam preferowałbym białą kiełbasę. Jeśli natomiast darczyńca uważa, że jego wybranka cierpi na jakieś problemy emocjonalne, może jej podarować przedmiot o nazwie HugMeChicken. Jest to gumowy kurczak, którego można przytulić, w odpowiedzi na co sztuczne zwierzę odwdzięczy się wydawaniem kojących dźwięków, niemających żadnego związku ze znoszeniem jaj. Szczerze mówiąc, nie wiem, dlaczego nie można sobie kupić całkiem żywego kurczaka w celu osiągnięcia tego samego celu, ale to już sprawa nabywców.

Z przyczyn, które nie są mi do końca znane, znaczna część innych prezentów covidowo-walentynkowych ma charakter gastronomiczny. Jest na przykład Chocolate Hummus, czyli coś, co udaje czekoladę, ale tak naprawdę jest zmieloną mazią, wykonaną z ciecierzycy pospolitej. Innym potencjalnym szlagierem jest Da Bomb Extra Caffeinated Coffee, czyli specjalnie spreparowana kawa, która zawiera na tyle dużo kofeiny, iż z każdej kobity bikini automatycznie spada i pozostaje tylko maska na twarzy. Z czysto naukowego punktu widzenia zastanawiam się, dlaczego pod wpływem tego ładunku kofeiny nie spada absolutnie każdy element odzienia, co byłoby oczywiście pożądanym rezultatem w przedemerytalnym przedziale wiekowym.

Jeśli ktoś chciałby przesłać adresatce nieco bardziej dosadną wiadomość, ma do dyspozycji Angry Toaster. Jest to opiekacz do chleba, który oferuje funkcję wypieczenia w kromce specjalnej wieści. Niestety urządzenie to posiada dość ograniczony zestaw zaprogramowanych napisów, głównie o charakterze rubaszno-ekspletywnym. Myślę, że grzanka ma identyczne przesłanie niezależnie od tego, czy jest z masłem czy bez, ale jeśli jest dobrze wypieczona, nie powinno to mieć większego znaczenia.

Nie wiem, czy wszyscy się ze mną zgodzą, ale w warunkach pandemii tradycyjne doroczne walentynkowe szaleństwo nabrało zupełnie innego wymiaru. Prezentami można oczywiście obdarzać dowolnie wybranych ludzi, ale sam sens tego dnia polega na bliskości z kimś wybranym i szczególnym. W obecnych warunkach jest to trudne i skomplikowane, a potencjalnie również niebezpieczne.

W związku z tym ja sam koncentruję się na bezpośrednich kontaktach z moimi psami, co jest o tyle łatwe, że małżonka już dawno doszła do wniosku, iż jestem osobnikiem niebezpiecznym, co nie ma nic wspólnego z pandemicznym zagrożeniem świata, lecz z moim charakterem. Ponadto czworonogi w ogóle nie mają pojęcia o wirusie i – szczerze mówiąc – mają obecne problemy ludzkości gdzieś. Gdy ostatnio zjawiła się w naszym domu facetka, która miała psy ostrzyc, nie miała na sobie maski i stwierdziła, że nie ma to większego znaczenia, gdyż te stwory się nie zarażają. Nie wzięła pod uwagę faktu, że ona sama mogła nas zarazić, ale na razie wszystko jest OK, czyli my żyjemy, a psiaki szczycą się efektownymi fryzurami.

Następnym ważkim zadaniem jest moje własne ostrzyżenie się, ale przed walentynkami do tego nie dojdzie. U fryzjera nie byłem od 10 miesięcy. Może mnie jeszcze pamięta, bo jak nie, to mu nie wyślę bombonierki.